Klaus Niehues
Mechthild Siegel

BÜRGERLICHES RECHT

Maximilian Verlag
Hamburg

SCHRIFTENREIHE
DVP GRUNDRISS

KLAUS NIEHUES
MECHTHILD SIEGEL

BÜRGERLICHES RECHT

2. ÜBERARBEITETE UND AKTUALISIERTE AUFLAGE

Bibliografische Information der Deutschen Nationalbibliothek
Die Deutsche Nationalbibliothek verzeichnet diese Publikation in der Deutschen Nationalbibliografie; detaillierte bibliografische Daten sind im Internet über http://dnb.d-nb.de abrufbar.

ISBN 978-3-7869-0938-5
2. überarbeitete und aktualisierte Auflage

Ein Unternehmen der Tamm Media

Layout und Produktion: Nicole Laka
Druck und Weiterverarbeitung: Druckhaus Köthen, Köthen

Printed in Germany

Inhalt

ABKÜRZUNGSVERZEICHNIS

a. A.	andere(r) Ansicht
a. a. O.	am angegebenen Ort
a. F.	alte Fassung
Abs.	Absatz
AG	Aktiengesellschaft
AGB	Allgemeine Geschäftsbedingungen
Alt.	Alternative
Art.	Artikel
AS	Allgemeines Schuldrecht
AT	Allgemeiner Teil
BAG	Bundesarbeitsgericht
BAnz.	Bundesanzeiger
BBesG	Bundesbesoldungsgesetz
BeamtenVG	Beamtenversorgungsgesetz
Bek.	Bekanntmachung
BbiG	Berufsbildungsgesetz
BeurkG	Beurkundungsgesetz
BGB	Bürgerliches Gesetzbuch
BGBl.	Bundesgesetzblatt
BGH	Bundesgerichtshof
BGHZ	Entscheidungen des Bundesgerichtshofes in Zivilsachen
BnotO	Bundesnotarordnung
BT	Besonderer Teil
BT-Drucks.	Bundestags-Drucksache
BurlG	Bundesurlaubsgesetz
BverfG	Bundesverfassungsgericht
BverfGE	Bundesverfassungsgerichtsentscheidung
bzw.	beziehungsweise
CD	Compact Disc
Dr.	Doktor
EDV	Elektronische Datenverarbeitung
EGBGB	Einführungsgesetz zum Bürgerlichen Gesetzbuch
Einf.	Einführung
ErbbauVO	Verordnung über das Erbbaurecht
etc.	et cetera
EUR	Euro
f.	folgend
FamFG	Gesetz über das Verfahren in Familiensachen und in Angelegenheiten der freiwilligen Gerichtsbarkeit
FamRB	Familienrechtsberater
FamRZ	Zeitschrift für das gesamte Familienrecht
FernUSG	Fernunterrichtsschutzgesetz
ff.	fortfolgende
GBO	Grundbuchordnung
gem.	gemäß
gen.	genannt
GG	Grundgesetz
ggf.	gegebenenfalls
GmbH	Gesellschaft mit beschränkter Haftung
Hs.	Halbsatz
HausratsVO	Hausratsverordnung
HGB	Handelsgesetzbuch
h. M.	herrschende Meinung
HPflG	Haftpflichtgesetz
i. A.	im Auftrag
i. d. R.	in der Regel
i. S.	im Sinne
i. S. d.	im Sinne des/der
i. S. v.	im Sinne von
i. V.	in Vertretung
i. V. m.	in Verbindung mit
InsO	Insolvenzordnung
JarbSchG	Jugendarbeitsschutzgesetz
JuS	Juristische Schulung
JZ	Juristen-Zeitung
Kap.	Kapitel
Kfz	Kraftfahrzeug
KG	Kommanditgesellschaft
KindUG	Kindesunterhaltsgesetz
km	Kilometer
KSchG	Kündigungsschutzgesetz
l	Liter
LBG NRW	Landesbeamtengesetz Nordrhein-Westfalen

Lkw	Lastkraftwagen
LPartG	Lebenspartnerschaftsgesetz
LuftVG	Luftverkehrsgesetz
m. w. N.	mit weiteren Nachweisen
MDR	Monatsschrift für Deutsches Recht
MHG	Gesetz zur Regelung der Miethöhe
MuSchG	Mutterschutzgesetz
NJW	Neue Juristische Wochenschrift
Nr.	Nummer
NRW	Nordrhein-Westfalen
o. a.	oben angeführt
o. g.	oben genannt
OHG	Offene Handelsgesellschaft
OLG	Oberlandesgericht
PC	Personal Computer
Pkw	Personenkraftwagen
ProdHaftG	Produkthaftungsgesetz
PStG	Personenstandsgesetz
Rdnr.	Randnummer
RpflG	Rechtspflegergesetz
S.	Seite, Satz
s.	siehe
SchR	Schuldrecht
SGB VII	Sozialgesetzbuch 7. Buch
SGB X	Sozialgesetzbuch 10. Buch
SMS	Short Message Service
sog.	sogenannt
SR	Sachenrecht
StGB	Strafgesetzbuch
StVG	Straßenverkehrsgesetz
TvöD	Tarifvertrag für den öffentlichen Dienst
u. a.	und andere, unter anderem
usw.	und so weiter
u. U.	unter Umständen
VersAusglG	Versorgungsausgleichsgesetz vom 03.04.2009
vgl.	vergleiche
VOB	Vergabe- und Vertragsordnung für Bauleistungen
VOB/B	VOB Teil B
VwGO	Verwaltungsgerichtsordnung
VwVfG	Verwaltungsverfahrensgesetz
WEG	Wohnungseigentumsgesetz
z. B.	zum Beispiel
ZPO	Zivilprozessordnung

VORWORT

Nunmehr liegt die 2. Auflage des Buches »BGB – ein Grundriss für die Ausbildung und Praxis« vor. Die Überarbeitung war aus drei Gründen erforderlich: Die 1. Auflage ist bereits 2006 erschienen, sodass in der 2. Auflage nunmehr die zahlreichen gesetzlichen Änderungen eingepflegt werden mussten, die Reform des Familienrechts führte zu einer kompletten Überarbeitung des vierten Buches des BGB und schließlich ist der Mitautor, Herr Dr. Klein, zwischenzeitlich aus Altersgründen aus der Autorenschaft ausgeschieden.
Wir haben auch in der 2. Auflage an dem bisherigen Konzept festgehalten. Das Lehrbuch beschränkt sich auf das Wesentliche, ist verständlich geschrieben und mit zahlreichen Fallbeispielen versehen, sodass der Einstieg in die komplexe Materie des Bürgerlichen Rechts erleichtert wird. Einprägsame Merksätze erleichtern das Lernen bzw. dienen bei Bedarf der Wiederholung und Auffrischung.
Die Leser des Buches erwerben ein fundiertes Grundwissen des Zivilrechts. Daher ist es nicht nur für Studierende der Verwaltungsfachhochschulen und der Studieninstitute geeignet, sondern für Studenten aller Fachbereiche, von denen juristische Grundkenntnisse erwartet werden.

Münster/Altenberge im November 2014
Die Autoren

VORWORT ZUR 1. AUFLAGE

Der Grundriss des Bürgerlichen Rechts soll in verständlicher Weise und an Hand zahlreicher Beispiele die komplexen Zusammenhänge des Zivilrechts vermitteln. Er orientiert sich im Aufbau und Inhalt vorrangig an den Stoffverteilungsplänen der Fachhochschulen für öffentliche Verwaltung sowie der kommunalen Studieninstitute, geht aber zum Teil inhaltlich auch darüber hinaus.

Die Verfasser haben sich bei der Auswahl des zu behandelnden Stoffes bewusst davon leiten lassen, praxisnah die Fragestellungen zu erörtern, die sowohl für das Gesamtverständnis des Bürgerlichen Rechts wie aber auch für die in der öffentlichen Verwaltung speziell erforderlichen Kenntnisse aus diesem Rechtsgebiet von Bedeutung sind. So halten die Verfasser nicht nur eine ausführliche Darstellung des Vertragsrechts, sondern auch eine gründlichere Behandlung insbesondere des Familienrechts, aber auch des Erbrechts für angebracht. Gerade diese Bereiche spielen in der späteren Berufspraxis etwa in den Sozialämtern oder Jugendämtern eine größere Rolle. Zur Wahrung des Charakters eines Kurzlehrbuches wurden andere Kapitel, die für die Juristenausbildung an der Universität von Bedeutung sind, etwa das sachenrechtliche Eigentümer-/Besitzerverhältnis oder Teile des Bereicherungsrechts, allenfalls in den Grundzügen dargestellt.

Das Lehrbuch beschränkt sich somit auf das für den Nicht-Volljuristen Wesentliche, ist verständlich geschrieben und mit zahlreichen praktischen Beispielen versehen, wodurch der Einstieg in die nicht einfache Materie des Bürgerlichen Rechts erleichtert werden soll. Die einprägsamen Merksätze sollen nicht etwa auswendig gelernt werden, sondern sollen dazu beitragen, dass die Leser dieses Buches ein fundiertes Grundwissen des Zivilrechts erlangen und dieses bei Bedarf auch schnell wiederholen oder auffrischen können.

Die Verfasser sind langjährige Dozenten an der Fachhochschule für öffentliche Verwaltung des Landes Nordrhein-Westfalen mit Lehr- und Praxiserfahrung. Ltd. Regierungsdirektor a. D. Dr. Günther Klein war bis zum Eintritt in den Ruhestand als Geschäftsführer eines Instituts an der Universität Münster, als Richter, als städtischer Verwaltungsbeamter sowie zuletzt als Abteilungsleiter an der Fachhochschule für öffentliche Verwaltung NRW tätig, wo er auch heute noch Lehraufträge im Zivilrecht wahrnimmt. Er ist verantwortlich für den Allgemeinen Teil, das Sachenrecht sowie die Gliederungsziffern B I.–VII. des Schuldrechts. Rechtsanwalt Klaus Niehues verfügt über langjährige anwaltliche Praxiserfahrung und ist bereits über 15 Jahre als Lehrbeauftragter vornehmlich für Zivilrecht an der Fachhochschule für öffentliche Verwaltung NRW tätig. Er ist Verfasser der Kapitel D und E, nämlich des Familien- und des Erbrechts. Regierungsdirektorin Mechthild Siegel lehrt seit 1992 als hauptamtliche Dozentin an der Fachhochschule für öffentliche Verwaltung NRW. Die Juristin vertritt u. a. die Fächer Bürgerliches Recht sowie Wirtschafts- und Gesellschaftsrecht. Sie zeichnet verantwortlich für das gesamte Schuldrecht ab Gliederungsziffer B VIII.

A ALLGEMEINER TEIL

I Einführung

1 PRIVATRECHT UND ÖFFENTLICHES RECHT

Ein Zusammenleben von Menschen ist ohne das Bestehen von Regeln, die dieses Zusammenleben ordnen, nicht denkbar. Solche Regeln können erwachsen aus moralischen oder auch religiösen Anschauungen oder sie können begründet sein in alten Bräuchen und Gewohnheiten. Die meisten zwischenmenschlichen Beziehungen werden von Rechtsregeln beeinflusst, von Verhaltensvorschriften, die auf dem Recht und damit auf der Idee der Gerechtigkeit beruhen. Natürlich können auch moralische oder religiöse Anschauungen, aber auch Bräuche und Gewohnheiten in Rechtsregeln Eingang finden oder zu Rechtsnormen werden. Vorab jedoch schon dies: Alle diese Regeln oder »Rechtsnormen« wollen das menschliche Zusammenleben im engeren Sinne, also die Beziehungen der Menschen untereinander, oder ihr Verhältnis zu dem Gebilde, das wir Staat nennen, ordnen und regeln. Ein Beispiel soll dies verdeutlichen und gleichzeitig aufzeigen, wie häufig und wie intensiv wir im Alltag mit den verschiedensten Rechtsregeln in Berührung kommen.

Corinna Behrens fährt mit dem Dienstfahrrad der Stadt Sidahausen zur Bezirksverwaltungsstelle Sidahausen-West. Auf dem Weg dorthin wird sie von Arnold Kuhn, der die dort vorgeschriebene Geschwindigkeitsbegrenzung von 30 km/h nicht einhält und auch die Vorfahrt von Corinna Behrens nicht beachtet, mit dem Auto angefahren und schwer verletzt. Auch das Fahrrad und die Kleidung von Corinna Behrens sind beschädigt. Frau Behrens muss vier Wochen im Krankenhaus behandelt werden.

Dieser sehr einfache Fall wirft eine Reihe von Fragen auf, Rechtsfragen, die nicht nur für die am Unfall Beteiligten von Interesse sind. Für die Geschädigte ist vorrangig von Interesse, ob sie Schadensersatz verlangen kann und in welcher Höhe. Aber aus diesem Vorfall ergeben sich weitere Fragen, die nur nach bestimmten Rechtsregeln beantwortet werden können, und auch weitere Personen werden in die Regulierung dieses Falles einbezogen. So wird die Versicherung des Unfallverursachers zu beteiligen sein, aber auch der Dienstherr von Corinna Behrens möchte wissen, ob und wieweit er ihr zur Entgeltfortzahlung verpflichtet ist und ob und von wem er sich diese Entgeltfortzahlung erstatten lassen kann. Eine ganz andere Frage ist die, ob und wie Arnold Kuhn für sein Fehlverhalten vom Staat zur Rechenschaft gezogen wird. Ist er nicht zu bestrafen oder zumindest mit einer Geldbuße zu belegen? Ist ihm die Fahrerlaubnis zu entziehen?

Aus diesen Überlegungen wird aber auch schon ersichtlich, mit welchen unterschiedlichen Rechtsgebieten und Rechtsregeln man sich aufgrund dieses einfachen Lebenssachverhalts zu befassen hat. Die juristische Ausbildung teilt das Recht in drei große Blöcke auf: Zivil- oder Privatrecht, Strafrecht und öffentliches Recht samt dem dazugehörenden Verfahrensrecht. Unter öffentlichem Recht wird hier in erster Linie Verfassungs- und Verwaltungsrecht verstanden. Diese Einteilung ist auch für den juristischen Laien gut nachvollziehbar. Im obigen Beispiel werden zumindest zwei Rechtsgebiete berührt: Der Schadensersatz ist eine Frage des Zivilrechts, die mögliche Bestrafung und die Entziehung der Fahrerlaubnis eine Frage des Strafrechts. Die Entziehung der Fahrerlaubnis kann auch eine Frage des Verwaltungsrechts sein, wenn die Fahrerlaubnisbehörde meint, Arnold Kuhn sei generell ungeeignet zum Führen von Kraftfahrzeugen.

In der juristischen Lehre und Literatur hingegen geht man von einer Zweiteilung aus: Man unterscheidet zwischen öffentlichem Recht und privatem Recht. Das öffentliche Recht umfasst alle Rechtssätze, die die Organisation des Staates als solche sowie das Verhältnis zwischen Bürger und Staat regeln. Hierzu gehört zunächst das Staats- und Verfassungsrecht, das die Organisation und den Aufbau des Staates und die Grundrechte des Einzelnen regelt. Das Verwaltungsrecht organisiert die Verwaltungsträger und regelt die Rechtsbeziehungen zwischen den staatlichen Verwaltungsträgern und dem einzelnen Bürger. Das dem Laien bekanntere Strafrecht ist ebenfalls ein Teilgebiet des öffentlichen Rechts. Hier werden bestimmte gemeinschaftsschädliche Verhaltensweisen mit staatlichen Sanktionen, z. B. Freiheitsentzug oder Geldstrafe, bedroht. Ein weiteres Gebiet des öffentlichen Rechts ist das Gerichtsverfassungs- und Prozessrecht. Es regelt den Aufbau und die Organisation der verschiedenen Gerichte und Gerichtszweige sowie den Verfahrensablauf vor Gericht. Auf der anderen Seite steht das Zivil- oder Privatrecht. Dieses Rechtsgebiet befasst sich mit den Beziehungen zwischen den einzelnen gleichgeordneten Mitgliedern der Gemeinschaft. Im Wesentlichen betrifft es also die Angelegenheiten der Bürger untereinander, Angelegenheiten ihres Privatvermögens, ihrer Rechtsgeschäfte, ihrer Arbeits- und Dienstverhältnisse oder ihrer Familien. Ein wesentliches Unterscheidungskriterium zwischen öffentlichem Recht und Privatrecht kann darin gesehen werden, dass es im öffentlichen Recht regelmäßig um Regelungen von Über- und Unterordnungsverhältnissen geht, während sich im Privatrecht die Personen gleichberechtigt gegenüberstehen.

Ob der Verkäufer vom Käufer 5.000 € als Kaufpreis für den verkauften Wagen verlangen kann, hängt zunächst davon ab, ob Käufer und Verkäufer freiwillig und als gleichberechtigte Partner einen Vertrag zu diesen Bedingungen geschlossen haben. Niemand konnte den Käufer dazu zwingen. Fordert das Finanzamt den Bürger jedoch durch Bescheid zur Nachzahlung von 5.000 € Einkommensteuer auf, so hat der Bürger zwar nicht im Sinne von Befehl und Gehorsam zu gehorchen. Wenn die Forderung des Staates jedoch zu Recht besteht, d. h. sich auf geltende Steuergesetze stützt, kann der Bürger nichts machen. Er ist dem Staat, soweit dieser rechtmäßig handelt, untergeordnet. Deshalb muss er zahlen und nicht etwa, weil er sich freiwillig und gleichgeordnet dem Staat gegenüber verpflichtet hätte.

Die Abgrenzung des Privatrechts vom öffentlichen Recht ist natürlich von großer Bedeutung. Welche Rechtsnormen anzuwenden sind, hängt davon ab, ob der zugrunde liegende Sachverhalt nach privatem oder öffentlichem Recht zu beurteilen ist. Auch für eine eventuelle

Klage ist dies von Bedeutung, denn privatrechtliche Streitigkeiten gehören grundsätzlich vor die ordentlichen Gerichte (Amtsgericht, Landgericht), alle öffentlich-rechtlichen Streitigkeiten nichtverfassungsrechtlicher Art grundsätzlich vor die Verwaltungsgerichte, soweit sie nicht durch Bundesgesetz einem anderen Gericht ausdrücklich zugewiesen sind. Wie schon ausgeführt, ist es für die Abgrenzung von öffentlichem zum privaten Recht eine entscheidende Hilfe, ob zwischen den Parteien Gleichordnung oder Über- und Unterordnung besteht. Letzteres ist der Fall, wenn eine Seite hoheitlich handelt. Ein typischer Anfängerfehler ist es allerdings zu sagen, öffentliches Recht sei anzunehmen, wenn sich Staat und Bürger, Privatrecht wenn sich zwei Bürger gegenüberstehen. Staat und Gemeinde mögen überwiegend hoheitlich handeln, häufig nehmen sie jedoch wie jeder andere Bürger am Privatrechtsverkehr teil. Das gilt nicht nur, wenn sie Büroraum anmieten oder Arbeitnehmer beschäftigen, sondern auch im Bereich des öffentlichen Beschaffungswesens. So ist die Beschaffung von Waren oder Dienstleistungen sowie Bauaufträge der öffentlichen Hand zivilrechtlich ausgestaltet, etwa durch die Vergabe- und Vertragsordnung für Leistungen (VOL) bzw. Bauleistungen (VOB). Städte und Gemeinden betätigen sich auch immer stärker als Anbieter von Waren und Dienstleistungen, etwa wenn das städtische Amt für Grünflächen Baumfällungen für private Gärten anbietet. Auch hier sind sie jedem privaten Anbieter gleichgestellt und es gilt abgesehen davon, dass Sonderbestimmungen zu beachten sind, Privatrecht. Man spricht hier auch im Gegensatz zum hoheitlichen Handeln von fiskalischer Tätigkeit. Schon wegen dieses sich zunehmend vergrößernden Bereichs der fiskalischen Verwaltungstätigkeit ist das Privatrecht nicht nur für die Rechtsbeziehungen der Menschen untereinander, sondern auch für die Aufgabenerfüllung der öffentlichen Verwaltung von grundlegender Bedeutung.

MERKE

Privatrecht und öffentliches Recht sind Bestandteil der einheitlichen Rechtsordnung Deutschlands. Das Privatrecht regelt die Rechts-beziehungen der Einzelnen zueinander auf der Grundlage der Selbstbestimmung und der Gleichberechtigung.
Das öffentliche Recht regelt das Verhältnis des Bürgers zum Staat sowie das Verhältnis der Verwaltungsträger untereinander. Zum öffentlichen Recht gehören insbesondere das Staats- und Verwaltungsrecht, aber auch das Straf- und das Prozessrecht. Von öffentlichem Recht ist auszugehen, wenn sich die Beteiligten in einem Über- und Unterordnungsverhältnis gegenüberstehen. Sind sie jedoch gleichgeordnet, liegt Privatrecht vor. Im Verhältnis Bürger zum Staat gilt öffentliches Recht, wenn der Staat hoheitlich handelt. Im Rahmen fiskalischer Tätigkeit tritt der Staat dagegen dem Bürger auf gleicher Ebene gegenüber und es gilt Privatrecht.

2 BÜRGERLICHES RECHT

Innerhalb des Privatrechts sind zu unterscheiden das bürgerliche Recht als das allgemeine Privatrecht und eine Reihe von privatrechtlichen Sondergebieten. Das bürgerliche Recht war ursprünglich das einzige Privatrecht. Es behandelt solche Rechtsbeziehungen, in denen grundsätzlich jeder Bürger stehen kann, die also alle betreffen. Hier finden sich

Bestimmungen etwa über die Geschäftsfähigkeit, über das Eigentum und andere Sachenrechte, über Verträge, über das Entstehen von Schuldverhältnissen, über die Verpflichtung zum Schadensersatz, über familien- und erbrechtliche Angelegenheiten. Das bürgerliche Recht ist also nur ein Teil des Privatrechts, wenn auch der grundlegende und wichtigste Teil, der für das Verständnis der privatrechtlichen Sondergebiete unverzichtbar ist. Das bürgerliche Recht ist vorwiegend im Bürgerlichen Gesetzbuch (BGB) geregelt. Einige Spezialmaterien des bürgerlichen Rechts sind in Sondergesetzen geregelt. Zu erwähnen sind u.a. das Beurkundungsgesetz, das Lebenspartnerschaftsgesetz, das Produkthaftungsgesetz, auch das Unterlassungsklagengesetz oder das Wohnungseigentumsgesetz.
Zum Privatrecht, aber nicht zum bürgerlichen Recht gehör eine Reihe von Sonderrechtsgebieten, die sich im Laufe der Zeit für bestimmte Personengruppen oder für bestimmte Materien herausgebildet haben, die also nicht alle Bürger gleichermaßen angehen. Zu den bekanntesten gehört das Handelsrecht als das Sonderprivatrecht der Kaufleute. Völlig verselbstständigt hat sich das Arbeitsrecht als Sonderprivatrecht der abhängigen, unselbstständig tätigen Arbeitnehmer. Zu nennen wären auch das Recht der Personalgesellschaften und der Kapitalgesellschaften, Wechsel- und Scheckrecht, Wirtschaftsrecht wie etwa Wettbewerbsrecht, Kartellrecht, aber auch das Urheberrecht und das Recht der gewerblichen Schutzrechte.

MERKE

Das Privatrecht kann eingeteilt werden in das für jedermann geltende bürgerliche Recht und in die nur für bestimmte Personengruppen oder Materien geltenden Sonderprivatrechtsgebiete wie etwa Handelsrecht oder Arbeitsrecht. Das bürgerliche Recht ist vorwiegend, von wenigen Sondergesetzen abgesehen, im Bürgerlichen Gesetzbuch (BGB) geregelt.

3 GESCHICHTE UND GLIEDERUNG DES BGB

Die wichtigste Rechtsquelle auf dem Gebiet des bürgerlichen Rechts ist das Bürgerliche Gesetzbuch. Das BGB wurde am 18.08.1896 verkündet und trat am 01.01.1900 in Kraft. Bis dahin war das Privatrecht in Deutschland stark zersplittert. Im 18. und zu Beginn des 19. Jahrhunderts hatten die großen Länder jedenfalls noch eigene Kodifikationen erhalten, z.B.

- Bayern den Codex Maximilianeus Bavaricus Civilis von 1756,
- Preußen das Allgemeine Landrecht für die preußischen Staaten von 1794,
- Baden das Badische Landrecht von 1809,
- Österreich das Allgem. Bürgerl. Gesetzbuch für die gesamten Erbländer der österreichischen Monarchie von 1811,
- in den linksrheinischen Gebieten der Code Civil, 1804 von Napoleon eingeführt.

Alle diese z.T. ausgezeichneten Kodifikationen waren natürlich ein schweres Hindernis für die Schaffung eines einheitlichen deutschen Privatrechts, weil sich die Länder nur ungern von ihren Gesetzbüchern wieder trennen wollten. Erst mit der Errichtung des Deutschen Reiches von 1871 gab es dafür die ausreichende parlamentarische Grundlage. So trat dann nach 1871 eine Kommission bedeutender deutscher Juristen zusammen, die

in jahrelanger Arbeit einen ersten Entwurf ausarbeitete, der im Jahre 1888 veröffentlicht wurde. Dieser Entwurf stieß auf vielfache Kritik, die lautete: Der Entwurf sei zu undeutsch, zu stark vom römischen Recht geprägt. Die Sprache sei zu schwerfällig und störend sei die Überfülle von Verweisungen. Insbesondere werde auch den sozialen Anforderungen nicht Rechnung getragen.
Eine zweite Kommission trat 1890 zusammen, die diese wesentlichen Mängel beseitigte. Jedenfalls gewann der zweite Entwurf an Klarheit und Einfachheit der Sprache. Es folgten schließlich ein dritter Entwurf zwecks Vorlage an den Reichstag, sodann Verabschiedung und Inkrafttreten am 01.01.1900.
Bei aller auch heute noch geäußerten Kritik am BGB handelt es sich im Gegensatz zu manchen gesetzgeberischen Schnellschüssen unserer Zeit jedoch um ein insgesamt in sich schlüssiges, gut durchdachtes und praktikables Gesetzeswerk, das zumindest in seinen Grundstrukturen bis heute unverändert ist. Große Bereiche des Allgemeinen Teils, des Sachenrechts und des Erbrechts bestehen seit 1900 gänzlich unverändert fort. Andererseits musste sich das BGB in den über 100 Jahren seines Bestehens fortentwickeln. Insbesondere war es der Werteordnung des Grundgesetzes wie auch dem starken wirtschaftlichen und sozialen Wandel nach zwei Weltkriegen anzupassen. Die in den Auswirkungen stärksten Änderungen sind im Familienrecht zu verzeichnen. Hier waren in weiten Bereichen der Grundsatz der Gleichberechtigung von Frauen und Männern zu verwirklichen sowie auch der Grundsatz der Gleichstellung von ehelichen und nichtehelichen Kindern. Zu erwähnen sind auch die Abschaffung der Entmündigung von Erwachsenen sowie das eine stärkere Rechtsstellung Behinderter, psychisch Kranker und Gebrechlicher verwirklichende Betreuungsrecht. Auch im Schuldrecht gab es immer wieder Veränderungen. Zu nennen sind beispielsweise die häufigen Anpassungen des Mietrechts an die sozialen Verhältnisse. Die wohl einschneidendste Änderung des Schuldrechts wurde mit dem Inkrafttreten des Schuldrechtsmodernisierungsgesetzes am 01.01.2002 vorgenommen.
Unverändert ist bis heute die Gliederung des BGB in fünf Bücher:

1. Buch: Allgemeiner Teil (§§ 1–240). Hier hat der Gesetzgeber alle Regelungen zusammengezogen, die grundsätzlich für die anderen vier Bücher gleichermaßen gelten. Dagegen sind diese unter sich scharf getrennt. In der Sprache der Mathematik ausgedrückt: Allgemeingültige Regeln, etwa die über das Zustandekommen eines Vertrags, wurden sozusagen vor die Klammer gezogen.
1. Buch: Recht der Schuldverhältnisse (§§ 241–853). Hier regelt der Gesetzgeber die Rechtsbeziehungen von zwei oder mehreren Personen, aufgrund derer mindestens eine Person der anderen eine bestimmte Leistung schuldet.
2. Buch: Sachenrecht (§§ 854–1296). Es regelt im Gegensatz zum Schuldrecht den Besitz und die rechtlichen Beziehungen von Personen an Sachen. Wir werden noch sehen: Wer etwas gekauft, also einen schuldrechtlichen Vertrag geschlossen hat, ist noch nicht ohne weiteres der Eigentümer.
3. Buch: Familienrecht (§§ 1297–1921). Dieses Buch enthält die Vorschriften, die die Rechtsverhältnisse der durch Ehe oder Verwandtschaft verbundenen Personen sowie die Vormundschaft, Betreuung und Pflegschaft regeln.
4. Buch: Erbrecht (§§ 1922–2385). Es enthält die Gesamtheit der Vorschriften, die das Schicksal des Vermögens eines Verstorbenen betreffen.

II Rechtssubjekte

1 RECHTSFÄHIGKEIT DES MENSCHEN

Das deutsche bürgerliche Recht sieht die »Person« als alleiniges Bezugssubjekt bürgerlichrechtlicher Rechtsverhältnisse an. Rechtsbeziehungen sind nur vorhanden, wenn Personen existieren, die aufgrund ihres rechtlich erheblichen Handelns oder als Folge von anderen rechtlich bedeutsamen Ereignissen Träger von Rechten und Pflichten geworden sind. Träger von Rechten und Pflichten werden als Rechtssubjekte bezeichnet. Die Fähigkeit, Inhaber von Rechten und Pflichten, also Rechtssubjekt zu sein, nennt man Rechtsfähigkeit. Das BGB geht davon aus, dass jeder Mensch uneingeschränkt rechtsfähig ist. Die Rechtsfähigkeit des Menschen ist dem BGB so selbstverständlich, dass sie nicht ausdrücklich angeordnet wird. § 1 bestimmt nur, wann die Rechtsfähigkeit des Menschen beginnt, nämlich mit der Vollendung der Geburt. Die Rechtsfähigkeit des Menschen ist letztlich Folge der menschlichen Würde. Deshalb wird sie jedem Menschen zuerkannt, unabhängig von seinem Alter oder seinen körperlichen und geistigen Fähigkeiten. Sachen und Tiere, mögen sie auch als Gegenstand der Schöpfungsordnung zu pflegen und zu schützen sein (siehe z. B. Tier-, Denkmalschutzgesetz), erhebt die Rechtsordnung nicht zu Rechtssubjekten. Tiere sind somit nicht rechtsfähig, sie sind Rechtsobjekte. Es sind die Herrschaftsrechte der Rechtssubjekte, die sich auf die Rechtsobjekte beziehen. Der Eigentümer eines Hauses ist als Inhaber verschiedener Rechte Rechtssubjekt und das Haus, auf das sich diese Rechte beziehen, das Rechtsobjekt.

Die 89-jährige Millionärin kann ihre beiden Hunde nicht als Erben einsetzen, da sie nicht Rechtssubjekte, sondern Rechtsobjekte sind. Sie hätte verschiedene andere Möglichkeiten gehabt, für ihre Hunde zu sorgen. Sie hätte sie als ihr Eigentum anderen Personen oder ihr Vermögen unter Auflagen ihren Erben zukommen lassen können.

Mit dem Tod endet die Rechtsfähigkeit des Menschen. Auch dies ist für das BGB so selbstverständlich, dass eine dem § 1 entsprechende Regel fehlt. Auch der exakte Zeitpunkt des Todes ist für das BGB unproblematisch, obwohl dieser bei dem heutigen Stand der Medizin sehr umstritten sein kann. Mit dem Ende der Rechtsfähigkeit des Menschen würden jedoch alle auf ihn bezogenen Rechte und Pflichten subjektlos werden. Um dies zu vermeiden, setzt das BGB in § 1922 den oder die Erben an die Stelle des Verstorbenen.

Bei der Geburt der kleinen Tochter Anja stirbt die Mutter. Der Vater, Inhaber eines großen Unternehmens, kommt eine Woche später bei einem Unfall ums Leben. Geschwister hat Anja nicht. Hat der Vater kein Testament hinterlassen, wird Anja entsprechend §§ 1924, 1930 Erbin. Sie rückt also, obwohl erst eine Woche alt, im Augenblick des Todes des Vaters in alle Rechte und Pflichten, die der Vater hatte, ein. Sie wird auch Inhaberin seines Unternehmens. Das ist möglich, da sie vom Augenblick der Vollendung der Geburt an rechtsfähig ist. Natürlich kann Anja ihre Rechte noch nicht ausüben, sie ist noch nicht handlungsfähig. Es müsste daher ein Vormund bestellt werden.

Nach § 1923 Abs. 1 kann nur Erbe werden, wer zur Zeit des Erbfalles lebt. Hiervon macht § 1923 Abs. 2 jedoch eine Ausnahme, denn wer zur Zeit des Erbfalls noch nicht lebt, aber bereits gezeugt war, gilt als vor dem Erbfall geboren.

Der Vater ist zwei Monate vor der Geburt von Anja gestorben. Um zu vermeiden, dass sie, was ungerecht wäre, als Erbin völlig ausscheidet, die Mutter allein oder neben Verwandten erbt, hilft das Gesetz mit der Fiktion des § 1923 Abs. 2. Das Gesetz setzt damit zwecks Erreichung eines gerechten und billigen Ergebnisses einen bloß vorgestellten an die Stelle des wirklichen Sachverhalts. Auf diese Weise wird die Rechtsfähigkeit vorverlegt. Auch in § 844 Abs. 2 S. 2 dehnt das Gesetz den Schutz, d. h. die Möglichkeit zur Geltendmachung von Ersatzansprüchen, auf den bereits Erzeugten, aber noch nicht Geborenen aus.

MERKE

Rechtsfähigkeit ist die Fähigkeit, Träger von Rechten und Pflichten zu sein. Rechtsfähig ist jeder Mensch. Die Rechtsfähigkeit beginnt mit Vollendung der Geburt und endet mit dem Tod.

2 HANDLUNGSFÄHIGKEIT

Von der Rechtsfähigkeit ist die Handlungsfähigkeit zu unterscheiden. Sie setzt die Fähigkeit voraus, im juristischen Sinne verantwortlich handeln zu können, also Handlungen vornehmen zu können, die rechtliche Wirkungen haben. Dazu gehören Willens- und Einsichtsfähigkeit, die ein kleines Kind nicht hat.

Im Kaufhaus gibt es ein Sonderangebot preiswerter EM-Fußbälle. Der zehnjährige Tobias kauft einen dieser Bälle. Mit einem Sonntagsschuss zertrümmert er die Glasscheibe im nachbarlichen Wintergarten.

In diesem kleinen Beispiel geht es um zwei Fragen, die von rechtlichem Interesse sind: Ist der Kaufvertrag des zehnjährigen Tobias wirksam und muss er die zerstörte Glasscheibe bezahlen? Die erste Frage ist eine nach der Geschäftsfähigkeit des Tobias, die zweite eine nach seiner Deliktsfähigkeit. Die erste betrifft seine rechtsgeschäftliche Erklärung im Kaufhaus, nämlich die Willenserklärung beim Abschluss des Kaufvertrags, die zweite sein tatsächliches Handeln.

2.1 Geschäftsfähigkeit

Die Geschäftsfähigkeit ist die Fähigkeit, Rechtsgeschäfte wirksam vornehmen zu können.[1] Sie ist die Voraussetzung dafür, dass jemand eine Willenserklärung, also eine Erklärung

[1] Brox/Walker AT Rdnr. 222.

mit Rechtsfolgen, wirksam abgeben kann. Dafür muss er ein Mindestmaß an Einsichts- und Urteilsfähigkeit besitzen.
Nach § 104 Nr. 1 ist geschäftsunfähig, wer nicht das siebente Lebensjahr vollendet hat. Ein Minderjähriger, nach § 2 jeder noch nicht 18-jährige, der das siebente Lebensjahr vollendet hat, ist nach § 106 beschränkt geschäftsfähig. Unbeschränkt geschäftsfähig ist man danach mit 18 Jahren. Geschäftsunfähig ist nach § 104 Nr. 2 auch, wer sich in einem die freie Willensbestimmung ausschließenden Zustand krankhafter Störung der Geistestätigkeit befindet, sofern nicht der Zustand seiner Natur nach ein vorübergehender ist.
Ob der von Tobias abgeschlossene Kaufvertrag über den Fußball wirksam ist, beantwortet sich für den beschränkt geschäftsfähigen Tobias nach § 106, der auf die §§ 107–113 verweist. Nach § 107 bedarf er zum Kauf des Fußballs der Einwilligung seiner Eltern, denn der Kaufvertrag, mag der Ball noch so preisgünstig sein, verschafft ihm ja nicht lediglich einen rechtlichen Vorteil. Aus dem Kaufvertrag ergibt sich auch die rechtliche Pflicht, den Ball zu bezahlen, was einen rechtlichen Nachteil darstellt. Natürlich können seine Eltern den Kauf gem. § 108 auch nachträglich noch genehmigen. Haben sie weder eingewilligt noch genehmigt, käme eine Wirksamkeit des Kaufvertrags auch über § 110 (»Taschengeldparagraf«) in Betracht.
Für die Geschäftsfähigkeit gilt ein starrer, objektiv bestimmter Maßstab. Auch der noch so schlaue, geschäftserfahrene und mit allen Wassern gewaschene 17-Jährige unterliegt dem Minderjährigenschutz des Gesetzes und bedarf zur Wirksamkeit seiner Rechtsgeschäfte noch weitgehend der Zustimmung seiner gesetzlichen Vertreter.

2.2 Deliktsfähigkeit

Bei der Deliktsfähigkeit, definiert als die Fähigkeit, eine unerlaubte Handlung zu begehen, geht es darum, ob jemand für einen von ihm durch eine unerlaubte Handlung (§§ 823 ff.) angerichteten Schaden einstehen muss. Der Gesetzgeber unterscheidet auch hier nach § 828 grundsätzlich drei Stufen, wenn man einmal von dem Sonderfall des § 828 Abs. 2 absieht: Wer nicht das siebente Lebensjahr vollendet hat, ist für einen Schaden, den er einem anderen zufügt, nicht verantwortlich, d. h., er selbst muss den Schaden nicht ersetzen, bei Vernachlässigung der Aufsichtspflicht gegebenenfalls aber die Eltern. Ein nicht starrer Maßstab gilt sodann aber nach § 828 Abs. 3 für die Minderjährigen nach Vollendung des siebenten Lebensjahres. Hier wird auf die konkrete Einsichtsfähigkeit des Minderjährigen abgestellt und er haftet nur dann nicht, wenn diese zu verneinen ist.

Bei Tobias wäre daher zu fragen, ob ein zehnjähriger Junge wissen muss, dass man sich zum Fußballspiel besser einen Platz entfernt von großen Fenstern oder Glasscheiben sucht. Diese Einsicht wird man bei einem Zehnjährigen im Allgemeinen unterstellen dürfen.

MERKE

Bei der Handlungsfähigkeit kommt es darauf an, ob ein Mensch für sein Handeln verantwortlich gemacht werden kann. Das ist eine Frage der Willens- und der Einsichtsfähigkeit. Dabei unterscheidet das Gesetz:

Geschäftsfähigkeit: die Fähigkeit, durch eigene Willenserklärungen Rechte und Pflichten erwerben zu können.
Deliktsfähigkeit: die Fähigkeit, sich durch unerlaubte Handlungen zum Schadensersatz verpflichten zu können.

3 JURISTISCHE PERSONEN

Zu den Rechtssubjekten gehören neben den Menschen als den natürlichen Personen auch die juristischen Personen. Eine allgemein bekannte juristische Person ist der eingetragene Verein, ein Gebilde mit eigener Rechtsfähigkeit.

Tobias, 14 Jahre alt, ist Fan des Fußballvereins »Stramme Wade«. Empört über die achte Niederlage in Folge und die mangelnde kämpferische Einstellung der Spieler auf dem Platz wirft er nachts mehrere Scheiben des Vereinsheims ein und verunstaltet die Fassade mit aufgesprayten Hassparolen. Nachdem er als Täter überführt wird, möchte der Verein gegen ihn vorgehen.

Gäbe es neben den natürlichen keine juristischen Personen als Gebilde mit eigener Rechtsfähigkeit, wäre nun zu überlegen, wer der Geschädigte ist und wer gegen den Schädiger vorgeht und an wen Schadensersatz zu leisten ist. Im Zweifel müsste die Gesamtheit der Mitglieder in Erscheinung treten und entsprechend handeln, was sehr unpraktisch wäre. Will also ein solcher Verein am Rechtsverkehr und Wirtschaftsleben teilnehmen, ist es sinnvoll, ihm wie einer natürlichen Person Rechtsfähigkeit zu verleihen, ihn also zum eigenständigen Träger von Rechten und Pflichten zu machen. Im obigen Beispiel ist somit das Eigentum des Vereins verletzt, nicht das seiner Mitglieder. Der Verein kann vor Gericht auftreten und Tobias verklagen. Vereinsvermögen und das Vermögen der Mitglieder sind streng getrennt und der mit der Reparatur der Fensterscheiben beauftragte Handwerker wird seine Rechnung an den Verein und nicht an die Mitglieder schicken.
Neben dem Verein gibt es zahlreiche weitere juristischen Personen. Man unterscheidet zunächst juristische Personen des öffentlichen Rechts und juristische Personen des Privatrechts. Juristische Personen des öffentlichen Rechts sind einmal die Körperschaften, nämlich Personenverbände mit eigener Rechtsfähigkeit als selbstständige, von ihren Mitgliedern getrennte Einheiten zur Erreichung bestimmter Zwecke ihrer wechselnden Mitglieder. Dazu zählen die Gebietskörperschaften (Bund, Länder, Gemeinden), Kirchen, Kammern der berufsständischen Selbstverwaltung (z. B. Handwerkskammern), Universitäten und Fachhochschulen oder auch die Landschaftsverbände Rheinland und Westfalen. Weitere juristische Personen des öffentlichen Rechts sind die Anstalten und Stiftungen. Anstalten sind Organisationen, die von einer juristischen Person des öffentlichen Rechts zur Besorgung besonderer Angelegenheiten eingerichtet werden. Sie haben keine Mitglieder und sind anders als die Körperschaften keine Personenverbände (z. B. Bundesbank, Rundfunk- und Fernsehanstalten). Man unterscheidet allerdings rechtsfähige und nichtrechtsfähige Anstalten. Die rechtsfähige Anstalt hat ihre eigene rechtliche Selbstständigkeit i. d. R. durch Gesetz erlangt. Sie ist selbst Verwaltungsträger, im Unterschied zu den nichtrechtsfähigen Anstalten, die rechtlich lediglich ein unselbstständiger Teil eines Verwaltungsträgers sind,

etwa die Badeanstalt einer Gemeinde. Stiftungen schließlich sind Vermögens- und Güterzusammenfassungen mit eigener Rechtspersönlichkeit, wie etwa die Stiftung Preußischer Kulturbesitz mit Sitz in Berlin.
Juristische Personen des Privatrechts sind neben dem eingetragenen Verein die Aktiengesellschaft (AG), die Gesellschaft mit beschränkter Haftung (GmbH), die Genossenschaft und der Versicherungsverein auf Gegenseitigkeit. Natürlich gibt es auch Stiftungen des Privatrechts wie etwa die Volkswagen-Stiftung.
Daneben definiert das Gesetz nach § 14 Abs. 2 eine rechtsfähige Personengesellschaft als eine Personengesellschaft, die mit der Fähigkeit ausgestattet ist, Rechte zu erwerben und Verbindlichkeiten einzugehen. Hierzu zählen die Gesellschaft bürgerlichen Rechts sowie die offene Handelsgesellschaft (OHG), die Kommanditgesellschaft (KG) oder auch die GmbH & Co. KG. Für die Gesellschaft bürgerlichen Rechts war dies lange umstritten. Der BGH hat inzwischen auch für sie anerkannt, dass sie teilrechtsfähig ist, dass sie als Trägerin der in ihrem Namen begründeten Rechte und Pflichten anzusehen ist und insoweit auch klagen und verklagt werden kann.[2]
Während der Mensch seine Rechtsfähigkeit durch seine Geburt erlangt, beruht die Rechtsfähigkeit der juristischen Person auf einem Staatsakt, i. d. R. auf der Eintragung in ein öffentliches Register. So wird der Verein nach § 21 rechtsfähig mit der Eintragung in das Vereinsregister des zuständigen Amtsgerichts. Mit der Rechtsfähigkeit kann die juristische Person Rechte und Pflichten aller Art haben, nur solche nicht, die menschliche Eigenschaften voraussetzen. So kann eine Gemeinde oder eine Aktiengesellschaft keine Familienrechte haben; als Erbe kann sie jedoch eingesetzt werden. Sind natürliche wie juristische Personen also rechtsfähig, so ist die Handlungsfähigkeit nur dem Menschen gegeben. Die juristische Person handelt durch ihre Organe, etwa die Gemeinde durch ihren Bürgermeister, § 63 GO NRW. Für die juristische Person handeln also immer Menschen.

MERKE

Zu den Rechtssubjekten gehören auch die juristischen Personen. Es sind Rechtsgebilde mit eigener Rechtsfähigkeit, die klagen und verklagt werden können. Zu unterscheiden sind juristische Personen des öffentlichen und des privaten Rechts.

III Rechtsobjekte

Den Rechtssubjekten, also den natürlichen und den juristischen Personen als Trägern von Rechten und Pflichten, stehen die Rechtsobjekte gegenüber. Auf die Rechtsobjekte beziehen sich die Rechte und Pflichten der Rechtssubjekte, die Rechtsobjekte sind die Gegenstände ihrer Herrschaftsmacht.
Bei den Rechtsobjekten unterscheidet man grob zwischen Sachen, Tieren und Rechten. Ursprünglich gab es nur eine Zweiteilung und die Tiere wurden zu den Sachen gezählt. 1990 wurde § 90a in das BGB eingefügt, der lautet: »Tiere sind keine Sachen. Sie werden

[2] BGH NJW 2001, 1056.

durch besondere Gesetze geschützt. Auf sie sind die für Sachen geltenden Vorschriften entsprechend anzuwenden, soweit nicht etwas anderes bestimmt ist.«
Die Vorschrift hat gegenüber der vorherigen Rechtslage zu keinen wesentlichen Änderungen geführt. Sie ist eher eine rein deklaratorische, d.h. klarstellende Vorschrift, die lediglich deutlich machen soll, dass Tiere zwar nicht rechtlich, aber doch tatsächlich anders zu behandeln sind als Sachen. Von größerer Bedeutung für den Schutz der Tiere sind die Aufnahme des Tierschutzes als Staatsziel im Grundgesetz (Art. 20a) sowie das Tierschutzgesetz.

1 SACHEN

Bei den Sachen unterscheidet das BGB zwischen beweglichen und unbeweglichen Sachen.

1.1 Bewegliche und unbewegliche Sachen

Bewegliche Sachen sind alle Sachen, die nicht Grundstücke, Grundstücksbestandteile oder den Grundstücken gleichgestellt sind. Es sind körperliche Gegenstände, soweit sie nur beherrschbar sind. Auch Gas, Wasser oder Luft können daher als bewegliche Sachen angesehen werden, aber nur wenn sie in Behältnissen oder Flaschen abgefüllt und somit beherrschbar sind. Keine Sache ist das Licht, ebenfalls nicht die elektrische Energie.
Unbewegliche Sachen sind durch Vermessung abgegrenzte Teile der Erdoberfläche, die im Grundbuch als solche unter einer bestimmten Nummer eingetragen sind. Auch nicht wesentliche Bestandteile verlieren für die Dauer der Verbindung mit einem Grundstück die Eigenschaft einer beweglichen Sache.

1.2 Vertretbare und nicht vertretbare Sachen

Die §§ 90 ff. enthalten sodann im Hinblick auf Sachen einige Definitionen und Begriffsbestimmungen, die für das Schuldrecht sowie insbesondere für das Sachenrecht von Bedeutung sind. So wird nach § 91 zwischen vertretbaren und nicht vertretbaren Sachen unterschieden. Vertretbare Sachen sind danach solche beweglichen Sachen, die im Verkehr nach Zahl, Maß oder Gewicht bestimmt zu werden pflegen. Nach § 607 Abs. 1 S. 1 sind vertretbare Sachen z. B. Gegenstand eines Sachdarlehensvertrags.

> Die Hausfrau, die sich bei der Nachbarin drei Eier zum Backen »leiht«, schließt in Wirklichkeit einen Darlehensvertrag und keinen Leihvertrag, da sie ja nicht diese drei Eier zurückgeben will, sondern nur drei Eier gleicher Art und Güte. Eier sind also vertretbare Sachen, das Auto des Nachbarn oder sein Fahrrad wird man sich dagegen als nicht vertretbare Sache leihen.

Der Begriff der verbrauchbaren bzw. nicht verbrauchbaren Sachen (§ 92) spielt z. B. in § 1067 Abs. 1 eine Rolle. Verbrauchbare Sachen sind solche, deren bestimmungsmäßiger Gebrauch im Verbrauch oder in der Veräußerung, nicht in der bloßen Benutzung liegt.

1.3 Wesentliche Bestandteile und Zubehör

Von erheblicher praktischer Bedeutung sind die Begriffe »wesentlicher Bestandteil« und »Zubehör«. § 93 gibt zunächst eine Definition des Begriffs »wesentliche Bestandteile«. Es sind die Bestandteile einer Sache, die voneinander nicht getrennt werden können, ohne dass der eine oder der andere zerstört oder in seinem Wesen verändert wird. Anfängern bereitet diese Definition oft Schwierigkeiten. So halten sie den Motor eines Pkw für dessen wesentlichen Bestandteil. Das mag für den Autofreund gelten, aber nicht für den Juristen. So sagt nämlich § 93 weiter, dass wesentliche Bestandteile einer Sache nicht Gegenstand besonderer Rechte sein können. Diese Vorschrift, nach der eine Sache und ihre wesentlichen Bestandteile ein einheitliches rechtliches Schicksal haben sollen, verfolgt den Zweck, die nutzlose Zerstörung wirtschaftlicher Werte zu verhindern. Wesentlich sind also nicht die Bestandteile, die für eine Sache besonders wichtig sind, wie etwa der Motor eines Autos. Es kommt vielmehr darauf an, ob durch die Trennung der abgetrennte oder der zurückbleibende Teil zerstört oder in seinem Wesen verändert wird. Der Motor kann aber ausgebaut und in einen anderen Pkw derselben Marke und Serie eingebaut werden, der Wagen ohne Motor kann wieder mit einem neuen versehen werden. Damit können rechtstheoretisch der Motor und das übrige Auto verschiedenen Eigentümern gehören, die Autowerkstatt könnte sich das Eigentum am eingebauten neuen Motor bis zur Bezahlung durch den Kunden vorbehalten.

Von besonderer Wichtigkeit ist auch die Vorschrift des § 94 über die wesentlichen Bestandteile eines Grundstücks oder Gebäudes. Ein Grundstück und das darauf errichtete Haus können danach nicht verschiedenen Eigentümern gehören, denn das Haus ist wesentlicher Bestandteil des Grundstücks. Da in den Ballungsgebieten und in großen Städten die Bodenpreise oft unerschwinglich hoch sind, hat man, um auch weniger begüterten Schichten zu eigenen vier Wänden zu verhelfen, das Wohnungseigentum und das Erbbaurecht geschaffen. Nach dem BGB wäre es nicht möglich gewesen, dass die Wohnungen eines Hauses bzw. das Grundstück und das auf ihm errichtete Gebäude verschiedenen Eigentümern gehören, und so mussten Sonderregelungen erlassen werden, nämlich das Wohnungseigentumsgesetz und die Erbbaurechtsverordnung.

Die §§ 97 und 98 treffen Regelungen über das Zubehör. Zubehör sind bewegliche Sachen, die, ohne Bestandteile der Hauptsache zu sein, dem wirtschaftlichen Zwecke der Hauptsache zu dienen bestimmt sind und zu ihr in einem dieser Bestimmung entsprechenden räumlichen Verhältnis stehen. Die §§ 97 und 98 können bei Veräußerungen von Bedeutung sein. So wird nach § 311c das Zubehör im Zweifel mitverkauft und nach § 926 Abs. 1 S. 2 erstreckt sich die Veräußerung eines Grundstücks im Zweifel auch auf das Grundstückszubehör.

Bei einem Grundstück können Maschinen in einer Werkshalle, landwirtschaftliches Gerät auf einem Bauernhof oder der für die Heizung des Hauses noch vorhandene Ölvorrat Zubehör sein. Bei einem Auto die Fußmatten, der Wagenheber, der Reservereifen, der Verbandskasten usw.

Für verschiedene Teile des BGB sind auch die Begriffe »Früchte« und »Nutzungen« von Bedeutung, weshalb sie vorab in den §§ 99 und 100 näher definiert werden.

2 RECHTE

Auch Rechte können Rechtsobjekte sein. Man unterscheidet hier absolute und relative Rechte. Die absoluten Rechte sind von jedermann zu beachten. Zu ihnen zählen insbesondere die dinglichen und die beschränkten dinglichen Rechte. Relative Rechte sind solche, die nur zwischen einzelnen Personen gelten, insbesondere also Forderungen aus schuldrechtlichen Verträgen. Beide sind Gegenstand der Herrschaftsmacht von Rechtssubjekten. So kann man Inhaber einer Darlehensforderung sein, man kann sie wie ein Buch oder ein Fahrrad verkaufen und sie auf einen anderen übertragen. Dasselbe gilt auch für sog. Immaterialgüterrechte wie Urheber-, Patent- oder Markenrechte.

MERKE

Rechte und Pflichten der Rechtssubjekte beziehen sich auf Rechtsobjekte. Rechtsobjekte sind Sachen, Tiere und Rechte.
Das BGB unterscheidet zwischen beweglichen und unbeweglichen Sachen. Unbewegliche Sachen sind Grundstücke und deren Bestandteile. Alle anderen Sachen, soweit sie jedenfalls körperlich i. S. von greifbar oder beherrschbar sind, sind bewegliche Sachen. Vertretbare Sachen sind solche bewegliche Sachen, die im Verkehr nach Zahl, Maß oder Gewicht bestimmt zu werden pflegen.
Da sich das Eigentum und sonstige dinglichen Rechte möglichst auf die ganze Sache beziehen sollen, können wesentliche Bestandteile einer Sache nicht Gegenstand besonderer Rechte sein. Wesentliche Bestandteile einer Sache sind solche, die voneinander nicht getrennt werden können, ohne dass der eine oder der andere zerstört oder in seinem Wesen verändert wird.
Bei Veräußerungen insbesondere von Grundstücken spielt der Begriff »Zubehör« eine Rolle. Zubehör sind bewegliche Sachen, die, ohne Bestandteile der Hauptsache zu sein, dem wirtschaftlichen Zweck der Hauptsache zu dienen bestimmt sind und zu ihr in einem dieser Bestimmung entsprechenden räumlichen Verhältnis stehen.
Auch Rechte können Rechtsobjekte sein. Unterschieden werden absolute und relative Rechte. Die absoluten Rechte sind von jedermann zu beachten, relative Rechte gelten nur zwischen einzelnen.

IV Die Lehre vom Rechtsgeschäft

Rechtsfolgen werden begründet, d. h., es entstehen Rechte und Pflichten entweder durch Gesetz oder durch Rechtsgeschäft

In der Eingangshalle des Rathauses der Stadt Sidahausen stößt der Bürger Tim Berger aus Unachtsamkeit eine wertvolle Skulptur um, die dort aufgestellt war.
In § 823 Abs. 1 heißt es: Wer vorsätzlich oder fahrlässig das Eigentum eines anderen widerrechtlich verletzt, ist dem anderen zum Ersatz des daraus entstehenden Schadens verpflichtet. Hier wird die Rechtsfolge Schadensersatz schlicht dadurch begründet, dass der Tatbestand

des § 823 Abs. 1 durch eine vorsätzliche oder auch nur fahrlässige Handlung verwirklicht wurde. Die Rechtsfolge »Schadensersatz« tritt ein, wenn die nach dem Gesetz bestimmten Tatbestandsmerkmale gegeben sind, unabhängig davon, ob ihre Herbeiführung gewollt war oder nicht, und erst recht unabhängig davon, ob die Rechtsfolge gewollt war.
Die Stadt Sidahausen kauft beim Händler Heinz fünf Laptops zum Preis von 5.000 €.

Auch hier wird eine Rechtsfolge begründet. Nach § 433 Abs. 2 ist die Stadt verpflichtet, dem Verkäufer den vereinbarten Kaufpreis zu zahlen und die gekaufte Sache abzunehmen. Diese Rechtsfolge tritt aber nicht unmittelbar aufgrund eines Gesetzes ein, auch wenn sie dort aufgeführt wird. Voraussetzung für diese Rechtsfolge ist vielmehr ein Rechtsgeschäft, nämlich der zwischen der Stadt und dem Verkäufer geschlossene Kaufvertrag. Dieser Kaufvertrag besteht aus zwei sich deckenden Willenserklärungen, d. h., die Rechtsfolgen werden bewusst und gewollt herbeigeführt. Im Folgenden geht es ausschließlich um die Begründung von Rechtsfolgen durch ein Rechtsgeschäft.
Bei den Rechtsgeschäften unterscheidet man einseitige und zwei- oder mehrseitige Rechtsgeschäfte. Einseitige Rechtsgeschäfte enthalten nur eine Willenserklärung, die für sich allein die Rechtsfolge begründet. Die bekanntesten Beispiele für solche einseitigen Rechtsgeschäfte sind die Erbeinsetzung durch Testament (§ 1937) die Auslobung (§ 657) aber auch die Anfechtung, die Kündigung und der Rücktritt. Die Regel ist jedoch das zwei- oder das mehrseitige Rechtsgeschäft, nämlich der Vertrag. Hier einigen sich zwei oder auch mehrere Personen auf die Herbeiführung bestimmter Rechtsfolgen.

MERKE

Das Rechtsgeschäft ist ein Tatbestand, der als wesentlichen Bestandteil eine oder mehrere Willenserklärungen enthält und aufgrund dessen eine Rechtsfolge entsprechend dem Inhalt der Willenserklärungen eintritt.
Wesentliches Element des Rechtsgeschäfts ist somit die Willenserklärung, nämlich die Erklärung einer Person, die den auf Herbeiführung einer Rechtsfolge gerichteten Willen zum Ausdruck bringt.
Bei den Rechtsgeschäften unterscheidet man einseitige und zwei- oder mehrseitige Rechtsgeschäfte = Verträge. Die ersteren enthalten nur eine Willenserklärung, die Verträge zwei oder mehrere sich deckende Willenserklärungen.

Da der wichtigste Bestandteil des Rechtsgeschäfts die Willenserklärung ist und da die meisten Rechtsgeschäfte Verträge sind, sind nun zwei Fragen zu behandeln, nämlich:

1. Wann liegt eine wirksame Willenserklärung vor?
2. Wie kommt ein Vertrag zustande?

1 DIE WILLENSERKLÄRUNG

Die Willenserklärung hat einen äußeren und einen inneren Tatbestand, nämlich die Erklärung und den Willen.

1.1 Erklärung

Erklärung ist jedes Verhalten, das den Schluss auf einen Geschäftswillen zulässt. Die Erklärung ist das erkennbare Äußern eines Willens. Wie dies geschieht, ist gleichgültig. In der Regel wird eine solche Erklärung ausgesprochen oder auch geschrieben. An die Formulierung einer Willenserklärung sind keine hohen oder juristischen Anforderungen zu stellen. Mit den dürren Worten »wie immer« macht der Kunde im Friseursalon ein Angebot zum Abschluss eines Werkvertrags. Der Gast sagt nur: »Ein Bier«, und der Ober bringt es. Damit haben beide Seiten die erforderlichen Willenserklärungen zum Abschluss eines Kaufvertrags über ein Bier abgegeben. Der Wille muss also auch nicht in allen Einzelheiten geäußert werden. Nach der Definition genügt für den Erklärungstatbestand sogar ein sog. konkludentes oder schlüssiges Verhalten. Der Ober stellt wortlos ein weiteres Glas Bier hin und der Gast trinkt es aus. Hier werden beide zum Abschluss des Kaufvertrags notwendigen Willenserklärungen durch schlüssiges Verhalten zum Ausdruck gebracht. Auch beim Einkauf im Supermarkt wird kein Wort gesprochen. Der gefüllte Warenkorb wird zur Kasse geschoben und dort scannt die Kassiererin den Preis ein.

1.2 Wille

Der Wille gehört zum inneren Tatbestand der Willenserklärung. In der Regel handelt es sich um den **Geschäftswillen,** also den Willen, bestimmte Rechtsfolgen durch eine Erklärung herbeizuführen. Im Normalfall ist ein solcher Geschäftswille bei komplizierten Verträgen wie bei den einfachen Rechtsgeschäften des täglichen Lebens vorhanden. Wer beim Bäcker vier Brötchen verlangt, will die Brötchen gegen Zahlung des üblichen Kaufpreises erwerben und er weiß insbesondere, dass er zur Zahlung verpflichtet ist, er kennt also die für ihn bedeutsame Rechtsfolge. Die folgenden Beispiele zeigen aber, dass es bei der Feststellung des Geschäftswillens auch Schwierigkeiten geben und es zu Zweifeln kommen kann, ob der innere Tatbestand einer Willenserklärung und damit eine Willenserklärung überhaupt vorliegt.

Paul hat im Biergarten nur noch Augen und Ohren für seine neue Freundin. Er ist mit ihr so beschäftigt, dass er nicht merkt, dass der Ober ihm einen zweiten Krug Bier hingestellt hat. Er trinkt ihn aus in der Annahme, es sei noch der erste Krug, und will auch später nur einen Krug Bier bezahlen.

Ein berühmter Schulfall: Ralf sieht in einer Auktion einen guten Bekannten und winkt ihm zu. Er hat dabei nicht bedacht, dass Handhochheben in einer Versteigerung die Abgabe eines Gebotes bedeutet. Er erhält den Zuschlag für das zur Versteigerung stehende Bild zum Preis von 12.000 €.

Der zuständige Sachbearbeiter Immelmann soll für die Stadtverwaltung fünf Kopierer leasen. Da er das umfangreiche Vertragsformular nicht mit der gebotenen Sorgfalt liest, unterschreibt er einen Kaufvertrag über fünf Kopierer statt sie zu leasen.

Im letzteren Beispiel liegt eine Willenserklärung des Oberinspektors vor. Es liegt auch ein bestimmter Geschäftswille vor. Dieser deckt sich allerdings nicht mit der Erklärung, d. h., äußerer und innerer Tatbestand stimmen nicht überein. Die Willenserklärung ist fehlerhaft und kann u. U. angefochten werden, was jedoch später zu behandeln ist.

1.2.1 Handlungs- und Erklärungsbewusstsein

Für den inneren Tatbestand der Willenserklärung wird also ein Geschäftswille, d.h. der Wille, bestimmte Rechtsfolgen durch eine Erklärung herbeizuführen, gefordert. Ist ein solcher Wille nicht feststellbar, wurde als Mindesttatbestand jedoch lange ein Handlungs- und ein Erklärungsbewusstsein verlangt.
Eine Willenserklärung liegt mangels inneren Tatbestands nicht vor, wenn derjenige, der einen äußeren Erklärungstatbestand veranlasst, nicht weiß, dass er überhaupt handelt, oder wenn er gewaltsam zum Handeln gezwungen wird. Die unter Hypnose abgegebene Erklärung oder das Kopfnicken des schlafenden Gastes können ebenso wenig als Willenserklärungen gelten, wie wenn jemand mit vorgehaltener Pistole zur Unterschrift gezwungen wird.
Das Erklärungsbewusstsein ist das Bewusstsein, überhaupt rechtserheblich zu handeln, also irgendeine rechtsgeschäftliche Erklärung abzugeben. Es fehlt, wenn der Handelnde nicht weiß, dass sein Handeln nach außen rechtsgeschäftliche Bedeutung hat. Auch das Erklärungsbewusstsein wurde lange für die innere Tatbestandsseite der Willenserklärung als unentbehrlich angesehen. In den beiden ersteren obigen Beispielen würden demnach keine Willenserklärungen vorliegen. Der BGH hat jedoch später[3] anders entschieden. In seiner z.T. scharf kritisierten Entscheidung geht er davon aus, dass trotz fehlenden Erklärungsbewusstseins eine Willenserklärung vorliegt, wenn der Erklärende bei Anwendung der im Verkehr erforderlichen Sorgfalt hätte erkennen und vermeiden können, dass seine Äußerung nach Treu und Glauben und der Verkehrssitte als Willenserklärung aufgefasst werden durfte, und wenn der Empfänger sie auch tatsächlich so verstanden hat. Das fehlende Erklärungsbewusstsein Ralfs im zweiten Beispiel ist danach wie ein Erklärungsirrtum[4] zu behandeln. Ralf kann seine Erklärung anfechten, muss aber u.U. Schadensersatz nach § 122 leisten. Im ersten Beispiel wäre von Paul der Wert des Bieres nach § 122 zu ersetzen. Das Erklärungsbewusstsein wird nach heute herrschender Meinung nicht mehr als notwendiger Bestandteil der Willenserklärung angesehen.

1.2.2 Rechtsbindungswille

Kein zusätzliches Tatbestandsmerkmal, sondern lediglich ein Aspekt des Geschäftswillens ist der Rechtsbindungswille, der die Prüfung der Willenserklärung erleichtert, falls Zweifel bestehen, ob der Erklärende sich wirklich verpflichten wollte. Besonders bei Gefälligkeiten sind der Rechtsbindungs- und damit der Geschäftswille oft zweifelhaft. Der Rechtsbindungswille fehlt, wenn der Student seinem Freund sagt, er wolle mit ihm am nächsten Wochenende zum Bundesligaspiel nach Schalke fahren, oder wenn er seiner Freundin verspricht, sie am Abend zum Essen einzuladen. Dies sind im allgemeinen Sprachgebrauch zwar Willenserklärungen, nicht aber im rechtlichen Sinne. Mangels zivilrechtlicher Willenserklärung können der Freund und die Freundin keine Ansprüche erheben. Zu beachten ist, dass es hier aber auch Abgrenzungsschwierigkeiten zu den Gefälligkeitsverträgen wie Schenkung, Leihe, Verwahrung oder Auftrag geben kann. Der Rechtsbindungswille

---

[3] BGH 91, 324; 109, 171; BGH NJW 2002, 3629.

[4] S. unter IV 2.1.1.2.

fehlt ebenfalls, wenn der Erklärende ein Rechtsgeschäft nur vorbereiten will. Wenn der Geschäftsinhaber im Schaufenster Waren oder der Gastwirt eine Speisekarte auslegt oder wenn jemand Prospekte versendet, so will er damit einen anderen auffordern, seinerseits eine Willenserklärung, nämlich ein Angebot, abzugeben (»invitatio ad offerendum«). Er will sich keinesfalls binden, denn er weiß ja nicht, in welchem Umfang eine Nachfrage nach seiner Leistung besteht und ob seine Leistungsfähigkeit zur Erfüllung ausreicht.

1.3 Fehlerhafte Willenserklärung

Wenn später ausführlich von fehlerhaften Rechtsgeschäften die Rede sein soll, muss hier schon ein kleiner Teil vorweggenommen werden, nämlich das Problem der fehlerhaften Willenserklärung. Genauer geht es um die Frage, welche Bedeutung ein Auseinanderfallen von Wille und Erklärung hat oder: Welche Bedeutung hat das vollständige oder teilweise Fehlen eines der Erklärung entsprechenden Willens für Tatbestand und Gültigkeit der Willenserklärung?

Die zuständige Sachbearbeiterin der Stadt Sisahausen unterschreibt ein Kaufvertragsformular, obwohl die Sache nur gemietet werden sollte.

Die §§ 116–124 enthalten Regelungen über die fehlerhafte Willenserklärung, wobei drei Gruppen zu unterscheiden sind:

1. §§ 116–118: Auseinanderfallen von Wille und Erklärung, das dem Erklärenden bewusst ist
2. § 119: Irrtum bei der Erklärung, d. h. unbewusstes Auseinanderfallen von Wille und Erklärung
3. § 123: Unlautere Einflussnahme auf die der Willenserklärung zugrunde liegende Willensbildung

Die Fälle unter 2.) und 3.) sollen aus systematischen und aus Schwierigkeitsgründen später, die unter 1.) als in der Praxis nicht so bedeutend kurz vorab behandelt werden.
Gem. § 116 S. 1 ist eine Willenserklärung nicht deshalb nichtig, weil sich der Erklärende insgeheim vorbehält, das Erklärte nicht zu wollen.

Bei der Versteigerung eines Bildes bietet Berti Meier nur deshalb mit, um den Preis hochzutreiben. Tatsächlich will er das Bild selbst nicht ersteigern. Als schließlich niemand mehr mitbietet, erhält er den Zuschlag. Nun erklärt er, er wolle das Bild gar nicht haben.

Das Angebot ist also gültig.

Wie ist die Rechtslage, wenn Berti Meier im Einvernehmen mit dem Versteigerer handelt, um in beider Interesse den Preis hochzutreiben?
Hier kennt derjenige, demgegenüber das Gebot abgegeben wird, den Vorbehalt. Er ist daher nicht schutzwürdig, das Gebot ist nach § 116 S. 2 nichtig. Die Nichtigkeit ergibt sich auch aus § 117 Abs. 1, weil der Versteigerer den geheimen Vorbehalt nicht nur kennt, sondern das Gebot sogar mit seinem Einverständnis nur zum Schein abgegeben wird.

Arnold Krause verkauft dem Berti Meier ein Grundstück zum Preis von 120.000€. Um Gerichts- und Notarkosten sowie Grunderwerbssteuer zu sparen, geben sie beim Notar 80.000€ an. Wie ist die Rechtslage?

Der mit dem Kaufpreis von 80.000€ beurkundete Grundstückskaufvertrag ist nicht gewollt. Da dieser Betrag nur zum Schein erklärt worden ist, sind die entsprechenden Willenserklärungen und damit der Kaufvertrag über 80.000€ gem. §117 Abs.1 nichtig. Durch das Scheingeschäft wird der Kaufvertrag mit dem Preis von 120.000€ verdeckt. Die für dieses Rechtsgeschäft geltenden Vorschriften finden Anwendung, §117 Abs.2. Das zwischen Arnold Krause und Berti Meier Gewollte ist aber nicht beurkundet. Da für Grundstückskaufverträge nach §311b Abs.1 S.1 notarielle Beurkundung vorgesehen ist, ist der nur mündlich abgeschlossene Kaufvertrag mit dem Preis von 120.000€ nach §125 S.1 nichtig. Wird das Grundstück aufgelassen und erfolgt die Eintragung im Grundbuch, so wird der Formmangel dieses Rechtsgeschäfts über 120.000€ nach §311b Abs.1 S.2 geheilt und der Vertrag wirksam.
Die Scherzerklärung schließlich ist eine Willenserklärung, deren Rechtsfolge vom Erklärenden nicht ernstlich gewollt ist und die anders als beim geheimen Vorbehalt in der Erwartung abgegeben wird, dass der Mangel der Ernstlichkeit vom Empfänger auch nicht verkannt wird. Eine solche Erklärung ist nach §118 nichtig.

MERKE

Die Willenserklärung ist eine private Willensäußerung, die auf die Herbeiführung einer Rechtsfolge gerichtet ist. Sie hat einen äußeren und einen inneren Tatbestand, nämlich die Erklärung und den Willen.
Die Erklärung ist jedes Verhalten, das den Schluss auf einen Geschäftswillen zulässt. In der Regel wird die Erklärung ausgesprochen oder auch geschrieben. Es genügt aber auch sog. schlüssiges (konkludentes) Verhalten.
Für den inneren Tatbestand wird ein Geschäftswille, also der Wille, bestimmte Rechtsfolgen durch eine Erklärung herbeizuführen, gefordert. Als Mindesttatbestand wurde ursprünglich ein Handlungs- und ein Erklärungsbewusstsein verlangt. Die heute h.M. geht jedoch davon aus, dass trotz fehlenden Erklärungsbewusstseins eine Willenserklärung jedenfalls dann vorliegt, wenn der Erklärende bei Anwendung der im Verkehr erforderlichen Sorgfalt hätte erkennen und vermeiden können, dass seine Äußerung als Willenserklärung aufgefasst werden konnte und auch wurde.
Kein zusätzliches Tatbestandsmerkmal, sondern lediglich ein Aspekt des Geschäftswillens ist der Rechtsbindungswille, der die Prüfung der Willenserklärung erleichtert, wenn Zweifel bestehen, ob der Erklärende, etwa bei Gefälligkeitszusagen des täglichen Lebens, sich wirklich rechtlich verpflichten wollte.

---

2 ABGABE DER WILLENSERKLÄRUNG

Der vollständige Tatbestand einer Willenserklärung setzt voraus, dass die Willenserklärung auch abgegeben wurde. Die Abgabe ist also kein zusätzliches Merkmal. Vielmehr ist die

Abgabe mit der Willenserklärung untrennbar verbunden. Erst mit der Abgabe wird die Willenserklärung rechtlich existent.
Eine Abgabe liegt vor, wenn der Erklärende seinen rechtsgeschäftlichen Willen erkennbar so geäußert hat, dass an der Endgültigkeit der Äußerung kein Zweifel möglich ist. Bei empfangsbedürftigen Willenserklärungen unter Abwesenden muss hinzukommen, dass sie mit Willen des Erklärenden so in Richtung des Empfängers auf den Weg gebracht wurden, dass unter normalen Umständen mit dem Zugang beim Empfänger gerechnet werden konnte. Normalerweise bereitet die Abgabe der Willenserklärung keine Schwierigkeiten und ist daher auch nicht vertieft zu prüfen. So ist eine mündliche Erklärung unter Anwesenden mit dem Ausspruch abgegeben, eine schriftliche Erklärung unter Abwesenden z. B. mit Übergabe an einen Boten oder mit Einwurf in den Postbriefkasten.

Stadtoberinspektor Odental hat, weil er nicht vollständig ausgelastet ist, im Büro neben der dienstlichen Post auch eine Privatsache erledigt, nämlich einen Bestellschein für einen Wäschetrockner ausgefüllt und unterschrieben. Er lässt ihn jedoch zunächst auf dem Schreibtisch liegen, um die Angelegenheit nach Feierabend mit seiner Frau zu besprechen. In der Annahme, es handele sich um liegengebliebene Dienstpost, gab eine zur Ausbildung dem Amt zugewiesene Inspektoranwärterin das Schreiben in den Postausgang. Da Frau Odental keinen Wäschetrockner wünscht, fragt nun Herr Odental nach der Rechtslage.

Im obigen Beispiel kann jedoch von einer willentlichen Abgabe nicht die Rede sein, die Willenserklärung ist Herrn Odental abhanden gekommen; er hat sie jedenfalls nicht willentlich und bewusst auf den Weg gebracht. Damit liegt keine Willenserklärung, also kein Angebot vor. Ein Kaufvertrag konnte somit nicht zustande kommen und Odentals sind nicht zur Abnahme und Bezahlung des Wäschetrockners verpflichtet. Ob sie dem Lieferanten Vertrauensschaden zu ersetzen haben, etwa die Kosten einer vergeblichen Anlieferung, soll hier nicht näher erörtert werden. Über eine analoge Anwendung des § 122 wird diese Möglichkeit vielfach bejaht.[5]

MERKE

Die Abgabe ist kein zusätzliches Merkmal der Willenserklärung. Sie ist vielmehr mit der Willenserklärung untrennbar verbunden; erst mit der Abgabe wird die Willenserklärung rechtlich existent.
Eine mündliche Erklärung ist abgegeben, wenn der Erklärende sie ausgesprochen hat. Schriftliche Erklärungen gelten als abgegeben, wenn der Erklärende die Erklärung willentlich so auf den Weg gebracht hat, dass unter normalen Umständen mit dem Zugang beim Empfänger gerechnet werden kann.

[5] Medicus, Rdnr. 266.

3 ZUGANG DER WILLENSERKLÄRUNG

Während die Abgabe noch zum Tatbestand der Willenserklärung gehört, also ohne Abgabe keine Willenserklärung vorliegt, kann das Gesetz bestimmen, dass weitere Voraussetzungen vorliegen müssen, damit die Willenserklärung wirksam wird und Rechtsfolgen auslöst. Nach der Vorschrift des § 130 handelt es sich dabei vor allem um den Zugang. Der Wortlaut dieser Vorschrift, wonach eine Willenserklärung, die einem anderen gegenüber abzugeben ist, dann wenn sie in dessen Abwesenheit abgegeben wird, in dem Zeitpunkt wirksam wird, in welchem sie ihm zugeht, macht es notwendig, zunächst zwischen empfangsbedürftigen (»die einem anderen gegenüber abzugeben ist«) und nicht empfangsbedürftigen Willenserklärungen zu unterscheiden.

3.1 Nicht empfangsbedürftige Willenserklärungen

Die nicht empfangsbedürftigen Willenserklärungen sind selten, denn nur ausnahmsweise richtet sich eine Willenserklärung nicht an eine bestimmte Person. Die bekannteste nicht empfangsbedürftige Willenserklärung ist das Testament. Nach § 1937 kann der Erblasser durch »einseitige« Verfügung von Todes wegen den Erben bestimmen. Der Bedachte wird also im Zeitpunkt des Todes des Erblassers Erbe auch dann, wenn er das Testament nicht kannte oder auch nie etwas davon gehört oder gesehen hat. Ausnahmsweise hat er eine Rechtsfolge hinzunehmen, sie wird ihm aufgezwungen. Dies war aber aus der Sicht des Gesetzgebers notwendig, damit das Vermögen des Verstorbenen sofort mit dessen Tod wieder jemandem zugeordnet werden kann, es also nicht im rechtsfreien Raum schwebt. Der Erbe mag, wenn er die Erbschaft nicht antreten will, diese dann ausschlagen, was allerdings innerhalb einer gesetzlich bestimmten Frist geschehen muss. Weitere weniger relevante Fälle einer nicht empfangsbedürftigen Willenserklärung sind Auslobung und Eigentumsaufgabe (§§ 657 und 959).

3.2 Empfangsbedürftige Willenserklärungen

Der Normalfall der Willenserklärung ist die empfangsbedürftige Willenserklärung. Dazu gehören sämtliche Willenserklärungen, die im Zusammenhang mit der Schließung von Verträgen und deren Abwicklung abgegeben werden. Aber auch die Willenserklärung eines einseitigen Rechtsgeschäfts bedarf, von den o. g. Ausnahmen Testament, Auslobung und Eigentumsaufgabe abgesehen, des Zugangs beim Erklärungsempfänger. So ist es selbstverständlich, dass die Kündigung dem Empfänger zugehen muss, wenn sie wirksam werden soll.

3.3 Zugang unter Anwesenden

Über den Zugang der Willenserklärung unter Anwesenden sagt das Gesetz nichts. Offenbar hat es diesen Fall als unproblematisch angesehen, was in der Regel auch zutrifft. Die schriftliche Willenserklärung unter Anwesenden ist zugegangen, wenn sie dem anderen übergeben wurde. Die mündliche Erklärung geht im Normalfall zu, wenn sie ausgesprochen wurde und der andere sie wahrnimmt. Eine nicht oder falsch verstandene Erklärung muss aber im Interesse des Schutzes des Rechtsverkehrs wirksam sein, wenn der Erklärende nach den für ihn erkennbaren Umständen davon ausgehen durfte, dass der Empfänger sie richtig und vollständig verstanden habe.[6]

3.4 Zugang unter Abwesenden

Erklärungen unter Abwesenden werden in dem Zeitpunkt wirksam, in dem sie dem Empfänger zugehen (§ 130 Abs. 1 S. 1). Zugegangen ist eine Willenserklärung dann, wenn sie so in den Herrschaftsbereich des Empfängers gelangt ist, dass dieser die Möglichkeit hat, von ihr Kenntnis zu nehmen und unter normalen Umständen mit der Kenntnisnahme auch zu rechnen ist.

Herr Römer hat eine größere Wohnung gefunden und möchte seine bisherige kündigen. Am 03.09., einem Freitag, wird er von einem Bekannten darauf aufmerksam gemacht, die Kündigung müsse schriftlich, und zwar spätestens am dritten Werktag eines Kalendermonats zum Ablauf des übernächsten Monats, erfolgen. Da er ab 01.12. keine Miete mehr zahlen möchte, verfasst er schnell ein Kündigungsschreiben an seinen Vermieter und bittet seinen Bekannten, dieses Schreiben noch heute beim in dessen Nähe wohnenden Vermieter abzugeben. Da der Bekannte erst später nach Haus kommt, wirft er das Kündigungsschreiben gegen 23.15 Uhr in den Briefkasten des Vermieters.

Zunächst: Der Bekannte hat recht. Nach § 573c Abs. 1 S. 1 hat der Mieter eine dreimonatige Kündigungsfrist zu beachten. Die Kündigung ist nach dieser Vorschrift spätestens am dritten Werktag eines Kalendermonats zum Ablauf des übernächsten Monats zulässig. Auch bedarf die Kündigung nach § 568 Abs. 1 der schriftlichen Form. Es stellt sich also die Frage, ob Herr Römer wirksam zum Ablauf des Monats November gekündigt hat. Hier erkennt man die Bedeutung des Wirksamwerdens einer Willenserklärung:

- In erster Linie bedeutet es, dass nun der Erklärende an seine Erklärung gebunden ist (§§ 130 Abs. 1 S. 2, 145).
- Mit Wirksamwerden der Willenserklärung geht das Risiko, dass die Erklärung, z. B. der Brief, verloren geht, auf den Adressaten über.
- Soweit die Erklärung wie im obigen Beispiel fristgebunden ist, entscheidet der Zugang darüber, ob die Frist eingehalten wurde.

Da der Brief noch am Freitag, den 03.09. in den Briefkasten des Vermieters gelangte, könnte man meinen, die Kündigung sei noch gerade rechtzeitig erfolgt. Nach der o. g. Zugangsdefinition ist sie zumindest durch Einwurf in den Briefkasten des Vermieters in dessen Herrschaftsbereich gelangt. Grundsätzlich bestand auch für den Vermieter die Möglichkeit der Kenntnisnahme, denn sein Briefkasten ist für ihn jederzeit zugänglich, auch kurz vor Mitternacht, wenn er spät nach Hause kommt. Der Zugang scheitert jedoch an der dritten Voraussetzung, denn unter normalen Umständen, also in der Regel, wird man gegen 23.15 Uhr nicht mehr nach Post im Briefkasten schauen. Selbst wenn dies der Vermieter ausnahmsweise getan hätte, wäre der Zugang nicht mehr am 3. September erfolgt. Hätte der Bekannte den Vermieter »aus dem Bett geklingelt« und hätte der das Schreiben entgegengenommen, wäre das sicherlich unhöflich gewesen, die Rechtslage wäre aber dann anders

[6] Palandt/Ellenberger, § 130 Rdnr. 14.

zu beurteilen. Nach allgemein herrschender Meinung gehen bis 18.00 Uhr eingeworfene Briefe noch am selben Tag zu, da die Post vielfach erst nachmittags zugestellt wird und die meisten Arbeitnehmer auch erst am späten Nachmittag nach Hause kommen.
Die Regelung über den Zugang und damit auf das Wirksamwerden von Willenserklärungen sind gem. § 130 Abs. 3 auf amtsempfangsbedürftige Erklärungen entsprechend anzuwenden. Dies gilt z. B. für Erklärungen gegenüber einer Gemeinde nach § 976.

MERKE

Nicht empfangsbedürftige Willenserklärungen (z. B. Auslobung oder Testament) werden bereits mit Abgabe wirksam. Die meisten Willenserklärungen sind jedoch empfangsbedürftig. Für empfangsbedürftige Willenserklärungen unter Abwesenden bestimmt § 130, dass sie erst mit Zugang wirksam werden.
Zugegangen ist eine Willenserklärung dann, wenn sie so in den Herrschaftsbereich des Empfängers gelangt ist, dass dieser die Möglichkeit hat, von ihr Kenntnis zu nehmen, und unter normalen Umständen mit der Kenntnisnahme auch zu rechnen ist.

4 ZUSTANDEKOMMEN VON VERTRÄGEN

Das wesentliche Element des Vertrage ist die Einigung. Sie besteht aus zwei sich deckenden Willenserklärungen. Hierbei kommt es auf zwei Fragen an:

a) Stimmen die beiden Willenserklärungen überein?
b) Haben sie einen ausreichenden Inhalt, d. h., erfasst die Einigung alle erforderlichen Punkte?

Sind beide oder ist nur eine der beiden Fragen zu verneinen, kommt kein Vertrag zustande.

Schreibt Werner an Erika: »Ich will Dir mein Auto verkaufen«, und antwortet Erika: »Ich möchte Dein Auto für ein Jahr mieten«, so stimmen die Willenserklärungen nicht überein. Schreibt er aber: »Ich möchte Dir mein Auto verkaufen« und sie schreibt zurück: »Ja, ich möchte Dein Auto kaufen«, dann stimmen die beiden Willenserklärungen zwar überein, aber sie haben keinen ausreichenden Inhalt. Ein wesentlicher Punkt des Kaufvertrags wird nicht erfasst, nämlich der Kaufpreis. Somit kommt auch hier kein Kaufvertrag zustande.

Zunächst aber zu den beiden übereinstimmenden Willenserklärungen. Man nennt sie auch Angebot – das Gesetz spricht in den §§ 145 ff. von Antrag – und Annahme.

4.1 Angebot

Markus möchte mit seiner Freundin Sabrina drei Tage in Berlin verbringen. Am 02.10. schreibt er an das Hotel »Flensburger Hof« und bittet unter Bezugnahme auf den gültigen Hotelprospekt um ein Doppelzimmer für zwei Übernachtungen mit Frühstück vom 05.10. bis 07.10. Als er mit seiner Freundin am 5. Oktober in Berlin eintrifft, ist für ihn ein Doppelzimmer entsprechend seinem Wunsch reserviert. Da ihm das Hotel zu weit von der City entfernt liegt, möchte er das Zimmer nicht nehmen. Er meint, ein Beherbergungsvertrag sei nicht zustande gekommen, da er ja keine Antwort auf sein Schreiben erhalten habe.

Natürlich kann sich Markus ein anderes Hotel näher am Zentrum der Stadt suchen. Aber er müsste dennoch das Doppelzimmer im Hotel »Flensburger Hof« bezahlen, wenn mit diesem Hotel ein Beherbergungsvertrag zustande gekommen ist. Erforderlich wären zwei sich deckende Willenserklärungen, Angebot und Annahme. Ein Angebot ist abgegeben, wenn eine Willenserklärung vorliegt, die alle für den Vertragsschluss wesentlichen Punkte enthält. Das Angebot muss so beschaffen sein, dass es durch bloßes »Ja« angenommen werden kann. Ein solches Angebot hat Markus gemacht. Das Angebot enthält klare Angaben zur Art des Zimmers (Einzel-/Doppelzimmer) und zur Dauer des Aufenthalts. Wenn zum Preis nichts gesagt ist, so ist dies unschädlich, da Markus auf den Hotelprospekt Bezug nimmt. Der Hotelier kann davon ausgehen, dass ihm die Preise bekannt sind. Das Angebot ist dem Hotel auch rechtzeitig zugegangen, wie aus der Reservierung ersichtlich wird. Damit liegt ein wirksames Angebot vor.

4.2 Annahme

Auch die Annahme des Angebots ist eine Willenserklärung. Aber auch diese Willenserklärung wird grundsätzlich erst mit ihrem Zugang beim Vertragspartner wirksam, erst mit Zugang der Annahme kommt der Vertrag zustande. Der Zugang erfolgt natürlich spätestens in dem Augenblick, als Markus vor Ort die Reservierung des Zimmers bestätigt wird. Bei einem Hotelwechsel hat er nun schlechte Karten.
Aber auch wenn er sofort in Berlin sich in einem anderen Hotel einquartiert und eine Woche später vom »Flensburger Hof« eine Rechnung erhält, sieht es nicht gut für ihn aus. Zwar ist hier ein Zugang der Annahmeerklärung nicht erfolgt. Nach § 151 S. 1 kommt der Vertrag durch die Annahme des Antrags aber auch dann zustande, ohne dass die Annahme dem Antragenden gegenüber erklärt zu werden braucht, wenn eine solche Erklärung nach der Verkehrssitte nicht zu erwarten ist oder der Antragende auf sie verzichtet hat. Nach § 151 wird also nicht auf die Annahmeerklärung, sondern nur auf deren Zugang beim Antragenden verzichtet. Die Annahmeerklärung liegt in der Reservierungsvornahme. Eine Bestätigung, also der Zugang der Annahmeerklärung beim Antragenden, ist bei so kurzfristiger Zimmerbestellung nach der Verkehrssitte allerdings nicht zu erwarten. Somit ist in einem solchen Fall bereits mit Reservierungsvornahme der Vertrag zustande gekommen. Man kann auch bereits in der kurzfristigen Zimmerbestellung einen Verzicht auf die ausdrückliche Bestätigung sehen.[7]

Anders als im obigen Beispiel hat Markus seine Zimmerbestellung für die Zeit vom 05.10. bis 07.10. nicht erst am 02.10., sondern bereits am 10.09. abgesandt. Alsbald erhält er zur Antwort, dass für den gewünschten Zeitraum Doppelzimmer nicht frei seien. Es könnten jedoch zwei nebeneinander liegende sehr schöne Einzelzimmer zur Verfügung gestellt werden, die zusammen pro Nacht nur 20 € teurer seien. Man werde die Zimmer für ihn reservieren und

[7] So Palandt/Ellenberger, § 151 Rdnr. 3.

gehe davon aus, dass er einverstanden sei, wenn er sich nicht bis zum 25. September melde und absage. Markus hat inzwischen ein preiswertes Doppelzimmer in einem anderen Haus gefunden und die Absage an den Flensburger Hof vergessen. Nach Rückkehr aus Berlin findet er eine Rechnung des Flensburger Hofes über zwei Einzelzimmer vor.
Diese Rechnung müsste Markus bezahlen, wenn ein Beherbergungsvertrag über zwei Einzelzimmer für die Zeit vom 05.10. bis 07.10. zustande gekommen wäre. Ein Angebot hat Markus abgegeben, aber nicht zur Anmietung zweier Einzelzimmer, sondern eines Doppelzimmers. Der »Flensburger Hof« nimmt seinen Übernachtungswunsch zwar an, aber will nur zwei Einzelzimmer zu einem insgesamt höheren Preis zur Verfügung stellen. Dass dies keine Annahme des Angebots von Markus ist, ist einleuchtend. So stellt auch § 150 Abs. 2 klar: »Eine Annahme unter Erweiterungen, Einschränkungen oder sonstigen Änderungen gilt als Ablehnung verbunden mit einem neuen Antrag.«

Dieses Angebot, das nun vom Hotel ausgeht, hat Markus ausdrücklich nicht angenommen, weder schriftlich noch mündlich. Auch ein konkludentes Verhalten, das auf einen Annahmewillen schließen lässt, ist nicht gegeben. Ein solches Verhalten, auch wenn es dem Hotel nicht bekannt geworden wäre, hätte nach § 151 S. 1 genügt, da das Hotel auf eine ausdrückliche Bestätigung, also den Zugang der Annahmeerklärung, verzichtet hatte. Markus hat jedoch nichts getan, er hat geschwiegen. Schweigen lässt grundsätzlich nicht auf das Vorhandensein eines bestimmten Geschäftswillens schließen. Wer nichts tut, erklärt auch nichts. Damit Schweigen als Willenserklärung gewertet werden kann, muss im Einzelfall immer eine Rechtspflicht zur Erklärung bestehen. Eine solche bestand hier nicht. Eine Partei ist nicht berechtigt, durch Fristsetzung auf die andere sozusagen einen Erklärungszwang auszuüben. Markus muss die Rechnung nicht bezahlen.
Grundsätzlich gilt Schweigen auf ein Angebot nicht als Annahme, sondern als Ablehnung. Nur ausnahmsweise gilt Schweigen als Annahme. Voraussetzung dafür ist, dass die Parteien dies vereinbart haben oder das Gesetz dies bestimmt. Ein Beispiel enthält § 362 HGB und auch das Schweigen auf ein kaufmännisches Bestätigungsschreiben gilt gewohnheitsrechtlich als Zustimmung zu dem Inhalt des Schreibens.

4.3 Einigung

In vielen Fällen lässt sich nicht sauber in zwei Schritten – Angebot, dann Annahme – vorgehen. Hier kommt es zum Vertragsschluss erst durch schrittweise Einigung. Es ist also eine genauere Abgrenzung der Vertragsverhandlungen vom endgültigen Vertragsschluss erforderlich. Die Frage lautet hier also nicht, liegen Angebot und Annahme vor, sondern besser: Haben sich die Parteien endgültig geeinigt? Wird z. B. eine Wohnung vermietet, so kommt es vielfach zu einem Gespräch, in dessen Verlauf man sich über die wichtigsten Punkte durchaus einig sein kann, so etwa über eine Mietdauer von drei Jahren. Später verlangt der Vermieter vielfach einen schriftlichen Mietvertrag, der vielleicht einige für den Mieter ungünstige Klauseln enthält, über die es dann zum Streit kommt. Es ergibt sich dann die Frage, ob die Parteien sich nicht schon vorher geeinigt haben mit der Folge, dass wenigstens ein Mietvertrag gem. § 550 geschlossen wurde, also auf unbestimmte Zeit. Vor allem bei wirtschaftlich bedeutsamen Geschäften wird ein Vertragsschluss gewöhnlich nicht durch einen einmaligen Austausch zweier Willenserklärungen herbeigeführt. Die Parteien einigen sich vielmehr erst nach unter Umständen sehr langwierigen Verhandlungen und eine Unterscheidung zwischen Angebot und Annahme würde hier etwas gekünstelt wirken.

4.4 Dissens

Liegt eine Erklärungsübereinstimmung nicht vor oder ist der Erklärungsinhalt nicht ausreichend, so kommt kein Vertrag zustande. Einige sprechen hier schon von Dissens. Dissens heißt nichts anderes als Einigungsmangel und somit wäre das richtig. Unter dem gesetzestechnischen Begriff »Dissens« werden aber nur zwei Fälle verstanden, die in den §§ 154 und 155 geregelt sind:

a) Haben die Parteien sich über einige Punkte des Vertrags geeinigt, aber noch nicht über alle, und sind sie sich dessen bewusst, so handelt es sich um einen sog. **»offenen Dissens«**, der in § 154 geregelt ist.

   Arnold will bei Kisker eine Wohnung mieten. Nach langer Diskussion einigt man sich über den Mietzins, das Einzugsdatum und auch die Vertragsdauer. Keine Einigung wird erzielt über die Frage der Kaution und deren Höhe sowie über die Schönheitsreparaturen, die jede Partei der anderen aufbürden möchte.

   Hier haben sich die Parteien zwar über die wesentlichsten Punkte geeinigt, über zwei nicht ganz unwichtige jedoch nicht. Das Gesetz geht davon aus, dass ein Vertrag nur dann zustande kommt, wenn die Parteien sich in allen von ihnen für wesentlich erachteten Punkten geeinigt haben. Solange noch ein Punkt offen ist, ist der gesamte Vertrag nicht zustande gekommen. Die Auslegungsregel des § 154 Abs. 1 S. 1 ist gerade für langwierige und komplizierte Vertragsverhandlungen geschaffen worden. Sie ist allerdings unanwendbar, wenn sich die Parteien trotz der noch offenen Punkte erkennbar vertraglich binden wollen.[8]
   Ist eine Beurkundung des beabsichtigten Vertrags verabredet worden, so ist nach § 154 Abs. 2 im Zweifel der Vertrag nicht geschlossen, bis die Beurkundung erfolgt ist.

b) Nehmen die Parteien irrtümlich an, dass der Vertrag geschlossen sei, haben sie sich aber in Wahrheit über einen Punkt, über den eine Vereinbarung getroffen werden sollte, nicht geeinigt, so gilt die Regelung des § 155. Es liegt ein **»versteckter Dissens«** vor.

   Im Unterschied zum obigen Beispiel gehen Arnold und Kisker nach langen Verhandlungen davon aus, dass nunmehr der Vertrag perfekt sei. Darauf stoßen sie an. Die Frage der Schönheitsreparaturen, die sie am Rande gestreift haben und über die ebenfalls eine Regelung getroffen werden sollte, haben sie vergessen.

---

[8] Palandt/Ellenberger, § 154 Rdnr. 2.

Während beim offenen Dissens § 154 letztlich vom Nichtzustandekommen des Vertrags ausgeht und nur ausnahmsweise und unter bestimmten Voraussetzungen eine Rettung des Vertrags möglich ist, beschreitet § 155 den umgekehrten Weg. Er geht vom Vertragsschluss aus, sofern anzunehmen ist, dass der Vertrag auch ohne eine Bestimmung über diesen Punkt geschlossen sein würde. In der Regel wird danach aber auch der versteckte Dissens zum Nichtzustandekommen des Vertrags führen. Im zweiten Beispiel wäre allerdings eine Rettung des Mietvertrags über § 155 möglich unter Verweisung auf die gesetzliche Regelung des § 535 Abs. 1 S. 2. Neben dem Vergessen oder Übersehen eines regelungsbedürftigen Punktes ist die Verwendung mehrdeutiger, nicht auslegungsfähiger Begriffe ein weiteres Beispiel eines versteckten Dissenses.

MERKE

Ein Vertrag kommt zustande durch zwei (oder mehrere) übereinstimmende Willenserklärungen. Man nennt sie Angebot und Annahme. Die Willenserklärungen müssen nicht nur übereinstimmen, sondern auch einen ausreichenden Inhalt haben, d. h., sie müssen die wesentlichen Vertragspunkte erfassen.
Angebot und Annahme müssen, um wirksam zu werden, der jeweils anderen Partei zugehen. Eine Ausnahme macht § 151 S. 1. Hier wird auf den Zugang der Annahmeerklärung beim Antragenden verzichtet, wenn eine solche Erklärung nach der Verkehrssitte nicht zu erwarten ist oder der Antragende auf sie verzichtet hat.
Haben die Parteien sich über einige Punkte des Vertrags geeinigt, aber noch nicht über alle, und sind sie sich dessen bewusst, so liegt ein offener Dissens vor. Nach § 154 ist der Vertrag im Zweifel dann nicht zustande gekommen.
Nehmen die Parteien irrtümlich an, dass der Vertrag geschlossen sei, haben sie sich aber in Wahrheit über einen Punkt, über den eine Vereinbarung getroffen werden sollte, nicht geeinigt, so handelt es sich um einen versteckten Dissens. Nach § 155 gilt das Vereinbarte dann, wenn anzunehmen ist, dass der Vertrag auch ohne eine Bestimmung über diesen Punkt geschlossen sein würde.

5 VERPFLICHTUNGS- UND VERFÜGUNGSGESCHÄFTE (ABSTRAKTIONSPRINZIP)

Jemand geht in einen Laden und verlangt eine bestimmte Zeitschrift. Er erhält diese, legt das Geld passend auf den Tisch, steckt die Zeitschrift ein und verlässt das Geschäft wieder.

Auf die Frage, was sich juristisch exakt hier ereignet hat, wird man als Laie antworten, dass ein Kaufvertrag geschlossen wurde. Das ist richtig, aber nicht vollständig. Es wurden drei Verträge geschlossen, nämlich ein Kaufvertrag, sodann ein Eigentumsübertragungsvertrag hinsichtlich der Zeitschrift und ein weiterer Eigentumsübertragungsvertrag hinsichtlich des Geldes. Dies wird deutlich bei einem genaueren Blick auf § 433, die Grundvorschrift des Kaufrechts. Nach § 433 Abs. 1 S. 1 wird der Verkäufer einer Sache durch den Kaufvertrag lediglich verpflichtet, dem Käufer die Sache zu übergeben und das Eigentum an der Sache zu verschaffen. Nach § 433 Abs. 2 ist auch der Käufer lediglich verpflichtet, dem Verkäufer den vereinbarten Kaufpreis zu bezahlen. Der Kaufvertrag führt also für beide Seiten nur zu einer Verpflichtung, nämlich das Eigentum an der Kaufsache und am Geld zu übertragen. Der Kaufvertrag ist somit ein Verpflichtungsgeschäft.

Die Verpflichtungen aus dem Kaufvertrag müssen nun von beiden Seiten erfüllt werden. Dies geschieht durch eigene, völlig selbstständige Erfüllungs- oder Verfügungsgeschäfte. Diese werden, soweit es sich um bewegliche Sachen handelt, nach der Grundvorschrift des § 929 abgewickelt. Zur Übertragung des Eigentums an einer beweglichen Sache ist es danach erforderlich, dass der Eigentümer dem Erwerber die Sache übergibt und beide darüber einig sind, dass das Eigentum übergehen soll. Diese Einigung ist nichts anderes als ein Vertrag, bestehend aus zwei sich deckenden Willenserklärungen. Selbst bei einem so banalen und alltäglichen Rechtsgeschäft werden somit drei Verträge geschlossen, also sechs Willenserklärungen ausgetauscht. Dass dies u. U. in ein oder zwei Sekunden und ohne viele Worte geschieht, ist dabei belanglos. Diese saubere Trennung zwischen dem sog. Grundgeschäft, durch das sich jemand zu etwas verpflichtet, und der Erfüllung dieser Verpflichtung, die davon rechtlich völlig losgelöst, abstrahiert wird, ist das den Aufbau des BGB beherrschende Abstraktionsprinzip. Das Verpflichtungsgeschäft ist der Grund (lat. causa), warum die abstrakte Eigentumsübertragung vorgenommen wird. Das Grund- oder Verpflichtungsgeschäft wird daher auch Kausalgeschäft genannt.

> Der zuständige Sachbearbeiter der Stadt S hat bei dem Autohändler A ein neues Dienstfahrzeug für die Stadt S gekauft. Die Lieferung und Bezahlung des Fahrzeugs soll in drei Tagen erfolgen. Meier, ein weiterer Kunde des A, bietet dem A für eben dieses Fahrzeug einen höheren Preis. Daraufhin verkauft und übergibt A dem Meier das Fahrzeug, das dieser auch bezahlt und mitnimmt.

An diesem Beispiel wird deutlich, dass es ein großer Unterschied ist, ob man schon über das Eigentum an einer Sache verfügt hat oder ob man sich dazu erst durch den Kaufvertrag verpflichtet hat. Der Verkäufer war nach Abschluss des Kaufvertrags mit der Stadt noch Eigentümer des Fahrzeugs, denn die Übereignung des Fahrzeuges und die Bezahlung sollten erst in drei Tagen stattfinden. Er konnte somit das Fahrzeug an Meier nach § 929 übereignen. Auch gegen den zweiten Kaufvertrag mit Meier erheben sich keine Bedenken. Dem BGB ist nicht zu entnehmen, dass man sich nicht zweimal zu der gleichen Leistung verpflichten darf. Man wird allerdings nur einmal erfüllen können. Dies bedeutet: Das Fahrzeug ist weg, die Stadt kann es nicht mehr bekommen, denn es befindet sich nun im rechtmäßigen Eigentum des Meier. Da der Verkäufer seine Verpflichtung gegenüber der Stadt nicht mehr erfüllen kann, hat er sich durch sein unschönes Verhalten allenfalls schadensersatzpflichtig gemacht, sofern der Stadt dadurch ein Schaden entstanden ist. Dies wäre etwa der Fall, wenn sie ein vergleichbares Fahrzeug zu einem höheren Kaufpreis kaufen muss.

Das Abstraktionsprinzip enthält im Grunde zwei wichtige Aussagen. Die erste ist die scharfe Trennung von Verpflichtungs- und Verfügungsgeschäft. Sie ist den meisten ausländischen Rechtssystemen fremd und mag auch vielfach kritisiert werden. Andererseits vermag auch der Laie durchaus zu unterscheiden, ob jemand ein Grundstück oder ein Auto bekommen soll oder ob er das Grundstück oder das Auto wirklich erhalten hat. Verpflichtungs- und Verfügungsgeschäfte werden im BGB infolgedessen grundsätzlich auch getrennt im 2. Buch

(Schuldrecht) und im 3. Buch (Sachenrecht) behandelt. Wer mit einem anderen einen schuldrechtlichen, d. h. rein verpflichtenden Vertrag schließt, schafft dadurch rechtliche Beziehungen von Person zu Person. Wer mit einem anderen dagegen einen sachenrechtlichen Vertrag schließt, begründet damit rechtliche Beziehungen zwischen Person und Sache. Der Käufer hat durch den Kaufvertrag lediglich zur Person des Verkäufers eine Rechtsbeziehung hergestellt. Der Verkäufer ist dem Käufer nun nach § 433 Abs. 1 verpflichtet und diese Verpflichtung kann notfalls eingeklagt werden. Mit der Kaufsache ist noch nichts geschehen. Erst durch den sachenrechtlichen Vertrag nach § 929 wird auf diese eingewirkt; das Eigentum des Verkäufers erlischt und zwischen Käufer und Kaufsache entsteht eine rechtliche Beziehung, nämlich Eigentum des Käufers. Ein sachenrechtlicher Vertrag, auch dingliches Rechtsgeschäft genannt, wirkt daher immer auf die Rechtsverhältnisse einer Sache direkt ein, entweder durch Übertragung des Eigentums oder durch Belastung mit einem besonderen dinglichen Recht, z. B. einer Hypothek oder einem Pfandrecht. Man bezeichnet daher die dinglichen Rechtsgeschäfte auch als Verfügungen im Gegensatz zu den Verpflichtungsgeschäften des Schuldrechts. Eine Verfügung ist ein Rechtsgeschäft, das unmittelbar auf die Rechtslage eines Gegenstands einwirkt durch Aufhebung, Änderung oder Übertragung eines Rechts.

Ein zehnjähriger Junge erwirbt ein Fahrrad für 230 € und bleibt den Kaufpreis schuldig. Die Eltern verweigern wider Erwarten ihre Zustimmung.

Die Rechtslage ist zunächst nach den §§ 106–108 zu beurteilen.[9] Nach § 106 ist der zehnjährige Junge nach Maßgabe der §§ 107–113 in der Geschäftsfähigkeit beschränkt. Nach § 107 bedarf er zu einer Willenserklärung, durch die er nicht lediglich einen rechtlichen Vorteil erlangt, der Einwilligung seines gesetzlichen Vertreters. Einwilligung ist nach § 183 S. 1 die vorherige, Genehmigung nach § 184 Abs. 1 die nachträgliche Zustimmung. Zustimmung ist der Oberbegriff. Eine behördliche Zustimmung wird allerdings i. d. R. Genehmigung genannt. Die zum Kaufvertrag über das Fahrrad führende Willenserklärung brachte dem Minderjährigen nicht lediglich einen rechtlichen Vorteil, denn er verpflichtete sich zur Zahlung des Kaufpreises von 230 €. Da der Vertrag ohne die somit erforderliche Einwilligung der Eltern geschlossen wurde, hängt die Wirksamkeit des Vertrags nach § 108 Abs. 1 von der Genehmigung der Eltern ab. Der Vertrag ist bis dahin in der Schwebe, nämlich »schwebend unwirksam«. Nachdem die Eltern dieses Rechtsgeschäft auch nicht genehmigten, wurde es endgültig unwirksam. Der Eigentumserwerb am Fahrrad dagegen, ein Rechtsgeschäft nach § 929 S. 1, ist rechtlich rein vorteilhaft und daher auch ohne Genehmigung der Eltern wirksam. Man sieht also, das schuldrechtliche Verpflichtungsgeschäft und das sachenrechtliche Verfügungsgeschäft werden nicht nur scharf voneinander getrennt. Die zweite und entscheidende Aussage des Abstraktionsprinzips ist vielmehr: Die Wirksamkeit des Verfügungsgeschäfts ist unabhängig davon, ob überhaupt ein Verpflichtungsgeschäft bestand und ob es wirksam war. Ein bloß beim Verpflichtungsgeschäft bestehender Fehler hat grundsätzlich keinen Einfluss auf die Wirksamkeit des Verfügungsgeschäfts. Diese Fehlerunabhängigkeit des Verfügungsgeschäfts ist auch der eigentliche Sinn des Abstraktionsprinzips. Die Inhaberschaft eines Rechts, etwa des Eigentums, ist von jedermann zu

---

[9] Vgl. dazu II. 2.1.

beachten. Die Rechtsfolgen des Verfügungsgeschäfts berühren daher auch Dritte. Das Verpflichtungsgeschäft unterliegt dagegen der Vertragsfreiheit und spielt sich nur zwischen den beiden oder einzelnen Parteien ab. Das Verfügungsgeschäft soll also möglichst weitgehend vom Verpflichtungsgeschäft und seinen Fehlerquellen unabhängig gemacht werden.
Im obigen Beispiel führt das Abstraktionsprinzip natürlich zunächst zu dem unbilligen Ergebnis, dass der Zehnjährige Eigentümer des Fahrrades wurde, es aber wegen der Unwirksamkeit des Kaufvertrags nicht bezahlen muss. Der Gesetzgeber musste daher eine Vorschrift zur Vermeidung eines derartigen Ergebnisses schaffen. Es ist § 812 als die grundlegende Vorschrift des Bereicherungsrechts. Der Kaufvertrag als Rechtsgrund für die Übereignung des Fahrrades ist unwirksam. Der zehnjährige Junge hat durch die Leistung des Fahrradhändlers etwas, nämlich Besitz und Eigentum am Fahrrad, ohne rechtlichen Grund erlangt. Nach § 812 Abs. 1 S. 1 ist er ihm daher zur Herausgabe verpflichtet. Er muss also nicht nur das Fahrrad zurückgeben, sondern auch das Eigentum nach § 929 auf den Fahrradhändler zurückübertragen.

Ein 15-Jähriger kauft ein Fahrrad für 230 €. Von seinem Taschengeld zahlt er 50 € an, den Rest will er in Raten zahlen. Das Fahrrad nimmt er gleich mit.

Die Rechtslage ist wie im vorhergehenden Beispiel. Auch § 110 macht den Kaufvertrag nicht wirksam, denn er ist nur auf Bargeschäfte anwendbar. Dies ergibt sich aus dem konsequenten Minderjährigenschutz des BGB sowie aus dem Wortlaut der Vorschrift (»... mit Mitteln bewirkt«).

MERKE

Das deutsche Bürgerliche Recht und der Aufbau des BGB sind geprägt vom Abstraktionsprinzip. Nach diesem Prinzip trennt das BGB zwischen dem sog. Grundgeschäft, durch das sich jemand zu etwas verpflichtet, und der Erfüllung dieser Verpflichtung durch ein davon rechtlich losgelöstes, also abstrahiertes Erfüllungsgeschäft. Das Verpflichtungs- oder auch Kausalgeschäft ist der Grund (lat. causa), warum das Erfüllungsgeschäft, etwa eine Eigentumsübertragung nach § 929, vorgenommen wird.
Die zweite und entscheidende Bedeutung des Abstraktionsprinzips liegt neben der Trennung von Verpflichtungs- und Verfügungsgeschäft darin, dass das Erfüllungsgeschäft wirksam ist unabhängig davon, ob überhaupt eine Verpflichtung bestand und ob sie wirksam war.
Von Ausnahmen abgesehen sind die Verpflichtungsgeschäfte im Schuldrecht und die Erfüllungsgeschäfte im Sachenrecht geregelt. Typisches Beispiel ist der Kaufvertrag nach § 433 und das davon losgelöste Erfüllungsgeschäft nach § 929, die Eigentumsübertragung.
Im Gegensatz zum Verpflichtungsgeschäft bezeichnet man das Erfüllungsgeschäft auch als Verfügungsgeschäft oder schlicht als Verfügung. Während das Verpflichtungsgeschäft lediglich rechtliche Beziehungen zwischen Personen begründet, wirken Verfügungen unmittelbar auf die Rechtslage eines Gegenstands ein, sei es, dass sie das Recht an ihm übertragen, belasten, aufheben oder ändern.

6 AUSLEGUNG VON WILLENSERKLÄRUNGEN UND VERTRÄGEN

Die Auslegung von Willenserklärungen und Verträgen spielt in der Praxis eine nicht geringe Rolle. Oft kommen Fälle zur gerichtlichen Entscheidung, in denen die Erklärung nicht oder nur unvollkommen dem Willen des Erklärenden entspricht. Es wurde bereits der Dissens behandelt und es wird noch ausführlich die Anfechtung einer Willenserklärung wegen Irrtums zu erörtern sein. Bevor man jedoch Dissens oder Anfechtbarkeit einer Willenserklärung prüft, muss man sich über deren Inhalt klar sein. Der Inhalt wird, wenn er nicht eindeutig ist, ermittelt durch Auslegung nach den §§ 133, 157. Diese Auslegung vom Standpunkt eines objektiven und vernünftigen Empfängers legt den Inhalt der Willenserklärung fest. Erst dann kann gefragt werden, ob dieser durch Auslegung ermittelte Inhalt mit dem wirklichen Geschäftswillen des Erklärenden übereinstimmt. Ist das nicht der Fall, ist die Möglichkeit einer Anfechtung zu prüfen. Kommt man nach dem Auslegungsversuch zu dem Ergebnis, dass die Erklärung mehrdeutig ist, kommt ein versteckter Dissens in Betracht.

Der Student Ulrich Zimmer möchte seinem Kommilitonen Udo Reimers sein gebrauchtes Auto verkaufen. Zimmer möchte dafür 3.000€ haben, Reimers will aber nur 2.000€ bezahlen. Nachdem sie lange verhandelt haben, fordert Zimmer nur noch 2.700€. Sein Kommilitone Reimers kann sich jedoch immer noch nicht zum Kauf entschließen. Schließlich sendet ihm Zimmer eine E-Mail: »Mein letztes Angebot lautet: 250€! Du musst dich aber schnell entscheiden.« Reimers benötigt dafür nicht lange und nimmt das Angebot über 250€ dankend an. Als sich herausstellt, dass Zimmer sich vertippt und eine Null vergessen hatte, erwidert Reimers: »Gekauft ist gekauft.«

Die Frage ist, ob tatsächlich ein Kaufvertrag über das Auto des Ulrich Zimmer zum Preise von 250 € zustande gekommen ist. Dem Wortlaut nach liegt ein Angebot zu diesem Preis vor und dieses Angebot wurde auch so angenommen. Nach der Entwicklung der Dinge ergeben sich jedoch mehr als starke Zweifel, ob Zimmers Erklärung der Geschäftswille zugrunde liegt, für 250 € zu verkaufen. Deshalb ist diese Erklärung durchaus auslegungsbedürftig.
Bei der Auslegung von Willenserklärungen und Verträgen geht es um die genauere Festlegung ihres Inhalts. Rechtsgrundlagen sind die §§ 133, 157. Beide Vorschriften sind nach h. M. sowohl bei Willenserklärungen wie bei Verträgen anzuwenden.[10] Nach § 133 ist bei der Auslegung einer Willenserklärung der wirkliche Wille zu erforschen und nicht an dem buchstäblichen Sinne des Ausdrucks zu haften. Hat der Adressat wie im obigen Beispiel den wirklichen Willen erkannt, so richtet sich der Inhalt der Willenserklärung nach dem wirklichen Willen. Man spricht hier auch von natürlicher Auslegung. Ein Kaufvertrag ist somit nicht zustande gekommen, denn Reimers hat ein Angebot über 2.500 € ausdrücklich zum Preis von 250 € angenommen. Das ist keine Annahme, sondern entsprechend § 150 Abs. 2 allenfalls ein neues Vertragsangebot.
Die in den übrigen Fällen außerhalb der natürlichen Auslegung eingreifende Auslegung hat ihren Ausgangspunkt beim äußeren Erklärungstatbestand, i. d. R. dem Wortlaut der Willenserklärung oder der vertraglichen Einigung. Die Willenserklärung wird grundsätzlich so ausgelegt, wie der Adressat, als objektiver und vernünftiger Empfänger gedacht,

[10] Palandt/Ellenberger, § 133 Rdnr. 1 mit weiteren Nachweisen.

die Erklärung verstehen durfte. Es findet also eine Auslegung vom Empfängerhorizont statt und entscheidend ist, wie die Erklärung vom Empfänger bei Anwendung zumutbarer Sorgfalt verstanden werden durfte.

Hier soll ein kurzer Hinweis auf ein bekanntes Schulbeispiel genügen. Danach macht Alois Huber ein paar Tage Urlaub in Köln und liest in der Speisekarte eines Restaurants: »Halve Hahn – 4,50 €.« In der Annahme, es handele sich um ein halbes Hähnchen, bestellt er beim Ober »Einmal halve Hahn!« Der Ober serviert ein warmes Käsebrötchen. Die Auslegung der Willenserklärung des Alois Huber findet natürlich vom Empfängerhorizont eines rheinländischen Kellners statt und der konnte die Erklärung nur als Bestellung eines warmen Käsebrötchens verstehen. Da hier Erklärung und Wille nicht übereinstimmen, kommt für Huber allenfalls eine Anfechtung wegen Irrtums in Betracht.

Bei Verträgen ist bei der Auslegung auf die aus Wortlaut und den Umständen erkennbare Vorstellung beider Parteien abzustellen. Gem. § 157 sind Treu und Glauben und die Verkehrssitte zu berücksichtigen. Vor allem aber richtet sich die Auslegung nach Sinn und Zweck des Vertrags.

MERKE

Bei der Auslegung von Willenserklärungen und Verträgen geht es um die genauere Festlegung ihres Inhalts. Rechtsgrundlage sind die §§ 133 und 157, die beide sowohl bei Willenserklärungen wie Verträgen anwendbar sind.
Hat der Adressat den wirklichen Willen erkannt, so richtet sich der Inhalt der Willenserklärung nach dem wirklichen Willen, u. U. auch gegen den Wortlaut.
Die in den übrigen Fällen eingreifende Auslegung hat ihren Ausgangspunkt beim äußeren Erklärungstatbestand bzw. Wortlaut der Willenserklärung oder der vertraglichen Einigung. Die Willenserklärung wird danach grundsätzlich so ausgelegt, wie der Adressat, als vernünftiger Empfänger gedacht, die Erklärung verstehen durfte (Auslegung vom Empfängerhorizont). Bei Verträgen richtet sich die Auslegung zusätzlich insbesondere nach Sinn und Zweck des Vertrags.

V Fehlerhafte Rechtsgeschäfte

Nicht alle Rechtsgeschäfte kommen fehlerfrei zustande. Oft mag es vorkommen, dass eine Vertragspartei sich geirrt, sich verschrieben oder versprochen hat und nun feststellt, dass das Vertragsergebnis nicht mit ihrem wahren Willen übereinstimmt. Andere werden den geschlossenen Vertrag beanstanden, weil sie sich vom Vertragspartner getäuscht fühlen. Was ist mit dem Rechtsgeschäft, an dem ein Minderjähriger oder ein Geschäftsunfähiger beteiligt war? Möglich ist auch, dass ein Rechtsgeschäft gegen Formvorschriften oder sogar gegen ein gesetzliches Verbot verstößt. Es gibt also eine Vielzahl von Fehlermöglichkeiten. Eine weitere Frage ist die nach den Auswirkungen solcher Fehler für das Rechtsgeschäft. Ist es von vornherein null und nichtig oder kann man es vielleicht rückgängig machen?

Ist im letzteren Fall möglicherweise Schadensersatz zu leisten? Kann ein Formfehler geheilt werden oder ist ein Vertrag bis zur Klärung einer bestimmten Voraussetzung in der Schwebe? Um etwas Systematik hineinzubringen, soll im Folgenden von den Rechtsfolgen eines Fehlers ausgegangen und dabei erläutert werden, welche Fehler zu einer bestimmten Rechtsfolge für das Rechtsgeschäft führen. Begonnen werden soll mit der gravierendsten Auswirkung von Fehlern auf das Rechtsgeschäft, nämlich der Nichtigkeit des gesamten Rechtsgeschäfts.

1 NICHTIGKEIT VON RECHTSGESCHÄFTEN

Von Anfang an, also von vornherein nichtig, sind Rechtsgeschäfte in folgenden Fällen.

1.1 Rechtsgeschäfte eines Geschäftsunfähigen

Rechtsgeschäfte eines Geschäftsunfähigen, aber auch solche, die im Zustand der Bewusstlosigkeit oder vorübergehender Störung der Geistestätigkeit vorgenommen werden.

> Verkauft ein Fünfjähriger sein Fahrrad, so ist seine Willenserklärung und damit auch der von ihm geschlossene Kaufvertrag nichtig (§ 105 Abs. 1).

Unter den Voraussetzungen des § 105 Abs. 2 gilt dies auch für einen Volltrunkenen. Volljährige Geschäftsunfähige können jedoch in bestimmten Ausnahmefällen kleinere Rechtsgeschäfte des täglichen Lebens nach § 105a wirksam abschließen.

1.2 Scheingeschäfte und Scherzgeschäfte

Sie sind in den §§ 117 und 118 geregelt und wurden bereits kurz erörtert.[11]

1.3 Verstoß gegen ein gesetzliches Verbot

Nichtig sind auch Rechtsgeschäfte, die gegen ein gesetzliches Verbot verstoßen (§ 134). Gesetzliche Verbote mit der Folge absoluter Nichtigkeit des Rechtsgeschäfts sind sowohl im BGB als auch in vielen anderen Gesetzen enthalten. Entscheidend sind Sinn und Zweck eines gesetzlichen Verbots. Wendet sich ein Verbot nur gegen die Form und Art der Vornahme des Rechtsgeschäfts, z. B. Verkauf von Waren an Sonntagen oder Getränkeausschank eines Gastwirts nach der Polizeistunde, so fehlt ein Interesse der Gemeinschaft an der Versagung der Wirksamkeit des Geschäfts. Hier genügen entsprechende ordnungsrechtliche Sanktionen gegen den Händler oder den Gastwirt. Ein nach dem gesetzlichen Ladenschluss abgeschlossener Kaufvertrag ist daher nicht nichtig. Ist dagegen die Vornahme dem Inhalt nach oder bestimmten Personen untersagt, so ist das Geschäft nichtig, wenn bei Gültigkeit der Gesetzeszweck nicht erreichbar ist. Dies dürfte besonders häufig bei strafrechtlichen Verboten der Fall sein.

[11] S. Kapitel IV 1.3.

Tatjana Gierig möchte ihren Ehemann loswerden und bittet ihre Bekannte Verena Langfinger, ihr aus dem Chemielabor, in dem sie arbeitet, ein sicher wirkendes Gift zu entwenden. Für die erfolgreiche Durchführung dieses Auftrags soll sie 800 € erhalten. Nachdem Verena Langfinger das gewünschte Gift besorgt hat, möchte Frau Gierig für ein so anrüchiges Geschäft nichts bezahlen.

Hier wurde zwischen Frau Gierig und Frau Langfinger ein Werkvertrag nach § 631 geschlossen und Frau Gierig wäre nach § 631 Abs. 1 zur Entrichtung der vereinbarten Vergütung verpflichtet. Das Rechtsgeschäft, nämlich der Werkvertrag, verstößt aber gegen ein gesetzliches Verbot und ist daher nach § 134 als nichtig anzusehen. Inhalt des Werkvertrags ist die Durchführung eines Diebstahls sowie die Beihilfe zu einem geplanten Mord. Beides ist nach dem Strafgesetzbuch (§§ 242, 211, 27 StGB) strafbar und daher verboten. Frau Langfinger kann also keine Bezahlung verlangen.

1.4 Verstoß gegen die guten Sitten

Rechtsgeschäfte, die gegen die guten Sitten verstoßen, sind nach § 138 nichtig. Nach der Rechtsprechung ist ein Rechtsgeschäft sittenwidrig, wenn es gegen das Anstandsgefühl aller billig und gerecht Denkenden verstößt.[12] Diese Formulierung ist sicher sehr ausfüllungsbedürftig. Sie macht jedoch deutlich, dass nicht an die Sitte, sondern an die bestehende Sozialmoral anzuknüpfen ist. Dabei ist nicht auf die moralisch besonders hochstehende Anschauung bestimmter Kreise, aber auch nicht auf besonders laxe Ansichten und Unsitten, selbst wenn sie weit verbreitet sind, abzustellen.[13]

Die meisten Beispiele sittenwidriger Rechtsgeschäfte sind nicht etwa in der Sexualsphäre zu finden. Wenn auch der auf die entgeltliche Gewährung des Geschlechtsverkehrs gerichtete Vertrag mit einer Prostituierten nach wie vor als sittenwidrig gilt, so hat gerade hier ein Wandel des gesellschaftlichen Bewusstseins stattgefunden. Pachtverträge über Bordelle, Verträge über Zeitungsanzeigen, in denen verdeckt für Prostitution geworben wird, oder über Telefonsex sind im Allgemeinen nicht mehr sittenwidrig. Eine besonders große Fallgruppe sittenwidriger Verträge sind die sog. wucherischen Geschäfte, die in § 138 Abs. 2 näher umschrieben sind. Sittenwidrig sind auch sog. Knebelungsverträge oder auch Verträge, die unter übermäßiger Ausnutzung einer Monopolstellung zustande kommen. Rechtsgeschäfte, die gegen die Ehe oder gegen die Familienordnung verstoßen, können sittenwidrig sein.

Gesetzgebung, vollziehende Gewalt und Rechtsprechung sind an die Grundrechte gebunden. Ob die Grundrechte aber auch im Zivilrecht zwischen zwei Bürgern gelten, ist eine Frage der sog. Drittwirkung von Grundrechten. Eine unmittelbare Drittwirkung, also eine unmittelbare Geltung von Grundrechten im Verhältnis zweier Bürger, gibt es grundsätzlich nicht, von der Ausnahme des Art. 9 Abs. 3 S. 2 GG einmal abgesehen. Dagegen können Grundrechte im Verhältnis zwischen zwei Privaten eine mittelbare Wirkung entfalten, und zwar über die Auslegung unbestimmter Rechtsbegriffe des Zivilrechts wie etwa den Verstoß gegen die guten Sitten. So hat die Rechtsprechung Bürgschaftsverträge mit nahen

[12] RGZ 80, 221; BGHZ 10, 232; 69, 297 u. a.

[13] Brox/Walker, AT Rdnr. 283.

Angehörigen, die diese wegen ihrer Vermögenslosigkeit völlig überforderten, nach § 138 für sittenwidrig und daher nichtig erklärt. Der Begriff des Verstoßes gegen die guten Sitten wurde unter Beachtung des in Art. 2 GG garantierten Grundsatzes auf freie Entfaltung der Persönlichkeit ausgelegt.[14] Die ältere Rechtsprechung verfuhr hier noch nach dem Grundsatz: »Wer bürgt, wird gewürgt.«

1.5 Verstoß gegen Formvorschriften

Nichtig sind schließlich Rechtsgeschäfte, die der gesetzlich vorgeschriebenen oder der vereinbarten Form ermangeln (§ 125).
Auszugehen ist vom Grundsatz der Formfreiheit, d. h., grundsätzlich steht es den Parteien frei, in welcher Form sie ihre Rechtsgeschäfte abschließen. Die Geschäfte des täglichen Lebens wie einfache Kaufverträge werden in der Regel mündlich geschlossen, bedeutendere Rechtsgeschäfte wie Mietverträge oder der Kauf eines Autos oder einer Wohnungseinrichtung meistens schriftlich, ohne dass dies vom Gesetz vorgeschrieben wäre. In bestimmten Fällen schreibt das Gesetz jedoch die Einhaltung einer Form für die Wirksamkeit des Rechtsgeschäfts vor. Auch können vertragschließende Parteien vereinbaren, dass das Rechtsgeschäft nur unter Beachtung einer bestimmten Form wirksam sein soll. Mit anderen Worten: Die Einhaltung einer bestimmten Form kann kraft Gesetzes oder kraft Rechtsgeschäfts vorgeschrieben sein.

1.5.1 Schriftform

Die bekannteste Form, auf die sich Vertragsparteien vielfach festlegen und die auch durch das Gesetz nicht selten vorgeschrieben wird, ist die Schriftform. Damit die gesetzliche Schriftform eingehalten ist, muss nach § 126 Abs. 1 zunächst eine Urkunde über den gesamten Inhalt des Rechtsgeschäfts vorhanden sein. Urkunde ist jedes hand- oder maschinengeschriebene Schriftstück. Besteht eine Urkunde aus mehreren Blättern, sollten sie entweder geheftet oder gebunden sein. Es reicht aber auch aus, wenn sich die Einheit der Urkunde aus fortlaufender Seitenzahl oder fortlaufender Nummerierung der einzelnen Bestimmungen oder aus ähnlichen Merkmalen zweifelsfrei ergibt. Weiter muss die Urkunde vom Aussteller eigenhändig unterzeichnet werden. Aussteller der Urkunde kann auch ein Vertreter des Vertragsschließenden sein. Unterschreibt der Vertreter mit seinem Namen, muss das Vertretungsverhältnis in der Urkunde zum Ausdruck kommen. Der Vertreter darf aber auch mit dem Namen des Vertretenen unterschreiben.[15] Die Unterschrift muss, wie der Name schon sagt, die Urkunde auch räumlich abschließen. Da das Gesetz davon ausgeht, dass es Menschen gibt, die weder lesen noch schreiben können, reicht nach § 126 Abs. 1 auch die Unterzeichnung mittels notariell beglaubigten Handzeichens.
Nach § 126 Abs. 2 muss bei einem Vertrag die Unterzeichnung der Parteien auf derselben Urkunde erfolgen. Werden über den Vertrag mehrere gleichlautende Urkunden aufgenommen, so genügt es, wenn jede Partei die für die andere Partei bestimmte Urkunde unter-

---

14 BVerfG NJW 1994, 36, 2749.

15 Palandt/Ellenberger, § 126 Rdnr. 9.

zeichnet. So reicht es also aus, wenn das für den Vermieter bestimmte Mietvertragsformular die Unterschrift des Mieters trägt und das für den Mieter bestimmte Vertragsformular die Unterschrift des Vermieters.
Ein Schriftformerfordernis besteht nach dem BGB u. a. für die Bürgschaftserklärung (§ 766), das Schuldversprechen (§ 780), das Schuldanerkenntnis (§ 781) und für den Verbraucherdarlehensvertrag (§ 492 Abs. 1). Hauptzweck des gesetzlichen Schriftformerfordernisses ist die Gewährleistung möglichst klarer Erklärungen, die Beweissicherung sowie der Schutz vor Übereilung, also eine Warnfunktion.

1.5.2 Elektronische Form

Nach § 126 Abs. 3 kann die schriftliche Form durch die elektronische Form ersetzt werden, wenn sich nicht aus dem Gesetz ein anderes ergibt. In den meisten der o. a. Fälle ist die Ersetzung der schriftlichen durch die elektronische Form allerdings ausgeschlossen. Sie kann aber rechtsgeschäftlich vereinbart sein. Da sie jedoch anders als die normale Schriftform gewisse technische Anforderungen an die Vertragsparteien stellt, kann sie nur dann die Schriftform ersetzen, wenn die Parteien damit einverstanden sind. Hierfür genügt aber u. U. ein schlüssig erklärtes Einverständnis durch Teilnahme am elektronischen Rechtsverkehr. Eine große Rolle dürfte die elektronische Form als Ersatz für die Schriftform im Privatrechtsverkehr noch nicht spielen.
Die elektronische Form wird nach § 126a Abs. 1 dadurch gewahrt, dass der Aussteller der Erklärung dieser seinen Namen hinzufügt und das elektronische Dokument mit einer qualifizierten elektronischen Signatur nach dem Signaturgesetz versieht. In Anlehnung an § 126 Abs. 2 fordert § 126a Abs. 2 bei einem Vertrag die Signatur jeweils eines gleichlautenden Dokuments. Für die gewillkürte Schriftform i. S. d. § 127 bedarf es, soweit nicht ein anderer Wille anzunehmen ist, gem. § 127 Abs. 3 einer elektronischen Signatur, die aber nicht das Erfordernis einer qualifizierten Signatur erfüllen muss.

1.5.3 Textform

Neben der elektronischen Form regelt das BGB in § 126b eine neue Form rechtsgeschäftlichen Handelns, nämlich die Textform. Sie trägt dem Geschäftsverkehr unter Verwendung von Fernkommunikationsmitteln Rechnung und stellt eine Erleichterung gegenüber der Schriftform und der elektronischen Form dar. Die Textform ist dort sinnvoll, wo mündliche Erklärungen nicht ausreichend erscheinen und zu Streitigkeiten zwischen den Parteien führen können, das Erfordernis einer eigenhändigen Unterschrift aber unangemessen wäre.
Ist die Textform vorgeschrieben, so muss eine lesbare Erklärung, in der die Person des Erklärenden genannt ist, auf einem dauerhaften Datenträger abgegeben werden. § 126b S. 2 bezeichnet als dauerhaften Datenträger jedes Medium, das

1. es dem Empfänger ermöglicht, eine auf dem Datenträger befindliche, an ihn persönlich gerichtete Erklärung so aufzubewahren oder zu speichern, dass sie ihm während eines für ihren Zweck angemessenen Zeitraums zugänglich ist, und
2. geeignet ist, die Erklärung unverändert wiederzugeben.

Schriftstücke können danach also auch als Telefax, Telex, Teletext oder E-Mail versandt werden. Textform sieht das BGB insbesondere im Mietrecht, nämlich in den §§ 556a Abs. 2, 556b Abs. 2, 558a Abs. 1 vor.

1.5.4 Notarielle Beurkundung

In einem besonderen Verfahren vor dem Notar, das in den §§ 8 ff. BeurkG geregelt ist, erfolgt die notarielle Beurkundung einer Erklärung. Hier wird der gesamte Inhalt des Rechtsvorgangs festgestellt und bezeugt. Der Notar bestätigt durch seine Unterschrift, dass der Erklärende die Erklärung, so wie sie beurkundet worden ist, tatsächlich abgegeben und die Urkunde eigenhändig unterschrieben hat. Die notarielle Beurkundung ist z. B. nach dem BGB vorgeschrieben für den Kaufvertrag über ein Grundstück (§ 311b Abs. 1) und für das Schenkungsversprechen (§ 518 Abs. 1 S. 1). Der Gesetzgeber will bei so gewichtigen Rechtsgeschäften mit dieser Formvorschrift nicht nur zur Gewährleistung möglichst klarer Erklärungen, zur Beweissicherung und zum Schutz vor Übereilung beitragen, sondern auch Gelegenheit zur sachverständigen Beratung geben.

1.5.5 Öffentliche Beglaubigung

Im Gegensatz zur notariellen Beurkundung bezieht sich die öffentliche Beglaubigung nur auf die Unterschrift des Erklärenden, nicht auf den Text der Urkunde. Ist durch Gesetz für eine Erklärung öffentliche Beglaubigung vorgeschrieben, so muss nach § 129 Abs. 1 die Erklärung schriftlich abgefasst und die Unterschrift des Erklärenden von einem Notar beglaubigt werden. Die Beglaubigung dient u. a. dazu, die Echtheit einer Urkunde nachzuweisen, und wird daher vielfach bei Abgabe einer Erklärung gegenüber einer Behörde erforderlich. So bedürfen etwa bestimmte Erklärungen gegenüber dem Grundbuchamt nach § 29 GBO der öffentlichen Beglaubigung, nach dem BGB u. a. aber auch die Anmeldung eines Vereins zum Vereinsregister (§ 77) oder die Ausschlagung einer Erbschaft (§ 1945). Nach § 411 bedarf die Gehaltsabtretung eines Beamten der öffentlichen oder amtlichen Beglaubigung. Die amtliche Beglaubigung wird nicht vom Notar, sondern durch entsprechende Beglaubigungsvermerke von den durch Bundes- oder Landesrecht bestimmten Behörden vorgenommen und ersetzt nicht die öffentliche Beglaubigung. In Nordrhein-Westfalen ist sie in den §§ 33 und 34 VwVfG NRW näher geregelt.

1.5.6 Abgabe vor einer Behörde

Ist nach dem Gesetz die Abgabe von Erklärungen vor einer Behörde vorgeschrieben, so muss dies in wichtigen Fällen oft bei gleichzeitiger Anwesenheit aller Parteien erfolgen. So müssen die Eheschließenden nach § 1311 S. 1 ihre Erklärungen persönlich und bei gleichzeitiger Anwesenheit abgeben. Bei der Auflassung eines Grundstücks (§ 925) oder beim Ehevertrag (§ 1410) wird nur gleichzeitige, nicht aber persönliche Anwesenheit verlangt. Hier kann man sich somit auch vertreten lassen.

1.5.7 Rechtsfolgen bei Nichtbeachtung der Form

Zu den Rechtsfolgen bei Nichtbeachtung der Form erklärt § 125 S. 1 zunächst, dass ein Rechtsgeschäft, das der gesetzlich vorgeschriebenen Form ermangelt, nichtig ist. Allerdings kann bei bestimmten formgebundenen Rechtsgeschäften eine Heilung des Formmangels eintreten. Durch die Heilung wird das zunächst formlos abgeschlossene Rechtsgeschäft dann wirksam. So werden Grundstücksverträge oder auch Schenkungsversprechen, die nicht notariell beurkundet wurden, wirksam, wenn Auflassung und Eintragung ins Grundbuch erfolgen (§ 311b Abs. 1 S. 2) bzw. bei der Schenkung, wenn die versprochene Leistung bewirkt wurde (§ 518 Abs. 2). Der Grund für die Heilung ist in solchen Fällen, dass hier Beweis- und Warnfunktion nach Erfüllung entbehrlich sind.
Haben Parteien rechtsgeschäftlich vereinbart, dass eine bestimmte Form eingehalten werden soll, so ist durch Auslegung des Parteiwillens zu ermitteln, ob der Vertrag nichtig oder ob er trotz Nichteinhaltung der Form wirksam sein soll. Lässt sich der Parteiwille durch Auslegung nicht ermitteln, so ist das Rechtsgeschäft nach § 125 S. 2 im Zweifel gleichfalls nichtig.

2 ANFECHTBARKEIT VON RECHTSGESCHÄFTEN

Ist dem Erklärenden bei seiner Willenserklärung ein Irrtum unterlaufen, stimmen also Geschäftswille und Erklärung, ohne dass dies dem Erklärenden bewusst ist, nicht überein, so möchte das Gesetz den Erklärenden nicht an seiner ungewollten Erklärung festhalten. Andererseits soll sich der Adressat der Willenserklärung auf sie einstellen und verlassen können. Beim Irrtum geht also das Interesse des Erklärenden dahin, wegen seines abweichenden Willens nicht an der Erklärung festgehalten zu werden. Das Interesse des Adressaten geht dahin, dass das Erklärte maßgeblich ist und Bestand behält. Das Gesetz versucht nun zwischen diesen unterschiedlichen Interessen einen Ausgleich zu schaffen, indem es einerseits dem Erklärenden ein Anfechtungsrecht zur Verfügung stellt, andererseits aber die Anfechtungsgründe deutlich begrenzt und dem Anfechtungsgegner unter bestimmten Voraussetzungen einen Schadensersatzanspruch zubilligt.
Viele irrtümliche Erklärungen sind klar und eindeutig und werden vom Empfänger der Erklärung auch eindeutig und klar, wenn auch nicht mit dem vom Erklärenden gewollten Inhalt verstanden.

Der Erklärende wollte z. B. Eichenholz bestellen, verschreibt sich aber in Gedanken und bestellt Buchenholz.

In anderen Fällen kann eine Erklärung aber auch unklar und missverständlich sein. In solchen Fällen muss natürlich versucht werden, diese Willenserklärung auszulegen, wobei zu fragen ist, wie ein vernünftiger Empfänger in der Situation des Adressaten diese Willenserklärung verstehen konnte. Erst wenn das Auslegungsergebnis nicht mit dem wahren Willen des Erklärenden übereinstimmt, kann geprüft werden, ob dem Erklärenden ein Anfechtungsrecht zusteht.
Die Anfechtbarkeit von Rechtsgeschäften wegen Irrtums ist in der Grundvorschrift des § 119 geregelt. Danach werden verschiedene Irrtumsfälle unterschieden. Möglich ist nach

§ 120 aber auch die Anfechtung einer Willenserklärung wegen falscher Übermittlung. Schließlich regelt § 123 die Anfechtbarkeit einer Willenserklärung wegen Täuschung oder Drohung, also wegen unlauterer Einflussnahme auf die der Willenserklärung zugrunde liegende Willensbildung.

2.1 Anfechtbarkeit wegen Irrtums

Die Stadt Sidahausen will neue Stühle für den Empfangsbereich des Rathauses anschaffen. Hierfür hat sie 5.000 € bereitgestellt. Mit dem Kauf der Stühle wird die Mitarbeiterin Frau Müller betraut. Frau Müller surft im Internet und gelangt auf die Homepage des Händlers Heinz. Dort entscheidet sie sich für die Designer-Stühle der Marke »Sit-in«. Unter der Bestellnummer 580 füllt sie das Bestellformular für drei Stühle zum Preis von je 1.500 € online aus, allerdings in dem Glauben, dass es sich dabei um die Designer-Stühle handelt. Tatsächlich ist dies aber die Bestellnummer für Gartenstühle. Noch am selben Tag bestätigt Händler Heinz per E-Mail die Bestellung und sichert Lieferung in drei Tagen zu. Als die Stühle nach drei Tagen der Stadt Siderhausen geliefert werden, erklärt Frau Müller dem Heinz sie habe sich bei der Bestellung vertan und wolle die Gartenstühle nicht haben.

Die Frage ist hier, ob die Stadt so ohne Weiteres davon kommt oder ob sie die bestellten Gartenstühle auch bezahlen muss. Das hängt davon ab, ob mit dem Händler Heinz ein Kaufvertrag zustande gekommen ist. Ein Angebot hat die Stadt Siderhausen, vertreten durch ihre Mitarbeiterin Müller, durch das Ausfüllen und Absenden des Bestellformulars abgegeben. Dieses Angebot wurde auch offensichtlich angenommen. Händler Heinz hätte also einen Anspruch auf Bezahlung.

Der Kaufvertrag könnte jedoch nichtig sein. Nach der grundlegenden Vorschrift des § 142, mit der die Prüfung der Anfechtung zu beginnen hat, ist nämlich ein anfechtbares Rechtsgeschäft, wenn es angefochten wird, als von Anfang an nichtig anzusehen. Es wird, wie man auch sagt, durch eine erfolgreiche Anfechtung rückwirkend vernichtet. Die Stadt Sidahausen müsste daher einen Anfechtungsgrund und die Anfechtung wirksam erklärt haben.

2.1.1 Anfechtungsgründe

§ 119 unterscheidet drei Irrtumsfälle, nämlich in Abs. 1 den Inhalts- sowie den Erklärungsirrtum und in Abs. 2 den Eigenschaftsirrtum. Zu erörtern ist in diesem Zusammenhang aber auch der sog. Motivirrtum, der häufig eine Rolle spielt, jedoch als Anfechtungsgrund in der Regel ausscheidet, mit Ausnahme des Eigenschaftsirrtums nach § 119 Abs. 2, der letztlich auch ein Motivirrtum ist, wenn auch ein beachtlicher. Die drei als Anfechtungsgründe in Frage kommenden Irrtümer müssen allerdings auch erheblich sein, wenn sie zum Zuge kommen sollen. Durch den Wortlaut des § 119 Abs. 1, wonach der Irrende seine Erklärung anfechten kann, wenn anzunehmen ist, dass er sie bei Kenntnis der Sachlage und bei verständiger Würdigung des Falles nicht abgegeben haben würde, sollen die Anfechtungsvoraussetzungen weiter eingeschränkt und es soll verhindert werden, dass im Verhältnis zum Gesamtrechtsgeschäft belanglose Irrtümer eine Anfechtung ermöglichen.

2.1.1.1 *Inhaltsirrtum*

Im obigen Beispiel könnte der Stadt Sidahausen ein Inhaltsirrtum unterlaufen sein. Zwar hat sich hier nicht die Stadt Sidahausen geirrt, dies ginge auch nicht, weil die Stadt Sidahausen eine juristische Person des öffentlichen Rechts ist, sondern die Mitarbeiterin Müller. Nach § 166 Abs. 1 ist jedoch auf den Vertreter und nicht auf die Person des Vertretenen abzustellen. Beim Inhaltsirrtum hat der Erklärende zwar die äußere Erklärungshandlung gewollt, mit ihr aber einen anderen Sinn verbunden. Der Erklärende weiß, was er sagt, aber er weiß nicht, was das Gesagte bedeutet. Vor der Stuhlbestellung gefragt, ob Frau Müller denn wirklich die Stühle mit der Bestellnummer 580 bestellen möchte, würde Frau Müller dies bejahen. Sie hatte sich nicht versprochen oder verschrieben. Sie hatte lediglich eine ganz andere Vorstellung von den Stühlen, nämlich die, dass es sich um Designer-Stühle handelt. Frau Müller unterlag einem Irrtum über den Inhalt des Gesagten und damit einem Inhaltsirrtum.

Inhaltsirrtümer sind häufig und können den Geschäftsgegenstand, den Geschäftspartner oder auch die Vertragsart betreffen. Das Schulbeispiel über die Bestellung des »Halve Hahn« in der Annahme, ein halbes knuspriges Hähnchen anstelle eines lauwarmen Käsebrötchens zu erhalten, wurde bereits unter III. 6 erwähnt. Ein weiteres typisches Schulbeispiel ist das des Bauern, der zwölf neue Milchkannen bestellen will und die Firma um »ein Schock« neue Kannen bittet, wobei er sich über die Bedeutung Schock = 60 nicht klar ist.

2.1.1.2 *Erklärungsirrtum*

Der zweite in § 119 Abs. 1 angesprochene Irrtum ist der Erklärungsirrtum. Hier hat sich der Erklärende versprochen, verschrieben oder vergriffen. Es liegt eine Störung im äußeren Erklärungsablauf vor. Der Erklärende wollte das, was er gesagt oder geschrieben hat, nicht sagen oder schreiben.

> Jemand will seinen Pkw für 9.800 € anbieten und schreibt versehentlich 8.900 €. Gefragt, ob er wirklich 8.900 € meine, würde er sich sofort korrigieren.

2.1.1.3 *Unbeachtlicher Motivirrtum*

Nicht zur Anfechtung berechtigt der sog. Motivirrtum. Der Motivirrtum ist ein Irrtum weniger bei der Abgabe der Willenserklärung als im Vorfeld, nämlich bei der Willensbildung. Der Erklärende weiß, was er sagt, aber seine Beweggründe stimmen nicht mit der Wirklichkeit überein. Ein solcher Irrtum ist grundsätzlich unbeachtlich.

> Wenn der Vater ein Auto erwirbt, um dieses seinem Sohn nach bestandenem Staatsexamen als Belohnung zu schenken, dann kann er den Kaufvertrag nicht wegen Irrtums anfechten, wenn sein Sohn durchgefallen ist.
>
> Ebenso wenig kann sich eine Frau nach voreiligem Kleiderkauf darauf berufen, sie habe es in der irrtümlichen Annahme gekauft, dass es ihrem Mann gefallen würde. Dieser sei jedoch entsetzt.

2.1.1.4 Eigenschaftsirrtum

Ein Sonderfall des Inhaltsirrtums ist der in § 119 Abs. 2 genannte Eigenschaftsirrtum. Das Gesetz definiert ihn als Irrtum über solche Eigenschaften der Person oder der Sache, die im Verkehr als wesentlich angesehen werden. Von der h. M.[16] wird der Eigenschaftsirrtum auch als ausnahmsweise beachtlicher Motivirrtum bezeichnet. Beim Eigenschaftsirrtum stimmen anders als in den Fällen des § 119 Abs. 1 Wille und Erklärung überein; dem Erklärenden ist aber ähnlich wie beim Motivirrtum bei der Willensbildung ein Irrtum unterlaufen. Voraussetzung einer Anfechtung nach § 119 Abs. 2 ist, dass sich der Irrtum auf eine Eigenschaft einer Person oder einer Sache bezieht. Sachen im Sinne des § 119 Abs. 2 sind auch nichtkörperliche Gegenstände. Eigenschaften sind alle rechtlichen und tatsächlichen Verhältnisse, die für die Wertschätzung und Brauchbarkeit von Bedeutung sind. Wichtig ist: Nicht der Irrtum über den Wert einer Sache, wohl aber der über wertbildende Faktoren berechtigt zur Anfechtung. Hinzu kommen muss, dass sich der Erklärende über solche Eigenschaften einer Person oder Sache geirrt haben muss, die im Verkehr als wesentlich angesehen werden.

Müller kauft ein Grundstück für 300 € pro qm und erfährt später, dass es sich nicht um Bauland handelt. Die Baulandqualität ist eine Eigenschaft des Grundstücks. Sie ist auch verkehrswesentlich, da sie die Wertschätzung und den Preis des Grundstücks erheblich beeinflusst. Anders, wenn Müller das Grundstück für 300 € pro qm erwirbt in der Erwartung, es sei viel mehr wert und werde sich wertmäßig noch steigern. Werden ihm dann beim Wiederverkaufsversuch nur 200 € geboten, kann er den Kaufvertrag über 300 € nicht anfechten, denn er hat sich lediglich über den Wert einer Sache geirrt. Würde bereits der Irrtum über den Wert einer Sache zur Anfechtung berechtigen, wäre die Folge eine erhebliche Unsicherheit im gesamten Rechtsverkehr. Der Wert einer Sache ist vielfach auch Anschauungssache. So kann ein Gemälde vom Flohmarkt für den einen einen ungeheuren Wert darstellen, dem anderen ist es nichts wert. Anders dagegen verhält es sich, wenn jemand ein Bild in der Annahme erwirbt, es sei ein Original des Künstlers, während es sich in Wahrheit um einen schlichten Nachdruck handelt. Hier kommt eine Anfechtung wegen Eigenschaftsirrtums in Betracht. Wenn Meier für seine Lohnbuchhaltung Herrn Schulze einstellt und sodann erfährt, dass dieser bereits mehrfach wegen Betrugs, Unterschlagung und Urkundenfälschung vorbestraft ist, kann dies wegen Irrtums über eine verkehrswesentliche Eigenschaft der Person des Schulze zur Anfechtung berechtigen. So sind auch Zahlungsfähigkeit und Kreditwürdigkeit bei Kredit-, nicht bei Bargeschäften verkehrswesentliche Eigenschaften einer Person.

2.1.1.5 Falsche Übermittlung einer Willenserklärung

Eine Willenserklärung, welche durch die zur Übermittlung verwendete Person oder Einrichtung unrichtig übermittelt worden ist, kann nach § 120 unter der gleichen Voraussetzung angefochten werden wie nach § 119 eine irrtümlich abgegebene Willenserklärung.

Zur Übermittlung kann dienen: ein Bote oder ein Dolmetscher, die Telekom oder andere Anbieter, die die Erklärung als E-Mail, Fax oder SMS übermitteln.

---

[16] Palandt/Ellenberger, § 119 Rdnr. 23; Medicus, Rdnr. 744.

2.1.2 Wirksame Anfechtungserklärung

Soll ein Rechtsgeschäft, das auf einem Irrtum nach § 119 beruht, nach § 142 rückgängig gemacht, d. h. als von Anfang an nichtig angesehen werden, so bedarf es einer wirksamen Anfechtungserklärung. Die Anfechtungserklärung ist ein einseitiges Rechtsgeschäft, bestehend aus einer empfangsbedürftigen Willenserklärung, die der Anfechtungsberechtigte gegenüber dem Anfechtungsgegner abzugeben hat. Diese Willenserklärung muss nicht den Begriff »anfechten« enthalten. Es reicht vielmehr aus, dass der Erklärungsempfänger erkennen kann, der Erklärende wolle das Rechtsgeschäft wegen Irrtums nicht gelten lassen. Nach § 121 Abs. 1 S. 1 muss die Anfechtung ferner unverzüglich erfolgen, nachdem der Anfechtungsberechtigte von dem Anfechtungsgrund Kenntnis erlangt hat. Unverzüglich ist nicht gleichbedeutend mit »sofort«, sondern heißt nach der gesetzlichen Definition »ohne schuldhaftes Zögern«. Je nach Fallsituation wird daher auch eine gewisse Überlegungsfrist, in schwierigen Fällen auch eine Beratung durch einen Rechtskundigen eingeräumt werden müssen. Im obigen Beispiel der Stuhlbestellung durch Frau Müller liegen alle Voraussetzungen einer wirksamen Anfechtung vor.

MERKE

Nach § 142 Abs. 1 führt eine wirksame Anfechtung dazu, dass eine rechtsgeschäftliche Erklärung als von Anfang an nichtig anzusehen ist. Die wirksame Anfechtung einer Willenserklärung setzt einen Anfechtungsgrund und eine wirksame Anfechtungserklärung voraus.
Zur Anfechtung nach § 119 Abs. 1 berechtigen der Inhalts- und der Erklärungsirrtum. Beim Inhaltsirrtum hat der Erklärende zwar die äußere Erklärungshandlung gewollt, mit ihr aber einen anderen Sinn verbunden. Der Erklärende weiß, was er sagt, aber er weiß nicht, was das Gesagte bedeutet. Beim Erklärungsirrtum hat sich der Erklärende versprochen oder verschrieben. Es liegt eine Störung im äußeren Erklärungsablauf vor. Der Erklärende wollte das, was er gesagt oder geschrieben hat, nicht sagen oder schreiben.
Zur Anfechtung berechtigt auch der Eigenschaftsirrtum nach § 119 Abs. 2. Es handelt sich dabei um einen Sonderfall des Inhaltsirrtums. Der Irrtum muss sich auf eine verkehrswesentliche Eigenschaft einer Person oder Sache beziehen. Eigenschaften sind alle rechtlichen und tatsächlichen Verhältnisse, die für die Wertschätzung und Brauchbarkeit einer Sache von Bedeutung sind. Nicht der Irrtum über den Wert, wohl aber der über wertbildende Faktoren berechtigt zur Anfechtung. Eigenschaften einer Person können u. a. Alter, Vorstrafen, berufliche Fähigkeiten, aber auch Kreditwürdigkeit sein. Verkehrswesentlich sind solche Eigenschaften nicht, die nicht objektiv, sondern nur vom Standpunkt des Erklärenden erheblich sind, es sei denn, ihre Erheblichkeit ist dem Erklärungsempfänger vom Erklärenden deutlich gemacht worden.

2.2 Rechtsfolgen der wirksamen Irrtumsanfechtung

Die Rechtsfolgen einer wirksamen Anfechtung wegen Irrtums oder wegen falscher Übermittlung einer Willenserklärung ergeben sich aus § 142 sowie aus § 122.

2.2.1 Nichtigkeit des Rechtsgeschäfts

Nach § 142 Abs. 1 ist das angefochtene Rechtsgeschäft als von Anfang an nichtig anzusehen. Diese sog. Nichtigkeit »ex tunc« bedeutet, dass die Nichtigkeit des Rechtsgeschäfts nicht erst mit der Anfechtungserklärung, also »ex nunc«, eintritt, sondern das Rechtsgeschäft so angesehen wird, als sei es niemals geschlossen worden. Problematisch ist dies bei sog. Dauerschuldverhältnissen wie etwa Dienst- oder Arbeitsverträgen. Hier tauchen Fragen auf, die der Gesetzgeber offenbar nicht gesehen hat, wie etwa: Was ist mit der bis zur Anfechtung geleisteten Arbeit oder sind Rentenanwartschaften oder ein Anspruch auf Arbeitslosengeld entstanden? Bei solchen Dauerschuldverhältnissen kann die Anfechtung nach h. M. nur zur Nichtigkeit ex nunc führen.[17]

Während § 119 von der Anfechtung der Willenserklärung spricht, bei deren Abgabe sich der Erklärende geirrt hat, geht § 142 vom anfechtbaren Rechtsgeschäft aus und erklärt dieses insgesamt für nichtig. Streng genommen wird natürlich die Willenserklärung angefochten, was aber in aller Regel gleichzeitig den Zusammenbruch des Vertrags bedeutet. Sollte es sich aber um ein umfangreiches Vertragswerk handeln und die fehlerhafte Willenserklärung sich nur auf Teile desselben auswirken, bewirkt die Anfechtung u. U. gem. § 139 nur eine Teilnichtigkeit.

Es sei noch angemerkt, dass die Anfechtung des Grundgeschäfts das Erfüllungs- oder Verfügungsgeschäft grundsätzlich nicht berührt. Bei Anfechtung des Kaufvertrags wird dieser rückwirkend vernichtet, die Übereignung der Kaufsache nach § 929 ist jedoch rechtsgültig. Dies ist eine Konsequenz des Abstraktionsprinzips[18], wonach Verpflichtungs- und Verfügungsgeschäft streng getrennt werden und voneinander fehlerunabhängig sind. Der Grund, der das Verpflichtungsgeschäft anfechtbar macht, kann aber auch das Erfüllungsgeschäft miterfassen. Außerdem können Grund- und Erfüllungsgeschäft nach dem Willen der Parteien eine Einheit bilden. In solchen Fällen werden durch die wirksame Anfechtung beide Rechtsgeschäfte rückwirkend vernichtet. Wird nur das Erfüllungsgeschäft angefochten, was etwa bei einem schlichten sich Vergreifen bei Aushändigung der Kaufsache möglich wäre, kann die Kaufsache nach § 985 wieder herausverlangt werden, während die Verpflichtung zur Erfüllung des Kaufvertrags durch Übereignung der richtigen Kaufsache bestehen bleibt. Im Normalfall der Anfechtung des Kaufvertrags kann die inzwischen übereignete Kaufsache nur nach § 812 zurückgefordert werden.

Nach § 142 wird das wegen Irrtums angefochtene Rechtsgeschäft kassiert, nicht etwa reformiert, d. h. nicht etwa durch ein Rechtsgeschäft ersetzt, wie es ohne Irrtum zustande gekommen wäre. Das erscheint grundsätzlich berechtigt, weil zwar relativ sicher festgestellt werden kann, ob eine Willenserklärung fehlerhaft ist, aber nicht immer ohne Weiteres, wie die Einigung bei Fehlerfreiheit gelautet hätte.

---

[17] Palandt/Ellenberger, § 142 Rdnr. 2.

[18] S. unter III 5.

Felsinger bestellt beim Verlag Wissensdurst ein mit prächtigem Einband versehenes und entsprechend teures 20-bändiges Lexikon. Er hat sich bei der Bestellung verschrieben und wollte nur die preiswerte Ausgabe im Taschenbuchformat haben. Als ihm der Verlag nach Anfechtung das preiswerte Lexikon anbietet und das teure anstandslos zurücknehmen will, meint Felsinger, er käme auch ohne Lexikon durchs Leben. Felsinger muss, da nun keine vertragliche Verpflichtung mehr besteht, auch das billige Lexikon nicht nehmen.

In der Literatur wird teilweise die Auffassung vertreten, dass diese rückwirkende Nichtigkeit dann aber nicht gerechtfertigt ist, wenn sich der Erklärungsgegner bereit erklärt, die Erklärung so gegen sich gelten zu lassen, wie sie irrtumsfrei gewollt war. Die Anfechtung solle schließlich nur den fehlerhaften Willen korrigieren, aber keine Lösung vom Vertrag ermöglichen. Die Begründung dieses mit dem Wortlaut des § 142 nicht übereinstimmenden Ergebnisses ergibt sich aus § 242 und dem Sinn und Zweck der §§ 119 ff.[19]

Nach dieser Auffassung müsste im o. g. Beispiel Felsinger das Lexikon im Taschenbuchformat abnehmen.

MERKE

Wird ein anfechtbares Rechtsgeschäft angefochten, so ist es nach § 142 als von Anfang an nichtig anzusehen. Wegen des Abstraktionsprinzips berührt die Anfechtung des Grund- oder Verpflichtungsgeschäfts das Erfüllungs- oder Verfügungsgeschäft grundsätzlich nicht.

2.2.2 Schadensersatzpflicht des Anfechtenden

Soll der Irrende an seiner fehlerhaften Willenserklärung nicht festgehalten werden, so ist andererseits zu bedenken, dass der Erklärungsempfänger auf die Richtigkeit und Gültigkeit dieser Erklärung vertraute. Dem trägt das Gesetz in § 122 Rechnung, indem es den Anfechtenden zum Ersatz des Vertrauensschadens verpflichtet, wenn ein solcher entstanden ist. Wer Vertrauensschadensersatz verlangen kann, der muss so gestellt werden, wie er gestanden hätte, wenn er von dem Rechtsgeschäft bzw. der angefochtenen Willenserklärung nie etwas gehört hätte.

Huber hat für zwei Wochen ein Zimmer im Hotel »Zur wilden Düne« reserviert. Hat er seine Willenserklärung erfolgreich angefochten, ist der Beherbergungsvertrag von Anfang an nichtig. Die Hotelleitung könnte u. U. von ihm nach § 122 Vertrauensschadensersatz verlangen, wenn das Hotel vollständig ausgebucht ist und der Inhaber erklärt, er habe nach der Zimmerreservierung durch Huber andere Gäste abweisen müssen. Im ungünstigsten Fall müsste Huber dann den Zimmerpreis für die gebuchten zwei Wochen als Vertrauensschadensersatz entrichten, gemindert allenfalls durch die Ersparnisse des Hotels beim Zimmerservice.

[19] Vgl. Brox/Walker, AT Rdnr. 363; Larenz/Wolf/Neuner, AT § 20 II c.

Der Schadensersatzberechtigte muss natürlich dazu beitragen, den Schaden gering zu halten, im obigen Fall etwa dadurch, dass durch Aushang am Haus und Mitteilung an die Kurverwaltung auf das nunmehr freie Zimmer hingewiesen wird. Sollte sich dann vor Ablauf der zwei Wochen eine anderweitige Vermietungsmöglichkeit ergeben, müsste Huber nur für die Tage des tatsächlichen Leerstands bezahlen. Keine Schadensersatzpflicht ergäbe sich dann, wenn das Zimmer ohnehin leergestanden hätte, weil dem Hotel dann kein Vertrauensschaden entstanden wäre.

Wie im Ausgangsfall jedoch argumentiert der Hotelinhaber wie folgt: Nach der Zimmerreservierung durch Huber für 75€ pro Nacht habe ihm ein begeisterter Nordseefan und Freund des Hauses 100€ je Nacht für ein Einzelzimmer in den von Huber gebuchten zwei Wochen geboten. Wegen der Reservierung durch Huber habe er bedauerlicherweise dieses Angebot ausschlagen müssen.

Auch in dieser Abwandlung des Ausgangsbeispiels verlangt das Hotel »Zur wilden Düne« Schadensersatz nach § 122. In der Tat ist hier ein ziemlich hoher Vertrauensschaden entstanden, nämlich 14 x 100 €, die das Hotel erhalten hätte, wenn es von der angefochtenen Willenserklärung des Huber nie etwas gehört hätte. Wenn das Hotel in dieser Höhe Vertrauensschadensersatz verlangen könnte, stünde es besser da als bei Gültigkeit oder Nichtanfechtung der Willenserklärung des Huber. Durch die Anfechtung soll der Anfechtungsgegner jedoch nicht besser gestellt werden, als er ohne Anfechtung gestanden hätte. Deshalb begrenzt § 122 Abs. 1 den Vertrauensschadensersatz in der Höhe. Vertrauensschadensersatz kann nur verlangt werden bis zur Höhe des Betrags, den der Anfechtungsgegner bei normaler Erfüllung des Vertrags, also bei Nichtanfechtung, erhalten hätte, also bis zur Höhe des sog. Erfüllungsinteresses, aber nicht darüber hinaus. Hätte Huber seine Bestellung nicht angefochten und das für ihn reservierte Zimmer bezogen, hätte der Hotelinhaber 14 x 75 € erhalten. Auch wenn sein Vertrauensschaden hier höher ist, kann er nur diese Summe verlangen. Anders ausgedrückt: Die obere Grenze des Vertrauensschadensersatzes nach § 122 wird nach dieser Vorschrift durch den Schadensersatz statt der Leistung gezogen. Wer Schadensersatz statt der Leistung verlangen kann, muss so gestellt werden, als ob das Rechtsgeschäft ordnungsgemäß erfüllt worden wäre.

MERKE

Die Anfechtung kann für den Anfechtenden nach § 122 eine Schadensersatzpflicht begründen. Berechtigter ist bei einer empfangsbedürftigen Willenserklärung der Erklärungsempfänger, bei einer anderen Willenserklärung jeder betroffene Dritte.
Zu ersetzen ist nach § 122 Abs. 1 der Vertrauensschaden. Wer Vertrauensschadensersatz verlangen kann, der muss so gestellt werden, als ob er von dem Rechtsgeschäft bzw. der angefochtenen Willenserklärung nie etwas gehört hätte.
Nicht geschuldet wird Schadensersatz statt der Leistung. Wer Schadensersatz statt der Leistung verlangen kann, ist so zu stellen, als ob das Rechtsgeschäft ordnungsgemäß erfüllt worden wäre.
Der Ersatz des Vertrauensschadens wird jedoch in der Höhe begrenzt auf den Betrag des sog. Erfüllungsinteresses, weil der aus § 122 Berechtigte durch die Vernichtung der Willenserklärung nicht besser gestellt werden soll, als er bei Gültigkeit der Erklärung gestanden hätte.

2.3 Anfechtbarkeit wegen Täuschung oder Drohung

Nach § 123 Abs. 1 kann, wer zur Abgabe einer Willenserklärung durch arglistige Täuschung oder widerrechtlich durch Drohung bestimmt worden ist, seine Erklärung anfechten. Der Anfechtungsgegner kann hier natürlich keinen Schadensersatz verlangen, weshalb § 123 dem § 122 nachfolgt und dieser somit nur die Anfechtungsgründe der §§ 119 und 120 erfasst.

2.3.1 Arglistige Täuschung

Zunächst muss eine Täuschungshandlung vorliegen. Die Täuschungshandlung kann durch positives Tun wie aber auch durch Unterlassen erfolgen. Es fällt jedes Verhalten darunter, das beim Erklärenden einen Irrtum hervorruft oder unterhält.

Redlich verkauft Sedelmeier seinen gebrauchten Pkw, der erst 10.000 km gelaufen war. Auf die Frage des Sedelmeier behauptet Redlich wahrheitswidrig, der Wagen sei bisher unfallfrei gefahren, obwohl das Fahrzeug einen schweren Unfall hatte. Hier liegt eine Täuschungshandlung durch positives Tun vor.

Auch das Verschweigen von Tatsachen kann eine Täuschungshandlung sein, wenn eine Aufklärungspflicht bestand. Grundsätzlich muss niemand ungefragt ihm nachteilige Umstände offenbaren. Dies gilt auch bei Kaufverhandlungen, zumal hier ein gewisser Interessengegensatz zwischen Käufer und Verkäufer nicht ganz außer Acht bleiben darf. Jede Seite möchte das günstigste für sich herausholen. Aus § 242 ergibt sich eine Aufklärungspflicht jedoch dann, wenn der Vertragspartner mit Rücksicht auf den Vertragszweck nach den Umständen und der Verkehrssitte redlicherweise eine Aufklärung erwarten durfte.

Im o. g. Beispiel ergibt sich die Aufklärungspflicht daraus, dass das Auto erst 10.000 km gefahren und daher noch verhältnismäßig neuwertig war. Redlich war verpflichtet, dem Sedelmeier über den schweren Unfall aufzuklären. Hier erfolgt die Täuschung durch Unterlassen.

Die Täuschungshandlung muss zu einem Irrtum des Getäuschten führen und dieser Irrtum muss für die abgegebene Willenserklärung ursächlich sein. Es muss daher Kausalität zwischen Täuschungshandlung, Irrtum und Abgabe der Willenserklärung bestehen. Entscheidend ist, dass der Getäuschte ohne den Irrtum die Willenserklärung nicht oder nicht zu der Zeit oder nur mit anderem Inhalt abgegeben hätte. Kausalität ist schon dann anzunehmen, wenn die Täuschung auf die Beschleunigung des Geschäftsabschlusses entscheidenden Einfluss hatte. Es ist nicht einmal erforderlich, dass der Täuschende sich bereichern will oder dass der Erklärende durch die Täuschung einen Schaden erleidet.

Im obigen Fall ist die Kausalität jedenfalls zu bejahen. Hätte Sedelmeier gewusst, dass es sich um einen Unfallwagen handelte, hätte er vom Kauf des Wagens abgesehen oder zumindest nur einen niedrigeren Preis geboten.

Neben Täuschungshandlung und Kausalität ist auch Arglist des Täuschenden erforderlich. Der Täuschende muss vorsätzlich handeln, d. h. in dem Bewusstsein, dass der Erklärende

ohne die Täuschung seine Willenserklärung möglicherweise nicht oder mit anderem Inhalt abgegeben hätte. Da § 123 weniger den Schutz des Vermögens als den der Willens- und Entschließungsfreiheit bezweckt, spielt auch die Absicht, sich einen Vermögensvorteil zu verschaffen oder den Getäuschten zu schädigen, keine Rolle.
Nach § 123 Abs. 2 ist in dem Fall, dass ein Dritter die Täuschung verübt hat, die Erklärung, die einem anderen gegenüber abzugeben war, nur dann anfechtbar, wenn dieser die Täuschung kannte oder kennen musste. Der Erklärungsempfänger soll also grundsätzlich in seinem Vertrauen auf die Willenserklärung des Getäuschten geschützt werden. Nicht schutzwürdig ist der Empfänger, wenn er die Täuschung kannte oder kennen musste, wobei Fahrlässigkeit ausreicht. Aber auch ein gutgläubiger Empfänger ist nicht schutzwürdig, wenn der Dritte kein Dritter i. S. d. § 123 Abs. 2 ist, sondern auf der Seite einer Vertragspartei, hier der des Erklärungsempfängers, steht. Deshalb ist der Vertreter des Erklärungsempfängers nicht Dritter i. S. d. § 123 Abs. 2. Das gilt auch für sonstige Hilfspersonen des Erklärungsempfängers.

Sedelmeier möchte den inzwischen älteren Gebrauchtwagen des Redlich erwerben. Er erkundigt sich deshalb bei Hausmann, einem Freund des Redlich, der das Auto gut kennt, nach den Vorzügen und Nachteilen des Wagens. Wider besseres Wissen gibt Hausmann auf entsprechende Fragen des Sedelmeier die Auskunft, der Wagen sei besonders günstig im Verbrauch und benötige statt Super nur Normalbenzin. Die Frage nach der Unfallfreiheit, wobei Sedelmeier auch kleinere Unfälle einbezieht, beantwortet Hausmann wahrheitswidrig dahin, dass ihm auch kleinere Unfälle nicht bekannt seien. Im Übrigen sei der Wagen ein Garagenwagen, weshalb er so gepflegt aussehe. Auch diese Auskunft stimmt nicht. Nachdem Sedelmeier zur freudigen Überraschung des Redlich, der von den »Auskünften« seines Freundes nichts weiß, ohne viele Fragen sofort den Kaufpreis akzeptiert und den Wagen erwirbt, erfährt er von den Freundesdiensten des Hausmann und möchte das Auto wieder loswerden. Wenn Redlich den Hausmann gebeten hätte, sich nach geeigneten Käufern umzusehen, den Kaufvertragsabschluss aber ihm selbst zu überlassen, wäre die Täuschung durch Hausmann als eine Täuschungshandlung des Redlich selbst zu behandeln. Ob man diese Schlussfolgerung aber für alle Personen ziehen kann, die dem Erklärungsempfänger näher stehen als dem Getäuschten[20], dürfte nicht unstreitig sein. So dürfte es durchaus vertretbar sein, den Hausmann, der ohne Auftrag und ohne Wissen des Redlich handelte, als Dritten i. S. d. § 123 Abs. 1 anzusehen, sodass eine Anfechtung des Kaufvertrags durch Sedelmeier ausscheidet. Dieser hätte sich sicherheitshalber beim Verkäufer selbst oder zumindest zusätzlich schlau machen sollen.

2.3.2 Widerrechtliche Drohung

Die widerrechtliche Drohung führt anders als die bisher erörterten Tatbestände nicht zu einem Irrtum des Erklärenden. Sie berechtigt allein deshalb zur Anfechtung, weil die Freiheit der Willensentschließung geschützt werden soll. Drohung ist das Inaussichtstellen eines künftigen Übels und muss den Erklärenden in eine Zwangslage versetzen. Der Eintritt des

[20] So offenbar Brox/Walker, AT Rdnr. 408.

künftigen Übels muss aus der Sicht des Bedrohten vom Willen des Drohenden abhängig sein. Wie bei der arglistigen Täuschung ist auch hier die Kausalität zu beachten, d. h., die Drohung muss für die Furcht des Bedrohten und diese für dessen Willenserklärung ursächlich sein. Schließlich muss der Bedrohte nach § 123 Abs. 1 zur Abgabe seiner Willenserklärung widerrechtlich durch Drohung bestimmt worden sein. Die Widerrechtlichkeit kann sich daraus ergeben, dass das angedrohte Übel rechtswidrig ist.

Die Bedrohung mit einer strafbaren Handlung, etwa einer Körperverletzung, ist stets widerrechtlich, auch wenn ein legitimer Zweck damit verfolgt werden sollte.

Die Willensbestimmung durch Drohung ist aber auch widerrechtlich, wenn der erstrebte Erfolg rechtswidrig ist.

Wenn jemand einem anderen mit Strafanzeige wegen Steuerhinterziehung droht, sofern dieser ihm nicht bei Anfertigung einer gefälschten Urkunde behilflich ist, so ist die Androhung einer Strafanzeige für sich allein rechtmäßig, nicht aber der damit erstrebte Erfolg, nämlich die Begehung einer Urkundenfälschung.

Aber auch wenn Mittel und Zweck für sich gesehen rechtmäßig und in keiner Weise anstößig sind, so kann doch die Verbindung dieses Mittels mit diesem Zweck unrechtmäßig sein. Man spricht hier auch von der Widerrechtlichkeit der Mittel-Zweck-Relation.

Der Prokurist der städtischen Wohnungsbau-GmbH droht dem Geschäftsführer Schulte, er werde seiner Ehefrau erzählen, dass Schulte ein Verhältnis mit seiner Sekretärin hat, wenn Schulte ihm keine Gehaltserhöhung bewilligt. Die Offenlegung des Verhältnisses mit der Sekretärin ist für sich genommen nicht widerrechtlich. Auch eine angestrebte Gehaltserhöhung ist für sich betrachtet nicht rechtswidrig. Aber die Verknüpfung von dem angedrohten Übel und dem angestrebten Zweck wird von der Rechtsordnung nicht akzeptiert.

MERKE

Die Voraussetzungen für die Anfechtung einer Willenserklärung wegen arglistiger Täuschung sind:

1. **Täuschung des Erklärenden. Darunter fällt jedes Verhalten, das beim Erklärenden einen Irrtum hervorruft oder unterhält.**
2. **Arglist des Täuschenden. Dafür ist erforderlich das Bewusstsein, dass der Erklärende ohne die Täuschung die Willenserklärung möglicherweise nicht oder nicht mit dem vereinbarten Inhalt abgegeben hätte.**
3. **Kausalität zwischen Täuschung und Willenserklärung. D. h., der Erklärende muss durch die Täuschung zur Abgabe der Willenserklärung veranlasst worden sein. Nicht erforderlich ist, dass der Täuschende sich bereichern will oder dass der Erklärende durch die Täuschung geschädigt wird.**

VI Stellvertretung: Abschluss von Rechtsgeschäften durch Dritte

Nicht nur im Geschäftsleben, sondern auch im privaten Bereich kann nicht jeder zu jeder Zeit höchstpersönlich seine Rechtsgeschäfte tätigen. Er ist u. U. abwesend oder zeitlich verhindert, vielleicht auch bei spezielleren oder komplizierten Geschäften fachlich überfordert. So wird derjenige, der ein Haus baut, sich gern bei der Beauftragung von Firmen oder der Bestellung von Baumaterial von seinem Architekten vertreten lassen. Der Inhaber eines großen Kaufhauses kann nicht selbst alle Ein- und Verkäufe vornehmen. Er beschäftigt daher viele Angestellte, insbesondere Verkäufer, die für ihn die entsprechenden Willenserklärungen abgeben. Nötig ist eine Stellvertretung aber auch für Personen, die nicht oder nur in eingeschränktem Umfang in der Lage sind, ihre Angelegenheiten selbst zu besorgen. Eine Art von Stellvertretung muss es schließlich auch für juristische Personen geben, da diese selbst ja nicht handlungsfähig sind.
Man unterscheidet bei der Stellvertretung die gesetzliche und die rechtsgeschäftliche Stellvertretung. Soweit eine natürliche Person nicht unbeschränkt geschäftsfähig ist, kann sie Willenserklärungen nicht oder nur in beschränktem Umfang abgeben. Für sie handelt ein durch das Gesetz bestimmter Vertreter, weshalb man hier von gesetzlicher Stellvertretung spricht. So sind gesetzliche Vertreter des Minderjährigen die Eltern (§ 1629), gesetzlicher Vertreter des Mündels ist sein Vormund (§ 1793) und Betreuer und Pfleger sind innerhalb ihres Aufgabenkreises gesetzliche Vertreter des Betreuten (§ 1902) bzw. des Pfleglings (§ 1915). Juristische Personen werden durch die Möglichkeit der Stellvertretung erst handlungsfähig. Sie werden durch Organe vertreten, weshalb man hier auch von organschaftlicher Stellvertretung spricht. So heißt es z. B. in § 26 Abs. 2 S. 1: »Der Vorstand vertritt den Verein gerichtlich und außergerichtlich; er hat die Stellung eines gesetzlichen Vertreters.« Und in § 63 Abs. 1 GO NRW: »Unbeschadet der dem Rat und seinen Ausschüssen zustehenden Entscheidungsbefugnisse ist der Bürgermeister der gesetzliche Vertreter der Gemeinde in Rechts- und Verwaltungsgeschäften.«
Aber auch wer selbst rechtsgeschäftlich wirksam handeln kann, wird nicht nur im privaten Bereich, sondern vor allem im Geschäftsleben ein Interesse daran haben, dass andere für ihn handeln, und entsprechende Willenserklärungen abgeben. Diese Erweiterung seines Wirkungskreises erreicht er dadurch, dass er andere bevollmächtigt, ihn zu vertreten. Man spricht hier auch von rechtsgeschäftlicher Stellvertretung, weil die Erteilung der Vollmacht nach § 167 Abs. 1 durch Erklärung (= Willenserklärung) gegenüber dem zu Bevollmächtigenden oder dem Dritten, dem gegenüber die Vertretung stattfinden soll, erfolgt. Für den kaufmännischen Bereich stellt das Gesetz festumrissene Formen der Vollmacht zur Verfügung, nämlich Prokura (§§ 48 ff. HGB) und Handlungsvollmacht (§§ 54 ff. HGB).

MERKE

Stellvertretung ist grundsätzlich bei jeder Willenserklärung möglich und nur bei einigen wenigen höchstpersönlichen Rechtsgeschäften ausgeschlossen. Unterschieden wird zwischen gesetzlicher und rechtsgeschäftlicher Stellvertretung. Die erstere beruht auf Gesetzesvorschriften, die zweite auf einem Rechtsgeschäft, nämlich der Vollmachtserteilung.

1 VORAUSSETZUNGEN EINER WIRKSAMEN STELLVERTRETUNG

Die §§ 164 ff. sind grundsätzlich für beide Arten der Stellvertretung gedacht. Allerdings gelten die §§ 166 Abs. 2–176 ausdrücklich nur für die rechtsgeschäftliche Stellvertretung. Auch die übrigen Vorschriften sind eher auf die Interessenlage bei der rechtsgeschäftlichen Stellvertretung zugeschnitten. Die Grundvoraussetzungen für eine wirksame Stellvertretung sind in § 164 Abs. 1 S. 1 geregelt. Vorab kann die Zulässigkeit der Stellvertretung geprüft werden. Dies muss aber nur dann ausdrücklich geschehen, wenn der zu beurteilende Fall dazu Anlass gibt. Grundsätzlich ist die Stellvertretung bei jedem Rechtsgeschäft zulässig. In nur wenigen Spezialnormen weist das Gesetz darauf hin, dass eine bestimmte Willenserklärung nur »persönlich« abgegeben werden kann. So ist z. B. nach § 1311 eine Stellvertretung bei der Eheschließung vor dem Standesbeamten nicht zulässig, ebenso wenig gem. § 2064 bei der Errichtung eines Testaments.

1.1 Abgabe einer eigenen Willenserklärung

Stellvertretung bedeutet rechtsgeschäftliches Handeln für und im Namen eines anderen. Dies bedeutet, dass der Stellvertreter für einen anderen eine Willenserklärung abgibt. Daneben gibt es nach § 164 Abs. 3 allerdings auch Stellvertretung beim Empfang einer Willenserklärung, die sog. passive Stellvertretung. Für die Stellvertretung scheiden daher tatsächliche Handlungen ohne Willenserklärung aus, auch wenn im allgemeinen Sprachgebrauch hier manchmal von Vertretung die Rede ist.

Beauftragt der Handwerksmeister seinen Gesellen mit der Durchführung bestimmter Arbeiten, so mag der Geselle dem Kunden sagen, er »vertrete« heute seinen Chef. Er ist jedoch kein Vertreter i. S. d. §§ 164 ff., denn er schließt keine Rechtsgeschäfte ab und gibt bei seinem Handeln auch keine Willenserklärung ab.

Da der Stellvertreter eine eigene Willenserklärung abgibt, darf er natürlich nicht geschäftsunfähig sein, denn dann wäre seine Willenserklärung unwirksam (§ 105 Abs. 1). Andererseits reicht beschränkte Geschäftsfähigkeit des Vertreters aus. Da die Rechtsfolgen seiner Willenserklärungen nicht ihn, sondern den Vertretenen treffen, bedarf der minderjährige Vertreter hier keines besonderen Schutzes. Für den Fall des Handelns ohne Vertretungsmacht wird er durch § 179 Abs. 3 S. 2 hinreichend geschützt.
Der Stellvertreter gibt eine eigene Willenserklärung ab. Das unterscheidet ihn vom Boten, der lediglich eine fremde Willenserklärung überbringt. Der Bote ist nur Sprachrohr des Erklärenden; dieser hätte seine Erklärung auch mit einem Brief übermitteln können. Als Bote kann daher auch ein geschäftsunfähiger noch nicht Siebenjähriger auftreten. Der Bote hat in der Regel keinen Entscheidungsspielraum. Entsprechend wird er auch auftreten.

PC-Händler Tillmann hat Robert Meyer einen Laptop zu einem günstigen Preis angeboten. An das Angebot hält er sich bis zum nächsten Tag gebunden. Da Robert Meyer am nächsten Tag verhindert ist, mit dem PC-Händler Kontakt aufzunehmen, bittet er seine Freundin, dem PC-Händler Tillmann persönlich mitzuteilen, er nehme den Laptop. Die Freundin geht in das Geschäft und sagt, sie solle für den verhinderten Robert Meyer ausrichten, dass dieser den

Laptop nehme. Damit tritt sie erkennbar als Botin auf. Anders, wenn Robert Meyer den PC-kundigen Informatikstudenten Charly Klose schickt mit der Bitte, sich das Angebot genauer anzusehen, und wenn er es auch für günstig halte, es für ihn anzunehmen. Nach ausführlichem Gespräch mit Herrn Tillmann lässt sich Charly Klose überzeugen und erklärt, er halte das Angebot auch für recht günstig und nehme es daher für Robert Meyer an. Er handelte erkennbar als Vertreter, denn er hätte das Angebot auch ablehnen können; er hatte also einen Ermessensspielraum.

Die Unterscheidung des Stellvertreters vom Boten kann in Einzelfällen schwierig sein. Zusammenfassend kann man sagen: Der Bote ist jedenfalls nur der Reproduzent fremder Erklärungen, der Vertreter ist Produzent eigener Erklärungen. Da der Bote nur die Willenserklärung eines anderen überbringt, kann er auch geschäftsunfähig sein, während der Vertreter als Produzent eigener Willenserklärungen wenigstens beschränkt geschäftsfähig sein muss. Insbesondere hat der Bote keinen eigenen Entscheidungsspielraum, der Vertreter hat diesen in aller Regel. Natürlich kann dieser Spielraum des Vertreters auch sehr eingeengt sein oder gegen null tendieren, etwa wenn der leitende Angestellte einer Firma einen Vertrag exakt nach den ihm vom Vorstand oder seinem Chef gemachten Vorgaben abschließen soll. Deshalb ist es nach h. M. entscheidend, wie die Hilfsperson für den Dritten erkennbar auftritt[21]. Wird daher für die Firma ein leitender Angestellter tätig, dürfte es sich auch bei Fehlen eines Entscheidungsspielraums um Stellvertretung handeln, während der Pförtner eher als Bote angesehen werden dürfte.
Die Unterscheidung Stellvertreter/Bote ist auch deshalb wichtig, weil Fehler bei der Abgabe bzw. der bloßen Übermittlung einer Willenserklärung verschieden behandelt werden. Irrt der Stellvertreter bei der Abgabe einer Willenserklärung, so kann der Vertretene die Willenserklärung nach § 119 anfechten. Übermittelt der Bote die fremde Willenserklärung unbewusst falsch, so kann der Geschäftsherr sie nach § 120 anfechten. An eine bewusst falsch übermittelte Willenserklärung ist der Erklärende nicht gebunden, eine Anfechtung ist daher nicht nötig.

MERKE

Die drei wesentlichen Voraussetzungen für eine wirksame Stellvertretung sind in § 164 Abs. 1 geregelt. Erste Voraussetzung ist die Abgabe einer eigenen Willenserklärung durch den Vertreter. Daneben gibt es nach § 164 Abs. 3 auch Stellvertretung beim Empfang einer Willenserklärung.
Nicht Vertreter, sondern nur Bote ist, wer eine fremde Willenserklärung übermittelt. Der Bote hat anders als der Vertreter keinen Entscheidungsspielraum. Er kann auch geschäftsunfähig sein, während der Vertreter mindestens beschränkt geschäftsfähig sein muss. Maßgeblich für die Abgrenzung zwischen Stellvertretung und Botenschaft ist, wie der Handelnde nach außen tatsächlich aufgetreten ist.

[21] So BGHZ 12, 327, 334; Palandt/Ellenberger, Einführung vor § 164 Rdnr. 11; Brox/Walker, AT Rdnr. 475.

1.2 Abgabe der Erklärung im fremden Namen (Offenkundigkeitsprinzip)

Der Vertreter muss seine Willenserklärung im Namen des Vertretenen abgeben, wenn sie unmittelbar für und gegen den Vertretenen wirken soll, so § 164 Abs. 1 S. 1. Diese Voraussetzung für die Wirksamkeit der Stellvertretung dient dem Schutz des Vertragspartners, der schließlich wissen möchte, mit wem er es zu tun hat. Der Vertreter kann auf unterschiedliche Weise offenkundig machen, dass er für einen anderen handelt. Er kann ausdrücklich erklären, dass er Vertreter eines anderen sei, den er in der Regel auch benennen wird. Er kann den Vertragspartner auch über die Person des Vertretenen im Unklaren lassen, wenn er nur deutlich macht, dass er nicht für sich, sondern für einen anderen handelt. Der Vertragspartner kann dann selbst entscheiden, ob er sich darauf einlassen will. In schriftlichen Erklärungen wird der Vertreter seiner Unterschrift ein i. V. oder i. A. voranstellen. Nach § 164 Abs. 1 S. 2 muss aber die Erklärung nicht ausdrücklich im Namen des Vertretenen erfolgen. Für die Wahrung der Offenkundigkeit reicht es vielmehr aus, dass aus den Umständen ersichtlich ist, dass sie in dessen Namen erfolgen soll. So wird die Verkäuferin in einem Geschäft nicht ausdrücklich erklären müssen, dass sie die Ware im Namen des Geschäftsinhabers verkauft und dieser der Vertragspartner des Kunden ist. Dies ergibt sich vielmehr aus den Umständen und ist für den Kunden auch ersichtlich.

Sprachlich missglückt ist die Vorschrift des § 164 Abs. 2. Danach kommt, wenn der Wille, in fremdem Namen zu handeln, nicht erkennbar hervortritt, der Mangel des Willens, im eigenen Namen zu handeln, nicht in Betracht. Wird für den Vertragspartner weder aus der Erklärung des Vertreters noch aus den Umständen hinreichend deutlich, dass dieser im fremden Namen auftritt, also das Geschäft mit Wirkung für und gegen einen anderen abschließen will, so kommt mit ihm ein Eigengeschäft zustande. Der »Vertreter«, der also nicht offenkundig als solcher auftritt, wird selbst aus dem von ihm abgeschlossenen Rechtsgeschäft verpflichtet. Das ist die erste Bedeutung des § 164 Abs. 2.

Bei diesem Sachverhalt kann allerdings davon ausgegangen werden, dass der als »Vertreter« Handelnde geglaubt hat, er gebe die Willenserklärung im Namen des Vertretenen ab und verpflichte daher diesen. In Wahrheit hat er sie im eigenen Namen abgegeben und sich selbst verpflichtet. Da die Bestimmung der Vertragsparteien ebenso zum Inhalt einer Willenserklärung gehört wie etwa Kaufgegenstand und Kaufpreis, liegt ein Inhaltsirrtum nach § 119 Abs. 1 vor. Erklärung nach außen und innerer Wille decken sich nicht. Dennoch ist die Anwendung des § 119 in diesem Fall durch § 164 Abs. 2 ausgeschlossen. Nach dieser Vorschrift kommt ja bei einem Handeln im eigenen Namen der Mangel des Willens, im eigenen Namen zu handeln, nicht in Betracht, d. h., der abweichende innere Wille berechtigt nicht zur Anfechtung. Das ist die zweite Bedeutung des § 164 Abs. 2.

Das Offenkundigkeitsprinzip dient dem Schutz des Erklärungsempfängers. Er möchte grundsätzlich wissen, wer sein Vertragspartner ist. Der Offenkundigkeit ist Genüge getan, wenn der Vertreter deutlich macht, dass er das Geschäft nicht für sich, sondern für einen anderen abschließt. Sofern sich der Vertragspartner damit begnügt, muss er den Namen des Vertretenen nicht mitteilen. Eine Ausnahme vom Offenkundigkeitsprinzip ist dagegen das sog. Geschäft für den, den es angeht. Bei Bargeschäften des täglichen Lebens ist es nämlich für den Vertragspartner in der Regel ohne Bedeutung, ob der andere Teil im eigenen oder im fremden Namen handelt, weil der Vertrag sofort erfüllt wird. Er ist somit nicht schutzbedürftig. Der Vertrag kommt daher, ohne dass der Vertreterwille erkennbar gemacht wird, mit dem zustande, den es angeht.[22]

Paul, der im Krankenhaus liegt, bittet seinen Freund Guido, ihm aus der Buchhandlung einen spannenden Kriminalroman mitzubringen; das Geld möge er bitte vorstrecken. In der Buchhandlung lässt sich Guido beraten, entscheidet sich dann für ein Buch und bezahlt es. Hier kommt ausnahmsweise der Kauf- wie der Übereignungsvertrag mit Paul zustande, ohne dass Guido darauf hinweist, dass er das Buch für seinen Freund Paul kaufe. Ein solcher Hinweis ist auch unüblich und für den Verkäufer ohne Interesse.

Ein Geschäft für den, den es angeht, kann aber immer nur unter zwei Voraussetzungen angenommen werden: Einmal muss es dem Erklärungsgegner des Vertreters gleichgültig sein, wer sein Vertragspartner wird. Bei Kreditgeschäften ist dies sicherlich nicht der Fall. Ferner muss der Vertreter auch mit Vertreterwillen handeln, d.h. mit dem Willen, das Rechtsgeschäft mit Wirkung für einen anderen abzuschließen.
Es ist übrigens möglich, dass jemand zwar im eigenen Namen handelt, aber im fremden Interesse. Hauptfall ist der Kommissionär. Er kauft oder verkauft gewerbsmäßig Waren oder Wertpapiere im eigenen Namen für Rechnung, also im Interesse eines anderen.

Gerd Müller ist in finanziellen Schwierigkeiten und möchte deshalb einige seiner wertvollen Gemälde verkaufen. Dabei will er aber nicht in Erscheinung treten, damit seine Schwierigkeiten nicht bekannt werden. Er beauftragt deshalb Waldemar Wolters, die Bilder im eigenen Namen gegen Provision zu veräußern.

Bei diesem Beispiel handelt es sich um eine sog. mittelbare oder auch verdeckte Stellvertretung. Sie ist keine Stellvertretung i.S.d. BGB, die Vorschriften der §§ 164 ff. finden daher keine Anwendung.

MERKE

Die zweite Voraussetzung für eine wirksame Stellvertretung ist nach § 164 Abs. 1, dass der Vertreter seine Willenserklärung in fremdem Namen abgibt. Es muss jedenfalls deutlich werden, dass der als Vertreter Handelnde mit seiner Willenserklärung nicht sich, sondern einen anderen berechtigen und verpflichten will. Dieses sog. Offenkundigkeitsprinzip dient dem Schutz des Erklärungsempfängers.
Tritt der Wille, in fremdem Namen zu handeln, nicht erkennbar hervor, so kommt nach § 164 Abs. 2 der Mangel des Willens, im eigenen Namen zu handeln, nicht in Betracht. Dies bedeutet, dass im Zweifel ein Eigengeschäft anzunehmen ist und dieses auch nicht etwa wegen Nichtübereinstimmung von Wille und Erklärung nach § 119 Abs. 1 angefochten werden kann.
Eine Ausnahme vom Offenkundigkeitsprinzip macht man beim sog. »Geschäft für den, den es angeht«. Voraussetzung ist allerdings, dass es dem Erklärungsempfänger gleichgültig ist, wer sein Vertragspartner ist. Dies ist bei den Bargeschäften des täglichen Lebens meist der Fall.

[22] BGH NJW 1955, 590.

1.3 Vertretungsmacht

Nach § 164 Abs. 1 S. 1 wirkt die Willenserklärung des Vertreters nur dann unmittelbar für und gegen den Vertretenen, wenn er sie innerhalb der ihm zustehenden Vertretungsmacht abgibt. Mit anderen Worten: Als Stellvertreter handelt bereits derjenige, der eine Willenserklärung im fremden Namen abgibt. Wirksam i. S. d. § 164 Abs. 1 ist die Stellvertretung jedoch erst dann, wenn der Vertreter mit Vertretungsmacht und auch innerhalb seiner Vertretungsmacht handelt. Wie einleitend bereits festgestellt, kann die Vertretungsmacht auf einer gesetzlichen Vorschrift beruhen. Sie kann aber auch durch Rechtsgeschäft erteilt werden. Die durch Rechtsgeschäft erteilte Vertretungsmacht heißt Vollmacht (§ 166 Abs. 2 S. 1).

1.3.1 Erteilung und Arten der Vollmacht

Grundsätzlich kann jeder nach seinem Belieben darüber entscheiden, ob und in welchem Umfang eine andere Person für ihn Rechtsgeschäfte vornehmen darf. Die Vollmachtserteilung ist nach § 167 ein einseitiges, grundsätzlich nicht formbedürftiges Rechtsgeschäft. Die Vollmachtserteilung als empfangsbedürftige Willenserklärung wird mit Zugang wirksam. Der Erklärungsempfänger braucht also keine Einverständniserklärung abzugeben. Ihm wird im Grunde nichts aufgezwungen und die Vollmachtserteilung belastet ihn auch in keiner Weise, denn es ist seine Sache, ob er von der Vollmacht Gebrauch macht oder nicht. Erst wenn er einen Auftrag des Vertretenen, für den er die Vollmacht benötigt, durch eine entsprechende Willenserklärung akzeptiert, geht er eine Verpflichtung ein. Dies soll jedoch im Folgenden unter 1.3.2 näher erläutert werden.

Die Vollmacht kann nach § 167 gegenüber dem zu Bevollmächtigenden als sog. Innenvollmacht erteilt werden, wie es regelmäßig geschieht. Der Vollmachtgeber kann sie aber auch gegenüber dem künftigen Geschäftspartner als sog. Außenvollmacht erklären.

Mit der Erteilung der Vollmacht wird auch der Umfang der Berechtigung, für den Vollmachtgeber Rechtsgeschäfte vorzunehmen, festgelegt. Ist der Bevollmächtigte nur zur Vornahme eines einzelnen Rechtsgeschäfts befugt, spricht man von Spezialvollmacht. Die Art- oder Gattungsvollmacht berechtigt zur Vornahme einer bestimmten Art von Rechtsgeschäften. Sie kann wiederkehrende gleichartige Geschäfte betreffen oder auch an eine bestimmte Funktion wie Verkäufer, Architekt oder Hausverwalter anknüpfen. Die sog. Generalvollmacht berechtigt grundsätzlich zur Vornahme aller Rechtsgeschäfte für den Geschäftsherrn. Der genaue Umfang der Vollmacht ist nach den allgemeinen Auslegungsregeln zu ermitteln. In einzelnen Fällen legt das Gesetz den Umfang der Vollmacht fest. So erstreckt sich die Prokura als Sondervollmacht des Handelsrechts nach § 49 HGB mit Ausnahme der Veräußerung und Belastung von Grundstücken auf Geschäfte aller Art, die der Betrieb eines Handelsgewerbes mit sich bringt. Im Übrigen hat die Erteilung der Vollmacht nicht zur Folge, dass der Vollmachtgeber in seiner Geschäftsbefugnis beeinträchtigt wird. Vielmehr können nach der Erteilung der Vollmacht beide, der Vertreter wie der Vertretene, wirksam Rechtsgeschäfte abschließen.

Die Vollmacht kann auch die Befugnis des Bevollmächtigten enthalten, seinerseits einen Unterbevollmächtigten zu bestellen. Man spricht dann von Haupt- und Untervollmacht. Ob diese Befugnis vorliegt, ist Auslegungsfrage. Sie dürfte gegeben sein, wenn der Vollmachtgeber kein erkennbares Interesse an einer persönlichen Wahrnehmung der Vertretungsmacht durch den Bevollmächtigten hat. Der Unterbevollmächtigte ist grundsätzlich Vertreter des Geschäftsherrn, nicht des Hauptbevollmächtigten, und muss daher auch im Namen des Geschäftsherrn auftreten.[23]

1.3.2 Vollmacht und Grundverhältnis

Die Vollmacht erschöpft sich ihrem Inhalt nach darin, dem Vertreter die Befugnis zur Vornahme von Rechtsgeschäften für den Vertretenen einzuräumen. Sie betrifft das Außenverhältnis zwischen Vollmachtgeber und Drittem und besagt nichts über das Innenverhältnis zwischen Vollmachtgeber und Bevollmächtigtem. Der Umfang der Rechte und Pflichten im Innenverhältnis zwischen Vollmachtgeber und Bevollmächtigtem ergibt sich vielmehr aus einem der Vollmacht zugrunde liegenden Rechtsgeschäft, dem Kausalgeschäft. Dies wird regelmäßig ein Rechtsgeschäft sein, das den Bevollmächtigten zur Vornahme von Tätigkeiten für den Vollmachtgeber verpflichtet und daher als Vertrag durch zwei übereinstimmende Willenserklärungen zustande gekommen ist. In Betracht kommen z. B. ein Arbeits- oder Dienstvertrag, ein Auftrag oder ein Geschäftsbesorgungsvertrag. Falls zum Zeitpunkt der Vollmachtserteilung noch kein Kausalgeschäft besteht und mit der Vollmachtserteilung auch nicht ausdrücklich ein solches abgeschlossen wurde, ist in der Regel davon auszugehen, dass mit der Vollmachtserteilung konkludent ein Auftragsvertrag nach § 662 zustande gekommen ist. Rechtlich möglich ist aber auch eine sog. isolierte Vollmacht, der keinerlei Vereinbarung zugrunde liegt.

Die Vollmacht und das Grundgeschäft sind voneinander unabhängig. Ist das Grundgeschäft nicht wirksam zustande gekommen, so hat dies auf den Bestand der Vollmacht grundsätzlich keinen Einfluss. Insofern ist das Verhältnis von Bevollmächtigung und Grundgeschäft mit dem Verhältnis von Verfügungs- und Verpflichtungsgeschäft vergleichbar; auch hier gilt das sog. Abstraktionsprinzip.

Ammermann beauftragt den 17-jährigen Daniel Laptop, der sich mit Computern bestens auskennt, für ihn preisgünstig einen seinen Bedürfnissen entsprechenden PC zu erwerben. Er dürfe bis 1.200 € kosten. Die Eltern des Daniel sind nicht einverstanden, insbesondere weil er damit zu viele zeitliche Verpflichtungen eingehe.

Daniel kann, obwohl er den Auftrag angenommen hat, sich nun gegenüber Ammermann weigern, diesen Auftrag durchzuführen. Der Auftrag war aufgrund der Minderjährigkeit des Daniel schwebend unwirksam, da nicht lediglich von rechtlichem Vorteil (§§ 662, 107, 108). Wenn die Eltern die Genehmigung verweigern, ist er endgültig unwirksam. Wenn Daniel unbeeindruckt vom Nichteinverständnis der Eltern im Namen des Ammermann einen PC erwirbt, kommt, geschlossen durch ihn als Stellvertreter, dennoch ein wirksamer Kaufvertrag zwischen Ammermann und dem Verkäufer zustande, denn die Vollmacht ist unabhängig von der Unwirksamkeit des Auftrags bestehen geblieben. Man sieht auch an diesem Beispiel: Entscheidend für das Innenverhältnis zwischen Ammermann und Daniel und die zwischen ihnen bestehenden Rechte und Pflichten ist das Grundverhältnis, hier der Auftrag. Entscheidend für das Außenverhältnis zwischen Ammermann und dem PC-Verkäufer ist die Vollmacht des Daniel.

---

[23] Palandt/Ellenberger, § 167 Rdnr. 12.

Das Abstraktionsprinzip wird allerdings einmal durchbrochen, nämlich durch § 168, wonach die Vollmacht mit der Beendigung des ihr zugrunde liegenden Rechtsverhältnisses erlischt.

1.3.3 Erlöschen der Vollmacht

Die Vollmacht kann aus unterschiedlichen Gründen erlöschen, die nicht alle im Gesetz geregelt sind. Nach § 168 S. 1 bestimmt sich das Erlöschen der Vollmacht nach dem ihrer Erteilung zugrunde liegenden Rechtsverhältnis.

Das Arbeitsverhältnis des Filialleiters des Lebensmittelgroßhandels endet mit Ablauf des Monats Oktober. Mit diesem Zeitpunkt endet auch die Vollmacht des Filialleiters, sofern der Vollmachtgeber nicht eine kürzere oder längere Zeit vorgesehen hat.

Aber auch wenn das Grundverhältnis fortbesteht, ist nach § 168 S. 2 die Vollmacht widerruflich. Dies ist für den Vollmachtgeber von großem Interesse, wenn sein Vertrauen in den Bevollmächtigten inzwischen geschwunden ist. Ein Widerruf ist nach dieser Vorschrift ausnahmsweise ausgeschlossen, wenn sich dies aus dem Grundverhältnis ergibt. Auf die Erklärung des Widerrufs findet nach § 168 S. 3 die Vorschrift des § 167 Abs. 1 entsprechende Anwendung. Wird die Vollmacht durch Erklärung gegenüber einem Dritten erteilt, so bleibt sie nach § 170 diesem gegenüber so lange in Kraft, bis ihm das Erlöschen von dem Vollmachtgeber angezeigt wird.

MERKE

Die dritte Voraussetzung für eine wirksame Stellvertretung ist nach § 164 Abs. 1 S. 1, dass der als Vertreter Handelnde seine Willenserklärung innerhalb der ihm zustehenden Vertretungsmacht abgibt. Diese Voraussetzung liegt nicht vor, wenn der Vertreter ohne Vollmacht handelt bzw. wenn er mit seiner Erklärung die Grenzen der Vollmacht überschreitet. Die Vollmachtserteilung ist nach § 167 ein einseitiges, grundsätzlich nicht formbedürftiges Rechtsgeschäft. Sie wird wirksam mit Zugang der empfangsbedürftigen Willenserklärung. Die Unwirksamkeit des der Vollmacht zugrunde liegenden Rechtsgeschäfts, zumeist eines Auftrags, hat keine Auswirkung auf den Bestand der Vollmacht.

1.3.4 Duldungs- und Anscheinsvollmacht

Die §§ 170 ff. bezwecken den Schutz des Geschäftspartners, der auf den Bestand oder den Fortbestand einer in Wirklichkeit nicht oder nicht mehr bestehenden Vollmacht vertraut. Diese Vorschriften gehen davon aus, dass dem Geschäftspartner die Nachprüfung der Bevollmächtigung nicht zuzumuten ist, wenn ein bestimmtes Verhalten des Vertretenen auf das Bestehen einer Vollmacht schließen lässt. Rechtsprechung und Literatur haben diesen Vorschriften den generellen Gedanken entnommen, dass derjenige, der den Rechtsschein einer Vollmacht veranlasst hat, das vom Vertreter abgeschlossene Rechtsgeschäft gegen sich gelten lassen muss. Dieser allgemeine Gedanke bildete die Grundlage für die Anerkennung von Duldungs- und Anscheinsvollmacht. Beide unterscheiden sich in ihrer rechtlichen

Qualität und in ihren Voraussetzungen, beruhen aber beide auf dem genannten Gedanken des Vertrauensschutzes.

1.3.4.1 Duldungsvollmacht

Im Unternehmen des Uhland ist der Kraftfahrer Konrad beschäftigt. Konrad hat seit Jahren bei der Firma Flott Fahrzeugzubehör gekauft. Flott hat die Rechnungen jeweils an Uhland geschickt. Dadurch hat dieser das Verhalten des Konrad erfahren, die Rechnungen aber dennoch bezahlt. Eines Tages verweigert er die Bezahlung der letzten Rechnung mit der Begründung, er bezahle nur solche Waren, die sein Einkauf ordnungsgemäß bestellt habe. Konrad jedenfalls habe keine Vollmacht.

In diesem Beispiel müsste Uhland die Rechnung nur dann bezahlen, wenn Konrad wirksam als sein Vertreter gehandelt hätte. Offensichtlich hat Konrad seine Willenserklärungen im fremden Namen abgegeben, da sonst die Rechnungen nicht an Uhland gegangen wären. Fraglich erscheint nur die Vertretungsmacht. Diese wurde ausdrücklich jedenfalls nicht erteilt. Wie jede Willenserklärung kann aber auch die Vollmachtserteilung durch konkludentes Verhalten erfolgen. Die Vollmachtserteilung durch schlüssiges Verhalten ist keine Besonderheit, sondern eine ganz normale Vollmachtserteilung durch einseitiges Rechtsgeschäft. Von dieser stillschweigenden oder durch schlüssiges Verhalten erteilten Vollmacht unterscheidet sich die Duldungsvollmacht nach der Rechtsprechung nur dadurch, dass der Vertretene hier keinen Willen zur Bevollmächtigung gehabt habe, denn dann läge keine echte Bevollmächtigung durch Willenserklärung vor. Eine solche Abgrenzung der Duldungsvollmacht von der echten, wenn auch nur schlüssig erteilten Vollmacht ist vielfach jedoch äußerst schwierig. Abgesehen davon, dass ein solcher innerer Wille kaum feststellbar ist, wird von anderer Seite zu Recht darauf hingewiesen, dass das Fehlen eines Bevollmächtigungswillens unter diesen Umständen ähnlich wie das Fehlen des Erklärungsbewusstseins der Wertung als Willenserklärung durch konkludentes Verhalten nicht entgegenstehen könne.[24] Die Unterscheidung ist daher nur theoretischer Natur, praktisch aber unerheblich, da in beiden Fällen den Vertretenen die Rechtsfolgen des Vertrags treffen. Eine Rechtsscheinvollmacht in Gestalt der Duldungsvollmacht liegt somit vor, wenn der Vertretene zwar keine oder keine wirksame Vollmacht erteilt hat, aber weiß und duldet, also bewusst nicht dagegen einschreitet, dass ein anderer als Vertreter für ihn handelt, und der Geschäftsgegner dieses Dulden nach Treu und Glauben dahin versteht und auch verstehen darf, dass der als Vertreter Handelnde bevollmächtigt ist.[25]

MERKE

Eine Rechtsscheinvollmacht, die Duldungsvollmacht genannt wird, liegt vor, wenn der Vertretene es wissentlich geschehen lässt, also weiß und duldet, dass ein anderer als Vertreter für ihn handelt und der Geschäftsgegner dieses Dulden nach Treu und Glauben dahin versteht und verstehen darf, dass der als Vertreter Handelnde bevollmächtigt ist.

[24] So Palandt/Ellenberger, § 172 Rdnr. 8.

[25] BGH NJW 2002, 2325; Köhler, BGB AT § 11 Rdnr. 43 m. w. N.

1.3.4.2 Anscheinsvollmacht

Im Unterschied zur Duldungsvollmacht verlangt die Anscheinsvollmacht, dass der Vertretene das Verhalten des für ihn Handelnden nicht kennt, es bei pflichtgemäßer Sorgfalt aber hätte erkennen und verhindern können. Die Anscheinsvollmacht ist gleichfalls keine echte Vollmacht. Vielmehr haftet der Geschäftsherr gegenüber gutgläubigen Dritten aus dem in zurechenbarer Weise veranlassten Rechtsschein.

> Inspektoranwärter Abeler absolviert seine fachpraktische Ausbildung beim Betriebshof der Stadt Sidahausen. Für den Einkauf hat er keine Vollmacht. Er darf lediglich Bestellungen auf dem Briefpapier des Betriebshofes der Stadt entwerfen und sie dem Betriebsleiter dann zur Unterschrift vorlegen. Abeler ist allerdings der Auffassung, dass auch der Einkauf zu den Aufgaben eines Inspektoranwärters zählen muss. Deshalb bestellt er Waren (Blumenzwiebeln, kleinere Gerätschaften wie Zangen, Feilen etc.) unter Verwendung des Briefpapiers des Betriebshofes der Stadt Sidahausen, das er mit »i. V. Abeler« unterschreibt. Nach Erhalt der Ware werden die Rechnungen bezahlt, weil der Betriebsleiter glaubt, er habe die Bestellung selbst aufgegeben. Erst bei der sechsten Bestellung, einem deutlichen Fehleinkauf, entdeckt der Betriebsleiter die Eigenmächtigkeit des Abeler. Es stellt sich die Frage, ob die Stadt Sidahausen die Rechnung bezahlen muss.

In diesem Beispiel hat Abeler ohne Vollmacht gehandelt. Auch eine Duldungsvollmacht scheidet hier aus, weil der Betriebsleiter von dem Auftreten des Abeler nichts wusste. Es kommt nur eine Anscheinsvollmacht in Betracht, deren Vorliegen an drei Voraussetzungen geknüpft ist:

a) Der »Vertretene« muss den Anschein einer Bevollmächtigung veranlasst, d. h. ein Verhalten an den Tag gelegt haben, das den Schluss auf eine Vollmachterteilung zulässt. Das Verhalten kann in einem Tun oder Unterlassen bestehen. Im vorliegenden Fall hat es der Betriebsleiter unterlassen, die vorhergehenden Einkäufe zu beanstanden. Außerdem wurden fünf Rechnungen anstandslos bezahlt. Das reicht aus, den Anschein einer Bevollmächtigung des Abeler zu erwecken.
b) Die Veranlassung des Rechtsscheins einer Vollmacht muss zurechenbar sein. Zurechenbar ist ein Veranlassen, wenn der »Vertretene« bei Beachtung der im Verkehr erforderlichen Sorgfalt das Verhalten seines angeblichen Vertreters hätte erkennen und verhindern können. Schon die Tatsache, dass Abeler Zugang zum Briefpapier hat, liegt im Verantwortungsbereich des Betriebsleiters und nicht etwa in dem des zu schützenden Dritten. Er wäre auch in der Lage gewesen, die eigenmächtigen Bestellungen des Abeler eher zu entdecken und zu verhindern.
c) Der in zurechenbarer Weise veranlasste Rechtsschein verpflichtet nur gegenüber redlichen Dritten. Redlich bedeutet so viel wie gutgläubig: Der Dritte muss auf den Rechtsschein einer Vollmacht vertraut haben. Er ist nicht schutzwürdig, wenn er das Fehlen der Vollmacht kannte oder hätte erkennen können.

Im obigen Beispiel sind alle Voraussetzungen einer Anscheinsvollmacht erfüllt. Die sechste Rechnung muss bezahlt werden.

In der Literatur wird die von der Rechtsprechung anerkannte Anscheinsvollmacht teilweise abgelehnt.[26] Ein schuldhaftes Verhalten sei nicht einer Willenserklärung gleichzusetzen und könne allenfalls einen Anspruch auf Schadensersatz begründen.

MERKE

Die Anscheinsvollmacht ist keine echte Vollmacht; aber der Geschäftsherr haftet gegenüber redlichen Dritten aus dem in zurechenbarer Weise veranlassten Rechtsschein.

2 RECHTSFOLGEN EINER STELLVERTRETUNG OHNE VERTRETUNGSMACHT

Die Rechtsfolgen der Stellvertretung ohne Vertretungsmacht ergeben sich aus den §§ 177–180. Für Verträge gelten die grundlegenden Vorschriften der §§ 177 und 179. Dabei spielt es keine Rolle, ob der Vertreter überhaupt keine Vertretungsmacht hatte oder ob er seine Vertretungsmacht überschritten hat. Beide Fälle behandelt das Gesetz gleich, in beiden Fällen handelt der Vertreter ohne Vertretungsmacht.
Zunächst ist davon auszugehen: Das rechtsgeschäftliche Handeln des Vertreters ohne Vertretungsmacht wirkt nicht für und gegen den Vertretenen. Dennoch besteht für diesen die Möglichkeit, in den Vertrag »einzusteigen«, wenn er das vom Vertreter ohne Vertretungsmacht abgeschlossene Geschäft für günstig hält. Er hat dann nach § 177 Abs. 1 die Möglichkeit, den schwebend unwirksamen Vertrag zu genehmigen.

Paul Busch, der nicht viel von Fahrrädern versteht, bittet seinen Bekannten Hubertus Linnenkamp, für ihn beim Fahrradhändler ein solides Hollandrad zu erwerben. Er werde es am nächsten Tag abholen und bezahlen. Das Fahrrad dürfe aber nicht mehr als 350 € kosten. Im Fahrradgeschäft findet Linnenkamp ein Qualitätsrad, dessen Preis von 710 auf 440 € herabgesetzt wurde. Weil er das Angebot für äußerst günstig hält, kauft er dieses Rad.

In diesem Beispiel hat Linnenkamp seine Vertretungsmacht überschritten. Der von ihm für Paul Busch geschlossene Kaufvertrag ist daher zunächst schwebend unwirksam. Sollte das Fahrrad dem Busch so zusagen, dass er dafür auch 440 € zu zahlen bereit ist, kann er den von Linnenkamp ohne Vertretungsmacht abgeschlossenen Vertrag genehmigen. Er kann aber auch die Genehmigung verweigern. Dann treten die Rechtsfolgen des § 179 Abs. 1 ein. Das bedeutet nicht, dass nun etwa ein Kaufvertrag zwischen dem Fahrradhändler und Linnenkamp besteht. Der von Linnenkamp geschlossene Kaufvertrag ist nun endgültig unwirksam, zumal Linnenkamp auch von Anfang an im fremden Namen gehandelt, also erklärt hat, dass er nicht Vertragspartner des Kaufvertrags sei. Der Fahrradhändler hat nach § 179 Abs. 1 keinen vertraglichen, aber einen gesetzlichen Anspruch gegen den Vertreter ohne Vertretungsmacht. Er kann von ihm

[26] Medicus AT, Rdnr. 971 m. w. N.

entweder Erfüllung des unwirksamen Vertrags oder Schadensersatz wegen Nichterfüllung verlangen. Wenn der Fahrradhändler mit Linnenkamp kein Geschäft machen möchte, etwa weil er ihn nicht für hinreichend zahlungskräftig hält, wird er die zweite Möglichkeit wählen. Wird er das Fahrrad wegen der ungünstigen Wirtschaftslage nur noch für 390 € los, kann er die Differenz zu 440 € von Linnenkamp als Schadensersatz statt der Leistung verlangen.
Nach § 179 Abs. 2 ist die Rechtsstellung des Vertreters besser, wenn er den Mangel der Vertretungsmacht bei Vertragsabschluss nicht gekannt hat. Er ist dann nur zum Ersatz des Vertrauensschadens verpflichtet. Nach § 179 Abs. 3 haftet der Vertreter überhaupt nicht, wenn der andere Teil den Mangel der Vertretungsmacht kannte oder kennen musste. Der Vertreter haftet auch dann nicht, wenn er in der Geschäftsfähigkeit beschränkt war, es sei denn, dass er mit Zustimmung seines gesetzlichen Vertreters gehandelt hat. War Linnenkamp im obigen Beispiel erst 17 Jahre alt, genießt er den vollen Minderjährigenschutz des BGB, der dem Schutz des Dritten, hier des Fahrradhändlers, vorgeht.
Bei einseitigen Rechtsgeschäften ist nach § 180 Vertretung ohne Vertretungsmacht unzulässig. Einseitige Rechtsgeschäfte wie etwa eine Kündigung vertragen keinen Schwebezustand; sie sind, falls ohne Vertretungsmacht vorgenommen, sofort unwirksam und können grundsätzlich nicht genehmigt werden. Eine Ausnahme lässt § 180 nur zu, wenn derjenige, welchem gegenüber ein solches Rechtsgeschäft vorzunehmen war, die von dem Vertreter behauptete Vertretungsmacht bei der Vornahme des Rechtsgeschäfts nicht beanstandet hat oder wenn er damit einverstanden gewesen ist, dass der Vertreter ohne Vertretungsmacht handele. In diesen Fällen ist der Dritte nicht schutzwürdig und es finden nach § 180 S. 2 die Vorschriften über Verträge, nämlich die §§ 177 ff., entsprechende Anwendung.

MERKE

Die Rechtsfolgen der Stellvertretung ohne Vertretungsmacht ergeben sich insbesondere aus den §§ 177 und 179. Ein vom Vertreter ohne Vertretungsmacht geschlossener Vertrag ist zunächst schwebend unwirksam. Der Vertretene hat jedoch nach § 177 Abs. 1 die Möglichkeit, den schwebend unwirksamen Vertrag zu genehmigen.
Verweigert der Vertretene die Genehmigung, treten die Rechtsfolgen des § 179 Abs. 1 ein. Das bedeutet nicht, dass nun ein entsprechender Vertrag zwischen dem vollmachtlosen Vertreter und dem Dritten bestünde. Vielmehr hat der Dritte einen gesetzlichen Anspruch und kann zwischen Erfüllung des unwirksamen Vertrags oder Schadensersatz statt der Leistung wählen.
Der Vertreter haftet nach § 179 Abs. 3 nicht, wenn der andere Teil den Mangel der Vertretungsmacht kannte oder kennen musste, und auch dann nicht, wenn er in der Geschäftsfähigkeit beschränkt war, es sei denn, dass er mit Zustimmung seines gesetzlichen Vertreters gehandelt hat.

3 ZURECHNUNG VON WILLENSMÄNGELN UND DER KENNTNIS BESTIMMTER UMSTÄNDE BEIM VERTRETER

Wie jeder, der für sich ein Rechtsgeschäft abschließt, so kann sich auch der Vertreter, der für einen anderen handelt, bei der Abgabe seiner Willenserklärung irren. Es ergibt sich dann die Frage, ob der Vertretene ein Anfechtungsrecht hat so, als ob er selbst die Willenserklärung abgegeben hätte.

> Der Bürgermeister der Stadt Sidahausen beauftragt den Dezernenten des Liegenschaftsamtes, Herrn Peters, mit dem Ankauf eines Grundstückes. Herr Peters kauft ein Grundstück im Namen der Stadt Sidahausen von Frau Müller. Der Bürgermeister ist empört, weil er zufällig erfahren hat, dass das Grundstück von Frau Müller mit Altlasten kontaminiert ist. Hiervon hatte aber Peters keine Kenntnis.

Die Stadt Sidahausen möchte natürlich von dem Kaufvertrag, den Peters mit Wirkung für und gegen sie abgeschlossen hat, loskommen. Es fragt sich, ob sie den Vertrag nach § 119 Abs. 2 wegen Irrtums über die verkehrswesentliche Eigenschaft einer Sache anfechten kann. Nun ist aber nicht dem Bürgermeister als gesetzlicher Vertreter der Stadt Sidahausen, sondern seinem Vertreter Peters bei der Abgabe der entscheidenden Willenserklärung dieser Irrtum unterlaufen. Da nach § 164 die Willenserklärungen des Vertreters als die des Vertretenen gelten, stellt § 166 Abs. 1 folgerichtig auf die Person des Vertreters ab. Hat sich der Vertreter geirrt, kann der Vertretene anfechten. Umgekehrt: Hat der Vertreter einen Umstand gekannt oder hätte er ihn kennen müssen, kann sich der Vertretene nicht auf seine eigene Unkenntnis berufen.

> Im o. a. Beispiel wusste Peters, nicht aber der Bürgermeister, um die Kontaminierung des Grundstücks der Frau Müller. Der Kaufvertrag kann nicht angefochten werden.

Mit der Anfechtung und der Abgabe der entsprechenden Willenserklärung kann natürlich auch wieder Peters beauftragt werden. Von dem Grundsatz, dass es bei Willensmängeln auf die Person des Vertreters und nicht die des Vertretenen ankomme, macht § 166 Abs. 2 für den Fall eine Ausnahme, dass der Vertreter nach bestimmten Weisungen des Vollmachtgebers handelte.

> Der Bürgermeister der Stadt Sidahausen beauftragt Peters mit dem Ankauf des Grundstücks von Frau Müller. Der Bürgermeister ist mit Frau Müller freundschaftlich verbunden und möchte ihr trotz des kontaminierten Grundstücks mit den Altlasten finanziell helfen. Peters kennt weder die Kontaminierung noch die Beweggründe des Bürgermeisters. Sollte dem Bürgermeister nach Abschluss des Kaufvertrags dies reuen, kann er wegen § 166 Abs. 2 trotz Irrtums seines Vertreters nicht anfechten.

Die rechtlichen Folgen einer Willenserklärung können nicht nur durch Willensmängel beeinflusst werden. Bei manchen Rechtsgeschäften kommt es auch auf die Kenntnis oder das Kennenmüssen bestimmter Umstände an, z. B. auf den Umfang einer Vollmacht. Auch hier ist wieder nach § 166 Abs. 1 grundsätzlich die Person des Vertreters und nur ausnahmsweise nach Abs. 2 die des Vertretenen maßgebend.

MERKE

Die rechtlichen Folgen einer Willenserklärung können durch Willensmängel, z. B. einen Irrtum, beeinflusst werden. § 166 Abs. 1 stellt hierzu klar, dass insoweit nicht die Person des Vertretenen, sondern die des Vertreters in Betracht kommt. Das bedeutet: Hat sich der Vertreter geirrt, kann der Vertretene anfechten. Und umgekehrt: Hat der Vertreter einen Umstand gekannt oder hätte er ihn kennen müssen, kann sich der Vertretene nicht auf seine Unkenntnis berufen und anfechten. Das Gleiche gilt, wenn es bei einem Rechtsgeschäft auf die Kenntnis oder das Kennenmüssen bestimmter Umstände ankommt. Auch hier ist wieder nach § 166 Abs. 1 grundsätzlich die Person des Vertreters maßgebend.

4 INSICHGESCHÄFT

Ein Insichgeschäft oder auch Geschäft mit sich selbst liegt vor, wenn dieselbe Person auf beiden Seiten des Rechtsgeschäfts tätig wird. Möglich ist dies in der Form des Selbstkontrahierens oder der Mehrvertretung. Beim Selbstkontrahieren handelt jemand auf der einen Seite als Vertreter, auf der anderen Seite für sich selbst im eigenen Namen. Bei der Mehrvertretung wird jemand auf beiden Seiten als Vertreter tätig. Nach § 181 sind solche Insichgeschäfte grundsätzlich unzulässig.

Karl Redlich ist alleinvertretungsberechtigtes Mitglied im Vorstand des Tennisclubs »Blau-Gold e. V.« Beruflich ist er Alleininhaber einer Sportartikelgroßhandlung. Zwischen dem Tennisclub und der Sportartikelgroßhandlung wird ein Vertrag geschlossen, wonach der Verein monatlich für einen bestimmten Preis eine bestimmte Menge Tennisbälle für den Übungsbetrieb abnimmt. Redlich unterschreibt diesen Vertrag zunächst für den Verein und dann für seine Großhandlung.
Abwandlung: Karl Redlich ist nicht Inhaber, sondern vertretungsbefugter Angestellter der Sportgroßhandlung und unterschreibt den Kaufvertrag wieder für beide Seiten.

In beiden Fällen liegt ein nach § 181 unzulässiges Insichgeschäft vor, im Ausgangsfall in der Form des Selbstkontrahierens, in der Abwandlung in der Form der Mehrvertretung. Nach dem Wortlaut des § 181 »Ein Vertreter kann ... nicht vornehmen« könnte man annehmen, ein solches Geschäft sei unheilbar nichtig. Nach h. M.[27] ist es jedoch nur schwebend unwirksam und kann entsprechend § 177 genehmigt werden. Zu Recht wird somit das Insichgeschäft dem Handeln ohne Vertretungsmacht gleichgestellt.
In zwei Fällen ist das Insichgeschäft ausnahmsweise nicht verboten. Dies ist einmal der Fall, wenn ein solches Geschäft dem Vertreter gestattet ist. So könnte der Tennisclub durch den Gesamtvorstand dem Karl Redlich den monatlichen Kauf der Tennisbälle im eigenen Geschäft gestattet haben, weil man ihn für seriös und in der Preisgestaltung für zuverlässig und dem Verein entgegenkommend hält. Die zweite Ausnahme macht das Gesetz dann, wenn das Rechtsgeschäft ausschließlich in der Erfüllung einer Verbindlichkeit besteht.

[27] U. a. Palandt/Ellenberger, § 181 Rdnr. 15; BroxWalker, AT Rdnr. 537.

Ein anderes vertretungsberechtigtes Mitglied des Vorstands ist für den regelmäßigen Einkauf der im Tennisclub benötigten Tennisbälle zuständig und kauft diese im Sportgeschäft des Karl Redlich. Nach Lieferung der Bälle überweist Redlich den Kaufpreis aus der Vereinskasse an sich selbst.

Hier werden die dem Kaufvertrag als Verpflichtungsgeschäft folgenden Verfügungsgeschäfte von Redlich als Insichgeschäfte getätigt. Dies ist unschädlich, weil es hier anders als beim Verpflichtungsgeschäft nicht mehr zu Interessenkollisionen kommt. Beim Abschluss des Kaufvertrags ist es das natürliche Bestreben des Käufers, die Kaufsache zu einem möglichst günstigen Preis, also billig, zu erwerben. Der Verkäufer dagegen möchte möglichst viel verdienen, also teuer verkaufen. Wird der Kaufvertrag also von einer Person mit sich selbst geschlossen, ist ein Interessenkonflikt unvermeidbar. Beim Verfügungsgeschäft ist dies selten der Fall, denn im Grunde wird nichts anderes getan, als die vorangegangenen Verpflichtungen schlicht zu erfüllen.
Als Hauptzweck der Bestimmung des § 181 wird daher die Vermeidung von Interessenkollisionen angesehen. Ein weiterer nicht unwichtiger Gesichtspunkt ist die Gewähr von Rechtssicherheit und Rechtsklarheit, denn niemand weiß bei einem Insichgeschäft genau, ob und wann ein Vertrag und mit welchem Inhalt er zustande gekommen ist. Denkbar sind nun Fälle, in denen ein Insichgeschäft dem Vertretenen lediglich einen rechtlichen Vorteil bringt, eine Interessenkollision also ausscheidet.

Die Eltern schenken ihrem sechsjährigen Sohn ein Kinderfahrrad.

Der Schenkungsvertrag kommt dadurch zustande, dass die Eltern auf Schenkerseite im eigenen Namen handeln, auf Seiten des Beschenkten dagegen als dessen Vertreter, da der sechsjährige Sohn noch keine Willenserklärung abgeben kann. Die h. M. beruft sich hier auf den Hauptzweck der Norm und wendet § 181 auf diesen Fall wie auf alle Fälle, in denen das Geschäft dem Vertretenen lediglich einen rechtlichen Vorteil bringt, nicht an.

MERKE

Beim sog. Insichgeschäft wird dieselbe Person auf beiden Seiten eines Rechtsgeschäfts tätig. Beim Selbstkontrahieren handelt sie auf der einen Seite für jemanden als Vertreter, auf der anderen Seite für sich selbst im eigenen Namen. Bei der Mehrvertretung wird sie auf beiden Seiten als Vertreter tätig. Ein solches Insichgeschäft ist nach § 181 grundsätzlich unzulässig. Hauptzweck dieser Bestimmung ist die Vermeidung von Interessenkollisionen, aber auch die Gewährleistung von Rechtssicherheit und Rechtsklarheit. Nicht unzulässig sind nach § 181 solche Insichgeschäfte, die ausschließlich in der Erfüllung einer Verbindlichkeit bestehen, weil die Gefahr einer Interessenkollision hier nicht besteht.

VII Bedingte, befristete und zustimmungsbedürftige Rechtsgeschäfte

Die Rechtsfolgen eines Vertrags treten im Normalfall sofort mit dem Vertragsschluss ein und dauern so lange an, wie dies zur vollständigen Durchführung des Vertrags erforderlich ist. Es kann aber bei den Vertragsparteien das Bedürfnis bestehen, den Vertrag sofort für beide Teile bindend abzuschließen, seine Rechtsfolgen aber erst später eintreten zu lassen, sei es zu einem festen Termin, sei es nach Eintritt einer noch ausstehenden Bedingung.

Unternehmer Uhland schließt mit Eduard Müller am 5. November einen Arbeitsvertrag über eine Anstellung als Kraftfahrer ab 1. Januar des kommenden Jahres. Tante Frieda schenkt ihrem Neffen Norbert – formgerecht nach § 518 – ihren BMW für den Fall, dass dieser das in acht Monaten stattfindende Examen an der Fachhochschule bestehen sollte.

Im ersten Fall handelt es sich um ein befristetes Rechtsgeschäft nach § 163. Die Wirkungen dieses Geschäfts werden von dem Eintritt eines bestimmten Termins, also eines zukünftigen gewissen Ereignisses abhängig gemacht. Das bedingte Rechtsgeschäft des zweiten Falls enthält dagegen eine Bestimmung, welche die Wirkungen des Geschäfts von einem zukünftigen ungewissen Ereignis abhängig macht (§ 158 Abs. 1). Das Rechtsgeschäft wurde also unter einer aufschiebenden Bedingung vorgenommen.
Umgekehrt können die Vertragsparteien ein Interesse daran haben, dass ein sofort bindend abgeschlossener Vertrag zu einem bestimmten Zeitpunkt beendet sein oder seine Wirkung mit Eintritt eines künftigen ungewissen Ereignisses erlöschen soll.

Herr Reiter gestattet seinem Nachbarn Altemüller, seinen Wohnwagen an einer bestimmten Stelle seines Grundstücks abzustellen. Herr Reiter möchte hier eine Garage errichten. Der Gestattungsvertrag soll erlöschen, wenn Reiter eine Baugenehmigung für seine Garage erhalten sollte, spätestens aber in fünf Jahren.

Hier wurde ein Rechtsgeschäft unter einer auflösenden Bedingung nach § 158 Abs. 2 vorgenommen. Die Rechtswirkungen des Geschäfts sollen sofort eintreten, aber bei Eintritt eines zukünftigen noch ungewissen Ereignisses erlöschen. Gleichzeitig wurde ein Endtermin nach § 163 bestimmt für den Fall, dass das noch ungewisse Ereignis in den nächsten fünf Jahren nicht eintritt. Der Vertrag ist damit befristet.
Für den Schwebezustand bis zum Eintritt einer Bedingung trifft das Gesetz einige Regelungen in den §§ 159–161. So ist, wenn jemand unter einer aufschiebenden Bedingung über einen Gegenstand verfügt hat, nach § 161 Abs. 1 S. 1 jede weitere Verfügung, die er während der Schwebezeit über den Gegenstand trifft, im Falle des Eintritts der Bedingung insoweit unwirksam, als sie die von der Bedingung abhängige Wirkung vereiteln oder beeinträchtigen würde. In § 162 wird der Fall behandelt, dass der eine Teil den Eintritt einer aufschiebenden Bedingung wider Treu und Glauben vereitelt oder eine auflösende Bedingung arglistig herbeiführt. Im Übrigen steht es den Parteien frei, ob sie Rechtsgeschäfte bedingt oder befristet abschließen wollen. Das Gesetz enthält nur wenige Ausnahmen, in denen Bedingungen und Befristungen unzulässig sind. So kann nach § 1311 S. 2 eine Ehe nicht unter einer Bedingung oder Zeitbestimmung abgeschlossen werden. Auch bestimmte

vermögensrechtliche Rechtsgeschäfte wie etwa die Auflassung eines Grundstücks sind bedingungsfeindlich (§ 925 Abs. 2).
Das zustimmungsbedürftige Rechtsgeschäft ist ein Rechtsgeschäft, das kraft Gesetzes zu seiner Wirksamkeit der Zustimmung einer dritten Person bedarf. Entweder soll dadurch die handelnde Person geschützt werden, weshalb die Wirksamkeit des Geschäfts von der Zustimmung einer Aufsichtsperson abhängig ist, oder ein Dritter soll geschützt werden, weil das Geschäft seinen Rechtskreis berührt, weshalb dessen Zustimmung erforderlich ist. So bedarf der Minderjährige zu einer Willenserklärung, durch die er nicht lediglich einen rechtlichen Vorteil erlangt, nach §§ 107, 108 der Zustimmung seines gesetzlichen Vertreters. Verträge eines Ehegatten, in denen er sich verpflichtet, über sein Vermögen im Ganzen zu verfügen, hängen nach §§ 1365, 1366 von der Zustimmung des anderen Ehegatten ab. Die Zustimmung ist eine empfangsbedürftige Willenserklärung. Sie kann nach § 182 Abs. 1 sowohl dem einen als auch dem anderen Teil gegenüber erklärt werden. Nach § 182 Abs. 2 bedarf sie nicht der für das Rechtsgeschäft bestimmten Form. Die vorherige Zustimmung nennt das BGB Einwilligung, die nachträgliche Zustimmung Genehmigung. Wenn nicht Spezialregelungen bestehen, sind die §§ 182 ff. auch auf behördliche wie gerichtliche Zustimmungen entsprechend anwendbar. Diese werden allerdings i. d. R. Genehmigung genannt, gleichgültig, ob sie vor Abschluss des Rechtsgeschäfts oder nachträglich erfolgen.

MERKE

Die Rechtsfolgen eines Vertrags treten normalerweise sofort mit Vertragsschluss ein. Wird der Vertrag zwar bindend geschlossen, sein Wirksamwerden aber von dem Eintritt eines künftigen Ereignisses abhängig gemacht, spricht man von einer aufschiebenden Bedingung (§ 158 Abs. 1). Sollen die Rechtsfolgen des Vertrags dagegen sofort eintreten, die Vereinbarung und ihre Wirkungen bei Eintritt eines bestimmten künftigen Ereignisses wieder wegfallen, so liegt eine auflösende Bedingung vor (§ 158 Abs. 2). Statt das Schicksal eines Vertrags vom ungewissen Eintritt eines künftigen Ereignisses abhängig zu machen, können die Vertragspartner auch von vornherein feste Anfangs- oder Endtermine vereinbaren (§ 163). Das nennt man Zeitbestimmung oder Befristung. Bestimmte Rechtsgeschäfte bedürfen nach dem Gesetz zu ihrer Wirksamkeit der Zustimmung einer dritten Person. Die vorherige Zustimmung wird Einwilligung, die nachträgliche Zustimmung Genehmigung genannt.

VIII Fristen und Termine

Frist ist ein abgegrenzter, also bestimmter oder jedenfalls bestimmbarer Zeitraum.[28] Er braucht, wie sich aus § 191 ergibt, nicht zusammenhängend zu verlaufen. Termin i. S. d. BGB ist ein bestimmter Zeitpunkt, an dem etwas geschehen soll oder eine Rechtswirkung eintritt. Fristen und Termine können durch Gesetz, richterliche Anordnung oder Parteiwillen bestimmt sein. Fristen und Termine spielen nicht nur in der zivilrechtlichen Praxis,

[28] RGZ 120, 362.

sondern auch im öffentlichen Recht eine wichtige Rolle. Für Fristen und Termine hier wie dort gelten die Auslegungsvorschriften des BGB, nämlich die §§ 187–193.
Nach der Auslegungsregel des § 187 wird eine Frist grundsätzlich nur nach vollen Tagen gerechnet. Dabei wird der Tag, in dessen Verlauf ein Ereignis oder Zeitpunkt fällt, bei der Fristberechnung nicht mitgezählt. Lediglich bei Stunden- und Minutenfristen wird von Augenblick zu Augenblick gerechnet. Wem also am Dienstag eine Rechnung zugestellt wird, nach der er bei Zahlung innerhalb von 14 Tagen 2 % Skonto erhält, muss die Rechnung bis spätestens übernächsten Dienstag bezahlt haben, um den Skontovorteil in Anspruch nehmen zu können. Von dieser Grundregel des § 187 Abs. 1 macht Abs. 2 eine Ausnahme. Ist der Beginn eines Tages der für den Anfang einer Frist maßgebende Zeitpunkt, so zählt dieser Tag bei der Berechnung der Frist mit. Wer also am Mittwoch für 14 Tage einen Pkw mietet, muss ihn spätestens am übernächsten Dienstag zurückgeben. Auch bei der Berechnung des Lebensalters ist nach § 187 Abs. 2 S. 2 der Geburtstag voll mitzurechnen.

Manuel Androck wird am 31. Januar eine Abrissverfügung des Bauordnungsamts zugestellt. Er überlegt, was er bis wann tun muss, damit der Widerspruch fristgerecht erfolgt.

Die Abrissverfügung ist ein Verwaltungsakt, gegen den Widerspruch erhoben werden kann. Nach § 70 Abs. 1 S. 1 VwGO ist der Widerspruch innerhalb eines Monats, nachdem der Verwaltungsakt dem Beschwerten bekannt gegeben worden ist, schriftlich oder zur Niederschrift bei der Behörde zu erheben, die den Verwaltungsakt erlassen hat. Nach § 57 Abs. 1 VwGO beginnt der Lauf der Frist mit der Zustellung. Nach § 57 Abs. 2 VwGO gelten für die Fristen die Vorschriften der §§ 222, 224–226 ZPO. § 222 Abs. 1 ZPO lautet: »Für die Berechnung der Fristen gelten die Vorschriften des Bürgerlichen Gesetzbuchs.« Da für den Anfang der Frist ein Ereignis, nämlich die Zustellung der Ordnungsverfügung, maßgebend ist, beginnt die Frist gem. § 187 Abs. 1 am 01.02. um 0.00 Uhr. Das Fristende regelt sich nach § 188 Abs. 2. Danach endet eine Frist, die nach Monaten bestimmt ist, im Falle des § 187 Abs. 1 mit dem Ablauf desjenigen Tages des letzten Monats, der durch seine Zahl dem Tag entspricht, in den das Ereignis fällt. Das wäre hier der 31.02. Daran, dass es den nicht gibt, hat der Gesetzgeber in § 188 Abs. 3 gedacht. Fehlt danach bei einer nach Monaten bestimmten Frist in dem letzten Monat der für ihren Ablauf maßgebende Tag, so endigt die Frist mit dem Ablauf des letzten Tages dieses Monats, also mit dem 28.02. bzw. in Schaltjahren mit dem 29.02.

Im obigen Beispiel fällt der 28. Februar auf einen Samstag und die Widerspruchsbehörde ist geschlossen. Herr Androck möchte den Widerspruch nicht schriftlich, sondern zur Niederschrift bei der erlassenden Behörde abgeben.

Nach § 193 tritt, wenn an einem bestimmten Tag oder innerhalb einer Frist eine Willenserklärung abzugeben bzw. bei entsprechender Anwendung ein Widerspruch zu erheben ist und der bestimmte Tag oder der letzte Tag der Frist auf einen Sonntag, einen Feiertag oder einen Sonnabend fällt, an die Stelle eines solchen Tages der nächste Werktag. Herr Androck hat somit bis zum regulären Dienstschluss bei der Behörde am Montag der kommenden Woche Zeit. Schriftlich müsste der Widerspruch bis Montag 24.00 Uhr bei der Behörde (Nachtbriefkasten) eingegangen sein.

MERKE

Für Frist- und Terminbestimmungen gelten nach § 186 die Auslegungsvorschriften der §§ 187–193, und zwar nicht nur in der zivilrechtlichen Praxis, sondern auch im öffentlichen Recht.

IX Verjährung

Sowohl bei der theoretischen Beschäftigung mit der Verjährung wie auch bei der praktischen Fallbearbeitung ist zunächst von der Grundvorschrift des § 214 Abs. 1 auszugehen. Danach ist der Schuldner nach Eintritt der Verjährung berechtigt, die Leistung zu verweigern.

1 EINWENDUNG

Ein Leistungsverweigerungsrecht gegen einen Gläubiger kann sich aus verschiedenen Gründen ergeben. So kann derjenige, der etwa aus einem Kaufvertrag in Anspruch genommen wird (Schuldner), dem Gläubiger entgegenhalten, er brauche nicht zu bezahlen, weil er als Sechsjähriger keinen Kaufvertrag habe abschließen können. Er behauptet also, der Anspruch habe nie bestanden und macht damit eine rechtshindernde Einrede geltend. Würde er den Kaufvertrag nicht bestreiten, jedoch behaupten, er habe schon bezahlt, also der früher einmal entstandene Anspruch bestehe nicht mehr, würde er eine rechtsvernichtende Einrede erheben. Rechtshindernde und rechtsvernichtende Einreden werden auch Einwendungen genannt. Mit der Einwendung wird das Entstehen oder der Fortbestand eines Rechts verneint.

2 EINREDE

Mit einer Einrede im engeren Sinne dagegen wird nicht der Bestand des Rechts selbst, sondern die Durchsetzung desselben angegriffen. So bedeutet die Einrede des nicht erfüllten Vertrags nach § 320, dass der auf Zahlung in Anspruch genommene Käufer dem Verkäufer entgegenhalten kann, er brauche noch nicht zu bezahlen, da er die Ware noch nicht erhalten habe. Sie bewirkt, dass der Anspruch zeitweilig nicht durchsetzbar ist. Von größerer Bedeutung ist die Einrede der Verjährung. Sie hindert die Durchsetzbarkeit eines Anspruchs auf Dauer. Der Anspruchsgegner wird hier etwa vortragen, der Anspruchsteller habe mit der Durchsetzung seines Anspruchs zu lange gewartet, er brauche deshalb nicht mehr zu zahlen. Einwendungen sind im Gerichtsverfahren übrigens von Amts wegen zu berücksichtigen. Einreden wird der Richter dagegen nur berücksichtigen, wenn sie von der in Anspruch genommenen Prozesspartei ausdrücklich vorgetragen werden. So wird mit der Einrede der Verjährung anders als bei den o. a. Einwendungen der geltend gemachte Anspruch ja nicht infrage gestellt und es kommt daher nicht selten vor, dass jemand trotz Anspruchsverjährung noch bezahlen will, etwa um die sonst guten Geschäftsbeziehungen zwischen Anspruchsteller und Anspruchsgegner nicht zu gefährden. Die Entscheidung, ob diese Einrede erhoben

werden soll, soll daher ausschließlich in der Hand des Beklagten liegen. Macht er sie nicht ausdrücklich geltend, so hat der Richter die Verjährung nicht zu beachten.
Für den Fallaufbau mit Verjährungsproblem empfiehlt sich daher folgende Vorgehensweise: Zunächst ist festzustellen, ob der Anspruch entstanden ist. Wenn ja, ist kurz zu prüfen, ob er nicht erloschen ist, etwa durch Zahlung. Wenn nein, ist die Frage zu stellen, ob er wegen Verjährung nicht mehr durchsetzbar sein könnte. Die Voraussetzungen dafür sind:

a) Es muss ein verjährbares Recht gegeben sein.
b) Es muss Vollendung der Verjährung vorliegen, d. h., das Gesetz muss eine bestimmte Verjährungsfrist enthalten und diese muss abgelaufen sein.
c) Weiterhin ist erforderlich, dass der Schuldner sich auf die Einrede der Verjährung beruft.

Küchen- und Waschmaschinenhändler Kühne verkaufte und lieferte im Jahr 2010 an Hausknecht eine Waschmaschine zum Preis von 780€. Infolge eines Versehens unterblieb die Zahlung des Kaufpreises. Im Januar 2014 wurde dies von Kühne bemerkt. Auf seine Mahnung hin beruft sich Hausknecht auf Verjährung der Forderung.

Da in diesem Beispiel ein wirksamer Kaufvertrag geschlossen wurde, ist der Anspruch aus § 433 Abs. 2 entstanden. Er ist auch nicht erloschen; insbesondere hat Hausknecht seine Zahlungsverpflichtung nicht erfüllt. Der Anspruch könnte aber wegen Verjährung nicht mehr durchsetzbar sein.
Verjährbar sind nach § 194 Abs. 1 Ansprüche. Die Vorschrift enthält zugleich die Legaldefinition des Anspruchs als das Recht, von einem anderen ein Tun oder Unterlassen zu verlangen. Keine Ansprüche sind daher absolute Rechte wie das Eigentum oder das Besitzrecht. Der Verjährung unterliegt dagegen der Anspruch des Eigentümers auf Herausgabe nach § 985. Gestaltungsrechte wie Anfechtung oder Rücktritt können zwar Ansprüche begründen, sind selbst aber keine Ansprüche. Sie unterliegen nicht der Verjährung, sondern können allenfalls nach Ablauf einer Frist ausgeschlossen sein. Der Kaufpreisanspruch im obigen Beispiel kann verjähren.
Für die Frage, ob Vollendung der Verjährung vorliegt, ist zunächst die Verjährungsfrist festzustellen. Die regelmäßige Verjährungsfrist beträgt nach § 195 drei Jahre. Danach ist der Fristbeginn zu ermitteln. Die regelmäßige Verjährungsfrist beginnt nach § 199 Abs. 1 mit dem Schluss des Jahres, in dem 1. der Anspruch entstanden ist und 2. der Gläubiger von den den Anspruch begründenden Umständen und der Person des Schuldners Kenntnis erlangt oder ohne grobe Fahrlässigkeit erlangen müsste. Im obigen Beispiel weiß Kühne, dass er die Waschmaschine im Jahr 2010 geliefert hat und der Anspruch daher in diesem Jahr begründet wurde. Die Verjährungsfrist beginnt daher am 01.01.2011, 0.00 Uhr zu laufen. Sie endet mit Ablauf des Jahres 2013, sodass am 01.01.2014, 0.00 Uhr die Verjährung eingetreten ist. Da Hausknecht sich auch auf die Verjährung beruft, kann Kühne seinen Zahlungsanspruch nicht mehr durchsetzen.

Hausknecht bleibt von der Mahnung des Kühne nicht unbeeindruckt und zahlt den Kaufpreis. Danach kommt es in der Waschmaschine zu einem Defekt; die Garantie ist abgelaufen. Nachdem ihm ein Freund sagt, er habe wegen Verjährung den Kaufpreis nicht mehr zahlen müssen, will Hausknecht das Geld zurückhaben, da es ohne rechtlichen Grund geleistet sei.

Hausknecht kann keine Rückzahlung verlangen. Die Einrede der Verjährung führt nicht zu einem Erlöschen des Anspruchs, sondern hindert nur dessen Durchsetzung. Wenn Hausknecht nach Eintritt der Verjährung zahlt, dann leistet er nicht ohne Rechtsgrund, sondern aufgrund eines bestehenden Anspruchs. Das wird auch aus § 214 Abs. 2 S. 1 deutlich, wonach das zur Befriedigung eines verjährten Anspruchs Geleistete nicht zurückgefordert werden kann, auch wenn in Unkenntnis der Verjährung geleistet wurde.
Während auch dem juristischen Laien das Rechtsinstitut der Verjährung bekannt ist, weiß er oft nicht, was zu tun ist, um den drohenden Verjährungseintritt zu verhindern. Er wird sich fragen, ob es möglich ist, die Verjährungsfrist neu beginnen zu lassen oder ihren Ablauf zu hemmen. Hinderungsgründe für den Eintritt der Verjährung sind nach dem Gesetz Hemmung, Ablaufhemmung und Neubeginn der Verjährung.

3 HEMMUNG DER VERJÄHRUNG

Die Hemmung der Verjährung bewirkt nach § 209, dass der Zeitraum, während dessen die Verjährung gehemmt ist, in die Verjährungsfrist nicht eingerechnet wird. Die Verjährung wird mit dem Eintritt der Hemmung sozusagen angehalten und läuft nach dem Ende der Hemmung weiter. Die Hemmungstatbestände sind in den §§ 203 ff. geregelt.
Nach § 203 kann eine Hemmung der Verjährung durch Verhandlungen über den Anspruch oder die den Anspruch begründenden Umstände bewirkt werden. Nach der Rechtsprechung genügt hierzu jeder Meinungsaustausch etwa über einen Schadensfall, wenn nicht sofort erkennbar die Verhandlungen über die Ersatzpflicht oder jeder Ersatz abgelehnt werden.[29] Dic Hemmung endet, wenn der eine oder der andere Teil die Fortsetzung der Verhandlung verweigert. Dies muss grundsätzlich durch cin klares und eindeutiges Verhalten einer der Parteien zum Ausdruck kommen.[30]
Nach § 204 kann eine Hemmung der Verjährung auch durch Rechtsverfolgung herbeigeführt werden. § 204 zählt eine Reihe von infrage kommenden Rechtsverfolgungstatbeständen auf. Hervorzuheben sind die Erhebung der Klage auf Leistung oder auf Feststellung des Anspruchs (Abs. 1 Nr. 1) und die Zustellung des Mahnbescheids im Mahnverfahren (Abs. 1 Nr. 3). Nach § 204 Abs. 2 endet die Hemmung sechs Monate nach der rechtskräftigen Entscheidung oder anderweitigen Beendigung des eingeleiteten Verfahrens. Gerät das Verfahren dadurch in Stillstand, dass die Parteien es nicht betreiben, so tritt nach § 204 Abs. 2 S. 2 an die Stelle der Beendigung des Verfahrens die letzte Verfahrenshandlung der Parteien, des Gerichts oder der sonst mit dem Verfahren befassten Stelle. Nach § 204 Abs. 2 S. 3 beginnt die Hemmung erneut, wenn eine der Parteien das Verfahren weiter betreibt.
Weitere Hemmungsgründe ergeben sich aus den §§ 205–208. § 208 ist eine Neuregelung des Schuldrechtsmodernisierungsgesetzes, welches im allgemeinen Teil auch das Recht der Verjährung erfasste. Vor 2002 begann bei sexuellem Missbrauch von Kindern die Verjährung zu laufen, sobald der sorgeberechtigte Elternteil von der Verfehlung Kenntnis erlangt hatte. Dieser ließ die Dreijahresfrist häufig verstreichen, etwa aus Rücksicht auf den Täter oder aus Scham oder Angst vor einem Skandal. Dieser unbefriedigende Zustand

[29] BGHZ 93, 64.
[30] BGH NJW 1998, 2819.

wird durch § 208 beendet. Das misshandelte Kind kann nun noch drei Jahre, nachdem es 21 Jahre alt geworden ist, Ansprüche gegen den Täter geltend machen.

4 ABLAUFHEMMUNG

Die Ablaufhemmung der Verjährung berührt, anders als die Hemmung, nicht den Lauf der Verjährung, führt aber dazu, dass die Verjährung nicht vor Ablauf von sechs Monaten nach Wegfall eines die Anspruchsdurchsetzung hindernden Ereignisses eintreten kann. Fälle, in denen sich durch Ablaufhemmung das Ende der Verjährungsfrist verschieben kann, sind in den §§ 210 und 211 geregelt.

5 NEUBEGINN DER VERJÄHRUNG

Ein Neubeginn der Verjährung findet nach der Neuregelung des Verjährungsrechts nur noch in den wenigen Fällen statt, die § 212 aufzählt. Der Neubeginn bedeutet, dass die Verjährungsfrist in voller Länge neu zu laufen beginnt. Nach § 212 Abs. 1 ist das nur der Fall, wenn 1. der Schuldner dem Gläubiger gegenüber den Anspruch durch Abschlagszahlung, Zinszahlung, Sicherheitsleistung oder in anderer Weise anerkennt oder 2. eine gerichtliche oder behördliche Vollstreckungshandlung vorgenommen oder beantragt wird.

Im Ausgangsfall hat Hausknecht dem Kühne am 20.07.2012 eine Abschlagszahlung von 150 € angeboten. Mit Ablauf des 20.07. – in diesem Fall natürlich nicht erst mit Ablauf des Jahres 2012 – beginnt damit eine neue dreijährige Verjährungsfrist, die mit Ablauf des 20.07.2015 endet.

6 SONSTIGE VERJÄHRUNGSFRISTEN

Ausgegangen wurde in den bisherigen Ausführungen von der regelmäßigen Verjährungsfrist des § 195, die drei Jahre beträgt. In den dann folgenden Bestimmungen sind aber noch andere Verjährungsfristen genannt. Gem. § 196 verjähren Ansprüche auf Übertragung des Eigentums an einem Grundstück sowie weitere Ansprüche in Grundstücksangelegenheiten in zehn Jahren. In 30 Jahren verjähren gem. § 197 insbesondere Herausgabeansprüche aus Eigentum und anderen dinglichen Rechten und rechtskräftig festgestellte Ansprüche. Außerhalb des Allgemeinen Teils des BGB nennt der Gesetzgeber in vielen Spezialvorschriften andere Verjährungsfristen für bestimmte Ansprüche. Schon hier sei hingewiesen auf die besonderen Verjährungsfristen nach § 438 bei Mängelansprüchen im Kaufrecht (zwei Jahre) oder nach § 634a bei Mängelansprüchen im Werkvertragsrecht (zwei, fünf oder drei Jahre). Hinzuweisen ist schließlich noch auf die sog. absoluten oder Höchstfristen der Verjährung nach § 199 Abs. 2–4. Die Verjährung beginnt im Normalfall nach § 199 Abs. 1 mit dem Schluss des Jahres, in dem Anspruchsentstehung und Kenntnis davon vorliegen. Ohne Rücksicht auf Entstehung und Kenntnis davon verjähren gem. § 199 Abs. 2 Schadensersatzansprüche, die auf Verletzung des Lebens, des Körpers, der Gesundheit oder der Freiheit beruhen, in 30 Jahren

von dem schadensauslösenden Ereignis an. § 199 Abs. 3 gilt für alle nicht unter Abs. 2 fallenden Schadensersatzansprüche, vor allem wegen Verletzung des Eigentums und des Vermögens. Die Zehnjahreshöchstfrist des Abs. 3 Nr. 1 beginnt mit der Entstehung des Anspruchs und daher erst mit dem Eintritt des Schadens. Die 30-Jahresfrist des Abs. 3 Nr. 2 beginnt mit dem schadensauslösenden Ereignis. Andere Ansprüche als Schadensersatzansprüche, die der regelmäßigen Verjährung nach § 195 unterliegen, verjähren nach Abs. 4 ohne Rücksicht auf ihre Kenntnis oder grob fahrlässige Unkenntnis in zehn Jahren von ihrer Entstehung an. Die Verjährungsfrist von Ansprüchen, die nicht der regelmäßigen Verjährungsfrist des § 195 unterliegen (siehe §§ 196 und 197) beginnt nicht mit dem Ablauf des Jahres ihrer Entstehung, sondern mit ihrer Entstehung selbst.
Sinn und Zweck der Verjährung ist es, den Schuldner als in Anspruch genommenen zu schützen, zumal er sich an lange zurückliegende Vorgänge nicht immer erinnern kann und vielleicht auch nicht mehr über die Beweismittel für das Erlöschen des Anspruchs wie etwa Quittungen verfügt. Die Verjährung liegt auch im öffentlichen Interesse. Je länger ein Vorgang zurückliegt, desto schwieriger ist seine Aufklärung auch für das Gericht. Die Verjährung dient daher auch der Entlastung der Gerichte. Demgegenüber ist der Gläubiger, der sich während längerer Zeit um seinen Anspruch nicht gekümmert hat, weniger schutzwürdig.

MERKE

Rechtshindernde und rechtsvernichtende Einreden, mit denen das Entstehen oder der Fortbestand eines Rechts bestritten wird, werden auch Einwendungen genannt. Mit einer Einrede im engeren Sinne dagegen wird nicht der Bestand des Rechtes selbst, sondern die Durchsetzung desselben angegriffen. Von großer Bedeutung ist die Einrede der Verjährung.
Für die Prüfung der Frage, ob ein entstandener Anspruch wegen Verjährung nicht mehr durchsetzbar ist, empfehlen sich folgende Schritte:

1. **Es muss ein verjährbares Recht gegeben sein. Nach § 194 unterliegen Ansprüche, also das Recht, von einem anderen ein Tun oder Unterlassen zu verlangen, der Verjährung.**
2. **Es muss Vollendung der Verjährung vorliegen, d. h., das Gesetz muss eine bestimmte Verjährungsfrist enthalten und diese muss abgelaufen sein.**
3. **Weiterhin ist erforderlich, dass der Schuldner sich auf die Einrede der Verjährung beruft.**

Die regelmäßige Verjährungsfrist beträgt nach § 195 drei Jahre. In den §§ 196 und 197 sowie in Spezialvorschriften außerhalb des Allgemeinen Teils des BGB werden für bestimmte Ansprüche auch andere Verjährungsfristen genannt.
Hinderungsgründe für den Eintritt der Verjährung sind Hemmung, Ablaufhemmung und Neubeginn der Verjährung. Die Hemmung bewirkt nach § 209, dass der Zeitraum, während dessen die Verjährung gehemmt ist, in die Verjährungsfrist nicht eingerechnet wird. Hemmungstatbestände sind in den §§ 203–208 geregelt.
Fälle der Ablaufhemmung enthalten die §§ 210 und 211. Die Ablaufhemmung berührt nicht den Verlauf der Verjährung, führt aber dazu, dass die Verjährung nicht vor Ablauf von sechs Monaten nach Wegfall eines die Anspruchsdurchsetzung hindernden Ereignisses eintreten kann.
Ein Neubeginn der Verjährung findet nur in den wenigen Fällen des § 212 statt und bedeutet, dass die Verjährungsfrist in voller Länge neu zu laufen beginnt.

Gläubiger = Person, die Forderungen an einen Schuldner hat.
Schuldner = Person, die einer anderen etwas (meist Geld) schuldet.

B SCHULDRECHT

I Zur Bedeutung des Schuldrechts und zum Begriff des Schuldverhältnisses

Das Schuldverhältnis ist ein Rechtsverhältnis, aufgrund dessen eine Person, nämlich der Schuldner, einer anderen Person, nämlich dem Gläubiger, etwas schuldet. Nach § 241 Abs. 1 ist der Gläubiger berechtigt, von dem Schuldner eine Leistung zu fordern. Diese kann auch in einem Unterlassen bestehen. Charakteristisch für das Schuldverhältnis ist, dass es sich um eine Sonderverbindung zwischen bestimmten Personen handelt, aufgrund deren eine konkrete Pflicht besteht, die über eine allgemeine Achtungspflicht hinausgeht. Jeder ist verpflichtet, die absoluten Rechte anderer wie Leben, Körper, Gesundheit, Freiheit, Eigentum usw. zu achten; aber diese allgemeine Pflicht begründet noch kein Schuldverhältnis, denn sie berechtigt den anderen nicht, eine Leistung i. S. d. § 241 Abs. 1 zu fordern. Daher begründet auch die Pflicht des Besitzers, eine Sache gem. § 985 an den Eigentümer herauszugeben, kein Schuldverhältnis zwischen den Beteiligten. Das Schuldverhältnis kann allerdings gem. § 241 Abs. 2 nach seinem Inhalt jeden Teil zur Rücksicht auf die Rechte, Rechtsgüter und Interessen des anderen Teils verpflichten. Aber auch diese spezielle schuldrechtliche Pflicht geht über die allgemeine Achtungspflicht gegenüber den absoluten Rechten anderer hinaus. Sie besteht nur zwischen den an dem Schuldverhältnis beteiligten bestimmten Personen und wird im Umfang und Inhalt durch das Schuldverhältnis geprägt.

Das Recht der Schuldverhältnisse ist im zweiten Buch des BGB geregelt, nämlich in den §§ 241–853. Es wurde bereits ausgeführt, dass im ersten Buch, dem allgemeinen Teil des BGB, die Vorschriften enthalten sind, die für die Bücher zwei bis fünf gleichermaßen gelten. Nach diesem Prinzip ist der Gesetzgeber auch innerhalb des Schuldrechts vorgegangen. So hat er im 8. Abschnitt des zweiten Buches die im praktischen Leben häufig vorkommenden Schuldverhältnisse im Einzelnen geregelt, und zwar in den §§ 433–853. Vorangestellt und damit sozusagen vor die Klammer gezogen wurden in den §§ 241–432 die Vorschriften, die für alle im 8. Abschnitt geregelten besonderen Schuldverhältnisse gleichermaßen gelten. Insofern wird zwischen allgemeinem und besonderem Schuldrecht unterschieden.

Auf den Unterschied zum Sachenrecht wurde schon hingewiesen. Das Schuldrecht gibt dem Gläubiger ein Recht auf Leistung nur gegen eine bestimmte Person. Man spricht hier von einem relativen Recht, das nur durch den Schuldner verletzt werden kann. Das Sachenrecht dagegen richtet sich gegen jedermann und ist somit ein absolutes Recht. Der Eigentümer kann sachenrechtliche Ansprüche wie etwa einen Herausgabeanspruch nach § 985 gegen jeden geltend machen, der ihm das Eigentum vorenthält bzw. sein Eigentum nicht respektiert.

II Begründung bzw. Entstehung von Schuldverhältnissen

Ein Schuldverhältnis kann durch Rechtsgeschäft begründet werden oder kraft Gesetzes entstehen.

1 DIE BEGRÜNDUNG VON SCHULDVERHÄLTNISSEN DURCH RECHTSGESCHÄFT

Nach § 311 Abs. 1 ist zur Begründung eines Schuldverhältnisses durch Rechtsgeschäft regelmäßig ein Vertrag erforderlich. Nur ausnahmsweise genügt ein einseitiges Rechtsgeschäft zur Begründung eines Schuldverhältnisses. Zu den bekannteren Beispielen unter den wenigen Ausnahmen gehören die Auslobung (§ 657) und das Vermächtnis (§ 1939).

Frau Kaiser macht durch Aushang bekannt: »Wer mir meine entlaufene Katze Elfriede wiederbringt, erhält 100€ als Belohnung.« Der Finder hat gegen Frau Kaiser einen schuldrechtlichen Anspruch auf 100€, auch wenn er selbst keine Willenserklärung abgegeben und nicht mit Rücksicht auf die Auslobung gehandelt hat. Herr König hat seinen Sohn als Alleinerben eingesetzt. In seinem Testament verfügt er weiter, sein Neffe Günter solle seinen Ferrari erhalten. Durch diese Willenserklärung erhält Günter nach dem Tod des Herrn König einen schuldrechtlichen Anspruch gegen den Erben, nämlich den Sohn des Herrn König, auf Herausgabe und Übereignung des Ferrari.

Die Schuldverhältnisse, die durch zwei- oder mehrseitiges Rechtsgeschäft, also Vertrag zustande kommen, sind insbesondere die im Besonderen Schuldrecht typisierten Schuldverhältnisse wie Kauf, Miete, Dienstvertrag, Werkvertrag, aber auch Schenkung, Auftrag oder Bürgschaft. Natürlich steht es jedermann frei, auch Verträge abzuschließen und damit Schuldverhältnisse zu begründen, die im Gesetz nicht geregelt sind. Das Gesetz führt nur die wichtigsten und in der Rechtspraxis häufigsten Vertragstypen an.
Nach den Verpflichtungen, die sich aus dem Vertrag ergeben, unterscheidet man gegenseitige, unvollkommen zweiseitig verpflichtende und einseitig verpflichtende Verträge.

1.1 Gegenseitige Verträge

Gegenseitige Verträge bilden die Regel. Sie liegen vor, wenn der eine Vertragsteil eine Leistung gerade deshalb verspricht, weil auch der andere sich zu einer Gegenleistung verpflichtet. Die Hauptleistungspflichten stehen in einem Austauschverhältnis. Typische und bekannte Beispiele für gegenseitige Verträge sind der Kaufvertrag, der Mietvertrag, der Dienstvertrag oder der Werkvertrag.

Der Verkäufer gibt seine Ware gegen Zahlung des Kaufpreises her; der Vermieter überlässt dem Mieter eine Wohnung, weil der sich zu regelmäßiger Mietzahlung verpflichtet. Der durch Dienstvertrag Verpflichtete arbeitet, weil ihm der Vertragspartner Entlohnung versprochen hat. Der durch Werkvertrag verpflichtete Malermeister tapeziert die Wohnung gegen Vergütung.

1.2 Unvollkommen zweiseitig verpflichtende Verträge

Unvollkommen zweiseitig verpflichtende Verträge liegen vor, wenn nur für einen Vertragspartner Leistungspflichten entstehen, unter Umständen sich aber auch eine Verpflichtung des anderen Vertragsteils ergeben kann. Ein Beispiel hierfür ist der Auftrag (§ 662) bei dem im Normalfall nur der Auftragnehmer zu einer Leistung verpflichtet ist. Im Gesetz heißt es, er verpflichtet sich, ein ihm vom Auftraggeber übertragenes Geschäft unentgeltlich für diesen zu besorgen. Im Einzelfall kann jedoch auch der Auftraggeber nach § 670 zum Aufwendungsersatz verpflichtet sein. Dieser ist aber kein Entgelt, also keine Gegenleistung für die Leistung des Beauftragten.

Allenstein findet auf einer einsamen Landstraße den mit dem Motorrad verunglückten und verletzten Pechmann. Auf dessen Bitten hin bringt er ihn mit seinem Pkw in das nächste Krankenhaus. Er muss dafür einen Umweg von 40 km fahren. Außerdem sind die Polster der Rücksitze seines Autos, auf denen er den Verletzten gelagert hatte, verschmutzt. Auch wenn Allenstein für seine Gefälligkeit kein Entgelt verlangen kann, so muss Pechmann ihm doch die durch den Umweg entstandenen höheren Benzinkosten sowie die Kosten der Reinigung der Autositze erstatten. Das ist natürlich nicht die Gegenleistung für die – unentgeltliche – Beförderung zum Krankenhaus.

1.3 Einseitig verpflichtende Verträge

Einseitig verpflichtende Verträge liegen vor, wenn ausschließlich und allein eine der beiden Vertragsparteien zu einer Leistung verpflichtet ist. Bekannte Beispiele sind u. a. das Schenkungsversprechen (§§ 516, 518) und die Bürgschaft (§ 765).

2 ENTSTEHUNG VON SCHULDVERHÄLTNISSEN DURCH GESETZ

Schuldverhältnisse können auch ohne Rechtsgeschäft unmittelbar kraft Gesetzes entstehen. Das Schuldrecht regelt im allgemeinen Teil eine, im besonderen Teil drei wichtige Tatbestandsgruppen.

2.1 Geschäftlicher Kontakt

Gem. § 311 Abs. 2 entsteht ein Schuldverhältnis mit Pflichten nach § 241 Abs. 2 bereits durch die Aufnahme von Vertragsverhandlungen, durch die Anbahnung eines Vertrags unter den weiteren Voraussetzungen des § 311 Abs. 2 Nr. 2 oder durch ähnliche Kontakte. Es entstehen hier zwar keine primären Leistungspflichten, jedoch eine Schadensersatzpflicht, falls die Pflicht zur Rücksichtnahme auf die Rechte, Rechtsgüter und Interessen des anderen Teils verletzt wurde. Mit dieser neuen Bestimmung regelt das Gesetz die Fälle, die vor der Anfang 2002 in Kraft getretenen Schuldrechtsreform mit dem von der Rechtsprechung und Rechtslehre entwickelten Rechtsinstitut der »culpa in contrahendo« einer Lösung zugeführt wurden.

Ein Beispiel ist der berühmte Bananenschalenfall. Jemand betritt in Kaufabsicht einen Supermarkt und kommt dort durch eine Bananenschale zu Fall, die die sonst sehr zuverlässige Reinigungskraft hatte liegen lassen. Da ein Anspruch gegen den Supermarktinhaber aus § 831 in der Regel an der dort enthaltenen Exkulpationsmöglichkeit scheitert, kommt nun ein Schadensersatzanspruch nach §§ 280 Abs. 1, 311 Abs. 2, 278 in Betracht. Zwar besteht kein vertragliches, jedoch das gesetzliche Schuldverhältnis des geschäftlichen Kontakts. Voraussetzung ist natürlich, wenn auch keine konkrete, jedoch eine potenzielle Kaufabsicht des Anspruchstellers. Wer nur den Supermarkt betritt, um sich dort aufzuwärmen, kann diesen Anspruch aus vorvertraglichem Schuldverhältnis nicht geltend machen.

2.2 Unerlaubte Handlung

Eine in der Praxis sehr wichtige Gruppe von Tatbeständen, durch die kraft Gesetzes ein Schuldverhältnis begründet wird, ist in den §§ 823 ff. geregelt. Diese Bestimmungen legen eine Ersatzpflicht für zurechenbare Schädigungen fest. Für den Gläubiger wird ein Anspruch auf Ersatz des rechtswidrig und schuldhaft verursachten Schadens begründet.

Schmeisser wirft mutwillig eine Fensterscheibe beim Nachbarn ein. Müller fährt trotz winterlicher Straßenglätte zu schnell. Er kommt dadurch ins Schleudern und stößt mit dem Pkw des Meyer zusammen, der dabei verletzt und dessen Wagen schwer beschädigt wird. In beiden Fällen haben die Geschädigten einen Anspruch auf Ersatz ihres Schadens gegen die Schadensverursacher nach § 823.

2.3 Ungerechtfertigte Bereicherung

Wer durch die Leistung eines anderen oder in sonstiger Weise auf dessen Kosten ohne Rechtsgrund einen Vermögensvorteil erlangt, ist nach §§ 812 ff. verpflichtet, diese Vermögensverschiebung wieder rückgängig zu machen.

Schumacher verkauft und übereignet dem Meierbier sein Auto. Der Kaufvertrag wird wegen Irrtums angefochten und ist daher als von Anfang an nichtig anzusehen. Schumacher kann von Meierbier nach § 812 Rückübereignung des Autos verlangen.

2.4 Geschäftsführung ohne Auftrag

Wenn jemand ein Geschäft für einen anderen besorgt, ohne von ihm beauftragt oder ihm gegenüber sonst dazu berechtigt zu sein, so entsteht ein gesetzliches Schuldverhältnis, aus dem sich für beide Seiten nach §§ 677 ff. Rechte und Pflichten ergeben können.

Wie beim obigen Beispiel zum unvollkommen zweiseitig verpflichtenden Vertrag findet Allenstein auf einsamer Landstraße den mit dem Motorrad verunglückten Pechstein. Dieser ist bewusstlos und schwer verletzt. Da anderweitig Hilfe nicht zu erreichen ist, bringt Allenstein den Pechstein in das nächste Krankenhaus. Hier können zumindest Ansprüche auf Ersatz seiner Aufwendungen für Allenstein entstanden sein. Möglich sind auch Schadensersatzansprüche des Pechstein, etwa wenn Allenstein diesen grob fahrlässig falsch im Auto lagert oder er grob fahrlässig auf dem Weg zum Krankenhaus einen Unfall verursacht, bei dem Pechstein zusätzliche Verletzungen erleidet. Ansprüche und mögliche Gegenansprüche begründen sich aus Geschäftsführung ohne Auftrag, denn die für einen Auftrag nötige Willenserklärung konnte der bewusstlose Pechstein nicht abgeben.

MERKE

Ein Schuldverhältnis kann durch Rechtsgeschäft begründet werden oder kraft Gesetzes entstehen.
Durch Rechtsgeschäft begründete Schuldverhältnisse sind in der Regel gegenseitige Verträge. Bei ihnen verspricht der eine Teil eine Leistung gerade deshalb, weil auch der andere Teil sich zu einer Gegenleistung verpflichtet. Unvollkommen zweiseitig verpflichtende Verträge liegen vor, wenn nur für einen Vertragspartner Leistungspflichten entstehen, unter Umständen sich aber auch eine Verpflichtung des anderen Vertragsteils ergeben kann, die aber nicht als Gegenleistung anzusehen ist. Einseitig verpflichtende Verträge liegen vor, wenn ausschließlich und allein eine der beiden Vertragsparteien zu einer Leistung verpflichtet ist.
Schuldverhältnisse können auch ohne Rechtsgeschäft unmittelbar kraft Gesetzes entstehen. So entsteht nach § 311 Abs. 2 ein Schuldverhältnis bereits durch die Aufnahme von Vertragsverhandlungen oder ähnliche Kontakte. Es entsteht eine Schadensersatzpflicht, falls die gebotene Rücksichtnahme auf die Rechtsgüter und Interessen des anderen verletzt wurde. Bekanntere gesetzliche Schuldverhältnisse sind die aus unerlaubter Handlung (§§ 823 ff.) aus ungerechtfertigter Bereicherung (§§ 812 ff.) und aus Geschäftsführung ohne Auftrag (§§ 677 ff.).

III Inhalt der Schuldverhältnisse

Der Inhalt eines Schuldverhältnisses ergibt sich aus der getroffenen Vereinbarung oder unmittelbar aus dem Gesetz. Im Folgenden soll zunächst auf die vertraglichen Schuldverhältnisse eingegangen werden.

1 HAUPT- UND NEBENLEISTUNGSPFLICHTEN

Wie sich aus § 241 Abs. 1 ergibt, beinhaltet ein Schuldverhältnis in erster Linie Leistungspflichten. Der Gläubiger ist kraft des Schuldverhältnisses berechtigt, von dem Schuldner eine bestimmte Leistung zu fordern. In aller Regel ist die Gegenseite berechtigt, eine Gegenleistung zu fordern. Beide Seiten sind also, da den meisten Schuldverhältnissen gegenseitige Verträge zugrunde liegen, sowohl Gläubiger, was ihre Forderung angeht, als auch Schuldner hinsichtlich der Forderung der Gegenseite. Neben den begriffsnotwendigen Leistungspflichten können, müssen aber nicht auch sog. Schutzpflichten begründet werden: Nach § 241 Abs. 2 kann das Schuldverhältnis nach seinem Inhalt jeden Teil zur Rücksicht auf die Rechte, Rechtsgüter und Interessen des anderen Teils verpflichten. Im Gegensatz zu den Leistungspflichten sind diese Schutzpflichten aber nicht einklagbar. Ihre Verletzung kann allerdings Schadensersatzansprüche begründen.

Bei den Leistungspflichten kann man nun zwischen Haupt- und Nebenleistungspflichten unterscheiden. Hauptleistungspflichten sind diejenigen Pflichten, die für das Schuldverhältnis wesentlich sind, die es also charakterisieren. So wird durch den Kaufvertrag der Verkäufer nach § 433 Abs. 1 verpflichtet, dem Käufer die Kaufsache in mangelfreiem Zustand zu übergeben und ihm das Eigentum an der Sache zu verschaffen. Der Käufer ist nach § 433 Abs. 2 verpflichtet, den vereinbarten Kaufpreis zu zahlen. Neben den Hauptleistungspflichten können je nach Einzelfall weitere Pflichten treten, die auf die Hauptleistung bezogen sein, aber auch einen anderen selbstständigen Zweck verfolgen können, ohne den Charakter des Schuldverhältnisses zu verändern. Es sind sog. Nebenleistungspflichten, die wie die Hauptleistungspflichten selbstständig eingeklagt werden können.

Einige Nebenleistungspflichten sind ausdrücklich im Gesetz genannt. Andere ergeben sich aus der vertraglichen Vereinbarung oder auch aus § 242, wonach die Leistung so zu erbringen ist, wie Treu und Glauben mit Rücksicht auf die Verkehrssitte es erfordern. So kann sich für den Verkäufer eines komplizierteren technischen Gerätes die Nebenleistungspflicht zur Einweisung in die Bedienung oder zur Aushändigung einer Bedienungsanleitung ergeben. Die Abnahmepflicht des Käufers nach § 433 Abs. 2 wird neben der Hauptleistungspflicht, den Kaufpreis zu bezahlen, in der Regel nur als Nebenleistungspflicht anzusehen sein. Natürlich kann sie durch Parteivereinbarung ausnahmsweise auch zur Hauptleistungspflicht werden. Nebenleistungspflichten sind etwa auch die in den §§ 617 und 618 genannten Pflichten des Dienstberechtigten zur Krankenfürsorge und zu Schutzmaßnahmen.

MERKE

Nach § 241 Abs. 1 beinhaltet ein Schuldverhältnis in erster Linie Leistungspflichten. Daneben können auch Schutzpflichten begründet werden, die nach § 241 Abs. 2 jeden Teil je nach Inhalt des Schuldverhältnisses zur Rücksicht auf die Rechte, Rechtsgüter und Interessen des anderen Teils verpflichten.
Bei den Leistungspflichten kann man zwischen Haupt- und Nebenleistungspflichten unterscheiden. Auch die Nebenleistungs-pflichten sind anders als die Schutzpflichten selbstständig einklagbar. Hauptleistungspflichten sind diejenigen, die für das Schuldverhältnis wesentlich sind und es prägen. Nebenleistungspflichten können im Gesetz genannt sein oder sich aus der vertraglichen Vereinbarung oder aus § 242 ergeben.

2 GRUNDSATZ DER VERTRAGSFREIHEIT

Im Schuldrecht kann der einzelne seine Rechtsbeziehungen zu einem anderen frei gestalten, d. h., auch der Inhalt des von ihm begründeten Schuldverhältnisses steht in seinem Ermessen. Da fast alle Schuldverhältnisse durch Vertrag begründet werden, spricht man auch vom Grundsatz der Vertragsfreiheit. Jeder kann nach seinem Belieben darüber entscheiden, ob er überhaupt einen Vertrag und mit wem und mit welchem Inhalt er den Vertrag abschließen will.

2.1 Abschlussfreiheit

Die Abschlussfreiheit überlässt es dem Einzelnen darüber zu entscheiden, ob er überhaupt und mit wem er einen Vertrag abschließen will. In Einzelfällen kann die Abschlussfreiheit jedoch aufgrund gesetzlicher Regelung oder nach allgemeinen Grundsätzen ausgeschlossen und eine Pflicht zum Vertragsabschluss, ein sog. Kontrahierungszwang, begründet sein.

Abschlussfreiheit kann durch gesetzl. Regelungen beschränkt sein

(gesetzl. Verpflichtung zum Abschluss eines Vertrages)

So verpflichtet § 22 Personenbeförderungsgesetz (PBefG) die Unternehmer, die entgeltliche oder geschäftsmäßige Beförderung von Personen mit Straßenbahnen, Bussen und Kraftfahrzeugen betreiben, jedermann zu den geltenden Bestimmungen zu befördern. § 2 EnergiewirtschaftsG verpflichtet Energieversorgungsunternehmen, die ein bestimmtes Gebiet versorgen, jedermann zu den allgemeinen Bedingungen an das Versorgungsnetz anzuschließen und zu versorgen. Nach dem Pflichtversicherungsgesetz sind die Haftpflichtversicherungen verpflichtet, jedem Kraftfahrzeughalter Versicherungsschutz zu gewähren. Nach der Gemeindeordnung haben die Gemeindeeinwohner einen Anspruch auf Zulassung zu den gemeindlichen Einrichtungen im Rahmen des Einrichtungszwecks. Sofern das Benutzungsverhältnis dieser Einrichtungen privatrechtlich gestaltet ist, besteht ein Anspruch auf Abschluss eines privatrechtlichen Vertrags.

Ein Kontrahierungszwang kann sich auch aus allgemeinen Grundsätzen ergeben. So ist nach h. M. jeder, der mit der Ablehnung eines Vertragsschlusses eine vorsätzliche sittenwidrige Schädigung begeht, nach §§ 826, 249 zum Abschluss des Vertrags verpflichtet. So hat die Rechtsprechung einen Kontrahierungszwang bejaht, wenn jemand eine Monopolstellung hat und derjenige, der mit ihm einen Vertrag schließen möchte, sein Bedürfnis anderweitig nicht oder nur unter erheblichen Nachteilen befriedigen kann. Nach neuerer Ansicht wird allerdings weniger auf die Monopolstellung als darauf abgestellt, ob eine öffentliche Versorgungsaufgabe besteht, die das Unternehmen im allgemeinen Interesse übernommen hat.[31]

2.2 Gestaltungsfreiheit

Der Grundsatz der Gestaltungsfreiheit besagt, dass die Parteien frei darin sind, was sie zum Inhalt des Vertrags bestimmen. Damit ein Vertrag und damit ein Schuldverhältnis zustande kommt, müssen sich die Parteien nur über die wesentlichen Vertragsbestandteile einigen. Diese sind bei den typisierten Verträgen des BGB vorgegeben, so z. B. beim Kaufvertrag die Parteien, der Kaufgegenstand und der Kaufpreis. Der Grundsatz der Gestaltungsfreiheit besagt aber auch, dass die Parteien nicht an die im Gesetz geregelten Vertragstypen gebunden sind. Sie können neue Verträge »erfinden«, die im BGB nicht oder noch nicht geregelt

---

31 So u. a. Brox/Walker, AS § 4 Rdnr. 10.

sind. So ist der Reisevertrag erst später in das BGB aufgenommen worden. Im Schuldrecht besteht somit Typenfreiheit, anders als im Sachenrecht. Die absoluten dinglichen Rechte wie Eigentum, Pfandrechte oder Dienstbarkeiten, die gegenüber jedermann wirken, müssen einheitlich in den gesetzlich vorgesehenen Formen begründet oder übertragen werden. Im Sachenrecht besteht daher Typenzwang.
In Ausnahmefällen sind der Gestaltungsfreiheit durch das Gesetz Grenzen gesetzt. So sind gem. § 134 Verträge, die gegen ein gesetzliches Verbot verstoßen, nichtig. Gem. § 138 sind sittenwidrige Verträge ebenfalls nichtig.[32] Auch das Schuldrecht selbst enthält, wenn auch nur wenige, Einschränkungen der Gestaltungsfreiheit. So kann sich nach § 311b Abs. 2 ein Vertragspartner nicht wirksam verpflichten, sein künftiges Vermögen einem anderen zu übertragen. Es soll sich niemand seiner Erwerbsfähigkeit und des Antriebes zu eigenem Erwerb begeben können. Nach § 311b Abs. 4 ist ein Vertrag über den Nachlass eines noch lebenden Dritten ebenfalls nichtig. Solche Verträge wertet das Gesetz als sittlich anstößig. Zum Schutz eines Vertragspartners verbietet § 276 Abs. 3, dem Schuldner die Haftung für vorsätzliche Pflichtverletzungen im Voraus zu erlassen, denn dadurch würde ihm der Vertragspartner schutzlos ausgeliefert. Daneben finden sich auch im Mietrecht und im Arbeitsrecht zwingende Bestimmungen, die die Gestaltungsfreiheit zugunsten des sozial schwächeren Vertragspartners einschränken. Schließlich enthalten die Vorschriften über die Einbeziehung Allgemeiner Geschäftsbedingungen (AGB) in einen Vertrag Einschränkungen der Gestaltungsfreiheit.[33]

2.3 Formfreiheit

Grundsätzlich können schuldrechtliche Verträge formlos geschlossen werden. Ein Formzwang besteht ausnahmsweise nur, wenn er entweder durch Parteivereinbarung oder Gesetz vorgesehen ist. Im Allgemeinen Teil[34] wurden die allgemeinen Formvorschriften und die Folgen eines Verstoßes gegen sie behandelt. Hier soll nur auf spezielle Formvorschriften des allgemeinen Schuldrechts, die natürlich auch die Vertragsfreiheit beschränken, hingewiesen werden. Die bekannteste und in der Praxis bedeutendste Formvorschrift enthält § 311b Abs. 1 S. 1, wonach ein schuldrechtlicher Vertrag, durch den sich der eine Teil verpflichtet, das Eigentum an einem Grundstück zu übertragen oder zu erwerben, der notariellen Beurkundung bedarf. Die Formvorschrift bezweckt sowohl eine Beweissicherung wie auch den Schutz vor Übereilung. Die Beweissicherung wird dadurch erreicht, dass der gesamte Kaufvertrag mit allen Nebenabreden notariell beurkundet wird. Des Schutzes vor Übereilung bedarf es dann nicht mehr, wenn die Parteien nach § 925 die Auflassung erklärt haben und die Eintragung im Grundbuch erfolgte. Ein ohne Beachtung der Formvorschrift des § 311b Abs. 1 S. 1 geschlossener Vertrag wird daher nach S. 2 dieser Vorschrift seinem ganzen Inhalt nach gültig, der Formmangel also geheilt.
Auch ein Vertrag, durch den sich der eine Teil verpflichtet, sein gegenwärtiges Vermögen oder einen Bruchteil seines gegenwärtigen Vermögens zu übertragen oder mit einem Nießbrauch zu belasten, bedarf nach § 311b Abs. 3 der notariellen Beurkundung. Auch diese Vorschrift bezweckt im Wesentlichen den Schutz vor Übereilung. Sie betrifft nur das

32 S. dazu unter A IV. 1.3 und 1.4.
33 S. dazu näher unter B III 2.4.
34 S. unter A IV 1.5.

gegenwärtige Vermögen. Ein gleicher Vertrag über das zukünftige Vermögen wäre, worauf bereits hingewiesen wurde, in jedem Fall nichtig (§ 311b Abs. 2). Eine weitere Formvorschrift enthält schließlich § 311b Abs. 5 für Verträge unter künftigen gesetzlichen Erben über ihren gesetzlichen Erb- oder Pflichtteil.

MERKE

Im Schuldrecht gilt der Grundsatz der Vertragsfreiheit. Er besagt, dass grundsätzlich jeder nach seinem Belieben darüber entscheiden kann, ob er überhaupt einen Vertrag und mit wem und mit welchem Inhalt er diesen abschließen will.
Die Abschlussfreiheit überlässt es dem Einzelnen, ob er überhaupt und mit wem er einen Vertrag schließt. In Einzelfällen kann jedoch aufgrund gesetzlicher Vorschriften oder nach allgemeinen von der Rechtsprechung entwickelten Grundsätzen ein Kontrahierungszwang bestehen. Dies gilt insbesondere für Unternehmen, die eine öffentliche Versorgungsaufgabe übernommen haben.
Der Grundsatz der Gestaltungsfreiheit besagt, dass die Parteien frei darin sind, was sie zum Inhalt des Vertrags bestimmen. Sie sind auch nicht an die im Schuldrecht geregelten Vertragstypen gebunden. In Ausnahmefällen sind der Vertragsfreiheit durch das Gesetz Grenzen gesetzt. So sind Verträge, die gegen ein gesetzliches Verbot verstoßen sowie sittenwidrige Verträge nach §§ 134 und 138 nichtig. Insbesondere enthalten auch die AGB-Vorschriften Einschränkungen der Vertragsfreiheit.
Grundsätzlich können schuldrechtliche Verträge auch formlos geschlossen werden. Ein Formzwang besteht ausnahmsweise nur, wenn er durch Gesetz oder durch Parteivereinbarung vorgesehen ist.

2.4 Gestaltungsfreiheit und Allgemeine Geschäftsbedingungen (AGB)

Die Freiheit der inhaltlichen Gestaltung eines Vertrags wird oft und in nicht geringem Ausmaß durch Allgemeine Geschäftsbedingungen (AGB) eingeschränkt. AGB sind alle für eine Vielzahl von Verträgen vorformulierten Vertragsbedingungen, die eine Vertragspartei (Verwender) der anderen Vertragspartei bei Abschluss eines Vertrags stellt (§ 305 Abs. 1 S. 1). Durch sie werden, soweit rechtlich zulässig, manche Regelungen des Gesetzes, insbesondere natürlich die nicht zwingenden Vorschriften des Schuldrechts, abgeändert, ergänzt oder ersetzt.

Die vom BGB zugrunde gelegte Ausgangslage, Verträge würden unter gleich starken Partnern ausgehandelt, sodass jede Partei auf ihren Vorteil selbst achten und deshalb im Vertrag ein Interessenausgleich ausgehandelt werden könne, war schon bei der Schaffung des BGB falsch eingeschätzt worden. Die Privatautonomie wurde vielmehr allzu häufig zum Nachteil der Kunden ausgenutzt, denn Produzenten, Händler und Geschäftsleute zwangen den Abnehmern vielfach Allgemeine Geschäftsbedingungen auf, die nur zu oft einseitig ihren Interessen dienten. Für viele wichtigen Bereiche des Wirtschaftslebens waren die Regelungen des bürgerlichen Rechts, die einen ausgewogenen Interessenausgleich der Vertragspartner vorsehen, durch die breite Verwendung Allgemeiner Geschäftsbedingungen fast bedeutungslos geworden. Die häufig gefährliche Änderung seiner Rechtsstellung

gegenüber der Regelung des BGB blieb den Kunden des AGB-Verwenders beim Abschluss des Vertrags oft verborgen, weil diese die Tragweite der sorgfältig zusammengestellten Klauselwerke, des sog. »Kleingedruckten«, nicht durchschauten bzw. mangels juristischer und wirtschaftlicher Kenntnisse nicht verstanden.
Mit dem 1977 in Kraft getretenen Gesetz zur Regelung des Rechts der Allgemeinen Geschäftsbedingungen (AGB-Gesetz) wurde das Ziel angestrebt, die aufgetretenen Missstände zu beseitigen und zu verhindern, dass Verträge abgeschlossen werden, denen von dem Vertragspartner vorgegebene und vorformulierte Vertragsbedingungen zugrunde liegen, die eine unangemessene Benachteiligung der anderen Seite enthalten. Die meisten Wirtschaftsunternehmen haben daraufhin ihre Allgemeinen Geschäftsbedingungen überarbeitet und sie dem AGB-Gesetz angepasst. Dieser Prozess dürfte inzwischen abgeschlossen sein, was nicht bedeutet, dass man nun dem »Kleingedruckten« blind vertrauen könne und alles immer rechtlich einwandfrei sei. Der materiell-rechtliche Teil des AGB-Gesetzes wurde im Zuge der Schuldrechtsreform mit Wirkung zum 01.01.2002 in das BGB integriert und ist dort nun in den §§ 305–310 enthalten. Die Anwendbarkeit dieser Bestimmungen setzt voraus, dass es um die Gestaltung eines Vertrags durch AGB geht. Im Folgenden sollen nur die wichtigsten dieser Bestimmungen erläutert werden.
§ 305 Abs. 1 S. 1 definiert die AGB als die für eine Vielzahl von Verträgen vorformulierten Vertragsbedingungen, die der Verwender der anderen Vertragspartei bei Abschluss des Vertrags stellt. Unter Vertragsbedingungen sind Bestimmungen zu verstehen, die Inhalt des Vertrags werden sollen. Vielfach hält der Verwender, wie etwa beim Mietvertrag, einen fertigen Vertragsentwurf bereit, in dem fast alles vorformuliert ist und der nur noch in wenigen Einzelpunkten zu ergänzen ist. Beim Mietvertrag wären dies die Mietparteien, die Miethöhe und die Mietzeit. In anderen Verträgen sind nur kleinere Teile oder Ergänzungen wie Gewährleistungs- und Haftungsfragen oder Lieferbedingungen vorformuliert. Jedenfalls müssen die Allgemeinen Geschäftsbedingungen, vielfach also in weiten Teilen vorformulierte Verträge, für eine Vielzahl von Vertragsschlüssen bestimmt sein[35], was nicht unbedingt bedeutet, dass sie für den Massenverkehr gedacht sind. Es spielt keine Rolle, welchen Umfang sie haben, ob sie einen äußerlich gesonderten Vertragsbestandteil bilden oder in die Vertragsurkunde oder deren Rückseite aufgenommen wurden oder ob der Verwender sie selbst oder ein Interessenverband sie aufgesetzt hat. Die AGB müssen dem Vertragspartner aber vom Verwender gestellt, d. h. einseitig auferlegt, werden. Allgemeine Geschäftsbedingungen liegen nach § 305 Abs. 1 S. 3 nicht vor, soweit die Vertragsbedingungen zwischen den Vertragspartnern im Einzelnen ausgehandelt sind.
Die Bestimmungen des BGB über die Gestaltung rechtsgeschäftlicher Schuldverhältnisse durch Allgemeine Geschäftsbedingungen enthalten im Übrigen zwei Schwerpunkte: Zum einen soll sichergestellt werden, dass die Allgemeinen Geschäftsbedingungen wie der gesamte Vertrag vom rechtsgeschäftlichen Willen der Parteien gedeckt sind, dass die AGB nicht ohne Vereinbarung Vertragsinhalt werden können. Zum anderen werden in der Generalklausel des § 307 sowie in den Katalogen der §§ 308 und 309 Maßstabsnormen für den rechtlich zulässigen Inhalt von Klauseln in den AGB festgesetzt.

[35] Ausnahme s. § 310 Abs. 3 Nr. 2.

MERKE

Allgemeine Geschäftsbedingungen (AGB) sind die für eine Vielzahl von Verträgen vorformulierten Vertragsbedingungen, die der Verwender der anderen Vertragspartei bei Abschluss des Vertrags stellt, d. h. einseitig auferlegt. AGB liegen nicht vor, soweit die Vertragsbedingungen im Einzelnen ausgehandelt wurden.

2.4.1 Einbeziehung der AGB in den Vertrag

AGB werden nach § 305 Abs. 2 nur dann Bestandteil eines Vertrags, wenn der Verwender bei Vertragsschluss die andere Vertragspartei ausdrücklich oder, wenn ein ausdrücklicher Hinweis wegen der Art des Vertragsschlusses nur unter unverhältnismäßigen Schwierigkeiten möglich ist, durch deutlich sichtbaren Aushang am Ort des Vertragsschlusses auf sie hinweist. Eine Ausnahme von dieser Anforderung macht § 310 Abs. 1 S. 1 nur bei den AGB, die gegenüber einem Unternehmer, einer juristischen Person des öffentlichen Rechts oder einem öffentlich-rechtlichen Sondervermögen verwendet werden. Der Hinweis auf die AGB kann schriftlich oder mündlich erfolgen. In der Regel ist er in dem vom Verwender vorformulierten Vertragsformular enthalten, muss aber wegen der geforderten Ausdrücklichkeit so angeordnet und gestaltet sein, dass er von einem Durchschnittskunden auch bei flüchtiger Betrachtung nicht übersehen werden kann. Nur ausnahmsweise genügt ein deutlich sichtbarer Aushang, etwa bei Verträgen des täglichen Lebens, bei denen ein ausdrücklicher Hinweis in der Praxis sehr schwierig wäre.

Beispiele wären die Benutzung öffentlicher oder auch privater Verkehrsmittel oder die Benutzung von bewachten Parkplätzen oder Parkhäusern.

Nach § 305 Abs. 2 Nr. 2 muss der Vertragspartner in zumutbarer Weise von dem Inhalt der AGB Kenntnis nehmen können. Dazu gehört auch, dass die AGB für einen Durchschnittskunden mühelos lesbar, also nicht zu klein oder zu unübersichtlich, abgefasst sind. Auch ihr Umfang sollte im richtigen Verhältnis zur Bedeutung des Geschäfts stehen. Auch eine für den Verwender erkennbare körperliche Behinderung der anderen Vertragspartei ist angemessen zu berücksichtigen. Diese im bis Ende 2001 geltenden alten AGB-Gesetz noch nicht enthaltene Regelung soll sicherstellen, dass insbesondere auch Sehbehinderte von den AGB Kenntnis nehmen können, etwa durch Übergabe in elektronischer oder akustischer Form oder in Brailleschrift.

Schließlich werden, so § 305 Abs. 2 a. E., AGB nur dann Bestandteil des Vertrags, wenn die andere Partei mit ihrer Geltung einverstanden ist. Damit wird noch einmal klargestellt, dass die Einbeziehung der AGB auf vertraglicher Grundlage erfolgt, also durch eine entsprechende Willenserklärung. Das Einverständnis kann natürlich auch schlüssig erklärt werden und wird zu bejahen sein, wenn es nach Erfüllung der unter § 305 Abs. 2 Nr. 1 und 2 genannten Erfordernisse zum Vertragsschluss kommt. Die Klarstellung, dass AGB nur mit Einverständnis des Vertragspartners und unter Beachtung der übrigen Erfordernisse des § 305 Abs. 2 zum Vertragsbestandteil werden, war erforderlich, weil die frühere Rechtsprechung entgegen der Lehre vom Rechtsgeschäft AGB schon dann zum Vertragsinhalt hatte werden lassen, wenn der Kunde vom Vorhandensein der AGB hätte wissen müssen.

MERKE

AGB werden nach § 305 nur dann Bestandteil eines Vertrags, wenn der Verwender bei Vertragsschluss die andere Vertragspartei ausdrücklich oder, wenn dies wegen der Art des Vertragsschlusses nur unter unverhältnismäßigen Schwierigkeiten möglich ist, durch deutlich sichtbaren Aushang am Ort des Vertragsschlusses auf sie hinweist und der anderen Vertragspartei die Möglichkeit verschafft, in zumutbarer Weise von ihrem Inhalt Kenntnis zu nehmen. Die andere Vertragspartei muss schließlich mit ihrer Geltung einverstanden sein. Dieses Einverständnis wird in der Regel schlüssig erklärt und zu bejahen sein, wenn es nach Erfüllung der o. g. Voraussetzungen zum Vertragsschluss kommt.

2.4.2 Inhaltskontrolle der AGB

Aus den §§ 307–309 ergibt sich, unter welchen Voraussetzungen die nach §§ 305 ff. wirksam in den Vertrag einbezogenen AGB aus inhaltlichen Gründen unwirksam sind. § 307 enthält zunächst eine Generalklausel, wonach Bestimmungen in AGB unwirksam sind, wenn sie den Vertragspartner des Verwenders entgegen den Geboten von Treu und Glauben unangemessen benachteiligen. § 307 Abs. 2 nennt zwei Fälle, in denen eine solche unangemessene Benachteiligung im Zweifel anzunehmen ist. Das ist dann der Fall, wenn eine Bestimmung in den AGB entweder mit wesentlichen Grundgedanken der gesetzlichen Regelung, von der abgewichen wird, nicht zu vereinbaren ist oder wesentliche Rechte oder Pflichten, die sich aus der Natur des Vertrags ergeben, so einschränkt, das die Erreichung des Vertragszwecks gefährdet ist.

In den AGB eines Unternehmers ist eine Bestimmung enthalten, wonach der Werklohn mit Rücksicht auf zeitaufwendige Herstellungsbemühungen auch dann zu zahlen ist, wenn die Herstellung des Werkes nicht gelingt. Ähnlich: Nach den AGB eines Maklers soll der Anspruch auf Maklerlohn auch dann entstehen, wenn die Bemühungen des Maklers ohne Erfolg blieben. Solche Bestimmungen verstoßen gegen § 307 Abs. 2 Nr. 1, weil sie mit den Grundgedanken des Werkvertragsrechts bzw. des Maklerrechts nicht vereinbar sind. Nach § 631 Abs. 1 ist die Herstellung des Werkes die Gegenleistung zur vereinbarten Vergütung und nach § 652 Abs. 1 wird ein Maklerlohn nur bei erfolgreicher Tätigkeit des Maklers fällig.
Bei Autowaschanlagen wäre ein völliger Haftungsausschluss für leichte Fahrlässigkeit nach § 307 Abs. 2 Nr. 2 ebenso unzulässig wie der Haftungsausschluss für fahrlässig mangelhafte Bewachung in den AGB eines Bewachungsunternehmens, weil damit wesentliche Pflichten, die sich aus der Natur eines Vertrags über eine Autowäsche bzw. eines Bewachungsvertrags ergeben, so eingeschränkt würden, dass die Erreichung des Vertragszwecks zumindest gefährdet ist.

Eine unangemessene Benachteiligung kann sich nach § 307 Abs. 1 S. 2 auch daraus ergeben, dass eine Bestimmung in den AGB nicht klar und verständlich ist.
Die §§ 308 und 309 enthalten einzelne Klauselverbote, § 308 mit und § 309 ohne Wertungsmöglichkeit. Das bedeutet: Die in § 309 Nr. 1–13 aufgelisteten Klauseln sind immer unwirksam. Es bedarf keiner Feststellung der Unangemessenheit oder sonstiger Abwägungen im Einzelfall, vielmehr hat der Gesetzgeber hier die gefährlichsten AGB-Klauseln zusammengefasst und ohne Einschränkung für nichtig erklärt. Solche Klauseln können nur einzeln ausgehandelt werden, wenn sie wirksam werden sollen (s. § 305 Abs. 1 S. 3). Ihre Vereinbarung durch AGB ist nicht möglich.

Müller kauft im Autohaus Marder einen Pkw. Als Lieferzeit werden drei Monate vereinbart. Bei Auslieferung verlangt Marder unter Bezugnahme auf seine AGB einen Aufpreis von 7 %. Dort heißt es nämlich: »Im Falle von Kostensteigerungen kann der Verkäufer eine entsprechende Erhöhung des Preises verlangen.« Eine solche Bestimmung ist nach § 309 Nr. 1 nichtig. Müller kann Lieferung zum alten Preis verlangen.

---

§ 308 enthält dagegen Klauselverbote mit Wertungsmöglichkeit. Das heißt, alle dort unter Nr. 1–8 aufgelisteten Klauseln enthalten unbestimmte Rechtsbegriffe wie »unangemessen lange«, »nicht hinreichend bestimmt« oder »von besonderer Bedeutung«. Deren Vorliegen muss in jedem Einzelfall unter Vornahme einer Wertung geprüft werden. Der Ausgang dieser Prüfung – notfalls durch das Gericht – entscheidet dann über Wirksamkeit oder Unwirksamkeit der beanstandeten Klausel.

Reitz kauft bei Borchert ein Fernsehgerät für 1.800 €. Er zahlt davon 600 € an und muss den Restkaufpreis in zwölf Raten zu 100 € begleichen. In den AGB des Borchert heißt es: »Befindet sich der Käufer mit seiner Zahlungsverpflichtung in Verzug, kann der Verkäufer vom Vertrag zurücktreten. In diesem Fall hat er gegen den Käufer einen Anspruch auf ein Zwölftel des Kaufpreises als Nutzungsentschädigung für jeden Monat, in dem der Käufer im Besitz des Kaufgegenstandes war.« Nachdem Reitz das Fernsehgerät sechs Monate benutzt hatte, tritt Borchert vom Vertrag zurück und verlangt eine Nutzungsentschädigung von 900 €. Eine Nutzungsentschädigung von monatlich einem Zwölftel des Kaufpreises ist bei einem Fernsehgerät, dessen Lebensdauer erheblich länger als ein Jahr ist, unangemessen hoch. Die Klausel ist daher nach § 308 Nr. 7a unwirksam.

Wie sich aus der Erörterung der §§ 307–309 ergibt, ist bei der Überprüfung der Wirksamkeit oder Unwirksamkeit einer AGB-Bestimmung immer in umgekehrter Reihenfolge vorzugehen. Zuerst ist zu untersuchen, ob die fragliche Klausel nicht nach § 309 in jedem Fall unwirksam ist. Ist das nicht der Fall, so stellt sich die Frage, ob sie unter § 308 fällt und in dem vorliegenden Einzelfall unwirksam ist. Ist auch das zu verneinen, kommt allenfalls ein Verstoß gegen die Generalbestimmung des § 307 in Frage. Insgesamt ist darauf zu achten, dass, so § 307 Abs. 3, die Absätze 1 und 2 sowie die §§ 308 und 309 nur für solche Bestimmungen in AGB gelten, durch die von Rechtsvorschriften abweichende oder diese ergänzende Regelungen vereinbart werden. Andere Bestimmungen können aber nach § 307 Abs. 1 S. 2 in Verbindung mit Abs. 1 S. 1 unwirksam sein.

Welche Rechtsfolgen sich für den Vertrag ergeben, wenn AGB entweder nicht wirksam in den Vertrag einbezogen wurden oder inhaltlich unwirksam sind, ist in § 306 geregelt. Nach § 306 Abs. 1 bleibt dann der Vertrag im Übrigen, nämlich ohne die betroffenen AGB, grundsätzlich wirksam. Soweit die AGB nicht Vertragsbestandteil geworden oder unwirksam sind, ist die so entstandene Lücke nach § 306 Abs. 2 durch Anwendung der gesetzlichen Vorschriften zu füllen. Dies bedeutet eine Abweichung von der Grundregel des § 139, wonach Teilnichtigkeit zur Gesamtnichtigkeit des Vertrags führt. Erst nach § 306 Abs. 3 ist der gesamte Vertrag unwirksam, wenn das Festhalten an ihm auch unter Berücksichtigung der nach Abs. 2 vorgesehenen Änderung eine unzumutbare Härte für eine Vertragspartei bedeuten würde. Hingewiesen sei schließlich noch insbesondere auf § 310, der den Anwendungsbereich der §§ 305 ff. für einige Sonderfälle einschränkt, für Verbraucherverträge dagegen erweitert. Wenn AGB gegenüber einem Unternehmer, einer juristischen Person des öffentlichen Rechts oder einem öffentlich-rechtlichen Sondervermögen verwendet werden, finden die §§ 305 Abs. 2 und 3 und die §§ 308 und 309 keine Anwendung. Zu berücksichtigen ist, dass der geschäftserfahrene Unternehmer nicht in gleichem Maße schutzbedürftig ist wie der Verbraucher. Dagegen findet eine eingeschränkte Inhaltskontrolle nach der Generalklausel des § 307 gem. § 310 Abs. 1 S. 2 auch hier statt, d. h. für die Inhaltskontrolle ist allein § 307 mit der Ergänzung in § 310 Abs. 1 S. 2 maßgebend. Da natürliche Personen als Verbraucher bei Vertragsverhandlungen einem Unternehmen vielfach unterlegen sind, wird der Schutz vor missbräuchlichen Klauseln für sie in § 310 Abs. 3 noch einmal erweitert.

MERKE

Aus den §§ 307–309 ergibt sich, unter welchen Voraussetzungen die nach §§ 305 ff. wirksam in den Vertrag einbezogenen AGB aus inhaltlichen Gründen unwirksam sind. Dies sollte in folgender Reihenfolge geprüft werden:

§ 309 enthält Klauselverbote ohne Wertungsmöglichkeit. Dies bedeutet, dass die dort aufgelisteten Klauseln immer unwirksam sind. Der Gesetzgeber hat hier die gefährlichsten AGB-Klauseln zusammengefasst.

§ 308 enthält dagegen Klauseln mit Wertungsmöglichkeit, d. h., alle dort aufgelisteten Klauseln enthalten unbestimmte Rechtsbegriffe, deren Vorliegen in jedem Einzelfall unter Vornahme einer Wertung geprüft werden müssen. Je nach Ausgang dieser notfalls gerichtlichen Prüfung ist die beanstandete Klausel wirksam oder unwirksam.

§ 307 enthält schließlich eine Generalklausel, wonach Bestimmungen in AGB unwirksam sind, wenn sie den Vertragspartner des Verwenders entgegen den Geboten von Treu und Glauben unangemessen benachteiligen.

Der in § 305 Abs. 1 grundsätzlich festgelegte Anwendungs- und Schutzbereich der §§ 305 ff. wird in § 310 Abs. 1, 2 und 4 eingeschränkt, in Abs. 3 bei Verbraucherverträgen noch einmal erweitert.

3 ORT DER LEISTUNG

Zum vertraglichen Inhalt der Schuldverhältnisse gehört auch der Ort der Leistung. Zur Erfüllung seiner Leistungspflicht muss der Schuldner seine Leistung auch am richtigen

Ort, dem sog. Leistungsort, erbringen. Unter dem Leistungsort ist der Ort zu verstehen, an dem der Schuldner die geschuldete Leistungshandlung vorzunehmen hat. Zu unterscheiden vom Leistungsort ist der Ort, an dem die Erfüllung eintritt, also der Erfüllungsort. Allerdings werden die Begriffe Leistungs- und Erfüllungsort im Gesetz wie in der Praxis kaum eindeutig unterschieden. Wenn in verschiedenen Vorschriften wie etwa §§ 447 oder 448 vom Erfüllungsort die Rede ist, dann ist damit in Wahrheit der Leistungsort gemeint, nämlich der Ort, an dem die Leistungshandlung vorzunehmen ist. Mit dem Leistungsort kann der Wohnort einer Partei gemeint sein, also Leistungsort i. S. v. Stadt, Gemeinde, Ortschaft. Es kann darunter aber auch die Wohnung oder das Geschäft des Schuldners oder des Gläubigers verstanden werden, wenn beide Parteien ihren Wohn- bzw. Geschäftssitz in derselben Gemeinde haben, also Leistungsort i. S. v. Platz, Stelle.

Der Leistungsort ist abhängig von der Art der Schuld. Es wird unterschieden zwischen Hol-, Bring- und Schickschuld. Bei der Holschuld muss der Schuldner die Leistung bei sich, in seiner Wohnung oder in seinem Geschäft zur Abholung durch den Gläubiger bereithalten. Bei der Bringschuld muss der Schuldner die Leistungshandlung beim Gläubiger vornehmen. Die Hinschaffung etwa des Leistungsgegenstandes zum Gläubiger gehört hier zur Leistungshandlung. Bei Hol- und Bringschuld sind Leistungs- und Erfüllungsort im Übrigen identisch Bei der Schickschuld ist der Leistungsort wiederum beim Schuldner. Dort muss er aber weitergehend tätig werden als bei der Holschuld. Er muss den Leistungsgegenstand absenden, d. h. einer sorgfältig ausgesuchten Transportperson übergeben. Der Transport selbst ist kein Bestandteil der Leistungshandlung mehr. Der Erfüllungsort stimmt hier nicht mit dem Ort der Leistungshandlung überein.

Klose aus Münster kauft im Möbelgeschäft des Vorholt in Dortmund eine kleine Kommode, die ihm durch ein Dortmunder Transportunternehmen zugesandt werden soll. Bei dieser Schickschuld ist Leistungsort Dortmund. Durch den Kaufvertrag hat sich der Verkäufer jedoch nach § 433 Abs. 1 verpflichtet, dem Käufer die Sache zu übergeben und ihm das Eigentum an der Sache zu verschaffen. Die Erfüllung dieser Vertragspflicht tritt erst mit Ankunft der Kommode bei Klose in Münster ein.

Bei der Bestimmung des Leistungsortes ist grundsätzlich von der Vereinbarung der Parteien auszugehen. Eine nicht eindeutige Parteivereinbarung ist auszulegen. Fehlt eine ausdrückliche Vereinbarung, kann sich der Leistungsort aus dem schlüssigen Verhalten der Parteien oder aus den Umständen, insbesondere aus der Natur des Schuldverhältnisses, ergeben.

Nimmt ein Landwirt von Tür zu Tür Kartoffelbestellungen entgegen, dürfte die Wohnung des jeweiligen Bestellers der Leistungsort sein, also eine Bringschuld vorliegen. Dasselbe gilt für die Lieferung des bestellten Heizöls. Dagegen sind nach Handelsbrauch und allgemeiner Verkehrssitte Warenlieferungen im allgemeinen Warenverkehr in der Regel als Schickschulden zu behandeln. Wenn die Leistungshandlung notwendig an einem bestimmten Ort erbracht werden muss, so wird mit der Vereinbarung der Leistung auch der Ort der Leistung bestimmt, d. h., der Malermeister, der Tapezierarbeiten in der Wohnung des Bestellers übernommen hat, muss seine Leistungshandlung natürlich dort vornehmen.

In seltenen Fällen bestimmt das Gesetz den Leistungsort durch spezielle Vorschriften. Diese sind wie etwa § 697 in der Regel nicht zwingend und können somit in der Parteivereinbarung abgeändert werden. Sie bestimmen den Leistungsort somit nur, wenn eine Vereinbarung darüber nicht getroffen wurde.
Wenn der Leistungsort weder durch Parteivereinbarung noch durch spezielle Gesetzesvorschrift bestimmt ist, greift die Regelung des § 269 ein. Nach Abs. 1 dieser Vorschrift ist dann die Leistungshandlung am Wohnsitz bzw. nach Abs. 2 am Geschäftssitz des Schuldners vorzunehmen. Schon hier wird zum Ausdruck gebracht, dass die Schuld im Zweifel keine Bringschuld ist. Deutlich wird dies insbesondere in § 269 Abs. 3. Selbst dem Umstand, dass der Schuldner die Kosten der Versendung übernommen hat, ist nicht ohne Weiteres zu entnehmen, dass der Ort, nach welchem die Versendung zu erfolgen hat, der Leistungsort sein soll. Im Zweifel also sogar hier keine Bring-, sondern nur eine Schickschuld.
Die Bestimmung des Leistungsortes bei der Geldschuld erfolgt im Zweifel, d. h., wenn die Parteien nichts Abweichendes vereinbart haben, nach § 270. Danach verbleibt der Leistungsort grundsätzlich beim Schuldner, denn nach § 270 Abs. 4 bleiben auch bei Geldschulden die Vorschriften über den Leistungsort (§ 269) unberührt. Jedoch hat der Schuldner nach § 270 Abs. 1 und 2 das Geld auf seine Kosten dem Gläubiger an dessen Wohn- oder Geschäftssitz zu übermitteln. Geldschulden sind daher grundsätzlich Schickschulden. § 270 Abs. 1 bestimmt außerdem, dass die Übermittlung des Geldes auf Gefahr des Schuldners geschieht. Gemeint ist hiermit nur die Verlustgefahr, nicht die Verzögerungsgefahr.[36] Der Schuldner muss also noch einmal zahlen, wenn das Geld unterwegs verloren geht. Trifft das Geld dagegen trotz rechtzeitiger Überweisung verspätet beim Gläubiger ein, hat der Schuldner dafür nicht einzustehen.

MERKE

Leistungsort ist der Ort, an dem die Leistungshandlung erbracht werden muss. Im Hinblick auf den Leistungsort wird unterschieden zwischen Hol-, Bring- und Schickschuld. Bei der Holschuld muss der Schuldner die Leistung bei sich, in seiner Wohnung oder in seinem Geschäft, zur Abholung durch den Gläubiger bereithalten. Bei der Bringschuld muss der Schuldner die Leistungshandlung beim Gläubiger vornehmen. Die Hinschaffung des Leistungsgegenstandes zum Gläubiger gehört hier zur Leistungshandlung. Bei der Schickschuld ist der Leistungsort wiederum beim Schuldner. Er muss jedoch den Leistungsgegenstand absenden, d. h. einer sorgfältig ausgesuchten Transportperson übergeben.
Die Bestimmung des Leistungsortes erfolgt grundsätzlich durch ausdrückliche Parteivereinbarung. Fehlt eine solche, kann sich der Leistungsort aus dem schlüssigen Verhalten der Parteien oder aus den Umständen, insbesondere der Natur des Schuldverhältnisses, ergeben. Selten bestimmen spezielle gesetzliche Vorschriften den Leistungsort. Ergibt sich der Leistungsort weder aus der Parteivereinbarung noch aus einer gesetzlichen Spezialvorschrift, gilt die allgemeine Regelung des § 269: Im Zweifel ist Leistungsort der Wohnsitz oder der Ort der gewerblichen Niederlassung des Schuldners.

[36] Brox/Walker AS, § 12 Rdnr. 17.

4 LEISTUNGSZEIT

Der Schuldner muss nicht nur wissen, an welchem Ort er zu leisten hat. Er muss ebenso wissen, wann er zu leisten hat, und der Gläubiger, wann er mit der Leistung rechnen kann. Zur vollständigen Bestimmung des Inhalts von Schuldverhältnissen gehören also die Festlegung des Leistungsgegenstandes, des Leistungsortes und der Leistungszeit. Unter Leistungszeit versteht man einmal den Zeitpunkt der Fälligkeit, d. h. den Zeitpunkt, in dem der Gläubiger die Leistung fordern kann, der Schuldner sie also erbringen muss. Die Leistungszeit legt aber auch den Zeitpunkt der Erfüllbarkeit fest, von dem an der Schuldner die Leistung erbringen darf und der Gläubiger sie annehmen muss.
Wie auch beim Leistungsort ist die Leistungszeit in erster Linie der Parteivereinbarung zu entnehmen. Sie kann dort ausdrücklich oder konkludent bestimmt sein und ist bei Unklarheit nach den §§ 133,157 unter Berücksichtigung der Verkehrssitte auszulegen. In einigen wenigen Fällen wird die Leistungszeit durch spezielle Gesetzesvorschriften bestimmt, etwa in § 556b die Fälligkeit der Miete. Ist dagegen weder eine vertragliche Bestimmung erfolgt noch eine gesetzliche Spezialvorschrift maßgeblich, so greift die generelle Regelung des § 271 ein. Nach § 271 Abs. 1 kann der Gläubiger die Leistung sofort verlangen, der Schuldner sie sofort bewirken. Eine Zeitbestimmung hat nach § 271 Abs. 2 im Zweifel den Sinn, dass der Gläubiger die Leistung nicht vor dieser Zeit verlangen, der Schuldner sie aber vorher bewirken kann. Wenn die Festlegung der Leistungszeit auch im Interesse des Gläubigers getroffen wurde, dann gilt die Regel des § 271 Abs. 2, dass der Schuldner auch schon vor der festgelegten Zeit leisten kann, nicht.

Müller hat im Möbelhaus Reiser eine großzügige Wohnzimmereinrichtung bestellt. Die Lieferung wird für die zweite Märzwoche zugesagt. Müller findet das sehr passend und bringt zum Ausdruck, dass er erst in der ersten Märzwoche seine neue größere Wohnung beziehe, für die die Möbel vorgesehen seien. Sollten die Möbel bereits Ende Februar zur Verfügung stehen, kann und darf das Möbelhaus nicht vor Beginn der zweiten Märzwoche liefern.

MERKE

Unter Leistungszeit versteht man einmal den Zeitpunkt, in dem der Schuldner die Leistung erbringen darf und ferner den Zeitpunkt der Fälligkeit, in welchem der Schuldner die Leistung erbringen muss.
Wie auch beim Leistungsort ist die Leistungszeit in erster Linie der Parteivereinbarung zu entnehmen. In wenigen Fällen wird die Leistungszeit durch spezielle Gesetzesvorschriften bestimmt. Wenn aber vertraglich oder gesetzlich nichts anderes bestimmt ist, so ist nach der allgemeinen Regel des § 271 die Forderung sofort fällig und erfüllbar.

5 STÜCK- UND GATTUNGSSCHULDEN

Soll der Schuldner an den Gläubiger eine Sache leisten, so können die Parteien die geschuldete Sache nach individuellen Merkmalen konkret bestimmen. Es liegt dann eine Stück- oder Speziesschuld vor.

Kauf eines bestimmten Gebrauchtwagens, eines Originalgemäldes oder eines beim Züchter ausgesuchten Rassehundes.

Im alltäglichen Wirtschaftsverkehr überwiegen jedoch die Gattungsschulden. Das Gläubigerinteresse ist vielfach nicht auf den Erwerb einer ganz bestimmten Sache gerichtet, sondern nur darauf, irgendeine Sache von bestimmter Beschaffenheit zu erhalten. Die Parteien beschränken sich dann bei Vertragsschluss auf die Vereinbarung bestimmter Merkmale, welche die zu leistende Sache haben soll.

Zwei Zentner Kartoffeln, aber auch zwei Zentner Kartoffeln der Marke »Ackersegen«; ein VW Golf; ein Fernsehgerät nach Katalog; zwölf Literflaschen Portugieser Rotwein, Jahrgang 2002.

Wie man sieht, kann der Umfang der Gattung mehr oder weniger eingegrenzt werden, je nachdem, wie viele Merkmale festgelegt wurden. Eine Gattungsschuld besteht auch dann, wenn die geschuldete Sache nach der Parteivereinbarung aus einer bestimmten Menge, aus dem Teil einer Gattung oder einem bestimmten Vorrat entnommen werden soll und damit die Sachgruppe, aus der zu leisten ist, noch weiter eingeschränkt wird. Man spricht dann von einer beschränkten Gattungsschuld oder Vorratsschuld.

Bestellung eines jungen Hundes aus dem letzten Rassehundewurf eines Züchters; Bestellung von 20 l Rotwein einer bestimmten Lage aus der diesjährigen Ernte.

Ob eine Gattungs- oder Stückschuld vorliegt, hängt von der Vereinbarung der Parteien ab. So kann der Kauf eines Weihnachtsbaums oder eines Alpenveilchens ein Gattungskauf sein, wenn man eine Bestellung nach bestimmten Merkmalen (Nordmann-Tanne, ca. 1,80 m groß, oder bestimmte Blütenfarbe beim Alpenveilchen) vornimmt. Sucht man sich jedoch einen ganz bestimmten Baum oder ein bestimmtes Alpenveilchen aus, wurde ein Stückkauf getätigt. Ist der Gegenstand der Leistungspflicht eine vertretbare Sache, dürfte es sich regelmäßig um eine Gattungsschuld handeln. Vertretbare Sachen sind nach § 91 bewegliche Sachen, die im Verkehr nach Zahl, Maß oder Gewicht bestimmt zu werden pflegen. Jedoch muss sich das Begriffspaar »vertretbare Sachen« und »Gattungsschuld« nicht immer decken.

Kauf einer Parzelle am See = Gattungsschuld, obwohl unvertretbare (weil nicht bewegliche) Sache. Bestellung eines der Aquarelle eines bestimmten Künstlers = Gattungsschuld, obwohl die Originale des Künstlers unvertretbare Sachen sind. Umgekehrt kann eine vertretbare Sache Gegenstand einer Stückschuld sein. So der bei der Besichtigung ausgewählte Neuwagen oder ein am Marktstand ausgesuchter bestimmter Apfel.

Die Unterscheidung zwischen Stück- und Gattungsschuld ist von nicht geringer rechtlicher Bedeutung. So heißt es in § 243 Abs. 1 zunächst allgemein: »Wer eine nur der Gattung nach bestimmte Sache schuldet, hat eine Sache von mittlerer Art und Güte zu leisten.« Der Schuldner einer Gattungsschuld ist also nicht verpflichtet, bestimmte Stücke aus der Gattung zu liefern. Er kann vielmehr die zu leistenden Sachen auswählen. Der Schuldner braucht also nicht das Beste, darf aber auch nicht das Schlechteste leisten.

Sobald der Schuldner einer Gattungsschuld das zur Leistung seinerseits Erforderliche getan hat, beschränkt sich nach § 243 Abs. 2 das Schuldverhältnis auf diese Sache. Es tritt Konkretisierung ein, die Gattungsschuld wird zur Stückschuld. Der Schuldner schuldet nun nicht mehr irgendeine Sache mittlerer Art und Güte, sondern nur noch eine ganz bestimmte, spezielle Sache. Dies ist von großer Bedeutung. Während der Schuldner einer Gattungsschuld von seiner Verpflichtung zur Leistung nach § 275 erst dann frei wird, wenn die ganze Gattung bzw. bei der Vorratsschuld der gesamte Vorrat nicht mehr existiert, weil erst dann tatsächliche Unmöglichkeit eingetreten ist, sieht das bei der Stückschuld und somit auch bei der zur Stückschuld konkretisierten Gattungsschuld anders aus. Bei der Stückschuld wird der Schuldner nach § 275 von seiner Leistungspflicht frei, wenn das konkrete Stück vernichtet wurde, denn etwas Unmögliches kann nicht vom Schuldner erwartet werden. Das Gleiche gilt nach Konkretisierung der Gattungs- zur Stückschuld.

Müller hat einen serienmäßig hergestellten Schrank im Möbelhaus Reiser gekauft. Der Schrank soll am Montag gegen 14.00 Uhr geliefert werden. Zum vereinbarten Termin ist Müller jedoch nicht zu Hause. Nachdem die Mitarbeiter des Möbelhauses bis 14.30 Uhr vergeblich gewartet haben, kehren sie zurück. Auf dem Rückweg kommt es zu einem Verkehrsunfall, bei dem der Schrank vernichtet wird. Da nach dem vergeblichen Anlieferungsversuch aus der ursprünglichen Gattungs- eine Stückschuld wurde, ist das Möbelhaus Reiser von seiner Leistungspflicht frei geworden, denn dieses ab Konkretisierung geschuldete spezielle Stück kann niemand mehr liefern.

Es liegt natürlich auch im Interesse des Schuldners, von seiner Verantwortlichkeit frei zu werden, wenn er das zur Leistung seinerseits Erforderliche getan hat. Eine Konkretisierung nach § 243 Abs. 2 tritt nur ein, wenn der Schuldner den Leistungsgegenstand aus der Gattung ausgesondert hat und der ausgesonderte Leistungsgegenstand von mittlerer Art und Güte ist. Des Weiteren kommt es auf die Schuldart an. Bei der Holschuld muss der Schuldner die Sache für den Gläubiger bereitstellen und ihn ggf. davon benachrichtigen. Bei der Schickschuld tritt Konkretisierung ein, wenn der Schuldner die ausgesonderte Ware am Leistungsort der Transportperson übergeben hat. Die Leistungsgefahr während des Transports trägt also der Gläubiger. Bei der Bringschuld muss ein tatsächliches Angebot der Leistung beim Gläubiger erfolgen.

MERKE

Soll der Schuldner an den Gläubiger eine Sache leisten, so können die Parteien diese Sache nach individuellen Merkmalen konkret bestimmen. Es liegt dann eine Stück- oder Speziesschuld vor. Eine Gattungsschuld liegt vor, wenn der Schuldner die zu leistende Sache aus einer Sachgruppe (= Gattung) auszusuchen hat, welche die vereinbarten Merkmale aufweist. Ist der Leistungsgegenstand eine vertretbare Sache (§ 91), ist in der Regel von einer Gattungsschuld auszugehen.
Der Schuldner muss nach § 243 Abs. 1 aus der Gattung eine Sache von mittlerer Art und Güte leisten. Hat der Schuldner das zur Leistung einer solchen Sache seinerseits Erforderliche getan, so beschränkt sich nach § 243 Abs. 2 das Schuldverhältnis auf diese Sache, d. h., die Gattungsschuld konkretisiert sich zur Stückschuld. Der Schuldner hat

das seinerseits Erforderliche getan und es tritt Konkretisierung ein, wenn er einen Leistungsgegenstand mittlerer Art und Güte ausgesondert und seine Leistungshandlung abgeschlossen hat. Letzteres erfordert bei der Holschuld Bereitstellen zur Abholung, bei der Schickschuld die Übergabe an eine Transportperson und bei der Bringschuld ein tatsächliches Angebot beim Gläubiger.

IV Beendigung von Schuldverhältnissen

Bei der Beendigung von Schuldverhältnissen ist zu unterscheiden, ob das Schuldverhältnis als Ganzes, also mit allen Rechten und Pflichten, oder ob nur eine einzelne Pflicht erlischt. Hat der Verkäufer einwandfreie Ware geliefert, dann ist durch Erfüllung seine Verpflichtung nach § 433 Abs. 1 erloschen; die Zahlungspflicht des Käufers bleibt jedoch weiter bestehen. Erlöschensgrund für das gesamte Schuldverhältnis ist dagegen z. B. die Kündigung. Besonderheiten ergeben sich wiederum beim Rücktritt, wo zwar einzelne Rechte und Pflichten, aber nicht ohne Weiteres alle Rechtsbeziehungen zwischen den Parteien erlöschen.

1 ERFÜLLUNG

Das Schuldverhältnis ist darauf angelegt, dem Gläubiger bestimmte Leistungen des Schuldners zu verschaffen. Sind diese Leistungen erbracht, hat das Schuldverhältnis seinen Zweck erfüllt. Damit können die rechtlichen Bindungen zwischen Schuldner und Gläubiger beendet sein. Dementsprechend stellt § 362 Abs. 1 fest, dass das Schuldverhältnis erlischt, wenn die geschuldete Leistung an den Gläubiger bewirkt wird (Erfüllung). Schuldverhältnis i. S. d. § 362 ist das Schuldverhältnis im engeren Sinne, d. h. die einzelne Forderung. Erfüllt der Verkäufer seine Leistungspflicht nach § 433 Abs. 1, so erlischt nach § 362 die entsprechende Forderung des Käufers. Der Anspruch des Verkäufers aus § 433 Abs. 2 bleibt bestehen und erlischt erst mit der Zahlung des Kaufpreises. Sind die beiden sich gegenüberstehenden Forderungen nach § 362 erloschen, so besteht natürlich auch der Kaufvertrag als das Schuldverhältnis im weiteren Sinne nicht mehr.

2 LEISTUNG AN ERFÜLLUNGS STATT

Es kann vorkommen, dass ein Schuldner seine Verbindlichkeit nicht in der vereinbarten Art und Weise erfüllen kann oder will. Hier wird er versuchen, zur Tilgung seiner Schuld dem Gläubiger eine andere Leistung anzubieten. Im Zweifel geschieht diese Ersatzleistung nur erfüllungshalber, wie § 364 Abs. 2 dies für einen Sonderfall annimmt. Dies bedeutet, dass das Schuldverhältnis nicht schon dann erlischt, wenn die Ersatzleistung erbracht wird, sondern erst dann, wenn sich der Gläubiger aus der Ersatzleistung für seine ursprüngliche Forderung befriedigen konnte.

Südfeld ist nicht in der Lage, dem Gonser das fällige Darlehn von 5.000 € zurückzuzahlen und bietet ihm dafür ein wertvolles altes Schmuckstück aus dem Familienbesitz an. Gonser nimmt es mit der Bemerkung entgegen, es dürfte wohl Interessenten dafür geben und er wolle versuchen, es an den Mann zu bringen. Wenn dies dem Gonser nicht oder jedenfalls nicht für 5.000 € gelingt, muss Südfeld den Schmuck zurücknehmen und schuldet weiterhin 5.000 €. Im Zweifel, d. h., wenn es zum Streit darüber kommt, ist nämlich nicht anzunehmen, dass Gonser den Schmuck an Erfüllungs statt angenommen hatte und damit das Schuldverhältnis erloschen war.

Nimmt der Gläubiger dagegen die Ersatzleistung als vollwertige Erfüllung, also an Erfüllungs statt an, so erlischt die Schuld sofort. Ein solcher Fall kann aber nur bei besonderer Vereinbarung der Parteien, die klare Anhaltspunkte dafür enthält, angenommen werden.

Im obigen Beispiel nimmt Gonser hoch erfreut das Schmuckstück mit der Bemerkung entgegen, so etwas suche er schon lange und er werde es seiner Frau zum Hochzeitstag schenken. Hier spricht alles für Annahme an Erfüllungs statt.

3 HINTERLEGUNG

Geld, Wertpapiere und sonstige Urkunden sowie Kostbarkeiten kann der Schuldner bei einer dazu bestimmten öffentlichen Stelle für den Gläubiger hinterlegen, wenn der Gläubiger im Verzug der Annahme ist (§ 372 S. 1). Das Gleiche gilt, wenn der Schuldner aus einem anderen in der Person des Gläubigers liegenden Grund oder infolge einer nicht auf Fahrlässigkeit beruhenden Ungewissheit über die Person des Gläubigers seine Verbindlichkeit nicht oder nicht mit Sicherheit erfüllen kann (§ 372 S. 2). Liegen diese Voraussetzungen, also ein Hinterlegungsgrund und eine hinterlegungsfähige Sache vor, so wird, wenn die Rücknahme der hinterlegten Sache ausgeschlossen ist, der Schuldner nach § 378 durch die Hinterlegung von seiner Verbindlichkeit in gleicher Weise befreit, wie wenn er zur Zeit der Hinterlegung an den Gläubiger geleistet hätte. Ist die Rücknahme der hinterlegten Sache nicht ausgeschlossen, richtet sich die Wirkung der Hinterlegung nach § 379. Nach § 376 hat der Schuldner grundsätzlich das Recht, die hinterlegte Sache zurückzunehmen. § 376 Abs. 2 nennt die Fälle, in denen die Rücknahme ausgeschlossen ist.

4 ERLASS

Die Partner eines Schuldverhältnisses können dessen Beendigung vereinbaren, ohne dass die geschuldeten Leistungen erbracht wurden. Dies ist einmal dadurch möglich, dass der Gläubiger gegenüber dem Schuldner auf seine Forderung verzichtet. § 397 fordert für diesen Verzicht aber einen Vertrag zwischen Gläubiger und Schuldner, einen sog. Erlassvertrag, denn niemandem soll eine Wohltat aufgezwungen werden. Der Erlassvertrag ist ein Verfügungsgeschäft. Wollen die Parteien das gesamte Schuldverhältnis im weiteren Sinne aufheben, muss ein Aufhebungsvertrag geschlossen werden. An einen Aufhebungsvertrag wäre bei bestimmten Dauerschuldverhältnissen zu denken, wenn beide Seiten kein Interesse mehr an der Fortsetzung des Vertrags haben.

Trainer Mosbacher kommt mit seinen Trainingsmethoden nicht mehr bei der Mannschaft an. Diese ist vom Abstieg in die Oberliga bedroht. Der Vereinsvorstand möchte sich daher von dem noch für zwei Jahre fest angestellten Trainer vorzeitig trennen. In beiderseitigem Einvernehmen schließen Vorstand und Trainer einen Aufhebungsvertrag, wonach das Arbeitsverhältnis des Trainers gegen Zahlung einer Abfindung vorzeitig erlischt.

5 AUFRECHNUNG

Wenn sich gleichwertige Forderungen gegenüberstehen, ist ein Austausch der geschuldeten Leistungen oft unwirtschaftlich.

Bauhaus hat Lanfermann eine Einbauküche verkauft, die dieser bis auf eine Restsumme von 1.500 € bezahlt hat. Für Installationsarbeiten bei Bauhaus stellt Lanfermann dem Bauhaus 1.500 € in Rechnung.

Es wäre sinnloser Aufwand, sich im o. a. Beispiel das Geld gegenseitig zu überweisen. Das Gesetz schafft hier in den §§ 387 ff. Erleichterung mit der Möglichkeit, dass jeder Teil seine Forderung gegen die Forderung des anderen Teils aufrechnen kann. Ein weiterer Zweck neben der Tilgungserleichterung ist die Sicherungsfunktion. Wenn Bauhaus im obigen Beispiel die Handwerkerrechnung des Lanfermann nicht bezahlt, weil er zahlungsunwillig oder -unfähig ist, kann sich dieser Befriedigung dadurch verschaffen, dass er seine Forderung gegen die des Bauhaus aufrechnet.
Eine Aufrechnung ist nur bei sog. Aufrechnungslage möglich. Dazu sind nach den §§ 387 ff. folgende Voraussetzungen erforderlich:

- Gegenseitigkeit der Forderungen: Die Forderungen müssen zwischen denselben Personen bestehen, d. h., jeder der Beteiligten muss zugleich Gläubiger und Schuldner sein. Eine Ausnahme gilt nur für den Fall des § 406.
- Gleichartigkeit der Forderungen: Die beiden Forderungen müssen ihrem Gegenstand nach gleichartig sein. Damit kommen für die Aufrechnung nur Gattungsschulden in Betracht, in der Praxis fast nur Geldschulden. Gleichartigkeit der Forderungen bedeutet nicht, dass sie gleich hoch sein müssen.
- Fälligkeit der Aktivforderung: Meist wird die Forderung des Aufrechnungsgegners, gegen die der andere aufrechnet, als Passivforderung oder auch Hauptforderung und die Forderung, mit der dieser aufrechnet, als Aktivforderung oder Gegenforderung bezeichnet. Die Aktiv- oder Gegenforderung muss fällig sein. Könnte der Gläubiger einer noch nicht fälligen Forderung aufrechnen, so würde damit seine Forderung schon zu einer Zeit erfüllt, zu der sie noch nicht erfüllt zu werden braucht.

Arnold schuldet Bertram 3.000 € aus einem Gebrauchtwagenkauf. Bertram hat sich von Arnold 3.000 € zinslos für zwei Jahre geliehen. Arnold kann vor Ablauf der zwei Jahre nicht mit der Forderung aus dem Darlehensvertrag gegen die Forderung aus dem Kaufvertrag aufrechnen.

- Einredefreiheit der Aktivforderung: Die Aktiv- oder Gegenforderung muss auch durchsetzbar, insbesondere also einredefrei, sein (§ 390).

Arnold hat gegen Bertram eine Forderung über 1.000 €, die seit dem 01.01.2003 verjährt ist. Bertram hat gegen Arnold ebenfalls eine Forderung aus Kaufvertrag über 1.200 €, die er nun geltend macht. Arnold kann nicht dem Bertram nun 200 € überweisen und im Übrigen mit seiner Aktivforderung gegen die Forderung des Bertram aufrechnen, da dem Bertram dann die Möglichkeit genommen wäre, sich auf die Einrede der Verjährung zu berufen.

- Kein Ausschluss der Aufrechnung: Die Aufrechnung kann durch Vertrag oder durch Gesetz ausgeschlossen sein. So ist in Mustermietverträgen die Aufrechnung gegenüber der Miete, sofern es sich nicht um Mietminderungsansprüche nach § 536 oder um Schadensersatzansprüche nach § 536a handelt, vielfach ausgeschlossen. Das Gesetz schließt die Aufrechnung nach § 393 und § 394 aus.

Da Arnold Geld, das er seinem Nachbarn Bertram geliehen hat, trotz intensiver Mahnung nicht zurückerhält, wirft er nachts bei Bertram zwei große Fensterscheiben ein. Als Bertram daraufhin von Arnold Schadensersatz verlangt, will dieser gegen die Forderung aus unerlaubter Handlung (§ 823) mit seiner Darlehensforderung aufrechnen. Dies ist nach § 393 nicht möglich. Diese Vorschrift will nämlich eine sanktionslose Privatrache verhindern und soll zugleich dazu beitragen, dass der durch eine vorsätzliche unerlaubte Handlung Geschädigte in angemessener Frist ohne Erörterung von Gegenansprüchen des Schädigers zu seinem Recht kommt.

Nach § 394 kann gegen eine unpfändbare Forderung nicht aufgerechnet werden. Welche Forderungen unpfändbar sind, ergibt sich aus §§ 850 ff. ZPO. Sinn solcher Pfändungsverbote etwa von Lohn- oder Unterhaltsforderungen ist es, dem Gläubiger solcher Forderungen das Existenzminimum zu erhalten und ihn nicht zum Fall für die Sozialhilfe werden zu lassen. Deshalb ist auch die Aufrechnung gegen eine solche Forderung nicht statthaft.
Nicht gesetzlich geregelt ist der Aufrechnungsvertrag, in dem die Aufrechnung nicht gegenseitig erklärt, sondern aufgrund einer Vereinbarung im Einverständnis mit der anderen Partei vorgenommen wird. Eine spezielle Form des Aufrechnungsvertrags ist die laufende Rechnung oder das Kontokorrent (§ 355 HGB). Ein Kontokorrent liegt vor, wenn in der Geschäftsverbindung zwischen einem Kaufmann und einem anderen oder seinem Kunden kein Vertragspartner vom anderen die gesonderte Erfüllung eines Geldanspruchs verlangen kann. Die beiderseitigen Leistungen sollen vielmehr in Rechnung gestellt und durch Verrechnung auf eine Überschussforderung, auch Saldoforderung genannt, reduziert werden. Der häufigste Fall des Kontokorrent ist die Kontokorrentabrede in Verbindung mit dem Bankvertrag zwischen Bank und Kunden.

MERKE

Ein Schuldverhältnis kann auch durch Aufrechnung beendet werden. Voraussetzung ist zunächst, dass sich gegenseitige wie ihrem Gegenstand nach gleichartige Forderungen gegenüberstehen. In der Praxis kommen hier fast nur Geldschulden in Betracht.

Meist wird die Forderung des Aufrechnungsgegners, gegen die der andere aufrechnet, Passivforderung und die Forderung, mit der dieser aufrechnet, Aktivforderung genannt. Die Aktivforderung muss fällig sein, da sonst diese Forderung des Aufrechnenden schon zu einer Zeit erfüllt würde, zu der sie noch nicht erfüllt zu werden braucht. Die Aktivforderung muss auch durchsetzbar, insbesondere also einredefrei, sein. Schließlich darf die Aufrechnung nicht durch Vertrag oder durch Gesetz ausgeschlossen sein.

6 RÜCKTRITT UND KÜNDIGUNG

Auch durch Rücktritt und Kündigung können Schuldverhältnisse beendet werden.

6.1 Rücktritt

Der Rücktritt zielt darauf ab, das Schuldverhältnis als Ganzes wieder aufzuheben und die möglicherweise bereits erbrachten Leistungen wieder rückgängig zu machen. Er wird einseitig durch empfangsbedürftige Willenserklärung gegenüber dem anderen Vertragsteil vollzogen. Man kann sich allerdings nicht beliebig von einmal eingegangenen vertraglichen Bindungen wieder lossagen. Der Rücktritt ist daher nur wirksam, wenn ein besonderes Rücktrittsrecht vorhanden ist, das sich entweder aus einer im Voraus getroffenen Vereinbarung mit dem anderen Teil oder aus einem gesetzlichen Rücktrittsgrund ergibt.

Kluge schließt mit dem Bauunternehmer Verholz einen Kaufvertrag über den Erwerb einer Eigentumswohnung ab. Baubeginn soll, wenn sich bis dahin genügend weitere Interessenten für die Eigentumswohnungsanlage finden, der 1. März des folgenden Jahres sein. Im Vertrag räumen sich beide Seiten ein Rücktrittsrecht für den Fall ein, dass sich der Baubeginn um mehr als drei Monate verzögert.

In diesem Fall ist der Kaufvertrag als solcher fest abgeschlossen. Ist der Baubeginn bis zum 01.06. des folgenden Jahres nicht erfolgt, kann jede Seite vom Vertrag zurücktreten, wenn sie an der Fortsetzung des Schuldverhältnisses nicht mehr interessiert ist. Man hätte den Vertrag natürlich auch unter einer auflösenden Bedingung abschließen können. Dann würde der Vertrag am 01.06. des kommenden Jahres automatisch hinfällig werden, falls bis dahin der Baubeginn nicht erfolgt. Die Vereinbarung eines Rücktrittsrechts ist insofern vorzuziehen, als beide Parteien sich bei Verzögerung des Baubeginns über den genannten Termin hinaus noch frei entscheiden können, den Vertrag gleichwohl weiterzuführen.
Von großer Bedeutung sind die gesetzlichen Rücktrittsrechte. Sie sind im BGB insbesondere für solche Fälle vorgesehen, in denen es bei der Abwicklung eines Schuldverhältnisses zu Leistungsstörungen kommt, die vom Schuldner zu erbringende Leistung etwa unmöglich wird oder sich verzögert.
Die Rechtsfolge des Rücktritts besteht darin, dass die primären Leistungspflichten entfallen. Sind schon einzelne Leistungen erbracht worden, so sind sie zurückzugewähren. Der Rücktritt bringt daher vielfach nicht ohne Weiteres das Schuldverhältnis insgesamt zum Erlöschen, sondern verwandelt es für die Zukunft in ein sog. Rückgewährschuldverhältnis, dessen Einzelheiten in den §§ 346 ff. geregelt sind.

6.2 Kündigung

Die Kündigung führt zur Beendigung von Dauerschuldverhältnissen wie Miete, Pacht oder Dienstvertrag, also solchen Schuldverhältnissen, deren Abwicklung sich nicht in einer einmaligen Leistung erschöpft, sondern einen mehr oder minder langen Zeitraum ausfüllt. Anders als der Rücktritt beendigt die Kündigung, die ebenfalls einseitig durch empfangsbedürftige Willenserklärung vollzogen wird, das Schuldverhältnis nur für die Zukunft. Der Teil des Schuldverhältnisses, der vor dem Kündigungstermin liegt, und die während dieser Zeit erbrachten Leistungen bleiben von der Kündigung unberührt.
Die »ordentliche Kündigung« kann entweder gesetzlich vorgesehen oder vertraglich vereinbart sein. Aus dem Gesetz oder aus der Vereinbarung ergeben sich dann die Voraussetzungen für die Kündigung, insbesondere, ob die Kündigung einer Form bedarf und welche Kündigungsfristen zu beachten sind. Die »außerordentliche Kündigung« ist entweder aufgrund von Spezialvorschriften für das jeweilige Rechtsverhältnis oder unter den Voraussetzungen des § 314 möglich. Sie kann nicht durch Parteivereinbarung ausgeschlossen werden.

MERKE

Auch Rücktritt und Kündigung beendigen ein Schuldverhältnis. Der Rücktritt zielt darauf ab, das Schuldverhältnis als Ganzes wieder aufzuheben und die möglicherweise bereits erbrachten Leistungen wieder rückgängig zu machen. Der Rücktritt wird durch empfangsbedürftige Willenserklärung gegenüber dem anderen Vertragsteil vollzogen. Erforderlich ist jedoch ein Rücktrittsrecht, das sich entweder aus einer entsprechenden Vereinbarung mit dem anderen Vertragsteil oder aus einem gesetzlichen Rücktrittsgrund ergeben kann.
Die Rechtsfolge des Rücktritts besteht darin, dass die einzelnen Rechte und Pflichten aus dem Schuldverhältnis entfallen. Dieses verwandelt sich aber in ein sog. Rückgewährschuldverhältnis nach den §§ 346 ff., falls schon einzelne Leistungen erbracht wurden.
Die Kündigung führt zur Beendigung von Dauerschuldverhältnissen, also solchen Schuldverhältnissen, deren Abwicklung sich nicht in einer einmaligen Leistung erschöpft, sondern einen mehr oder minder langen Zeitraum ausfüllt. Anders als der Rücktritt beendet die Kündigung das Schuldverhältnis nur für die Zukunft. Der vorhergehende Teil und die während dieser Zeit erbrachten Leistungen bleiben unberührt.

V Verbraucherschutz und Widerrufsrecht des Verbrauchers

Zum Verbraucherschutz im weitesten Sinne zählen alle rechtlichen Vorschriften, die den dem Unternehmer (§ 14) im Wirtschafts- und Rechtsverkehr vielfach unterlegenen Verbraucher (§ 13) vor Benachteiligungen schützen und die seine Rechtsstellung stärken sollen. Dazu zählen zivilrechtliche wie öffentlich-rechtliche Vorschriften. Auch in das BGB wurden im Zuge der Reform des Schuldrechts zahlreiche Bestimmungen zum Schutz des Verbrauchers aufgenommen, die z. T. schon in besonderen Gesetzen außerhalb des BGB bestanden. Soweit der Verbraucherschutz alle oder zumindest mehrere Vertragstypen Def.

betrifft, ist er im allgemeinen Schuldrecht geregelt. Dazu zählen § 310 Abs. 3, der den Anwendungsbereich der AGB-Kontrollvorschriften zum Schutz des Verbrauchers erweitert sowie insbesondere die §§ 312 ff., die im Folgenden erläutert werden sollen. Sie enthalten verbraucherschützende Regeln für spezielle Vertriebsformen, bei denen der Verbraucher wegen der besonderen Art des Zustandekommens eines Vertrags in erhöhtem Maße schutzbedürftig ist. Soweit sich der Verbraucherschutz auf einzelne Vertragstypen bezieht, ist er im besonderen Schuldrecht geregelt. Zu nennen sind insbesondere die Bestimmungen zum Verbrauchsgüterkauf (§§ 474 ff.), zum Teilzeit-Wohnrechtevertrag (§§ 481 ff.) oder zum Verbraucherdarlehensvertrag (§§ 491 ff.).

1 ANWENDUNGSBEREICH

In § 312 Abs. 1 ist der Anwendungsbereich der Verbraucherschutzgesetze geregelt. Danach sind sie nur auf Verbraucherverträge i. S. d. § 310 Abs. 3 anwendbar, die eine entgeltliche Leistung des Unternehmers zum Gegenstand haben. § 312 Abs. 2 sieht für eine Reihe von Verträgen lediglich die Anwendung des § 312a Abs. 1, 3, 4, und 6 vor. § 312a regelt die Offenlegungspflicht des Unternehmers über seine Identität und den geschäftlichen Zweck, wenn er den Verbraucher anruft, um mit diesem einen Vertrag zu schließen.

2 AUSSERHALB VON GESCHÄFTSRÄUMEN GESCHLOSSENE VERTRÄGE

§ 312b legt fest, wann Verträge außerhalb von Geschäftsräumen geschlossene Verträge sind. Hierzu zählen nach

- Nr. 1 Verträge, die bei gleichzeitiger körperlicher Anwesenheit des Verbrauchers und des Unternehmers an einem anderen Ort als dem Geschäftsraum des Unternehmers abgeschlossen werden,
- Nr. 2 Verträge, für die der Verbraucher unter den in Nr. 1 genannten Umständen ein Angebot abgegeben hat,
- Nr. 3 Verträge, wenn der Verbraucher zunächst außerhalb der Geschäftsräume des Unternehmers angesprochen wurde, der Vertragsschluss dann aber in den Geschäftsräumen des Unternehmers oder durch Fernkommunikationsmittel erfolgt,
- Nr. 4 Verträge, die anlässlich eines vom Unternehmer oder mit seiner Hilfe organisierten Ausflugs geschlossen wurden, um für den Verkauf von Waren oder die Erbringung von Dienstleistungen zu werben und mit ihm entsprechende Verträge abzuschließen.

3 FERNABSATZVERTRÄGE

Unter Fernabsatzverträge fallen nach § 312c Abs. 1 alle Verträge, die zwischen einem Unternehmer und einem Verbraucher unter ausschließlicher Verwendung von Fernkommunikationsmitteln im Rahmen eines für den Fernabsatz organisierten Vertriebs- oder

Dienstleistungssystems abgeschlossen werden. Fernkommunikationsmittel sind nach § 312c Abs. 2 Kommunikationsmittel, die zur Anbahnung oder zum Abschluss eines Vertrags zwischen einem Verbraucher und einem Unternehmer ohne gleichzeitige körperliche Anwesenheit der Vertragsparteien eingesetzt werden können, insbesondere Briefe, Kataloge, Telefonanrufe, Telekopien, E-Mails, SMS sowie Rundfunk und Telemedien. Aus dieser Aufzählung wird einmal deutlich, dass nicht nur Verträge des E-Commerce, sondern auch klassische Fernabsatzgeschäfte wie der Versandhandel erfasst werden. Auch wird der Zweck des Verbraucherschutzes für diesen Bereich deutlich: Fernabsatzverträge sind für den Verbraucher besonders gefahrenträchtig. Seine Schutzbedürftigkeit ergibt sich aus der »Unsichtbarkeit des Vertragspartners und des Produkts«[37]. Der Verbraucher hat also insbesondere keine Möglichkeit, die Ware vor Vertragsschluss zu sehen und zu prüfen. Dem Unternehmer sind daher nach § 312d eine Reihe von Informationspflichten vor Vertragsschluss auferlegt worden. Auch kann er nach § 312e Fracht-, Liefer- oder Versandkosten und sonstige Kosten nur verlangen, wenn er den Verbraucher entsprechend informiert hat. Kommt er seinen Informationspflichten nicht nach, haftet er möglicherweise nach §§ 311 Abs. 2, 280 Abs. 1 auf Schadensersatz wegen Verletzung vorvertraglicher Pflichten.
Darüber hinaus ist der Unternehmer nach § 321f verpflichtet, bei Geschäften außerhalb von Geschäftsräumen dem Verbraucher eine Abschrift eines Vertragsdokuments oder eine Bestätigung des Vertrags in Papier zur Verfügung zu stellen. Mit Zustimmung des Verbrauchers kann für die Abschrift oder die Bestätigung des Vertrags auch ein anderer dauerhafter Datenträger verwendet werden.
Auch steht dem Verbraucher nach § 312g unter den dort genannten Voraussetzungen und mit den Ausnahmen des § 312g Abs. 2 und 3 ein Widerrufsrecht nach § 355 zu.
Schließlich enthält § 312h Bestimmungen über die Begründung eines Dauerschuldverhältnisses, wenn ein bereits bestehendes Dauerschuldverhältnis zwischen einem Verbraucher und einem anderen Unternehmer ersetzt werden soll.

4 KUNDENSCHUTZ IM ELEKTRONISCHEN GESCHÄFTSVERKEHR

Ein Geschäft im elektronischen Geschäftsverkehr liegt vor, wenn ein Unternehmer mit einem Kunden einen Vertrag über die Lieferung von Waren oder über die Erbringung von Dienstleistungen abschließt und er sich dabei der Telemedien bedient. Hier besteht die Gefahr von Eingabefehlern und das Bedürfnis des Kunden, vor Abgabe einer endgültigen Bestellung noch Berichtigungen vornehmen zu können. Deshalb muss der Unternehmer dem Kunden nach § 312i Abs. 1 S. 1 Nr. 1 angemessene, wirksame und zugängliche technische Mittel zur Verfügung stellen, mit deren Hilfe der Kunde Eingabefehler vor Abgabe seiner Bestellung erkennen und berichtigen kann. Er hat ferner dem Kunden rechtzeitig vor Abgabe seiner Bestellung bestimmte Informationen, die in Art. 246c des EGBGB festgelegt sind, klar und verständlich mitzuteilen, so § 312i Abs. 1 S. 1 Nr. 2. Schließlich hat er nach Nr. 3 dieser Vorschrift den Zugang der

[37] So Palandt-Grüneberg, § 312c Rdnr. 3.

Bestellung unverzüglich auf elektronischem Wege zu bestätigen und nach Nr. 4 dem Kunden die Möglichkeit zu verschaffen, die Vertragsbestimmungen einschließlich der Allgemeinen Geschäftsbedingungen bei Vertragsschluss abzurufen und in wiedergabefähiger Form zu speichern.
Neben diesen allgemeinen Pflichten des Unternehmers im elektronischen Geschäftsverkehr führt § 312j weitere besondere Pflichten auf, wenn es sich beim Vertragspartner um einen Verbraucher (§ 13) handelt. Hierdurch soll der Verbraucher davor geschützt werden, dass er Bestellungen versendet, die er gar nicht tätigen wollte.
Verstößt der Unternehmer gegen die ihm nach § 312i aufgegebenen Pflichten, so ist der Vertrag deshalb nicht unwirksam. Die Pflichtverletzung kann aber für den Kunden einen Schadensersatzanspruch aus § 311 Abs. 2 i. V. m. § 280 Abs. 1 begründen, wenn sie für den Abschluss oder den ungünstigen Inhalt des Vertrags ursächlich war.[38] Ein Widerrufsrecht für den Kunden gibt es nicht, es sei denn, es liegen gleichzeitig die Voraussetzungen für ein Fernabsatzgeschäft nach § 312c vor.

5 WIDERRUFSRECHT DES VERBRAUCHERS

Das Widerrufsrecht des Verbrauchers ist in § 355 geregelt. § 355 findet Anwendung, wenn dem Verbraucher durch Gesetz ein Widerrufsrecht eingeräumt worden ist.
Nach § 355 Abs. 1 S. 1 sind der Verbraucher und der Unternehmer nach Ausübung des Widerrufsrechts an ihre auf den Abschluss des Vertrags gerichtete Willenserklärung nicht mehr gebunden. Der Vertrag ist somit schwebend wirksam und kann durch rechtzeitigen Widerruf endgültig unwirksam, durch Nichtausübung des Widerrufsrechts innerhalb der Widerrufsfrist endgültig wirksam werden.
Der Widerruf ist eine empfangsbedürftige Willenserklärung, die nach § 355 Abs. 1 S. 4 keine Begründung enthalten muss. Die Widerrufsfrist beträgt 14 Tage; zur Fristwahrung genügt nach § 355 Abs. 3 S. 3 auch die rechtzeitige Rücksendung der Ware. Die Frist beginnt nach § 355 Abs. 2 S. 1 mit dem Zeitpunkt des Vertragsschlusses, soweit nichts anderes bestimmt ist. Nach § 356 Abs. 3 beginnt die Widerrufsfrist bei außerhalb von Geschäftsräumen geschlossenen Verträgen und Fernabsatzverträgen nicht, bevor der Unternehmer den Verbraucher entsprechend den Anforderungen des Art. 246a § 1 Abs. 2 S. 1 Nr. 1 des EGBGB unterrichtet hat. Nach dieser Vorschrift ist der Unternehmer verpflichtet, dem Verbraucher, dem ein Widerrufsrecht nach § 312g zusteht, über die Bedingungen, die Frist und das Verfahren über die Ausübung des Widerrufrechts nach § 355 Abs. 1 BGB sowie das Muster-Widerrufsformular zu informieren.
Die §§ 356 ff. regeln das Widerrufsrecht bei
- außerhalb von Geschäftsräumen geschlossenen Verträgen und Fernabsatzverträgen,
- Teilzeit-Wohnrechteverträgen und Verträgen über ein langfristiges Urlaubsprodukt,
- Verbraucherdarlehensverträgen,
- Ratenlieferungsverträgen.

---

[38] Palandt/Grüneberg, § 312i Rdnr. 11.

Die Rechtsfolgen des Widerrufs ergeben sich aus den §§ 357 ff. Der nunmehr unwirksam gewordene Vertrag zwischen Unternehmer und Verbraucher wandelt sich in ein Abwicklungs- oder ein sog. Rückgewährschuldverhältnis um, auf das die Vorschriften der §§ 346 ff. über den gesetzlichen Rücktritt entsprechende Anwendung finden. Allerdings bestehen einige Besonderheiten: Bei dem Widerruf von außerhalb von Geschäftsräumen geschlossenen Verträgen und Fernabsatzverträgen mit Ausnahme von Verträgen über Finanzdienstleistungen sind die empfangenen Leistungen spätestens nach 14 Tagen zurückzugewähren. Nach § 355 Abs. 3 S. 4 trägt der Unternehmer die Gefahr der Rücksendung der Ware. Auch hat der Verbraucher nach § 357 Abs. 7 abweichend von § 346 Abs. 2 S. 1 Nr. 3 unter bestimmten Voraussetzungen Wertersatz für eine durch die bestimmungsgemäße Ingebrauchnahme der Sache entstandene Verschlechterung zu leisten.

MERKE

In das BGB wurden im Zuge der Schuldrechtsreform zahlreiche Bestimmungen zum Schutz des Verbrauchers aufgenommen, die zum großen Teil vorher schon in besonderen Gesetzen außerhalb des BGB bestanden. Dazu zählen § 310 Abs. 3, der den Anwendungsbereich der AGB-Kontrollvorschriften zum Schutz des Verbrauchers erweitert sowie insbesondere die §§ 312 ff.

Verbraucher ist nach § 13 jede natürliche Person, die ein Rechtsgeschäft zu einem Zwecke abschließt, der weder ihrer gewerblichen noch ihrer selbstständigen beruflichen Tätigkeit zugerechnet werden kann. Der Verbraucherschutz besteht gegenüber dem in der Regel wirtschaftlich überlegenen Unternehmer, der in § 14 definiert ist.

Ein besonders hoher Schutzbedarf für den Verbraucher besteht bei Verträgen, die außerhalb der Geschäftsräume des Unternehmers abgeschlossen werden. Wann dies der Fall ist, regelt § 312b.

Den Verbraucherschutz bei Fernabsatzverträgen stellt § 312c sicher. Fernabsatzverträge sind Verträge über Waren oder Dienstleistungen, die unter ausschließlicher Verwendung von Fernkommunikations-mitteln nach § 312c Abs. 2 geschlossen werden.

Das Widerrufsrecht ist in § 355 ff. geregelt. Die Widerrufsfrist beträgt grundsätzlich 14 Tage. Hat der Verbraucher den Vertrag widerrufen, sind die empfangenen Leistungen unverzüglich zurückzugewähren (§ 355 Abs. 3 S. 1).

§ 312i und § 312j schließlich legen im elektronischen Geschäftsverkehr für den Unternehmer bestimmte allgemeine und besondere Pflichten, u. a. Informationspflichten, fest. Eine Verletzung dieser Pflichten kann einen Schadensersatzanspruch begründen.

VI Forderungsabtretung

Das Gesetz kennt drei Arten des Gläubigerwechsels. Der bekannteste ist der rechtsgeschäftliche Forderungsübergang, die Abtretung einer Forderung. Sie ist geregelt in den §§ 398 ff. Diese Vorschriften finden nach § 412 entsprechende Anwendung auf den gesetzlichen Forderungsübergang. Für den Gläubigerwechsel kraft Gesetzes gibt es zahlreiche Beispiele. Im BGB sind dies etwa die §§ 268 Abs. 3 oder 774 bis hin zu § 1922 Abs. 1, wonach mit dem

Tode einer Person deren Vermögen, also auch eventuell vorhandene Forderungen, auf den oder die Erben übergeht. Ein Gläubigerwechsel kann schließlich auch durch staatlichen Hoheitsakt herbeigeführt werden, so z. B. § 835 ZPO (Überweisung einer gepfändeten Geldforderung an den pfändenden Gläubiger). Der Forderungsübergang kraft Hoheitsakts steht dem gesetzlichen Forderungsübergang gleich. Im Folgenden wird im Hinblick auch auf § 412 nur der rechtsgeschäftliche Forderungsübergang (Forderungsabtretung) behandelt.
Nach § 398 kann eine Forderung von dem Gläubiger an einen Dritten übertragen werden. Dazu bedarf es eines Vertrags zwischen dem Gläubiger und dem Dritten. Der abtretende »Altgläubiger« wird auch Zedent, der erwerbende »Neugläubiger« Zessionar genannt.

Altevogt (Altgläubiger) gewährt dem Sander (Schuldner) ein Darlehen über 5.000 €. Da Altevogt dringend Bargeld benötigt, verkauft er den erst in 18 Monaten fällig werdenden Darlehensrückzahlungsanspruch für 4.300 € an Neureich (Neugläubiger).

Zwischen Altevogt und Neureich wird zunächst ein Kaufvertrag nach § 433 geschlossen, der den Altevogt zur Übertragung einer Forderung in Höhe von 5.000 € an Neureich und diesen zur Zahlung des Kaufpreises von 4.300 € verpflichtet. Die Erfüllung dieser wechselseitigen Verpflichtungen geschieht durch zwei vom Verpflichtungsgeschäft getrennte unabhängige Verfügungsgeschäfte: Altevogt überträgt nach § 398 seine Forderung gegen Sander an Neureich und dieser übereignet nach § 929 die 4.300 € an Altevogt. Erst mit Abschluss des Abtretungsvertrags, des Verfügungsgeschäfts also, tritt gem. § 398 S. 2 Neureich an die Stelle des alten Gläubigers und wird Inhaber der Forderung. Grundsätzliche Voraussetzungen für die Forderungsabtretung nach § 398 sind also ein Abtretungsvertrag; ferner muss der Abtretende Inhaber der Forderung sein und schließlich darf die Abtretbarkeit der Forderung nicht ausgeschlossen sein, was aber nur zu prüfen ist, wenn der Sachverhalt dazu Anlass gibt.
Nach § 399 1. Alt. kann eine Forderung nicht abgetreten werden, wenn die Leistung an einen anderen als den ursprünglichen Gläubiger nicht ohne Veränderung ihres Inhalts erfolgen kann. So ist nach § 613 S. 2 der Anspruch auf Dienstleistung im Zweifel nicht übertragbar. Ggf. dürfte dies auch für die Ansprüche des Mieters gegen den Vermieter gelten, weil Letzterer meist wissen möchte, wem er seine Wohnung anvertraut. Nach § 399 2. Alt. kann die Abtretung schließlich durch Vereinbarung mit dem Schuldner ausgeschlossen sein.
Nach § 400 kann eine unpfändbare Forderung ebenfalls nicht abgetreten werden. Unpfändbar sind vor allem einige laufende Bezüge wie Lohn- und Rentenansprüche innerhalb bestimmter Grenzen. Dies dient dem sozialen Schutz des Gläubigers dieser Bezüge, der nicht infolge leichtfertiger Abtretung der Sozialhilfe anheimfallen soll. Zukünftige Forderungen können dagegen abgetreten werden, wenn sie so genau gekennzeichnet werden können, dass sie spätestens im Augenblick ihrer Entstehung zweifelsfrei bestimmbar sind.
Durch einen Abtretungsvertrag nach § 398 geht eine Forderung auch dann auf den neuen Gläubiger über, wenn der Schuldner von der Abtretung keine Kenntnis hat oder wenn er mit ihr nicht einverstanden ist. Daraus folgt, dass der Schuldner geschützt werden muss. Diesen Schutz gewährleisten insbesondere die §§ 404, 407 und 408. § 404 beruht auf dem Gedanken, dass der Gläubigerwechsel den Inhalt der Forderung nicht verändert. Der Schuldner soll durch die Abtretung nicht schlechter gestellt werden, als wenn der alte Gläubiger Inhaber der Forderung geblieben wäre. Deshalb kann der Schuldner dem neuen Gläubiger

auch die Einwendungen entgegensetzen, die zur Zeit der Abtretung der Forderung gegen den bisherigen Gläubiger begründet waren. Einwendungen i. S. d. § 404 ist im weitesten Sinne zu verstehen. Der Schuldner kann sich also gegenüber dem Neugläubiger darauf berufen, dass die Forderung z. B. verjährt oder vom Altgläubiger gestundet worden ist. Wichtig für den Schuldnerschutz ist auch § 407 Abs. 1. Weiß der Schuldner von der Abtretung nichts und zahlt er in Unkenntnis an den alten Gläubiger, so kann der neue Gläubiger nicht noch einmal Zahlung verlangen.

Einen gutgläubigen Erwerb einer Forderung vom Nichtberechtigten gibt es im Übrigen nicht. Der Erwerber einer Forderung trägt das volle Risiko für die Existenz der abgetretenen Forderung. Eine eng begrenzte Ausnahme von diesem Grundsatz macht lediglich § 405: Hat der Schuldner nur zum Schein eine Schuldurkunde ausgestellt und ist diese dem neuen Gläubiger bei der Abtretung vorgelegt worden, so wird dieser in seinem Vertrauen auf den vom Schuldner veranlassten Rechtsschein geschützt.

MERKE

Das Gesetz kennt drei Arten des Gläubigerwechsels, nämlich den rechtsgeschäftlichen Forderungsübergang, den Forderungsübergang kraft Gesetzes und den kraft Hoheitsakts. Zum rechtsgeschäftlichen Forderungsübergang, der Abtretung einer Forderung, bedarf es nach § 398 eines Vertrags zwischen dem Alt- und dem Neugläubiger. Dieser Vertrag ist ein Verfügungsgeschäft, denn durch ihn wird ein Recht, nämlich die Forderung, unmittelbar auf den Neugläubiger übertragen. Voraussetzung ist weiter, dass der Abtretende auch Inhaber der Forderung ist. Einen gutgläubigen Erwerb vom Nichtberechtigten gibt es grundsätzlich nicht.

Nach § 399 kann eine Forderung nicht abgetreten werden, wenn die Leistung an einen anderen als den ursprünglichen Gläubiger nicht ohne Veränderung ihres Inhalts erfolgen kann oder wenn die Abtretung durch Vereinbarung mit dem Schuldner ausgeschlossen ist. Nach § 400 kann eine Forderung nicht abgetreten werden, soweit sie der Pfändung nicht unterworfen ist.

Zum Schutz des Schuldners sieht das Gesetz u. a. vor, dass dieser dem neuen Gläubiger die Einwendungen entgegensetzen kann, die zur Zeit der Abtretung der Forderung gegen den bisherigen Gläubiger begründet waren (§ 404) und dass, falls der Schuldner in Unkenntnis der Abtretung an den Altgläubiger leistet, der neue Gläubiger diese Leistung gegen sich gelten lassen muss (§ 407 Abs. 1).

VII Gesamtschuldnerschaft

An einem Schuldverhältnis sind notwendigerweise wenigstens zwei Personen beteiligt. Damit ist aber nicht ausgeschlossen, dass sowohl auf der Gläubiger- wie auch auf der Schuldnerseite mehrere Personen stehen können. Das Gesetz regelt die Mehrheit von Gläubigern und Schuldnern in den §§ 420–432. Für die Praxis am wichtigsten ist der Fall der Gesamtschuld. Trotz der anders lautenden Ausgangsvorschrift des § 420 ist das Gesamtschuldverhältnis die Regel. Es entsteht nach § 427 immer schon dann, wenn sich zwei oder mehrere Personen durch Vertrag gemeinschaftlich zu einer teilbaren Leistung verpflichten. Sie haften dann nach dieser Vorschrift als Gesamtschuldner. Dies bedeutet nach § 421 S. 1, dass jeder der Schuldner die ganze Leistung zu bewirken verpflichtet ist, der Gläubiger die Leistung aber nur einmal zu fordern berechtigt ist. Gleichzeitig erlaubt § 421 dem Gläubiger, die Leistung nach seinem Belieben von jedem der Schuldner ganz oder auch nur zu einem Teil zu fordern. Für den Gläubiger ist dies natürlich sehr vorteilhaft: Er kann sich wegen seiner Ansprüche an den Schuldner halten, der ihm am leistungsfähigsten erscheint.

Der Hauseigentümer Hausmann vermietet eine Wohnung an die Eheleute Brüning, die beide den Mietvertrag unterschreiben. Als sie mit der Mietzahlung in Verzug kommen, wendet sich Hausmann wegen der Miete zunächst an Herrn Brüning. Da dieser aber arbeitslos geworden ist und kein Geld hat, fragt er, ob er von der wohlhabenden Ehefrau des Brüning die volle Miete verlangen kann.

Die Miete als Geldschuld ist eine teilbare Leistung, weshalb man nach § 420 ein Teilschuldverhältnis annehmen könnte. Dann könnte Hausmann von Frau Brüning nur die halbe Miete verlangen. Da die Eheleute den Mietvertrag mit Hausmann jedoch gemeinsam abgeschlossen haben, greift hier die Regelung des § 427 ein. Nach dieser Vorschrift in Verbindung mit § 421 haftet auch Frau Brüning als Gesamtschuldnerin für den vollen Betrag der Miete. Nicht selten entsteht eine Gesamtschuldnerschaft auch kraft Gesetzes. So bestimmt § 840 Abs. 1, dass, wenn für den aus einer unerlaubten Handlung entstehenden Schaden mehrere nebeneinander verantwortlich sind, diese als Gesamtschuldner haften.

Ingo, Markus und Paul, drei angetrunkene randalierende Jugendliche, lassen gemeinsam ihren Frust an dem geparkten Wagen des Dr. Müller aus. Es entsteht ein Sachschaden von 1.800 €. Dr. Müller kann sich aussuchen, ob er von jedem der drei Jugendlichen je 600 € verlangt oder ob er den Solventesten auswählt und ihn allein auf Zahlung von 1.800 € in Anspruch nimmt.

Ist der Gläubiger von einem der Gesamtschuldner in vollem Umfang befriedigt worden, muss zwischen den Gesamtschuldnern ein Ausgleich stattfinden, da durch die Leistung eines von ihnen alle Mitschuldner von ihrer Verbindlichkeit frei wurden. Für diesen Ausgleich sorgt die Vorschrift des § 426. Hiernach sind, soweit nicht ein anderes bestimmt ist, die Gesamtschuldner im Verhältnis zueinander zu gleichen Anteilen verpflichtet. Wenn ein Gesamtschuldner auf die gesamte Schuld in Anspruch genommen wurde oder mehr als den auf ihn entfallenden Teil der Schuld getilgt hat, entsteht für ihn insoweit ein Ausgleichsanspruch gegen die anderen Gesamtschuldner. Ist der Ausgleich von einem Gesamtschuldner nicht zu erlangen, so haben die übrigen diesen Ausfall nach dem Verteilungsmaßstab des § 426 Abs. 1 S. 1 zu tragen (§ 426 Abs. 1 S. 2).

Im obigen Beispiel hat Dr. Müller Ingo auf volle Zahlung der 1.800 € in Anspruch genommen. Nach § 426 Abs. 1 S. 1 hat dieser nun einen Ausgleichsanspruch in Höhe von je 600 € gegen Markus und Paul. Ist Paul vermögenslos und diese Summe von ihm nicht zu erlangen, so muss dieser Ausfall von Ingo und Markus zu gleichen Anteilen getragen werden. Nach § 426 Abs. 1 S. 2 kann Ingo von Markus weitere 300 € fordern.

MERKE

Gesamtschuldnerschaft besteht nach § 427 immer dann, wenn sich zwei oder mehrere Personen durch Vertrag gemeinschaftlich zu einer teilbaren Leistung verpflichten. Sie bedeutet nach § 421 S. 1, dass jeder der Schuldner die ganze Leistung zu bewirken verpflichtet, der Gläubiger aber die Leistung nur einmal zu fordern berechtigt ist. Ihm ist es aber erlaubt, die Leistung nach seinem Belieben von jedem der Schuldner ganz oder zu einem Teil zu fordern. Im Verhältnis zueinander sind die Gesamtschuldner nach § 426 zu gleichen Anteilen verpflichtet; es besteht also eine Ausgleichspflicht, falls einer von ihnen allein an den Gläubiger leistet.
Die Gesamtschuldnerschaft ist die Regel, auch wenn das Gesetz in der Vorschrift des § 420 zunächst davon ausgeht, dass bei einer teilbaren Leistung die Schuldner auch nur jeweils zu einem gleichen Anteil verpflichtet seien. Nicht selten entsteht die Gesamtschuldnerschaft auch kraft Gesetzes (§ 840).

VIII Störungen im Schuldverhältnis und deren Rechtsfolgen

Täglich werden zahlreiche Rechtsgeschäfte abgeschlossen, der Einkauf im Supermarkt, die Bestellung von Waren im Internet, die Fahrt mit dem Bus oder der Kinobesuch. Oftmals werden diese Schuldverhältnisse problemlos abgewickelt: So erhält der Käufer seine gewünschte Ware und der Verkäufer den vereinbarten Kaufpreis.

1 ÜBERBLICK

Manchmal kommt es allerdings zu Störungen im Schuldverhältnis. Es kann vorkommen, dass die geschuldete Leistung gar nicht erbracht werden kann (Unmöglichkeit).

Fritz Müller hat beim Autohändler einen Porsche 911 gekauft. Bevor er das Fahrzeug abholen kann, verbrennt die Ausstellungshalle samt dem von Fritz Müller gekauften Porsche.

Denkbar ist auch, dass die vereinbarte Leistung nicht rechtzeitig durch den Schuldner erbracht wird (Schuldnerverzug), z. B. die zum 01.02. bestellte Ware wird erst am 15.02. geliefert oder der Gläubiger nimmt die ihm angebotene Leistung nicht an (Annahmeverzug).

Fritz Müller kann die bestellte Ware, die ihm der Verkäufer Schmidt an seiner Haustür anbietet, nicht annehmen, weil Fritz Müller mit seinem Auto in einem Stau steht.

Eine weitere Leistungsstörung kommt dann in Betracht, wenn der Schuldner die Leistung zwar erbringt, jedoch nicht ordnungsgemäß (Schlechtleistung).

Der Malermeister Flink streicht die Büroräume der Stadtverwaltung unsachgemäß.

Oder wenn eine Schutzpflicht verletzt wird.

Der Malermeister Flink streicht die Büroräume der Stadtverwaltung, dabei stößt er den Farbeimer um und die Farbe ergießt sich über den Teppich.

Das Recht der Leistungsstörungen regelt die Voraussetzungen und Rechtsfolgen der Störungen im Schuldverhältnis.
Der Gesetzgeber hat generelle Vorschriften geschaffen zum

- Schadensersatzanspruch (§ 280),
- Aufwendungsersatzanspruch (§ 284),
- Rücktritt beim gegenseitigen Vertrag (§§ 323 ff.).

Nach dem Grund der Leistungsstörungen gelten spezielle Regelungen für

- Unmöglichkeit (§ 283, § 326),
- Schuldnerverzug (§§ 286 ff.),
- Gläubigerverzug (§§ 293 ff.),
- Störung der Geschäftsgrundlage (§ 313).

Ergänzende Normen bestehen für die Mängelrechte beim

- Kaufvertrag (§§ 437 ff.),
- Mietvertrag (§§ 536 ff.),
- Werkvertrag (§§ 633 ff.).

2 VERTRETENMÜSSEN

Welche Rechtsfolgen eine Leistungsstörung auslöst, hängt oftmals davon ab, ob der Schuldner den Hinderungsgrund zu vertreten hat (vgl. §§ 280 Abs. 1 S. 2, 286 Abs. 4).

2.2 Haftung für eigenes Verschulden

Was der Schuldner zu vertreten hat, ist in den §§ 276 bis 278 geregelt. Nach § 276 Abs. 1 hat der Schuldner grundsätzlich Vorsatz und Fahrlässigkeit zu vertreten.

2.2.1 Verschuldensfähigkeit

Ob dem Schuldner ein Schuldvorwurf gemacht werden kann, hängt zunächst davon ab, dass er verschuldensfähig ist. § 276 Abs. 1 S. 2 verweist auf die Vorschriften der §§ 827 und 828. Danach sind:

- verschuldensunfähig alle Personen, die nicht das siebente Lebensjahr vollendet haben (§ 828 Abs. 1),
- verschuldensunfähig alle Personen, die im Zustand der Bewusstlosigkeit oder in einem die freie Willensbildung ausschließenden Zustand krankhafter Störung der Geistestätigkeit gehandelt haben (§ 827 S. 1), es sei denn, der Zustand ist durch geistige Getränke oder ähnliche Mittel schuldhaft herbeigeführt worden (§ 827 S. 2),
- verschuldensunfähig alle Personen, die das siebte, aber noch nicht das zehnte

Lebensjahr vollendet haben und fahrlässig einen Unfall mit einem Kfz, einer Schienen- oder Schwebebahn verursacht haben (§ 828 Abs. 2),

- beschränkt verschuldensfähig alle Personen, die das siebte, aber nicht das achtzehnte Lebensjahr vollendet haben und bei der Begehung der schädigenden Handlung die zur Erkenntnis der Verantwortlichkeit erforderliche Einsicht nicht haben (§ 828 Abs. 3),
- verschuldensfähig alle anderen Personen.

2.2.2 Schuldformen

Nach § 276 Abs. 1 hat der Schuldner grundsätzlich Vorsatz und Fahrlässigkeit zu vertreten. Das Gesetz definiert den Begriff Vorsatz selbst nicht. Nach der Rechtsprechung und Literatur bedeutet Vorsatz das wissentliche und willentliche Herbeiführen eines pflichtwidrigen Erfolgs.[39]

> Herr Fabrian hat sich von der Autovermietung »Nimm mich« ein Fahrzeug gemietet. Er verkauft den Pkw an einen flüchtigen Bekannten. Es ist Herrn Fabrian nicht mehr möglich, das Fahrzeug an die Autovermietung zurückzugeben (§ 546 Abs. 1). Durch den Verkauf des Fahrzeugs hat Herr Fabrian die Leistungsstörung (Unmöglichkeit der Rückgabe) wissentlich und willentlich herbeigeführt.

Fahrlässigkeit ist nach der Legaldefinition des § 276 Abs. 2 das Außerachtlassen der im Verkehr erforderlichen Sorgfalt.
Als Sorgfaltsmaßstab ist auf die allgemeine Verkehrsüblichkeit abzustellen, also auf einen objektiv-abstrakten Maßstab und nicht auf einen subjektiv-individuellen. Der Grund dafür liegt im Vertrauensschutz. Jeder muss sich im Rechtsverkehr grundsätzlich darauf verlassen können, dass seine Vertragspartei zur ordnungsgemäßen Erfüllung seiner Verpflichtung fähig ist.

> Frau Schmidt, die sich von dem Chirurg Dr. Seidel operieren lässt, darf darauf vertrauen, dass Dr. Seidel die Operation nach den Regeln der ärztlichen Kunst durchführt (objektiv-abstrakter Maßstab). Maßgeblich ist nicht, ob er auch nach seinen persönlichen Fähigkeiten hierzu in der Lage ist (subjektiv-individueller Maßstab).

Nach dem Grad des Sorgfaltsverstoßes lässt sich zwischen grober Fahrlässigkeit und einfacher Fahrlässigkeit unterscheiden.
Grobe Fahrlässigkeit liegt vor, wenn die im Verkehr erforderliche Sorgfalt in besonders hohem Maße verletzt worden ist, wenn man also sagen kann: »Das hätte auf gar keinen Fall passieren dürfen!«

> Der Malermeister Flink handelt grob fahrlässig, wenn er die Leiter betritt, um Malerarbeiten durchzuführen, obwohl er gesehen hat, dass sich sein Schnürsenkel gelöst hatte. Wenig später bleibt er mit dem Schnürsenkel hängen und stürzt gegen den PC seines Auftraggebers.

[39] BGH NJW 65, 962; Palandt/Grüneberg, § 276 Rdnr. 10; Musielak/Hau Rdnr. 517.

Def. einf. Fahrlässigkeit

Einfache, auch leichte oder gewöhnliche Fahrlässigkeit liegt vor, wenn die besonderen Voraussetzungen der groben Fahrlässigkeit nicht vorliegen, wenn man also sagen kann: »Das kann jedem mal passieren.«

Grundsätzlich haftet der Schuldner für jeden Grad der Fahrlässigkeit, es sei denn, es ist weder eine strengere oder mildere Haftung bestimmt noch aus dem sonstigen Inhalt des Schuldverhältnisses, insbesondere aus der Übernahme einer Garantie oder eines Beschaffungsrisikos, zu entnehmen.

Um eine Garantie handelt es sich, wenn der Schuldner durch eine ausdrückliche oder stillschweigende Erklärung, die Vertragsinhalt geworden ist, dem Gläubiger zu erkennen gibt, dass er für das Vorhandensein der Eigenschaft und alle Folgen ihres Fehlens einstehen will.[40] Dies ist z. B. der Fall, wenn der Verkäufer dem Käufer zugesichert hat, dass das Fahrzeug garantiert unfallfrei sei. Dann haftet der Verkäufer verschuldensunabhängig, wenn sich später herausstellen sollte, dass das Fahrzeug einen Unfall hatte.

Eine verschuldensunabhängige Haftung des Schuldners aus der Übernahme eines Beschaffungsrisikos kommt hauptsächlich bei einer Gattungsschuld in Betracht. Aber auch der Schuldner einer Stückschuld kann eine Beschaffungspflicht übernehmen.

> Herr Köster verkauft der Kunstliebhaberin Frau Kaminski ein bestimmtes Gemälde von Picasso. Herr Köster hat nach dem Inhalt des Vertrags auch die Pflicht übernommen, das Gemälde zu beschaffen.

Ebenso kann eine Haftungsmilderung nach § 277 bestehen. Danach hat der Schuldner nur für diejenige Sorgfalt einzustehen, die er in eigenen Angelegenheiten anzuwenden pflegt. Der Gesetzgeber hat diese Haftungsmilderung für solche Personen vorgesehen, die unentgeltlich oder überwiegend im Interesse eines anderen tätig werden. Eine solche Haftungserleichterung sieht das Gesetz u. a. vor für den unentgeltlichen Verwahrer (§ 690), den Gesellschafter (§ 708), den Ehegatten (§ 1359), die Eltern (§ 1664), den Vorerben (§ 2131), den Lebenspartner (§ 4 LPartG). Eine weitere wichtige Haftungsmilderung i. S. d. § 276 Abs. 1 S. 1 ist der § 300 Abs. 1 beim Annahmeverzug.

Der Schuldner haftet in diesen Fällen nur für Vorsatz und grobe Fahrlässigkeit.

> Der unentgeltliche Verwahrende hat nach § 690 nur für diejenige Sorgfalt einzustehen, die er in eigenen Angelegenheiten anzuwenden pflegt. Bis bedeutet, er haftet nur für Vorsatz und grobe Fahrlässigkeit (vgl. § 277). Eine Haftung wegen leichter Fahrlässigkeit ist danach ausgeschlossen.

Eine Haftungsmilderung kann auch vertraglich vereinbart werden. Sie findet ihre Grenzen aber in § 276 Abs. 3. Danach kann dem Schuldner die Haftung wegen Vorsatzes nicht im Voraus erlassen werden. Nach dem Umkehrschluss kann dem Schuldner die Haftung wegen Fahrlässigkeit dagegen im Voraus erlassen werden.

Allerdings ist in Allgemeinen Geschäftsbedingungen eine Klausel unwirksam, die einen Haftungsausschluss bei einer grob fahrlässigen Pflichtverletzung des Verwenders vorsieht (§ 309 Nr. 7b).

---

[40] Brox/Walker SchR AT, § 20 Rdnr. 48.

Darüber hinaus hat der Gesetzgeber die Haftungsbeschränkung auch auf das gesetzliche Rücktrittsrecht ausgedehnt (§ 346 Abs. 3 Nr. 3).
Eine Haftungsbegrenzung aus dem Inhalt des Schuldverhältnisses findet sich insbesondere im Arbeitsrecht. Die Haftungsmilderung des Arbeitnehmers gegenüber seinem Arbeitgeber erstreckt sich auf die gesamte betriebliche Tätigkeit, sodass der Arbeitnehmer in vielen Fällen nur für Vorsatz und grobe Fahrlässigkeit haftet.
Dagegen sieht der Gesetzgeber eine Haftungsverschärfung vor, wenn sich der Schuldner im Verzug (§ 287) befindet. Während des Verzuges hat der Schuldner nämlich jede Fahrlässigkeit zu vertreten (§ 287 S. 1). Der Schuldner, der sich im Verzug, § 286, befindet, haftet also verschärft. Die Vorschrift erhält in den Fällen Bedeutung, in denen der Gesetzgeber von einer Haftungsmilderung ausgeht (z. B. §§ 521, 690, 708). Dann haftet der Schuldner auch für leichte Fahrlässigkeit. So hat z. B. der unentgeltlich Verwahrende nach § 690 nur für diejenige Sorgfalt einzustehen, die er in eigenen Angelegenheiten anzuwenden pflegt. Dies bedeutet, er haftet nur für Vorsatz und grobe Fahrlässigkeit (vgl. § 277). Eine Haftung wegen leichter Fahrlässigkeit ist danach ausgeschlossen.
Befindet sich der unentgeltlich Verwahrende jedoch in Verzug, z. B. durch verspätete Rückgabe der verwahrten Sache, haftet er auch bei leichter Fahrlässigkeit, wenn die Sache beschädigt oder zerstört wird.
Darüber hinaus haftet der Verzugsschuldner nach § 287 S. 2 auch für die durch Zufall eingetretenen Leistungshindernisse. Der Schuldner haftet dann verschuldensunabhängig.

Während des Verzuges wird der geschuldete Pkw ohne Verschulden des Schuldners gestohlen.

MERKE

Der Schuldner haftet für eigenes Verschulden nur, wenn er verschuldensfähig ist. Dies richtet sich nach den Vorschriften der §§ 827 und 828.
Grundsätzlich haftet der Schuldner nur für Vorsatz und Fahrlässigkeit.
Vorsatz bedeutet das willentliche und wissentliche Herbeiführen eines pflichtwidrigen Erfolges.
Fahrlässigkeit bedeutet das Außerachtlassen der im Verkehr erforderlichen Sorgfalt (§ 276 Abs. 2).
Eine Haftungsverschärfung kommt in Betracht, wenn der Schuldner eine Garantie abgegeben hat oder er das Beschaffungsrisiko trägt (§ 276 Abs. 1). In diesen Fällen haftet der Schuldner ohne Verschulden.
Eine Haftungsverschärfung kommt auch dann in Betracht, wenn sich der Schuldner in Verzug befindet (§ 287).
Eine Haftungsmilderung ordnet der Gesetzgeber in bestimmten Fällen an (z. B. §§ 300 Abs. 1, 521, 599, 690). Der Schuldner haftet dann nur für Vorsatz und grobe Fahrlässigkeit.

2.2.3 Haftung für fremdes Verschulden

Nach § 278 haftet der Schuldner nicht nur für sein eigenes Verschulden, sondern auch für das Verschulden des gesetzlichen Vertreters und das Verschulden des Erfüllungsgehilfen. Eine Haftung des Schuldners kommt in Betracht, wenn die Hilfsperson schuldhaft, also vorsätzlich oder fahrlässig, gehandelt hat.
§ 278 ist selbst keine Anspruchsgrundlage sondern, wie § 276, eine Zurechnungsnorm.

2.2.4 Verschulden des gesetzlichen Vertreters

Nach § 278 hat der Schuldner ein Verschulden seines gesetzlichen Vertreters in gleichem Umfang zu vertreten wie eigenes Verschulden.
Gesetzlicher Vertreter ist zunächst der Vertreter einer natürlichen Person.

- Eltern sind gesetzliche Vertreter des Kindes (§ 1629)
- Vormund ist gesetzlicher Vertreter des Mündels (§ 1793)
- Betreuer ist gesetzlicher Vertreter des Betreuten (§ 1902)
- Pfleger ist gesetzlicher Vertreter des Gepflegten (§ 1915, § 1793)

Darüber hinaus zählen zu den gesetzlichen Vertretern auch solche Personen, die auf Grund gesetzlicher Vorschriften mit Wirkung für andere handeln können. Dies ist z. B. der Testamentsvollstrecker (§ 2203).
§ 278 ist auf Organe einer juristischen Person nicht anwendbar. Deren Verschulden wird als Verschulden der juristischen Person zugerechnet (§§ 31, 89).[41]

2.2.5 Verschulden des Erfüllungsgehilfen

Hauptanwendungsfall des § 278 ist die Haftung des Schuldners für das Verschulden der Person, der er sich zur Erfüllung seiner Verbindlichkeit bedient hat, des sog. Erfüllungsgehilfen.

Malermeister Flink streicht die Büroräume der Stadtverwaltung nicht selbst, sondern schickt seinen Gesellen Fritz. Dieser wirft aus Unachtsamkeit den Farbeimer um und der Teppich wird mit Farbe übergossen.

Für § 278 ist zunächst ein Schuldverhältnis erforderlich.[42]

Malermeister Flink schließt mit der Stadt, vertreten durch den Bürgermeister, einen Werkvertrag über den Anstrich der Büroräume der Stadtverwaltung (§ 631). Er streicht die Räume nicht selbst, sondern schickt seinen Gesellen Fritz.

Der Anwendungsbereich des § 278 erstreckt sich auch auf vorvertragliche Verpflichtungen (§ 311 Abs. 2).

[41] So Palandt/Grüneberg, § 278 Rdnr. 6, a. A. Brox/Walker SchR AT, § 20 Rdnr. 27.

[42] BGHZ 58, 214, der jede rechtliche Sonderverbindung, aus der sich die Verbindlichkeit ergibt, als ausreichend ansieht.

Der Geselle Fritz des Malermeisters Flink erscheint in den Büroräumen der Stadtverwaltung. Er will die Räume begutachten, um für die notwendigen Arbeiten einen Kostenvoranschlag zu erstellen. Aus Unachtsamkeit stößt Fritz eine Vase um, sie zerbricht.

Es ist unerheblich, in welcher Rechtsbeziehung Schuldner und Hilfsperson zueinander stehen. Zwar wird in der Regel ein Arbeitgeber-Arbeitnehmer-Verhältnis vorliegen, zwingend erforderlich ist dies jedoch nicht. So ist auch der Subunternehmer Erfüllungsgehilfe des Schuldners.
Insbesondere braucht die Hilfsperson nicht in einem Weisungsabhängigkeitsverhältnis zum Schuldner zu stehen. Es ist allein darauf abzustellen, ob die Person eine Verbindlichkeit des Schuldners erfüllt.

Erfüllungsgehilfen des Unternehmers sind seine Angestellten, Arbeiter und Auszubildenden, Erfüllungsgehilfen des Krankenhauses sind das Pflegepersonal, aber auch der weisungsfreie Chefarzt. Erfüllungsgehilfe ist der Spediteur, der für den Schuldner (bei Vereinbarung von Bringschuld) die gekaufte Sache zum Gläubiger fährt, jedoch nicht bei Vereinbarung von Schickschuld, weil der Transport der Ware dann nicht mehr zur Verbindlichkeit des Verkäufers gehört.

Nach § 278 muss der Erfüllungsgehilfe in Erfüllung einer Verbindlichkeit des Schuldners gegenüber dem Gläubiger tätig geworden sein. Zu den Verbindlichkeiten zählen die Hauptleistungspflicht wie auch Nebenleistungs- und Schutzpflichten.

Zu den Pflichten des Malermeisters Flink gehören das Streichen der Büroräume der Stadtverwaltung und Schutzpflichten, damit der Teppich oder sonstige Gegenstände der Stadt nicht beschädigt werden. Diese Pflichten müssen von dem Gesellen Fritz erfüllt werden.

Die Handlung des Erfüllungsgehilfen muss im unmittelbaren äußeren und inneren Zusammenhang mit der übertragenen Aufgabe stehen. Maßgeblich ist, ob die Handlung des Erfüllungsgehilfen in den allgemeinen Aufgabenbereich gehört, zu dessen Wahrnehmung der Schuldner ihn beauftragt hat.

Der Geselle kippt mit der unsachgemäß aufgestellten Leiter um und beschädigt ein Fenster im Rathaus; der Arbeitnehmer missbraucht seine Bankvollmacht zum Nachteil seines Arbeitgebers.

Ob § 278 unanwendbar ist, wenn der Erfüllungsgehilfe lediglich die Gelegenheit nutzt, dem Gläubiger einen Schaden zuzufügen, der nicht im sachlichen Zusammenhang mit der eigentlichen Erfüllung der Verbindlichkeit steht, ist umstritten.

Der Geselle Fritz des Malermeisters Flink streicht die Büroräume der Stadtverwaltung. Plötzlich sieht Fritz das Portemonnaie von Stadtinspektor Krämer auf dem Tisch liegen. Schnell steckt er es sich in seinen Overall.

Bisher wurde die Anwendbarkeit des § 278 in diesen Fällen bestritten.[43] Allerdings muss berücksichtigt werden, dass der Schuldner verpflichtet ist, nach dem Inhalt des Schuldverhältnisses auf die Rechte, Rechtsgüter und Interessen des Gläubigers Rücksicht zu nehmen (§ 241 Abs. 2). Indem der Schuldner seine schuldrechtliche Verpflichtung nicht selbst, sondern durch eine Hilfsperson erfüllt, ermöglicht er diesem, in den Rechtskreis des Gläubigers einzudringen. Deshalb sollte § 278 jedenfalls immer dann Anwendung finden, wenn dem Erfüllungsgehilfen die Schädigung durch die übertragende Tätigkeit wesentlich erleichtert wurde.[44]
Schließlich muss der Erfüllungsgehilfe schuldhaft gehandelt haben. Das bedeutet, es muss Vorsatz oder Fahrlässigkeit vorliegen. Besteht zu Gunsten des Schuldners eine Haftungsmilderung i. S. d. § 276, schlägt diese auf den Erfüllungsgehilfen durch.
Die Rechtsfolge des § 278 ist, dass der Schuldner das Verschulden des Erfüllungsgehilfen wie eigenes Verschulden zu vertreten hat.
Da § 278 keine Anspruchsgrundlage ist, setzt die Prüfung immer einen Haftungstatbestand voraus. Im Rahmen des Vertretenmüssens sind dann die Voraussetzungen des § 278 zu prüfen.

MERKE

§ 278 ist keine Anspruchsgrundlage, sondern lediglich Zurechnungsnorm.
Eine Haftung des Schuldners für seinen Erfüllungsgehilfen setzt ein bestehendes oder ein vorvertragliches Schuldverhältnis voraus.
Erfüllungsgehilfe ist, wer nach den tatsächlichen Gegebenheiten mit dem Willen des Schuldners bei der Erfüllung einer diesem obliegenden Verbindlichkeit als seine Hilfsperson tätig wird.
Der Erfüllungsgehilfe muss gegenüber dem Schuldner nicht weisungsgebunden sein.

2.2.6 Verschulden des Organs einer juristischen Person

Nach § 31 haftet der Verein für einen Schaden, den der Vorstand, ein Mitglied des Vorstandes oder ein verfassungsmäßig berufener Vertreter einem Dritten in Ausführung der ihm zustehenden Verrichtung zugefügt hat.
Woraus sich die Ersatzpflicht ergibt, ist gleichgültig; sie kann sich aus Vertrag (§ 280), Delikt (§ 823) oder schuldlosem zum Schadensersatz verpflichtenden Handeln (z. B. § 228) ergeben.
§ 31 gilt für alle juristischen Personen, wie z. B. GmbH und AG. Auf die OHG und KG ist die Vorschrift entsprechend anwendbar.
Besondere Bedeutung erhält die Organhaftung über § 89 auch für die juristischen Personen des öffentlichen Rechts. § 31 findet nämlich auf den Fiskus sowie auf die Körperschaften, Stiftungen und Anstalten des öffentlichen Rechts entsprechende Anwendung.
Der Begriff »verfassungsmäßig berufener Vertreter« ist weit auszulegen. Gemeint ist damit jede Person, die durch allgemeine Betriebsregelungen und Handhabungen bedeutsame

43 BGH 23, 323; 31, 366; BGH NJW 65, 1709; Palandt/Grüneberg, § 278 Rdnr. 22.
44 Medicus SchR AT, § 30 III 1d.

wesensmäßige Funktionen eigenverantwortlich ausübt und dadurch die juristische Person repräsentiert.[45]
Der Anwendungsbereich der §§ 31, 89 ist durch die »Lehre vom Organisationsmangel« erweitert worden. Danach ist jede juristische Person verpflichtet, ihren Tätigkeitsbereich so zu organisieren, dass für alle wichtigen Aufgabengebiete ein verfassungsmäßiger Vertreter zuständig ist, der die wesentlichen Entscheidungen selbst trifft. Enthält die Organisation in dieser Hinsicht Mängel, muss sich die juristische Person so behandeln lassen, als wäre die tätig gewordene Person ein verfassungsmäßiger Vertreter.[46] Verfassungsmäßige Vertreter einer juristischen Person des öffentlichen Rechts sind, z. B. der Bürgermeister einer Gemeinde oder der Forstoberinspektor, der das Fällen eines Baumes leitet.
Der verfassungsmäßige Vertreter der juristischen Person muss in Ausführung der ihm zustehenden Verrichtung gehandelt haben. Das bedeutet, er muss in »amtlicher« Verrichtung gehandelt haben Ein zufälliger zeitlicher oder örtlicher Zusammenhang reicht nicht.[47]

3 UNMÖGLICHKEIT

Unmöglichkeit liegt vor, wenn der Schuldner nicht leisten kann oder er nicht zu leisten braucht (§ 275). Denkbar ist auch, dass dem Schuldner nur ein Teil der Leistung unmöglich ist. Bei diesen Situationen stellt sich die Frage, welche Konsequenz sich hieraus einerseits für die Leistungspflicht des Schuldners ergeben. Andererseits ist zu klären, welche Rechte dem Gläubiger zustehen.

3.1 Ausschluss der Leistungspflicht

§ 275 unterscheidet drei Arten der Unmöglichkeit:

- tatsächliche Unmöglichkeit (§ 275 Abs. 1)
- faktische Unmöglichkeit (§ 275 Abs. 2)
- persönliche Unmöglichkeit (§ 275 Abs. 3)

3.1.1 Tatsächliche Unmöglichkeit

Nach § 275 Abs. 1 ist die Leistungspflicht ausgeschlossen, soweit sie dem Schuldner (subjektive Unmöglichkeit bzw. Unvermögen) oder jedermann (objektive Unmöglichkeit) unmöglich ist.

Herr Vollschmidt hat Frau Müller seinen Pkw verkauft. Bevor Frau Müller das Auto am nächsten Tag abholen kann, wird es gestohlen. Der Dieb kann nicht ermittelt werden. Es liegt subjektive Unmöglichkeit vor, weil zwar Herr Vollschmidt die Leistungspflicht nicht, wohl aber der Dieb sie erfüllen könnte. Ist der Wagen dagegen in der Nacht verbrannt, liegt objektive Unmöglichkeit vor, weil niemand mehr die Leistungspflicht erbringen kann.

[45] BGH NJW 72, 334; 98, 1856.

[46] BGH 24, 213.

[47] BGH 49, 19; 98, 148.

§ 275 Abs. 1 greift nur, wenn die Leistung unter keinen Umständen erbracht werden kann.[48] Kann der Schuldner seine Leistungsfähigkeit durch Beschaffung oder Wiederbeschaffung herstellen, liegt lediglich eine vorübergehende subjektive Unmöglichkeit vor, ein Unvermögen kommt nicht in Betracht.

> Der verkaufte Pkw ist vor der Übergabe gestohlen worden. Der Dieb ist bekannt und der Verkäufer kann sich das Fahrzeug wieder beschaffen.

Bei der subjektiven Unmöglichkeit liegt das Leistungshindernis also immer in der Person des Schuldners. Allerdings ist ein finanzielles Unvermögen ausgeschlossen, denn der Schuldner hat für seine finanzielle Leistungsfähigkeit verschuldensunabhängig einzustehen. Es gilt die Regel: Geld hat man zu haben.

> Herr Kleineweber hat beim Autohändler Rohfeld ein gebrauchtes Fahrzeug zu 14.000€ gekauft. Die Pflicht des Herrn Kleineweber zur Zahlung des Kaufpreises ist nicht deshalb ausgeschlossen, weil er hoch verschuldet ist und die Bank ihm keinen Kredit mehr gewährt.

Bei der objektiven Unmöglichkeit ist es aus naturgesetzlichen Gründen schon nicht mehr möglich, die Leistungspflicht vorzunehmen. Dies ist z. B. der Fall, wenn das gebrauchte Fahrzeug vor Übergabe an den Käufer zerstört ist.
Bei Gattungsschuld kommt tatsächliche Unmöglichkeit in der Regel nicht in Betracht, weil der Schuldner nach § 276 Abs. 1 das Beschaffungsrisiko trägt, es sei denn die gesamte Gattung existiert nicht mehr oder es ist Konkretisierung (§ 243 Abs. 2) eingetreten und die ausgesonderte Sache ist untergegangen.
Tatsächliche Unmöglichkeit kommt auch beim absoluten Fixgeschäft in Betracht. Um ein solches handelt es sich, wenn die Einhaltung der Leistungszeit nach dem Zweck des Vertrags und der Interessenlage für den Gläubiger derart wesentlich ist, dass eine verspätete Leistung keine Erfüllung mehr darstellt.[49] Dies ist der Fall, wenn die bestellte Hochzeitstorte zwei Tage nach dem Hochzeitstermin geliefert wird.
Neben der tatsächlichen Unmöglichkeit kommt auch eine rechtliche Unmöglichkeit in Betracht. Sie liegt vor, wenn der Schuldner die Leistung aus rechtlichen Gründen nicht erbringen kann. So kann der Schuldner die Ware nicht liefern, wenn sie beschlagnahmt wurde.
Nicht von Bedeutung ist auch, ob der Schuldner die Unmöglichkeit zu vertreten hat. Der Schuldner wird immer von seiner Leistungspflicht frei, unabhängig davon, ob er sie vorsätzlich oder fahrlässig herbeigeführt hat oder ob sie durch Zufall eingetreten ist.
Die Rechtsfolge des § 275 Abs. 1, nämlich der Ausschluss der Leistungspflicht bei Unmöglichkeit, wird sowohl bei einseitigen als auch bei gegenseitigen Verträgen ausgelöst.
Kann der Schuldner nur einen Teil seiner Leistung nicht erbringen, ist die Leistungspflicht hinsichtlich dieses Teils ausgeschlossen. Hinsichtlich des erbringbaren Teil ist der Schuldner weiterhin leistungsverpflichtet.[50] Dies ergibt sich aus dem Wortlaut des § 275 Abs. 1. Danach ist die Leistungspflicht nur »soweit« ausgeschlossen, wie sie unmöglich ist.

48 Brox/Walker SchR AT, § 22 Rdnr. 3.
49 Palandt/Grüneberg, § 271, Rdnr. 17.
50 Palandt/ Grüneberg, § 275, Rdnr. 7.

Die Geschäftsführerin der Theater-GmbH hat für die Bestuhlung des Theaters 500 Stühle (Sonderanfertigung) bei der Firma Holz & Co. bestellt. Die Stühle werden auf einem Lkw mit Anhänger transportiert. Auf dem Weg zur Theater-GmbH kommt es zu einem Unfall. Der Anhänger stürzt um, alle Stühle werden zerstört. Die Leistungspflicht der Firma Holz & Co. ist nur für die Stühle, die sich auf dem Anhänger befanden, ausgeschlossen (§ 275 Abs. 1). Für die Stühle, die sich auf der Zugmaschine befinden und die nicht zerstört sind, besteht weiterhin die Leistungsverpflichtung.

3.1.2 Faktische Unmöglichkeit

Im Gegensatz zu § 275 Abs. 1 ist die Leistungspflicht des Schuldners bei der faktischen Unmöglichkeit nicht automatisch ausgeschlossen, sondern ihm steht ein Leistungsverweigerungsrecht zu. Von faktischer Unmöglichkeit nach § 275 Abs. 2 spricht man, wenn dem Schuldner die Leistung zwar an sich möglich ist, aber sie einen Aufwand erfordert, der im krassen Missverhältnis zum Leistungsinteresse des Gläubigers steht.
Die faktische Unmöglichkeit will die Fälle abdecken, in denen die Leistungserbringung theoretisch möglich ist, sie aber nach einer Verhältnismäßigkeitsprüfung von keinem vernünftigen Gläubiger erwartet werden kann. Die faktische Unmöglichkeit soll nur auf Extremfälle Anwendung finden. So wäre die Wiederbeschaffung eines Ringes vom Meeresgrund zwar möglich, kann aber vernünftigerweise nicht erwartet werden.
§ 275 Abs. 2 stellt allein auf das Leistungsinteresse des Gläubigers ab, das Interesse des Schuldners an der Leistungsbefreiung bleibt dagegen unberücksichtigt. Hierdurch kommt zum Ausdruck, dass die wirtschaftliche Unmöglichkeit von § 275 Abs. 2 nicht erfasst wird. Diese Fälle werden nach den Grundsätzen des Wegfalls der Geschäftsgrundlage (§ 313) gelöst.[51] Wirtschaftliche Unmöglichkeit liegt vor, wenn der Schuldner die Leistung nur unter unverhältnismäßig hohen Opfern zu erbringen vermag, die ihm nicht zugemutet werden können. So z. B. Ansteigen der Herstellungskosten um das 15-Fache. Hier scheint eine sachgerechtere Lösung über die Anpassung des Vertrags (§ 313) statt der Leistungsbefreiung nach § 275 Abs. 2 angemessen zu sein.

3.1.3 Persönliche Unmöglichkeit

Schließlich kann der Schuldner nach § 275 Abs. 3 seine Leistungspflicht verweigern. Es sind Situationen denkbar, in denen die Leistungserbringung zwar möglich, sie dem Schuldner jedoch nicht zuzumuten ist. Auch die persönliche Unmöglichkeit sollte nur auf Extremfälle Anwendung finden. So kann von der Opernsängerin nicht erwartet werden, dass sie ihren Auftritt wahrnimmt, wenn ihr Kind im Sterben liegt.

MERKE

Der Schuldner wird nach § 275 von seiner Leistungspflicht frei, wenn sie ihm aus tatsächlichen, faktischen oder persönlichen Gründen unmöglich ist.

[51] Vgl. zum Meinungsstand Mudielak/Hau, Rdnr. 740 ff.

Während § 275 Abs. 1 die Leistungspflicht kraft Gesetzes untergehen lässt, begründen §§ 275 Abs. 2 und Abs. 3 für den Schuldner ein Leistungsverweigerungsrecht, auf das er sich berufen muss.

3.2 Rechte des Gläubigers

Wird der Schuldner nach § 275 wegen Unmöglichkeit von der Leistungspflicht frei, stellt sich die Frage, welche Rechte dem Gläubiger nun zustehen. Diese sind in § 275 Abs. 4 aufgeführt.

3.2.1 Befreiung von der Gegenleistungspflicht

Nach § 326 Abs. 1 S. 1 wird der Gläubiger von der Gegenleistungspflicht befreit, wenn die Leistungspflicht des Schuldners ausgeschlossen ist.

Frau Krämer hat bei dem Autohändler Lehmann ein gebrauchtes Fahrzeug für 14.000 € gekauft. Bevor Frau Krämer das Fahrzeug beim Autohändler abholen kann, wird es von einem Brand völlig zerstört. Herr Lehmann ist von seiner Leistungspflicht (Übergabe und Eigentumsverschaffung nach § 433 Abs. 1) wegen tatsächlicher Unmöglichkeit (§ 275 Abs. 1) frei geworden. Nach § 326 Abs. 1 S. 1 ist Frau Krämer dann von der Zahlung des Kaufpreises befreit.

Ist die Leistung nur zu einem Teil unmöglich, entfällt der Anspruch auf die Gegenleistung nicht komplett, sondern wird, entsprechend der Minderung beim Kauf (§ 441 Abs. 3), herabgesetzt (vgl. § 326 Abs. 1 S. 1). Dies gilt aber nur, wenn die Teilleistung für den Gläubiger noch interessant ist.
Von diesem Grundsatz, Befreiung von der Gegenleistungspflicht bei Ausschluss der Leistungspflicht, gibt es mehrere Ausnahmen.
Nach § 326 Abs. 2, 1. Alt. bleibt der Anspruch auf die Gegenleistung bestehen, wenn der Gläubiger für den Umstand, auf Grund dessen der Schuldner nach § 275 Abs. 1–3 nicht zu leisten braucht, allein oder überwiegend verantwortlich ist. Was der Gläubiger zu verantworten hat, richtet sich nach den Vorschriften der §§ 276 und 278, die auf den Gläubiger entsprechend anzuwenden sind. So z. B. wenn der Arbeitgeber die Arbeitsunfähigkeit seines Arbeitnehmers verschuldet.
Von einer überwiegenden Verantwortlichkeit des Gläubigers spricht man, wenn ihm mindestens 80 % des Umstandes, der zur Unmöglichkeit geführt hat, zuzuschreiben ist.[52]
Des Weiteren bleibt der Anspruch auf die Gegenleistung bestehen, wenn der Gläubiger sich in Annahmeverzug (§§ 293 ff.) befindet, die Leistung während des Annahmeverzuges unmöglich wird und der Schuldner die Unmöglichkeit nicht zu vertreten hat (vgl. § 326 Abs. 2, 2. Alt.).
Hat der Schuldner dagegen die Unmöglichkeit während des Annahmeverzuges des Gläubigers zu vertreten, entfällt der Anspruch auf die Gegenleistung. Grundsätzlich hat der Schuldner nach § 276 Vorsatz und Fahrlässigkeit zu vertreten. Liegt jedoch Annahmeverzug

[52] Palandt/Grüneberg, § 326 Rdnr. 9.

vor, sieht das Gesetz nach § 300 Abs. 1 eine Haftungsmilderung vor. Der Schuldner haftet dann nur noch für Vorsatz und grobe Fahrlässigkeit.
Ferner bleibt der Anspruch auf die Gegenleistung nach § 326 Abs. 3 bestehen, wenn der Gläubiger gem. § 285 die Herausgabe eines für den geschuldeten Gegenstand erlangten Ersatzes oder Abtretung des Ersatzanspruchs verlangt (sog. Surrogat). Allerdings kann die Gegenleistung nach § 326 Abs. 3 S. 2 gemindert sein.

Herr Krämer hat bei dem Autohändler ein Fahrzeug gekauft. Vor Übergabe wird das Fahrzeug durch einen Brand zerstört. Der Autohändler ist gegen Feuer in seinem Geschäft versichert. Die Summe, die der Autohändler für den zerstörten Pkw von der Versicherung erhält, kann Herr Krämer von dem Autohändler verlangen oder er kann die Abtretung des Anspruchs gegen die Versicherung vom Autohändler verlangen. Herr Krämer ist dann aber zur Gegenleistung verpflichtet.

Der Anspruch auf die Gegenleistung bleibt auch bestehen, wenn die Kaufsache dem Käufer bereits übergeben worden ist (§ 446 S. 1) oder zwischen Verkäufer und Käufer ein Versendungskauf (§§ 447 Abs. 1, 644 Abs. 2 für den Werkvertrag) vereinbart wurde.
Um einen Versendungskauf handelt es sich, wenn die gekaufte bewegliche Sache auf Bitten des Käufers vom Erfüllungsort, dies wäre der Wohnsitz des Verkäufers (§ 269 Abs. 1 bzw. Abs. 2) an einen anderen Bestimmungsort versendet wird. Ein Versendungskauf kommt immer in Betracht, wenn die Vertragsparteien Schickschuld vereinbart haben. Handelt es sich um einen Versendungskauf, geht die Preisgefahr mit Übergabe der gekauften Sache an den Beförderer, z. B. Spediteur, Frachtführer, Bahn, Post, oder der sonst zur Ausführung der Versendung bestimmten Person oder Anstalt über. Das bedeutet, der Käufer hat dem Verkäufer den Kaufpreis auch dann zu zahlen, wenn die Sache auf dem Weg zum Käufer zerstört worden ist.

Herr Munciek hat bei Frau Cewe telefonisch einen CD-Player gekauft. Er bittet sie, ihm den CD-Player zuzusenden. Frau Cewe verpackt den CD-Player ordnungsgemäß und übergibt ihn einem Paketzustelldienst. Auf der Fahrt zu Herrn Munciek kommt es zu einem Verkehrsunfall. Der CD-Player wird zerstört. Nach § 447 ist die Preisgefahr auf den Käufer übergegangen. Herr Munciek kann keinen »neuen« CD-Player verlangen, Frau Cewe muss aber den vereinbarten Kaufpreis bezahlen.

§ 447 soll auch dann anwendbar sein, wenn der Verkäufer den Transport selbst oder durch seine eigenen Leute ausführen lässt.[53]
Beim Verbrauchsgüterkauf gilt § 447 dagegen nur, wenn der Käufer den Spediteur, den Frachtführer oder die sonst zur Ausführung der Versendung bestimmte Person oder Anstalt mit der Ausführung beauftragt hat und der Unternehmer dem Käufer diese Person oder Anstalt nicht zuvor benannt hat (§ 474 Abs. 4).
Auch im Dienstvertragsrecht bleibt auf Grund von Sonderregelungen der Anspruch auf die Gegenleistung (Vergütung) bestehen, wenn die Dienstleistung unmöglich geworden ist (vgl. §§ 615, 616).

53 Zum Meinungsstreit vgl. Palandt/Weidenkaff, § 447 Rdnr. 12.

Hat der Gläubiger die Gegenleistung bereits erbracht, obwohl ein Anspruch auf diese wegen der Unmöglichkeit nicht bestand, kann das Geleistete nach §§ 346 ff. zurückverlangt werden (vgl. § 326 Abs. 4).

MERKE

Grundsätzlich entfällt nach § 326 Abs. 1 der Anspruch auf die Gegenleistung, wenn die Leistung nach § 275 Abs. 1–3 ausgeschlossen ist, es sei denn, es liegt eine Ausnahme von § 326 Abs. 1 vor. Dies ist der Fall, wenn

- **der Gläubiger die alleinige oder überwiegende Verantwortlichkeit dafür trägt, dass der Schuldner nach § 275 Abs. 1–3 nicht zu leisten braucht (§ 326 Abs. 2, 1. Alt.);**
- **der Gläubiger sich im Annahmeverzug befindet, die Leistung während des Annahmeverzuges unmöglich wird und der Schuldner die Unmöglichkeit nicht zu vertreten hat (§ 326 Abs. 2, 2. Alt.). Zu vertreten hat er nach § 300 Abs. 1 nur noch Vorsatz und grobe Fahrlässigkeit;**
- **der Gläubiger das Surrogat nach § 285 verlangt (§ 326 Abs. 3);**
- **die Preisgefahr (z. B. nach § 446 oder – mit Ausnahme des Verbrauchsgüterkaufs – nach § 447) auf den Gläubiger übergegangen ist.**

3.2.2 Rücktritt beim Ausschluss der Leistungspflicht

Ist dem Schuldner die Leistung unmöglich, kann der Gläubiger nach § 326 Abs. 5 vom Vertrag zurücktreten. § 326 Abs. 5 verweist auf die Vorschrift des § 323. Danach räumt der Gesetzgeber dem Gläubiger ein Rücktrittsrecht nur bei gegenseitigen Verträgen ein. Zunächst erscheint es verwunderlich, dass der Gesetzgeber dem Gläubiger ein Rücktrittsrecht einräumt, wenn die Leistungspflicht des Schuldners unmöglich geworden ist. Liegen die Voraussetzungen des § 275 Abs. 1 bis Abs. 3 vor, ist der Gläubiger nach § 326 Abs. 1 von der Gegenleistung befreit. Eines Rücktritts vom Vertrag bedarf es daher nicht.
Außerdem ist der Rücktritt ausgeschlossen, wenn dadurch die Ausnahmeregelungen zum Grundsatz des § 326 Abs. 1 unterlaufen würden. Der Gläubiger kann nicht vom Vertrag zurücktreten, wenn er allein oder überwiegend für den Umstand, aufgrund dessen der Schuldner nach § 275 Abs. 1–3 nicht zu leisten braucht, verantwortlich ist oder er sich in Annahmeverzug befindet (§§ 326 Abs. 5, 323 Abs. 6).
Das Rücktrittsrecht erhält allerdings dann Bedeutung, wenn dem Schuldner seine Leistungspflicht nur teilweise unmöglich ist. Nach § 326 Abs. 1 hat der Gläubiger die Gegenleistung, wenn auch reduziert, zu erbringen. Bei Teilunmöglichkeit des Schuldners kann es aber vorkommen, dass der Gläubiger an einer Teilleistung nicht interessiert ist. Dann steht ihm die Möglichkeit offen, vom Vertrag gänzlich zurückzutreten. § 326 Abs. 5 verweist auch auf § 323 Abs. 5.

Frau Schmidt hat beim Händler einen Anzug bestellt. Die Jacke verbrennt.

Tritt der Gläubiger nach § 326 Abs. 5 vom Vertrag zurück, bedarf es entgegen § 323 Abs. 1 keiner Fristsetzung. Eine solche hätte auch keinen Sinn, weil die Leistungspflicht des Schuldners ausgeschlossen ist.

MERKE

Der Gläubiger kann beim Ausschluss der Leistungspflicht (§ 275 Abs. 1–3) des Schuldners vom Vertrag zurücktreten, es sei denn es liegt eine Ausnahme nach § 326 Abs. 2 vor (§§ 326 Abs. 5, 323 Abs. 6).

3.2.3 Schadensersatz statt der Leistung

Braucht der Schuldner nach § 275 Abs. 1 bis 3 die Leistung nicht zu erbringen, kann der Gläubiger von ihm auch Schadensersatz statt der Leistung verlangen.
Aus welcher Vorschrift sich der Schadensersatzanspruch statt der Leistung ergibt, hängt vom Zeitpunkt ab, in dem das Leistungshindernis eingetreten ist.
Zu unterscheiden ist ein Schadensersatz statt der Leistung

- bei anfänglicher Unmöglichkeit (§ 311a Abs. 2)
- bei nachträglicher Unmöglichkeit (§ 280 Abs. 1 und 3, § 283).

3.2.3.1 Anfängliche Unmöglichkeit

Anfängliche Unmöglichkeit liegt vor, wenn die Unmöglichkeit bereits bei Vertragsschluss vorgelegen hat.

Herr Schulte kauft von Herrn Müller das Reitpferd Max. Max war auf der Wiese aber bereits vom Blitz getroffen worden und verendet.

Ein Schadensersatzanspruch des Gläubigers richtet sich in diesem Fall nach § 311a Abs. 2. In § 311a Abs. 1 hat der Gesetzgeber nämlich klargestellt, dass ein Vertrag seine Wirksamkeit nicht dadurch verliert, dass sich der Schuldner bei Vertragsschluss zu einer Leistung verpflichtet, die er nie erbringen kann.
Der Anspruch auf Schadensersatz entfällt, wenn der Schuldner die Unmöglichkeit nicht kannte und seine Unkenntnis auch nicht zu vertreten hat (§ 311a Abs. 2 S. 2).
Dies bedeutet, der Schuldner haftet, wenn er positive Kenntnis vom Leistungshindernis bei Vertragsschluss hatte oder ihm der Vorwurf gemacht werden kann, dass er das Leistungshindernis hätte kennen müssen. In diesem Zusammenhang stellt sich die Frage, inwieweit der Schuldner verpflichtet ist, sich über seine Leistungsfähigkeit zu vergewissern.

Ist Herr Müller verpflichtet, sich zu erkundigen, ob das Reitpferd Max auf der Wiese noch lebt, bevor er es an Herrn Schulte verkauft?

Generell besteht eine solche Erkundigungspflicht nicht. Liegen im Einzelfall aber besondere Umstände vor, die die Leistungsfähigkeit des Schuldners gefährden können, muss eine solche Pflicht bejaht werden.[54]

[54] Musielak/Hau, Rdnr. 601.

Wenn sich in der Umgebung seit einiger Zeit Pferdediebe aufhalten, muss sich Herr Müller vor Kaufvertragsabschluss vergewissern, ob sich das Reitpferd Max noch auf der Weide befindet.

Nach § 311a Abs. 2 hat der Gläubiger auch die Wahl, anstelle des Schadensersatzes statt der Leistung den Ersatz seiner Aufwendungen zu verlangen. § 311a Abs. 2 verweist insoweit auf § 284.
Für eine vom Schuldner erbrachte Teilleistung gilt § 281 Abs. 1 S. 2. Verlangt der Gläubiger Schadensersatz statt der Leistung, kann der Schuldner das Geleistete nach den §§ 311a Abs. 2 S. 3, 281 Abs. 5, 346 ff. zurückverlangen.

MERKE

Bei anfänglicher Unmöglichkeit kann der Gläubiger nach § 311a Abs. 2 wahlweise vom Schuldner Schadensersatz statt der Leistung oder Ersatz seiner Aufwendungen nach § 284 verlangen.

3.2.3.2 Nachträgliche Unmöglichkeit

Nachträgliche Unmöglichkeit liegt vor, wenn die Unmöglichkeit nach Vertragsschluss eingetreten ist.

Frau Schneller hat einem Autohändler ein gebrauchtes Fahrzeug gekauft. Bevor Frau Schneller den Wagen am nächsten Tag abholen kann, verkauft der Autohändler das Fahrzeug an Herrn Hoffmann, der es sofort mitnimmt. Der Autohändler kann seine Verpflichtung nach § 433 Abs. 1 gegenüber Frau Schneller nicht mehr erfüllen. Diese Unmöglichkeit ist nach Vertragsschluss eingetreten.

Ein Schadensersatzanspruch des Gläubigers richtet sich in diesem Fall nach §§ 280 Abs. 1 und Abs. 3, 283.
Erste Voraussetzung des § 280 Abs. 1 ist ein wirksames Schuldverhältnis. Gleichgültig ist, ob es sich um ein rechtsgeschäftliches oder gesetzliches Schuldverhältnis, etwa die Geschäftsführung ohne Auftrag (§ 677), handelt. § 280 Abs. 1 ist sowohl auf einseitig als auch auf gegenseitig verpflichtende Verträge anwendbar. Es reichen auch rechtsgeschäftsähnliche Schuldverhältnisse (§ 311 Abs. 2) aus.
Als Nächstes muss eine Pflichtverletzung vorliegen. Diese liegt bei der nachträglichen Unmöglichkeit darin, dass der Schuldner die geschuldete Leistung nicht erbringt.
§ 280 Abs. 3 gewährt dem Gläubiger aber nur dann einen Schadensersatzanspruch statt der Leistung, wenn die zusätzlichen Voraussetzungen des § 283 vorliegen. Danach muss die Nichtleistung des Schuldners darauf beruhen, dass seine Leistung nach § 275 Abs. 1 bis 3 ausgeschlossen ist.
§ 283 gewährt dem Gläubiger wiederum nur dann einen Anspruch auf Schadensersatz statt der Leistung, wenn die Voraussetzungen des § 280 Abs. 1 erfüllt sind. Als letzte Voraussetzung eines Schadensersatzanspruchs muss der Schuldner demnach die Pflichtverletzung zu vertreten haben (§ 280 Abs. 1 S. 2).

Was der Schuldner zu vertreten hat, richtet sich nach den §§ 276 bis 278. Er muss also grundsätzlich die Pflichtverletzung, also die Gründe, die zum Ausschluss seiner Leistungspflicht (§ 275 Abs. 1 bis 3) geführt haben, vorsätzlich oder fahrlässig hervorgerufen haben.

Das verkaufte Fahrrad wird vor der Übereignung gestohlen. Der Verkäufer hatte das Fahrrad unverschlossen über Nacht vor seinem Haus abgestellt. Der Verkäufer hat die Umstände, die zu seiner Nichtleistung geführt haben, fahrlässig herbeigeführt.

Ein Verschulden des Erfüllungsgehilfen hat sich der Schuldner nach § 278 wie eigenes Verschulden zuzurechnen.

Heini arbeitet in der Werkstatt des Fahrradhändlers Brause und repariert Fahrräder. Aus Unachtsamkeit stellt Heini das dem Herrn Sommer gehörende Fahrrad, das er gerade repariert hat, zu den verkäuflichen Gebrauchträdern. Wird Herrn Sommers Fahrrad anderweitig verkauft, ist Herrn Brause die Rückgabe des Fahrrades unmöglich. Die Pflichtverletzung hat Herr Brause zu vertreten, weil er sich die Unachtsamkeit seines Arbeitnehmers gem. § 278 zurechnen lassen muss.

Aufgrund der Negativformulierung des § 280 Abs. 1 S. 2 muss das Vertretenmüssen nicht positiv festgestellt werden. Vielmehr wird das Vertretenmüssen des Schuldners vermutet. § 280 Abs. 1 S. 2 enthält eine Beweislastumkehr: Der Schuldner muss darlegen und beweisen, dass er die Pflichtverletzung, also die Gründe, die zum Ausschluss der Leistungspflicht nach § 275 Abs. 1–3 geführt haben, nicht zu vertreten hat. Hiervon sieht § 619a wiederum eine Ausnahme vor: Bei einer Pflichtverletzung aus dem Arbeitsverhältnis hat der Arbeitgeber das Verschulden des Arbeitnehmers zu beweisen. Dies beruht auf dem Gedanken, dass der Arbeitgeber den Tatsachen, auf die es dabei ankommt, für den Beweis näher ist und er aufgrund seines Weisungsrechtes das Organisationsrisiko trägt.

MERKE

Bei nachträglicher Unmöglichkeit kann der Gläubiger Schadensersatz statt der Leistung nach den §§ 280 Abs. 1 und Abs. 3, 283 verlangen.

3.2.4 Inhalt des Schadensersatzanspruchs

Der Schadensersatzanspruch statt der Leistung ist auf das positive Interesse (Erfüllungsinteresse) gerichtet. Dies bedeutet, der Gläubiger ist so zu stellen, wie er bei ordnungsgemäßer Erfüllung des Vertrags gestanden hätte.[55] Dies gilt unabhängig davon, ob Schadensersatz statt der Leistung wegen anfänglicher (§ 311a Abs. 2) oder nachträglicher Unmöglichkeit (§§ 280 Abs. 1 und 3, 283) geltend gemacht wird.
Zu ersetzen ist zunächst der Wert der unmöglichen Leistung. Darüber hinaus sind auch die höheren Kosten für eine Ersatzbeschaffung und ein entgangener Gewinn ersatzfähig.

---

[55] Brox/Walker SchR AT, § 22, Rdnr. 57.

Es gelten insoweit die allgemeinen Regeln der §§ 249 ff. Abweichend von § 249 Abs. 1 S. 1 ist der Anspruch auf Schadensersatz in Geld gerichtet.

Frau Jordan verkauft Herrn Albers ihr Fahrzeug für 3.500 €. Der Pkw hat objektiv einen Wert von 4.000 €. Vor Übergabe des Fahrzeuges an Herrn Albers wird der Pkw bei einem von Frau Jordan verschuldeten Verkehrsunfall zerstört. Das Erfüllungsinteresse des Herrn Albers beträgt 4.000 €.

Bei gegenseitigen Verträgen hat der Gläubiger die Möglichkeit, seinen Schaden entweder nach der Differenztheorie oder der Austausch- bzw. Surrogationstheorie zu berechnen. Bei der Differenztheorie[56] braucht der Gläubiger seine Gegenleistung nicht mehr zu erbringen. Es wird der Wert der unmöglich gewordenen Leistung des Schuldners und der Wert der nicht mehr zu erbringenden Gegenleistung (§ 326 Abs. 1) des Gläubigers gegenübergestellt.
Der ersatzfähige Schaden besteht in der Differenz zwischen dem Wert der Leistung und dem Wert der Gegenleistung zuzüglich etwaiger Folgeschäden.

Im vorherigen Beispiel berechnet sich der Schadensersatz des Herrn Albers nach der Differenztheorie wie folgt: 4.000 € (Wert der Leistung) abzüglich 3.500 € (Wert der Gegenleistung) ergibt 500 € Differenz (Höhe des Schadensersatzanspruchs).

Bei der Austausch- bzw. Surrogationstheorie[57] hat der Gläubiger die Gegenleistung zu erbringen. Da dem Schuldner die Leistung unmöglich geworden ist, tritt an deren Stelle (Surrogat) der Wert der Leistung. Diesen Wert kann der Gläubiger im Austausch gegen seine Gegenleistung verlangen.

Nach der Austausch- bzw. Surrogationstheorie würde an die Stelle der unmöglichen Leistung (Übergabe des Pkw) der Wert der Leistung treten. Dies sind 4.000 €. Diese 4.000 € könnte Herr Albers von Frau Jordan verlangen, müsste aber dafür seine Gegenleistung erbringen, nämlich Frau Jordan 3.500 € geben.

Beide Theorien führen zum selben Ergebnis, wenn die Gegenleistung in Geld besteht. Bei der Austausch- bzw. Surrogationstheorie besteht nämlich die Möglichkeit der Aufrechnung.

Im vorherigen Beispiel muss Herr Albers nicht zunächst 3.500 € an Frau Jordan bezahlen und Frau Jordan nicht 4.000 € an Herrn Albers. Vielmehr kann Herr Albers nach § 387 die Aufrechnung erklären. Im steht dann ein Schadensersatzanspruch in Höhe von 500 € gegen Frau Jordan zu.

Die Wahlmöglichkeit des Gläubigers, seinen Schaden nach der Differenz- oder Austausch- bzw. Surrogationstheorie zu berechnen, hat deshalb nur dann praktische Bedeutung, wenn die Gegenleistung nicht in Geld, sondern als Sachleistung zu erbringen ist. Die Austausch-

---

56 Brox/Walker SchR AT § 22 Rdnr. 58; Palandt/Grüneberg, § 281 Rdnr. 18.

57 BroxWalker SchR AT, § 22 Rdnr. 59; Palandt/Grüneberg, ebenda.

bzw. Surrogationstheorie wird für den Gläubiger dann von Interesse sein, wenn er die Sache bereits übergeben hat oder sie unbedingt loswerden möchte.

Marcel hat zum Geburtstag eine CD (Wert 29,90 €) der Beatles geschenkt bekommen. Kurz vorher hatte er sich dieselbe CD bereits selbst gekauft. Mit seinem Freund Lukas vereinbart er, mit ihm die CD der Beatles gegen eine dem Lukas gehörende CD von ABBA (Wert 28 €) zu tauschen. Bevor der Tausch stattfinden kann, schüttet Lukas aus Unachtsamkeit Limonade über die CD von ABBA. Die CD ist unbrauchbar. Da Marcel die CD der Beatles doppelt hat, wird sein Interesse sein, seinen Schaden nach der Austausch- bzw. Surrogationstheorie zu berechnen. Er möchte weiterhin Lukas die CD von den Beatles übergeben und im Gegenzug von Lukas den Wert der CD von ABBA, nämlich 28 €, erhalten.

MERKE

Grundsätzlich erfolgt die Schadensberechnung nach der Differenztheorie, d.h. der Gläubiger braucht die Gegenleistung nicht mehr zu erbringen. Sein Schaden liegt in der Differenz zwischen dem Wert der Leistung und dem Wert der Gegenleistung.
Der Gläubiger hat aber die Wahlmöglichkeit, seinen Schaden nach der Austausch- bzw. Surrogationstheorie zu berechnen, wenn er die Gegenleistung bereits erbracht hat oder er sie loswerden möchte. Dies bedeutet, der Gläubiger muss die Gegenleistung erbringen und kann vom Schuldner den Wert der ursprünglich geschuldeten Leistung verlangen.

Besonderheiten gelten auch, wenn dem Schuldner nur ein Teil der Leistung unmöglich ist. Grundsätzlich kann der Gläubiger nur für den Teil der Leistung, die dem Schuldner unmöglich geworden ist, Schadensersatz verlangen. Bei einer Teilunmöglichkeit bleibt der Schuldner verpflichtet, den noch möglichen Teil zu erbringen.

Die Geschäftsführerin der Theater-GmbH hat für die Bestuhlung des Theaters 500 Stühle (Restposten) bei der Firma Holz & Co. bestellt. Die Stühle werden auf einen Lkw mit Anhänger transportiert. Auf dem Weg zur Theater-GmbH kommt es zu einem Unfall. Der Anhänger stürzt um, alle Stühle werden zerstört. Die Leistungspflicht der Firma Holz & Co. ist nur für die Stühle, die sich auf dem Anhänger befanden, ausgeschlossen (§ 275 Abs. 1). Für die Stühle, die sich auf der Zugmaschine befinden und die nicht zerstört sind, besteht weiterhin die Leistungsverpflichtung.

In diesem Fall spricht man vom sog. kleinen Schadensersatz.
Allerdings kann es auch möglich sein, dass der Gläubiger an der gesamten Leistung kein Interesse mehr hat. In diesem Fall verweist § 311a Abs. 2 auf § 281 Abs. 1 S. 2 und 3 und Abs. 5. Unter den Voraussetzungen des § 281 Abs. 2 und 3 steht es dem Gläubiger frei, bei Teilunmöglichkeit des Schuldners auf den erbrachten Teil der Leistung zu verzichten und Schadensersatz statt der ganzen Leistung zu verlangen.
Diese Möglichkeit steht ihm nur offen, wenn er an der Teilleistung kein Interesse hat, für ihn also nur die gesamte Leistung Sinn hat.

Im vorherigen Beispiel wird die Theater-GmbH ein Interesse an einer einheitlichen Bestuhlung des Theaters haben. Es hat für sie keinen Sinn, nur einen Teil der Stühle zu erhalten. Sie kann deshalb Schadensersatz statt der ganzen Leistung nach § 281 Abs. 1 S. 2 verlangen.

Wählt der Gläubiger den großen Schadensersatz, kann der Schuldner das Geleistete nach den §§ 346 bis 348 zurückfordern (vgl. § 281 Abs. 5).

3.2.4.1 Aufwendungsersatz

§284

Der Gläubiger hat nach § 284 auch das Recht, anstelle des Schadensersatzes statt der Leistung Ersatz vergeblicher Aufwendungen zu verlangen, wenn dem Schuldner die Leistung unmöglich ist.

§ 284 hat folgenden Sinn: Der Schadensersatzanspruch statt der Leistung (§ 283) ist auf das positive Interesse gerichtet. Dies bedeutet, der Gläubiger ist so zu stellen, wie er bei ordnungsgemäßer Vertragserfüllung stehen würde.

Hat der Gläubiger Aufwendungen getätigt, sind diese, wenn dem Schuldner die Leistung unmöglich ist, nutzlos geworden. Dies wären z. B. Kosten für ein Sachverständigengutachten, Beurkundungskosten, Fahrtkosten, um die Ware abzuholen.

Diese Aufwendungen werden vom Anspruch auf Schadensersatz statt der Leistung (§ 283) nicht erfasst, weil sie auch bei ordnungsgemäßer Erfüllung des Vertrags angefallen wären. Der Gläubiger hat nun die Möglichkeit, diese Kosten über § 284 ersetzt zu verlangen.

Der Anspruch auf Aufwendungsersatz kann nur alternativ zum Schadensersatz statt der Leistung geltend gemacht werden. Dies bedeutet, dass zunächst die Voraussetzungen des § 311a Abs. 1 (anfängliche Unmöglichkeit) bzw. § 280 Abs. 1 und Abs. 3, § 283 (nachträgliche Unmöglichkeit) vorliegen müssen.

Des Weiteren muss der Gläubiger Aufwendungen gemacht haben. Aufwendungen sind Vermögensopfer, die im Hinblick auf den Vertrag gemacht wurden. Der Begriff ist weit auszulegen, sodass auch das Eingehen von Verbindlichkeiten oder die eigene Arbeitskraft des Gläubigers Aufwendungen i. S. d. § 284 darstellen.

Die Aufwendungen müssen allerdings im Vertrauen auf den Erhalt der Leistung gemacht worden sein. Aufwendungen, die der Gläubiger vor der Entstehung des Anspruchs gemacht hat, fallen nicht unter § 284, denn diese Aufwendungen werden nicht im Vertrauen auf den Erhalt der Leistung getätigt.[58] So z. B. die Fahrt zum Schuldner, um zunächst den Vertragsgegenstand in Augenschein zu nehmen.

§ 284 schränkt den Ersatzanspruch auf solche Aufwendungen ein, die der Gläubiger »billigerweise« machen durfte. Es gelten insoweit die Grundsätze des § 254.

Erkennt der Gläubiger, dass er die Leistung nicht erhalten wird, und tätigt er dennoch Aufwendungen, sind diese nach § 284 nicht zu ersetzen. Auch kann der Gläubiger solche Aufwendungen nicht ersetzt verlangen, die im krassen Missverhältnis zur ursprünglich geschuldeten Leistung stehen.[59]

Frau Schneider hat im Vertrauen auf den Erwerb eines Kanarienvogels (Wert 20 €) einen goldenen Käfig (Wert 10.000 €) anfertigen lassen.

[58] Vgl. Palandt/Grüneberg § 284 Rdnr. 6.

[59] Vgl. Palandt/Grüneberg § 284, Rdnr, 7.

Die Aufwendungen sind nach § 284 nicht zu ersetzen, wenn deren Zweck auch ohne die Pflichtverletzung des Schuldners nicht erreicht worden wäre.

Der Käufer eines Hundes kann seine Aufwendungen (Kosten für Hundefutter, Leine und Hundekörbchen) nicht ersetzt verlangen, wenn der Hund vor Übergabe stirbt, der Käufer aber unter einer Hundeallergie leidet und er den Hund deshalb nicht hätte abnehmen können.

Liegen die Voraussetzungen des § 284 vor, kann der Gläubiger seine nutzlos gewordenen Aufwendungen vom Schuldner ersetzt verlangen.

MERKE

Der Gläubiger hat das Recht, seine nutzlos gewordenen Aufwendungen nach § 284 vom Schuldner ersetzt zu verlangen, wenn dessen Leistung nach § 275 Abs. 1 bis 3 unmöglich ist.
Der Aufwendungsersatzanspruch kann nur anstelle des Schadensersatzes statt der Leistung geltend gemacht werden.

3.2.4.2 Herausgabe des Ersatzes §285

Schließlich kann der Gläubiger bei der Unmöglichkeit der Leistung nach § 285 vorgehen. Erlangt der Schuldner nämlich für den geschuldeten Gegenstand einen Ersatz oder einen Ersatzanspruch, so kann der Gläubiger Herausgabe des als Ersatz Empfangenen oder Abtretung des Ersatzanspruchs verlangen.
Gemeint ist damit dasjenige, was der Schuldner anstelle des geschuldeten Gegenstands erlangt hat, sog. stellvertretendes commodum.

Der gekaufte Pkw wird zerstört, an die Stelle des Pkw tritt der Anspruch aus dem Versicherungsvertrag gegen die Versicherungsgesellschaft. Der Schuldner hat dem Gläubiger entweder die Versicherungssumme (Herausgabe des als Ersatz Empfangenen) herauszugeben oder er hat den Anspruch, der ihm gegenüber der Versicherungsgesellschaft zusteht, dem Gläubiger abzutreten.

Macht der Gläubiger seinen Anspruch aus § 285 Abs. 1 geltend, mindert sich selbstverständlich sein Schadensersatzanspruch statt der Leistung (§ 285 Abs. 2).

MERKE

Ist die Leistungspflicht des Schuldners nach § 275 Abs. 1 ausgeschlossen oder kann er sie unter den Voraussetzungen des § 275 Abs. 2 und 3 verweigern, stehen dem Gläubiger folgende Rechte zu:

- **bei gegenseitigen Verträgen entfällt grundsätzlich die Gegenleistungspflicht (§ 326 Abs. 1), es sei denn es kommt eine Ausnahme nach § 326 Abs. 2 in Betracht;**
- **daneben hat der Gläubiger das Recht, vom Vertrag zurückzutreten (§ 326 Abs. 5, § 323) und Schadensersatz zu verlangen (§ 325);**

- **sowohl bei einseitigen als auch bei gegenseitigen Verträgen hat der Gläubiger das Recht, Schadensersatz statt der Leistung zu verlangen (§ 280 Abs. 1 und 3, § 283);**
- **anstelle des Schadensersatzes statt der Leistung kann der Gläubiger nach § 284 auch Ersatz der Aufwendungen verlangen;**
- **schließlich hat der Gläubiger die Möglichkeit, Herausgabe des Ersatzes oder Abtretung des Ersatzanspruchs (§ 285) zu verlangen.**

4 VERZUG

Im Gegensatz zur Leistungsstörung der Unmöglichkeit ist beim Verzug die Leistung an sich erbringbar. Der Gesetzgeber unterscheidet zwischen dem Schuldnerverzug und dem Gläubigerverzug.

4.1 Schuldnerverzug

Erbringt der Schuldner seine Leistung nicht rechtzeitig, begeht er eine Pflichtverletzung i. S. d. § 280 Abs. 1, durch die dem Gläubiger ein Schaden entstehen kann.
Die Rechte des Gläubigers richten sich danach, ob er nur den Schaden ersetzt haben möchte, der ihm durch die nicht rechtzeitige Leistung des Schuldners entstanden ist, im Übrigen aber weiterhin auf der Leistungspflicht besteht (Ersatz des Verzögerungsschadens), oder ob er an der gesamten Leistung des Schuldners kein Interesse mehr hat und deshalb Schadensersatz statt der ganzen Leistung verlangt.

4.1.1 Verzögerungsschaden

Will der Gläubiger den Verzögerungsschaden geltend machen, kann er dies nur unter den zusätzlichen Voraussetzungen des § 280 Abs. 2. Dies bedeutet, die Tatbestandsmerkmale des § 286 müssen erfüllt sein.
Zunächst muss die Leistung des Schuldners fällig sein. Die Fälligkeit richtet sich nach § 271 Abs. 1. Ist die Leistung noch nicht fällig, kann der Schuldner insofern keine Pflichtverletzung begehen.
Des Weiteren muss eine Mahnung des Gläubigers erfolgt sein (§ 286 Abs. 1 S. 1). Mahnung ist die formlose Aufforderung an den Schuldner, die Leistung nunmehr zu erbringen.[60] Die Mahnung stellt zwar kein Rechtsgeschäft, sondern nur eine geschäftsähnliche Handlung dar, aber die Vorschriften über Rechtsgeschäfte sind entsprechend anzuwenden.[61] Nach § 286 Abs. 1 S. 2 stehen der Mahnung die Erhebung der Klage auf die Leistung sowie die Zustellung eines Mahnbescheides im Mahnverfahren gleich.
Nach § 286 Abs. 2 ist die Mahnung des Gläubigers in den vier folgenden Fällen entbehrlich:

- § 286 Abs. 2 Nr. 1, wenn die Zeit für die Leistung nach dem Kalender bestimmt ist. Folgende Angaben wären nach dem Kalender bestimmbar: Lieferung 13. Kalenderwoche oder acht Tage nach Vertragsschluss oder im September. Nicht ausreichend

60 Palandt/Grüneberg, § 286, Rdnr. 16.
61 BGH NJW 06, 687.

dagegen: Lieferung in ca. drei Wochen oder sobald die erforderlichen Unterlagen vorliegen.

- § 286 Abs. 2 Nr. 2, wenn der Leistung ein Ereignis vorauszugehen hat und eine angemessene Zeit für die Leistung in der Weise bestimmt ist, dass sie sich von dem Ereignis an nach dem Kalender berechnen lässt So etwa: Zwei Wochen nach Kündigung oder eine Woche nach Geburt des Kindes, nicht dagegen: Zahlung sofort nach Lieferung, da »sofort« nicht nach dem Kalender berechenbar ist.
- § 286 Abs. 2 Nr. 3, wenn der Schuldner die Leistung ernsthaft und endgültig verweigert. So Äußerungen des Gläubigers, er werde »auf gar keinen Fall«, »unter keinen Umständen«, »niemals« leisten.
- § 286 Abs. 2 Nr. 4, wenn aus besonderen Gründen unter Abwägung der beiderseitigen Interessen der sofortige Eintritt des Verzuges gerechtfertigt ist.

Der Schuldner hat die Leistung angekündigt, leistet entgegen seiner Ankündigung dann doch nicht (sog. Selbstmahnung) oder wenn der Schuldner auf Grund der besonderen Dringlichkeit des Vertrags »schnellstmögliche Reparatur« zugesichert hat, der Schuldner aber nicht erscheint. In beiden Fällen ist der Schuldner nicht schutzwürdig, sodass unter Abwägung der beiderseitigen Interessen eine Mahnung entbehrlich ist.

§ 286 Abs. 3 regelt den Fall, dass der Schuldner einer Entgeltforderung ohne Mahnung des Gläubigers in Verzug kommt, wenn er spätestens 30 Tage nach Fälligkeit und Zugang einer Rechnung oder einer gleichwertigen Zahlungsaufstellung nicht geleistet hat. Daneben kann Verzug natürlich auch vor Ablauf der 30 Tage durch eine Mahnung begründet werden.
§ 286 Abs. 3 ist nur auf Entgeltforderungen anwendbar. Um solche handelt es sich, wenn sie auf Zahlung eines Entgeltes für die Lieferung von Gütern oder sonstigen Leistungen gerichtet sind. Um Entgeltforderungen handelt es sich z. B. bei der Kaufpreisforderung (§ 433 Abs. 2), bei der Mietforderung (§ 535 Abs. 2) oder bei der Vergütungsforderung (§ 611 Abs. 1, § 631 Abs. 1).
Von § 286 Abs. 3 werden dagegen keine Schadensersatzansprüche, Bereicherungsansprüche oder Zahlungsansprüche gegen Versicherungs-gesellschaften erfasst. Zwar handelt es sich hier auch um Geldforderungen, aber nicht um Entgeltforderungen.
Ist der Schuldner Verbraucher (§ 13), treten die Folgen des § 286 Abs. 3 nur dann ein, wenn er in der Rechnung oder Zahlungsaufstellung besonders auf sie hingewiesen wurde.
Bestehen Unsicherheiten über den Zeitpunkt des Zugangs der Rechnung oder Zahlungsaufstellung, kommt der Schuldner, der nicht Verbraucher ist, spätestens 30 Tage nach Fälligkeit und Empfang der Gegenleistung in Verzug.

Der Baustoffhändler Schneider liefert an Kaminski 20 Zentner Zement. Am 01.09. erfolgt die Auslieferung. Kaminski bestreitet, eine Rechnung erhalten zu haben. Nach 30 Tagen ab Empfang der Leistung, also ab 01.10., kommt Kaminski in Verzug.

Nach § 286 Abs. 4 kommt der Schuldner nicht in Verzug, solange die Leistung infolge eines Umstandes unterbleibt, den er nicht zu vertreten hat.
Die Vorschrift modifiziert § 280 Abs. 1 S. 2: Danach muss der Schuldner beweisen, dass er die Pflichtverletzung nicht zu vertreten hat. § 286 Abs. 4 dagegen bezieht sich auf den

Zeitpunkt, in dem alle Voraussetzungen des Verzuges vorliegen.[62] Treten zwischen Vertragsschluss und Zugang der Mahnung Umstände ein, die der Schuldner nicht zu vertreten hat, so gerät er nicht in Verzug.
Was der Schuldner zu vertreten hat, richtet sich nach §§ 276 bis 278. Der Schuldner muss also die Verzögerung der Leistung grundsätzlich vorsätzlich oder fahrlässig herbeigeführt haben. Er hat nach § 276 Abs. 1 aber auch eine unverschuldete Verzögerung zu vertreten, wenn er eine Garantie für die rechtzeitige Leistung übernommen hat oder wenn er das Beschaffungsrisiko trägt.
Ein Nichtverschulden des Schuldners kommt dagegen in Betracht, wenn der Schuldner wegen höherer Gewalt oder einer schweren Erkrankung nicht leisten kann.
Liegen die Voraussetzungen des § 280 Abs. 1 und Abs. 2, § 286 vor, hat der Gläubiger Anspruch auf Ersatz des Verzögerungsschadens, d. h., er kann den Schaden geltend machen, der ihm durch die Verzögerung der Leistung entstanden ist. Der Gläubiger ist also so zu stellen, wie er stehen würde, wenn der Schuldner die Leistung rechtzeitig erbracht hätte.[63]

Die von der Theater-GmbH gekauften Stühle für die bevorstehende Premiere werden nicht rechtzeitig geliefert. Deshalb muss die Theater-GmbH bei einem anderen Unternehmer für den Tag 300 Stühle mieten. Die Miete beträgt 30 € pro Stuhl und Tag. Diese Kosten kann die Theater-GmbH als Verzögerungsschaden ersetzt verlangen.

Nach § 280 Abs. 1 und Abs. 2, § 286, § 288 Abs. 1 kann der Gläubiger einer Geldschuld Verzugszinsen verlangen, wenn sich die Zahlung des Schuldners verzögert. Der Verzugszins beträgt grundsätzlich 5 % über dem jeweiligen Basiszinssatz (§ 247). Der Basiszinssatz verändert sich zum 1. Januar und 1. Juli eines jeden Jahres um die Prozentpunkte, um welche die Bezugsgröße seit der letzten Veränderung des Basiszinssatzes gestiegen oder gefallen ist. Bezugsgröße ist der Zinssatz für die jüngste Hauptrefinanzierungsoperation der Europäischen Zentralbank vor dem ersten Kalendertag des betreffenden Halbjahres.
Nach § 288 Abs. 2 beträgt der Zinssatz bei Rechtsgeschäften, an denen ein Verbraucher nicht beteiligt ist, 9 % über dem jeweiligen Basiszinssatz. Der Gläubiger kann einen höheren Zinssatz verlangen, wenn sich dies aus einem anderen Rechtsgrund, z. B. durch vertragliche Vereinbarung, ergibt.
Des Weiteren kann der Gläubiger über § 288 Abs. 1 und Abs. 2 hinaus einen weiteren Schaden geltend machen (§ 288 Abs. 4).

Herr Franzke hat einen Bankkredit zu 14 % Zinsen aufgenommen. Dadurch, dass Herr Müller ihm den Kaufpreis für das verkaufte Fahrzeug nicht rechtzeitig zahlt, kann Herr Franzke das Darlehen bei der Bank nicht tilgen. Ihm ist ein weiterer Schaden, nämlich Zahlung der 14 % Kreditzinsen, entstanden, den er nach § 280 Abs. 1 und Abs. 2, § 286 als Verzögerungsschaden von Herrn Müller verlangen kann.

§ 288 Abs. 5 und Abs. 6 enthält weitere Regelungen, wenn sich der Schuldner einer Entgeltforderung in Verzug befindet.

---

[62] Vgl. Musielak/Hau, Rdnr. 552; Palandt/Grüneberg, § 286 Rdnr. 32.

[63] Palandt/Grüneberg, § 286 Rdnr. 45.

4.1.2 Schadensersatz statt der Leistung

Nach § 280 Abs. 1 und Abs. 3, § 281 hat der Gläubiger, wenn sich der Schuldner in Verzug befindet, auch die Möglichkeit, Schadensersatz statt der Leistung zu verlangen, wenn er aufgrund der Verzögerung kein Interesse mehr an der Leistung hat. Der Erfüllungsanspruch bleibt auch nach Fristablauf i. S. d. § 281 Abs. 1 bestehen und erlischt erst, wenn der Gläubiger Schadensersatz verlangt.

MERKE

Macht der Gläubiger Schadensersatz statt der Leistung geltend, ist der Anspruch auf die Leistung ausgeschlossen (vgl. § 281 Abs. 4).

Als erste Voraussetzung muss zunächst wieder gem. § 280 Abs. 1 ein vertragliches oder gesetzliches Schuldverhältnis vorliegen. Die erforderliche Pflichtverletzung beruht darauf, dass der Schuldner die geschuldete Leistung nicht erbringt.
Nach § 280 Abs. 3 sind die zusätzlichen Voraussetzungen des § 281 zu beachten.
Nach § 281 Abs. 1 muss die Leistung fällig sein, diese ist in § 271 geregelt.
Als weitere Voraussetzung muss der Gläubiger dem Schuldner eine angemessene Nachfrist gesetzt haben. Der Gläubiger muss dem Schuldner also unmissverständlich klar machen, dass er die Leistung nunmehr verlangt und er nach dem erfolglosen Fristablauf Schadensersatz statt der Leistung verlangen wird. Wann die Nachfrist als angemessen anzusehen ist, hängt vom Einzelfall ab. Jedenfalls muss sie so bemessen sein, dass der Schuldner die letzte Gelegenheit erhält, den Vertrag nunmehr zu erfüllen. Allerdings muss die Frist nicht so lange sein, dass der Schuldner die noch gar nicht begonnene Leistung erst anfangen und fertig stellen kann.[64]
Der Gesetzgeber sieht in § 281 zwei Fälle vor, bei denen die Fristsetzung entbehrlich ist: Entweder der Schuldner verweigert ernsthaft und endgültig die Leistung oder es liegen besondere Umstände vor, die es unter Abwägung der beiderseitigen Interessen rechtfertigt, sofort den Schadensersatzanspruch geltend zu machen.
Im ersten Fall wäre es sinnlos, dem Schuldner eine Nachfrist zu setzen, wenn dieser bereits zum Ausdruck gebracht hätte, dass er auf gar keinen Fall leisten werde.
Mit dem zweiten Fall werden insbesondere sog. Just-in-time-Verträge erfasst.[65] Bei solchen Verträgen verpflichtet sich der Schuldner, zu einem bestimmten Zeitpunkt zu liefern, damit die Produktion des Gläubigers ordnungsgemäß weiterlaufen kann. Verzögert sich die Leistung des Schuldners, muss der Gläubiger die Möglichkeit haben, sich sofort anderweitig um eine Ersatzbeschaffung zu kümmern.
Besondere Umstände können auch bei einem Interessenwegfall des Gläubigers an der Leistung des Schuldners bejaht werden. Dies ist u. a. bei Saisonartikeln, die wegen der Verzögerung nicht mehr verkauft werden können, der Fall.
Nach § 281 Abs. 3 kann der Gläubiger den Schuldner abmahnen, wenn nach der Art der Pflichtverletzung eine Fristsetzung nicht in Betracht kommt. § 281 Abs. 3 soll auf Unterlassungspflichten anwendbar sein.[66]

---

64 BGH NJW 85, 323, 857.

65 BT-Drucks. 14/6040, 140.

66 Vgl. kritisch hierzu Brox/Walker, SchR AT, § 23 Rdnr. 46.

Letztendlich muss der Schuldner die Nichtleistung trotz Möglichkeit der Leistung zu vertreten haben (§ 280 Abs. 1 S. 2). Es wird, wie bei der Unmöglichkeit, das Verschulden vermutet. Der Schadensersatzanspruch des Gläubigers ist auf das positive Interesse gerichtet. Das bedeutet, der Gläubiger ist so zu stellen, wie er bei ordnungsgemäßer Erfüllung des Vertrags stehen würde.
Der Gläubiger hat auch hier ein Wahlrecht, ob er nach der Differenz- oder Austausch- bzw. Surrogationstheorie vorgehen möchte.
Macht der Gläubiger Schadensersatz statt der Leistung nach den §§ 281 ff. geltend, bleibt der Anspruch auf Ersatz des Verzögerungsschadens daneben bestehen. Wahlweise kann der Gläubiger aber auch den Verzögerungsschaden als Rechnungsposten in den Nichterfüllungsschaden einbeziehen.[67]
Hat der Schuldner die Leistung nur teilweise nicht erbracht, kann der Gläubiger auch nur »soweit« (§ 281 Abs. 1) Schadensersatz verlangen (sog. kleiner Schadensersatz). Nach § 281 Abs. 1 S. 2 besteht für den Gläubiger auch die Möglichkeit, den großen Schadensersatz geltend zu machen, wenn er an der Teilleistung kein Interesse hat.

Brause hat Schulte für dessen Hochzeit seinen Hochzeitsanzug geliehen. Trotz Nachfristsetzung gibt Schulte nur die Anzugsjacke zurück.

Das mangelnde Interesse des Gläubigers an der Teilleistung liegt nur dann vor, wenn der Gläubiger mit der Teilleistung objektiv nichts anfangen kann.[68]

Bei dem Hochzeitsanzug, von dem Schulte nur die Jacke zurückgibt, sind Hose und Jacke aus einem besonderen Stoff und zueinander passend angefertigt worden.

Verlangt der Gläubiger den sog. großen Schadensersatz, so hat er nach § 281 Abs. 5 das bereits Geleistete dem Schuldner entsprechend der §§ 346 ff. zurückzugeben.
Bei gegenseitigen Verträgen geht der Anspruch auf die Gegenleistung unter, wenn der Gläubiger seine Rechte aus § 280 Abs. 1 und Abs. 3, § 281 verlangt.[69]

4.1.3 Aufwendungsersatz

Der Gläubiger hat nach § 284 das Recht, anstelle des Schadensersatzes statt der Leistung den Ersatz seiner Aufwendungen zu verlangen. Insoweit wird auf die Ausführungen zur Unmöglichkeit verwiesen.

4.1.4 Rücktritt

Liegt Verzug des Schuldners vor, kann der Gläubiger nach § 323 auch vom Vertrag zurücktreten.
Dass der Gläubiger sowohl vom Vertrag zurücktreten als auch Schadensersatz verlangen kann, ergibt sich aus § 325.

[67] BGH NJW 75, 1740.
[68] Brox/Walker, SchR AT, § 23 Rdnr. 52.
[69] Brox/Walker, SchR AT, § 23 Rdnr. 55.

Will der Gläubiger vom Vertrag mit dem Schuldner zurücktreten, muss als erste Voraussetzung ein gegenseitiger Vertrag vorliegen. Auf nicht gegenseitige Verträge, z. B. Auftrag, Leihe oder Bürgschaft, ist § 323 also nicht anwendbar.
Des Weiteren muss der Schuldner eine fällige Leistung nicht erbracht haben. Die Leistung, die der Schuldner zu erbringen hat, muss selbst aber nicht im Gegenseitigkeitsverhältnis stehen, vielmehr reicht jedwede Leistung aus.[70] Nimmt z. B. der Käufer die gekaufte Sache nicht ab, verletzt er damit seine Nebenleistungspflicht aus § 433 Abs. 2.
Die Fälligkeit der Leistung richtet sich nach § 271. Allerdings sieht § 323 Abs. 4 eine Ausnahme vom Fälligkeitserfordernis vor: Der Gläubiger kann auch vor dem Eintritt der Fälligkeit der Leistung zurücktreten, wenn offensichtlich ist, dass die Voraussetzungen des Rücktritts eintreten werden.

Die Stadt S hat bei der Firma Heilmann am 15.05. ein Gutachten in Auftrag gegeben, das über mögliche Altlasten auf einem Grundstück Auskunft geben soll. Das Gutachten soll am 15.08. vorgelegt werden. Nach Angaben der Firma Heilmann benötigt sie drei Monate für die Erstellung des Gutachtens (Probeentnahmen, Laboruntersuchungen usw.). Wenn die Firma Heilmann am 01.08. noch nicht mit den Probeentnahmen begonnen hat, steht bereits jetzt fest, dass das Gutachten keinesfalls am 15.08. vorliegen kann. Die Stadt S kann vor Fälligkeit von ihrem Rücktrittsrecht (§ 323 Abs. 1, Abs. 4) Gebrauch machen.

Als nächste Voraussetzung muss der Gläubiger dem Schuldner eine Nachfrist setzen. Auch hier muss, wie bei § 281, der Gläubiger den Schuldner zur Leistung auffordern und ihm eine angemessene Frist zur Leistungserbringung setzen.
Nach § 323 Abs. 2 ist die Fristsetzung in einigen Fällen entbehrlich. So bedarf es der Fristsetzung nicht, wenn der Schuldner seine Leistung ernsthaft und endgültig verweigert (§ 323 Abs. 2 Nr. 1). Eine Fristsetzung wäre in diesem Fall auch sinnlos.
§ 323 Abs. 2 Nr. 2 sieht die Fristsetzung als entbehrlich an, wenn der Schuldner die Leistung zu einem vereinbarten Termin bewirken sollte oder sie innerhalb einer bestimmten Frist schuldete. Die Entbehrlichkeit der Nachfristsetzung setzt in diesen Fällen aber voraus, dass nach dem Parteiwillen die Einhaltung des bestimmten Termins oder der Frist so wesentlich ist, dass das Geschäft damit stehen und fallen soll.[71] Der Gläubiger muss also deutlich machen, dass er bei Termin- oder Fristüberschreitung an der Erfüllung des Vertrags kein Interesse mehr hat. Die alleinige Bestimmung einer Leistungszeit reicht für sich genommen also nicht aus (relatives oder einfaches Fixgeschäft).
Vom absoluten Fixgeschäft spricht man, wenn die Einhaltung der Leistungszeit für den Gläubiger so wesentlich ist, dass eine verspätete Leistung für ihn keine Erfüllung mehr darstellt. So wenn die Hochzeitstorte einen Tag nach der Hochzeit geliefert wird. In diesem Fall richten sich die Rechte des Gläubigers nach den Vorschriften der Unmöglichkeit.

---

[70] Palandt/Grüneberg, § 323 Rdnr. 10.

[71] BGH 110, 96.

MERKE

Wird bei einem absoluten Fixgeschäft die Leistung verspätet erbracht, richten sich die Rechtsfolgen nach den Vorschriften der Unmöglichkeit.
Wird bei einem relativen Fixgeschäft die Leistung verspätet erbracht, richten sich die Rechtsfolgen nach den Vorschriften des Verzuges.

Unter § 323 Abs. 2 Nr. 3 werden schließlich die Fälle erfasst, in denen besondere Umstände vorliegen, die unter Abwägung der beiderseitigen Interessen den sofortigen Rücktritt rechtfertigen. Wann solche Umstände vorliegen, hängt vom Einzelfall ab. Der Gesetzgeber hat hier eine Parallele zu § 286 Abs. 2 Nr. 4 und zu § 281 Abs. 2 geschaffen. Zu den Einzelheiten siehe dort.
Der Gläubiger kann nach § 323 Abs. 5 S. 1 bei einer teilweisen Nichtleistung vom ganzen Vertrag zurücktreten. Wie beim Schadensersatz statt der Leistung (§ 281) kommt ein Rücktrittsrecht nur in Betracht, wenn der Gläubiger an der Teilleistung kein Interesse hat. Anderenfalls ist er nur zum Teilrücktritt berechtigt.
Liegen die Voraussetzungen des § 323 Abs. 1 bis Abs. 5 vor, kann der Gläubiger grundsätzlich vom Vertrag zurücktreten. Der Rücktritt kann jedoch nach § 323 Abs. 6 ausgeschlossen sein. Er kommt im ersten Fall nicht in Betracht, wenn der Gläubiger für den Umstand, der ihn zum Rücktritt berechtigen würde, allein oder weit überwiegend verantwortlich ist.

Damit die Firma Heilenbrink das Gutachten erstellen kann, hat sich die Stadt S verpflichtet, bestimmte Informationen beizubringen. Wenn S diese Informationen verspätet oder unrichtig erbringt, kann sie nicht vom Vertrag zurücktreten, wenn dadurch das Gutachten nicht rechtzeitig fertig gestellt werden kann.

Im zweiten Fall ist der Rücktritt ausgeschlossen, wenn sich der Gläubiger im Verzug der Annahme befindet. Außerdem darf der Schuldner die Pflichtverletzung nicht zu vertreten haben. Zu beachten ist, dass der Schuldner nach § 300 Abs. 1 während des Annahmeverzuges nur für Vorsatz und grobe Fahrlässigkeit haftet. Demnach steht dem Gläubiger nicht das Rücktrittsrecht zu, wenn er sich im Annahmeverzug befindet und der Schuldner den Rücktrittsgrund leicht fahrlässig herbeigeführt hat.
Die Parallele zu § 326 Abs. 2 S. 1 wird auch hier deutlich.
Will der Gläubiger von seinem Rücktrittsrecht Gebrauch machen, muss er dies gegenüber dem Schuldner erklären (§ 349).
Als einseitiges Gestaltungsrecht muss der Gläubiger dem Schuldner deutlich machen, dass er an der Erfüllung der primären Leistungspflicht nicht mehr interessiert ist und sich stattdessen vom Vertrag lösen will. Das ursprüngliche Schuldverhältnis wandelt sich in ein Rückabwicklungsschuldverhältnis.[72] Dies bedeutet, dass bereits erbrachte Leistungen nach den Vorschriften über den Rücktritt (§§ 346 ff.) zurückzugewähren sind.

---

[72] Brox/Walker, SchR AT, § 23 Rdnr. 70.

MERKE

Liegt Schuldnerverzug vor, so kann der Gläubiger von dem Schuldner weiterhin die Erfüllung des Vertrags verlangen und den Verzögerungsschaden nach §§ 280 Abs. 1 und Abs. 2, 286 geltend machen. Besteht der Erfüllungsanspruch aus einer Geldschuld, kann der Gläubiger nach §§ 280 Abs. 1 und Abs. 2, 286, 288 Verzugszinsen verlangen. Der Gläubiger kann statt der Leistung auch Schadensersatz nach §§ 280 Abs. 1 und Abs. 3, 281 oder Aufwendungsersatz (§ 284) verlangen. Der primäre Erfüllungsanspruch erlischt dann.
Der Rücktritt vom Vertrag und der Schadensersatz statt der Leistung können miteinander kombiniert werden (§ 325).

4.2 Gläubigerverzug

Nicht nur der Schuldner, sondern auch der Gläubiger kann die Erfüllung der Verbindlichkeit durch sein Verhalten stören. Dies kommt insbesondere in Betracht, wenn der Gläubiger die erforderlichen Mitwirkungspflichten unterlässt.

Der Käufer ist verpflichtet, die gekaufte Sache abzunehmen (§ 433 Abs. 2); der Besteller ist verpflichtet, das vertragsmäßig hergestellte Werk abzunehmen (§ 640); der Eigentümer nimmt die geliehene Sache nicht an.

In der Regel handelt es sich bei den Mitwirkungspflichten nicht um Rechtspflichten, sondern nur um Obliegenheiten des Gläubigers. Ausnahmen bilden nur die Abnahmeverpflichtung im Kaufrecht (§ 433 Abs. 2) und im Werkvertragsrecht (§ 640). Hierbei handelt es sich um eine Rechtspflicht, sodass die Nichtabnahme der Sache gleichzeitig zum Schuldnerverzug führt. Handelt es sich lediglich um eine Obliegenheit, kommt der Gläubiger unter den Voraussetzungen der §§ 293 ff. in Gläubiger- oder auch Annahmeverzug. Die Vorschriften über den Annahmeverzug finden nur Anwendung, wenn es zur Erfüllung einer Leistungspflicht einer Mitwirkung des Gläubigers bedarf. Typisches Beispiel für eine Mitwirkungspflicht des Gläubigers ist das Modellsitzen für ein Porträt.
Bedarf es zur Erfüllung dagegen nicht der Mitwirkung des Gläubigers, sind die §§ 293 ff. nicht anwendbar. Einer solchen Mitwirkungspflicht bedarf es z. B. nicht bei der Abgabe einer Willenserklärung.
Nach § 293 kommt der Gläubiger in Verzug, wenn er die ihm angebotene Leistung nicht annimmt.

4.2.1 Voraussetzungen

Voraussetzung ist zunächst, dass der Schuldner zur Leistung berechtigt ist. Dies richtet sich nach § 271. Danach ist eine Schuld grundsätzlich sofort erfüllbar.
Des Weiteren muss der Schuldner zur Leistung bereit und im Stande sein. Der Annahmeverzug ist nach § 297 ausgeschlossen, wenn der Schuldner vorübergehend zur Leistung nicht in der Lage ist.

Hansi nimmt bei dem Klavierlehrer Herrn Köster Klavierunterricht. An einem vereinbarten Termin erscheint Hansi nicht, sodass die Klavierstunde ausfällt. Die Klavierstunde hätte aber auch deshalb ausfallen müssen, weil Herr Köster plötzlich schwer erkrankt war. Daher liegt kein Annahmeverzug vor und Herr Köster hat keinen Vergütungsanspruch.

Kann der Schuldner aber dauerhaft die Leistung nicht mehr erbringen, greifen die Regeln über die Unmöglichkeit.[73]
Grundsätzlich muss dem Gläubiger die Leistung so, wie sie zu bewirken ist, tatsächlich angeboten werden (§ 294). Das bedeutet, der Schuldner muss die Leistung zur rechten Zeit, am rechten Ort und in der rechten Art und Weise und vollständig dem Gläubiger anbieten. Das bedeutet, die Leistung muss dem Gläubiger so angeboten werden, dass dieser nur zuzugreifen braucht.[74] Insofern kommt es nicht darauf an, ob die Vertragsparteien Bringschuld oder Schickschuld vereinbart haben. In beiden Fällen kommt der Gläubiger erst dann in Annahmeverzug, wenn ihm die Sache an seinem Wohn- oder Geschäftsort tatsächlich angeboten wird. In beiden Fällen kann der Gläubiger erst dann auf die Sache zugreifen. Erforderlich ist ferner, dass der Gläubiger von dem Angebot des Schuldners Kenntnis erlangt, es sei denn, für die Leistung ist ein bestimmter Termin vereinbart.

Frau Schaminski hat bei dem Händler Jassik Wein bestellt. Der Wein soll am 01.10. geliefert werden.

Nach § 295 reicht ein wörtliches Angebot des Schuldners aus, wenn der Gläubiger bereits im Vorfeld erklärt hat, dass er die Leistung nicht annehmen werde.

Der Käufer erklärt dem Verkäufer, er werde die bestellte Ware nicht annehmen, weil er den Kaufvertrag für nichtig hält.

Ein wörtliches Angebot reicht auch dann aus, wenn zur Bewirkung der geschuldeten Leistung eine Handlung des Gläubigers erforderlich ist. Dies ist regelmäßig der Fall, wenn die Parteien Holschuld vereinbart haben.
Das wörtliche Angebot ist eine rechtsgeschäftliche Handlung, für die der Zugang nach § 130 erforderlich ist
Nach § 296 ist darüber hinaus auch ein wörtliches Angebot der Leistung entbehrlich, wenn dem Gläubiger zu einer kalendermäßig bestimmten Zeit eine Mitwirkungspflicht obliegt und er diese nicht wahrnimmt.

Der Gutachter braucht seine Leistungspflicht dem Besteller nicht anzubieten, wenn der Besteller zugesagt hat, Informationen für die Erstellung des Gutachtens bis zum 01.10. beizubringen, und dies unterlässt.

Nächste Voraussetzung des Annahmeverzuges ist, dass der Gläubiger das Annahmegebot des Schuldners nicht annimmt bzw. seine Mitwirkungshandlung verweigert. Es kommt nicht

[73] Palandt/Grüneberg, § 297 Rdnr. 1.
[74] BGH 90, 359.

darauf an, dass der Gläubiger seine Nichtannahme oder seine fehlende Mitwirkungspflicht zu vertreten hat.

MERKE

Beim Gläubigerverzug kommt es auf ein Vertretenmüssen (Verschulden) des Gläubigers nicht an.

Herr Schmidt hat bei der Firma Schlagheck eine Spülmaschine bestellt. Die Spülmaschine soll am 13.04. um 17.00 Uhr geliefert werden. Herr Schmidt kann an diesem Tag seine Wohnung um 17.00 Uhr wegen eines Verkehrsstaus nicht erreichen. Der Mitarbeiter der Firma Schlagheck fährt unverrichteter Dinge zur Firma zurück. Da Herr Schmidt die Spülmaschine zum vereinbarten Übergabetermin nicht annehmen konnte, befindet er sich gem. § 293 f. in Annahmeverzug.

4.2.2 Beendigung

Der Annahmeverzug endet, wenn eine seiner Voraussetzungen entfällt. Dies ist insbesondere der Fall, wenn der Gläubiger die Leistung annimmt oder er seiner Mitwirkungshandlung nachkommt.
Der Annahmeverzug endigt auch durch
- das Erlöschen des Anspruchs, etwa durch Hinterlegung (§ 378);
- Aufrechnung (§ 389);
- Erlass (§ 397);
- Unmöglichwerden der Leistung;
- Erklärung des Schuldners, dass er sein Angebot zurücknimmt.

Der Annahmeverzug entfällt mit Wirkung ex nunc, d. h. mit Wirkung für die Zukunft.

4.2.3 Rechtsfolgen

Im Gegensatz zum Schuldnerverzug löst der Annahmeverzug keine Schadensersatzpflicht des Gläubigers aus. Auch bleibt der Erfüllungsanspruch weiterhin bestehen.

Der Mitarbeiter der Firma Schlagheck trifft den Käufer, Herrn Schmidt, nicht zum vereinbarten Termin in dessen Wohnung an, um ihm die Spülmaschine zu übergeben. Herr Schmidt befindet sich im Annahmeverzug. Herr Schmidt kann weiterhin seinen Erfüllungsanspruch aus § 433 Abs. 1 verlangen. Die Firma Schlagheck muss mit Herrn Schmidt einen neuen Termin vereinbaren und ihm die Spülmaschine tatsächlich anbieten.

Die wichtigste Rechtsfolge, die der Annahmeverzug auslöst, ergibt sich aus § 300: Das Gesetz sieht für den Schuldner eine Haftungsmilderung vor. Der Schuldner haftet nach § 300 Abs. 1 nur für Vorsatz und grobe Fahrlässigkeit, wenn sich der Gläubiger im Annahmeverzug befindet.

Frau Schneider hat sich von ihrer Nachbarin für die Grillparty mehrere Schüsseln geliehen. Es wurde vereinbart, dass Frau Schneider die Schüsseln am nächsten Tag um 12.00 Uhr zurückbringt. Zur vereinbarten Zeit trifft Frau Schneider ihre Nachbarin nicht an. Auf dem Nachhauseweg stolpert Frau Schneider aus Unachtsamkeit (leichte Fahrlässigkeit) über die Bordsteinkante und stürzt. Die Schüsseln zerbrechen. Frau Schneider braucht ihrer Nachbarin keinen Schadensersatz (§§ 280 Abs. 1, Abs. 3, 283, 300 Abs. 1) zu zahlen, weil sie den Unfall leicht fahrlässig und damit nicht verschuldet hat und die Nachbarin sich im Annahmeverzug befand.

Die Haftungsmilderung bezieht sich jedoch nur auf den Leistungsgegenstand und nicht auch auf sonstige Pflichten aus dem Schuldverhältnis[75], insoweit verbleibt es bei der allgemeinen Regel des § 276 Abs. 1 S. 1, 1. Halbs.
Demgegenüber hat § 300 Abs. 2 kaum praktische Bedeutung, weil in der Regel durch das Leistungsangebot bereits eine Konkretisierung i. S. d. § 243 Abs. 2 eingetreten ist. Besteht die Leistungspflicht jedoch aus einer Geldschuld, kann § 300 Abs. 2 Bedeutung erlangen. Wegen § 270 Abs. 1 findet ein Gefahrübergang durch Konkretisierung nach § 243 Abs. 2 nicht statt. Das bedeutet, dass der Schuldner die Verlustgefahr bis zum Empfang des Geldbetrages durch den Gläubiger trägt. Befindet sich der Gläubiger im Annahmeverzug, greift § 300 Abs. 2.

Der Gläubiger einer Geldschuld hat die Annahme des Geldes verweigert. Auf dem Rückweg wird der Geldbetrag gestohlen. Der Schuldner braucht wegen § 300 Abs. 2 dem Gläubiger nicht erneut den Geldbetrag anzubieten. Hätte der Gläubiger nämlich den Geldbetrag angenommen, wäre der Schuldner von seiner Leistungspflicht frei geworden.

Bei gegenseitigen Verträgen behält der Schuldner nach § 326 Abs. 2, 2. Alt. seinen Anspruch auf die Gegenleistung, wenn sich der Gläubiger im Annahmeverzug befindet, die Unmöglichkeit während des Annahmeverzuges eintritt und der Schuldner diese nicht zu vertreten hat. § 326 Abs. 2, 2. Alt. verlagert die Preis- oder Vergütungsgefahr auf den Gläubiger, die im Normalfall nach § 326 Abs. 1 der Schuldner trägt.

Nachdem der Mitarbeiter der Firma Schlagheck vergebens auf Herrn Schmidt an dessen Wohnung gewartet hat, um ihm die Spülmaschine zu übergeben, fährt der Mitarbeiter zurück zum Firmengelände. Auf dem Rückweg verursacht der Mitarbeiter leicht fahrlässig einen Unfall, die Spülmaschine wird zerstört. Wegen Unmöglichkeit wird die Firma Schlagheck von ihrer Leistungspflicht frei (§ 275 Abs. 1). Die Firma Schlagheck hat mit dem Leistungsangebot das ihrerseits Erforderliche getan, sodass bereits nach § 243 Abs. 2 die Leistungsgefahr durch Konkretisierung auf den Käufer, Herrn Schmidt, übergegangen ist. Herr Schmidt kann also keine neue Spülmaschine von der Firma Schlagheck verlangen. Die Firma Schlagheck braucht Herrn Schmidt auch keinen Schadensersatz zu leisten (§§ 280 Abs. 1, Abs. 3, 283), weil der Mitarbeiter den Unfall nur leicht fahrlässig verursacht hat. Die Firma Schlagheck behält wegen § 326 Abs. 2, 2. Alt. ihren Anspruch auf die Kaufpreiszahlung.

[75] Palandt/Grüneberg, § 300 Rdnr. 2.

Weitere Rechtsfolgen des Annahmeverzuges ergeben sich aus §§ 301 ff. Insbesondere hat der Schuldner einer Geldschuld während des Annahmeverzuges diese nicht zu verzinsen (§ 301). Schließlich kann der Schuldner nach § 304 Ersatz seiner Mehraufwendungen verlangen, die ihm durch den Annahmeverzug entstanden sind.

MERKE

Befindet sich der Gläubiger im Annahmeverzug, verliert er nicht den Anspruch auf die Leistung.
Für den Annahmeverzug ist ein Verschulden des Gläubigers nicht erforderlich.
Der Schuldner haftet während des Annahmeverzuges nur für Vorsatz und grobe Fahrlässigkeit (§ 300 Abs. 1).
Wird die Leistung dem Schuldner während des Annahmeverzuges unmöglich, hat der Gläubiger keinen Schadensersatzanspruch gegen den Schuldner, wenn die Unmöglichkeit vom Schuldner leicht fahrlässig verursacht worden ist.
Der Schuldner behält nach § 326 Abs. 2 S. 1, 2. Alt. den Anspruch auf die Gegenleistung, wenn die Unmöglichkeit, die während des Annahmeverzuges eingetreten ist, vom Schuldner leicht fahrlässig verursacht wurde.
Der Gläubiger, der sich im Annahmeverzug befindet, kann sich nicht durch Rücktritt vom Vertrag und damit von seiner Verpflichtung zur Gegenleistung lösen (§§ 326 Abs. 5, 323 Abs. 6, 2. Alt).

5 SCHLECHTLEISTUNG

Als weitere Leistungsstörung hat der Gesetzgeber die Schlechtleistung geregelt. Dies ergibt sich aus der Formulierung des Gesetzes, dass der Schuldner die Leistung »nicht wie geschuldet« (§ 281 Abs. 1) oder »nicht vertragsgemäß« (§ 323 Abs. 1) erbringt.
Um eine Schlechtleistung handelt es sich, wenn die vom Schuldner erbrachte Leistung ganz oder teilweise nicht der vereinbarten Qualität entspricht.[76] Dabei ist es unerheblich, ob die Schlechtleistung auf der Verletzung einer Haupt- oder einer Nebenleistungspflicht beruht.[77]
Liegen die Voraussetzungen einer Schlechtleistung vor, kann der Gläubiger nach §§ 280 Abs. 1, Abs. 3, 281 Schadensersatz verlangen oder bei gegenseitigen Verträgen nach § 323 Abs. 1 oder § 326 Abs. 5 vom Vertrag zurücktreten. Im letzteren Fall kann der Schadensersatz auch mit dem Rücktritt kombiniert werden (vgl. § 325).
Zu beachten ist, dass die §§ 280 ff., 323, 326 Abs. 5 nur dann Anwendung finden, wenn das Gesetz nicht für bestimmte Schuldverhältnisse spezielle Gewährleistungsregelungen getroffen hat. Grundsätzlich trägt nämlich der Schuldner die Gewähr dafür, dass die geschuldete Sache frei von Sach- und Rechtsmängeln ist (vgl. § 433 Abs. 1).
Für den Kauf- und Werkvertrag enthalten die §§ 434 ff. bzw. die §§ 633 ff. deshalb spezielle Gewährleistungsvorschriften. Allerdings handelt es sich bei diesen Regelungen lediglich um Verweisungsvorschriften (vgl. §§ 434 bzw. 634), die auf das allgemeine Leistungsstörungs-

[76] Musielak/Hau, Rdnr. 60.3
[77] BT-Drucks. 14/6040, S. 138, 184.

recht zurückgreifen. Sie stellen damit Sonderregeln dar und bilden keine eigenständige und abschließende Regelung.

Im Gegensatz zum Kauf- und Werkvertrag enthalten der Mietvertrag und der Reisevertrag abschließende und eigenständige Mängelregeln. Liegt eine Schlechtleistung vor, ist ein Rückgriff auf die §§ 280 ff., 281, 323, 326 nicht möglich, es sei denn, es werden Mängelansprüche bereits vor Gefahrübergang geltend gemacht. So z. B. beim Mietvertrag vor Übergabe der Mietsache, beim Reisevertrag vor Antritt der Reise.

Die unmittelbare Anwendung der §§ 280 ff., 281, 323, 326 verbleibt damit einerseits auf die Verträge beschränkt, für die das Gesetz keine speziellen Gewährleistungsregeln aufgestellt hat.[78] So enthält der Dienstvertrag (§§ 611 ff.) keine speziellen Gewährleistungsrechte. Wird eine Dienstleistung mangelhaft erbracht, richten sich die Ansprüche des Gläubigers nach den allgemeinen Regeln der §§ 280, 281, 323, 326. Ebenso enthalten die Vorschriften über den Sachdarlehensvertrag (§§ 607 ff.), den Verwahrungsvertrag (§§ 688 ff.) oder den Leihvertrag (§§ 589 ff.) keine speziellen Gewährleistungsregelungen.

Andererseits finden die §§ 280, 281, 323, 326 auf solche Vertragstypen Anwendung, die gesetzlich überhaupt nicht geregelt sind, für die es folglich auch keine speziellen Gewährleistungsregelungen geben kann. Zu nennen wäre z. B. der Bierlieferungsvertrag oder der Beförderungsvertrag.

MERKE

Bei einer Schlechtleistung des Schuldners kann der Gläubiger nach §§ 280 Abs. 1, Abs. 3, 281, 283 oder § 311a Abs. 2 Schadensersatz statt der Leistung verlangen oder bei gegenseitigen Verträgen nach § 323 Abs. 1 oder § 326 Abs. 5 vom Vertrag zurücktreten.
Spezielle Gewährleistungsregeln gehen den §§ 280 Abs. 1, Abs. 3, 281, 283 oder § 311a Abs. 2 und § 323 Abs. 1 oder § 326 Abs. 5 vor (Mietvertrag §§ 536 ff. und Reisevertrag §§ 651c ff.). Die allgemeinen Regelungen finden dann keine Anwendung.
Sonderregeln bestehen beim Kaufvertrag und beim Werkvertrag. Durch Verweisung (§ 437 bzw. § 634) finden die allgemeinen Regelungen Anwendung.

5.1 Schadensersatz statt der Leistung

Liegt eine Schlechtleistung des Schuldners vor, kann der Gläubiger Schadensersatz statt der Leistung fordern. Zu unterscheiden ist zunächst, ob der Mangel behebbar oder unbehebbar ist.

Ist der Mangel behebbar, richtet sich der Schadensersatzanspruch des Gläubigers nach §§ 280 Abs. 1, Abs. 3, 281.

Als Rechtsfolge des Anspruchs auf Schadensersatz statt der Leistung erlischt zunächst der Anspruch auf die Leistung (§ 281 Abs. 4).

Wirtschaftlich ist der Gläubiger so zu stellen, wie er stünde, wenn der Schuldner die Leistung wie geschuldet, also mangelfrei, erbracht hätte. Das ist der Ersatz des sog. Mangelschadens.

[78] Auf die mittelbare Anwendung, durch Verweisung in §§ 437 bzw. 634, wird wegen des inneren Zusammenhangs bei der Darstellung dieser Vertragstypen eingegangen.

Die Berechnung des Schadensersatzes kann sich nach dem sog. kleinen Schadensersatz richten. Das bedeutet, der Gläubiger behält die mangelhafte Leistung bzw. Sache und verlangt, so gestellt zu werden, als ob mangelfrei geleistet worden wäre.
Statt des sog. kleinen Schadensersatzes kann der Gläubiger auch den sog. großen Schadensersatz verlangen, wenn die Pflichtverletzung erheblich ist (§ 281 Abs. 1 S. 3). Wann das der Fall ist, hängt vom jeweiligen Einzelfall ab und orientiert sich an der Verkehrsauffassung. Beim sog. großen Schadensersatz gibt der Gläubiger die mangelhafte Sache zurück und verlangt Schadensersatz, der ihm durch die Nichterfüllung des Vertrags entstanden ist.
Ist der Mangel nicht behebbar, wird der Schuldner nach §§ 275 Abs. 1 bzw. 275 Abs. 2 oder 3 von seiner Leistungsfrist frei. Der Schadensersatzanspruch des Gläubigers richtet sich dann nach § 311a, wenn der unbehebbare Mangel bereits bei Vertragsschluss vorlag, bzw. nach §§ 280 Abs. 1 und 3, 283, wenn der unbehebbare Mangel erst nach Vertragsschluss aufgetreten ist.

5.2 Schadensersatz wegen Mangelfolgeschäden

Um einen Mangelfolgeschaden handelt es sich, wenn die Schlechtleistung zu einer Verletzung anderer Rechtsgüter, insbesondere Leben, Gesundheit, Eigentum, des Gläubigers geführt hat.

> Der Händler Schulze-Bistrup hat an einen Pferdefreund einen Sack vergifteten Hafer für 50 € verkauft. Das Pferd verendet.

Ein Schadensersatzanspruch wegen eines Mangelfolgeschadens kann sich nicht nach § 280 Abs. 1 und Abs. 3, § 281 richten, weil nicht Schadensersatz statt der Leistung begehrt wird. Vielmehr soll ein weitergehender Schaden ausgeglichen werden. Anspruchsgrundlage kann daher nur § 280 Abs. 1 sein.

> Will der Pferdefreund von dem Händler Schulze-Bistrup für das verendete Pferd Schadensersatz, richtet sich sein Anspruch nach § 280 Abs. 1.

Der Anspruch auf Ersatz des Mangelfolgeschaden setzt voraus, dass der Schuldner die Schlechtleistung zu vertreten hat.
Von dem Anspruch auf Schadensersatz wegen eines Mangelfolgeschadens bleibt der Anspruch auf Schadensersatz statt der Leistung unberührt.

> Der Pferdefreund hat auch einen Anspruch auf Ersatz der Kosten für den Sack Hafer.

5.3 Aufwendungsersatz

Wie bei der Leistungsstörung der Unmöglichkeit und des Verzuges hat der Gläubiger auch bei der Schlechtleistung die Möglichkeit, anstelle des Schadensersatzes statt der Leistung den Ersatz seiner Aufwendungen zu verlangen (§ 284).

5.4 Rücktritt

Beim gegenseitigen Vertrag kann der Gläubiger auch vom Vertrag zurückzutreten, wenn eine Schlechtleistung des Schuldners erfolgt ist. Zu unterscheiden ist, wie beim Schadensersatz wegen Schlechtleistung, ob der Leistungsmangel behebbar oder nicht behebbar ist. Ist der Leistungsmangel behebbar, richtet sich das Rücktrittsrecht des Gläubigers nach § 323 Abs. 1. Das Rücktrittsrecht des Gläubigers ist jedoch in einigen Fällen ausgeschlossen:

- Nach § 323 Abs. 5 S. 2 ist es ausgeschlossen, wenn die Pflichtverletzung unerheblich ist.

Otto kauft bei Franz ein Kfz. Nach Auslieferung stellt Otto fest, dass der vordere rechte Blinker nicht funktioniert. Otto ist nicht berechtigt, vom Vertrag zurückzutreten, weil es sich um eine unerhebliche Pflichtverletzung handelt.

- Nach § 323 Abs. 6, 1. Alt. ist der Rücktritt ausgeschlossen, wenn der Gläubiger für den Umstand, der ihn zum Rücktritt berechtigen würde, allein oder weit überwiegend verantwortlich ist.
- Schließlich ist der Rücktritt nach § 323 Abs. 6, 2. Alt. ausgeschlossen, wenn der vom Schuldner nicht zu vertretende Umstand zu einer Zeit eintritt, zu welcher der Gläubiger sich im Annahmeverzug befindet.

Liegen die Voraussetzungen für das Rücktrittsrecht des Gläubigers vor, erlöschen die beiderseitigen Primäransprüche und es entsteht ein Rückgewährschuldverhältnis. Das bedeutet, die allgemeinen Rücktrittsregeln (§§ 346 ff.) greifen.

Ist der Leistungsmangel des Schuldners nicht behebbar, wird er nach § 275 Abs. 1 von seiner Leistung frei. Das Rücktrittsrecht des Gläubigers ergibt sich nun aus § 326 Abs. 5. Die Vorschrift verweist auf § 323, sodass dessen Voraussetzungen vorliegen müssen. Allerdings ist eine Fristsetzung dann entbehrlich (vgl. § 326 Abs. 5).

6 VERLETZUNG VON SCHUTZPFLICHTEN IM SCHULDVERHÄLTNIS

Jedes Schuldverhältnis begründet nicht nur die Pflicht zu einer Leistung (§ 241 Abs. 1), sondern regelmäßig auch Pflichten, die sich aus der Sicht des Schuldners als Verhaltenspflichten und aus der Sicht des Gläubigers als Schutzpflichten[79] auf die Rechte, Rechtsgüter und Interessen des anderen Teils erstrecken (§ 241 Abs. 2).

Die Vorschrift selbst konkretisiert nicht die einzelnen Schutzpflichten. Dies soll vielmehr dem Inhalt des Schuldverhältnisses (vgl. § 241 Abs. 2) vorbehalten bleiben. Zu nennen sind aber insbesondere das Leben, die Gesundheit, das Eigentum und sonstige Rechte. Auch Auskunfts- und Aufklärungspflichten können zu den Schutzpflichten zählen.[80]

[79] Musielak/Hau, Rdnr. 618 ff.

[80] Palandt/Grüneberg, § 241 Rdnr. 7.

6.1 Schadensersatz

Wird eine Schutzpflicht aus § 241 Abs. 2 verletzt, besteht die Möglichkeit, Schadensersatz nach § 280 Abs. 1 zu verlangen. Dieser Anspruch tritt neben den Erfüllungsanspruch.

Der Malermeister Flinke streicht die Büroräume der Stadtverwaltung. Aus Unachtsamkeit stößt Herr Flinke den Farbeimer um, der Teppichboden wird mit Farbe übergossen. Die Stadt kann weiterhin das Anstreichen der Büroräume aus § 631 Abs. 1 verlangen und Schadensersatz wegen des Teppichs aus § 280 Abs. 1 beanspruchen.

6.2 Schadensersatz statt der Leistung

Ist dem Gläubiger wegen der Schutzpflichtverletzung die Leistung des Schuldners nicht weiter zuzumuten, kann er nach § 280 Abs. 1 und Abs. 3, § 282 Schadensersatz statt der Leistung verlangen.

Der Malermeister Flinke soll die Büroräume der Stadtverwaltung streichen. Bereits beim Anstrich des ersten Zimmers hat Herr Flinke jeweils aus Unachtsamkeit über den Teppich Farbe vergossen, eine Vase zerbrochen und weitere andere Gegenstände beschädigt.

An die Zumutbarkeitsgrenze sind hohe Anforderungen zu stellen.[81] Ob dem Gläubiger das Festhalten der Leistung zugemutet werden kann, hängt jedoch letztendlich vom Einzelfall ab. In der Regel wird, obwohl dies nach dem Wortlaut des § 282 nicht erforderlich ist, der Schuldner abgemahnt werden müssen.[82] Allerdings wird es von der Schwere der Schutzpflichtverletzung abhängen, ob eine Abmahnung erforderlich ist, um eine Unzumutbarkeit des Gläubigers bejahen zu können.

Der Malermeister Flinke hat beim Streichen des ersten Zimmers das Portemonnaie des Stadtinspektors Müller aus dem Schreibtisch gestohlen.

Inhaltlich richtet sich der Schadensersatzanspruch nach den Grundsätzen des § 281. Insbesondere können die höheren Kosten für ein Ersatzgeschäft verlangt werden.
Die Schäden, die dem Gläubiger durch die Verletzung der Schutzpflichten an den anderen Rechtsgütern entstanden sind, werden nicht über §§ 280 Abs. 1 und Abs. 3, 282 ersetzt, sondern über §§ 280 Abs. 1, 241. Schließlich geht es bei diesen nicht zum Schadensersatz statt der Leistung.

6.3 Rücktritt

Schließlich kann der Gläubiger beim gegenseitigen Vertrag zurücktreten, wenn der Schuldner eine Pflicht aus § 241 Abs. 2 verletzt hat und dem Gläubiger ein Festhalten am Vertrag nicht mehr zuzumuten ist (§ 324).

---

[81] Brox/Walker SchR AT, S. 271 Rdnr. 5.

[82] BGH NJW 78, 260.

Im Gegensatz zu § 282 ist ein Rücktritt nur bei gegenseitigen Verträgen möglich. Allerdings bedarf es nicht eines Verschuldens des Schuldners. Für die Zumutbarkeitsgrenze gilt das zu § 282 Gesagte. Zu den Rechtsfolgen des Rücktritts kann auf die Ausführungen zu § 323 verwiesen werden.

MERKE

Wegen der Verletzung einer Schutzpflicht nach § 241 Abs. 2 kann der Gläubiger entweder neben dem Erfüllungsanspruch Schadensersatz nach § 280 Abs. 1 oder Schadensersatz statt der Leistung nach § 280 Abs. 1 und Abs. 3, § 282 verlangen. In diesem Fall erlischt der Erfüllungsanspruch des Gläubigers.
Beim gegenseitigen Vertrag kann der Gläubiger nach § 324 auch vom Vertrag zurücktreten.

7 VERLETZUNG VON SCHUTZPFLICHTEN IM VORVERTRAGLICHEN SCHULDVERHÄLTNIS

Bei Verletzung einer Schutzpflicht im vorvertraglichen Schuldverhältnis (§ 311 Abs. 2) richtet sich der Schadensersatzanspruch des Gläubigers nach §§ 280 Abs. 1, 311 Abs. 2. Im Rahmen eines vorvertraglichen Schuldverhältnisses muss der Schuldner danach eine von ihm zu vertretende Schutzpflicht verletzt haben. Welche Schutzpflichten im vorvertraglichen Schuldverhältnis bestehen, ergibt sich aus der Verweisung auf § 241 Abs. 2. Allerdings ist diese Verweisung nicht besonders hilfreich, weil § 241 Abs. 2 auch auf jegliche Konkretisierung verzichtet.

Frau Schneider betritt gegen die Mittagszeit den örtlichen Supermarkt. In der Gemüseabteilung rutscht sie auf den dort liegenden Salatblättern aus und bricht sich das Bein. Es steht fest, dass der Bereich seit dem Vortag nicht mehr gereinigt worden war.[83] Zwischen Frau Schneider und dem Inhaber des Supermarktes ist noch kein Kaufvertrag zustande gekommen, sondern es liegt lediglich ein vorvertragliches Schuldverhältnis in Form der Vertragsanbahnung nach § 311 Abs. 2 Nr. 2 vor. Indem der Inhaber den Fußboden der Gemüseabteilung nicht ordnungsgemäß gereinigt hat, hat er eine Schutzpflicht nach § 241 Abs. 2 verletzt und die Körperverletzung von Frau Schneider verursacht.

Vom Umfang des Schadensersatzes ist grundsätzlich das negative Interesse (Vertrauensschaden) zu ersetzen.[84] Das bedeutet, der Gläubiger ist so zu stellen, wie er stünde, wenn die Schutzpflichtverletzung nicht erfolgt wäre.[85]

Frau Schneider hat gegen den Inhaber des Supermarktes einen Anspruch auf Ersatz der Arztkosten und der Heilmittel sowie Anspruch auf Schmerzensgeld nach § 253 Abs. 2.

[83] Vgl. hierzu die Entscheidung des BGH 66, 4.
[84] BGH NJW 2001, 2875.
[85] Palandt/Grüneberg, § 311 Rdnr. 54.

Nur ausnahmsweise kann der Erfüllungsschaden ersetzt verlangt werden, wenn der Vertrag ohne die Schutzpflichtverletzung zu günstigeren Bedingungen zustande gekommen wäre.[86] Ist z. B. ein Grundstückskaufvertrag wegen Verschuldens des Verkäufers nicht notariell beurkundet worden (§ 311b Abs. 1), kann der Käufer den Kaufpreis für ein gleichwertiges Grundstück als Schadensersatz verlangen.[87]
Die Verpflichtung zum Schadensersatz wegen Verletzung einer Schutzpflicht im vorvertraglichen Schuldverhältnis erstreckt sich auch auf Dritte. Verletzt dieser eine nach § 241 Abs. 2 geforderte Schutzpflicht schuldhaft, wird damit die Schadensersatzpflicht nach § 280 Abs. 1, § 311 Abs. 3 ausgelöst. Dritter wäre z. B. der Gebrauchtwagenhändler, der das in Zahlung genommene Fahrzeug des Kunden in dessen Namen verkauft.

MERKE

Bereits vor Abschluss eines Vertrags, also im vorvertraglichen Bereich, haben die Parteien auf die Rechte, Rechtsgüter und Interessen des anderen Teils Rücksicht zu nehmen (§ 311Abs. 2, § 241 Abs. 2).
Verletzen sie eine Schutzpflicht, hat der andere Teil einen Schadensersatzanspruch aus § 280 Abs. 1, § 311 Abs. 2.
Ein Schuldverhältnis mit Pflichten nach § 241 Abs. 2 kann auch zu Personen entstehen, die nicht selbst Vertragspartei werden sollen. Ein solches Schuldverhältnis entsteht insbesondere, wenn der Dritte in besonderem Maße Vertrauen für sich in Anspruch nimmt und dadurch die Vertragsverhandlungen oder den Vertragsschluss erheblich beeinflusst (§ 311 Abs. 3).

8 STÖRUNG DER GESCHÄFTSGRUNDLAGE

Im weitesten Sinne zählt auch die Störung der Geschäftsgrundlage zu den Leistungsstörungen[88], weil auch hier die Abwicklung des Schuldverhältnisses gestört ist.
Haben sich nämlich Umstände nach Vertragsschluss schwerwiegend geändert oder sich nachträglich als falsch herausgestellt, kann es unbillig sein, die Vertragspartner weiterhin an dem Vertrag festhalten zu lassen.
Das Rechtsinstitut der Störung der Geschäftsgrundlage ist in § 313 geregelt. § 313 ist eine Durchbrechung des Grundsatzes der Vertragstreue (pacta sunt servanda).[89] Vorrang haben aber zunächst alle spezielleren Regelungen des BGB. Demnach ist zunächst der Vertrag, auch ergänzend, auszulegen (§ 157). Die Irrtumsanfechtung (§ 119) geht dem § 313 als lex specialis vor. Dies gilt jedoch nicht für den beiderseitigen Motivirrtum über vertragswesentliche Umstände.[90] Dieser Fall ist nunmehr spezialgesetzlich in § 313 Abs. 2 geregelt. Des Weiteren ist die Leistungsstörung der Unmöglichkeit gegenüber dem § 313 vorrangig. Ist der Schuldner bereits nach § 275 von seiner Leistungspflicht frei, kommt eine Anpassung

[86] BGH NJW 98, 2900.
[87] BGH NJW 65, 813.
[88] Brox/Walker, SchR AT, § 21 Rdnr. 4.
[89] Vgl. Palandt/Grüneberg, § 313 Rdnr. 22 ff.
[90] Brox/Walker, SchR AT, § 27 Rdnr. 14.

des Vertrags nach § 313 nicht mehr in Betracht. Problematisch ist die Anwendung des § 313 bei der sog. wirtschaftlichen Unmöglichkeit (§ 275 Abs. 2). Diese liegt vor, wenn die Leistung an sich erbringbar ist, aber dem Schuldner wegen Überschreitung der »Opfergrenze« nicht zugemutet werden kann. In diesem Fall liegt keine Unmöglichkeit vor, sondern die Lösung richtet sich nach § 313 über die Störung der Geschäftsgrundlage.[91] Ebenso greifen die Regeln über die Unmöglichkeit nicht, wenn die Leistung zwar erbracht werden kann, der Gläubiger an ihr aber kein Interesse mehr hat (sog. Zweckstörung).[92]

Herr Schröder vermietet seinen Balkon an Herrn Vietz für den kommenden Rosenmontagszug. Der Rosenmontagszug wird wegen einer politischen Krise abgesagt.

Auch die Gewährleistungsansprüche gehen der Störung der Geschäftsgrundlage vor[93]. Dagegen ist der Anspruch wegen Zweckverfehlung nach § 812 Abs. 1 S. 2, 2. Alt. gegenüber dem § 313 subsidiär.[94]

Da der Anwendungsbereich des § 313 äußerst begrenzt ist, sollen dessen Voraussetzungen nur kurz dargestellt werden. § 313 unterscheidet zwischen dem Wegfall der objektiven Geschäftsgrundlage (§ 313 Abs. 1) und dem Fehlen der subjektiven Geschäftsgrundlage (§ 313 Abs. 2). Im ersten Fall müssen sich nach Vertragsschluss objektive Umstände so wesentlich verändert haben, dass das Festhalten am unveränderten Vertrag für eine Vertragspartei unzumutbar geworden ist. Diese Umstände müssen Grundlage des Vertrags gewesen sein. Das bedeutet, der veränderte Umstand muss die Geschäftsgrundlage für den Vertrag gebildet haben, sodass der Fortbestand dieses Umstandes für den Abschluss oder den Inhalt des Vertrags ausschlaggebend war. Im o. g. Beispiel bildete der Karnevalszug die Geschäftsgrundlage für das Anmieten des Balkons. Wird der Rosenmontagszug abgesagt, ist die Geschäftsgrundlage weggefallen.

Im zweiten Fall müssen sich wesentliche Vorstellungen, die Grundlage des Vertrags geworden sind, als falsch herausgestellt haben. Unter § 313 Abs. 2 lässt sich der beiderseitige Motivirrtum subsumieren und die Fälle, in denen sich die eine Partei falsche Vorstellungen macht und die andere diesen Irrtum ohne eigene Vorstellungen hingenommen hat.[95]

Rechtsfolge der Störung der Geschäftsgrundlage ist nach § 313 Abs. 1 eine Anpassung des Vertrags an die veränderten Umstände. Ist dies nicht möglich oder einem Teil nicht zumutbar, so steht dem benachteiligten Teil ein Rücktrittsrecht zu (§ 313 Abs. 3 S. 1). Bei Dauerschuldverhältnissen tritt an die Stelle des Rücktrittsrechts das Recht zur Kündigung (§ 313 Abs. 3 S. 2).

MERKE

Der § 313 über die Störung der Geschäftsgrundlage ist eine Ausnahmevorschrift. Alle spezielleren Regelungen des BGB, z. B. die Auslegung (§ 157), die Irrtumsanfechtung (§ 119), das Leistungsstörungsrecht (§ 275), Gewährleistungsansprüche (§ 437) sind gegenüber dem § 313 vorrangig.

91 Vgl. Musielak/Hau, Rdnr. 740 ff.

92 Ebenda Rdnr. 737.

93 Palandt/Grüneberg, § 313 Rdnr. 12.

94 Str. vgl. Palandt/Grüneberg, § 313 Rdnr. 15.

95 Ebenda Rdnr. 3.

Demzufolge ist der Anwendungsbereich des § 313 sehr begrenzt. Bedeutung hat er beim beiderseitigen Motivirrtum (§ 313 Abs. 2) und bei der sog. wirtschaftlichen Unmöglichkeit sowie bei der sog. Zweckstörung.

IX Kaufvertrag

Der Kaufvertrag ist in § 433 geregelt. Er ist ein schuldrechtliches Verpflichtungsgeschäft. Das bedeutet, durch das Zustandekommen eines Kaufvertrags ändert sich die sachenrechtliche Zuordnung des Kaufgegenstandes nicht. Außerdem handelt es sich um einen gegenseitigen Vertrag, weil die beiderseitigen Verpflichtungen (Kaufgegenstand und Kaufpreis) im gegenseitigen Abhängigkeitsverhältnis (Synallagma) stehen.

1 PFLICHTEN DES VERKÄUFERS

Nach § 433 Abs. 1 ist der Verkäufer einer Sache verpflichtet, dem Käufer

- die Sache zu übergeben,
- das Eigentum an der Sache zu verschaffen,
- die Sache frei von Sach- und Rechtsmängeln zu verschaffen.

Es ist unerheblich, ob es sich um Kaufverträge über bewegliche Sachen (nach § 90a werden auch Tiere erfasst) oder um Grundstückskaufverträge handelt. Beide werden von § 433 erfasst.[96] Außerdem finden die Vorschriften über den Sachkauf nach § 453 auf den Kauf von Rechten (z. B. Patentrechte, Konzessionen) und sonstigen Gegenständen (z. B. Werbeidee, Domainadresse) entsprechende Anwendung.

MERKE

Der Verkäufer ist nach § 433 Abs. 1 verpflichtet, dem Käufer die Sache frei von Sach- und Rechtsmängeln zu verschaffen. Dies stellt eine Hauptleistungspflicht des Verkäufers da. Die Verpflichtung gilt sowohl für bewegliche Sachen, einschließlich Tiere (§ 90 a), als auch für Grundstücke.

Neben diesen Hauptleistungspflichten können den Verkäufer Nebenleistungspflichten und Schutzpflichten treffen, so z. B. das Verpacken der Ware, Übergabe einer Gebrauchsanweisung, Auskunftspflichten.

[96] Beim Grundstückskaufvertrag ist allerdings zu beachten, dass dieser der notariellen Beurkundung nach § 311b Abs. 1 bedarf.

2 PFLICHTEN DES KÄUFERS

Die Pflichten des Käufers ergeben sich aus § 433 Abs. 2. Danach ist der Käufer verpflichtet

- dem Käufer den vereinbarten Kaufpreis zu zahlen und
- die gekaufte Sache abzunehmen.

Im Gegensatz zur Hauptleistungsverpflichtung, den Kaufpreis zu zahlen, handelt es sich bei der Abnahmeverpflichtung lediglich um eine Nebenleistungspflicht des Käufers[97]; sie stellt nämlich keine Gegenleistung zur gekauften Sache dar. Nur ausnahmsweise soll es sich ebenfalls um eine Hauptleistungspflicht handeln, wenn die Vertragsparteien dies vertraglich vereinbart haben. Letztendlich kann die Einordnung der Abnahmeverpflichtung als Haupt- oder Nebenleistungspflicht dahingestellt bleiben, denn beide Arten sind einklagbar und sowohl die Verletzung von Haupt- als auch Nebenleistungspflichten berechtigen nach § 323 zum Rücktritt.

3 MÄNGELHAFTUNG IM KAUFRECHT

Verletzt der Verkäufer seine Pflichten aus § 433 Abs. 1 S. 1 richten sich die Rechte des Käufers grundsätzlich nach den Normen des Allgemeinen Schuldrechts. Es gelten also die Bestimmungen bei Unmöglichkeit (§§ 275 ff.) und die Schadensersatzpflicht in den Fällen der §§ 280 ff. Da es sich bei einem Kaufvertrag um einen gegenseitigen Vertrag handelt, sind auch die §§ 320 ff. anwendbar.

Verletzt der Verkäufer seine Hauptleistungspflicht aus § 433 Abs. 1 S. 2, nämlich dem Käufer die Sache frei von Sach- und Rechtsmängeln zu verschaffen, richten sich die Rechte des Käufers nach den §§ 437 ff., die man auch Gewährleistungsrechte nennt.

Will der Verkäufer dem Käufer eine mangelhafte Sache übergeben, stellt dies keine ordnungsgemäße Erfüllung des Kaufvertrags dar und der Käufer kann die Annahme verweigern, ohne in Annahmeverzug (§§ 293 ff.) zu kommen. Darüber hinaus kann er die Zahlung des Kaufpreises ablehnen, weil ihm die Einrede des noch nicht erfüllten Vertrags nach § 320 zusteht.

3.1 Voraussetzungen der Mängelhaftung

Liefert der Verkäufer eine mangelhafte Sache, ergeben sich die Rechte des Käufers aus § 437. Die Vorschriften über die Mängelhaftung gelten auch für den Lieferungsvertrag (§ 651).[98] Um einen solchen handelt es sich, wenn der Vertrag die Lieferung herzustellender oder zu erzeugender beweglicher Sachen zum Gegenstand hat. Um einen Lieferungsvertrag handelt es sich z. B., wenn der Vertrag die Herstellung und Lieferung einer Einbauküche einschließlich der Montage zum Gegenstand hat. Die Mängelrechte richten sich dann nach Kaufrecht. § 437 setzt zunächst voraus, dass bei Gefahrübergang ein Sach- oder Rechtsmangel vorliegt.

---

[97] Brox/Walker SchR BT, § 2 Rdnr. 20.

[98] Ehemals Werklieferungsvertrag; da sich die Rechte grundsätzlich nach Kaufrecht richten, ist es gerechtfertigt, vom Lieferungsvertrag zu sprechen.

3.1.1 Sachmangel

Was unter einem Sachmangel zu verstehen ist, definiert §434. Der Gesetzgeber hat sich für eine positive Formulierung entschieden und beschreibt, wann eine Sache frei von Sachmängeln ist. Dementsprechend liegt ein Sachmangel vor, wenn die in §434 beschriebenen Voraussetzungen nicht vorliegen, nämlich bei:

- Abweichung von der vereinbarten Beschaffenheit (§434 Abs. 1 S. 1)
- Nichteignung zur vorausgesetzten Verwendung (§434 Abs. 1 S. 2 Nr. 1)
- Nichteignung zur gewöhnlichen Verwendung (§434 Abs. 1 S. 2 Nr. 2)
- Abweichung von öffentlichen Äußerungen des Verkäufers, Herstellers oder seines Gehilfen (§434 Abs. 1 S. 3)
- Unsachgemäße Montage (§434 Abs. 2 S. 1)
- Mangelhafte Montageanleitung (§434 Abs. 2, S. 2)
- Lieferung einer anderen Sache (§434 Abs. 3, 1. Alt.)
- Lieferung einer zu geringen Menge (§434 Abs. 3, 2. Alt.)

3.1.1.1 Abweichung von der vereinbarten Beschaffenheit

Nach §434 Abs. 1 S. 1 ist eine Sache mangelhaft, wenn sie bei Gefahrübergang nicht die vereinbarte Beschaffenheit aufweist. Entscheidend ist, was die Vertragsparteien vereinbart haben, und nicht eine objektive Betrachtung. So z. B., wenn der Pkw einen bestimmten Benzinverbrauch haben soll, der Pullover aus reiner Schurwolle, die Aktentasche aus echtem Leder sein soll.

Allerdings muss die Beschaffenheit der Sache Vertragsinhalt geworden sein. Dies kann ausdrücklich oder konkludent erfolgen.[99] Wird die Beschaffenheit konkludent in den Vertrag einbezogen, müssen die Erklärungen ausgelegt werden. Abzustellen ist dann auf die Verkehrsübung und den Handelsbrauch.[100]

Der Begriff »Beschaffenheit« wird vom Gesetz nicht definiert. Die Beschaffenheit ist mit dem tatsächlichen Zustand der Sache gleichzusetzen. So liegt ein Mangel bei allen körperlichen Mängeln einer Sache vor, z. B. Riss im Polster eines Stuhles, Schimmelbildung in einem Haus, verdorbene Lebensmittel.

Darüber hinaus beinhaltet der Begriff auch solche Eigenschaften der Sache, die in der Beziehung der Sache zur Umwelt liegen.[101] Es stellt einen Sachmangel i. S. d. § 434 Abs. 1 S. 1 dar, wenn z. B. das als Bauland verkaufte Grundstück wegen eines öffentlich-rechtlichen Bauverbotes nicht bebaut werden kann.

MERKE

Ein Sachmangel i. S. d. §434 Abs. 1 S. 1 liegt vor, wenn die vereinbarte Soll-Beschaffenheit von der Ist-Beschaffenheit abweicht (sog. subjektiver Fehlerbegriff).

---

[99] Palandt/Weidenkaff, §434 Rdnr. 17.

[100] BGH NJW 96, 836 für die Zusicherung.

[101] Vgl. Brox/Walker SchR BT, §4 Rdnr. 10.

3.1.1.2 *Nichteignung zur vorausgesetzten Verwendung*

Häufig vereinbaren die Parteien beim Abschluss des Kaufvertrags keine besondere Beschaffenheit der Kaufsache, sondern es wird nach dem Vertrag eine bestimmte Verwendung vorausgesetzt.

Familie Behlers kauft von Herrn Arendt ein Haus, um dort zu wohnen. Aus dem Verwendungszweck, Bewohnen des Hauses, ergibt sich mittelbar, welche Beschaffenheit die Sache haben muss, ohne dass die Beschaffenheit des Hauses selbst im Vertrag beschrieben wird. So muss u. a. das Dach des Hauses dicht sein und die Heizung funktionieren. Ist der Verwendungszweck der Familie Behlers darauf gerichtet, das Haus abzureißen und ein Neues zu bauen, bedarf es dieser Beschaffenheit nicht.

Haben die Parteien die Eignung der Kaufsache für einen bestimmten Verwendungszweck im Vertrag vorausgesetzt, wird die Abgrenzung zur konkludent vereinbarten Beschaffenheit i. S. d. § 434 Abs. 1 S. 1 schwierig. Das Problem kann gelöst werden, indem die vereinbarte Beschaffenheit Vorrang hat. Kann eine solche vereinbarte Beschaffung nicht festgestellt werden, sind die Parteien aber von einem bestimmten Verwendungszweck ausgegangen, kann auf § 434 Abs. 1 S. 2 Nr. 1 zurückgegriffen werden.[102]

MERKE

Haben die Parteien nicht ausdrücklich oder stillschweigend die Beschaffenheit der Sache vereinbart, kommt ein Sachmangel in Betracht, wenn sich die Sache nicht für den vorausgesetzten Verwendungszweck eignet.

3.1.1.3 *Nichteignung zur gewöhnlichen Verwendung*

Schließlich liegt nach § 434 Abs. 1 S. 2 Nr. 2 ein Sachmangel vor, wenn die Parteien weder die Beschaffenheit vereinbart noch eine bestimmte Verwendung vorausgesetzt haben. Maßgeblich für diese Ziffer ist nicht mehr der subjektive Fehlerbegriff, sondern anzulegen ist ein objektiver Maßstab, bei dem es auf die Vorstellung der Parteien nicht ankommt.[103] Maßgeblich ist also der objektive Fehlerbegriff.

§ 434 Abs. 1 S. 2 Nr. 2 enthält drei Gesichtspunkte[104]:

- die Eignung für die gewöhnliche Verwendung, dabei ist objektiv auf die durchschnittliche Verwendung abzustellen, z. B. Kleidung für private oder berufliche Zwecke;
- die Üblichkeit bei Sachen gleicher Art, das bedeutet, abzustellen ist darauf, was bei derartigen Sachen normalerweise an Beschaffenheit gegeben ist, z. B. Kauf eines Gegenstandes als »neu« oder »gebraucht«;
- die Erwartung an die Beschaffenheit, die der Käufer nach der Art der Sache haben darf, d. h. maßgeblich ist der Erwartungshorizont eines Durchschnittskäufers;

---

102 Brox/Walker, SchR BT, § 4 Rdnr. 12.

103 Palandt/Weidenkaff, § 434 Rdnr. 27 ff.

104 Vgl. im Einzelnen: Brox/Walker SchR BT, § 4 Rdnr. 13 ff.

MERKE

---

§ 434 Abs. 1 S. 2 Nr. 2 ist gegenüber der vereinbarten Beschaffenheit (§ 434 Abs. 1 S. 1) und der nach dem Vertrag vorausgesetzten Verwendung (§ 434 Abs. 2 S. 2 Nr. 1) subsidiär.

Zu der Beschaffenheit nach § 434 Abs. 1 S. 2 Nr. 2 gehören auch Eigenschaften, die der Käufer nach den öffentliche Äußerungen des Verkäufers, des Herstellers[105] oder seines Gehilfen erwarten kann (§ 434 Abs. 1 S. 3). Gehilfen sind die Mitarbeiter des Verkäufers und des Herstellers, aber auch beauftragte Dritte wie z. B. Werbeagenturen.[106]
Die Äußerungen müssen öffentlich sein. Nach dem Gesetzeswortlaut kommt insbesondere Werbung und Kennzeichnung, z. B. in Katalogen, durch Aufdruck oder allgemeiner beigegebener Warenbeschreibung, in Betracht. Allerdings muss es sich bei den Äußerungen um hinreichend konkrete Aussagen zur Beschaffenheit der Sache handeln. Bloße Anpreisungen oder Sympathiewerbungen werden von § 434 Abs. 1 S. 3 nicht erfasst.
Die Äußerungen müssen von dem Verkäufer, dem Hersteller oder dessen Gehilfen getätigt werden. Bedeutung wird die Vorschrift wohl nur für den Hersteller und dessen Gehilfen haben. Führt nämlich der Verkäufer die öffentlichen Äußerungen in den Vertrag ein, werden bereits die Voraussetzungen des § 434 Abs. 1 S. 1 oder S. 2 erfüllt sein. Damit sieht § 434 Abs. 1 S. 3 eine Verantwortlichkeit des Verkäufers für ein Drittverhalten vor. Dies erscheint auch sachgerecht, weil der Verkäufer durch die Werbung des Herstellers profitiert und diese kaufentscheidend sein kann. So liegt z. B. ein Sachmangel vor, wenn der Hersteller einer bestimmten Automarke mit dem Hinweis wirbt, dass das Fahrzeug nur drei l pro 100 km verbraucht, die Verbrauchsmenge aber tatsächlich höher ist.
Die Haftung des Verkäufers für öffentliche Äußerungen des Herstellers oder Gehilfen ist ausgeschlossen, wenn der Verkäufer die Äußerungen nicht kannte und auch nicht kennen musste, ihm also kein Fahrlässigkeitsvorwurf gemacht werden kann. Die Haftung des Verkäufers ist auch ausgeschlossen, wenn die Äußerung zum Zeitpunkt des Vertragsschlusses berichtigt war. Erforderlich ist nicht, dass die Berichtigung den individuellen Käufer auch tatsächlich erreicht hat, aber die Berichtigung muss in gleicher Weise erfolgen wie die Äußerung, z. B. Aufmerksamkeitswert haben.[107] Schließlich ist die Haftung des Verkäufers ausgeschlossen, wenn sie die Kaufentscheidung nicht beeinflussen konnte. Dies ist der Fall, wenn der Käufer ein Fahrzeug einer bestimmten Automarke erwirbt, weil ihm das Auto so gut gefällt. Verbraucht der Wagen entgegen den Angaben in der Werbung mehr als drei l pro 100 km, stellt das keinen Sachmangel dar, wenn der Käufer das Fahrzeug unabhängig vom Verbrauch gekauft hätte.

3.1.1.4 Gefahrübergang

Die fehlende Beschaffenheit muss zum Zeitpunkt des Gefahrübergangs vorgelegen haben (vgl. § 434 Abs. 1 S. 1). Mit Gefahrübergang ist die Preisgefahr gemeint.[108] Der Gefahrübergang ist in den §§ 446, 447 geregelt. Nach § 446 S. 1 muss der Sachmangel zum

[105] Zum Herstellerbegriff vgl. § 4 ProdHaftG.
[106] Palandt/Weidenkaff, § 434 Rdnr. 36.
[107] Brox/Walker, SchR BT, § 4 Rdnr. 20.
[108] Brox/Walker, SchR BT, § 4 Rdnr. 21.

Zeitpunkt der Übergabe der gekauften Sache an den Käufer vorliegen bzw. der Käufer befindet sich in Annahmeverzug. Maßgeblich ist damit nicht der Vertragsschluss, denn der Sachmangel kann zwischen Kaufabschluss und Übergabe der Sache noch behoben werden.

Haben die Parteien Schickschuld vereinbart, geht die Gefahr der zufälligen Verschlechterung nach § 447 bereits dann auf den Käufer über, wenn der Verkäufer auf Verlangen des Käufers die Sache der Transportperson übergeben hat. Dies gilt jedoch nicht für den Verbrauchsgüterkauf (§ 474).

Oftmals ist es für den Käufer schwierig nachzuweisen, dass der Sachmangel bereits zum Zeitpunkt des Gefahrüberganges vorgelegen hat. Der Verkäufer wird ihm nämlich immer entgegenhalten, dass die gekaufte Sache bei Übergabe fehlerfrei war und der Mangel erst nach Übergabe durch ein unsachgemäßes Verhalten des Käufers aufgetreten ist.

Diesem Umstand trägt § 476 für den Verbrauchsgüterkauf (§ 474) Rechnung. Hat ein Verbraucher (§ 13) von einem Unternehmer (§ 14) eine bewegliche Sache gekauft und zeigt sich innerhalb von sechs Monaten ein Sachmangel, wird vermutet, dass die Sache bereits bei Gefahrübergang mangelhaft war, es sei denn, diese Vermutung ist mit der Art der Sache oder des Mangels unvereinbar.

Erkennt der Käufer vor Gefahrübergang, dass die Sache einen Mangel hat, braucht er sie nicht anzunehmen, weil es zu den Hauptpflichten des Verkäufers gehört, dem Käufer eine mangelfreie Sache zu übergeben (vgl. § 433 Abs. 1 S. 2). Der Käufer kommt nach den §§ 293 ff. dann auch nicht in Annahmeverzug, weil der Verkäufer ihm die Sache so, wie sie zu bewirken ist, nämlich mangelfrei, noch nicht angeboten hat. Auch braucht der Käufer den Kaufpreis noch nicht zu zahlen (§ 320).

MERKE

Der Sachmangel muss zum Zeitpunkt des Gefahrüberganges vorliegen. Dieser richtet sich nach den §§ 446, 447. Maßgeblich ist demnach nicht der Vertragsschluss.
Beim Verbrauchsgüterkauf (§ 474) wird zugunsten des Käufers vermutet, dass der Sachmangel zum Zeitpunkt des Gefahrüberganges vorgelegen hat.
§ 434 ist erst nach der Übergabe anwendbar.

3.1.1.5 Unsachgemäße Montage

Ein Sachmangel liegt nach § 434 Abs. 2 S. 1, 1. Alt. vor, wenn die vereinbarte Montage durch den Verkäufer oder dessen Erfüllungsgehilfen unsachgemäß durchgeführt worden ist. Unerheblich ist, ob die gekaufte Sache selbst keinen Schaden genommen hat und nur das Anbringen der Sache nicht ordnungsgemäß erfolgte, z. B. wenn der gekaufte Spiegelschrank im Bad schräg aufgehängt wurde.[109] Denkbar ist aber auch, dass die gekaufte Sache bei der Montage beschädigt worden ist, z. B. wenn während der Montage des Spiegelschrankes der Spiegel zerbricht.

Beide Arten der unsachgemäßen Montage werden von § 434 Abs. 2 erfasst.

[109] Ebenda Rdnr. 24.

MERKE

Ist in einem Kaufvertrag zusätzlich eine (untergeordnete) Montageverpflichtung vereinbart worden, so ist der Vertag insgesamt nach Kaufrecht zu beurteilen und wird nicht als gemischter Kauf-Werk-Vertrag behandelt. Ist die Montage dann fehlerhaft erfolgt, liegt ein Sachmangel vor.

3.1.1.6 Mangelhafte Montageanleitung

§ 434 Abs. 2, 2. Alt. trägt dem Umstand Rechnung, dass immer mehr Kaufgegenstände, insbesondere Einrichtungsgegenstände von Selbstabholermärkten angeboten werden. Erforderlich ist deshalb, dass eine verständliche und vollständige Montageanleitung vorhanden ist. Führt die mangelhafte Montageanleitung zu einem falschen Zusammenbau durch den Käufer oder einen Dritten, liegt ein Sachmangel vor, mögen die Einzelteile für sich genommen auch mangelfrei sein. Fehlen dagegen Einzelteile, z. B. Schrauben, stellt dies bereits einen Sachmangel nach § 434 Abs. 1 dar.

War die Montageanleitung dagegen fehlerfrei und wurde die Sache von dem Käufer oder einem Dritten falsch zusammengebaut, liegt kein Sachmangel vor.

Ein Sachmangel liegt auch dann nicht vor, wenn die Montage trotz mangelhafter Montageanleitung fehlerfrei durchgeführt worden ist. Dies ist auch sachgerecht, weil sich die mangelhafte Montageanleitung, z. B. durch eigene Sachkenntnis des Käufers oder eines Dritten, nicht ausgewirkt hat.

Problematisch ist, ob eine mangelhafte Betriebs- oder Gebrauchsanweisung einer mangelhaften Montageanleitung gleichzustellen ist.[110] Letztendlich hat der Verkäufer mit einer fehlerhaften Betriebs- oder Gebrauchsanweisung Schutzpflichten verletzt, sodass Schadensersatzansprüche nach § 280 in Betracht kommen können.[111]

MERKE

Ein Sachmangel liegt nach § 434 Abs. 2 S. 2 vor, wenn die Montageanleitung mangelhaft ist. Gelingt es dem Käufer dennoch, die Sache fehlerfrei zu montieren, scheidet ein Sachmangel aus.
Ist eine Betriebs- oder Gebrauchsanweisung mangelhaft, stellt dies keinen Sachmangel dar. Ansprüche des Käufers können sich dann aus § 280 Abs. 1 wegen einer Pflichtverletzung ergeben.

3.1.1.7 Lieferung einer anderen Sache

Einem Sachmangel steht es nach § 434 Abs. 3, 1. Alt. gleich, wenn der Verkäufer eine andere Sache (aliud) geliefert hat. Ob eine Falschlieferung vorliegt, richtet sich nach dem Inhalt des Vertrags.

---

110 So Haas in: Haas u. a. S. 194, der eine analoge Anwendung vorschlägt, und Büdenbender, S. 238, a. A. Palandt/Weidenkaff, § 434 Rdnr. 48 und Brox/Walker, SchR BT, § 4 Rdnr. 25.

111 So Brox/Walker, SchR BT, § 4 Rdnr. 25.

Franz Rüther hat bei dem Autohändler Schink ein Fahrzeug der Marke Audi A3 gekauft. Geliefert wird ein Fahrzeug der Marke Audi A4.

Problematisch ist, ob die Falschlieferung nur auf Gattungskauf oder auch auf Stückkauf anwendbar ist.

In einer Gemäldehandlung kauft Frau Leising ein Bild von A. Achenbach aus der Düsseldorfer Schule. Wegen der Größe des Bildes bittet sie den Händler, ihr das Bild zuzuschicken. Geliefert wird ein Bild von A. Hagemann.

Die Frage ist von daher bedeutsam, weil dem Käufer bei einer Aliudlieferung zunächst ein Nacherfüllungsanspruch aus § 437 Nr. 1 zusteht. Einen solchen Nacherfüllungsanspruch kann es logischerweise beim Stückkauf nicht geben. Daraus könnte die Schlussfolgerung gezogen werden, dass der Sachmangel einer Falschlieferung nur bei einem Gattungskauf in Betracht kommt. Beim Stückkauf hätte der Käufer weiterhin seinen Erfüllungsanspruch aus § 433 Abs. 1, der nach § 195 verjähren würde. Gegen diese Ansicht spricht, dass der Gesetzeswortlaut nicht zwischen Gattungs- und Stückkauf unterscheidet und der Gesetzgeber mit der Schuldrechtsreform gerade Abgrenzungsschwierigkeiten zwischen Schlechtleistung und aliud beseitigen wollte.[112] Das Argument der verlängerten Verjährungsfrist überzeugt nach der Neuregelung der Verjährungsfrist bei der Sachmängelhaftung (§ 438) ebenfalls nicht. Durch die Einbeziehung des Stückkaufs in § 434 Abs. 3, 1. Alt. wird der Käufer auch nicht wesentlich schlechter gestellt, denn er wird auch bei einer Falschlieferung beim Stückkauf ein Interesse an einer Klärung in absehbarer Zeit haben.[113]

MERKE

Ein Sachmangel in Form der Falschlieferung (aliud) kommt sowohl beim Stück- als auch beim Gattungskauf in Betracht.

3.1.1.8 Lieferung einer zu geringen Menge

Schließlich liegt ein Sachmangel nach § 434 Abs. 3, 2. Alt. vor, wenn der Verkäufer eine zu geringe Menge liefert. Der Verkäufer muss mit der Zuwenliglieferung seine Verkäuferpflichten erfüllen wollen und dies muss für den Käufer erkennbar sein.

Die Stadt S bestellt beim Weinhändler 20 Flaschen Wein für den bevorstehenden Neujahrsempfang. Versehentlich werden in einem Weinkarton zwei Flaschen zu wenig verpackt, sodass bei der Stadt nur 18 Flaschen angeliefert werden. Es liegt ein Sachmangel i. S. d. § 434 Abs. 3, 2. Alt. vor.

Anderenfalls liegt lediglich eine Teilleistung vor.

112 Brox/Walker, SchR BT, § 4 Rdnr. 26.

113 Haas in: Haas u. a. S. 195.

Der Weinhändler liefert an die Stadt Hagedorn nur zwölf Flaschen des bestellten Weins aus, weil die restlichen Flaschen nicht mehr vorrätig sind und erst beim Winzer besorgt werden müssen. Es liegt kein Sachmangel i. S. d. § 434 Abs. 3, 2. Alt. vor.

Nach dem Wortlaut der Vorschrift wird eine Zuviellieferung nicht erfasst. Diese wird nach den allgemeinen Regeln behandelt: Der Verkäufer kann die Zuviellieferung nach bereicherungsrechtlichen Grundsätzen (§ 812 ff.) zurückverlangen, sofern die Vertragsparteien den ursprünglichen Kaufvertrag nicht auf die Zuviellieferung erweitern.[114]

3.2 Rechtsmangel

Nach § 433 Abs. 1 S. 2 ist der Verkäufer nicht nur verpflichtet, die Sache frei von Sachmängeln, sondern auch frei von Rechtsmängeln dem Käufer zu übergeben. Was unter einem Rechtsmangel zu verstehen ist, ergibt sich aus § 435. Danach ist zunächst die Sache nicht frei von Rechtsmängeln, wenn Dritte in Bezug auf die Sache Rechte gegen den Käufer geltend machen können. Dies ist der Fall, wenn von Dritten aufgrund eines privaten oder öffentlichen Rechts das Eigentum, der Besitz oder der unbeschränkte Gebrauch des Kaufgegenstandes[115] beeinträchtigt werden kann[116], z. B. die Sozialbindung einer Wohnung.[117] Allerdings können die Vertragsparteien im Kaufvertrag vereinbaren, dass solche Rechte übernommen werden sollen. Eine Mängelhaftung des Verkäufers ist dann natürlich ausgeschlossen.

Herr Heuermann und Frau Eitner vereinbaren im Kaufvertrag, dass die auf dem Grundstück lastende Hypothek unter Anrechnung auf den Kaufpreis übernommen wird.

Einem Rechtsmangel steht es nach § 435 S. 2 gleich, wenn im Grundbuch ein Recht eingetragen ist, das nicht besteht.
Keinen Rechtsmangel stellen nach § 436 öffentlich-rechtliche Abgaben und Lasten dar, wie z. B. Grundsteuern und Anliegerbeiträge.

3.3 Ausschluss der Mängelrechte

Die Rechte des Käufers wegen eines Mangels sind ausgeschlossen, wenn dies vertraglich oder gesetzlich vorgesehen ist.

3.3.1 Vertragliche Vereinbarung

Grundsätzlich können die Mängelrechte ausdrücklich oder stillschweigend durch Vertrag zwischen Verkäufer und Käufer ausgeschlossen oder beschränkt werden.[118] Oftmals erfolgt

[114] Brox/Walker, SchR BT, § 4 Rdnr. 27.

[115] Palandt/Weidenkaff, § 435 Rdnr. 5.

[116] Auch obligatorische Rechte (wegen § 566) oder Rechte aus dem gewerblichen Rechtschutz und Urheberrechte werden von § 435 erfasst, vgl. Palandt/Weidenkaff, § 435 Rdnr. 8 ff.

[117] BGH NJW 2000, 1256.

[118] Dies ergibt sich bereits aus dem Umkehrschluss des § 444.

ein völliger Ausschluss in Grundstückskaufverträgen oder beim Verkauf von gebrauchten Fahrzeugen.

> Herr Johann verkauft sein Fahrzeug an Herrn Fürstenberg. In dem schriftlichen Kaufvertrag vereinbaren die Parteien, dass der Kauf des Fahrzeuges »gekauft wie besichtigt unter Ausschluss jeder Gewährleistung« erfolgt.

Nach §444 kann sich der Verkäufer auf eine Vereinbarung, durch die die Rechte des Käufers wegen eines Mangels ausgeschlossen oder beschränkt werden, nicht berufen, wenn er den Mangel arglistig verschwiegen oder eine Garantie für die Beschaffenheit der Sache übernommen hat. Es wäre auch widersinnig, wenn der Verkäufer, der genau weiß, dass der Kaufgegenstand einen Mangel aufweist, sich seiner Verpflichtung durch die Vereinbarung eines Haftungsausschlusses entziehen könnte oder Garantien für die Beschaffenheit der Sache abgibt und gleichzeitig mit dem Käufer einen Haftungsausschluss vereinbart.
Besonderheiten gelten für den Verbrauchsgüterkauf (§474). Nach §475 Abs. 1 können die Mängelrechte nicht zum Nachteil des Käufers ausgeschlossen oder beschränkt werden. Dies gilt sowohl beim Kauf von neuen als auch von gebrauchten Sachen.[119] Eine Ausnahme gilt jedoch nach §475 Abs. 3 für den Schadensersatzanspruch des Verbrauchers. Dieser kann entsprechend §444 ausgeschlossen oder beschränkt werden.

> Herr Johann kauft als Privatperson bei dem Autohändler ein neues Fahrzeug und gibt sein altes in Zahlung. Der Autohändler kann die Mängelrechte von Herrn Johann nicht ausschließen oder beschränken (§475 Abs. 1) mit Ausnahme des Schadensersatzanspruchs (§475 Abs. 3).

Der Ausschluss oder die Beschränkung der Mängelrechte ist für neue Sachen auch durch AGB unzulässig (vgl. §309 Nr. 8b).

3.3.2 Gesetzliche Regelung

Konsequenterweise sind die Mängelrechte des Käufers nach §442 ausgeschlossen, wenn der Käufer bei Vertragsschluss den Mangel der Kaufsache kennt. Es wäre auch widersinnig, wenn der Käufer in Kenntnis des Mangels die Sache kauft, um sich dann auf seine Mängelrechte zu berufen. Dies gilt auch dann, wenn der Verkäufer den Mangel arglistig verschwiegen hat. Dagegen verliert der Käufer seine Mängelrechte nicht, wenn er erst nach Vertragsschluss vom Mangel der Kaufsache Kenntnis erlangt.
Der Kenntnis vom Mangel steht es nach §442 Abs. 1 S. 2 gleich, wenn dem Käufer ein Mangel infolge grober Fahrlässigkeit unbekannt geblieben ist, es sei denn, der Verkäufer hat den Mangel arglistig verschwiegen oder eine Garantie für die Beschaffenheit der Sache übernommen. Grobe Fahrlässigkeit liegt vor, wenn die Unkenntnis auf einer besonders schweren Vernachlässigung der im Verkehr erforderlichen Sorgfalt beruht.[120] Das bedeutet, der Käufer hat auf ein Mindestmaß an Information und Aufmerksamkeit verzichtet.[121] So

[119] Brox/Walker, SchR BT, §4 Rdnr. 33.
[120] Ebenda, Rdnr. 37.
[121] Palandt/Weidenkaff, §442 Rdnr. 11.

ist bei EDV-Programmen in der Regel ein Probelauf angezeigt. Dagegen muss der Käufer keine sachkundige Person zur Besichtigung hinzuziehen.
§ 442 Abs. 1 S. 1 findet auch beim Liefervertrag Anwendung, wenn der Mangel der Sache auf den vom Besteller gelieferten Stoff zurückzuführen ist (vgl. § 651 S. 2). Mängelansprüche wegen dieses Mangels bestehen gegen den Unternehmer/Verkäufer dann nicht.

MERKE

Die Mängelrechte des Käufers können beim Kauf von neuen oder gebrauchten Sachen vertraglich ausgeschlossen oder beschränkt werden. Dies gilt nach § 444 nicht, wenn der Verkäufer den Mangel arglistig verschwiegen hat oder er eine Garantie für die Beschaffenheit der Sache übernommen hat.
Beim Verbrauchsgüterkauf können die Mängelrechte nicht zum Nachteil des Käufers ausgeschlossen werden (§ 475 Abs. 1) Dies gilt nicht für den Schadensersatzanspruch (§ 475 Abs. 3).
Für neu hergestellte Sachen können die Mängelrechte nicht durch AGB ausgeschlossen werden (§ 309 Nr. 8b).
Die Mängelrechte des Käufers sind nach § 442 ausgeschlossen, wenn er den Mangel bei Vertragsschluss kannte. Ist ihm infolge von grober Fahrlässigkeit der Mangel unbekannt geblieben, kann er seine Mängelrechte nur geltend machen, wenn der Verkäufer den Mangel arglistig verschwiegen oder eine Garantie für die Beschaffenheit der Sache übernommen hat.
§ 442 findet auch auf den Liefervertrag Anwendung (§ 651 S. 2), und zwar dann, wenn der Mangel auf den vom Besteller gelieferten Stoff zurückzuführen ist.

3.4 Rechtsfolgen

Hat der Verkäufer dem Käufer eine Sache übereignet, die nicht frei von Sach- oder Rechtsmängeln ist, richten sich die Rechte des Käufers nach § 437. Der Käufer kann Nacherfüllung verlangen, vom Vertrag zurücktreten oder den Kaufpreis mindern, Schadensersatz oder Ersatz seiner vergeblichen Aufwendungen verlangen. Die Ansprüche aus § 437 gelten sowohl für den Sach- als auch für den Rechtsmangel. Im Folgenden wird nur auf die Rechtsfolgen wegen eines Sachmangels eingegangen.
Auf den ersten Blick scheint es, als ob es der freien Entscheidung des Käufers überlassen sei, welchen Anspruch er gegen den Verkäufer geltend machen will. Erst durch die Gesamtbetrachtung der §§ 437, 439, 440, 441, 275, 280, 323 ergibt sich, dass der Käufer zunächst auf sein Recht zur Nacherfüllung nach Ziffer 1 des § 437 beschränkt ist. Durch den Verweis auf die §§ 280 Abs. 1 und 3, 281 Abs. 1 und 2, 323 Abs. 1 und 2 ergibt sich, dass Schadensersatz statt der Leistung oder Rücktritt vom Vertrag wegen eines Mangels grundsätzlich erst dann verlangt werden kann, wenn der Käufer dem Verkäufer zuvor eine angemessene Frist zur Nachbesserung gesetzt hat und diese erfolglos abgelaufen ist. Diese Nachfristsetzung soll dem Verkäufer die Möglichkeit einräumen, den Kaufvertrag ordnungsgemäß zu erfüllen, stellt also die Aufforderung zur Nacherfüllung i. S. d. § 437 Ziffer 1 dar. Damit steht das Rangverhältnis zwischen den Rechten des Käufers aus § 437 fest. Zu Lasten des Käufers ist grundsätzlich zunächst der Nacherfüllungsanspruch gegen den Verkäufer geltend zu

machen. Demgegenüber steht das Recht des Verkäufers zur zweiten Andienung. Erst danach kann der Käufer auf die Ansprüche aus Ziffer 2 und 3 zurückgreifen. Diese können jedoch nebeneinander geltend gemacht werden, wie sich aus der Verbindung »und« der Ziffer 2 mit der Ziffer 3 des § 437 ergibt.

MERKE

Der Nacherfüllungsanspruch aus § 437 Nr. 1 hat grundsätzlich Vorrang vor den Ansprüchen der Ziffer 2 und 3.

Allerdings erfährt der Grundsatz vom Vorrang des Nacherfüllungsanspruchs Durchbrechungen: Der Käufer ist nicht zunächst auf den Nacherfüllungsanspruch verwiesen, wenn dem Verkäufer die Nacherfüllung, also sowohl die Nachbesserung als auch die Nachlieferung, nach § 275 Abs. 1 unmöglich ist oder er diesen nach § 275 Abs. 2 oder Abs. 3 verweigern kann. Eine Nachfristsetzung wäre in diesen Fällen sinnlos, sodass der Käufer sofort seine Rechte aus § 437 Nr. 2 und 3 ausüben kann.

3.4.1 Nacherfüllung

Nach § 437 Nr. 1 kann der Käufer wegen eines Sachmangels Nacherfüllung verlangen. Die Ziffer 1 verweist auf § 439. Der Nacherfüllungsanspruch beinhaltet entweder die Beseitigung des Mangels (Nachbesserung) oder die Lieferung einer mangelfreien Sache (Nachlieferung oder Ersatzlieferung). Unter Nachbesserung versteht man, dass der Mangel der gekauften und gelieferten Sache durch den Verkäufer so beseitigt wird, dass die Sache vertragsgemäß mangelfrei ist.[122] Bleibt nach einer Nachbesserung auch nur ein geringfügiger Mangel zurück, ist die Nachbesserung fehlgeschlagen.[123]
Unter Nachlieferung versteht man, dass der Verkäufer unentgeltlich eine andere Sache liefert, die der verkauften Sache gleicht, aber mangelfrei ist.[124] Der Anspruch auf Ersatzlieferung steht dem Käufer unabhängig davon zu, ob es sich um einen Stückkauf oder einen Gattungskauf handelt. Zunächst mag es verwundern, dass der Anspruch auf Ersatzlieferung auch beim Stückkauf bestehen soll, denn der Stückkauf bezieht sich immer auf einen nach individuellen Merkmalen bestimmbaren Kaufgegenstand, sodass eine Ersatzlieferung gar nicht möglich ist. Aber auch beim Stückkauf ist eine Ersatzlieferung denkbar, wenn es sich um eine Sache handelt, die einer vertretbaren Sache wirtschaftlich entspricht und die das Leistungsinteresse des Käufers zufrieden stellt.[125]

Herr Pöpping hat beim Autohändler Bülow einen Vorführwagen gekauft. Herr Bülow unterhält in seinem Betrieb insgesamt zehn Vorführwagen. Wenn sich herausstellt, dass der gekaufte Vorführwagen nicht unfallfrei war, kann Herr Pöpping von Herrn Bülow einen typengleichen anderen Vorführwagen verlangen, der dem gekauften wirtschaftlich entspricht.

[122] Palandt/Weidenkaff, § 437 Rdnr. 6.

[123] Haas in: Haas u. a. S. 200.

[124] Palandt/Weidenkaff, § 437 Rdnr. 7.

[125] Ebenda, § 439 Rdnr. 15.

Das Wahlrecht steht dem Käufer zu. Er muss vom Verkäufer die Nacherfüllung verlangen. Dabei handelt es sich um eine formfreie empfangsbedürftige Willenserklärung. Der Käufer braucht sich nicht auf eine Art der Nacherfüllung festzulegen, sondern kann dies auch dem Verkäufer überlassen.[126]

Frau Brenda hat beim Händler Hubert einen Stuhl gekauft, der ihr am darauffolgenden Tag geliefert wird. Nachdem Frau Brenda die Verpackung entfernt hat, stellt sie fest, dass der Stuhl schlecht verleimt ist und deshalb wackelt. Frau Brenda verlangt von Huber Nacherfüllung.

Der Käufer muss für die Nacherfüllung keine Frist setzten. Dies ist ihm aber dringend anzuraten, weil eine Fristsetzung grundsätzlich als Voraussetzung für Rücktritt, Minderung und Schadensersatz erforderlich ist. Ist die Frist zur Nacherfüllung erfolglos abgelaufen, kann der Käufer unmittelbar seine Rechte aus § 437 Nr. 2 und 3 geltend machen.
Die Nacherfüllung hat nach § 439 Abs. 2 auf Kosten des Verkäufers zu erfolgen. Er hat die erforderlichen Aufwendungen, insbesondere Transport-, Wege-, Arbeits- und Materialkosten, zu tragen. Die Aufzählung in § 439 Abs. 2 ist nicht abschließend. So können weitere Aufwendungen entstehen, wie z. B. Kosten für Sachverständigengutachten, die zur Mangelfeststellung notwendig sind, aber auch Rechtsanwaltskosten.
Dem Käufer steht ein Wahlrecht zu, ob er Nachbesserung oder Nachlieferung verlangen will. Entscheidet sich der Käufer für eine Nachlieferung, kann der Verkäufer nach § 439 Abs. 4 die mangelhafte Sache nach den Vorschriften des Rücktritts (§§ 346–348) zurückverlangen.

Frau Breda kann vom Händler Huber verlangen, dass dieser den wackeligen Stuhl neu verleimt. Dann muss Herr Huber den Stuhl auf seine Kosten bei Frau Breda abholen und ihr repariert zurückbringen.
Frau Breda kann aber auch von Herrn Huber verlangen, dass er ihr einen Ersatzstuhl liefert. Dann muss Herr Huber ihr einen anderen, mangelfreien Stuhl auf seine Kosten liefern. Den wackeligen Stuhl kann Herr Huber von Frau Breda nach § 439 Abs. 4, § 346 Abs. 1 zurückverlangen.

Allerdings kann es auch vorkommen, dass die Nacherfüllung fehlgeschlagen ist, weil der Mangel nicht beseitigt wurde oder ein anderer, neuer Mangel aufgetreten ist. Es stellt sich dann die Frage, welche Konsequenzen sich daraus ergeben.

Der Händler Huber hat den gekauften, aber wackeligen Stuhl neu verleimt. Allerdings stellt Frau Breda fest, dass das Verleimen nicht ordnungsgemäß durchgeführt worden ist, sodass der Stuhl immer noch wackelt. Außerdem ist durch die Reparatur das Sitzpolster des Stuhles beschädigt worden.

Ist die Nacherfüllung fehlgeschlagen oder dem Käufer unzumutbar, kann der Käufer ohne Fristsetzung vom Vertrag zurücktreten oder den Kaufpreis mindern und Schadensersatz oder Ersatz vergeblicher Aufwendungen verlangen (§ 440 S. 1). Nach § 440 S. 2 gilt die Nacherfüllung nach dem zweiten erfolglosen Versuch als fehlgeschlagen.

---

[126] Ebenda, § 437 Rdnr. 10.

Grundsätzlich steht dem Käufer zwar das Wahlrecht zu, welchen Nacherfüllungsanspruch er begehrt, aber sein Recht kann gänzlich ausgeschlossen oder beschränkt sein.
Ein Ausschluss des Nacherfüllungsanspruchs kommt zunächst nach den allgemeinen Regeln, nämlich § 275 Abs. 1, in Betracht. Ist dem Verkäufer sowohl die Nachbesserung als auch die Nachlieferung unmöglich, ist der Nacherfüllungsanspruch des Käufers ausgeschlossen. Er kann dann ohne Fristsetzung sofort vom Vertrag zurücktreten, den Kaufpreis mindern oder Schadensersatz bzw. Ersatz vergeblicher Aufwendungen verlangen.

Frau Engels hat von Frau Führing einen gebrauchten Pkw gekauft. Später stellt sich heraus, dass das Fahrzeug nicht unfallfrei ist. Eine Nachbesserung ist nicht möglich, weil durch eine Reparatur das Fahrzeug nicht unfallfrei wird. Auch eine Nachlieferung ist nicht möglich, weil Frau Führing nur dieses eine Fahrzeug besessen hat. Frau Engels kann ohne Fristsetzung sofort ihre Rechte aus § 437 Nr. 2 und Nr. 3 geltend machen.

Das gleiche Recht steht dem Käufer zu, wenn dem Verkäufer die Nachbesserung wegen § 275 Abs. 2 und 3 unmöglich ist.[127]
Hat sich der Käufer für eine Art der Nacherfüllung entschieden und ist diese grundsätzlich möglich, steht dem Verkäufer nach § 439 Abs. 3 die Möglichkeit offen, die vom Käufer gewählte Art der Nacherfüllung zu verweigern. Das Verweigerungsrecht steht ihm jedoch nur dann zu, wenn die vom Käufer gewählte Art der Nacherfüllung nur mit unverhältnismäßigen Kosten für den Verkäufer verbunden ist. Wann das der Fall sein soll, wird durch § 439 Abs. 3 S. 2 konkretisiert. Nach dem Wortlaut der Vorschrift »insbesondere« wird jedoch deutlich, dass die Nennungen nur beispielhaft und nicht abschließend sind. Anhaltspunkte bietet zunächst der Wert der Sache im mangelfreien Zustand.

Herr Bußmann hat im Kaufhaus eine Uhr für 10 € gekauft. Nach einem Monat bleibt die Uhr stehen. Herr Bußmann verlangt Reparatur der Uhr, also Nachbesserung. Der Wert der Uhr im mangelfreien Zustand beträgt 10 €. Die Reparatur würde 30 € betragen. Der Nachbesserungsanspruch des Herrn Bußmann kann wegen der Unverhältnismäßigkeit der Reparaturkosten verweigert werden.

Auch die Bedeutung des Mangels ist ein Kriterium, um die vom Käufer gewählte Art der Nacherfüllung abzulehnen. Weist z. B. das gekaufte Fahrzeug einen kleinen Lackschaden auf, kann der vom Käufer gewählte Anspruch auf Nachlieferung wegen der Bedeutung des Mangels abgelehnt werden.
Allerdings kann der Verkäufer die vom Käufer gewählte Art der Nacherfüllung nur verweigern, wenn die andere Art der Nacherfüllung für den Käufer nicht mit erheblichen Nachteilen verbunden ist.

Frau Breda verlangt von dem Händler Huber, dass sie für den gekauften wackeligen Stuhl eine Ersatzlieferung erhält, weil der Stuhl schlecht verleimt wurde. Herr Huber lehnt dies wegen unverhältnismäßig hoher Kosten ab und will nachbessern, indem er den Stuhl in der

[127] Vgl. den Gesetzeswortlaut »unbeschadet des § 275 Abs. 2 und 3«.

Wohnung von Frau Breda neu verleimen will. Dazu muss im Esszimmer von Frau Huber eine Apparatur zum Verleimen des Stuhles aufgebaut werden. Frau Breda kann dies ablehnen.

Liegen die Voraussetzungen des § 439 Abs. 3 vor und kann der Verkäufer die vom Käufer gewählte Art der Nacherfüllung verweigern, ist der Käufer auf die andere Art der Nacherfüllung verwiesen.

Frau Breda verlangt von dem Händler Huber Ersatz für den wackeligen Stuhl. Herr Huber verweigert eine Nachlieferung mit den damit verbundenen unverhältnismäßigen Kosten. Frau Huber kann dann nur Reparatur, also Nachbesserung des wackeligen Stuhls, verlangen.

Allerdings hat der Verkäufer unter den gleichen Voraussetzungen die Möglichkeit, auch diese Art der Nacherfüllung zu verweigern (§ 439 Abs. 3 S. 3).
Der Käufer kann dann seine Rechte aus § 437 Nr. 2 und 3 geltend machen.
Der Anspruch auf Nacherfüllung kann grundsätzlich vertraglich ausgeschlossen werden, sodass dem Käufer das Recht eingeräumt wird, sofort seine Rechte aus § 437 Nr. 2 und 3 in Anspruch zu nehmen. Liegt ein Verbrauchsgüterkauf (§ 474) vor, ist die Vorschrift des § 439 zwingend, nach § 475 ist eine abweichende Regelung nämlich unzulässig. Außerdem ist es nicht möglich, dass sich der Verwender von AGB in einer Klausel der Verpflichtung entzieht, die zum Zwecke der Nacherfüllung erforderlichen Aufwendungen, insbesondere Transport- Wege-, Arbeits- und Materialkosten, nicht zu tragen (§ 309 Nr. 8 b) cc).

MERKE

Der Käufer hat bei der Lieferung einer mangelhaften Sache das Wahlrecht, vom Verkäufer Nachbesserung oder Nachlieferung zu verlangen.
Sind beide Arten der Nacherfüllung für den Verkäufer unmöglich (§ 275), kann der Käufer ohne Fristsetzung vom Vertrag zurücktreten oder den Kaufpreis mindern (§ 437 Nr. 2) und Schadensersatz oder Ersatz vergeblicher Aufwendungen (§ 437 Nr. 3) verlangen.
Ist dem Verkäufer nur eine Art der Nacherfüllung unmöglich, ist das Wahlrecht des Käufers dahingehend eingeschränkt, dass er nur die andere Art der Nacherfüllung vom Verkäufer verlangen kann.
Sind dem Verkäufer beide Arten der Nacherfüllung möglich, kann er die vom Käufer gewählte Art der Nacherfüllung verweigern, wenn sie mit unverhältnismäßigen Kosten verbunden ist. Der Käufer ist dann auf die andere Art der Nacherfüllung verwiesen. Jedoch kann der Verkäufer auch diese unter denselben Voraussetzungen verweigern. Der Käufer kann dann die anderen Rechte aus § 437 Nr. 2 und 3 ohne Fristsetzung (§ 440 S. 1, 1. Alt.) geltend machen.
Dasselbe gilt, wenn die Nacherfüllung fehlgeschlagen oder dem Käufer unzumutbar ist (§ 440 S. 1, 2. Alt.).
Der Anspruch auf Nacherfüllung ist verschuldensunabhängig, d. h., der Verkäufer muss nicht vorsätzlich oder fahrlässig gehandelt haben, sondern er trägt die Gewähr, dass die Sache bei Gefahrübergang mangelfrei ist.

3.4.2 Rücktritt

Nach § 437 Nr. 2, 1. Alt. kann sich der Käufer vom Vertrag lösen, indem er den Rücktritt erklärt (§ 349). Die Vorschrift verweist auf die allgemeinen Regeln des Rücktritts (§§ 323 und 326 Abs. 5) und auf die ergänzende Vorschrift des § 440.
Will der Käufer vom Vertrag zurücktreten, ist zunächst Voraussetzung, dass die gekaufte Sache einen Mangel hat.
Durch die Verweisung auf § 323 muss der Käufer dem Verkäufer grundsätzlich eine angemessene Frist zur Nacherfüllung gesetzt haben. Die Fristsetzung ist aus zwei Gesichtspunkten erforderlich: Zum einen hat der Gesetzgeber deutlich gemacht, dass der Käufer zunächst seinen Nacherfüllungsanspruch verfolgen soll, zum anderen erhält der Verkäufer die letzte Chance, den mit der Rückabwicklung des Vertrags verbundenen wirtschaftlichen Nachteil abzuwenden (Recht zur zweiten Andienung).[128]
Die Pflicht zur Nachfristsetzung ist aber in folgenden Fällen entbehrlich:

- Nach § 323 Abs. 2 Nr. 1 ist sie entbehrlich, wenn der Verkäufer die Nacherfüllung ernsthaft und endgültig verweigert hat. Auch bedarf es der Nachfristsetzung nach Nr. 2 nicht, wenn der Verkäufer nicht innerhalb einer bestimmten Frist oder eines festen Termins eine mangelfreie Sache geliefert hat. Schließlich kann der Käufer nach Nr. 3 ohne Fristsetzung vom Vertrag zurücktreten, wenn besondere Umstände vorliegen, die unter Abwägung der beiderseitigen Interessen den sofortigen Rücktritt rechtfertigen.
- Nach § 440 S. 1 bedarf es der Nachfristsetzung nicht, wenn der Verkäufer beide Arten der Nacherfüllung gem. § 439 Abs. 3 verweigert hat. Eine Nachfristsetzung ist auch dann entbehrlich, wenn die Nacherfüllung fehlgeschlagen oder dem Käufer nicht zuzumuten ist.
- Nach § 437 Nr. 2, § 326 Abs. 5 ist eine Fristsetzung entbehrlich, wenn dem Verkäufer die Nacherfüllung nach § 275 Abs. 1–3 unmöglich ist bzw. er die Nacherfüllung verweigern kann.

Liegen die Voraussetzungen für den Rücktritt vor und hat der Käufer diesen gegenüber dem Verkäufer erklärt (§ 349), erlöschen die beiderseitigen Leistungspflichten und es entsteht ein Rückgewährschuldverhältnis. Für dieses gelten die allgemeinen Rücktrittsregeln der §§ 346 ff. (vgl. §§ 437 Nr. 2, 323). Macht der Käufer von seinem Rücktrittsrecht Gebrauch, kann er den Kaufpreis nicht mehr mindern, denn die Ansprüche aus § 437 Nr. 2 können nur alternativ geltend gemacht werden. Dagegen steht dem Käufer aber die Möglichkeit offen, neben dem Rücktritt auch Schadensersatz oder Ersatz seiner vergeblichen Aufwendungen (vgl. die Verbindung der Ziffer 2 und 3 des § 437 mit dem Wort »und« sowie § 325) geltend zu machen. Ist eine mangelfreie Leistung unmöglich (§ 275 Abs. 1 bis 3), richtet sich das Rücktrittsrecht nach § 326 Abs. 5.
Allerdings kann das Rücktrittsrecht des Käufers auch ausgeschlossen sein. Da § 437 Nr. 2 auf § 323 verweist, ist zunächst § 323 Abs. 5 S. 2 zu beachten. Danach ist der Rücktritt ausgeschlossen, wenn die Pflichtverletzung, also der Mangel, unerheblich ist (sog. Bagatellfälle). Wann der Mangel unerheblich ist, ist nicht geregelt. Nach der bisherigen Rechtsprechung ist die Bedeutung des Mangels nach der Verkehrsauffassung und den Umständen des

[128] Brox/Walker SchR BT, § 4 Rdnr. 50.

Einzelfalls zu würdigen.[129] Unerheblich soll der Mangel sein, wenn er in kürzester Zeit von selbst verschwindet, z.B. bei Feuchtigkeit, oder wenn er leicht behoben werden kann.[130] Bei einem unerheblichen Mangel steht dem Käufer aber das Recht zu, den Kaufpreis zu mindern. Fraglich ist, ob bei einer Zuweniglieferung (§434 Abs.3), wenn diese erheblich ist, der Käufer vom Vertrag gänzlich zurücktreten kann oder ob die Zuweniglieferung wie eine Teilleistung behandelt wird. Dann kann der Käufer nach §323 Abs.5 S.1 vom ganzen Vertrag nur zurücktreten, wenn er an der Zuweniglieferung kein Interesse hat. §434 Abs.3 hat die Zuweniglieferung dem Sachmangel gleichgestellt, also ist die Zuweniglieferung auch wie ein Sachmangel und nicht wie eine Teillieferung zu behandeln. Demzufolge ist auf die Zuweniglieferung auch §323 Abs.5 S.2 anwendbar.[131]
Schließlich ist der Rücktritt ausgeschlossen, wenn der Käufer für den Umstand, der ihn zum Rücktritt berechtigen würde, allein oder weit überwiegend verantwortlich ist (§§437 Nr.2, 323 Abs.6, 1. Alt). So z.B. wenn der Käufer die Sache nach Vertragsschluss und vor Übergabe im Geschäft des Verkäufers beschädigt.
Nach §§437 Nr.2, 323 Abs.6, 2. Alt. ist dem Käufer ein Rücktritt nicht möglich, wenn er sich im Annahmeverzug befindet. Diese Alternative hat praktisch keine Bedeutung, weil nach §446 S.3 die Gefahr bereits auf den Käufer übergegangen ist. Zu einer Mängelhaftung kann es dann nicht mehr kommen, weil der Mangel nicht bei Gefahrübergang (§434) vorgelegen hat.

Der Händler Brause will Frau Kampmann die gekaufte Waschmaschine zum vereinbarten Termin an ihrem Wohnort übergeben. Frau Kampmann ist nicht zu Hause, weil sie in einem verkehrsbedingten Stau steht. Auf dem Rückweg verursacht Herr Brause einen Unfall. Die zwar gut befestigte Waschmaschine trägt Lackkratzer davon. Frau Kampmann befindet sich in Annahmeverzug. Nach §446 S.3 ist die Gefahr bereits übergegangen. Als sich Frau Kampmann im Annahmeverzug befand, war die Waschmaschine noch nicht beschädigt. Frau Kampmann kann keine Mängelrechte geltend machen.

Hat der Käufer beim Verkäufer mehrere Sachen gekauft und sind nur einige mangelhaft, so kann der Käufer nach §§437 Nr.2, 323 Abs.5 S.1 nur bezüglich der mangelhaften Sachen den Rücktritt erklären. Er kann jedoch vom ganzen Vertrag zurücktreten, wenn er an der Teilleistung kein Interesse hat.

MERKE

Der Käufer, dem eine mangelhafte Sache übergeben wurde, kann nach §437 Nr.2, 1. Alt. vom Vertrag zurücktreten, wenn er dem Verkäufer eine angemessene Nachfrist gesetzt hat und diese erfolglos abgelaufen ist.
Die Nachfristsetzung ist unter den Voraussetzungen des §323 Abs.2 und des §440 entbehrlich.
Der Rücktritt ist aber unter den in §323 Abs.5 und 6 genannten Voraussetzungen ausgeschlossen.

129 BGHZ 10, 242.
130 Brox/Walker SchR BT, §4 Rdnr. 62ff.
131 So Brox/Walker SchR BT, §4 Rdnr. 64 f., a.A. Haas in: Haas u.a., S.207.

3.4.3 Minderung

Oftmals kommt es vor, dass der Käufer die Sache, obwohl mangelhaft, behalten will. Statt des Rücktritts kann der Käufer dann Minderung des Kaufpreises verlangen. Der Anspruch ergibt sich aus § 437 Nr. 2, 2. Alt., der auf § 441 verweist. Aus der Tatsache, dass dem Käufer das Minderungsrecht statt des Rücktritts zusteht, folgt, dass sämtliche Voraussetzungen für den Rücktritt vorliegen müssen[132], also findet auch § 323 Abs. 1 Anwendung. Der Käufer muss dem Verkäufer erfolglos eine Frist zur Nacherfüllung gesetzt haben. Ist für den Rücktritt eine Frist entbehrlich, gilt dies auch für die Minderung.
Will der Käufer den Kaufpreis mindern, muss er dies dem Verkäufer gegenüber erklären (§ 441 Abs. 1 S. 1). Die Erklärung ist eine formfreie empfangsbedürftige Willenserklärung. Sind an dem Kaufvertrag mehrere Käufer oder Verkäufer beteiligt gewesen, muss die Minderung nach § 441 Abs. 2 gegenüber allen erklärt werden.
Nach § 441 Abs. 1 S. 2 findet § 323 Abs. 5 S. 2 auf das Recht zur Minderung keine Anwendung. Das bedeutet, dass eine Minderung auch bei unerheblichen Mängeln, also bei den sog. Bagatellschäden, möglich ist. Dies stellt eine Ausnahme zum Rücktrittsrecht dar.
§ 441 Abs. 3 regelt, wie die Minderung berechnet werden soll. Danach ist der Kaufpreis in dem Verhältnis herabzusetzen, in welchem zur Zeit des Vertragsschlusses der Wert der Sache in mangelfreien Zustand zu dem wirklichen Wert gestanden haben würde. Es kann also folgende Formel[133] aufgestellt werden:

$$\text{geminderter Preis} = \frac{\text{Wert der mangelhaften Sache x vereinbarter Preis}}{\text{Wert der mangelfreien Sache}}$$

Herr Westhoff hat bei Herrn Jürgens ein gebrauchtes Auto für 9.000 € gekauft. Es stellt sich später heraus, dass es sich um ein Unfallfahrzeug handelt. Wäre der Wagen unfallfrei, hätte er einen Wert von 12.000 €. Der Wert des Fahrzeuges mit dem Mangel beträgt 8.000 €. Die Nacherfüllung der mangelhaften Sache ist nicht möglich, weil durch eine Nachbesserung das Fahrzeug nicht zu einem unfallfreien wird. Auch eine Nachlieferung ist nicht möglich, weil es sich bei dem Fahrzeug um ein Unikat handelt. Deshalb kann Herr Westhoff sofort vom Vertrag zurücktreten. Da ihm das Fahrzeug aber trotzdem sehr gut gefällt, will er den Kaufpreis mindern. Der geminderte Kaufpreis errechnet sich wie folgt:

$$\text{geminderter Preis} = \frac{8.000 \text{ x } 9.000}{12.000}$$

Der geminderte Kaufpreis beträgt 6.000 €.

Mit dieser Verhältnismäßigkeitsformel trägt der Gesetzgeber dem Umstand Rechnung, dass ein geschickt verhandelnder Käufer einen Kaufpreis aushandelt, der unterhalb des objektiven Wertes der Sache liegt und dass ihm dieses Verhandlungsgeschick auch bei der Minderung zugutekommen muss.

---

[132] Vgl. Haas in: Haas u. a. S. 215.

[133] Vgl. Brox/Walker, § 4 Rdnr. 71.

Allerdings verbleibt die Schwierigkeit festzustellen, welchen Wert die Sache im mangelfreien bzw. mangelhaften Zustand hat. In der Praxis wird der Wert der mangelfreien Sache mit dem Kaufpreis gleichgesetzt, da davon ausgegangen wird, dass der Kaufpreis in der Regel auch dem objektiven Wert der Sache entspricht; für den Wert der mangelhaften Sache wird auf die Kosten für eine Nachbesserung abgestellt.[134] Letztendlich ist die Minderung durch Schätzung zu ermitteln (§ 441 Abs. 3 S. 1).
Hat der Käufer bereits den vereinbarten Kaufpreis bezahlt, und zwar mehr, als er nach dem geminderten Kaufpreis hätte zahlen müssen, steht ihm nach § 441 Abs. 4 ein Rückerstattungsanspruch gegen den Verkäufer zu. Die Vorschrift verweist auf die allgemeinen Regeln des Rücktritts (§ 346 Abs. 1 und § 347 Abs. 1).

MERKE

Die Minderung hat die gleichen Voraussetzungen wie der Rücktritt, d. h, der Käufer muss dem Verkäufer zunächst eine Nachfrist gesetzt haben. Ist die Nachfrist beim Rücktritt entbehrlich, gilt dies auch für die Minderung.
Liegen die Voraussetzungen für den Rücktritt nicht vor, ist auch die Minderung ausgeschlossen. Im Gegensatz zum Rücktritt kann Minderung auch bei unerheblichen Mängeln gefordert werden.
Die Minderung muss gegenüber dem Verkäufer erklärt werden.
Die Berechnung der Minderung richtet sich nach § 441 Abs. 3.
Hat der Käufer mehr als den geminderten Kaufpreis gezahlt, steht ihm nach § 441 Abs. 4 ein Erstattungsanspruch gegen den Verkäufer zu.
Der Anspruch auf Minderung ist verschuldensunabhängig, d. h., der Verkäufer muss den Mangel nicht vorsätzlich oder fahrlässig verursacht haben.

3.4.4 Schadensersatz

Nach § 437 Nr. 3 kann der Käufer bei einer mangelhaften Sache Schadensersatz nach den §§ 280, 281, 283 und 311a verlangen. Ergänzend ist noch § 440 heranzuziehen.
Welche konkrete Anspruchsgrundlage einschlägig ist, richtet sich danach, welchen Schaden der Käufer ersetzt verlangt und ob dem Verkäufer die Nacherfüllung noch möglich ist. Demzufolge ist zu unterscheiden:

- Schadensersatz wegen eines behebbaren Mangels
- Schadensersatz wegen eines unbehebbaren Mangels
- Schadensersatz wegen Verzögerung
- Schadensersatz wegen eines Mangelfolgeschadens

3.4.4.1 Schadensersatz wegen eines behebbaren Mangels

Ist dem Verkäufer die Nacherfüllung noch möglich, kann er also durch eine Nachbesserung oder Nachlieferung den Mangel der Sache beseitigen, steht dem Käufer das Recht zu, Schadensersatz statt der Leistung nach den §§ 280 Abs. 1 und 3, 281 zu verlangen. Demzufolge

[134] Vgl. Haas in: Haas u. a., S. 215.

muss zunächst eine Pflichtverletzung vorliegen. Diese beruht darauf, dass der Verkäufer seine Pflicht, dem Käufer die gekaufte Sache frei von Mängeln zu verschaffen, verletzt hat (vgl. § 433 Abs. 1 S. 2).
Weiterhin muss der Verkäufer die Lieferung einer mangelhaften Sache zu vertreten haben (§ 280 Abs. 1 S. 2). Aus der Formulierung ergibt sich, dass das Verschulden des Verkäufers vermutet wird, d. h., der Verkäufer trägt die Beweislast dafür, dass er die Mangelhaftigkeit nicht zu vertreten hat.
Was der Verkäufer zu vertreten hat, richtet sich nach § 276, danach haftet er grundsätzlich für Vorsatz und Fahrlässigkeit. Welcher Sorgfaltsmaßstab an den Verkäufer zu stellen ist, hängt vom Einzelfall ab. Grundsätzlich besteht für den Verkäufer keine Untersuchungspflicht, um festzustellen, ob der Hersteller eine mangelfreie Sache geliefert hat.[135] Anders wird man es beurteilen müssen, wenn der Verkäufer über eine besondere Sachkunde verfügt.[136] Hat der Verkäufer vorsätzlich gehandelt, kannte er also den Mangel, liegt immer ein Vertretenmüssen vor.
Auch ohne Verschulden hat der Verkäufer den Mangel der Sache zu vertreten, wenn er eine Garantie übernommen hat (vgl. § 276 Abs. 1). Der Verkäufer hat eine Garantie übernommen, wenn er durch eine Erklärung, die Vertragsinhalt geworden ist, dem Käufer zu erkennen gibt, dass er für den Bestand einer Eigenschaft und alle Folgen ihres Fehlens einstehen will.[137] Um eine Garantieerklärung handelt es sich z. B., wenn der Verkäufer erklärt, dass es sich bei dem gebrauchten Fahrzeug selbstverständlich um ein unfallfreies handle, hierauf könne sich der Käufer verlassen.
Nach §§ 437 Nr. 3, 280 Abs. 1 und 3, 281 Abs. 1 muss der Käufer dem Verkäufer eine angemessene Frist zur Nacherfüllung gesetzt haben. Auch hier zeigt sich wieder der Vorrang des Nacherfüllungsanspruchs. Erst wenn die Frist erfolglos abgelaufen ist, kann der Käufer Schadensersatz statt der Leistung verlangen.
Die Nachfristsetzung ist entbehrlich, wenn

- die Voraussetzungen des § 281 Abs. 2 oder
- die Voraussetzungen des § 440 S. 1 vorliegen.

Liegen die zuvor genannten Voraussetzungen vor, kann der Käufer Schadensersatz statt der Leistung, sog. Mangelschaden, verlangen. Das ist der Schaden, der ihm in seinem Vermögen durch die mangelhafte Sache entstanden ist.
Für die Berechnung des Schadensersatzes stehen dem Käufer zwei Möglichkeiten offen. Er kann entweder den sog. »kleinen Schadensersatz« oder den sog. »großen Schadensersatz« geltend machen. Beim »kleinen Schadensersatz« behält der Käufer die mangelhafte Sache und er verlangt Ersatz des Minderwertes. Praktisch führt diese Berechnung zum selben Ergebnis wie die Minderung.
Allerdings können beim »kleinen Schadensersatz« auch höhere Kosten als der reine Minderwert geltend gemacht werden. Zum einen können auch die u. U. höheren Kosten, die für die Beseitigung des Mangels erforderlich sind, ersetzt verlangt werden. Zum anderen wird auch der unmittelbare Vermögensschaden, der auf dem Sachmangel beruht, vom »kleinen Schadensersatz« erfasst.[138] So kann der Käufer etwa den Nutzungsausfall ersetzt verlangen,

---

135 Palandt/Grüneberg, § 280 Rdnr. 19.
136 Ebenda.
137 BGH 59, 158; 60; 128, 111,14; 132, 55; BGH NJW 1991, 912; 2001, 3131.
138 Brox/Walker SchR BT, § 4 Rdnr. 93 f.

wenn die mangelhafte Sache nicht gleich im Betrieb des Käufers eingesetzt werden kann. Beim »großen Schadensersatz« gibt der Käufer die mangelhafte Sache zurück und verlangt Ersatz seines Schadens, der ihm durch die Nichterfüllung des Vertrags entstanden ist. Der Anspruch auf den »großen Schadensersatz« ist nach § 281 Abs. 1 S. 3 ausgeschlossen, wenn der Mangel unerheblich ist. Auch hier zeigt sich die Parallele zum Rücktritt (§ 323 Abs. 4 S. 2). Bei einer Zuweniglieferung (§ 434 Abs. 3) kommt ebenso wie beim Rücktritt keine Teilleistung in Betracht, sodass bei Erheblichkeit des Mangels Schadensersatz statt der Leistung gefordert werden kann.
Will der Käufer wegen der Lieferung einer mangelhaften Sache Schadensersatz statt der Leistung nach §§ 437 Nr. 3, 280 Abs. 1 und 3, 281, müssen folgende Voraussetzungen erfüllt sein:

1. Wirksamer Kaufvertrag
2. Sachmangel i. S. d. § 434
3. Pflicht zur Verschaffung einer mangelfreien Sache verletzt
4. Vertretenmüssen (§ 276 Abs. 1)
   Ausnahme: Garantieerklärung nach § 276 Abs. 1
5. Nachfristsetzung (§ 281 Abs. 1)
   Entbehrlichkeit nach §§ 281 Abs. 2, 440.

Schadenersatz wegen eines behebbaren Mangels

MERKE

Ist dem Verkäufer die Behebung des Mangels durch Nacherfüllung möglich, richtet sich ein etwaiger Schadensersatzanspruch des Käufers nach § 437 Nr. 3, § 280 Abs. 1 und 3, § 281.

3.4.4.2 Schadensersatz wegen eines unbehebbaren Mangels

Ist dem Verkäufer eine Mangelbeseitigung durch Nacherfüllung nicht möglich (§ 275 Abs. 1) oder kann er sie verweigern (§ 275 Abs. 2 und 3), steht dem Käufer der Schadensersatzanspruch statt der Leistung ohne Fristsetzung zu. Als Anspruchsgrundlage kommen die §§ 437 Nr. 3, 280 Abs. 1 und 3, 283 oder § 311a Abs. 2 in Betracht, je nachdem, ob das Leistungshindernis vor oder nach Vertragsschluss vorgelegen hat. Nach § 311a Abs. 2, also bei anfänglicher Unmöglichkeit, haftet der Schuldner auf Schadensersatz statt der Leistung, wenn das Leistungshindernis, schon bei Vertragsschluss vorlag. War das Fahrzeug z. B. schon vor Vertragsschluss nicht unfallfrei, ist dem Verkäufer eine Nacherfüllung nicht möglich. Der Käufer hat nach § 437 Nr. 3, § 311a einen Schadensersatzanspruch statt der Leistung gegen den Verkäufer.
Der Schadensersatzanspruch nach §§ 437 Nr. 3, 311a steht dem Käufer nur zu, wenn der Verkäufer den Mangel der Sache nicht kannte und er seine Unkenntnis nicht zu vertreten hatte.
Ist der Mangel, dessen Nachbesserung nicht möglich ist, erst nach Vertragsschluss entstanden, richtet sich der Schadensersatzanspruch nach §§ 437 Nr. 3, 280 Abs. 1 und 3, 283. Dessen Voraussetzungen sind:

1. Wirksamer Kaufvertrag
2. Sachmangel i. S. d. § 434

Schadenersatz wegen eines unbehebbaren Mangels.

3. Bei Gefahrübergang
4. Verpflichtung zur Nacherfüllung nach § 275 Abs. 1–3 ausgeschlossen
5. Vertreten müssen (§ 276 Abs. 1)
   Ausnahme: Garantieerklärung (§ 276 Abs. 1)
6. Schaden

Grundsätzlich kann der Käufer nach dem »kleinen Schadensersatz« seinen Schaden berechnen und bei Erheblichkeit des Mangels (§ 283 S. 2) nach dem »großen Schadensersatz« vorgehen.

MERKE

Ist dem Verkäufer die Behebung des Mangels durch Nacherfüllung nicht möglich, richtet sich ein etwaiger Schadensersatzanspruch des Käufers nach §§ 437 Nr. 3, 280 Abs. 1 und 3, 283 oder § 311a Abs. 2.

3.4.4.3 Schadensersatz wegen Verzögerung

Dem Käufer kann auch durch eine Verzögerung der Leistung ein Schaden entstehen. Es sind zwei verschiedene Leistungsverzögerungen denkbar. Einerseits kann die Verzögerung darauf beruhen, dass der Verkäufer eine mangelhafte Sache geliefert hat, die eine Nachbesserung oder Nachlieferung erforderlich macht, und der Käufer dadurch einen Schaden erleidet.

Die gelieferte Maschine weist einen Mangel auf und muss repariert werden. Dadurch kann die Maschine erst verspätet im Betrieb des Käufers eingesetzt werden und dem Käufer entsteht ein Betriebsausfallschaden.

Andererseits kann die Verzögerung des Verkäufers darauf beruhen, dass er die vom Käufer verlangte Nacherfüllung verzögert und der Käufer dadurch einen Schaden erleidet.

Der Käufer verlangt vom Verkäufer Nacherfüllung bzgl. der defekten Maschine und hat dem Verkäufer hierfür eine angemessene Frist gesetzt. Die Frist läuft erfolglos ab. Um seinen Anspruch auf Nacherfüllung durchzusetzen, erhebt der Käufer Klage. Ihm entstehen Anwalts- und Gerichtskosten.

Ein Schadensersatzanspruch richtet sich in beiden Fällen nach § 437 Nr. 3 i. V. m. §§ 280 Abs. 1 und 2, 286, da eine Verzögerung der Leistung nach dem Wortlaut des § 280 Abs. 2 nur unter den zusätzlichen Voraussetzungen des § 286 möglich ist. Ein Bedürfnis für eine differenzierende Betrachtung besteht insoweit nicht.[139]

3.4.4.4 Schadensersatz wegen Mangelfolgeschaden

Schließlich steht dem Käufer ein Schadensersatzanspruch zu, wenn durch die Lieferung der mangelhaften Sache sonstige Rechte, Rechtsgüter oder rechtlich geschützte Interessen verletzt werden (sog. Mangelfolgeschaden).

---

[139] So aber Haas in: Haas u. a. S. 222, BGH NJW 2009,2674 ff.; a. A. Brox/Walker SchR BT, § 4 Rdnr. 106.

Der gekaufte Toaster hat einen Mangel. Deshalb kommt es zu einem Kurzschluss. Die Küche des Käufers brennt ab und der Käufer erleidet eine Rauchvergiftung. Hier sind durch die mangelhafte Sache andere Rechtsgüter des Käufers, Eigentum und Gesundheit, verletzt worden.

Anspruchsgrundlage für den Ersatz dieser Schäden ist § 437 Nr. 3 i. V. m. § 280 Abs. 1, die folgende Voraussetzungen haben:

1. Wirksamer Kaufvertrag
2. Sachmangel i. S. d. § 434
3. Pflichtverletzung durch Lieferung einer mangelhaften Sache (§ 433 Abs. 1 S. 2)
4. Vertretenmüssen nach § 280 Abs. 1 S. 2
5. Schaden

Das Vertretenmüssen des Verkäufers setzt nach § 276 Verschulden voraus. Hieran wird es oftmals scheitern, wenn dem Verkäufer keine Untersuchungspflicht trifft und der Mangel insoweit auch nicht erkennbar war.

MERKE

Unter Mangelfolgeschaden versteht man den Schaden, den der Käufer an anderen Rechtsgütern als dem Kaufgegenstand infolge des Mangels erlitten hat, insbesondere an Körper und Eigentum.
Der Mangelfolgeschaden ist ohne Fristsetzung nach § 437 Nr. 3, § 280 Abs. 1 zu ersetzen. Der Anspruch besteht neben dem Anspruch auf Nacherfüllung.

3.4.5 Aufwendungsersatz

Nach §§ 437 Nr. 3, 284 hat der Käufer auch die Möglichkeit, statt Schadensersatz Ersatz seiner vergeblichen Aufwendungen zu verlangen.
Voraussetzung ist, dass der Verkäufer einen Schadensersatzanspruch nach den §§ 437 Nr. 3, 440, 280, 281, 283 und § 311a hat, denn der Aufwendungsersatzanspruch kann nur anstelle des Schadensersatzes verlangt werden. Damit kommt grundsätzlich nur dann ein Anspruch in Betracht, wenn Verschulden des Verkäufers vorliegt, es sei denn, er hat eine Garantie für die Beschaffenheit der Sache abgegeben.

Das gekaufte Grundstück enthält Altlasten. Der Käufer tritt vom Vertrag zurück und kann die Makler- und Beurkundungskosten nach § 437 Nr. 3, § 284 vom Verkäufer verlangen.

3.5 Beschaffenheits- und Haltbarkeitsgarantie

Neben den gesetzlichen Mängelrechten können dem Käufer auch Rechte aus einer Beschaffenheits- und Haltbarkeitsgarantie zustehen (sog. unselbstständige Garantie). § 443 Abs. 1[140]

[140] Die Vorschrift wurde mit Wirkung zum 13.06.2014 neu gefasst, vgl. BGBl. I, 3652.

versteht unter einer Beschaffenheitsgarantie, dass der Verkäufer, der Hersteller oder ein sonstiger Dritter in einer Erklärung oder einschlägigen Werbung, die vor oder bei Abschluss des Kaufvertrags verfügbar war, die Gewähr dafür übernimmt, dass die verkaufte Sache eine bestimmte Beschaffenheit aufweist. Anderenfalls wird insbesondere die Verpflichtung eingegangen, den Kaufpreis zu erstatten, die Sache auszutauschen, nachzubessern oder in ihrem Zusammenhang Dienstleistungen zu erbringen. Gleiches gilt, wenn die Kaufsache andere als die Mängelfreiheit betreffende Anforderungen nicht erfüllt, die in der Erklärung oder einschlägigen Werbung beschrieben sind.

Der Immobilienhändler Schneider verkauft Grundstücke mit der Zusage, dass zukünftig ein Bebauungsplan erlassen wird.[141]

Um eine Haltbarkeitsgarantie (§ 443 Abs. 2) handelt es sich, wenn die Sache für eine bestimmte Dauer eine bestimmte Beschaffenheit behält. Was Inhalt der Garantieerklärung ist und welche Rechte sich für den Käufer aus dieser ergeben, bleibt der Festlegung des Verkäufers bzw. des Dritten überlassen.[142]

Von der Garantie i. S. d. § 276 Abs. 1 S. 1 unterscheidet sich die Beschaffenheits- und Haltbarkeitsgarantie nach § 443 insofern, als dass es bei der Garantie darum geht, im Rahmen des Leistungsstörungsrechts eine Haftung unabhängig vom Verschulden zu übernehmen. Ein Garantievertrag zwischen Käufer und Hersteller kommt dadurch zustande, dass der Hersteller der Ware eine Garantieerklärung beifügt und der Käufer das darin enthaltene Angebot auf Abschluss eines Garantievertrags stillschweigend durch den Kauf der Ware annimmt.[143] Ein entsprechendes Angebot kann sich aber auch aus der Werbung ergeben (vgl. 443 Abs. 1).

Beim Verbrauchsgüterkauf (§ 474) enthält § 477 für die Garantieerklärung ergänzende Bestimmungen. Danach unterliegt die Garantieerklärung bestimmten Anforderungen. Allerdings ist zu beachten, dass nach § 477 Abs. 3 die Wirksamkeit einer Garantieerklärung nicht dadurch berührt wird, dass eine dieser Anforderungen nicht erfüllt wird.

MERKE

Die Rechte aus einer Garantie (§ 443) stehen dem Käufer neben den Mängelrechten zu. Ob es sich um eine Beschaffenheitsvereinbarung nach § 434 Abs. 1 S. 1 oder um eine Garantieerklärung nach § 443 handelt, bedarf gegebenfalls der Auslegung.
Im Gegensatz zur Garantie i. S. d. § 276 Abs. 1 S. 1 will der Verkäufer bei einer Beschaffenheit- und Haltbarkeitsgarantie i. S. d. § 443 dem Käufer etwas Zusätzliches, über die gesetzlichen Ansprüche hinaus, gewähren.

[141] Vgl. BT-Drucks. 17/12637.
[142] Brox/Walker SchR BT, § 4 Rdnr. 118.
[143] BGH 104, 85 f.

3.6 Verjährung

Die Verjährungsfristen der Mängelansprüche des Käufers ergeben sich aus § 438. Die Verjährungsfrist beträgt:

- zwei Jahre (§ 438 Abs. 1 Nr. 3)
  für die Ansprüche auf Nacherfüllung, Schadensersatz und Ersatz vergeblicher Aufwendungen (§ 437 Nr. 1 und 3);
- fünf Jahre
  bei Bauwerken (§ 438 Abs. 1 Nr. 2 a) und
  unter bestimmten Voraussetzungen bei Baumaterialien (§ 438 Abs. 1 Nr. 2 b);
- 30 Jahre
  bei Ansprüchen, die Dritte auf Grund dinglicher Rechte zur Herausgabe hinsichtlich der Kaufsache berechtigten (sog. Eviktionshaftung, § 438 Abs. 1 Nr. 1a) und bei einem sonstigen Recht, das im Grundbuch eingetragen ist;
- drei Jahre
  wenn der Verkäufer den Mangel arglistig verschwiegen hat (§ 438 Abs. 3, § 195), denn dann gilt die regelmäßige Verjährungsfrist.

Die Verjährungsfristen gelten nicht unmittelbar für das Rücktrittsrecht und die Minderung (vgl. § 438 Abs. 1 »Die in § 437 Nr. 1 und 3 bezeichneten Ansprüche verjähren ...«). Der Grund beruht darauf, dass es sich beim Rücktrittsrecht und der Minderung um Gestaltungsrechte handelt. § 194 Abs. 1 unterwirft aber nur Rechtsansprüche der Verjährung. Um dennoch die Ausübung des Rücktrittsrechts und der Minderung zeitlich zu begrenzen, sind diese ausgeschlossen, wenn der Erfüllungsanspruch oder der Nacherfüllungsanspruch verjährt ist (§§ 438 Abs. 4 und 5, 218). Da sich der Erfüllungsanspruch bei der Lieferung einer mangelhaften Sache in einen Nacherfüllungsanspruch wandelt, kommt es auf die Verjährung des Nacherfüllungsanspruchs an. Ist der Nacherfüllungsanspruch verjährt, so kann der Käufer das Rücktrittsrecht bzw. die Minderung weiterhin ausüben. Beruft sich der Verkäufer aber auf die Verjährung des Nacherfüllungsanspruchs, so wird der Rücktritt bzw. die Minderung unwirksam.[144]

Der Beginn der Verjährungsfrist richtet sich nach § 438 Abs. 2. Danach beginnt die Verjährung bei Grundstücken mit der Übergabe, im Übrigen mit der Ablieferung der Sache. Beim arglistigen Verschweigen des Mangels richtet sich der Verjährungsbeginn nach § 199 Abs. 1: Die Frist beginnt erst mit dem Schluss des Jahres, in dem der Käufer von dem Mangel Kenntnis erlangt hat oder ohne grobe Fahrlässigkeit erlangen müsste.

Allerdings können die Parteien eine anderweitige Vereinbarung sowohl hinsichtlich der Dauer als auch hinsichtlich des Beginns der Verjährung treffen.[145] Grundsätzlich kann eine kürzere als die gesetzlich vorgesehene Verjährung vereinbart werden, es sei denn der Verkäufer haftet wegen Vorsatz (§ 202 Abs. 1).

Beim Verbrauchsgüterkauf ist eine Vereinbarung, die eine Verjährungsfrist bei neuen Sachen unter zwei Jahren und bei gebrauchten Sachen unter einem Jahr vorsieht, unzulässig (§ 475 Abs. 2), es sei denn, es handelt sich um den Ausschluss oder die Beschränkung des Anspruchs auf Schadensersatz (§ 475 Abs. 3). Darüber hinaus ist eine Klausel in den Allgemeinen Geschäftsbedingungen nach § 309 Nr. 8b ff. unwirksam, wenn die Verjährung

---

[144] Haas in: Haas S. 243.

[145] Brox/Walker SchR BT, § 4 Rdnr. 130.

von Ansprüchen wegen eines Mangels in den Fällen des § 438 Abs. 1 Nr. 2 erleichtert oder in den sonstigen Fällen eine weniger als ein Jahr betragende Verjährungsfrist ab dem gesetzlichen Verjährungsbeginn erreicht wird. Dies gilt jedoch nicht für Verträge, in die Teil B der Verdingungsordnung für Bauleistungen insgesamt einbezogen ist.
Nach § 202 Abs. 2 ist die Vereinbarung über eine längere Verjährungsfrist immer zulässig, sofern sie nicht 30 Jahre überschreitet.

MERKE

Die Mängelansprüche des Käufers verjähren regelmäßig in zwei Jahren (§ 438 Abs. 1 Nr. 3).
Bei Bauwerken und den verwendeten Arbeitsmaterialien verjähren die Ansprüche in fünf Jahren (§ 438 Abs. 1 Nr. 2).
In 30 Jahren verjähren sie insbesondere bei dinglichen Rechten eines Dritten aufgrund derer dieser die Herausgabe verlangen kann, oder bei sonstigen Rechten, die im Grundbuch eingetragen sind (§ 438 Abs. 1 Nr. 1).
Hat der Verkäufer den Mangel arglistig verschwiegen, gilt die regelmäßige Verjährungsfrist des § 195, also drei Jahre (§ 438 Abs. 3).
Auf das Rücktritts- und Minderungsrecht als Gestaltungsrechte findet § 218 entsprechende Anwendung (§ 438 Abs. 4 und 5).

3.7 Konkurrenzen

Greifen die Gewährleistungsvorschriften, stellt sich die Frage der Konkurrenz zu anderen Bestimmungen, wie z. B. die der Anfechtung. Die Antwort hängt zunächst vom Zeitpunkt des Gefahrüberganges ab. Die §§ 437 ff. finden erst nach Gefahrübergang Anwendung (vgl. § 434 Abs. 1). Deshalb richten sich die Rechte des Käufers bis zum Gefahrübergang nach den allgemeinen Vorschriften. So kann z. B. Anfechtung des Vertrags erfolgen.
Eine Konkurrenz ergibt sich erst nach Gefahrübergang. Denkbar ist nämlich, dass sich der Käufer bei einem Sachmangel auch in einem Irrtum über eine verkehrswesentliche Eigenschaft einer Sache (§ 119 Abs. 2) befunden hat.

Der Käufer eines gebrauchten Pkw geht davon aus, dass das Fahrzeug unfallfrei ist. Handelt es sich um ein Unfallfahrzeug, liegt ein Sachmangel vor. Gleichzeitig befand sich der Käufer aber auch im Irrtum über eine verkehrswesentliche Eigenschaft des Fahrzeuges.

Nach h. M. ist dem Käufer nach dem Gefahrübergang eine Anfechtung wegen Irrtums über eine verkehrswesentliche Eigenschaft der Sache nach § 119 Abs. 2 verwehrt.[146] Anderenfalls würde das Nacherfüllungsrecht des Verkäufers unterlaufen; auch würden die zweijährige Verjährungsfrist in § 438 Abs. 1 Nr. 3 sowie die Regelung des § 442 Abs. 1 S. 2 bedeutungslos. Alle anderen Anfechtungsgründe, wie § 119 Abs. 1 oder der Anfechtung nach § 123, sind dagegen nicht ausgeschlossen.[147] Hat der Käufer den Vertrag entsprechend angefochten,

[146] BGH 34, 34; Brox/Walker, SchR BT, § 4 Rdnr. 135.
[147] Brox/Walker SchR BT, § 4 Rdnr. 138.

ist der Kaufvertrag nach § 142 nichtig. Eine Rückabwicklung, z. B. für den bereits bezahlten Kaufpreis, erfolgt nach dem Bereicherungsrecht (§ 812).
Ansprüche aus einer unerlaubten Handlung können neben den Mängelrechten geltend gemacht werden, weil die §§ 823 ff. andere Voraussetzungen haben und weiter gehen als die Mängelvorschriften.[148]
Ein Anspruch aus § 823 Abs. 1 hat Bedeutung für den sog. weiterfressenden Mangel. Dieser liegt vor, wenn der Mangel zu einer Zerstörung der Sache führt. Grundsätzlich stellt der Mangel keine Eigentumsverletzung i. S. d. § 823 Abs. 1 dar, weil der Käufer von Anfang an Eigentum an einer Sache erwirbt, die mit einem Mangel behaftet war. Führt aber der Mangel, der sich zunächst nur auf einen begrenzten Teil der Sache beschränkte, zur Zerstörung der Sache, kommt ein Schadensersatzanspruch für den Verlust der Sache nach § 823 Abs. 1 in Betracht.[149] Wichtig ist auch die unterschiedliche Verjährungsfrist: Während Ansprüche aus dem Mängelrecht in zwei Jahren verjähren (§ 438 Nr. 2), verjähren die aus unerlaubter Handlung nach drei Jahren (§ 195).

MERKE

Vor Gefahrübergang (§ 434 Abs. 1) finden die Mängelrechte keine Anwendung. Der Käufer kann seine Rechte, z. B. die der Anfechtung, nach den allgemeinen Vorschriften (§§ 119, 123) geltend machen.
Nach Gefahrübergang ist die Anfechtung wegen Irrtums einer verkehrswesentlichen Eigenschaft nach § 119 Abs. 2 ausgeschlossen. Der Käufer kann nur seine Rechte aus der Mängelhaftung geltend machen. Alle anderen Anfechtungsgründe sind durch die Sachmängelansprüche nicht ausgeschlossen.
Ansprüche aus unerlaubter Handlung (§ 823) können grundsätzlich neben den Sachmängelrechten geltend gemacht werden. Allerdings stellt die Lieferung einer mangelhaften Sache keine Eigentumsverletzung i. S. d. § 823 Abs. 1 dar, weil die Sache schon bei der Eigentumsübertragung mit einem Mangel behaftet war, das Eigentum also gar nicht mehr verletzt werden konnte. Etwas anderes gilt beim weiterfressenden Mangel, wenn sich also der Mangel erst auf einen begrenzten Teil der Sache beschränkt hat und es dann dadurch zur Zerstörung der Sache kommt.

3.8 Verbrauchsgüterkauf

Für den Verbrauchgüterkauf (§ 474) gelten grundsätzlich die §§ 433 ff. Ergänzende Regelungen enthalten die §§ 474 Abs. 2 bis 479.
Um einen Verbrauchsgüterkauf handelt es sich nach § 474 Abs. 1 S. 1, wenn ein Verbraucher (§ 13) von einem Unternehmer (§ 14) eine bewegliche Sache kauft. § 474 Abs. 1 S. 2 dehnt den Verbrauchsgüterkauf auch auf solche Verträge aus, die neben dem Verkauf der beweglichen Sache auch die Erbringung einer Dienstleistung durch den Unternehmer zum Gegenstand hat (z. B. Anschluss der gekauften Waschmaschine). Die §§ 474 ff. finden also

[148] Ebenda Rdnr. 141.
[149] BGH NJW 78, 2241.

keine Anwendung auf Kaufverträge zwischen Verbrauchern oder zwischen Unternehmern. Sie finden auch dann keine Anwendung, wenn der Verbraucher als Verkäufer und der Unternehmer als Käufer auftritt. Kaufgegenstand muss eine neue oder gebrauchte bewegliche Sache sein. Der Grundstückskauf und der Rechtskauf werden also nicht erfasst. Die ergänzenden Regelungen über den Verbrauchsgüterkauf gelten nach § 474 Abs. 2 S. 2 auch nicht für gebrauchte Sachen, die in einer öffentlichen Versteigerung verkauft werden, an der der Verbraucher persönlich teilnehmen kann. Öffentlich heißt: frei zugänglich, sodass jeder teilnehmen kann. Versteigerungen im Internet gelten nicht als öffentliche Versteigerungen.[150]
§ 474 Abs. 4 sieht beim Verbrauchsgüterkauf eine von § 447 abweichende Gefahrtragungsregelung vor. Haben die Vertragsparteien Schickschuld vereinbart, geht nach § 447 die Preisgefahr auf den Käufer nur dann über, wenn er den Spediteur, den Frachtführer oder die sonst zur Ausführung der Versendung bestimmte Person oder Anstalt mit der Ausführung beauftragt hat und der Unternehmer dem Käufer diese Person oder Anstalt nicht zuvor benannt hat. Ansonsten verbleibt es bei der Regelung des § 446: Erst mit der Übergabe der Sache an den Käufer geht die Gefahr auf den Käufer über, es sei denn, der Käufer ist im Verzuge der Annahme.

Krämer kauft beim Händler Hausmann ein zwölfteiliges Geschirr. Krämer bittet Hausmann, ihm das Geschirr zu schicken. Auf dem Weg zu Krämer kommt es zu einem Unfall und das Geschirr wird zerstört. Da es sich um einen Verbrauchsgüterkauf handelt und § 447 keine Anwendung findet, braucht Krämer auch nicht den Kaufpreis zu zahlen, weil die Preisgefahr noch nicht auf ihn übergegangen ist.

Haben Verbraucher und Unternehmer beim Abschluss des Kaufvertrags eine Vereinbarung getroffen, die die Mängelrechte des Verbrauchers (Anspruch auf Nachbesserung und das Rücktritts- und Minderungsrecht) einschränkt, kann sich der Unternehmer nach § 475 Abs. 1 hierauf nicht berufen, wenn der Verbraucher den Mangel mitteilt. Nach der Mitteilung können die Vertragsparteien jedoch eine anderweitige Regelung treffen. Der vertragliche Ausschluss oder die Beschränkung des Schadensersatzanspruchs ist dagegen zulässig (vgl. § 475 Abs. 3).
Auch die Verjährungsfrist (§ 438) kann beim Verbrauchsgüterkauf vor Mitteilung eines Mangels durch Rechtsgeschäft nicht erleichtert werden. Das bedeutet, dass vor Mitteilung eines Mangels die Vereinbarung, dass die gesetzliche Verjährungsfrist für neue Sachen weniger als zwei Jahre und die für gebrauchte Sachen weniger als ein Jahr betragen soll, unwirksam ist (§ 475 Abs. 2).
Nach § 476 besteht eine Beweislastumkehr. Liegt kein Verbrauchsgüterkauf vor, muss der Käufer beweisen, dass der Mangel bei Gefahrübergang vorgelegen hat (§ 434 Abs. 1). Beim Verbrauchsgüterkauf wird dagegen vermutet, dass der Mangel bei Gefahrübergang vorgelegen hat, wenn er sich innerhalb von sechs Monaten nach Übergabe der Sache zeigt, es sei denn, diese Vermutung ist mit der Art der Sache oder des Mangels unvereinbar, etwa bei gebrauchten Sachen mit hohem Abnutzungsgrad.
§ 477 enthält Sonderbestimmungen für Garantieerklärungen. Diese muss einfach und verständlich abgefasst sein und der Verbraucher kann verlangen, dass die Garantieerklärung ihm in Textform (§ 126b) mitgeteilt wird. Werden diese Anforderungen nicht erfüllt,

[150] Palandt/Ellenberger, § 156 Rdnr. 3.

berührt dies nach § 477 Abs. 3 jedoch nicht die Wirksamkeit der Garantieverpflichtung. Schließlich sehen die §§ 478, 479 Rückgriffsrechte des Unternehmers gegen seinen Lieferanten vor.

MERKE

Für den Verbrauchsgüterkauf gelten grundsätzlich die Regelungen über den Kaufvertrag (§§ 433 ff.). Allerdings findet nach § 474 Abs. 4 die Gefahrtragungsregel beim Versendungskauf nur eingeschränkt Anwendung.
Vereinbarungen, die vor Mitteilung eines Mangels an den Verkäufer getroffen wurden und die die Einschränkung der Mängelrechte des Käufers betreffen, sind nach § 475 Abs. 2 unzulässig. Hiervon ausgenommen ist die Vereinbarung über den Ausschluss oder die Beschränkung des Schadensersatzanspruchs (§ 475 Abs. 3).
Ebenso ist eine Vereinbarung über die Erleichterung der Verjährungsfrist, die vor Mitteilung eines Mangels durch Rechtsgeschäft getroffen wurde, unzulässig (§ 475 Abs. 2).
§ 476 sieht eine Beweislastumkehr vor. Es wird grundsätzlich vermutet, dass der Mangel bei Übergabe der Sache vorgelegen hat, wenn er innerhalb von sechs Monaten nach der Übergabe auftritt.

X Mietvertrag/Pachtvertrag

Der Mietvertrag ist in § 535, der Pachtvertrag in § 581 geregelt. Da die Vorschriften über den Mietvertrag grundsätzlich auch auf den Pachtvertrag Anwendung finden, werden die Besonderheiten des Pachtvertrags in diesem Kapitel unter Punkt 5 dargestellt.
Der Mietvertrag ist ein gegenseitiges Schuldverhältnis. Allerdings kommt es auch vor, dass die Vertragsparteien nicht nur den Gebrauch einer Sache vereinbaren, sondern auch weitere Leistungen zu erbringen sind.

Herr Otto bucht im Hotel »Zur schönen Aussicht« ein Zimmer mit Frühstück.

Es handelt sich dann nicht um einen reinen Mietvertrag, sondern um einen gemischten Vertrag. Was die Gebrauchsüberlassung betrifft, ist Mietrecht anzuwenden[151], hinsichtlich der weiteren Leistungen gelten auch die Vorschriften über Dienst-, Werkvertrag und Kauf, weil nicht nur die Raumnutzung, sondern Beherbergung geschuldet wird.
Grundsätzlich ist der Mietvertrag formfrei. Soll das Mietverhältnis jedoch über Wohnraum länger als ein Jahr dauern, muss der Mietvertrag in schriftlicher Form abgefasst werden (vgl. § 550). Wird die Schriftform nicht eingehalten, gilt der Mietvertrag als auf unbestimmte Zeit geschlossen. Abweichend von § 125 (Nichtigkeit eines Rechtsgeschäftes wegen Formmangels) führt die Nichtbeachtung der Schriftform nicht zur Unwirksamkeit des Mietvertrags, sondern nur zur Nichtigkeit der Mietzeitabrede oder des Kündigungsverzichts.[152]

[151] Vgl. BGH NJW 63, 1449.

[152] Brox/Walker SchR BT, § 10 Rdnr. 13.

§ 550 ist gegenüber § 125 insoweit lex specialis.[153] Ist die Schriftform nicht eingehalten, ist nach § 550 S. 2 die Kündigung frühestens zum Ablauf eines Jahres nach Überlassung des Wohnraums zulässig.

1 PFLICHTEN DES VERMIETERS

Nach § 535 Abs. 1 ist der Vermieter verpflichtet, dem Mieter den Gebrauch der Mietsache während der Mietzeit zu gewähren. Er ist auch verpflichtet, die Mietsache dem Mieter in einem zum vertragsgemäßen Gebrauch geeigneten Zustand zu überlassen und sie während der Mietzeit in diesem Zustand zu erhalten (Gebrauchserhaltungspflicht). Damit stellt die Mangelfreiheit eine Hauptleistungspflicht des Vermieters dar.
Grundsätzlich trägt der Vermieter nach §§ 535 Abs. 1 S. 2, 538 auch die Instandhaltungspflicht. In der Regel wird diese aber durch Vertragsvereinbarung auf den Mieter abgewälzt. Dieser ist dann für die Durchführung der sog. Schönheitsreparaturen verpflichtet.

Zu den Schönheitsreparaturen gehören das Tapezieren bzw. Anstreichen von Wänden und Decken, das Streichen von Heizkörpern und Rohren sowie von Innentüren, der Innenseite von Außentüren und die Innenseiten der Fensterrahmen. Des Öfteren werden auch kleinere Schäden (Bagatellschäden von 75 bis 100 €) auf den Mieter abgewälzt.

2 PFLICHTEN DES MIETERS

Nach § 535 Abs. 2 ist der Mieter verpflichtet, die vereinbarte Miete zu zahlen.
In der Regel ist die Miete in wiederkehrenden Zeitabständen zu entrichten, so für die Wohnraummiete jeweils für einen Monat.
Sie kann aber auch in einer einmaligen Leistung geschuldet sein, wie z. B. bei der Miete eines Ruderbootes.
Die Miete ist bei Mietverhältnissen über Wohnraum zu Beginn, spätestens bis zum dritten Werktag der einzelnen Zeitabschnitte zu entrichten (§ 556b). Ist ein Mietvertrag über Grundstücke oder über bewegliche Sachen abgeschlossen, ist die Miete am Ende der Mietzeit zu entrichten (§ 579 Abs. 1 S. 1). Ist die Miete nach Zeitabschnitten bemessen, so ist sie nach Ablauf der einzelnen Zeitabschnitte zu entrichten (§ 579 Abs. 1 S. 2).
Grundsätzlich können die Vertragsparteien die Höhe der Miete frei vereinbaren. Für Mietverhältnisse über Wohnraum gelten hinsichtlich der Höhe der Miete allerdings Sonderregelungen. Sozialwohnungen und Wohnraum, der mit staatlicher Förderung oder steuerbegünstigt errichtet wurde, unterliegen dem Wohnungsbindungsgesetz bzw. dem Wohnungsbaugesetz. Der Vermieter kann nur die sog. Kosten- oder Vergleichsmiete verlangen.
Nach §§ 557 ff. können Vermieter und Mieter eine Erhöhung der Miete vereinbaren. Diese Bestimmungen gelten jedoch nur für Mietverhältnisse über Wohnraum. Bereits im Mietvertrag können sie künftige Mieterhöhungen in Form der Staffelmiete[154] oder der Indexmiete

[153] Palandt/Weidenkaff, § 550 Rdnr. 13.
[154] Zur Vereinbarkeit mit dem MHG, vgl. Sternel, Rdnr. A 377.

vereinbaren. Bei der Staffelmiete (§ 557a) wird die unterschiedliche Höhe der Miete für bestimmte Zeiträume schriftlich vereinbart.

Vermieter und Mieter vereinbaren, dass sich die Miete nach zwei Jahren um 30 €, nach fünf Jahren um 50 € und nach sieben Jahren um 70 € erhöht.

Bei der Indexmiete (§ 557b) vereinbaren Vermieter und Mieter schriftlich, dass sich die Miete durch den vom Statistischen Bundesamt ermittelten Preisindex für die Lebenshaltung aller privaten Haushalte in Deutschland bestimmt. Allerdings muss nach § 557b Abs. 2 während der Geltung der Indexmiete die Miete jeweils mindestens ein Jahr unverändert bleiben.

Haben Vermieter und Mieter weder eine Staffel- noch Indexmiete vereinbart, ist eine Mieterhöhung unter den Voraussetzungen des § 558 zulässig. Danach kann der Vermieter die Miete bis zur ortsüblichen Vergleichsmiete erhöhen. Wie sich die ortsübliche Vergleichsmiete ermittelt, ergibt sich aus § 558 Abs. 2. Dies ist aber erst dann zulässig, wenn sich die Miete seit den letzten 15 Monaten nicht verändert hat. Außerdem unterliegt die Erhöhung einer Kappungsgrenze, das bedeutet, bei der Erhöhung darf sich die Miete innerhalb von drei Jahren nicht um mehr als 20 % erhöhen.

Der Vermieter muss dem Mieter die beabsichtigte Mieterhöhung in Textform mitteilen und begründen (§ 558a). Zur Begründung kann der Vermieter z. B. einen Mietspiegel (§§ 558c, 558d) heranziehen. Der Mieter muss dem Mieterhöhungsbegehren des Vermieters zustimmen (§ 558b Abs. 1). Stimmt der Mieter der Mieterhöhung zu, schuldet er die erhöhte Miete mit Beginn des dritten Kalendermonats nach dem Zugang des Erhöhungsverlangens. Verweigert der Mieter seine Zustimmung, kann der Vermieter diese einklagen (§ 558b Abs. 2).

Nach § 559 kann der Vermieter bei wesentlichen Modernisierungsmaßnahmen die Miete erhöhen. Mit dem Inkrafttreten des Mietrechtsänderungsgesetzes am 11.03.2013 wurden in den §§ 555a bis 555f Regelungen für die Erhaltung und die Modernisierung von Wohnraum eingefügt. Danach ist der Mieter zur Duldung von Modernisierungsmaßnahmen verpflichtet und der Vermieter zur Mieterhöhung berechtigt.

Erhöht der Vermieter die Miete nach § 558 oder § 559, steht dem Mieter ein Sonderkündigungsrecht zu (§ 561). Kündigt der Mieter, tritt nach § 561 Abs. 1 S. 2 die Mieterhöhung nicht ein.

Der Vermieter kann nach § 551 vom Mieter zur Erfüllung seiner Pflichten Sicherheiten verlangen. In der Regel ist eine Barkaution zu leisten. Die Sicherheit darf nicht höher als das Dreifache der auf einen Monat entfallenen Miete betragen. Zugrunde zu legen ist die Kaltmiete. Der Mieter ist berechtigt, die Kaution in drei gleichen Teilzahlungen zu leisten. Die erste Teilzahlung ist zu Beginn des Mietverhältnisses fällig. Der Vermieter ist verpflichtet, die Kaution verzinslich anzulegen.

Über die Miete hinaus hat der Mieter nach § 556 die Betriebskosten zu zahlen, wenn dies vereinbart ist. Diese sind jährlich abzurechnen. Nach § 1 der Betriebskostenverordnung sind Betriebskosten die Kosten, die dem Eigentümer durch das Eigentum am Grundstück oder durch den bestimmungsgemäßen Gebrauch des Gebäudes oder der Wirtschaftseinheit, der Nebengebäude, Anlagen, Einrichtungen und des Grundstücks laufend entstehen.

Unter die Betriebskosten fallen z. B. Kosten der Wasserversorgung und Entwässerung, Versorgung mit Fernwärme, Kosten für Straßenreinigung, Müllabfuhr, Hausreinigung, Gemeinschaftsantenne, Kosten für Versicherungen und öffentliche Lasten des Grundstücks.

MERKE

Als Hauptleistungspflicht hat der Vermieter nach § 535 Abs. 1 dem Mieter den Gebrauch der Mietsache zu gewähren, der Mieter nach § 535 Abs. 2 die vereinbarte Miete zu entrichten. Der Mietvertrag ist grundsätzlich formfrei. Der Mietvertrag über Wohnraum (beachte § 578) bedarf der Schriftform, wenn er für länger als ein Jahr geschlossen wird. Grundsätzlich kann die Höhe der Miete frei vereinbart werden. Bei Sozialwohnungen und Wohnungen, die mit staatlichen Mitteln gefördert wurden, bestehen Sonderregelungen. Künftige Mieterhöhungen können durch eine Staffelmiete oder eine Indexmiete schriftlich vereinbart werden.
Eine Mieterhöhung kann der Vermieter nach § 558 nur mit Zustimmung des Mieters bis zur ortsüblichen Vergleichsmiete verlangen. Das Mieterhöhungsbegehren muss dem Mieter in Textform mitgeteilt werden. Es bedarf einer Begründung.
Der Vermieter kann von dem Mieter eine Mietsicherung verlangen. Die Sicherung darf nach § 551 das Dreifache einer Monatsmiete (Kaltmiete) nicht übersteigen. Der Mieter ist berechtigt, die Barkaution in drei Teilzahlungen zu leisten.
Neben der Miete hat der Mieter die Betriebskosten zu tragen, wenn dies von den Vertragsparteien vereinbart wurde (§ 556). Eine Betriebskostenabrechnung muss jährlich erstellt werden.

3 MÄNGELHAFTUNG IM MIETRECHT

Verstößt der Vermieter gegen seine Verpflichtung aus § 535 Abs. 1 S. 2 und hat die Mietsache einen Sach- oder Rechtsmangel, ergeben sich die Rechte des Mieters aus §§ 536 und 536a. Die folgende Darstellung beschränkt sich auf den Sachmangel.

3.1 Voraussetzungen

Nach § 536 Abs. 1 ist Voraussetzung, dass die gemietete Sache bei der Überlassung des Gebrauchs einen Mangel hat oder ein solcher während der Mietzeit entsteht, der die Tauglichkeit der Sache zu dem vertragsgemäßen Gebrauch aufhebt.
Ein Sachmangel i. S. d. § 535 ist eine für den Mieter nachteilige Abweichung des tatsächlichen Zustandes der Mietsache vom vertraglich vorausgesetzten.[155] Mithin gilt, wie im Kauf- und Werkrecht, der subjektive Fehlerbegriff.[156] Allerdings muss der Mangel die Tauglichkeit zum vertragsgemäßen Gebrauch aufheben (§ 536 Abs. 1 S. 1) oder zumindest mindern (§ 536 Abs. 1 S. 2).

155 BGH NJW 2006, 899.
156 Brox/Walker SchR BT, § 11 Rdnr. 11.

Der Mangel kann der Sache selbst anhaften oder sich aus äußeren Einwirkungen auf die gemietete Sache ergeben. So stellt es einen Mangel dar, wenn das Dach des Hauses leck ist oder der Gebrauch der gemieteten Sache durch Lärm, Luftverschmutzung, Feuchtigkeit oder Geruch beeinträchtigt wird.
Auch öffentlich-rechtliche Beschränkungen können einen Mangel darstellen, wenn sie sich auf die Beschaffenheit, Benutzbarkeit oder Lage der Mietsache beziehen.[157] Dies ist z. B. der Fall, wenn die erforderliche und fehlende behördliche Genehmigung zur vertraglich vorgesehenen Nutzung fehlt.
Nach § 536 Abs. 2 stellt auch das Fehlen oder der spätere Wegfall einer zugesicherten Eigenschaft einen Sachmangel dar. Eine Zusicherung liegt vor, wenn der Vermieter durch eine ausdrückliche oder stillschweigende Erklärung, die Vertragsinhalt geworden ist, dem Mieter zu erkennen gibt, dass er für den Bestand der entsprechenden Eigenschaft und alle Folgen ihres Fehlens einstehen will.[158]
Eigenschaft ist jede Beschaffenheit der Sache selbst und jedes tatsächliche oder rechtliche Verhältnis, das für die Brauchbarkeit oder den Wert der Sache von Bedeutung ist und seinen Grund in der Beschaffenheit der Sache selbst hat, von ihr ausgeht, ihr für gewisse Dauer anhaftet und nicht nur durch Umstände außerhalb der Mietsache auftritt.[159]

Eigenschaften einer Sache können z. B. sein: die Größe eines Grundstücks, einer Wohnung oder eines Geschäftsraumes sowie die Tragfähigkeit einer Decke oder der zukünftige Umsatz.

Die Tauglichkeit zu dem vertragsgemäßen Gebrauch muss aber erheblich gemindert sein (§ 536 Abs. 1 S. 3). Eine unerhebliche Minderung ist nur bei der zugesicherten Eigenschaft von Bedeutung, weil § 536 Abs. 2 nicht auf Abs. 1 S. 3 des § 536 verweist.

MERKE

Um Ansprüche aus der Mängelhaftung geltend machen zu können, muss ein Mangel der gemieteten Sache vorliegen.
Im Mietrecht gilt der subjektive Fehlerbegriff.
Der Mangel muss erheblich sein.

3.2 Rechte des Mieters

Liegt ein Sachmangel oder Rechtsmangel i. S. d. § 536 vor, kann der Mieter neben seinem Erfüllungsanspruch, der auf die Beseitigung des Mangels gerichtet ist, folgende Rechte geltend machen:

- Er ist von der Entrichtung der Miete ganz oder teilweise befreit (§ 536 Abs. 1 und Abs. 3). Nach § 536 Abs. 1a bleibt für die Dauer von drei Monaten eine Minderung der Tauglichkeit außer Betracht, wenn diese aufgrund einer Maßnahme eintritt, die einer energetischen Modernisierung nach § 555b Nr. 1 dient.

[157] Palandt/Weidenkaff, § 536 Rdnr. 18 f.
[158] Ebenda, § 536 Rdnr. 25.
[159] Ebenda, § 536 Rdnr. 26.

§ 536 Abs. 1 stellt keine Anspruchsgrundlage dar, sondern ist eine rechtsvernichtende Einwendung gegenüber dem Anspruch auf Miete.[160] Das Recht der Befreiung oder Minderung der Miete steht dem Mieter unabhängig vom Verschulden des Vermieters zu. Hat der Mieter die Miete vorausgezahlt, kann er diese nach § 812 zurückfordern. Die Miete ist proportional zur Tauglichkeitsminderung angemessen herabzusetzen. Die Höhe richtet sich nach dem Einzelfall. Sie richtet sich grundsätzlich nach der sog. Bruttomiete, d. h. Grundmiete einschließlich der Betriebskostenvorauszahlung.[161]

- Er kann Schadensersatz verlangen (§ 536a Abs. 1).
  Dazu muss der Sachmangel schon vor Vertragsschluss vorhanden gewesen sein, § 536a Abs. 1. Auf das Überlassen der Mietsache kommt es daher nicht an.[162] Tritt der Mangel erst später, also nach Vertragsschluss, auf, hat der Mieter einen Schadensersatzanspruch nur, wenn der Vermieter den Mangel zu vertreten (§§ 276 bis 278) hat oder mit der Mängelbeseitigung in Verzug (§ 286) ist. Der Schadensersatzanspruch umfasst auch die Mangelfolgeschäden.[163] Erleidet der Mieter also infolge des Mangels an seiner Gesundheit oder seinem Eigentum, z. B seinen Möbeln, einen Schaden, wird dieser Schaden von § 536a Abs. 1 erfasst.
  Der Anspruch auf Schadensersatz besteht neben dem Anspruch aus § 536.[164]
- Er kann den Mangel selbst beseitigen und Ersatz der erforderlichen Aufwendungen verlangen (§ 536a Abs. 2).
  Diese Rechte stehen ihm zu, wenn der Vermieter mit der Beseitigung des Mangels im Verzug (§ 286) ist oder die umgehende Beseitigung des Mangels zur Erhaltung oder Wiederherstellung des Bestandes der Mietsache notwendig ist, z. B. die Reparatur des Daches zur Erhaltung des Miethauses.
- Er kann ohne Einhaltung einer Kündigungsfrist kündigen (§ 543 Abs. 1 und 2 S. 1 Nr. 1).
  Nach § 543 Abs. 3 S. 1 ist die Kündigung erst nach erfolglosem Ablauf einer zur Abhilfe bestimmten angemessenen Frist oder nach erfolgloser Abmahnung zulässig, es sei denn es liegen die Voraussetzungen des § 543 Abs. 2 S. 2 vor. Bei Mietverhältnissen über Wohnraum ist § 569 zu beachten. Nach § 569 Abs. 1 kann der Mieter ohne Einhaltung einer Kündigungsfrist kündigen, wenn der gemietete Wohnraum so beschaffen ist, dass seine Benutzung mit einer Gesundheitsgefährdung verbunden ist. Dies gilt nach § 569 Abs. 1 S. 2 sogar, wenn der Mieter die Gefährdung bei Vertragsschluss gekannt hat oder darauf verzichtet hat, die ihm wegen dieser Beschaffenheit zustehenden Rechte geltend zu machen.

MERKE

Der Mieter hat nach § 536 Abs. 1 und Abs. 2 bei einem erheblichen Mangel der gemieteten Sache oder wenn eine zugesicherte Eigenschaft fehlt oder später wegfällt, das Recht, die Miete ganz oder teilweise zu mindern.

---

160 Palandt/Weidenkaff, § 536 Rdnr. 1.

161 Ebenda, § 536 Rdnr. 33; vgl. zum Meinungsstand auch Blank/Börstinghausen, 536 Rdnr. 82.

162 BGH NJW 85, 1025; so auch Brox/Walker SchR BT, § 11 Rdnr. 15.

163 Medicus/Lorenz, Schuldrecht II, Rdnr. 461.

164 Brox/Walker SchR BT, § 11 Rdnr. 15.

Neben dem Recht zur Mietminderung kann der Mieter Schadensersatz nach § 536a Abs. 1 verlangen, wenn der Vermieter den Mangel zu vertreten hat oder er mit der Beseitigung des Mangels in Verzug ist. Der Schadensersatz umfasst auch den Mangelfolgeschaden. Nach § 536a Abs. 2 kann der Mieter den Mangel selbst beseitigen und Ersatz seiner Aufwendungen verlangen, wenn der Vermieter mit der Beseitigung des Mangels in Verzug ist oder eine Notmaßnahme vorliegt.
Ohne Einhaltung einer Frist steht ihm nach § 543 das Recht zur Kündigung zu. Bei Mietverhältnissen über Wohnraum ist § 569 Abs. 1 zu beachten.

3.3 Ausschluss der Mängelhaftung

Dem Mieter stehen Gewährleistungsansprüche nach § 536c Abs. 2 nicht zu, wenn er dem Vermieter einen festgestellten Mangel nicht unverzüglich anzeigt. Die Rechte des Mieters wegen eines Mangels der gemieteten Sache sind nach § 536b auch ausgeschlossen, wenn er den Mangel der Mietsache bei Vertragsschluss gekannt oder ihm infolge grober Fahrlässigkeit unbekannt geblieben ist, es sei denn der Vermieter hat den Mangel arglistig verschwiegen. Auch hier zeigt sich die Parallele zum Kaufrecht.
Die Ansprüche aus der Mängelhaftung können ausgeschlossen sein, wenn der Mieter die ungeminderte Miete trotz Kenntnis des Mangels vorbehaltlos weiterzahlt.[165]

MERKE

Bevor der Mieter Mängelansprüche geltend machen kann, muss er dem Vermieter den Mangel angezeigt haben (§ 536c Abs. 2).

3.4 Verjährung

Da die Spezialvorschriften des Mietrechts keine Verjährung der Rechte des Mieters wegen eines Sachmangels der gemieteten Sache vorsehen, gilt die regelmäßige Verjährungsfrist des § 195. Zu beachten ist, dass nach § 194 Abs. 1 nur Ansprüche der Verjährung unterliegen. Demzufolge verjähren nach drei Jahren die Ansprüche des Mieters auf Fehlerbeseitigung, auf Ersatz der Kosten der Selbstvornahme und der damit verbundene Anspruch auf Schadensersatz.
Das Recht, die Miete nach § 536 Abs. 1 und 2 gänzlich oder teilweise zu verweigern, unterliegt nicht der Verjährung.

4 BEENDIGUNG DES MIETVERHÄLTNISSES

Bei der Beendigung des Mietverhältnisses muss unterschieden werden, ob es sich um ein unbefristetes oder befristetes Mietverhältnis gehandelt hat.

---

[165] BGH NJW 2000, 2664.

4.1 Befristetes Mietverhältnis

Nach § 542 Abs. 2 endet ein Mietverhältnis, das auf bestimmte Zeit eingegangen worden ist mit dem Ablauf der Zeit, ohne dass es einer Kündigung bedarf, sofern es nicht in den gesetzlich zugelassenen Fällen außerordentlich gekündigt oder stillschweigend verlängert wird. Dies ist nach § 545 der Fall, wenn der Mieter nach Ablauf der Mietzeit den Gebrauch der Mietsache fortsetzt und weder Mieter noch Vermieter seinen entgegenstehenden Willen innerhalb von zwei Wochen dem anderen Teil kundtut. Das Mietverhältnis verlängert sich dann auf unbestimmte Zeit.
Befristete Mietverhältnisse können nicht durch ordentliche Kündigung (vgl. § 542 Abs. 2) beendet werden. Statthaft ist jedoch die außerordentliche Kündigung aus wichtigem Grund (§ 543). Weitere Gründe für eine außerordentliche Kündigung können zwischen den Parteien auch vereinbart werden. Dies gilt jedoch nicht für Mietverhältnisse über Wohnraum. Nach § 569 Abs. 5 S. 2 ist nämlich eine Vereinbarung unwirksam, nach der der Vermieter berechtigt sein soll, aus anderen als den im Gesetz zugelassenen Gründen außerordentlich fristlos zu kündigen.
Für befristete Mietverhältnisse über Wohnraum sind noch weitere Besonderheiten zu beachten. Nach § 575 kann ein Mietverhältnis nur unter den dort genannten Voraussetzungen auf bestimmte Zeit eingegangen werden. Der Befristungsgrund muss dem Mieter schriftlich bei Vertragsschluss mitgeteilt werden. Bei Abschluss des Vertrags muss ein Befristungsgrund vorliegen. Es können auch mehrere nebeneinander oder alternativ gegeben sein.[166] Ein Wechsel von dem angegebenen Grund zu einem anderen ist dagegen unzulässig.[167]

MERKE

Befristete Mietverhältnisse können nicht durch ordentliche, sondern nur durch außerordentliche Kündigung (§ 543) beendet werden.
Zeitmietverträge über Wohnraum können nur unter den Voraussetzungen des § 575 eingegangen werden.

4.2 Unbefristetes Mietverhältnis

Unbefristete Mietverhältnisse können durch Kündigung beendet werden (§ 542 Abs. 1). Die Kündigung ist eine einseitig empfangsbedürftige Willenserklärung und ist grundsätzlich nicht formbedürftig und bedarf keiner Begründung.
Etwas anderes gilt jedoch bei Mietverhältnissen über Wohnraum. Hier bedarf die Kündigung der Schriftform (§ 568 Abs. 1). Außerdem muss der Vermieter dem Mieter die Kündigungsgründe mitteilen (§ 573 Abs. 3) und er soll ihn auf die Möglichkeit, die Form und die Frist des Widerspruchs nach den §§ 574–574b rechtzeitig hinweisen (§ 568 Abs. 2).
Zu unterscheiden ist die ordentliche und die außerordentliche Kündigung.

---

[166] Palandt/Weidenkaff, § 575 Rdnr. 5.
[167] Ebenda, § 575 Rdnr. 16.

4.2.1 Ordentliche Kündigung

Die ordentliche Kündigung ist stets an die Einhaltung bestimmter Kündigungsfristen gebunden. Die Länge der Kündigungsfristen ist abhängig vom Mietgegenstand. Handelt es sich um ein Mietverhältnis über Grundstücke oder über Räume, die keine Geschäftsräume sind, ergibt sich die Länge der Kündigungsfrist aus § 580a Abs. 1. Die Kündigungsfrist richtet sich danach, ob sich die Miete nach Tagen, Wochen oder Monaten bemisst. Nach § 580a Abs. 2 ist die Kündigung spätestens am dritten Werktag eines Kalendervierteljahres zum Ablauf des nächsten Kalendervierteljahres zulässig, wenn es sich um ein Mietverhältnis über Geschäftsräume handelt. Bei einem Mietverhältnis über bewegliche Sachen ist die ordentliche Kündigung zulässig, wenn die Miete nach Tagen bemessen ist (an jedem Tag zum Ablauf des folgenden Tages). Ist die Miete nach längeren Zeitabschnitten bemessen, spätestens am dritten Tag vor dem Tag, mit dessen Ablauf das Mietverhältnis enden soll.

Besonderheiten gelten wiederum bei Mietverhältnissen über Wohnraum. Nach §573 kann der Vermieter grundsätzlich nur kündigen, wenn er ein berechtigtes Interesse an der Kündigung hat. Maßgeblich sind nur die Gründe, die der Vermieter in seinem Kündigungsschreiben dem Mieter mitgeteilt hat, andere Gründe werden nur berücksichtigt, soweit sie nachträglich entstanden sind (§573 Abs. 3). Abs. 2 des § 573 konkretisiert das »berechtigte Interesse«. Ein berechtigtes Interesse liegt insbesondere in drei Fällen vor:

- schuldhafte, nicht unerhebliche Pflichtverletzung des Mieters (§573 Abs. 2 Nr. 1)
  Dies können z. B. folgende sein: Zahlungsrückstand oder unpünktliche Zahlung, unerlaubte Tierhaltung, Vernachlässigung der Wohnung durch Verletzung der Erhaltungspflichten, Belästigung des Vermieters oder der anderen Mieter, Störung des Hausfriedens, Beeinträchtigungen durch Lärm, Schmutz, Geruch.[168]
- Eigenbedarf des Vermieters (§573 Abs. 2 Nr. 2)
  Der Vermieter muss die Wohnung für sich, seine Familienangehörigen oder Angehörige seines Haushalts benötigen. Zu den Familienangehörigen gehören die Mutter, die Kinder, auch wenn sie die Wohnung für eine nichteheliche Lebensgemeinschaft nutzen wollen, der getrennt lebende Ehegatte, die Geschwister, das Kind der Schwiegertochter.[169]
  Der Vermieter muss die Wohnung benötigen. Es genügen vernünftige und nachvollziehbare Gründe des Vermieters[170], ein Notfall oder eine Zwangslage braucht nicht zu bestehen.
  Hat der Vermieter die vermieteten Wohnräume in Wohnungseigentum umgewandelt und ist das Wohnungseigentum veräußert worden, kann der Erwerber die ordentliche Kündigung erst nach Ablauf von drei Jahren seit der Veräußerung auf Eigenbedarf stützen (§577a).
- Wirtschaftliche Verwertung (§573 Abs. 2 Nr. 3)
  Der Vermieter muss durch die Fortsetzung des Mietverhältnisses an einer angemessenen Verwertung des Grundstücks gehindert sein und dadurch erhebliche

[168] Vgl. Palandt/Weidenkaff, §573 Rdnr. 16 ff.; außer im Falle des Zahlungsverzuges wird teilweise vor der Kündigung eine Abmahnung des Mieters verlangt, vgl. Lützenkirchen, MDR 2001, 1391.

[169] Vgl. Palandt/Weidenkaff, §573 Rdnr. 27.

[170] BGH NJW 1988, 904.

Nachteile erleiden. Es ist nicht erforderlich, dass ein Existenzverlust des Vermieters drohen würde, wenn die Verwertung unterbleibt.[171]

Allein die Möglichkeit, durch eine anderweitige Vermietung eine höhere Miete zu erzielen, wird nach § 573 Abs. 2 Nr. 3 nicht als angemessene wirtschaftliche Verwertung anerkannt. Das gleiche gilt, wenn der Vermieter die ordentliche Kündigung damit begründet, dass er die Mieträume vor oder nach der Umwandlung in Wohnungseigentum veräußern will. Ist das Wohnungseigentum veräußert worden, kann der Erwerber nach § 577a erst nach Ablauf von drei Jahren seinen Kündigungsgrund auf berechtigte Interessen i. S. d. § 573 Abs. 2 Nr. 2 oder Nr. 3 stützen.

Die in § 573 Abs. 2 genannten Fälle, in denen der Vermieter ein berechtigtes Interesse geltend machen kann, sind nicht abschließend. Dies ergibt sich aus dem Wort »insbesondere«. Deshalb kommen weitere Gründe in Betracht, die denen in Abs. 2 gleichwertig sind.[172] So etwa wenn die Gründe für eine außerordentliche Kündigung (§ 543 Abs. 1 S. 2 und Abs. 2, § 569 Abs. 2) nicht ausreichend sind oder bei fehlbelegter Sozialwohnung.[173]

Darüber hinaus ist nach § 573 Abs. 1 S. 2 eine Kündigung des Vermieters zum Zwecke der Mieterhöhung ausgeschlossen. Will der Vermieter die Miete erhöhen, kann er nur nach § 558 die Zustimmung des Mieters zur Mieterhöhung verlangen.

Auch ohne ein berechtigtes Interesse kann der Vermieter ein unbefristetes Mietverhältnis durch ordentliche Kündigung beenden, wenn die Voraussetzungen des § 573a vorliegen. Dazu muss der Vermieter mit dem Mieter in einem Zweifamilienhaus (Abs. 1) oder in einer Wohnung (Abs. 2) zusammenwohnen. Die Kündigungsfrist verlängert sich zum Schutze des Mieters in diesem Fall um drei Monate (§ 573a).

Allerdings greift dieser Mieterschutz nicht bei möblierten oder nur zum vorübergehenden Gebrauch überlassenen Wohnraum (§ 549 Abs. 2).

Des Weiteren kann der Vermieter nach § 573b nicht zum Wohnen bestimmte Nebenräume (z. B. Keller) oder Teile eines Grundstücks ohne ein berechtigtes Interesse i. S. d. § 573 kündigen, wenn er Wohnraum schaffen will.

Will der Vermieter das Mietverhältnis durch ordentliche Kündigung beenden, ist er an eine Kündigungsfrist gebunden. Nach § 573c beträgt sie drei Monate. Die Kündigungserklärung muss spätestens am dritten Werktag des Monats dem Mieter zugehen, wenn das Mietverhältnis zum Ablauf des übernächsten Monats beendet werden soll. Die Kündigungsfrist verlängert sich nach fünf und acht Jahren seit der Überlassung des Wohnraumes um jeweils drei Monate, kann also bis zu neun Monate betragen. Dies gilt jedoch nur für den Vermieter. Für den Mieter verbleibt es bei der Kündigungsfrist von drei Monaten.

Verkürzte Kündigungsfristen sieht das Gesetz bei Wohnraum, der nur zum vorübergehenden Gebrauch vermietet worden ist und im Falle des § 549 Abs. 2 Nr. 2 vor. Vereinbarungen, die von § 573c Abs. 1 und Abs. 3 zum Nachteil des Mieters abweichen, sind unwirksam.

Ist eine Kündigung verspätet erfolgt, ist sie zu dem genannten Termin nichtig. Sie wirkt zum nächstzulässigen Termin.[174]

Gegen die Kündigung steht dem Mieter unter den Voraussetzungen des § 574 ein Widerspruchsrecht zu. Dieser muss schriftlich und spätestens zwei Monate vor Beendigung des Mietverhältnisses erklärt werden (§ 574b).

---

171 BVerfGE 79, 283 ff.

172 So auch BVerfG NJW 92, 105.

173 Vgl. OLG Hamm NJW 82, 2563.

174 Vgl. OLG Hamm MDR 94, 56 für Pachtvertrag.

Der Vermieter kündigt am 2. April das Mietverhältnis zum 30. Juni mit der Begründung, er wolle die Wohnung wirtschaftlich verwerten, indem er die Wohnung zu einem Geschäftsraum umbauen möchte. Die Mieterin erhebt dagegen Widerspruch mit der Begründung, dass sie im siebten Monat schwanger sei.

Können sich Vermieter und Mieter nicht über die Fortsetzung des Mietverhältnisses einigen, wird die Dauer sowie die Bedingungen zu denen es fortgesetzt wird, durch Urteil bestimmt (§ 574a Abs. 2).
Das Mietverhältnis endet nicht mit dem Tod des Mieters, sondern nach § 563 Abs. 1 tritt der Ehegatte oder der Lebenspartner, der mit dem Mieter einen gemeinsamen Haushalt führt, in das Mietverhältnis ein. Abs. 2 erweitert den Personenkreis auf Kinder und andere Familienangehörige. § 564 sieht vor, dass das Mietverhältnis mit den Erben fortgesetzt wird, wenn beim Tod des Mieters keine Personen i. S. d. § 563 in das Mietverhältnis eintreten oder wenn es nicht mit ihnen nach § 563a fortgesetzt wird.

MERKE

Unbefristete Mietverhältnisse können durch ordentliche Kündigung beendet werden. Die Kündigungsfrist beträgt für Vermieter und Mieter drei Monate (§ 573c). Sie verlängert sich für, aber nur für den Vermieter, nach fünf und acht Jahren seit der Überlassung des Wohnraums um jeweils drei Monate.
Ausnahmen sieht § 573c Abs. 2 bei Wohnraum vor, der nur zum vorübergehenden Gebrauch vermietet worden ist, und Abs. 3 bei möbliertem Wohnraum.
Nach § 568 bedarf die Kündigung der Schriftform. Die Kündigung muss nur vom Vermieter begründet werden (§ 573 Abs. 3). Sie ist nur zulässig, wenn der Vermieter ein berechtigtes Interesse i. S. d. § 573 an der Beendigung des Mietverhältnisses hat.
Eines berechtigten Interesses i. S. d. § 573a bedarf es nicht, wenn Vermieter und Mieter in einem Zweifamilienhaus oder in einer Wohnung zusammenwohnen. Der Vermieter kann auch ohne ein berechtigtes Interesse unter den Voraussetzungen des § 573b eine Teilkündigung über Nebengebäude oder Teile eines Grundstückes, die nicht zum Wohnen bestimmt sind, aussprechen.
Dem Mieter steht nach § 574 das Recht zu, gegen die ordentliche Kündigung des Vermieters Widerspruch einzulegen. Allerdings muss die Beendigung des Mietverhältnisses für ihn, seine Familie oder einen anderen Angehörigen seines Haushaltes eine Härte bedeuten, die auch unter Würdigung der Interessen des Vermieters nicht zu rechtfertigen ist.
Durch den Tod des Mieters wird das Mietverhältnis nicht beendet, sondern der in § 563 genannte Personenkreis, der mit dem Mieter einen gemeinsamen Haushalt führt, tritt in das Mietverhältnis ein.

4.2.2 Außerordentliche Kündigung

Ein unbefristetes Mietverhältnis kann auch durch außerordentliche Kündigung beendet werden. Zu unterscheiden ist die außerordentliche befristete und die außerordentliche fristlose Kündigung.

Nach § 543 kann jede Vertragspartei das Mietverhältnis aus wichtigem Grund fristlos kündigen. Ein wichtiger Grund liegt vor, wenn dem Kündigenden die Fortsetzung des Mietverhältnisses unter Berücksichtigung aller Umstände und unter Abwägung der beiderseitigen Interessen bis zum Ablauf der Kündigungsfrist oder bis zur sonstigen Beendigung des Mietverhältnisses nicht zugemutet werden kann. Nach § 543 Abs. 2 kommt ein wichtiger Grund insbesondere bei einer Nichtgewährung oder einem Entziehen der Mietsache, beim vertragswidrigen Gebrauch oder bei Mietrückständen in Betracht.
Die außerordentliche fristlose Kündigung aus wichtigem Grund (§ 543) gilt für alle Mietverhältnisse.
Der Gesetzgeber lässt unter besonderen Situationen neben der außerordentlichen Kündigung eine außerordentliche befristete Kündigung zu (vgl. §§ 540 Abs. 1 S. 2, 544, 563 Abs. 4, 563a Abs. 2, 564). Auch die außerordentliche Kündigung wegen Pflichtverletzung – mit Ausnahme des Zahlungsverzugs – erfordert abhängig vom Einzelfall eine vorherige Abmahnung.

MERKE

Nach § 543 kann ein unbefristetes Mietverhältnis durch außerordentliche Kündigung von jeder Vertragspartei gekündigt werden.
Dazu bedarf es eines wichtigen Grundes. Wann ein solcher vorliegt, ergibt sich aus § 543 Abs. 1 S. 2 und Abs. 2.

4.2.3 Folgen der Beendigung

Nach der Beendigung des Mietverhältnisses muss der Mieter die Mietsache zurückgeben (§ 546 Abs. 1). Er kann vom Vermieter Aufwendungen auf die Mietsache, sofern nicht die Voraussetzungen des § 536a Abs. 2 vorliegen, ersetzt verlangen (§ 539 Abs. 1). Nach § 539 Abs. 2 ist der Mieter berechtigt, eine Einrichtung wegzunehmen, mit der er die Mietsache versehen hat. Es besteht aber nicht nur das Recht, sondern auch die Pflicht des Mieters, die Sache auf eigene Kosten wegzunehmen (§ 258) und den alten Zustand wiederherzustellen, sofern der Vermieter nach § 552 nicht eine Übernahme erklärt hat. Allerdings kann der Mieter das Wegnahmerecht abtreten, etwa auf den Nachmieter. Dies geschieht in der Regel durch Veräußerung.
Eine Barkaution ist zurückzuzahlen und zwar in angemessener Frist, die in der Regel drei bis sechs Monate betragen kann oder bis die Ansprüche des Vermieters geklärt sind.[175]

5 PACHTVERTRAG

Der Pachtvertrag ist in § 581 geregelt. Zwar hat der Verpächter dem Pächter durch den Pachtvertrag den Gebrauch des verpachteten Gegenstandes zu gewähren, aber im Gegensatz zum Mietvertrag (§ 535) steht die Fruchtziehung durch den Pächter hier im Vordergrund.

[175] Palandt/Weidenkaff, § 551 Rdnr. 14.

Früchte einer Sache sind nach § 99 Abs. 1 die Erzeugnisse einer Sache und die sonstige Ausbeute, welche aus der Sache ihrer Bestimmung gemäß gewonnen wird. Erzeugnisse einer Sache sind alle natürlichen Tier- und Bodenprodukte[176], z. B. Eier, Milch, Küken, Kälber, Obst, Pflanzen, Bäume. Unter der sonstigen Ausbeute einer Sache zählt z. B. Sand, Kies, Kohle.
Nach § 99 Abs. 2 sind Früchte aber auch die Erträge eines Rechts. Als Beispiel seien hier aufgezählt: die Jagdbeute bei einem Jagdrecht, die Dividende bei einer Aktie, Erträge eines Unternehmens.
Sachrechte i. S. d. § 99 Abs. 1 werden als Rechtsfrüchte klassifiziert, wenn sie auf Grund eines Nießbrauchs oder Pachtrechtes gewonnen werden.
Pachtgegenstand können sowohl Sach- als auch Rechtsfrüchte sein.
Grundsätzlich sind nach § 581 Abs. 2 auf den Pachtvertrag die Vorschriften des Mietvertrags entsprechend anzuwenden. Hiervon ausgenommen sind Landpachtverträge. Einige Besonderheiten gelten bezüglich der Übernahme des Inventars (§ 582) und hinsichtlich der Kündigungsfrist (§ 584).

MERKE

Der Pachtvertrag (§ 581) ist ein gegenseitiges Schuldverhältnis. Der Verpächter ist verpflichtet, dem Pächter den Gebrauch des gepachteten Gegenstandes und den Genuss der Früchte (§ 99) zu gewähren. Der Pächter ist verpflichtet, die vereinbarte Pacht zu zahlen. Auf den Pachtvertrag sind sie Vorschriften über den Mietvertrag entsprechend anzuwenden. Hiervon ausgenommen ist der Landpachtvertrag. Dieser ist in den §§ 585 bis 597 geregelt.
Einige Sondervorschriften enthalten die §§ 582 bis 584a.

XI Dienstvertrag

Der Dienstvertrag ist in § 611 geregelt. Danach verpflichten sich der Dienstverpflichtete zur Leistung der versprochenen Dienste und der Dienstberechtigte zur Gewährung der vereinbarten Vergütung. Der Dienstvertrag ist damit ein gegenseitiger Vertrag. Nach § 611 Abs. 2 können Dienste jeder Art Gegenstand des Dienstvertrags sein. Von § 611 werden sog. freie (unabhängige) Dienste und abhängige Dienste erfasst. Um freie Dienste handelt es sich, wenn die Tätigkeit selbstständig und eigenverantwortlich ausgeführt wird.[177] Dies ist z. B. beim frei praktizierenden Arzt, Steuerberater, Wirtschaftsprüfer, Dolmetscher oder Detektiv der Fall.
Im Gegensatz dazu handelt es sich um Arbeitsverträge, wenn Dienste von gewisser Dauer in persönlicher und wirtschaftlicher Abhängigkeit zum Dienstberechtigten zu erbringen sind.[178] Ein solches Verhältnis liegt in der Regel zwischen einem Arbeitnehmer und einem Arbeitgeber vor, wobei der Arbeitnehmer in weitem Umfang den Weisungen des Dienstberechtigten (Arbeitgebers) unterliegt.

---

176 Palandt/Ellenberger, § 99 Rdnr. 2.
177 Brox/Walker, SchR BT, § 19 Rdnr. 2.
178 Ebenda Rdnr. 3.

Zu unterscheiden ist zwischen dem Dienst- bzw. Arbeitsvertrag und dem Dienst- bzw. Arbeitsverhältnis. Letzteres ist ein Dauerschuldverhältnis, das durch einen Dienst- bzw. Arbeitsvertrag begründet wird.[179]

Am 15.06. vereinbaren der Spediteur Herr Kranz und Herr Fries, dass Herr Fries als Fernfahrer in der Spedition arbeiten soll (Arbeitsvertrag). Am 01.07. nimmt Herr Fries seine Arbeit auf (Arbeitsverhältnis).

1 ZUSTANDEKOMMEN

Für das Zustandekommen eines Dienstvertrags gelten die allgemeinen Regeln.

1.1 Abschluss

Für freie Dienstverträge bestehen keine Beschränkungen hinsichtlich der Abschluss- und der Gestaltungsfreiheit. Im Gegensatz dazu unterliegen die abhängigen Dienstverträge (Arbeitsverträge) zum Schutz der Arbeitnehmer zahlreichen Beschränkungen. Diese ergeben sich aus Sondergesetzen und stellen somit das Sonderrecht der Arbeitnehmer dar. Sondergesetze sind z. B. das Jugendarbeitsschutzgesetz oder das Mutterschutzgesetz. Durch das am 18.08.2006 in Kraft getretene Allgemeine Gleichbehandlungsgesetz (AGG)[180] sollen Benachteiligungen wegen der Rasse, der ethnischen Herkunft, des Geschlechts, der Religion oder Weltanschauung, einer Behinderung, des Alters oder der sexuellen Identität verhindert oder beseitigt werden. Darüber hinaus wird der Arbeitsvertrag als Verbrauchervertrag klassifiziert[181], sodass die verbraucherschützenden Vorschriften Anwendung finden (z. B. § 310 Abs. 3).
Nach § 611 Abs. 1 müssen sich die Vertragsparteien darüber einig sein, dass der Dienstverpflichtete bestimmte Dienste leistet und der Dienstberechtigte ihm dafür die vereinbarte Vergütung gewährt. Haben die Parteien bezüglich des Ob und der Höhe der Vergütung keine Vereinbarung getroffen, gilt nach § 612 Abs. 1 eine Vergütung als stillschweigend vereinbart, wenn die Dienstleistung den Umständen nach nur gegen eine Vergütung zu erwarten ist. Maßgeblich dabei sind die Verkehrssitte, die Stellung der Beteiligten zueinander, die Dauer und der Umfang der Dienste.[182]

Familie Kaminzki bittet die Nachbarin Frau Köster, täglich von 8.00 Uhr bis 13.00 Uhr auf die zwei Kinder aufzupassen. Die Tätigkeit als Kinderfrau ist nur gegen eine Vergütung zu erwarten.

Indiz für die Unentgeltlichkeit der Dienstleistung ist das Verwandtschafts- oder Freundschaftsverhältnis.[183]

---

[179] Palandt/Weidenkaff, Einführung vor § 611 Rdnr. 5.

[180] BGBl. I, 1897 ff.; umgangssprachlich auch Antidiskriminierungsgesetz genannt.

[181] BAG NJW 2005, 3308 f.

[182] Palandt/Weidenkaff, § 612 Rdnr. 4.

[183] BAG NJW 74, 380.

Die Oma beaufsichtigt einmal in der Woche ihr Enkelkind.

Fehlt eine Vereinbarung über die Höhe der Vergütung, gilt nach § 612 Abs. 2 die taxmäßige Vergütung als vereinbart. Taxen sind nur die durch Bundes- oder Landesrecht zugelassenen und festgesetzten Vergütungssätze, z. B. die Gebührenordnung der Ärzte und Zahnärzte. Besteht für die Dienstleistung keine Taxe, gilt die übliche Vergütung als vereinbart, also die Vergütung, die für gleiche oder ähnliche Dienstleistungen an dem betroffenen Ort gewöhnlich gewährt wird.
Der Abschluss von Dienstverträgen ist grundsätzlich formfrei. Allerdings ist die Schriftform nach § 3 FernUSG zwingend vorgeschrieben. Außerdem ist die gewillkürte Schriftform im Tarifrecht häufig vorgesehen. Wird der Dienstvertrag zwischen einem Unternehmer (§ 14) und einem Verbraucher (§ 13) unter ausschließlicher Verwendung von Fernkommunikationsmitteln abgeschlossen, ist § 312c zu beachten. Der Unternehmer muss dann die umfassenden Informationspflichten nach § 312d i. V. m. Art. 246a EGBGB einhalten und dem Verbraucher steht nach § 312g i. V. m. §§ 355, 356 ein Widerrufsrecht zu.

1.2 Abschlussmängel

Da der Dienstvertrag wie jeder schuldrechtliche Vertrag durch zwei übereinstimmende Willenserklärungen zustande kommt, gelten grundsätzlich die allgemeinen Regeln über die Nichtigkeit von Rechtsgeschäften (z. B. §§ 134, 123) und die Anfechtbarkeit von Willenserklärungen (§§ 119, 123). Zu unterscheiden ist allerdings, ob die Arbeitsleistung schon erbracht wurde oder noch aussteht. Ist die Arbeit noch nicht aufgenommen worden, ist der Arbeitsvertrag bei Vorliegen eines Nichtigkeitsgrundes ohne Weiteres unwirksam, oder wird der Vertrag erfolgreich angefochten, ist dieser nach § 142 nichtig.

Am 08.04 schließt Herr Beyer und Herr Donnert einen Arbeitsvertrag. Die Arbeit als Kassierer soll Herr Beyer am 02.05. aufnehmen. Am 15.04. erfährt Herr Donnert, dass Herr Beyer wegen Diebstahl und Unterschlagung vorbestraft ist. Herr Donnert kann den Arbeitsvertrag wegen Irrtums nach § 119 Abs. 2 und arglistiger Täuschung nach § 123 anfechten. Der Arbeitsvertrag ist nach § 142 Abs. 1 von Anfang an nichtig.

Ist die Arbeitsleistung dagegen schon erbracht, sind die Regeln über die Nichtigkeit und Anfechtbarkeit eines Rechtsgeschäftes nur beschränkt anwendbar. Der Grund liegt in den Schwierigkeiten, die die Rückabwicklung eines nichtigen oder angefochtenen Arbeitsvertrags dann mit sich bringt. Ist ein Vertrag nichtig oder wirksam angefochten, erfolgt die Rückabwicklung über das Bereicherungsrecht. Nach § 812 ist jeder zur Herausgabe des erlangten Etwas verpflichtet. Die Herausgabe des Lohnes wäre unproblematisch. Nicht herausgegeben werden kann dagegen die erbrachte Arbeitsleistung. Das Problem wird gelöst, in dem die ex-tunc-Wirkung (von Anfang an) des § 142 eines angefochtenen Arbeitsvertrags nicht greift, sondern die Nichtigkeitswirkung nur für die Zukunft gilt.[184]
Liegt die Nichtigkeit des Vertrags vor (z. B. wegen Formmangel §§ 125, 127), führt dies zu einem faktischen Dienst- oder Arbeitsverhältnis. Dies bedeutet, die Nichtigkeit kann nicht

[184] BAG NJW 84, 446; Palandt/Weidenkaff, § 611 Rdnr. 23; Brox/Walkrer, SchR BT, § 19 Rdnr. 24.

rückwirkend geltend gemacht werden, sondern das Arbeits- oder Dienstverhältnis wird wie ein fehlerfreies behandelt.[185] Dies führt zu der Konsequenz, dass beide Vertragsparteien während des Vollzugs des Dienst- oder Arbeitsvertrags dieselben Rechte und Pflichten haben, wie sie in einem fehlerfreien Vertrag bestehen. Dies gilt selbst dann, wenn das Arbeitsverhältnis rechtswidrig war (§§ 134, 138).[186]

Indem Herr Bücker die Unerfahrenheit des Paul ausnutzt, lässt er ihn für einen »Hungerlohn« in seiner Werkstatt arbeiten. Der Arbeitsvertrag ist nach § 138 nichtig. Es entsteht ein faktisches Arbeitsverhältnis. Paul braucht den erhaltenen Lohn nicht zurückzuzahlen.

Ein faktisches Arbeitsverhältnis soll dagegen zum Schutz des Minderjährigen nicht vorliegen, wenn der Arbeitnehmer beim Abschluss des Vertrags nicht voll geschäftsfähig war. Ansprüche können insoweit gegen den Minderjährigen nicht geltend gemacht werden. Die Nichtigkeit greift allerdings nur so weit, wie es dem Schutz des Minderjährigen bedarf. Hat der Minderjährige trotz nichtigen Vertrags Arbeit geleistet, behält er den Anspruch auf den Lohn.[187] Außerdem sollen die Grundsätze des faktischen Arbeitsverhältnisses nicht gelten, wenn die Arbeitsleistung selbst sittenwidrig oder strafbar ist.[188]

Heini stellt den Franz in seinem Geschäft ein, damit dieser den Kunden die Brieftasche stiehlt.

In diesen Fällen bleibt es bei der rückwirkenden Nichtigkeit des Vertrags. Ein Vergütungsanspruch besteht dann nicht.

MERKE

§ 611 erfasst sowohl freie (unabhängige) als auch abhängige Dienstverträge. Im letzteren Fall handelt es sich um Arbeitsverträge.
Der Abschluss eines Dienst- oder Arbeitsvertrags richtet sich nach den allgemeinen Regeln über das Zustandekommen eines Rechtsgeschäftes.
Liegt ein Abschlussmangel, z. B. Nichtigkeits- oder Anfechtungsgrund vor, ist zu unterscheiden:
Vor Aufnahme der Tätigkeit ist bei einem Nichtigkeitsgrund der Vertrag unwirksam. Liegt ein Anfechtungsgrund vor, kann er ohne Weiteres angefochten werden.
Nach Aufnahme der Tätigkeit kann der Vertrag zwar angefochten werden, die ex-tunc-Wirkung (von Anfang an nichtig) des § 142 tritt aber nicht für die Vergangenheit, sondern nur für die Zukunft ein. War der Vertrag nichtig, entsteht ein faktisches Dienst- oder Arbeitsverhältnis mit denselben Rechten und Pflichten wie in einem fehlerfreien Verhältnis, es sei denn die Leistung selbst ist sittenwidrig.
Außerdem greifen die Grundsätze über das faktische Dienst- oder Arbeitsverhältnis bei Minderjährigen nur insoweit, wie es seinem Schutz bedarf.

---

185 BAG NJW 62, 555.
186 Palandt/Weidenkaff, § 611 Rdnr. 23.
187 Brox/Walker SchR BT, § 19 Rdnr. 25.
188 Palandt/ Weidenkaff, § 611 Rdnr. 23.

2 PFLICHTEN DES DIENSTVERPFLICHTETEN

Aus dem Dienst- oder Arbeitsvertrag ergeben sich für den Verpflichteten Haupt- und Nebenleistungspflichten.

2.1 Dienstleistungs- oder Arbeitspflichten

Zunächst hat der Dienstverpflichtete nach § 611 Abs. 1 die versprochenen Dienste zu erbringen. Es handelt sich um die Hauptleistungspflicht des Dienstverpflichteten oder des Arbeitnehmers. Die Art der Dienst- oder Arbeitsleistung richtet sich nach der einzelvertraglichen Vereinbarung und bestimmt sich bei Arbeitsverträgen auch nach den einschlägigen Tarifverträgen und Betriebsvereinbarungen. Tarifverträge sind privatrechtliche Verträge zwischen tariffähigen Parteien. Sie regeln die Rechte und Pflichten der Tarifparteien (schuldrechtlicher Teil) und enthalten Rechtsnormen über Abschluss, Inhalt und Beendigung von Arbeitsverhältnissen sowie die Ordnung von betrieblichen und betriebsverfassungsrechtlichen Fragen (normativer Teil, vgl. § 1 Abs. 1 TVG). Demgegenüber sind Betriebsvereinbarungen privatrechtliche Verträge zwischen Arbeitgeber und der Belegschaft, vertreten durch den Betriebsrat, die gegenseitige Pflichten, Angelegenheiten des Betriebes und der Betriebsverfassung zum Gegenstand haben und sich auch auf die Arbeitsverhältnisse des Betriebes beziehen können. Der TVöD gilt für alle Beschäftigten bei Bund und Kommunen, die Mitglied in einem kommunalen Arbeitgeberverband sind.
Der Inhalt der zu erbringenden Leistung wird durch das dem Dienstberechtigten (Arbeitgeber) zustehende Weisungs- und Direktionsrecht im Einzelfall konkretisiert.

Der Inhaber eines Bekleidungsgeschäftes kann seine Verkäuferin anweisen, angelieferte Ware auszupacken und in das Regal zu legen.

Nach § 613 hat der Dienstverpflichtete im Zweifel die Dienste persönlich zu leisten.
Neben der Hauptleistungspflicht hat der Dienstverpflichtete zahlreiche Nebenpflichten zu erfüllen, die sich aus § 241 Abs. 2 ableiten. Danach ist der Dienstverpflichtete zur Rücksichtnahme auf die Rechte, Rechtsgüter und Interessen des anderen Teils verpflichtet. Er ist insbesondere zur Verschwiegenheit und Treue verpflichtet.

2.2 Pflichtverletzungen

Verletzt der Dienstverpflichtete seine Hauptleistungspflicht, indem er gar nicht, teilweise nicht oder schlecht leistet, steht dem Dienstberechtigten grundsätzlich ein Schadensersatzanspruch zu.
Hat der Dienstverpflichtete seine Dienstleistung nicht oder teilweise nicht erbracht, besteht keine Pflicht, die Leistung nachzuholen. Der Dienstberechtigte kann aber bei ungerechtfertigten Fehlzeiten die Vergütung kürzen, weil die Pflicht zur Dienstleistung und die Vergütungspflicht im Gegenseitigkeitsverhältnis stehen.
Der Dienstberechtigte kann unter den Voraussetzungen des § 280 Abs. 1 und Abs. 3 Schadensersatz statt der Leistung verlangen. Darüber hinaus kann er das Vertragsverhältnis

nach § 626 fristlos kündigen. Unter Umständen steht ihm dann auch nach § 628 Abs. 2 ein Schadensersatzanspruch zu.
Das Kündigungsrecht nach § 626 tritt an die Stelle des Rücktrittsrechts nach § 323.[189]
Denkbar ist, dass der Verpflichtete seine Dienst- oder Arbeitsleistung auch schlecht erfüllt.

Die Sekretärin erstellt ein Schreiben mit zahllosen Tippfehlern; der Arbeitnehmer beschädigt Sachen des Arbeitgebers.

Da das Dienstrecht, anders als das Kaufrecht, keine eigenständigen Regelungen im Falle einer mangelhaften Leistung enthält, besteht ein Schadensersatzanspruch nach den allgemeinen Vorschriften (§ 280).
Allerdings gelten im Arbeitsrecht Besonderheiten: Nach § 619a wird, entgegen der allgemeinen Regel des § 280 Abs. 1 S. 2, das Vertretenmüssen nicht zu Lasten des Arbeitnehmers vermutet. Das hat zur Folge, dass der Arbeitgeber die Pflichtverletzung und das Vertretenmüssen des Arbeitnehmers beweisen muss.[190]
Des Weiteren ist im Arbeitsrecht eine Haftungserleichterung des Arbeitnehmers anerkannt, wenn es sich um eine betrieblich veranlasste Tätigkeit handelt. Der Arbeitnehmer haftet nicht für jedes Verschulden (§ 276), sondern er haftet nur bei einer vorsätzlichen Schädigung des Arbeitgebers in voller Höhe.[191]
Die Haftung wegen Fahrlässigkeit ist bei jeder Arbeit des Arbeitnehmers, die betrieblich veranlasst ist, beschränkt. Hat der Arbeitnehmer den Schaden des Arbeitgebers grob fahrlässig verursacht, soll grundsätzlich ebenfalls eine volle Haftung des Arbeitnehmers in Betracht kommen.
Liegt normale Fahrlässigkeit vor, wird der Schaden zwischen Arbeitgeber und Arbeitnehmer gequotelt. Dabei sind die gesamten Umstände des Einzelfalles zu berücksichtigen, wie der Wert der beschädigten Sache, das Betriebsrisiko des Arbeitgebers, die Höhe der Arbeitsvergütung oder die Gefahrgeneigtheit der Tätigkeit. Für einen nur leicht verursachten Schaden haftet der Arbeitgeber gar nicht.
Ist der Schaden des Arbeitgebers lediglich leicht fahrlässig verursacht worden, scheidet eine Haftung des Arbeitnehmers gänzlich aus.[192]
Die Haftungsmilderung besteht nur im Innenverhältnis, also gegenüber den Ansprüchen des Arbeitgebers gegen den Arbeitnehmer. Wird dagegen durch die Arbeit ein Dritter, also im Außenverhältnis, ein Schaden durch den Arbeitnehmer zugefügt, verbleibt es bei der normalen Haftung.[193] Der Arbeitnehmer kann aber gegenüber seinem Arbeitgeber einen Freistellungsanspruch geltend machen.
Hervorzuheben ist, dass diese Haftungsbegrenzung nur bei Arbeitsverhältnissen besteht, weil der Arbeitnehmer eines besonderen Schutzes bedarf.[194] Für alle anderen Dienstverträge verbleibt es bei dem Grundsatz der Haftung für Vorsatz und jeder Fahrlässigkeit.

[189] Brox/Walker, SchR BT, § 20 Rdnr. 10.
[190] Medicus/Lorenz, SchR II, Rdnr. 635 sehen eine praktische Bedeutung für einen Schadensersatzanspruch aus § 280 nur bei erfolgsbezogenen Pflichten des Arbeitnehmers.
[191] BAG NJW 2003, 377.
[192] Medicus/Lorenz, Rdnr. 636; Brox/Walker, § 20 Rdnr. 11.
[193] BAG NJW 1994, 852.
[194] Vgl. auch Brox/Walker SchR BT, § 20 Rdnr. 12.

MERKE

Die Hauptleistungspflicht des Dienst- oder Arbeitsverpflichteten besteht in der Verpflichtung, die vereinbarte Leistung zu erbringen. Darüber hinaus unterliegt er auch Nebenleistungspflichten, die sich aus § 241 Abs. 2 ableiten. Danach ist er zur Rücksicht auf die Rechte, Rechtsgüter und Interessen des anderen Teils verpflichtet.
Verletzt der Verpflichtete seine Hauptleistungspflicht, in dem er gar nicht oder nur teilweise seine Leistung nicht erbringt, braucht er in der Regel seine Leistung nicht nachholen. Der Berechtigte kann jedoch die Vergütung kürzen oder das Verhältnis nach § 626 kündigen.
Erfüllt der Dienstverpflichtete seine Pflichten schuldhaft schlecht, macht er sich nach § 280 schadensersatzpflichtig. Handelt es sich um ein Arbeitsverhältnis, ist die Haftung beschränkt: Bei leichter Fahrlässigkeit haftet der Arbeitnehmer gar nicht, bei normaler Fahrlässigkeit wird der Schaden zwischen Arbeitnehmer und Arbeitgeber gequotelt, bei grober Fahrlässigkeit haftet der Arbeitnehmer grundsätzlich voll. Bei vorsätzlichem Handeln haftet der Arbeitnehmer stets voll.

3 PFLICHTEN DES DIENSTBERECHTIGTEN

So wie der Dienstverpflichtete unterliegt auch der Dienstberechtigte einer Hauptleistungspflicht und hat Nebenleistungspflichten einzuhalten.

3.1 Vergütungspflicht

Zur Hauptleistungspflicht des Dienstberechtigten zählt die Vergütung. Nach § 611 Abs. 1 ist die Vergütung zu gewähren, die vereinbart wurde. Mangelt es an einer Vereinbarung, gilt § 612. Bei Arbeitsverhältnissen sind auch Tarifverträge und Betriebsvereinbarungen zu beachten.
§ 614 sieht vor, dass die Vergütung erst nach der Dienstleistung fällig wird.[195]
Die Vergütungspflicht besteht nur dann, wenn die Dienstleistung auch tatsächlich erbracht wurde. Von diesem Grundsatz gibt es aber Ausnahmen:

- **Annahmeverzug**
  Nach § 615 behält der Dienstverpflichtete seinen Anspruch auf die Vergütung, wenn sich der Dienstberechtigte in Annahmeverzug (§§ 293 ff.) befindet.

  Unternehmer Meyer verweigert seinem Arbeitnehmer Bölling den Zutritt zum Firmengelände, weil er sich über ihn geärgert hat. Dadurch kann Bölling seinen Arbeitsplatz nicht aufsuchen. Bölling bietet Meyer seine Arbeitskraft an. Meyer verweigert die Annahme. Obwohl Bölling tatsächlich nicht arbeitet, hat er einen Anspruch auf den Lohn.

[195] In Tarifverträgen oder Betriebsvereinbarungen werden oftmals abweichende Regelungen getroffen, z. B. Zahlung des Lohnes jeweils zum 15. eines Monats.

Das Gleiche gilt, wenn der Arbeitgeber das Risiko des Arbeitsausfalles zu tragen hat (§ 615 S. 3). Dies ist der Fall beim Ausfall von Maschinen oder beim Brand der Arbeitsstätte.
Zum Betriebsrisiko des Arbeitgebers zählt nicht der Streik. Der Dienstverpflichtete verliert daher den Anspruch auf die Vergütung, auch wenn er an sich arbeitswillig ist.

- **Persönliche Verhinderung**
  Der Dienstverpflichtete behält nach § 616 auch dann den Anspruch auf die Vergütung, wenn er für eine verhältnismäßig nicht erhebliche Zeit durch einen in seiner Person liegenden Grund an der Dienstleistung verhindert ist. Der Hinderungsgrund muss in der Person des Dienstverpflichteten liegen und ihm muss die Dienstleistung unmöglich oder unzumutbar sein. Dies kommt etwa bei einer schweren Erkrankung oder Tod eines nahen Angehörigen, bei Eheschließung oder bei der Teilnahme an einer seltenen Familienfeier in Betracht.[196]
  Es darf also kein objektiver Hinderungsgrund vorliegen. Dies ist z. B. der Fall, wenn der Dienstverpflichtete aufgrund von Witterungsverhältnissen (Glatteis) oder Verkehrsbedingungen (Stau) zu spät zur Arbeit kommt.
  Die Dienstverhinderung darf sich nur über eine verhältnismäßig unerhebliche Zeit erstrecken. Ausschlaggebend ist das Verhältnis von der Zeit der Verhinderung zur gesamten Dauer des Dienst- bzw. Arbeitsverhältnisses. Auch bei einem unbefristeten Dienst- oder Arbeitsverhältnisses werden nur wenige Tage von § 616 erfasst. Wird diese Zeit überschritten, entfällt der Anspruch auf die Vergütung im Ganzen.

- **Krankheit**
  Ist ein Arbeitnehmer wegen Krankheit an seiner Arbeitsleistung verhindert, erhält er nach dem Entgeltfortzahlungsgesetz bis sechs Wochen weiterhin seinen Lohn. Das Entgeltfortzahlungsgesetz ist jedoch auf Dienstverpflichtete, die nicht Arbeitnehmer sind, nicht anwendbar. So ist der Geschäftsführer einer GmbH nicht Arbeitnehmer, weil keine Weisungsgebundenheit zu einem Arbeitgeber, der GmbH, besteht.
  Es verbleibt dann bei der Regelung des § 616 mit der Folge, dass auch bei Krankheit ein Anspruch auf die Vergütung nur für eine nicht erhebliche Zeit besteht. Der Dienstverpflichtete kann nur im Dienstvertrag mit dem Dienstberechtigten eine anderweitige Vereinbarung treffen.

- **Urlaub**
  Der Grundsatz »kein Lohn ohne Arbeit« wird auch durch den Anspruch auf Urlaubsentgelt durchbrochen. Urlaubsentgelt ist die während des Urlaubs fortbezahlte Vergütung (vgl. § 1 BUrlG). Der gesetzliche Mindesturlaub beträgt nach § 3 BUrlG jährlich 24 Werktage.[197] Oftmals werden durch Tarifverträge oder Betriebsvereinbarungen zugunsten des Arbeitnehmers anderweitige Vereinbarungen getroffen.

[196] Vgl. Palandt/Weidenkaff § 616 Rdnr. 8 m. w. N.

[197] Besonderheiten gelten für Jugendliche und Schwerbehinderte.

3.2 Sonstige Pflichten

Den Dienstberechtigten treffen außer der Hauptleistungspflicht, der Vergütung, auch zahlreiche Nebenleistungspflichten.[198] Hierzu zählen insbesondere die Fürsorgepflicht, die Gleichbehandlungspflicht und die Beschäftigungspflicht.
Die Fürsorgepflicht ergibt sich einerseits aus den §§ 617, 618, andererseits aus § 241 Abs. 2. Sie umfasst Schutzpflichten für Leben und Gesundheit des Dienstverpflichteten sowie dessen Eigentum. Die Fürsorgepflicht erstreckt sich auch auf Sorgfaltspflichten hinsichtlich der Berechnung des Lohnes und der Zahlungen an die Sozialversicherung, sodass dem Dienstverpflichteten keine Nachteile entstehen.
Die Gleichbehandlungspflicht ergibt sich u. a. aus Art. 3 GG und dem AGG.
Grundsätzlich unterliegt der Dienstberechtigte einer Beschäftigungspflicht des Dienstverpflichteten, das bedeutet, der Arbeitgeber ist verpflichtet, den Arbeitnehmer auch tatsächlich so zu beschäftigen, wie es im Arbeitsvertrag vereinbart ist. Dieser Grundsatz wird durchbrochen, wenn ein besonderes schutzwürdiges Interesse des Arbeitgebers besteht. So entfällt die Beschäftigungspflicht, wenn ein Auftragsmangel vorliegt oder wenn der Arbeitnehmer einen schädlichen Einfluss auf seine Kollegen ausübt oder der Arbeitnehmer vorübergehend oder bis zur Beendigung des Arbeitsverhältnisses von der Arbeit freigestellt ist.

3.3 Pflichtverletzungen

Es gelten zunächst die allgemeinen Regeln. Zahlt der Dienstberechtigte nicht die vereinbarte Vergütung, kann der Dienstverpflichtete auf Erfüllung klagen, nach § 320 seine Leistung verweigern oder unter den Voraussetzungen des § 626 das Dienstverhältnis kündigen.
Bei Nebenpflichtverletzungen steht dem Dienstverpflichteten ein Schadensersatzanspruch aus §§ 280 Abs. 1 und Abs. 3, 282 zu.
Verletzt der Dienstberechtigte seine Pflicht aus § 618, richtet sich der Umfang des Schadensersatzes nach den für unerlaubte Handlungen geltenden Vorschriften der §§ 842–846 (vgl. § 618 Abs. 3).

MERKE

Die Hauptleistungspflicht des Dienstberechtigten besteht in der Zahlung der vereinbarten Vergütung (§ 611 Abs. 1).
Der Grundsatz »ohne Arbeit keinen Lohn«, wird nach § 615 durchbrochen, wenn der Dienstberechtigte sich im Verzug der Annahme (§§ 293 ff.) der Dienstleistung befindet.
Ist dem Dienstverpflichteten die Dienstleistung für eine nicht erhebliche Zeit unmöglich oder unzumutbar, behält er nach § 616 ebenfalls den Anspruch auf die Vergütung. § 616 ist nicht auf Arbeitsverhältnisse anwendbar, wenn der Arbeitnehmer aufgrund von Krankheit seine Arbeitsleistung nicht erbringen kann. Für diese gilt das Entgeltfortzahlungsgesetz.

---

[198] Vgl. im Einzelnen Palandt/Weidenkaff, § 611 Rdnr. 96 ff.

Neben der Hauptleistungspflicht muss der Dienstberechtigte Nebenleistungspflichten einhalten. Hierzu zählen die Fürsorgepflicht, die Gleichbehandlungspflicht und die Beschäftigungspflicht.
Zahlt der Dienstberechtigte nicht die vereinbarte Vergütung, kann der Dienstverpflichtete auf Erfüllung klagen, kann die Dienstleistung nach § 320 verweigern oder das Dienstverhältnis nach § 626 kündigen.
Verletzt der Dienstberechtigte eine Nebenleistungspflicht, steht dem Dienstberechtigten ein Schadensersatzanspruch aus §§ 280 Abs. 1, 3, 282 zu.

4 BEENDIGUNG

Das Dienstverhältnis kann auf verschiedene Weise beendet werden. Zum einen können die Parteien vereinbaren, dass das Dienstverhältnis aufgelöst werden soll, sog. Auflösungs- oder Aufhebungsvertrag.[199] Nach § 623 bedarf ein Auflösungsvertrag der Schriftform. Zum anderen kann das Dienstverhältnis durch den Ablauf der Zeit, für das es eingegangen ist, beendet werden (vgl. § 620). Für Arbeitsverhältnisse gilt allerdings für diesen Fall das Teilzeit- und Befristungsgesetz. Nach § 625 verlängert sich das Dienstverhältnis auf unbestimmte Zeit, wenn der Dienstverpflichtete seine Dienstleistung weiter erbringt, der Dienstberechtigte hiervon Kenntnis hat und nicht widerspricht.
Schließlich endet das Dienstverhältnis mit dem Tod des Dienstverpflichteten, weil die Dienste nach § 613 vom Dienstverpflichteten im Zweifel höchstpersönlich zu erbringen sind. Verstirbt dagegen der Dienstberechtigte, endet das Dienstverhältnis in der Regel nicht, es sei denn, die Dienstleistung hängt eng mit der Person des Dienstberechtigten zusammen.[200]

Herr Gollan erhält häusliche Krankenpflege. Trotz intensiver Betreuung verstirbt Herr Gollan nach einigen Wochen.

Der häufigste Beendigungsgrund eines Dienst- oder Arbeitsverhältnisses dürfte jedoch in der Kündigung liegen. Zu unterscheiden ist die außerordentliche und die ordentliche Kündigung.

4.1 Außerordentliche Kündigung

Die außerordentliche Kündigung ist in den §§ 626, 627 geregelt. Nach § 626 Abs. 1 kann das Dienstverhältnis von jeder Vertragspartei aus wichtigem Grund ohne Einhaltung einer Kündigungsfrist gekündigt werden. Voraussetzung ist, dass Tatsachen vorliegen, aufgrund derer dem Kündigenden die Fortsetzung des Dienstverhältnisses bis zum Ablauf der Kündigungsfrist nicht zugemutet werden kann. Dabei sind alle Umstände des Einzelfalles zu berücksichtigen und die Interessen beider Vertragsparteien gegeneinander abzuwägen. Eine außerordentliche Kündigung kann bejaht werden bei eigenmächtigem Urlaubsantritt, Gleitzeitmanipulationen, Annahme von Schmiergeldern, Betätigung der Stechuhr für

[199] Vgl. Palandt/Weidenkaff, Rdnr. 5 vor § 620.
[200] Brox/Walker, § 21 Rdnr. 15.

abwesende Kollegen, strafbare Handlungen wie Diebstahl oder Betrug, üble Nachrede und Verleumdungen gegen den Dienstberechtigten.[201]
Die Kündigung kann nur innerhalb von zwei Wochen erfolgen (§ 626 Abs. 2).
Nach § 627 kann ein Dienstverhältnis auch ohne das Vorliegen eines wichtigen Grundes gekündigt werden, wenn es sich um eine Vertrauensstellung handelt, wie z. B. Arzt oder Rechtsanwalt. Auf Arbeitsverhältnisse findet § 627 jedoch keine Anwendung.

4.2 Ordentliche Kündigung

Um eine ordentliche Kündigung handelt es sich, wenn eine Kündigungsfrist einzuhalten ist (§§ 621, 622).
Während die außerordentliche Kündigung nach § 626 sowohl für befristete als auch für unbefristete Dienst- und Arbeitsverhältnisse Anwendung findet, ist die ordentliche Kündigung nur bei Dienstverhältnissen zulässig, die auf unbestimmte Zeit eingegangen sind.[202]
Die Kündigungsfristen eines Dienstverhältnisses ergeben sich aus § 621, die eines Arbeitsverhältnisses aus § 622. Die Kündigungsfrist eines Dienstverhältnisses richtet sich nach der der Bemessung der Vergütung (vgl. § 621).
Die Kündigungsfrist bei Arbeitsverhältnissen beträgt grundsätzlich vier Wochen zum 15. oder zum Ende eines Kalendermonats (§ 622 Abs. 1). Unter den Voraussetzungen des § 622 Abs. 5 kann einzelvertraglich eine kürzere Kündigungsfrist vereinbart werden. Nach § 622 Abs. 2 ist die Länge der Kündigungsfrist von der Beschäftigungsdauer abhängig. Sie kann bis zu sieben Monate dauern. Die verlängerten Kündigungsfristen gelten jedoch nur für den Arbeitgeber. Will der Arbeitnehmer das Arbeitsverhältnis kündigen, verbleibt es beim Grundsatz des § 622 Abs. 1: Er muss nur eine Kündigungsfrist von vier Wochen einhalten. Während der Probezeit kann das Arbeitsverhältnis mit einer Frist von zwei Wochen gekündigt werden. Dies gilt jedoch längstens für die Dauer von sechs Monaten (§ 622 Abs. 3). Zu beachten ist, dass bei Arbeitsverhältnissen durch Sondergesetze das Recht zur Kündigung weiter eingeschränkt ist. Hierzu zählen u. a. das Kündigungsschutzgesetz, das Betriebsverfassungsgesetz, das Mutterschutzgesetz.
Ist ein unbefristetes Dienstverhältnis gekündigt worden, hat der Dienstberechtigte den Dienstverpflichteten auf Verlangen angemessene Zeit zum Aufsuchen eines anderen Dienstverhältnisses zu gewähren (§ 629). Der Dienstverpflichtete behält für diese Zeit seinen Anspruch auf die Vergütung. Außerdem hat der Dienstberechtigte bei Beendigung des Dienstverhältnisses dem Dienstverpflichteten nach § 630 ein Zeugnis auszustellen. Von einem einfachen Zeugnis spricht man, wenn es sich nur auf Art und Dauer erstreckt (§ 630 S. 1). Beinhaltet es auch Angaben über die Leistung und die Führung im Dienst (§ 630 S. 2), spricht man von einem qualifizierten Zeugnis.

MERKE

Ein Dienst- oder Arbeitsverhältnis kann durch Aufhebungs- oder Auflösungsvertrag beendet werden. Dieser bedarf nach § 623 der Schriftform.

[201] Palandt/Weidenkaff, § 626 Rdnr. 42 ff. mit zahlreichen weiteren Beispielen.
[202] Brox/Walker, SchR BT, § 21 Rdnr. 3.

Sie enden anderenfalls nach § 620 Abs. 1 mit dem Ablauf der Zeit, für die es eingegangen ist.
Das Dienst- oder Arbeitsverhältnis wird durch den Tod des Dienst- oder Arbeitsverpflichteten beendet.
Schließlich kann das Dienst- oder Arbeitsverhältnis durch außerordentliche oder ordentliche Kündigung beendet werden.
Für die außerordentliche Kündigung ist ein wichtiger Grund erforderlich. Liegen die weiteren Voraussetzungen des § 626 vor, wird das Dienst- oder Arbeitsverhältnis ohne Einhaltung einer Kündigungsfrist beendet. Die Kündigung muss aber innerhalb von zwei Wochen, nachdem der Kündigungsberechtigte von den für die Kündigung maßgeblichen Tatsachen erfahren hat, erfolgen.
Die ordentliche Kündigung eines Dienstverhältnisses richtet sich nach § 621. Die Kündigungsfrist richtet sich danach, wie die Vergütung bemessen ist.
Die ordentliche Kündigung eines Arbeitsverhältnisses regelt § 622. Es kann mit einer Frist von vier Wochen gekündigt werden. Nur für den Arbeitgeber verlängert sich die Kündigungsfrist, wenn das Arbeitsverhältnis zwei oder mehr Jahre gedauert hat.
Die Kündigung bedarf in jedem Fall der Schriftform (§ 623).
Bei der Beendigung des Dienst- oder Arbeitsverhältnisses ist dem Verpflichteten nach § 630 ein einfaches oder qualifiziertes Zeugnis auszustellen.

XII Werkvertrag

Nach § 631 verpflichtet sich der Unternehmer zur Herstellung des versprochenen Werkes, der Besteller zur Entrichtung der vereinbarten Vergütung. Der Werkvertrag ist damit ein gegenseitiger Vertrag.
Gegenstand des Werkvertrags kann nach § 631 Abs. 2 zum einen die Herstellung oder Veränderung einer Sache, zum anderen auch ein anderer durch Arbeit oder Dienstleistung herbeizuführender Erfolg sein. Wesensmerkmal des Werkvertrags ist, dass der Unternehmer einen bestimmten Arbeitserfolg schuldet. So wird ein Erfolg geschuldet, wenn der Werkvertrag die Erstellung eines Gutachtens oder die Beförderung von Gütern zum Gegenstand hat. Im Gegensatz dazu wird bei einem Dienstvertrag lediglich ein Arbeitseinsatz geschuldet.
Als Gegenleistung für das hergestellte Werk, steht dem Unternehmer eine Vergütung zu. Ist eine Vergütung nicht vereinbart worden, gilt eine solche als stillschweigend vereinbart, wenn die Herstellung des Werkes den Umständen nach nur gegen eine Vergütung zu erwarten ist (§ 632 Abs. 1). Ist die Höhe der Vergütung nicht bestimmt, gilt nach § 632 Abs. 2 die taxmäßige Vergütung als vereinbart. Besteht eine solche nicht, gilt die übliche Vergütung als vereinbart. Nach § 632 Abs. 3 ist ein Kostenanschlag im Zweifel nicht zu vergüten, es sei denn, der Unternehmer kann beweisen, dass er mit der Erstellung des Kostenanschlags gegen Vergütung beauftragt wurde.[203]
Grundsätzlich wird die Vergütung erst mit der Abnahme des Werkes fällig (§ 641). Unter Abnahme i. S. d. § 640 Abs. 1 ist nicht nur die körperliche Entgegennahme gemeint, sondern

[203] Palandt/Sprau, § 632 Rdnr. 10.

auch eine ausdrückliche oder stillschweigende Erklärung des Bestellers, dass er das Werk als in der Hauptsache vertragsgemäß anerkennt.[204] Ist nach der Beschaffenheit des Werkes die Abnahme ausgeschlossen, wie z. B. bei der Beförderung von Personen, tritt nach § 646 an die Stelle der Abnahme die Vollendung des Werkes. Die Abnahme kann wegen unwesentlicher Mängel nicht verweigert werde (§ 640 Abs. 1 S. 2). Der Abnahme steht es auch gleich, wenn der Besteller das Werk nicht innerhalb einer ihm vom Unternehmer bestimmten angemessenen Frist abnimmt, obwohl er dazu verpflichtet ist (§ 640 Abs. 1 S. 3). Unterliegt der Bauunternehmervertrag den Regeln der VOB, so ist der Auftragnehmer nach § 14 Abs. 1 VOB/B verpflichtet, seine Leistungen prüfbar abzurechnen.
Bei der Abnahmeverpflichtung des Bestellers handelt es sich um eine Hauptleistungspflicht.[205] Sie ist im Werkrecht deshalb von besonderer Bedeutung, weil sich an die Abnahme wichtige Rechtsfolgen knüpfen:

- Wie bereits erwähnt, löst die Abnahme nach § 641 grundsätzlich die Fälligkeit der Vergütung aus.
- Mit der Abnahme des Werkes trotz Kenntnis seiner Mangelhaftigkeit verliert der Besteller seine Mängelrechte nach § 634 Nr. 1–3, es sei denn, er hat sich seine Rechte wegen des Mangels vorbehalten (§ 640 Abs. 2).
- Mit der Abnahme des Werkes geht gem. § 644 grundsätzlich die Preisgefahr auf den Besteller über. Gleiches gilt, wenn sich der Besteller in Annahmeverzug (§§ 293 ff.) befindet. § 644 Abs. 2 verweist auf § 447, wenn das Werk auf Verlangen des Bestellers an einen anderen Ort als den Erfüllungsort versendet wird.
- Die Abnahme löst den Lauf der Verjährungsfrist für die Mängelansprüche aus (§ 634a Abs. 2).
- Nach der Abnahme hat der Besteller darzulegen und zu beweisen, dass das Werk mangelhaft ist. Vor Abnahme hat der Unternehmer darzulegen und zu beweisen, dass er eine mangelfreie Werkleistung erbracht hat.

Auch schon vor der Abnahme kann der Unternehmer unter den Voraussetzungen des § 645 Vergütung für die bisher vergeblich geleistete Arbeit fordern.

> Nachdem die Reparatur einer Maschine begonnen wurde, stellt sich heraus, dass die Reparatur wegen Materialermüdung undurchführbar ist.

Vor der Abnahme kann der Unternehmer vom Besteller nach § 632a Abschlagszahlungen für abgeschlossene Teile des Werkes verlangen. Dies gilt auch für erforderliche Stoffe oder Teile, die eigens angefertigt oder angeliefert sind. Allerdings muss der Unternehmer dem Besteller entweder Eigentum an den Teilen des Werkes und der Stoffe verschaffen oder Sicherheit leisten.
Nach § 651 finden auf einen Vertrag, der die Lieferung herzustellender oder zu erzeugender beweglicher Sachen zum Gegenstand hat (Werklieferungsvertrag), die Vorschriften über den Kauf Anwendung. Dies gilt unabhängig davon, ob es sich um vertretbare oder unvertretbare bewegliche Sachen handelt. So z. B. bei der Anfertigung eines Maßanzuges oder der Herstellung und Lieferung einer Einbauküche einschließlich Montage.

---

[204] BGH NJW 1993, 1972.

[205] Brox/Walker, SchR BT, § 26 Rdnr. 10.

Bei unvertretbaren beweglichen Sachen, z. B. Maßanfertigungen für den Besteller, werden die Vorschriften des Kaufrechtes durch die in § 651 S. 3 genannten Vorschriften aus dem Werkrecht ergänzt. Statt der dort geforderten Abnahme, z. B. bei § 645, tritt an deren Stelle der gem. §§ 446, 447 maßgebliche Zeitpunkt, also Übergabe oder Auslieferung.

MERKE

Der Werkvertrag ist in § 631 geregelt. Im Gegensatz zum Dienstvertrag, bei dem nur der Arbeitseinsatz geschuldet wird, ist das Wesen des Werkvertrags auf einen Arbeitserfolg gerichtet.
Beim Werkvertrag schuldet der Unternehmer das versprochene Werk, der Besteller die vereinbarte Vergütung. Fehlt es an der Vereinbarung einer Vergütung, richtet sich der Vergütungsanspruch nach § 632. Die Vergütung wird grundsätzlich erst nach der Abnahme fällig. Die Abnahme zählt zur Hauptleistungspflicht des Bestellers. Mit der Abnahme geht die Preisgefahr auf den Besteller über (§ 644), es sei denn der Besteller befindet sich in Annahmeverzug (§§ 293 ff.) oder der Unternehmer hat das Werk auf Verlangen des Bestellers an einen anderen Ort als den Erfüllungsort versendet. Unter den Voraussetzungen des § 645 steht dem Unternehmer vor Abnahme ein Teil der Vergütung für die geleistete Arbeit zu.
Nach § 651 findet Kaufrecht Anwendung, wenn der Vertrag die Lieferung herzustellender oder zu erzeugender vertretbarer oder unvertretbarer Sachen zum Gegenstand hat. Bei nicht vertretbaren Sachen wird das Kaufrecht um die §§ 642, 643, 645, 649 und 650 ergänzt.

1 MÄNGELHAFTUNG IM WERKRECHT

Grundsätzlich richten sich die Rechtsfolgen bei Vorliegen einer Leistungsstörung nach den allgemeinen Regeln.
Sonderregelungen bestehen, wenn der Unternehmer das versprochene Werk mangelhaft hergestellt hat.
Nach § 633 Abs. 1 hat der Unternehmer dem Besteller das Werk frei von Sach- und Rechtsmängeln zu verschaffen. Damit zählt die Mängelfreiheit, wie im Kaufrecht, zur Hauptleistungspflicht.
Ist das Werk mangelhaft, richten sich die Rechte des Bestellers nach § 634.

1.1 Voraussetzungen

Zunächst muss das Werk einen Sachmangel aufweisen.
Was unter einem Sachmangel zu verstehen ist, ergibt sich aus § 633 Abs. 2. Die Vorschrift definiert den Sachmangel ähnlich wie im Kaufrecht.[206] Er liegt vor, wenn das Werk nicht die vereinbarte Beschaffenheit hat (§ 633 Abs. 2 S. 1). Ist eine Beschaffenheit nicht vereinbart worden, hat das Werk einen Mangel, wenn es sich nicht für die im Vertrag vorausgesetzte

[206] Zu den Einzelheiten siehe die Ausführungen im Kaufrecht.

Verwendung eignet (§ 633 Abs. 2 Nr. 1). Haben die Parteien keine Beschaffenheitsvereinbarung getroffen und ist keine bestimmte Verwendung des Werkes nach dem Vertrag vorausgesetzt, liegt ein Sachmangel vor, wenn sich das Werk nicht für die gewöhnliche Verwendung eignet und auch nicht die Beschaffenheit aufweist, die bei Werken der gleichen Art üblich ist und die der Besteller nach der Art des Werkes erwarten kann (§ 633 Abs. 2 Nr. 2). Einem Sachmangel steht es nach § 633 Abs. 2 S. 3 gleich, wenn der Unternehmer ein anderes als das bestellte Werk oder das Werk in zu geringer Menge herstellt. Schließlich ist das Werk mangelhaft, wenn ein Rechtsmangel i. S. d. § 633 Abs. 3 vorliegt. Die folgenden Ausführungen beschränken sich auf den Sachmangel.

MERKE

Die Mängelansprüche im Werkrecht setzen zunächst voraus, dass ein Sach- oder Rechtsmangel vorliegt.
Der Sachmangel ist in § 633 Abs. 2 definiert und entspricht dem Sachmangel im Kaufrecht (§ 434).
Der Sachmangel muss zum Zeitpunkt des Gefahrüberganges, das ist die Abnahme (§ 640) vorliegen.

1.2 Rechtsfolgen

Die Rechtsfolgen eines Sachmangels (§ 634) decken sich weitgehend, mit Ausnahme der Selbstvornahme, mit denen des Kaufrechts.[207]
Ist das Werk mangelhaft, kann der Besteller nach § 634 vom Werkunternehmer

- nach § 635 Nacherfüllung verlangen (§ 635 Nr. 1),
- nach § 637 den Mangel selbst beseitigen und Ersatz der erforderlichen Aufwendungen verlangen,
- nach den §§ 636, 323 und 326 Abs. 5 von dem Vertrag zurücktreten oder nach § 638 die Vergütung mindern und
- nach den §§ 636, 280, 281, 283 und 311a Schadensersatz oder nach § 284 Ersatz der vergeblichen Aufwendungen verlangen.

Eine Besonderheit enthält das Werkrecht gegenüber dem Kaufrecht beim Nacherfüllungsanspruch. Während im Kaufrecht dem Käufer grundsätzlich ein Wahlrecht eingeräumt wird, welche Art der Nacherfüllung er begehren möchte, steht nach § 635 dieses Wahlrecht dem Unternehmer zu.

1.3 Verjährung

Eine Abweichung zum Kaufrecht ergibt sich auch bei den Verjährungsfristen. Zunächst beträgt die Verjährungsfrist nach § 634a Abs. 1 Nr. 1, wie beim Kauf, für Mängelansprüche des Bestellers, die auf Nacherfüllung, Schadensersatz und Aufwendungsersatz (§ 634 Nr. 1, 2 und 4) gerichtet sind, zwei Jahre. Diese Zweijahresfrist gilt nur bei einem Werk,

[207] Zu den Einzelheiten siehe die Ausführungen im Kaufrecht.

dessen Erfolg in der Herstellung, Wartung oder Veränderung einer Sache oder in der Erbringung von Planungs- oder Überwachungsleistungen hierfür bestehen. Von § 634 Abs. 1 Nr. 1 werden z. B. alle Wartungs- und Reparaturverträge, auch an Grundstücken, erfasst sowie die Arbeiten der Innenarchitekten, Planungsingenieure, Garten- und Landschaftsarchitekten.
Dagegen verjähren die Mängelansprüche nach § 634a Nr. 2 in fünf Jahren bei Bauwerken, ferner bei solchen Werken, deren Erfolg in der Erbringung von Planungs- oder Überwachungsleistungen hierfür bestehen. Planungs- und Überwachungsarbeiten sind die Tätigkeiten der Architekten und Statiker.
Darüber hinaus werden auch Erneuerungs- und Umbauarbeiten mit erfasst.[208]
Nach § 634a Nr. 3 gilt für alle anderen Bereiche die regelmäßige Verjährungsfrist nach § 195, also drei Jahre. Zu den anderen Bereichen, die nicht unter Ziffer 1 und 2 des § 634a gehören, zählen Gutachten, Vertragsentwürfe und Musikkompositionen.
Nach § 634a Abs. 2 beginnt die Verjährungsfrist mit der Abnahme des Werkes (§ 640 Abs. 1). Der Besteller kann die Abnahme wegen unwesentlicher Mängel nicht verweigern (§ 640 Abs. 1 S. 2). Auch steht es der Abnahme gleich, wenn der Besteller das Werk nicht innerhalb einer ihm vom Unternehmer bestimmten angemessenen Frist abgenommen hat, obwohl er dazu verpflichtet ist (§ 640 Abs. 1 S. 3). Kennt der Besteller den Mangel und nimmt er dennoch das mangelhafte Werk ab, so stehen ihm die Rechte aus § 634 Nr. 1–3 nur zu, wenn er sich seine Rechte wegen des Mangels bei der Abnahme vorbehält (vgl. § 640 Abs. 2).
Hat der Unternehmer einen Mangel arglistig verschwiegen, richtet sich die Verjährungsfrist nach § 195, also drei Jahre, mit Fristbeginn und Obergrenze gem. § 199. Dies ergibt sich aus § 634a Abs. 3. Allerdings darf dies nicht zu einer Verkürzung der fünfjährigen Verjährungsfrist nach § 634a Abs. 1 Nr. 2 führen. Deshalb bestimmt § 634a Abs. 3 S. 2, dass die regelmäßige Verjährungsfrist nicht vor Ablauf dieser Fünfjahresfrist endet.
Haben die Parteien die Geltung der VOB in den Werkvertrag einbezogen, sind abweichende Verjährungsfristen zu beachten. Diese betragen nach § 13 Nr. 4 VOB/B bei Bauwerken vier Jahre, bei Arbeiten an einem Grundstück zwei Jahre.
Außer den hier dargestellten Abweichungen gilt alles zur Verjährung von Mängelrechten beim Kauf Gesagte entsprechend. Deshalb kann auf die Ausführungen im Kaufrecht verwiesen werden.

MERKE

Die Mängelansprüche im Werkrecht verjähren nach § 634a in zwei Jahren für die in § 634a Abs. 1 Nr. 1 aufgeführten Werke.
Bei Bauwerken und der hierfür erbrachten Planungs- und Überwachungsleistungen verjähren sie in fünf Jahren (§ 634a Abs. 1 Nr. 2).
Für alle anderen Bereiche verjähren sie in der regelmäßigen Verjährungsfrist des § 195, also in drei Jahren (§ 634a Abs. 1 Nr. 3).
Hat der Unternehmer den Mangel arglistig verschwiegen, verjähren die Ansprüche ebenfalls in der regelmäßigen Verjährungsfrist des § 195, also in drei Jahren, bei Bauwerken

[208] Palandt/Sprau, § 634a Rdnr. 10.

und den hierfür erbrachten Planungs- und Überwachungsleistungen jedoch nicht vor Ablauf von fünf Jahren (§ 634a Abs. 3).
Auf das Rücktritts- und Minderungsrecht findet § 218 entsprechende Anwendung (§ 634a Abs. 4 und 5).

2 BEENDIGUNG

Nach § 649 kann der Besteller bis zur Vollendung des Werkes den Vertrag jederzeit kündigen. Der Unternehmer behält aber seinen Anspruch auf die volle Vergütung. Allerdings muss er sich das anrechnen lassen, was er infolge der Aufhebung des Vertrags an Aufwendungen erspart. Dies könnten z. B. die Subunternehmerkosten sein, die durch die Kündigung nicht mehr anfallen.
Außerdem muss er sich das anrechnen lassen, was er durch anderweitige Verwendung seiner Arbeitskraft erwirbt oder böswillig zu erwerben unterlässt, z. B. wenn der Unternehmer einen Ersatzauftrag ausschlägt.
Dem Besteller steht nach § 650 auch ein Kündigungsrecht zu, wenn das Werk nicht ohne eine wesentliche Überschreitung eines Kostenanschlages ausführbar ist. Wann eine wesentliche Überschreitung vorliegt, hängt vom Einzelfall ab, Richtschnur sollten aber 15 bis 20 % sein.[209] Kommt eine solche Überschreitung in Betracht, steht dem Unternehmer in entsprechender Anwendung des § 645 die Vergütung für die bisher geleistete Arbeit zu.
Der Unternehmer kann sich unter den Voraussetzungen des § 643 vom Vertrag lösen. Unterlässt der Besteller bei der Herstellung des Werkes seine Mitwirkungspflicht, kann ihm der Unternehmer zur Nachholung der Handlung eine Frist setzen.

Frau Heising hat beim Künstler Prunzig ein Porträt in Auftrag gegeben. Zu der vereinbarten fünften Porträtsitzung erscheint Frau Heising nicht mehr. Pruntzig kann den Vertrag mit Frau Heising kündigen, wenn er ihr eine angemessene Frist zur Nachholung der unterlassenen Mitwirkung gesetzt und erklärt hat, dass er den Vertrag kündigen werde, wenn die Mitwirkungspflicht nicht bis zum Ablauf der Frist vorgenommen werde.

Wird die Handlung während der Frist nicht nachgeholt, kann der Unternehmer den Vertrag kündigen. Der Vertrag gilt dann als aufgehoben (§ 634 S. 2). Dem Unternehmer steht dann eine Entschädigung zu (§ 642). Die Höhe der Entschädigung richtet sich nach § 642 Abs. 2. Nach § 645 Abs. 1 besteht auch die Möglichkeit der Teilvergütung.
Schließlich können die Vertragsparteien im gegenseitigen Einverständnis (§ 311 Abs. 1) den Vertrag beenden.

XIII Sonstige vertragliche Schuldverhältnisse

Die Darstellung der sonstigen vertraglichen Schuldverhältnisse soll auf in der Praxis relevante beschränkt werden.

[209] Palandt/Sprau, § 650 Rdnr. 2.

1 DARLEHEN

Der Gesetzgeber unterscheidet zwischen zwei Arten von Darlehen, dem Gelddarlehen und dem Sachdarlehen.

1.1 Gelddarlehen

Der Gelddarlehensvertrag ist in den §§ 488 bis 490 geregelt. Danach verpflichtet sich der Darlehensgeber, dem Darlehensnehmer einen Geldbetrag in der vereinbarten Vergütung zur Verfügung zu stellen. Der Darlehensnehmer ist verpflichtet, einen geschuldeten Zins zu zahlen und bei Fälligkeit das zur Verfügung gestellte Darlehen zurückzuerstatten.
Bei dieser Vertragsgestaltung handelt es sich um einen gegenseitigen Vertrag. Aus dem Umkehrschluss des § 488 Abs. 3 S. 3 ergibt sich, dass die Parteien auch ein zinsloses Darlehen vereinbaren können.

Tante Minna gibt ihrem Neffen 1.000 €, damit er den Führerschein finanzieren kann. Sobald er seine Ausbildung beendet hat und als Geselle arbeitet, soll er den Geldbetrag zurückzahlen.

Der Darlehensnehmer hat bei Fälligkeit das Darlehen zurückzuerstatten. Wann Fälligkeit vorliegt, hängt von der Vereinbarung ab. So kann entweder ein bestimmter Zeitpunkt, z. B. Rückzahlung am 01.12.2018, vereinbart werden. Denkbar ist auch eine Vereinbarung, dass das Darlehen in einer Summe zurückzuzahlen ist, wenn der Darlehensnehmer mit der ratenweisen Rückzahlung des Darlehens an zwei aufeinanderfolgenden Monaten in Verzug gerät.
Der Gelddarlehensvertrag kann nach der Maßgabe des § 488 Abs. 3 bzw. § 489 ordentlich gekündigt werden. Ausschlaggebend ist, ob für die Rückerstattung ein Zeitpunkt vereinbart wurde oder nicht.
Wurde für die Rückerstattung kein bestimmter Zeitpunkt vereinbart, kann nach § 488 Abs. 3 jede Vertragspartei unter Einhaltung einer Dreimonatsfrist kündigen. Handelt es sich um ein zinsloses Darlehen, ist der Darlehensnehmer jederzeit zur Rückerstattung berechtigt.
Das ordentliche Kündigungsrecht des Darlehensnehmers bei einem Darlehensvertrag mit gebundenem Sollzinssatz ist in § 489 Abs. 1 geregelt. Unter den in Abs. 1 Nr. 1 und Nr. 2 genannten Voraussetzungen beträgt die Kündigungsfrist entweder einen bzw. sechs Monate. Für die Zulässigkeit der Kündigung ist zu unterscheiden, ob die Vertragsparteien einen festen oder variablen Zinssatz vereinbart haben. Bei der Vereinbarung eines festen Zinssatzes kann der Darlehensnehmer nach § 489 Abs. 1 Nr. 1 kündigen, wenn die Zinsbindung vor der für die Rückzahlung bestimmten Zeit endet und keine neue Vereinbarung über den Zinssatz getroffen ist. Die Kündigungsfrist beträgt dann ein Monat. Der Darlehensnehmer kann den Darlehensvertrag gem. § 489 Abs. 1 Nr. 2 in jedem Fall nach Ablauf von zehn Jahren kündigen. Die Kündigungsfrist beträgt dann sechs Monate. Haben die Parteien einen variablen Zinssatz vereinbart, kann der Darlehensnehmer den Darlehensvertrag jederzeit unter Einhaltung einer Kündigungsfrist von drei Monaten kündigen (§ 489 Abs. 2).
Hat der Darlehensnehmer unter den Voraussetzungen des § 489 Abs. 1 oder Abs. 2 den Darlehensvertrag gekündigt, ist er verpflichtet, das Darlehen innerhalb von zwei Wochen

zurückzuzahlen. Bleibt die Rückzahlung aus, gilt nach § 489 Abs. 3 die Kündigung als nicht erfolgt. Das Kündigungsrecht kann nicht zu Lasten des Darlehensnehmers geändert werden (mit den in § 489 Abs. 4 genannten Ausnahmen).
Die ordentliche Kündigung steht nur dem Darlehensnehmer zu.
Der Darlehensgeber kann dagegen den Darlehensvertrag unter den Voraussetzungen des § 490 ohne Einhaltung einer Kündigungsfrist außerordentlich kündigen. Dieses Recht steht ihm zu, wenn in den Vermögensverhältnissen des Darlehensnehmers oder in der Werthaltigkeit einer für das Darlehen gestellten Sicherheit eine wesentliche Verschlechterung eintritt oder einzutreten droht und dadurch die Rückzahlung des Darlehens gefährdet wird. Im Gegensatz dazu steht dem Darlehensnehmer ein außerordentliches Kündigungsrecht nach § 490 Abs. 2 zu, wenn bei einem festverzinslichen Darlehen mit grundpfandrechtlicher Sicherung seine berechtigten Interessen dies gebieten. Nach § 490 Abs. 2 S. 2 liegt ein solches Interesse insbesondere vor, wenn der Darlehensnehmer ein Bedürfnis nach einer anderweitigen Verwertung der zur Sicherung des Darlehens beliehenen Sache hat. Allerdings hat er dem Darlehensgeber dann eine Vorfälligkeitsentschädigung zu zahlen. Des Weiteren eröffnet § 490 Abs. 3 eine außerordentliche Kündigung nach §§ 313 und 314. Nach § 314 kann jede Vertragspartei bei Vorliegen eines wichtigen Grundes fristlos kündigen, nach § 313 Abs. 3 S. 2 kann eine fristlose Kündigung wegen Störung der Geschäftsgrundlage ausgesprochen werden.

MERKE

Es ist zwischen dem Gelddarlehen (§§ 488 ff.) und dem Sachdarlehen (§ 607 ff.) zu unterscheiden.
Beim Gelddarlehen übereignet der Darlehensgeber dem Darlehensnehmer einen bestimmten Geldbetrag. Der Darlehensnehmer verpflichtet sich in der Regel, den vereinbarten Zins zu zahlen und das Darlehen bei Fälligkeit zurückzuerstatten. Die Parteien können aber auch vereinbaren, dass ein zinsloses Darlehen gewährt werden soll.
Ist kein Termin für die Rückerstattung bestimmt, kann sowohl der Darlehensgeber als auch der Darlehensnehmer nach § 488 Abs. 3 unter Einhaltung einer Kündigungsfrist von drei Monaten kündigen. Handelt es sich um ein zinsloses Darlehen, kann der Darlehensnehmer auch ohne Kündigung den Geldbetrag zurückzahlen.
Ist ein Zeitpunkt für die Rückzahlung des Darlehens vereinbart, kann der Darlehensnehmer bei einem festen Zinssatz unter den Voraussetzungen und der dort genannten Kündigungsfristen den Darlehensvertrag kündigen. Bei einem variablen Zinssatz kann er nach § 489 Abs. 2 den Darlehensvertrag mit einer dreimonatigen Kündigungsfrist kündigen.
§ 490 regelt das außerordentliche Kündigungsrecht. Nach § 490 Abs. 1 kann der Darlehensgeber den Darlehensvertrag außerordentlich kündigen, wenn die Gefahr besteht, dass das Darlehen nicht mehr zurückgezahlt werden kann. Der Darlehensnehmer kann den Darlehensvertrag nach § 490 Abs. 2 außerordentlich kündigen, wenn er daran ein berechtigtes Interesse hat.
Außerdem steht beiden Vertragsparteien das außerordentliche Kündigungsrecht aus §§ 313 und 314 zu.

1.2 Verbraucherdarlehen

Besondere Vorschriften gelten für Verbraucherdarlehensverträge. Nach § 491 Abs. 1 handelt es sich um einen Verbraucherdarlehensvertrag, wenn zwischen einem Unternehmer (§ 14) als Darlehensgeber und einem Verbraucher (§ 13) als Darlehensnehmer ein entgeltlicher Darlehensvertrag abgeschlossen wird.
Zum Schutze des Verbrauchers vor einem übereilten Abschluss bedarf der Verbraucherdarlehensvertrags nach § 492 Abs. 2 der Schriftform. Dabei genügt es, wenn Antrag und Annahme jeweils getrennt schriftlich erklärt werden. Für die Erklärung des Darlehensgebers bedarf es keiner Unterschrift, wenn sie mithilfe einer automatischen Einrichtung erstellt wird. Des Weiteren muss der Verbraucherdarlehensvertrag die nach Art. 247 §§ 6–13 EGBGB vorgeschriebenen Angaben enthalten (§ 492 Abs. 2). Hierzu zählen z. B. die Angabe des effektiven Jahreszinses (Art. 247 § 6 Nr. 1 i. V. m. § 3 Abs. 1 Nr. 3 EGBGB) oder die für den Darlehensgeber zuständige Aufsichtsbehörde (Art. 247 § 6 Abs. 1 Nr. 3 EGBGB).
Abweichend von § 167 Abs. 2 gilt auch für die Erteilung der Vollmacht eines Darlehensnehmers das Schrifterfordernis (vgl. § 492 Abs. 4).
Liegt ein Formmangel vor, also ist die Schriftform des Vertrags oder die Erteilung der Vollmacht nicht eingehalten oder fehlen die Mindestangaben nach § 492 Abs. 2, sieht § 494 Abs. 1 die Nichtigkeit des Verbraucherdarlehensvertrags vor. Allerdings wird der Formmangel nach § 492 Abs. 2 geheilt, wenn der Darlehensnehmer das Darlehen empfängt oder in Anspruch nimmt. Jedoch greifen dann die Modifizierungen, die in Abs. 2–6 vorgesehen sind.
§ 495 räumt dem Darlehensnehmer grundsätzlich ein Widerrufsrecht nach § 355 ein. Allerdings sieht § 495 Abs. 2 hiervon in den Nr. 1–3 Ausnahmen vor.
Kommt der Darlehensnehmer mit Zahlungen, die er aufgrund des Verbraucherdarlehensvertrags schuldet in Verzug, hat er nach § 497 den geschuldeten Betrag zu verzinsen. Es findet dann § 288 Abs. 1 Anwendung. In den §§ 498–500 ist das Kündigungsrecht des Darlehensgebers und des Darlehensnehmers geregelt.
Die Anwendung der Vorschriften über den Verbraucherdarlehensvertrag ist in den Fällen des § 491 Abs. 2 gänzlich bzw. nach Abs. 3 nur teilweise ausgeschlossen. So z. B. wenn ein Darlehen von einer öffentlich-rechtlichen Anstalt mit günstigeren als den marktüblichen Zinsen zur Förderung des Wohnungswesens gewährt wird (§ 492 Abs. 2 Nr. 5).[210]
Sie erstrecken sich aber andererseits teilweise auf Verträge, durch die ein Unternehmer einem Verbraucher einen entgeltlichen Zahlungsaufschub oder eine sonstige entgeltliche Finanzierungshilfe gewährt (§ 506). Ebenso sind Existenzgründerdarlehen bis zu einer Höhe von 75.000 € vom Anwendungsbereich der § 491 ff. erfasst (§ 512).

MERKE

Zum Schutze des Verbrauchers enthalten die §§ 491 ff. für den Verbraucherdarlehensvertrag besondere Regelungen.
Der Verbraucherdarlehensvertrag ist schriftlich abzuschließen und muss die in § 492 Abs. 2 genannten Angaben nach Art. 247 §§ 6-13 EGBGB beinhalten. Die Schriftform erstreckt sich nach § 492 Abs. 4 auch auf die Vollmacht, die ein Darlehensnehmer zum

[210] Vgl. Brox/Walker, § 17 Rdnr. 43.

Abschluss eines Verbraucherdarlehensvertrags erteilt. Liegt ein Formmangel vor, greifen die Rechtsfolgen, die in § 494 beschrieben sind: Wird die Schriftform insgesamt nicht eingehalten oder fehlen die erforderlichen Angaben, ist der Vertrag nach § 494 Abs. 1 nichtig.
Er wird nach § 494 Abs. 2 S. 1 gültig, wenn der Darlehensnehmer das Darlehen empfängt oder in Anspruch nimmt. Zu beachten sind dann aber § 494 Abs. 2 S. 2 bis Abs. 7.
Nach § 495 Abs. 1 steht dem Darlehensnehmer bei einem Verbraucherdarlehensvertrag grundsätzlich ein Widerrufsrecht zu.
Der Darlehensnehmer hat, wenn er mit Zahlungen in Verzug gerät, diese zu verzinsen (§ 497). Die Kündigung eines Verbraucherdarlehensvertrags ist in den §§ 498–500 geregelt.
Die Anwendung der Vorschriften über den Verbraucher-darlehensvertrag ist nach § 491 Abs. 2 eingeschränkt. Sie erstrecken sich aber auf Finanzierungshilfen zwischen einem Unternehmer und einem Verbraucher i. S. d. §§ 506 ff. und finden auf Existenzgründer (§ 512) Anwendung.

1.3 Sachdarlehen

Der Sachdarlehensvertrag ist in den §§ 607–609 geregelt. Gegenstand des Sachdarlehensvertrags ist die Verpflichtung des Darlehensgebers, dem Darlehensnehmer eine vereinbarte vertretbare Sache zu überlassen. Der Darlehensnehmer ist zur Zahlung eines Darlehensentgeltes und bei Fälligkeit zur Rückerstattung von Sachen gleicher Art, Güte und Menge verpflichtet.

Die Molkerei überlässt dem Lebensmittelhändler Paletten für ihre Milchprodukte. Dafür erhebt sie ein Entgelt in Höhe von 5 €.

Nach § 609 ist das Entgelt spätestens bei Rückerstattung der überlassenen Sache zu bezahlen.
Die Parteien können aber auch vereinbaren (§ 311 Abs. 1), dass das Sachdarlehen unentgeltlich gewährt werden soll.

Frau Krampe bittet ihre Nachbarin, ihr zwei Eier zum Kuchenbacken zu geben. Sie verspricht, ihr am nächsten Tag zwei Eier zurückzugeben.

In diesem Fall handelt es sich nicht um einen gegenseitigen Vertrag.
In der Regel vereinbaren die Parteien, wann die Rückerstattung von Sachen gleicher Art, Güte und Menge erfolgen soll. Ist eine solche Vereinbarung nicht getroffen, muss eine Vertragspartei kündigen (§ 608). Soweit nichts anderes vereinbart, kann ein auf unbestimmte Zeit abgeschlossener Sachdarlehensvertrag jederzeit ohne Einhaltung einer Kündigungsfrist gekündigt werden.
Auf die Überlassung von Geld finden die §§ 607 ff. keine Anwendung.
Erfüllt der Darlehensnehmer seine Rückerstattungspflicht aus § 607 Abs. 1 S. 2 nicht, führt dies zur Schadensersatzpflicht.

MERKE

Durch den Sachdarlehensvertrag verpflichtet sich der Darlehensgeber dem Sachdarlehensnehmer eine vereinbarte vertretbare Sache zu überlassen, der Darlehensnehmer verpflichtet sich zur Zahlung eines Darlehensentgeltes und bei Fälligkeit zur Rückerstattung von Sachen gleicher Art, Güte und Menge. Der Sachdarlehensvertrag ist in § 607 geregelt. Die Parteien können auch ein unentgeltliches Sachdarlehen vereinbaren (§ 311 Abs. 1). Ist keine Fälligkeit für die Rückerstattung vereinbart, kann nach § 608 jede Vertragspartei den Sachdarlehensvertrag jederzeit fristlos kündigen.
Nach § 607 Abs. 2 finden die Vorschriften über den Sachdarlehensvertrag auf die Überlassung von Geld keine Anwendung.

2 LEASING

Der Leasingvertrag ist seit 1970 für viele Wirtschaftsgüter gebräuchlich. Diese Vertragsart ist in den USA entwickelt worden.
Beim Leasing handelt es sich in der Regel um ein Dreieckverhältnis, an dem der Hersteller oder Lieferant, der Leasinggeber und schließlich der Leasingnehmer beteiligt sind.[211] Einerseits schließt der Leasinggeber mit dem Hersteller oder Lieferanten einen Kaufvertrag und erwirbt die Sache. Andererseits kommt zwischen dem Leasinggeber und dem Leasingnehmer der eigentliche Leasingvertrag über die Sache zustande. Mit diesem verpflichtet sich der Leasinggeber eine Sache dem Leasingnehmer zum Gebrauch zu überlassen, der Leasingnehmer verpflichtet sich, ein ratenweise zu zahlendes Entgelt zu entrichten. Die Gefahr oder Haftung für die Instandhaltung, Sachmängel, den Untergang und die Beschädigung der Sache trifft allein den Leasingnehmer. Der Leasinggeber überträgt dafür seine Ansprüche gegen Dritte, insbesondere gegen den Hersteller oder Lieferanten, auf den Leasingnehmer. In der Regel werden in den AGB die Einzelheiten vereinbart.[212]
Der Leasingvertrag wird wegen der entgeltlichen Gebrauchsüberlassung als atypischer Mietvertrag klassifiziert.[213] Atypisch deshalb, weil nach den mietrechtlichen Vorschriften der Leasinggeber auch zur Gebrauchserhaltung und Instandhaltung der Sache (§ 535 Abs. 1) verpflichtet wäre. Beim Leasingvertrag werden aber gerade diese durch ABG auf den Leasingnehmer abgewälzt. Dies wird als zulässig erachtet.[214]
Es lassen sich verschiedene Arten von Leasingverträgen unterscheiden:

- **Operatingleasing**
  Um einen Operatingleasingvertrag handelt es sich, wenn die Vertragsdauer sehr kurz oder die Vertragsdauer zwar auf unbestimmte Zeit eingegangen ist, dem Leasingnehmer aber eine erleichterte und kurzfristige Kündigung eingeräumt wird.[215]
  Der Vorteil für den Leasingnehmer beruht darauf, dass er durch die kurze Vertrags-

[211] Vgl. Medicus/Lorenz, SchR II, Rdnr. 1089.
[212] Vgl. Brox/Walker, SchR BT, § 15 Rdnr. 1.
[213] BGH NJW 1990, 1113 m. w. N.
[214] BGHZ 1987, 377; 1998, 2284 und 3270.
[215] BGH NJW 1998, 1637.

dauer oder der schnellen Vertragsbeendigung durch Kündigung sich jeweils die auf dem technisch neuesten Stand befindlichen Güter beschaffen kann.
Das Operatingleasing richtet sich allein nach den Vorschriften des Mietrechts.[216]

- **Finanzierungsleasing**
  Beim Finanzierungsleasing läuft der Vertrag über eine längere Zeit, meist zwei bis sieben Jahre.[217] Während einer Grundmietzeit ist der Vertrag nicht kündbar. Der Leasingnehmer zahlt während dieser Zeit ein Entgelt, das den Anschaffungs- und Finanzierungskosten sowie dem Gewinn des Leasinggebers entspricht. Der Leasinggeber ist von der Mängelhaftung und der Lastentragung befreit. Er tritt dem Leasingnehmer die Gewährleistungsansprüche ab, die ihm gegen den Hersteller bzw. Lieferanten zustehen. Der Leasingnehmer trägt die Gefahr für den Untergang und der Beschädigung der Sache und hat für die Inspektion und Instandhaltung der Sache zu sorgen.[218]
  Das Finanzierungsleasing kommt sehr häufig beim Kfz-Leasing mit Kilometerabrechnung vor.
  Weil beim Finanzierungsleasing ebenfalls die entgeltliche Gebrauchsüberlassung im Vordergrund steht, entspricht er eher dem Mietverhältnis, sodass auf ihn, wie beim Operatingleasing, das Mietrecht Anwendung findet.[219] Allerdings kann er auch Elemente des Kaufrechts enthalten, insbesondere dann, wenn dem Leasingnehmer eine Kaufoption eingeräumt wird.[220]
  § 506 Abs. 2 S. 2 verweist für Finanzierungsleasingverträge zwischen einem Unternehmer und einem Verbraucher auf Vorschriften über das Verbraucherdarlehen.

- **Herstellerleasing**
  Beim Herstellerleasing fehlt es an dem für ein Leasingverhältnis typischen Dreiecksverhältnis, denn der Hersteller oder Händler ist selbst der Leasinggeber.[221] Da auch beim Herstellerleasing die Gebrauchsüberlassung im Vordergrund steht, finden die Vorschriften des Mietrechts Anwendung.[222]

MERKE

Bei einem Leasingvertrag handelt es sich um einen atypischen Mietvertrag, sodass grundsätzlich die Vorschriften des Mietrechts Anwendung finden.
Das charakteristische eines Leasingvertrags lässt sich wie folgt beschreiben:
Der Leasinggeber schließt mit dem Hersteller oder Lieferanten einen Kaufvertrag und erwirbt die Sache.
Zwischen dem Leasinggeber und dem Leasingnehmer kommt der eigentliche Leasingvertrag zustande

---

216 Palandt/Weidenkaff, Einführung vor § 535 Rdnr. 40.
217 Palandt/Weidenkaff, Rdnr. 39 vor § 535.
218 Brox/Walker, SchR BT, § 15 Rdnr. 4.
219 Brox/Walker, SchR BT, § 15 Rdnr. 5.
220 Palandt/Weidenkaff, Einführung vor § 535 Rdnr. 39.
221 Palandt/Weidenkaff, Einführung vor § 535 Rdnr. 42.
222 Brox/Walker, SchR BT, § 15 Rdnr. 7.

Mit diesem verpflichtet sich der Leasinggeber eine Sache dem Leasingnehmer zum Gebrauch zu überlassen, der Leasingnehmer verpflichtet sich, ein ratenweise zu zahlendes Entgelt zu entrichten. Die Gefahr oder Haftung für die Instandhaltung, Sachmängel, den Untergang und die Beschädigung der Sache trifft allein den Leasingnehmer. Der Leasinggeber überträgt dafür seine Ansprüche gegen Dritte, insbesondere gegen den Hersteller oder Lieferanten, auf den Leasingnehmer. In der Regel werden in den AGB die Einzelheiten vereinbart.
Beim Leasing handelt es sich in der Regel um ein Dreieckverhältnis, der Hersteller oder Lieferant, der Leasinggeber und schließlich der Leasingnehmer.
Es lassen sich verschiedene Arten von Leasingverträgen unterscheiden, das Operating-, Finanzierungs- und Herstellerleasing.

3 LEIHE

Die Leihe ist in § 598 geregelt. Danach verpflichtet sich der Verleiher, eine Sache dem Entleiher unentgeltlich zum Gebrauch zu überlassen.
Im täglichen Leben wird oft von Leihe gesprochen, obwohl es sich rechtlich um Miete handelt. Sieht man z. B. ein Schild mit der Aufschrift »Fahrradverleih«, ist jedem klar, dass der Gebrauch des Fahrrades nicht unentgeltlich erfolgt.
Weil der Leistung des Verleihers keine Leistung des Entleihers gegenübersteht, ist die Leihe kein gegenseitiger Vertrag, sodass die §§ 320 ff. keine Anwendung finden.
Während der Leihdauer hat der Entleiher nach § 601 die gewöhnlichen Kosten der Erhaltung der geliehenen Sache zu tragen.

Anke hat sich von Helene für den Skiurlaub die Skier geliehen. Die Kosten für das Wachsen der Skier muss Anke tragen.

Zu den gewöhnlichen Kosten zählen bei der Leihe eines Tieres insbesondere die Fütterungskosten. Macht der Entleiher jedoch andere Verwendungen, ist der Verleiher nach § 601 Abs. 2 S. 1 zum Ersatz nach den Vorschriften über die Geschäftsführung ohne Auftrag (§§ 677 ff.) verpflichtet.

Frau Herzog hat sich von einer flüchtigen Bekannten eine Nähmaschine ausgeliehen. Beim Nähen der Gardinen versagt die Maschine und muss repariert werden. Die Bekannte ist verpflichtet, Frau Herzog die Kosten der Reparatur zu erstatten.

Außerdem steht dem Entleiher nach § 601 Abs. 2 S. 2 das Recht zu, eine Einrichtung, mit der er die Sache versehen hat, wegzunehmen.

Für eine Urlaubsreise hat sich Herr Ollendorf den Pkw von Herrn Sieling geliehen. Herr Ollendorf hat auf dem Dach des Pkw einen Fahrradgepäckträger angebracht. Diesen kann Herr Ollendorf nach Rückgabe des Fahrzeuges wegnehmen.

Der Entleiher darf die geliehene Sache nur zu dem vertragsgemäßen Gebrauch nutzen (§ 603) und sie, ohne Erlaubnis des Verleihers, keinem anderen überlassen.

Führt der vertragsgemäße Gebrauch zu einer Veränderung oder Verschlechterung der Sache, hat dies der Entleiher nicht zu vertreten (§ 602). Während der Leihdauer hat der Entleiher Schutzpflichten i. S. d. § 241 Abs. 2 zu erfüllen.
Nach Ablauf der für die Leihe bestimmten Zeit ist der Entleiher nach § 604 Abs. 1 verpflichtet, dem Verleiher die geliehene Sache zurückzugeben. Ist keine Zeit bestimmt, kann der Verleiher die geliehene Sache unter den Voraussetzungen des § 604 Abs. 2 und 3 zurückfordern. Außerdem steht ihm ein Kündigungsrecht nach § 605 zu.
Bei allen Leistungsstörungen ist die Haftung des Verleihers nach § 599 auf Vorsatz und grobe Fahrlässigkeit beschränkt. Bei Sach- und Rechtsmängeln kommt nach § 600 nur eine Haftung in Betracht, wenn der Verleiher diese arglistig verschwiegen hat.
Die Ansprüche des Verleihers und des Entleihers verjähren nach § 606 in sechs Monaten.

MERKE

Die Leihe (§ 598) ist eine Vereinbarung zwischen Verleiher und Entleiher über die unentgeltliche Gebrauchsüberlassung einer Sache.
Die Leihe ist kein gegenseitiger Vertrag. Während der Leihdauer darf der Entleiher die Sache nur vertragsgemäß gebrauchen (§ 603). Treten durch den vertragsgemäßen Gebrauch Veränderungen oder Verschlechterungen der geliehenen Sache auf, hat der Entleiher dies nach § 602 nicht zu vertreten. Macht der Entleiher außergewöhnliche Verwendungen auf die geliehene Sache, steht ihm nach § 601 Abs. 2 Ersatz zu. Die gewöhnlichen Verwendungen hat er selbst zu tragen (Abs. 1). Einrichtungen, mit denen der Entleiher die Sache versehen hat, kann er wegnehmen. Die Ansprüche verjähren in sechs Monaten (§ 606).
Ist die Leihe beendet, hat der Entleiher nach § 604 die geliehene Sache zurückzugeben. Unter den Voraussetzungen des § 605 steht ihm ein Kündigungsrecht zu.
Der Verleiher haftet bei allen Leistungsstörungen nur für Vorsatz oder grobe Fahrlässigkeit (§ 599) für Sach- und Rechtmängel haftet er nur bei Arglist.

4 SCHENKUNG

Nach § 516 ist Schenkung eine unentgeltliche Zuwendung. Sie ist ein Vertrag, weil der Beschenkte sich mit der Zuwendung einverstanden erklären muss. Eine Zuwendung liegt vor, wenn der Schenker aus seinem Vermögen einen anderen bereichert. Die Vermögensvermehrung auf der einen Seite muss also der Vermögensminderung auf der anderen Seite entsprechen.
Zu unterscheiden ist zwischen der sog. Handschenkung (§ 516 Abs. 1) und der sog. Vertragsschenkung (§ 518 Abs. 1).
Um eine Handschenkung handelt es sich, wenn die sofortige Vollziehung der Schenkung erfolgt; diese ist formlos gültig[223], z. B. bei Geburtstags- und Weihnachtsgeschenken.
Allerdings muss der Beschenkte mit der Zuwendung einverstanden sein. Will er die Schenkung nicht, kann er sie ablehnen. Manchmal kommt es auch vor, dass die Zuwendung ohne den Willen desjenigen, der beschenkt werden soll, vollzogen wird.

[223] Palandt/Weidenkaff § 516 Rdnr. 1 f.

Moritz schuldet seinem Freund 1.000€. Als sein Onkel davon erfährt, zahlt er dem Freund die 1.000€.

In diesem Fall handelt es sich um das Angebot (§ 145) einer Schenkung. Hieran ist der Schenker gebunden. Er kann den zu Beschenkenden nach § 516 Abs. 2 innerhalb einer Frist auffordern, die Annahme zu erklären. Äußerst sich der zu Beschenkende nicht, wird die Annahmeerklärung fingiert. Lehnt er die Schenkung ab, hat er nach § 516 Abs. 2 das Zugewendete nach den §§ 812 ff. herauszugeben.
Um eine Vertragsschenkung handelt es sich nach § 518, wenn sich der Schenker durch Vertrag verpflichtet, eine Leistung unentgeltlich zuzuwenden. Ein solches Schenkungsversprechen bedarf der notariellen Beurkundung. Nach § 518 Abs. 2 wird der Mangel der Form durch die Bewirkung der versprochenen Leistung geheilt, wie dies stets bei der Handschenkung der Fall ist.
Grundsätzlich ist der Schenker verpflichtet, das Schenkungsversprechen zu erfüllen. Allerdings steht ihm gegen den Erfüllungsanspruch des zu Beschenkenden die Einrede des Notbedarfs nach § 519 zu: Ist sein angemessener Unterhalt oder die Erfüllung seiner Unterhaltspflichten gefährdet, kann er die Schenkung verweigern.
Nach § 521 haftet der Schenker nur für Vorsatz und grobe Fahrlässigkeit, Verzugszinsen braucht der Schenker nicht zu zahlen (§ 522). Für Sach- und Rechtsmängel haftet der Schenker eingeschränkt (vgl. §§ 523, 524). Zu ersetzen ist dann nur der Vertrauensschaden.[224]
Nach § 528 hat der Schenker die Möglichkeit, nach der Vollziehung der Schenkung wegen Verarmung die Zuwendung zurückzufordern. Dem Beschenkten steht nach § 528 Abs. 1 S. 2 eine Abwendungsmöglichkeit durch Zahlung des für den Unterhalt erforderlichen Betrags zu. Das Rückforderungsrecht des Schenkers ist nach § 529 ausgeschlossen, wenn der Schenker seine Bedürftigkeit vorsatzlich oder grob fahrlässig herbeigeführt hat oder wenn seine Bedürftigkeit zehn Jahre nach der Zuwendung eintritt. Das gleiche gilt, wenn der Beschenkte durch die Rückforderung in seinem standesgemäßen Unterhalt oder seinen Unterhaltsverpflichtungen gefährdet würde.
Darüber hinaus kann der Schenker die Schenkung widerrufen, wenn der Beschenkte sich einer schweren Verfehlung gegenüber dem Schenker oder sich gegenüber einem nahen Angehörigen des Schenkers groben Undanks schuldig gemacht hat (§ 530), z. B. bei Misshandlungen gegenüber dem Schenker.
Der Widerruf ist allerdings unter den Voraussetzungen des § 532 ausgeschlossen.

MERKE

Schenkung ist die unentgeltliche Zuwendung eines Vermögensbestandteils aus dem Vermögen des Schenkers, durch den der Beschenkte bereichert wird.
Die Schenkung ist in den §§ 516 ff. geregelt. Das Schenkungs-versprechen bedarf der notariellen Beurkundung (§ 518).
Die sog. Handschenkung ist formlos gültig, weil der Vertrag sofort vollzogen wird.

[224] Palandt/Weidenkaff, § 523, Rdnr. 2, § 524 Rdnr. 6; Brox/Walker, SchR BT, § 9 Rdnr. 17 f.

Unter den Voraussetzungen des § 519 kann der Schenker die Vollziehung der Vertragsschenkung verweigern.
Bei Leistungsstörungen haftet der Schenker nach den §§ 521–524 eingeschränkt.
Dem Schenker steht grundsätzlich ein Rückforderungsrecht nach § 528 und ein Widerrufsrecht nach § 530 zu.

XIV Ungerechtfertigte Bereicherung

Das Bereicherungsrecht ist in den §§ 812 ff. geregelt. Es handelt sich um ein gesetzliches Schuldverhältnis, weil es nicht durch Rechtsgeschäft, sondern kraft Gesetzes entsteht. Bei der ungerechtfertigten Bereicherung geht es nicht, wie beim Schadensersatz, darum, einen Schaden auszugleichen, sondern es sollen zu Unrecht erfolgte Vermögensverschiebungen wieder beseitigt werden.

Frau Gersterkamp hat von Frau Hartwig den gebrauchten PC für 800 € gekauft. Frau Gersterkamp ficht den Kaufvertrag wegen eines Irrtums nach § 119 Abs. 1 an. Der Vertrag ist nach § 142 nichtig. Frau Gersterkamp kann nach § 812 Abs. 1 S. 1, 1. Alt. die 800 € von Frau Hartwig herausverlangen.

Weil das Bereicherungsrecht auf das römische Recht zurückzuführen ist, spricht man auch von Kondiktionen. § 812 Abs. 1 S. 1 unterscheidet zwei Arten von Kondiktionen. Zum einen die Bereicherung »durch die Leistung eines anderen« (sog. Leistungskondiktion § 812 Abs. 1 S. 1, 1. Alt.,), zum anderen die Bereicherung »in sonstiger Weise« (sog. Nichtleistungskondiktion, § 812 Abs. 1 S. 1, 2. Alt.; Eingriffs-, Rückgriffs- und Verwendungskondiktion).
Das Bereicherungsrecht hat auch für das öffentliche Recht Bedeutung. So wird in einigen öffentlich-rechtlichen Vorschriften auf das zivilrechtliche Bereicherungsrecht verwiesen. So z. B. bei der Rücknahme von gewährenden Verwaltungsakten (§ 49a Abs. 2 VwVfG NRW) oder bei der Rückforderung zu viel gezahlter Beamtenbezüge (§ 12 Abs. 2 BBesG).
Die Leistungskondiktion hat grundsätzlich Vorrang vor der Eingriffskondiktion und ist damit die wichtigste Anspruchsgrundlage im Bereicherungsrecht.

1 LEISTUNGSKONDIKTION

Die Leistungskondiktion enthält nach § 812 Abs. 1 S. 1, 1. Alt. drei Tatbestandsvoraussetzungen nämlich, dass jemand

- etwas erlangt
- durch die Leistung eines anderen
- ohne rechtlichen Grund.

Nach § 812 Abs. 2 gilt auch die durch Vertrag erfolgte Anerkennung des Bestehens oder des Nichtbestehens eines Schuldverhältnisses als Leistung.

1.1 Etwas erlangt

Als erstes Tatbestandsmerkmal der Leistungskondiktion muss der Bereicherungsschuldner »etwas erlangt« haben. Darunter wird jeder Vermögensvorteil verstanden.[225] Durch die Leistung muss also eine Verbesserung der Vermögenslage des Bereicherten eingetreten sein. Der Vermögensvorteil kann schuldrechtlicher oder sachenrechtlicher Art sein.

1.1.1 Erwerb von Rechten

Einen Vermögensvorteil stellt der Erwerb eines dinglichen oder persönlichen Rechts dar. Zu nennen sind hier: Eigentum, Pfandrecht, Forderung.
Auch der unmittelbare oder mittelbare Besitz wird als Vermögensvorteil angesehen, auch wenn er kein Recht darstellt.[226] Durch den Besitz erhält der Besitzer eine rechtlich geschützte Rechtsposition, die als Vergrößerung des Vermögens angesehen wird.[227]
Dies gilt auch für eine bloße Buchposition, wie z. B. die Eintragung als Eigentümer im Grundbuch, denn der Eingetragene kann wirksam über das Grundstück verfügen (§ 892).
Auch Gebrauchs- und Nutzungsvorteile sind i. S. d. § 812 Abs. 1 S. 1, 1. Alt. als Vermögensvorteil anzusehen.

Frau Schmidt hat ohne wirksamen Mietvertrag eine Wohnung bezogen (Gebrauchsvorteil); Herr Schulze-Issum hat ohne gültigen Pachtvertrag den Acker bestellt (Nutzungsvorteil).

1.1.2 Befreiung von Schulden und Lasten

Ein Vermögensvorteil besteht nicht nur darin, dass ein Aktivposten hinzukommt, sondern auch, dass ein Passivposten wegfällt oder vermindert wird. Hierzu zählen z. B. die Befreiung des Schuldners von einer Verbindlichkeit und ebenso die Befreiung des Schuldners von einer dinglichen Last. Dies ist der Fall, wenn der Gläubiger z. B. auf sein Pfandrecht verzichtet.

MERKE

Der Bereicherungsschuldner muss »etwas erlangt« haben. Unter »etwas erlangt« i. S. d. § 812 Abs. 1 S. 1, 1. Alt. versteht man jeden Vermögensvorteil.
Hierzu zählen insbesondere:

- **Eigentum**
- **Besitz**
- **Befreiung von einer Verbindlichkeit**
- **Gebrauchs- und Nutzungsvorteile**

---

225 BGH NJW 1995, 53; Brox/Walker, SchR BT, § 40 Rdnr. 2.
226 Vgl. im einzelnen Palandt/Sprau, § 812 Rdnr. 9.
227 Vgl. Brox/Walker, SchR BT, § 40 Rdnr. 3.

1.2 Leistung des Gläubigers

Das »etwas Erlangte« des Schuldners muss durch eine Leistung des Gläubigers erfolgt sein. Leistung ist die bewusste und zweckgerichtete Mehrung fremden Vermögens.[228] Die unbewusste Mehrung fremden Vermögens wird von der Leistungskondiktion nicht erfasst und kann allenfalls eine Bereicherung in »sonstiger Weise« rechtfertigen.

Sabine hat ihr Reitpferd in einem Reitstall untergestellt. Ihre Reitfreundin bittet sie, ihr Pferd am Abend zu füttern. Das Futter für die Tiere befindet sich in der Sattelkammer. Sabine füttert das Pferd ihrer Reitfreundin mit eigenem Futter in der irrigen Annahme, das Futter gehöre ihrer Reitfreundin. Es fehlt an einer Leistung i. S. d. § 812 Abs. 1 S. 1, 1. Alt., weil Sabine das Vermögen ihrer Reitfreundin unbewusst mehrt.

Die Leistung muss aber auch zweckgerichtet sein, d. h., der Gläubiger muss mit der Leistung einen bestimmten Zweck verfolgen.

Frau Gersterkamp zahlt an Frau Hartwig 800 €, um die Kaufpreisforderung von Frau Hartwig zu tilgen.

Der Leistungszweck dient zur Ermittlung von Gläubiger und Schuldner des Bereicherungsanspruchs. Gläubiger ist der Leistende, Schuldner ist der Leistungsempfänger. Zwischen ihnen muss ein Leistungsverhältnis bestehen.[229] Grundsätzlich kann nur innerhalb dieses Leistungsverhältnisses kondiziert werden. Unproblematisch ist die Ermittlung von Bereicherungsgläubiger und Bereicherungsschuldner, wenn nur zwei Personen beteiligt sind.

Frau Gersterkamp hat von Frau Hartwig einen gebrauchten PC für 800 € gekauft. Frau Gersterkamp ficht den Kaufvertrag wegen eines Irrtums nach § 119 Abs. 1 an. Der Vertrag ist nach § 142 nichtig. Frau Gersterkamp (Bereicherungsgläubigerin) kann nach § 812 Abs. 1 S. 1, 1. Alt. die 800 € von Frau Hartwig (Bereicherungsschuldnerin) herausverlangen. Demgegenüber kann Frau Hartwig, jetzt Bereicherungsgläubigerin, von Frau Gersterkamp, jetzt Bereicherungsschuldnerin, den PC ebenfalls nach § 812 Abs. 1 S. 1, 1. Alt. herausverlangen.

Schwierigkeiten können aber auftreten, wenn die Leistung unter Beteiligung Dritter erfolgt.

1.2.1 Leistung bei Beteiligung einer Hilfsperson

Eine Vermögensverschiebung kann unter Hinzuziehung einer Hilfsperson erfolgen. Dies ist regelmäßig der Fall, wenn die Vermögensverschiebung durch einen Bevollmächtigten vorgenommen wird.

Obwohl der Bevollmächtigte die Vermögensverschiebung vornimmt, liegt keine Leistung des Bevollmächtigten vor, weil er gegenüber dem Leistungsempfänger keinen eigenen

[228] BGH NJW 1999, 1393; Brox/Walker, SchR BT, § 40 Rdnr. 6.

[229] Brox/Walker, § 40 Rdnr. 7 ff.

Leistungszweck erfüllt. Die Zuwendung ist vielmehr als Leistung des Vertretenen anzusehen, dem deshalb der Bereicherungsanspruch gegen den Leistungsempfänger zusteht.[230]

Der Bevollmächtigte von Frau Hartwig, Herr Peltzer, übereignet Frau Gersterkamp den PC, den diese von Frau Hartwig gekauft hat. Der Kaufvertrag ist nichtig. Der Bereicherungsanspruch steht Frau Hartwig zu.

1.2.2 Leistung im Dreiecksverhältnis

Bei einem Anweisungsfall, z. B. einer Banküberweisung, handelt es sich um eine Leistung im Dreiecksverhältnis. Es sind zwei verschiedene Leistungsverhältnisse zu unterscheiden: Einerseits wird die Bank von ihrem Kunden angewiesen, eine Geldüberweisung auszuführen. Mit der Überweisung erbringt die Bank eine Leistung im Verhältnis zu ihrem Kunden (Anweisender). Andererseits stellt sich die Gutschrift aus der Sicht des Inhabers des Empfängerkontos (Anweisungsempfänger) als eine Leistung seines Schuldners (des Anweisenden) dar. Das Leistungsverhältnis zwischen Bank und Anweisendem nennt man Deckungsverhältnis und das zwischen Anweisendem und Anweisungsempfänger Valutaverhältnis.

Der Mieter schließt mit seiner Bank einen Überweisungsvertrag nach §675f. Danach wird die Bank verpflichtet, einen bestimmten Geldbetrag zur Gutschrift auf das Konto des Vermieters zu dessen Verfügung zu stellen (Deckungsverhältnis). Für den Vermieter stellt die Gutschrift die Tilgung seiner Mietforderung (§535 Abs. 2) dar (Valutaverhältnis). Kein Leistungsverhältnis liegt zwischen Bank und Vermieter vor.

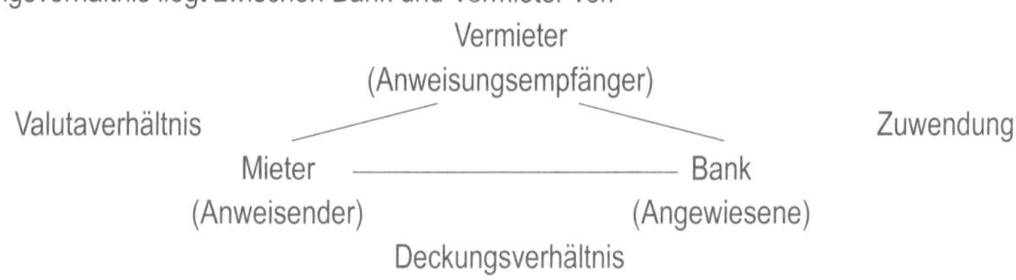

Bei Mängeln im Deckungsverhältnis oder im Valutaverhältnis erfolgt der Bereicherungsausgleich innerhalb des jeweils gestörten Leistungsverhältnisses.[231] Liegt im Deckungsverhältnis ein Mangel vor, ist z. B. der Überweisungsvertrag nichtig, kann die Bank nur vom Anweisenden kondizieren, weil zwischen ihr und dem Anweisungsempfänger kein Leistungsverhältnis besteht. Liegt im Valutaverhältnis ein Mangel, etwa durch Anfechtung des Mietvertrags, kann der Anweisende nur vom Anweisungsempfänger kondizieren. Daran ändert sich auch nichts, wenn sowohl beim Deckungsverhältnis als auch beim Valutaverhältnis ein Mangel liegt (Doppelmangel). Ein Durchgriff der Bank, also eine Inanspruchnahme des Anweisungsempfängers durch die Bank, ist ausgeschlossen. Es kommt dann nur eine Doppelkondiktion in Betracht.[232] Das bedeutet, die Bank muss sich im Deckungsverhältnis

[230] Brox/Walker, SchR BT, §40 Rdnr. 11.
[231] Palandt/Sprau, §812 Rdnr. 58.
[232] Vgl. Palandt/Sprau, §812 Rdnr. 67.

an den Anweisenden halten und dieser im Valutaverhältnis an den Anweisungsempfänger. Die Bank kann unmittelbar gegen den Empfänger der Überweisung vorgehen, wenn es an einer Anweisung des Leistenden fehlt, z. B. wenn der Leistende geschäftsunfähig ist.[233] Auf die Gutgläubigkeit des Empfängers, weil ihm das Fehlen der Anweisung durch den Widerruf des Anweisenden bekannt war, kann es nicht ankommen. Da es in diesem Fall jedoch an einer Leistung fehlt, kann die Bank nur aus der Nichtleistungskondiktion (§812 Abs. 1 S. 1, 2. Alt.) vorgehen.[234]

MERKE

Unter Leistung i. S. d. §812 Abs. 1 S. 1, 1. Alt. versteht man jede bewusste und zweckgerichtete Mehrung fremden Vermögens.
Nur zwischen dem Leistenden (Bereicherungsgläubiger) und dem Leistungsempfänger (Bereicherungsschuldner) kann kondiziert werden.
Wird eine Hilfsperson hinzugezogen, besteht das Leistungsverhältnis zwischen dem Vertretenen und dem Leistungsempfänger.
Bei den Anweisungsfällen wird im jeweiligen Deckungsverhältnis oder Valutaverhältnis kondiziert. Dies gilt auch bei einem Doppelmangel.

1.3 Ohne Rechtsgrund

Als drittes Tatbestandsmerkmal setzt §812 Abs. 1 S. 1, 1. Alt. voraus, dass die Bereicherung des Schuldners durch die Leistung des Gläubigers ohne rechtlichen Grund erfolgt ist. Unerheblich ist, ob der Rechtsgrund gänzlich gefehlt hat oder ob er nach §812 Abs. 1 S. 2 später weggefallen oder der mit der Leistung bezweckte Erfolg nicht eingetreten ist.

1.3.1 Fehlender Rechtsgrund

Der Rechtsgrund fehlt, wenn mit der Leistung ein Anspruch erfüllt wird, der nicht besteht. An einem Rechtsgrund fehlt es z. B., wenn ein Vertrag nichtig ist, weil er wirksam angefochten wurde (§ 142), ein Vertragspartner geschäftsunfähig war (§ 105) oder das erforderliche Formerfordernis nicht eingehalten wurde (§125). Ein Rechtsgrund fehlt auch, wenn der Leistende irrtümlich von einem Zustandekommen des Vertrags ausgegangen ist.
Der fehlende Rechtsgrund kann sich nicht nur aus einem vermeintlichen rechtsgeschäftlichen, sondern auch aus einem vermeintlich gesetzlichen Anspruch ergeben.

Der Autofahrer, Herr Schäper, hat eine Katze überfahren. Er zahlt Frau Böcker Schadensersatz (§823 Abs. 1 S. 1) in Höhe von 100€, weil er irrtümlich Frau Böcker für die Eigentümerin der Katze gehalten hat. Herr Schäper kann 100€ von Frau Böcker nach §812 Abs. 1 S. 1, 1. Alt. herausverlangen.

[233] BGH NJW 2001, 2880.
[234] Brox/Walker, SchR BT, §40 Rdnr. 15a.

Dem fehlenden Rechtsgrund gleichgestellt hat §813 Abs. 1 S. 1 den Fall, dass das zum Zweck der Erfüllung Geleistete zurückgefordert werden kann, auch wenn dem Anspruch eine dauernde Einrede entgegensteht.
Als dauernde Einrede ist z. B. die der anfechtbaren letztwilligen Verfügung nach Ablauf der Anfechtungsfrist (§§ 2083, 2345) anzusehen.

Herr Hosselmann hat in seinem Testament seine Frau als Alleinerbin eingesetzt. Seine Briefmarkensammlung soll aber sein bester Freund Martin erhalten. Als Herr Hosselmann verstirbt, händigt seine Frau dem Freund Martin die Briefmarkensammlung aus. Später erfährt Frau Hosselmann, dass Martin ihren Mann durch widerrechtliche Drohung dazu bestimmt hat, ihm die Briefmarkensammlung zu vermachen. Frau Hosselmann geht irrig davon aus, dass ein Testament in diesem Fall nicht angefochten werden kann (§§ 2083, 2345). Die Anfechtungsfrist verstreicht (§ 2082). Fordert Frau Hosselmann nach Ablauf der Anfechtungsfrist die Briefmarkensammlung von Martin zurück, kann er sich nicht darauf berufen, dass die Anfechtungsfrist verstrichen ist (§ 813 Abs. 1 S. 1). Er muss die Briefmarkensammlung zurückgeben.

Etwas anderes gilt nach § 813 Abs. 1 S. 2, wenn es sich um eine Verjährungseinrede handelt, obwohl diese eine dauernde ist.

Frau Eickhoff hat Herrn Hinze 500 € bezahlt, die sie ihm aus einem Kaufvertrag schuldet. Sie wusste nicht, dass die Forderung bereits verjährt war. Wegen § 813 Abs. 1 S. 2 kann sie die 500 € nicht zurückverlangen.

Eine Ausnahme zu § 813 Abs. 1 S. 2 bildet § 821: Wer ohne rechtlichen Grund eine Verbindlichkeit eingeht, kann die Erfüllung auch dann verweigern, wenn der Anspruch auf die Befreiung von der Verbindlichkeit verjährt ist.
Gleiches gilt nach § 853, wenn die Forderung durch eine unerlaubte Handlung erlangt wurde.
Nach § 813 Abs. 2 kann wiederum das durch die Leistung erlangte Etwas nicht herausverlangt werden, wenn die Verbindlichkeit zwar entstanden, aber nicht fällig und durchsetzbar ist.

Frau Kubis schließt mit der Firma Hendrich einen Werkvertrag über die Reparatur der Heizung in ihrem Haus. Vor Abnahme des Werkes zahlt Frau Kubis den vereinbarten Werklohn. Dieser wird aber erst nach der Abnahme fällig (§ 641). Frau Kubis kann den gezahlten Werklohn wegen § 813 Abs. 2 nicht zurückfordern.

Obwohl der Rechtsgrund fehlt, kann das zum Zwecke der Erfüllung einer Verbindlichkeit Geleistete auch nicht unter den Voraussetzungen des § 814 zurückverlangt werden. Dies ist zum einen der Fall, wenn der Leistende gewusst hat, dass er zur Leistung nicht verpflichtet war.

Der Opa schließt mit seinem siebenjährigen Enkel einen Vertrag über den Erwerb seines Taschenmessers zu 50 €. Der Opa weiß, dass sein Enkel in der Geschäftsfähigkeit beschränkt ist und ohne die Einwilligung seiner Eltern keine wirksame Willenserklärung abgeben kann. Übergibt der Opa trotzdem dem Enkel das Taschenmesser, kann er es nicht zurückfordern.

Zum anderen ist dies der Fall, wenn die Leistung einer sittlichen oder einer auf den Anstand zu nehmenden Rücksicht entsprach.

> Herr Mackner glaubt irrigerweise gegenüber seiner Schwester unterhaltsverpflichtet zu sein und zahlt ihr monatlich einen entsprechenden Betrag (sittliche Pflicht); Herr Mackner zahlt dem Kellner das übliche Trinkgeld, weil er irrig der Auffassung ist, hierzu verpflichtet zu sein (Anstandspflicht). Herr Mackner kann in beiden Fällen das Geleistete nicht zurückfordern.

1.3.2 Späterer Wegfall des Rechtsgrundes

Bei §812 Abs. 1 S. 2, 1. Alt. hat zum Zeitpunkt der Leistungserbringung ein Rechtsgrund bestanden, der dann später weggefallen ist.
Hierzu zählen die Fälle des Eintritts einer auflösenden Bedingung oder eines Endtermins sowie die Vertragsaufhebung.
Zu beachten ist jedoch, dass das Gesetz oftmals Sondervorschriften vorsieht, wenn der Rechtsgrund später wegfällt, so bei der Rückgabe des Hypothekenbriefs (§ 1144) oder beim vertraglichen oder gesetzlichem Rücktritt (§§ 323, 346).
Ob die Anfechtung eines Vertrags ebenfalls zum späteren Wegfall des Rechtsgrundes zählt oder unter dem »Fehlen des Rechtsgrundes« zu subsumieren ist, ist umstritten.[235] Einerseits lässt sich argumentieren, dass nach § 142 die Anfechtung zur Nichtigkeit des Vertrags und zwar von Anfang an führt. Das würde bedeuten, dass nie ein Rechtsgrund für die Leistung bestanden hat und die Anfechtung somit der Leistungskondiktion des § 812 Abs. 1 S. 1 zuzuordnen ist. Andererseits ist der Vertrag bis zur Anfechtungserklärung wirksam, d. h., zum Zeitpunkt der Leistung lag ein Rechtsgrund vor und erst mit der Anfechtung fällt der Rechtsgrund weg, sodass ein Fall von § 812 Abs. 1 S. 2, 1. Alt. vorliegt. Letztendlich kann die Entscheidung dahingestellt bleiben: Für das Ergebnis ist es unerheblich, ob die Vernichtung des Rechtsgrundes durch Anfechtung einer Willenserklärung beim Fehlen oder beim Wegfall des Rechtsgrundes subsumiert wird.

1.3.3 Nichteintritt des bezweckten Erfolges

Ohne Rechtsgrund ist die Leistung nach § 812 Abs. 1 S. 2, 2. Alt. schließlich erfolgt, wenn der mit der Leistung nach dem Inhalt des Rechtsgeschäftes bezweckte Erfolg nicht eintritt. Dabei geht es bei dieser Alternative der Leistungskondiktion darum, dass die Leistungserbringung nicht die Erfüllung einer bestehenden Verpflichtung bezweckt. Diese Situation wird bereits von § 812 Abs. 1 S. 1, 1. Alt. erfasst. Erforderlich ist vielmehr, dass ein besonderer zukünftig eintretender Erfolg, der von den Vertragsparteien ausdrücklich oder stillschweigend vorausgesetzt wurde, nicht eingetreten ist.[236]

---

[235] Vgl. Palandt/Sprau, § 812 Rdnr. 26; Brox/Walker, SchR BT, § 40 Rdnr. 30.

[236] Palandt/Sprau, § 812 Rdnr. 29.

Der Ladendieb zahlt dem Inhaber des Supermarktes 100€. Beide sind sich einig, dass damit eine Strafanzeige entbehrlich wird. Wenige Tage später stellt der Inhaber Strafantrag. Der Ladendieb kann die 100€ nach §812 Abs. 1 S. 2, 2. Alt. zurückverlangen.

Tritt der bezweckte Erfolg nicht ein, weil die Geschäftsgrundlage fehlte oder später weggefallen ist, sind allein die Regeln über die Störung der Geschäftsgrundlage (§ 313) anwendbar. Eine Kondiktion über §812 ist ausgeschlossen.
Außerdem ist nach §815 die Rückforderung wegen Nichteintritts des mit der Leistung bezweckten Erfolges ausgeschlossen, wenn der Eintritt des Erfolges entweder von Anfang an unmöglich war und der Leistende dies gewusst hat oder wenn der Leistende den Eintritt des Erfolgs wider Treu und Glauben verhindert hat.

MERKE

Nach §812 Abs. 1 S. 1 muss die Bereicherung des Gläubigers ohne rechtlichen Grund erfolgt sein. Dies ist der Fall, wenn der Rechtsgrund gänzlich fehlt. Dem fehlenden Rechtsgrund gleichgestellt hat §813 die Situation, dass dem Anspruch eine dauernde Einrede entgegensteht, es sei denn es handelt sich um eine Verjährungseinrede. Zur Verjährungseinrede bildet §821 wiederum eine Ausnahme.
Schließlich ist die Leistungskondiktion unter den Voraussetzungen des §814 ausgeschlossen, nämlich wenn der Leistende gewusst hat, dass er zur Leistung nicht verpflichtet war, oder wenn die Leistung einer sittlichen Pflicht oder einer auf den Anstand zu nehmenden Rücksicht entsprach.
Nach §812 Abs. 1 S. 2, 1. Alt. muss das durch die Leistung Erlangte auch dann herausgegeben werden, wenn der rechtliche Grund später wegfällt. Schließlich greift die Leistungskondiktion nach §812 Abs. 1 S. 2, 2. Alt., wenn der mit der Leistung nach dem Inhalt des Rechtsgeschäftes bezweckte Erfolg nicht eintritt. §815 sieht hiervon eine Ausnahme vor.

2 NICHTLEISTUNGSKONDIKTION

Im Gegensatz zur Leistungskondiktion hat bei der Nichtleistungskondiktion jemand nicht durch Leistung, sondern in »sonstiger Weise« etwas ohne rechtlichen Grund erlangt (§812 Abs. 1 S. 1, 2. Alt).
Die Anwendung dieser Alternative kommt also nur in Betracht, wenn nicht eine Bereicherung durch Leistung vorliegt. Die Nichtleistungskondiktion ist also gegenüber der Leistungskondiktion subsidiär.
Die Nichtleistungskondiktion kommt vor allem in Form der sog. Eingriffs-, Rückgriffs- und Verwendungskondiktion vor.

2.1 Eingriffskondiktion

Bei der Eingriffskondiktion hat der Bereicherte durch eigene Handlung in die Rechtsposition eines anderen eingegriffen und so ohne rechtlichen Grund sein Vermögen vermehrt.

In Betracht kommen insbesondere Eingriffe durch unerlaubte Handlungen.
Im Gegensatz zum Schadensersatzanspruch nach § 823 setzt die Eingriffskondiktion kein Verschulden voraus. Außerdem geht es bei der Eingriffskondiktion nicht um die Rechtswidrigkeit des Eingriffs, sondern darum, dass der erlangte Vorteil von der Rechtsordnung einem anderen zugewiesen ist.[237]

Als Herr Matzdorf von der Arbeit nach Hause kommt, findet er vor seiner Wohnungstür eine Kiste Wein. Er glaubt, der Wein sei ein Geschenk seines Tennispartners, mit dem er vor Kurzem über Weinsorten gesprochen hatte. Herr Matzdorf trinkt den Wein nach und nach. Später stellt sich heraus, dass der Nachbar von Herrn Matzdorf die Kiste Wein bei seinem Weinhändler gekauft hatte. Der Nachbar hatte aber vergessen, die Kiste mitzunehmen. Der Weinhändler wollte ihm die Kiste nachbringen und hat sie vor der falschen Wohnungstür abgestellt.

Aber nicht nur Eingriffe des Bereicherten zählen zur Eingriffskondiktion, sondern auch Eingriffe durch Dritte oder Naturereignisse.

Durch heftige Regenfälle wird das Saatgut vom Acker des Bauern Schulze auf das Nachbargrundstück des Bauern Köling gespült. Dieser erspart sich dadurch das Ausstreuen von Saatgut auf seinem Feld.

Des Weiteren muss, anders als bei der Leistungskondiktion, geprüft werden, ob der Eingriff in das Recht eines anderen »auf dessen Kosten« erfolgt ist. Das bedeutet, dass dem Vermögensvorteil des Bereicherten unmittelbar ein Vermögensnachteil des Entreicherten gegenüberstehen muss. Erforderlich ist also grundsätzlich ein einheitlicher Bereicherungsvorgang.[238]
Schließlich muss die Bereicherung ohne Rechtsgrund erlangt sein. Dies ist der Fall, wenn der erlangte Vorteil nach der Rechtsordnung einem anderen zusteht.

2.2 Rückgriffskondiktion

Bei der Rückgriffskondiktion befreit ein Dritter den Schuldner von dessen Verbindlichkeit gegenüber dem Gläubiger.

Der Vater zahlt für die Tochter die Miete, damit ihr nicht außerordentlich gekündigt wird.

Anzumerken ist, dass die Rückgriffskondiktion nur einen engen Anwendungsbereich erfährt, weil das Gesetz dem Dritten bereits durch andere Vorschriften einen Rechtsanspruch gegen den Schuldner einräumt (z. B. §§ 268 Abs. 3, 426 Abs. 2, 774).

2.3 Verwendungskondiktion

Bei der Verwendungskondiktion hat jemand durch Verwendung eigener Vermögenswerte auf ein fremdes Gut das Vermögen des anderen ohne Rechtsgrund vermehrt.

---

[237] Brox/Walker, SchR BT, § 42 Rdnr. 3.

[238] Palandt/Sprau, § 812 Rdnr. 43.

Der Hausmeister Kötter streicht irrtümlich mit seiner Farbe den Gartenzaun des von ihm betreuten Hauses.

Ein gesetzlicher Regelfall der Verwendungskondiktion ist § 951 Abs. 1: Wer durch Verbindung, Vermischung, Verarbeitung sein Eigentum an einer Sache verloren hat, kann von demjenigen, zu dessen Gunsten die Rechtsänderung eingetreten ist, Vergütung in Geld nach den Vorschriften über die Herausgabe einer ungerechtfertigten Bereicherung verlangen.
Ein Bereicherungsanspruch entfällt jedoch, wenn die Bereicherung aufgedrängt wurde, wenn also Verwendungen gemacht wurden, die nicht gewollt waren.

Der Dieb lässt den gestohlenen Pkw neu lackieren. Der Dieb kann, nachdem das Auto bei ihm gefunden wurde, die Kosten für die Lackierung nicht vom Eigentümer nach § 812 Abs. 1, 2. Alt. verlangen.

3 VERFÜGUNG EINES NICHTBERECHTIGTEN

§ 816 stellt einen Sondertatbestand zur Eingriffskondiktion dar. Er sieht einen Bereicherungsausgleich vor, wenn ein Gegenstand (Sache, Forderung, Recht) dem Berechtigten wirksam entzogen wird und der Nichtberechtigte durch einen Ersatz ungerechtfertigt bereichert ist.
Die Vorschrift unterscheidet drei Arten:

- entgeltliche Verfügung eines Nichtberechtigten
- unentgeltliche Verfügung eines Nichtberechtigten
- Leistung an einen Nichtberechtigten

3.1 Entgeltliche Verfügung eines Nichtberechtigten

Gläubiger des Anspruchs aus § 816 Abs. 1 S. 1 ist der (ehemals) Berechtigte, also derjenige, der befugt gewesen wäre, eine Verfügung über den Gegenstand vorzunehmen, z. B. der Eigentümer. Der Anspruch richtet sich gegen den Nichtberechtigten, also gegen diejenige Person, die weder Rechtsinhaber noch befugt war, eine Verfügung vorzunehmen.
Der Nichtberechtigte muss eine Verfügung über einen Gegenstand vorgenommen haben. Verfügung ist ein Rechtsgeschäft, durch das unmittelbar ein bestehendes Recht übertragen, belastet, verändert oder aufgehoben wird.[239] So stellt die Übertragung des Eigentums nach § 929 eine Verfügung dar.
Rein schuldrechtliche Verpflichtungen werden von § 816 nicht erfasst, weil dadurch kein Recht unmittelbar übertragen, belastet, verändert oder aufgehoben wird.
Die vom Nichtberechtigten vorgenommene Verfügung muss gegenüber dem (ehemals) Berechtigten wirksam sein. Dies ist regelmäßig der Fall, wenn jemand gutgläubig vom Nichtberechtigten erwirbt.

[239] Palandt/Sprau, § 816 Rdnr. 7.

Peter hat Marc sein Fahrrad geliehen. Marc verkauft und übergibt das Fahrrad an Jens. Jens erwirbt gutgläubig das Eigentum an dem Fahrrad nach §§ 929, 932. Das Fahrrad ist nach § 935 nicht abhanden gekommen, weil Peter seinen unmittelbaren Besitz nicht gegen seinen Willen verloren hat. Damit ist Jens Eigentümer des Fahrrades geworden und Peter kann gegen Marc nur nach § 816 vorgehen.

Allerdings besteht auch die Möglichkeit, dass die Verfügung des Nichtberechtigten gegenüber dem Berechtigten nicht wirksam geworden ist. Dies ist regelmäßig der Fall, wenn der Erwerber nicht gutgläubig (§ 932) war oder die Sache dem Eigentümer abhanden gekommen ist (§ 935 Abs. 1 S. 1).

Peter ist sein Fahrrad gestohlen worden. Der Dieb veräußert und übergibt das Fahrrad einem Dritten. Der Dritte wird wegen § 935 nicht Eigentümer des Fahrrades. Die Verfügung des Nichtberechtigten, des Diebes, wird gegenüber Peter nicht wirksam.

In diesem Fall kann sich der Berechtigte entscheiden, entweder sein Eigentum nach § 985 vom Dritten herauszuverlangen oder aber die Verfügung des Nichtberechtigten nach § 185 Abs. 2 zu genehmigen. Genehmigt er die Verfügung, wird der Nichtberechtigte nicht zum Berechtigten, sondern es werden lediglich die Rechtsfolgen der Verfügung geändert. Der (ehemals) Berechtigte kann dann vom Nichtberechtigten den Verkaufserlös herausverlangen. Daneben kann er auch Schadensersatzansprüche nach § 823 geltend machen.

Liegen die Tatbestandsvoraussetzungen des § 816 Abs. 1 S. 1 vor, ist der Nichtberechtigte dem Berechtigten zur Herausgabe des durch die Verfügung Erlangten verpflichtet. Dies ist der Gegenwert, den der Nichtberechtigte aufgrund des seiner Verfügung zugrunde liegenden Rechtsgeschäftes erhalten hat.[240]

Martin hat Bernd seine Kamera (objektiver Wert: 250 €) für dessen Urlaub geliehen. Bernd verkauft und übergibt im Urlaub die Kamera für 250 € an einen Dritten. Die Verfügung des Bernd ist gegenüber Martin wirksam (§§ 929, 932), weil § 935 nicht greift. Bernd hat für die Kamera den Kaufpreis in Höhe von 250 € erhalten. Diese hat er Martin nach § 816 Abs. 1 S. 1 herauszugeben.

Fraglich ist, was der Nichtberechtigte herauszugeben hat, wenn der Verkaufserlös niedriger als der objektive Wert des Gegenstandes ist. In diesem Fall hat der Nichtberechtigte nur den geringeren Verkaufserlös dem (ehemals) Berechtigten herauszugeben, weil er auch nicht mehr erlangt hat.

Bernd verkauft und übergibt für 200 € die geliehene Kamera (objektiver Wert: 250 €). Bernd muss dem ehemaligen Eigentümer nur 200 € herausgeben. Der ehemalige Eigentümer kann aber Schadensersatz nach § 823 verlangen.

Andersherum stellt sich die Frage, was der Nichtberechtigte dem (ehemals) Berechtigten herauszugeben hat, wenn der Verkaufserlös höher als der objektive Wert des Gegenstandes ist.

[240] BGH NJW 1997, 190.

Bernd hat sich eine Kamera (objektiver Wert: 250 €) geliehen. Nach längerem Feilschen gelingt es ihm, die Kamera für 300 € zu verkaufen.

Auch in diesem Fall hat der Nichtberechtigte das Erlangte herauszugeben. Hierfür spricht der eindeutige Wortlaut des § 816 Abs. 1 S. 1. Dieser ist Sondervorschrift zu § 818 Abs. 2 (Wertersatz). Außerdem steht das Recht, einen Gegenstand gewinnbringend zu veräußern, nur dem berechtigten Rechtsinhaber zu.[241]

3.2 Unentgeltliche Verfügung eines Nichtberechtigten

Hat der Nichtberechtigte eine wirksame Verfügung unentgeltlich vorgenommen, hat er i. S. d. § 816 Abs. 1 S. 1 nichts erlangt, was er dem ehemals Berechtigten herausgeben könnte. Deshalb ist nicht der Nichtberechtigte, sondern der Dritte, der aufgrund der wirksamen Verfügung unmittelbar einen rechtlichen Vorteil erlangt hat, zur Herausgabe verpflichtet (§ 816 Abs. 1 S. 2).

Bernd verschenkt die geliehene Kamera an seinen Freund Marc. Marc erwirbt zwar das Eigentum an der Kamera gutgläubig (§§ 929, 932), Bernd kann aber nach § 816 Abs. 1 S. 2 die Kamera von Marc zurückverlangen.

Die Regelung des § 816 Abs. 1 S. 2 ist sachgerecht, denn der Dritte dürfte anderenfalls den Gegenstand zu Lasten des ehemals Berechtigten behalten, obwohl er selbst keine Aufwendungen für den Erwerb gemacht hat.

3.3 Leistung an einen Nichtberechtigten

Wird an einen Nichtberechtigten eine Leistung bewirkt, die dem Berechtigten gegenüber wirksam ist, ist der Nichtberechtigte dem Berechtigten zur Herausgabe des Geleisteten verpflichtet (§ 816 Abs. 2).
Ein solcher Fall kann bei der Forderungsabtretung auftreten (vgl. § 407).

Frau Göbel schließt mit Herrn Intrup einen Kaufvertrag. Die Kaufpreisforderung, die Herrn Intrup gegen Frau Göbel zusteht, tritt er an die Bank ab (§ 398). Damit ist die Bank jetzt Gläubigerin der Kaufpreisforderung. Frau Göbel zahlt den Kaufpreis in Unkenntnis der Abtretung an Herrn Intrup. Frau Göbel hat i. S. d. § 816 Abs. 2 an einen Nichtberechtigten geleistet. Diese Leistung ist gem. § 407 gegenüber dem Berechtigten, der Bank, wirksam. Nach § 816 Abs. 2 kann die Bank als Berechtigte von Herrn Intrup als Nichtberechtigtem die Kaufpreiszahlung verlangen.

MERKE

§ 816 Abs. 1 S. 1 regelt die Verfügung eines Nichtberechtigten, die gegenüber dem Berechtigten wirksam ist.
Nichtberechtigter ist jeder, der nicht Rechtsinhaber oder befugt ist, über das Recht zu verfügen.

[241] Brox/Walker, SchR BT, § 42 Rdnr. 22.

Unter Verfügung versteht man jede Übertragung, Belastung, Änderung oder Aufhebung eines bestehenden Rechtes.
Die Verfügung muss gegenüber dem ehemals Berechtigten wirksam sein. Dies ist regelmäßig der Fall, wenn der Erwerber einen Gegenstand gutgläubig erworben hat und die Sache nicht abhanden gekommen ist.
Rechtsfolge des § 816 Abs. 1 S. 1 ist, dass der Nichtberechtigte dem (ehemals) Berechtigten das durch die Verfügung Erlangte herauszugeben hat. Nach dem Wortlaut des § 816 Abs. 1 S. 1 ist das tatsächlich Erlangte herauszugeben, auch dann, wenn es den objektiven Wert des Gegenstandes übersteigt.
Hat der Nichtberechtigte die Verfügung unentgeltlich vorgenommen, ist der Dritte, der durch die Verfügung unmittelbar einen rechtlichen Vorteil erlangt hat, nach § 816 Abs. 1 S. 2 dem (ehemals) Berechtigten ebenfalls zur Herausgabe des Erlangten verpflichtet.
Bei der Leistung an einen Nichtberechtigten, die dem Berechtigten gegenüber wirksam ist, ist der Nichtberechtigte gem. § 816 Abs. 2 dem Berechtigten zur Herausgabe des Geleisteten verpflichtet.

4 UMFANG DES BEREICHERUNGSANSPRUCHS

Nach § 812 Abs. 1 S. 1 hat der Bereicherte das Erlangte herauszugeben. Den Umfang der Herausgabepflicht regeln die §§ 818–820.

4.1 Herausgabe

Die Herausgabe des Erlangten wird zunächst in natura geschuldet.[242]

Auf Grund eines nichtigen Kaufvertrags ist Max rechtsgrundlos ein Buch übereignet worden. Dieses Buch muss Max zurückgeben.

Die Herausgabe erstreckt sich nach § 818 Abs. 1 auch
- auf die gezogenen Nutzungen.
  Dies sind nach § 100 die Früchte einer Sache oder eines Rechts und die Gebrauchsvorteile, z. B. das Fohlen einer Stute oder die Zinsen, die eine abgetretene Forderung erbracht haben.
- auf Surrogate.
  Ist an die Stelle des Erlangten ein anderer Gegenstand (sog. Surrogat) getreten, ist dieser herauszugeben. Das Surrogat kann sich zum einen daraus ergeben, dass der Empfänger etwas aufgrund eines erlangten Rechts erworben hat.

Linda nimmt den Lottoschein, den Herr Thies an der Lottoannahmestelle vergessen hat, an sich. Bei der Lottoziehung stellt Linda fest, dass sie »drei Richtige« hat. Linda muss Herrn Thies den Lottogewinn herausgeben.

[242] Ausnahme § 951 Abs. 1.

Von § 818 Abs. 1 wird jedoch nur das aufgrund eines erlangten Rechts erworbene Etwas erfasst, nicht aber das, was der Bereicherungsschuldner erst durch ein von ihm abgeschlossenes Rechtsgeschäft (z. B. Kauf, Tausch) anstelle des ursprünglichen Gegenstandes erworben hat[243], weil dies von der Sonderregelung des § 818 Abs. 2 erfasst wird.

Linda nimmt das Wechselgeld, das Herr Thies in der Lottoannahmestelle vergessen hat, an sich und kauft davon einen Lottoschein. Bei der nächsten Lottoziehung stellt sie fest, dass sie »drei Richtige« hat. Den Lottogewinn muss Linda nicht an Herrn Thies herausgeben.

Zum anderen muss nach § 818 Abs. 1 das herausgegeben werden, was der Empfänger als Ersatz für die Zerstörung, Beschädigung oder Entziehung erhalten hat.

Der rechtsgrundlos übereignete Pkw wird bei einem Unfall total zerstört. An die Stelle des erlangten Fahrzeuges, das nicht mehr zurückgegeben werden kann, tritt die Versicherungssumme.

4.2 Wertersatz

Ist die Herausgabe des Erlangten unmöglich und ist an dessen Stelle auch kein Surrogat getreten, hat der Bereicherungsschuldner Wertersatz zu leisten (§ 818 Abs. 2). Zu beachten ist, dass nur der Verkehrswert geschuldet wird und nicht ein eventuell erzielter Verkaufserlös.

Peter hat von Anke rechtsgrundlos ein Fahrrad gekauft, das objektiv einen Wert von 250 € hat. Einige Zeit später verkauft Peter das Fahrrad für 300 € an Heinz. Da Peter das Fahrrad an Anke nicht mehr zurückgeben kann, muss Peter den Wert des Fahrrades, also 250 €, ersetzen.

Die Verpflichtung zum Wertersatz kommt aber nur in Betracht, wenn die Bereicherung nach § 818 Abs. 3 nicht weggefallen ist.

MERKE

Nach § 812 Abs. 1 ist das rechtsgrundlos Erlangte in natura herauszugeben.
Nach § 818 Abs. 1 erstreckt sich die Herausgabe auch auf die gezogenen Nutzungen. Hat der Empfänger aufgrund eines erlangten Rechts etwas erworben, ist das herauszugeben. Hierzu zählt jedoch nicht, was er erst durch ein weiteres Rechtsgeschäft erworben hat. Ist ein Ersatz für die Zerstörung, Beschädigung oder Entziehung des erlangten Gegenstandes erworben, ist dieser herauszugeben.
Ist die Herausgabe nicht möglich und kommt auch kein Surrogat in Betracht, ist der Empfänger nach § 818 Abs. 2 zum Wertersatz verpflichtet, soweit er sich nicht auf den Wegfall der Bereicherung nach § 818 Abs. 3 berufen kann.

---

243 Palandt/Sprau, § 818 Rdnr. 14.

5 WEGFALL DER BEREICHERUNG

Das Bereicherungsrecht basiert auf dem Gedanken, dass nur eine zu Unrecht erbrachte Vermögensmehrung rückgängig gemacht werden soll. Deshalb sieht § 818 Abs. 3 vor, dass die Verpflichtung des Bereicherungsschuldners zur Herausgabe der Bereicherung oder zum Ersatz des Wertes ausgeschlossen ist, soweit er nicht mehr bereichert ist. Dies dient dem Schutz des gutgläubigen Empfängers. Eine Bereicherung kommt also nicht mehr in Betracht, wenn der erlangte Gegenstand nicht mehr existiert, der Schuldner ihn verbraucht oder verschenkt hat. Hat der Bereicherte den Gegenstand verschenkt und ist er deshalb entreichert, kann der Bereicherungsgläubiger nach § 822 die Herausgabe von dem Dritten verlangen.

Bei der Prüfung, ob der Bereicherungsschuldner tatsächlich noch bereichert ist, ist eine rein wirtschaftliche Betrachtungsweise ausschlaggebend. Maßgeblich ist also, ob das ursprünglich Erlangte oder sein Wert ganz oder teilweise im Vermögen des Bereicherungsschuldners noch vorhanden ist.

Hat der Bereicherungsschuldner den Gegenstand veräußert, ist sein Vermögen um den Veräußerungserlös vergrößert. Hat er die erlangte Sache verbraucht oder verschenkt, ist zu prüfen, ob er dadurch Aufwendungen erspart hat. Hätte er nämlich nicht das Erlangte in seinem Haushalt verbraucht oder als Geschenk verwendet, hätte er es aus seinem eigenen Vermögen finanzieren müssen.

Peter verkauft sein Fahrrad an den zwölfjährigen Martin für 250 €. Der Kaufvertrag ist wegen der fehlenden Genehmigung der Eltern nichtig. Für 50 € kauft Peter nun im Geschäft Lebensmittel für das Wochenende ein. Er ist nicht nach § 818 Abs. 3 entreichert, weil er den Einkauf ohnehin hätte tätigen müssen. Er muss den vollen Betrag in Höhe von 250 € zurückzahlen.

Allerdings kommt eine Entreicherung nach § 818 Abs. 3 in Betracht, wenn das Erlangte für Luxusausgaben verwendet wird, die der Bereicherte sonst nicht vorgenommen hätte. In diesem Fall hat der Bereicherungsschuldner keine eigenen Aufwendungen erspart.

Der Auszubildende Peter hat sein Fahrrad für 250 € verkauft. Der Kaufvertrag ist nichtig. Von den 250 € finanziert Peter einen Wochenendaufenthalt in Paris.

Hat der Bereicherungsschuldner eine rechtsgrundlose Gehaltsüberzahlung bekommen, ohne dies zu erkennen, ist zu differenzieren.[244] Verfügt der Arbeitnehmer über ein kleines bzw. mittleres Gehalt, wird vermutet, dass Entreicherung vorliegt. Dagegen wird bei Arbeitnehmern mit hohem Einkommen davon ausgegangen, dass sie durch die Überzahlung weiterhin bereichert sind, weil sie die Überzahlung ihrem Vermögen einverleibt haben, z. B. durch Ersparnisse, Schuldentilgung etc. Sie können sich nur dann auf Entreicherung nach § 818 Abs. 3 berufen, wenn sie konkret nachweisen können, dass sich ihre Vermögenslage durch die Überzahlung nicht verbessert hat.[245]

[244] Vgl. BGH 118, 383.

[245] Brox/Walker, § 43 Rdnr. 7.

Die Kondiktion darf keinesfalls zu einer Vermögensminderung des Bereicherungsschuldners führen. Deshalb müssen bestimmte Aufwendungen, Ausgaben und Vermögensnachteile, die der Empfänger im Vertrauen auf die Endgültigkeit des Erwerbs gemacht hat, berücksichtigt werden. Erforderlich ist allerdings ein adäquater Kausalzusammenhang zwischen Bereicherung und Vermögenseinbuße.[246] Die Frage nach der Kausalität führt jedoch dazu, dass eine sinnvolle Begrenzung des Bereicherungswegfalles nicht möglich ist. Deshalb soll der Bereicherungsschuldner nur solche Vermögenseinbußen in Abzug bringen können, die er im Vertrauen auf die Unwiderruflichkeit des vermeintlichen Vermögenszuwachses erlitten hat[247], z. B. die Kosten für die Sanierung eines Hauses.

5.1 Verfügung eines Nichtberechtigten

Im Falle des § 816 Abs. 1 stellt sich die Frage, ob der Bereicherungsschuldner das Entgelt, das er einem Dritten gezahlt hat, als Wegfall der Bereicherung geltend machen kann.

> Stefan wird sein Handy gestohlen. Der Dieb verkauft es für 60 € an die gutgläubige Barbara. Barbara wird wegen § 935 nicht Eigentümerin des Handy. Dann verkauft Barbara das Handy für 60 € an ihre Freundin Eva. Auch Eva wird wegen § 935 nicht Eigentümerin des Handys. Allerdings kann Stefan die Verfügung zwischen Barbara und Eva nach § 185 Abs. 2 genehmigen und von Barbara den Verkaufserlös in Höhe von 60 € nach § 816 Abs. 1 herausverlangen. Barbara kann den an den Dieb gezahlten Kaufpreis in Höhe von 60 € nicht als Wegfall der Bereicherung (§ 818 Abs. 3) abziehen. Der Grund beruht auf der Wertung des § 935 Abs. 1. Denn Stefan hätte von Barbara auch vor dem Weiterverkauf an Eva nach § 985 ohne Abzug herausverlangen können. Dies muss auch dann gelten, wenn der ehemals Berechtigte statt der Sache selbst den Erlös nach § 816 Abs. 1 verlangt.

5.2 Gegenseitiger Vertrag

Eine Besonderheit besteht auch beim gegenseitigen Vertrag, wenn die Leistungen bereits erbracht wurden und der Verpflichtungsvertrag nichtig ist. In diesem Fall stellt sich die Frage, ob bei der Kondiktion der eigenen Leistung die empfangene Gegenleistung zu berücksichtigen ist. Hierzu lassen sich zwei Theorien, die Zweikondiktionentheorie und die Saldotheorie unterscheiden.

5.2.1 Zweikondiktionentheorie

Die Zweikondiktionentheorie geht davon aus, dass jede Partei einen selbstständigen Bereicherungsanspruch gegen die andere Partei hat.

> Karl hat von Viktor ein Fahrrad für 250 € gekauft. Das Fahrrad wird Karl gestohlen. Er erhält von der Versicherung 300 €. Der zwischen Karl und Viktor geschlossene Kaufvertrag ist

[246] BGH 118, 386.

[247] Palandt/Sprau, § 818 Rdnr. 45.

nichtig. Viktor kann nach §§812 Abs. 1, §818 Abs. 1 von Karl 300€ verlangen. Demgegenüber ist Viktor nach §812 Abs. 1 verpflichtet, Karl den Kaufpreis in Höhe von 250€ zurückzuzahlen. Sowohl Karl als auch Viktor haben je einen selbstständigen Bereicherungsanspruch. Um ein Hin- und Herschieben der Geldbeträge zu vermeiden, können sowohl Viktor als auch Karl durch eine Aufrechnungserklärung bewirken, dass die Forderung in Höhe von 250€ erlischt und damit nur eine Forderung des Viktor in Höhe von 50€ übrig bleibt.

Die Zweikondiktionentheorie kommt aber dann zu einem ungerechten Ergebnis, wenn sich beim gegenseitigen Vertrag eine der Parteien auf den Wegfall der Bereicherung berufen kann.

Wenn im obigen Beispiel Karl das Fahrrad gestohlen wird und er gegen Fahrraddiebstahl nicht versichert ist, könnte er sich auf den Wegfall der Bereicherung berufen. Viktor jedoch müsste 250€ an Karl zurückzahlen. Dies wäre aber ungerecht.

Dieses Manko versucht die Saldotheorie auszugleichen.

5.2.2 Saldotheorie

Im Gegensatz zur Zweikondiktionentheorie verknüpft die Saldotheorie[248] bei einem nichtigen gegenseitigen Vertrag die von den Parteien erbrachten Leistungen. Begründet wird dies mit dem Austauschzweck der Leistungen, also Ware gegen Geld, Arbeit gegen Lohn. Dieser Austauschzweck der Leistungen darf auch nicht bei der Kondiktion außer Betracht bleiben.[249]
Bei der Saldotheorie wird der Vermögensüberschuss durch die Gegenüberstellung des Wertes der Leistung und des Wertes der Gegenleistung nebst allen Abzügen ermittelt. Nur bei demjenigen, bei dem sich ein Vermögensüberschuss ergibt, kann kondiziert werden. Bei der Saldotheorie stehen sich also nicht zwei selbstständige Kondiktionsansprüche gegenüber, die miteinander verrechnet werden können, sondern nur ein Bereicherungsanspruch.

Melanie verkauft ihr Fahrrad (objektiver Wert: 100€) für 180€ an Claudia. Claudia wird das Fahrrad gestohlen. Nun stellt sich heraus, dass der Kaufvertrag nichtig ist. Bei der Kondiktion ist der Wert der Kaufsache (100€) vom Kaufpreis (180€) abzuziehen, sodass Claudia von Melanie 80€ verlangen kann. Melanie selbst hat keinen Bereicherungsanspruch gegen Claudia.

Bei der Saldotheorie kann nur derjenige kondizieren, zu dessen Gunsten sich ein positiver Saldo ergibt.[250]

Ist der objektive Wert der Sache (Fahrrad zu 200€) größer als der Kaufpreis (180€), ist nur der Käufer um 20€ bereichert. Diese 20€ könnte der Verkäufer kondizieren. Wird das Fahrrad dem Käufer gestohlen, liegt keine Vermögensmehrung mehr vor und der Verkäufer kann beim Käufer nicht mehr kondizieren.

248 BGH NJW 2001, 1863; Palandt/Sprau, §818 Rdnr. 48.
249 Brox/Walker, SchR BT, §43 Rdnr. 12 bezeichnet sie als die noch herrschende Theorie.
250 BGH NJW 2001, 1864.

Denkbar ist auch, dass der Kaufpreis dem objektiven Wert der Kaufsache entspricht, z. B. der Kauf eines Fahrrades (objektiver Wert 180 €) zum Preis von 180 €.
Rein rechnerisch ergibt sich bei beiden Parteien kein Vermögensüberschuss. Das würde dazu führen, dass keiner kondizieren könnte. Würde man sich aber bei der Kondizierung auf die rein rechnerische Ebene beschränken, würde dies dazu führen, dass die Parteien an einen nichtigen Vertrag festgehalten würden. Aber genau dies ist vom Gesetzgeber nicht gewollt, denn nach § 812 Abs. 1 soll das rechtsgrundlos Erlangte gerade zurückgegeben werden. Deshalb verbleibt es in diesem Fall bei der Rückübereignung des gekauften Gegenstandes und der Rückzahlung des Kaufpreises.[251]
Grundsätzlich führt die Saldotheorie zu sachgerechten Ergebnissen. In folgenden Fällen findet sie jedoch keine Anwendung:

- Der Bereicherungsschuldner ist nicht voll geschäftsfähig (§§ 104 ff.).
- Der Bereicherungsgläubiger wurde durch arglistige Täuschung oder widerrechtliche Drohung zum Abschluss des Vertrags bestimmt (§ 123).
- Der Bereicherungsgläubiger wurde durch ein sittenwidriges Rechtsgeschäft benachteiligt (§ 138).
- In sog. Vorleistungsfällen.

In all diesen Fällen verbleibt es bei der Zweikondiktionentheorie, weil anderenfalls der Grundgedanke der Schutzzwecknormen (§§ 104 ff., 123, 138) unterlaufen würde.
In den sog. Vorleistungsfällen, in denen der vorgeleistete Kaufgegenstand durch ein Verhalten des Käufers untergegangen ist, kann der Verkäufer weder wegen Nichtigkeit des Vertrags die Gegenleistung fordern noch seine eigene Leistung wegen § 818 Abs. 3 zurückfordern. Er würde also »leer ausgehen«. Hier muss dem Käufer die Berufung auf § 818 Abs. 3 untersagt werden.

MERKE

Nach § 818 Abs. 3 kann sich der gutgläubige Empfänger auf den Wegfall der Bereicherung berufen.
Es muss aber nach rein wirtschaftlicher Betrachtungsweise geprüft werden, ob eine Vermögensmehrung vorhanden ist. So kommt für ersparte Aufwendungen kein Wegfall der Bereicherung in Betracht.
Nimmt der Bereicherte aber Luxusausgaben vor, die er sonst nicht getätigt hätte, liegt eine Entreicherung vor.
Beim gegenseitigen Vertrag wird die Gegenleistung nach der Saldotheorie berücksichtigt, sodass nur ein Bereicherungsanspruch besteht. Die Saldotheorie erfährt Ausnahmen, wenn durch sie Schutzzwecknormen (§§ 104 ff., 123, 138) unterlaufen würden oder es zu Ungerechtigkeiten bei den sog. Vorleistungsfällen kommen würde. Dann verbleibt es bei der Anwendung der Zweikondiktionentheorie, bei der sich zwei Bereicherungsansprüche selbstständig gegenüberstehen, die miteinander verrechnet werden können.

[251] Vgl. Brox/Walker, § 43 Rdnr. 13.

6 VERSCHÄRFTE HAFTUNG

Nicht in jedem Fall kann sich der Bereicherungsschuldner auf den Wegfall der Bereicherung berufen. Nach § 819 Abs. 1 unterliegt er einer verschärften Haftung, wenn er den Mangel des rechtlichen Grundes beim Empfang kennt oder ihn später erfährt.
Erforderlich ist positive Kenntnis des Bereicherten von der Rechtsgrundlosigkeit. Spekulationen oder Vermutungen reichen nicht aus.
Nach § 818 Abs. 4 tritt die verschärfte Haftung auch mit Rechtshängigkeit ein. Dies bedeutet mit Klageerhebung (§§ 261 ZPO, 90 VwGO). Wenn dem Bereicherten die Klageschrift zugestellt worden ist, muss er damit rechnen, dass er das Erlangte bzw. das Surrogat herausgeben muss. Er darf sich dann nicht mehr entreichern und sich auf den Wegfall der Bereicherung berufen.
Gleiches gilt, wenn der Bereicherte durch die Annahme der Leistung gegen ein gesetzliches Verbot oder gegen die guten Sitten verstoßen hat (§ 819 Abs. 2).
Ist mit der Leistung ein Erfolg bezweckt worden und bleibt dieser aus oder ist der Wegfall des Rechtsgrundes als möglich angesehen worden und tritt dies ein, richtet sich die verschärfte Haftung nach § 820.
Liegen die Voraussetzungen der verschärften Haftung vor, haftet der Empfänger nach den allgemeinen Vorschriften (§ 818 Abs. 4), auch wenn die Bereicherung tatsächlich weggefallen ist. Dies bedeutet:

- Von einer Geldschuld wird der Bereicherungsschuldner nicht frei[252], sie ist nach §§ 291, 288 Abs. 1 S. 2 zu verzinsen.
- Ist ein Gegenstand herauszugeben, ist der Bereicherungsschuldner nach §§ 292, 989 für den Schaden verantwortlich, der dadurch entsteht, dass der Gegenstand durch sein Verschulden verschlechtert wird, untergeht oder aus einem anderen Grund nicht mehr herausgegeben werden kann. Er hat auch schuldhaft nicht gezogene Nutzungen herauszugeben (§§ 292 Abs. 2, 987).

MERKE

Der Empfänger kann sich nicht auf den Wegfall der Bereicherung nach § 818 Abs. 3 berufen, wenn er einer verschärften Haftung unterliegt. Eine verschärfte Haftung kommt nach § 819 insbesondere in Betracht, wenn er positive Kenntnis von der Rechtgrundlosigkeit hat oder wenn Rechtshängigkeit (§ 818 Abs. 4) eingetreten ist. Dann haftet der Empfänger nach den allgemeinen Vorschriften.

XV Unerlaubte Handlung

Die Vorschriften über die unerlaubten Handlungen, auch Deliktsrecht genannt, regeln die Wiedergutmachung eines Schadens. Die §§ 823 ff. setzen kein bestehendes Schuldverhältnis voraus. Vielmehr entsteht ein Schuldverhältnis kraft Gesetzes, wenn die Tatbestandsvoraus-

[252] BGH 83, 293.

setzungen einer Norm des Deliktsrechts erfüllt sind. Darüber hinaus kann eine Schadensersatzpflicht nach den §§ 823 ff. auch ausgelöst werden, wenn eine Pflichtverletzung aus einem Schuldverhältnis vorliegt. Der Gläubiger hat dann die Möglichkeit, seinen Schaden entweder aus dem bestehenden Schuldverhältnis oder aus dem Deliktsrecht ersetzt zu verlangen. Es besteht insoweit Anspruchskonkurrenz.

Der Malermeister Flink streicht die Büroräume der Stadtverwaltung. Aus Unachtsamkeit stößt er den Farbeimer um, die Farbe ergießt sich über den Teppichboden. Ein Schadensersatzanspruch der Stadt ergibt sich entweder aus dem bestehenden Werkvertrag nach §§ 280 Abs. 1, 241 Abs. 2 oder aus dem Deliktsrecht nach § 823. Die Stadt kann nun nach ihrer Wahl aus Vertrag oder unerlaubter Handlung gegen den Malermeister Flink vorgehen.

1 VERSCHULDENSHAFTUNG

Das Deliktsrecht geht grundsätzlich davon aus, dass eine Schadensersatzpflicht nur in Betracht kommt, wenn der Schaden schuldhaft, also vorsätzlich oder fahrlässig, verursacht wurde.

Die wichtigste Norm aus dem Deliktsrecht ist § 823. Nach § 823 Abs. 1 ist schadensersatzpflichtig, wer vorsätzlich oder fahrlässig eines der dort genannten Rechtsgüter oder ein sonstiges Recht eines anderen widerrechtlich verletzt und dadurch einen Schaden verursacht.

§ 823 Abs. 1 wird in folgender Reihenfolge geprüft:

- Verletzungshandlung
- Rechts- oder Rechtsgutverletzung
- haftungsbegründende Kausalität
- Rechtswidrigkeit
- Verschulden
- Schaden
- haftungsausfüllende Kausalität

Allerdings ist anzumerken, dass die haftungsbegründende und die haftungsausfüllende Kausalität nur dann explizit zu prüfen sind, wenn der Sachverhalt dazu Anlass gibt. In der Regel liegen sie unstreitig vor.

1.1 Verletzungshandlung

Erforderlich ist zunächst eine Verletzungshandlung. Dies kann jedes menschliche Verhalten, Tun oder Unterlassen sein, das vom Willen beherrschbar ist.[253]

Stratmann schlägt Müller mit der Faust in das Gesicht.

[253] Zu den Verkehrssicherungspflichten vgl. unten unter Punkt 1.8.

1.2 Rechts- oder Rechtsgutverletzung

Nach § 823 Abs. 1 werden vier Rechtsgüter, nämlich Leben, Körper, Gesundheit und Freiheit, geschützt. Das Gesetz hat die Verletzung des Eigentums und eines »sonstigen Rechtes« den Rechtsgütern gleichgestellt.

1.2.1 Rechtsgüter

Die Verletzung des Rechtsgutes »Leben« bedeutet die Tötung eines Menschen. Eine Schadensersatzpflicht besteht dann nach § 844 gegenüber dem dort genannten Personenkreis. Eine Verletzung des Körpers liegt bei jedem äußeren Eingriff in die körperliche Unversehrtheit, eine Verletzung der Gesundheit bei einer Störung der inneren Lebensvorgänge vor.

Mit einer Spritze (Verletzung des Körpers) verabreicht der Geiselnehmer seiner Geisel ein Betäubungsmittel (Verletzung der Gesundheit).

Das Rechtsgut »Freiheit« ist verletzt, wenn die körperliche Bewegungsfreiheit eingeschränkt wird, so wenn jemand eingeschlossen oder gefesselt wird. Es reicht auch die Ausübung von Drohung, Zwang oder Täuschung aus. Die Freiheit wird auch dadurch eingeschränkt, dass Strafanzeige gestellt wird, die zur Verhaftung führt.

1.2.2 Eigentum

Eine Eigentumsverletzung kommt zunächst durch die Einwirkung auf die Substanz der Sache, z. B. durch Zerstörung, Beschädigung oder Verunstaltung, in Betracht. Es reicht aber auch aus, dass die Sache dem Berechtigten dauerhaft oder zeitweilig entzogen wird, z. B. durch Diebstahl der Sache. Auch die Gebrauchsbeeinträchtigung z. B. durch Immissionen, stellt eine Eigentumsverletzung dar. Ebenso wird das Eigentum des (ehemals) Berechtigten verletzt, wenn ein Nichtberechtigter über die Sache verfügt und einem gutgläubigen Dritten Eigentum verschafft.

1.2.3 Sonstige Rechte

Zum Schutzbereich des § 823 Abs. 1 gehören auch »sonstige Rechte«. Welche Rechte zu den »sonstigen« zählen, ergibt sich aus den in Abs. 1 ausdrücklich genannten Rechtsgütern und dem Eigentum. Wie diese muss auch das »sonstige Recht« gegenüber jedem wirken und von jedermann beachtet werden. Von § 823 Abs. 1 werden also nur absolute Rechte erfasst. Relative Rechte, also solche, die nur zwei Personen miteinander verbinden, wie z. B. Forderungsrechte oder Gestaltungsrechte, werden von § 823 Abs. 1 nicht geschützt. Sonstige Rechte i. S. d. § 823 Abs. 1 sind u. a. der berechtigte Besitz, alle dinglichen Rechte wie Hypotheken, Grund- und Rentenschuld, Immaterialgüterrechte wie Patent- und Urheberrechte, das allgemeine Persönlichkeitsrecht, das Recht am eingerichteten und ausgeübten Gewerbebetrieb.

1.3 Haftungsbegründende Kausalität

Ist durch eine Handlung oder durch ein Unterlassen eine Rechts- oder Rechtsgutverletzung eingetreten, stellt sich die Frage nach dem Ursachenzusammenhang, der sog. haftungsbegründenden Kausalität. Es geht also um die Frage, inwieweit durch das Verhalten des Handelnden die Rechtsgutverletzung verursacht und diesem zuzurechnen ist.

1.3.1 Äquivalenztheorie

Die Äquivalenztheorie bejaht Kausalität, wenn die Handlung nicht hinweggedacht werden kann, ohne dass die Rechtsgutverletzung entfiele. Ein Unterlassen ist kausal, wenn die unterlassene Handlung nicht hinzugedacht werden kann, ohne dass der Erfolg mit an Sicherheit grenzender Wahrscheinlichkeit entfiele.[254]

> Stratmann schlägt Müller mit der Faust ins Gesicht. Das Nasenbein von Müller ist gebrochen. Es wäre nicht zu dem Nasenbruch gekommen, wenn Stratmann nicht zugeschlagen hätte. Also war die Handlung (Faustschlag) ursächlich für die Rechtsgutverletzung (Körper) des Müller. Die haftungsbegründende Kausalität ist zu bejahen.

Die Äquivalenztheorie, die jede Bedingung als gleichwertig ansieht, kommt zu einer sehr weiten Zurechnung und erfasst damit auch völlig unwahrscheinliche Kausalverläufe und weit entfernte Ursachen.

> Der Autofahrer Herr Kleinschmidt fährt ein Kind auf der Straße an. Das Kind wird getötet. Als die hochschwangere Mutter vom Tod ihres Kindes erfährt, erleidet sie einen Nervenzusammenbruch, der einen Krankenhausaufenthalt erforderlich macht. Durch den Schock der Mutter kommt es zur Frühgeburt. Das Kind ist geistig behindert. Es wird festgestellt, dass der Nervenzusammenbruch der Mutter zu einer Unterversorgung des Kindes mit Sauerstoff geführt hat. Als die Tante in Amerika von den Schicksalsschlägen ihrer Nichte erfährt, fällt die Tante in Ohnmacht und bricht sich einen Arm. Nach der Äquivalenztheorie ist die Handlung des Herrn Kleinschmidt ursächlich für die Rechtsgutverletzungen der Mutter, des neugeborenen Kindes und der Tante in Amerika.

Um einer untragbaren Ausweitung der Schadensersatzpflicht entgegenzuwirken bedarf es daher weiterer Zurechnungskriterien. Im Deliktsrecht sind die Adäquanztheorie und die Lehre vom Schutzzweck der Norm zur Korrektur unbilliger Ergebnisse von besonderer Bedeutung.

1.3.2 Adäquanztheorie

Im Gegensatz zur Äquivalenztheorie scheidet die Adäquanztheorie die Zurechnung der Handlung für den Eintritt einer Rechts- oder Rechtsgutverletzung bei völlig unwahrscheinlichem Kausalverlauf aus. Danach fehlt es an einem Zurechnungszusammenhang, wenn

[254] Brox/Walker, § 45 Rdnr. 28.

die Möglichkeit des Schadenseintritts so unwahrscheinlich ist, dass sie nach allgemeiner Lebenserfahrung vernünftigerweise nicht in Betracht gezogen werden kann. Grundlage für die Beurteilung ist damit eine objektive nachträgliche Prognose.

Im vorherigen Beispiel ist die Möglichkeit, dass die Tante in Amerika auf die Nachrichten über ihre Nichte einen Nervenzusammenbruch erleidet, so fernliegend, dass mit dieser Möglichkeit nach der allgemeinen Lebenserfahrung vernünftigerweise nicht zu rechnen ist. Damit scheidet der Zurechnungszusammenhang zwischen dem Anfahren des Kindes und dem Nervenzusammenbruch der Tante in Amerika nach der Adäquanztheorie aus.

Es muss jedoch berücksichtigt werden, dass die Adäquanztheorie in zwei Fällen versagt. Zum einen in den Fällen, in denen die Rechtsgutverletzung dem Verursacher trotz vorliegender Adäquanz nicht zuzurechnen ist.

So liegt es im obigen Beispiel nach dem Anfahren des Kindes durch Herrn Kleinschmidt nicht außerhalb jeglicher Wahrscheinlichkeit, dass die nachfolgenden Lkw und Pkw, da die Straße blockiert ist, über den Rad- und Gehweg fahren und diesen erheblich beschädigen. Dies ist Herrn Kleinschmidt aber nicht zuzurechnen.

Zum anderen versagt die Adäquanztheorie in den Fällen, in denen die Zurechnung trotz fehlender Adäquanz zu bejahen ist, z. B. wenn der Handelnde einen gezielten Schuss auf seinen Nebenbuhler abgibt und ihn trifft, obwohl die Möglichkeit, dass die Kugel den Nebenbuhler trifft, aufgrund der weiten Entfernung außerhalb jeglicher Wahrscheinlichkeit lag.

1.3.3 Schutzzweck der Norm

Während die Adäquanztheorie auf einer Wahrscheinlichkeitsbetrachtung beruht, geht die Lehre vom Schutzzweck der Norm[255] davon aus, dass ein Zurechnungszusammenhang zwischen Handlung und Rechtsgutverletzung nur besteht, wenn die Handlung gegen Normen verstößt, die zum Schutz vor bestimmten Gefahren erlassen wurden. Teilweise wird auch von einem Rechtswidrigkeitszusammenhang zwischen Handlung und Rechtsgutverletzung gesprochen. Gemeint ist dabei aber dasselbe.[256]

Herr Kleinschmidt überschreitet die zugelassene Höchstgeschwindigkeit. Einige Zeit später, Herr Kleinschmidt hält sich wieder an die zugelassene Höchstgeschwindigkeit, läuft ihm ein Kind in das Fahrzeug. Das Gebot, die zulässige Höchstgeschwindigkeit nicht zu überschreiten, dient dazu, in einer konkreten Gefahrenlage rechtzeitig abbremsen zu können. Es kann also nicht wie folgt argumentiert werden: Wäre Herr Kleinschmidt nicht zu schnell gefahren, hätte er später den Unfallort erreicht und das Kind hätte schon längst die Straße überquert, sodass es nicht zu dem Unfall gekommen wäre. Damit ist das Zuschnellfahren nicht ursächlich für den Unfall.

[255] Zu den Einzelheiten vgl. Deutsch/Ahrens, Rdnr. 106 ff.

[256] Vgl. Palandt. Rdnr. 29 vor § 249.

1.4 Rechtswidrigkeit

Als nächste Tatbestandsvoraussetzung des § 823 Abs. 1 muss der Verursachende eine der geschützten Rechtspositionen »widerrechtlich verletzt« haben. Man spricht auch üblicherweise von Rechtswidrigkeit. Grundsätzlich indiziert die Tatbestandsmäßigkeit, also wenn die Verletzungshandlung, die Rechts- oder Rechtsgutverletzung sowie die haftungsbegründende Kausalität vorliegen, regelmäßig die Rechtswidrigkeit, es sei denn, es liegt ausnahmsweise ein Rechtfertigungsgrund vor.
Als Rechtfertigungsgründe kommen insbesondere in Betracht:

- Notwehr (§ 227)
- Verteidigungsnotstand (§ 228)
- Angriffsnotstand (§ 904)
- Selbsthilfe (§ 229)
- Besitzwehr (§ 859 Abs. 1)
- Besitzkehr (§ 859 Abs. 2)

Auch die Einwilligung des Verletzten stellt einen Rechtfertigungsgrund dar. Sie erlangt etwa bei ärztlichen Eingriffen oder bei verschiedenen Sportarten, wie beim Fußballspiel oder Boxen, Bedeutung.

1.5 Verschulden

Liegt der objektive Tatbestand des § 823 Abs. 1 vor und ist auch die Rechtswidrigkeit bejaht worden, muss noch ein Verschulden des Täters gegeben sein. Dies setzt zunächst seine Verschuldensfähigkeit voraus. Sie ist in den §§ 827 und 828 geregelt.
Als Verschuldensformen nennt das Gesetz Vorsatz und Fahrlässigkeit. Nach dem Wortlaut des § 823 Abs. 1 müssen sie sich auf die Verletzung eines der dort genannten Rechts- oder Rechtsgüter einschließlich der haftungsbegründenen Kausalität beziehen, nicht jedoch auf den Schaden.

1.6 Schaden

Des Weiteren muss durch die rechtswidrige und schuldhaft verursachte Rechts- oder Rechtsgutverletzung ein Schaden entstanden sein. Erfasst werden Vermögensschäden und u. U. auch immaterielle Schäden. Die Schadensersatzpflicht erstreckt sich sowohl auf den Verletzungsschaden als auch auf alle weiteren Folgeschäden.

> Herr Stratmann versetzt Herrn Müller einen Kinnhaken. Herr Müller stürzt so unglücklich, dass er sich einen Trümmerbruch im linken Knie zuzieht (Verletzungsschaden). Deshalb kann er seinen bisherigen Beruf nicht mehr ausüben. Dadurch erleidet er einen Verdienstausfall (Folgeschaden). Einige Jahre später kommt Herr Müller zu Fall, weil er seit dem Trümmerbruch gehbehindert ist (Folgeschaden).

1.7 Haftungsausfüllende Kausalität

Im Gegensatz zur haftungsbegründenden Kausalität geht es bei der haftungsausfüllenden Kausalität um die Ursächlichkeit zwischen der Rechts- bzw. Rechtsgutverletzung und dem Schaden. Auch für die haftungsausfüllende Kausalität gelten die gleichen Zurechnungskriterien wie bei der haftungsbegründenden Kausalität.

1.8 Verkehrssicherungspflichten

Normalerweise wird ein Recht oder Rechtsgut des §823 durch eine Handlung verletzt. Möglich ist aber auch eine Rechts- oder Rechtsgutverletzung durch Unterlassen. Erforderlich ist dann aber eine Rechtspflicht zum Handeln.[257] Diese kann sich u. a. aus Verkehrssicherungspflichten ergeben. Die Prüfung der Verletzung von Verkehrssicherungspflichten erfolgt im Rahmen des objektiven Tatbestandes des § 823 Abs. 1.
Die Verkehrssicherungspflichten sind in der Praxis, insbesondere in der Kommunalverwaltung, von großer Bedeutung. Der Gesetzgeber hat die Verkehrssicherungspflichten nur teilweise geregelt, so etwa durch §836. Insbesondere können Schutzgesetze i. S. d. §823 Abs. 2 die Verpflichtung zum Handeln enthalten. So wird z. B. durch viele Gemeindesatzungen die Streupflicht der Gehwege auf die jeweiligen Anwohner übertragen.
Die von der Rechtsprechung weiter entwickelten Verkehrssicherungspflichten beruhen auf dem Gedanken, dass jeder, der einen Verkehr eröffnet oder eine Gefahrenquelle beherrscht, die erforderlichen und zumutbaren Vorkehrungen zu treffen hat, um Schäden anderer zu verhindern. Es gibt eine unübersehbare Fülle von Gründen, die eine Entstehung von Verkehrssicherungspflichten auslöst. Die für die Praxis wichtigsten Fallgruppen sollen im Folgenden dargestellt werden:

- **Eröffnung eines Verkehrs**
  Wer einen räumlich-gegenständlichen Bereich für die Allgemeinheit oder zumindest für einen größeren Personenkreis zugänglich macht, hat diesen »Verkehr« in gefahrlosem Zustand zu erhalten. So ist die Kommune verpflichtet, Straßen und Wege instand zu halten, zu beleuchten, zu reinigen und bei Glatteis zu streuen. Die Gemeinde hat auch Vorkehrungen zu treffen, dass durch das Herabfallen von Ästen keine Menschen oder Gegenstände verletzt oder beschädigt werden. Öffentliche Gebäude sind in einem einwandfreien Zustand zu halten, sodass beim Betreten die Gefahren möglichst gering sind, etwa der Hinweis »Frisch gebohnert«. Die gleiche Verpflichtung besteht für Kaufhäuser, Verbrauchermärkte etc., insbesondere in der Obst- und Gemüseabteilung.
  Unterhält die Gemeinde z. B. Sportplätze, Spielplätze oder Skatboardbahnen, muss sie die Plätze und Gerätschaften warten, damit kein anderer bei der Benutzung zu Schaden kommt. Welche Vorkehrungen erforderlich und zumutbar sind, richtet sich u. a. nach der Größe der Gefahr und nach den örtlichen Gegebenheiten.[258]

---

[257] Schwarz, §16 Rdnr. 107.
[258] Vgl. im Einzelnen Rotermund/Krafft, S. 165 ff.

- **Gefahr von einer Sache**
  Wer eine gefährliche Sache gebraucht, hat andere vor Gefahren zu schützen, soweit dies zumutbar ist, so etwa bei dem Gebrauch von Fahrzeugen oder Maschinen oder gewerblichen Anlagen. Die sog. Produzentenhaftung stellt hier einen Unterfall dar. Danach hat der Produzent für Schäden einzustehen, die jemand durch die Benutzung des Produktes erlitten hat, z. B. bei mangelhafter Bremsanlage.[259]

- **Ausübung gefährlicher Tätigkeiten**
  Aus dem Gewerbebetrieb oder der Ausübung eines Berufes können besondere Verkehrssicherungspflichten erwachsen. So ist z. B. der Konzertveranstalter verpflichtet, die Konzertbesucher vor Hörschäden durch übermäßige Lautstärke der Musik zu schützen.

MERKE

§ 823 Abs. 1 stellt den Grundtatbestand für eine Schadensersatzpflicht aus unerlaubter Handlung dar. Sie wird ausgelöst, wenn jemand ein Recht oder Rechtsgut eines anderen rechtswidrig und schuldhaft verletzt und dadurch ein Schaden entstanden ist.
Unter »sonstige Rechte« i. S. d. § 823 Abs. 1 fallen nur absolute Rechte.
Bei der Prüfung der haftungsbegründenden Kausalität ist der Kausalzusammenhang zwischen der Verletzungshandlung und der Rechts- oder Rechtsgutverletzung anhand der Äquivalenztheorie, nach heutiger Rechtsprechung und herrschender Lehre zusätzlich nach der Adäquanztheorie und ggf. der Lehre vom Schutzzweck der Norm zu beurteilen.
Ist der objektive Tatbestand des § 823 Abs. 1 erfüllt, indiziert dies die Rechtswidrigkeit, es sei denn, es liegt ein Rechtfertigungsgrund vor.
Des Weiteren muss der Täter i. S. d. §§ 827, 828 verschuldensfähig sein und vorsätzlich oder fahrlässig gehandelt haben.
Durch die rechtswidrige und schuldhaft verursachte Rechts- oder Rechtsgutverletzung muss ein Schaden (Vermögensschaden, u. U. auch immaterieller Schaden) entstanden sein. Die Schadensersatzpflicht erstreckt sich auf den Verletzungsschaden und auf eventuelle Folgeschäden.
Bei dem Ursachenzusammenhang zwischen Rechtsgutverletzung und Schaden, der sog. haftungsausfüllenden Kausalität, sind dieselben Zurechnungskriterien zugrunde zu legen wie bei der haftungsbegründenden Kausalität.
Verkehrssicherungspflichten treffen denjenigen, der einen Verkehr eröffnet oder eine Gefahrenquelle beherrscht. Es sind dann die erforderlichen und zumutbaren Vorkehrungen zu treffen, um Schäden anderer zu verhindern. Die Verkehrssicherungspflichten sind im Rahmen des objektiven Tatbestandes des § 823 Abs. 1 zu prüfen, nämlich bei der Tatbestandsverwirklichung durch Unterlassen.

---

[259] Medicus/Lorenz, SchR II, Rdnr. 1248.

2 HAFTUNG FÜR DEN VERRICHTUNGSGEHILFEN

Nach §831 haftet derjenige (Geschäftsherr), der einen anderen zu einer Verrichtung bestellt hat (Verrichtungsgehilfe), für den Schaden, den dieser in Ausführung der Verrichtung einem anderen widerrechtlich zufügt.

Malermeister Flink hat mit der Stadt S einen Werkvertrag über das Streichen der Büroräume abgeschlossen. Flink führt die Arbeiten nicht selbst durch, sondern schickt seinen Gesellen. Der Geselle stößt beim Anstreichen den Farbeimer um. Die Farbe ergießt sich über den Teppichboden.

2.1 Verrichtungsgehilfe

Verrichtungsgehilfe ist, wem vom Geschäftsherrn eine nach dessen Weisungen auszuführende Tätigkeit übertragen worden ist. Verrichtungsgehilfe kann daher nur eine weisungsabhängige Person sein. Dies trifft vor allem auf Arbeitnehmer zu. Selbstständige Unternehmer, z. B. Handwerker, die für einen anderen tätig werden, sind nicht dessen Verrichtungsgehilfen, weil die Unternehmer eigenbestimmt und in eigener Verantwortung ihre Arbeiten ausführen, auch wenn sie nach genauen Vorgaben ihrer Auftraggeber handeln.

2.2 Widerrechtliche Schädigung eines anderen

Nach dem Wortlaut des §831 Abs. 1 S. 1 muss der Verrichtungsgehilfe einem Dritten widerrechtlich einen Schaden zugefügt haben. Aus der systematischen Stellung des §831 folgt, dass der Verrichtungsgehilfe den objektiven Tatbestand einer unerlaubten Handlung i. S. v. §§823 ff. rechtswidrig verwirklicht haben muss. Auf ein Verschulden des Verrichtungsgehilfen kommt es nicht an, weil der Geschäftsherr für eigenes Verschulden haftet.

Im obigen Beispiel kommt es für die Haftung des Malermeisters Flink also nicht darauf an, ob der Geselle den Farbeimer vorsätzlich oder fahrlässig umgestoßen hat.

2.3 In Ausführung der Verrichtung

Der Geschäftsherr haftet nur für solche widerrechtlichen Schäden des Verrichtungsgehilfen, die dieser »in Ausführung der Verrichtung« begangen hat. Es muss also zwischen der aufgetragenen Verrichtung und der Schadenszufügung ein innerer Zusammenhang bestehen. Der Geschäftsherr haftet daher nicht für Schäden, die der Verrichtungsgehilfe nicht in Ausführung, sondern nur bei Gelegenheit der Ausführung der Verrichtung einem Dritten zugefügt hat.[260]

---

[260] Brox/Walker, SchR BT, §48 Rdnr. 5.

Wenn der Geselle des Malermeisters Flink beim Anstreichen der Büroräume die Gelegenheit nutzt, das Portemonnaie des Stadtinspektors Schneider aus dem Schreibtisch zu entwenden, haftet Flink für diesen Schaden nicht.

2.4 Haftungsausschluss

Die Schadensersatzpflicht des Geschäftsherrn ist ausgeschlossen, wenn ihn kein Verschulden trifft. Dies ist nach §831 Abs. 1 S. 2 der Fall, wenn der Geschäftsherr bei der Auswahl und Leitung des Verrichtungsgehilfen und bei der Beschaffenheit von Vorrichtungen und Gerätschaften die erforderliche Sorgfalt beachtet hat. Liegt ein Sorgfaltsverstoß vor, haftet er auch dann nicht, wenn der Schaden auch bei Anwendung der erforderlichen Sorgfalt entstanden wäre (§831 Abs. 1 S. 2 a. E.).
Allerdings hat der Geschäftsherr die Tatsachen, die gegen sein Verschulden sprechen, zu behaupten und nötigenfalls zu beweisen. Er muss also darlegen und beweisen, dass er den Verrichtungsgehilfen sorgfältig ausgewählt hat und ordnungsgemäß überwacht hat und sich Vorrichtungen und Gerätschaften im ordnungsgemäßen Zustand befunden haben. Außerdem kann er die Kausalitätsvermutung widerlegen, indem er den Nachweis erbringt, dass der Schaden auch bei einem sorgfältig ausgewählten und überwachten Verrichtungsgehilfen eingetreten wäre. Man spricht auch vom Exculpations- oder Entlastungsbeweis, mit dem die Verschuldensvermutung des §831 Abs. 1 S. 1 widerlegt werden kann.
Insbesondere in größeren Betrieben wird der Geschäftsherr nicht selbst das Personal auswählen und überwachen können. Es muss deshalb ausreichen, wenn der Geschäftsherr seinen Betrieb sorgfältig organisiert und die zur Auswahl und Überwachung bestellten Zwischenpersonen, z. B. Abteilungsleiter, Werksleiter oder Betriebsmeister, sorgfältig auswählt und überwacht (sog. dezentralisierter Entlastungsbeweis).
In gleicher Weise wie der Geschäftsherr sind nach §831 Abs. 2 diejenigen verantwortlich, die aufgrund einer vertraglichen Vereinbarung mit dem Geschäftsherrn die Auswahl- und Leitungsbefugnisse übernommen haben. Dies sind regelmäßig die mit Leitungsfunktionen betrauten Mitarbeiter des Geschäftsherrn, wie Abteilungsleiter oder Betriebsmeister. Diese haften somit selbst, wenn ihnen ein Sorgfaltsverstoß bei der Auswahl, Leitung und Überwachung der ihnen unterstellten Personen vorgeworfen werden kann.
Aus Sicht des Geschäftsherrn erfolgt also eine Haftungsverschiebung »nach unten«. Es muss jedoch berücksichtigt werden, dass es neben der Aufsichtspflichtverletzung der leitenden Angestellten bei einer Ersatzpflicht des Geschäftsherrn unter dem Aspekt des sog. Organisationsverschuldens verbleibt. Der Geschäftsherr haftet unmittelbar aus §823 Abs. 1, wenn er die erforderlichen Verkehrssicherungspflichten für eine ordnungsgemäße Betriebsführung durch seine eigene Verpflichtung zur Kontrolle und Überwachung der leitenden Angestellten unterlassen hat.

MERKE

§831 regelt die Haftung des Geschäftsherrn. Nach dieser Vorschrift ist er zum Ersatz des Schadens verpflichtet, den sein Verrichtungsgehilfe in Ausführung der ihm übertragenen Verrichtung einem anderen widerrechtlich zufügt.

Verrichtungsgehilfe ist, wer mit Wissen und Wollen des Geschäftsherrn in dessen Interesse tätig wird und von dessen Weisungen abhängig ist.
Der Verrichtungsgehilfe muss den objektiven Tatbestand einer unerlaubten Handlung rechtswidrig erfüllen. Verschulden ist nicht erforderlich.
Der Geschäftsherr kann die Verschuldensvermutung widerlegen, wenn er dartun und beweisen kann, dass er bei der Auswahl und Leitung des Verrichtungsgehilfen und bei der Beschaffenheit von Gerätschaften und Vorrichtungen die erforderliche Sorgfalt hat walten lassen. Trotz Sorgfaltsverstoß kann er die Kausalitätsvermutung i. S. d. § 831 Abs. 1 S. 2 a. E. widerlegen (Exculpations- oder Entlastungsbeweis).
Hat der Geschäftsherr seine Verpflichtung zur sorgfältigen Auswahl und Leitung des Personals auf leitende Mitarbeiter übertragen, haften diese nach § 831 Abs. 2 in gleicher Weise wie der Geschäftsherr (sog. dezentralisierter Entlastungsbeweis). Der Geschäftsherr seinerseits haftet unmittelbar aus § 823 Abs. 1 wegen Verletzung der Verkehrssicherungspflichten, wenn er es unterlässt, seine leitenden Mitarbeiter zu kontrollieren und zu überwachen (sog. Organisationsverschulden).

3 HAFTUNG FÜR AUFSICHTSBEDÜRFTIGE

Nach § 832 haftet derjenige, der kraft Gesetzes oder Vertrags zur Führung der Aufsicht über eine Person, die wegen Minderjährigkeit oder wegen ihres geistigen oder körperlichen Zustandes der Beaufsichtigung bedarf, für den Schaden, den der Aufsichtsbedürftige einem Dritten widerrechtlich zufügt. Die Norm ist dem § 831 nachgebildet. Auch bei § 832 wird das Verschulden vermutet mit der Möglichkeit der Entlastung.
Die Vorschrift erlangt insbesondere bei der Haftung der Eltern für ihre minderjährigen Kinder Bedeutung. Problematisch ist regelmäßig, ob der Aufsichtspflichtige die erforderliche Sorgfalt angewandt hat. Dies hängt vom jeweiligen Einzelfall ab. So sind z. B. das Alter und die Einsichtsfähigkeit des Kindes zu berücksichtigen.

4 GEFÄHRDUNGSHAFTUNG

Der Gesetzgeber ist zunächst davon ausgegangen, dass nur eine rechtswidrige und schuldhafte Verletzung der im Gesetz bezeichneten Rechte und Rechtsgüter eine Haftung begründen kann. Nur ausnahmsweise hat er den Grundsatz des Verschuldensprinzips aufgegeben. Man spricht dann von der sog. Gefährdungshaftung. So sieht § 833 eine Haftung des Tierhalters auch ohne Verschulden vor, wenn es sich nicht um ein Haustier handelt, das dem Beruf, der Erwerbstätigkeit oder dem Unterhalt des Tierhalters zu dienen bestimmt ist (sog. Nutztiere im Gegensatz zu den sog. Luxustieren). Handelt es sich um ein Nutztier, wird das Verschulden vermutet und dem Tierhalter wird nach § 833 S. 2 die Exculpationsmöglichkeit eröffnet. Im Gegensatz dazu steht dem Tierhüter, der die Führung der Aufsicht über das Tier durch Vertrag übernommen hat, nach § 834 unabhängig davon, ob es sich um ein Nutztier oder Luxustier handelt, die Exculpationsmöglichkeit immer zu.
Außerhalb des BGB hat der Gesetzgeber in Spezialgesetzen weitere Fälle der Gefährdungshaftung normiert. Zu den wichtigsten zählen:

- § 7 StVG für die Haftung des Kfz-Halters
- § 1 ProdHaftG für die Haftung des Herstellers für fehlerhafte Produkte

Ausgangserwägung der Gefährdungshaftung ist, dass zwar nicht jedes gefährliche Tun verboten werden kann und soll, dass aber derjenige, der eine gefährliche Handlung vornimmt, zum Ausgleich verpflichtet sein und verschuldensunabhängig für die Schäden einstehen muss, die durch die von ihm herbeigeführte Gefahrenlage verursacht werden. So muss derjenige, der ein Luxustier hält, ein Kraftfahrzeug führt, eine Gefahrenquelle durch den Betrieb eines Luftfahrtzeuges (§ 33 LuftVG) oder einer Eisenbahn (§ 1 HPflG) eröffnet, für den daraus entstehenden Schaden haften.

5 AMTSHAFTUNG

Nach § 839 hat ein Beamter, der die ihm einem Dritten gegenüber obliegende Amtspflicht schuldhaft verletzt, dem Dritten den daraus entstehenden Schaden zu ersetzen. Die Haftung entfällt, wenn der Beamte nur fahrlässig gehandelt hat und der Dritte auf andere Weise Ersatz verlangen kann (§ 839 Abs. 1 S. 2). Die Haftung des Beamten ist gänzlich ausgeschlossen, wenn der Dritte es schuldhaft unterlassen hat, den Schaden durch Gebrauch eines Rechtsmittels abzuwenden (§ 839 Abs. 3).
Die Amtshaftung nach § 839 muss im Zusammenhang mit Art. 34 GG gesehen werden. Hat der Beamte nämlich »in Ausübung eines ihm anvertrauten öffentlichen Amtes«, also hoheitlich gehandelt, ist der Staat oder die Körperschaft, in deren Dienst er steht, schadensersatzpflichtig. Allerdings verbleibt nach Art. 34 S. 2 GG der Rückgriff gegen den Beamten, wenn dieser vorsätzlich oder grob fahrlässig gehandelt hat.
Art. 34 GG findet keine Anwendung, wenn der Beamte im rein fiskalischen Bereich gehandelt hat. Es verbleibt dann bei der Haftung nach § 839.

6 HAFTUNG MEHRERER PERSONEN

Jeder, der an einer unerlaubten Handlung teilnimmt, ist nach § 830 dem Geschädigten für den gesamten Schaden schadensersatzpflichtig.

6.1 Teilnehmer

§ 830 unterscheidet zwischen Teilnehmern und Beteiligten. Teilnehmer sind Mittäter, Anstifter und Gehilfen (§ 830 Abs. 2).
In Mittäterschaft handeln Personen, wenn sie gemeinschaftlich eine unerlaubte Handlung begehen. Es ist also ein bewusstes und gewolltes Zusammenwirken erforderlich. Unerheblich ist, welchen Tatbeitrag jeder leistet.

Nico, Michael und Peter wollen Fritz verprügeln. Dazu lauern sie ihm auf. Nico schlägt Fritz mehrfach in die Magengrube, während Michael den Fritz festhält. Peter steht derweil »Schmiere«. Nico, Michael und Peter sind Mittäter i. S. d. § 830 Abs. 1 S. 1.

Anstifter ist, wer in einem anderen einen Tatentschluss zu einer vorsätzlichen unerlaubten Handlung hervorruft. Gehilfe ist, wer einem anderen bei einer vorsätzlichen unerlaubten Handlung vorsätzlich Hilfe leistet.

Nico hat sich über Fritz sehr geärgert. Michael rät ihm, Fritz mal so richtig zu verprügeln. Dies könne Nico auch gefahrlos schaffen, weil er der Stärkere sei. Daraufhin schlägt Nico den Fritz mit einem Baseballschläger, den Michael ihm zu diesem Zweck geliehen hat, nieder. Michael ist Anstifter, weil er den Tatentschluss bei Nico hervorgerufen hat. Peter ist Gehilfe, weil er durch die Leihe des Schlägers dem Nico zu dessen unerlaubter Handlung Hilfe geleistet hat.

Nach §830 Abs. 2 sind Anstifter und Gehilfe den Mittätern gleichgestellt, sodass sie im gleichen Umfang wie diese haften.
Oftmals ist nicht zu ermitteln, wer von mehreren Beteiligten den Schaden durch seine Handlung verursacht hat, z. B. bei einer Massenschlägerei. Für diesen Fall sieht § 830 Abs. 1 S. 2 vor, dass jeder der Beteiligten für den Schaden verantwortlich ist. § 830 Abs. 1 S. 2 ist jedoch keine Anspruchsgrundlage, sondern lediglich eine Beweislastregel. Der Beteiligte kann die Ursachenvermutung entkräften, indem er nachweist, dass sein Handeln den Schaden nicht herbeigeführt hat.

6.2 Gesamtschuldnerische Haftung

Gegenüber dem Geschädigten haften die Täter einer unerlaubten Handlung, die nebeneinander verantwortlich sind, nach §840 Abs. 1 als Gesamtschuldner (§ 421). Der Geschädigte kann sich bei mehreren Tätern also die Person aussuchen, von der er den gesamten Schadensersatz verlangen will.
Im Innenverhältnis entsteht nach §426 ein Ausgleichsverhältnis unter den Gesamtschuldnern, wenn der Geschädigte von einem Täter Schadensersatz erlangt hat. Die Gesamtschuldner sind im Verhältnis zueinander zu gleichen Anteilen verpflichtet, soweit das Gesetz nichts anderes bestimmt (vgl. §840 Abs. 1 und Abs. 2).

MERKE

Haben mehrere durch eine gemeinschaftlich begangene unerlaubte Handlung einen Schaden verursacht, haftet nach §830 Abs. 1 S. 1 jeder im vollen Umfang. Das Gleiche gilt, wenn sich nicht ermitteln lässt, wer von mehreren Beteiligten den Schaden durch seine Handlung verursacht hat (§830 Abs. 1 S. 2).
Anstifter und Gehilfen haften dem Geschädigten wie Mittäter (§830 Abs. 2).
Sind für den aus einer unerlaubten Handlung entstehenden Schaden mehrere nebeneinander verantwortlich, so haften sie nach §840 Abs. 1 als Gesamtschuldner (§§421, 426).

---

7 SCHADENSERSATZ BEI UNERLAUBTER HANDLUNG

Hat der Geschädigte wegen einer unerlaubten Handlung einen Schadensersatzanspruch, richtet sich Art und Umfang des Schadensersatzes nach den allgemeinen Vorschriften der §§ 249 ff. Zu beachten ist § 254 (Mitverschulden). Nach dieser Vorschrift wird die Ersatzpflicht des Schädigers beschränkt, wenn bei der Entstehung (§ 254 Abs. 1) oder der Entwicklung (§ 254 Abs. 2) des Schadens ein Verschulden des Geschädigten mitgewirkt hat. Neben den allgemeinen Regelungen der §§ 249 ff. enthält das Deliktsrecht einige Sonderbestimmungen.

7.1 Verletzung einer Person

Nach § 842 erstreckt sich die Schadensersatzpflicht wegen einer gegen die Person gerichteten unerlaubten Handlung auch auf die Nachteile, welche die Handlung für den Erwerb oder das Fortkommen des Verletzten herbeiführt.
Der Schadensersatz ist nach § 843 in Form einer Rente zu leisten. Er kann, bei Vorliegen eines wichtigen Grundes auch als Abfindung in Kapital erfolgen (§ 843 Abs. 3). Nach dem Wortlaut des § 843 Abs. 1 ist die Geldrente nur infolge einer Verletzung des Körpers oder der Gesundheit zu leisten, die die Erwerbsfähigkeit des Verletzten aufgehoben oder gemindert hat, oder wenn eine Vermehrung seiner Bedürfnisse eingetreten ist. Allerdings wird dieser Anwendungsbereich als zu eng angesehen. Vielmehr muss sich der Anspruch auf Geldrente auch auf Nachteile beim Fortkommen der Erwerbsfähigkeit beziehen, andererseits muss sich der Geldrentenanspruch auch auf alle Fälle erstrecken, in denen die Verletzung eines anderen Rechtsgutes zu dauernden Nachteilen des Verletzten führt.[261] Dies ergibt sich aus dem Zusammenspiel zwischen § 842 und § 843.
Die Höhe und Dauer der Rente ist konkret zu ermitteln. Es ist die Frage zu stellen, welches Einkommen der Verletzte ohne die Schädigung nach dem regelmäßigen Verlauf der Dinge gehabt haben würde. Unter Vermehrung der Bedürfnisse sind die konkreten verletzungsbedingten Mehraufwendungen zu verstehen, wie z. B. Pflegepersonal, Kuren oder Erneuerung von künstlichen Gliedmaßen. Für die Dauer der Rente ist bei nichtselbstständiger Tätigkeit grundsätzlich von einem Ende der Erwerbstätigkeit mit Erreichen des gesetzlichen Ruhestandes auszugehen.

7.2 Schmerzensgeld

Ist wegen einer Verletzung des Körpers, der Gesundheit, der Freiheit oder der sexuellen Selbstbestimmung Schadensersatz zu leisten, so kann nach § 253 Abs. 2 auch wegen des Schadens, der nicht Vermögensschaden ist, eine billige Entschädigung in Geld gefordert werden (sog. immaterieller Schaden). Es ist unerheblich, auf welcher Rechtsgrundlage die Schadensersatzpflicht beruht. So kommt der Schmerzensgeldanspruch sowohl bei einer vertraglichen als auch bei einer deliktischen Haftung in Betracht.
Der Höhe nach ist eine »billige Entschädigung in Geld« zu leisten (vgl. § 253 Abs. 2). Das Schmerzensgeld hat zwei Funktionen: Es soll die Einbußen am Wohlbefinden ausgleichen und es soll der Genugtuung des Verletzten für das erlittene Unrecht dienen.

---

[261] Vgl. Brox/Walker, SchR BT, § 52 Rdnr. 4.

Um Anhaltspunkte für die Bemessung des Schmerzensgeldes zu erhalten, sind Schmerzensgeldtabellen erstellt worden, z. B. die Hacks-Tabelle. Sie enthalten eine Übersicht von Schmerzensgeldurteilen deutscher Gerichte.

MERKE

Ist eine unerlaubte Handlung begangen worden, richten sich Art und Umfang des Schadensersatzes nach §§ 249 ff.
Darüber hinaus sehen §§ 842, § 843 eine Geldrente vor, wenn infolge einer Verletzung des Körpers oder der Gesundheit die Erwerbsfähigkeit des Verletzten aufgehoben oder gemindert ist oder eine Vermehrung seiner Bedürfnisse eintritt.
Nach § 253 Abs. 2 ist unter den dort genannten Voraussetzungen Schmerzensgeld zu zahlen.

C SACHENRECHT

Das Sachenrecht regelt einmal die tatsächlichen Beziehungen einer Person zu einer Sache, den Besitz. Zum anderen regelt es die Rechte einer Person an einer Sache.
Sachen im Sinne des Gesetzes sind nach § 90 nur körperliche Gegenstände, mögen sie fest, flüssig oder gasförmig sein. Körperlichkeit liegt immer dann vor, wenn eine Beherrschung nach sachenrechtlichen Grundsätzen möglich ist. Tiere sind nach § 90a (seit 1990) keine Sachen mehr. Der Gesetzgeber wollte damit zum Ausdruck bringen, dass das Tier als Mitgeschöpf nicht einer Sache gleichgestellt werden dürfe. Die Vorschrift hat eher deklaratorische Bedeutung, denn auf Tiere sind die für Sachen geltenden Vorschriften nach § 90a S. 3 entsprechend anzuwenden. Praktische Bedeutung haben dagegen die für Tiere geltenden Schutzvorschriften wie insbesondere das Tierschutzgesetz wie aber auch die Aufnahme des Tierschutzes als Staatsziel in Art. 20a GG. Das Gesetz unterscheidet im übrigen insbesondere zwischen beweglichen und unbeweglichen Sachen, nämlich Grundstücken sowie deren wesentlichen Bestandteilen.
Die Sachen gehören regelmäßig einer oder auch mehreren Personen, d. h., sie sind dem Vermögen einer oder mehrerer Personen so zugeordnet, dass diese die Sache nutzen, auf sie einwirken, sie für sich verwenden und über sie frei verfügen können. Derjenige, der in dieser Weise oder, wie § 903 es ausdrückt, mit der Sache nach Belieben verfahren und andere von jeder Einwirkung ausschließen kann, ist Eigentümer der Sache. Er hat das allumfassende Herrschaftsrecht. Er ist aber auch berechtigt, sein Eigentum oder Teilberechtigungen aus dem Eigentum auf andere Personen zu übertragen. Diese erwerben dann ihrerseits Eigentum bzw. ein sog. beschränktes dingliches Recht. Die dinglichen Rechte, das Eigentum als Vollrecht wie die beschränkten dinglichen Rechte, wie etwa Nießbrauch oder Pfandrecht, räumen dem Rechtsinhaber eine gegenüber jedermann geschützte und von jedem zu beachtende Rechtsposition ein. Anders als die nur gegenüber einem bestimmten Schuldner geschützten und nur von diesem zu beachtenden schuldrechtlichen Ansprüche sind die dinglichen Rechte daher absolute Rechte.

Der Student Bernie Schulz findet bei Frau Meier ein kleines Apartment, das ihm sehr gefällt und mietet es ab 01.04. Als er am 03.04. einziehen will, wohnt bereits ein Kommilitone dort, der Frau Meier mehr geboten und daher ebenfalls einen Mietvertrag erhalten hatte. Hier ist es rechtlich so gut wie ausgeschlossen, etwas gegen den Kommilitonen zu unternehmen und in den Besitz des Apartments zu kommen. Bernie Schulz hat aus dem Mietvertrag nur einen schuldrechtlichen Anspruch gegen Frau Meier, also ein relatives Recht, das ihm keine Handhabe gegen den später eingezogenen Studenten gibt. Er kann sich allenfalls an Frau Meier halten und von dieser Schadensersatz verlangen. Wäre Bernie Schulz Eigentümer des Apartments und hätte der Kommilitone dieses ohne Mietvertrag und ohne seine Einwilligung »besetzt«, könnte er von seinem absoluten Eigentumsrecht, das anders als der schuldrechtliche Anspruch von jedermann zu beachten ist, Gebrauch machen und sofortige

Räumung verlangen. Man sieht auch hier wieder: Es ist ein Unterschied, ob man nur einen schuldrechtlichen Anspruch (relatives Recht) **auf** eine Sache oder einen sachenrechtliches oder dingliches Recht (absolutes Recht) **an** einer Sache hat.

Von dem Eigentum und den beschränkten dinglichen Rechten zu unterscheiden ist der Besitz. Besitzer ist derjenige, der tatsächlich auf die Sache einwirken kann, der also die tatsächliche Gewalt ausübt. Dabei kommt es nicht darauf an, ob er zum Besitz berechtigt ist. Maßgebend ist allein, ob er die tatsächliche Möglichkeit hat, auf die Sache einzuwirken. So ist auch der Dieb, der die gestohlene Sache in seiner Wohnung aufbewahrt, Besitzer der gestohlenen Sache. Die Begriffe »Besitz« und »Eigentum« werden im täglichen Sprachgebrauch nicht immer juristisch einwandfrei verwendet, etwa wenn vom »Hausbesitzer« die Rede ist, aber der Hauseigentümer gemeint ist.
Anders als im Schuldrecht kann der Inhalt der einzelnen dinglichen Rechte nicht durch Parteivereinbarung im Rahmen der Vertragsgestaltungsfreiheit festgelegt werden. Aus dem Charakter des dinglichen Rechts als absolutes Recht folgt zugleich die strikte Bindung an eine der im Sachenrecht ausgeformten Rechtstypen. Im Sachenrecht herrscht sog. »Typenzwang«. Während also im Schuldrecht dem Erfindungsreichtum bei der Vertragsgestaltung kaum Grenzen gesetzt sind, hat man sich bei der Gestaltung sachenrechtlicher Verträge streng an die Vorgaben des Gesetzes zu halten. Es ist daher nicht möglich, das Eigentum an einer Sache auf andere Weise als im Gesetz vorgeschrieben zu übertragen oder etwa neue Grundpfandrechte neben der Hypothek, der Grundschuld und der Rentenschuld zu kreieren.

MERKE

Das Sachenrecht regelt einmal die tatsächlichen Beziehungen einer Person zu einer Sache, insbesondere aber die Rechte einer Person an einer Sache. Diese sog. dinglichen Rechte sind anders als die im Schuldrecht geregelten Ansprüche keine relativen, sondern absolute Rechte, denn sie sind von jedem zu beachten.
Sachen im Sinne des Gesetzes sind nach §90 nur körperliche Gegenstände, die auch flüssig oder gasförmig sein können, sofern sie sachenrechtlich beherrschbar sind. Tiere sind nach §90a keine Sachen. Auf sie finden die sachenrechtlichen Vorschriften aber entsprechende Anwendung. Das Gesetz unterscheidet im Übrigen insbesondere zwischen beweglichen und unbeweglichen Sachen, nämlich Grundstücken und deren wesentlichen Bestandteilen.

I Besitz

Nach §854 Abs. 1 wird der Besitz einer Sache durch die Erlangung der tatsächlichen Gewalt über die Sache erworben. Bereits hier wird deutlich, dass es sich beim Besitz im Grunde nicht um ein Recht, sondern um einen vom Gesetz mit bestimmten Rechtswirkungen ausgestatteten Zustand, nämlich um die tatsächliche Sachherrschaft einer Person über eine Sache, handelt. Nach §854 Abs. 2 genügt die Einigung des bisherigen Besitzers und des Erwerbers zum Erwerb des Besitzes, wenn der Erwerber in der Lage ist, die Gewalt über die Sache auszuüben.

1 VERSCHIEDENE STUFEN DES BESITZES

Besitz kann in der Form des unmittelbaren wie des mittelbaren Besitzes erworben werden. Unmittelbarer Besitzer ist, wer die tatsächliche Beherrschungsmöglichkeit über eine Sache hat. Dazu ist es erforderlich, dass zwischen dem Erwerber des unmittelbaren Besitzes und der Sache eine erkennbare räumliche Beziehung von gewisser Dauer hergestellt wird, die es dem Erwerber ermöglicht, tatsächlich auf die Sache einzuwirken. Der unmittelbare Besitzer muss auch den Willen haben, die Sachherrschaft auszuüben, wobei ein genereller Wille, die Sache zu besitzen, ausreicht.

Die tatsächliche Gewalt bzw. Beherrschungsmöglichkeit hat man daher nicht nur über Sachen, die man bei sich trägt. Unmittelbaren Besitz hat man auch an den in der Wohnung zurückgelassenen Sachen oder am im Parkhaus abgestellten Auto, auch am Inventar in der weit entfernten Ferienwohnung. Da die Möglichkeit, die Sachherrschaft auszuüben sowie ein genereller Besitzwille ausreichen, ist man auch unmittelbarer Besitzer der Sachen, die man im Haus verlegt hat und gerade nicht wieder findet. Briefe, die in den Briefkasten geworfen werden, gelangen auch bei Abwesenheit des Empfängers in seinen unmittelbaren Besitz; nicht aber der Fußball, der versehentlich auf dem Grundstück des Eigentümers landet, denn hier fehlt der generelle Besitzerwille. Erst wenn der Grundstückseigentümer den Ball aus Verärgerung mit in sein Haus nimmt, hat er unmittelbaren Besitz begründet. Keinen Besitz hat der Reisende, dem auf dem Flughafen heimlich ein Drogenpäckchen in die Reisetasche gesteckt wird.

Ausnahmsweise erkennt das BGB in §857 auch einen unmittelbaren Besitz an, ohne dass es auf die tatsächliche Sachherrschaft ankommt. Der Besitz des Erblassers geht hiernach auf den Erben über, auch wenn dieser weit entfernt wohnt und von der Erbschaft noch keine Kenntnis und daher auch keinen Besitzwillen hat. Die Rechtsstellung des Erblassers geht im Augenblick seines Todes in vollem Umfang auf den oder die Erben über. Auch wenn der Erbe noch nichts vom Erbanfall weiß, ist er doch schon unmittelbarer Besitzer.
Die Regel, dass derjenige, der die tatsächliche Sachherrschaft über eine Sache hat, auch der unmittelbare Besitzer der Sache ist, wird allerdings durch die Vorschrift des §855 durchbrochen. Übt nämlich jemand die tatsächliche Gewalt über eine Sache für einen anderen in dessen Haushalt oder Erwerbsgeschäft oder in einem ähnlichen Verhältnis aus, vermöge dessen er den sich auf die Sache beziehenden Weisungen des anderen Folge zu leisten hat, so ist nur der andere Besitzer. Er selbst ist sog. Besitzdiener. §855 enthält gegenüber §854 Abs. 1 im Grunde zwei Abweichungen: Einmal erhält der Besitzherr den unmittelbaren Besitz, obwohl nicht er selbst, sondern sein Besitzdiener die tatsächliche Gewalt ausübt; zum anderen wird der Besitzdiener nicht Besitzer, obwohl er die tatsächliche Gewalt ausübt.
Wesentliche Voraussetzung für die Annahme einer Besitzdienerschaft nach §855 ist, dass eine Person, nämlich der Besitzdiener, die tatsächliche Gewalt über eine Sache erlangt hat oder ausübt und diese Person zu einer anderen Person, dem unmittelbaren Besitzer, in einem sozialen Abhängigkeitsverhältnis steht. Wesentlich für das soziale Abhängigkeitsverhältnis ist die Weisungsgebundenheit insbesondere auch im Hinblick auf den Umgang mit der Sache. Das soziale Abhängigkeitsverhältnis muss nach h. M. für einen mit den Verhältnissen Vertrauten auch erkennbar sein.

Die praktische Bedeutung des § 855 ist nicht gering. So sind die meisten Arbeitnehmer, auch die Beamten und Angestellten im öffentlichen Dienst, Besitzdiener im Hinblick auf ihr Büroinventar sowie ihr Büro- und Arbeitsmaterial. Auch die Haushaltshilfe oder der angestellte Fahrer sind, obwohl sie die tatsächliche Sachherrschaft ausüben, nur Besitzdiener. Sie müssen den Weisungen ihrer Arbeitgeber in Bezug auf die ihnen anvertrauten Haushaltsgegenstände bzw. Kraftfahrzeuge Folge leisten; ihre Arbeitgeber sind die unmittelbaren Besitzer.

Auch wenn jemand nicht die tatsächliche Gewalt über eine Sache ausübt, so hat er dennoch eine besitzrechtliche Stellung, falls er unter Einschaltung einer anderen Person tatsächlich auf die Sache einwirken kann. Er ist unter den Voraussetzungen des § 868 mittelbarer Besitzer. Es sind hier also zwei Personen Besitzer: Der die tatsächliche Sachherrschaft Ausübende ist unmittelbarer Besitzer und derjenige, für den dieser besitzt, ist mittelbarer Besitzer. Mittelbarer Besitz setzt nach § 868 zunächst den Abschluss eines konkreten Besitzmittlungsverhältnisses voraus, vermöge dessen der unmittelbare Besitzer dem mittelbaren gegenüber auf Zeit zum Besitz berechtigt oder verpflichtet ist. Die Aufzählung der Besitzmittlungsverhältnisse in § 868 ist nicht erschöpfend, macht aber deutlich, dass ein konkretes Rechtsverhältnis bestehen muss. Es genügt nicht die abstrakte Vereinbarung, dass der unmittelbare Besitzer für den anderen besitzen soll. Der unmittelbare Besitzer (= Besitzmittler) muss auch den tatsächlichen Willen haben, für den mittelbaren Besitzer die tatsächliche Gewalt auszuüben.

Bernie Schulz hat mit Frau Meier einen Mietvertrag geschlossen und ist am 01.04.2014 in das vermietete Zimmer eingezogen. Er hat damit die tatsächliche Sachherrschaft über das Zimmer samt Inventar erhalten und ist dessen unmittelbarer Besitzer. Frau Meier ist mittelbare Besitzerin. Das konkrete Besitzmittlungsverhältnis ist der Mietvertrag, der Bernie Schulz zeitlich begrenzt den unmittelbaren Besitz einräumt. Ist Frau Meier nicht Eigentümerin, sondern Mieterin ihrer Wohnung mit dem Recht zur Untervermietung, so liegt gestufter mittelbarer Besitz vor. Bernie Schulz ist dann unmittelbarer (Fremd-)Besitzer, Frau Meier als Hauptmieterin mittelbare (Fremd-)Besitzerin erster Stufe und der Hauseigentümer mittelbarer (Eigen-)Besitzer.

Mehrstufiger mittelbarer Besitz ist in § 871 ausdrücklich vorgesehen. Auch unterscheidet das Gesetz zwischen Fremd- und Eigenbesitzer. Ob Eigen- oder Fremdbesitz vorliegt, hängt allein vom erkennbaren Willen des Besitzers ab. Besitzt er die Sache so, als ob sie ihm gehöre, ist er nach § 872 Eigenbesitzer. Erkennt er wie der Mieter im obigen Beispiel bei seinem Besitz einen anderen als Eigenbesitzer oder besser Berechtigten an, so ist er Fremdbesitzer.

MERKE

Der Besitz einer Sache ist weniger ein Recht als ein vom Gesetz mit bestimmten Rechtswirkungen ausgestatteter Zustand. Er wird durch die Erlangung der tatsächlichen Gewalt über die Sache erworben.
Das Gesetz unterscheidet den unmittelbaren, den mittelbaren Besitzer und den Besitzdiener. Unmittelbarer Besitzer ist, wer die tatsächliche Sachherrschaft über eine Sache hat. Wer zwar nicht die tatsächliche Gewalt über eine Sache ausübt, jedoch

unter Einschaltung einer anderen Person auf die Sache einwirken kann, ist unter den Voraussetzungen des § 868 mittelbarer Besitzer. Mittelbarer Besitz setzt nach § 868 ein konkretes Besitzmittlungsverhältnis voraus, vermöge dessen der unmittelbare Besitzer dem mittelbaren gegenüber auf Zeit zum Besitz berechtigt oder verpflichtet ist. Die Regel, dass der Inhaber der tatsächlichen Sachherrschaft auch der unmittelbare Besitzer ist, wird durch § 855 durchbrochen. Übt danach jemand die tatsächliche Gewalt über eine Sache für einen anderen in dessen Haushalt oder Erwerbsgeschäft oder in einem ähnlichen Verhältnis aus, vermöge dessen er den sich auf die Sache beziehenden Weisungen des anderen Folge zu leisten hat, so ist nur der andere Besitzer. Er selbst ist sog. Besitzdiener.

2 BEDEUTUNG DES BESITZES

Mit der Anerkennung des Besitzes als Rechtsfigur verfolgt der Gesetzgeber mehrere Ziele. Das wichtigste ist die **Schutzfunktion.** Die Hauptbedeutung des Besitzes liegt nämlich darin, dass allein die tatsächliche Beziehung zu einer Sache geschützt wird, unabhängig davon, ob der Besitzer zum Besitz berechtigt ist oder nicht. Im Interesse des Rechtsfriedens darf auch dem unberechtigten Besitzer die Sache nicht gegen oder ohne seinen Willen entzogen werden. Es soll kein Faustrecht herrschen. Wer dem anderen dessen angeblich unrechtmäßigen Besitz nicht belassen will, muss versuchen, seine Rechte mithilfe der staatlichen Institutionen (Polizei, Gerichte) durchzusetzen. In den §§ 854 ff. wird daher der Besitz gegen Besitzstörung und Besitzentziehung geschützt durch Besitzschutzansprüche, die sich allein aus dem Besitz als solchem ableiten, ohne dass es auf ein Recht zum Besitz ankommt. In Ausnahmesituationen und engen Grenzen werden dem Besitzer Gewaltrechte, also eine Selbsthilfe gegen Besitzentziehung und Besitzstörung eingeräumt.

Gewaltrechte des Besitzers sind die Besitzwehr (§ 859 Abs. 1) und die Besitzkehr (§ 859 Abs. 2 und 3). Nach § 859 Abs. 1 darf sich der Besitzer verbotener Eigenmacht mit Gewalt erwehren. Was unter verbotener Eigenmacht zu verstehen ist, definiert § 858 Abs. 1: »Wer dem Besitzer ohne dessen Willen den Besitz entzieht oder ihn im Besitz stört, handelt, sofern nicht das Gesetz die Entziehung oder Störung gestattet, widerrechtlich (verbotene Eigenmacht).« Wehrt sich der Besitzer mit Gewalt gegen die Besitzentziehung oder Besitzstörung, so muss er sich natürlich im Rahmen der erforderlichen Verteidigung halten.

Im Gedränge des Wochenmarktes versucht ein junger Mann, Frau Böhmer die Einkaufstasche zu entreißen. Mit zwei gezielten Handkantenschlägen kann die gut trainierte Frau den Angreifer in die Flucht schlagen und ihre Tasche verteidigen. Voraussetzung für ihre gewaltsame Selbsthilfe ist es nicht, wie etwa bei der Selbsthilfe nach §§ 229 ff., dass es unmöglich ist, rechtzeitig polizeilichen oder gerichtlichen Schutz zu erlangen.

Heinrich Wollmeier besitzt neben dem Sportplatz eine gepflegte Obstwiese. Jugendliche Besucher des Sportplatzes überqueren zur Abkürzung des Weges immer wieder seine Wiese und lassen dabei gelegentlich auch ein paar Äpfel mitgehen. Verärgert stellt er sich ihnen in den Weg, was die jungen Leute aber nur belustigt. Als er am nächsten Tag mit einer Waffe erscheint und zu schießen droht, wird dies nicht ernst genommen. Wollmeier aber macht seine Drohung wahr und verletzt einen der Jugendlichen mit einem Schuss ins Bein. Wollmeier war nach §§ 859 Abs. 1, 858 Abs. 1 durchaus berechtigt, sich gegen die Besitzstörung mit Gewalt zu wehren. Dabei ist er aber über das erforderliche Maß der Abwehr hinausgegangen. Der Waffengebrauch stellt ein unangemessenes und daher unzulässiges Mittel der Selbsthilfe dar, weil der durch diese Art der Verteidigung drohende Schaden in einem Missverhältnis zu der Besitzstörung steht. Das Handeln des Wollmeier wird daher nicht durch § 859 Abs. 1 gedeckt und ist daher rechtswidrig. Der verletzte Jugendliche kann Schadensersatz nach § 823 verlangen.

Bei der Besitzkehr nach § 859 Abs. 2 und 3 kann sich der Besitzer, gegen den sich die verbotene Eigenmacht richtete, die Sache notfalls auch mit gewaltsamer Selbsthilfe wiederbeschaffen.

Im obigen Beispiel ist es dem jungen Mann gelungen, Frau Böhmer die Handtasche zu entreißen. Auch läuferisch gut trainiert, verfolgt sie den Mann, holt ihn wieder ein und erobert in einem heftigen Handgemenge, wobei der Handtaschenräuber verletzt wird, die Tasche zurück. Das Verhalten der Frau Böhmer wird durch § 859 Abs. 2 gedeckt. Es ist also nicht rechtswidrig und der Handtaschenräuber kann wegen seiner Verletzung keinen Schadensersatz verlangen.
Nach Auszug des letzten Mieters besetzen Studenten das Haus des Immobilienmaklers Grundhöfer, das dieser abreißen und durch einen Neubau ersetzen will. Wartet Grundhöfer bis zur Erteilung der Abbruchgenehmigung, so muss er im Wege der Räumungsklage aus § 985 gegen die unrechtmäßigen Besitzer seines Hauses vorgehen. Eine gewaltsame Wiederbeschaffung des Besitzes im Wege der Besitzkehr nach § 859 Abs. 3 erfordert sofortiges Handeln. Im Gegensatz zur Unverzüglichkeit i. S. d. § 121 Abs. 1 kommt es auf den Zeitpunkt der Kenntniserlangung von der Besitzentziehung durch verbotene Eigenmacht nicht an, sodass selbst schuldloses Zögern schadet. Sofortiges Handeln muss vielmehr so schnell erfolgen, wie es unter den jeweiligen Umständen objektiv möglich ist. Die zeitliche Grenze des § 859 Abs. 3 ist aber auch dann eingehalten, wenn Grundhöfer unmittelbar nach der Entziehung seines Besitzes durch die Hausbesetzer mit objektiv erforderlichen Vorbereitungsmaßnahmen beginnt und dann zur Räumung des Hauses startet.[262]

Dem Besitzer stehen im Falle verbotener Eigenmacht aber nicht nur die Gewaltrechte nach § 859, sondern auch die Besitzschutzansprüche der §§ 861 und 862 zu. Nach § 861 Abs. 1 kann der Besitzer, dem der Besitz durch verbotene Eigenmacht entzogen wurde, von demjenigen, der ihm gegenüber fehlerhaft besitzt, die Wiedereinräumung des Besitzes verlangen. Nach § 862 Abs. 1 kann der Besitzer, wenn er durch verbotene Eigenmacht im Besitz gestört wird, von dem Störer die Beseitigung der Störung verlangen und, wenn weitere Störungen zu besorgen sind, auf Unterlassung klagen. Verständliche Ausnahmen von diesen Besitzschutzansprüchen sind jeweils in den §§ 861 Abs. 2 und 862 Abs. 2 enthalten. Die Besitzschutzansprüche nach §§ 861 und 862 kann nur der unmittelbare Besitzer geltend machen, nicht der Besitzdiener. Der mittelbare Besitzer hat bei verbotener Eigenmacht gegen den unmittelbaren Besitzer Besitzschutz nach § 869.

[262] Palandt/Bassenge, § 859 Rdnr. 6.

Die Besitzschutzansprüche nach §§ 861 und 862 haben gemeinsam, dass es sich um possessorische Ansprüche handelt, was bedeutet, dass sie aus dem Besitz als solchem abgeleitet werden, ohne dass es auf das Recht zum Besitz ankommt. § 863 bestimmt daher, dass der Anspruchsgegner ein Recht zum Besitz oder zur Vornahme der störenden Handlung nur insoweit einwenden kann, als er damit behauptet, der Tatbestand der verbotenen Eigenmacht sei nicht gegeben. Andere materiell-rechtlichen Positionen können gegenüber der Besitzschutzklage nicht geltend gemacht werden.
Ein Besitzschutzanspruch, bei dem es nicht auf den Besitz als solchen, sondern letztlich auf das Recht zum Besitz ankommt, ist § 1007. Diese Vorschrift sieht einen zusätzlichen Herausgabeanspruch vor, der jedoch nur dem berechtigten Besitzer zusteht sowie nach dessen Abs. 3 allenfalls dem gutgläubigen Besitzer, der meint, zum Besitz berechtigt zu sein, ohne dass ihm grobe Fahrlässigkeit zur Last fällt. Der berechtigte oder der gutgläubige Besitzer kann diesen Anspruch nach § 1007 Abs. 1 aber nur gegen einen Besitzer geltend machen, der weder ein Recht zum Besitz hat noch gutgläubig ist. Ist die Sache abhanden gekommen, so kann nach § 1007 Abs. 2 Herausgabe auch vom gutgläubigen Besitzer verlangt werden. § 1007 ist nur auf bewegliche Sachen anwendbar.

Der Student Emil leiht seinem Kommilitonen Bertram sein Fahrrad. Dieser verleiht es an seinen Studienfreund Christoph. Christoph verkauft es an Dietmar, der weiß, dass Christoph das Fahrrad von Bertram nur geliehen hatte. Hier hat der frühere Besitzer Bertram einen Herausgabeanspruch gegen den jetzigen Besitzer Dietmar aus § 1007 Abs. 1. Wurde das Fahrrad dem Christoph gestohlen und von dem Dieb an den gutgläubigen Günther verkauft, so hat Bertram gegen diesen einen Herausgabeanspruch nach § 1007 Abs. 2.

Die praktische Bedeutung des § 1007 ist gering. Sie ermöglicht nur dem früheren Besitzer, der sich weder auf § 985 noch auf 861, 823 oder Vertrag stützen kann, die Wiedererlangung des Besitzes vom weniger Berechtigten. Kommt also eine dieser anderen Möglichkeiten in Betracht, sollte auf eine Prüfung dieser unübersichtlichen Vorschrift verzichtet werden. Der Besitz ist im Übrigen ein sonstiges Recht i. S. d. § 823 Abs. 1 sowie auch ein »etwas« i. S. d. § 812 und wird auch auf diese Weise geschützt.
Neben der Schutzfunktion kommt dem Besitz, wenn auch nur bei beweglichen Sachen, eine Art Offenkundigkeits- oder Publizitätsfunktion zu, d. h., er soll als äußerlich erkennbares Zeichen auf das Bestehen von Rechten hinweisen. So vollzieht sich der Eigentumserwerb an beweglichen Sachen nach §§ 929 ff. (Ausnahme § 931) nur, wenn eine Besitzübertragung erfolgt. Bei dem Erwerb beweglicher Sachen vom Nichtberechtigten ist die Besitzerlangung vom Veräußerer grundsätzlich Voraussetzung für einen gutgläubigen Erwerb. Schließlich wird nach § 1006 Abs. 1 S. 1 zugunsten des Besitzers einer beweglichen Sache vermutet, dass er auch der Eigentümer der Sache sei.
Zu nennen bleibt abschließend noch die Erhaltungs- oder Kontinuitätsfunktion des Besitzes. So kann nach § 927 derjenige, der ein Grundstück 30 Jahre im Eigenbesitz gehabt hat, im Wege des Aufgebotsverfahrens daran Eigentum erlangen. Diese sog. »Ersitzungswirkung« ist nach zehn Jahren auch bei beweglichen Sachen möglich (§ 937). Eine sog. »Sicherungswirkung« entfaltet § 935, wonach gutgläubiger Erwerb beweglicher Sachen ausscheidet, wenn der »Besitz daran abhanden gekommen« ist. Fälle sog. »Verstärkungswirkung« des Besitzes sind etwa die §§ 986 Abs. 2 oder 565, 566.

MERKE

Die Hauptbedeutung des Besitzes liegt in der Schutzfunktion. In den §§ 854 ff. wird daher zur Vermeidung von Faustrecht der Besitz geschützt, ohne dass es auf ein Recht zum Besitz ankommt. Der Besitz wird geschützt durch Gewaltrechte des Besitzers, aber auch durch Besitzschutzansprüche.
Gewaltrechte des Besitzers sind Besitzwehr (§ 859 Abs. 1) und Besitzkehr (§ 859 Abs. 2 und 3). Sie setzen verbotene Eigenmacht voraus. Nach § 858 Abs. 1 handelt der, der dem Besitzer ohne dessen Willen den Besitz entzieht oder ihn im Besitz stört, sofern nicht das Gesetz die Entziehung oder Störung gestattet, widerrechtlich. Das ist verbotene Eigenmacht.
Dem Besitzer stehen im Falle verbotener Eigenmacht aber auch die Besitzschutzansprüche aus §§ 861 und 862 zu. Diese Ansprüche werden ebenfalls allein aus dem Besitz abgeleitet, ohne dass es auf ein Recht zum Besitz ankommt. Nicht auf den Besitz als solchen, sondern letztlich auf das Recht zum Besitz kommt es bei dem Besitzschutzanspruch nach § 1007 an.

II Das Eigentum

Das BGB enthält keine weitergehende Definition des Eigentums als die des § 903 S. 1, wonach der Eigentümer einer Sache, soweit nicht das Gesetz oder Rechte Dritter entgegenstehen, mit der Sache nach Belieben verfahren und andere von jeder Einwirkung ausschließen kann. Das Eigentum ist also das umfassendste dingliche Recht an einer Sache.

1 INHALT UND BEDEUTUNG DES EIGENTUMS

Das Eigentum der Privatrechtsordnung ist eine unerlässliche Voraussetzung für die persönliche Freiheit des Menschen. Die Unabhängigkeit des Einzelnen von anderen Menschen wie vom Staat ist nur gewährleistet, soweit ein eingriffsfreier Herrschaftsbereich für den Einzelnen besteht. So sind gerade etwa das eigene Haus oder die eigene Wohnung für viele ein erstrebenswertes Ziel zur Erlangung weiterer persönlicher Unabhängigkeit und Freiheit. Eine gänzliche Abschaffung des Privateigentums würde zu einer Aufgabe der persönlichen Freiheit führen, denn das würde bedeuten, dass dann ein anderer, nämlich der Staat über seine Funktionäre, die Zuteilung aller zur Existenz notwendigen Güter in der Hand hätte. Genauso wenig darf sich das Privateigentum in den Händen einiger weniger Personen befinden.
Das Eigentum findet seine Grundlage nicht nur in § 903, sondern auch in vielen anderen Gesetzen sowie insbesondere in Art. 14 GG. Während § 903 auf die Rechtsbeziehungen zwischen Eigentümer und anderen Privatpersonen abstellt, regelt Art. 14 in erster Linie das Verhältnis zwischen Eigentümer und Staat. In Form einer Individualgarantie gewährleistet Art. 14 das dem einzelnen zustehende Eigentumsrecht und schützt es vor Eingriffen des Staates. Als Institutsgarantie gewährleistet er den Bestand des Rechtsinstituts »Eigentum« und damit den Bestand von Rechtsnormen, die sicherstellen, dass die Freiheit der Person im

vermögensrechtlichen Bereich im Grundsatz erhalten bleibt.[263] Im Übrigen kann Eigentum i. S. d. Zivilrechts nur an Sachen bestehen. Der Eigentumsbegriff des Art. 14 GG ist dagegen weiter und umfasst alle vermögenswerten Rechte, ohne ihre Verkörperung in einer Sache zu verlangen, wie etwa Urheber- oder Erfinderrechte.
Eigentum gibt es in folgenden Formen:

- Alleineigentum: Das ist der Normalfall, von dem § 903 ausgeht.
- Miteigentum nach Bruchteilen: Es ist in den §§ 1008–1011 geregelt und dadurch gekennzeichnet, dass mehreren Personen ein ideeller Anteil an dem Eigentum zusteht, d. h., dass jede Person nur zu einem gedanklich-rechnerischen Bruchteil an einer Sache berechtigt ist, der sich aber auf die ganze Sache erstreckt und nicht auf einen realen Sachteil begrenzt ist.[264]
- Gesamthandseigentum: Hier haben mehrere Personen das Eigentum an einer Sache in der Weise inne, dass keiner der Beteiligten im Gegensatz zum Miteigentum nach Bruchteilen allein über sein Eigentum verfügen kann, sondern nur im Zusammenwirken mit den übrigen.

Die Privatrechtsordnung muss nun im Interesse des Rechtsfriedens und der Rechtssicherheit im Wesentlichen über folgende Punkte eine Regelung enthalten:

- Schutz des Eigentums.
- Da dem Eigentümer gem. § 903 die umfassende Herrschaftsmacht zukommt, muss er auch die Möglichkeit haben, sein Eigentum an einen anderen zu übertragen, es zu belasten oder auch aufzugeben.
- Soweit neue Sachen entstehen oder mehrere Sachen zu einer einheitlichen Sache miteinander verbunden werden, muss bestimmt werden, wer Eigentümer dieser neuen Sache ist.
- Der Eigentümer darf mit seinen Sachen nicht immer willkürlich verfahren, sondern unterliegt etlichen Beschränkungen. Auszugehen ist von Art.14 Abs. 2 GG, wonach Eigentum verpflichtet und sein Gebrauch zugleich dem Wohl der Allgemeinheit dienen soll. Zivilrechtliche Beispiele für die Sozialbindung des Eigentums finden sich u. a. in den §§ 904, 906 ff. oder 226 oder auch im gesamten Mietrecht. Öffentlichrechtliche Beispiele finden sich in unzähligen Gesetzen insbesondere des Bau- und Bodenrechts, des Rechts der Raumordnung und der Landesplanung, aber auch im Straßenverkehrsrecht, Polizei- und Ordnungsrecht, im Waffengesetz usw.

Im Folgenden sollen die genannten Bereiche gründlicher, z. T. aber auch nur im Überblick behandelt werden, wobei auf die Bedürfnisse in der Ausbildung und insbesondere der späteren Berufspraxis abgestellt wird.

2 SCHUTZ DES EIGENTUMS

Der Schutz des Eigentums als solchem und der Schutz des Eigentümers vor Eingriffen des Staates wird durch Art. 14 GG garantiert. Viele Gesetze enthalten entsprechende Bestimmungen zum Schutz des Eigentums. Dies gilt insbesondere für das Strafgesetzbuch

[263] Wolf/Wellenhofer, SR, S. 13.
[264] Wolf/Wellenhofer, SR, S. 16.

(StGB), das Delikte, die sich gegen das Eigentum richten, unter Strafe stellt. Genannt seien u.a. Diebstahl (§ 242 StGB), Raub (§ 249 StGB), Unterschlagung (§ 246 StGB), aber auch Sachbeschädigung (§ 303 StGB). Im Folgenden soll jedoch der Schutz des Eigentums, den die Vorschriften des BGB, speziell die des Sachenrechts dem Eigentümer gewähren, dargestellt werden. Natürlich gibt es auch außerhalb des Sachenrechts Vorschriften, die auch zum Schutz des Eigentums herangezogen werden. Hier ist vorrangig auf § 823 Abs. 1 hinzuweisen, der denjenigen, der vorsätzlich oder fahrlässig das Eigentum eines anderen widerrechtlich verletzt, zum Schadensersatz verpflichtet. Das Eigentum ist selbstverständlich auch »etwas« i. S. d. § 812 Abs. 1.

2.1 Schutz des Eigentums bei Vorenthaltung des Besitzes

Die sachenrechtliche Anspruchsgrundlage schlechthin ist § 985. Danach kann der Eigentümer von dem Besitzer die Herausgabe der Sache verlangen. Für sich gesehen ist die Prüfung dieser Anspruchsgrundlage recht einfach, da es nur zwei Voraussetzungen gibt: Der Anspruchsgegner muss Besitzer sein, was leicht feststellbar ist, und der Anspruchsteller Eigentümer, was u. U. genauer zu prüfen ist.
Eine isolierte Prüfung des § 985 scheidet jedoch aus, denn der Anspruch aus § 985 ist nach § 986 ausgeschlossen, wenn der Besitzer ein Recht zum Besitz hat. Infrage kommen nach § 986 Abs. 1 S. 1 ein eigenes (1. Alt.) oder ein abgeleitetes (2. Alt.) Besitzrecht des Besitzers. Ein eigenes Besitzrecht kann sich aus einem dinglichen Recht, insbesondere aus einem Nießbrauch, aus einem Pfandrecht oder aus einem Anwartschaftsrecht ergeben. Das dingliche Recht wirkt absolut gegenüber jedem, also auch gegenüber dem Eigentümer, unabhängig davon, ob der Besitzer die Sache vom Eigentümer erhalten hat oder nicht.

Frau Müller-Weidenfeld ist verarmt und hat ihren wertvollen Schmuck verpfändet. Obwohl sie die dafür erhaltene Summe noch nicht zurückzahlen kann, verlangt sie ihren Schmuck für zwei Tage vom Pfandhausinhaber heraus, weil sie auf einem Sommerfest ihres Bridgeclubs nicht »halbnackt« erscheinen möchte. Frau Müller-Weidenfeld ist auch nach der Verpfändung ihres Schmucks Eigentümerin geblieben. Ihr Herausgabeanspruch scheitert jedoch an § 986, denn der Pfandgläubiger hat nach § 1205 ein dingliches Recht am Schmuck erworben, das ihn zum Besitz berechtigt.

Ebenfalls zum Besitz berechtigt ist der Besitzer, der mit dem Eigentümer einen schuldrechtlichen Vertrag geschlossen hat, nach dem ihm die Sache auf Zeit überlassen worden ist oder der auf Übertragung der Sache gerichtet ist.

So hat der Mieter einer Sache, z. B. einer Wohnung, das Recht zum Besitz. Dieses endet erst nach Ablauf der Mietzeit. Der Verwahrer hat dagegen kein Recht zum Besitz, denn der Hinterleger kann nach § 695 jederzeit die Sache zurückfordern. Beim Entleiher richtet sich das Besitzrecht nach § 604, insbesondere also danach, ob eine Zeit für die Dauer der Leihe bestimmt wurde.

Dem Besitzer kann auch aufgrund gesetzlicher Vorschriften und Rechtsverhältnisse ein Besitzrecht gegenüber dem Eigentümer zustehen. So besteht nach den Vorschriften über die Wirkungen der Ehe (§§ 1353 ff.) ein Besitzrecht des einen Ehegatten gegenüber dem anderen Ehegatten, der Eigentümer ist, an der ehelichen Wohnung und den Haushaltsgegenständen. Dieses Besitzrecht bleibt sogar im Falle des Getrenntlebens bis zur rechtskräftigen Scheidung der Ehe bestehen. Aus § 1626 ergibt sich auch ein Besitzrecht der Eltern am Kindesvermögen. Auch nach öffentlichem Recht kann der Besitzer dem Eigentümer gegenüber zum Besitz berechtigt sein.

Lässt die Polizei den verkehrswidrig abgestellten Pkw durch ein Abschleppunternehmen abschleppen, so ist dieses der unmittelbare Besitzer, die Polizei die mittelbare Besitzerin. Sie ist aufgrund des öffentlich-rechtlichen Rechtsverhältnisses zwischen ihr und dem Eigentümer zum Besitz berechtigt.[265]

Die Besitzberechtigung kann sich aber auch aus einem Rechtsverhältnis ergeben, das zwischen dem Eigentümer und einem Dritten, von dem der jetzige Besitzer sein Besitzrecht ableitet, geschlossen worden ist. Die Voraussetzungen eines solchen **abgeleiteten** Besitzrechts sind:

- Der unmittelbare Besitzer muss sein Besitzrecht von einem Dritten, der nicht Eigentümer ist, ableiten.
- Der Dritte, von dem der unmittelbare Besitzer sein Besitzrecht ableitet, muss dem Eigentümer gegenüber zum Besitz berechtigt sein.
- Der Dritte muss dem Eigentümer gegenüber zur Weitergabe des Besitzes befugt sein.

Frau Müller hat die kleine Einliegerwohnung in dem von ihr gemieteten Haus an einen Studenten untervermietet. Der Hauseigentümer hatte sich im Mietvertrag mit einer Untervermietung einverstanden erklärt. Der Student kann gegenüber einem etwaigen Räumungsverlangen des Hauseigentümers aus § 985 ein abgeleitetes Besitzrecht nach § 986 Abs. 1 S. 1 (2. Alt.) geltend machen. Er leitet sein Besitzrecht von Frau Müller als mittelbarer Besitzerin ab.

§ 986 ist übrigens eine Einwendung und keine Einrede und damit von Amts wegen zu berücksichtigen.[266]

MERKE

Bestimmungen zum Schutz des Eigentums sind in vielen Gesetzen enthalten, insbesondere im StGB wie auch im BGB. Unter denen des Sachenrechts ragt § 985 als Anspruchsgrundlage des Eigentümers bei Vorenthaltung des Besitzes heraus. Danach kann der Eigentümer von dem Besitzer die Herausgabe der Sache verlangen.
Der Anspruch aus § 985 ist jedoch ausgeschlossen, wenn der Besitzer ein Recht zum Besitz hat. Infrage kommen nach § 986 ein eigenes oder ein abgeleitetes Besitzrecht. Ein eigenes Besitzrecht kann sich aus einem dinglichen Recht an der Sache, etwa einem Nießbrauch oder Pfandrecht, ergeben. Es kann sich aber auch aus einem schuldrecht-

[265] Dazu BGH NJW 1977, 628.
[266] Palandt/Bassenge, § 986 Rdnr. 1.

lichen Vertrag ergeben, nach welchem die Sache dem Besitzer auf Zeit überlassen worden ist. Schließlich kann dem Besitzer auch aufgrund gesetzlicher Vorschriften ein Besitzrecht gegenüber dem Eigentümer zustehen.
Der unmittelbare Besitzer kann sein Besitzrecht aber auch von einem Dritten, der nicht Eigentümer ist, ableiten. Dann muss dieser Dritte jedoch dem Eigentümer gegenüber zum Besitz berechtigt und zur Weitergabe des Besitzes befugt sein.

2.2 Schutz des Eigentums vor Beschädigung und Zerstörung

Der Eigentümer hat ein Interesse daran, dass seine Sachen nicht beschädigt oder zerstört werden. Das Gesetz schützt dieses Interesse, indem es dem Eigentümer gegen denjenigen, der schuldhaft das Eigentum verletzt, einen Schadensersatzanspruch nach § 823 Abs. 1 gibt. Daneben können auch vertragliche Ansprüche auf Schadensersatz nach §§ 280 ff. gegeben sein, wenn zwischen Eigentümer und Schädiger vertragliche oder wenigstens vorvertragliche Beziehungen bestanden.

Dahlmann will im Geschäft des Schiras einen Orientteppich kaufen. Als er sich im Geschäft mit Daisy, seinem teuren und ordnungsgemäß angeleinten Lieblingshündchen umsieht, fällt ein schwerer zur Abholung aufgerollter Teppich um und erschlägt Daisy. Der Teppich war unsachgemäß und ungesichert aufgestellt. Dahlmann hat gegen Schiras einen Schadensersatzanspruch aus § 823 Abs. 1 und, da bereits ein vorvertragliches Schuldverhältnis zwischen ihm und dem Schiras bestand, aus §§ 311 Abs. 2, 280 Abs. 1.

Schadensersatzansprüche des Eigentümers aus § 823 Abs. 1 und möglicherweise daneben aus Vertrag bestehen auch dann, wenn der Schädiger rechtmäßiger Besitzer der Sache ist. So z. B., wenn er die Sache aufgrund eines wirksamen Vertrags mit dem Eigentümer von diesem erhalten hat. Er haftet dann nach den allgemeinen Vorschriften, die eine sachgerechte Regelung enthalten.

Eberhard hat dem Bertram für drei Tage sein Auto geliehen. Bertram verschuldet einen Unfall, bei dem das Auto zerstört wird. Eberhard hat wegen schuldhafter Verletzung seines Eigentums einen Schadensersatzanspruch nach § 823 Abs. 1, ferner aus § 280 Abs. 1 wegen Pflichtverletzung, nämlich verschuldeter Unmöglichkeit der sich aus dem Leihvertrag ergebenden Rückgabepflicht (§ 604 Abs. 1).

Anders verhält es sich, wenn der Besitzer, der die Sache beschädigt oder zerstört, unrechtmäßiger Besitzer ist. Hier stellt das Gesetz für den Schadensersatzanspruch des Eigentümers in den §§ 987 ff. Sondervorschriften auf, die grundsätzlich die Anwendbarkeit der allgemeinen Vorschriften ausschließen. Die §§ 987 ff. regeln das sog. Eigentümer-Besitzer-Verhältnis. Diese gängige Bezeichnung ist allerdings ungenau, denn gemeint ist ausschließlich das Verhältnis zwischen dem Eigentümer und dem unrechtmäßigen Besitzer. Da die Vorschriften über das Eigentümer-Besitzer-Verhältnis nicht nur, aber auch den Schutz des Eigentums bezwecken, soll im Überblick darauf eingegangen werden. Eine ausführlichere oder gar vertiefende Behandlung, wie sie in der Juristenausbildung nach wie vor gefordert ist, kann im Rahmen eines Grundrisses nicht erfolgen und dürfte auch im Hinblick auf die spätere Berufspraxis nicht notwendig sein.

2.3 Eigentümer-Besitzer-Verhältnis

Die Vorschriften des Eigentümer-Besitzer-Verhältnisses (§§ 987–1003) stellen eine der schwierigsten und kompliziertesten Rechtsmaterien des BGB dar. Es soll daher hier nur aufgezeigt werden, aus welchem Grund diese Sonderregelung geschaffen wurde und was ihr wesentlicher Inhalt ist.

2.3.1 Schadensersatzanspruch des Eigentümers gegen den unrechtmäßigen Besitzer

Auch, und man könnte meinen erst recht, gegen den unrechtmäßigen Besitzer ist der Eigentümer vor Zerstörung und Beschädigung seiner Sachen zu schützen. Die Frage ist, ob dazu nicht die allgemeinen Vorschriften über die vertragliche oder die deliktische Haftung ausreichen. So würde auch bei Beschädigung oder Zerstörung einer Sache durch den unrechtmäßigen Besitzer § 823 Abs. 1 dem Wortlaut nach unbedenklich anwendbar sein. Dies wäre jedoch nicht sachgerecht. Der unrechtmäßige Besitzer hält sich u. U. selbst für den rechtmäßigen Besitzer oder gar für den Eigentümer.

Eberhard leiht dem Vogelsang sein Fahrrad. Dieser veräußert es an Klose, der leicht fahrlässig nicht erkennt, dass das Fahrrad nicht dem Vogelsang gehört. Klose hat trotz leichter Fahrlässigkeit nach §§ 929, 932 Eigentum erworben und ist im Falle der Zerstörung oder Beschädigung als Eigentümer niemandem verantwortlich.
Vogelsang hat sich das Fahrrad ohne Wissen des Eberhard angeeignet und es an Klose veräußert, der wiederum leicht fahrlässig nicht erkennt, dass das Fahrrad nicht dem Vogelsang gehört. Hier kann Eberhard nach § 985 das Fahrrad von Klose herausverlangen, denn das Fahrrad ist ihm abhanden gekommen und ein Eigentumserwerb des Klose daher wegen § 935 ausgeschlossen. Nach § 823 wäre Klose für jede Beschädigung oder Zerstörung dem Eberhard verantwortlich, auch wenn sie vor dem Herausgabeverlangen des Eberhard passiert wäre.

Ein Vergleich dieser Beispiele zeigt, dass eine deliktische Haftung des Klose über § 823 Abs. 1 nicht sachgerecht wäre. Der Gesetzgeber hat daher für das Verhältnis zwischen Eigentümer und unrechtmäßigem Besitzer mit den §§ 987 ff. Sonderregelungen geschaffen, die zwischen Eigentümer und unrechtmäßigem Besitzer ein besonderes gesetzliches Schuldverhältnis begründen, auf das die Vorschriften der §§ 823 ff., aber auch andere Vorschriften des Schuldrechts nicht anwendbar sind. Der Sinn und Zweck der §§ 987 ff. besteht darin, den unrechtmäßigen Besitzer, der sich für den Eigentümer oder den berechtigten Fremdbesitzer hält, gegenüber den allgemeinen Vorschriften des Delikts- und Bereicherungsrechts zu privilegieren. Die §§ 989, 990 machen daher im Falle der Beschädigung, Zerstörung oder des Verlustes einer Sache die Schadensersatzpflicht des unrechtmäßigen Besitzers davon abhängig, ob er bei der Annahme, er sei rechtmäßiger Besitzer oder sogar Eigentümer, in gutem Glauben war. Nur der bösgläubige unrechtmäßige Besitzer ist dem Eigentümer vom Zeitpunkt der Bösgläubigkeit an schadensersatzpflichtig. Der Bösgläubigkeit wird die Rechtshängigkeit gleichgestellt. Rechtshängigkeit tritt mit Zustellung der Herausgabeklage des Eigentümers an den Besitzer ein. Von diesem Zeitpunkt an muss der Besitzer mit einer möglichen Verurteilung zur Herausgabe rechnen und kann sein Verhalten darauf einstellen. Wenn er nun schuldhaft die Zerstörung, Beschädigung oder den Verlust der Sache herbeiführt, haftet er dem Eigentümer auf Schadensersatz. Nach den Vorschriften über den Schadensersatz wegen unerlaubter Handlung haftet nach § 992 allerdings der unrechtmäßige Besitzer, der sich den Besitz durch verbotene Eigenmacht oder durch eine Straftat verschafft hat.

MERKE

Auch im Falle der Beschädigung oder Zerstörung seiner Sachen wird der Eigentümer durch das BGB geschützt, indem es ihm gegen denjenigen, der schuldhaft das Eigentum verletzt, einen Schadensersatzanspruch nach § 823 Abs. 1 gibt. Daneben können auch vertragliche Ansprüche auf Schadensersatz nach §§ 280 ff. gegeben sein, wenn zwischen Eigentümer und Schädiger vertragliche oder vorvertragliche Beziehungen bestanden. Diese Schadensersatzansprüche bestehen auch dann, wenn der Schädiger rechtmäßiger Besitzer der Sache ist.
Die Anwendung der Schadensersatzvorschriften aus unerlaubter Handlung wäre vielfach nicht sachgerecht, wenn der Schädiger unrechtmäßiger Besitzer ist. Er hält sich nämlich u. U. selbst für den rechtmäßigen Besitzer oder sogar für den Eigentümer. Deshalb schließen die Vorschriften des sog. »Eigentümer-Besitzer-Verhältnisses«, die §§ 987 ff., die Anwendung dieser Schadensersatzvorschriften aus und nehmen eine genauere Differenzierung zwischen gut- und bösgläubigem Besitzer vor. Nur der Letztere haftet. Aus Deliktsrecht haftet nach § 992 lediglich derjenige, der sich den Besitz durch verbotene Eigenmacht oder eine Straftat verschafft hat.

2.3.2 Anspruch des Eigentümers gegen den unrechtmäßigen Besitzer auf Herausgabe der Nutzungen

Der Eigentümer hat nicht nur ein Interesse daran, dass er seine Sachen, die sich im Besitz eines anderen befinden, nach § 985 herausverlangen und dass er im Falle der Beschädigung, Zerstörung oder des Verlustes Schadensersatz verlangen kann. Er hat auch ein Interesse daran, von dem unrechtmäßigen Besitzer, der seine Sachen genutzt hat, die Nutzungen oder deren Wert herausverlangen zu können. Nach Rechtshängigkeit oder im Falle der Bösgläubigkeit ist der Besitzer nicht mehr schutzwürdig. Er hat deshalb die nach diesem Zeitpunkt gezogenen Nutzungen an den Eigentümer herauszugeben (§ 987 Abs. 1 bzw. §§ 990 Abs. 1, 987 Abs. 1). Dass der gutgläubige unrechtmäßige Besitzer, der sich also für den rechtmäßigen Besitzer hält, verschont werden soll, ist verständlich, insbesondere wenn er in die Sache investiert haben sollte oder, wie das Gesetz es ausdrückt, Verwendungen auf die Sache gemacht hat.

Arnold hat von Bertram einen Gebrauchtwagen gekauft und bereits über ein Jahr gefahren, als sich Eberhard meldet, dem der Wagen gestohlen worden ist, was Arnold nicht wissen konnte. Eberhard kann von Arnold die Herausgabe des Wagens nach § 985 verlangen. Das Gesetz mutet ihm jedoch nicht zu, auch die Nutzungen herauszugeben, d. h. die Gebrauchsvorteile dem Eberhard zu erstatten oder für Beschädigungen Schadensersatz zu leisten. Ohne die speziellen Vorschriften der §§ 987 ff. müsste er die Nutzungen nach den Regeln der ungerechtfertigten Bereicherung nach §§ 812, 818 herausgeben und Schadensersatz auch bei leichtester Fahrlässigkeit nach § 823 zahlen. Erst vom Zeitpunkt der Bösgläubigkeit bzw. der Rechtshängigkeit an ist er zur Herausgabe der Nutzungen und bei Beschädigung zum Schadensersatz verpflichtet.

MERKE

Auch hinsichtlich der Ansprüche des Eigentümers gegen den unrechtmäßigen Besitzer auf Nutzungsherausgabe schließen die §§ 987 ff. Ansprüche aus Delikt oder ungerechtfertigter Bereicherung aus und unterscheiden nach Gut- oder Bösgläubigkeit des Besitzers. Der gutgläubige unrechtmäßige Besitzer wird weitgehend geschont.

2.3.3 Verwendungsersatzanspruch des unrechtmäßigen Besitzers

Der Vollständigkeit halber, wenn auch ohne direkten Bezug zum Schutz des Eigentums, soll noch auf die §§ 994 ff. hingewiesen werden. Der rechtmäßige Besitzer, der eine fremde Sache instand setzt oder verbessert und dafür sorgt, dass die Sache dem Eigentümer in gutem Zustand erhalten bleibt, erhält derartige Investitionen aufgrund vertraglicher Regelung oder kraft gesetzlicher Vorschriften ersetzt. Der unrechtmäßige Besitzer kann wegen der gemachten Verwendungen gem. § 1000 ein Zurückbehaltungsrecht geltend machen, d. h. die Herausgabe der Sache verweigern, bis er wegen der ihm zu ersetzenden Verwendungen befriedigt wird. Das Zurückbehaltungsrecht steht ihm nur dann nicht zu, wenn er die Sache durch eine vorsätzlich begangene unerlaubte Handlung erlangt hat.
Gäbe es die §§ 994 ff. nicht, müsste der unrechtmäßige Besitzer den Herausgabeanspruch des Eigentümers ohne Weiteres erfüllen und bekäme die Verwendungen auf die Sache, die dem Eigentümer zugutekommen, nicht ersetzt. Die §§ 994 ff. sorgen jedoch für einen sachgerechten Interessenausgleich. Der gutgläubige unrechtmäßige Eigenbesitzer erhält die notwendigen Verwendungen ersetzt. Die gewöhnlichen Erhaltungskosten sind ihm jedoch für die Zeit, für die ihm die Nutzungen verbleiben, nicht zu ersetzen (§ 994 Abs. 1). Außerdem erhält er nach § 996 sog. nützliche Verwendungen ersetzt, sofern der Wert der Sache durch sie noch erhöht ist, wenn der Eigentümer die Sache wiedererlangt. Der bösgläubige unrechtmäßige Besitzer soll lediglich die notwendigen Verwendungen ersetzt erhalten und zwar nur nach den Regeln der Geschäftsführung ohne Auftrag (§ 994 Abs. 2). Dasselbe gilt auch nach Eintritt der Rechtshängigkeit.

MERKE

Eine spezielle Behandlung durch die Vorschriften des Eigentümer-Besitzer-Verhältnisses erfährt der unrechtmäßige Besitzer, wenn er die Sache, die ihm nicht gehört und die er nun an den Eigentümer herausgeben soll, instand gesetzt oder verbessert oder wenn er sonstige Investitionen getätigt hat. Hier sorgen z. B. die §§ 994 und 996, aber auch § 1000 für einen sachgerechten Interessenausgleich.

2.4 Abwehranspruch des Eigentümers nach § 1004

Unter 2.1 bis 2.3 wurde der Schutz des Eigentums im Falle der Vorenthaltung des Besitzes und der Schutz des Eigentums vor Zerstörung oder Beschädigung mit den sich daraus ergebenden Ansprüchen des Eigentümers und den eventuellen Gegenrechten des Besitzers behandelt. Der Eigentümer kann aber auch in anderer Weise als durch Vorenthaltung oder Entziehung des Besitzes in seinem Eigentum gestört werden. Hiergegen schützt ihn § 1004. Nach dieser Vorschrift kann der Eigentümer Beseitigung oder Unterlassung der Störung verlangen, es sei denn, dass er zur Duldung verpflichtet ist. Die Voraussetzungen des Anspruchs aus § 1004 sind:

- Es muss das Eigentum des Anspruchstellers beeinträchtigt sein.
- Der Anspruchsgegner muss Störer sein.
- Der Anspruchsteller darf nicht zur Duldung der Störung verpflichtet sein.

Als Rechtsfolge sieht § 1004 vor, dass der Eigentümer vom Störer die Beseitigung der Beeinträchtigung seines Eigentums verlangen kann. Sind weitere Beeinträchtigungen zu besorgen, so kann er auf Unterlassung klagen.

MERKE

Der Eigentümer kann auch in anderer Weise als durch Vorenthaltung des Besitzes oder durch Beschädigung und Zerstörung seiner Sachen in seinem Eigentum gestört werden. Hiergegen schützt ihn § 1004, nach welcher Vorschrift er Beseitigung oder Unterlassung der Störung verlangen kann, es sei denn, dass er zur Duldung verpflichtet ist.

2.4.1 Beeinträchtigung des Eigentums

Große praktische Bedeutung hat § 1004 dadurch erlangt, dass er im Wesentlichen zum Schutz des Grundstückseigentümers herangezogen wird. Aber auch jede Störung des Eigentums an beweglichen Sachen mit Ausnahme der Entziehung oder Vorenthaltung des Besitzes wird von § 1004 erfasst. Eine Eigentumsbeeinträchtigung liegt vor, wenn auf den räumlich-gegenständlichen Bereich einer Sache eingewirkt wird, wenn wägbare Stoffe auf das Grundstück gelangen oder wenn unwägbare Stoffe grenzüberschreitend auf das Grundstück gelangen und schließlich auch dann, wenn auf dem Nachbargrundstück gefährdende Maßnahmen oder Vorrichtungen getroffen oder unterhalten werden. Beeinträchtigung

ist also jeder dem Inhalt des Eigentums (s. § 903) widersprechende Eingriff in die Herrschaftsmacht des Eigentümers.
So sind das Bekleben einer Sache mit Werbezetteln, aber auch der Einwurf von Werbematerial in den Hausbriefkasten, sofern durch Hinweis des Eigentümers untersagt, als Beeinträchtigung zu werten. Eine Einwirkung auf ein Grundstück liegt vor, wenn jemand das Grundstück regelmäßig zu Abkürzungszwecken überquert, jemand Sachen oder Müll auf dem Grundstück des Eigentümers ablagert oder der Nachbar Regenwasser auf das Grundstück des Eigentümers ableitet. Eine Beeinträchtigung ist auch dann gegeben, wenn der Nachbar seinen Hund auf das Grundstück des betroffenen Eigentümers laufen und dort sogar sein Geschäft verrichten lässt. Auch die Zuführung von Gasen, Dämpfen, Gerüchen, Rauch, Ruß, Wärme, Geräusch, Erschütterungen und ähnlicher sog. unwägbarer Stoffe sind Einwirkungen, die der Grundstückseigentümer allerdings nach § 906 nicht verbieten kann, sofern sie die Benutzung seines Grundstücks nicht oder nur unwesentlich beeinträchtigen.

So wird gegen den zwei- oder dreimal im Jahr stattfindenden Grillabend, der Lärm, Gerüche und Rauch auf das Nachbargrundstück gelangen lässt, wenig auszurichten sein, wenn sich die Beeinträchtigungen in Grenzen halten. Auch wenn der Nachbar mit Motorengeräusch und Dieselruß am frühen Morgen zur Arbeit startet, sind dies im Allgemeinen hinzunehmende unwesentliche Beeinträchtigungen. Anders sicherlich, wenn auf dem Nachbargrundstück regelmäßig Altpapier und Gartenabfälle verbrannt werden oder dort selbst in der Mittagszeit der Rasen mit einem alten lärmintensiven Benzinrasenmäher gemäht wird. Auch der im Nachbarhaus wohnende Musikstudent darf nicht mehrere Stunden täglich bei geöffnetem Fenster das Trompetenspiel üben. Er wird sich auf einige Stunden außerhalb der Mittags- und der Nachtruhezeiten bei geschlossenem Fenster beschränken müssen.

Es ist einleuchtend, dass bei derartigen Eigentumsbeeinträchtigungen unter Grundstücksnachbarn heftig um die Frage der Intensität der Beeinträchtigung gestritten wird. Im Hinblick auf die Formulierung des § 906 besteht jedoch Einigkeit, dass der Anspruchsteller nur die Zuführung unwägbarer Stoffe, der Anspruchsgegner jedoch die fehlende oder nur unwesentliche Beeinträchtigung beweisen muss.
Neben den bisher geschilderten positiven Einwirkungen auf eine Sache, meistens ein Grundstück, gibt es auch sog. negative Einwirkungen. Von negativen Einwirkungen spricht man, wenn jemand durch die Nutzung seines Grundstücks innerhalb seiner Grenzen dem Nachbargrundstück natürliche Verbindungen zur Umwelt entzieht.

Durch den Bau eines fünfstöckigen Hauses auf dem Nachbargrundstück wird den Fenstern im Hause des Eigentümers Eberhard viel Licht entzogen; außerdem wird der Rundfunk- und Fernsehempfang empfindlich gestört.

Nach der Rechtsprechung sowie der herrschenden Meinung stellen derartige negative Einwirkungen keine Eigentumsbeeinträchtigung i. S. d. § 1004 dar.[267] Nach § 903 kann jeder mit seinen Sachen, also auch Grundstücken, nach Belieben verfahren. Der notwendige Interessenausgleich zwischen Grundstücksnachbarn wird durch die nachbarrechtlichen

[267] BGHZ 88, 344 ff.; Palandt/Bassenge, § 903 Rdnr. 9.

Bestimmungen, insbesondere auch § 906, geschaffen. Hiernach darf der Grundstücksnachbar aber nur die Zuführung von sog. Imponderabilien wie Gasen, Dämpfen, Gerüchen, Rauch und ähnlichen Einwirkungen verbieten. Unter »ähnlichen Einwirkungen« i. S. d. § 906 sind nach der Rechtsprechung aber nur den in dieser Vorschrift aufgezählten Beispielen gleichartige, d. h. allein positiv die Grenze überschreitende, im Allgemeinen sinnlich wahrnehmbare Einwirkungen zu verstehen.[268] Im obigen Beispiel kann Eberhard allenfalls überprüfen, ob der öffentlich-rechtlich vorgeschriebene Grenzabstand und die sonstigen baurechtlichen Vorschriften, etwa bei der Geschosszahl, eingehalten wurden. Ist dass nicht der Fall, kann er öffentlich-rechtlich gegen die Bebauung des Nachbargrundstücks vorgehen.
Die Rechtsprechung verneint schließlich auch bei sog. ideellen Einwirkungen grundsätzlich eine Beeinträchtigung des Eigentums i. S. d. § 1004. Von ideellen Einwirkungen spricht man, wenn es nicht um grenzüberschreitende Immissionen unwägbarer oder wägbarer Stoffe geht, sondern eher um Beeinträchtigungen des seelischen oder des ästhetischen Empfindens des Eigentümers durch Vorgänge oder Zustände in der Nähe seines Grundstücks, in erster Linie auf dem Nachbargrundstück.

Schulbeispiele sind hier der Bordellbetrieb auf dem Nachbargrundstück oder der Abstellplatz für Schrottwagen in einer besseren Wohngegend.

Während die Rechtsprechung bei der Verletzung des sittlichen wie des ästhetischen Empfindens eine Abwehrmöglichkeit nach § 1004 weitgehend verneint, ist man in der Literatur hier vielfach anderer Ansicht.[269]

MERKE

Große praktische Bedeutung hat § 1004 dadurch erlangt, dass er im Wesentlichen zum Schutz des Grundstückseigentümers herangezogen wird. Erste Voraussetzung ist die Eigentumsbeeinträchtigung. Sie liegt vor, wenn auf den räumlich-gegenständlichen Bereich einer Sache eingewirkt wird, wenn wägbare Stoffe auf das Grundstück gelangen oder wenn unwägbare Stoffe grenzüberschreitend auf das Grundstück gelangen und auch wenn auf dem Nachbargrundstück gefährdende Maßnahmen oder Vorrichtungen getroffen oder unterhalten werden.
Neben solchen positiven Einwirkungen auf eine Sache, meistens ein Grundstück, gibt es auch sog. negative Einwirkungen. Von ihnen spricht man, wenn jemand durch die Nutzung seines Grundstücks innerhalb seiner Grenzen dem Nachbargrundstück natürliche Verbindungen zur Umwelt entzieht. Nach Rechtsprechung und herrschender Meinung stellen sie keine Beeinträchtigung i. S. d. § 1004 dar. Bei Verletzung von Grenzabstands- oder sonstigen Baurechtsvorschriften kann der Eigentümer öffentlich-rechtlich gegen den Nachbarn vorgehen.
Auch bei sog. ideellen Einwirkungen wie etwa Beeinträchtigungen des seelischen oder des ästhetischen Befindens des Eigentümers durch Vorgänge in der Nachbarschaft verneint die Rechtsprechung eine Beeinträchtigung i. S. d. § 1004.

[268] A. A. Wolf/Wellenhofer, SR, S. 365.
[269] Wolf/Wellenhofer, SR, S. 366.

2.4.2 Der Störer

Beseitigung oder Unterlassung der Beeinträchtigung des Eigentums kann nach § 1004 nur vom Störer verlangt werden. **Handlungsstörer** ist, wer durch sein Handeln die Beeinträchtigung des Eigentums adäquat kausal verursacht hat. Ist die Störung nicht unmittelbar auf eine Handlung zurückzuführen, sondern geht die Beeinträchtigung vom Zustand anderer Sachen aus, so kann derjenige, der die Herrschaft über diese Sache ausübt, als **Zustandsstörer** auf Unterlassung oder Beseitigung in Anspruch genommen werden.

Der bereits erwähnte Musikstudent, der mit seiner Trompete empfindlich die Ruhe des Nachbarn stört, ist ebenso Handlungsstörer wie derjenige, der sein Auto auf einem fremden Grundstück parkt oder der eine Hauswand mit Graffiti besprüht.
Eberhard ist Eigentümer eines Grundstücks, auf dem er einen Gartenteich angelegt hat. In diesem Teich haben sich Frösche angesiedelt, durch deren Quaken sein Nachbar Nienhaus in seiner Nachtruhe erheblich gestört wird. Eberhard ist Zustandsstörer, also Störer i. S. d. § 1004, da er die Lärmbelästigung durch die Anlage des Teichs mitverursacht hat.[270]
Nach einem orkanartigen Sturm stürzt ein auf dem Grundstück des Nienhaus stehender kräftiger und gut gewachsener Baum auf das Grundstück des Eberhard. Gegenüber normalen Stürmen wäre der Baum hinreichend widerstandsfähig gewesen. Hier kann Nienhaus nicht als Zustandsstörer in Anspruch genommen werden, denn durch Naturereignisse ausgelöste Beeinträchtigungen können ihm nicht angelastet werden. Anders wäre die Lage zu beurteilen, wenn es sich um einen altersschwachen Baum gehandelt hätte, der sicherheitshalber schon lange hätte entfernt werden müssen, d. h., die Beeinträchtigung muss irgendwie auf menschliches Verhalten zurückführbar sein.

MERKE

Beseitigung oder Unterlassung der Beeinträchtigung kann nur vom Störer verlangt werden. Handlungsstörer ist, wer durch sein Handeln die Beeinträchtigung des Eigentums adäquat kausal verursacht hat. Geht die Beeinträchtigung dagegen vom Zustand anderer Sachen aus, so kann derjenige, der die Herrschaft über diese Sache ausübt, als Zustandsstörer auf Beseitigung oder Unterlassung in Anspruch genommen werden.

2.4.3 Duldungspflicht des beeinträchtigten Eigentümers

Nach § 1004 Abs. 2 ist der Anspruch auf Beseitigung oder Unterlassung der Beeinträchtigung ausgeschlossen, wenn der Eigentümer zur Duldung verpflichtet ist. Eine solche Duldungspflicht kann sich aus dem privaten oder aus dem öffentlichen Recht ergeben. Es handelt sich hierbei um eine Einwendung, für die notfalls der Störer die Beweislast trägt. Eine privatrechtliche Duldungspflicht kann kraft Gesetzes oder kraft Rechtsgeschäfts bestehen. Der Eigentümer kann sein Grundstück vertraglich mit einem beschränkten dinglichen

[270] BGH NJW 1993, 925 f.

Recht, etwa einem Wegerecht, belasten. Der Eigentümer muss dann die Ausübung dieses Wegerechts dulden. Auch in einem schuldrechtlichen Vertrag kann sich der Eigentümer verpflichten, bestimmte Einwirkungen auf sein Eigentum hinzunehmen. So verpflichtet sich der Vermieter einer Wohnung durch den Mietvertrag nicht nur zur Besitzüberlassung an den Mieter. Er muss auch hinnehmen, dass dieser weitere Personen als Besuch für eine angemessene Dauer aufnimmt, Familienangehörige oder Hauspersonal sogar auf Dauer. Er muss das Abstellen von Fahrrädern auf seinem Grundstück dulden, je nach Gestaltung des Mietvertrags auch die Haltung von Haustieren.

Als privatrechtliche Vorschriften, die eine Duldungspflicht begründen, kommen in erster Linie die Bestimmungen des BGB zum Nachbarrecht in Betracht. Es sind dies die §§ 906 Abs. 1 und Abs. 2 S. 1, 912 Abs. 1 und 917 Abs. 1. Nach § 906 Abs. 1, der schon oben Erwähnung fand, muss der Eigentümer die Zuführung unwägbarer Stoffe (Imponderabilien), die lediglich zu einer unwesentlichen Beeinträchtigung führen, dulden. Dulden muss der Eigentümer eines Grundstücks aber auch eine wesentliche Beeinträchtigung, wenn sie durch eine ortsübliche Benutzung eines anderen Grundstücks herbeigeführt wird und nicht durch Maßnahmen verhindert werden kann, die Benutzern dieser Art wirtschaftlich zumutbar sind. Wesentlich sind die Beeinträchtigungen, die von einem sog. »Durchschnittseigentümer« des beeinträchtigten Grundstücks als störend empfunden werden. Ortsüblichkeit ist zu bejahen, wenn die Benutzung in dem betreffenden räumlichen Bereich tatsächlich häufiger vorkommt. Keine Ortsüblichkeit ist gegeben, wenn die Anlage, von der die Beeinträchtigung ausgeht, nicht über die erforderliche behördliche Genehmigung verfügt.[271]

Neben den nachbarrechtlichen Vorschriften sei noch auf die allgemeine Duldungspflicht bei einem Notstand nach § 904 hingewiesen. Der Eigentümer muss eine durch den Notstand nach § 904 gerechtfertigte Einwirkung eines anderen auf seine Sache hinnehmen; er kann allerdings nach § 904 S. 2 Ersatz des ihm daraus entstehenden Schadens verlangen.

Aber auch kraft öffentlichen Rechts kann eine Duldungspflicht des Eigentümers eines Grundstücks gegenüber Beeinträchtigungen, die von einem anderen Grundstück ausgehen, bestehen. So wurde eine Duldungspflicht des Eigentümers über § 906 hinaus durch § 14 BImSchG geschaffen. Soweit für nach dem BImSchG genehmigungsbedürftige Anlagen eine unanfechtbare Genehmigung erteilt worden ist, kann der Eigentümer eines betroffenen Grundstücks sich nicht mehr mit dem Anspruch auf Einstellung des Betriebs gem. § 1004 wehren. Er ist vielmehr zur Duldung verpflichtet und kann allenfalls Schutzvorkehrungen verlangen, die technisch machbar und wirtschaftlich vertretbar sind. Sind solche Maßnahmen nicht vertretbar, so kann er lediglich Schadensersatz verlangen. Der Grund, weshalb § 14 BImSchG privatrechtliche Ansprüche ausschließt, liegt darin, dass interessierte Nachbarn im Genehmigungsverfahren nach § 10 BImSchG auch privatrechtliche Einwendungen gegen die Anlage erheben können.

Aus einem Verwaltungsakt ergibt sich nur dann eine Duldungspflicht, wenn der Inhalt des Verwaltungsakts genau darauf gerichtet ist, dass der Eigentümer ein bestimmtes Verhalten oder eine bestimmte Einwirkung auf sein Eigentum zu dulden hat. Soweit anderen Personen, etwa dem Nachbarn, eine öffentlich-rechtliche Erlaubnis erteilt wird, werden davon die privatrechtlichen Rechtsbeziehungen grundsätzlich nicht berührt.

---

[271] So BGH NJW 1999, 356 ff.

Erteilt die Baubehörde dem Nachbarn Nienhaus eine Bauerlaubnis und kommt es, als dieser davon Gebrauch macht, zu einer Eigentumsstörung bei Eberhard, so kann sich Nienhaus nicht darauf berufen, dass Eberhard aufgrund der Bauerlaubnis zur Duldung verpflichtet sei. Mit der Bauerlaubnis wird regelmäßig zum Ausdruck gebracht, dass öffentlich-rechtliche Bedenken nicht bestehen. Eberhard kann sich also gegen störende Beeinträchtigungen seines Eigentums mit § 1004 zur Wehr setzen.

MERKE

Nach § 1004 Abs. 2 ist der Anspruch auf Beseitigung oder Unterlassung der Beeinträchtigung ausgeschlossen, wenn der Eigentümer zur Duldung verpflichtet ist. Eine solche Duldungspflicht kann sich aus dem privaten oder aus dem öffentlichen Recht ergeben. Eine privatrechtliche Duldungspflicht kann kraft Gesetzes oder kraft Rechtsgeschäfts bestehen. Als privatrechtliche Vorschriften kommen vorrangig die nachbarrechtlichen Bestimmungen der §§ 906, 912 und 917 in Betracht. So muss der Eigentümer nach § 906 Abs. 1 die Zuführung sog. Imponderabilien, die lediglich zu einer unwesentlichen Beeinträchtigung führen, dulden. Sogar wesentliche Beeinträchtigungen müssen unter den in § 906 Abs. 2 genannten Voraussetzungen hingenommen werden. Der Eigentümer kann sich aber auch in einem schuldrechtlichen Vertrag verpflichten, bestimmte Einwirkungen auf sein Eigentum hinzunehmen. Auch aus der Belastung seines Grundstücks mit einem beschränkten dinglichen Recht kann sich eine Duldungspflicht ergeben.
Auch kraft öffentlichen Rechts kann eine Duldungspflicht bestehen, die sogar über die nach § 906 hinausgehen kann, wie etwa die aus § 14 BImSchG. Sofern für eine beeinträchtigende Anlage eine unanfechtbare Genehmigung erteilt wurde, ist der Beeinträchtigte zur Duldung verpflichtet und kann allenfalls Schutzvorkehrungen verlangen, soweit sie technisch machbar und wirtschaftlich zumutbar sind.

2.4.4 Beseitigungs- und Unterlassungsanspruch

Liegen die Voraussetzungen des § 1004 vor, so kann der Eigentümer von dem Störer die Beseitigung gegenwärtiger Beeinträchtigungen verlangen. Nach § 1004 Abs. 1 S. 2 kann er, wenn weitere Beeinträchtigungen zu befürchten sind, auf Unterlassung klagen.

Heinz Helmrich fährt des Öfteren mit seinem in die Jahre gekommenen Pkw zu Abkürzungszwecken durch das Privatwäldchen des Freiherrn von Basewitz. Wenn er dies trotz ausdrücklichen Verbots durch den Freiherrn nicht unterlässt, kann dieser auf Unterlassung klagen.
Als Heinz Helmrich trotz Verbots wieder den Weg durch das Privatwäldchen des Freiherrn benutzt, gibt sein altersschwacher Pkw den Geist auf. Helmrich schiebt das Auto ins Gebüsch und kümmert sich nicht mehr darum. Hier kann der Freiherr den Beseitigungsanspruch nach § 1004 geltend machen.

Dem Wortlaut des § 1004 Abs. 1 S. 2 nach müssen »weitere Beeinträchtigungen« zu besorgen sein. Danach könnte man meinen, dass wie im ersten Beispiel immer eine Störung des Eigentums stattgefunden haben muss. Der Eigentümer muss jedoch nicht abwarten, bis sein Eigentum beeinträchtigt wird. Es reicht auch die konkrete Gefahr, dass es zu einer Beeinträchtigung des Eigentums kommen wird.
Durch den Beseitigungsanspruch soll der verbleibende Störungstatbestand aufgehoben werden. Dies ist im vorhergehenden Beispiel durch die Entfernung des Autos leicht zu bewerkstelligen. In vielen Fällen kann es aber zu Abgrenzungsschwierigkeiten mit dem Schadensersatzanspruch aus § 823 kommen, der gem. § 249 auf Wiederherstellung des ursprünglichen Zustands gerichtet ist.

Heinz Helmrich hat sein Schrottauto nicht ins Gebüsch geschoben, sondern es in einem kleinen See mit wertvollem Fischbestand versenkt. Mit § 1004 kann der Freiherr nur die Bergung und Fortschaffung des Autos verlangen. Ist jedoch durch ausgelaufenen Kraftstoff und ausgelaufenes Motorenöl der kleine See verunreinigt und sind die Fische verendet, so kann dieser Schaden nur über § 823 Abs. 1 geltend gemacht werden.

Nach dem BGH[272] gehört die Grenzziehung zwischen dem Beseitigungsanspruch und dem deliktsrechtlichen Schadensersatzanspruch zu den ungelösten Problemen des § 1004. Eine exakte Abgrenzung sollte aber immer versucht werden, denn jeder Schadensersatzanspruch setzt Verschulden voraus und der verschuldensunabhängige Anspruch aus § 1004 darf daher nicht als Grundlage für einen Schadensersatzanspruch dienen.

MERKE

Liegen die Voraussetzungen des § 1004 vor, kann der Eigentümer von dem Störer die Beseitigung der Beeinträchtigung verlangen. Sind weitere Beeinträchtigungen zu besorgen, so kann der Eigentümer auf Unterlassung klagen. Trotz dieses Wortlauts der Vorschrift muss der Eigentümer nicht warten, bis sein Eigentum beeinträchtigt wird. Für die Unterlassungsklage reicht auch die konkrete Gefahr einer drohenden Beeinträchtigung. Mit dem Anspruch aus § 1004 kann, zumal er verschuldensunabhängig ist, auch kein Schadensersatz verlangt werden.

III Rechtsgeschäftlicher Eigentumserwerb an beweglichen Sachen

Kann der Eigentümer nach § 903 mit seinen Sachen nach Belieben verfahren, so wird er sich insbesondere auch von seinen Sachen trennen und das Eigentum an ihnen auch auf einen anderen übertragen können. Dieser Vorgang spielt in der Praxis infolge von Kauf- und Tauschverträgen oder Schenkungen eine bedeutende Rolle und musste daher vom Gesetzgeber eingehend geregelt werden. Dabei sieht das Gesetz sehr unterschiedliche

272 In NJW 1996, 845.

Vorschriften für die Eigentumsübertragung von beweglichen Sachen einerseits (§§ 929 ff.) und Grundstücken andererseits (§§ 873, 925) vor. Der Grund ist darin zu sehen, dass es bei der Übereignung von Grundstücken in der Regel um mehr geht als bei der Übereignung eines Buches, eines Bildes oder einer sonstigen beweglichen Sache. Die Übertragung des Eigentums an einem Grundstück soll daher auf eine besonders sichere Grundlage gestellt werden. Auch soll der Einzelne wegen der Bedeutung des Grundstückseigentums vor einer übereilten Veräußerung ohne ausreichende Beratung geschützt werden, weshalb nicht nur beim Kaufvertrag über ein Grundstück, sondern auch bei dessen Übereignung regelmäßig der Notar mitwirkt. Im Folgenden soll zunächst die im täglichen Leben stattfindende Übereignung beweglicher Sachen behandelt werden.
Die Übertragung des Eigentums an einer beweglichen Sache erfolgt durch ein Rechtsgeschäft nach §§ 929 ff. Man spricht hier auch von einem dinglichen bzw. sachenrechtlichen Rechtsgeschäft oder einem Verfügungsgeschäft. In diesem Verfügungsgeschäft wird keine Verpflichtung irgendeiner Person begründet. Dies ist in dem vorangegangenen schuldrechtlichen Verpflichtungsgeschäft, in der Regel einem Kaufvertrag, geschehen. Das Verfügungsgeschäft ist dadurch gekennzeichnet, dass durch dieses ein Recht unmittelbar und ohne weitere Durchführungsgeschäfte übertragen, belastet, in seinem Inhalt geändert oder aufgehoben wird. Nicht etwa durch den Kaufvertrag, sondern erst durch das davon zu trennende Verfügungsgeschäft nach §§ 929 ff. geschieht erst etwas mit der Sache: Nun geht das Eigentum auf den Käufer über.
Der Eigentümer kann sein Eigentum an einer beweglichen Sache auf einen anderen übertragen, indem er

- sich mit dieser Person, dem Erwerber, über den Eigentumsübergang einigt Willensmoment und
- in Vollziehung der Einigung die bewegliche Sache übergibt (§ 929) oder ein Übergabesurrogat vereinbart (§§ 930, 931) Vollzugsmoment.

Dieser Doppeltatbestand soll den Eigentumswechsel offenkundig machen.

MERKE

Die Übertragung des Eigentums an einer beweglichen Sache erfolgt durch ein Rechtsgeschäft nach §§ 929 ff. Es handelt sich um ein Verfügungsgeschäft, bestehend aus Einigung und Übergabe der Sache bzw. Vereinbarung eines Übergabesurrogats.

1 EINIGUNG

Die Einigung i. S. d. § 929 S. 1 ist ein dinglicher Vertrag, bestehend aus zwei übereinstimmenden Willenserklärungen, in denen sich Eigentümer und Erwerber darüber einig sind, dass das Eigentum übergehen soll. Für das Zustandekommen des dinglichen Vertrags und die in ihm enthaltenen Willenserklärungen gelten die Regeln des Allgemeinen Teils des BGB über die Rechtsgeschäfte. Erforderlich ist, dass der äußere Erklärungstatbestand des Eigentümers auf das Vorhandensein des Eigentumsübertragungswillens und der des Erwerbers auf das Vorhandensein des Eigentumserwerbswillens schließen lassen.

Bei den Rechtsgeschäften des täglichen Lebens kann, worauf schon bei der Behandlung des Abstraktionsprinzips hingewiesen wurde[273], eine saubere juristische Trennung zwischen Verpflichtungsgeschäft, etwa dem Kaufvertrag, und dem Verfügungsgeschäft nach § 929, nämlich der Übertragung des Eigentums an der Sache vom Verkäufer auf den Käufer, äußerlich kaum oder nicht wahrgenommen werden. Die nach § 929 zur Eigentumsübertragung erforderliche Einigung, bestehend aus den beiden sich deckenden Willenserklärungen des bisherigen Eigentümers und des Erwerbers, werden bei solchen Rechtsgeschäften vielfach konkludent erklärt. Dies kann bei der Übergabe geschehen, wenn diese zur Erfüllung der Verpflichtung aus dem Grundgeschäft erfolgt. Dann bringt der Veräußerer mit der Übergabe seinen Eigentumsübertragungswillen zum Ausdruck, der Erwerber mit dem Empfang der Sache seinen Eigentumserwerbswillen. Auch mit der Zahlung des Kaufpreises vor der Übergabe bringt der Erwerber zum Ausdruck, dass er die geschuldete Gegenleistung, nämlich die Eigentumsübertragung an der Kaufsache, erwartet. Damit äußert er seinen Eigentumserwerbswillen und der Veräußerer nimmt dieses Angebot zum Eigentumserwerb konkludent mit Lieferung der Sache an.
Die Parteien können sich auch bereits bei Abschluss des Verpflichtungsgeschäfts konkludent einigen, wenn sie gemeinsam davon ausgehen, dass mit der späteren Übergabe das Eigentum ohne Weiteres, d. h. ohne nochmalige Einigung, übergehen soll. Man spricht hier auch von einer vorweggenommenen oder antizipierten Einigung.

Der Student Klaus Henke kauft beim PC-Händler Wagner den letzten PC einer auslaufenden Serie zum Sonderpreis von 899 € und bezahlt sofort den Kaufpreis. Der Händler erklärt dem Wagner, der noch kein eigenes Auto hat, er werde ihm den PC durch einen Angestellten bringen lassen.

Die Einigung ist nicht nur von dem zugrunde liegenden Kausalgeschäft zu trennen. Eine weitere Konsequenz des Abstraktionsprinzips liegt darin, dass sie auch von dem Grundgeschäft unabhängig ist, sodass eine etwaige Unwirksamkeit des Grund- oder Kausalgeschäfts die Wirksamkeit der Einigung nicht berührt. Dies bedeutet: Falls die Einigung wirksam zustande gekommen und nicht etwa durch Anfechtung oder wegen Minderjährigkeit unwirksam und die Übergabe erfolgt ist, bleibt die Übereignung auch dann wirksam bestehen, wenn das zugrunde liegende Kausalgeschäft, z. B. der Kaufvertrag, nicht wirksam zustande gekommen ist bzw. unwirksam wird. Es kann dann die Übereignung allenfalls nach § 812 konzediert werden.

Arnold entdeckt beim Aufräumen ein altes Bild, das er für einen billigen Nachdruck hält. Er verkauft dieses Bild an Bertram, der auch nicht viel von Kunst versteht, für 20 €. Zwei Tage später übergibt Arnold das Bild dem Bertram und erhält von diesem 20 €. Monate später findet Arnold ein Zertifikat, welches das Bild als ein in der Kunstszene bekanntes Original des berühmten Malers Immenhof ausweist und welches den Wert des Bildes auf 5.000 bis 6.000 € beziffert. Hier wird Arnold den Kaufvertrag wegen Eigenschaftsirrtums (§ 119 Abs. 2) anfechten können mit der Folge, dass damit der Kaufvertrag als von Anfang an nichtig anzusehen ist (§ 142 Abs. 1). Dies wirkt sich jedoch auf die Übereignung des Bildes an Bertram

[273] Unter A III 5.

nicht aus. Auch kann Bertram die Übereignung mangels Irrtum nicht anfechten. Sein Irrtum war sicherlich beim Abschluss des schuldrechtlichen Grundgeschäfts maßgeblich. Die Beweggründe, die jemanden zum Abschluss des Grundgeschäfts veranlassen, werden aber beim Erfüllungsgeschäft grundsätzlich durch die Absicht verdrängt, der eingegangenen Verpflichtung nachzukommen. Da Bertram somit Eigentümer des Bildes ist, kann Arnold dieses nicht nach § 985 herausverlangen. Sofern es noch bei Bertram vorhanden ist, kann er jedoch über § 812 die Rückübereignung erreichen, denn Bertram hat Besitz und Eigentum am Bild ohne Rechtsgrund erhalten.

MERKE

Die Einigung i. S. d. § 929 S. 1 ist ein dinglicher Vertrag, bestehend aus zwei übereinstimmenden Willenserklärungen, die bei den Rechtsgeschäften des täglichen Lebens nicht ausdrücklich, sondern vielfach konkludent mit der Übergabe abgegeben werden. Von einer vorweggenommenen oder antizipierten Einigung spricht man, wenn sich die Parteien bereits bei Abschluss des Grundgeschäfts einigen und davon ausgehen, dass die später folgende Übergabe ohne nochmalige Einigung stattfindet.
Die Einigung ist nach dem Abstraktionsprinzip von dem zugrunde liegenden Kausalgeschäft zu trennen und von diesem unabhängig. Sollte dieses unwirksam sein oder werden, so bleibt die Übereignung dennoch wirksam.

2 ÜBERGABE

Nach § 929 S. 1 muss der Eigentümer dem Erwerber die Sache übergeben. Die Übergabe ist kein rechtsgeschäftlicher, sondern ein tatsächlicher Vorgang, nämlich die Übertragung des unmittelbaren Besitzes an der Sache durch den Eigentümer auf den Erwerber. Bei der Übergabe können sowohl auf Seiten des bisherigen Eigentümers als auch aufseiten des Erwerbers Besitzmittler, Besitzdiener oder sonstige Dritte eingeschaltet werden.

Stadtamtmann Arnold kauft im Auftrag der Stadt bei Bertram ein Kopiergerät (Stückkauf). Arnold nimmt zwei Tage später von dem Auslieferungsfahrer Friedrich das Kopiergerät entgegen. Der Kaufvertrag und die Einigung nach § 929 über den Eigentumswechsel sind zwischen der Stadt, vertreten durch Stadtamtmann Arnold, sowie Bertram zustande gekommen. Es handelt sich um eine vorweggenommene Einigung bei Abschluss des Kaufvertrags. Die Stadt hat den unmittelbaren Besitz am Kopierer erworben, und zwar durch den Besitzdiener Arnold. Die Besitzübertragung erfolgte durch Bertrams Besitzdiener Friedrich.

Entscheidend für alle Fälle der Übergabe gem. § 929 S. 1 ist:

- Völlige Aufgabe des Besitzes durch den Veräußerer. Er darf weder den unmittelbaren noch den mittelbaren Besitz behalten.

- Erwerb des unmittelbaren Besitzes durch den Erwerber oder durch seinen Besitzmittler. Es genügt auch, wenn die Sache auf Geheiß des Erwerbers an einen Dritten übertragen wird.[274]
- Die Übergabe muss vom Veräußerer gewollt sein und im Hinblick auf die Einigung erfolgen.
- Es muss für die Übergabe i. S. d. § 929 S. 1 infolge der gewollten Besitzverschiebung ein Wechsel in der Person des unmittelbaren Besitzers eingetreten sein.

Nach § 929 S. 2 genügt für die Eigentumsübertragung die Einigung über den Übergang des Eigentums, wenn der Erwerber schon im Besitz der Sache ist – sog. Übereignung »kurzer Hand« (= brevi manu traditio). Der Veräußerer darf weder unmittelbarer noch mittelbarer Besitzer der Sache bleiben.

MERKE

Die Übergabe ist kein rechtsgeschäftlicher, sondern ein tatsächlicher Vorgang, nämlich die Übertragung des unmittelbaren Besitzes an der Sache durch den Eigentümer auf den Erwerber. Dabei können auf beiden Seiten Besitzmittler, Besitzdiener oder sonstige Dritte eingeschaltet werden. Entscheidend ist die völlige Aufgabe des Besitzes durch den Veräußerer. Er darf weder unmittelbaren noch mittelbaren Besitz behalten.

3 ERSATZ DER ÜBERGABE DURCH EIN ÜBERGABESURROGAT

Wenn der Veräußerer unmittelbarer oder mittelbarer Besitzer ist und auch nach der Eigentumsübertragung noch Besitzer bleiben will oder soll, so kommt eine Übergabe nach § 929 nicht in Betracht, denn diese setzt ja voraus, dass der Veräußerer jede besitzrechtliche Position verliert. In diesem Fall kann eine Übergabe nach § 930 dadurch ersetzt werden, dass durch den Veräußerer und den Erwerber ein **konkretes Besitzmittlungsverhältnis** gem. § 868 begründet wird mit der Folge, dass der Erwerber mittelbarer Eigenbesitzer wird.

Die Stadt, vertreten durch Stadtamtmann Arnold, kauft beim Möbelhersteller Mauermann Schulmöbel für das neue Schulzentrum. Mauermann ist bereit, bei sofortiger Bezahlung einen Preisnachlass von 10 % zu gewähren. Da das Schulzentrum frühestens in zwei Monaten bezugsfertig wird, die Stadt aber auch nicht über die notwendige Lagerfläche verfügt, können die Schulmöbel nicht sofort geliefert werden. Arnold ist nur bereit, den Kaufpreis vorab zu bezahlen, wenn die Stadt auch sofort Eigentümerin wird.

Der Grund für die Vorsicht des Stadtamtmanns ist klar. Sollte das Unternehmen Mauermanns in wirtschaftliche Schwierigkeiten geraten und sollten Pfändungen oder Konkurs drohen, wären die Möbel, sofern noch nicht im Eigentum der Stadt, dem Zugriff der Gläubiger ausgeliefert und das Geld wäre auch weg. Infrage kommt daher hier eine Übereignung nach § 930. Die Stadt, vertreten durch Stadtamtmann Arnold, und Mauermann werden sich über den

[274] BGH NJW 1973, 141; BGH NJW 1999, 425.

Eigentumsübergang von Mauermann auf die Stadt einigen. Diese Einigung muss sich auf bestimmte Schulmöbel beziehen.
Der Bestimmtheitsgrundsatz im Sachenrecht besagt, dass dingliche Rechte nur an bestimmten einzelnen Sachen möglich sind. Durch den Bestimmtheitsgrundsatz soll also die Feststellung erleichtert werden, wer Eigentümer ist und daher berechtigterweise über die Sache verfügen oder bestimmen kann. Der Bestimmtheitsgrundsatz besagt aber nur, dass mit der Vollziehung der Übereignung durch die Übergabe oder ein Übergabesurrogat feststehen muss, an welchen Sachen sich der Eigentumswechsel vollziehen soll. Die vorweggenommene Einigung braucht sich deshalb noch nicht auf bestimmte Sachen zu beziehen. Es genügt, wenn die Sachen bei Übergabe oder Vereinbarung des Besitzmittlungsverhältnisses bestimmt sind.
Als zu vereinbarendes Besitzmittlungsverhältnis bietet sich im obigen Beispiel ein Verwahrungsvertrag gem. § 688 zwischen Mauermann und der Stadt, vertreten durch Arnold, an. Einigung nach § 929 S. 1 und Vereinbarung des Besitzmittlungsverhältnisses fallen zusammen. Mauermann muss allerdings aufgrund des Bestimmtheitsgrundsatzes in seinem Lager die verkauften Schulmöbel aussondern und als Schulmöbel der Stadt kenntlich machen.

Vogel verkauft eine in seinem Schaufenster stehende antike Sitzgruppe für 5.980 € an Krause. Krause zahlt den gesamten Betrag sofort. Als Vogel den Wunsch äußert, die Sitzgruppe noch bis zur nächsten Umdekorierung in zwei Wochen in seinem Schaufenster belassen zu dürfen, ist Krause einverstanden, sofern er jetzt schon Eigentümer werde, denn schließlich habe er ja auch schon bezahlt.

Während im ersteren Beispiel der Veräußerer auf Wunsch des Erwerbers für diesen die Sachen auf Zeit aufbewahrt, möchte der Veräußerer hier als unmittelbarer Besitzer die Sache im eigenen Interesse noch auf gewisse Zeit für sich verwenden. Der Erwerber möchte, zumal er bereits bezahlt hat, natürlich sofort Eigentümer werden, um eine stärkere Rechtsposition bei möglichen Pfändungen oder auch bei einer Weiterveräußerung an einen Dritten zu haben. Auch in diesem Fall bietet sich ein Eigentumserwerb nach §§ 929, 930 an. Erforderlich sind eine Einigung über den Eigentumsübergang sowie die Vereinbarung eines Besitzmittlungsverhältnisses. Hier kommt als Besitzmittlungsverhältnis im i. S. d. § 868 ein Leihvertrag nach § 598 infrage.
Eine Übertragung des Eigentums kann schließlich auch nach §§ 929, 931 erfolgen. Hierbei wird die Übergabe durch die Abtretung des Herausgabeanspruchs ersetzt. Kennzeichnend ist, dass ein Dritter unmittelbarer Besitzer bleibt. Die Regelung des § 931 dient folgendem Zweck: Die Übereignung einer Sache, die sich im Besitz eines Dritten befindet, soll auch dann ermöglicht werden, wenn der unmittelbare Besitzer die Sache noch nicht an den Eigentümer herauszugeben braucht, und sie soll ohne unnötiges Hin- und Herschaffen zum Veräußerer, Erwerber und wieder zum Besitzer ermöglicht werden.

Averbeck hat der Gemeinde Senden ein Fotokopiergerät vermietet. Der Mietvertrag läuft am 30.06. aus. Averbeck will das Kopiergerät bereits am 15.04. an Bertram verkaufen, der einen günstigen Preis bietet. Allerdings ist Bertram zur Zahlung des Kaufpreises nur gegen Übereignung des Kopiergerätes bereit.

Die Eigentumsübertragung kann hier bereits am 15.04. gem. §§929, 931 erfolgen. Erforderlich ist eine Einigung nach §929. Die Übergabe wird ersetzt durch die Abtretung des Herausgabeanspruchs aus dem Mietverhältnis (§546) nach §398. In der Regel ist übrigens der Dritte (= unmittelbarer Besitzer) Besitzmittler des Veräußerers. Dann ist der aus dem Besitzmittlungsverhältnis resultierende schuldrechtliche Anspruch abzutreten. Infrage kommen neben vertraglichen auch die gesetzlichen Ansprüche aus §§812 oder 823. Besteht jedoch kein Besitzmittlungsverhältnis zwischen Veräußerer und Drittem, ergibt sich die Frage, ob auch der Herausgabeanspruch nach §985 abgetreten werden kann. Nach h.M. soll hier die bloße Einigung genügen, weil in solchen Fällen dem Eigentümer nichts anderes verbliebe als der Herausgabeanspruch und somit in der Einigung logischerweise die Abtretung des Herausgabeanspruchs liege. Diese Meinung ist aber nicht unstreitig.[275]

MERKE

Wenn der Veräußerer auch nach der Übereignung noch Besitzer bleiben will oder soll, kommt wegen der dort geforderten Übergabe, bei der der Veräußerer jede besitzrechtliche Position verliert, eine Übereignung nach §929 nicht in Betracht. Die Übereignung kann dann nach §§929, 930 erfolgen, d.h., erforderlich ist weiterhin die Einigung nach §929 und nur die dort vorgesehene Übergabe wird nach §930 durch die Vereinbarung eines konkreten Besitzmittlungsverhältnisses wie etwa Leihe oder Verwahrung ersetzt. Eine Übertragung des Eigentums kann schließlich auch nach §§929, 931 erfolgen. Hierbei wird die Übergabe durch Abtretung des Herausgabeanspruchs des Veräußerers gegen einen Dritten ersetzt.

4 EINIGSEIN ZUM ZEITPUNKT DER ÜBERGABE BZW. DES ÜBERGABESURROGATS

Während Einigung und Übergabe bzw. Übergabeersatz unabdingbare Voraussetzungen für den Eigentumsübergang sind, spielt das Einigsein zum Zeitpunkt der Übergabe bzw. des Übergabesurrogats keine wesentliche Rolle und ist nur zu prüfen, wenn der Sachverhalt dazu Anlass gibt. Dies ist allenfalls möglich bei zeitlichem Auseinanderfallen von Einigung und Übergabe. Die Parteien müssen sich dann selbstverständlich auch noch bei der Übergabe oder dem Übergabesurrogat über den Eigentumsübergang einig sein. Dem Einigsein kommt also nur dann Bedeutung zu, wenn die Einigung vorweggenommen wurde. Die h.M. geht übrigens davon aus, dass die sachenrechtliche Einigung grundsätzlich frei widerruflich ist. Das mag verblüffen, aber der Einigung fehlt eben jedes schuldrechtliche Element, das eine Bindung auslöst. Soll die Einigung bindend sein, hat das Gesetz dies wie in den §§873 Abs.2 und 956 ausdrücklich angeordnet.

[275] S. dazu auch Palandt/Bassenge, §931 Rdnr. 3; Lüke Rdnr. 191, Wolf/Wellenhofer, SR, S.89.

5 BERECHTIGUNG DES VERÄUSSERERS ZUR EIGENTUMSÜBERTRAGUNG

Auch diese Voraussetzung ist nur zu prüfen, wenn der Sachverhalt dazu Anlass gibt. Der Wortlaut des § 929 S. 1 bringt zum Ausdruck, dass regelmäßig der Eigentümer zur Verfügung über das Eigentum berechtigt ist. Ausnahmsweise ist der Eigentümer nicht berechtigt, über sein Eigentum zu verfügen, wenn ihm kraft Gesetzes oder durch richterliche bzw. behördliche Anordnung (§§ 135, 136) die Verfügungsbefugnis entzogen worden ist. In Betracht kommen etwa die Verfügungsbeschränkungen des Gemeinschuldners nach § 80 InsO, des Ehegatten nach § 1365 oder des Vorerben nach § 2113.
Wenn ein Nichteigentümer oder ein sonst Nichtberechtigter über das Eigentum an einem Gegenstand verfügt, so tritt die vom Nichtberechtigten erstrebte Rechtsänderung nach § 185 ein, wenn der Berechtigte zustimmt oder wenn der Nichtberechtigte den Gegenstand später erwirbt oder vom Berechtigten erbt. Sonst kann die Verfügung des Nichtberechtigten nur wirksam werden, wenn die besonderen Voraussetzungen des gutgläubigen Erwerbs nach den §§ 932 ff. vorliegen.

6 ERWERB BEWEGLICHER SACHEN VOM NICHTBERECHTIGTEN

Wenn der Veräußerer und der Erwerber sich geeinigt haben und eine Übergabe erfolgt bzw. ein Übergabesurrogat vereinbart worden ist, der Veräußerer jedoch nicht Eigentümer der zu übereignenden Sache ist, so kann der gutgläubige Erwerber das Eigentum unter den Voraussetzungen der §§ 932–935 erwerben. Der Erwerber kann im Regelfall nämlich nicht überprüfen, ob der Veräußerer Eigentümer ist oder ob die Sache einem anderen gehört. Es ist also im Interesse der Sicherheit und Leichtigkeit des rechtsgeschäftlichen Verkehrs geboten, den Erwerber zu schützen. Andererseits verdient auch der bisherige wahre Eigentümer den Schutz des Gesetzes davor, dass ihm nicht ohne zureichenden Grund das Eigentum entzogen wird. Das Gesetz versucht zwischen den Interessen des gutgläubigen Erwerbers und denen des wahren Eigentümers zu vermitteln, indem es das Rechtsscheinprinzip zugunsten des Erwerbers und das Veranlassungsprinzip zugunsten des wahren Eigentümers anwendet.
Wie auch in § 1006 zum Ausdruck kommt, wird vom Gesetzgeber die Identität von Besitz und Eigentum vermutet. Ist der Veräußerer Besitzer, so soll der gutgläubige Erwerber darauf vertrauen können, dass der Veräußerer auch der Eigentümer ist. Dementsprechend ist ein gutgläubiger Erwerb nach §§ 932 ff. nur möglich, wenn eine Besitzlage bestand, die das Vertrauen des Erwerbers in das Eigentum des Veräußerers rechtfertigte. Der Erwerber kann das Eigentum aber nur dann vom Nichtberechtigten erlangen, wenn der Eigentümer die Sache willentlich aus der Hand gegeben und es damit veranlasst hat, dass ein Nichtberechtigter über die Sache verfügt. Ist die Sache ohne seinen Willen aus seinem Besitz gelangt, so liegt ein Abhandenkommen vor und der Erwerb vom Nichtberechtigten scheitert an § 935.

Sabine verleiht ihr Fahrrad an eine Bekannte, die es, weil in Geldnot, an die gutgläubige Marion veräußert. Diese wird nach §§ 929, 932 Eigentümerin. Sabine muss wissen, wem sie ihre Sachen anvertraut. Sie trägt das Risiko, dass ihre Bekannte als Eigentümerin auftritt. Sie hat diesen Rechtsschein veranlasst und das Gesetz schützt den gutgläubigen Erwerber. Wurde ihr das Fahrrad jedoch gestohlen und veräußert es der Dieb an Marion, so erwirbt diese wegen § 935 kein Eigentum, auch wenn sie gutgläubig war und das Fahrrad teuer bezahlt hat. Hier schützt das Gesetz Sabine und Marion muss es nach § 985 ihr herausgeben.

Die Voraussetzungen für einen gutgläubigen Eigentumserwerb nach §§ 932–935 sind also folgende:

- Der Veräußerer und der Erwerber müssen sich über den Eigentumswechsel nach § 929 S. 1 einigen.
- Diese Einigung muss durch Übergabe oder Vereinbarung eines Übergabesurrogates vollzogen werden (§§ 932–934).
- Der Erwerber muss im Zeitpunkt der Vollendung des Rechtserwerbs gutgläubig sein.
- Die Sache darf dem Eigentümer nicht abhanden gekommen sein (§ 935).

Stadtamtmann Arnold kauft für die Stadt bei dem Bürobedarfshändler Buschmann fünf Kopiergeräte. Buschmann hat die Geräte unter Eigentumsvorbehalt vom Hersteller Hamann erhalten. Arnold, der von dem Eigentumsvorbehalt des Hamann nichts weiß, nimmt die Schreibmaschinen einige Tage später in Empfang.

In diesem Fall ist der normale Erwerbstatbestand des § 929 S. 1 gegeben. Der Veräußerer Buschmann und die Stadt als Erwerberin, vertreten durch Amtmann Arnold, haben sich über den Eigentumswechsel geeinigt. Die Übergabe erfolgte durch Besitzübertragung von Buschmann bzw. einen seiner Besitzdiener (z. B. Fahrer) auf den Besitzdiener der Stadt, Stadtamtmann Arnold.

Der Erwerber muss im Zeitpunkt der Besitzerlangung gutgläubig sein, d. h., er muss den Veräußerer für den Eigentümer halten. Nach der Formulierung des Gesetzes »... es sei denn ...« spricht eine Vermutung dafür, dass der Erwerber gutgläubig war. Derjenige, der sich darauf beruft, dass der Erwerber nicht gutgläubig gewesen sei und daher kein Eigentum erlangt habe, muss die Bösgläubigkeit beweisen. § 932 Abs. 2 bestimmt, unter welchen Voraussetzungen der Erwerber nicht gutgläubig ist. Daraus lässt sich aber keine allgemeine Nachforschungs- oder Informationspflicht herleiten. Wenn sich jedoch dem Erwerber Verdachtsgründe bezüglich der Berechtigung des Veräußerers aufdrängen, so muss er diesen nachgehen. So wird etwa grobe Fahrlässigkeit anzunehmen sein, wenn sich der Erwerber eines Gebrauchtwagens den Kfz-Brief nicht vorlegen lässt oder der Kfz-Brief einen vom Veräußerer verschiedenen Halter ausweist und der Erwerber keine Nachforschungen hierzu anstellt.[276] Auch ein auffälliges Missverhältnis zwischen Verkehrswert und Kaufpreis oder der Verkauf an einem ungewöhnlichen Ort können eine Nachforschungspflicht des Erwerbers begründen.

Wenn bei der Einigung nach § 929 für den Erwerber ein Vertreter handelt, kommt es nach § 166 auf die Gutgläubigkeit des Vertreters an. Im obigen Beispiel war der Vertreter der Stadt gutgläubig.

---

[276] BGH NJW 1996, 2226; BGH NJW 1994, 2022 u. a.

Der Erwerb vom Nichtberechtigten ist nach § 935 ausgeschlossen, wenn die Sache dem Eigentümer gestohlen worden, verloren gegangen oder sonst abhanden gekommen war. Abhanden kommen bedeutet unfreiwilliger Verlust des unmittelbaren Besitzes. Der wahre Eigentümer soll nur dann sein Eigentum verlieren, wenn er die Sache freiwillig aus der Hand gegeben hat und damit selbst für den Rechtsschein der Berechtigung des Veräußerers verantwortlich ist. Im obigen Beispiel einer Lieferung unter Eigentumsvorbehalt hat der Eigentumsvorbehaltsverkäufer Hamann willentlich den unmittelbaren Besitz auf den Eigentumsvorbehaltskäufer Buschmann übertragen. Die Stadt ist somit Eigentümerin geworden.

Wenn ein Organ einer juristischen Person den Besitz außerhalb seiner Geschäfts- und Vertretungsbefugnis weggibt, so liegt kein Abhandenkommen vor und § 935 ist nicht anwendbar. Die juristische Person übt den Besitz durch ihre Organe aus. Wenn diese die tatsächliche Sachherrschaft innehaben, so ist die juristische Person Besitzer, ohne dass die Organe etwa Besitzmittler oder Besitzdiener wären. Umstritten ist jedoch, ob ein Abhandenkommen gegeben ist, wenn ein Besitzdiener die Sache ohne Einverständnis seines Geschäftsherrn im eigenen Namen weggibt, aber nach den gesamten Umständen vom Erwerber als unmittelbarer Besitzer der Sache angesehen werden darf. Die h. M. behandelt die Fortgabe einer Sache durch einen Besitzdiener ohne Willen des Besitzherrn als unfreiwilligen Besitzverlust des unmittelbaren Besitzers und damit als Abhandenkommen.[277]

Stadtamtmann Arnold lässt einen Kopierer aus der Stadtverwaltung »mitgehen« und veräußert ihn an den gutgläubigen Bertram. Bertram hat wegen § 935 kein Eigentum erworben. Die Stadt kann den Kopierer nach § 985 von ihm herausverlangen.

Beim gutgläubigen Eigentumserwerb vom Nichtberechtigten nach § 929 S. 1, 932 Abs. 1 S. 1 muss der normale Erwerbstatbestand nach § 929 S. 1 gegeben sein, nämlich Einigung und Übergabe. Letzteres bedeutet regelmäßig völlige Aufgabe des Besitzes durch den Veräußerer und Erwerb des unmittelbaren Besitzes durch den Erwerber oder durch seinen Besitzmittler.

Die §§ 933 und 934 erstrecken die Grundsätze des gutgläubigen Erwerbs auf die Übereignungstatbestände mit Übergabesurrogat. Gehört eine Sache nicht dem Veräußerer und wird die Übergabe durch Vereinbarung eines Besitzkonstituts gem. § 930 ersetzt, wird der gutgläubige Erwerber nach § 933 erst dann Eigentümer, wenn ihm die Sache von dem Veräußerer übergeben wird und er zu diesem Zeitpunkt noch gutgläubig ist. Auch hier ist also eine Übergabe erforderlich, deren Voraussetzungen mit denen der Übergabe nach § 929 identisch sind.

Veräußert der Nichtberechtigte die Sache an einen Gutgläubigen durch Abtretung eines Herausgabeanspruchs nach § 931, so unterscheidet § 934 danach, ob der Veräußerer mittelbarer Besitzer war oder nicht. Hatte der Veräußerer mittelbaren Besitz, so geht unmittelbar mit der Einigung und Abtretung des Herausgabeanspruchs das Eigentum auf den gutgläubigen Erwerber über. Fehlt ein Besitzmittlungsverhältnis, so ist neben der Abtretung des Herausgabeanspruchs weiter erforderlich, dass der Erwerber den Besitz von dem Dritten erlangt und er zu dieser Zeit noch gutgläubig ist.

[277] Palandt/Bassenge, § 935 Rdnr. 8 m. w. N.

MERKE

Der Erwerber einer Sache kann im Regelfall nicht überprüfen, ob der Veräußerer tatsächlich auch ihr Eigentümer ist. Im Interesse der Sicherheit und Leichtigkeit des Rechtsverkehrs lässt das Gesetz daher unter bestimmten Voraussetzungen den gutgläubigen Erwerb vom Nichtberechtigten zu.
Die Voraussetzungen für einen gutgläubigen Eigentumserwerb vom Nichtberechtigten sind nach §§ 932–935:
Veräußerer und Erwerber müssen sich nach § 929 S. 1 über den Eigentumswechsel einigen. Diese Einigung muss durch Übergabe oder Vereinbarung eines Übergabesurrogates vollzogen werden (§§ 932–934).
Der Erwerber muss im Zeitpunkt des Rechtserwerbs gutgläubig sein. Der Erwerber ist nicht in gutem Glauben, wenn ihm bekannt oder infolge grober Fahrlässigkeit unbekannt ist, dass die Sache nicht dem Veräußerer gehört.
Die Sache darf dem Eigentümer nicht gestohlen worden, verloren gegangen oder sonst abhandengekommen sein. Abhandenkommen bedeutet unfreiwilliger Verlust des unmittelbaren Besitzes.

7 AUSGLEICHSANSPRÜCHE BEI VERFÜGUNG EINES NICHTBERECHTIGTEN

Im Falle des gutgläubigen Erwerbs vom Nichtberechtigten nach § 932 verliert, sofern kein Fall des § 935 vorliegt, der wahre Eigentümer sein Eigentum. Es kann ihm jedoch als Ausgleich ein schuldrechtlicher Ersatzanspruch zustehen. Zu den verschiedenen Möglichkeiten des Schadensersatzes nach § 823 wird auf die dortigen Ausführungen verwiesen. Ein Sonderfall der Eingriffskondiktion ist der § 816, der bereits im Schuldrecht[278] behandelt wurde. Besser verständlich wird diese Bestimmung nach Kenntnis der Vorschriften über den gutgläubigen Eigentumserwerb vom Nichtberechtigten, weshalb an dieser Stelle noch einmal kurz auf § 816 eingegangen werden soll. Ohne Rücksicht auf ein Verschulden des nicht berechtigten Veräußerers sieht § 816 Abs. 1 S. 1 einen Anspruch gegen diesen auf Herausgabe des Veräußerungserlöses vor. Bei unentgeltlicher Veräußerung kann der Eigentümer sogar nach § 816 Abs. 1 S. 2 die Rückübertragung seines verloren gegangenen Eigentums vom Erwerber verlangen. Darüber hinaus ist ein Bereicherungsanspruch des früheren Eigentümers gegen den gutgläubigen Erwerber nicht gerechtfertigt. Die §§ 932 ff. enthalten die Rechtfertigung dafür, dass mit Ausnahme des unentgeltlichen Erwerbs (§ 816 Abs. 1 S. 2) der Erwerber im Verhältnis zum früheren Eigentümer die Sache behalten darf.

Lohse leiht sich von seinem Bekannten Eberhard eine Digitalkamera für einen zweiwöchigen Urlaub. Als ihm im Urlaub das Geld ausgeht, bietet er die Kamera dem Dr. Dames an, der ihn gutgläubig für den Eigentümer hält, und verkauft und übereignet sie ihm für 350 €, obwohl die Kamera nur einen Marktwert von 250 € hat.

[278] Siehe unter B XIII 3.

In diesem Beispiel hat Eberhard sein Eigentum an der Kamera durch den gutgläubigen Erwerb des Dr. Dames verloren, er kann die Kamera nicht von diesem nach § 985 wiederverlangen. Wohl aber kann Eberhard gegen Lohse Ansprüche geltend machen. So kann er Schadensersatz verlangen nach §§ 604 i. V. m. 280 Abs. 1 und 3, 283 wegen Verletzung der Leihvertragspflichten oder auch aus § 823 wegen unerlaubter Handlung. Beide Anspruchsgrundlagen führen aber nur zum Ersatz des tatsächlich eingetretenen Schadens, nämlich zur Erstattung des Marktwertes der Kamera von 250 €. Besser ist Eberhard beraten, wenn er den Bereicherungsanspruch nach § 816 Abs. 1 S. 1 geltend macht. Die Voraussetzungen dieser Vorschrift sind gegeben und die Rechtsfolge ist, dass Lohse »zur Herausgabe des durch die Verfügung erlangten verpflichtet« ist. Der Wortlaut des § 816 ist ungenau, denn das Verfügungsgeschäft ist lediglich darauf gerichtet, eine Rechtsänderung herbeizuführen. Durch das Verfügungsgeschäft hat der Nichtberechtigte nichts erlangt. Gemeint ist daher, dass das herauszugeben ist, was aufgrund des der Verfügung zugrunde liegenden Kausalgeschäfts erlangt wurde, nämlich die Gegenleistung oder das Entgelt. Nach h. M. umfasst die Herausgabepflicht des Nichtberechtigten auch den Gewinn, den dieser bei der Verfügung erzielt hat, auch wenn dieser nur auf dem Verhandlungsgeschick und der Tüchtigkeit des nichtberechtigten Veräußerers beruht.[279] Aus § 816 kann Eberhard von Lohse daher 350 € verlangen.

MERKE

Verliert der wahre Eigentümer nach den Vorschriften über den gutgläubigen Erwerb vom Nichtberechtigten sein Eigentum, so können ihm Schadensersatzansprüche aus Vertrag oder aus unerlaubter Handlung zustehen.
Eine weitere Ausgleichsmöglichkeit eröffnet ihm § 816. Liegen nämlich die Voraussetzungen für einen gutgläubigen Erwerb vom Nichtberechtigten vor, so hat dieser dem Berechtigten gegenüber wirksam über dessen Eigentum verfügt und er ist ihm zur Herausgabe »des durch die Verfügung Erlangten«, womit der Veräußerungserlös gemeint ist, verpflichtet. Dem ursprünglichen Eigentümer ist also ein Vorgehen aus § 816 und nicht aus Schadensersatzbestimmungen anzuraten, wenn der Veräußerungserlös den Wert der Sache übersteigt.

IV Gesetzlicher Eigentumserwerb durch Verbindung, Vermischung und Verarbeitung

Wenn aus mehreren Sachen verschiedener Eigentümer eine Sache entsteht und eine Trennung nicht machbar oder aus wirtschaftlichen Gründen nicht sinnvoll ist, so muss bestimmt werden, wer Eigentümer wird. Eine solche Bestimmung kann auch erforderlich sein, wenn jemand durch Verarbeitung oder Umbildung eines oder mehrerer Stoffe anderer Eigentümer eine neue Sache herstellt und der Wert der Verarbeitung hoch anzusetzen ist. Das Gesetz hat derartige Fälle in den §§ 946–950 geregelt und bestimmt, wer bei Verbindung, Vermischung oder Verarbeitung neuer Eigentümer wird bzw. sein Eigentum ganz oder auch

[279] Palandt/Sprau, § 816 Rdnr. 20; BGHZ 29, 157.

teilweise verliert. Erwerb bzw. Verlust des Eigentums beruhen hier also nicht auf einem Rechtsgeschäft nach §§ 929 ff., sondern finden kraft Gesetzes statt. Wer sein Eigentum nach den Vorschriften der §§ 946–950 verliert, hat unter den Voraussetzungen des § 812 einen schuldrechtlichen Wertersatzanspruch nach § 951.

1 VERBINDUNG

Wenn eine bewegliche Sache dergestalt mit einem Grundstück verbunden wird, dass sie wesentlicher Bestandteil des Grundstücks wird, so erstreckt sich das Eigentum an dem Grundstück auf diese Sache (§ 946). Bewegliche Sachen werden mit einem Grundstück hauptsächlich bei der Errichtung von Bauwerken auf dem Grundstück oder beim Einbau in ein Gebäude verbunden. Der § 946 muss immer im Zusammenhang mit den Vorschriften des BGB über Sachbestandteile, nämlich den §§ 93–95 gelesen werden. Der Teil einer Sache wird nach § 93 dann als wesentlicher Bestandteil angesehen, wenn er bei seiner Trennung von der Sache zerstört oder in seinem Wesen verändert würde. Nach § 94 zählen zu den wesentlichen Bestandteilen eines Grundstücks die mit dem Grund und Boden fest verbundenen Sachen, insbesondere Gebäude. Nach Abs. 2 dieser Vorschrift gehören zu den wesentlichen Bestandteilen eines Gebäudes die zur Herstellung des Gebäudes eingefügten Sachen. Eine feste Verbindung ist hier nicht unbedingt erforderlich. Entscheidend ist, ob die Sache zur Herstellung des Gebäudes eingefügt wurde, also die Frage, was zum »fertigen« Gebäude gehört.[280] So sind wesentliche Bestandteile eines Gebäudes und damit auch des Grundstücks die in das Gebäude eingefügten Bausteine, die Heizungsanlage, Treppen, Türen und Fenster, aber auch Waschbecken oder Badewannen.

§ 947 betrifft den Fall, dass bewegliche Sachen miteinander so verbunden werden, dass sie wesentliche Bestandteile einer einheitlichen Sache werden. Während im Verhältnis zwischen beweglicher Sache und Grundstück das Grundstückseigentum vorherrscht, also der Grundstückseigentümer auch das Eigentum an den zu wesentlichen Bestandteilen des Grundstücks gewordenen beweglichen Sachen erhält, entsteht bei beweglichen Sachen, die so miteinander verbunden werden, dass sie wesentliche Bestandteile einer einheitlichen Sache werden, Miteigentum der bisherigen Eigentümer an dieser Sache, genauer: Die bisherigen Eigentümer werden Bruchteilseigentümer im Verhältnis des Wertes, den die Sachen zur Zeit der Verbindung haben. Nur wenn eine der miteinander verbundenen Sachen als Hauptsache anzusehen ist, erwirbt ihr Eigentümer das Alleineigentum. Der andere muss sich um einen Ausgleich nach § 951 bemühen.

Der Sinn des § 946 besteht darin, die Eigentumsverhältnisse an Grundstücken und den darauf errichteten Gebäuden übersichtlich und einfach zu gestalten. Sinn und Zweck von § 946 und § 947 ist es auch, nach Möglichkeit eine Zerschlagung wirtschaftlicher Werte zu unterbinden.

Bauunternehmer Bünte hat eine Heizungsanlage im Haus des Engelhardt eingebaut, die ihm unter Eigentumsvorbehalt vom Hersteller Heinrichs geliefert worden war. Als Bünte insolvent wird und die Rechnung des Heinrichs nicht bezahlt, wendet dieser sich an Engelhardt. Der wendet ein, dass er die gesamte Rechnung des Bünte bereits bezahlt habe. Auch

[280] Palandt/Ellenberger, § 94 Rdnr. 6

habe er nicht wissen können, dass die eingebaute Heizungsanlage unter dem Eigentumsvorbehalt des Heinrichs stand. Heinrichs meint, dann müsse er die Heizung eben wieder ausbauen lassen. Die Heizung ist jedoch wesentlicher Bestandteil des Hauses geworden. Nach §§ 946, 94 ist Engelhardt kraft Gesetzes Eigentümer geworden. Heinrichs kann sie nicht nach § 985 herausverlangen.
Ackermann hat einen Teil des großen Grundstücks des Engelhardt gepachtet und nutzt ihn als Schrebergarten. Ihm wurde gestattet, für die Dauer der Pachtzeit von zunächst zehn Jahren ein Gartenhaus mit Terrasse zu errichten. Nach Beendigung der Pacht ist Ackermann zur Beseitigung des Gartenhauses verpflichtet. Als Ackermann gegen Ende der Pachtzeit das Gartenhaus abreißen will, weil er Teile davon für ein neues Haus in seinem neuen Garten verwenden kann, meint Engelhardt, das Gartenhaus gehöre jetzt ihm als Grundstückseigentümer. Nach §§ 946, 94 könnte er damit Recht haben, denn zu den wesentlichen Bestandteilen eines Grundstücks gehören die mit dem Grund und Boden fest verbundenen Sachen, insbesondere Gebäude. Dies gilt nach § 95 jedoch nicht für solche Sachen, die nur zu einem vorübergehenden Zweck mit dem Grund und Boden verbunden sind, auch für Gebäude, die in Ausübung eines Rechts an einem fremden Grundstück von dem Berechtigten mit dem Grundstück verbunden worden sind.
Hillmann bringt sein Auto in die Reparaturwerkstatt des Autohauses Kleinschmidt. Erforderlich ist der Einbau eines neuen Motors. An diesem behält sich Kleinschmidt das Eigentum bis zur Bezahlung der Rechnung vor. Als Hillmann die Rechnung nicht bezahlt, will Kleinschmidt den Motor wieder ausbauen. Hiergegen könnte sich Hillmann mit § 947 wehren, wenn der neue Motor nach dem Einbau in sein Auto dessen wesentlicher Bestandteil geworden wäre. Nach § 93 sind aber nur solche Sachbestandteile wesentlich, die voneinander nicht getrennt werden können, ohne dass der eine oder der andere zerstört oder in seinem Wesen verändert wird. Da der Motor wie das übrige Auto nach der Trennung aber wieder so verwendet werden können wie vor der Zusammenfügung, ist der Motor nicht wesentlicher Bestandteil des Autos geworden, sodass Kleinschmidt den Motor nach § 985 herausverlangen kann. Hillmann ist nicht Eigentümer geworden.

MERKE

Sinn und Zweck des § 946 ist es, die Eigentumsverhältnisse an Grundstücken und den darauf errichteten Gebäuden übersichtlich und einfach zu gestalten und, was auch für § 947 gilt, nach Möglichkeit eine Zerschlagung wirtschaftlicher Werte zu unterbinden. Wenn eine bewegliche Sache dergestalt mit einem Grundstück verbunden wird, dass sie wesentlicher Bestandteil des Grundstücks wird, so erstreckt sich nach § 946 das Eigentum an dem Grundstück auf diese Sache. Wann eine Sache wesentlicher Bestandteil eines Grundstücks ist, beantworten die §§ 94 und 95.
Während bei § 946 das Grundstückseigentum vorherrscht, entsteht nach § 947 bei beweglichen Sachen, die so miteinander verbunden werden, dass sie wesentliche Bestandteile einer einheitlichen Sache werden, Miteigentum der bisherigen Eigentümer an dieser Sache, und zwar Bruchteilseigentum im Verhältnis des Wertes, den die Sachen zur Zeit der Verbindung haben. Nur wenn eine der miteinander verbundenen Sachen als Hauptsache anzusehen ist, erwirbt ihr Eigentümer das Alleineigentum. Den Begriff »wesentliche Bestandteile« definiert § 93.

2 VERMISCHUNG

Werden mehrere bewegliche Sachen verschiedener Eigentümer miteinander untrennbar vermischt (Flüssigkeiten) oder vermengt (feste Sachen), so findet nach § 948 die Vorschrift des § 947 entsprechende Anwendung. Untrennbarkeit bedeutet: Die Trennung ist objektiv unmöglich. Der Untrennbarkeit steht es nach § 948 Abs. 2 gleich, wenn die Trennung mit unverhältnismäßigen Kosten verbunden sein würde.

Der Heizöllieferant füllt Heizöl nach in einen Tank, der noch zu einem Drittel gefüllt ist. Wenn er sich das Eigentum bis zur Bezahlung vorbehalten hat, ist nach §§ 948, 947 Miteigentum im Verhältnis ein Drittel zu zwei Dritteln entstanden.

3 VERARBEITUNG

Wenn jemand aus einem fremden Stoff eine neue Sache herstellt, so beurteilen sich die Eigentumsverhältnisse nach § 950. Einen Eigentumserwerb aufgrund einer Be- oder Verarbeitung oder Umbildung sieht das Gesetz natürlich nur bei beweglichen Sachen vor. Grundstücke werden als so wertvoll angesehen, dass durch ihre Bearbeitung das Eigentum nicht verloren gehen soll. Wichtig: Der Eigentumserwerb nach § 950 hat Vorrang vor den Erwerbsmöglichkeiten der §§ 947, 948.

Nach § 950 ist es erforderlich, dass eine neue Sache hergestellt wird. Ob dies der Fall ist, muss nach der Verkehrsanschauung unter Berücksichtigung wirtschaftlicher Gesichtspunkte festgestellt werden. Ein Kriterium für die Annahme einer neuen Sache kann sein, dass die aus dem Ausgangsstoff hergestellte Sache unter einer anderen Bezeichnung in den Verkehr gebracht wird, also einen neuen Namen erhält. Eine neue Sache wurde auch hergestellt, wenn der Ausgangsstoff so umgestaltet wird, dass er schon seinem Äußeren oder dem Wesen nach als andere Sache erscheint.

Typische Beispiele sind: Aus Stoffen werden Kleider oder Mäntel, aus Wolle Pullover, aus Leder Taschen oder Handschuhe, aus Holz Möbel hergestellt. Auch durch das Bedrucken oder Bemalen von Papier oder anderer Materialien entstehen neue Sachen.

Eine weitere Voraussetzung für eine Änderung der Eigentumsverhältnisse zugunsten des Herstellers ist, dass der Wert der Verarbeitung nicht erheblich geringer ist als der Stoffwert. Dabei kommt es nicht auf den tatsächlichen Arbeitsaufwand an, sondern auf den Differenzbetrag, der sich aus dem Vergleich des Wertes der neuen Sache mit dem Wert der verarbeiteten Ausgangsstoffe vor der Herstellung ergibt. Der BGH hat bei einem Verhältnis von Stoff- zu Bearbeitungswert von 100 : 60 einen erheblich geringeren Verarbeitungswert angenommen und deshalb den Eigentumserwerb des Herstellers verneint.[281]

Der Eigentumserwerb unter den Voraussetzungen des § 950 tritt zugunsten des Herstellers ein. Maßgebend ist hier nicht, wer die verarbeitende Tätigkeit tatsächlich ausführt. Hersteller ist grundsätzlich derjenige, in dessen Namen und wirtschaftlichem Interesse

[281] U. a. BGH NJW 1995, 2633.

die Herstellung erfolgt. Es ist also nicht der Arbeiter, der am Fließband steht, sondern der Unternehmer, der den Produktionsvorgang beherrscht und der das Verwendungsrisiko der hergestellten Sache trägt. Hersteller kann also auch sein, wer die Sache im Rahmen eines Werkvertrags durch einen Dritten für sich hat herstellen lassen.
Hat man somit einen ziemlich eindeutigen Begriff des Herstellers, so wird jedoch vielfach aus berechtigtem Interesse versucht, das Ergebnis des §950, nämlich den Eigentumsverlust der Stofflieferanten, zugunsten des Herstellers zu vermeiden.

Herkules fertigt hochwertige Damenhandtaschen, für die Anschütz das Leder und Brioni die Futterstoffe liefert. Beide Lieferanten vereinbaren mit Herkules, dass die gelieferte Ware bis zur vollständigen Bezahlung ihr Eigentum bleibt, dass ihr Eigentum auch nicht durch die Verarbeitung der Stoffe zu Handtaschen untergehe und dass sich das vorbehaltene Eigentum am Endprodukt in Höhe des Wertes der Leder- bzw. Stofflieferung fortsetze.

Nach §950 wäre hier Herkules als Hersteller anzusehen, womit er Eigentümer der von ihm gefertigten Handtaschen würde. Die Frage ist, ob von diesem Ergebnis durch Parteivereinbarung abgewichen werden kann. Nach h.M. ist das nicht der Fall, denn sachenrechtliche Vorschriften sind grundsätzlich zwingend und können, anders als im Schuldrecht, nicht abbedungen werden. Die Rechtsprechung und ein Teil der Literatur gehen allerdings davon aus, dass durch solche Vereinbarungen, auch wenn §950 insgesamt nicht dispositiv sei, die Person des Herstellers bestimmt werden könne. Im obigen Beispiel wären dann Anschütz und Brioni als Mithersteller anzusehen und würden damit kraft Gesetzes Bruchteilseigentum im Verhältnis ihrer Beiträge erwerben und den restlichen Bruchteil würde Herkules erlangen.[282]
Die h.M. in der Literatur lehnt es ab, den Begriff des Herstellers nach Belieben der Lieferanten auszudehnen. §950 schütze nicht nur den Wert der Arbeit und der Verarbeitung, sondern auch die Interessen der Gläubiger des Verarbeiters und die Interessen des Geschäftsverkehrs, der darauf vertrauen können soll, dass die neu hergestellten Sachen auch dem Hersteller gehören.[283] Nach dieser Auffassung wird Herkules im obigen Beispiel durch die Verarbeitung der Ausgangsstoffe Eigentümer der Endprodukte nach §950, aber nur für eine »juristische Sekunde«. In der Vereinbarung zwischen Hersteller und Lieferanten werde nämlich der Wille deutlich, einen Teil des Eigentums auf die Lieferanten zu übertragen. Der Vereinbarung sei im Wege der Auslegung eine antizipierte Einigung und ein antizipiertes Besitzkonstitut zu entnehmen. Anschütz und Brioni erwerben danach eine »juristische Sekunde« später gem. §930 Eigentum, nämlich Bruchteilseigentum in Höhe des Wertes ihrer Stofflieferungen.

MERKE

Wenn jemand aus einem fremden Stoff eine neue Sache herstellt, so beurteilen sich die Eigentumsverhältnisse nach §950. Diese Bestimmung hat Vorrang vor den Erwerbsmöglichkeiten der §§947 und 948.
Nach §950 ist es erforderlich, dass eine neue Sache hergestellt wird. Ein Kriterium dafür kann sein, dass die aus dem Ausgangsstoff hergestellte Sache einen neuen Namen

282 U.a. BGHZ 20, 163; 46, 117.
283 So u.a. Wolf/Wellenhofer, SR, S.123; Palandt/Bassenge, §950, Rdnr. 6.

erhält oder der Ausgangsstoff so umgestaltet wird, dass er schon seinem Äußeren oder Wesen nach als andere Sache erscheint.
Eine weitere Voraussetzung für einen Eigentumserwerb des Herstellers ist, dass der Wert der Verarbeitung nicht erheblich geringer ist als der Stoffwert. Hierbei kommt es nicht auf den Arbeitsaufwand an, sondern auf den Differenzbetrag, der sich aus dem Vergleich des Wertes der neuen Sache mit dem der verarbeiteten Ausgangsstoffe vor der Herstellung ergibt. Hersteller ist im Übrigen derjenige, in dessen Namen und wirtschaftlichem Interesse die Herstellung erfolgt.

4 AUSGLEICH FÜR DEN RECHTSVERLUST

Die Vorschriften der §§ 946–950 über Verbindung, Vermischung und Verarbeitung muten dem Eigentümer den Verlust des Eigentums zu. Dies geschieht zur Erhaltung der Wirtschaftseinheit der Hauptsache und in § 950 zur Berücksichtigung des Arbeitswertes. Aber der Eigentümer soll nicht leer ausgehen. Aus diesem Grunde sieht § 951 als Entschädigung für den Rechtsverlust einen Ausgleichsanspruch in Geld gegen denjenigen vor, zu dessen Gunsten die Rechtsänderung eingetreten ist. § 951 Abs. 1 S. 1 gewährt eine Entschädigung in Geld nach den Vorschriften des Bereicherungsrechts. Nach ständiger Rechtsprechung und herrschender Lehre enthält § 951 eine Rechtsgrundverweisung, d. h., es wird bei Vorliegen der Voraussetzungen des § 951 nicht bereits ein Bereicherungsanspruch bejaht und nur auf die Rechtsfolgen der §§ 818, 819 verwiesen, sondern es müssen alle tatbestandlichen Voraussetzungen des Bereicherungsanspruchs nach § 812 erfüllt sein. Damit können allerdings schwierige bereicherungsrechtliche Fragen auftreten. In der Praxis sind sie häufig beim Hausbau, wenn Handwerker aufgrund eines Werkvertrags mit dem Bauunternehmer Türen, Fenster oder Heizungen im Haus des Bauherrn eingebaut haben und nun der Bauunternehmer insolvent wird. Insbesondere die Problematik des Vorrangs der Leistungs- vor der Eingriffskondiktion spielt hier oft eine entscheidende Rolle.

MERKE

Für denjenigen, der nach den §§ 946–950 über Verbindung, Vermischung oder Verarbeitung sein Eigentum verliert, sieht § 951 einen Ausgleichsanspruch gegen den vor, zu dessen Gunsten die Rechtsänderung eingetreten ist. Er kann von ihm Vergütung in Geld nach den Vorschriften über die Herausgabe einer ungerechtfertigten Bereicherung fordern.
§ 951 Abs. 1 S. 1 enthält insoweit eine Rechtsgrundverweisung, d. h., es wird bei Vorliegen der Voraussetzungen des § 951 nicht bereits ein Bereicherungsanspruch bejaht und nur auf die Rechtsfolgen der §§ 818, 819 verwiesen, sondern es müssen alle tatbestandlichen Voraussetzungen des Bereicherungsanspruchs nach § 812 erfüllt sein.

V Rechtsgeschäftlicher Erwerb des Eigentums an Grundstücken und von Grundstücksrechten

Während das Eigentum an beweglichen Sachen in der Regel nach § 929 durch die Einigung des Veräußerers und des Erwerbers darüber, dass das Eigentum von dem einen auf den anderen übergehen soll und die Übergabe der Sache übertragen wird, musste der Gesetzgeber für die Übereignung von Grundstücken besondere Vorschriften aufstellen. Ebenso wie bei der Veräußerung beweglicher Sachen ist allerdings auch bei der Veräußerung von Grundstücken zunächst zwischen Verpflichtungsgeschäft einerseits und Verfügungsgeschäft andererseits zu unterscheiden. Der Kaufvertrag, der gem. § 311b Abs. 1 S. 1 der notariellen Beurkundung bedarf, ist das Verpflichtungsgeschäft. Die Grundregel für die Übereignung des Grundstücks als eines der beiden Verfügungsgeschäfte – das andere wäre die Übereignung der Kaufsumme nach § 929 – ist § 873. Wie bei der Übereignung beweglicher Sachen nach § 929 wird auch hier eine Einigung über den Übergang des Eigentums vom Veräußerer auf den Erwerber verlangt. Während bei der Übereignung beweglicher Sachen nach § 929 als sichtbares Zeichen für den Eigentumswechsel die Übertragung des Besitzes hinzutritt, kommt bei Grundstücken der Besitz als Legitimation nicht in Betracht, weil er hier ein zu unsicheres und ungenaues Kriterium darstellt. Viele Hausgrundstücke sind im Besitz von Mietern oder Pächtern. An die Stelle der Übertragung des Besitzes tritt bei der Übereignung eines Grundstücks daher nach § 873 Abs. 1 die Eintragung der Rechtsänderung in das Grundbuch. Dieses gibt schnell und zuverlässig und ohne große Nachforschungskosten Auskunft darüber, wer Eigentümer eines Grundstücks ist.

Vogel will dem Kramer 1.000 qm seines Grundstücks für 200.000 € übertragen. Was hat zu geschehen?
Zunächst müssen Vogel und Kramer einen Kaufvertrag nach § 433 abschließen. Der Kaufvertrag bedarf nach § 311b der notariellen Beurkundung. Diese Formbedürftigkeit soll – schließlich ist der Verkauf oder Kauf eines Grundstücks kein alltägliches Rechtsgeschäft – Schutz vor Übereilung und fachmännische Beratung sicherstellen. Wie es mit dem sachenrechtlichen Teil der Grundstücksübertragung weitergeht, soll in den beiden übernächsten Kapiteln erörtert werden, in denen es um die Auflassung und die Eintragung des Eigentumswechsels in das Grundbuch geht.

Gegenstand des obigen Kaufvertrags ist – im sprachlichen Sinn jedenfalls – ein Grundstück, genauer die 1.000 qm große Teilfläche eines größeren Grundstücks. Im sachenrechtlichen Sinn ist aber als Grundstück nur anzusehen ein durch katastermäßige Vermessung räumlich abgegrenzter Teil der Erdoberfläche, der im Grundbuch auf einem Grundbuchblatt für sich allein oder unter einer besonderen Nummer eines gemeinschaftlichen Grundbuchblatts geführt wird.[284]

[284] Palandt/Bassenge, Überblick vor § 873 Rdnr. 1.

MERKE

Während das Eigentum an einer beweglichen Sache in der Regel nach § 929 durch Einigung und Übergabe der Sache übertragen wird, ist die Grundregel für die Übereignung eines Grundstücks § 873. An die Stelle der Übertragung des Besitzes tritt allerdings die Eintragung der Rechtsänderung in das Grundbuch.
Grundstück im sachenrechtlichen Sinne ist ein durch katastermäßige Vermessung räumlich abgegrenzter Teil der Erdoberfläche, der im Grundbuch auf einem Grundbuchblatt für sich allein oder unter einer besonderen Nummer eines gemeinschaftlichen Grundbuchblatts geführt wird.

1 GRUNDBUCH

Das Grundbuch ist ein staatliches Register, das über die privaten Rechte an Grundstücken Auskunft gibt. Der Begriff Grundbuch ist irreführend. Nach § 3 Abs. 1 GBO erhält jedes Grundstück im Grundbuch eine besondere Stelle, nämlich ein Grundbuchblatt. Nach § 3 Abs. 1 S. 2 ist das Grundbuchblatt für das Grundstück als das Grundbuch im Sinne des Bürgerlichen Gesetzbuchs anzusehen. Das Grundbuch ist also ein Grundbuchblatt und nach der grundsätzlichen Regel des § 3 Abs. 1 der GBO wird für jedes einzelne Grundstück ein gesondertes Grundbuchblatt angelegt und geführt, auch wenn einem Eigentümer mehrere Grundstücke gehören. Nach § 4 Abs. 1 GBO kann allerdings aus Vereinfachungsgründen über mehrere Grundstücke desselben Eigentümers, deren Grundbücher von demselben Grundbuchamt geführt werden, ein gemeinschaftliches Grundbuchblatt geführt werden, solange Verwirrung nicht zu besorgen ist.
Aber auch der Begriff Grundbuchblatt ist irreführend. Das Grundbuchblatt ist praktisch eine Loseblattsammlung, es besteht also aus mehreren Blättern. Die Aufschrift auf dem Aktendeckel oder dem Deckblatt der einzelnen Blätter enthält lediglich die Bezeichnung des Amtsgerichts, des Grundbuchbezirks und die Grundbuchblatt-Nummer. Die Grundbücher werden nämlich bei den Amtsgerichten, genauer bei den hier eingerichteten Grundbuchämtern, geführt. Dem Deckblatt folgen mindestens vier Blätter, denn jedes Grundbuchblatt ist aufgegliedert in das sog. Bestandsverzeichnis und drei Abteilungen.
Im Bestandsverzeichnis wird das Grundstück unter Bezugnahme auf das Liegenschaftskataster näher bezeichnet. Das Kataster ist ein von den Katasterämtern (Vermessungsämtern) geführtes amtliches Verzeichnis aller Grundflächen eines Landes, das als Grundlage für das Grundbuch und für die Bemessung der Grundsteuer dient und genaue Angaben über Nutzung, Lage und Größe der Grundflächen enthält. Es besteht aus dem Flurbuch (Liegenschaftsbuch) und den Katasterkarten (Flurkarten). Im Bestandsverzeichnis übernimmt das Grundbuch den Inhalt des Katasters. Auf die in der ersten Spalte genannte laufende Nummer des Grundstücks folgen die Bezeichnung der Gemarkung (Vermessungsbezirk des Katasters), die Nummern von Flur, Flurstück und Liegenschaftsbuch sowie genauere Angaben zur Wirtschaftsart und Lage des Grundstücks und dessen genaue Größe (in ha, a und qm). Die restlichen Spalten weisen Zu- und Abschreibungen vom Grundstücksbestand aus.
In Abteilung I werden die Eigentumsverhältnisse an dem betreffenden Grundstück dargestellt. Der Eigentümer ist in Spalte 2 bezeichnet, bei mehreren Eigentümern sind auch

deren Anteile dort angegeben. Die Spalten 3 und 4 weisen für jedes im Bestandsverzeichnis genannte Grundstück den Erwerbsgrund für das Eigentum aus wie Auflassung oder Erbanfall und die Eintragung in das Grundbuch. Die Vorgeschichte des Grundstücks lässt sich in Abteilung I gut zurückverfolgen, denn bei Neueintragung eines Eigentümers werden der alte Eigentümer und dessen Erwerbsgrund zwar gelöscht, aber nicht unkenntlich gemacht. Die Löschung wird in der Weise vorgenommen, dass der Grundbuchbeamte den bisherigen Eigentümer »rötelt«, d. h. rot unterstreicht.

Abteilung II enthält die Belastungen des Grundstücks mit Ausnahme der sog. Grundpfandrechte, die aus Gründen der Übersichtlichkeit in Abteilung III gesondert eingetragen werden. Es sind nur die im Sachenrecht ausdrücklich geregelten Rechte eintragbar, also der Inhalt und der Berechtigte eines Erbbaurechts, einer Dienstbarkeit, eines Nießbrauchs, eines Vorkaufrechts oder einer Reallast. Darüber hinaus enthält die Abteilung II alle Verfügungsbeschränkungen sowie die sich auf das Eigentum oder auf Belastungen beziehende Vormerkungen.

Aus Abteilung III sind schließlich allein die Grundpfandrechte, nämlich Hypotheken, Grundschulden oder Rentenschulden nach Inhalt und Berechtigtem ersichtlich.

Für jedes Grundbuchblatt werden im übrigen sog. »Grundakten« angelegt, in denen alle Urkunden aufbewahrt werden, die sich auf die im Grundbuch enthaltenen Eintragungen beziehen, also z. B. Eintragungs- oder Löschungsbewilligungen, Kaufverträge, Erbscheine. Durch das Gesetz zur Einführung eines Datenbankgrundbuches vom 01.10.2013 (sog. Datenbankgrundbuch) wurde zudem die Möglichkeit eröffnet, auch elektronische Grundakten in strukturierter Form mit logischer Verknüpfung der Inhalte zu führen.[285]

Bereits durch das Registerverfahrensbeschleunigungsgesetz vom 20.12.1993 wurde den Ländern die Möglichkeit eingeräumt, das Grundbuch in elektronischer Form als Datenbank zu führen. Alle Bundesländer machen zwischenzeitlich von dieser Möglichkeit Gebrauch. Am Aufbau und Inhalt des bewährten Grundbuchs hat sich dadurch natürlich nichts geändert. Es entfällt lediglich das Papier, auch das verschiedenfarbige der drei Abteilungen, und lässt man sich das Grundbuchblatt ausdrucken, sind die dort enthaltenen Rötungen nur als schwarze Unterstreichung sichtbar. Auch bietet das elektronische Grundbuchverfahren andere Vorteile wie etwa die mögliche Grundbucheinsicht über das Internet unabhängig von den Öffnungszeiten der Grundbuchämter. Einsicht nehmen kann natürlich entsprechend § 12 GBO nur, wer ein berechtigtes Interesse darlegt. Ein berechtigtes Interesse kann z. B. der Käufer, nicht aber der bloße Kaufinteressent darlegen. Ein berechtigtes Interesse hat grundsätzlich derjenige, der Rechtsbeziehungen zum Grundstück hat oder für den solche Rechtsbeziehungen unmittelbar bevorstehen.

MERKE

Das Grundbuch ist ein staatliches Register, das über die privaten dinglichen Rechtsverhältnisse an einem Grundstück Auskunft gibt. Es wird bei den Amtsgerichten geführt. Das Grundbuch ist in drei Abteilungen unterteilt. Vor den drei Abteilungen befindet sich das Bestandsverzeichnis, welches das Grundstück nach Lage, Größe und Wirtschaftsart beschreibt. Hierbei stützt sich das Grundbuch auf das Kataster, ein von den

[285] Lüke, Rdnr. 345.

Katasterämtern geführtes amtliches Verzeichnis aller Grundflächen eines Landes, das als Grundlage für das Grundbuch und für die Bemessung der Grundsteuer dient und genaue Angaben über Nutzung, Lage und Größe der Grundflächen enthält.
In Abteilung I des Grundbuchs sind die Eigentumsverhältnisse an dem Grundstück dargestellt. Abteilung II enthält die Belastungen des Grundstücks mit Ausnahme der Grundpfandrechte. Diese werden aus Gründen der Übersichtlichkeit in Abteilung III eingetragen.

2 AUFLASSUNG

Im obigen Beispiel haben Vogel und Kramer den Kaufvertrag über einen 1.000 qm großen Teil des Grundstücks des Vogel geschlossen und beim Notar beurkunden lassen. Der Kaufvertrag enthält neben anderen Regelungen wie etwa dem Zeitpunkt der Besitzüberlassung sowie der Modalitäten der Kaufpreiszahlung als wesentlichen Inhalt die exakte Angabe von Kaufgegenstand und Kaufpreis. Nun ist die genannte Teilfläche von 1.000 qm für sich gesehen kein Grundstück im sachenrechtlichen Sinne. Für den Kaufvertrag ist es jedoch ausreichend, wenn der Kaufgegenstand hinreichend bestimmbar ist. Die Größenangabe in qm würde ausreichen, wenn vereinbart worden wäre, Kramer könne sich einen 1.000 qm großen Anteil nach seinem Belieben aussuchen. Da dies jedoch nicht der Fall ist, empfiehlt es sich, dem Kaufvertrag eine Katasterkarte beizufügen und auf ihr die zum Verkauf stehende Teilfläche zu schraffieren oder in sonstiger Weise genau zu kennzeichnen.
Nach Abschluss des Kaufvertrags müssen sich der Verkäufer (Vogel) und der Erwerber (Kramer) in der Form des § 925 über den Eigentumsübergang einigen. Für die Auflassung gilt der sachenrechtliche Bestimmtheitsgrundsatz. Es muss sich aus dem Inhalt der Einigung eindeutig ergeben, welcher Teil der Erdoberfläche Gegenstand der Übereignung sein soll. Für die Einhaltung des sachenrechtlichen Bestimmtheitsgrundsatzes bei der Auflassung ist es aber noch nicht erforderlich, dass im Zeitpunkt der Abgabe der Einigungserklärungen das Grundstück im sachenrechtlichen Sinne vorhanden ist. Ausreichend ist, dass das Grundstück nach der tatsächlichen Beschreibung genau bezeichnet und bestimmt ist. Auch dazu reichen die genaue Größenangabe und die farbige Kennzeichnung auf dem Katasterauszug aus.
Nach § 925 Abs. 1 S. 1 müssen die Einigungserklärungen des Veräußerers und des Erwerbers bei gleichzeitiger Anwesenheit beider Teile vor dem Notar als der zuständigen Stelle erklärt werden. Eine persönliche Anwesenheit ist damit nicht erforderlich. Beide Vertragspartner können sich auch vertreten lassen. Vielfach wird die Auflassung aber mit bzw. direkt im Anschluss an den Kaufvertrag vorgenommen und mit in die Kaufvertragsurkunde aufgenommen. Nach § 925 ist es zwar nicht erforderlich, dass die Auflassungserklärungen in schriftlicher Form abgegeben oder gar vom Notar beurkundet werden. Vielmehr genügt es, dass die Erklärungen vor dem Notar abgegeben werden. Dennoch wird die Einigung regelmäßig aus zwei Gründen beurkundet. Nach h. M. ist die Einigung der Parteien über den Eigentumsübergang nur unter den Voraussetzungen des § 873 Abs. 2 bindend. Die Auflassung ist danach insbesondere dann unwiderruflich, wenn sie notariell beurkundet ist. Außerdem wird die Auflassung regelmäßig beurkundet, um die Form des § 29 GBO zu wahren. Der Grundbuchbeamte nimmt die nach § 873 erforderliche Eintragung in das Grundbuch nur vor, wenn ihm bewiesen wird, dass die Einigungserklärungen vor dem Notar

abgegeben wurden. Nachzutragen bleibt, dass die Auflassung anders als die Einigung bei der Übereignung beweglicher Sachen nach § 925 Abs. 2 weder unter einer Bedingung noch unter einer Zeitbestimmung erfolgen kann.

MERKE

Die zur Übertragung des Eigentums an einem Grundstück nach § 873 erforderliche Einigung des Veräußerers und des Erwerbers heißt Auflassung und muss nach § 925 bei gleichzeitiger Anwesenheit beider Teile vor dem Notar als der zuständigen Stelle erklärt werden.

3 EINTRAGUNG DER RECHTSÄNDERUNG IM GRUNDBUCH

Wie bei der Übereignung beweglicher Sachen zur Einigung die Übergabe oder ein Übergabesurrogat hinzutreten muss, um den Eigentumswechsel offensichtlich zu machen, so wird die Übereignung von Grundstücken durch die Eintragung des Eigentumswechsels im Grundbuch abgeschlossen. Im obigen Beispiel würde der Grundbuchbeamte in Abteilung I Vogel als Eigentümer löschen und den Kramer als neuen Eigentümer eintragen. Bevor dies jedoch geschehen kann, muss natürlich ein Grundstück im sachenrechtlichen Sinne vorliegen. Vogel wird daher beim zuständigen Katasteramt die Vermessung des zu übereignenden Grundstücksteils beantragen. Nach der Vermessung wird für diesen Teil des Grundstücks ein neues Grundbuchblatt angelegt, in dem als Eigentümer Vogel aufgeführt wird. Nun kann das Eintragungsverfahren zugunsten des Erwerbers Kramer eingeleitet werden. Dieses stützt sich im Wesentlichen auf drei Voraussetzungen: den Antrag auf Eintragung des Erwerbers als neuen Eigentümer, den der Notar für Kramer stellen wird. Eine Eintragung erfolgt nach § 19 GBO jedoch nur, wenn derjenige sie bewilligt, dessen Recht von ihr betroffen wird, also Vogel. Schließlich wird nach § 39 GBO die Voreintragung des Betroffenen (Vogel) vorausgesetzt.
Eintragungen in das Grundbuch können nicht beliebig vorgenommen werden. Vielmehr sieht die Grundbuchordnung (GBO) bestimmte Voraussetzungen und ein bestimmtes Verfahren vor. Wird dieses sog. formelle Grundbuchrecht nicht eingehalten, kommt es zu fehlerhaften Eintragungen, die berichtigt werden müssen. Maßgeblich ist dann natürlich das materielle Grundbuchrecht des BGB (insbesondere §§ 873 ff.).

MERKE

Für die Eintragung einer Rechtsänderung im Grundbuch sieht die Grundbuchordnung (GBO) bestimmte Voraussetzungen und ein bestimmtes Verfahren vor. Wird dieses formelle Grundbuchrecht nicht eingehalten, kommt es zu fehlerhaften Eintragungen, die berichtigt werden müssen. Maßgeblich dafür ist das materielle Grundbuchrecht des BGB.

4 ERWERB EINES GRUNDSTÜCKS VOM NICHTBERECHTIGTEN

Derjenige, der sein Eigentum an einem Grundstück auf einen anderen übertragen will, muss – hier gilt das Gleiche wie bei der Übereignung beweglicher Sachen – Berechtigter sein. Entscheidender Zeitpunkt für die Frage, ob jemand als Berechtigter oder Nichtberechtigter verfügt hat, ist der Zeitpunkt der Vollendung des Rechtserwerbs, also regelmäßig der Zeitpunkt der Eintragung im Grundbuch. Berechtigt ist der verfügungsbefugte Eigentümer. Berechtigt ist auch derjenige, der kraft Gesetzes Verfügungsbefugnis erlangt hat, nämlich der Insolvenzverwalter (§ 80 InsO), der Nachlassverwalter (§ 1984) und der Testamentsvollstrecker (§ 2205). Schließlich ist berechtigt auch derjenige, der gem. § 185 Abs. 1 mit Einwilligung des verfügungsbefugten Eigentümers oder desjenigen handelt, der kraft Gesetzes verfügungsbefugt ist. Die Verfügung eines Nichtberechtigten wird wirksam, wenn die Voraussetzungen des § 185 Abs. 2 gegeben sind.

4.1 Erwerb vom Nichtberechtigten nach § 878

Besonderheiten bestehen im Grundstücksrecht, wenn der Verfügende zunächst Berechtigter war, aber vor der Vollendung des Rechtserwerbs in seiner Verfügungsmacht beschränkt wird.

Vogel verkauft sein Grundstück an Kramer. Der Kaufvertrag sowie die Auflassung vor dem Notar werden von diesem beurkundet. Nachdem der Notar die erforderlichen behördlichen Genehmigungen eingeholt hat, stellt er im Namen des Kramer den Antrag auf Eintragung in das Grundbuch. Danach wird über das Vermögen des Vogel das Insolvenzverfahren eröffnet. Nach Ablauf von zwei weiteren Monaten wird Kramer als neuer Eigentümer im Grundbuch eingetragen.

Kramer ist trotz der Verfügungsbeschränkung des Vogel Eigentümer geworden. Die Verfügungsbeschränkung bleibt nämlich im Verhältnis zum Erwerber unberücksichtigt, wenn die Voraussetzungen des § 878 vorliegen. Der Erwerber eines Grundstücks oder eines Grundstücksrechtes hat keinen Einfluss darauf, wann der Grundbuchbeamte ihn einträgt. Auch wenn alle Eintragungsunterlagen beigebracht wurden, kann je nach Auslastung der Grundbuchämter noch einige Zeit bis zur Eintragung vergehen. Nach Sinn und Zweck des § 878 soll eine solche Verzögerung nicht zu Lasten des Erwerbers gehen. Wenn daher Vogel nach bindender Einigung und Antragstellung auf Eintragung im Grundbuch in seiner Verfügungsbefugnis beschränkt wird, so ist das nach § 878 dem Kramer gegenüber unwirksam. § 878 greift aber nur ein, wenn im Zeitpunkt der Verfügungsbeschränkung nur noch die Eintragung des Erwerbers aussteht.

MERKE

Derjenige, der sein Eigentum an einem Grundstück auf einen anderen übertragen will, muss zum Zeitpunkt der Vollendung des Rechtserwerbs Berechtigter sein. Berechtigt ist der verfügungsbefugte Eigentümer und der maßgebliche Zeitpunkt wäre die Eintragung des Eigentumswechsels im Grundbuch. Da vom Abschluss des Grundgeschäfts

bis zur Eintragung Zeit vergehen kann, bestimmt § 878, dass eine zwischenzeitlich eintretende Verfügungsbeschränkung des Berechtigten ohne Einfluss bleibt, wenn die Auflassungserklärung für ihn bindend geworden und der Antrag auf Eintragung beim Grundbuchamt gestellt worden ist. Bindend wird die Einigung nach § 873 Abs. 2 insbesondere durch notarielle Beurkundung.

4.2 Gutgläubiger Erwerb vom Nichtberechtigten nach § 892

Wenn der Veräußerer nicht Eigentümer ist oder in der Verfügungsmacht beschränkt ist, kann der Erwerber unter den Voraussetzungen des § 892 dennoch Eigentümer werden. Dazu müssen zunächst die Voraussetzungen eines Eigentumserwerbs mit Ausnahme der Berechtigung vorliegen, d. h., ohne eine wirksame Auflassung oder ohne Eintragung in das Grundbuch kommt ein gutgläubiger Erwerb nach § 892 nicht in Betracht. In § 892 wird andererseits anders als in § 932 auch der gute Glaube an die Verfügungsmacht geschützt, wenn die bestehende Verfügungsbeschränkung nicht im Grundbuch eingetragen war. Ferner gilt § 892 anders als § 932 nicht nur für den Erwerb des Eigentums, sondern für alle dinglichen Rechte wie etwa Grundpfandrechte, Dienstbarkeiten usw. Die Voraussetzungen des § 892 sind also:

- Zwischen dem Verfügenden und dem Erwerber muss ein Rechtsgeschäft i. S. eines Verkehrsgeschäftes abgeschlossen worden sein.
- Das Grundbuch muss unrichtig sein und der Verfügende muss als Berechtigter aus dem Grundbuch legitimiert sein.
- Der Erwerber muss gutgläubig sein, er darf also die Unrichtigkeit des Grundbuchs nicht kennen, und es darf kein Widerspruch im Grundbuch eingetragen sein.

§ 892 gilt nur für den rechtsgeschäftlichen Erwerb und kann daher weder beim Erwerb kraft Hoheitsakts noch beim gesetzlichen Erwerb angewandt werden. Für ein Verkehrsgeschäft ist insbesondere Voraussetzung, dass Veräußerer und Erwerber wirtschaftlich personenverschieden sind.

Das Grundbuch ist unrichtig, wenn derjenige, der als Eigentümer eingetragen ist, nicht Eigentümer ist. Das Grundbuch ist auch unrichtig, wenn eine bestehende relative Verfügungsbeschränkung des Eigentümers oder des sonstigen Rechtsinhabers nicht eingetragen ist.

Über das Vermögen einschließlich des Grundstücks des Eberhard wird das Insolvenzverfahren eröffnet. Eine entsprechende Verfügungsbeschränkung des Eberhard wurde nicht im Grundbuch eingetragen. Der Erwerber Kramer wird, wenn er gutgläubig ist, mit Eintragung in das Grundbuch Eigentümer. Sollten die Voraussetzungen des § 878 vorliegen (s. oben unter 4.1), kommt es auf die Gutgläubigkeit des Erwerbers nicht einmal an.

Hinsichtlich der Verfügungsbeschränkungen gilt aber der öffentliche Glaube des Grundbuchs nicht generell, sondern lediglich eine sog. negative Publizität. Das bedeutet: Ist eine bestehende Verfügungsbeschränkung nicht eingetragen, ist ein gutgläubiger Erwerb von dem in seiner Verfügungsmacht beschränkten Eigentümer möglich. Zugunsten des gutgläubigen Erwerbers spricht somit eine Vollständigkeitsvermutung. Ist dagegen eine Verfügungsbefugnis eingetragen, obwohl sie nicht besteht, scheidet ein gutgläubiger Erwerb nach § 892 aus. Bezüglich der Verfügungsbeschränkungen gibt es nämlich keine Richtigkeitsvermutung.

Für Treumann ist im Grundbuch ein Testamentsvollstreckervermerk eingetragen. Es mangelt jedoch an einer wirksamen Bestellung des Treumann, sodass er keine Verfügungsbefugnis hat. Hier ist ein gutgläubiger Eigentumserwerb nach § 892 von Treumann nicht möglich.

Die wesentliche Voraussetzung des § 892 ist natürlich die Gutgläubigkeit des Erwerbers. Die Gutgläubigkeit muss grundsätzlich bis zur Vollendung des Rechtserwerbs, also bis zur Eintragung der Rechtsänderung im Grundbuch, vorliegen. Davon macht § 892 aber eine praktisch bedeutsame Ausnahme. Er verlegt den maßgebenden Zeitpunkt für die Gutgläubigkeit nach vorn, wenn für den Rechtserwerb nur noch die Eintragung im Grundbuch erforderlich ist. Es genügt danach, dass der Erwerber bei der Antragstellung gutgläubig ist.

Im August schließt Kramer mit Vogel einen notariellen Kaufvertrag über ein Grundstück. Nach Auflassung und Einholung der entsprechenden behördlichen Genehmigungen stellt der Notar im September für Kramer den Antrag auf Grundbucheintragung. Am 01.10. erfährt Kramer, dass das Grundstück nicht dem im Grundbuch eingetragenen Vogel, sondern dem Eberhard gehört. Am 15.11. wird Kramer als neuer Eigentümer eingetragen. Hier hat Kramer gutgläubig das Eigentum erworben, da gem. § 892 Abs. 2 bezüglich seiner Gutgläubigkeit der Zeitpunkt der Antragstellung auf Eintragung im Grundbuch maßgebend ist. Der in § 892 Abs. 2 enthaltene Rechtsgedanke ist derselbe wie in § 878. Es soll der Erwerber keine Nachteile dadurch erleiden, dass, aus welchen Gründen auch immer, seine Eintragung im Grundbuch sich verzögert.

Der gutgläubige Erwerb vom Nichtberechtigten nach § 892 ist ferner ausgeschlossen, wenn ein Widerspruch im Grundbuch eingetragen ist, der sich gegen die Legitimation desjenigen richtet, der als Berechtigter eingetragen ist. Nach seinem Wortlaut gilt § 892 Abs. 2 übrigens im Falle des Widerspruchs nicht. Der Widerspruch zerstört den guten Glauben, sofern er nur vor Vollendung des Rechtserwerbs im Grundbuch eingetragen wurde. Näheres zum Widerspruch siehe unter 5. 3.

MERKE

Nach § 892 ist auch der gutgläubige Erwerb des Eigentums oder sonstiger dinglicher Rechte am Grundstück möglich. Dazu muss zunächst der normale Erwerbstatbestand vorliegen, nämlich eine wirksame Einigung bzw. Auflassung und die Eintragung in das Grundbuch. Das Grundbuch muss ferner unrichtig sein und der Verfügende muss als Berechtigter legitimiert sein. Schließlich muss der Erwerber gutgläubig sein, er darf also die Unrichtigkeit des Grundbuchs nicht kennen, und es darf kein Widerspruch im Grundbuch eingetragen sein.
In § 892 wird auch der gute Glaube an die Verfügungsmacht geschützt, wenn die bestehende Verfügungsbeschränkung nicht im Grundbuch eingetragen war. Es gilt hier aber nur eine sog. negative Publizität, d. h., ist eine Verfügungsbefugnis eingetragen, obwohl sie nicht besteht, scheidet ein gutgläubiger Erwerb nach § 892 aus.

5 VORMERKUNG, WIDERSPRUCH UND GRUNDBUCHBERICHTIGUNG

Im Zusammenhang mit der Veräußerung und dem Erwerb von Grundstückseigentum und Grundstücksrechten spielen einige Begriffe des materiellen und formellen Grundstücksrechts eine Rolle, deren Kenntnis für jeden, der beruflich oder privat auch nur gelegentlich mit dieser Materie in Berührung kommt, nicht unwichtig ist. Ohne Anspruch auf Vollständigkeit sollen drei in der Praxis besonders häufige Begriffe kurz angesprochen werden.

5.1 Vormerkung

Zur Erfüllung eines Anspruchs auf Rechtsänderung an einem Grundstück ist die Eintragung im Grundbuch erforderlich. Häufig liegt aber zwischen dem schuldrechtlichen Vertrag, der die Verpflichtung zur Übertragung des Eigentums oder eines sonstigen Rechts an einem Grundstück enthält, und der Erfüllung durch Auflassung und Eintragung im Grundbuch ein längerer Zeitraum. In diesem Zeitraum kann der Anspruch des Gläubigers durch weitere Verfügungen des Schuldners beeinträchtigt werden. So kann ein Grundstückseigentümer sein Grundstück beliebig oft verkaufen. Aber nur ein Käufer kann Eigentümer werden, nämlich der, dem gegenüber der Verkäufer die Auflassung erklärt und der dann im Grundbuch als neuer Eigentümer eingetragen wird.

Eberhard ist Eigentümer eines Grundstücks. Mit notariellem Kaufvertrag verpflichtet er sich, dem Kramer das Grundstück für 180.000€ zu übertragen. Auflassung und Beantragung der Eintragung des Kramer im Grundbuch sollen nach erfolgter Kaufpreiszahlung erfolgen. Bevor es zur Kaufpreiszahlung kommt, bietet Dreist dem Eberhard 210.000€ für das Grundstück. Eberhard wird schwach und schließt einen weiteren Kaufvertrag mit Dreist zum Preis von 210.000€. Wenn Eberhard und Dreist nun die Auflassung erklären und Dreist in das Grundbuch eingetragen wird, hat Kramer keine Möglichkeit mehr, Eigentümer des Grundstücks zu werden. Der Anspruch aus §433 Abs. 1 gegen Eberhard ist nach §275 Abs. 1 ausgeschlossen, denn diesem ist die Erfüllung unmöglich geworden. Kramer kann allenfalls nach §§280 Abs. 1 und 3, 283 Schadensersatz statt der Leistung verlangen.

Um der Gefahr vorzubeugen, dass es nach Abschluss des Verpflichtungsgeschäfts zu Verfügungen kommt, die den Anspruch des Gläubigers beeinträchtigen oder zunichte machen, kann eine Vormerkung in das Grundbuch eingetragen werden (§883 Abs. 1 S. 1). Die Vormerkung ist eine Grundbucheintragung, die die Durchsetzung eines Anspruchs auf künftige Änderung des Rechts an einem Grundstück sichern soll. Der bekannteste Fall ist die sog. Auflassungsvormerkung zur Sicherung des Anspruchs des Käufers eines Grundstücks auf Übertragung des Eigentums.

Die Vormerkung wird in Abteilung II des Grundbuchs eingetragen. Die Eintragung erfolgt nach §885 entweder aufgrund einer Bewilligung desjenigen, dessen Grundstück oder dessen Recht von der Vormerkung betroffen wird oder auch auf Grund einer einstweiligen Verfügung. Diese wird vom Gericht erlassen, ohne dass die Gefährdung des zu sichernden Anspruchs glaubhaft gemacht werden muss (§ 885 Abs. 1 S. 2).

Die Wirkung der Vormerkung ergibt sich aus §883 Abs. 2. Danach ist eine Verfügung, die nach der Eintragung der Vormerkung über das Grundstück oder ein Grundstücksrecht getroffen wird, insoweit unwirksam, als sie den Anspruch desjenigen, zugunsten dessen die Vormerkung eingetragen wurde, vereiteln oder beeinträchtigen würde. Verfügungen des Schuldners des vorgemerkten Anspruchs sind also noch möglich, aber sie sind gegenüber dem aus der Vormerkung Begünstigten und nur diesem gegenüber unwirksam, soweit sie dessen Anspruch beeinträchtigen oder vereiteln.

Hätte sich Kramer im obigen Beispiel zur Sicherung seiner Forderung aus § 433 Abs. 1 eine Vormerkung eintragen lassen, wäre die spätere Verfügung des Eberhard zugunsten des Dreist jedermann gegenüber wirksam, nur nicht gegenüber Kramer. Dreist gilt gegenüber jedermann als Eigentümer. Im Verhältnis zu Kramer ist Eberhard jedoch Eigentümer geblieben und deshalb nach wie vor in der Lage, sein Eigentum am Grundstück dem Kramer zu übertragen.

Da der Vormerkungsberechtigte für seine Eintragung im Grundbuch nach § 19 GBO eine Bewilligung des Dritten, zu dessen Gunsten verfügt wurde, benötigt, hat er dazu einen Anspruch aus § 888.

Im obigen Beispiel wird Kramer von Eberhard die Abgabe der Auflassungserklärung verlangen. Da aber Dreist inzwischen als Eigentümer in das Grundbuch eingetragen wurde und eine Eintragung des Kramer nicht ohne Einwilligung desjenigen vorgenommen werden kann, der von der Eintragung betroffen wird, muss Dreist nach § 888 seine Zustimmung erklären, dass er als Eigentümer im Grundbuch gelöscht und Kramer als Eigentümer eingetragen wird.

Auch eine Vormerkung kann im Übrigen vom Nichtberechtigten erworben werden. Wenn der Schuldner nach Antragstellung, aber vor der Eintragung der Vormerkung in der Verfügungsbefugnis beschränkt wird, gilt § 878 entsprechend. Auch wenn der Schuldner, der die Vormerkung bewilligt hat, nicht Inhaber des dinglichen Rechts, also etwa nicht Eigentümer des Grundstücks ist, so erwirbt der Gläubiger über § 893 entsprechend § 892 die Vormerkung vom Nichtberechtigten. Die Vormerkung wird als Verfügung i. S. d. § 893 angesehen.[286]

MERKE

Um der Gefahr vorzubeugen, dass es nach Abschluss des Verpflichtungsgeschäfts zu Verfügungen kommt, die den Anspruch des Gläubigers beeinträchtigen oder zunichte machen, kann eine Vormerkung in das Grundbuch eingetragen werden (§ 883). Die Vormerkung wird in Abteilung II des Grundbuchs eingetragen. Der bekannteste Fall ist die sog. Auflassungsvormerkung zur Sicherung des Anspruchs eines Grundstückskäufers auf Übertragung des Eigentums.
Die Wirkung der Vormerkung ergibt sich aus § 883 Abs. 2. Verfügungen des Schuldners des vorgemerkten Anspruchs sind zwar noch möglich, aber sie sind gegenüber dem aus der Vormerkung Begünstigten unwirksam, soweit sie dessen Anspruch beeinträchtigen oder vereiteln.

---

[286] Palandt/Bassenge, § 883 Rdnr. 3.

5.2 Berichtigung des Grundbuchs

Wenn die wirkliche Rechtslage, also die materielle nach den Vorschriften des BGB, nicht mit der formellen, also der im Grundbuch ausgewiesenen, übereinstimmt, so hat der dadurch Benachteiligte ein dringendes Interesse daran, dass formelle und materielle Rechtslage wieder in Übereinstimmung gebracht werden. Nach § 894 kann daher derjenige, dessen Recht nicht oder nicht richtig eingetragen oder durch die Eintragung einer nicht bestehenden Belastung oder Beschränkung beeinträchtigt ist, die Zustimmung zu der Berichtigung des Grundbuchs von demjenigen verlangen, dessen Recht durch die Berichtigung betroffen wird. Inhaltlich geht der Anspruch auf Abgabe einer Berichtigungsbewilligung. Eine Eintragung in das Grundbuch kann nur erfolgen, wenn eine Eintragungsbewilligung desjenigen vorliegt, der von der Eintragung betroffen wird. Dazu zählt auch derjenige, der, ohne der Berechtigte zu sein, im Grundbuch als solcher eingetragen ist.

5.3 Eintragung eines Widerspruchs

Die Durchsetzung eines Berichtigungsanspruchs kann längere Zeit in Anspruch nehmen, insbesondere dann, wenn der Anspruch aus § 894 erst im Klagewege verwirklicht werden muss. In dieser Zeit könnte der zu Unrecht im Grundbuch als Berechtigter Eingetragene Verfügungen treffen, durch die ein Gutgläubiger nach § 892 ein Recht erwirbt. Um dieser Gefahr zu begegnen, empfiehlt sich die Eintragung eines Widerspruchs nach § 899. Der Widerspruch wird von dem Grundbuchbeamten nur eingetragen, wenn eine Eintragungsbewilligung des Betroffenen erteilt wurde. Da dies jedoch seltener geschieht, kann die Eintragungsbewilligung des Betroffenen durch eine einstweilige Verfügung ersetzt werden, ohne dass eine Gefährdung des Rechts des Widersprechenden glaubhaft gemacht werden muss (§ 899 Abs. 2 S. 2). Die Eintragung des Widerspruchs gegen die Berechtigung des zu Unrecht im Grundbuch Eingetragenen macht einen gutgläubigen Erwerb vom Nichtberechtigten nach § 892 unmöglich.

MERKE

Nach § 894 kann derjenige, dessen Recht im Grundbuch nicht oder nicht richtig eingetragen ist, die Zustimmung zur Berichtigung des Grundbuchs von demjenigen verlangen, dessen Recht durch die Berichtigung betroffen wird. Wenn dies länger dauert und dieser Anspruch erst im Klagewege durchgesetzt werden muss, empfiehlt sich die Eintragung eines Widerspruchs nach § 899, da der zu Unrecht im Grundbuch als Berechtigter Eingetragene Verfügungen treffen könnte, durch die ein Gutgläubiger nach § 892 ein Recht erwirbt. Die Eintragung eines Widerspruchs macht einen gutgläubigen Erwerb vom Nichtberechtigten unmöglich.

VI Sicherungsrechte an beweglichen Sachen

Die Aufnahme von Krediten spielt im heutigen Wirtschaftsleben eine bedeutende, wenn nicht entscheidende Rolle. Damit ergibt sich die ebenso entscheidende Frage nach der Absicherung des Kreditgebers. Hierzu kann jeder Vermögensgegenstand dienen, den der Kreditgeber zu Geld verwerten kann. Als sicherste und beliebteste Kreditgrundlage kommen Grundstücke in Betracht. Da jedoch eine Vielzahl von Kreditnehmern nicht über Grundstücke verfügt oder diese schon hinreichend belastet sind, spielen natürlich auch bewegliche Sachen als Sicherheiten bei Kreditvergabe eine große Rolle. Das Sachenrecht hat das Pfandrecht nach §§ 1204 ff. als Verwertungsrecht an beweglichen Sachen vorgesehen. Der Nachteil des Pfandrechts besteht aber darin, dass dem Gläubiger, der den Kredit gewährt, vom Schuldner als Eigentümer der Besitz an der Sache übergeben werden muss (§ 1205), sodass er die Sache nicht mehr für sich, sein Geschäft oder seinen Betrieb nutzen kann. Auch mag die Bank als Kreditgeber in einem gewissen Umfang noch Wertpapiere oder Wertgegenstände aufbewahren, an der Aufstellung des Maschinenparks ihres Kreditnehmers in der Schalterhalle wird sie kein Interesse haben. Zudem möchte und soll der Kreditnehmer mit den Maschinen arbeiten und produzieren, denn nur so wird er den Kredit zurückzahlen können. Eine erheblich größere Bedeutung hat in solchen Fällen daher die im Gesetz nicht geregelte Sicherungsübereignung. Im Gegensatz zur normalen Übereignung, bei der das Eigentum im Interesse des Warenumsatzes auf Dauer übertragen wird, dient hier das Eigentum nur vorübergehend als Sicherheit und wird ohne Besitzübergabe mit Hilfe des § 930 übertragen; der Schuldner kann die Sache also behalten und nutzen. Sozusagen in der Mitte zwischen Warenumsatz und Kreditsicherung liegt der Verkauf unter Eigentumsvorbehalt, dessen schuldrechtliche Seite in § 449 geregelt ist.

1 EIGENTUMSVORBEHALT

Vielfach übergibt der Verkäufer die verkaufte Ware dem Käufer unter Verzicht auf sofortige Bezahlung, d. h., er stundet den Kaufpreis insgesamt oder vereinbart mit ihm Teilzahlungen. Auf diese Weise gewährt er dem Käufer Kredit, den er natürlich absichern möchte. Dies geschieht durch den Verkauf der Ware unter Eigentumsvorbehalt. Entsprechend der Trennung des käuflichen Erwerbs einer Sache in das schuldrechtliche Verpflichtungs- und das sachenrechtliche Verfügungsgeschäft hat auch der Eigentumsvorbehalt eine schuldrechtliche und eine sachenrechtliche Seite.

Der schuldrechtliche Kaufvertrag weicht vom normalen Kaufvertrag dadurch ab, dass der Käufer sich nicht zu sofortiger Zahlung verpflichtet, sondern der Verkäufer den Kaufpreis ganz oder teilweise stundet. Der Verkäufer verpflichtet sich dafür nur zur Übereignung unter der Bedingung vollständiger Bezahlung des Kaufpreises. Erst das Verfügungsgeschäft, also die sachenrechtliche Seite wird durch den Eigentumsvorbehalt geprägt. Dieser sieht so aus, dass der Verkäufer dem Käufer bereits den Besitz an der Sache überträgt und auch die nach § 929 S. 1 erforderliche Einigung vornimmt. Während der schuldrechtliche Kaufvertrag jedoch ohne Bedingung abgeschlossen wird, ist die dingliche Einigung nach § 929 S. 1 mit der aufschiebenden Bedingung (§ 158 Abs. 1) der vollständigen Zahlung des Kaufpreises versehen. Das Eigentum bleibt deshalb beim Verkäufer bis zur vollständigen

Bezahlung des Kaufpreises. Dies ist die Sicherheit für den vom Verkäufer gewährten Kredit. Andererseits hat der Käufer bereits den Besitz an und den Nutzen von der Sache und außerdem eine sehr starke Rechtsposition: Er allein hat es in der Hand, Eigentümer zu werden. Er muss nur die letzte Rate zahlen und die aufschiebende Bedingung, unter der die Einigung geschlossen wurde, ist eingetreten. Diese sichere Position des Käufers, die fast einer Eigentümerstellung gleichkommt, bezeichnet man auch als Anwartschaftsrecht (Näheres dazu noch unter X 1).

Röhmer schließt mit dem Radio- und Fernsehhändler Ramsfeld einen Kaufvertrag über ein Fernsehgerät der Spitzenklasse zum Preis von 1.800€. Er zahlt 100€ an. Der restliche Kaufpreis soll in monatlichen Raten von 100€, beginnend im kommenden Monat beglichen werden. Als das Fernsehgerät am nächsten Tag gebracht und angeschlossen wird, enthält der Lieferschein den Zusatz: Die Ware bleibt bis zur Bezahlung der letzten Rate im Eigentum der Fa. Ramsfeld. Röhmer, der die Unterschrift verweigert, ruft sofort bei Ramsfeld an und verlangt unbedingte Übereignung.

Der Eigentumsvorbehalt ist Gegenstand der Einigung nach §929. Will der Verkäufer sich das Eigentum bis zur Zahlung der letzten Kaufpreisrate vorbehalten, muss er das wie im obigen Beispiel bei der Übergabe und der damit zusammenfallenden Einigung deutlich machen. Da sich der Käufer hier aber auf eine bedingte Übereignung nicht einlässt, kommt es mangels Einigung – die dazu nötigen Willenserklärungen von Käufer und Verkäufer stimmen nicht überein – nicht zur Übereignung des Fernsehgerätes. Wichtig ist, dass der Eigentumsvorbehalt schon im Kaufvertrag vorgesehen ist oder aufgrund der AGB des Verkäufers im Kaufvertrag vereinbart wurde. Da dies im obigen Sachverhalt wohl nicht geschehen ist, hat der Käufer einen schuldrechtlichen Anspruch auf unbedingte Übereignung nach §433 Abs. 1.

Röhmer hat den deutlichen Zusatz im Lieferschein gelesen, aber er unternimmt nichts, sondern nimmt das Fernsehgerät in Gebrauch.

Hier kann von einer Übereignung unter Eigentumsvorbehalt ausgegangen werden. Zwar bedeutet Schweigen im Zivilrecht grundsätzlich keine Zustimmung. Nach §151 S. 1 kommt der Vertrag – hier die Einigung nach §929 – durch die Annahme des Antrags auch zustande, ohne dass die Annahme dem Antragenden gegenüber erklärt werden muss, wenn eine solche Erklärung nach der Verkehrssitte nicht zu erwarten ist. Die Annahmeerklärung kann in der Benutzung des Gerätes gesehen werden; ein Zugang der Annahmeerklärung beim Verkäufer ist entbehrlich. Erst recht wird man von einer aufschiebend bedingten Einigung ausgehen können, wenn bereits der Kaufvertrag den Eigentumsvorbehalt vorsah. Nach §449 Abs. 1 ist im Zweifel hier anzunehmen, dass das Eigentum unter der aufschiebenden Bedingung vollständiger Zahlung des Kaufpreises übertragen wird.
Das vorbehaltene Eigentum bietet dem Vorbehaltsverkäufer natürlich keine absolute Sicherheit. Die Sache kann beim Besitzer – dem Käufer – zerstört oder beschädigt werden. Das Eigentum des Vorbehaltsverkäufers kann auch dadurch untergehen, dass die Sache nach §§929, 932 von einem gutgläubigen Dritten erworben wird. Der Eigentumsvorbehalt ist nämlich anders als das Pfandrecht eine stille Sicherheit. Dieser Mangel an Publizität

mag für den Käufer von Vorteil sein, nicht aber für den Verkäufer. Andererseits hat dieser eine bevorzugte Stellung, wenn ein Gläubiger die unter Eigentumsvorbehalt gelieferte Ware beim Käufer pfänden will oder auch bei Insolvenz des Käufers. Bei Pfändung steht dem Verkäufer die Drittwiderspruchsklage nach § 771 ZPO, bei Insolvenz ein Aussonderungsrecht nach § 47 InsO zu.

Im Kaufvertrag hat sich der Verkäufer zur Übereignung unter Eigentumsvorbehalt verpflichtet, zu der es sodann auch kam. Nach fünf Monaten stellt Röhmer die Ratenzahlung ein. Ramsfeld will daher unter Hinweis auf sein Eigentum und § 985 den Fernseher abholen.

Nach § 449 Abs. 2 kann der Verkäufer die Sache aufgrund des Eigentumsvorbehalts nur herausverlangen, wenn er vom Vertrag zurückgetreten ist. Dazu muss er dem Käufer nach § 323 Abs. 1 zunächst eine angemessene Nachfrist setzen. Erst nach deren erfolglosem Ablauf ist der Rücktritt möglich. Steht, wie meist, auf der Verkäuferseite ein Unternehmer (§ 14) und auf der Käuferseite ein Verbraucher (§ 13), so sind zusätzlich Verbraucher schützende Bestimmungen zu beachten. So verlangt § 508 Abs. 2 S. 1 für den Rücktritt des Verkäufers das Vorliegen eines Zahlungsverzuges in der qualifizierten Form des § 498 Abs. 1, d. h., es muss ein Verzug mit mindestens zwei aufeinanderfolgenden Teilzahlungen ganz oder teilweise und in einer Gesamthöhe von 10 % bzw. bei einer Laufzeit über drei Jahre von 5 % des Kaufpreises vorliegen und der rückständige Betrag darf trotz Setzung einer zweiwöchigen Frist mit Androhung der Restschuldfälligkeit nicht gezahlt worden sein. Nimmt der Unternehmer die aufgrund des Teilzahlungsgeschäfts gelieferte Sache wieder an sich, so gilt dies nach § 508 Abs. 2 S. 5 als Ausübung des Rücktrittsrechts.

MERKE

---

§ 449 regelt den Verkauf einer beweglichen Sache unter Eigentumsvorbehalt. Der schuldrechtliche Kaufvertrag weicht hier vom normalen Kaufvertrag dadurch ab, dass der Käufer sich nicht zu sofortiger Zahlung verpflichtet, sondern der Verkäufer den Kaufpreis ganz oder teilweise stundet. Der Verkäufer verpflichtet sich dafür nur zur Übereignung unter der Bedingung vollständiger Bezahlung des Kaufpreises.
Erst das sachenrechtliche Verfügungsgeschäft wird vom Eigentumsvorbehalt geprägt. Dies sieht so aus, dass der Verkäufer dem Käufer bereits den Besitz an der Sache überträgt und auch sofort die nach § 929 S. 1 erforderliche Einigung vornimmt. Nicht der schuldrechtliche Kaufvertrag, wohl aber die dingliche Einigung nach § 929 S. 1 ist mit der aufschiebenden Bedingung der vollständigen Kaufpreiszahlung versehen. Bis dahin bleibt die Sache im Eigentum des Verkäufers.

---

2 SICHERUNGSÜBEREIGNUNG

Während der Eigentumsvorbehalt das Sicherungsmittel der Warenlieferanten ist, kommt für Banken, Sparkassen und andere Geldkreditgeber die Sicherungsübereignung beweglicher Sachen des Schuldners in Betracht. Es wurde schon darauf hingewiesen, dass die Absicherung durch Grundpfandrechte vielfach bevorzugt würde, wenn der Schuldner über

ein Grundstück verfügt. Das Pfandrecht an beweglichen Sachen scheidet aus, weil sich der Schuldner vom Besitz an diesen Sachen trennen müsste, obwohl er sie gern zweckentsprechend weiter nutzen möchte. Schuldbeitritt oder Bürgschaft scheitern in der Praxis oft daran, dass Dritte ungern bereit sind, für fremde Schulden einzustehen.
Bei der Sicherungsübereignung erfolgt die rechtsgeschäftliche Übertragung des Eigentums vom Schuldner als dem Sicherungsgeber auf den Gläubiger als den Sicherungsnehmer nach §§ 929, 930. Für den Schuldner hat dies zwei wesentliche Vorteile: Er bleibt im Besitz der sicherungsübereigneten Gegenstände und kann sie weiter nutzen, zum eigenen oder vielleicht auch zum Vorteil des Kreditgebers, wenn es sich etwa um produktionswichtige Maschinen oder sonstige Gegenstände im Betrieb des Schuldners handelt. Dass er im Besitz der Sache bleibt, hat für den Schuldner einen weiteren Vorteil: Die Sicherungsübereignung und das Ausmaß der Verschuldung sind für Dritte kaum erkennbar. Dieser Mangel an Publizität ist jedoch gleichzeitig ein Nachteil für eventuelle weitere Gläubiger, die die Kreditwürdigkeit des Schuldners nur noch schwer beurteilen können. Bei Insolvenz des Schuldners könnte sich herausstellen, dass dieser sein gesamtes Inventar der Bank zur Sicherheit übereignet hat und diese nun abgesonderte Befriedigung verlangt. Die anderen Gläubiger gehen vielleicht leer aus. Die Sicherungsübereignung ist im Gesetz nicht geregelt und es wurde die Frage gestellt, ob sie nicht eine Umgehung des beim Pfandrecht in § 1205 zum Ausdruck gebrachten Publizitätsgrundsatzes darstellt. Diese Diskussion hat sich jedoch erledigt, die Sicherungsübereignung ist in der Praxis unverzichtbar und als Rechtsinstitut allgemein anerkannt.
Im Falle der Sicherungsübereignung bestehen folgende Rechtsverhältnisse:

- Das Schuldverhältnis zwischen Gläubiger und Schuldner, aus dem sich die zu sichernde Forderung ergibt.
- Die rechtsgeschäftliche Übertragung des Eigentums nach §§ 929, 930.
- Der schuldrechtliche Sicherungsvertrag, der die Rechte und Pflichten der Beteiligten regelt und in dem insbesondere der Sicherungsnehmer sich verpflichtet, von seinem Eigentum an der Sache nur zum Zwecke der Verwertung Gebrauch zu machen, wenn die gesicherte Forderung nicht bezahlt wird.

Versicherungsvertreter Reckmann benötigt ein neues Auto. Da er dies auch beruflich nutzen will, bittet er seinen Chef um einen sog. Kfz-Gehaltsvorschuss von 7.000 €, der in monatlichen Raten von 250 € zu tilgen ist. Zur Sicherung des im übrigen unverzinslichen Gehaltsvorschusses soll Reckmann das Eigentum an dem neuen Wagen auf seinen Chef übertragen.

Hier schließen die Parteien zunächst einen Darlehensvertrag nach § 488. Danach ist der Darlehensgeber verpflichtet, dem Darlehensnehmer 7.000 € zur Verfügung zu stellen. Auch ergibt sich daraus für den Darlehensnehmer Reckmann die Pflicht, seinem Chef diese Summe spätestens nach Ablauf der vereinbarten Zeit von 28 Monaten zurückzuzahlen. Dieser Rückzahlungsanspruch aus dem Darlehensvertrag soll abgesichert werden.
Dazu schließen Herr Reckmann und sein Chef einen sog. Sicherungsvertrag. In diesen werden sie als Erstes aufnehmen, welche Forderung gesichert werden soll, also die Forderung des Chefs gegen seinen Mitarbeiter Reckmann auf Rückzahlung von 7.000 €. Er enthält ferner die Verpflichtung des Reckmann, das Eigentum am neuen Auto zur Sicherheit an seinen Chef zu übertragen. Dieser verpflichtet sich, das Auto leihweise dem Reckmann zu

belassen und von seinem Eigentum nur Gebrauch zu machen, wenn die gesicherte Forderung nicht getilgt wird. Auch wird geregelt, wie die dann fällige Verwertung erfolgen soll. Schließlich enthält der Sicherungsvertrag noch die Verpflichtung des Sicherungsnehmers, das Eigentum am Auto nach erfolgter Darlehensrückzahlung wieder an den Sicherungsgeber zurückzuübertragen. Dies ist nur der wesentliche Inhalt. Die Banken als Kreditgeber benutzen Formularverträge mit zahlreichen weiteren Regelungen, die als Allgemeine Geschäftsbedingungen nach §§ 305 ff. zu würdigen sind.
Als drittes Rechtsverhältnis zwischen Reckmann und seinem Chef ist die sachenrechtliche Übertragung des Eigentums am Auto nach §§ 929, 930 zu sehen. Die Einigung wird entweder uneingeschränkt und ohne Bedingung erklärt. Möglich wäre aber auch eine Einigung über den Eigentumsübergang unter der auflösenden Bedingung des Erlöschens der gesicherten Forderung, sodass nach § 158 Abs. 2 das Eigentum mit Befriedigung des Gläubigers automatisch an den Sicherungsgeber zurückfällt. Im Sicherungsvertrag sollte sich Reckmann dann aber nur zur auflösend bedingten Übereignung verpflichtet haben, da andernfalls ein Anspruch seines Chefs auf unbedingte Übereignung besteht. Reckmann hätte nach Rückzahlung der Darlehenssumme dann nur einen schuldrechtlichen Anspruch auf Rückübertragung des Eigentums. Dem Sicherungsgeber, der unter auflösender Bedingung übereignet hat, steht ein Anwartschaftsrecht an der Sache zu[287], vergleichbar dem Anwartschaftsrecht beim Eigentumsvorbehalt.[288]

MERKE

Während der Eigentumsvorbehalt das Sicherungsmittel der Warenlieferanten ist, kommt für Banken und andere Geldkreditgeber die Sicherungsübereignung beweglicher Sachen des Schuldners in Betracht. Sie erfolgt durch rechtsgeschäftliche Übertragung des Eigentums vom Schuldner als dem Sicherungsgeber auf den Gläubiger und Kreditgeber als den Sicherungsnehmer nach §§ 929, 930. Ein wesentlicher Vorteil für den Schuldner ist, dass er im Besitz der Sache bleibt. Damit bestehen folgende Rechtsverhältnisse:
Das Schuldverhältnis zwischen Gläubiger und Schuldner, aus dem sich die zu sichernde Forderung ergibt.
Die rechtsgeschäftliche Übertragung des Eigentums nach §§ 929, 930.
Der schuldrechtliche Sicherungsvertrag, der die Rechte und Pflichten der Beteiligten regelt und in dem insbesondere der Sicherungsnehmer sich verpflichtet, von seinem Eigentum an der Sache nur zum Zwecke der Verwertung Gebrauch zu machen, wenn die gesicherte Forderung nicht bezahlt wird.

3 PFANDRECHT

Pfandrechte spielen unter den Sicherungsrechten eine bedeutende Rolle. Dabei stehen aber fast ausschließlich die Pfandrechte an Immobilien, die sog. Grundpfandrechte, im Vordergrund (dazu unter VII). Die Pfandrechte an beweglichen Sachen spielen im heutigen

[287] BGH NJW 1984, 1184.
[288] Vgl. dazu unter X 1 und VI 1.

Wirtschaftsleben dagegen nur eine geringere Rolle, jedenfalls das rechtsgeschäftlich begründete Pfandrecht nach §§ 1204 ff. Im Bereich der Kreditsicherung wurde es weitgehend von der Sicherungsübereignung und vom Eigentumsvorbehalt verdrängt, weil hier der Schuldner und Sicherungsgeber den Besitz an der Sache behalten kann. Einen gewissen Anwendungsbereich findet es im Bankverkehr, wo sich Banken an den in ihrer Verwahrung befindlichen Wertpapieren oder Wertgegenständen ihrer Kunden ein Pfandrecht zur Sicherung ihrer Forderungen bestellen lassen. Auch »Leihhäuser« oder Pfandanstalten kommen in Zeiten hoher Arbeitslosigkeit wieder mehr ins Geschäft. Wenn hier dennoch das Pfandrecht an beweglichen Sachen etwas näher erläutert werden soll, so deshalb, weil es nicht nur rechtsgeschäftlich, sondern auch kraft Gesetzes begründet werden kann und auf das gesetzliche Pfandrecht nach § 1257 die Vorschriften über das rechtsgeschäftlich bestellte Pfandrecht entsprechende Anwendung finden. Ebenfalls entsprechende Anwendung finden diese Vorschriften nach § 804 ZPO auf das sog. Pfändungspfandrecht, das im Bereich der Zwangsvollstreckung eine Rolle spielt. Schließlich dient die Kenntnis vom rechtsgeschäftlich bestellten Pfandrecht ähnlich wie der vom Wesen der Bürgschaft dem besseren Verständnis der Grundpfandrechte. Und es darf darauf hingewiesen werden, dass nicht nur bewegliche Sachen, sondern auch Rechte Gegenstand des Pfandrechts sein können. Auch auf das Pfandrecht an Rechten finden nach § 1273 Abs. 2 die Vorschriften über das Pfandrecht an beweglichen Sachen entsprechende Anwendung, soweit sich aus den speziellen Regelungen der §§ 1274 ff. nicht etwas anderes ergibt.

3.1 Rechtsgeschäftlich bestelltes Pfandrecht

Das rechtsgeschäftlich bestellte Pfandrecht ist ein beschränktes dingliches Recht, das dem Gläubiger als Sicherheit dient, wenn der Schuldner eine Forderung nicht erfüllt. Zu seiner Bestellung ist nach § 1205 Abs. 1 erforderlich, dass der Eigentümer die Sache dem Gläubiger übergibt und beide darüber einig sind, dass dem Gläubiger das Pfandrecht zustehen soll. Es ist dasselbe Grundschema wie bei der Übertragung des Eigentums nach § 929 erkennbar: Die Einigung, ein sachenrechtliches Rechtsgeschäft, bestehend aus zwei Willenserklärungen, und als nach außen sichtbarer Realakt die Übergabe der Sache. Nur der Inhalt der Einigung geht nicht auf Übertragung des Vollrechts Eigentum, sondern lediglich auf Übertragung eines beschränkten dinglichen Rechts, des Pfandrechts. Der Schuldner behält also das Eigentum; der Gläubiger ist kraft des beschränkten dinglichen Rechts an der Sache lediglich zum Besitz derselben und dazu berechtigt, Befriedigung aus der Sache zu suchen, d. h., sie zu verwerten, falls der Schuldner und Eigentümer der Sache bei Fälligkeit seiner Schuld nicht zahlt.

Zu den für die Bestellung des Pfandrechts erforderlichen beiden Voraussetzungen, nämlich Einigung, dass dem Gläubiger das Pfandrecht zustehen soll, und Übergabe der Sache, muss als weitere wesentliche Voraussetzung eine zu sichernde Forderung hinzutreten, denn ein Pfandrecht kann nach § 1204 nur zur Sicherung einer Forderung bestellt werden. Man spricht hier auch von Akzessorietät des Pfandrechts, was bedeutet, dass es ohne eine zu sichernde Forderung nicht bestehen kann. Es entsteht nicht, solange keine zu sichernde Forderung besteht und es erlischt, wenn die gesicherte Forderung erlischt (§ 1252). Eine kleine Einschränkung ist nach § 1204 Abs. 2 zu machen: Das Pfandrecht kann auch für eine künftige oder bedingte Forderung bestellt werden. Der Grundsatz der Akzessorietät des Pfandrechts wirkt sich auch auf die Übertragung aus. Das Pfandrecht kann nicht für sich allein übertragen werden, sondern nur zusammen mit der zu sichernden Forderung. Wird diese nach § 398 an einen neuen Gläubiger abgetreten, so geht nach § 1250 Abs. 1 das Pfandrecht automatisch kraft Gesetzes mit über.

Gregorius gewährt seinem Freund Wilhelm ein Darlehen über 4.000 €. Zur Sicherung seines Rückerstattungsanspruchs (§ 488 Abs. 1 S. 2) wird ein Pfandrecht an einer dem Wilhelm gehörenden Münzsammlung bestellt und die Münzsammlung dem Gregorius übergeben. Dieser tritt, nachdem er selbst in Geldschwierigkeiten gerät, seine Forderung gegen Wilhelm auf Rückerstattung der Darlehenssumme nach § 398 an die Gold-Bank ab. Nach §§ 401, 1250 geht das Pfandrecht mit der Abtretung der Forderung automatisch auf die Gold-Bank über. Wenn Gregorius die Münzsammlung nicht freiwillig übergibt, kann die Goldbank gem. § 1251 Abs. 1 von Gregorius die Herausgabe verlangen.
Wenn Wilhelm die Darlehenssumme an die Gold-Bank zahlt, erlischt die Forderung aus § 488. Gleichzeitig erlischt das Pfandrecht. Wilhelm kann dann von der Gold-Bank die Herausgabe der Münzsammlung nach § 1223 Abs. 1 verlangen.

Der Gläubiger der zu sichernden Forderung und der Sicherungsnehmer oder Pfandgläubiger müssen stets eine Person sein. Der Schuldner der zu sichernden Forderung und der Verpfänder oder Sicherungsgeber werden in der Regel auch identisch sein. Sie können aber auch zwei verschiedene Personen sein.

Im obigen Fall kann Wilhelm keine geeignete Sache als Pfand anbieten. Daraufhin erklärt sich sein Vater bereit, seine Münzsammlung als Pfand zur Verfügung zu stellen. Hier müssen sich Wilhelms Vater und Gregorius über die Pfandrechtsbestellung einigen und der Vater muss dem Gregorius den Besitz an der Sammlung überlassen.

Das Pfandrecht an beweglichen Sachen wird durch Verkauf verwertet, wobei die §§ 1234–1240 zu beachten sind. Der Verkauf erfolgt im Wege der öffentlichen Versteigerung (§ 1235 Abs. 1). Durch die rechtmäßige Veräußerung des Pfandes erlangt der Erwerber nach § 1242 die gleichen Rechte, wie wenn er die Sache von dem Eigentümer erworben hätte. Nach § 1247 steht der erzielte Erlös dem Pfandgläubiger zu, soweit dies zur Befriedigung der gesicherten Forderung erforderlich ist. Fällt der Erlös höher aus, tritt er an die Stelle des Pfandes, sodass sich die an der versteigerten Sache bestehenden dinglichen Rechte am Erlös fortsetzen. Deshalb erwirbt der Sicherungsgeber den überschießenden Erlös.

MERKE

Das rechtsgeschäftlich bestellte Pfandrecht ist ein beschränktes dingliches Recht an einer beweglichen Sache, das dem Gläubiger als Sicherheit dient, wenn der Schuldner eine Forderung nicht erfüllt. Zu seiner Bestellung ist nach § 1205 Abs. 1 erforderlich, dass der Eigentümer die Sache dem Gläubiger übergibt und beide darüber einig sind, dass dem Gläubiger das Pfandrecht zustehen soll.
Das Pfandrecht kann nur zur Sicherung einer Forderung bestellt werden. Es ist streng akzessorisch, was bedeutet, dass es ohne eine zu sichernde Forderung nicht bestehen

kann. Das Pfandrecht kann daher auch nicht für sich allein übertragen werden, sondern nur zusammen mit der zu sichernden Forderung. Wird diese abgetreten, geht nach § 1250 Abs. 1 das Pfandrecht automatisch kraft Gesetzes mit über.
Das Pfandrecht an beweglichen Sachen wird durch Verkauf verwertet, wobei die §§ 1234–1240 zu beachten sind.

3.2 Gesetzliches Pfandrecht

Die Vorschriften über das rechtsgeschäftliche Pfandrecht finden nach § 1257 auf ein kraft Gesetzes entstandenes Pfandrecht entsprechende Anwendung. Das Gesetz sieht eine Reihe von solchen Pfandrechten vor zur Sicherung von im Rahmen bestimmter Vertragsverhältnisse erwachsenden Forderungen, und zwar an solchen Sachen des Vertragspartners, die in das Vertragsverhältnis einbezogen sind. Dabei ist dieses Pfandrecht vielfach wie das rechtsgeschäftliche als Besitzpfandrecht ausgestattet, d. h., die Pfandsache muss in den Besitz des Gläubigers gelangt sein und das Pfandrecht besteht auch nur so lange, wie es der Gläubiger in Besitz hat. Ein Beispiel hierzu ist das Unternehmerpfandrecht nach § 647. Dies ist von Bedeutung bei allen Reparaturverträgen, bei denen die Sachen dem Werkunternehmer zur Reparatur übergeben werden. Zu den gesetzlichen Besitzpfandrechten zählen auch einige des HGB wie das des Kommissionärs nach § 397 HGB oder des Frachtführers nach § 441 HGB. Besitzlose oder auch sog. Einbringungspfandrechte sind etwa das Pfandrecht des Vermieters (§ 562), des Verpächters (§ 592) oder des Gastwirts (§ 704). Hier braucht der Gläubiger nicht Besitzer der Pfandsache zu sein. Es genügt, wenn diese auf das gemietete oder gepachtete Grundstück eingebracht wurde.
Während § 1207 auch die Möglichkeit des gutgläubigen Erwerbs eines Pfandrechts an einer Sache, die dem Schuldner nicht gehört, vorsieht, lehnt der BGH die entsprechende Anwendung des § 1207 auf das gesetzliche Pfandrecht unter Berufung auf den Wortlaut des § 1257 zu Recht ab.[289] § 1257 erklärt die Vorschriften über das rechtsgeschäftliche Pfandrecht nur für das bereits »entstandene« gesetzliche Pfandrecht für anwendbar.

3.3 Pfändungspfandrecht

Das Pfandrecht spielt schließlich auch eine Rolle im Zwangsvollstreckungsrecht, das im 8. Buch der ZPO geregelt ist. Zwecks zwangsweiser Befriedigung seiner Forderungen kann der Gläubiger neben Forderungen und sonstigen Rechten auch bewegliche Sachen pfänden. Die Zwangsvollstreckung in das bewegliche Vermögen erfolgt durch Pfändung (§ 803 Abs. 1 S. 1 ZPO). Die Pfändung der im Gewahrsam des Schuldners befindlichen körperlichen Sachen wird nach § 808 Abs. 1 ZPO dadurch bewirkt, dass der Gerichtsvollzieher sie in Besitz nimmt. Durch die Pfändung erlangt der Gläubiger ein Pfandrecht mit den Befugnissen, die nach §§ 1204 ff. das rechtsgeschäftlich bestellte Pfandrecht gewährt, soweit sich nicht aus dem Zwangsvollstreckungsrecht Besonderheiten ergeben.

[289] S. BGHZ 34, 153.

VII Grundpfandrechte

Die Grundpfandrechte spielen im Wirtschaftsleben eine bedeutende Rolle, denn sie sind das am weitesten verbreitete Mittel zur Sicherung von größeren Geldkrediten. Grundpfandrechte werden insbesondere zu Gunsten von Banken und Sparkassen bestellt. Viele oder auch die meisten, die ein Grundstück erwerben und ein Haus bauen wollen, können das dazu erforderliche Geld aus eigenen Ersparnissen nicht aufbringen und sind auf eine Finanzierung über eine Bank oder Bausparkasse in Form eines Darlehens angewiesen. Diese wird, zumal es sich regelmäßig um eine höhere Darlehenssumme handeln wird, Sicherheiten verlangen. Hier bietet sich ein Pfandrecht an dem erworbenen und zu bebauenden Grundstück an.

Grundpfandrechte sind also Pfandrechte an Grundstücken. Zu ihnen zählen Hypotheken, Grundschulden und Rentenschulden. Sie berechtigen ihren Inhaber, sich im Falle der Nichterfüllung einer durch sie gesicherten Geldforderung aus dem belasteten Grundstück zu befriedigen. Dies geschieht notfalls durch zwangsweise Verwertung des Grundstücks im Wege der Zwangsversteigerung oder der Nutzungen des Grundstücks im Wege der Zwangsverwaltung. Die Grundpfandrechte erstrecken sich dabei nicht nur auf das Grundstück, sondern auch auf dessen wesentliche Bestandteile wie insbesondere Gebäude, aber auch auf das Grundstückszubehör (§§ 94, 97). Durch die Grundpfandrechte wird die gesamte mit dem Grundstück zusammenhängende wirtschaftliche Einheit erfasst.

Nachdem Bauer Ewald seine Darlehensschulden nicht mehr tilgen kann, betreibt seine Bank, für die eine erstrangige Grundschuld eingetragen ist, die Zwangsversteigerung des Hofes. Von dem Grundpfandrecht und damit auch von der Zwangsversteigerung erfasst werden nicht nur das Grundstück, sondern auch das Wohngebäude, die Stallungen, aber auch als Zubehör nach §§ 97, 98 landwirtschaftliche Maschinen und das Nutzvieh.

Bauunternehmer Schneider hat sich übernommen und kann die Zinsen für ein größeres, durch Grundpfandrecht an einem Mietshaus gesichertes Darlehen nicht mehr aufbringen. Hier kann seine Bank, wenn es sich um noch verhältnismäßig geringe Beträge handelt, anstelle der Zwangsversteigerung die Zwangsverwaltung des Mietshauses beantragen mit dem Ergebnis, dass die erzielten Mieten dem Gläubiger zur Befriedigung seiner Zinsforderungen zukommen.

Sind mehrere Grundpfandrechte in Abteilung III des Grundbuchs eingetragen, so erfolgt die Auszahlung des Versteigerungserlöses an die Grundpfandgläubiger in der aus dem Grundbuch ersichtlichen Rangfolge. Maßgeblich für den Rang des Grundpfandrechts ist die Reihenfolge der Eintragungen. Sind mehrere Gläubiger mit Grundpfandrechten im Grundbuch eingetragen, wird der bei der Versteigerung erzielte Erlös nicht etwa auf alle eingetragenen Gläubiger verteilt; vielmehr werden sie nacheinander in der Reihenfolge der Eintragungen bedacht.

Das Grundstück des Eberhard Hanke ist mit einem erstrangigen Grundpfandrecht von 120.000 € und mit einem zweitrangigen Grundpfandrecht von 90.000 € belastet. Er ist nicht nur die Rückzahlung der Kredite schuldig. Auch sind inzwischen öffentliche Lasten wie Grundsteuern in Höhe von 10.000 € fällig. In der Zwangsversteigerung des Grundstücks wird ein Erlös von 180.000 € erzielt.

Hier werden zuerst die Forderungen des Staates vor denen aller anderen Gläubiger befriedigt. Sodann sind die Grundpfandrechtsgläubiger an der Reihe, aber in der Reihenfolge des für sie eingetragenen Ranges. Nach Begleichung der Forderungen des Staates erhält der Gläubiger, für den das erstrangige Grundpfandrecht eingetragen ist, 120.000 €. Der weitere Gläubiger erhält nur 50.000 €. Sollten weitere Gläubiger mit Grundpfandrechten eingetragen sein, gehen sie leer aus. Was bei dieser Rechnung nicht berücksichtigt wurde: Vorab abgezogen werden natürlich auch die Kosten der Zwangsversteigerung.

Wenn im folgenden Hypothek sowie kurz Grund- und Rentenschuld erläutert werden, so geschieht dies in Anlehnung an die Reihenfolge der Regelung im BGB. Es sei aber betont, dass die Hypothek weitgehend an Bedeutung verloren hat und die wesentlich praktischer zu handhabende Grundschuld heute im Mittelpunkt steht. Die Rentenschuld ist nur eine besondere Form der Grundschuld und relativ selten von praktischer Bedeutung. Sich zu Anfang und auch etwas ausführlicher mit der Hypothek zu befassen ist dennoch angebracht, weil durch eine vergleichende Betrachtung auch die Grundschuld in ihrer Struktur verständlicher wird und weil das BGB der Hypothek zunächst 80, der Grundschuld aber danach nur acht Vorschriften widmet mit dem Hinweis, dass die Vorschriften über die Hypothek auf die Grundschuld entsprechende Anwendung finden.

MERKE

Grundpfandrechte sind Pfandrechte an Grundstücken. Zu ihnen zählen Hypotheken, Grundschulden und Rentenschulden. Sie berechtigen ihren Inhaber, sich notfalls im Wege der Zwangsversteigerung oder der Zwangsverwaltung aus dem belasteten Grundstück zu befriedigen.
Grundpfandrechte werden in Abteilung III des Grundbuchs eingetragen. Sind dort mehrere Grundpfandrechte eingetragen, so wird der bei der Versteigerung erzielte Erlös nicht auf alle eingetragenen Gläubiger verteilt; vielmehr werden sie nacheinander in der Reihenfolge der Eintragungen bedacht.

1 HYPOTHEK

Die Hypothek ist ein beschränktes dingliches Recht an einem bestimmten Grundstück, durch das eine Forderung gesichert werden soll (§ 1113). Sie berechtigt den Inhaber nicht etwa zum Besitz des Grundstücks, sondern begründet für ihn nur ein Verwertungsrecht des Inhalts, dass eine Geldsumme zur Befriedigung einer Forderung aus dem Grundstück zu zahlen ist. Der Eigentümer des Grundstücks ist aus der Hypothek nicht zur Zahlung, sondern nur zur Duldung der Zwangsvollstreckung in das Grundstück verpflichtet (vgl. § 1147).
Die Verwertung des Grundstücks durch den Hypothekengläubiger kann nur zugelassen werden, wenn eine Reihe wichtiger Voraussetzungen gegeben ist. Insbesondere muss streng geprüft werden, ob die Hypothek dem Gläubiger zusteht und ob und wann er die Rechte daraus geltend machen darf. Dies kann der Gläubiger nicht allein entscheiden. Wegen der Bedeutung des Grundstücks für den Eigentümer muss er vielmehr Klage erheben, die nicht auf Zahlung, sondern auf Duldung der Zwangsvollstreckung gerichtet sein muss. Das

Gericht prüft, ob alle Voraussetzungen vorliegen. Dieser Weg wird durch § 1147 und § 704 Abs. 1 ZPO vorgeschrieben. Allerdings kommt neben dem Gerichtsurteil als Titel für die Zwangsvollstreckung auch eine vollstreckbare Urkunde in Betracht. Sie wird insbesondere in der Praxis der Banken und Bausparkassen zur Vermeidung einer solchen dinglichen Klage verwandt. In dieser notariellen Urkunde unterwirft sich der Grundstückseigentümer gem. § 794 Abs. 1 Nr. 5 ZPO der sofortigen Zwangsvollstreckung in das Pfandobjekt.

Die Hypothek setzt im Unterschied zur Grundschuld stets eine durch sie zu sichernde Forderung voraus. Sie ist kraft Gesetzes an diese Forderung gebunden und von dieser abhängig, was sie mit der Bürgschaft und auch dem Pfandrecht an beweglichen Sachen gemein hat. Dieser Grundsatz der Akzessorietät ist bei der Entstehung, dem Fortbestand und auch bei der Übertragung der Hypothek von entscheidender Bedeutung. Deshalb müssen auch der Gläubiger der gesicherten Forderung und der Inhaber der Hypothek eine Person sein. Der Schuldner der zu sichernden Forderung und der Eigentümer des mit der Hypothek belasteten Grundstücks können dagegen verschiedene Personen sein.

Die Hypobank gewährt Herrn Schulze ein Darlehen über 300.000 €. Zur Sicherung der Rückzahlungsforderung wird an dem Hausgrundstück des Schulze eine Hypothek bestellt. In diesem Rechtsverhältnis stehen sich nur zwei Beteiligte gegenüber: die Bank sowohl als Gläubigerin der schuldrechtlichen Forderung aus § 488 wie auch als Gläubigerin des dinglichen Pfandrechts nach §§ 1113, 1147. Schuldner beider Ansprüche ist Schulze. Bei Nichtrückzahlung des Darlehens trotz Fälligkeit kann sich die Bank aussuchen, ob sie Schulze aus der Darlehensrückzahlungsforderung verklagt und die Zwangsvollstreckung in dessen Vermögen betreibt oder ob sie aus der Hypothek vorgeht. Sie wird sich in der Regel für das Letztere entscheiden.

Wieder gewährt die Hypobank Schulze ein Darlehen über 300.000 €. Da Schulze über kein nennenswertes Vermögen verfügt, ist sein Vater, Eigentümer mehrerer Grundstücke, bereit einzuspringen. Auf einem seiner Grundstücke wird eine Hypothek zur Sicherung der Forderung der Hypobank gegen seinen Sohn eingetragen. Hier stehen der Bank bei Nichtrückzahlung des Darlehens zwei Schuldner zur Verfügung: Sie kann, wenn es sich denn lohnt, Schulze aus § 488 verklagen und dann einen Vollstreckungsversuch aus dem Urteil unternehmen. Sie kann aber auch, was Erfolg versprechender ist, die Zwangsvollstreckung in das Grundstück des Vaters betreiben.

Es gibt verschiedene Arten von Hypotheken, die auch nach unterschiedlichen Vorschriften bestellt und übertragen werden. Die gewöhnliche Hypothek, nämlich die Verkehrshypothek, kann als Briefhypothek oder als lediglich im Grundbuch eingetragene Buchhypothek bestellt werden.

Die Voraussetzungen für das Entstehen einer Briefhypothek ergeben sich aus den §§ 1113, 1115–1117 und 873:

- Es muss eine Forderung bestehen, die durch die Hypothek gesichert werden soll.
- Der Gläubiger der zu sichernden Forderung muss sich mit dem Eigentümer des Grundstücks entsprechend § 873 Abs. 1 darüber einigen, dass das Grundstück mit der Hypothek belastet wird.
- Die Eintragung in das Grundbuch, Abteilung III, muss erfolgen (§ 873 Abs. 1).
- Der Hypothekenbrief muss an den Gläubiger übergeben werden.

Der Hypothekenbrief wird nach § 56 Abs. 1 GBO vom Grundbuchamt erteilt. Welchen Inhalt er hat, ist in den §§ 56 ff. GBO genau geregelt. Nach § 1116 Abs. 2 kann die Erteilung eines Hypothekenbriefes aber auch ausgeschlossen werden. Es entsteht dann unter den o. g. Voraussetzungen mit Ausnahme der vierten eine Buchhypothek. Der Nachteil für den rechtsgeschäftlichen Verkehr ist, dass auch zu ihrer Abtretung nach § 873 die Eintragung ins Grundbuch erforderlich ist. Da dies zu Verzögerungen führen kann und um eine zügige Übertragung im rechtsgeschäftlichen Verkehr zu ermöglichen, hat der Gesetzgeber die Briefhypothek vorgesehen. Mit Hilfe des Hypothekenbriefes ist eine Übertragung der Hypothek auf einen anderen auch außerhalb des Grundbuchs möglich.

Der Grundsatz der Akzessorietät, der die Hypothek in ihrem Bestand von der Forderung abhängig macht, bedeutet zwar einen stärkeren Schutz für den Grundstückseigentümer, beeinträchtigt jedoch auch in gewisser Weise die Interessen des Rechtsverkehrs. So ist der gutgläubige Erwerb einer Forderung nach dem BGB nicht möglich und somit wäre auch ein gutgläubiger Erwerb bei der Übertragung einer Hypothek ausgeschlossen. Bei der Verkehrshypothek hat daher der Gesetzgeber auf eine strenge Einhaltung des Grundsatzes der Akzessorietät verzichtet und ihn in § 1138 durchbrochen. Nach dieser Vorschrift kann sich der Gläubiger der Verkehrshypothek auch hinsichtlich der Forderung auf die Eintragung im Grundbuch berufen und die Forderung kann für die Zwecke der Hypothek gutgläubig erworben werden.

Streng gehandhabt wird der Grundsatz der Akzessorietät dagegen bei der Sicherungshypothek. Sie ist nach § 1184 Abs. 2 im Grundbuch als solche einzutragen und kann nach § 1185 Abs. 1 nur als Buchhypothek bestellt werden. Ihr Inhalt richtet sich allein nach der Forderung, deren Bestehen der Gläubiger nachzuweisen hat, wobei er sich nicht der Vermutung des § 891 bedienen kann (§ 1184 Abs. 1). Die Vorschrift des § 1138, die einen gutgläubigen Erwerb auch ohne Forderung zulässt, gilt nach § 1185 Abs. 2 nicht. Gläubiger und Grundstückseigentümer steht es im Übrigen frei, ob sie sich für die Sicherungs- oder die Verkehrshypothek entscheiden.

Der Hypothekengläubiger hat natürlich das Recht, die Hypothek in den Verkehr zu bringen und sie, etwa wenn er selbst Kredit benötigt, an einen anderen zu übertragen. Dabei wirkt sich der Grundsatz der Akzessorietät insofern aus, als die Hypothek bei der Übertragung auf einen anderen von der Forderung abhängig ist. Das Gesetz sieht daher folgerichtig in § 1154 nur die Übertragung der Forderung vor. Die Hypothek wird nicht selbstständig abgetreten, sondern folgt vielmehr nach § 1153 Abs. 1 der Forderung kraft Gesetzes nach.

Ganter ist in Geldschwierigkeiten. Gegen entsprechende Sicherheit will ihm Grünzweig ein Darlehen über 100.000 € gewähren. Da Ganter eine noch nicht fällige Darlehensforderung in gleicher Höhe gegen Schulz hat, die durch eine Briefhypothek am Grundstück des Schulz gesichert ist, bietet er diese zur Sicherheit dem Grünzweig an.

Die Briefhypothek wird gem. § 1154 Abs. 1 übertragen durch einen Abtretungsvertrag gem. § 398, der abgesehen davon, dass der Zedent – im obigen Beispiel Ganter – die Abtretungserklärung schriftlich abgeben muss, formlos geschlossen werden kann. Erforderlich ist sodann nur noch die Übergabe des Hypothekenbriefes von Ganter an Grünzweig und sowohl die Forderung des Ganter gegen Schulz wie dessen Hypothek sind auf den neuen Gläubiger Grünzweig übergegangen. Würde es sich nicht um eine Brief-, sondern um eine

Buchhypothek gehandelt haben, müsste neben der formlosen Abtretung der Forderung nach §398 nach §1154 Abs.3 noch die Eintragung der Abtretung in das Grundbuch erfolgen. Die Briefhypothek ist also wesentlich einfacher zu übertragen.
Es sei an dieser Stelle noch einmal auf die Gefahr hingewiesen, die dem Schuldner und Grundstückseigentümer wegen der Durchbrechung des Grundsatzes der Akzessorietät bei der Verkehrshypothek in §1138 droht. Sollte im obigen Beispiel die Forderung des Ganter gegen Schulz nie bestanden haben oder bereits erloschen sein, ohne dass dies aus dem Grundbuch ersichtlich ist, würde Grünzweig gutgläubig eine Hypothek am Grundstück des Schulz erworben haben. Natürlich hätte er keine schuldrechtliche Forderung gegen Schulz, denn diese wird nur zum Zwecke des Übergangs der Hypothek als bestehend fingiert. Grünzweig kann also Schulz nicht auf Zahlung verklagen; er kann jedoch mit der ihm zustehenden Hypothek die Zwangsvollstreckung in das Grundstück des Schulz beantragen.
Abschließend seien noch einige praktische Hinweise zur Verwertung der Hypothek gegeben. Wenn die durch die Hypothek gesicherte Forderung fällig ist und der Schuldner nicht zahlt, hat der Gläubiger zwei Möglichkeiten: Er kann aus der gesicherten Forderung vorgehen, indem er einen vollstreckbaren Titel erwirkt und damit die Zwangsvollstreckung in das Vermögen des Schuldners betreibt. Er kann aber auch aus der Hypothek vorgehen, wozu er sich nicht einmal einen Titel verschaffen muss, wenn sich der Schuldner in notarieller Urkunde der sofortigen Zwangsvollstreckung unterworfen hat. Es sei betont, dass der Anspruch aus der Hypothek auf Duldung der Zwangsvollstreckung in das Grundstück gerichtet ist, nicht auf Zahlung einer Geldsumme. Der Eigentümer des Grundstücks kann allerdings freiwillig einen Geldbetrag in Höhe der persönlichen Forderung an den Gläubiger zahlen, um die Zwangsvollstreckung in das Grundstück abzuwenden.
Entscheidend dafür, welcher Grad der Sicherung erreicht wird, ist der dem Grundpfandrecht zukommende Rang. Sind mehrere Grundpfandrechte in Abteilung III des Grundbuchs eingetragen, so erfolgt die Auszahlung des Versteigerungserlöses an die verschiedenen Gläubiger nach der aus dem Grundbuch ersichtlichen Rangfolge. Maßgebend für die Rangfolge von Rechten in derselben Abteilung ist nach §879 Abs.1 S.1 die Reihenfolge der Eintragungen. Sind die Rechte in verschiedenen Abteilungen eingetragen, so hat nach §879 Abs.1 S.2 das unter Angabe eines früheren Tages eingetragene Recht den Vorrang. Weil dies so ist, bestehen Banken und Sparkassen gern auf einer erstrangigen Hypothek oder Grundschuld.
Kommt es zur Zwangsversteigerung des Grundstücks, so gelten zwei wichtige Prinzipien: das Deckungsprinzip und das Übernahmeprinzip. Das Deckungsprinzip besagt, dass bei der Zwangsversteigerung nur ein solches Gebot zugelassen wird, durch das die dem Anspruch des die Zwangsvollstreckung betreibenden Gläubigers vorgehenden Rechte sowie die Kosten des Verfahrens gedeckt werden – das sog. geringste Gebot. Das Übernahmeprinzip besagt, dass die dem betreibenden Gläubiger vorgehenden privaten dinglichen Rechte bei der Zwangsversteigerung bestehen bleiben und vom Erwerber übernommen werden, der dann allerdings nur einen um die Höhe des Wertes der Belastungen verminderten Preis zu zahlen hat.

MERKE

Die Hypothek ist nach §1113 ein beschränktes dingliches Recht an einem Grundstück zur Sicherung einer Forderung. Sie gibt ihrem Inhaber kein Recht auf Besitz an dem Grundstück, belastet jedoch das Grundstück in der Weise, dass an den Berechtigten

eine bestimmte Geldsumme wegen einer ihm zustehenden Forderung aus dem Grundstück zu zahlen ist. Der Grundstückseigentümer ist aus der Hypothek nicht zur Zahlung, sondern nur zur Duldung der Zwangsvollstreckung in das Grundstück verpflichtet.
Wie die Bürgschaft und das Pfandrecht an beweglichen Sachen, aber im Unterschied zur Grundschuld setzt die Hypothek eine durch sie zu sichernde Forderung voraus. Dieser Grundsatz der Akzessorietät ist bei der Entstehung, dem Fortbestand und auch bei der Übertragung der Hypothek von entscheidender Bedeutung.
Die Begründung der Hypothek verlangt eine Einigung zwischen dem Gläubiger der zu sichernden Forderung und dem Grundstückseigentümer, der nicht der Schuldner sein muss, es jedoch zumeist ist, sowie die Eintragung der Hypothek in das Grundbuch.
Die Verkehrshypothek kann als lediglich im Grundbuch eingetragene Buchhypothek oder als Briefhypothek bestellt werden. Für den Erwerb der Briefhypothek ist weitere Voraussetzung die Aushändigung des Hypothekenbriefs durch das Grundbuchamt oder den Grundstückseigentümer. Die Sicherungshypothek dagegen kann nur als Buchhypothek entstehen. Während bei der Verkehrshypothek der Grundsatz der Akzessorietät in § 1138 durchbrochen wird, ist der gutgläubige Erwerb bei der Sicherungshypothek nicht möglich.

2 GRUNDSCHULD

Vergleicht man § 1113 Abs. 1, der den gesetzlichen Inhalt der Hypothek definiert, mit § 1191 Abs. 1 über den gesetzlichen Inhalt der Grundschuld, so fällt auf, dass beide Bestimmungen den gleichen Wortlaut haben mit dem einzigen Unterschied: In § 1191 Abs. 1 fehlt der Satzbestandteil »zur Befriedigung wegen einer ihm zustehenden Forderung«. Damit wird der wesentliche Unterschied zwischen Hypothek und Grundschuld deutlich. Die Grundschuld setzt für ihre Existenz keine zu sichernde Forderung voraus, für sie gilt nicht der Grundsatz der Akzessorietät. Auf die Grundschuld finden aber nach § 1192 die Vorschriften über die Hypothek entsprechende Anwendung, soweit sich nicht eben daraus ein anderes ergibt, dass die Grundschuld nicht eine Forderung voraussetzt. Es ist jedoch nicht häufig der Fall, dass ein Eigentümer sein Grundstück mit einer Grundschuld belastet, ohne dazu etwa auf Grund eines Darlehens verpflichtet zu sein. In der Praxis werden Grundschulden vielmehr überwiegend zur Absicherung von Forderungen, insbesondere Darlehensforderungen der Banken und Bausparkassen, bestellt. Solche Grundschulden bezeichnet man als Sicherungsgrundschulden. Die Sicherungsgrundschuld ist allerdings im Gesetz nicht erwähnt und als solche auch nicht im Grundbuch einzutragen. Im Grundbuch erscheint sie vielmehr als ganz normale Grundschuld. Die Grundschuld wird zur Sicherungsgrundschuld durch einen schuldrechtlichen Sicherungsvertrag, in welchem sich der Grundschuldgläubiger verpflichtet, die Rechte aus der Grundschuld nur geltend zu machen, wenn die gesicherte Forderung bei Fälligkeit nicht befriedigt wird und die Grundschuld auf den Eigentümer zurückzuübertragen bzw. in ihre Aufhebung und Löschung einzuwilligen, wenn die gesicherte Forderung erloschen ist.
Bei der Übertragung der Grundschuld wird der Hauptunterschied zwischen ihr und der Hypothek deutlich. Da die Grundschuld nicht akzessorisch ist, können die Grundschuld und die mit ihr gesicherte Forderung getrennt abgetreten werden. Allerdings kommt das in der

Praxis selten vor, denn darin würde ein Verstoß gegen den üblichen Sicherungsvertrag liegen. Dass die Grundschuld nicht akzessorisch ist, bedeutet aber auch: Wenn die gesicherte Forderung nach § 398 übertragen wird, geht die Grundschuld nicht nach § 401 automatisch mit über. Es bedarf vielmehr eines zusätzlichen Übertragungsaktes. Zur Übertragung der Briefgrundschuld sind nach § 1192 Abs. 1 i. V. m. § 1154 Abs. 1 erforderlich

- ein Abtretungsvertrag nach § 398
- schriftliche Form der Abtretungserklärung und
- die Übergabe des Grundschuldbriefes.

Zur Übertragung der Buchgrundschuld sind nach § 1192 Abs. 1 i. V. m. § 1154 Abs. 3 Einigung und Eintragung in das Grundbuch entsprechend § 873 erforderlich.

Ist eine Buchgrundschuld für den abtretenden Gläubiger eingetragen, obwohl sie ihm nicht zusteht, so kann sie gem. § 892 gutgläubig erworben werden. Bei der Briefgrundschuld, die außerhalb des Grundbuchs übertragen wird, ermöglicht anstelle des § 892 § 1192 Abs. 1 i. V. m. § 1155 den gutgläubigen Erwerb vom nicht eingetragenen abtretenden Gläubiger, des sog. Zedenten. Voraussetzung ist, dass dieser im Besitz des Grundschuldbriefes ist und er sein Recht aufgrund einer zusammenhängenden Reihe öffentlich beglaubigter Abtretungserklärungen von dem zuletzt im Grundbuch eingetragenen Gläubiger herleiten kann.

Hypothek und Grundschuld erlöschen unmittelbar nur durch rechtsgeschäftliche Aufhebung nach § 875 sowie durch Befriedigung des Gläubigers in der Zwangsvollstreckung (§ 1181 Abs. 1). Gelangt dagegen die durch ein Grundpfandrecht gesicherte Forderung nicht zur Entstehung oder erlischt sie später durch Befriedigung des Gläubigers, so hat dies andere, für Hypothek und Grundschuld unterschiedliche Konsequenzen.

Ist die Forderung, für welche die Hypothek bestellt ist, nicht zur Entstehung gelangt, so steht die Hypothek nach § 1163 Abs. 1 S. 1 dem Eigentümer zu. Da aber eine Hypothek wegen ihrer engen Anbindung an die Forderung nicht ohne sie bestehen kann, wandelt sie sich nach § 1177 Abs. 1 S. 1 automatisch in eine dem Eigentümer zustehende Grundschuld, die sog. Eigentümergrundschuld, um. Dasselbe gilt nach § 1163 Abs. 1 S. 2 auch dann, wenn die Forderung erlischt, speziell wenn der Eigentümer des belasteten Grundstücks, der zugleich Schuldner der gesicherten Forderung ist, diese durch Bezahlung der geschuldeten Summe zum Erlöschen bringt. Eine Eigentümergrundschuld entsteht in der Regel auch dann, wenn der Schuldner, der nicht zugleich Eigentümer des Grundstücks ist, seinen Gläubiger befriedigt. Befriedigt aber der Eigentümer des Grundstücks, der nicht zugleich der persönliche Schuldner ist, den Gläubiger, so geht dessen Forderung gegen den Schuldner nach § 1143 Abs. 1 S. 1 auf ihn über. Der Forderung folgt nach § 1153 Abs. 1 die Hypothek und es entsteht eine Eigentümerhypothek.

Gelangt bei einer Grundschuld die zu sichernde Forderung nicht zur Entstehung, so ist die Grundschuld dennoch wirksam bestellt. Macht der Grundstückseigentümer erfolgreich seinen schuldrechtlichen Anspruch auf Rückübertragung aus dem Sicherungsvertrag geltend, so entsteht eine Eigentümergrundschuld. Wird der Gläubiger dagegen befriedigt, das gesicherte Darlehen z. B. getilgt, so sind die Rechtsfolgen unterschiedlich, je nachdem, ob auf die Grundschuld oder die persönliche Forderung geleistet wurde. Sind Grundstückseigentümer und Schuldner der persönlichen Forderung nicht identisch und befriedigt der Schuldner den Gläubiger durch Bezahlung der persönlichen Forderung, so erlischt diese und der Eigentümer hat gegen den Gläubiger einen schuldrechtlichen Rückgewähranspruch. Dasselbe gilt, wenn der Eigentümer auf die persönliche Forderung gegen Abtretung der

Forderung an sich zahlt. Zahlt der Schuldner, der zugleich Eigentümer ist, auf die Grundschuld, so erwirbt er diese automatisch als Eigentümergrundschuld und gleichzeitig erlischt die Forderung, auf die ebenfalls geleistet wird. Auch der vom Schuldner verschiedene Eigentümer erwirbt die Grundschuld bei Zahlung auf diese als Eigentümergrundschuld. Allerdings erlischt in diesem Fall die Forderung nicht. Sie geht aber auch nicht nach § 1143 Abs. 1 auf den Eigentümer über, denn diese Vorschrift ist auf die Grundschuld nicht entsprechend anwendbar. Sie beruht vielmehr auf dem Akzessorietätsgrundsatz. Der Gläubiger dürfte aber aus dem Sicherungsvertrag oder aus § 812 zur Abtretung der Forderung an den Eigentümer verpflichtet sein.
Die Eigentümergrundschuld kann für den Grundstückseigentümer einen gewissen Wert haben, insbesondere wenn mehr als nur ein Grundpfandrecht an dem Grundstück besteht. Er kann die ihm zustehende Grundschuld, die ja ihren bisherigen Rang behält, erneut bei einer Darlehensaufnahme als Sicherheit anbieten. Und auch bei einer möglichen Zwangsvollstreckung in sein Grundstück hat er die Rangstelle inne, die die Eigentümergrundschuld einnimmt.

MERKE

Die Grundschuld ist in § 1191 definiert. Aus dieser Bestimmung wird der Unterschied zur Hypothek deutlich: Die Grundschuld setzt keine zu sichernde Forderung voraus. Auf die Grundschuld finden jedoch die Vorschriften über die Hypothek entsprechende Anwendung, soweit sich nicht daraus ein anderes ergibt, dass die Grundschuld keine Forderung voraussetzt.
Die Grundschuld wird in der Praxis regelmäßig als Sicherungsgrundschuld bestellt, eine sog. isolierte Grundschuld ohne eine zu sichernde Forderung ist selten. Die Sicherungsgrundschuld ist im Gesetz nicht erwähnt und erscheint im Grundbuch als normale Grundschuld. Die Grundschuld wird zur Sicherungsgrundschuld durch einen entsprechenden schuldrechtlichen Sicherungsvertrag. Im Übrigen kann sie als Buch- oder als Briefgrundschuld bestellt werden.
Da die Grundschuld keine zu sichernde Forderung voraussetzt, kann auf verschiedene Art und Weise auch eine sog. Eigentümergrundschuld entstehen. Ist bei einer Hypothek die zu sichernde Forderung nicht entstanden oder durch Bezahlung erloschen, geht die Hypothek nicht ersatzlos unter, sondern wandelt sich um zu einer rangwahrenden Eigentümergrundschuld.

3 RENTENSCHULD

Die Rentenschuld ist nach § 1199 Abs. 1 eine besondere Form der Grundschuld, bei der zu regelmäßig wiederkehrenden Terminen eine bestimmte Geldsumme aus dem Grundstück zu zahlen ist. Für die geschuldeten Geldsummen haftet das Grundstück. Nach § 1199 Abs. 2 muss bei der Bestellung der Rentenschuld die Summe bestimmt werden, durch deren Zahlung der Eigentümer die Rente ablösen kann. Die Ablösungssumme muss im Grundbuch angegeben werden. Die praktische Bedeutung der Rentenschuld ist gering. An ihre Stelle sind eher die Tilgungshypothek oder die Reallast getreten.

VIII Die Nutzungsrechte

Während die bisher besprochenen dinglichen Verwertungsrechte, nämlich das Pfandrecht und die Grundpfandrechte, ihrem Inhaber lediglich die Befugnis zur Verwertung des mit dem Pfandrecht belasteten Gegenstandes bzw. des mit dem Grundpfandrecht belasteten Grundstücks einräumen, erfassen die dinglichen Nutzungsrechte die aus dem Eigentum fließenden Nutzungsbefugnisse. Als dingliche Nutzungsrechte nennt das BGB die Grunddienstbarkeiten (§§ 1018 ff.), den Nießbrauch (§§ 1030 ff.) und die beschränkten persönlichen Dienstbarkeiten (§§ 1090 ff.). Unter den Nutzungsrechten wird auch das Erbbaurecht genannt, das in der ErbbauVO geregelt ist. Auch wenn der Erbbauberechtigte ein Grundstück in bestimmter Weise nutzt, soll das Erbbaurecht jedoch unter den Sonderformen des Eigentums und den eigentumsähnlichen Rechten angesprochen werden.

1 DIENSTBARKEITEN

Dienstbarkeiten können nur Grundstücke oder grundstücksgleiche Rechte wie das Wohnungseigentum oder das Erbbaurecht belasten. Sie gewähren dem Berechtigten einzelne Nutzungen und Vorteile an dem belasteten Grundstück.

1.1 Grunddienstbarkeit

Die Grunddienstbarkeit ist geregelt in den §§ 1018–1029. Sie steht dem Berechtigten nicht als Person, sondern als Eigentümer des begünstigten Grundstücks zu. Bei ihrer Bestellung wird ein Grundstück, nämlich das dienende Grundstück, zugunsten des jeweiligen Eigentümers eines anderen Grundstücks, des herrschenden Grundstücks, belastet. Die Grunddienstbarkeit kann ein Grundstück nach § 1018 auf drei verschiedene Arten belasten.
Nach der ersten Fallgruppe kann die Belastung zum Inhalt haben, dass der Eigentümer des herrschenden Grundstücks das dienende Grundstück in bestimmter Beziehung benutzen darf.

Arnold verkauft die hintere Hälfte seines großen Grundstücks an Bertram. Damit Bertram von seinem Grundstück die Straße erreichen kann, vereinbaren sie, dass er ein Wegerecht über das Grundstück des Arnold bekommt. Das Wegerecht wird in Abteilung II des Grundbuchs des dienenden Grundstücks, also des Grundstücks des Arnold, eingetragen. Da das Wegerecht nicht an die Person des Bertram, sondern an dessen Grundstück anknüpft, ist sichergestellt, dass auch spätere Eigentümer dieses Grundstücks einen Zugang zur Straße haben.

Nach der zweiten Fallgruppe des § 1018 kann die Grunddienstbarkeit auch den Inhalt haben, dass vom Eigentümer des dienenden Grundstücks »gewisse Handlungen nicht vorgenommen werden dürfen«, die nach dem Inhalt des Eigentums an sich zulässig sind.

Im obigen Fall hat Bertram noch einen zweiten Wunsch. Da das Grundstück am Hang über dem See liegt, möchte er sicherstellen, dass ihm und den späteren Eigentümern des Grundstücks die schöne Aussicht erhalten bleibt. Er vereinbart daher mit Arnold, dass auf dessen, also dem dienenden Grundstück, zur Erhaltung der Aussicht nur eingeschossig gebaut oder bestimmte Teile nicht bebaut werden dürfen.

Als Inhalt einer Grunddienstbarkeit kann schließlich auch vereinbart werden, so die dritte Fallgruppe des § 1018, »dass die Ausübung eines Rechts ausgeschlossen ist, das sich aus dem Eigentum an dem belasteten Grundstück dem anderen Grundstück gegenüber ergibt.« Damit sind in erster Linie Abwehransprüche aus § 1004 gemeint, die dem Eigentümer des belasteten Grundstücks gegen den Eigentümer des anderen Grundstücks zustehen.

Ein Industrieunternehmen möchte ein neues Werk errichten. In der näheren Nachbarschaft befinden sich drei Wohnhäuser. Das Industrieunternehmen kauft den drei Grundstückseigentümern ihr Recht ab, gem. §§ 1004, 906 Unterlassung bestimmter Immissionen zu verlangen. Wenn diese sich gegen gutes Geld dazu bereit erklären, können ihre Grundstücke mit einer entsprechenden Grunddienstbarkeit belastet werden.

1.2 Beschränkte persönliche Dienstbarkeit

Während bei der Grunddienstbarkeit das belastete Grundstück dem jeweiligen Eigentümer des herrschenden Grundstücks dient, wird bei der beschränkten persönlichen Dienstbarkeit das dienende Grundstück nur zugunsten einer bestimmten Person belastet, unabhängig davon, ob er Eigentümer eines Grundstücks ist. Es gibt also kein herrschendes Grundstück. Hauptanwendungsfall der beschränkten persönlichen Dienstbarkeit ist das Wohnungsrecht nach § 1093.

Herr Diefenbach möchte sein Haus schon vor seinem Tod seinem Sohn Albert übertragen. Während seinem Sohn dann auch die Mieteinnahmen wie aber auch die Erhaltung des Hauses zustehen, möchte Herr Diefenbach seine Wohnung im Hause mietfrei behalten. Hier kommt die Bestellung einer beschränkten persönlichen Dienstbarkeit in Betracht. Nach § 1093 kann sie auch als das Recht bestellt werden, ein Gebäude oder einen Teil eines Gebäudes unter Ausschluss des Eigentümers als Wohnung zu benutzen.

2 NIESSBRAUCH

Der Nießbrauch ist in den §§ 1030–1089 geregelt. Seine praktische Bedeutung entspricht nicht dieser ausführlichen Regelung im Gesetz. Das Gesetz unterscheidet zwischen dem Nießbrauch an Sachen, beweglichen wie unbeweglichen, dem Nießbrauch an Rechten sowie dem Nießbrauch an einem Vermögen. Der praktische Sinn der letzteren Unterscheidung ist nicht ganz ersichtlich, denn ein dingliches Recht am Vermögen als Ganzem gibt es nicht und so stellt § 1085 auch klar, dass der Nießbrauch an einem Vermögen nur in der Weise bestellt werden kann, dass der Nießbraucher den Nießbrauch an den einzelnen zum Vermögen gehörenden Gegenständen erlangt.
Nach § 1030 berechtigt der Nießbrauch denjenigen, zu dessen Gunsten die Belastung einer Sache mit diesem dinglichen Recht erfolgt, die Nutzungen der Sache zu ziehen.

Friedrich Klinghahn ist Eigentümer eines größeren Wohnhauses. U.a. aus steuerlichen Gründen möchte er dieses Haus schon zu seinen Lebzeiten seinem Sohn übereignen. Die Mieteinnahmen möchte er andererseits zur Absicherung seines Lebensabends behalten.

Der Nießbrauch an einem Grundstück wird wie andere dingliche Grundstücksbelastungen durch Einigung und Eintragung gem. § 873 bestellt. Herr Klinghahn kann also durch Rechtsgeschäft sein Haus auf den Sohn übertragen, wobei allerdings in Abteilung II des Grundbuchs der Nießbrauch zu seinen Gunsten eingetragen wird. Damit ist sichergestellt, dass ihm zu seinen Lebzeiten die Mieteinnahmen aus dem Grundstück zustehen. Dies auch dann, wenn sein Sohn das Haus einmal veräußern würde. Auch wenn der Sohn das Grundstück zu hoch mit Hypotheken und Grundschulden belasten würde, wäre der Vater selbst bei einer Zwangsversteigerung geschützt, denn, vorher eingetragen, würde sein Nießbrauchrecht den besseren Rang haben.
Nach § 1036 ist der Nießbraucher zum Besitz der Sache berechtigt. Als Vermieter wäre Herr Klinghahn mittelbarer (Ober-)Besitzer. Seine Stellung ist jedoch nicht mit der eines Eigentümers vergleichbar. So ist er nach § 1037 Abs. 1 nicht berechtigt, das Haus umzugestalten oder wesentlich zu verändern. Dagegen hat er nach § 1041 für den Erhalt der Sache zu sorgen. Er muss also Reparaturen und Ausbesserungen oder Erneuerungen auf seine Kosten durchführen, soweit sie zur gewöhnlichen Unterhaltung des Hauses gehören. Nach §§ 1045 und 1047 muss er auch für die Versicherung des Hauses aufkommen und auch die auf dem Haus ruhenden öffentlichen Lasten wie etwa die Grundsteuer tragen.
Der Nießbrauch ist nach § 1059 nicht übertragbar; lediglich seine Ausübung kann einem anderen überlassen werden. Gem. § 1061 erlischt der Nießbrauch mit dem Tod des Nießbrauchers. Zur Löschung in Abteilung II des Grundbuchs genügt der Todesnachweis.

MERKE

Dingliche Nutzungsrechte erfassen die aus dem Eigentum fließenden Nutzungsbefugnisse. Als dingliche Nutzungsrechte nennt das BGB die Grunddienstbarkeiten, den Nießbrauch und die beschränkten persönlichen Dienstbarkeiten.
Die Grunddienstbarkeit (§§ 1018 ff.) steht dem Berechtigten nicht als Person, sondern als Eigentümer des begünstigten Grundstücks zu. Durch sie wird das dienende Grundstück zugunsten des jeweiligen Eigentümers eines anderen, des herrschenden Grundstücks, belastet, z. B. in der Weise, dass dieser das dienende Grundstück in bestimmter Beziehung benutzen darf.
Bei der beschränkten persönlichen Dienstbarkeit (§§ 1090 ff.) gibt es kein herrschendes Grundstück. Bei ihr wird das dienende Grundstück nur zugunsten einer bestimmten Person belastet, unabhängig davon, ob sie Eigentümerin eines Grundstücks ist.
Der Nießbrauch (§§ 1030 ff.) berechtigt denjenigen, zu dessen Gunsten die Belastung einer Sache mit diesem dinglichen Recht erfolgt, die Nutzungen der Sache zu ziehen. Der Nießbrauch kann an beweglichen wie an unbeweglichen Sachen, aber auch an Rechten wie auch an dem Vermögen einer Person bestellt werden.

IX Reallast

Die Reallast ist geregelt in den §§ 1105–1112. Die Reallast gibt dem Berechtigten das Recht, wiederkehrende Leistungen aus dem Grundstück zu verlangen, die im Gegensatz zur Rentenschuld nicht in Geldleistungen zu bestehen brauchen. Solche Leistungen können auch Lieferung von Nahrung oder Energie und Heizung, aber auch Dienstleistungen sein. Die Reallast kann aber auch der Sicherung einer privaten Altersrente dienen. Die Rechtsnatur der Reallast ist umstritten. Von der Dienstbarkeit unterscheidet sie sich dadurch, dass diese auf ein Dulden oder Unterlassen gerichtet ist, während Inhalt einer Reallast ein aktives Tun des belasteten Grundstückseigentümers ist.
Die Reallast entsteht durch Einigung und Eintragung in Abteilung II des Grundbuchs. Der Berechtigte kann die wiederkehrenden Leistungen damit auch gegenüber einem neuen Eigentümer des Grundstücks geltend machen. Eine Besonderheit besteht nach § 1108 darin, dass der Eigentümer für die während der Dauer seines Eigentums fällig werdenden Leistungen auch persönlich, also mit seinem ganzen Vermögen haftet, soweit nicht ein anderes bestimmt ist. Soweit in § 1105 von Leistungen aus dem Grundstück die Rede ist, heißt dies nicht, dass sie aus dem Grundstück gewonnen werden müssen, sondern lediglich, dass das Grundstück für die Erbringung der Leistungen haftet. So kann der Berechtigte z. B. die Zwangsverwaltung betreiben, um sich die Leistungen auf diese Weise zu beschaffen.

X Sonderformen des Eigentums und eigentumsähnliche Rechte

1 ANWARTSCHAFTSRECHT

Das Anwartschaftsrecht ist ganz allgemein gesprochen die Vorstufe zum Vollerwerb eines Rechts. Sobald die Aussicht auf den Erwerb des Vollrechts eine rechtlich sichere Stufe erreicht hat, der Erwerb des Vollrechts dem Anwärter darauf nicht mehr gegen seinen Willen genommen werden kann, wird diese Rechtsposition als Anwartschaftsrecht bezeichnet. Praktisch von größter Bedeutung ist die Anwartschaft auf das Vollrecht Eigentum als rechtlich gesicherte Vorstufe zum Eigentumserwerb. Es spielt eine entscheidende Rolle beim Kauf unter Eigentumsvorbehalt (s. auch unter VI 1), aber auch bei der Sicherungsübereignung (s. auch unter VI 2). Auch beim Erwerb des Eigentums an einem Grundstück ist das Anwartschaftsrecht von praktischer Bedeutung.

> Röhmer schließt mit dem Radio- und Fernsehhändler Ramsfeld einen Kaufvertrag über ein Fernsehgerät der Spitzenklasse zum Preis von 2.000 €. Er zahlt 500 € an; der Rest soll in 15 Monatsraten zu 100 € abbezahlt werden. Ramsfeld hat sich das Eigentum an dem Fernsehgerät bis zur Zahlung der letzten Kaufpreisrate vorbehalten.

Hier wurde ein unbedingter Kaufvertrag geschlossen, in welchem sich der Fernsehhändler zur sofortigen Übergabe des Gerätes sowie zur sofortigen Übereignung nach § 929 verpflichtet, zur Übereignung aber unter der aufschiebenden Bedingung der Zahlung der letzten Kaufpreisrate durch den Käufer. Dieser ist damit fast sicherer Eigentümer geworden. Er allein hat es in der Hand und niemand kann es verhindern, dass er Eigentümer wird. Dies geschieht vielmehr automatisch, wenn er nur alle Raten pünktlich zahlt. Vor Zwischenverfügungen des noch berechtigten Veräußerers wird er durch § 161 Abs. 1 geschützt. Das Anwartschaftsrecht ist somit eine Vorstufe des künftigen Eigentums, das in seinem wirtschaftlichen Wert mit fortschreitender Ratenzahlung ständig steigt. Man hat das Anwartschaftsrecht deshalb auch als ein gegenüber dem Eigentum »wesensgleiches Minus« bezeichnet.[290] Aus diesem Grund sind nach h. L. die für das Vollrecht geltenden Regeln entsprechend auf das Anwartschaftsrecht anzuwenden.[291]

So kann der Vorbehaltskäufer z. B. sein Anwartschaftsrecht ohne Zustimmung des Vorbehaltsverkäufers auf einen Dritten übertragen, allerdings nicht etwa nach §§ 398, 413, sondern analog §§ 929 ff. durch Einigung über die Übertragung des Anwartschaftsrechts und Übergabe der Sache oder Vereinbarung eines Übergabesurrogats. Nach h. M. ist das Anwartschaftsrecht auch ein die Veräußerung hinderndes Recht i. S. d. § 771 ZPO, sodass der Inhaber des Anwartschaftsrechts sich gegen Zwangsvollstreckungsmaßnahmen von Gläubigern des Vorbehaltsverkäufers mit der Drittwiderspruchsklage wehren kann. Das Anwartschaftsrecht kann auch gutgläubig vom Nichtberechtigten erworben werden, etwa wenn der unter Eigentumsvorbehalt Veräußernde nicht Eigentümer der Sache ist. Das Anwartschaftsrecht wird als absolutes Recht auch durch § 823 Abs. 1 geschützt und ebenso ist § 1004 analog anwendbar. Gegen einen unberechtigten Besitzer kann der Anwartschaftsberechtigte aus § 985 und §§ 987 ff. in analoger Anwendung vorgehen.

Auch bei der Sicherungsübereignung (s. unter VI. 2.) entsteht ein solches Anwartschaftsrecht, nämlich immer dann, wenn der Sicherungsgeber bei der Sicherungsübereignung und nicht nur bei dem schuldrechtlichen Sicherungsvertrag mit dem Sicherungsnehmer vereinbart hat, dass die Sicherungsübereignung durch die Bezahlung der gesicherten Forderung auflösend bedingt sein soll. Der Sicherungsgeber hat damit ein Anwartschaftsrecht. Er hat es allein in der Hand, durch rechtzeitige Begleichung der Forderung das Vollrecht Eigentum zurückzuerwerben.

Schließlich ist auch beim Grundstückserwerb das Anwartschaftsrecht von praktischer Bedeutung. Hier wird ein Anwartschaftsrecht des Erwerbers dann angenommen, wenn der schuldrechtliche Übereignungsanspruch gegen den Veräußerer durch eine Vormerkung (s. unter V. 5. 1) gesichert ist oder wenn sich der Veräußerer und der Erwerber gem. § 873 Abs. 2 bindend über die Übertragung des Eigentums geeinigt haben, der Veräußerer die Eintragungsbewilligung erklärt hat und der Erwerber den Antrag auf Eintragung in das Grundbuch gestellt hat.

Das Anwartschaftsrecht hat seine größte Bedeutung als Vorstufe zum Erwerb des Vollrechts Eigentum und wurde deshalb auch unter der Überschrift »eigentumsähnliche Rechte« behandelt. Ein Anwartschaftsrecht ist natürlich auch als Vorstufe zum Erwerb anderer Rechte möglich.

---

290 BGHZ 28, 16 ff.

291 Palandt/Ellenberger, Einführung vor § 158, Rdnr. 9 mit weiteren Nachweisen.

MERKE

Als Anwartschaft bezeichnet man ganz allgemein die Vorstufe zum Vollerwerb eines Rechts. Von großer praktischer Bedeutung ist die Anwartschaft auf das Vollrecht Eigentum. Von dieser Anwartschaft spricht man dann, wenn der Erwerb des Eigentums dem Anwärter darauf nicht mehr gegen seinen Willen genommen werden kann. Diese rechtlich gesicherte Vorstufe zum Eigentumserwerb spielt beim Kauf unter Eigentumsvorbehalt, aber auch beim Erwerb des Eigentums an einem Grundstück eine entscheidende Rolle.
Auf das Anwartschaftsrecht finden die für das Vollrecht geltenden Regeln entsprechende Anwendung. So kann der Anwartschaftsberechtigte dieses Recht ohne Zustimmung des Noch-Eigentümers auf einen Dritten etwa nach §§ 929 ff. übertragen. Das Anwartschaftsrecht wird als absolutes Recht durch § 823 Abs. 1 geschützt und gegen unberechtigte Besitzer oder Störer kann der Anwartschaftsberechtigte aus § 985 oder § 1004 vorgehen.

2 MITEIGENTUM

Bisher wurde vom Eigentum als Alleineigentum gesprochen in dem Sinne, dass das Eigentumsrecht einer einzigen Person zusteht. Es ist jedoch häufig so, dass ein und dieselbe Sache mehreren Eigentümern gehören kann. Hier ist zu unterscheiden zwischen dem Miteigentum nach Bruchteilen und dem Gesamthandseigentum.

2.1 Miteigentum nach Bruchteilen

Beim Miteigentum nach Bruchteilen steht das Eigentum an einer Sache zwei oder mehreren Personen in der Weise zu, dass jede Person nur zu einem gedanklich-rechnerischen Bruchteil an der Sache berechtigt ist, der sich aber auf die ganze Sache erstreckt und nicht auf einen Teil der Sache begrenzt ist.

Gregor Kunze und seine Ehefrau Elvira Kunze erwerben gemeinsam ein Haus. Da sie auch nichts anderes vereinbaren und dies ihrem Wunsch entspricht, werden sie in Abteilung I des Grundbuchs jeweils zur Hälfte als Eigentümer eingetragen.

Jedem der Eheleute steht hier ein bestimmter, fester Anteil am ganzen Haus zu, nämlich die Hälfte. Dieser hälftige Anteil ist aber nicht sichtbar. Er entspricht nicht einer räumlichen Aufteilung der Sache und wird daher auch ideeller Bruchteil genannt. Das Grundstück, alle Räume und alle Teile des Hauses gehören jedem, aber nur zur Hälfte. Diese Gemeinschaft nach Bruchteilen ist in den §§ 741 ff. geregelt; ergänzende Vorschriften über das Miteigentum enthalten die §§ 1008 ff. Entscheidender Unterschied zum Gesamthandseigentum (s. unten) ist beim Miteigentum nach Bruchteilen, dass jeder Miteigentümer über seinen ideellen Anteil frei verfügen kann (§ 747 S. 1). Jeder der Eheleute im obigen Beispiel kann also seinen Anteil unabhängig von dem anderen veräußern oder auch mit einer Hypothek oder Grundschuld belasten, vorausgesetzt, sie haben den gesetzlichen Güterstand der Zugewinngemeinschaft ausgeschlossen und leben in Gütertrennung, da anderenfalls familienrechtliche Verfügungsbeschränkungen zu beachten wären. Über das Haus insgesamt können sie nach § 747 S. 2 natürlich nur gemeinschaftlich verfügen. Die lose Form der Verbindung in der Bruchteilsgemeinschaft führt nach § 749 auch zu dem Recht eines jeden Miteigentümers, jederzeit die Aufhebung der Gemeinschaft verlangen zu können. Falls wie beim obigen Haus eine Teilung in Natur ausscheidet, muss die Sache verkauft oder notfalls versteigert und der Erlös geteilt werden.

2.2 Gesamthandseigentum

Für das Gesamthandseigentum charakteristisch ist die Zugehörigkeit einer Sache zu einem Vermögen, das mehreren zur gesamten Hand zusteht. Dabei ist zu unterscheiden zwischen den »reinen« Gesamthandsgemeinschaften wie der familienrechtlichen Gütergemeinschaft nach §§ 1415 ff. und der Erbengemeinschaft und den sog. Gesamthandsgesellschaften, zu denen u. a. die Gesellschaft bürgerlichen Rechts, die offene Handelsgesellschaft oder die Kommanditgesellschaft zählen.

Friedrich und Hans-Dieter Klose sowie ihre Schwester Mechthild Breuer, geb. Klose, haben das gesamte Vermögen des verstorbenen Vaters (zwei Häuser, Aktien, Barvermögen, wertvolle Möbel usw.) geerbt. Laut Testament soll Friedrich von allem die Hälfte, Hans-Dieter und Mechthild je ein Viertel bekommen.

Hier steht die gesamte Erbschaft bis zur Erbauseinandersetzung den drei Geschwistern als Gesamthandseigentum zu. Zwar kann nach § 2033 Abs. 1 jeder der drei Miterben über seinen Anteil an dem gesamten Nachlass verfügen. Im Gegensatz zur Bruchteilsgemeinschaft kann er über seinen Anteil an den einzelnen Nachlassgegenständen jedoch nicht verfügen (§ 2033 Abs. 2). Verfügungen über einzelne Nachlassgegenstände können gem. § 2040 Abs. 1 von den Miterben nur gemeinschaftlich getroffen werden.

MERKE

Beim Miteigentum nach Bruchteilen steht das Eigentum an einer Sache zwei oder mehreren Personen in der Weise zu, dass jede Person nur zu einem gedanklich-rechnerischen Bruchteil an der Sache berechtigt ist, der sich aber auf die ganze Sache erstreckt und nicht nur auf einen Teil der Sache begrenzt ist. Jeder Miteigentümer kann über diesen ideellen Anteil allerdings frei verfügen.
Das Gesamthandseigentum steht zwei oder mehreren Personen in der Weise zu, dass sie nur gemeinschaftlich über die Sache verfügen können. Gesamthandseigentum kann nur im Rahmen einer Gesamthandsgemeinschaft bestehen. Das BGB kennt nur das Gesellschaftsvermögen, die eheliche Gütergemeinschaft und die Miterbengemeinschaft.

3 WOHNUNGSEIGENTUM

Die weitgehende Zerstörung von Häusern und Wohnungen im 2. Weltkrieg und die dadurch hervorgerufene Wohnungsnot machten es notwendig, auch nach neuen Formen der Eigentumsbildung und Wohnraumbeschaffung zu suchen. Auch strebte man an, möglichst vielen

Bürgern das Wohnen in den »eigenen vier Wänden« zu ermöglichen. In den Großstädten und Ballungszentren war ein Haus- oder Grundstückskauf für viele jedoch unerschwinglich. Finanziell eher zu realisieren war dagegen die Möglichkeit, nur eine Wohnung, also den Teil eines Hauses zu erwerben. Dies musste aber an den Vorschriften des BGB, nämlich den §§ 93 und 94 scheitern, welche die Begründung von Eigentum an wesentlichen Bestandteilen eines Gebäudes nicht zuließen. Das Gesetz über das Wohnungseigentum und das Dauerwohnrecht (Wohnungseigentumsgesetz; WEG) vom 15.03.1951 durchbricht die Regelungen der §§ 93 und 94 und eröffnet die Möglichkeit, Alleineigentum an einer Wohnung zu haben, auch wenn hinsichtlich des Grundstücks nur eine Miteigentümerposition besteht. Wohnungseigentum ist also Sondereigentum an einer Wohnung, verbunden mit dem Miteigentumsanteil am Grundstück und an den gemeinsam benutzten Teilen des Gebäudes, so § 1 Abs. 2 WEG. Zum gemeinschaftlichen Eigentum zählen z. B. die tragenden Mauern des Hauses, das Dach, die Treppen und die Zentralheizung. Das Sondereigentum an einer Wohnung, das nach § 3 Abs. 2 WEG nur an in sich abgeschlossenen Wohnungen eingeräumt werden soll, ist Alleineigentum; im Übrigen hat der Wohnungseigentümer Miteigentum und zwar Bruchteilseigentum nach § 1008. Während das Sondereigentum an einer Wohnung in Verbindung mit dem Miteigentumsanteil an dem gemeinschaftlichen Eigentum, zu dem es gehört, Wohnungseigentum genannt wird (§ 1 Abs. 2 WEG), ist Teileigentum das Sondereigentum an nicht zu Wohnzwecken dienenden Räumen eines Gebäudes in Verbindung mit dem Miteigentumsanteil an dem gemeinschaftlichen Eigentum, zu dem es gehört (§ 1 Abs. 3 WEG).

Das Wohnungseigentum wird nach §§ 3, 4 WEG entweder durch dinglichen Vertrag der Miteigentümer in Form der Auflassung und Eintragung im Grundbuch oder nach § 8 WEG durch einseitige Teilungserklärung des Grundstückalleineigentümers gegenüber dem Grundbuchamt begründet. Das Wohnungseigentum erhält ein eigenes Grundbuchblatt und kann als solches auch belastet werden.

Während die Rechte und Pflichten der Wohnungseigentümer untereinander in den §§ 10–19 WEG geregelt sind, sind Bestimmungen über die Rechtsstellung des Wohnungseigentümers gegenüber Dritten im WEG nicht enthalten. Grundsätzlich bestehen daher für den Wohnungseigentümer die allgemeinen sich aus dem Eigentum z. B. nach dem BGB ergebenden Rechte und Pflichten. So kann er zum Schutz seines Wohnungseigentums die Rechte aus §§ 985, 987 ff., 823 oder 1004 geltend machen. Auch kann er sein Wohnungseigentum nach den allgemeinen sachenrechtlichen Bestimmungen nach §§ 873, 925 auf einen anderen übertragen und kann es auch vererben.

Die Wohnungseigentümer bilden nach § 11 WEG eine unauflösliche Gemeinschaft. Für gemeinsame Entscheidungen treffen sie sich nach § 23 WEG in der Wohnungseigentümerversammlung. Hier werden alle Maßnahmen, die für das gemeinschaftliche Eigentum von Bedeutung sind, durch Beschlüsse entschieden. Für die laufende Verwaltung der Wohnungsanlage können die Wohnungseigentümer einen Verwalter bestellen.

Insgesamt hat sich das Wohnungseigentum bewährt und es hat vielen Menschen den Erwerb einer Immobilie auch in Großstädten und deren Innenstadtbereich ermöglicht. Natürlich muss sich jeder Erwerber einer Eigentumswohnung darüber klar sein, dass er sich einer Gemeinschaftsordnung unterwirft, er also mit der Eigentümergemeinschaft auskommen muss, worin sicherlich oft ein großes Streitpotenzial liegt.

MERKE

Das BGB (§§ 93, 94) lässt die Begründung von Eigentum an wesentlichen Bestandteilen eines Grundstücks oder Gebäudes nicht zu. Das Wohnungseigentumsgesetz durchbricht diese Regelung aus wohnungspolitischen Gründen. Nach ihm ist es möglich, Sondereigentum (Alleineigentum) an einer Wohnung zu haben, verbunden mit dem Miteigentumsanteil (Bruchteilseigentum) am Grundstück und an den gemeinsam benutzten Teilen des Gebäudes.
Das Wohnungseigentum wird wie normales Grundstückseigentum behandelt. Es erhält ein eigenes Grundbuchblatt und kann auch belastet, auf einen anderen übertragen oder vererbt werden.

4 ERBBAURECHT

Das Erbbaurecht ist im Grunde ein dingliches Nutzungsrecht an einem Grundstück. Es stellt aber wohl die stärkste Belastung dar, die das Grundstückseigentum erfahren kann, weil der Eigentümer des Grundstücks durch das Erbbaurecht sowohl den Besitz als auch sämtliche Nutzungen des Grundstücks verliert. Umgekehrt erhält der Erbbauberechtigte eine starke Rechtsposition, die vergleichbar ist mit der eines Eigentümers, sodass es berechtigt ist, das Erbbaurecht in diesem Kapitel unter den eigentumsähnlichen Rechten zu behandeln.
Das Erbbaurecht ist geregelt in der Verordnung über das Erbbaurecht (ErbbauVO) vom 15.01.1919. Es wird definiert in § 1 Abs. 1 ErbbauVO, wonach ein Grundstück in der Weise belastet werden kann, dass demjenigen, zu dessen Gunsten die Belastung erfolgt, das veräußerliche und vererbliche Recht zusteht, auf oder unter der Oberfläche des Grundstücks ein Bauwerk zu haben.
Nach den Bestimmungen des BGB, nämlich nach den §§ 93, 94 und 946, ist alles, was mit dem Grundstück fest verbunden ist, wesentlicher Bestandteil des Grundstücks. Danach ist der Eigentümer des Grundstücks zugleich auch der Eigentümer der wesentlichen Bestandteile des Grundstücks, insbesondere des auf ihm errichteten Gebäudes. Diese Regelung wird durch die Verordnung über das Erbbaurecht durchbrochen. Nach § 12 Abs. 1 S. 1 ErbbauVO gilt das aufgrund des Erbbaurechts errichtete Bauwerk als wesentlicher Bestandteil des Erbbaurechts. Danach ist das Bauwerk nicht Eigentum des Grundstückseigentümers, sondern des Erbbauberechtigten. Damit ermöglicht das Erbbaurecht entgegen den Bestimmungen des BGB die Bebauung eines Grundstücks, ohne dass dem Bauenden das Eigentum am Grundstück zustehen muss. Das Erbbaurecht soll damit auch demjenigen den Haus- oder Eigenheimbau ermöglichen, der das Kapital für den oft teuren Grunderwerb nicht aufbringen kann. Der Erbbauberechtigte zahlt statt dessen einen in der Regel jährlich fällig werdenden Betrag an den Grundstückseigentümer, den Erbbauzins (§ 9 ErbbauVO).
Das Erbbaurecht wird auf Zeit begründet. Es erlischt nach Ablauf der Zeit, für die es bestellt wurde – meist 99 Jahre. Das Eigentum am Bauwerk geht dann kraft Gesetzes auf den Grundstückseigentümer über, der jedoch zur Zahlung einer Entschädigung verpflichtet ist.
Das Erbbaurecht wird vom Gesetz weitgehend wie Grundstückseigentum behandelt. Es genießt den Schutz des Art. 14 GG wie auch der Vorschriften des BGB zum Schutz des Eigentums. Es ist selbstständig veräußerbar und übertragbar wie auch belastbar, etwa

mit einer Hypothek oder Grundschuld. Der der Bestellung des Erbbaurechts zugrunde liegende schuldrechtliche Vertrag bedarf nach § 11 Abs. 2 ErbbauVO entsprechend § 311b Abs. 1 der notariellen Beurkundung. Die Bestellung selbst erfolgt durch Einigung, die nach § 11 Abs. 1 ErbbauVO aber nicht der Form des § 925 bedarf, und Grundbucheintragung an erster Rangstelle des belasteten Grundstücks. Dabei wird für das Erbbaurecht ein besonderes Grundbuchblatt, das Erbbaugrundbuch angelegt, in das alle das Erbbaurecht betreffenden rechtserheblichen Vorgänge sowie die wesentlichen Vereinbarungen zwischen Grundstückseigentümer und Erbbauberechtigten eingetragen werden.
Das Erbbaurecht hat sich insgesamt bewährt. Insbesondere wurde der Kleinwohnungsbau gefördert und gleichzeitig auch die Bodenspekulation bekämpft. Der Erbbauberechtigte benötigt nur die Mittel zum Hausbau und spart den teuren Grunderwerb, der Wertzuwachs am Grundstück verbleibt andererseits dem Grundstückseigentümer.

MERKE

Nach der Verordnung über das Erbbaurecht kann ein Grundstück in der Weise belastet werden, dass demjenigen, zu dessen Gunsten die Belastung erfolgt, das veräußerliche und vererbliche Recht zusteht, auf oder unter der Oberfläche des Grundstücks ein Bauwerk zu haben. Auch damit wird, wiederum aus wohnungspolitischen Gründen, die Regelung des BGB durchbrochen, wonach der Eigentümer eines Grundstücks zugleich auch der Eigentümer der wesentlichen Bestandteile des Grundstücks, insbesondere des auf ihm errichteten Gebäudes, ist.
Das Erbbaurecht wird auf Zeit begründet und erlischt in der Regel nach 99 Jahren. Bis dahin gilt das aufgrund des Erbbaurechts errichtete Bauwerk als wesentlicher Bestandteil des Erbbaurechts und ist nicht Eigentum des Grundstückseigentümers, sondern des Erbbauberechtigten. Das Erbbaurecht wird im Übrigen weitgehend wie Grundstückseigentum behandelt.

D FAMILIENRECHT

I Verwandtschaft und Schwägerschaft

1 VERWANDTSCHAFT

Das Gesetz differenziert in § 1589 zwischen Verwandtschaft in gerader Linie und Verwandtschaft in Seitenlinie.
Ein Verwandtschaftsverhältnis in gerader Linie liegt gem. § 1589 S. 1 bei Personen vor, bei denen eine von der anderen abstammt.
In diesem Sinne verwandt sind folglich Eltern – Kinder; Großeltern – Enkel.
Das Verhältnis zu den Eltern – Großeltern – Urgroßeltern wird aufsteigende Linie, das Verhältnis zu den Kindern – Enkeln – Urenkeln wird absteigende Linie genannt.

Elisabeth ist die Tochter von Ute und das Enkelkind von Hans. Ute ist die Schwiegertochter von Hans. Elisabeth stammt in diesem Sinne sowohl von Ute als auch von Hans ab, ist folglich mit beiden in gerader Linie verwandt, obwohl zwischen Ute und Hans kein Verwandtschaftsverhältnis besteht.

Stammen dagegen Personen nicht voneinander ab, aber von derselben dritten Person, liegt gem. § 1589 S. 2 eine Verwandtschaft in Seitenlinie vor. Diese Voraussetzungen sind erfüllt in dem Verhältnis zwischen Geschwistern, aber auch im Verhältnis zu den Onkeln und Tanten einer Person sowie zu deren Abkömmlingen.

Elisabeth hat einen Bruder Heinz sowie die Nichten Ulrike und Eva, Töchter von Heinz. Elisabeth und Heinz haben die gleichen Eltern oder zumindest einen gemeinsamen Elternteil, stammen deshalb von einer gemeinsamen dritten Person ab und sind deshalb in Seitenlinie verwandt. Gleiches gilt in dem Verhältnis zwischen Elisabeth und ihren Nichten Ulrike und Eva. Auch diese stammen zumindest von einem gleichen Elternteil von Elisabeth und Heinz ab.

Der Grad der Verwandtschaft – dieses gilt sowohl für die Verwandtschaft in gerader Linie als auch bei Verwandtschaft in Seitenlinie – bestimmt sich gem. § 1589 S. 3 nach der Zahl der sie vermittelnden Geburten.
Allerdings wird dabei die Geburt der Person, die das Verwandtschaftsverhältnis begründet, nicht mitgezählt.[292] Aus diesem Grund sind z. B. Eltern mit ihren Kindern im ersten Grad in gerader Linie und Geschwister im zweiten Grad in der Seitenlinie miteinander verwandt.

---

[292] Palandt/Diederichsen, § 1589 Rdnr. 1.

Tobias ist der Sohn von Ruth und Rainer. Er hat noch eine Schwester, Ines. Tobias ist mit seinen Eltern in gerader Linier verwandt. Die Eltern begründen das Verwandtschaftsverhältnis zu Tobias, werden somit bei der Bestimmung des Grades nicht mitgezählt, sodass Tobias mit ihnen im ersten Grad verwandt ist. Auch zwischen Tobias und seiner Schwester wird das Verwandtschaftsverhältnis durch die gemeinsamen Eltern begründet. Es besteht zwischen Tobias und seinen Schwester Ines ein Verwandtschaftsverhältnis in der Seitenlinie. Da die Geburt der Eltern bei der Bestimmung des Verwandtschaftsgrades nicht mitgezählt wird, sind die Geschwister im zweiten Grad der Seitenlinie (Geburt Tobias und Geburt Ines) miteinander verwandt.

2 SCHWÄGERSCHAFT

Schwägerschaft ist das durch eine wirksame Ehe begründete Rechtsverhältnis zu den Verwandten des Ehegatten. Die Schwägerschaft bleibt gem. § 1590 Abs. 2 auch dann bestehen, wenn die Ehe wieder aufgelöst wird.
Aus § 1590 Abs. 1 folgt mithin, dass eine Person mit allen Verwandten ihres Ehegatten verschwägert ist. Gem. § 1590 Abs. 1 S. 2 bestimmen sich die Linie und der Grad der Schwägerschaft nach der Linie und dem Grad der sie vermittelnden Verwandtschaft. Ein Ehegatte ist somit mit den Verwandten seines Ehepartners in dem Grad verschwägert, wie dieser mit ihnen verwandt ist.

Ellen und Philipp sind miteinander verheiratet. Ellen hat einen Sohn, Hans, aus erster Ehe. Ferner leben auch noch ihre Eltern Wilhelm und Ida sowie ihre Schwester Gudrun. Philipp besitzt keine Verwandten mehr. Aufgrund der wirksam geschlossenen Ehe ist Philipp mit dem Sohn von Ellen, Hans, in gerader absteigender Linie verschwägert, mit den Eltern Wilhelm und Ida in gerader aufsteigender Linie und mit Gudrun in Seitenlinie 2. Grades verschwägert.
Es besteht allerdings keine Schwägerschaft zwischen den Ehegatten selbst oder zwischen den Verwandten beider Ehegatten.

3 ANNAHME ALS KIND

Eine besondere Form, ein Verwandtschaftsverhältnis zu begründen, ist die Annahme als Kind. Allerdings differenziert der Gesetzgeber in Bezug auf die Entstehung eines Verwandtschaftsverhältnisses zwischen der Annahme eines Minderjährigen und der sog. Erwachsenenadoption.

3.1 Annahme eines Minderjährigen

Es ist zu unterscheiden zwischen der Annahme eines Minderjährigen durch den Ehepartner und der Annahme eines Minderjährigen durch eine nicht verheiratete Person.

3.1.1 Annahme eines Minderjährigen durch Ehepartner

Die Annahme eines minderjährigen Kindes durch ein Ehepaar führt zu einem Verwandtschaftsverhältnis zwischen dem angenommenen Kind und den Eltern sowie zu den Verwandten der Eltern. Das angenommene Kind erhält mit dem Ausspruch der Adoption i. S. d. § 1752 Abs. 1 die rechtliche Stellung eines gemeinschaftlichen Kindes (vgl. § 1754 Abs. 1). Diese umfassende rechtliche Wirkung nennt man Volladoption.
Allerdings führt diese Volladoption nach § 1755 zu einem Erlöschen der Verwandtschaftsverhältnisse zu den bisherigen Verwandten des angenommenen Kindes.
Eine Einschränkung erfährt der Grundsatz der Volladoption zunächst bei der Annahme eines Stiefkindes. In diesem Fall wird das Kind ein gemeinschaftliches Kind zwischen dem Annehmenden und dem mit ihm verheirateten Elternteil. Zu dem anderen Elternteil und dessen Verwandten erlischt gem. § 1755 Abs. 2 das Verwandtschaftverhältnis.
Weiterhin enthält die Rechtswirkung der Volladoption in § 1756 Abs. 2 eine Ausnahme. Zu den Verwandten des anderen Elternteils erlischt das Verwandtschaftsverhältnis nicht, wenn die frühere Ehe des mit dem Annehmenden verheirateten Ehepartners durch Tod aufgelöst worden ist und der Verstorbene die elterliche Sorge über das Kind mit ausgeübt hat. Nimmt somit ein Ehegatte ein Kind seines Ehepartners an, nachdem dessen Ehe durch den Tod des früheren Ehepartners aufgelöst worden ist, besteht kein rechtliches Bedürfnis auch das Verwandtschaftsverhältnis zu den Verwandten des verstorbenen Elternteils aufzuheben.

Hans und Eva sind miteinander verheiratet. Hans möchte Paul, 15 Jahre und Sohn von Eva, als Kind annehmen. Paul stammt aus der früheren Ehe zwischen Eva und Thomas. Diese Ehe ist durch den frühen Tod von Thomas aufgelöst worden. Mit der Annahme als Kind durch Hans erlöschen in diesem Fall nicht die Verwandtschaftsverhältnisse zwischen Paul und den Verwandten seines leiblichen Vaters Thomas.

Eine weitere Einschränkung der Rechtswirkungen einer Volladoption ergibt sich aus § 1756 Abs. 1. Hiernach erlischt in den Fällen, in denen der Annehmende mit dem Kind im zweiten oder dritten Grad verwandt oder verschwägert ist, nur das Verwandtschaftsverhältnis zu den Eltern des Kindes, nicht aber zu den übrigen Verwandten.
Eine Adoption kann in diesen Fällen notwendig werden, wenn die Eltern des Kindes verstorben sind oder nicht in der Lage bzw. gewillt sind, die Erziehung zu gewährleisten. Adoptieren in so einer Situation die Großeltern oder eine Tante das Kind, erhält dieses keine komplett neue Verwandtschaft. Es besteht deshalb keine Notwendigkeit, neben der Auflösung der Verwandtschaftsverhältnisse zu den Eltern durch die Adoption auch die bisherigen Verwandtschaftsverhältnisse zu den bisherigen Verwandten aufzuheben.
Die Befugnis, ein minderjähriges Kind anzunehmen und damit ein Verwandtschaftsverhältnis zu begründen, steht Ehepartnern gem. § 1741 Abs. 2 S. 2 grundsätzlich nur gemeinsam zu. Ausnahmen sind in § 1741 Abs. 2, S. 3 u. S. 4 geregelt. So ist die Annahme durch einen Ehepartner alleine möglich, wenn dieser das Kind seines Ehepartners annehmen möchte oder der Ehepartner geschäftsunfähig ist bzw. das erforderliche Mindestalter von 21 Jahren noch nicht erreicht hat.
Lebenspartnern i. S. d. Lebenspartnerschaftsgesetzes (LPartG) ist diese Möglichkeit der gemeinsamen Annahme eines minderjährigen Kindes verwehrt. Dieses folgt aus § 9 LPartG,

ausweislich dessen dem nicht sorgerechtsberechtigtem Lebenspartner lediglich in beschränktem Umfang eine Mitentscheidungsbefugnis eingeräumt wird, nicht aber die Möglichkeit einer gemeinsamen Annahme eines minderjährigen Kindes.

3.1.2 Annahme eines Minderjährigen durch eine nicht verheiratete Person

Die Annahme eines Minderjährigen als Kind kann durch eine nicht verheiratete Person erfolgen. In diesem Fall kann die annehmende Person das Kind nur allein annehmen (vgl. § 1741 Abs. 2 S. 1). Es ist hierbei ohne rechtliche Bedeutung, ob die annehmende Person ledig, geschieden oder verwitwet ist.
Das angenommene Kind erlangt die rechtliche Stellung eines leiblichen Kindes.

3.2 Annahme eines Volljährigen

Im Unterschied zu der Annahme eines Minderjährigen führt die Annahme eines Volljährigen grundsätzlich nicht zu einer Volladoption.
Ein Verwandtschaftverhältnis wird gem. §§ 1767 Abs. 2, 1754 nur zwischen dem Kind und dem Annehmenden begründet, nicht aber zu den übrigen Verwandten des Annehmenden (vgl. § 1770).
Demgegenüber bleiben aber auch die durch Abstammung entstandenen Verwandtschaftsverhältnisse zu den bisherigen Verwandten des Kindes bestehen (vgl. § 1770 Abs. 2).
Ausnahmsweise kann das Familiengericht gem. § 1772 auf Antrag des Annehmenden und des Anzunehmenden die Rechtswirkungen einer Volladoption begründen, wenn neben dem Anzunehmenden ein minderjähriges Geschwisterkind angenommen werden soll oder bereits zeitlich vorher angenommen worden ist. Ferner in den Fällen, in denen der Anzunehmende bereits als Minderjähriger in der Familie der Annehmenden aufgenommen worden ist. Eine weitere Möglichkeit, die Rechtswirkungen der Volladoption auszusprechen, liegt dann vor, wenn der Annehmende das Kind seines Ehegatten annimmt oder der Anzunehmende in dem Zeitpunkt, in dem der Antrag auf Annahme bei dem Familiengericht eingereicht worden ist, noch nicht volljährig gewesen ist.
Ungeachtet des Vorliegens der vorgenannten Ausnahmetatbestände darf das Familiengericht die Wirkungen der Volladoption nach § 1772 Abs. 2 S. 2 nicht aussprechen, wenn überwiegende Interessen der leiblichen Eltern an der Aufrechterhaltung des bisherigen Verwandtschaftsverhältnisses entgegenstehen.
Derartige Interessen der leiblichen Eltern können in unterhaltsrechtlichen Ansprüchen, aber durchaus auch in erbrechtlichen bzw. pflichtteilsrechtlichen Ansprüchen begründet sein.[293]

MERKE

Ein Verwandtschaftsverhältnis wird begründet zwischen Personen, bei denen eine von der anderen abstammt, zwischen Personen, die von einer gemeinsamen dritten Person abstammen, durch die Annahme als Kind zwischen dem Annehmenden und dem

[293] Palandt/Diederichsen, § 1772 Rdnr. 2.

Angenommenen, durch die Annahme eines Minderjährigen als Kind zwischen dem angenommen Kind und den Verwandten des Annehmenden.
Schwägerschaft ist das durch eine Ehe begründete Rechtsverhältnis zu den Verwandten des Ehegatten.

II Ehe

Die Ehe wird in ihrem traditionellen Verständnis als eine rechtlich verbindliche Lebensgemeinschaft zwischen einem Mann und einer Frau verstanden, die durch Art. 6 GG unter dem besonderen Schutze der staatlichen Ordnung gestellt ist.

1 VERLÖBNIS ALS VORSTUFE ZUR EHE

Das Verlöbnis ist in §§ 1297–1302 geregelt und ist auf das Versprechen der Verlobten gerichtet, die Ehe miteinander eingehen zu wollen.
Die Rechtsnatur des Verlöbnisses ist in der juristischen Literatur schon immer umstritten gewesen. Mit der sog. Vertragstheorie[294] wird man das Verlöbnis rechtlich als einen Vertrag einzuordnen haben, auf den grundsätzlich die allgemeinen Vorschriften über Rechtsgeschäfte, insbesondere auch die Vorschriften über die Geschäftsfähigkeit nach §§ 104 ff., Anwendung finden. Diese Ansicht wird wohl auch durch den Bundesgerichtshof geteilt, wonach Verlobte in einem rechtlich geregelten personenrechtlichen Gemeinschaftsverhältnis stehen.[295]
Eine Besonderheit ergibt sich dabei aus § 1297 Abs. 1, wonach aus einem Verlöbnis nicht auf Eingehung einer Ehe geklagt werden kann. Das Verlöbnis ist damit eine sog. unvollkommene Verbindlichkeit mit allerdings rechtlichen Konsequenzen bei Auflösung oder Rücktritt vom Verlöbnis (vgl. § 1301 Rückgabe der Geschenke oder § 1298 Schadensersatzpflicht bei Rücktritt ohne wichtigen Grund).
Weiterhin ist das Verlöbnis, genau wie die Ehe, ein höchstpersönliches Rechtsgeschäft, sodass Stellvertretung gem. § 164 ff. nicht zulässig ist.[296]

1.1 Begründung des Verlöbnisses

Die Begründung eines Verlöbnisses ist formfrei, kann somit ausdrücklich, aber auch durch konkludentes Verhalten erfolgen. Nicht notwendig zur wirksamen Begründung eines Verlöbnisses ist dagegen die Vornahme gesellschaftlich begründeter Symbole wie z. B. der Austausch von Ringen.

[294] Palandt/Brudermüller, Einführung vor § 1297 Rdnr. 1.
[295] BGH NJW 1992, 427.
[296] Fuge, in: Rotax, FamPrax, Teil 2, Rdnr. 2.

1.2 Aufhebung des Verlöbnisses

Das Verlöbnis kann durch die Verlobten jederzeit einvernehmlich aufgehoben werden. Dies geschieht durch den Abschluss eines sog. Aufhebungsvertrags. Es stellt sich in diesem Zusammenhang natürlich die Frage, ob beschränkt Geschäftsfähige, die mit Zustimmung des gesetzlichen Vertreters das Verlöbnis begründet haben, für den Aufhebungsvertrag erneut die Zustimmung des gesetzlichen Vertreters benötigen. In diesem Zusammenhang wird man die Besonderheit des Verlöbnisses als familienrechtliches Gemeinschaftsverhältnis in die Bewertung mit einfließen lassen müssen und die Notwendigkeit einer erneuten Zustimmung verneinen dürfen.
Berücksichtigt werden muss in diesem Zusammenhang natürlich auch, dass der Minderjährige nicht gegen seinen Willen an einem Verlöbnis festgehalten werden darf.
Beim Rücktritt eines Minderjährigen von einem Verlöbnis ist es anerkannt, dass dieser Rücktritt ohne die erforderliche Zustimmung des gesetzlichen Vertreters erfolgen kann.[297] Berücksichtigt man sodann, dass der Rücktritt unter den Voraussetzungen des § 1298 sogar zu einem Schadensersatzanspruch gegen den Minderjährigen führen kann, bestehen keine Bedenken unter Beachtung des Schutzes des Minderjährigen, diesem die Befugnis einzuräumen, einen einvernehmlichen Aufhebungsvertrag zu schließen, der regelmäßig nach § 1301 lediglich zu der Verpflichtung führt, Zuwendungen, die aus Anlass des Verlöbnisses gewährt worden sind, nach bereicherungsrechtlichen Grundsätzen herauszugeben.

1.3 Rücktritt vom Verlöbnis

Das Verlöbnis kann des Weiteren auch durch den Rücktritt einer der Verlobten beendet werden. Rücktritt ist eine einseitige, empfangsbedürftige Willenserklärung, die gegenüber dem anderen Verlobten auszusprechen ist. Der Rücktritt ist formlos möglich, kann insbesondere auch durch konkludentes Handeln, wie z. B. durch Rückgabe des Verlobungsrings, erfolgen. Beschränkt Geschäftsfähige können den Rücktritt auch ohne Zustimmung des gesetzlichen Vertreters erklären.[298]

1.4 Beendigung des Verlöbnisses durch Eingehung der Ehe

Es ist bereits dargelegt worden, dass das Verlöbnis als vertragliche Absprache der Verlobten, die Ehe miteinander begründen zu wollen, zu werten ist. Dieses Ziel ist natürlich erreicht, sobald die Eheschließung erfolgt. Damit stellt sich die Eheschließung rechtlich als Erfüllung des Verlöbnisses dar.

1.5 Beendigung des Verlöbnisses durch Tod

Das Verlöbnis wird ferner in dem Fall aufgelöst, in dem einer der Verlobten verstirbt (vgl. § 1301 S. 2).

---

[297] Palandt/Brudermüller, § 1298 Rdnr. 1.

[298] Erman/Heckelmann, § 1298 Rdnr. 4.

1.6 Auflösung des Verlöbnisses durch Anfechtung

Das Verlöbnis ist – wie oben bereits dargestellt – rechtlich als Vertrag zu werten. Es stellt sich damit die Frage, ob ein Verlobter seine Willenserklärung wegen Irrtum (§ 119), Täuschung oder Drohung (§ 123) anfechten kann, sodass das Verlöbnis mit der Wirkung des § 142 als von Anfang an nichtig anzusehen wäre.
Nach überwiegend vertretener Auffassung sind die Vorschriften über die Anfechtung nicht anwendbar[299], da es sich bei der Vorschrift über den Rücktritt (§ 1298) um eine abschließende Regelung innerhalb des Verlöbnisrechts handele, die die Regeln der Anfechtung ausschließe.
Nach anderer Ansicht wird die Anwendbarkeit des Anfechtungsrechts bejaht, teilweise werden aber die sich hieraus ergebenen Rechtsfolgen auf §§ 1298, 1301 beschränkt.[300]
M. E. sollte das Anfechtungsrecht auf das Verlöbnis keine Anwendung finden. Das Verlöbnis weist gerade durch die persönliche Beziehung der Verlobten Besonderheiten auf, die durch das Rücktrittsrecht und die Verpflichtung zum Ausgleich verlöbnispezifischer Schadenspositionen interessengerecht und abschließend gelöst worden sind.

1.7 Rechtsfolgen bei Rücktritt vom Verlöbnis

Tritt ein Verlobter von dem Verlöbnis zurück, so hat er gem. § 1298 Schadensersatz zu leisten. Diese Verpflichtung besteht gegenüber dem anderen Verlobten, dessen Eltern sowie gegenüber dritten Personen, die anstelle der Eltern gehandelt haben.
Es ist der Schaden zu ersetzen, den die vorgenannten Personen dadurch erlitten haben, dass sie in Erwartung der Ehe Aufwendungen gemacht oder Verbindlichkeiten begründet haben (§ 1298 Abs. 1), soweit die Aufwendungen oder die Eingehung der Verbindlichkeiten den Umständen nach angemessen gewesen sind (§ 1298 Abs. 2).

> Ute und Thomas wollen sich verloben. Die Eltern von Ute organisieren und finanzieren eine kleine Verlobungsfeier, an der einige Freunde teilnehmen. Drei Monate nach der Verlobung tritt Thomas von der Verlobung zurück. Thomas hat die Kosten für die Verlobungsfeier zu ersetzen.

Ergreift ein Verlobter in Erwartung der Ehe Maßnahmen, die seine berufliche Stellung oder sein Vermögen betreffen und tritt der andere Verlobte von dem Verlöbnis zurück, so erfasst die Ersatzpflicht auch die durch diese Maßnahmen eingetretenen Schäden. Voraussetzung ist aber auch in diesen Fällen, dass die Maßnahmen, die ein Verlobter in Erwartung der Ehe getroffen hat, den Umständen nach angemessen gewesen sind (§ 1298 Abs. 2).

> Ute und Thomas haben sich verlobt. Absprachegemäß hat Ute ihre Stellung als Floristin in Münster nach der Verlobung gekündigt, um von Münster nach Hamburg zu Thomas zu ziehen und diesem in dessen Einzelhandelsgeschäft zu unterstützen. Vier Wochen vor der geplanten

[299] LG Saarbrücken NJW 70, 327.
[300] Weinrich/Klein § 1297 Rdnr. 8.

Hochzeit tritt Thomas von dem Verlöbnis zurück. Hier hat Thomas Ute nach § 1298 Abs. 1 S. 2 den Verdienstausfall zu ersetzen, bis Ute einen neuen Arbeitsplatz gefunden hat.

Die in § 1298 normierte Schadensersatzpflicht tritt aber gem. § 1298 Abs. 3 nicht ein, wenn der Verlobte einen wichtigen Grund für den Rücktritt gehabt hat.
Ein wichtiger Grund kann z. B. in einem Bruch der Verlöbnistreue liegen[301] oder in einer Verzögerung der Eheschließung durch den anderen Verlobten ohne wichtigen Grund.[302]
Gem. § 1299 kann aber der Verlobte, der von dem Verlöbnis zurückgetreten ist, selbst nach § 1298 Schadensersatz verlangen, wenn für diesen Rücktritt ein wichtiger Grund bestanden hat und dieser wichtige Grund durch ein schuldhaftes Verhalten von dem anderen Verlobten veranlasst worden ist.

1.8 Rückgabe der Geschenke

Kommt es zwischen den Verlobten nicht zu einer Eingehung der Ehe, so kann jeder Verlobte von dem anderen gem. § 1301 die Rückgabe der Geschenke verlangen. Diese Vorschrift verweist auf die Vorschriften über die Herausgabe einer ungerechtfertigten Bereicherung. Es handelt sich hierbei um eine Rechtsgrundverweisung.[303]

Der bereicherungsrechtliche Anspruch entsteht dann, wenn die Eheschließung, egal aus welchem Grund, unterbleibt.

MERKE

Ein Verlöbnis ist rechtlich ein Vertrag, auf den grundsätzlich die allgemeinen Vorschriften über Rechtsgeschäfte Anwendung finden. Beendet werden kann das Verlöbnis durch seine einvernehmliche Aufhebung sowie durch den Rücktritt eines der Verlobten. Tritt ein Verlobter von dem Verlöbnis zurück, so ist er dem anderen Verlobten gegenüber schadensersatzpflichtig, es sei denn, es bestand für den Rücktritt ein wichtiger Grund. Unterbleibt die Eheschließung, so kann jeder Verlobte nach bereicherungsrechtlichen Grundsätzen die Geschenke zurückfordern.

2 EHESCHLIESSUNG

In der Bundesrepublik Deutschland gilt der Grundsatz der obligatorischen Zivilehe.[304] Dieses ergibt sich daraus, dass es zur Eheschließung gem. § 1310 Abs. 1 S. 1 der Mitwirkung eines Standesbeamten bedarf. Weiterhin durfte nach §§ 67 ff. PStG a. F. die kirchliche Trauung erst nach der staatlichen Eheschließung vorgenommen werden. Dieses Verbot der religiösen Voraustrauung ist durch die Änderung des PStG mit Wirkung zum

[301] OLG Koblenz FamRZ 95, 1068.
[302] Palandt/Brudermüller, § 1298 Rdnr. 9.
[303] Palandt/Brudermüller, § 1301 Rdnr. 3.
[304] Palandt/Brudermüller, Vorbemerkung vor § 1310 Rdnr. 2.

01.01.2009 abgeschafft worden. Die kirchliche Trauung kann nunmehr vor und unabhängig von einer standesamtlichen Trauung erfolgen. Durch das Eheschließungsrechtsgesetz wurden auch die Reste des bis zu diesem Zeitpunkt noch geltenden Ehegesetzes zum 01.07.1998 aufgehoben. Die Eingehung der Ehe, die Aufhebung der Ehe sowie die Wiederheirat in den Fällen, in denen ein Ehegatte für tot erklärt worden ist, wurden in das BGB aufgenommen.

2.1 Ehefähigkeit und Eheverbote

Nach § 13 Abs. 1 S. 1 PStG hat das Standesamt zu prüfen, ob Ehehindernisse entgegenstehen.

2.1.1 Ehefähigkeit

Ehefähigkeit setzt gem. §§ 1303 Abs. 1, 1304 Volljährigkeit und Geschäftsfähigkeit voraus. Allerdings kann das Familiengericht nach § 1303 Abs. 2 von der Notwendigkeit der Volljährigkeit eine Ausnahme erteilen, wenn der Antragsteller das 16. Lebensjahr vollendet hat und der zukünftige Ehegatte bereits volljährig ist.

Diese Ausnahme wird allerdings nur erteilt, wenn dieses mit dem Wohl des Minderjährigen in Einklang zu bringen ist. Das Familiengericht überprüft hierbei etwa, ob die für eine Ehe notwendige charakterliche Reife vorliegt[305] und der Minderjährige auch die Tragweite seines Heiratsentschlusses erfasst hat.[306]

Es stellt sich in diesem Zusammenhang natürlich die Frage, ob der Minderjährige daneben der Einwilligung des gesetzlichen Vertreters zur Eingehung der Ehe bedarf.

In diesem Zusammenhang ist zu berücksichtigen, dass die Personensorge als Teil der elterlichen Sorge für das minderjährige Kind bei dem gesetzlichen Vertreter liegt und somit auch grundsätzlich die Einwilligung des gesetzlichen Vertreters notwendig ist.

Durch das Eheschließungsrechtsgesetz hat dieser Grundsatz im Jahr 1998 allerdings eine Einschränkung erfahren.

Der gesetzliche Vertreter hat nunmehr lediglich das Recht, dem Antrag auf Befreiung von der Vorschrift des § 1303 Abs. 1 zu widersprechen.

Eine Befreiung darf das Familiengericht in diesen Fällen nach § 1303 Abs. 3 nur erteilen, wenn der Widerspruch nicht auf triftigen Gründen beruht.

Solche triftigen Gründe können z. B. ein erheblicher Altersunterschied zwischen den Verlobten sein[307] oder das Fehlen einer wirtschaftlichen Basis für die Ehe.[308]

Religiöse Bedenken rechtfertigen in der Regel einen Widerspruch nicht. Dies folgt bereits aus § 5 RelKErzG, wonach ein Minderjähriger bereits mit Vollendung des 14. Lebensjahres eigenverantwortlich entscheidet.

Erteilt das Familiengericht die beantragte Befreiung, so bedarf der Antragsteller gem. § 1303 Abs. 4 nicht der Einwilligung des gesetzlichen Vertreters zur Eingehung der Ehe.

---

305 LG Oldenburg, DAV 83, 309.

306 Palandt/Brudermüller, § 1303 Rdnr. 5.

307 OLG Düsseldorf, FamRZ 61, 80.

308 Palandt/Brudermüller, § 1303 Rdnr. 5.

1.1.2 Eheverbote

Das Gesetz kennt seit dem Inkrafttreten des Eheschließungsgesetzes zum 01.07.1998 nur noch drei Eheverbote:

2.1.2.1 Verbot der Doppelehe

Nach § 1306 darf eine Ehe nicht geschlossen werden, wenn einer der Ehepartner zeitgleich noch mit einer anderen Person verheiratet ist. Kommt unter Verstoß gegen § 1306 eine Ehe zustande, so ist diese zweite Ehe grundsätzlich aufhebbar nach § 1314. Bis zur Aufhebung bleibt diese Ehe allerdings wirksam.

2.1.2.2 Verbot der Ehe zwischen Verwandten

Gem. § 1307 darf eine Ehe ferner nicht zwischen Verwandten in gerader Linie geschlossen werden sowie zwischen voll- und halbbürtigen Geschwistern.
Personen sind gem. § 1589 in gerader Linie verwandt, wenn eine Person von der anderen abstammt. Für das Verbot des § 1307 ist der Grad der Verwandtschaft unerheblich.
Dieses gesetzliche Verbot beruht auf der Überlegung, dass bei Vorliegen einer blutsmäßigen Verwandtschaft die Eingehung der Ehe für den genannten Personenkreis nicht gewünscht wird. Eine Ausnahme von diesem Verbot ist gesetzlich nicht vorgesehen.
Aus diesem Grund wird in § 1307 S. 2 auch bestimmt, dass das Eheverbot dann bestehen bleibt, wenn das Verwandtschaftsverhältnis durch eine Volladoption beendet worden ist.
Wird eine Ehe unter Verstoß gegen § 1307 geschlossen, ist diese Ehe zunächst wirksam, aber aufhebbar gem. § 1314 Abs. 1.

2.1.2.3 Verbot der Ehe bei Annahme als Kind

Letztendlich soll nach § 1308 eine Ehe auch nicht zwischen Personen geschlossen werden, bei denen ein Verwandtschaftverhältnis i. S. d. § 1307 durch eine Adoption begründet worden ist.
Es ist somit die Ehe dann verboten, wenn durch die Adoption ein Verwandtschaftverhältnis in gerader Linie begründet worden ist, oder bei Personen, die durch die Adoption zu Geschwistern werden.
Im Gegensatz zu den vorgenannten Eheverboten kann das Familiengericht auf Antrag von dieser Vorschrift nach § 1308 Abs. 2 Befreiung erteilen, wenn durch die Adoption eine Verwandtschaft in Seitenlinie begründet worden ist. Personen, die durch die Adoption zu Geschwistern werden, können somit Befreiung beantragen.
Dieser Antrag soll nach § 1308 Abs. 2 S. 2 nur abgelehnt werden, wenn wichtige Gründe der Eingehung einer Ehe entgegenstehen.
Das Verbot der Eheeingehung bei durch Adoption begründetem Verwandtschaftsverhältnis greift nach § 1308 Abs. 1 S. 2 dann nicht ein, wenn die Ehe zu einer Zeit geschlossen wird, zu der das Annahmeverhältnis bereits aufgelöst worden ist.

2.2 Auslandsberührung

Ausländer können nach Art. 13 EGBGB in der Bundesrepublik Deutschland eine Ehe nur schließen, wenn nach dem Recht ihres Heimatstaates eine Eheschließung möglich wäre.
Es ist deshalb für jeden Verlobten, der eine ausländische Staatsangehörigkeit besitzt, zu

prüfen, ob in seiner Person alle Voraussetzungen für die Eingehung einer Ehe vorliegen.[309] §1309 bestimmt aus diesem Grund, dass Personen, die hinsichtlich der Eheschließung ausländischem Recht unterliegen und in der Bundesrepublik Deutschland die Ehe eingehen wollen, ein Ehefähigkeitszeugnis ihres Heimatstaates beibringen müssen. Dieses Ehefähigkeitszeugnis muss grundsätzlich von der inneren Behörde dieses Staates ausgestellt werden oder von einer anderen Stelle, die aufgrund eines mit diesem Staat abgeschlossenen Vertrags die Zuständigkeit zur Erteilung eines Ehefähigkeitszeugnisses erhalten hat. Inhaltlich muss das Ehefähigkeitszeugnis bescheinigen, dass nach dem Recht des Heimatstaates keine Ehehindernisses bestehen.
Allerdings kann nach §1309 Abs. 2 von der Notwendigkeit, ein Ehezeugnis beibringen zu müssen, durch den Präsidenten des Oberlandesgerichts in seiner Funktion als Organ der Justizverwaltung Befreiung erteilt werden. Zuständig ist nach §1308 Abs. 2 S. 1 der Präsident des Oberlandesgerichts, in dessen Bezirk das Standesamt, bei dem die Eheschließung angemeldet worden ist, seinen Sitz hat.
Die Befreiung setzt zunächst voraus, dass an der Identität des Antragstellers keine Zweifel bestehen.[310]
Zu dem Personenkreis, die eine Befreiung erhalten sollen, gehören Ausländer, deren Heimatstaat keine Ehefähigkeitszeugnisse ausstellen oder deren Zeugnisse nicht den Anforderungen an §1309 genügen. Ferner soll nach §1309 Abs. 2 S. 2 den Ausländern eine Befreiung erteilt werden, die staatenlos sind und ihren gewöhnlichen Aufenthalt im Ausland haben. Staatenlose Personen, die ihren gewöhnlichen Aufenthalt im Inland haben, benötigen kein Ehefähigkeitszeugnis.
In besonderen Fällen darf die Befreiung auch nach §1309 Abs. 2 S. 3 Angehörigen anderer Staaten erteilt werden. Diese Voraussetzung wäre z. B. erfüllt, wenn ein ausländischer Verlobter das Ehefähigkeitszeugnis nicht oder nur unter großen Schwierigkeiten besorgen könnte, weil in seinem Heimatland Krieg herrscht.
Materiell-rechtlich prüft der Präsident des Oberlandesgerichtes anstelle der ausländischen Behörde, ob der Verlobte nach dem Recht seines Heimatlandes die Ehe eingehen darf.
Die Befreiung wird dann erteilt, wenn die ausländischen Voraussetzungen für die Begründung der Ehe bei dem Antragsteller erfüllt sind und auch nach deutschem Recht keine Hinderungsgründe bestehen. Die erteilte Befreiung gilt nach §1309 Abs. 2 S. 4 für die Dauer von sechs Monaten.

2.3 Verfahren zur Eheschließung

Die Ehe wird gem. §1310 dadurch geschlossen, dass die Verlobten vor dem Standesbeamten erklären, die Ehe miteinander eingehen zu wollen. Nach §1311 muss diese Erklärung persönlich und bei gleichzeitiger Anwesenheit vor dem Standesbeamten abgegeben werden. Die Erklärung darf weder unter einer Bedingung noch unter einer Zeitbestimmung abgegeben werden (§1311 S. 2).
Der Standesbeamte hat gem. §1312 Abs. 1 S. 1 jeden Verlobten einzeln zu befragen, ob dieser die Ehe mit dem anderen Verlobten eingehen will und, nachdem die Verlobten erklärt

[309] Palandt/Thorn, Art. 13 EGBGB Rdnr. 5.
[310] Palandt/Brudermüller, §1309 Rdnr. 12.

haben, die Ehe miteinander eingehen zu wollen, auszusprechen, dass sie nunmehr kraft Gesetzes rechtmäßig verbundene Eheleute sind.
Ferner soll die Eheschließung gem. § 15 PStG in das Eheregister eingetragen werden.

2.4 Aufhebung der Ehe

Die Aufhebung der Ehe nach §§ 1313, 1314, die nicht verwechselt werden darf mit einem Ehescheidungsverfahren, geschieht auf Antrag eines der in § 1316 genannten Antragsberechtigten (Ehepartner, zuständige Verwaltungsbehörde, dritte Person i. S. d. § 1306 BGB) durch gerichtlichen Beschluss. Voraussetzung hierfür ist ein Aufhebungsgrund i. S. d. § 1314.
Hiernach kann eine Ehe aufgehoben werden, soweit sie unter Verstoß gegen die o. g. Eheverbote zustande gekommen ist.
Darüber hinaus werden in § 1314 Abs. 2 auch folgende weitere Aufhebungsgründe genannt:

- Ein Ehegatte befand sich bei der Eheschließung im Zustand der Bewusstlosigkeit oder vorübergehender Störung der Geistestätigkeit.
- Wenigstens einer der Ehegatten hat bei Eheschließung nicht gewusst, dass es sich um eine Eheschließung handelt. Ein Ehegatte ist zur Eingehung der Ehe durch arglistige Täuschung oder durch Drohung bestimmt worden.
- Scheinehe, d. h., beide Ehepartner sind sich bei der Eheschließung darüber einig, dass sie keine Verpflichtung zur ehelichen Lebensgemeinschaft i. S. d. § 1353 begründen wollen.

Der letztgenannte Eheaufhebungstatbestand ist insbesondere nach dem gesetzgeberischen Willen eingeführt worden, um »Scheinehen« mit ausländischen Partnern entgegentreten zu können.
Die Effizienz dieses Aufhebungsgrundes ist unter Berücksichtigung des Umstandes zu bejahen, dass gerade in den Fällen des § 1314 Abs. 2 Nr. 5 auch die zuständige Verwaltungsbehörde nach § 1316 neben den Ehegatten ein eigenes Antragsrecht besitzt.
Die Aufhebung der Ehe ist allerdings trotz Vorliegen eines Aufhebungsgrundes durch 1315 eingeschränkt. So ist die Aufhebung der Ehe insbesondere dann ausgeschlossen, wenn trotz Verstoß gegen § 1303 das Familiengericht die Eheschließung genehmigt, solange der Ehegatte noch nicht volljährig ist oder der Ehegatte, nachdem er selbst volljährig geworden ist, die Ehe fortsetzen will.
Wird eine Ehe durch Beschluss des Familiengerichts nach den vorgenannten Gründen aufgehoben, ergeben sich die Rechtsfolgen der Aufhebung aus § 1318 BGB. Die Vorschriften über die Scheidung finden hiernach in einem beschränkten Umfang Anwendung.
So wird eine nacheheliche Unterhaltspflicht in den Fällen des § 1318 Abs. 2 Nr. 1 und Nr. 2 begründet.
Die Vermögensauseinandersetzung erfolgt nach den Vorschriften über die Zugewinngemeinschaft und auch das Verfahren über den Versorgungsausgleich findet Anwendung, soweit dieses nicht unbillig wäre im Hinblick auf die Umstände bei der Eheschließung oder hinsichtlich der betroffenen dritten Person in den Fällen, in denen die Ehe unter Verstoß gegen § 1306 BGB begründet worden ist.

MERKE

Es gilt der Grundsatz der obligatorischen Zivilehe.
Eine Ehe soll nicht geschlossen werden, wenn ein Ehegatte die Ehefähigkeit nicht besitzt oder ein Eheverbot besteht. Wird eine Ehe unter Verstoß gegen die Ehefähigkeit oder gegen ein Eheverbot geschlossen oder liegt ein in § 1314 Abs. 2 genannter Grund vor, kann sie nach § 1314 durch Beschluss aufgehoben werden, soweit die Aufhebung selbst nicht nach § 1315 ausgeschlossen ist.

3 ALLGEMEINE WIRKUNGEN DER EHE

Die allgemeinen Wirkungen einer Ehe ergeben sich insbesondere aus den §§ 1353 bis 1362. Sie gelten unabhängig von der Wahl des Güterstandes und beinhalten grundsätzlich zwingendes Recht.[311]

3.1 Eheliche Lebensgemeinschaft

In § 1353 ist niedergelegt, dass die Ehe auf Lebenszeit geschlossen wird, die Ehegatten einander zur ehelichen Lebensgemeinschaft verpflichtet sind und füreinander Verantwortung tragen.
Der Begriff der ehelichen Lebensgemeinschaft wird im Gesetz nicht näher definiert. Der Gesetzgeber versteht die Ehe als eine Partnerschaft, in der beide Ehepartner die gleichen Rechte und Pflichten haben und die gekennzeichnet ist durch gegenseitige Rücksichtnahme.[312]
Hierzu gehören gegenseitige Achtung und Rücksichtnahme auf die Interessen des Ehepartners, Treue, Teilnahme an den Interessen des anderen Ehepartners, häusliche Gemeinschaft und Sorge für die gemeinschaftlichen Kinder.
Aus dem Verständnis der ehelichen Lebensgemeinschaft heraus wird man hierzu insbesondere folgende Wesenselemente rechnen können.

3.1.1 Häusliche Gemeinschaft

Die häusliche Gemeinschaft wird charakterisiert durch einen gemeinsamen Wohnsitz, den die Eheleute einvernehmlich zu bestimmen haben.
Bei der Festlegung des Wohnsitzes werden zwar freundschaftliche und familiäre Verhältnisse eine Rolle spielen, aber auch Umstände, die sich aus der Erwerbstätigkeit eines der Ehepartner ergibt.

Philipp und Sabine leben seit der Heirat in München. Sie haben die Absprache getroffen, dass Sabine den Haushalt führt und sich insbesondere um das gemeinsame Kind Nicole kümmert. Philipp ist beruflich tätig als Techniker. Nach zehn Jahren wird Philipp innerhalb

[311] Palandt/Brudermüller, Einführung vor § 1353, Rdnr. 8.
[312] Palandt/Brudermüller, § 1353 Rdnr. 5.

des Konzerns, bei dem er angestellt ist, in Hamburg eine hochdotierte Stellung angeboten. Sabine weigert sich von München nach Hamburg umzuziehen. Hier wird man einen Anspruch auf Herstellung der ehelichen Gemeinschaft zugunsten von Philipp begründen können, da die beruflichen Interessen wohl überwiegen. Philipp wird allerdings diesen grundsätzlichen Anspruch, dass Sabine einen Umzug nach Hamburg begleitet, nicht zwangsweise durchsetzen können. Allerdings kann die unberechtigte Weigerung eines Ehegatten zur Herstellung der ehelichen Lebensgemeinschaft zu einem Ausschluss des nachehelichen Unterhaltsanspruchs nach § 1579 Nr. 8 führen.

Das Zusammenleben in häuslicher Gemeinschaft bedeutet auch, dass die Ehepartner sich die Wohnung und auch den Hausrat gegenseitig zum Gebrauch zu überlassen haben.
Dieser Anspruch auf Begründung der häuslichen Lebensgemeinschaft wird auch Dritten gegenüber z. B. dadurch gewährleistet, dass ein Ehegatte, der bereits bei Eingehung der Ehe alleine eine Wohnung besitzt, nun auch gegenüber seinem Vermieter beanspruchen kann, dass sein Ehepartner in die Wohnung aufgenommen wird.[313]

3.1.2 Geschlechtsgemeinschaft

Nach dem traditionellen Verständnis der Ehe wird diese auch als Geschlechtsgemeinschaft definiert. Dies bedeutet grundsätzlich eine Verpflichtung der Ehepartner zur Geschlechtsgemeinschaft, aber auch zur ehelichen Treue.[314]
Aus dem Verständnis der Ehe als Partnerschaft haben die Ehegatten sich auch über die Familienplanung zu verständigen. Hierzu gehört auch die Abstimmung über den Gebrauch empfängnisverhütender Mittel und der Sterilisation.[315]
Allerdings haben Abreden über die Familienplanung keine Bindungswirkung, da diese Absprachen nach der Rechtsprechung des Bundesgerichtshofes zum nichtjustiziablen persönlichen Intimbereich der Ehegatten gehören.[316]

3.1.3 Wechselseitige Beistands- und Hilfspflicht

Ein weiterer Grundgedanke der ehelichen Lebensgemeinschaft ist die wechselseitige Beistands- und Hilfspflicht zwischen den Ehepartnern.
Diese Verpflichtung betrifft sowohl den persönlichen Bereich, aber auch die wirtschaftlichen Grundlagen der Ehe.
So sind die Ehepartner wechselseitig verpflichtet im Falle der Krankheit zu helfen, insbesondere auch Hilfe zu gewähren bei Auftreten von Suchterkrankungen.[317] Ferner sollen die Eheleute gemeinsam an der Erziehung der Kinder mitwirken.
Die Ehe ist eine Partnerschaft, die von jedem Ehepartner auch Rücksicht hinsichtlich des anderen Ehepartners abverlangt. Dies bedeutet insbesondere auch das Unterlassen von häuslicher Gewalt und die Verpflichtung, die eigene Persönlichkeit unter Beachtung der

[313] BGH NJW 2001,1789.
[314] Palandt/Brudermüller, § 1353 Rdnr. 7.
[315] FA-Kommentar-FamR/Weinreich, § 1353 Rdnr. 12.
[316] BGH NJW 2001, 1789.
[317] Palandt/Brudermüller, § 1353 Rdnr. 9.

Familieninteressen zu entwickeln. Hierzu gehört z. B. die Wiederherstellung der eigenen Gesundheit, aber auch die Einstellung von Alkohol- und Medikamentenmissbrauch.[318]
Neben dem persönlichen Bereich besteht die Hilfspflicht auch im wirtschaftlichen Bereich. Ehepartner haben sich auch über finanzielle Investitionen abzusprechen.
Eigenmächtige Verfügungen über Gemeinschaftskonten in größerem Rahmen sollen grundsätzlich nur in Absprache zwischen den Ehepartnern getätigt werden, anderenfalls zugunsten des anderen Ehepartners ein Erstattungsanspruch begründet werden kann.[319]

3.1.4 Persönlicher Bereich

Ungeachtet der vorbeschriebenen umfangreichen Verpflichtungen, die sich aus der ehelichen Lebensgemeinschaft ergeben, ist eine eigene Privatsphäre des Ehegatten als Teil der ehelichen Lebensgemeinschaft zu respektieren. Dieser Bereich betrifft insbesondere Fragen nach politischer und religiöser Anschauung, aber auch private Hobbys.[320]
Entscheidungen in diesem Bereich trifft grundsätzlich jeder Ehegatte alleine.

MERKE

Die eheliche Lebensgemeinschaft ist eine Partnerschaft, in der beide Ehepartner die gleichen Rechte und Pflichten haben und die gekennzeichnet ist durch gegenseitige Rücksichtnahme. Zu den Bestandteilen der ehelichen Lebensgemeinschaft gehören die häusliche Gemeinschaft, die Geschlechtsgemeinschaft und die wechselseitige Beistands- und Hilfspflicht. Jedem Ehegatten ist trotz der Verpflichtungen, die sich aus der ehelichen Lebensgemeinschaft ergeben, ein persönlicher Bereich zuzubilligen, in dem der Ehepartner seine Entscheidungen alleine trifft und den der andere Ehepartner zu respektieren hat.

3.2 Geschäfte zur angemessenen Deckung des Lebensbedarfs

Gem. § 1357 Abs. 1 ist jeder Ehegatte berechtigt, Geschäfte zur angemessenen Deckung des Lebensbedarfs der Familienmitglieder auch für den anderen Ehegatten zu besorgen, sodass beide Ehepartner als Gesamtschuldner i. S. d. § 421 anzusehen sind.
Weiter besteht zugunsten der Ehegatten eine Mitgläubigerschaft i. S. d. § 432.[321]
Diese Vorschrift begründet für jeden Ehepartner somit einen Fall der gesetzlichen Vertretungsmacht. Im Unterschied zum allgemeinen Stellvertretungsrecht i. S. d. § 164 werden durch diese Art von Rechtsgeschäften aber beide Ehegatten berechtigt und verpflichtet, nicht nur der Vertretene, wie dies bei § 164 der Fall ist.
Die Rechtswirkungen des § 1357 treten allerdings nicht ein, wenn die Ehegatten dauernd getrennt leben i. S. d. § 1567. Ferner kann nach § 1357 Abs. 2 jeder Ehegatte die vorgenannte Berechtigung des anderen Ehegatten beschränken oder ausschließen, wobei allerdings

---

318 BGHZ 43, 331.
319 Fuge, in: Rotax, FamPrax, Teil 2, Rdnr. 86.
320 Fuge, in: Rotax, FamPrax, Teil 2, Rdnr. 88.
321 Palandt/Brudermüller, § 1357 Rdnr. 5.

Dritten gegenüber die Beschränkung oder Ausschließung nur dann Rechtswirkung erzeugt, wenn die Ausschließung oder Beschränkung im Güterrechtsregister eingetragen ist oder dem Dritten diese Beschränkung bekannt ist.
Das Familiengericht hat auf Antrag des anderen Ehegatten diese Beschränkung oder Ausschließung auf Antrag des anderen Ehepartners aufzuheben, sofern hierfür kein ausreichender Grund bestanden hat. Ein derartiger Grund für den Ausschluss oder die Beschränkung liegt vor, wenn der andere Ehegatte erheblich gegen seine Verpflichtungen aus §§ 1353, 1356 verstößt.[322]

3.2.1 Voraussetzungen eines Geschäftes zur angemessenen Deckung des Lebensbedarfes

Der Anwendungsbereich des § 1357 kann definiert werden durch drei Voraussetzungen, die erfüllt sein müssen:
Das Rechtsgeschäft muss seiner Art nach zum Lebensbedarf einer Familie gehören.[323]
Hierzu gehören Anschaffungen und Ausgaben zur unmittelbaren Bedarfsdeckung wie Lebensmittel, Kleidungsstücke für die Familie, Heizmaterial, Beleuchtung, Kauf von Haushaltsgeräten, der Abschluss von Strom- und Gaslieferungsverträgen oder z. B. der Erwerb einzelner Einrichtungsgegenstände.[324]
Nicht zu den Rechtsgeschäften, die unter § 1357 subsumiert werden können, gehören alle Rechtsgeschäfte, die ausschließlich der beruflichen Sphäre eines der Ehepartner zuzuordnen sind.[325]
Weiterhin muss das Rechtsgeschäft dem Lebensbedarf der konkreten Familie entsprechen.[326]
Die Einkommens- und Vermögensverhältnisse in der Familie werden aber den Vertragspartnern in den meisten Fällen verborgen bleiben. Es kommt deshalb bei der Anwendung des § 1357 entscheidend auf den Lebenszuschnitt der Familie an, wie er nach außen in Erscheinung tritt.[327]
Darüber hinaus muss der Abschluss des Rechtsgeschäftes als angemessen angesehen werden können.
Dieses wird dann zu bejahen sein, wenn es sich um Rechtsgeschäfte handelt, über deren Abschluss vor der Eingehung eine Verständigung zwischen den Eheleuten gewöhnlich als nicht notwendig angesehen wird und über die in der Regel auch keine vorherige Abstimmung stattfindet.[328]

Philipp und Sandra Müller sind miteinander verheiratet. Am 01.03. kauft Sandra in dem Haushaltswarengeschäft Weber eine neue Mikrowelle und bittet um Übersendung einer Rechnung. Durch diesen Kaufvertrag ist auch Philipp Müller mitverpflichtet worden, da der Kauf einer Mikrowelle zum Lebensbedarf einer Familie gehört und – hiervon wird ausge-

---

322 Fuge, in: Rotax, FamPrax, Teil 2 , Rdnr. 156.
323 Palandt/Brudermüller, § 1357 Rdnr. 11.
324 Schwab Rdnr. 157.
325 Schwab Rdnr. 158.
326 Palandt/Brudermüller, § 1357 Rdnr. 12.
327 BGH FamRZ 85, 576.
328 Palandt/Brudermüller, § 1357 Rdnr. 12.

gangen – auch zum Lebensbedarf von Philipp und Sandra Müller, wie es sich nach außen, d. h. für einen objektiven Beobachter, darstellt. Das Rechtsgeschäft ist abschließend auch angemessen, da im Normalfall eine Abstimmung zwischen den Eheleuten über den Kauf einer Mikrowelle wohl eher nicht stattfindet.

3.2.2 Eigentumserwerb bei Geschäften zur angemessenen Deckung des Lebensbedarfs

Gem. § 1357 Abs. 1 S. 2 werden bei Rechtsgeschäften, die unter die Vorschrift des § 1357 Abs. 1 S. 1 fallen, beide Ehegatten berechtigt und verpflichtet, es sei denn, dass sich aus den Umständen etwas anderes ergibt.
Hier stellt sich die Frage, ob die Vorschrift des § 1357 über den schuldrechtlichen Bereich hinausgehend auch eine dingliche Wirkung entfaltet.

In dem vorherigen Beispiel hat Sandra Müller eine Mikrowelle in dem Haushaltswarengeschäft Weber gekauft und das Eigentum übertragen bekommen. Hierbei stellt sich die Frage, ob der Ehemann Philipp, der hinsichtlich des schuldrechtlichen Kaufvertrags mitberechtigt und mitverpflichtet worden ist, auch durch eine Anwendung des § 1357 Miteigentümer der Mikrowelle geworden ist.

Nach vom BGH vertretener Auffassung begründet die Vorschrift des § 1357 keine dingliche Wirkung, sondern die Ehepartner werden durch Rechtsgeschäfte, die unter § 1357 fallen, lediglich mitverpflichtet und auch mitberechtigt. Es entsteht aber kein Miteigentum i. S. d. § 1008 kraft Gesetzes.[329]
Nach anderer Auffassung hat § 1357 Abs. 1 S. 2 nicht nur eine schuldrechtliche, sondern auch eine dingliche Wirkung.[330] Mit der Übereignung der Sache an einen Ehegatten wird auch der andere Ehegatte Miteigentümer zu gleichen Teilen.
Der Ansicht des Bundesgerichtshofes ist m. E. der Vorzug zu geben. Eine dingliche Wirkung sollte § 1357 Abs. 1 S. 2 nicht zugesprochen werden, da dieses zu einer Durchbrechung des Abstraktionsprinzips führen würde. Der Eigentumserwerb an beweglichen Sachen richtet sich ausschließlich nach §§ 929 ff.. Bei Haushaltsgegenständen finden nach Auffassung des BGH die Regeln für den Erwerb »für den, den es angeht« Anwendung, sodass die Erklärung des handelnden Ehepartners im Rahmen des § 929 Abs. 1 durch Auslegung so verstanden werden kann, dass beide Ehepartner das Eigentum nach sachenrechtlichen Grundsätzen erwerben sollen.

3.2.3 Ausnahmen von den Rechtsfolgen des § 1357

Gem. § 1357 Abs. 1 S. 2 werden beide Ehegatten grundsätzlich durch Rechtsgeschäfte, die unter diese Vorschrift fallen, berechtigt und verpflichtet. Diese Rechtswirkung tritt aber nicht ein, wenn sich aus den Umständen etwas anderes ergibt.

---

[329] BGH NJW 1991, 2283.
[330] Schwab Rdnr. 176.

Diese Ausnahme von der Rechtsfolge des § 1357 Abs. 1 S. 2 tritt dann ein, wenn der handelnde Ehegatte gegenüber dem Vertragspartner deutlich zum Ausdruck bringt, dass er das Rechtsgeschäft nur und ausschließlich für sich selbst tätigen will.
Darüber hinaus ist in der Rechtsprechung teilweise eine Mitverpflichtung des anderen Ehegatten bei Verträgen über medizinische Behandlungen dann abgelehnt worden, wenn die Kosten der ärztlichen Behandlung die wirtschaftliche Leistungsfähigkeit der Ehegatten übersteigt.[331]

MERKE

§ 1357 erlaubt jedem Ehegatten, bei Geschäften zur angemessenen Deckung des Lebensbedarfs auch den anderen Ehegatten mitzuverpflichten, es sei denn ein Ehepartner hat diese Berechtigung des anderen Ehepartners wirksam ausgeschlossen oder beschränkt. Dritten gegenüber ist dieser Ausschluss oder die Beschränkung nur wirksam, wenn sie in das Güterrechtsregister eingetragen oder dem Dritten bekannt ist. Beide Ehegatten werden bei diesen Geschäften mitverpflichtet und mitberechtigt, soweit sich aus den Umständen nichts anderes ergibt. Eine dingliche Rechtswirkung wird bei diesen Geschäften jedenfalls durch § 1357 nicht begründet. Ein Rechtsgeschäft i. S. d. § 1357 liegt vor, wenn das Geschäft seiner Art nach zum Lebensbedarf einer Familie gehört, dem Lebensbedarf der konkreten Familie entspricht und angemessen ist. Die Vorschrift des § 1357 findet keine Anwendung, wenn die Ehepartner dauernd getrennt leben.

3.3 Familienname

Gem. § 1355 Abs. 1 S. 1 sollen die Ehegatten einen gemeinsamen Familiennamen bestimmen. Bestimmen die Ehegatten keinen gemeinsamen Familiennamen, behält jeder Ehegatte nach § 1355 Abs. 1 auch nach der Eheschließung seinen zum Zeitpunkt der Eheschließung geführten Namen.

Sabine Heinze und Otto Müller wollen heiraten. Es besteht nun die Möglichkeit, den Namen Heinze oder Müller zum Familiennamen zu bestimmen. Erfolgt eine Bestimmung nicht, behält Sabine den Namen Heinze und Otto den Namen Müller. Bei der Bestimmung des gemeinsamen Familiennamens kann sowohl der Geburtsname als auch der durch eine frühere Ehe bestimmte Familienname gewählt werden. Ist Sabine Heinze geschieden und besitzt den Geburtsnamen Becker, so kann von Sabine sowohl der Name Heinze als auch der Geburtsname Becker zum Familiennamen gewählt werden. Gleiches würde natürlich auch für Otto Müller gelten.

Die Erklärung über den Familiennamen soll bei Eheschließung erfolgen, kann aber auch noch zu einem späteren Zeitpunkt erfolgen, wobei in letzterem Fall eine öffentliche Beglaubigung der Erklärung notwendig ist (§ 1355 Abs. 3 S. 2).

[331] OLG Köln FamRZ 1999, 1662; OLG Saarbrücken NJW 2001, 1798.

Der Ehegatte, dessen Name nicht zum Familiennamen bestimmt worden ist, hat gem. §1355 Abs. 4 die Möglichkeit, seinen Geburtsnamen oder den Namen, den er zur Zeit der Eheschließung getragen hat, dem Familiennamen voranzustellen oder hinten anzufügen. Dieses Recht besteht allerdings nicht in dem Fall, bei dem der Familienname bereits aus mehreren Namen besteht. Eine weitere Einschränkung besteht gem. §1355 Abs. 4 S. 3 in den Fällen, in denen der Name eines Ehegatten bereits aus mehreren Namen besteht. In diesem Fall kann nur einer der bestehenden Namen in der vorbeschriebenen Weise als Begleitname hinzugefügt werden.

Die Erklärung erfolgt gegenüber dem Standesbeamten und muss öffentlich beglaubigt werden (§1355 Abs. 4 S. 5).

Sabine Heinze und Otto Müller bestimmen den Namen Müller zum Familiennamen. Sabine könnte nur den Namen Heinze dem Familiennamen voranstellen oder hinten anfügen (Heinze-Müller bzw. Müller-Heinze). Sie könnte aber auch ihren Geburtsnamen Becker dem Familiennamen voranstellen oder hinten anfügen (Becker-Müller bzw. Müller-Becker). Würde allerdings Otto den Namen Müller-Seemann tragen und würden die Eheleute diesen Namen zum Familiennamen bestimmen, so wäre eine weitere Hinzufügung eines Namens für Sabine nicht möglich. Trägt Sabine den Namen Heinze-Lieblich und wird der Name Müller von den Ehepartnern zum Familiennamen bestimmt, so könnte Sabine nur den Namen Heinze oder den Namen Lieblich voranstellen oder hinten anfügen (Müller-Heinze oder Heinze-Müller bzw. Müller-Lieblich oder Lieblich-Müller).

Hat der Ehegatte, dessen Namen nicht zum Familiennamen bestimmt worden ist, eine Entscheidung über die Erweiterung seines Namens in der vorbeschriebenen Weise getroffen, kann er diese Erklärung gegenüber dem Standesbeamten widerrufen (§1355 Abs. 4 S. 4). Auch der Widerruf bedarf der öffentlichen Beglaubigung.

Eine erneute Erweiterung des Namens i. S. d. §1355 Abs. 4 S. 1 ist allerdings dann nicht mehr möglich (§1355 Abs. 4 S. 4, Hs. 2.).

Sabine hat bei Eheschließung ihren Geburtsnamen Becker dem Familiennamen Müller hinten angefügt und trägt seit der Eheschließung mit Otto den Namen Müller-Becker. Kurze Zeit später widerruft sie ihre Erklärung formwirksam gegenüber dem Standesbeamten. Ab diesem Zeitpunkt trägt Sabine den Namen Müller, könnte aber nicht mehr gegenüber dem Standesbeamten erklären, dass sie nun den bei Eheschließung getragenen Namen Heinze dem Familiennamen Müller voranstellen oder hinten anfügen möchte.

Stirbt ein Ehepartner, so behält der andere Ehepartner gem. §1355 Abs. 5 den Familiennamen. Auch im Falle der Ehescheidung behält grundsätzlich jeder Ehegatte den Familiennamen.

Der überlebende oder geschiedene Ehegatte kann aber gem. §1355 Abs. 5 S. 2 durch öffentlich beglaubigte Erklärung gegenüber dem Standesbeamten entweder seinen Geburtsnamen wieder annehmen oder den Namen, den er bis zur Bestimmung des Ehenamens geführt hat. Auch besteht in diesen Fällen gem. §1355 Abs. 5 S. 2 die Möglichkeit, in den Grenzen des §1355 Abs. 4 seinen Geburtsnamen dem Familiennamen voranzustellen oder hinten anzufügen.

Sabine und Otto Müller haben sich scheiden lassen. Sabine könnte nun ihren Geburtsnamen Becker oder den Namen Heinze, den sie vor Bestimmung des Familiennamens Müller getragen hat, wieder annehmen. Auch könnte Sabine den Namen Becker dem Familiennamen Müller voranstellen oder hinten anfügen (Becker-Müller bzw. Müller-Becker). Eine Erweiterung des Familiennamens Müller um den Namen Heinze wäre allerdings nicht möglich, da Heinze nicht der Geburtsname von Sabine gewesen ist.

MERKE

Die Ehegatten sollen einen gemeinsamen Familiennamen bestimmen, müssen dies aber nicht. Familienname kann der Geburtsname jedes Ehepartners werden.
Jeder Ehegatte behält seinen zur Zeit der Eheschließung geführten Namen, wenn die Ehepartner keinen gemeinsamen Familiennamen gewählt haben. Der Ehepartner, dessen Name nicht zum Familiennamen gewählt worden ist, kann seinen Geburtsnamen oder den Namen, den er zur Zeit der Eheschließung getragen hat, dem Familiennamen voranstellen oder hinten anfügen. Besteht aber der Name dieses Ehegatten aus mehreren Namen, kann nur einer dieser Namen beigefügt werden. Die Entscheidung über den getroffenen Beinamen kann widerrufen werden. Der Ehepartner hat im Falle des Widerrufs aber nicht noch einmal die Möglichkeit, einen neuen Beinamen zu wählen. Stirbt ein Ehepartner, behält der andere Ehepartner den Familiennamen, kann aber auch den Geburtsnamen wieder annehmen oder den Namen, den er bis zur Eheschließung geführt hat. Auch besteht die Möglichkeit, den Geburtsnamen als Beinamen anzufügen. Gleiches gilt im Falle einer Scheidung.

3.4 Pflichtenverteilung unter den Ehegatten

Der Gesetzgeber hat die Vorschrift des § 1356 bereits mit Wirkung zum 01.01.1977 reformiert. Während vor dieser Zeit das sog. Prinzip der »Hausfrauenehe« bestand, wonach die Ehefrau den Haushalt in eigener Verantwortung führte und leitete, hat der Gesetzgeber mit der Reform auf ein bestimmtes Leitbild verzichtet und nach dem Grundsatz der freistehenden Rollenverteilung sowohl die Haushaltsführung als auch die Erwerbstätigkeit der Privatautonomie der Ehepartner unterstellt.[332]

3.4.1 Haushaltsführung

Die Ehepartner regeln die Haushaltsführung nach § 1356 in gegenseitigem Einvernehmen. Es sind hierbei mehrere Alternativen möglich:
Die Ehepartner vereinbaren eine sog. Haushaltsführungsehe. Dieses bedeutet, dass ein Ehepartner den Haushalt alleine führt und der andere Ehepartner einer Erwerbstätigkeit nachgeht.
Der haushaltsführende Ehegatte leitet in diesem Falle den Haushalt gem. § 1356 Abs. 1 S. 2 in alleiniger Verantwortung. Zu dem Aufgabenbereich gehören alle Tätigkeiten, die in einem

[332] Palandt/Brudermüller, § 1356 Rdnr. 1.

Haushalt anfallen, wie z. B. das Zubereiten der Mahlzeiten, die Reinigung des Hauses bzw. der Wohnung und der Kleidung sowie der Einkauf.[333]
Die Ehepartner können sich aber auch für eine sog. Doppelverdienerehe entscheiden. Dieses bedeutet, dass beide Ehepartner einer beruflichen Tätigkeit nachgehen und natürlich auch beide zusammen in Absprache den Haushalt führen und für die Pflege und Erziehung der gemeinsamen Kinder verantwortlich sind.
Die jeweilige berufliche Belastung eines Ehepartners ist natürlich bei dem Umfang der Haushaltstätigkeit mit zu berücksichtigen.[334]
Das Prinzip der Doppelverdienerehe kann auf einer Vereinbarung der Ehepartner beruhen, wird aber ansonsten notwendig sein, wenn das Einkommen eines der Ehepartner nicht ausreicht, um den Lebensbedarf der Familie zu decken.
Letztendlich können die Ehepartner sich für eine sog. Zuverdienerehe entschließen. Hierbei führt ein Ehegatte den Haushalt und übt daneben eine Teilzeitbeschäftigung aus. Der andere Ehepartner geht einer vollzeitlichen Erwerbstätigkeit nach.
Im Gegensatz zur reinen Haushaltsführungsehe ist auch der erwerbstätige Ehegatte in diesem Fall verpflichtet, sich an der Haushaltstätigkeit in angemessenem Umfang zu beteiligen, es sei denn der hinzuverdienende Ehegatte übt die Nebentätigkeit ausschließlich aus, um sich ein Taschengeld hinzuzuverdienen.[335]
Die Ausgestaltung der Haushaltsführung in der vorbeschriebenen Weise scheint zwar auf den ersten Blick eine rein juristische Definition zu sein. Dieses ist insoweit richtig, als dass die Ehe eine Partnerschaft ist, die in diesem Bereich nur funktionieren kann, wenn die Ehepartner das Gebot der gegenseitigen Rücksichtnahme beachten und entsprechende einvernehmliche Absprachen treffen. Auf der anderen Seite hat die getroffene Vereinbarung aber auch eine unmittelbare Außenwirkung mit möglichen rechtlichen Konsequenzen.
Wird der den Haushalt führende Ehegatte z. B. bei einem Verkehrsunfall, den der Schädiger verschuldet, getötet, so hat der andere Ehegatte gegen den Schädiger einen Schadensersatzanspruch aus § 844 Abs. 2. Aber auch der haushaltsführende Ehegatte selbst besitzt bei eigener Verletzung gegen den Schädiger den vorgenannten Schadensersatzanspruch. Der haushaltsführende Ehegatte schuldet dem Ehepartner gegenüber die Haushaltsführung als Teil seiner Unterhaltspflicht aus § 1360. Kann er aufgrund der unfallbedingten Verletzung diese Verpflichtung nicht erfüllen, besitzt er einen Anspruch auf Schadensersatz gegen den Schädiger. Die Höhe des Schadensersatzanspruchs hängt ab von dem zu leistenden Haushaltsbeitrag.[336]
Darüber hinaus erzeugt die Vereinbarung der Partner über die Ausgestaltung der Haushaltsführung eine Bindungswirkung zwischen den Ehepartnern. Die einseitige Abänderung der getroffenen Vereinbarung durch einen Ehegatten ist nicht möglich, sondern erfordert wiederum das gegenseitige Einvernehmen der Ehepartner.[337]
Kommt es zwischen den Ehegatten zu keiner Vereinbarung über die Rollenverteilung, so sind – dieses kann aus § 1353 abgeleitet werden – beide Ehepartner verpflichtet, den Haushalt gemeinsam zu führen.[338]

333 Fuge, in: Rotax, FamPrax, Teil 2, Rdnr. 106.
334 Fuge, in: Rotax, FamPrax, Teil 2, Rdnr. 131.
335 Palandt/Brudermüller, § 1360 Rdnr. 11.
336 Fuge, in: Rotax, FamPrax, Teil 2, Rdnr. 107.
337 Fuge, in: Rotax, FamPrax, Teil 2, Rdnr. 105.
338 Palandt/Brudermüller, § 1356 Rdnr. 2.

3.4.2 Erwerbstätigkeit

Gem. § 1356 Abs. 2 sind beide Ehepartner berechtigt, erwerbstätig zu sein.
Dieses Recht der Ehepartner setzt allerdings gem. § 1356 Abs. 2 S. 2 voraus, dass die Aufnahme einer Erwerbstätigkeit familienverträglich ist. Haben die Ehepartner eine Haushaltsführungsehe vereinbart, so setzt die Familienverträglichkeit beispielsweise voraus, dass der Ehepartner, der den Haushalt führt, seine Erwerbstätigkeit so ausgestaltet, dass die Verpflichtung zur Führung des Haushalts unter dieser Erwerbstätigkeit nicht leidet.
In den Fällen, in denen die Ehegatten das Prinzip einer Doppelverdienerehe vereinbart haben, können beide Ehepartner erwerbstätig sein und ihren Beruf ausüben.
In Zusammenhang mit dem Recht zur Erwerbstätigkeit stellt sich auch die Frage, ob ein Ehepartner verpflichtet ist, in einem bestehenden Geschäft des anderen Ehepartners mitzuarbeiten.
Während diese Verpflichtung früher in § 1356 Abs. 2 (a. F.) gesetzlich normiert gewesen ist, findet sich heute eine entsprechende Regelung nicht mehr. Allerdings kann sich eine derartige Verpflichtung aus der aus § 1353 abzuleitenden Beistandspflicht ergeben sowie unter unterhaltsrechtlichen Gesichtspunkten.[339]
Ein Anspruch auf Entgelt für die Mitarbeit in dem Erwerbsgeschäft des anderen Ehepartners wird zumindest dann zu bejahen sein, wenn die Mitarbeit das übliche Maß überschreitet.[340]
Selbstverständlich können die Ehepartner darüber hinaus einen arbeitsrechtlichen Vertrag schließen, aus dem sich ein Anspruch auf Arbeitsentgelt ergibt.

MERKE

Die Ehepartner regeln die Haushaltführung in gegenseitigem Einvernehmen und können wählen zwischen den Ehetypen »Haushaltsführungsehe, Doppelverdienerehe oder Zuverdienerehe«. Bei der Haushaltsführungsehe führt ein Ehepartner den Haushalt in alleiniger Verantwortung, der andere Ehepartner geht einer Erwerbstätigkeit nach. Die Doppelverdienerehe liegt vor, wenn beide Ehepartner einer Erwerbstätigkeit nachgehen und gemeinsam den Haushalt führen. Führt ein Ehegatte den Haushalt und übt daneben eine Teilzeitbeschäftigung aus, spricht man von einer Zuverdienerehe, wenn der andere Ehegatte einer vollzeitlichen Erwerbstätigkeit nachgeht. Beide Ehegatten sind grundsätzlich unter Beachtung der Familienverträglichkeit berechtigt, einer Erwerbstätigkeit nachzugehen.

3.5 Familienunterhalt

Die Ehepartner sind gem. § 1360 S. 1 verpflichtet, den angemessenen Familienunterhalt durch Arbeit oder Vermögen sicherzustellen.
Die Haushaltsführung eines Ehepartners ist gem. § 1360 S. 2 gleichwertig mit der Erwerbstätigkeit des anderen Ehepartners.

---

339 Palandt/Brudermüller, § 1356 Rdnr. 6.

340 FA-Kommentar-FamR/Weinrich, § 1356 Rdnr. 9.

Allerdings ist der haushaltsführende Ehegatte auch noch zu einer Erwerbstätigkeit verpflichtet, soweit das Einkommen eines der Ehepartner nicht ausreichen würde, um den angemessenen Familienunterhalt sicherzustellen.[341]
Die Art, den Familienunterhalt zu leisten, hängt von dem Ehetyp (Haushaltsführungsehe, Doppelverdiener- bzw. Zuverdienerehe) ab, den die Ehepartner vereinbart haben.
Bei der Haushaltsführungsehe muss der verdienende Ehegatte die Geldmittel zur Verfügung stellen, die notwendig sind, um den Bedarf des Ehepartners und der gemeinsamen Kinder zu decken.
Zu diesem Familienbedarf zählen finanzielle Aufwendungen für Miete und Mietnebenkosten bzw. für die Bedienung der Darlehen bei Finanzierung eines Eigenheimes, verbrauchsabhängige und verbrauchsunabhängige Hauslasten.[342]
Weiterhin gehören zu diesem Lebensbedarf die finanziellen Mittel, die notwendig sind zur Verpflegung, Kleidung, Reinigung, Körper- und Gesundheitspflege, aber auch Ausgaben für Erholung und Fortbildung, soweit diese Ausgaben nicht aus dem Taschengeld des Ehepartners selbst finanziert werden müssen.[343]
Der Ehepartner, der den Haushalt alleinverantwortlich führt, hat gem. § 1360a Abs. 2 einen Anspruch darauf, dass ihm das Haushaltsgeld, das er benötigt, um die Haushaltsführung sicherstellen zu können, für einen angemessenen Zeitraum im Voraus überlassen wird.
Die Höhe des Haushaltsgeldes ist abhängig von Geldmitteln, die notwendig sind, um den vorbeschriebenen Lebensbedarf der Familie zu decken und von der Höhe des Familieneinkommens.
Im Übrigen gibt es keine festen Richtsätze oder Tabellen, in denen die Höhe des Haushaltsgeldes festgelegt ist. Entscheidend sind in erster Linie Erfahrungswerte.
Die Leitlinien der Oberlandesgerichte zum Unterhaltsrecht finden auf die Bemessung des Haushaltsgeldes keine Anwendung.[344]
Der haushaltsführende Ehegatte hat auch einen Anspruch auf angemessenes Taschengeld. Dieses Taschengeld steht zur freien Verfügung, um persönliche Bedürfnisse erfüllen zu können. Die Höhe richtet sich nach den Einkommens- und Vermögensverhältnissen der Ehepartner, wobei in der Rechtsprechung in der Regel 5 % des bereinigten Nettoeinkommens der Familie als angemessen angesehen werden.[345]
Sind die Ehepartner beide in vollem Umfang erwerbstätig (Doppelverdienerehe), hat jeder im Verhältnis seiner Einkünfte finanziell zum Lebensunterhalt beizutragen.[346]

MERKE

Beide Ehepartner sind verpflichtet, den angemessenen Familienunterhalt durch Arbeit oder durch Vermögen sicherzustellen. Haushaltsführung und Erwerbstätigkeit sind grundsätzlich gleichwertig. Die Art, den Familienunterhalt zu leisten, hängt ab von dem gewählten Ehetyp (Haushaltsführungsehe, Doppelverdienerehe oder Zuverdienerehe).

---

[341] Palandt/Brudermüller, § 1360 Rdnr. 13.
[342] Wendl/Scholz Unterhaltsrecht, § 3 Rdnr. 23.
[343] Wendl/Scholz Unterhaltsrecht, § 3 Rdnr. 23.
[344] Wendl/Scholz Unterhaltsrecht, § 3 Rdnr. 29.
[345] BGH FamRZ 1998, 609.
[346] Wendl/Scholz Unterhaltsrecht, § 3 Rdnr. 38.

Der Ehepartner, der den Haushalt alleine führt, hat einen Anspruch darauf, dass das Haushaltsgeld, das benötigt wird, um die Haushaltsführung gewährleisten zu können, für einen angemessenen Zeitraum im Voraus zur Verfügung gestellt wird. Die Höhe des Haushaltsgeldes ist abhängig von dem Einkommen des erwerbstätigen Ehepartners sowie von dem Lebensbedarf der Familie. Sind beide Ehepartner in vollem Umfang erwerbstätig, hat jeder im Verhältnis seiner Einkünfte finanziell zum Familienunterhalt beizutragen.

3.6 Eigentumsvermutung

§ 1362 ist eine Schutzvorschrift zugunsten der Gläubiger eines der Ehepartner. Um zu verhindern, dass durch ein Zusammenwirken beider Ehegatten die Eigentumslage an beweglichen Sachen verschleiert wird und damit die Zwangsvollstreckung des Gläubigers eines Ehepartners fruchtlos verlaufen würde, enthält § 1362 Abs. 1 S. 1 die gesetzliche Vermutung, dass die im Besitz eines Ehepartners oder beider Ehepartner befindlichen beweglichen Sachen dem Schuldner gehören.
Als rechtliche Konsequenz dieser Vermutung ergibt sich, dass Gläubiger eines Ehepartners in alle bewegliche Sachen hinein vollstrecken können, die sich im mittelbaren oder unmittelbaren Besitz eines oder beider Ehepartner befinden.

Enrica und Sven sind miteinander verheiratet. Zu ihrem gemeinsamen Vermögen gehört eine wertvolle Münzsammlung. Sven schuldet Fritz Sommer aus einem Darlehen die Rückzahlung von 5.000 €. Da Sven bei Fälligkeit nicht zahlt, verklagt Fritz Sommer ihn und erhält ein Urteil. Mit diesem Urteil betreibt Fritz Sommer die Zwangsvollstreckung. Als der Gerichtsvollzieher in der Wohnung von Enrica und Sven erscheint, pfändet er die Münzsammlung. In diesem Fall wird nach § 1362 Abs. 1 S. 1 zugunsten von Fritz Sommer vermutet, dass die Münzsammlung im Eigentum von Sven steht, sodass die Pfändung wirksam ist.

Allerdings ist die in § 1362 niedergelegte gesetzliche Vermutung widerlegbar, indem der Ehepartner, der nicht zugleich Schuldner ist, den Erwerb des Eigentums an der beweglichen Sache, in die der Gläubiger hinein vollstrecken will, nachweist.

In dem vorherigen Beispiel zeigt Enrica dem Gerichtsvollzieher eine Quittung über die Münzsammlung, die sie als alleinige Erwerberin der Münzsammlung ausweist. Durch diesen Nachweis widerlegt Enrica die gesetzliche Vermutung, dass die Münzsammlung im Eigentum von Sven steht.

Die gesetzliche Eigentumsvermutung des § 1362 findet ferner gem. § 1362 Abs. 1 S. 2 keine Anwendung, wenn die Ehegatten getrennt leben i. S. d. § 1567 und sich die Sachen im Besitz des Ehegatten befinden, der nicht Schuldner ist.
Eine erneute Einschränkung befindet sich in § 1362 Abs. 2. Hiernach wird vermutet, dass Sachen, die ausschließlich zum persönlichen Gebrauch eines Ehegatten bestimmt sind, auch dem Ehegatten gehören, für dessen Gebrauch sie bestimmt sind.

Diese Vermutung gilt sowohl im Verhältnis der Ehegatten zueinander als auch zu den Gläubigern eines Ehegatten.
Hierunter fallen insbesondere Kleider, Schmucksachen, aber auch Arbeitsgeräte.[347]
Die Eigentumsvermutung des § 1362 gilt grundsätzlich unter Ehegatten. Ob die Vorschrift darüber hinaus auch entsprechend auf nichteheliche Lebensgemeinschaften Anwendung finden kann, ist umstritten.[348]

MERKE

Zugunsten des Gläubigers eines der Ehepartner wird vermutet, dass die beweglichen Sachen, die sich im unmittelbaren oder mittelbaren Besitz der Ehepartner befinden, dem Schuldner gehören. Der Ehepartner, der nicht Schuldner ist, kann diese Vermutung widerlegen, wenn er den Erwerb der beweglichen Sache nachweisen kann. Die gesetzliche Eigentumsvermutung zugunsten des Gläubigers findet keine Anwendung, wenn die Ehepartner getrennt leben und sich die bewegliche Sache im Besitz des Ehepartners befindet, der nicht Schuldner ist.
Nicht unter die gesetzliche zugunsten des Gläubigers bestehende Eigentumsvermutung fallen Sachen, die ausschließlich zum persönlichen Gebrauch eines Ehegatten bestimmt sind. Hier gilt vielmehr die Vermutung, dass sie dem Ehegatten gehören, für dessen Gebrauch sie bestimmt sind.

3.7 Rechtsfolgen bei Verletzung der ehelichen Pflichten

Verletzt einer der Ehepartner die bestehenden ehelichen Pflichten, kann dies zu unterschiedlichen rechtlichen Konsequenzen führen. Es ist wie folgt zu differenzieren.

3.7.1 Eheliche Herstellungsklage

Erfüllt einer der Ehepartner die sich aus § 1353 Abs. 1 S. 2 ergebenden Verpflichtungen nicht, so kann der andere Ehepartner wegen dieser personenrechtlichen Ansprüche einen sog. positiven Herstellungsantrag stellen.

Philipp und Sabine leben seit der Heirat in München. Absprachegemäß führt Sabine den Haushalt, Philipp arbeitet als Techniker in einem größeren Konzern. Nach einigen Jahren wird Philipp eine hochdotierte Stellung in Hamburg angeboten. Sabine weigert sich, von München nach Hamburg umzuziehen. Wie unter Ziff. 3.1.1 (häusliche Gemeinschaft) bereits dargestellt, wird man den Anspruch von Philipp auf Herstellung der ehelichen Gemeinschaft und damit den gemeinsamen Umzug nach Hamburg begründen können, da die beruflichen Interessen wohl überwiegen. Philipp könnte nun diesen Anspruch mit der positiven Herstellungsklage beim sachlich zuständigen Familiengericht als sonstige Familiensache nach § 266 Abs. 1 Nr. 2 FamFG geltend machen.

[347] Palandt/Brudermüller, § 1362 Rdnr. 8.
[348] Palandt/Brudermüller, § 1362 Rdnr. 1; ablehnend: BGH, NJW 2007, S. 992.

Der positive Herstellungsantrag hat allerdings in der Praxis kaum noch Bedeutung. Dies folgt aus dem Umstand, dass der sich aus § 1353 Abs. 1 S. 2 ergebene Anspruch zwar einklagbar ist, aufgrund § 120 Abs. 3 FamFG aber im Wege der Zwangsvollstreckung nicht durchsetzbar wäre.

Der positive Herstellungsantrag findet aber ebenfalls seine Grenze in § 1353 Abs. 2. Er ist demnach unbegründet, wenn der andere Ehepartner zu Recht die Herstellung der ehelichen Lebensgemeinschaft verweigert. Dieses wäre dann der Fall, wenn das Herstellungsverlangen des anderen Ehepartners rechtsmissbräuchlich wäre oder die Ehe gescheitert ist.

Das Herstellungsverlangen ist in der Regel dann rechtsmissbräuchlich, wenn der andere Ehegatte wegen schwerer Verfehlungen ein Recht zum Getrenntleben besitzt.[349]

Mit dem sog. negativen Herstellungsantrag begehrt einer der Ehepartner die Feststellung, dass er gem. § 1353 Abs. 2 berechtigt ist, von dem anderen Ehepartner getrennt zu leben. Dieser Antrag setzt materiell-rechtlich voraus, dass die gerichtliche Feststellung für die Rechtstellung der antragstellenden Partei von Bedeutung ist.[350] Letzteres wäre z. B. dann erfüllt, wenn der andere Ehepartner das Recht zum Getrenntleben bestreitet.

Sowohl der positive als auch der negative Herstellungsantrag beziehen sich auf die aus § 1353 sich ergebenden personenrechtlichen Ansprüche.

Klagt dagegen ein Ehepartner auf Zahlung von Familienunterhalt i. S. d. §§ 1360, 1360a, so wäre ein obsiegender Beschluss natürlich auch im Wege der Zwangsvollstreckung durchsetzbar. § 120 Abs. 3 FamFG findet auf diese Ansprüche keine Anwendung.

3.7.2 Unterlassungsansprüche bei Ehestörungen

Begründet einer der Ehepartner ein außereheliches Verhältnis, so wird nach überwiegender Auffassung ein gerichtlich durchsetzbarer Anspruch auf Unterlassung des ehewidrigen Verhaltens verneint.[351] Selbst wenn man den Anspruch für gerichtlich einklagbar halten würde, müsste die zwangsweise Durchsetzbarkeit dieses Anspruchs an § 120 Abs. 3 FamFG scheitern.

Eine andere rechtliche Bewertung ist allerdings dann gerechtfertigt, wenn der räumlich-gegenständliche Bereich der Ehe betroffen ist.

> Philipp und Sabine Müller sind miteinander verheiratet. Philipp hat eine außereheliche Beziehung zu Veronika Schulze begründet und sodann den Entschluss gefasst, Veronika mit in das Familienheim aufzunehmen.

Wird bei einer Ehestörung der räumlich-gegenständliche Bereich der Ehe betroffen und damit das allgemeine Persönlichkeitsrecht des anderen Ehepartners verletzt, so kann dieser sowohl von dem Ehepartner als auch von dem Ehestörer Unterlassung verlangen, diesen Anspruch einklagen und im Wege der Zwangsvollstreckung durchsetzen.[352]

---

[349] Fuge, in; Rotax, FamPrax, Teil 2, Rdnr. 91.

[350] Palandt/Brudermüller, Einführung vor § 1353 Rdnr. 14.

[351] Fuge, in: Rotax, FamPrax, Teil 2, Rdnr. 94.

[352] BGHZ VI, 360; Schwab Rdnr. 133, PWW/Weinrich, § 1353 Rdnr. 25.

3.7.3 Schadensersatzansprüche

Schadensersatzansprüche wegen der Verletzung personenbezogener und sich aus § 1353 ergebender Verpflichtungen sind grundsätzlich zu verneinen.[353] Wird dagegen ein absolutes Recht des anderen Ehepartners i. S. d. § 823 verletzt, sind sowohl Schadensersatzansprüchen als auch Schmerzensgeldansprüche begründet und durchsetzbar.[354] Auch bei sog. rein »geschäftsmäßigen Handlungen« kommen Schadensersatzansprüche in Betracht. Verweigert ein Ehepartner z. B. zu Unrecht seine Zustimmung zur steuerlichen Zusammenveranlagung, so kann der andere Ehepartner von ihm hieraus entstehende steuerliche Nachteile als Schadensersatz beanspruchen.[355]

MERKE

Erfüllt ein Ehepartner seine Verpflichtungen aus § 1353 Abs. 1 S. 2 nicht, kann der andere Ehegatte seine Ansprüche mit der Herstellungsklage gerichtlich fordern. Eine Möglichkeit zur Zwangsvollstreckung besteht wegen § 120 Abs. 3 FamFG aber nicht. Unterlassungsansprüche bei Ehestörungen bestehen grundsätzlich gegenüber dem Ehepartner und dem Ehestörer nur, wenn der räumlich-gegenständliche Bereich der Ehe betroffen ist. Im Übrigen sind Unterlassungsansprüche abzulehnen.
Schadensersatzansprüche wegen der Verletzung der sich aus § 1353 ergebenden Verpflichtungen sind ebenfalls grundsätzlich zu verneinen, es sei denn, ein absolutes Recht des anderen Ehepartners i. S. d. § 823 ist verletzt worden.

4 SCHEIDUNG DER EHE UND SCHEIDUNGSFOLGEN

Eine Scheidung ist die Auflösung der Ehe durch eine gerichtliche Entscheidung (§ 1564). Im Gegensatz zu einer Aufhebung der Ehe nach §§ 1313, 1314 führen bei einer Scheidung Gründe zur Auflösung, die erst nach der Eheschließung eingetreten sind.
Seit dem 01.01.1977 gilt das sog. Zerrüttungsprinzip, wonach die Ehe auf Antrag eines oder beider Ehepartner geschieden werden kann, wenn sie gescheitert ist.
Auf die Frage, ob einer der Ehepartner das Scheitern der Ehe verschuldet hat, kommt es seit dem 01.01.1977 nicht mehr an.
Das Scheidungsverfahren ist eine Familiensache. Zuständig ist gem. § 23b Abs. 1 GVG ausschließlich das Familiengericht.
Auch ansonsten unterscheidet sich das Scheidungsverfahren von einem zivilrechtlichen Prozessverfahren. Die Ehepartner werden in den familienrechtlichen Verfahren nicht »Parteien« sondern »Beteiligte« genannt. Ferner werden die Beteiligten nicht als Kläger/in oder Beklagter/Beklagte bezeichnet, sondern als Antragsteller/in oder Antragsgegner/in. Weiterhin wird das Scheidungsverfahren auch nicht durch eine Klageschrift zur Rechtshängigkeit geführt, sondern gem. § 124 FamFG durch eine Antragsschrift.

[353] BGH FamRZ 1988, 143, Palandt/Brudermüller, § 1353 Rdnr. 14.
[354] Schwab, Rdnr. 134.
[355] Palandt/Brudermüller, § 1353, Rdnr. 15.

Auch gilt nicht der in einem ordentlichen Zivilverfahren zu berücksichtigende Beibringungsgrundsatz, wonach die Parteien darüber entscheiden können, welchen Tatsachenstoff sie dem Gericht unterbreiten und wonach das Gericht solche Tatsachen, die die Parteien nicht vorgebracht haben, grundsätzlich unberücksichtigt lassen muss, sondern – mit Einschränkungen – der sog. Untersuchungsgrundsatz. Hiernach kann das Gericht von Amts wegen Beweise erheben, die notwendig sind, um die Voraussetzungen der Ehescheidung zu belegen. Insbesondere ist hierdurch bedingt das Familiengericht auch grundsätzlich nach § 128 Abs. 1 FamFG verpflichtet, die Ehepartner zu den materiellen Voraussetzungen der Ehescheidung anzuhören.
In Zusammenhang mit dem Scheidungsverfahren können die Eheleute gem. § 137 FamFG auch Scheidungsfolgesachen in das Verfahren einführen, über die zusammen mit dem Scheidungsbeschluss eine gerichtliche Entscheidung zu treffen ist. Der Zusammenhang dieser Folgesachen mit dem Scheidungsverfahren nennt man Scheidungsverbund. Zu diesen Verbundsachen können gem. § 137 Abs. 2 Nr. 2 FamFG der nacheheliche Unterhalt, der Versorgungsausgleich, die Wohnungszuweisung, güterrechtliche Ansprüche, elterliche Sorge oder das Umgangsrecht mit einem gemeinsamen Kind gehören.
Eine besondere Stellung nimmt hierbei der öffentlich-rechtliche Versorgungsausgleich nach dem VersorgungsausgleichsG ein, der bereits von Amts wegen nach § 137 Abs. 2 S. 2 FamFG zum Scheidungsverbund gehört und im Gegensatz zu den anderen möglichen Folgesachen deshalb keines Antrags an das Familiengericht bedarf.

4.1 Voraussetzungen der Scheidung

Die Ehe kann nur geschieden werden, wenn sie gescheitert ist. Gem. § 1565 Abs. 1 S. 2 ist die Ehe gescheitert, wenn die Lebensgemeinschaft der Ehegatten nicht mehr besteht und auch nicht erwartet werden kann, dass die Ehegatten sie wieder herstellen.
Die eheliche Lebensgemeinschaft ist vom Verständnis her weitergehender als lediglich die in § 1567 genannte häusliche Gemeinschaft. Sie ist ein umfassender Begriff, der die gesamte Gemeinschaft der Ehepartner kennzeichnet und insbesondere charakterisiert wird durch die geistig-seelische Verbundenheit der Ehepartner.[356]
Ungeachtet dieser Differenzierung kommt natürlich dem »Getrenntleben« i. S. d. § 1567 und insbesondere die Dauer des Getrenntlebens eine sehr starke indizielle Bedeutung zu für die Frage, ob die Ehe der Parteien gescheitert ist.

4.1.1 Getrenntleben

Die Ehepartner leben gem. § 1567 Abs. 1 S. 1 getrennt, wenn zwischen Ihnen keine häusliche Gemeinschaft mehr besteht und ein Ehepartner sie erkennbar nicht herstellen will, weil er die eheliche Lebensgemeinschaft ablehnt.
Das Getrenntleben enthält somit ein objektives Kriterium (Aufhebung der häuslichen Gemeinschaft) und darüber hinaus eine subjektive Voraussetzung (Ablehnung der ehelichen Lebensgemeinschaft).[357]

---

[356] Schwab, Rdnr. 300.
[357] FA-Komm-FamR/Weinrich, § 1567 Rdnr. 2.

Die objektive Voraussetzung ist insbesondere dann erfüllt, wenn ein Ehepartner aus der gemeinsamen Ehewohnung auszieht. Gem. § 1567 Abs. 1 S. 2 besteht aber auch die Möglichkeit, die Trennung innerhalb der ehelichen Wohnung herbeizuführen. Letzteres setzt aber voraus, dass die Ehepartner keinen gemeinsamen Haushalt mehr führen und zwischen ihnen auch keine wesentlichen, persönlichen Beziehungen mehr bestehen.[358] Die Trennung muss somit durch objektive Kriterien für Außenstehende erkennbar sein.
Die subjektive Voraussetzung des § 1567 ist erfüllt, wenn die Aufhebung der häuslichen Gemeinschaft subjektiv von einem Trennungswillen der Parteien oder zumindest eines Ehepartners getragen wird.
Diese subjektive Voraussetzung ist auch notwendig, um einzelne Fälle der Aufhebung der häuslichen Gemeinschaft abgrenzen zu können, die die Parteien selbst nicht gewollt haben. Wird ein Ehepartner pflegebedürftig und deshalb die Unterbringung in einem Pflegeheim erforderlich, so liegt zwar objektiv die Aufhebung der häuslichen Gemeinschaft vor, allerdings bedeutet dies nicht zwangsläufig, dass auch die eheliche Lebensgemeinschaft durch einen Ehepartner abgelehnt wird.[359]
Eine ähnliche Problematik wird sich stellen, wenn objektiv aus beruflichen Gründen eine häusliche Gemeinschaft nicht aufrechterhalten werden kann oder ein Ehepartner sich in Strafhaft befindet.
Der Trennungswille muss gerade in letzteren Fällen deutlich zum Ausdruck gebracht werden, z. B. durch entsprechende Erklärungen des die Trennung wünschenden Ehepartners oder durch zusätzliche äußere Handlungen wie das Wegräumen der persönlichen Gegenstände des anderen Ehepartners.[360]
Haben die Ehepartner in der vorbeschriebenen Art und Weise die Trennung herbeigeführt und nehmen sie für eine kürzere Zeit die häusliche Gemeinschaft wieder auf zum Zweck der Versöhnung, so wird hierdurch gem. § 1577 Abs. 2 der Trennungstatbestand nicht unterbrochen. Voraussetzung ist aber subjektiv die Absicht, die Ehe retten zu wollen. Eine Frist von drei Monaten wird in der Regel die zeitliche Obergrenze bilden.[361]

4.1.2 Gesetzliche Vermutung für das Scheitern der Ehe

§ 1566 enthält zwei Tatbestände, die vom Gesetz unwiderlegbar vermuten lassen, dass die Ehe der Parteien gescheitert ist.

4.1.2.1 Einverständliche Scheidung

Diese gesetzliche Vermutung erfordert gem. § 1566 Abs. 1, dass die Ehepartner ein Jahr getrennt leben i. S. d. § 1567 und beide Ehepartner die Scheidung beantragen bzw. ein Ehepartner die Scheidung beantragt und der andere Ehepartner zustimmt.
Kennzeichnend ist somit neben der Trennungszeit von einem Jahr, dass beide Ehepartner die Ehe für gescheitert erachten und beide Ehepartner die Scheidung begehren, sei es durch Stellung eines eigenen Scheidungsantrags oder durch Zustimmung zum Scheidungsantrag des anderen Ehepartners.

---

358 Palandt/Brudermüller, § 1567 Rdnr. 3.
359 BGH NJW 1988, 1988.
360 Palandt/Brudermüller, § 1567 Rdnr. 5.
361 OLG Frankfurt FamRZ 2010, 469.

Philipp und Sabine Müller sind seit 1991 verheiratet. Am 01.03.2011 zieht Philipp aus der Ehewohnung aus, weil er die eheliche Lebensgemeinschaft mit Sabine ablehnt. Am 02.04.2012 stellt Philipp beim zuständigen Familiengericht einen Scheidungsantrag, Sabine stimmt der Scheidung zu. In diesem Fall ist die Trennungszeit von einem Jahr erfüllt, beide Ehepartner begehren die Scheidung der Ehe, sodass grundsätzlich die gesetzliche Vermutung des § 1566 Abs. 1 eingreift.

Die gesetzliche in § 1566 niedergelegte Vermutung, dass die Ehe gescheitert ist, bedeutet, dass das Familiengericht nicht positiv feststellen und untersuchen muss, ob die Ehe tatsächlich gescheitert ist i. S. d. § 1565.

Der positive Aspekt dieser gesetzlichen Vermutung liegt darin, dass die Ehepartner vor Gericht ihre gesamten Familienverhältnisse nicht darlegen müssen. Im Rahmen der Anhörung nach § 128 Abs. 1 FamFG wird das Familiengericht lediglich untersuchen, ob die Voraussetzungen der Trennung vorliegen und ob beide Ehepartner die Scheidung wünschen.

Die vorgenannte einverständliche Scheidung, die auf die gesetzliche Vermutung des § 1566 Abs. 1 gestützt wird, erfordert allerdings auch, dass zusätzlich die in § 133 Abs. 2 FamFG geforderte Erklärung abgegeben wird.

Nach dieser Vorschrift muss die Antragsschrift des Ehegatten auch die Erklärung enthalten, ob die Ehegatten

- eine Regelung über die elterliche Sorge, den Umgang und die Unterhaltspflicht gegenüber den gemeinschaftlichen minderjährigen Kindern,
- die durch die Ehe begründete Unterhaltspflicht und
- die Rechtsverhältnisse an der Ehewohnung und an den Haushaltsgegenständen

getroffen haben.

Im Unterschied zu § 630 ZPO a. F. ist aber auch bei der einverständlichen Scheidung keine Einigung über den Unterhalt erforderlich. Der Sinn und Zweck dieser Vorschrift liegt darin, dem Familiengericht bereits zu Beginn des Ehescheidungsverfahrens eine Feststellung zu ermöglichen, ob und in welchem Ausmaß zwischen den Beteiligten Streit über die vorgenannten Punkte besteht. Hierdurch soll das Familiengericht in die Lage versetzt werden, den Beteiligten gezielte Hinweise auf entsprechende Beratungsmöglichkeiten zu erteilen, um auf diese Weise zu einer möglichst ausgewogenen Scheidungsfolgenregelung im Kindesinteresse und im Interesse eines wirtschaftlich schwächeren Ehepartners beizutragen.[362]

Gem. § 133 Abs. 2 FamFG sollen die Heiratsurkunde und die Geburtsurkunden der gemeinschaftlichen, minderjährigen Kinder der Antragschrift beigefügt werden.

4.1.2.2 Trennungszeit drei Jahre

Gem. § 1566 Abs. 2 wird fernerhin vermutet, dass die Ehe dann gescheitert ist, wenn die Ehepartner drei Jahre getrennt leben.

Nach einer Trennungszeit von drei Jahren kann jeder Ehepartner eine Scheidung herbeiführen, ohne dass es auf den Willen des anderen Ehepartners ankommt und unabhängig von dem Nachweis, dass die Ehe gescheitert ist.

[362] OLG Hamm FamRZ 2010, 1581.

4.1.3 Streitige Scheidung

Leben die Ehepartner zwar ein Jahr getrennt, aber noch keine drei Jahre, begehrt ein Ehepartner die Scheidung und lehnt der andere Ehepartner die Scheidung ab, weil er die eheliche Lebensgemeinschaft bejaht, so greifen die vorgenannten gesetzlichen Vermutungen für das Scheitern der Ehe nicht. Der Ehepartner, der die Scheidung begehrt, muss dem Familiengericht Tatsachen vortragen und ggf. beweisen, aus denen sich für das Familiengericht das Scheitern der Ehe i. S. d. § 1565 Abs. 1 ergibt.
Solche Gründe können beispielsweise sein eine anderweitige dauerhafte Partnerbindung, Unvereinbarkeit der Charaktere, völliger Verlust des Gefühls der inneren Bindung an den anderen Ehegatten.[363]

4.1.4 Scheidung vor Ablauf des Trennungsjahres

Eine Scheidung vor Ablauf des Trennungsjahres ist gem. § 1565 Abs. 2 möglich, wenn die Fortsetzung der Ehe für den Antragsteller aus Gründen, die in der Person des anderen Ehegatten liegen, eine unzumutbare Härte darstellen würde.
In diesen Fällen muss zunächst das Scheitern der Ehe i. S. d. § 1565 Abs. 1 durch das Familiengericht positiv festgestellt werden, da eine gesetzliche Vermutung noch nicht eingreifen kann.
Die Nichteinhaltung der Trennungszeit von einem Jahr erfordert des Weiteren, dass die Fortsetzung für den Ehepartner, der die Scheidung begehrt, unzumutbar sein muss aus Gründen, die in der Person seines Ehepartners zu finden sind.
Eine Scheidung vor Ablauf des Trennungsjahres soll damit nur in ganz besonderen Ausnahmefällen möglich sein.
Zum Verständnis sei ausdrücklich darauf hingewiesen, dass die unzumutbare Härte sich darauf beziehen muss, dass es für den antragstellenden Ehepartner unzumutbar ist, mit dem anderen Ehepartner verheiratet zu sein. Es geht bei dieser Vorschrift nicht um die Unzumutbarkeit der Fortsetzung des ehelichen Zusammenlebens.
Umstände, die eine unzumutbare Härte i. S. d. Vorschrift darstellen, können beispielhaft sein: Misshandlungen durch den anderen Ehegatten oder von Familienmitgliedern[364], grobe Ehrverletzungen, demütigende Beschimpfungen, insbesondere in Verbindung mit Tätlichkeiten, im Einzelfall auch die Verletzung der ehelichen Treuepflicht, insbesondere wenn das ehewidrige Verhältnis des anderen Ehepartners auch nach außen hin ausgelebt wird.[365]

4.1.5 Härteklausel

Obwohl materiell-rechtlich die Voraussetzung einer Ehescheidung vorliegen, soll eine Ehe unter den Voraussetzungen des § 1568 nicht geschieden werden. § 1568 differenziert zwischen der Kinderschutzklausel (§ 1568 1. Alt) und der Ehegattenschutzklausel (§ 1568 2. Alt.)
Bereits aus der in § 1568 vorzufindenden gesetzlichen Formulierung zeigt sich, dass an die Voraussetzungen sehr strenge Maßstäbe anzulegen sind, die in der Regel kaum erfüllbar sind.

---

[363] Palandt/Brudermüller, § 1565 Rdnr. 4.

[364] OLG Hamm FamRZ 78, 28.

[365] Palandt/Brudermüller, § 1565 Rdnr. 10.

Die Ehe darf (trotz der Formulierung als »Sollvorschrift«) hiernach nicht geschieden werden, wenn im Einzelfall aus Gründen des Kindeswohls die Aufrechterhaltung der Ehe ausnahmsweise notwendig ist.
Grundsätzlich geht der Gesetzgeber davon aus, dass auch Kindern das Recht der Eltern auf Scheidung der Ehe zuzumuten ist.
Sollte allerdings im Einzelfall die Scheidung der Ehe zu einer physischen oder psychischen Gefährdung des Kindes führen, müssen die Interessen der gemeinschaftlichen Kinder vorgehen. Dieses kann insbesondere bei ernsthafter Suizidgefahr eines Kindes der Fall sein.[366]
Auch bei der Ehegattenschutzklausel sind strenge Maßstäbe anzulegen.
Nur außergewöhnliche Umstände können im Einzelfall die Aufrechterhaltung der Ehe geboten erscheinen lassen.
Die Voraussetzung kann z. B. eine schwere Krankheit des die Scheidung ablehnenden Ehepartners sein, insbesondere auch psychische Ausnahmesituationen, die eine Suizidgefährdung einschließen.[367]

MERKE

Eine Ehe kann geschieden werden, wenn sie gescheitert ist. Dieses ist der Fall, wenn die Lebensgemeinschaft der Ehegatten nicht mehr besteht und auch nicht erwartet werden kann, dass die Ehegatten sie wieder herstellen.
Die Ehegatten leben getrennt, wenn zwischen ihnen keine häusliche Gemeinschaft mehr besteht und zumindest ein Ehepartner sie auch nicht wieder herstellen will, weil er die eheliche Lebensgemeinschaft ablehnt. Eine Trennung ist auch innerhalb einer gemeinsamen Wohnung möglich.
Leben die Ehegatten ein Jahr getrennt und wollen beide Ehepartner die Scheidung, wird vom Gesetz vermutet, dass die Ehe gescheitert ist.
Bei einer Trennungszeit von drei Jahren wird vom Gesetz vermutet, dass die Ehe gescheitert ist.
Die gesetzliche Vermutung über das Scheitern der Ehe findet keine Anwendung, wenn die Ehepartner zwar ein Jahr getrennt leben, aber noch keine drei Jahre und ein Ehepartner an der ehelichen Lebensgemeinschaft festhalten will. Bei dieser streitigen Scheidung muss der Ehepartner, der die Scheidung beantragt, darlegen und beweisen, dass die Ehe gescheitert ist.
Eine Ehescheidung vor Ablauf des Trennungsjahres ist nur dann möglich, wenn es dem Ehepartner, der die Scheidung beantragt, nicht mehr zumutbar ist, an der Ehe festzuhalten. Die Gründe der Unzumutbarkeit müssen in der Person des anderen Ehepartners liegen.
Obwohl die Ehe gescheitert ist, darf die Ehe nicht geschieden werden, wenn dies ausnahmsweise aus Gründen des Kindeswohles (Kinderschutzklausel) oder aus außergewöhnlichen Umständen, die in der Person des anderen Ehepartners liegen (Ehegattenschutzklausel) geboten ist.

---

[366] Palandt/Brudermüller, § 1568 Rdnr. 2.
[367] Palandt/Brudermüller, § 1568 Rdnr. 5.

4.2 Versorgungsausgleich

Der Grundgedanke des Versorgungsausgleichs liegt in der sozialen Absicherung des wirtschaftlich schwächeren Ehepartners, der während der Ehe keiner oder nur einer geringen Erwerbstätigkeit nachgegangen ist und deshalb keine eigene Absicherung für das Alter hat aufbauen können. Der Versorgungsausgleich lässt diesen Ehepartner im Falle einer Scheidung an den während der Ehe erworbenen Rentenanwartschaften des anderen Ehepartners partizipieren und bildet somit den Grundstock für eine eigene Altersvorsorge.
Das Prinzip des Versorgungsausgleichs ist im grundsätzlichen Verständnis einfach. Die während der Ehe erworbenen Rentenanwartschaften der Eheleute werden berechnet. Jeder Ehepartner, der während der Ehezeit Rentenanwartschaften erworben hat, muss die Hälfte der erworbenen Anwartschaft nach § 1 Abs. 1 VersAusglG an den anderen Ehepartner übertragen.

Max hat als Beamter während der Ehe Pensionsanwartschaften i. H. v. 500 € erworben. Seine Frau Ute hat während der Ehe zunächst gearbeitet und sich sodann um das gemeinschaftliche Kind gekümmert. Ute hat während der Ehe in der gesetzlichen Rentenversicherung eine Rentenanwartschaft von 200 € begründet. Hier muss Max die Hälfte seiner erworbenen Anrechte mit einem Wert i. H. v. 250 € auf Ute übertragen; Ute ihrerseits ist entsprechend verpflichtet, Anrechte mit einem Wert i. H. v. 100 € auf Max zu übertragen.

Allerdings sind die rechtlichen Voraussetzungen bei der Feststellung der Höhe der erworbenen Anwartschaften sehr kompliziert und auch die Art und Weise der Übertragung der unterschiedlichen, nicht vergleichbaren Anwartschaften gestaltete sich in der Vergangenheit als sehr schwierig.
Durch das Gesetz zur Strukturreform des Versorgungsausgleichs (VersAusglG), das zum 01.09.2009 in Kraft getreten ist, sollen diese Probleme behoben werden. Seit diesem Zeitpunkt wird jedes einzelne Anrecht der Ehegatten auf eine Versorgung grds. intern, d. h. im Versorgungssystem des jeweils ausgleichspflichtigen Ehegatten geteilt (vgl. §§ 10–13 VersAusglG).[368] Regelausgleichsform ist also die Realteilung der Anrechte.
Eine sog. externe Teilung, d. h. die Begründung eines Anrechts bei einem anderem Versorgungsträger, soll nur ausnahmsweise erfolgen (vgl. §§ 16 ff. VersAusglG).
Als Notlösung wird der bisherige schuldrechtliche Versorgungsausgleich als Ausgleich nach der Scheidung beibehalten (§§ 20 ff. VersAusglG).
Der öffentlich-rechtliche Versorgungsausgleich ist innerhalb des Scheidungsverfahrens eine Scheidungsfolgensache, die gem. § 137 FamFG von Amts wegen durchgeführt wird. Die Grundlagen finden sich im Versorgungsausgleichsgesetz. Hiervon zu unterscheiden ist der Versorgungsausgleich nach der Scheidung – früher schuldrechtlicher Versorgungsausgleich genannt – nach §§ 20 ff. VersAusglG, der in der Praxis eher eine untergeordnete Rolle spielt und grundsätzlich nur auf Antrag eines Ehepartners angewendet werden kann, wenn ein Wertausgleich im öffentlich-rechtlichen Versorgungsausgleich nicht möglich oder unbefriedigend ist.[369]

[368] Kemper: Der neue Versorgungsausgleich, ZFE 2009, S 204.
[369] FA-FamR/Gutdeutsch/Wagner, Kap. 7 Rdnr. 261.

Allerdings findet der Versorgungsausgleich nicht nur innerhalb eines Scheidungsverfahrens statt, sondern gem. § 1318 Abs. 3 grds. auch bei einer Auflösungsklage der Ehe nach § 1314 ff.

4.2.1 Öffentlich-rechtlicher Versorgungsausgleich

Gem. § 1587 findet zwischen den Ehepartnern ein Versorgungsausgleich von im In- oder Ausland bestehenden Anrechten nach Maßgabe des VersAusglG statt, insbesondere aus der gesetzlichen Rentenversicherung, aus anderen Regelsicherungssystemen wie der Beamtenversorgung oder der berufsständischen Versorgung, aus der betrieblichen Altersversorgung oder aus der privaten Alters- und Invaliditätsvorsorge.
Die Höhe des Ausgleichsanspruchs beträgt gem. § 1 Abs. 1 VersAusglG die Hälfte der während der Ehezeit erworbenen Anrechte.

4.2.1.1 Ehezeit

Dem Versorgungsausgleich unterliegen nur solche Versorgungsanrechte, die in der Ehezeit begründet oder aufrechterhalten worden sind
Als Ehezeit gilt nach § 3 Abs. 1 VersAusglG die Zeit vom Beginn des Monats, in dem die Ehe geschlossen worden ist, bis zum Ende des Monats, der dem Eintritt der Rechtshängigkeit des Scheidungsantrags, also der Zeitpunkt der Zustellung der Scheidungsantragsschrift an den Antragsgegner, vorausgeht.
Allerdings bedarf der vorgenannte Zeitraum materiell-rechtlich einer Korrektur.
Für den Versorgungsausgleich gilt nach der Rechtsprechung des BGH im Gegensatz zum Rentenversicherungsrecht das sog. »In-Prinzip«.[370] Dies bedeutet, dass Rentenanwartschaften dem Versorgungsausgleich nur unterliegen, wenn die Beiträge während der Ehezeit entrichtet worden sind. Entscheidend ist hierbei der konkrete Zeitraum zwischen Heirat und Rechtshängigkeit des Scheidungsverfahrens, d. h. der Zeitpunkt der Zustellung der Scheidungsantragschrift an den anderen Ehepartner (vgl. § 261 ZPO).
Von Bedeutung ist dies insbesondere für freiwillige Nachentrichtungen von Beiträgen während der Ehezeit, aber für Zeiten vor der Ehe. Werden diese Beiträge in dem Zeitraum zwischen Heirat und Rechtshängigkeit des Scheidungsverfahrens geleistet, fallen sie in den Versorgungsausgleich.
Maßgeblicher Zeitpunkt für die Bewertung der Anrechte ist nach § 5 Abs. 1 VersAusglG das Ende der Ehezeit. Änderungen zwischen Ehezeitende und Datum der Entscheidung sind allerdings nach § 5 Abs. 2 VersAusglG zu berücksichtigen, soweit sie auf den Ehezeitanteil zurückwirken.
Zum Verständnis darf an dieser Stelle darauf hingewiesen werden, dass demgegenüber in der gesetzlichen Rentenversicherung das sog. »Für-Prinzip« gilt, d. h. dass insbesondere freiwillige nachträgliche Beiträge rentenrechtlich für den Zeitraum gelten, für den sie entrichtet werden.

4.2.1.2 Versorgungsansprüche

In § 2 VersAusglG werden die typischen Versorgungsformen, die dem Versorgungsausgleich unterliegen, aufgezählt.

---

[370] BGH FamRZ 1996, 1538.

Hierzu zählen:

- Renten aus der gesetzlichen Rentenversicherung
- Beamtenversorgung
- berufsständische Versorgung
- betriebliche Altersversorgung
- private Alters- und Invaliditätsversorgung

§ 2 Abs. 2 VersAusglG enthält darüber hinaus die grundsätzlichen Voraussetzungen, unter denen Anrechte im Versorgungsausgleich auszugleichen sind. Hiernach ist ein Anrecht auszugleichen, wenn es

- durch Arbeit oder Vermögen geschaffen oder aufrechterhalten worden ist,
- der Absicherung im Alter oder bei Invalidität, insbesondere wegen verminderter Erwerbsfähigkeit, Berufsunfähigkeit oder Dienstunfähigkeit, dient und
- auf eine Rente gerichtet ist.

Eine Besonderheit gilt hierbei allerdings für Anrechte im Sinne des Betriebsrentengesetzes und des Altersvorsorgeverträge-Zertifizierungsgesetzes, die unabhängig von der Leistungsform dem Versorgungsausgleich unterliegen, d. h., auch wenn sie nicht in Form einer Rente, sondern als Kapitalleistung gewährt werden (vgl. § 2 Abs. 2 Nr. 3 VersAusglG).

An dieser Stelle darf darauf hingewiesen werden, dass Anrechte aus Kapitalversicherungen grundsätzlich nicht dem Versorgungsausgleich unterliegen, sondern im ehelichen Güterrecht nach § 1372 ff. eine Rolle spielen können. Allerdings gilt dies nicht, wenn die Kapitallebensversicherung ein Rentenwahlrecht enthält und dieses Wahlrecht bis zur Rechtshängigkeit des Scheidungsantrags ausgeübt worden ist.[371]

Gleichfalls fallen Kapitalversicherungen dann in den Versorgungsausgleich, wenn es sich um Anrechte i. S. d. Betriebsrentengesetzes handelt.

Im Rahmen des öffentlich-rechtlichen Versorgungsausgleichs ist zunächst zu ermitteln, welche Versorgungsanwartschaften die Eheleute während der Ehezeit erworben haben. § 4 Abs. 1 VersAusglG begründet deshalb zwischen den Ehegatten zunächst einen wechselseitigen Auskunftsanspruch hinsichtlich der während der Ehe erworbenen Anwartschaften, die für die Durchführung des Versorgungsausgleichs erforderlich sind.

4.2.1.3 Bewertung der Versorgungsanwartschaften

Um den Versorgungsausgleich durchführen zu können, ist es zunächst erforderlich, die während der Ehezeit erworbenen ausgleichspflichtigen Anwartschaften zu bewerten.

In abstrakter Weise bieten §§ 39, 40 VersAusglG hierzu grundsätzlich zwei Möglichkeiten an. Befindet sich ein Anrecht noch in der Anwartschaftsphase, so soll nach § 39 Abs. 1 VersAusglG eine unmittelbare Bewertung auf den ehezeitbezogenen Anteil vorgenommen werden, wenn sich der Wert des Anrechts nach einer Bezugsgröße i. S. d. § 5 Abs. 1 VersAusglG richtet, die unmittelbar bestimmten Zeitabschnitten zugeordnet werden kann. Dies ist dann der Fall, wenn ein direkter Zusammenhang zwischen dem aus der Ehezeit resultierenden Teil der Bezugsgröße und der Höhe der Versorgung besteht.[372]

Der Wert des Ehezeitanteils kann in diesem Fall konkret aus dem Umfang der auf die Ehezeit entfallenden Bezugsgröße berechnet werden.

---

[371] BGH FamRZ 1984, 156.

[372] FA Komm-FamR/Wick, § 39 VersAusglG Rdnr. 8.

In § 39 Abs. 2 VersAusglG werden z. B. bestimmte Bezugsgrößen aufgezählt, bei denen diese unmittelbare Bewertung vorgenommen werden kann.
So ist diese unmittelbare Bewertung bei Anrechten vorzunehmen, bei denen die Höhe der laufenden Versorgung abhängig ist von den erworbenen Entgeltpunkten, wie dies in der gesetzlichen Rentenversicherung der Fall ist.
§ 43 Abs. 1 VersAusglG bestimmt deshalb auch ausdrücklich, dass für die Anrechte aus der gesetzlichen Rentenversicherung die Grundsätze der unmittelbaren Bewertung gelten. Durch den zuständigen Versorgungsträger werden in diesem Fall die Entgeltpunkte ermittelt, die während der Ehezeit erworben sind.

Die gesetzliche Rente richtet sich grundsätzlich nach leistungsbezogenen Beitragszeiten, ergänzt um soziale Beitragszeiten und beitragsfreie Zeiten. Der Leistungswert wird als Entgeltpunkt (EP) bezeichnet. Wenn ein Versicherter in einem Jahr genauso viel verdient wie der Durchschnitt aller Versicherten (= Durchschnittseinkommen), so erwirbt er in diesem Jahr einen EP. Das Durchschnittseinkommen wurde durch die Bundesregierung für das Kalenderjahr 2014 auf vorläufig 33.180 € festgelegt. Um den Rentenanspruch zu ermitteln, werden die erworbenen EP sodann mit dem aktuellen Rentenwert (ARW), der sich jährlich zum 01.07. eines jeden Jahres verändert und sich am 01.07.2014 in den alten Bundesländern auf 28,61 € und in den neuen Bundesländern auf 26,39 € belief, multipliziert.
Hat ein Versicherter in den alten Bundesländern bis zum 01.07.2014 35 Jahre lang das Durchschnittseinkommen aller Versicherten verdient, so stehen ihm 35 EP und damit eine Rente von 35 x 28,61 €, mithin 1001,35 €, zu.
Für den Versorgungsausgleich werden nun die EP berechnet, die der Versicherte während der Ehezeit erworben hat.

Ist dagegen eine unmittelbare Bewertung nach § 39 VersAusglG nicht möglich und befindet sich ein Anrecht in der Anwartschaftsphase, so ist nach § 40 VersAusglG der Ehezeitanteil nach der sog. zeitratierlichen Bewertung zu bestimmen.
Diese zeitratierliche Methode ist nach § 44 VersAusglG insbesondere bei der Beamtenversorgung anzuwenden.

Nach der zeitratierlichen Methode wird der Ehezeitanteil auf der Grundlage eines Zeit-Zeit-Verhältnisses berechnet. Die in das Verhältnis zu setzenden Zeiträume sind nach § 40 Abs. 2 VersAusglG einerseits die gesamte Dienstzeit, die bis zum Erreichen der für das Anrecht maßgeblichen Altersgrenze höchstens erreicht werden kann, und nach § 40 Abs. 2 S. 2 VersAusglG andererseits der Teil dieser Gesamtzeit, der in die Ehezeit fällt.
Heinz hat z. B. bei einer Gesamtdienstzeit von 45 Jahren eine Beamtenversorgung von 3.500 € zu erwarten. In der Gesamtdienstzeit ist eine Ehezeit von 15 Jahren enthalten. Für den Versorgungsausgleich ergibt sich nun folgender Ehezeitanteil:

3.500 € x 15 Jahre ./. 45 Jahre = 1.166,66 €

4.2.1.4 Durchführung des Versorgungsausgleichs

Nachdem der Wertunterschied ermittelt und die Höhe der auszugleichenden Versorgungsansprüche festgestellt wurde, ist anschließend der Versorgungsausgleich selbst durchzuführen, wobei das Gesetz, abhängig von der Art der auszugleichenden Versorgungsanwartschaften, verschiedene Verfahren kennt.

4.2.1.4.1 Interne Teilung (§§ 10–13 VersAusglG)

Bei der internen Teilung, die in §§ 10–13 VersAusglG geregelt ist, werden die Versorgungsanwartschaften, die die Eheleute bei dem jeweiligen Versorgungsträger erworben haben, geteilt. In Höhe des sich aus § 1 Abs. 2 S. 2 VersAusglG ergebenden Ausgleichswertes überträgt das Familiengericht gem. § 10 Abs. 1 VersAusglG zu Lasten des ausgleichsverpflichteten Ehepartners das zu übertragende Anrecht auf den ausgleichsberechtigten Ehegatten.

Durch diese interne Teilung ist sichergestellt, dass die nach § 11 Abs. I S. 1 VersAusglG notwendige Teilhabe der Ehegatten an den in der Ehezeit erworbenen Anrechten gewährleistet ist.

Der ausgleichsberechtigte Ehegatte erwirbt durch diese Teilung ein Anrecht i. H. d. Ausgleichswertes bei demselben Versorgungsträger wie der ausgleichsverpflichtete Ehegatte, erzielt somit die gleiche Rechtsstellung und wird in gleicher Weise gegen Alter und Invalidität abgesichert.[373]

Durch die Entscheidung des Familiengerichts wird zugunsten des Berechtigten bei dem Versorgungsträger entweder ein neues Anrecht i. H. d. Ausgleichswertes begründet oder, soweit bei dem Versorgungsträger bereits ein Versorgungsverhältnis bestanden hat, ein bestehendes Anrecht um den Ausgleichswert erweitert.

Heinz hat in der bei der Deutschen Rentenversicherung Bund gesetzlichen Rentenversicherung während der Ehezeit Anwartschaften i. H. v. monatlich 700 € erworben. Seine Ehefrau Susanne hat in der Ehezeit keine Anwartschaften erwerben können, da sie sich nach der Absprache der Eheleute ausschließlich um die Familie gekümmert hat.

Der Ausgleichswert beträgt damit 350 €. Zugunsten von Sabine wird deshalb bei der Deutschen Rentenversicherung Bund in dieser Höhe ein eigenes Anrecht begründet. Sollte zwischen Sabine und der Deutschen Rentenversicherung Bund bereits ein Versorgungsverhältnis bestehen (z. B. für Anwartschaften vor der Ehe) so werden die bestehenden Anrechte um den Ausgleichswert erhöht.

Gesetzlich ist allerdings nicht geregelt, wie dieser hälftige Ausgleich zu realisieren ist. Es kommen hier mehrere Möglichkeiten in Betracht. Möglich ist die Teilung des Deckungskapitals, die Teilung der Bezugsgröße oder des Rentenbetrags oder die Aufteilung des Deckungskapitals in der Weise, dass gleich hohe Rentenbeträge entstehen.[374]

Die einzelnen Möglichkeiten des Ausgleichs können in Einzelfällen zu unterschiedlichen Rentenhöhen führen.[375] Eine bestimmte Methode des Ausgleichs kann aber mit rechtlichen Mitteln nicht erzwungen werden, da es sich bei allen drei genannten Möglichkeiten um eine Halbteilung handelt.[376]

---

373 FA Komm-FamR/Wick, § 10 VersAuglG Rdnr. 2.

374 Kemper Rdnr. 254.

375 Kemper Rdnr. 254.

376 Kemper Rdnr. 254.

Haben die Ehegatten bei dem gleichen Versorgungsträger auszugleichende Anrechte erworben, können diese nach § 10 II VersAusglG miteinander verrechnet werden. Hierbei findet kein wechselseitiger Ausgleich statt, sondern zugunsten des Ehegatten, der die geringeren Anwartschaften erworben hat, wird der bestehende Saldo ausgeglichen.[377]
Diese Verrechnung ist allerdings nicht die Aufgabe des Familiengerichts, sondern wird durch den Versorgungsträger durchgeführt. Das Familiengericht teilt auch in diesen Fällen zunächst die beiderseitigen Anrechte.[378]

Hans hat bei der Deutschen Rentenversicherung Bund während der Ehezeit Rentenanwartschaften i. H. v. 5 Entgeltpunkten erworben, seine Ehefrau Susanne 3 Entgeltpunkte. Auszugleichen sind aufseiten von Hans 2,5 Entgeltpunkte, aufseiten von Susanne 1,5 Entgeltpunkte. Das Familiengericht wird diese Aufteilung in dem Beschluss zum Versorgungsausgleich genau in dieser Art vornehmen. Die Deutsche Rentenversicherung Bund wir sodann in Ausführung dieser gerichtlichen Entscheidung die Verrechnung dieser beiden Anrechte durchführen.

Sind die Versorgungsanwartschaften bei verschiedenen Versorgungsträgern begründet worden, so kommt eine Verrechnung nur in Betracht, wenn es sich um gleichartige Anrechte handelt[379] und die Versorgungsträger nach § 10 II S. 2 VersAusglG untereinander eine entsprechende Verrechnungsvereinbarung getroffen haben.
Mit dem Monat, der der Rechtskraft der Scheidung bzw. der Entscheidung über den Versorgungsausgleich folgt, verliert der Ausgleichspflichtige in Höhe des Ausgleichswertes das Anrecht, das auf den anderen Ehepartner übertragen worden ist. Abgesehen von den Anpassungsmöglichkeiten in den Fällen der Unterhaltsleistung, der Invalidität und des Todes des Ausgleichsberechtigten (vgl. §§ 32 ff. VersAusglG) sowie den Abänderungsmöglichkeiten, die in § 225 FamFG vorgesehen sind, ist dieser Verlust endgültig.[380] Das nach dem früheren Recht bestehende sog. Rentnerprivileg (§§ 101 Abs. 3 SGB VI a. F., 57 Abs. 1 S. 2 BeamtenVG), wonach das Ruhegehalt des Ausgleichspflichtigen, der zum Zeitpunkt der Rechtskraft des Versorgungsausgleichs, bereits Ruhegehalt bezogen hat, erst ab dem Zeitpunkt gekürzt wurde, zu dem der berechtigte Ehepartner seinerseits eine Rente gezahlt worden ist, besteht nicht mehr. Bezieht der Ausgleichsverpflichtete bereits eine Rente, wird diese zu dem o. g. Zeitpunkt an gekürzt.
Allerdings hat der Ausgleichspflichtige in der gesetzlichen Rentenversicherung die Möglichkeit sog. Wiederauffüllungsbeträge zu leisten, um die durch den Versorgungsausgleich verlorenen gegangenen Entgeltpunkte zurückzuerwerben (vgl. §§ 187 Abs. 1 Nr.1, 281 Abs. 1 Nr. 1 SGB VI). Das Gleiche gilt in der Beamtenversorgung (vgl. § 58 BeamtenVG).

4.2.1.4.2 Externe Teilung (§§ 14–17 VersAusglG)
Bei der externen Teilung wird zulasten des ausgleichspflichtigen Ehegatten für den ausgleichsberechtigten Ehegatten durch das Familiengericht ein Anrecht i. H. d. Ausgleichswertes bei einem anderen Versorgungsträger begründet als denjenigen, bei dem das Anrecht

377 Kemper Rdnr. 240.
378 Kemper Rdnr. 241.
379 Kemper Rdnr. 247.
380 Kemper Rdnr. 305.

des Ausgleichspflichtigen besteht. Die Voraussetzungen der externen Teilung sind in § 14 Abs. 2 VersAusglG und in § 14 Abs. 5 VersAusglG geregelt. Hat der Ausgleichspflichtige Anrechte bei einem öffentlich-rechtlichen Versorgungsträger erworben, richtet sich die externe Teilung nach § 16 VersAusglG.

Der externe Versorgungsausgleich hat in erster Linie das Ziel, es den Versorgungsträgern zu ermöglichen, die durch eine interne Teilung eintretenden Belastungen zu vermeiden. Dies gilt vor allem für die Träger der betrieblichen Altersversorgung.[381]

Wie sich aus § 9 Abs. 3 VersAusglG ergibt, ist die externe Teilung eine Ausnahme und findet nach § 9 Abs. 3 VersAusglG nur statt, soweit dieses gesetzlich angeordnet ist oder die Eheleute die externe Teilung vereinbart haben.[382]

Gem. § 14 Abs. 2 VersAusglG müssen dabei zunächst folgende Voraussetzungen erfüllt sein:

- Der ausgleichsberechtigte Ehegatte und der Versorgungsträger des ausgleichspflichtigen Ehegatten vereinbaren die externe Teilung (§ 14 Abs. 2 Nr. 1 VersAusglG) oder
- der Versorgungsträger des ausgleichspflichtigen Ehegatten verlangt die externe Teilung, weil ein sog. Bagatellfall vorliegt (§ 14 Abs. 2 Nr. 2 VersAusglG).

Ein derartiger Bagatellfall ist nach § 14 Abs. 2 Nr. 2 VersAusglG anzunehmen, wenn der Ausgleichsbetrag als Rentenwert 2 % der Bezugsgröße nach § 18 Abs. 1 SGB IV (Kalenderjahr 2014 55,30 €) oder als Kapitalbetrag 240 % der monatlichen Bezugsgröße nach § 18 Abs. 1 SGB IV (Kalenderjahr 2014 6.636,00 €) nicht übersteigt,

- bei betrieblichen Direktzusagen und Anrechten bei Unterstützungskassen verlangt der Versorgungsträger einseitig die externe Teilung (§ 14 Abs. 2 Nr. 2 VersAusglG i. V. m. § 17 VersAusglG). In diesem Fall darf der Ausgleichswert als Kapitalwert höchstens die jährliche Beitragsbemessungsgrenze in der allgemeinen Rentenversicherung nach §§ 159, 160 SGB VI erreichen (im Kalenderjahr 2014: 71.400,00 €).

Bei der externen Teilung ist aber zusätzlich § 14 Abs. 5 VersAusglG zu beachten. Hiernach ist eine externe Teilung unzulässig, wenn ein Anrecht durch eine Beitragszahlung nicht mehr begründet werden kann. Allerdings findet § 14 Abs. 5 VersAusglG nur auf die externe Teilung nach § 14 VersAusglG Anwendung, nicht aber auf den Ausgleich von Beamtenversorgung nach § 16 VersAusglG.

Der ausgleichsberechtigte Ehegatte kann bei der externen Teilung wählen, ob ein bestehendes Anrecht ausgebaut oder bei einem neuen Versorgungsträger ein neues Anrecht begründet werden soll. Die gewählte Zielversorgung muss nach § 15 Abs. 2 VersAusglG eine angemessene Versorgung gewährleisten.

Das Familiengericht setzt dem ausgleichsberechtigten Ehegatten nach § 222 FamFG eine Frist, in der der ausgleichsberechtigte Ehegatte den Versorgungsträger als Zielversorgung zu wählen hat und in der der berechtigte Ehegatte die Zustimmung dieses Versorgungsträgers nachweisen muss.

Erfolgt innerhalb dieser gesetzten Frist keine Wahl, liegt die Zustimmung des Versorgungsträgers nicht vor oder kann der Versorgungsträger eine angemessene Versorgung nicht gewährleisten, erfolgt der Ausgleich nach § 15 Abs. 5 VersAusglG durch Begründung eines

[381] Kemper Rdnr. 323.

[382] Kemper Rdnr. 363.

Anrechts in der gesetzlichen Rentenversicherung, bei Betriebsrenten in die Versorgungsausgleichskasse (§ 15 Abs. 5 Satz 2 VersAusglG).
Die Durchführung der externen Teilung erfolgt durch eine gerichtliche Entscheidung, mit der ein Rechtsverhältnis zwischen dem Ausgleichsberechtigten und dem von ihm ausgewählten Versorgungsträger begründet oder ein bestehendes Rechtsverhältnis ausgebaut wird. Das Gericht setzt in seiner Entscheidung den Betrag fest, den der Versorgungsträger des Ausgleichspflichtigen an den Versorgungsträger der Zielversorgung zu zahlen hat. Dieses ist im Regelfall der Kapitalwert der auszugleichenden Versorgung.

4.2.1.5 Ausschluss des Versorgungsausgleichs
Mit der Reform des Versorgungsausgleichs hat der Gesetzgeber zunächst vorgesehen, den Ausgleich von Bagatellanrechten einzuschränken. Obwohl der öffentlich-rechtliche Versorgungsausgleich innerhalb des Scheidungsverfahrens gem. § 137 FamFG von Amtswegen durchgeführt wird, findet der Versorgungsausgleich demgegenüber nach § 3 Abs. 3 VersAusglG in den Fällen, in denen die Ehe von kurzer Dauer ist, nur statt, wenn ein Ehegatte dies beantragt. Ferner soll das Familiengericht nach § 18 VersAusglG den Versorgungsausgleich nicht durchführen bei geringwertigen Anrechten. Ein Versorgungsausgleich findet auch nicht statt, soweit die Ehepartner den Versorgungsausgleich nach § 6 Abs. 1 Nr. 2 VersAusglG vertraglich ausgeschlossen haben. Letztendlich kann der Versorgungsausgleich nach § 27 VersAusglG beschränkt oder ausgeschlossen werden, soweit der Versorgungsausgleich grob unbillig wäre.

4.2.1.5.1 Geringwertige Anrechte (§ 18 VersAusglG)
Nach der Bagatellklausel des § 18 VersAusglG wird der Versorgungsausgleich zunächst in den Fällen ausgeschlossen, in denen die Differenz der Ausgleichswerte beiderseitiger gleichartiger Anrechte, die die Ehepartner während der Ehezeit erworben haben, gering ist (§ 18 Abs. 1 VersAusglG). Ferner findet der Versorgungsausgleich nach § 18 Abs. 2 VersAusglG nicht statt, soweit einzelne Anrechte nur einen geringen Ausgleichswert besitzen. Die Definition der Geringfügigkeit ergibt sich dabei aus § 18 Abs. 3 VersAusglG. Hiernach ist der Wertunterschied nach § 18 Abs. 1 VersAusglG oder der Ausgleichswert nach § 18 Abs. 2 VersAusglG gering, wenn er am Ende der Ehezeit bei einem Rentenbetrag als maßgeblicher Bezugsgröße höchstens 1 % der monatlichen Bezugsgröße nach § 18 Abs. 1 SGB IV (Kalenderjahr 2014, 27,65 €) oder in allen anderen Fällen als Kapitalwert höchstens 120 % der monatlichen Bezugsgröße nach § 18 Abs. 1 SGB IV (Kalenderjahr 2014, 3.318,00 €) beträgt.

> Heinz hat bei der Deutschen Rentenversicherung Bund während der Ehezeit Rentenanwartschaften i. H. eines korrespondierenden Kapitalwertes von 4.150 €, seine Ehefrau Susanne bei der Deutschen Rentenversicherung Bund Anrechte mit einem korrespondierenden Kapitalwert von 4.950 € und liegt damit unter dem Schwellenwert nach § 18 Abs. 3 Vers AusglG, sodass das Familiengericht in diesem Fall einen Versorgungsausgleich nicht durchführen wird.

Der Grund für den Ausschluss des Versorgungsausgleichs in den Bagatellfällen liegt darin, einen übermäßigen Verwaltungsaufwand für die Gerichte und Versorgungsträger zu vermeiden.[383]

[383] Kemper Rdnr. 39.

Es ist aber darauf hinzuweisen, dass der Ausschluss nach § 18 VersAusglG nicht zwingend ist, sondern nur den Regelfall darstellt. In Einzelfällen kann deshalb das Familiengericht den Versorgungsausgleich auch in den Fällen durchführen, in denen die ausgleichspflichtigen Anrechte oder die Wertdifferenz bei gleichartigen Anrechten gering ist.

4.2.1.5.2 Kurze Ehezeit (§ 3 Abs. 3 VersAusglG)

Der Versorgungsausgleich findet bei Ehen von kurzer Dauer nach § 3 Abs. 3 VersAusglG nur statt, wenn ein Ehepartner dies beantragt. Ehen von kurzer Dauer i. S. d. § 3 Abs. 3 VersAusglG sind alle Ehen bis zu einer Dauer von drei Jahren. Entscheidend ist hierbei die Ehedauer im versorgungsausgleichsrechtlichen Sinne. Ausschlaggebend ist damit die Ehezeit i. S. d. § 3 Abs. 1 VersAusglG. Gemeint ist somit der Zeitraum von Beginn des Monats, in dem die Ehe geschlossen worden ist, bis zum Abschluss des Monats, der der Zustellung der Scheidungsantragsschrift vorausgeht.

Diese gesetzliche Regelung beinhaltet auch keine Benachteiligung eines der Ehegatten, da jeder Ehegatte für sich die Entscheidung treffen kann, auf Antrag den Versorgungsausgleich durchzuführen.

Allerdings werden in vielen Fällen, in denen lediglich eine Ehedauer von drei Jahren vorliegt, auch die Voraussetzungen des § 18 VersAusglG erfüllt sein, sodass das Familiengericht auch wegen der Geringfügigkeit der Anrechte oder der Wertdifferenz beider Anrechte, die die Ehepartner erworben haben, einen Versorgungsausgleich nicht durchführen wird.

4.2.1.5.3 Vertraglicher Ausschluss (§ 6 Abs. 1 Nr. 2 VersAusglG)

Die Reform des Versorgungsausgleichs zum 01.09.2009 hat für die Eheleute auch die Möglichkeiten erweitert, den Versorgungsausgleich vertraglich zu gestalten. Nach altem Recht war der Ausschluss des Versorgungsausgleichs, der in einem Ehevertrag nach § 1408 Abs. 2 BGB a. F. geschlossen wurde, unwirksam, wenn ein Ehepartner binnen einer Frist von einem Jahr nach Abschluss dieses Ehevertrags einen Antrag auf Scheidung der Ehe gestellt hat. Wurde des Weiteren in Zusammenhang mit einer Scheidung nach § 1587o BGB a. F. im Rahmen einer Vereinbarung der Versorgungsausgleich ausgeschlossen, hing die Wirksamkeit dieser Vereinbarung von der Genehmigung des Familiengerichts ab.

Diese vorgenannten Einschränkungen bestehen heute nicht mehr.

Die Ehegatten können grundsätzlich nach § 6 VersAusglG eine Vereinbarung über den Versorgungsausgleich schließen und hierbei den Versorgungsausgleich in die Regelung der ehelichen Vermögensverhältnisse einbeziehen, den Versorgungsausgleich ausschließen oder in der Vereinbarung Ausgleichsansprüche nach der Scheidung gem. § 20–24 VersAusglG vorbehalten.

Die Vereinbarung über den Versorgungsausgleich bedarf nach § 7 Abs. 1 VersAusglG der notariellen Beurkundung, alternativ kann die Vereinbarung entsprechend § 127a BGB gerichtlich protokolliert werden.

Allerdings sind die Ehepartner im Hinblick auf den Inhalt der Vereinbarungen zum Versorgungsausgleich nicht uneingeschränkt frei im Rahmen ihres Gestaltungsspielraumes. Der Gesetzgeber hat hier insbesondere auch die Aufgabe, den wirtschaftlich schwächeren Ehepartner zu schützen und dafür Sorge zu tragen, dass die wirtschaftliche Überlegenheit eines Ehepartners nicht zu unverhältnismäßigen Rechtsnachteilen des anderen wirtschaftlich abhängigen Ehepartners führen. Aus diesem Grunde bestimmt § 8 VersAusglG

als besondere materielle Wirksamkeitsvoraussetzung, dass die Vereinbarung über den Versorgungsausgleich einer Inhalts- und Ausübungskontrolle standhält.
Im Rahmen der Inhaltskontrolle ist unter Berücksichtigung der höchstrichterlichen Rechtsprechung durch das Familiengericht zu prüfen, ob die getroffene Vereinbarung gegen § 138 BGB verstößt. Dabei sind insbesondere die Ausführungen des Bundesgerichtshofes zur sog. Kernbereichslehre, die der Bundesgerichtshof in Zusammenhang mit ehelichen Unterhaltsvereinbarungen entwickelt hat, zu berücksichtigen.[384]
Die Abweichung von der im Versorgungsausgleich gesetzlich vorgesehenen Halbteilung der Versorgungsanrechte wird aber erst dann als sittenwidrig anzusehen sein, wenn die Vereinbarung zu einer einseitigen, durch die individuelle Gestaltung der ehelichen Lebensverhältnisse nicht gerechtfertigten Lastenverteilung führt.[385]
So einen Fall der Sittenwidrigkeit wurde seitens des Bundesgerichtshofes z. B. in einem Fall bejaht, in dem die Ehegatten zwar zum Zeitpunkt des Vertragsabschlusses beide erwerbstätig gewesen sind, die Ehefrau zu diesem Zeitpunkt ein Kind erwartete und die Ehepartner im Rahmen der zwischen ihnen bestehenden Aufgabenverteilung geplant haben, dass die Ehefrau nach der Geburt des Kindes die Erwerbstätigkeit aufgeben würde, um sich um das Kind kümmern zu können, mit der sich daraus ergebenden Folge des Ausscheidens aus dem Berufsleben und der Einbußen beim Aufbau der Altersversorgung.[386]
Hält eine Vereinbarung über den Versorgungsausgleich einer solchen Inhaltskontrolle nicht stand, ist sie nach § 138 BGB nichtig.
Haben die Ehepartner eine Vereinbarung über den Versorgungsausgleich geschlossen, die einer Inhaltskontrolle standhält, somit grundsätzlich wirksam ist, kann diese aber dennoch dazu führen, dass es dem begünstigten Ehegatten verwehrt ist, sich auf diese Vereinbarung zu berufen.
In Zusammenhang mit der sog. Ausübungskontrolle ist am Maßstab des § 242 BGB zu prüfen, inwieweit seit Abschluss der Vereinbarungen von den Ehepartnern gewollte Änderungen in den gemeinsamen Lebensumständen eingetreten sind, die dazu geführt haben, dass ein Ehepartner keine ausreichende Altersversorgung aufgebaut hat und der Ausschluss des Versorgungsausgleichs mit dem Gebot der ehelichen Solidarität unvereinbar erscheint.[387]
Da insoweit eine einvernehmliche Änderung der Lebensumstände eingetreten sein muss, bedeutet dies, dass eine Ausübungskontrolle nur in Betracht kommt, wenn zwischen dem Abschluss über die Vereinbarung zum Versorgungsausgleich und der familiengerichtlichen Entscheidung ein längerer Zeitraum liegt.
Solche Änderung der Lebensumstände kann z. B. die nachträgliche Geburt eines Kindes sein, mit der die Ehegatten nicht gerechnet haben, und wenn ein Elternteil wegen der Pflege und Erziehung des Kindes die Erwerbstätigkeit aufgibt und dadurch der Aufbau der Alterssicherung erheblich eingeschränkt wird.[388]
Hält die Vereinbarung über den Versorgungsausgleich einer Ausübungskontrolle nicht stand, so führt dieses nicht zur Nichtigkeit der Vereinbarung und zur Anwendung der gesetzlichen

[384] BGH FamRZ 2004, S. 601.
[385] Fa-FamR, Gutdeutsch/Wagner, Kap. 7, Rdnr. 314.
[386] BGH FamRZ 2009, S. 1041.
[387] Kemper Rdnr. 136.
[388] OLG Düsseldorf NJW 2006, S. 2049.

Vorschriften anstelle der vertraglichen Regelung, sondern lediglich zur Anpassung der vertraglichen Vereinbarung an die veränderte Lebenssituation der Ehepartner.[389]

4.2.1.5.4 Härteklausel (§ 27 VersAusglG)

Nach der allgemeinen Härteklausel des § 27 VersAusglG kann der Versorgungsausgleich ausgeschlossen oder beschränkt werden, soweit die Durchführung des Versorgungsausgleichs grob unbillig wäre. Dies ist nach § 27 Satz 2 VersAusglG dann der Fall, wenn die gesamten Umstände des Einzelfalles es rechtfertigen, von der Halbteilung abzuweichen. Da nach dem heutigen System des Versorgungsausgleichs ein Ausgleich grundsätzlich bei den jeweiligen einzelnen Anrechten der Ehepartner stattfindet, können beide Ehegatten nunmehr Adressaten der Härteregelung sein, da sie beide ausgleichspflichtig sind, wenn sie jeweils Anrechte erworben haben.

Gründe, die zu einer Beschränkung oder einem Wegfall des Versorgungsausgleichs führen, können in den Lebensumständen der Eheleute, insbesondere ihren Vermögens- und Einkommensverhältnissen, begründet sein oder in einer illoyalen oder anderen zu missbilligenden Verhaltensweise des einen Gatten gegenüber dem anderen Ehegatten liegen.[390] In jedem Fall ist immer eine einzelfallbezogene Bewertung und Abwägung vorzunehmen.

Susanne ist mit Heinz verheiratet. Sie hat während der Ehezeit das Kind Sabine geboren, Heinz aber verschwiegen, dass er nicht der Vater ist. Hier kann im Einzelfall das vorsätzliche Unterschieben eines Kindes zum Ausschluss des Versorgungsausgleichs führen.

4.2.2 Ausgleichsansprüche nach der Scheidung

Die Versorgungsausgleichsansprüche nach der Scheidung – nach altem Recht schuldrechtlicher Versorgungsausgleich genannt – sind in § 20 ff. VersAusglG geregelt. Dieser Wertausgleich nach der Scheidung, der nach § 223 FamFG nur auf Antrag des Ausgleichsberechtigten stattfindet, kommt in den Fällen in Betracht, in denen ein Wertausgleich von Versorgungsanwartschaften bei der Scheidung nicht durchgeführt werden konnte.

Dies ist dann der Fall, wenn die Ehepartner durch eine Vereinbarung nach § 6 Abs. 1 Nr. 3 VersAusglG für bestimmte Anrechte den Ausgleich nach der Scheidung vereinbart haben, die an sich den Wertausgleich bei der Scheidung auszugleichen gewesen wären, oder in den Fällen, in denen Anrechte bei der Scheidung noch nicht ausgeglichen werden konnten, weil sie eine fehlende Ausgleichsreife i. S. d. § 19 VersAusglG gehabt haben. Diese fehlende Ausgleichsreife ist in § 19 Abs. 2 VersAusglG definiert.

Thomas hat zum Zeitpunkt der Zustellung der Scheidungsantragsschrift Anrechte aus einer betrieblichen Altersversorgung erworben. Diese Anrechte bestehen aber erst vier Jahre und sind deshalb noch nicht unverfallbar i. S. d. § 1b BetrAVG. Ein Ausgleich bei der Scheidung ist aus diesem Grunde nicht möglich.

[389] FA-FamR, Gutdeutsch/Wagner, Kap.7, Rdnr. 314.

[390] Kemper Rdnr. 186.

Aber auch der Wertausgleich nach der Scheidung findet nicht statt, wenn der VersAusglG bei der Scheidung aus anderen Gründen ausgeschlossen ist. Dies sind insbesondere die Ausschlüsse in den Bagatellfällen nach § 18 VersAusglG, die Kürze der Ehedauer i. S. d. § 3 Abs. 3 VersAusglG oder die Fälle der groben Unbilligkeit i. S. d. § 27 VersAusglG.
Ein Versorgungsausgleich nach der Scheidung setzt nach § 20 Abs. 1 VersAusglG voraus, dass der Ausgleichspflichtige aus dem bei der Scheidung noch nicht ausgeglichenen Anrecht laufende Leistung bezieht. Dies können zum einen Renten sein, aber auch Einmalkapitalleistungen, wie sich aus § 22 VersAusglG ergibt.
Der ausgleichsberechtigte Ehegatte erhält hierbei den auf die Ehezeit entfallenden Ausgleichswert als Rente oder den entsprechenden Ausgleichswert als Kapitalbetrag, soweit der Ausgleichspflichtige eine Kapitalleistung von dem Versorgungsträger erhalten hat.
Zur Absicherung der Ausgleichsansprüche sieht § 21 VersAusglG vor, dass der ausgleichsberechtigte Ehegatte von dem ausgleichspflichtigen Ehegatten verlangen kann, den Anspruch gegen den Versorgungsträger in Höhe der Ausgleichsrente abzutreten.
Auch der schuldrechtliche Versorgungsausgleich kann in Härtefällen unter den Voraussetzungen des § 27 VersAusglG ausgeschlossen oder eingeschränkt werden.

MERKE

Die Versorgungsanwartschaften, die die Eheleute während der Ehe für das Alter erworben haben, werden im Versorgungsausgleich ausgeglichen. Jeder Ehepartner, der während der Ehezeit Rentenanwartschaften erworben hat, muss die Hälfte an den anderen Ehepartner im Falle einer Scheidung übertragen.
Der öffentlich-rechtliche Versorgungsausgleich wird als Scheidungsfolgensache von Amts wegen durchgeführt.
Die Teilung der Anwartschaften geschieht in der Regel durch die sog. interne Teilung. In Höhe des Ausgleichswertes überträgt das Familiengericht das zu übertragende Anrecht auf den ausgleichsberechtigten Ehegatten.
Unter den Voraussetzungen des § 14 Abs. 2 VersAusglG und des § 14 Abs. 5 VersAusglG kann eine externe Teilung vorgenommen werden. Hierbei wird zugunsten des berechtigten Ehegatten durch das Familiengericht bei einem anderen Versorgungsträger ein neues Anrecht i. H. des Ausgleichswertes begründet.
Der sog. Versorgungsausgleich nach der Scheidung – früher auch schuldrechtlicher Versorgungsausgleich genannt – erfolgt nur auf Antrag eines Ehepartners und findet insbesondere dann statt, wenn bestehende Anrechte im öffentlich-rechtlichen Versorgungsausgleich nicht ausgeglichen werden können.
Die Ehepartner können in einem Ehevertrag, der gem. § 1410 der notariellen Beurkundung bedarf, den Versorgungsausgleich ausschließen oder einschränken.
Dem Versorgungsausgleich unterliegen nur die Versorgungsanwartschaften, die während der Ehezeit begründet oder aufrechterhalten worden sind.

5 EHELICHES GÜTERRECHT

Das eheliche Güterrecht behandelt ausschließlich die vermögensrechtlichen Beziehungen der Ehepartner und darf nicht verwechselt werden mit dem Unterhaltsrecht.
Das Gesetz kennt drei verschiedene Formen, die auch als Güterstände bezeichnet werden. Hierbei handelt es sich um die Zugewinngemeinschaft, geregelt in §§ 1363–1390, die Gütertrennung nach § 1414 und die Gütergemeinschaft nach §§ 1415–1518.
Während die Gütertrennung (§ 1414) und die Gütergemeinschaft (§§ 1415–1518) durch einen notariellen Ehevertrag nach §§ 1408, 1410 begründet werden, entsteht die Zugewinngemeinschaft, auch als gesetzlicher Güterstand bezeichnet, mit Eingehung der Ehe kraft Gesetzes, soweit die Ehepartner nicht durch Vertrag einen der beiden vorgenannten Güterstände vertraglich vereinbart haben.
Auch nach Eingehung der Ehe können die Parteien jederzeit vertraglich einen anderen Güterstand vereinbaren und damit die Zugewinngemeinschaft beenden.

MERKE

Das eheliche Güterrecht unterscheidet zwischen Zugewinngemeinschaft, Gütertrennung und Gütergemeinschaft. Gütertrennung und Gütergemeinschaft werden durch einen notariellen Vertrag begründet. Die Zugewinngemeinschaft, die auch als gesetzlicher Güterstand bezeichnet wird, besteht immer in den Fällen, in denen die Eheleute durch notariellen Vertrag keinen anderen Güterstand vereinbart haben.

5.1 Zugewinngemeinschaft

Der Grundgedanke der Zugewinngemeinschaft beruht auf der Überlegung, dass die Ehepartner gleichermaßen an dem Vermögenszuwachs partizipieren sollen, der während der Ehe erwirtschaftet werden kann.
Dies bedeutet aber nicht, dass das Vermögen, das die Eheleute während der Ehe erzielen, automatisch den Ehepartnern gemeinsam gehört. § 1363 Abs. 2 S. 1 bestimmt sogar ausdrücklich, dass jeder Ehegatte Eigentümer und Inhaber seines eigenen Vermögens bleibt und dieses auch grundsätzlich nach § 1364 selbstständig verwaltet. Dies gilt auch für das Vermögen, dass jeder Ehegatte während der Ehe erwirbt.
Gemeinsames Vermögen können die Ehepartner während der Ehe natürlich auch erwerben. Dieses geschieht aber nicht kraft Gesetzes, sondern nur durch Rechtsgeschäft. Genauso wenig besteht eine gesetzliche Haftung für Schulden des anderen Ehepartners.
Im Unterschied zur Gütertrennung hat der Gesetzgeber aber zum Schutz des anderen Ehepartners bei der Zugewinngemeinschaft in §§ 1365–1369 Verpflichtungs- und Verfügungsbeschränkungen eingerichtet. Der weitere wesentliche Unterschied besteht darin, dass bei Beendigung des Güterstandes der unterschiedliche Vermögenszuwachs der Ehepartner ausgeglichen wird.
Wird die Zugewinngemeinschaft durch den Tod eines Ehepartners beendet, kann der Ausgleich dadurch erfolgen, dass der Erbanteil des überlebenden Ehegatten aus § 1931 gem. § 1371 Abs. 1 pauschal um ein Viertel erhöht wird (erbrechtliche Lösung).

Philipp und Heike sind seit 1981 verheiratet. Sie leben im gesetzlichen Güterstand. Aus der Ehe sind die Kinder Karsten und Veronika hervorgegangen. Im Juli 2014 kommt Philipp bei einem Verkehrsunfall ums Leben. Neben den Kindern Karsten und Veronika erbt Heike in der gesetzlichen Erbfolge gem. § 1931 zu einem Viertel. Der Zugewinnausgleich nach der erbrechtlichen Lösung stellt sich nun so dar, dass sich dieses Erbrecht von Heike gem. § 1371 Abs. 1 um ein weiteres Viertel pauschal erhöht, sie somit an dem Nachlass von Philipp Miterbin zur Hälfte wird.

Nach der sog. güterrechtlichen Lösung wird der Zugewinnausgleich schuldrechtlich herbeigeführt. Der anspruchsberechtigte Ehegatte erwirbt bei der Beendigung des Güterstandes gem. § 1378 Abs. 1 eine Ausgleichsforderung in Höhe der Hälfte des Überschusses, um den der Zugewinn des anderen Ehepartners den eigenen Zugewinn übersteigt. Die güterrechtliche Lösung findet Anwendung im Falle der Scheidung der Ehe, aber auch in den Fällen, in denen die Ehepartner während der Ehe durch notariellen Vertrag den Güterstand ändern und dadurch die Zugewinngemeinschaft beenden.

Michal und Susanne sind seit 2005 verheiratet. Das Scheidungsverfahren ist zwischen ihnen rechtshängig. Der Zugewinn, den Michael während der Ehe erzielt hat, beläuft sich auf 25.000 €. Susanne hat nach dem Willen der Eheleute den Haushalt geführt und während der Ehe nur einen Zugewinn i. H. v. 5.000 € erzielen können. Der Überschuss von Michael beträgt 20.000 €. Nach § 1378 Abs. 1 steht Susanne die Hälfte des Überschusses, damit 10.000 €, als Ausgleichsforderung zu.

Auch im Falle des Todes kann der überlebende Ehegatte statt der erbrechtlichen Lösung sich unter den Voraussetzungen des § 1371 Abs. 3 für diese güterrechtliche Lösung entscheiden. Dies wird insbesondere dann in Frage kommen, wenn der überlebende Ehegatte geringen oder keinen, der verstorbene Ehegatte dagegen einen sehr hohen Zugewinn während der Ehe erzielt hat.
Der überlebende Ehepartner muss in diesem Fall die Erbschaft ausschlagen, kann neben dem vollen Zugewinnausgleich nach § 1378 aber auch noch den sog. kleinen Pflichtteil verlangen, der sich aus dem Erbrecht nach § 1931 berechnet (vgl. auch die Beispielfälle unter Teil E, XIII, Ziff. 3).

5.1.1 Verpflichtungs- und Verfügungsbeschränkungen

Gem. § 1364 verwaltet jeder Ehegatte sein eigenes Vermögen selbstständig und besitzt auch das Recht, Verfügungen alleine zu treffen. Um aber die wirtschaftliche Existenz der Familiengemeinschaft nicht zu gefährden und auch dem anderen Ehegatten eventuelle Ansprüche auf den Zugewinnausgleich abzusichern, hat der Gesetzgeber in §§ 1365–1369 Regelungen aufgenommen, die das Recht der Ehepartner auf freie Disposition über das eigene Vermögen einschränken.

5.1.1.1 Zustimmungsbedürftige Rechtsgeschäfte

Jeder Ehegatte kann sich gem. § 1365 Abs. 1 S. 1 nur mit Einwilligung (vorherige Zustimmung, vgl. § 183) des anderen Ehegatten verpflichten, über sein Vermögen im Ganzen zu verfügen.

Nach der überwiegend vertretenen Einzeltheorie ist die Einwilligung auch dann erforderlich, wenn der Ehegatte sich nicht nur verpflichtet, über sein gesamtes Vermögen »en bloc« zu verfügen, sondern auch dann, wenn der Vertragsgegenstand einen einzelnen Gegenstand betrifft und dieser Gegenstand nahezu das gesamte Vermögen dieses Ehegatten ausmacht.[391]
Allerdings wird in der Rechtsprechung in diesem Fall noch weiter differenziert zwischen sog. »größeren« und »kleineren« Vermögen. Bei kleineren Vermögen (Grenze unter 100.000 €[392]) fällt ein solches Rechtsgeschäft in den Anwendungsbereich des § 1365, wenn dem handelnden Ehegatten nur noch weniger als 15 % des Vermögens verbleiben, bei größerem Vermögen liegt diese Grenze bei 10 %.
In den Fällen, in denen ein Ehegatte sich verpflichtet, über einen einzelnen Gegenstand zu verfügen, wird aber dem anderen Vertragspartner häufig nicht bekannt sein, dass es sich um das gesamte Vermögen handelt.
Nach der herrschenden subjektiven Theorie ist es deshalb in diesen Fällen notwendig, dass der Erwerber zum Zeitpunkt des Abschlusses des Verpflichtungsgeschäftes positive Kenntnis von dem Umständen hat, aus denen sich ergibt, dass dieser Gegenstand den einzigen Vermögenswert darstellt.[393]

Heinz und Gertrud sind miteinander verheiratet und leben im gesetzlichen Güterstand. Heinz ist Eigentümer eines Grundstücks. Weiteres Vermögen besitzt er nicht. Im August 2014 schließt er mit seinem Freund Otto einen notariellen Kaufvertrag über dieses Grundstück. Otto kennt die finanziellen Verhältnisse seines Freundes sehr genau. Hier hätte der notarielle Kaufvertrag gem. § 1365 der Einwilligung von Gertrud bedurft.

Hat der Ehegatte ein Verpflichtungsgeschäft ohne die erforderliche Einwilligung des anderen Ehegatten geschlossen, so kann er die eingegangene Verpflichtung gem. § 1365 Abs. 1 S. 2 nur erfüllen, wenn der andere Ehepartner die Einwilligung hierzu erteilt.
Es handelt sich hierbei um ein absolutes Veräußerungsverbot, sodass auch § 135 Abs. 2 keine Anwendung findet. Sowohl der handelnde Ehegatte als auch der andere Ehepartner sind nach § 1368 berechtigt, sich gegenüber dem Erwerber auf die Unwirksamkeit zu berufen und die sich hieraus ergebenden Rechte (z. B. den Herausgabeanspruch nach § 985 oder einen Grundbuchberichtigungsanspruch nach § 894) gegebenenfalls auch gerichtlich geltend zu machen.
Bei der Frage, welche Rechtsfolgen sich für die Wirksamkeit des Verpflichtungsgeschäftes ergeben, das ein Ehegatte ohne die erforderliche Einwilligung des anderen Ehepartner abgeschlossen hat, ist zu differenzieren:
Hat der handelnde Ehepartner ohne die erforderliche Einwilligung des anderen Ehepartners einen Vertrag abgeschlossen, so ist dieser zunächst schwebend unwirksam, wird aber nach § 1366 Abs. 1 wirksam, wenn der andere Ehepartner ihn genehmigt.
Verweigert der andere Ehepartner aber die Genehmigung, so ist der Vertrag unwirksam (vgl. § 1366 Abs. 4).
Hat der Ehepartner allerdings ein einseitiges Rechtsgeschäft (z. B. eine Kündigung oder einen Rücktritt vom Vertrag) ohne die erforderliche Einwilligung vorgenommen, sind

[391] Palandt/Brudermüller, § 1365 Rdnr. 4.
[392] FA-FamR, v. Heintschel-Heinegg, Kap. 9 Rdnr. 29.
[393] FA-FamR, v. Heintschel-Heinegg, Kap. 9 Rdnr. 24.

derartige Rechtsgeschäfte gem. § 1367 unwirksam und eine Genehmigung des anderen Ehepartners ist in diesen Fällen nicht möglich.
Gem. § 1365 Abs. 2 kann allerdings die fehlende Zustimmung des anderen Ehepartners auf einen entsprechenden Antrag des handelnden Ehepartners durch das Vormundschaftsgericht ersetzt werden. Dies setzt aber voraus, dass das Rechtsgeschäft den Grundsätzen einer ordnungsgemäßen Verwaltung entspricht und der andere Ehegatte seine Zustimmung ohne ausreichenden Grund verweigert oder seine Zustimmung aufgrund von Krankheit oder Abwesenheit nicht erklären kann und mit einem Aufschub Gefahr verbunden ist.

5.1.1.2 Verfügungen über Haushaltsgegenstände

Die hier einschlägige Vorschrift des § 1369 bezweckt in erster Linie die Absicherung des Bestandschutzes hinsichtlich solcher Gegenstände, die im Haushalt von den Ehepartnern für das Familienzusammenleben genutzt werden.[394]
Ein Ehegatte kann hiernach nur mit Einwilligung des Ehepartners über Gegenstände des ehelichen Haushalts verfügen. Darüber hinaus bedarf aber auch die Verpflichtung zu einer derartigen Verfügung bereits der Einwilligung des anderen Ehegatten.

> Hans und Ute sind miteinander verheiratet. Sie leben im gesetzlichen Güterstand. Hans verkauft ohne Wissen von Ute das im ehelichen Haushalt befindliche Fernsehgerät. Hier hätte bereits der Kaufvertrag der Einwilligung von Ute bedurft. Der Vertrag ist zunächst gem. §§ 1369 Abs. 3, 1366 Abs. 1 schwebend unwirksam und bedarf zur Wirksamkeit der Genehmigung von Ute.

Das Einwilligungserfordernis bezieht sich auf alle Gegenstände des ehelichen Haushaltes. Hierunter fallen alle beweglichen Sachen, die der Haushaltsführung und dem familiären Zusammenleben dienen.[395]
Als Beispiel seien angeführt Wohnungseinrichtungsgegenstände, TV-Geräte, Radios, Gartenmöbel, aber auch Nahrungsmittel oder Brennmaterial.[396]
Nicht unter diese Vorschrift fallen Gegenstände, die zum persönlichen Gebrauch eines Ehegatten bestimmt sind, oder Gegenstände, die ein Ehepartner für seine Berufsausübung benötigt (Beispiel: Kleidung, Musikgeräte, die für die Ausübung eines Hobbys notwendig sind).
Bei einigen Haushaltsgegenständen wird die Abgrenzung zwischen der Nutzung für den persönlichen Gebrauch und Benutzung im Rahmen des ehelichen Haushaltes schwierig sein. Entscheidend ist in diesen Fällen die Zweckbestimmung innerhalb der Ehe. So kann durchaus ein Kraftfahrzeug, das primär für Familienzwecke genutzt wird, als Haushaltsgegenstand angesehen werden, nicht aber ein Kraftfahrzeug, das hauptsächlich der Berufsausübung dient.[397]
Nach dem Wortlaut des § 1369 Abs. 1 fallen nur Gegenstände des ehelichen Haushalts unter diese Vorschrift, die im Eigentum des verfügenden Ehegatten steht. Unter Berücksichtigung

---

[394] Palandt/Brudermüller, § 1369 Rdnr. 1.
[395] Palandt/Brudermüller, § 1369 Rdnr. 4.
[396] Palandt/Brudermüller, § 1369 Rdnr. 4.
[397] Schwab, Rdnr. 232.

des Normzweckes fallen aber auch solche Haushaltsgegenstände unter diese Norm, die im Miteigentum des anderen Ehepartners oder sogar in dessen Alleineigentum stehen.[398] Die notwendige Einwilligung des anderen Ehegatten kann auf Antrag eines Ehegatten durch das Vormundschaftsgericht ersetzt werden, wenn der andere Ehegatte die Einwilligung ohne ausreichenden Grund verweigert oder durch Krankheit oder Abwesenheit verhindert ist, die entsprechende Einwilligung abzugeben (vgl. § 1369 Abs. 2).
Auch § 1369 enthält ein absolutes Veräußerungsverbot, sodass auch ein gutgläubiger Dritter das Eigentum an diesen Haushaltsgegenständen bei fehlender Einwilligung des anderen Ehepartners nicht gutgläubig nach § 932 ff. erwerben kann.
Im Übrigen ist in § 1370 normiert, dass Haushaltsgegenstände, die anstelle von nicht mehr vorhandenen oder wertlos gewordenen Gegenständen angeschafft werden, Eigentum des Ehegatten werden, dem die nicht mehr vorhandenen oder wertlos gewordenen Gegenstände gehört haben.

MERKE

Bei der Zugewinngemeinschaft entsteht kein gemeinsames Vermögen der Eheleute kraft Gesetzes. Vielmehr bleibt jeder Ehepartner Eigentümer bzw. Inhaber seines eigenen Vermögens und verwaltet dieses grundsätzlich auch selbstständig (§ 1364).
Wird die Zugewinngemeinschaft beendet, werden die während der Ehe unterschiedlich erworbenen Vermögenszuwächse ausgeglichen. Im Falle des Todes eines der Ehepartner geschieht dieses einmal durch eine pauschale Erhöhung des Erbteils des überlebenden Ehegatten um ein Viertel (erbrechtliche Lösung § 1371 Abs. 1). Der überlebende Ehegatte kann aber auch die Erbschaft ausschlagen und den nach § 1378 zustehenden vollen Zugewinnausgleich sowie den sog. kleinen Pflichtteil verlangen (güterrechtliche Lösung § 1371 Abs. 3).
In allen anderen Fällen (Scheidung oder Eheaufhebung) wird der Zugewinnausgleich nach §§ 1373–1390 herbeigeführt, soweit der Ehegatte, der den geringeren Zugewinn während der Ehe erzielt hat, dieses fordert.
Zum Schutz des jeweils anderen Ehepartners hat der Gesetzgeber in der Zugewinngemeinschaft in §§ 1365–1369 Verfügungsbeschränkungen bestimmt.
Nach § 1365 kann jeder Ehegatte sich nur mit Einwilligung des anderen Ehegatten verpflichten, über sein Vermögen im Ganzen zu verfügen.
Liegt diese Einwilligung des anderen Ehegatten nicht vor, so hängt die Wirksamkeit eines zustimmungspflichtigen Vertrags, den der andere Ehegatte abgeschlossen hat, von der Genehmigung des Ehepartners ab. Bei einseitigen zustimmungsbedürftigen Rechtsgeschäften ist dagegen eine Genehmigung des anderen Ehepartners nicht mehr möglich (§ 1367). Solche Rechtsgeschäfte sind ohne Einwilligung unwirksam.
Auch Verfügungen über Haushaltsgegenstände oder entsprechende Verpflichtungsgeschäfte bedürfen gem. § 1369 der Zustimmung des anderen Ehepartners.

---

[398] Palandt/Brudermüller, § 1369 Rdnr. 1.

5.1.2 Ausgleichsansprüche bei Beendigung der Zugewinngemeinschaft

In den Fällen, in denen die Zugewinngemeinschaft durch Tod eines Ehegatten endet, erfolgt der Ausgleich nach § 1371. In allen anderen Fällen richtet sich der Zugewinnausgleich nach §§ 1373–1390.
Beendigungstatbestände sind in diesen Fällen die Ehescheidung, die Aufhebung der Ehe (mit der Einschränkung nach § 1318 Abs. 3) oder der Abschluss eines notariellen Ehevertrags nach §§ 1408, 1410, in dem die Ehepartner einen anderen Güterstand vereinbaren.
Darüber hinaus kann nach § 1385 ein vorzeitiger Zugewinnausgleich beansprucht und gerichtlich beantragt werden, wenn die Ehepartner seit mindestens drei Jahren getrennt leben. Ferner kann unter den Voraussetzungen des § 1386 gleichfalls ein vorzeitiger Zugewinnausgleich beansprucht und eingeklagt werden.
Bei dem Antrag auf vorzeitigen Zugewinnausgleich handelt es sich um eine sog. Gestaltungsantrag. Mit der Rechtskraft der Entscheidung tritt gem. § 1388 kraft Gesetzes Gütertrennung ein.

MERKE

Wird die Zugewinngemeinschaft durch den Tod eines Ehepartners beendet, erfolgt der Zugewinnausgleich nach § 1371, in allen anderen Fällen der Beendigung nach §§ 1373–1390.

5.1.2.1 Ausgleichsforderungen

Grundlage für den schuldrechtlichen Anspruch gegen den anderen Ehepartner auf Zugewinnausgleich ist § 1378 Abs. 1. Übersteigt hiernach der Zugewinn, den ein Ehegatte während der Ehe erzielt hat, den Zugewinn des anderen Ehegatten, so steht Letzterem die Hälfte des Überschusses als Ausgleichsforderung zu.

Philipp und Ute sind miteinander verheiratet. Sie leben im gesetzlichen Güterstand. Die Ehe wird geschieden. Philipp hat einen Zugewinn von 10.000 € erwirtschaftet, der Zugewinn von Ute beläuft sich auf 500 €. Der Überschuss von Philipp beträgt 9.500 €. Die Ausgleichsforderung von Ute nach § 1378 Abs. 1 beträgt damit 4.750 €.

Grundsätzlich entsteht die Ausgleichsforderung mit der Beendigung des Güterstandes und verjährt gem. § 195 in drei Jahren, beginnend mit dem Schluss des Jahres in dem der Anspruch entstanden ist (§ 199 Abs. 1) und der Berechtigte Kenntnis von dem anspruchsbegründenden Umständen erlangt hat bzw. ohne grobe Fahrlässigkeit hätte erlangen müssen. Die Ausgleichsforderung ist grundsätzlich auf Zahlung eines Geldbetrages gerichtet.

5.1.2.2 Berechnung des Zugewinns

Der Zugewinn wird in § 1373 definiert als der Betrag, um den das Endvermögen eines Ehegatten das Anfangsvermögen übersteigt.

5.1.2.2.1 Anfangsvermögen

Anfangsvermögen ist gem. § 1374 Abs. 1 das Vermögen, das einem Ehegatten nach Abzug der Verbindlichkeiten beim Eintritt in den Güterstand gehört. Entscheidender Stichtag ist der Beginn des Güterstandes. Dies kann einmal der Tag der Eheschließung sein, aber auch der Zeitpunkt, in dem die Ehegatten einen anderen Güterstand wie die Gütertrennung vertraglich aufgehoben und für die Zukunft die Zugewinngemeinschaft vereinbart haben. Alle vorhandenen Vermögensgegenstände sind wertmäßig zu berechnen.

Abzuziehen sind die bestehenden Verbindlichkeiten. Mit der Reform des Zugewinnausgleichsrechts zum 01.09.2009 hat sich insoweit allerdings eine Veränderung ergeben. Während nach dem alten Recht die bestehenden Verbindlichkeiten nur bis zur Höhe des vorhandenen Aktivvermögens abgezogen werden konnten, das Anfangsvermögen somit nach früherer Rechtslage niemals negativ sein konnte, bestimmt § 1374 Abs. 3 nach der neuen Rechtslage, dass Verbindlichkeiten über die Höhe des Vermögens hinaus abzuziehen sind.

Heinz und Ute sind miteinander verheiratet. Sie leben im gesetzlichen Güterstand. Die Ehe wird geschieden. Bei Eingehung der Ehe besaß Heinz ein Sparkonto mit 10.000 €. Allerdings besaß Heinz zu diesem Zeitpunkt auch Kreditverbindlichkeiten i. H. v. 25.000 €. Nach der alten Rechtslage wäre das Anfangsvermögen von Heinz mit 0 anzugeben, da es bis zum 01.09.2009 ein negatives Anfangsvermögen nicht gegeben hat. Nach heutiger Rechtslage beläuft sich das Anfangsvermögen von Heinz auf -15.000 €.

Um das Anfangsvermögen zu ermitteln, sind zunächst alle Vermögensgegenstände des einzelnen Ehepartners festzustellen. Diese Gegenstände sind sodann geldmäßig zu bewerten. Die Summe aller Vermögensgegenstände bildet sodann das Anfangsvermögen, abzüglich bestehender Verbindlichkeiten, die aber nur bis zum Wert des Aktivvermögens berücksichtigt werden.

Hat ein Ehepartner bereits Anfangsvermögen, so ist es empfehlenswert, ein sog. Vermögensverzeichnis zu erstellen, in dem das Anfangsvermögen aufgenommen wird.

Gem. § 1377 Abs. 2 S. 1 kann auch jeder Ehegatte verlangen, dass der andere Ehepartner bei der Aufnahme des Verzeichnisses mitwirkt.

Im Falle der Aufhebung des Güterstandes wird somit jeder Ehegatte in der Lage sein, sein Anfangsvermögen auch nach mehreren Jahren noch nachzuweisen. Im Übrigen ist in § 1377 Abs. 3 die gesetzliche Vermutung enthalten, dass in den Fällen, in denen die Ehepartner kein Vermögensverzeichnis aufgestellt haben, das Endvermögen eines Ehegatten auch seinen Zugewinn darstellt.

Insbesondere der Ehepartner, der ein großes Anfangsvermögen besitzt, sollte demnach auf die Erstellung eines Vermögensverzeichnisses hinwirken.

Bei der Bewertung des Anfangsvermögens muss sodann noch ein weiterer Umstand berücksichtigt werden. Die Eheleute sollen den wirklichen Wertzuwachs ausgleichen, der während der Ehe entstanden ist, jedoch nicht einen Wertzuwachs, der sich allein aus der Entwertung des Geldes während der Dauer der Ehe ergibt.

Aus diesem Grund ist das Anfangsvermögen um den sog. inflationsbedingten Scheinverlust zu bereinigen. Mithilfe des allgemeinen Lebenshaltungskostenindex des Statistischen Bundesamtes wird der Wert des Anfangsvermögens auf den am Stichtag bestehenden Wert hochgerechnet.

Es werden hierbei nicht die einzelnen Vermögenswerte, die das Anfangsvermögen ausmachen, hochgerechnet, sondern das gesamte Anfangsvermögen.
Die Indexzahlen, die für den Anfangsstichtag (Begründung des Güterstandes) und den Endstichtag (z. B. Zustellung der Scheidungsschrift) berücksichtigt werden müssen, sind dem »Statistischem Jahrbuch für die Bundesrepublik Deutschland« (Fachserie 17, das vom Statistischem Bundesamt Wiesbaden herausgegeben wird) zu entnehmen.

Die Ehe von Hans und Ute ist am 13.05.1986 geschlossen worden. Das Anfangsvermögen umgerechnet in € belief sich bei Hans auf 20.000 €. Die Scheidungsschrift von Hans wurde Ute am 10.12.2003 zugestellt. Das Anfangsvermögen von Hans ist nun wie folgt um den inflationsbedingten Scheinverlust zu bereinigen. Das Statistische Bundesamt hat den Index (Verbraucherpreisindex) auf das Basisjahr 2000 gestellt. Dieses Basisjahr 2000 ist mit 100 Punkten anzunehmen. Für das Kalenderjahr 1986 ergibt sich ein durchschnittlicher Wert von 75,2 Punkten, für das Kalenderjahr 2003 ein durchschnittlicher Wert von 104,3 Punkten. Das Anfangsvermögen von Hans ist nun nach folgender Formel zu bereinigen:

$$\text{Anfangsvermögen: } 20.000{,}00\,€ \quad \frac{\times\ 104{,}3}{75{,}2} = 27.739{,}36\,€$$

Das Anfangsvermögen von Hans wäre hier mit einem Betrag von 27.739,36 € zu berücksichtigen.

Der Wert des Anfangsvermögens, das ein Ehepartner bei Eintritt in den Güterstand besitzt, wird sodann gem. § 1374 Abs. 2 erhöht um die Zuwendungen, die ein Ehegatte nach Eintritt in den Güterstand mit Rücksicht auf ein zukünftiges Erbrecht, von Todes wegen, durch Schenkung oder als Ausstattung erwirbt.
Die Auflistung in § 1374 Abs. 2 ist abschließend und auf sonstige Zuwendungen nicht zu erweitern.[399]
Der Grund für diese Vorschrift liegt in dem Umstand, dass die dort genannten Zuwendungen keinen Vermögenszuwachs darstellen, der in der ehelichen Lebensgemeinschaft begründet ist, sondern es sich vielmehr um Zuwendungen handelt, die eine dritte Person einem der Ehepartner aufgrund persönlicher Beziehungen zukommen lässt. An derartigen Vermögenswerten soll der andere Ehepartner nicht partizipieren.

Das Anfangsvermögen von Hans beläuft sich auf 20.000 €. Während der Ehe hat Hans von seinen Eltern eine Erbschaft erhalten i. H. v. 30.000 €. Das für den Zugewinnausgleich zu berücksichtigende Anfangsvermögen beläuft sich damit auf 50.000 €.

Auch bei den Zuwendungen, die unter § 1374 Abs. 2 fallen, ist eine Korrektur um den inflationsbedingten Scheinverlust notwendig. Genauso wie bei den übrigen Werten, die das Anfangsvermögen darstellen, ist der Kaufkraftschwund in der oben dargelegten Weise zu berücksichtigen. Auch die Zuwendungen des § 1374 Abs. 2 sind bezüglich des tatsächlichen Wertes auf den Endstichtag (z. B. die Zustellung der Scheidungsantragsschrift) umzurechnen. Allerdings erfolgt die Indizierung nicht auf den Zeitpunkt, in dem der Güterstand begründet

[399] BGH FamRZ 1977, 125.

worden ist, sondern die Umrechnung erfolgt auf den Zeitpunkt, in dem der Vermögenswert, der unter § 1374 Abs. 2 fällt, tatsächlich dem Ehepartner zugewendet worden ist.

5.1.2.2.2 Endvermögen

Endvermögen ist gem. § 1375 Abs. 1 S. 1 dasjenige Vermögen, das einem Ehegatten nach Abzug der Verbindlichkeiten bei Beendigung des Güterstandes gehört.
Eine Besonderheit gilt aber in den Fällen, in denen der Güterstand durch Scheidung beendet wird. Gem. § 1384 ist für die Berechnung des Zugewinns und damit auch für die Bewertung des Endvermögens der Zeitpunkt maßgeblich, in dem das Scheidungsverfahren rechtshängig wird. Dies ist der Zeitpunkt, in dem die Scheidungsantragsschrift dem anderen Ehepartner zugestellt wird.
Zu dem Endvermögen zählen alle wirtschaftlichen Werte eines Ehepartners, die er im Zeitpunkt des Stichtages besitzt. Hierzu zählen Sachenrechte wie Eigentum genauso wie bestehende Forderungen gegen dritte Personen.
Um das Endvermögen ermitteln zu können, ist es erforderlich jeden einzelnen Vermögensgegenstand in Geld zu bewerten. Entscheidend ist nach § 1376 Abs. 2 der tatsächliche Wert zum Zeitpunkt des Stichtages. Dieses ist in der Regel der sog. Verkehrswert eines Wirtschaftsgutes. Eine gesetzliche Bewertungsmethode ist im Übrigen nur in § 1376 Abs. 4 vorgeschrieben. Land- oder forstwirtschaftliche Betriebe sind mit dem sog. Ertragswert anzusetzen.
Nicht zum Endvermögen gehören wirtschaftliche Werte, die dem Zugewinnausgleich überhaupt nicht unterliegen, wie Versorgungsanwartschaften, über die ein Versorgungsausgleich stattfindet (vgl. § 2 VersAusglG), oder im gemeinsamen Eigentum der Eheleute nach § 1568b aufzuteilende Haushaltsgegenstände.[400]
Auch bei der Ermittlung des Endvermögens sind am Stichtag bestehende Verbindlichkeiten abzuziehen. Mit der Reform des Zugewinnausgleichsrechts zum 01.01.2009 hat sich aber auch bezüglich des Endvermögens eine Veränderung ergeben. Nach § 1375 Abs. 1 S. 2 a. F. konnten Verbindlichkeiten nur in dem Umfang berücksichtigt werden, wie Aktivvermögen vorhanden gewesen ist. Das Endvermögen konnte vor der Reform allenfalls bei 0 liegen, nicht aber negativ sein. In § 1375 Abs. 1 S. 2 ist nun geregelt, dass Verbindlichkeiten über die Höhe des Vermögens hinaus abzuziehen sind. Mit dieser Regelung werden nunmehr auch die Fälle erfasst, in denen ein Ehegatte während der Ehe bestehende Verbindlichkeiten hat reduzieren können, somit wirtschaftlich einen Zugewinn erzielt hat.[401]

Paul hat bei der Eheschließung Verbindlichkeiten i. H. v. 80.000 €. Er hat diese Verbindlichkeiten während der Ehe auf 30.000 € reduzieren können, sodass sein Endvermögen mit 50.000 € im Minus verbleibt. Seine Ehefrau Eva hat während der Ehe einen Zugewinn i. H. v. 80.000 € erwirtschaftet.
Nach der alten Rechtslage hätte Paul keinen zu hohen Gewinn erzielt. Eva hätte nach § 1378 I einen Betrag i. H. v. 40.000 € an Paul zahlen müssen. Nach der jetzigen Rechtslage ist der wirtschaftliche Zugewinn von 30.000 €, den Paul in der Ehe erzielt hat, zu berücksichtigen, sodass der Zugewinn von Eva dem Zugewinn von Paul nur noch i. H. v. 50.000 € übersteigt und Eva verpflichtet ist, hiervon die Hälfte, mithin 25.000 €, an Paul zu zahlen.

[400] Palandt/Brudermüller, § 1375 Rdnr. 5.

[401] BGHZ, 101, 65.

Damit keiner der Ehepartner einen eventuell bestehenden Ausgleichsanspruch des anderen Ehepartners durch eine ungerechtfertigte Minderung seines Endvermögens vereiteln kann, sind die in § 1375 Abs. 2 genannten Vermögensverfügungen dem Endvermögen hinzuzurechnen. Die Aufzählung in § 1375 Abs. 2 ist abschließend, eine entsprechende Anwendung auf andere Sachverhalte ist nicht zulässig.
Gem. § 1375 Abs. 2 Nr. 1 werden unentgeltliche Zuwendungen des Ehepartners an dritte Personen dem Endvermögen hinzugerechnet, soweit diese nicht auf einer sittlichen Pflicht beruhen oder einer auf den Anstand zu nehmenden Rücksicht entsprechen.
Eine unentgeltliche Verfügung in diesem Sinne liegt dann vor, wenn ihr keine Gegenleistung gegenübersteht. Hierunter fallen insbesondere Schenkungen, Spenden, aber auch die Übertragung von Vermögen an Kinder im Wege der vorweggenommenen Erbfolge.[402]

Hans besitzt bei Zustellung der Scheidungsschrift ein Endvermögen von 40.000 €. Während der Trennungszeit hat er seine Segelyacht im Wert von 45.000 € seinem Bruder Michael formwirksam geschenkt (§§ 516, 518) und ihm das Eigentum an der Segelyacht übertragen (§ 929 S. 1). Der Wert dieser Segelyacht i. H. v. 45.000 € wird nun seinem Endvermögen gem. § 1375 Abs. 2 Nr. 2 hinzugerechnet, sodass sich bei Hans das Endvermögen auf 85.000 € beläuft. Hat Hans dagegen während der Trennung einen Betrag i. H. v. 5.000 € seinem Bruder Michael geschenkt, damit dieser eine notwendige Operation für sein Kind finanzieren kann, wird man sagen können, dass diese Zuwendung einer sittlichen Pflicht entsprochen hat, sodass diese Zuwendung trotz Unentgeltlichkeit nicht seinem Endvermögen hinzuzurechnen wäre.

Hat ein Ehegatte in der Absicht, den anderen Ehegatten zu benachteiligen, eine unentgeltliche Zuwendung an eine dritte Person vorgenommen und ist die Ausgleichsforderung, die durch die Hinzurechnung der Vermögensminderung entsteht, gegenüber dem anderen Ehepartner nicht realisierbar, bestimmt § 1390, dass der andere Ehepartner zur Befriedigung seiner Ausgleichsforderung den Wert der unentgeltlichen Zuwendung nach den Vorschriften der ungerechtfertigten Bereicherung herausverlangen kann. § 1390 beinhaltet eine sog. Rechtsfolgenverweisung auf das Recht der ungerechtfertigten Bereicherung (§ 812 ff.). Der Dritte kann gem. § 1390 Abs. 1 S. 2 die Zahlung durch Herausgabe des Erlangten abwenden.
Gem. § 1390 Abs. 3 verjährt der Anspruch mit der Beendigung des Güterstandes.
Hinzuzurechnen sind gem. § 1375 Abs. 2 Nr. 2 ferner die Beträge, durch die ein Ehepartner sein Vermögen verschwendet hat.
Verschwendung in diesem Sinne sind Ausgaben, die in keinem Verhältnis zu den Vermögensverhältnissen des Ehepartners stehen.[403] Allein ein großzügiger Lebensstil reicht hierfür aber noch nicht aus.[404]
Hat ein Ehepartner Handlungen in der Absicht vorgenommen, den anderen Ehepartner zu benachteiligen und dadurch sein Vermögen gemindert, so werden auch diese Beträge, die der Minderung entsprechen, dem Endvermögen gem. § 1375 Abs. 2 Nr. 3 hinzugerechnet.
Solche Handlungen können Rechtsgeschäfte sein, aber auch reine Tathandlungen. Die Absicht, den anderen Ehepartner hierdurch zu benachteiligen, muss das tragende Motiv gewesen sein.

[402] Palandt/Brudermüller, § 1375 Rdnr. 25.
[403] Palandt/Brudermüller, § 1375 Rdnr. 27.
[404] Palandt/Brudermüller, § 1375 Rdnr. 27.

Ute hat ihren Ehemann Tobias verlassen und möchte nach Ablauf des Trennungsjahres die Scheidung einreichen. Tobias ist über die Trennung derart verärgert, dass er es nicht einsieht, Ute an seinem Zugewinn, den er während der Ehe erzielt hat, zu beteiligen. Kurz vor Ablauf des Trennungsjahres zerstört er ein in seinem Eigentum stehendes wertvolles Gemälde von Picasso im Wert von 90.000€. Der Wert dieses Gemäldes würde nun gem. § 1375 Abs. 2 Nr. 3 seinem Endvermögen hinzugerechnet.

Eine Hinzurechnung zu dem Endvermögen eines Ehepartners nach § 1375 Abs. 2 findet nicht statt, wenn die Vermögensminderung mindestens zehn Jahre vor Beendigung des Güterstandes eingetreten, der andere Ehegatte mit der unentgeltlichen Zuwendung an die dritte Person oder der Verschwendung einverstanden gewesen ist.

5.1.2.3 Anrechnungen von Vorausempfängen

Eine Besonderheit ergibt sich bei der Berechnung der Ausgleichsforderung gem. § 1380. Hiernach werden auf die Ausgleichsforderung des berechtigten Ehepartners aus § 1378 Abs. 1 die Zuwendungen angerechnet, die der andere Ehepartner dem berechtigten Ehepartner während des Bestehens des Güterstandes durch Rechtsgeschäft und mit der Bestimmung hat zukommen lassen, dass diese auf die Ausgleichsforderung angerechnet werden sollen.

§ 1380 Abs. 1 S. 1 erfasst somit den Fall, bei dem ein Ehegatte bei der Zuwendung durch eine empfangsbedürftige Willenserklärung erklärt, dass die Zuwendung angerechnet werden soll.

Zuwendungen in diesem Verständnis sind Leistungen, für die weder eine rechtliche Verpflichtung noch eine Gegenleistung des anderen Ehepartners vereinbart worden ist.[405]

Ist eine rechtsgeschäftliche Bestimmung durch den Zuwendenden nicht feststellbar, gilt gem. § 1380 Abs. 1 S. 2, dass im Zweifel eine Anrechnung in den Fällen vorzunehmen ist, in denen der Wert der Zuwendung den Wert von Gelegenheitsgeschenken übersteigt, die nach den Lebensverhältnissen der Ehegatten üblich sind.

Geschenke zwischen Eheleuten, die im üblichen Rahmen erfolgen, werden somit von dieser Vorschrift nicht erfasst.

Während hinsichtlich der Bedeutung dieser Vorschrift teilweise die Auffassung vertreten wird, dass es sich um eine Auslegungsregel handelt[406], sollte man diese Vorschrift rechtlich als sog. Beweislastregel einordnen.[407]

Hieraus folgt, dass der Ehegatte, der durch den anderen Ehepartner einen Vermögenswert unentgeltlich erhalten hat, der das nach den ehelichen Lebensverhältnissen übliche Maß übersteigt, beweisen muss, dass eine Nichtanrechnung auf den Zugewinnausgleichsanspruch gewollt gewesen ist.

5.1.2.4 Leistungsverweigerungsrecht

Dem ausgleichspflichtigen Ehepartner steht unter den Voraussetzungen des § 1381 ein Leistungsverweigerungsrecht zu, das als Einrede ausgestaltet ist. Voraussetzung ist nach § 1381 Abs. 1, dass der Zugewinnausgleich grob unbillig wäre.

---

405 BGH NJW 2001, 2254.

406 Schwab, Rdnr. 204.

407 Palandt/Brudermüller, § 1380 Rdnr. 7.

Dies ist der Fall, wenn eine Zahlung des ausgleichspflichtigen Ehepartners dem Gerechtigkeitsempfinden in unerträglicher Weise widersprechen würde.[408]
Gem. § 1381 Abs. 2 kann dies insbesondere dann der Fall sein, wenn der ausgleichsberechtigte Ehegatte über einen längeren Zeitraum hinweg die wirtschaftlichen Verpflichtungen, die sich aus dem ehelichen Verhältnis ergeben, nicht erfüllt hat.
Dies ist z. B. anzunehmen, wenn ein Ehepartner über ausreichende finanzielle Mittel verfügt, aber trotzdem seine Verpflichtung zum Familienunterhalt (§§ 1360, 1360a) beizutragen, nicht erfüllt.
Die Voraussetzungen dieser Norm können immer nur bei restriktiver Bewertung unter Berücksichtigung des Einzelfalles erörtert werden.
In jedem Fall ist aber ein lang andauerndes schuldhaftes Verhalten für die Annahme der Voraussetzungen des § 1381 Abs. 2 zu fordern.
Auch persönliches Fehlverhalten eines Ehepartners kann die Voraussetzungen des § 1381 Abs. 1 erfüllen, z. B. bei einem langjährigen Ehebruch.

5.1.2.5 Auskunftspflicht

Um die Ausgleichsforderung nach § 1378 Abs. 1 berechnen zu können, begründet § 1379 für jeden Ehepartner einen Auskunftsanspruch hinsichtlich der Vermögensverhältnisse des anderen Ehepartners. Dieser Auskunftsanspruch bezieht sich zum einen auf das Vermögen des anderen Ehepartners zum Zeitpunkt der Trennung, aber auch auf das Vermögen, soweit dieses für die Berechnung des Anfangs- und Endvermögens maßgeblich ist.
Diese Auskunft hat unter Hinweis auf § 260 durch Vorlage eines Verzeichnisses zu erfolgen, in dem die Aktiva und Passiva zu den jeweiligen Stichtagen übersichtlich zusammenzustellen sind. Auf Anforderung hat der auskunftspflichtige Ehegatte nach § 1379 Abs. 1 S. 2 der erteilten Auskunft die Belege anbeizufügen.
Die Auskunftspflicht entsteht nach § 1379 Abs. 1 mit Beendigung des Güterstandes in Fällen, in denen ein Ehepartner die Scheidung oder die Aufhebung der Ehe beantragt hat, mit Rechtshängigkeit dieser Verfahren.
Leben die Ehegatten getrennt i. S. d. § 1567, begründet § 1379 darüber hinaus für jeden Ehegatten einen Auskunftsanspruch hinsichtlich des Vermögens, das der andere Ehegatte zum Zeitpunkt der Trennung besessen hat. § 1379 Abs. 1 S. 2–4 findet in diesem Fall entsprechende Anwendung.
Dieser frühe Auskunftsanspruch soll die Aufdeckung von Vermögensmanipulationen erleichtern und ist Anknüpfungspunkt für die Vermutung illoyaler Vermögensminderungen i. S. d. § 1375 Abs. 2.[409]

MERKE

Anspruchsgrundlage für die Ausgleichsforderung aus dem Zugewinn ist § 1378 Abs. 1. Übersteigt der Zugewinn, den ein Ehepartner während der Ehe erzielt hat, den Zugewinn des anderen Ehepartners, so besitzt dieser eine Ausgleichsforderung in Höhe der Hälfte des Überschusses. Zugewinn ist der Betrag, um den das Endvermögen eines Ehegatten

[408] BGH FamRZ 92, 787.
[409] Palandt/Brudermüller, § 1379 Rdnr. 3.

das Anfangsvermögen übersteigt. Anfangsvermögen ist das Vermögen, das einem Ehegatten nach Abzug der Verbindlichkeiten beim Eintritt in den Güterstand gehört (§ 1374). Verbindlichkeiten können nur in Höhe des Aktivvermögens berücksichtigt werden, sodass ein Anfangsvermögen niemals negativ sein kann. Zuwendungen, die ein Ehegatte während der Ehe mit Rücksicht auf ein künftiges Erbrecht, durch Schenkung oder als Ausstattung erhält, werden dem Anfangsvermögen zugerechnet (§ 1374 Abs. 2). Als Endvermögen wird das Vermögen bezeichnet, das einem Ehegatten nach Abzug der Verbindlichkeiten bei Beendigung des Güterstandes gehört (§ 1375). Im Falle der Scheidung ist hiervon abweichend der Zeitpunkt der Zustellung der Scheidungsschrift maßgeblich. Zuwendungen, die ein Ehegatte während der Ehe dem anderen Ehepartner hat zukommen lassen, sind gem. § 1380 auf die Ausgleichsforderung anzurechnen, wenn der Ehepartner die Anrechnung bestimmt hat oder wenn die Zuwendung einen Wert aufweist, der den Wert von üblichen Geschenken übersteigt.

5.2 Gütertrennung

Die Gütertrennung tritt gem. § 1414 ein, soweit die Ehepartner den gesetzlichen Güterstand ausschließen oder ihn aufheben. Dies geschieht gem. §§ 1408, 1410 durch einen Ehevertrag, den beide Ehepartner bei gleichzeitiger Anwesenheit zur Niederschrift eines Notars schließen müssen. Bei der Gütertrennung ist jeder Ehepartner Inhaber seines eigenen Vermögens. Ein Ausgleich von Vermögenswerten findet bei Aufhebung des Güterstandes nicht statt. Auch die in der Zugewinngemeinschaft bestehenden Verpflichtungs- und Verfügungsbeschränkungen bestehen bei einer Gütertrennung nicht.

Neben der Möglichkeit, die Gütertrennung vertraglich zu vereinbaren, tritt dieser Güterstand gem. § 1388 kraft Gesetzes in den Fällen ein, in denen ein Ehepartner einen vorzeitigen Antrag auf Zugewinnausgleich stellt und diese gerichtliche Entscheidung sodann rechtskräftig wird.

Die Ehepartner können die vertraglich vereinbarte Gütertrennung durch einen weiteren Ehevertrag gem. §§ 1408, 1410 natürlich wieder aufheben und für die Zukunft einen anderen Güterstand vereinbaren. Im Übrigen endet die Gütertrennung auch beim Tod eines Ehepartners oder durch einen rechtskräftigen Beschluss, mit dem die Ehe geschieden oder aufgehoben wird.

MERKE

Der Güterstand der Gütertrennung tritt ein, sobald die Ehepartner durch notariellen Vertrag den gesetzlichen Güterstand ausschließen oder aufheben. Ferner tritt die Gütertrennung ein, wenn ein Ehepartner einen Antrag auf vorzeitigen Zugewinnausgleich stellt und diese Entscheidung rechtskräftig wird.

5.3 Gütergemeinschaft

Die Gütergemeinschaft ist in §§ 1415–1518 geregelt und wird gleichfalls durch einen notariellen Ehevertrag gem. §§ 1408, 1410 begründet. In der heutigen Zeit spielt die Gütergemeinschaft wohl eher eine untergeordnete Rolle.

Charakteristisch für die Gütergemeinschaft ist, dass das Vermögen des Ehemanns und das Vermögen der Ehefrau gem. § 1416 gemeinschaftliches Vermögen werden.
Dieses Vermögen wird auch Gesamthandsvermögen genannt. Jeder Ehepartner erhält hierbei einen ideellen Anteil. Von diesem Grundsatz, dass das gesamte Vermögen, das die Ehepartner in die Ehe einbringen oder während der Ehe erwerben, gemeinschaftliches Vermögen wird, gibt es allerdings einige Ausnahmen.
Gem. § 1417 gehört das sog. Sondergut nicht zum gemeinschaftlichen Vermögen. Unter dieses Sondergut fallen Gegenstände, die nicht durch Rechtsgeschäft übertragen werden können (§ 1417 Abs. 2).
Hierunter gehören z. B. das Nießbrauchsrecht, aber auch Rechte, die nicht der Pfändung unterliegen, da diese Rechte gem. § 400 nicht abgetreten werden können (z. B. der nicht pfändbare Teil des Arbeitseinkommens unter Berücksichtigung von § 850c ZPO).
Weiterhin gehört gem. § 1418 das sog. Vorbehaltsgut nicht zum gemeinschaftlichen Vermögen der Ehepartner.
Hierunter fallen zunächst die Gegenstände, die die Ehepartner durch Ehevertrag zum Vorbehaltsgut erklärt haben (§ 1418 Abs. 2 Nr. 1), aber auch Vermögen, das ein Ehegatte von Todes wegen oder durch Schenkung eines Dritten erhalten hat, soweit in diesen Fällen bei der Zuwendung bestimmt worden ist, dass der Vermögensgegenstand Vorbehaltsgut werden soll (§ 1418 Abs. 2 Nr. 2).
Weiterhin gehören zum Vorbehaltsgut gem. § 1418 Abs. 2 Nr. 3 die Gegenstände, die als Ersatz für die Zerstörung, Beschädigung oder Entziehung eines zum Vorbehaltsgut gehörenden Gegenstandes erworben worden sind. Auch das Vorbehaltsgut verwaltet jeder Ehegatte selbstständig.
Im Übrigen verwalten die Ehepartner das gemeinsame Vermögen auch gemeinschaftlich, soweit nicht einem Ehepartner in dem Ehevertrag die Verwaltung übertragen worden ist (§ 1421).
Der Güterstand der Gütergemeinschaft endet durch Tod eines Ehepartners, soweit die Ehegatten nicht eine fortgesetzte Gütergemeinschaft i. S. d. § 1483 vereinbart haben, durch Ehescheidung bzw. Eheaufhebung, durch ein rechtskräftiges Urteil bei einer sog. Aufhebungsklage (§§ 1449, 1470) oder in den Fällen, in denen die Ehegatten einen Ehevertrag nach §§ 1408, 1410 schließen und einen anderen Güterstand vereinbaren.
Wird die Gemeinschaft aufgehoben, so findet über das Gesamtgut eine Auseinandersetzung nach §§ 1471 ff. statt.

MERKE

Die Gütergemeinschaft wird durch einen Ehevertrag begründet, der einer notariellen Beurkundung bedarf. Das Vermögen der Ehepartner wird grundsätzlich gemeinsames Vermögen (Gesamthandsvermögen), über das bei Beendigung des Güterstandes nach § 1471 ff. eine Auseinandersetzung stattfindet. Nicht unter das gemeinsame Vermögen fallen nach § 1417 das Sondergut und das in § 1418 definierte Vorbehaltsgut.

6 UNTERHALTSPFLICHTEN ZWISCHEN EHEGATTEN

Nach § 1360 sind die Ehepartner verpflichtet, den angemessenen Familienunterhalt durch Arbeit oder Vermögen sicherzustellen. Die Haushaltsführung eines Ehegatten ist hierbei gleichwertig mit der Erwerbstätigkeit des anderen Ehepartners.
Eine Veränderung tritt mit dem Zeitpunkt ein, in dem die Ehepartner die eheliche Lebensgemeinschaft aufheben und dauerhaft getrennt leben i. S. d. § 1567. Ab diesem Zeitpunkt wird nicht mehr der Beitrag zum Familienunterhalt i. S. d. § 1360 geschuldet, vielmehr kann der bedürftige Ehepartner von dem anderen, leistungsfähigen Ehepartner den sog. Trennungsunterhalt gem. § 1361 verlangen, d. h. einen nach den Lebensverhältnissen angemessenen Unterhalt in Form einer Geldrente.
Dieser Trennungsunterhalt wird geschuldet bis zur Rechtskraft der Ehescheidung zwischen den Ehepartnern. Nach Rechtskraft der Ehescheidung kann der bedürftige Ehegatte den sog. nachehelichen Unterhalt verlangen, der sich nach den Vorschriften der §§ 1569–1586b richtet.
Die einzelnen genannten Unterhaltstatbestände sind strikt voneinander zu trennen und unterscheiden sich auch in den jeweiligen gesetzlichen Voraussetzungen.
Kennzeichnend für den Trennungsunterhalt nach § 1361 und den nachehelichen Unterhalt nach §§ 1569 ff. ist die unterhaltsrechtliche Bedürftigkeit des den Unterhalt begehrenden Ehepartners und die Leistungsfähigkeit des anderen Ehepartners.

MERKE

Mit Begründung der Ehe sind die Ehepartner gem. § 1360 verpflichtet, den angemessenen Familienunterhalt durch Arbeit, Vermögen oder Haushaltsführung sicherzustellen. Ab dem Zeitpunkt der Trennung i. S. d. § 1567 schuldet der leistungsfähige Ehegatte dem bedürftigen Ehepartner Trennungsunterhalt gem. § 1361. Mit der Rechtskraft der Scheidung kann der bedürftige Ehepartner im Rahmen der Leistungsfähigkeit des anderen Ehepartners nachehelichen Unterhalt gem. § 1569 ff. verlangen.

6.1 Trennungsunterhalt

Der Trennungsunterhalt nach § 1361 ist an verschiedene Voraussetzungen geknüpft, die sich im Einzelnen wie folgt darstellen:

6.1.1 Wirksame Ehe und Getrenntleben

Erforderlich ist zunächst, dass zwischen den Eheleuten eine formal wirksame Ehe begründet worden ist und die Eheleute getrennt leben i. S. d. § 1567.

6.1.2 Bedürftigkeit des Unterhaltsberechtigten

Der Ehepartner, der den Unterhalt begehrt, muss bedürftig sein. Dieses ist dann der Fall, wenn der Ehegatte nicht in der Lage ist, den Unterhaltsbedarf, der sich an den ehelichen Lebensverhältnissen orientiert, durch eigene finanzielle Mittel zu decken.[410]

Zu dem gesamten Lebensbedarf eines Ehepartners zählen z. B. die Aufwendungen für Kleidung, Nahrung, Wohnung, Teilnahme an kulturellen Veranstaltungen und medizinische Versorgung.
Um die Bedürftigkeit des Unterhaltsberechtigten ermitteln zu können, sind zunächst dessen tatsächliche Einkünfte festzustellen. Hierzu zählen Einkünfte aus Erwerbstätigkeiten genauso wie erzielte Erträge aus Kapital. Aber auch Arbeitslosengeld mindert den unterhaltsrechtlichen Bedarf genauso wie Einkünfte aus Vermietung oder Verpachtung oder der Bezug einer Rente.
Mietfreies Wohnen mindert gleichfalls den Unterhaltsbedarf. In diesem Fall wird die objektive Marktmiete angesetzt. Bis das endgültige Scheitern der Ehe feststeht, ist allerdings nur ein angemessener Wohnwert anzusetzen.[411]
Dies ist der Wert, den der Ehegatte für die Anmietung einer angemessenen kleineren Wohnung aufwenden müsste. Dem Ehegatten kann bis zu diesem Zeitpunkt ein Verkauf der Immobilie noch nicht zugemutet werden, da insbesondere keine endgültigen Tatsachen geschaffen werden sollen, die möglicherweise einer Versöhnung der Eheleute während der Trennungszeit entgegenstehen. Mit dem Scheitern der Ehe, dieses ist insbesondere die Rechtshängigkeit des Scheidungsverfahrens, stellt sich die Situation anders dar. Ab diesem Zeitpunkt ist die objektive Marktmiete in Ansatz zu bringen.
Grundsätzlich sind somit beim Unterhaltsberechtigten genauso wie bei dem unterhaltsverpflichteten Ehepartner alle Einkünfte zu berücksichtigen.
Freiwillige Leistungen durch dritte Personen (z. B. der Eltern des Unterhaltsberechtigten) mindern grundsätzlich den Unterhaltsbedarf nicht, es sei denn, der Dritte will durch seine finanzielle Zuwendung den Unterhaltsschuldner entlasten.
Haben die Ehepartner sich bei Begründung der Ehe für eine sog. Haushaltsführungsehe entschieden, stellt sich die Frage, ab welchem Zeitpunkt nach der Trennung auch von dem haushaltsführenden Ehepartner die Aufnahme einer Erwerbstätigkeit verlangt werden kann. Die Beantwortung dieser Frage hängt von verschiedenen Faktoren ab.
§ 1361 Abs. 2 bestimmt zunächst, dass die Aufnahme einer Erwerbstätigkeit von dem bisher nicht erwerbstätigen Ehegatten nur erwartet werden kann, wenn dies von ihm nach den persönlichen Verhältnissen, insbesondere wegen einer früheren Tätigkeit, unter Berücksichtigung der Dauer der Ehe und den wirtschaftlichen Verhältnissen beider Ehepartner verlangt werden kann.
Der berechtigte Ehepartner soll hierdurch, zumindest für die Dauer einer Übergangszeit, vor finanziellen Nachteilen geschützt werden.
Zu den im Gesetz genannten persönlichen Verhältnissen zählen das Alter, der Gesundheitszustand, der Zeitraum, der seit der letzten beruflichen Tätigkeit verstrichen ist, sowie die Betreuung von Kindern.

---

[410] Viefhues, in: Rotax, FamPrax ,Teil 6, Rdnr. 24.
[411] BGH FamRZ 2009, 1300.

Grundsätzlich wird man sagen können, dass im ersten Trennungsjahr die Aufnahme einer beruflichen Tätigkeit nicht verlangt werden kann. Dies folgt schon aus dem Umstand, dass der Gesetzgeber unter Hinweis auf § 1565 Abs. 2 das Trennungsjahr als Voraussetzung einer Scheidung festgelegt hat und dieses Trennungsjahr den Ehegatten eigentlich zu einer Versöhnung dienen soll. Etwas anderes gilt in der Regel nur in den Fällen, in denen keine Betreuung gemeinsamer Kinder notwendig und die Ehe nur von kurzer Dauer (2½ Jahre bis zur Trennung) gewesen ist. In diesen Fällen wird eine grundsätzliche Erwerbsobliegenheit auch schon im ersten Jahr der Trennung angenommen, soweit die Ehepartner nicht eine sog. Haushaltsführungsehe vereinbart haben.[412]
Betreut der unterhaltsberechtigte Ehegatte minderjährige Kinder, wird die Frage der Erwerbsobliegenheit nach Trennung insbesondere von dem Alter und der Anzahl der Kinder abhängen, aber auch von der Frage, ob ein Kind möglicherweise aufgrund der bisherigen Entwicklung oder durch Krankheit eines erhöhten Betreuungsaufwandes bedarf.
Mit der Reform zum Unterhaltsrecht, die am 01.01.2008 in Kraft getreten ist, bezweckte der Gesetzgeber eine stärkere Eigenverantwortung der Ehepartner. Nach Ablauf des Trennungsjahres wird auch der kinderbetreuende Ehegatte einen Trennungsunterhalt nur unter den gleichen Voraussetzungen verlangen können wie beim nachehelichen Unterhalt gem. § 1570. Es stellt sich in diesem Zusammenhang aber auch die Frage, ob das gesamte Einkommen des unterhaltsberechtigten Ehegatten bedarfsmindernd zu berücksichtigen ist, wenn dieser Ehegatte mehr arbeitet, als er aufgrund der konkreten Verhältnisse arbeiten müsste.

> Hans und Ute sind verheiratet. Ute betreut den Haushalt sowie das gemeinsame dreijährige Kind Veronika. Es kommt zur Trennung. Ute arbeitet nach der Trennung halbtags. Während dieser Zeit kümmert sich die Mutter von Ute um Veronika.

In den Fällen, in den der unterhaltsberechtigte Ehegatte mehr arbeitet, als er eigentlich nach den konkreten Verhältnissen arbeiten müsste, spricht man von einer überobligatorischen Tätigkeit. Nach der früheren höchstrichterlichen Rechtsprechung wurde hierbei das erwirtschaftete Einkommen des Unterhaltsberechtigten in der Regel nur zur Hälfte bedarfsmindernd angerechnet.[413] Nach der geänderten Rechtsprechung des Bundesgerichtshofes verbietet sich aber ein derartiger pauschaler Abzug eines Betreuungsbonus.[414] Es ist vielmehr auf die besonderen Umstände des Einzelfalles abzustellen, die im Falle des Betreuungsunterhalts dadurch geprägt sind, in welchem Maße der Unterhaltsberechtigte wegen der Kinderbetreuung nach § 1570 von seiner Erwerbsobliegenheit befreit ist.[415] Hierbei ist abzustellen auf das Alter und den Umfang der Betreuungsbedürftigkeit des Kindes, die Anzahl der Kinder und der Umfang der Berufstätigkeit des Berechtigten.[416]
Ist der unterhaltsberechtigte Ehegatte verpflichtet, eine Erwerbstätigkeit aufzunehmen, unterlässt er aber die Aufnahme oder bemüht sich nicht im notwendigen Umfang, eine Erwerbstätigkeit zu finden, so wird ein hypothetisches Einkommen, das der Unterhalts-

[412] OLG Hamm FamRZ 1997, 1536; OLG Düsseldorf FamRZ 2010, 646.
[413] BGH NJW 2000, 3140.
[414] BGH FamRZ 2010, 1050.
[415] BGH FamRZ 2010, 1050.
[416] FA-FamR, Gerhardt, Kap. 6, Rdnr. 170.

berechtigte erzielen könnte, zugrunde gelegt. Die Höhe richtet sich nach den individuellen Erwerbschancen des Berechtigten und kann im Einzelfall durch das Familiengericht nach § 287 ZPO geschätzt werden.
Auch eine lange Ehedauer kann es rechtfertigen, eine Erwerbsobliegenheit nach Ablauf des Trennungsjahres noch abzulehnen.
Dagegen kann eine frühere Verpflichtung zur Erwerbstätigkeit sich für den Unterhaltsberechtigten ergeben, wenn die wirtschaftlichen Verhältnisse der Eheleute insgesamt beschränkt gewesen sind.
Aus den genannten Umständen ergibt sich aber auch, dass die Frage der Verpflichtung zur Aufnahme einer Erwerbstätigkeit des Unterhaltsberechtigten nicht pauschal beantwortet werden kann, sondern sich an den Tatsächlichkeiten des einzelnen Falles zu orientieren hat.

MERKE

Der den Unterhalt begehrende Ehegatte muss bedürftig sein. Dies ist dann der Fall, wenn dieser Ehegatte nicht in der Lage ist, den an den ehelichen Verhältnissen orientierten Unterhaltsbedarf durch eigene finanzielle Mittel zu decken. Bei der Prüfung der Bedürftigkeit sind grundsätzlich alle Einkünfte dieses Ehepartners zu berücksichtigen. Haben die Ehepartner sich bei der Begründung der Ehe oder zu einem späteren Zeitpunkt für eine sog. Haushaltsführungsehe entschieden, kann von dem Ehepartner, der den Haushalt geführt hat, im ersten Jahr der Trennung grundsätzlich die Aufnahme einer Erwerbstätigkeit nicht verlangt werden. Betreut der unterhaltsbedürftige Ehepartner minderjährige Kinder, so hängt die Frage der Erwerbsobliegenheit nach Ablauf eines Jahres von dem Alter und der Anzahl der Kinder ab. Berücksichtigt werden muss hierbei aber auch, ob ein Kind aufgrund besonderer Umstände, wie z. B. durch Krankheit, einer erhöhten Betreuung bedarf.

6.1.3 Leistungsfähigkeit des Unterhaltsschuldners

Ein Anspruch auf Ehegattentrennungsunterhalt setzt nach § 1361 voraus, dass der Unterhaltsschuldner leistungsfähig ist.
Diese Leistungsfähigkeit wird anzunehmen sein, wenn der Unterhaltsschuldner ohne Gefährdung seines angemessenen Unterhalts finanziell in der Lage ist, den Unterhaltsbedarf des anderen Ehegatten aufgrund seiner Einkommens- und Vermögensverhältnisse zu bedienen.
Beim Unterhaltsschuldner sind gleichfalls alle Einkünfte grundsätzlich heranzuziehen. Hierzu gehören Einkünfte aus selbstständiger und nicht selbstständiger Tätigkeit, Kranken- und Arbeitslosengeld, Einkünfte aus Vermietung und Verpachtung, Renteneinkünfte, aber auch das mietfreie Wohnen im Eigenheim.
Steuererstattungen werden in dem Kalenderjahr, in dem die Erstattung erfolgt, als Einkommen des Empfängers berücksichtigt und bezogen auf den monatlichen Anteil umgerechnet. Von den monatlichen Einkünften abzuziehen sind sodann die Steuerbelastungen, wie auch die Beiträge zur Sozialversicherung.

Abzugsfähig sind auch berufsbedingte Aufwendungen, wobei in der Rechtsprechung teilweise ein pauschaler Abzug von fünf Prozentpunkten nicht beanstandet wird[417], teilweise aber auch von einigen Gerichten der tatsächliche Nachweis der berufsbedingten Aufwendungen verlangt wird.[418]
Darlehensverbindlichkeiten sind vom Einkommen abzuziehen, soweit diese die ehelichen Verhältnisse geprägt haben. Werden derartige Verbindlichkeiten erst nach der Trennung begründet, haben sie keine unterhaltsrechtliche Relevanz.
Um den eigenen Unterhalt nicht zu gefährden, ist dem Unterhaltsschuldner monatlich ein Selbstbehalt zu belassen. Dieser Selbstbehalt beläuft sich bei Einkünften aus Erwerbstätigkeiten derzeit auf 1.100 €; erzielt der Unterhaltsschuldner allerdings ausschließlich sonstige Einkünfte, wie z. B. eine monatliche Rente, so beläuft sich der monatliche Selbstbehalt auf derzeit 1.000 €.[419]

MERKE

Der Ehegattentrennungsunterhaltsanspruch setzt weiter voraus, dass der Unterhaltsverpflichtete leistungsfähig ist. Dies ist dann der Fall, wenn der Unterhaltsverpflichtete aufgrund seiner wirtschaftlichen Situation in der Lage ist, ohne Gefährdung seines eigenen Unterhalts den Unterhaltsbedarf des berechtigten Ehepartners zumindest teilweise zu decken. Dem Unterhaltsschuldner ist in jedem Fall der sog. Selbstbehalt zu belassen, der sich zurzeit auf 1.100 € beläuft, soweit der Unterhaltschuldner Einkünfte aus einer Erwerbstätigkeit erwirtschaftet. Erzielt der Unterhaltsschuldner ausschließlich andere Einkünfte, wie z. B. eine Rente, beläuft sich der Selbstbehalt zurzeit auf 1.000 €. Auch beim Unterhaltsschuldner sind grundsätzlich alle erzielten Einkünfte unterhaltsrechtlich zu berücksichtigen. Darlehensverbindlichkeiten können nur von dem Einkommen des Unterhaltsschuldners abgezogen werden, wenn sie die ehelichen Lebensverhältnisse mitgeprägt haben.

6.1.4 Umfang des Unterhaltsanspruchs

Der tatsächliche Unterhaltsanspruch, den der Unterhaltsschuldner an seinen Ehepartner zu zahlen hat, berechnet sich nach dem Bedarf des Unterhaltsberechtigten, wie dieser durch die ehelichen Lebensverhältnisse geprägt worden ist.
Um in diesem Zusammenhang eine einheitliche Rechtsprechung zu erzielen, haben verschiedene Oberlandesgerichte sog. Leitlinien zum Unterhaltsrecht erarbeitet, die sich als Orientierungshilfe verstehen und in regelmäßigen Abständen von zwei Jahren an die wirtschaftlichen und rechtlichen Entwicklungen angepasst werden.[420]
Grundsätzlich gehen diese Leitlinien von einem sog. Quotenbedarf aus, der sich errechnet aus der Differenz der unterhaltsrechtlich anzurechnenden Einkünfte beider Ehegatten.

417 BGH FamRZ. 2006, 108.

418 OLG Hamm, Leitlinien zum Unterhaltsrecht, Stand 01.01.2013, Ziff. 10.2.1.

419 OLG Hamm, Leitlinien zum Unterhaltsrecht, Stand 01.01.2013, Ziff. 21.4.

420 Unterhaltsrechtliche Leitlinien und Tabellen der Oberlandesgerichte, Stand 01.01.2013. Diese Leitlinien sind auf der Homepage der einzelnen Oberlandesgerichte abrufbar.

Die überwiegende Rechtsprechung vertritt die grundsätzliche Auffassung, dass das gemeinschaftliche Einkommen der Ehepartner diesen jeweils zur Hälfte zusteht. Dieser Halbteilungsgrundsatz wird allerdings in den Fällen eingeschränkt, in denen ein Ehepartner Einkünfte aus Erwerbstätigkeit erzielt. In diesen Fällen soll ein sog. Erwerbstätigkeitsbonus bei diesem Ehepartner verbleiben, um dessen Arbeitskraft und Arbeitsfreude zu erhalten. Dieser Bonus wird bei den einzelnen Oberlandesgerichten unterschiedlich bewertet. Nach den Leitlinien des OLG Hamm (Stand 01.01.2013)[421], die nachfolgend Berücksichtigung finden sollen, beträgt dieser Erwerbstätigenbonus ein Siebtel des bereinigten Nettoeinkommens.
Die Berechnung des Ehegattenunterhalts geschieht grds. nach der sog. Differenzmethode und bedeutet, dass der Unterhaltsschuldner unter Berücksichtigung des Erwerbstätigenbonus und des Selbstbehalts insgesamt drei Siebtel des Differenzbetrags der beiden Ehegatten anzurechnenden Einkünfte an seinen Ehepartner an Trennungsunterhalt zu zahlen hat.

Hans und Ute sind miteinander verheiratet. Aus der Ehe sind keine Kinder hervorgegangen. Das monatlich unterhaltsrechtlich relevante Einkommen von Hans beläuft sich auf 2.500,00 €, das Einkommen von Ute auf 1.200,00 €. Hier besteht eine Differenz von 1.300,00 €. Ute stehen von dieser Differenz drei Siebtel zu, mithin 557,14 €.

Bei Einkünften, die nicht aufgrund einer Erwerbstätigkeit erwirtschaftet werden, besteht der Unterhaltsanspruch in Höhe der Hälfte des Differenzbetrages.

Hans erzielt eine monatliche Altersrente i. H. v. 2.400 €, Ute hat während der Ehe aufgrund der gemeinsamen Absprache der Ehepartner den Haushalt geführt und erzielt keine Einkünfte. Der monatliche Unterhaltsanspruch von Ute würde sich hier auf die Hälfte der Renteneinkünfte belaufen, damit auf monatlich 1.200 €. In dieser Höhe besteht auch der Unterhaltsanspruch von Ute, da der Selbstbehalt von Hans i. H. v. 1.000 € nicht unterschritten wäre.

Die Additionsmethode, die letztendlich zu einem gleichen Ergebnis führt wie die Differenzmethode, empfiehlt sich, wenn der Unterhaltsschuldner sowohl Einkünfte aus einer Erwerbstätigkeit erzielt als auch sonstige Einkünfte (z. B. Einkünfte aus Vermietung und Verpachtung), bei denen der Erwerbstätigenbonus keine Berücksichtigung findet oder der Unterhaltsberechtigte über solche Einkünfte verfügt.[422]

Heinz erzielt monatliche Einkünfte aus einer Erwerbstätigkeit i. H. v. 2.600 € sowie durch die Vermietung einer Eigentumswohnung weiter 450 € monatlich. Seine Ehefrau Anna hat während der Ehe nach der Vereinbarung der Eheleute den Haushalt geführt, wohnt nach der Trennung alleine im gemeinsamen Haus. Der angemessene, anrechenbare Wohnwert beträgt zu Lasten von Anna monatlich 350 €. Nach der Additionsmethode wird zunächst das Einkommen von Heinz aus der Erwerbstätigkeit mit sechs Siebteln berücksichtigt, mithin i. H. v. 2.228,57 (ein Siebtel Erwerbstätigenbonus wird abgezogen). Die Einkünfte aus der Vermietung betragen 450,00 €, sodass Heinz monatliche unterhaltsrechtlich relevante

[421] OLG Hamm, Leitlinien zum Unterhaltsrecht, Ziff. 15.2.1.
[422] OLG Hamm, Leitlinien zum Unterhaltsrecht, Ziff. 15.2.2.

Einkünfte i. H. v. insgesamt 2.678,67 erzielt. Hiervon werden die eigenen monatlichen Einkünfte von Anna i. H. v. 350,00€ abgezogen, sodass eine Differenz i. H. v. 2.328,57€ verbleibt. Nach dem Halbteilungsgrundsatz stehen Anna hiervon 1.164,28€ als Unterhalt zu. Der Selbstbehalt für Heinz i. H. v. 1.100,00€ wird hierbei nicht unterschritten.

Erzielt der Unterhaltsberechtigte Einkünfte aus einer Erwerbstätigkeit und der Unterhaltsschuldner Einkünfte aus sonstigen Gründen, wie z. B. aus einer Rente, so muss natürlich auch bei dem Berechtigten der Erwerbstätigenbonus Berücksichtigung finden.

Hans erhält eine monatliche Rente i. H. v. 3.000€. Ute erwirtschaftet monatlich ein Arbeitseinkommen i. H. v. netto 1.400€. In diesem Falle würde von dem Einkommen von Ute der Erwerbstätigenbonus von ein Siebtel (= 200€) abgezogen werden, sodass bei ihr ein bereinigtes Nettoeinkommen i. H. v. 1.200€ zugrunde zu legen wäre. Der Unterhaltsanspruch von Ute würde sich auf 900€ belaufen (3.000€ - 1.200€ ./. 2).

Neben dem vorgenannten Unterhaltsanspruch kann der berechtigte Ehegatte gem. § 1361 Abs. 1 S. 2 ab dem Zeitmoment der Rechtshängigkeit eines Scheidungsverfahren auch die Kosten der angemessenen Versicherung für den Fall des Alters sowie der verminderten Erwerbsfähigkeit verlangen (sog. Altersvorsorgeunterhalt).

Begründet ist dieser Altersvorsorgeunterhalt in dem Umstand, dass der unterhaltsberechtigte Ehegatte ab dem Zeitpunkt der Rechtshängigkeit des Scheidungsverfahrens an den weiteren Versorgungsansprüchen des anderen Ehepartners für das Alter nicht mehr partizipiert.

Der Altersvorsorgeunterhalt ist dabei Bestandteil des gesamten von dem Verpflichtenden zu leistenden Trennungsunterhalts.

Grundsätzlich ist aber der laufende Unterhalt (Elementarunterhalt) vorrangig und ein Vorsorgeunterhalt wird nicht geschuldet, wenn hierdurch der Mindestbedarf des Unterhaltsschuldners unterschritten wird.

Die Berechnung des Vorsorgeunterhalts erfolgt nach dem Beitragssatz in der gesetzlichen Rentenversicherung. In Anwendung der sog. Bremer Tabelle[423] wird der zunächst errechnete Nettounterhaltsanspruch des berechtigten Ehepartners mit einem aus der Tabelle zu entnehmenden Zuschlag versehen, um eine sog. Bruttobemessungsgrundlage zu erhalten. Von dieser Bruttobemessungsgrundlage wird sodann der Beitragssatz aus der gesetzlichen Rentenversicherung errechnet und es ergibt sich die Höhe des Vorsorgeunterhaltsanspruchs.

Hans erzielt ein unterhaltsrechtlich relevantes monatliches Nettoeinkommen i. H. v. 3.000,00€. Das Einkommen von Ute beläuft sich auf monatlich 1.200,00€. Der Elementarunterhaltsanspruch nach der Differenzmethode würde sich auf drei Siebtel des Differenzbetrages, mithin auf 771,00€ belaufen. Dieser Unterhaltsbetrag erhält nach der Bremer Tabelle einen Zuschlag von 13 %, sodass sich eine Bruttobemessungsgrundlage i. H. v. 871,23€ ergeben würde. Berücksichtigt man in der Rentenversicherung einen Beitragssatz von 18,9 %, würde sich der Vorsorgeunterhalt auf 164,66€ belaufen.

[423] Bremer Tabelle, Stand 01.01.2014, fortgeführt von Gutdeutsch, FamRB 2014, 75.

Um aber nun das Ergebnis des tatsächlich zu leistenden Elementarunterhalts nicht zu verfälschen, das sich auf der Grundlage der Differenzmethode ergibt, wird der Vorsorgeunterhalt nicht zusätzlich zu dem zuvor errechneten Elementarunterhalt geschuldet. Vielmehr wird der errechnete Vorsorgeunterhalt zunächst von dem errechneten unterhaltsrechtlich relevanten Einkommen des Verpflichteten als Verbindlichkeit abgezogen. Aus dem sich sodann ergebenden verbleibenden Nettoeinkommen wird sodann in einem zweiten Schritt der Elementarunterhalt neu berechnet.

Das unterhaltsrechtlich errechnete Einkommen von Hans beläuft sich auf 3.000,00 €, das von Ute aus 1.200,00 €. Der errechnete Vorsorgeunterhalt beträgt 164,66 €.
Zur Berechnung des Elementarunterhaltsanspruchs von Ute wird zunächst von den 3.000,00 € bei Hans der zu leistende Vorsorgeunterhalt i. H. v. 164,66 € abgezogen, sodass für die Berechnung des Elementarunterhalts ein Betrag i. H. v. 2.835,34 € verbleibt. Berücksichtigt man das eigene Einkommen von Ute i. H. v. 1.200,00 €, so verbleibt eine Differenz i. H. v. 1.635,34 €. Hiervon stehen Ute nach der Differenzmethode drei Siebtel zu, mithin insgesamt 700,86 €.

Die Berechnung des Unterhaltsanspruchs richtet sich nicht nach der vorbeschriebenen Differenzmethode oder alternativ nach der Additionsmethode, sondern nach der sog. Anrechnungsmethode, wenn der unterhaltsberechtigte Ehegatte Einkünfte erwirtschaftet, die die ehelichen Lebensverhältnisse nicht mitgeprägt haben.

Hans und Ute trennen sich. Nach der Trennung erhält Ute eine erhebliche Erbschaft. Die Zinserträge, die Ute durch das aus der Erbschaft erhaltene und angelegte Kapital erhält, haben die ehelichen Lebensverhältnisse nicht mitgeprägt. Dieses Einkommen wird nach der Anrechnungsmethode berücksichtigt.

Bei erstmaliger Arbeitsaufnahme anlässlich der Trennung ist aber zu berücksichtigen, dass diese Arbeitsaufnahme sich in der Regel als Surrogat für die während der Ehe geleistete Familienarbeit darstellt. In diesen Fällen bleibt nach der Rechtsprechung des BGH die Differenzmethode anwendbar.
Bei der Anrechnungsmethode wird zunächst der Bedarf anhand der ehelichen Verhältnisse ermittelt und sodann das die ehelichen Verhältnisse nicht prägende Einkommen bedarfsmindernd angerechnet.

Hans erzielt ein monatliches unterhaltsrelevantes Einkommen i. H. v. 2.100 €. Ute hat während der Ehe nicht gearbeitet, sondern den Haushalt geführt. Nach der Trennung erhält Ute aus der Erbschaft ihres Vaters ein nicht unerhebliches Barvermögen, für das sie pro Jahr Zinserträge i. H. v. 6.000 € erwirtschaftet. Diese Zinserträge haben die ehelichen Lebensverhältnisse nicht mit geprägt, sodass der Unterhaltsanspruch von Ute nach der Anrechnungsmethode zu berechnen ist. Zunächst stehen Ute nach dem Einkommen von Hans drei Siebtel zu, mithin 900 €. Auf diesen Betrag werden nun die eigenen Zinseinkünfte von Ute i. H. v. monatlich 500 € angerechnet, sodass sich zugunsten von Ute noch ein Unterhaltsanspruch i. H. v. 400 € ergibt.

Hat der unterhaltspflichtige Ehegatte neben dem Ehegattentrennungsunterhalt auch noch Kindesunterhalt zu leisten und ist es ihm im Rahmen seiner Leistungsfähigkeit auch möglich, allen Berechtigten den vollen Unterhalt zu zahlen, so wird zur Berechnung des Ehegattenunterhalts zunächst der Unterhalt der Kinder, wie dieser sich nach der sog. Düsseldorfer Tabelle errechnet, von dem unterhaltsrelevanten Nettoeinkommen abgezogen.

Das bereinigte Nettoeinkommen von Hans beträgt monatlich 2.600,00 €. Aus der Ehe ist der Sohn Max, 13 Jahre, hervorgegangen. Ute erzielt im Zeitpunkt der Trennung ein eigenes unterhaltsrechtlich relevantes Einkommen i. H. v. 1.300,00 €. Max lebt bei seiner Mutter. Das Einkommen von Hans ist zunächst um den Kindesunterhalt nach der Düsseldorfer Tabelle (Stand 01.01.2013) zu mindern. Max hat hiernach einen tabellarischen Unterhaltsanspruch i. H. v. 490,00 € (3. Alterstufe, 4. Einkommensgruppe). Das Kindergeld i. H. v. 184,00 €, das Ute bezieht, wird hälftig, damit i. H. v. 92,00 € auf den Unterhaltsanspruch von Max angerechnet, sodass sich für Max ein Unterhaltsanspruch i. H. v. 398,00 € ergibt. Zieht man diesen Unterhaltsanspruch für Max von dem Einkommen des Hans ab, verbleibt ein bereinigtes Nettoeinkommen i. H. v. 2.202,00 €. Die Differenz zu dem Einkommen von Ute beträgt 902,00 €. Hiervon stehen Ute nach der Differenzmethode drei Siebtel zu, mithin 386,57 €.

Liegen bei den Ehepartnern besonders günstige wirtschaftliche Verhältnisse vor, ist davon auszugehen, dass das gesamte Einkommen des Unterhaltsschuldners nicht für den laufenden Unterhaltsbedarf benötigt wird, sondern ein Teil des Einkommens auch der Vermögensbildung dient. Aus diesem Grund wird der Unterhaltsbedarf und dementsprechend der Unterhaltsanspruch in diesen Fällen nicht nach den vorbeschriebenen Quoten (drei Siebtel) ermittelt, sondern muss konkret festgestellt werden. Allerdings gibt es keine absolute Sättigungsgrenze. Nach teilweiser Auffassung ist die konkrete Bedarfsberechnung erforderlich, wenn das bereinigte Nettoeinkommen des Unterhaltspflichtigen nach Abzug des geschuldeten Kindesunterhalts den Betrag des Einkommens der höchsten Einkommensgruppe der Düsseldorfer Tabelle übersteigt.[424]

Der unterhaltsberechtigte Ehegatte muss in diesen Fällen seinen gesamten Bedarf soweit vortragen, dass das Familiengericht in die Lage versetzt werden kann, diesen konkreten Bedarf nach § 287 ZPO zu schätzen.

MERKE

Der Umfang des Unterhaltanspruchs richtet sich nach dem Bedarf des Unterhaltsberechtigten, wie dieser durch die ehelichen Verhältnisse geprägt worden ist.
Als Orientierungshilfe sind die jeweiligen Leitlinien zum Unterhaltsrecht zu berücksichtigen, die durch verschiedene Oberlandesgerichte zur Vereinheitlichung der Rechtsprechung entwickelt worden sind. Bei der Berechnung ist grundsätzlich von einem sog. Quotenbedarf auszugehen, der sich aus der Differenz der unterhaltsrechtlich zu berücksichtigenden Einkünfte beider Ehegatten ergibt. Grundsätzlich ist davon auszugehen, dass das gemeinschaftliche Einkommen den Ehegatten jeweils zur Hälfte zusteht. Bei Einkünften aus Erwerbstätigkeit soll dem Ehegatten, der die Erwerbstätigkeit ausübt,

[424] BGH FamRZ 2010, 1637.

ein sog. Erwerbstätigkeitsbonus verbleiben, der nach den Leitlinien des Oberlandesgerichts Hamm mit einem Siebtel des bereinigten Nettoeinkommens anzusetzen ist. Die Berechnung des Ehegattenunterhalts (Elementarunterhalt) geschieht nach der Differenzmethode und bedeutet, dass der Unterhaltsverpflichtete unter Berücksichtigung seines Selbstbehaltes einen Unterhalt i. H. v. drei Siebteln des Differenzbetrages beider anzurechnenden Einkünfte zu leisten hat. Bei sonstigen Einkünften besteht ein Unterhaltsanspruch i. H. d. Hälfte des Differenzbetrages. Die Berechnung erfolgt nach der Additionsmethode, wenn einer der Ehepartner Einkünfte erwirtschaftet, bei denen der Erwerbstätigenbonus keine Berücksichtigung findet. Neben dem Elementarunterhalt hat der Berechtigte ab dem Zeitpunkt der Rechtshängigkeit des Scheidungsverfahrens auch einen Anspruch auf den Altersvorsorgeunterhalt. In besonderen Fällen findet statt der Differenzmethode die sog. Anrechnungsmethode Anwendung. Dies ist dann der Fall, wenn der Unterhaltsberechtigte Einkünfte erwirtschaftet, die die ehelichen Lebensverhältnisse nicht mit geprägt haben. Hat der Unterhaltsverpflichtete neben Ehegattenunterhalt auch noch den Unterhaltsbedarf für ein oder mehrere Kinder zu leisten und ist es ihm im Rahmen seiner finanziellen Verhältnisse möglich, allen Berechtigten den vollen Unterhalt zu gewähren, so ist vor der Berechnung des Ehegattenunterhalts zunächst von dem bereinigten Nettoeinkommen des Unterhaltsverpflichteten der Kindesunterhalt abzuziehen, wie dieser sich aus der Anwendung der Düsseldorfer Tabelle unter Abzug des anzurechnenden Kindergeldes errechnet. Bei besonders günstigen wirtschaftlichen Verhältnissen wird der Unterhaltsanspruch des Ehegatten nicht nach einem Quotenbedarf errechnet, sondern muss konkret festgestellt werden. Diese günstigen wirtschaftlichen Verhältnisse wird man annehmen können, wenn der unterhaltsverpflichtete Ehegatte monatliche Einkünfte erwirtschaftet, die oberhalb der höchsten Einkommensgruppe der Düsseldorfer Tabelle liegen.

6.1.5 Ausschluss des Ehegattentrennungsunterhalts

Gem. § 1361 Abs. 3 findet die Vorschrift des § 1579 Nr. 2–8 über die Herabsetzung des Unterhaltsanspruchs aus Billigkeitsgründen entsprechende Anwendung.
Die einzelnen Voraussetzungen des § 1579 werden beim nachehelichen Unterhalt dargestellt. Beim Trennungsunterhalt besteht allerdings insoweit eine Abweichung, als dass der Ausschlussgrund des § 1579 Nr. 1 keine Anwendung findet. Ein Ehegattentrennungsunterhaltsanspruch kann somit nicht herabgesetzt, ausgeschlossen oder zeitlich begrenzt werden mit der Begründung, dass die Ehe nur von kurzer Dauer gewesen ist.

6.1.6 Unterhalt für die Vergangenheit

Innerhalb der Unterhaltspflichten zwischen Verwandten in gerader Linie ist die Frage, inwieweit ein Unterhaltsberechtigter für die Vergangenheit Unterhalt begehren kann, in § 1613 geregelt.
Diese Vorschrift findet beim Ehegattentrennungsunterhalt – nicht beim nachehelichen Unterhalt – gem. §§ 1361 Abs. 4, 1360a Abs. 3 entsprechende Anwendung.

Die materiellen Voraussetzungen für die Vorschrift des § 1613 sind im Rahmen der unterhaltsrechtlichen Beziehungen zwischen Verwandten in gerader Linie dargestellt.

MERKE

Unterhalt für die Vergangenheit kann der unterhaltsberechtigte Ehegatte unter den Voraussetzungen der §§ 1361, 1360a Abs. 3, 1613 verlangen.

6.1.7 Unterhaltsverzicht

Der unterhaltsberechtigte Ehepartner kann beim Ehegattentrennungsunterhalt für die Zukunft auf den Unterhalt nicht verzichten. Dies ergibt sich aus § 1361 Abs. 4 i. V. m. § 1360a Abs. 3, wonach auch die Vorschrift des § 1614 beim Ehegattentrennungsunterhalt entsprechende Anwendung findet.
Im Einzelfall ist die Abgrenzung zwischen einer zulässigen Vereinbarung über die Höhe des Trennungsunterhalts und einem nach § 1614 unzulässigen Verzicht über den an sich begründeten Unterhaltsanspruch schwierig.
So wird z. B. die Unterschreitung eines materiellen Unterhaltsanspruchs um ein Drittel als unzulässiger Verzicht angesehen.[425]

MERKE

Ein Ehegatte kann auf den Ehegattentrennungsunterhalt für die Zukunft nicht wirksam verzichten.

6.1.8 Auskunftsanspruch

Um die Voraussetzungen eines Unterhaltsanspruchs überhaupt berechnen zu können, steht den Ehegatten wechselseitig gem. § 1361 Abs. 4 i. V. m. § 1605 ein Auskunftsanspruch über die Einkommens- und Vermögensverhältnisse des anderen Ehepartners zu.

6.2 Nachehelicher Unterhalt

Der nacheheliche Unterhalt ist in §§ 1569–1586b geregelt. Er entsteht mit der Rechtskraft der Scheidung.
Hierbei geht § 1569 von dem Grundsatz der Eigenverantwortlichkeit aus. Dies bedeutet, dass jeder Ehegatte nach der Scheidung grundsätzlich für seinen eigenen Unterhalt zu sorgen hat. In §§ 1570–1576 hat der Gesetzgeber allerdings verschiedene Unterhaltstatbestände genannt, die letztendlich zu der Bedürftigkeit des Unterhaltsberechtigten und damit zu einem Unterhaltsanspruch führen können.

[425] Palandt/Brudermüller, § 1361 Rdnr. 71.

Die Vorschriften über den nachehelichen Unterhalt nach §§ 1569 ff. werden bei einer Aufhebung der Ehe gem. § 1318 Abs. 2 entsprechend angewandt.

6.2.1 Rechtskräftige Scheidung einer Ehe

Der Anspruch auf nachehelichen Unterhalt setzt zunächst voraus, dass die zwischen den Ehepartnern bestehende Ehe rechtskräftig geschieden ist. Das genaue Datum der Rechtskraft der Scheidung lässt sich dem sog. Rechtskraftvermerk entnehmen, den das Familiengericht auf den Scheidungsbeschluss setzt.

6.2.2 Bedürftigkeit des Unterhaltsberechtigten

Genau wie beim Ehegattentrennungsunterhalt setzt ein materiell wirksamer Unterhaltsanspruch voraus, dass der unterhaltsberechtigte Ehepartner bedürftig ist. Dies ist nach § 1577 dann der Fall, wenn der Ehegatte nicht in der Lage ist, den Unterhaltsbedarf, der sich an den ehelichen Lebensverhältnissen orientiert, durch eigene finanzielle Mittel zu decken. Grundsätzlich sind deshalb auch beim nachehelichen Unterhalt alle Einkünfte, die oben bereits beim Ehegattentrennungsunterhalt dargestellt worden sind, zu berücksichtigen. Darüber hinaus muss neben der Bedürftigkeit aber auch einer der in §§ 1569 ff. genannten Tatbestände erfüllt sein.

MERKE

Voraussetzung des nachehelichen Unterhaltsanspruchs ist die Bedürftigkeit des Unterhaltsberechtigten. Darüber hinaus muss einer der in §§ 1570–1573, 1575 oder 1576 genannten Unterhaltstatbestände erfüllt sein.

6.2.2.1 Unterhalt wegen Betreuung eines gemeinschaftlichen Kindes

Nach § 1570 kann der geschiedene Ehegatte von dem anderen Ehepartner Unterhalt verlangen, solange er ein gemeinschaftliches Kind pflegt oder betreut und aus diesem Grund von ihm zumindest keine volle Erwerbstätigkeit erwartet werden kann.

Voraussetzung ist zunächst, dass es sich um ein gemeinschaftliches Kind handelt, das der unterhaltsberechtigte Ehepartner betreut oder pflegt.

Gemeinschaftliche Kinder sind solche, die während der Ehe geboren worden sind (§§ 1591, 1592 Nr. 1), und Kinder, die zwar vorehelich geboren sind, bei denen aber die Vaterschaft entweder festgestellt oder durch den Unterhaltsverpflichteten anerkannt worden ist (§ 1592 Nr. 2, 3).

Pflegekinder oder Stiefkinder erfüllen diese Voraussetzung nicht.

Weiterhin muss der unterhaltsberechtigte Ehegatte rechtmäßig ein gemeinschaftliches Kind betreuen. Die Betreuung kann dabei basieren auf einer gerichtlichen Entscheidung oder aber auf einer entsprechenden Vereinbarung der Eltern.

Bei der Frage, bis zu welchem Alter des Kindes eine Betreuung notwendig ist und ab welchem Alter des Kindes die Erwerbsobliegenheit des unterhaltsberechtigten Ehepartners anfängt, hat der Gesetzgeber mit der Unterhaltsrechtsreform zum 01.01.2008 das von der

Rechtsprechung entwickelte Altersphasenmodell aufgegeben. Nach diesem Altersphasenmodell wurde bei der Frage der Notwendigkeit einer Kindesbetreuung allein auf das Alter des Kindes abgestellt, nicht aber auf bestehende konkrete Betreuungsmöglichkeiten. Hiernach wurde in der Rechtsprechung bis zu einem Alter des Kindes von acht Jahren keine Erwerbsobliegenheit des betreuenden Elternteiles angenommen, ab der dritten Grundschulklasse in der Regel eine Verpflichtung zur Aufnahme einer Halbtagstätigkeit und ab dem 15. Lebensjahr die Aufnahme einer Ganztagstätigkeit.[426]
Nach der Neugestaltung des § 1570 Abs. 1 Satz 1 BGB besteht nunmehr für den betreuenden Elternteil ein Basisunterhaltsanspruch für die Dauer von drei Jahren nach der Geburt des Kindes. In diesem Zeitraum kann der betreuende Elternteil grundsätzlich nicht auf eine Erwerbsobliegenheit verwiesen werden. Dieser Unterhaltsanspruch steht zwar dem Elternteil zu, der das Kind betreut, ist nach Auffassung des BVerfG aber gleichwohl ein Anspruch, der aus Gründen des Kindeswohles gewährt wird, um die persönliche Erziehung und Pflege des Kindes zu gewährleisten.[427]
Hinzu kommt der Umstand, dass die vormalige Ungleichbehandlung zwischen dem früheren nachehelichen Unterhaltsanspruch wegen einer Kindesbetreuung nach dem Altersphasenmodell und dem Unterhaltsanspruch der Eltern, die nicht miteinander verheiratet sind, nach § 1615l BGB, der immer schon eine Basisunterhaltszeit von drei Jahren vorgesehen hat, durch das BVerfG in seiner Entscheidung vom 28.02.2007 für verfassungswidrig bewertet worden ist.[428]
Nach § 1570 Abs. 1 Satz 2 verlängert sich dieser Unterhaltsanspruch aus Billigkeitsgründen über die drei Jahre hinausgehend, wenn das Kindeswohl dies erfordert.
Erforderlich ist hierbei eine genaue Einzelfallprüfung. Bei dieser Prüfung sind insbesondere die in der Person des Kindes liegenden Gründe zu berücksichtigen sowie die Möglichkeiten einer Kinderbetreuung.
Solche kindbezogenen Gründe können Krankheiten sein, aber auch Entwicklungsstörungen oder sonstige Verhaltensauffälligkeiten des Kindes, die einen weiteren Betreuungsaufwand des betreuenden Elternteils erfordern.[429]
Möglichkeiten der Kinderbetreuung sind Kindergärten, Horte, Schulen und Tagespflege.[430]
Eine Verlängerung des Unterhaltsanspruchs über den Zeitraum von drei Jahren kann dann in Betracht kommen, wenn die regional unterschiedlich bestehenden Betreuungsmöglichkeiten nicht ausreichend sind, um die Betreuung des Kindes gewährleisten zu können.
Nach § 1570 Abs. 2 kann darüber hinaus eine Verlängerung des Unterhaltsanspruchs aus elternbezogenen Gründen in Betracht kommen.
Diese Verlängerung ist losgelöst von dem Wohl des Kindes und findet ihre Begründung in der nachehelichen Solidarität.[431] Entscheidend ist hierbei die von den Ehepartnern vereinbarte und gelebte Rollenverteilung in Bezug auf die Gestaltung von Erwerbstätigkeit und Kinderbetreuung sowie das hierdurch in der Ehe gewachsene Vertrauen.[432]

[426] BGH FamRZ 2006, 846.
[427] BVerfG FamRZ 2007, 965.
[428] BVerfG NJW 2007, 1735.
[429] BGH FamRZ 2009, 1391; OLG Frankfurt am Main FamRZ 2010, 1449.
[430] FA-FamR, Maier, Kap. 6, Rdnr. 497.
[431] Palandt/Brudermüller, § 1570, Rdnr. 15.
[432] BGH FamRZ 2010, 1050.

Haben die Ehepartner die Vereinbarung getroffen, dass der betreuende Elternteil auch nach den drei Jahren das Kind weiter betreut, so hat dies auch bei einer Trennung oder Scheidung Bindungswirkung. Auch ist ein Ehegatte, der im Interesse der Kinderbetreuung in der intakten Ehe seine eigene Erwerbstätigkeit aufgegeben hat, rechtlich anders zu behandeln als ein Ehegatte, der nach der gemeinsamen Planung der Eheleute trotz Kinderbetreuung wieder frühzeitig in seinen Beruf zurückkehren wollte.[433]
Bei der Dauer der Verlängerung wird das ursprüngliche Betreuungskonzept der Ehepartner zu berücksichtigen sein sowie die erforderliche Zeit für einen beruflichen Wiedereinstieg einschließlich der Zeit für die hierfür benötigten Fortbildungsmaßnehmen.[434] Auch allgemeine Kriterien, die in der Person des betreuenden Ehepartners liegen (Alter, Gesundheit, Berufsausbildung) können bei der Dauer der Verlängerung eine Rolle spielen.[435]

MERKE

§ 1570 begründet einen Unterhaltsanspruch für den Fall, dass der Unterhaltsberechtigte ein gemeinschaftliches Kind betreut oder pflegt und aus diesem Grund nicht in der Lage ist, eine vollschichtige Erwerbstätigkeit aufzunehmen, um seinen Unterhaltsbedarf zu decken.
Nach § 1570 Abs. 1 besteht ein Basisunterhaltsanspruch für die Dauer von drei Jahren nach der Geburt des Kindes. Eine Verlängerung des Unterhaltsanspruchs kann aus kindbezogenen oder aus elternbezogenen Gründen unter Bewertung des Einzelfalles in Betracht kommen.

6.2.2.2 Unterhalt aus Altersgründen

§ 1571 gewährt dem Berechtigten einen Unterhaltsanspruch, wenn von ihm aufgrund seines Alters die Aufnahme einer Erwerbstätigkeit nicht erwartet werden kann.
Das Alter wird in § 1571 nicht definiert. Spätestens, wenn aber das gesetzliche Regelrentenalter erreicht worden ist, wird man eine Erwerbstätigkeit aus Altersgründen nicht mehr verlangen können.
Ist die Ehe von langer Dauer gewesen und hat der Berechtigte während der Ehezeit den Haushalt geführt und/oder gemeinsame Kinder betreut, wird man die Verpflichtung zur Aufnahme einer Erwerbstätigkeit auch unterhalb eines Alters von 60 Jahren verneinen können.[436]
Die Unterhaltsbedürftigkeit wegen Alters muss nicht ehebedingt entstanden sein. Der Unterhaltstatbestand ist auch dann erfüllt, wenn der Berechtigte bereits bei Eheschließung aus Altersgründen keine Erwerbstätigkeit mehr ausüben konnte.[437]
Auf der anderen Seite ist der Rentenbezug aufgrund einer flexiblen Altersgrenze nicht ausreichend, um eine Erwerbsobliegenheit aus Altersgründen zu verneinen.[438]

---

[433] BGH FamRZ 2009, 770.
[434] Palandt/Brudermüller, § 1570, Rdnr. 15.
[435] Palandt/Brudermüller, § 1570, Rdnr. 15.
[436] BGH NJW 1991, 1049.
[437] BGH NJW 1983, 683.
[438] Palandt/Brudermüller, § 1571 Rdnr. 4.

Das Alter, in dem die Aufnahme einer Erwerbstätigkeit nicht mehr verlangt werden kann, muss zu den in § 1571 genannten Einsatzzeiten erreicht worden sein. Dieses ist entweder

- der Zeitpunkt der Scheidung (§ 1571 Nr. 1)
- der Zeitpunkt der Beendigung der Betreuung eines gemeinschaftlichen Kindes (§ 1571 Nr. 2; dieser Unterhaltstatbestand schließt sich damit immer an den Anspruch auf Betreuungsunterhalt nach § 1570 an)
- der Zeitpunkt, in dem Ansprüche aus §§ 1572 oder 1573 entfallen (auch insoweit handelt es sich um einen sog. Anschlussunterhalt).

MERKE

Ist der unterhaltsberechtigte Ehegatte altersbedingt nicht mehr in der Lage, eine Erwerbstätigkeit auszuüben, so gewährt § 1571 einen nachehelichen Unterhaltsanspruch. Dies ist spätestens dann der Fall, wenn der Berechtigte das gesetzliche Regelrentenalter erreicht hat. Im Einzelfall kann dieser Unterhaltstatbestand auch unterhalb des gesetzlichen Rentenalters erfüllt sein, wenn z. B. der Berechtigte während einer langjährigen Ehe den Haushalt geführt und/oder gemeinsame Kinder betreut hat und von ihm keine Aufnahme einer Erwerbstätigkeit verlangt werden kann.

6.2.2.3 Unterhalt wegen Krankheit oder Gebrechen

Dieser Unterhaltstatbestand ist erfüllt, wenn der unterhaltsberechtigte Ehegatte zu den in § 1572 genannten Einsatzzeiten (Scheidung § 1572 Nr. 1; Betreuung eines gemeinschaftlichen Kindes § 1572 Nr. 2; Beendigung einer Ausbildung, Umschulung oder Fortbildung § 1572 Nr. 3 oder nach § 1572 Nr. 4 der Wegfall eines Unterhaltsanspruchs nach § 1573) aufgrund Krankheit, Gebrechen oder Schwächen der körperlichen bzw. geistigen Kräfte nicht in der Lage ist, eine Erwerbstätigkeit auszuüben.

MERKE

Der unterhaltsbedürftige Ehegatte kann einen nachehelichen Unterhalt nach § 1572 dann verlangen, wenn er zu den in dieser Vorschrift genannten Einsatzzeiten aufgrund Krankheit, Gebrechen oder Schwäche der körperlichen oder geistigen Kräfte keine Erwerbstätigkeit ausüben kann.

6.2.2.4 Unterhalt aus Billigkeitsgründen

Bei der Vorschrift des § 1576 handelt es sich um eine Generalklausel, die dem Berechtigten einen Unterhaltsanspruch aus Billigkeitsgründen gewährt, wenn von ihm aus sonstigen schwerwiegenden Gründen eine Erwerbstätigkeit nicht erwartet werden kann und die Versagung von Unterhalt unter Berücksichtigung der Interessen beider Ehepartner grob unbillig wäre.

Die Ehe von Uwe und Natascha ist rechtskräftig geschieden. Natascha betreut aus erster Ehe zwei minderjährige Kinder sowie ein minderjähriges Pflegekind, das Uwe und Natascha zusammen aufgenommen haben. Der Unterhaltstatbestand des § 1570 ist hier nicht erfüllt, da die Kinder keine gemeinsamen Kinder sind. Die gemeinsame Aufnahme und Verantwortung für das Pflegekind sowie die Betreuung durch Natascha, die hierdurch an einer Erwerbsaufnahme gehindert ist, kann den Tatbestand aus § 1576 begründen.

Neben dem Vorliegen von schwerwiegenden Gründen, aus denen eine Erwerbstätigkeit nicht erwartet werden kann, setzt dieser Unterhaltstatbestand voraus, dass die Versagung eines Unterhaltsanspruchs grob unbillig wäre. Die Interessen beider Ehepartner sind hierbei zu berücksichtigen. Der Ausnahmecharakter dieser Vorschrift soll hierdurch untermauert werden.
Diese Voraussetzung wäre insbesondere dann erfüllt, wenn bei dem Verpflichteten sehr gute wirtschaftliche Verhältnisse vorliegen und er aus diesem Grund in der Lage ist, den Unterhalt zu gewähren, oder wenn die Ehe von langer Dauer gewesen ist.[439]

MERKE

§ 1576 enthält eine Generalklausel, die einen Unterhaltsanspruch aus Billigkeitsgründen in den Fällen gewährt, in denen von dem Berechtigten eine Erwerbstätigkeit aus sonstigen schwerwiegenden Gründen nicht erwartet werden kann und eine Versagung des Unterhaltsanspruchs grob unbillig wäre, wobei bei der Bewertung der groben Unbilligkeit auch die Interessen des Verpflichteten zu berücksichtigen sind.

6.2.2.5 Unterhalt wegen Erwerbslosigkeit
Besitzt der unterhaltsberechtigte Ehegatte keinen Unterhaltsanspruch nach §§ 1570–1572 oder nach § 1576, ist er grundsätzlich verpflichtet, eine Erwerbstätigkeit aufzunehmen, um seinen eigenen Unterhaltsbedarf zu decken. Gleichwohl gewährt § 1573 Abs. 1 als Auffangtatbestand einen Unterhaltsanspruch, wenn der Berechtigte nach der Scheidung trotz intensiver Bemühung keine angemessene Erwerbstätigkeit auf dem Arbeitsmarkt findet. Die angemessene Erwerbstätigkeit ist in § 1574 Abs. 2 definiert. Hiernach ist eine Erwerbstätigkeit angemessen, wenn sie der Ausbildung, den Fähigkeiten, einer früheren Erwerbstätigkeit, dem Lebensalter und dem Gesundheitszustand des Unterhaltsberechtigten entspricht, soweit eine solche Tätigkeit nicht nach den ehelichen Lebensverhältnissen unbillig wäre. Bei dieser Prüfung der Unbilligkeit sind nach § 1574 Abs. 2 Satz 2 auch die Dauer der Ehe sowie die Betreuung eines gemeinschaftlichen Kindes zu berücksichtigen. Seit Inkrafttreten der Unterhaltsrechtsreform zum 01.01.2008 ist der Grundsatz der Eigenverantwortung bei der Frage einer angemessenen Erwerbstätigkeit verstärkt zu beachten. Eine früher ausgeübte Tätigkeit des Berechtigten ist nunmehr nach § 1574 Abs. 2 grundsätzlich immer eine angemessene Tätigkeit. Die konkreten ehelichen Verhältnisse sind hierbei nach der Neufassung des § 1474 Abs. 2 nur noch im Rahmen einer Billigkeitsprüfung zu beachten, um im Einzelfall einen unangemessenen sozialen Abstieg des Unterhaltsberechtigten zu vermeiden.

[439] Wendl/Pauling, Unterhaltsrecht, § 4 Rdnr. 162.

Die langjährige Ehe von Thomas und Sabine wird geschieden. Vor der Ehe ist Sabine als Verkäuferin in einer Boutique tätig gewesen. Nach der Eheschließung hat Sabine sich um den Haushalt gekümmert und die zwei gemeinsamen Kinder betreut. Thomas hat während der Ehe seine Ausbildung zum Chirurgen beendet und ist Chefarzt an einem Krankenhaus geworden. Hier kann Sabine nach der Scheidung nicht auf eine Tätigkeit als Verkäuferin in einer Boutique verwiesen werden. Allerdings kann aber durchaus die Tätigkeit als Verkäuferin in einem gehobenen Einrichtungshaus in Betracht kommen.[440]

Der Berechtigte muss sich auch ernsthaft bemühen, eine angemessene Erwerbstätigkeit zu finden. Alleine die Meldung beim Arbeitsamt reicht noch nicht aus, um die Anforderungen an die Erwerbsobliegenheit zu erfüllen. Der Berechtigte ist vielmehr verpflichtet, durch Eigeninitiative einen entsprechenden Arbeitsplatz zu finden. Hierzu gehört die Arbeitsplatzsuche über Zeitungsannoncen, aber auch die Aufgabe von Stellenanzeigen.[441]
Erfordert die Aufnahme einer angemessenen Tätigkeit eine Weiterbildung, Umschulung oder generelle Ausbildung des Berechtigten und kann ein erfolgreicher Abschluss erwartet werden, so besteht gem. § 1574 Abs. 2 insoweit auch eine Obliegenheit für den Berechtigten.
Der Unterhaltstatbestand des § 1573 Abs. 1 verlangt einen zeitlichen Zusammenhang mit der Scheidung. Der Unterhaltsberechtigte muss somit nach der Scheidung nicht in der Lage sein, eine angemessene Tätigkeit zu finden. Erweitert wird dieser Anspruch gem. § 1573 Abs. 3 als Anschlussunterhalt, wenn der Berechtigte zunächst einen Unterhaltsanspruch nach §§ 1570–1572 oder § 1575 besessen hat, dann aber die materiellen Voraussetzungen dieser Vorschriften entfallen sind.
Eine Besonderheit ergibt sich noch aus § 1573 Abs. 4. Hat der unterhaltsberechtigte Ehegatte nach der Scheidung zunächst eine angemessene Erwerbstätigkeit gefunden, hat aber diese Erwerbstätigkeit noch nicht zu einer nachhaltigen Sicherung geführt, bleibt der Unterhaltsanspruch bestehen, wenn die Erwerbstätigkeit wieder wegfällt.

Nach der Scheidung von Thomas hat Sabine einen angemessenen Arbeitsplatz gefunden. Das Arbeitsverhältnis ist aber für die Dauer von einem Jahr wegen einer Schwangerschaftsvertretung befristet gewesen. Dieses befristete Arbeitsverhältnis hat noch nicht zu einer nachhaltigen Sicherung von Sabine geführt, sodass nach Beendigung des Arbeitsverhältnisses der Unterhaltsanspruch besteht. Durch § 1574 Abs. 4 wird somit der sog. Einsatzzeitpunkt verschoben.

MERKE

§ 1573 gewährt als Auffangtatbestand einen Unterhaltsanspruch für den Berechtigten, der zwar nach §§ 1570–1572, 1576 keinen Unterhalt verlangen kann, aber trotz intensiver Bemühung keinen angemessenen Arbeitsplatz findet. Der Berechtigte ist verpflichtet, eine angemessene Arbeitstätigkeit i. S. d. § 1574 Abs. 2 aufzunehmen. An die Bemühungen des Berechtigten, eine angemessene Erwerbstätigkeit zu finden,

[440] BGH FamRZ 1991, 416 ff.
[441] Palandt/Brudermüller, § 1361 Rdnr. 41.

sind hohe Anforderungen zu stellen. Alleine die Meldung beim Arbeitsamt reicht noch nicht aus. Der Berechtigte muss darüber hinaus eigene Initiativen begründen, um einen Arbeitsplatz zu finden.

6.2.2.6 *Aufstockungsunterhalt*

Erzielt der Berechtigte nach der Scheidung eigene Einkünfte, reichen diese aber nicht aus, um den vollen Unterhalt abzusichern, der sich der Höhe nach aus § 1578 ergibt, so kann der Berechtigte nach § 1573 Abs. 2 den sog. Aufstockungsunterhalt verlangen.
Der Aufstockungsunterhalt ist der Differenzbetrag, der sich aus der angemessenen Erwerbstätigkeit und dem vollen Unterhalt ergibt.
Die Berechnung des Aufstockungsunterhalts erfolgt grundsätzlich nach der Differenz- oder Additionsmethode (vgl. oben Ziff. 6.1.4), ausnahmsweise nach der Anrechnungsmethode, wenn die Einkünfte des Berechtigten die ehelichen Lebensverhältnisse nicht mitgeprägt haben (vgl. oben Ziff. 6.1.4).
Obwohl in § 1573 Abs. 2 nicht ausdrücklich erwähnt, gelten auch beim Aufstockungsunterhalt die Einsatzzeitpunkte wie bei § 1573 Abs. 1.[442]

MERKE

Aufstockungsunterhalt kann der Unterhaltsberechtigte nach § 1573 Abs. 2 in den Fällen verlangen, in denen seine eigenen erzielbaren Einkünfte zum Zeitpunkt der nach § 1573 Abs. 1 zu berücksichtigenden Einsatzzeiten nicht ausreichen, um den sich aus § 1578 ergebenden vollen Unterhalt abzusichern.

6.2.2.7 *Unterhalt wegen Ausbildung, Fortbildung oder Umschulung*

Der Unterhaltstatbestand nach § 1575 soll dem Berechtigten die Nachteile ausgleichen, die dieser dadurch erlitten hat, dass er in unmittelbaren Zusammenhang mit der Ehe eine Schul- oder Berufsausbildung nicht aufgenommen oder nicht beendet hat. Diese Voraussetzung ist auch erfüllt, wenn die Ausbildung abgebrochen worden ist anlässlich der Geburt eines gemeinsamen Kindes.
Der Berechtigte muss allerdings die abgebrochene Ausbildung so bald wie möglich nach der Scheidung wieder aufnehmen oder eine entsprechende Ausbildung beginnen. Ferner muss die Ausbildung den Zweck haben, eine angemessene Erwerbstätigkeit i. S. d. § 1574 Abs. 2 zu erzielen, um den Unterhalt nachhaltig zu sichern.
Weiterhin muss der erfolgreiche Abschluss der Ausbildung zu erwarten sein.
Es ist während der Ausbildungszeit der volle Unterhalt zu leisten einschließlich der Ausbildungskosten.[443]
Der Anspruch besteht für den Zeitraum, in dem im Allgemeinen die gewählte Art der Ausbildung andauert. Allerdings sind ehebedingte Verzögerungen, wie die Betreuung eines Kindes, zu berücksichtigen.

---

[442] Palandt/Brudermüller, § 1573 Rdnr. 16.
[443] Palandt/Brudermüller, § 1575 Rdnr. 4.

MERKE

Der Berechtigte soll keine Nachteile dadurch erleiden, dass er anlässlich der Ehe seine Ausbildung abgebrochen oder aber ehebedingt eine Ausbildung gar nicht erst angefangen hat. § 1575 gewährt dem Berechtigten den vollen Unterhaltsanspruch für die übliche Dauer der gewählten Ausbildung, die der Berechtigte nach der Scheidung beginnt oder beendet. Die Ausbildung soll den Zweck haben, eine angemessene Erwerbstätigkeit i. S. d. § 1574 Abs. 2 erzielen zu können.

6.2.3 Leistungsfähigkeit des Unterhaltsschuldners

Der Unterhaltsanspruch setzt ferner nach § 1581 voraus, dass der Unterhaltsschuldner leistungsfähig ist. Dies ist der Fall, wenn der Unterhaltsschuldner ohne Gefährdung seines angemessenen Unterhalts finanziell in der Lage ist, den Unterhaltsbedarf des anderen Ehegatten aufgrund seiner Einkommens- und Vermögensverhältnisse zu bedienen. Hinsichtlich der Einzelheiten darf auf die Ausführungen zum Ehegattentrennungsunterhalt (oben Ziff. 6.1.3) verwiesen werden.

MERKE

Auch der Anspruch auf den nachehelichen Unterhalt setzt voraus, dass der Unterhaltsverpflichtete leistungsfähig ist. Diese Voraussetzung ist dann zu bejahen, wenn der Verpflichtete finanziell in der Lage ist, den Unterhalt ohne Gefährdung des eigenen angemessenen Unterhalts zu gewähren.

6.2.4 Umfang des Unterhaltsanspruchs

Der volle Unterhalt umfasst nach § 1578 den gesamten Lebensbedarf des Berechtigten, wie dieser sich nach den ehelichen Lebensverhältnissen im Zeitpunkt der Scheidung darstellt. Die ehelichen Lebensverhältnisse sind insbesondere geprägt durch die Einkünfte der Ehepartner. Erhöhen sich die Einkünfte des Unterhaltsverpflichteten nach der Scheidung, so partizipiert der Unterhaltsberechtigte hieran, wenn die Entwicklung und die Erwartung dieser Einkommenssteigerungen bereits in der Ehe angelegt gewesen sind.
Hieraus folgt, dass normale Einkommenserhöhungen und berufliche Entwicklungen des Unterhaltsschuldners zu berücksichtigen sind.
Außergewöhnliche Karrieresprünge des Unterhaltsschuldners, die nicht bereits in der Ehe angelegt gewesen sind, müssen dagegen unberücksichtigt bleiben.
Zum Lebensbedarf gehören alle Aufwendungen für elementare menschliche Bedürfnisse wie Kleidung, Nahrung, Wohnraum usw. Ferner gehören nach § 1578 Abs. 2 zum Lebensbedarf die Kosten einer angemessen Versicherung für den Fall der Krankheit und der Pflegebedürftigkeit. Besitzt der Berechtigte einen Unterhaltsanspruch nach §§ 1570–1573 oder nach § 1576, so umfasst der Lebensbedarf auch die Kosten einer Versicherung für den Fall des Alters oder der verminderten Erwerbsfähigkeit (§ 1578 Abs. 3).

Hinsichtlich der Berechnung des nachehelichen Unterhaltsanspruchs darf auf die Ausführungen zum Trennungsunterhalt (oben Ziff. 6.1.4) verwiesen werden.
Der laufende Unterhalt ist gem. § 1585 monatlich im Voraus durch Zahlung einer Geldrente zu gewähren. Der Unterhaltsverpflichtete schuldet den vollen monatlichen Unterhalt auch dann, wenn der Unterhaltsanspruch im Laufe des Monats durch Tod oder Wiederheirat des Berechtigten erlischt.

MERKE

Der Unterhaltsanspruch umfasst nach § 1578 den gesamten Bedarf des Berechtigten, wie dieser sich nach den ehelichen Lebensverhältnissen im Zeitpunkt der Scheidung darstellt.

6.2.5 Herabsetzung und zeitliche Begrenzung des Unterhalts

Ein zeitlich unbefristeter und in der Höhe an den ehelichen Lebensverhältnissen ausgerichteter Unterhaltsanspruch ist angesichts der in § 1569 normierten Eigenverantwortlichkeit der Ehegatten, für ihren eigenen Unterhalt Sorge tragen zu müssen, nicht mehr sachgerecht. Der in der Ehe begründete Lebensstandard kann deshalb nicht eine lebenslange Garantie für den Unterhaltsberechtigten begründen.
Der BGH hat deshalb bereits in seiner Entscheidung vom 12.04.2006 den damaligen Anwendungsbereich des § 1573 Abs. 5 a. F., der bereits eine Befristung der Unterhaltsansprüche nach § 1573 a. F. (Unterhalt wegen Erwerbslosigkeit und Aufstockungsunterhalt) ermöglicht hat, erheblich ausgeweitet.[444]
Diese Entwicklung in der Rechtsprechung hat der Gesetzgeber aufgenommen und mit der Unterhaltsrechtsreform zum 01.01.2008 durch § 1578b eine Vorschrift in das Gesetz aufgenommen, die den Zweck verfolgt, den nachehelichen Unterhaltsanspruch anhand objektiver Billigkeitsmaßstäbe im Einzelfall angemessen zu begrenzen. Im Rahmen dieser Billigkeitsprüfung muss im Einzelfall der grundsätzlichen unterhaltsrechtlichen Eigenverantwortung Rechnung getragen, andererseits aber auch angemessen berücksichtigt werden, inwieweit ein Ehepartner durch die Eingehung der Ehe und der damit verbundenen Aufgabe und/oder Einschränkung einer eigenen wirtschaftlichen Selbstständigkeit ehebedingte Nachteile erlitten hat, die im Rahmen der nachehelichen Solidarität eine Fortführung des Unterhaltsanspruchs rechtfertigen.
§ 1578b eröffnet drei Möglichkeiten, den Unterhalt zu begrenzen. Nach § 1578b Abs. 1 kann der Unterhaltsanspruch auf den angemessenen Unterhalt herabgesetzt werden, § 1578b Abs. 2 sieht eine zeitliche Befristung des Unterhalts vor und § 1578b Abs. 3 erlaubt eine Kombination von Herabsetzung und Befristung.
Die Anwendung des § 1578b ist grundsätzlich nicht beschränkt auf einzelne nacheheliche Unterhaltstatbestände. Allerdings muss berücksichtigt werden, dass eine Befristung nach § 1578b in den Fällen nicht in Betracht kommt, in denen die Billigkeitskontrolle bereits Gegenstand des Unterhaltsanspruchs selbst ist, wie z. B. eine Verlängerung des

[444] BGH FamRZ 2006, 1006.

Unterhaltsanspruchs wegen Betreuung eines Kindes nach Ablauf der Basisunterhaltszeit von drei Jahren (vgl. § 1570 Abs. 1 Satz 2, § 1570 Abs. 2) oder beim Ausbildungsunterhalt nach § 1575. Ferner nimmt der Unterhaltsanspruch aus Billigkeitsgründen nach § 1576 eine Sonderstellung ein, da die Billigkeitserwägungen bereits zu den Tatbestandsvoraussetzungen gehören.

Die Herabsetzung des Unterhaltsanspruchs auf den angemessenen Unterhalt ist nach § 1578 Abs. 1 vorgesehen, wenn eine an den ehelichen Verhältnissen orientierte Bemessung auch unter Wahrung der Belange eines dem Berechtigten zur Pflege oder Erziehung anvertrauten gemeinschaftlichen Kindes unbillig wäre. Diese Kinderschutzklausel lässt somit eine Begrenzung des Unterhalts dann zu, wenn die Betreuung des Kindes anderweitig gesichert ist und der Berechtigte vollschichtig abreiten kann.[445]

§ 1578b sieht somit grds. eine Herabsetzung auf den angemessenen Unterhalt vor. Dies bedeutet, dass der Bedarf des Berechtigten oberhalb des Existenzminimums liegen und sich am vorehelichen Lebensstandard des Berechtigten orientieren soll.[446]

Es ist deshalb entscheidend, welche Einkünfte der Berechtigte ohne Unterbrechung seiner Erwerbstätigkeit erzielen könnte. Dabei ist aber eine Absenkung unter dem notwendigen Selbstbehalt (eigene Einkünfte des Berechtigten und Unterhalt) i. H. v. derzeit 1.000,00 €[447] regelmäßig nicht vertretbar, auch wenn der voreheliche Lebensstandard niedriger gewesen ist.[448]

Liegen die Voraussetzungen des § 1578b Abs. 1 vor, ist nach einer Übergangsfrist der Unterhalt entsprechend zu kürzen. Diese Übergangsfrist kann nach der Rechtsprechung des BGH nicht schematisch bemessen werden, sondern ist im Einzelfall zu bemessen. Entscheidend ist die Zeit, die der Berechtigte benötigt, um sich auf die Kürzung des Unterhalts einzustellen.[449]

> Sven und Ines sind vier Jahre verheiratet gewesen. Aus der Ehe sind keine Kinder hervorgegangen. Nach der gemeinsamen Absprache der Eheleute hat Ines sich um den Haushalt gekümmert und während der Ehe nur eine Aushilfstätigkeit ausgeübt. Vor der Ehe hat Ines als Zahnarzthelferin gearbeitet und könnte nun monatlich 1.500 € netto verdienen. Eine angemessene Erwerbstätigkeit hat Ines trotz intensiver Bemühungen noch nicht finden können. Auch wenn der Unterhaltsanspruch von Ines (§ 1573 Abs. 1) nach den ehelichen Verhältnissen oberhalb dieses Einkommens liegen würde, wäre nach § 1578b Abs. 1 eine Absenkung des Unterhaltsanspruchs auf monatlich 1.500 € im Rahmen der Billigkeitsprüfung und nach Beachtung einer Übergangszeit vorzunehmen.

Allerdings ist im Rahmen der Billigkeitsprüfung auch zu berücksichtigen, inwieweit bei dem Berechtigten durch die Ehe Nachteile hinsichtlich der Möglichkeit entstanden sind, für den eigenen Unterhalt zu sorgen.[450]

[445] BGH FamRZ 2009, 1391.
[446] BGH FamRZ 2010, 2059.
[447] OLG Hamm, Leitlinien zum Unterhaltsrecht, Stand 01.01.2013, Ziff. 21.2 bei Erwerbstätigkeit.
[448] BGH FamRZ 2010, 1633.
[449] BGH FamRZ 2008, 1508.
[450] Kleffmann/Klein/Eder, § 1578b, Rdnr. 9.

Solche ehebedingten Nachteile können sich aus der Dauer der Pflege oder Erziehung eines gemeinschaftlichen Kindes ergeben, aus der übernommenen Haushaltsführung oder aus der Dauer der Ehe.[451]
Liegen solche ehebedingten Nachteile vor, ist die Herabsetzung des Unterhaltsanspruchs eingeschränkt oder sogar ganz ausgeschlossen.

Philipp und Susanne sind neun Jahre verheiratet gewesen. Aus der Ehe ist der siebenjährige Sohn Marc hervorgegangen. Susanne hat nach der Eheschließung ihre berufliche Tätigkeit als Arzthelferin aufgegeben und sich um den Haushalt und die Erziehung von Marc gekümmert. Marc geht zur Schule und wird über Mittag und nachmittags gleichfalls in der Schule betreut. Susanne arbeitet deshalb wieder vollzeitig. Der Tarifvertrag, nach dem sich das Einkommen von Susanne richtet, sieht u. a. eine Staffelung des Einkommens nach der Anzahl der Berufsjahre vor. Da Susanne während der Ehe nicht als Arzthelferin gearbeitet hat, erzielt sie ein geringeres Einkommen, da die neun Ehejahre als Berufsjahre fehlen. Eine Herabsetzung des Aufstockungsunterhaltsanspruchs auf das gegenwärtig von Susanne erzielte Einkommen wäre unbillig, da die fehlenden neun Berufsjahre durch die Ehe begründet sind und Susanne insoweit wegen der Erziehung von Marc und der vereinbarten Haushaltsführung ehebedingte Nachteile erlitten hat. Susanne hätte deshalb einen Unterhaltsanspruch i. H. d. Differenz, die sich aus dem Einkommen ergeben würde, das Susanne erzielen könnte, wenn sie die Ehe mit Philipp nicht geschlossen hätte, und dem gegenwärtigen erzielten Einkommen.
Die Ehedauer bemisst sich nach der Rechtsprechung des BGH vom Zeitpunkt der Eheschließung bis zu dem Zeitpunkt der Zustellung des Scheidungsantrages.[452]

Entscheidend für eine Begrenzung des Unterhalts ist aber nicht die Zeitdauer der Ehe, da diese isoliert betrachtet nicht die wirtschaftliche Selbstständigkeit einschränkt, sondern es ist in Zusammenhang mit der Dauer der Ehe die Aufgabenverteilung zwischen den Ehegatten zu bewerten, die damit verbundene wirtschaftliche Verflechtung und die sich hieraus für den Berechtigten ergebende Einschränkung der wirtschaftlichen Selbstständigkeit.[453]
Der Unterhaltsanspruch ist nach § 1578b Abs. 2 zeitlich zu befristen, wenn ein zeitlich unbegrenzter Unterhaltsanspruch auch unter Berücksichtigung der Kinderschutzklausel unbillig wäre. Auch bei dieser Billigkeitsprüfung sind die Kriterien nach § 1578b Abs. 1 S. 2 und 3 zu berücksichtigen. Wirken die ehebedingten Nachteile aber in Hinblick auf die Zukunft fort, kommt allerdings eine Befristung des Unterhaltsanspruchs nicht in Betracht.[454]
Weiterhin erlaubt § 1578b Abs. 3 die Verbindung einer Herabsetzung und einer zeitlichen Befristung des Unterhaltsanspruchs. Diese Verbindung kann angemessen sein, um eine gestufte Anpassung des Unterhalts zu finden und damit eine im Einzelfall sachgerechte Lösung.[455]

[451] Kleffmann/Klein/Eder, § 1578b, Rdnr. 9.
[452] BGH FamRZ 2010, 1414.
[453] Palandt/Brudermüller, § 1578b, Rdnr. 9; Kleffmann/Klein/Eder, § 1578b, Rdnr. 51.
[454] Palandt/Brudermüller, § 1578b, Rdnr. 6.
[455] Palandt/Brudermüller, § 1578b, Rdnr. 18.

MERKE

Der Unterhaltsanspruch ist nach § 1578b herabzusetzen auf den angemessenen Unterhalt, zeitlich zu befristen oder kombiniert herabzusetzen und zeitlich zu befristen, wenn ein an den ehelichen Verhältnissen orientierter oder zeitlich unbefristeter Unterhaltsanspruch unbillig wäre. Im Rahmen der bei § 1578b vorzunehmenden Billigkeitsprüfung ist aber auch zu berücksichtigen, inwieweit der Unterhaltsberechtigte durch die Eheschließung ehebedingte Nachteile wirtschaftlich erlitten hat. Diese Nachteile können sich aus der Dauer der Pflege oder Erziehung eines gemeinschaftlichen Kindes ergeben, aus der übernommenen Haushaltsführung oder aus der Dauer der Ehe.

6.2.6 Rangverhältnis mehrerer Unterhaltsbedürftiger

§ 1582 hat bis zur Reform des Unterhaltsrechts zum 01.01.2008 das Rangverhältnis zwischen den Unterhaltsansprüchen eines früheren Ehepartners und des jetzigen Ehepartners des Unterhaltsschuldners geregelt, beschränkt sich aber nun auf eine Verweisung nach § 1609, eine zentrale Vorschrift, die das Rangverhältnis für alle Unterhaltsverhältnisse regelt. Auf die Ausführungen zu § 1609 (Kap. IV Ziff. 5.1) darf deshalb verwiesen werden.

6.2.7 Beschränkung oder Versagung des Unterhalts wegen grober Unbilligkeit

Es kann in einigen Fällen ungerechtfertigt sein, den Unterhaltsverpflichteten mit einem Unterhaltsanspruch zu belasten.
§ 1579 begründet zugunsten des Unterhaltsverpflichteten einen Verwirkungstatbestand, wonach der an sich geschuldete Unterhalt herabgesetzt, zeitlich begrenzt oder gänzlich ausgeschlossen werden kann.
Notwendig ist aber, dass die Inanspruchnahme des Unterhaltsverpflichteten grob unbillig wäre, weil einer der in § 1579 genannten acht Härtegründe materiell-rechtlich erfüllt ist. Eine Einschränkung ergibt sich aus § 1579 allerdings in den Fällen, in denen dem Unterhaltsberechtigten ein gemeinschaftliches Kind zur Pflege oder Erziehung anvertraut worden ist. In diesem Fall sind bei der Bewertung der groben Unbilligkeit auch die Belange des Kindes mit zu berücksichtigen.
Diese notwendige Einschränkung begründete sich in folgender Überlegung: Betreut der Unterhaltsverpflichtete ein gemeinschaftliches Kind und würde der aus § 1570 begründete Unterhaltsanspruch versagt werden, so besteht die Gefahr, dass der Unterhaltsberechtigte eine volle Erwerbstätigkeit zur Sicherung des eigenen Unterhaltsbedarfs aufnehmen müsste und hierdurch die notwendige Betreuung des Kindes nicht mehr gewährleistet wäre.
Die Versagung des Unterhaltsanspruchs würde somit auch zu Lasten des Kindes erfolgen. Dies soll aber durch die in § 1579 genannte Einschränkung vermieden werden.
Die Herabsetzung oder der Ausschluss des Unterhaltsanspruchs darf in diesen Fällen somit nur erfolgen, wenn die Betreuung des Kindes trotzdem gesichert bleibt.
In der Regel wird deshalb der Unterhaltsanspruch des Berechtigten in diesen Fällen auf ein Mindestmaß reduziert werden, sodass der Berechtigte nicht gezwungen ist, eine

vollschichtige Erwerbstätigkeit aufzunehmen und somit die Kindesbetreuung neben einer eigenen Erwerbstätigkeit gewährleistet werden kann.
Es ist eine Ermessensentscheidung des Familienrichters, ob im jeweiligen Einzelfall der Unterhalt versagt, herabgesetzt oder zeitlich begrenzt wird.
Kennt der Unterhaltsverpflichtete die Umstände, die einen Härtegrund i. S. d. § 1579 begründen, und leistet er trotz dieser Kenntnis auch weiterhin vorbehaltlos den Unterhalt, kann dies dazu führen, dass es zu einem späteren Zeitpunkt dem Unterhaltsverpflichteten versagt ist, sich auf den Verwirkungstatbestand des § 1579 zu berufen.[456] Gleiches gilt für die Fälle, in denen zwar einer der Härtegründe des § 1579 erfüllt ist, der Unterhaltsverpflichtete aber dem Unterhaltsberechtigten verziehen hat.[457]
Die einzelnen in § 1579 genannten Härtegründe stellen sich wie folgt dar:

- kurze Ehedauer (§ 1579 Nr. 1)
  Entscheidend ist der Zeitraum von der Eheschließung bis zur Rechtshängigkeit des Scheidungsverfahrens.[458] Eine kurze Ehedauer wird in der Regel zu bejahen sein für einen Zeitraum von bis zu zwei Jahren.[459] Eine Ehedauer von mehr als drei Jahren wird durch den BGH in der Regel nicht mehr als kurz erachtet.[460]
- Verfestigte Lebensgemeinschaft mit einem neuen Partner (§ 1579 Nr. 2)
  Dieser Härtegrund, der bis Ende 2007 über § 1579 Nr. 7 erfasst worden ist, wurde durch das Unterhaltsreformgesetz zum 01.01.2008 als eigener Tatbestand in das Gesetz aufgenommen. Es geht hierbei nicht um ein vorwerfbares Fehlverhalten des Unterhaltsberechtigten, sondern vielmehr um eine Veränderung in den Lebensverhältnissen des Unterhaltsberechtigten, die eine dauerhafte Leistung des geschiedenen Ehepartners unzumutbar erscheinen lassen, weil sich die neue Beziehung des Berechtigten derart verfestigt hat, dass sie als eine eheähnliche Lebensgemeinschaft anzusehen ist.[461]
  Kriterien für die dauerhafte Gemeinschaft sind insbesondere das Erscheinungsbild in der Öffentlichkeit, wenn dieses sich wie ein eheliches Zusammenleben darstellt[462], ein über einen längeren Zeitraum geführter gemeinsamer Haushalt[463], größere gemeinsame Investitionen wie der Kauf eines gemeinsamen Hauses[464] oder die Dauer der Verbindung[465].
  Die Leistungsfähigkeit des neuen Lebenspartners ist dabei unerheblich.[466]
- Verbrechen oder schweres vorsätzliches Vergehen (§ 1579 Nr. 3)
  Der Härtegrund des § 1579 Nr. 3 ist dann erfüllt, wenn der Berechtigte sich eines Verbrechens oder eines schweren vorsätzlichen Vergehens gegen den Unterhalts-

456 OLG Bremen, NJW-RR 2011, 79.
457 Palandt/Brudermüller, § 1579 Rdnr. 5.
458 BGH FamRZ 2010, 1414.
459 BGH FamRZ 89, 483.
460 BGH FamRZ 99, 710.
461 BGH NJW 2011, 1582.
462 OLG Karlsruhe FamRZ 2009, 351.
463 OLG Düsseldorf FamRZ 2011, 225.
464 OLG Saarbrücken OLGR 2009, 522.
465 BGH NJW 2002, 1947, der im Regelfall eine Dauer von zwei bis drei Jahren verlangt.
466 BGH FamRZ 2011, 1498.

verpflichteten oder einen nahen Angehörigen des Unterhaltsverpflichteten schuldig gemacht hat.
Die Differenzierung zwischen Verbrechen und Vergehen basiert auf § 12 StGB. Beispiele für diesen Härtegrund sind Mord (§ 211 StGB); Totschlag (§ 212 StGB) oder Eigentumsdelikte (§ 243 StGB).
Dieser Ausschlusstatbestand ist aber auch dann erfüllt, wenn der Berechtigte in einem Unterhaltsverfahren eigene Einkünfte verschweigt, in der Absicht einen höheren Unterhalt zu erzielen, und sich durch dieses Verhalten eines Prozessbetrugs i. S. d. § 263 StGB schuldig macht.[467]

- Mutwillige Herbeiführung der Bedürftigkeit (§ 1579 Nr. 4)
  Die mutwillige Herbeiführung der Bedürftigkeit verlangt zwar kein vorsätzliches Verhalten des Berechtigten, aber zumindest wohl leichtfertiges Verhalten. Dieses wird dann anzunehmen sein, wenn der Berechtigte seine Erwerbsfähigkeit oder sein Vermögen unvernünftig aufs Spiel setzt.[468]
  Hierunter fallen insbesondere auch die Fälle, in denen der Unterhaltsberechtigte seine Erwerbsfähigkeit durch Alkoholismus, Tabletten- oder Drogensucht verliert und gegen diese vorgenannten Erkrankungen vorwerfbar nichts unternimmt.[469]
  Aber auch in den Fällen, in denen der Unterhaltsberechtigte einen Altersvorsorgeunterhalt von dem Verpflichteten beansprucht und dieses Geld nicht zweckgerichtet für die Versorgung im Alter eingesetzt hat, ist die Voraussetzung von § 1579 Nr. 4 erfüllt, wenn er sodann im Alter bedürftig wird.[470]
- Mutwilliges Hinwegsetzen über schwerwiegende Vermögensinteressen des Verpflichteten (§ 1579 Nr. 5)
  Die Voraussetzungen des § 1579 Nr. 5 sind dann erfüllt, wenn der Berechtigte in leichtfertiger Weise die Einkünfte des Unterhaltsverpflichteten zumindest gefährdet hat.[471]
  Dies ist z. B. dann der Fall, wenn der Unterhaltsberechtigte den Verpflichteten bei dessen Arbeitgeber ungerechtfertigt anschwärzt, um dessen Arbeitsplatz zu gefährden.[472] Aber auch die leichtfertige Erhebung von Strafanzeigen könnte ausreichen, wenn wirtschaftlich nachteilige Folgen für den Unterhaltsverpflichteten nicht ausgeschlossen werden können.[473]
  § 1579 Nr. 5 sanktioniert somit insbesondere ein Verhalten des Unterhaltsberechtigten, das sich als Verstoß gegen die grundsätzlich zwischen Ehegatten bestehende Loyalitätspflicht darstellt.
- Grobe Verletzung der Pflicht, zum Familienunterhalt beizutragen (§ 1579 Nr. 6)
  Hat der Berechtigte seine Obliegenheit, zum Familienunterhalt beizutragen, in gröblicher Weise verletzt, erfüllt dies die Voraussetzungen von § 1579 Nr. 6.

---

[467] OLG Hamm FamRZ 2004, 1786.
[468] Palandt/Brudermüller, § 1579 Rdnr. 21.
[469] Palandt/Brudermüller, § 1579 Rdnr. 23.
[470] Palandt/Brudermüller, § 1579 Rdnr. 23.
[471] BGH FamRZ 2009, 1124.
[472] Palandt/Brudermüller, § 1579 Rdnr. 26.
[473] Palandt/Brudermüller, § 1579 Rdnr. 26.

Die Einschränkung auf den Familienunterhalt bedeutet insoweit, dass nur Verletzungen berücksichtigt werden können, die vor der Trennung der Ehepartner gelegen haben.
Erfüllt ist der Tatbestand z. B. in den Fällen, in denen der Unterhaltsberechtigte bei vereinbarter Haushaltsführung diese gröblich vernachlässigt hat oder sich nicht im notwendigen Umfang um gemeinsame Kinder gekümmert hat; ferner in den Fällen, in denen der Berechtigte eine Erwerbsobliegenheit besessen, trotz Möglichkeit aber keine Erwerbstätigkeit aufgenommen hat.[474]
Die Verletzung der Pflichten muss über einen längeren Zeitraum erfolgt sein, eine gelegentliche Verletzung reicht nicht aus, um die Voraussetzungen dieses Härtegrundes zu begründen.

- Offensichtlich schwerwiegendes, eindeutig beim Berechtigten liegendes Fehlverhalten (§ 1579 Nr. 7)
  Diese Vorschrift sanktioniert insbesondere schwerwiegende einseitige Eheverfehlungen des Berechtigten. Die Voraussetzungen können z. B. erfüllt sein, wenn der Berechtigte aus einer bis dahin intakten Ehe ausbricht und sich einem neuen Partner zuwendet.[475]
  Auch das Absehen einer Eheschließung mit einem neuen Partner, um die Rechtsfolgen des § 1586 zu verhindern, erfüllt die Voraussetzungen dieses Tatbestandes zumindest in den Fällen, in denen keine beachtlichen Gründe gegen eine Wiederheirat bestehen.[476] Der Übergang zu einer verfestigten Lebensgemeinschaft i. S. d. § 1579 Nr. 2 ist dabei fließend.[477]
  Unter diesen Tatbestand fallen sodann auch die Fälle, in denen der Berechtigte dem Verpflichteten ein nicht von diesem abstammendes Kind »unterschiebt«[478] oder aber auch die schuldhafte Vereitlung des Umgangsrechts des Berechtigten mit gemeinschaftlichen Kindern.[479]
- Sonstige schwerwiegende Gründe (§ 1579 Nr. 8)
  Bei dieser Vorschrift handelt es sich um einen Auffangtatbestand, der ebenso schwerwiegendes Fehlverhalten des Berechtigten sanktionieren will, wie dies in § 1579 Ziff. Nr. 1–7 bewertet worden ist.
  Es sollen insbesondere die Fälle erfasst werden, die eine Unterhaltsbelastung des Verpflichteten objektiv unzumutbar erscheinen lassen.
  Dies kann der Fall sein, wenn zwar nicht die Voraussetzungen einer kurzen Ehe nach § 1579 Nr. 1 erfüllt sind, die Ehepartner aber nur kurze Zeit tatsächlich zusammengelebt haben.[480]
  Aber auch die Fortdauer einer neuen Partnerschaft nach der Scheidung kann den Verwirkungsgrund des § 1579 Nr. 8 begründen, zumindest in den Fällen, in denen der neue Partner ausreichend leistungsfähig ist.[481]

[474] Palandt/Brudermüller, § 1579 Rdnr. 27.
[475] BGH NJW 1984, 2358.
[476] Palandt/Brudermüller, § 1579 Rdnr 31; a. A. BGH NJW 1989, 1083, der in diesem Fall § 1579 Nr. 8 anwendet.
[477] Palandt/Brudermüller, § 1579 Rdnr. 31.
[478] OLG Brandenburg, NJW-RR 2000, 1098.
[479] OLG Brandenburg, FamRB 2011, 168.
[480] BGH FamRZ 1988, 930.
[481] Palandt/Brudermüller, § 1579 Rdnr. 33.

Die Versagung oder die Kürzung eines Unterhaltsanspruchs nach § 1579 muss nicht endgültig sein, vielmehr können die Unterhaltsansprüche auch wieder aufleben.
Hat der Berechtigte eine neue Partnerschaft nach der Ehescheidung fortgesetzt und damit seinen Unterhalt gem. § 1579 Nr. 8 verwirkt, so kann der vormalige Unterhaltsanspruch wieder aufleben, wenn die neue Beziehung beendet worden und insgesamt nur von kurzer Dauer gewesen ist.
Hat der Berechtigte den Umgang des Unterhaltsverpflichteten mit gemeinsamen Kindern beeinträchtigt und deshalb den Härtegrund des § 1579 Nr. 7 durch sein Verhalten begründet, so kann der Unterhaltsanspruch wieder aufleben, sobald der Umgang mit den gemeinsamen Kindern wieder gewährt wird.

MERKE

Unter den Voraussetzungen des § 1579 kann ein bestehender Unterhaltsanspruch zulasten des Unterhaltsberechtigten herabgesetzt, zeitlich begrenzt oder ganz ausgeschlossen werden. Die Inanspruchnahme des Verpflichteten ist grob unbillig, wenn einer der in § 1579 Nr. 1–8 genannten Härtegründe erfüllt ist.
Betreut der unterhaltsberechtigte Ehegatte ein gemeinsames Kind, kommt eine Reduzierung oder Versagung des Unterhaltsanspruchs trotz des Bestehens eines Härtegrundes i. S. d. § 1579 Nr. 1–8 nur dann in Betracht, wenn die Betreuung des gemeinsamen Kindes auch bei einer Erwerbstätigkeit des berechtigten Ehepartners sichergestellt ist.

6.2.8 Unterhalt für die Vergangenheit

Mit der Unterhaltsrechtsreform zum 01.01.2008 ist auch der Unterhalt für die Vergangenheit beim nachehelichen Unterhalt grundsätzlich vereinheitlicht worden mit Verwandtenunterhalt nach § 1613 BGB, sodass zunächst auf die Ausführungen zu § 1613 BGB verwiesen werden darf (Kap. IV. Ziff. 8)
Die Mahnung des nachehelichen Unterhalts setzt zunächst voraus, dass zu dem Zeitpunkt des Zuganges der Mahnung die Ehe rechtskräftig geschieden ist, da der nacheheliche Unterhaltsanspruch erst mit der Rechtskraft der Scheidung entsteht.
Allerdings hat der Unterhaltsberechtigte die Möglichkeit diesen Wirkungen entgegenzutreten, indem er den nachehelichen Unterhalt bereits im Scheidungsverfahren als Verbundsache nach § 137 Abs. 2 Nr. 2 FamFG anhängig macht. Nach §§ 137 Abs. 1, 142 FamFG ist im Fall der Scheidung über sämtliche im Verbund stehenden Familiensachen durch einheitlichen Beschluss zu entscheiden.
Für den Fall des nachehelichen Unterhalts ergibt sich – anders als beim Trennungsunterhalt nach § 1361 BGB oder beim Verwandtenunterhalt nach § 1601 ff. BGB – eine weitere Einschränkung aus § 1585b Abs. 3, der einen besonderen Fall der gesetzlichen Verwirkung enthält. Hiernach kann für eine mehr als ein Jahr vor der Rechtshängigkeit liegende Zeit Unterhalt in Form von Erfüllung oder Schadensersatz wegen Nichterfüllung nur dann verlangt werden, wenn anzunehmen ist, dass der Unterhaltsverpflichtete sich der Leistung absichtlich entzogen hat.

MERKE

Unterhaltsleistungen für die Vergangenheit kann der Berechtigte beim nachehelichen Unterhalt grds. unter den gleichen Voraussetzungen verlangen wie beim Verwandtenunterhalt nach § 1613.
Allerdings enthält § 1585b Abs. 3 beim nachehelichen Unterhalt einen besonderen Fall der gesetzlich geregelten Verwirkung. Unterhalt für den Zeitraum von mehr als einem Jahr vor Rechtshängigkeit kann der Berechtigte nur dann verlangen, wenn anzunehmen ist, dass der Verpflichtete sich der Leistung absichtlich entzogen hat.

6.2.9 Unterhaltsvereinbarung

Gem. § 1585c können die Ehepartner über bestehende Unterhaltspflichten eine Vereinbarung treffen. Diese Vereinbarung bedarf grundsätzlich keiner Form, es sei denn die Ehepartner schließen diese Vereinbarung über den nachehelichen Unterhalt vor der Rechtskraft der Scheidung. In diesem Fall bedarf die Vereinbarung nach § 1585c S. 2 der notariellen Beurkundung, alternativ nach § 1585c S. 3 der gerichtlichen Protokollierung.
Im Gegensatz zum Ehegattentrennungsunterhalt (§ 1361) ist es auch möglich, dass ein Ehepartner auf den nachehelichen Unterhalt verzichtet. Im Rahmen der Inhaltskontrolle ist unter Berücksichtigung der höchstrichterlichen Rechtsprechung durch das Familiengericht zu prüfen, ob die getroffene Vereinbarung gegen § 138 BGB verstößt. Dabei sind insbesondere die Ausführungen des Bundesgerichtshofes zur sog. Kernbereichslehre, die der Bundesgerichtshof in Zusammenhang mit ehelichen Unterhaltsvereinbarungen entwickelt hat, zu berücksichtigen.[482]
Die Nichtigkeit nach § 138 BGB erfordert dabei in subjektiver Hinsicht ein Missbrauchsverhalten – z. B. das Ausnutzen des anderen Ehepartners aufgrund einer wirtschaftlichen Überlegenheit – und in objektiver Sicht einen Eingriff in den Kernbereich des Scheidungsfolgenrechts.[483] Zu diesen Kernbereichen gehören an erster Stelle der Betreuungsunterhalt nach § 1570, an zweiter Stelle der Alters- und Krankheitsunterhalt nach §§ 1571, 1572 sowie der Versorgungsausgleich, an dritter Stelle der Erwerbslosenunterhalt nach § 1573 Abs. 1 und an vierter Stelle der Aufstockungs- und Ausbildungsunterhalt nach §§ 1573 Abs. 2, 1575. An letzter Stelle steht in dieser Hierarchie der Zugewinnausgleich. Je tiefer in den Kernbereich eingegriffen wird, desto eher besteht die Gefahr einer Nichtigkeit der Vereinbarung nach § 138 BGB.
Hiernach ist z. B. die Sittenwidrigkeit einer solchen Vereinbarung in den Fällen zu bejahen, in denen ein Ehegatte die Unerfahrenheit des anderen Ehepartners oder eine besonders schwierige psychische Lage ausgenutzt hat, um die Zustimmung zu dem Unterhaltsverzicht zu erreichen.[484]
Verstößt eine Vereinbarung nach den vorgenannten Überlegungen nicht nach § 138 BGB, ist in einem zweiten Schritt dennoch eine Ausübungskontrolle nach § 242 BGB vorzunehmen,

[482] BGH NJW 2004, 930.
[483] Fa-FamR/Maier, Kap. 6, Rdnr. 710.
[484] Schwab, Rdnr. 389.

die sich in erster Linie nach dem Zeitpunkt des Scheiterns der Ehe richtet.[485] Hierbei ist insbesondere von Bedeutung, inwieweit die Berufung auf den Ausschluss gesetzlicher Scheidungsfolgen unter Berücksichtigung der aktuellen Verhältnisse rechtsmissbräuchlich erscheint.

Hans und Ute haben in einem notariellen Ehevertrag den nachehelichen Unterhalt ausgeschlossen. Zu dem Zeitpunkt der Unterhaltsvereinbarung sind beide Ehepartner berufstätig gewesen. Als es einige Jahre später zur Scheidung kommt, hat Ute ihre Erwerbstätigkeit aufgegeben und betreut die gemeinsame zweijährige Tochter Simone. Hier würde der vereinbarte völlige Unterhaltsausschluss einer Ausübungskontrolle nicht standhalten, da Ute als Folge des Verzichts eine Erwerbstätigkeit aufnehmen müsste und sich nicht mehr um die Tochter Simone kümmern könnte, sodass Ute trotz der Vereinbarung einen Unterhaltsanspruch nach § 1570 besitzen würde.

MERKE

Die Ehepartner können über den nachehelichen Unterhalt eine Vereinbarung treffen. Diese Vereinbarung muss aber unter Berücksichtigung der vom Bundesgerichtshof entwickelten Kernbereichslehre einer Inhaltskontrolle standhalten, anderenfalls die Vereinbarung nach § 138 nichtig ist. Erfüllt die Vereinbarung diese Voraussetzung muss anhand eine Ausübungskontrolle überprüft werden, ob es angesichts veränderter Umstände rechtsmissbräuchlich ist, wenn sich ein Ehepartner auf die getroffene Vereinbarung beruft.

6.2.10 Ende des Unterhaltsanspruchs

Der Unterhaltsanspruch erlischt gem. § 1586 Abs. 1 mit der Wiederheirat, der Begründung einer Lebenspartnerschaft i. S. d. LPartG oder dem Tod des Berechtigten.
Gem. § 1586 Abs. 2 bleiben allerdings Ansprüche auf Erfüllung oder Schadensersatz wegen Erfüllung für die Vergangenheit bestehen und sind somit vererblich.

6.2.11 Auskunftsanspruch

Die Ehegatten besitzen gem. § 1580 i. V. m. § 1605 einen wechselseitigen Auskunftsanspruch über die Einkommens- und Vermögensverhältnisse des anderen Ehepartners.
Dieser Auskunftsanspruch ist auch notwendig, um Unterhaltsansprüche berechnen zu können und um ggf. Rechtsstreitigkeiten zu vermeiden.

[485] Fa-FamR/Maier, Kap. 6, Rdnr. 711.

III Kindschaftsrecht

1 DIE ABSTAMMUNG

Die Abstammung ist Grundlage für das Verwandtschaftsverhältnis, das zwischen den Eltern und ihren Kindern begründet wird.

1.1 Mutter des Kindes

Das Kindschaftsrecht wurde mit Wirkung zum 01.07.1998 reformiert. Seit dieser Zeit ist in § 1591 festgelegt, dass Mutter eines Kindes allein die Frau ist, die das Kind geboren hat. Die medizinische Entwicklung erlaubt es zwischenzeitlich, dass eine Frau auch ein Kind austrägt, das genetisch nicht von ihr abstammt.
Der Gesetzgeber wollte aber eine Spaltung zwischen genetischer und gebärender Mutter vermeiden und hat mit § 1591 nun festgelegt, dass auch in Fällen der Embryonenspende allein die Frau als Mutter anzusehen ist, die dass Kind geboren hat.

MERKE

Mutter eines Kindes ist auch in den Fällen einer Embryonenspende immer die Frau, die das Kind geboren hat.

1.2 Vater des Kindes

Die Vaterschaft ist § 1592 geregelt. Es ist hierbei wie folgt zu differenzieren.

1.2.1 Ehe der Kindeseltern zum Zeitpunkt der Geburt

Gem. § 1592 Nr. 1 gilt als Vater, wer zum Zeitpunkt der Geburt mit der Mutter des Kindes verheiratet ist. Es handelt sich hierbei um eine gesetzliche Vermutung (vgl. § 1600c Abs. 1). Diese gesetzliche Vermutung erstreckt sich auf die Geburt eines Kindes bis zum Zeitpunkt der Rechtskraft einer Scheidung. Hieraus folgt, dass der Mann auch nach § 1592 Nr. 1 vom Gesetz her als Vater angesehen wird, wenn er zum Zeitpunkt der Geburt mit der Kindesmutter bereits getrennt lebt i. S. d. § 1567.

Hans und Ute sind miteinander verheiratet, Ute lernt Philipp kennen und trennt sich von Hans. Während dieser Trennungszeit wird der Sohn Max geboren. Auch wenn dieses Kind nun tatsächlich von Philipp stammt, gilt Hans nach § 1592 Nr. 1 als Vater von Max.

Allerdings erfährt § 1592 Nr. 1 eine Einschränkung durch § 1599 Abs. 2. Hiernach gilt die gesetzliche Vermutung des § 1592 Nr. 1 in den Fällen nicht, in denen das Kind nach Anhängigkeit eines Scheidungsverfahrens geboren wird und ein Dritter spätestens bis zum Ablauf eines Jahres nach Rechtskraft des Scheidungsurteils die Vaterschaft anerkennt.

§ 1594 Abs. 2, wonach eine Anerkennung grundsätzlich nicht wirksam erfolgen kann, solange die Vaterschaft eines anderen Mannes besteht, gilt in diesen Fällen nicht.

Hans und Ute sind miteinander verheiratet. Die Ehe kriselt und es kommt zur Trennung, da Ute Philipp kennengelernt und zu ihm eine Beziehung aufgenommen hat. Nach Ablauf des Trennungsjahres reicht Hans die Scheidung ein. Während des Scheidungsverfahrens wird Max geboren. Als die Ehe von Hans und Ute rechtskräftig geschieden wird, erkennt Philipp sofort die Vaterschaft von Max an. In diesem Fall greift die gesetzliche Vermutung der Vaterschaft zugunsten von Hans nicht, da Max erst nach Rechtshängigkeit des Scheidungsverfahrens geboren wurde und Philipp die Vaterschaft innerhalb eines Jahres ab Rechtskraft der Scheidung anerkannt hat.

Die gesetzliche Vermutung des § 1592 Nr. 1 wird gem. § 1593 entsprechend angewandt in den Fällen, in denen der Mann stirbt und innerhalb eines Zeitraums von 300 Tagen nach der Auflösung der Ehe durch Tod ein Kind geboren wird.
Bekommt die Kindesmutter allerdings innerhalb dieses vorgenannten Zeitraums ein Kind und ist sie zu diesem Zeitpunkt wieder verheiratet, sodass zugunsten des zweiten Ehemanns auch die gesetzliche Vermutung des § 1592 Nr. 1 eingreifen würde, ist dieses Kind nach § 1593 S. 3 als Kind des neuen Ehemanns anzusehen.

Sven und Jasmin sind miteinander verheiratet. Am 20.07.2013 kommt Sven bei einem Verkehrsunfall ums Leben. Jasmin freundet sich nach dem Tod von Sven mit Moritz an, sie heiraten am 12.10.2013. Das Kind Susanne wird am 27.03.2014 geboren. Hier würde zum einen die gesetzliche Vermutung der Vaterschaft zugunsten von Sven nach § 1593, 1592 Nr. 1 begründet sein, zugunsten von Moritz würde die Vermutung der Vaterschaft nach § 1592 Nr. 1 bestehen. In diesem Fall bestimmt § 1593 S. 3 die gesetzliche Vermutung der Vaterschaft zugunsten des neuen Ehemanns, damit zugunsten von Moritz.

Wird aber die Vaterschaft angefochten und dabei festgestellt, dass der neue Ehemann nicht der Vater des Kindes ist, so greift nach § 1593 S. 4 wiederum die Vermutung des § 1593 S. 1 mit der sich daraus ergebenden Folge, dass dieses Kind wieder als Kind des verstorbenen Ehemanns gilt.

Hätte Moritz in dem vorangehenden Beispiel seine Vaterschaft angefochten und wäre rechtskräftig festgestellt worden, dass er nicht der Vater von Susanne ist, würde wiederum die gesetzliche Vermutung der Vaterschaft von Sven bestehen.

MERKE

Als Vater eines Kindes gilt nach § 1592 Nr. 1 der Mann, der zur Zeit der Geburt mit der Kindesmutter verheiratet ist. Diese Vermutung greift nicht ein, wenn das Kind nach Anhängigkeit eines Scheidungsverfahrens geboren wird und ein dritter Mann in einem Zeitraum von spätestens einem Jahr nach Rechtskraft der Scheidung die Vaterschaft

anerkennt. Im Falle des Todes des Ehemanns gilt die gesetzliche Vermutung der Vaterschaft nach § 1592 Nr. 1 entsprechend, wenn das Kind innerhalb eines Zeitraumes von 300 Tagen nach dem Tod geboren wird (§ 1593).

1.2.2 Anerkennung der Vaterschaft

Die gesetzliche Vaterschaft kann gem. § 1592 Nr. 2 ferner durch eine Anerkennung des Mannes begründet werden.
Hierbei handelt es sich um eine einseitige, nicht empfangsbedürftige Willenserklärung. Die Anerkennung bedarf gem. § 1597 Abs. 1 der öffentlichen Beurkundung. Diese kann vorgenommen werden durch einen Notar, nach § 44 PStG durch das Standesamt, gem. § 59 SGB VIII durch das Jugendamt oder im Rahmen eines Kindschaftsprozesses zur Niederschrift des Gerichts (vgl. § 180 FamFG).
Die Anerkennung kann nach § 1594 Abs. 4 schon vor der Geburt des Kindes erfolgen; allerdings ist die Anerkennung unter einer Bedingung oder einer Zeitbestimmung unwirksam (vgl. § 1594 Abs. 3).
Eine Einschränkung ergibt sich dadurch, dass eine Anerkennung der Vaterschaft nicht wirksam ist, solange die Vaterschaft eines anderen Mannes besteht (§ 1594 Abs. 2).
Ist der Mann in der Geschäftsfähigkeit beschränkt oder geschäftsunfähig, so ist hinsichtlich der Anerkennung § 1596 Abs. 1 zu beachten.
Das Anerkenntnis des Mannes reicht aber alleine nicht aus, um die Wirksamkeit der Vaterschaft zu begründen. In § 1595 Abs. 1 ist nun durch das Gesetz klargestellt, dass die Anerkennung der Zustimmung der Mutter bedarf.
Die Zustimmung bedarf gem. § 1597 Abs. 1 der öffentlichen Beurkundung.
Eine Zustimmung des Kindes ist grundsätzlich zur Wirksamkeit der Anerkennung der Vaterschaft nicht notwendig. Etwas anderes gilt nach § 1595 Abs. 2 nur in den Fällen, in denen der Mutter die elterliche Sorge nicht zusteht. Dieses wird dann der Fall sein, wenn das Kind bereits volljährig ist, der Mutter eines minderjährigen Kindes die elterliche Sorge entzogen wurde oder aber die Mutter bereits verstorben ist.

MERKE

Die gesetzliche Vaterschaft kann nach § 1592 Nr. 2 durch eine Anerkennung des Mannes begründet werden. Hierbei handelt es sich um eine einseitige, nicht empfangsbedürftige Willenserklärung, die der öffentlichen Beurkundung bedarf. Eine Anerkennung der Vaterschaft kann grundsätzlich nicht wirksam werden, solange die gesetzliche Vermutung der Vaterschaft eines anderen Mannes besteht (§ 1594 Abs. 2). Eine Ausnahme besteht nur in dem Fall, in dem ein Kind während einer Ehe, aber nach Rechtshängigkeit des Scheidungsverfahrens geboren wird. Hier kann durch einen anderen Mann binnen der Frist von einem Jahr nach Rechtskraft der Scheidung die Vaterschaft anerkannt werden. Neben der Anerkennung ist zur Wirksamkeit der Vaterschaft erforderlich, dass die Kindesmutter der Anerkennung zustimmt. Auch diese Zustimmung muss öffentlich beurkundet werden. Besitzt die Kindesmutter nicht die elterliche Sorge, ist die Zustimmung des Kindes erforderlich.

1.2.3 Gerichtliche Feststellung der Vaterschaft

Ist der Mann zum Zeitpunkt der Geburt weder mit der Kindesmutter verheiratet (§ 1592 Nr. 1) und hat er auch nicht die Vaterschaft anerkannt (§ 1592 Nr. 2), so ist nach § 1600d, § 182 FamFG die Vaterschaft gerichtlich festzustellen (§ 1592 Nr. 3). In einem derartigen Verfahren wird als Kindesvater vermutet, wer der Mutter während der Empfängniszeit beigewohnt hat, es sei denn, es bestehen schwerwiegende Zweifel an der Vaterschaft.
Solche Zweifel an der Vaterschaft können z. B. dann begründet werden, wenn die Kindesmutter selbst einräumt, während der Empfängniszeit mit mehreren Männern geschlechtlich verkehrt zu haben.
Als Empfängniszeit definiert § 1600d Abs. 3 die Zeit von dem 300. bis zum 181. Tag vor der Geburt des Kindes, es sei denn, es steht fest, dass das Kind außerhalb des vorgenannten Zeitraums empfangen worden ist. In diesem Fall gilt der abweichende Zeitraum als Empfängniszeit (§ 1600d Abs. 3 S. 2).
Das sachlich zuständige Familiengericht wird aber nicht von Amts wegen tätig. Notwendig ist vielmehr, dass eine antragsbefugte Person einen entsprechenden Vaterschaftsantrag nach § 171 FamFG zur Rechtshängigkeit führt.
Bestehen schwerwiegende Zweifel an der Vaterschaft und wird hierdurch die in § 1600d Abs. 2 genannte Vermutung der Vaterschaft entkräftet, so wird das Familiengericht vor Abweisung der Vaterschaftsklage medizinisch-naturwissenschaftliche Sachverständige beiziehen und entsprechende Gutachten über die Feststellung der Vaterschaft einholen.
Die Rechtswirkungen des Eltern-Kind-Verhältnisses entstehen erst ab dem Zeitpunkt der rechtskräftigen Entscheidung über die Feststellung der Vaterschaft (vgl. § 1600d Abs. 4).

MERKE

Die Vaterschaft ist gerichtlich festzustellen, wenn der Mann weder zum Zeitpunkt der Geburt mit der Kindesmutter verheiratet ist noch die Vaterschaft anerkannt hat. Es wird in diesem Verfahren der Mann als Vater vermutet, der der Kindesmutter innerhalb der in § 1600d Abs. 3 definierten Empfängniszeit beigewohnt hat.

1.3 Anfechtung der Vaterschaft

Es kann in einigen Fällen die Situation eintreten, dass die Vaterschaft eines Mannes nach § 1592 Nr. 1 oder § 1592 Nr. 2 feststeht, er aber biologisch nicht der Erzeuger des Kindes ist. In diesen Fällen bietet § 1599 Abs. 1 die Möglichkeit, durch ein gerichtliches Verfahren das Nichtbestehen der Vaterschaft feststellen zu lassen.

Hans und Ute sind miteinander verheiratet. Ute hat eine außereheliche Beziehung zu Volker aufgenommen und während der Ehe ein Kind geboren. Hier gilt nach § 1592 Hans als Vater des Kindes, kann aber diese Vaterschaft durch ein Anfechtungsverfahren nach § 1599 wieder beseitigen.

Anfechtungsberechtigt sind gem. § 1600 Abs. 1 der Mann, dessen Vaterschaft nach § 1592 Nr. 1 und 2, 1593 besteht, der Mann, der an Eides statt versichert, der Mutter des Kindes während der Empfängniszeit beigewohnt zu haben, soweit zwischen dem Kind und dem Mann keine sozial-familiäre Beziehung besteht oder im Zeitpunkt seines Todes bestanden hat und er der leibliche Vater des Kindes ist, die Mutter und das Kind. Ferner ist die anfechtungsberechtigte Behörde in den Fällen des § 1592 Nr. 2 antragsberechtigt unter den weiteren Voraussetzungen des § 1600 Abs. 3.
Um in diesen Situationen eine möglichst schnelle Rechtssicherheit zu erhalten, ist in § 1600b Abs. 1 niedergelegt, dass die Vaterschaft nur binnen eines Zeitraums von zwei Jahren gerichtlich angefochten werden kann. Diese Frist beginnt mit dem Zeitpunkt, in dem der Berechtigte Kenntnis erlangt von den Umständen, die gegen die Vaterschaft sprechen. Die Frist beginnt allerdings nicht vor der Geburt des Kindes und nicht bevor eine Anerkennung wirksam geworden ist (vgl. § 1600b Abs. 2).
Eine Besonderheit besteht hinsichtlich der Anfechtungsfrist für das Kind. Hat der gesetzliche Vertreter binnen der Zweijahresfrist eine Anfechtungsklage nicht zur Rechtshängigkeit geführt, kann das Kind nach Erreichen der Volljährigkeit selbst noch die Anfechtungsklage erheben. Die Frist beginnt für das Kind ebenfalls ab dem Zeitpunkt, ab dem es von Umständen erfährt, die gegen die Vaterschaft sprechen, frühestens aber mit Eintritt der Volljährigkeit (vgl. § 1600b Abs. 3).
Für die nach § 1600 Abs. 1 Nr. 5 anfechtungsberechtigte Behörde besteht allerdings nur eine Anfechtungsfrist von einem Jahr ab dem Zeitpunkt der Kenntnis über die anfechtungsberechtigten Tatsachen, maximal eine Anfechtungsfrist von fünf Jahren.
Eine weitere Besonderheit besteht zum Schutz des Kindes in den Fällen, in denen das Kind mit Einwilligung des Mannes und der Mutter durch eine künstliche Befruchtung mittels Samenspende eines Dritten gezeugt worden ist. § 1600 Abs. 5 bestimmt in diesen Fällen, dass die Anfechtung der Vaterschaft durch den Mann oder die Kindesmutter ausgeschlossen ist.

MERKE

Ist der Mann, zu dessen Gunsten die Vermutung der Vaterschaft nach § 1592 Nr. 1 besteht oder der eine Vaterschaft nach § 1592 Nr. 2 anerkannt hat, tatsächlich nicht der Vater des Kindes, kann durch ein gerichtliches Verfahren das Nichtbestehen der Vaterschaft festgestellt werden. Anfechtungsberechtigt sind der Mann, dessen Vaterschaft nach § 1592 Nr. 1 oder nach § 1592 Nr. 2 besteht, die Kindesmutter und das Kind. Ferner sind unter bestimmten Voraussetzungen auch der Mann, der der Frau während der Empfängniszeit beigewohnt hat und die nach § 1600 Nr. 5 anfechtungsberechtigte Behörde antragsberechtigt. Die Vaterschaft kann nur binnen einer Frist von zwei Jahren angefochten werden. Diese Frist beginnt mit dem Zeitpunkt, in dem der Berechtigte von den Umständen Kenntnis erlangt, die gegen die Vaterschaft sprechen. Allerdings beginnt die Frist nicht vor der Geburt des Kindes zu laufen und auch nicht vor dem Zeitpunkt, in dem die Anerkennung einer Vaterschaft wirksam geworden ist. Besondere Fristen gelten für das Kind. Dieses kann die Vaterschaft des Mannes auch noch ab dem Zeitpunkt der Volljährigkeit binnen einer Frist von zwei Jahren anfechten. Die Frist beginnt auch in diesem Fall in dem Zeitpunkt, in dem das Kind von den Umständen Kenntnis erhält, die gegen die Vaterschaft des Mannes sprechen.

Für die nach § 1600 Nr. 5 anfechtungsberechtigte Behörde beträgt die Anfechtungsfrist ein Jahr, gleichfalls beginnend mit der Kenntnis über die die Anfechtung begründenden Tatsachen, maximal fünf Jahre.

1.4 Genetische Abstammungsuntersuchung

Durch § 1598a BGB ist nunmehr durch den Gesetzgeber auch die Möglichkeit geschaffen worden, die leibliche Abstammung durch ein privates Abstammungsgutachten zu klären. Diese Vorschrift räumt den Eltern und dem Kind einen wechselseitigen Anspruch auf Einwilligung in eine genetische Abstammungsuntersuchung ein sowie den Anspruch auf Duldung der Entnahme einer für die Untersuchung geeigneten genetischen Probe. Das Verfahren ist insbesondere darauf ausgerichtet zu klären, ob der rechtliche Vater auch der leibliche Vater ist.[486] Aus diesem Grunde richtet sich der Anspruch auch nicht gegen den möglichen biologischen Vater, der selbst genauso wenig einen Anspruch auf diese erleichterte Möglichkeit der Abstammungsklärung besitzt.[487] Wird die Einwilligung nicht erteilt, kann auf den Antrag des Klärungsberechtigten das Familiengericht die nicht erteilte Einwilligung ersetzen und die Duldung der Probenentnahme anordnen. Allerdings kann das Familiengericht das Verfahren nach § 1598a Abs. 3 aussetzen, wenn und solange die Klärung der leiblichen Abstammung eine erhebliche Beeinträchtigung des Wohls des minderjährigen Kindes begründen würde, die auch unter Berücksichtigung der Interessen des Klärungsberechtigten für das Kind unzumutbar wäre.
Diese Kinderschutzklausel ist aber auf extreme Ausnahmefälle begrenzt, wie z. B die Auslösung einer Suizidgefahr des Kindes durch das Abstammungsgutachten.[488]

2 NAME DES KINDES

Zu den wesentlichen Persönlichkeitsrechten eines Kindes gehört das Recht auf einen Geburts- oder Familiennamen.
Die Kindschaftsrechtsreform hat 1998 eine Gleichstellung des Namensrechts von ehelichen und nichtehelichen Kindern begründet.
Der Geburtsname eines Kindes richtet sich grundsätzlich nach dem Ehenamen, den die Eltern nach § 1355 gewählt haben, und knüpft in den Fällen, in denen ein gemeinsamer Ehename nicht bestimmt worden ist oder die Eltern nicht miteinander verheiratet sind, an das elterliche Sorgerecht an.

2.1 Geburtsname

Sind die Eltern eines Kindes miteinander verheiratet und haben sie einen gemeinsamen Ehenamen bestimmt, so erhält auch das Kind diesen Namen nach § 1616 als Geburtsnamen.

[486] BVerfG FamRZ 2007, 441; OLG Köln FamRZ 2010, 221.
[487] BVerfG NJW 2009, 423.
[488] Palandt/Brudermüller, § 1598a, Rdnr. 12.

Uwe Holz und Sabine Larenz sind miteinander verheiratet. Bei Eheschließung haben sie den Namen Holz zum Familiennamen bestimmt. Wird nun während dieser Ehe ein Kind geboren, bekommt dieses nach § 1616 den Familiennamen Holz.

Bestimmen die Eltern dagegen einen Familiennamen erst im Verlauf ihrer Ehe, ist nach § 1617c wie folgt zu differenzieren:
Aus dem Umkehrschluss von § 1617c Abs. 1 S. 1 folgt, dass ein Kind, welches das fünfte Lebensjahr noch nicht vollendet hat, seinen Namen in den nun bestimmten Ehenamen der Eltern kraft Gesetz ändert.

Uwe Holz und Sabine Larenz sind miteinander verheiratet. Bei Eheschließung haben sie keinen Ehenamen gewählt. Es wird sodann der Sohn Hans geboren, der nach der gemeinsamen Erklärung der Eltern den Nachnamen Larenz erhält. Als Hans vier Jahre alt ist, bestimmen Uwe und Sabine gegenüber dem Standesamt den Namen Holz zum Familiennamen. Der Nachname von Hans ändert sich nun kraft Gesetz in Holz.

Hat das Kind dagegen bei Festlegung eines Ehenamens bereits das fünfte Lebensjahr vollendet, so ändert sich der Geburtsname des Kindes in den Ehenamen nach § 1617c Abs. 1 S. 1 nur dann, wenn das Kind sich dem Ehenamen seiner Eltern anschließt.
Diese Anschließung erfolgt durch eine Erklärung der sorgeberechtigten Eltern in ihrer Funktion als gesetzliche Vertreter des Kindes in öffentlich beglaubigter Form gegenüber dem Standesbeamten.

Uwe Holz und Sabine Larenz sind miteinander verheiratet. Es wird in dieser Ehe der gemeinsame Sohn Hans geboren, der nach der gemeinsamen Erklärung der Eltern bei Geburt den Nachnamen Larenz erhalten hat. Als Hans sechs Jahre alt ist, erklären die Eltern den Namen Holz zum Familiennamen. Hier müssen Uwe und Sabine als gesetzliche Vertreter für Hans gegenüber dem Standesbeamten die Erklärung abgeben, dass dieser sich dem Familiennamen Holz anschließt.

Ist das Kind aber bereits zum Zeitpunkt der Bestimmung des Familiennamens durch die Eltern 14 Jahre alt, kann dieses Kind die Erklärung, wonach es sich der Namensgebung der Eltern anschließt, nur selbst abgeben. Das Kind bedarf hierzu der Zustimmung des gesetzlichen Vertreters.

MERKE

Sind die Eltern eines Kindes miteinander verheiratet und haben sie einen gemeinsamen Ehenamen bestimmt, erhält auch das Kind diesen Namen als Geburtsnamen. Bestimmen die Eltern einen Ehenamen erst im Verlauf ihrer Ehe, ergeben sich für den Namen des Kindes folgende Konsequenzen.
Ist das Kind zu diesem Zeitpunkt noch keine fünf Jahre alt, ändert sich der bisherige Name des Kindes kraft Gesetz in den nun von den Eltern gewählten Ehenamen.
Hat dagegen das Kind zu diesem Zeitpunkt das fünfte Lebensjahr bereits vollendet, findet eine Namensänderung in den nun von den Eltern gewählten Ehenamen nur

statt, wenn sich das Kind, vertreten durch den gesetzlichen Vertreter, dem Ehenamen seiner Eltern durch Erklärung anschließt. Ab dem 14. Lebensjahr kann das Kind diese Erklärung nur selbst abgeben, bedarf hierzu aber der Zustimmung des gesetzlichen Vertreters.

Haben die Eltern dagegen bei Eheschließung keinen gemeinsamen Ehenamen bestimmt und steht ihnen die elterliche Sorge gemeinschaftlich zu, bestimmen sie gegenüber dem Standesbeamten den Namen des Vaters oder den Namen der Mutter zum Geburtsnamen des Kindes (vgl. § 1617 Abs. 1). Die einmal getroffene Bestimmung gilt alsdann auch für weitere gemeinsame Kinder.

Uwe Holz und Sabine Larenz sind miteinander verheiratet. Einen Ehenamen bestimmen sie nicht. Beide Ehepartner führen auch nach der Eheschließung ihren Geburtsnamen fort. Wird nun in dieser Ehe der Sohn Hans geboren, so bekommt dieser entweder den Nachnamen Holz oder den Nachnamen Larenz, entsprechend der Erklärung der Eltern.

Die miteinander verheirateten Eltern müssen die Namensbestimmung binnen einer Frist von einem Monat nach der Geburt des Kindes vornehmen. Geschieht dies nicht, so informiert das Standesamt das zuständige Familiengericht. Dieses überträgt das Bestimmungsrecht einem Elternteil und fordert diesen Elternteil auf, das Bestimmungsrecht binnen einer bestimmten Frist auszuüben. Erklärt sich dieser Elternteil innerhalb der gesetzten Frist nicht, so erhält das Kind den Namen des Elternteils, dem das Bestimmungsrecht übertragen worden ist (vgl. § 1617 Abs. 2 S. 2).

Uwe Holz und Sabine Larenz sind miteinander verheiratet. Ein gemeinsamer Ehename ist nicht bestimmt worden. Es wird der Sohn Hans geboren. Uwe und Sabine können sich nicht einigen, ob Hans den Namen Holz oder Larenz tragen soll und geben demgemäß eine gemeinsame Erklärung gegenüber dem Standesbeamten nicht ab. Nach Ablauf eines Monats bestimmt das Familiengericht einen Anhörungstermin für Uwe und Sabine (vgl. § 160 FamFG) und überträgt das Bestimmungsrecht auf Sabine mit der Aufforderung, in der Frist von vier Wochen den Familiennamen für Hans zu bestimmen. Erklärt sich Sabine innerhalb der vom Familiengericht gesetzten Frist nicht, so erhält Hans den Familiennamen Larenz.

Eine Besonderheit besteht sodann in den Fällen, in denen das gemeinsame Sorgerecht der Eltern erst begründet wird, nachdem das Kind bereits einen Namen führt. Gem. § 1617b Abs. 1 S. 1 kann in diesen Fällen der Name des Kindes binnen drei Monaten nach Begründung der gemeinsamen Sorge neu bestimmt werden.
Eine Änderung des Familiennamens tritt für das Kind auch in den Fällen ein, in denen es den Namen des Vaters erhalten, dieser aber sodann seine Vaterschaft rechtskräftig angefochten hat. Auf Antrag des Kindes erhält dieses sodann den Namen, den die Mutter im Zeitpunkt der Geburt des Kindes geführt hat. Dieses Antragsrecht steht in den Fällen, in denen das Kind das fünfte Lebensjahr noch nicht vollendet hat, auch dem Scheinvater zu. Die Mutter selbst hat kein eigenes Antragsrecht, vertritt aber das Kind bis zur Vollendung des 14. Lebensjahres. Ab dem 14. Lebensjahr kann das Kind diesen Antrag nur selbst stellen (vgl. § 1617b Abs. 2, S. 3 i. V. m. § 1617c Abs. 1, S. 2 und S. 3).

MERKE

Haben die Eltern keinen gemeinsamen Ehenamen und steht ihnen die elterliche Sorge für das Kind gemeinsam zu, haben sie gegenüber dem Standesbeamten binnen einer Frist von einem Monat den Namen des Vaters oder den Namen der Mutter zum Geburtsnamen des Kindes zu bestimmen. Unterbleibt die gemeinsame Namensbestimmung für das Kind, überträgt das Familiengericht einem Elternteil das Recht zur Bestimmung des Nachnamens und fordert diesen Elternteil auf, den Nachnamen des Kindes innerhalb einer gesetzten Frist zu bestimmen. Geschieht dies nicht, erhält das Kind den Nachnamen des Elternteils, dem durch das Familiengericht das Namensbestimmungsrecht übertragen worden ist.

Führen die Eltern keinen Ehenamen und steht die elterliche Sorge nur einem Elternteil zu, erhält das Kind gem. § 1617a Abs. 1 den Namen, den dieser Elternteil zum Zeitpunkt der Geburt geführt hat.
Von der Vorschrift des § 1617a Abs. 1 werden in der Regel die Fälle erfasst, in denen die Eltern nicht miteinander verheiratet sind und die Mutter zugunsten des Vaters vor der Geburt noch keine Sorgeerklärung i. S. d. § 1626a Abs. 1 Nr. 1 abgegeben hat. In diesen Fällen steht der Mutter nach § 1626a Abs. 2 die elterliche Sorge allein zu mit der Folge, dass das Kind den Namen erhält, den die Mutter zum Zeitpunkt der Geburt getragen hat.
Allerdings kann der Elternteil, dem die elterliche Sorge für das Kind allein zusteht, dem Kind durch Erklärung gegenüber dem Standesbeamten den Namen des anderen Elternteils erteilen. Dieses ergibt sich aus § 1617a Abs. 2 und wird »Einbenennung« genannt. In diesem Fall ist die Einwilligung des anderen Elternteils notwendig und ab dem fünften Lebensjahr auch die Einwilligung des Kindes. Hat das Kind bereits das 14. Lebensjahr vollendet, kann es diese Einwilligung mit Zustimmung des gesetzlichen Vertreters nur selbst erklären.
Eine besondere Form dieser Einbenennung ist die sog. Stiefeltern-Einbenennung gem. § 1618.
Hiernach können der Elternteil, dem die elterliche Sorge für das Kind alleine oder gemeinsam mit dem anderen Elternteil zusteht, und dessen Ehepartner, der nicht Vater oder Mutter des Kindes ist, dem Kind, das sie in einen gemeinsamen Haushalt aufgenommen haben, durch Erklärung gegenüber dem Standesbeamten ihren Ehenamen (Name des Stiefelternteils) geben.
Es bedarf in diesen Fällen aber der Zustimmung des nicht sorgeberechtigten Elternteils, die ggf. zum Wohl des Kindes durch das Familiengericht ersetzt werden kann.
Alternativ kann nach § 1618 der Ehename dem Namen des Kindes vorangestellt oder angefügt werden.

MERKE

Ist nur ein Elternteil Inhaber der elterlichen Sorge und gibt es auch keinen gemeinsamen Ehenamen, so erhält das Kind den Namen des allein sorgeberechtigten Elternteils. Der allein sorgeberechtigte Elternteil kann mit Einwilligung des anderen Elternteils dem Kind aber auch den Namen des anderen Elternteils geben (sog. Einbenennung).

2.2 Vorname des Kindes

Das Recht, dem Kind einen Vornamen zu geben, ist Ausfluss der sich aus §§ 1626 ff. ergebenen elterlichen Sorge. Haben die Eltern das gemeinsame Sorgerecht, bestimmen sie gemeinsam den Vornamen des Kindes. Können sich die Eltern über einen gemeinsamen Vornamen nicht einigen, muss ggf. ein Verfahren nach § 1628 eingeleitet werden. Das Familiengericht kann die Entscheidung dann einem Elternteil übertragen.
Der Vorname muss geschlechtsoffenkundig sein. Jungen ist somit ein männlicher Vorname, Mädchen ein weiblicher Vorname zu geben.
Unzulässig sind anstößige, unverständliche oder ungeeignete Bezeichnungen (z. B. »Verleihnix«, »Borussia« oder »Möwe«.[489]

3 ELTERLICHE SORGE

Die elterliche Sorge, geregelt in §§ 1626 bis 1698b, beinhaltet das Recht, aber auch die Pflicht der Eltern für ihre minderjährigen Kinder zu sorgen. Es wird hierbei differenziert zwischen der Personensorge (§§ 1631 ff.) und der Vermögenssorge (§§ 1638 ff.). Ferner gehört zum Kernbereich der elterlichen Sorge auch das Recht, das Kind in rechtlichen Angelegenheiten zu vertreten (§ 1629 Abs. 1 S. 1).
Die elterliche Sorge begründet damit die Verantwortung der Eltern für die geistige und seelische Entwicklung ihrer Kinder mit dem Ziel, diese zu einer eigenen Selbstständigkeit und zu verantwortungsbewusstem Handeln zu führen.
Alle erzieherischen Maßnahmen der Eltern haben sich dabei an dem Wohl des Kindes zu orientieren.
Es ist mit § 1631 Abs. 2 nun auch im Gesetz niedergelegt, dass Kinder ein Recht auf gewaltfreie Erziehung besitzen. Körperliche Bestrafungen, seelische Verletzungen und andere entwürdigende Maßnahmen sind gem. § 1631 Abs. 2 S. 2 unzulässig.

3.1 Inhaber der elterlichen Sorge

Bei der Zuordnung der elterlichen Sorge differenziert das Gesetz zwischen den Fallkonstellationen, in denen die elterliche Sorge kraft Gesetz entsteht, sowie zwischen den Fällen, in denen die elterliche Sorge durch entsprechende Erklärung oder durch eine Gerichtsentscheidung begründet wird.
Sind die Eltern eines Kindes bei der Geburt miteinander verheiratet, so steht ihnen nach § 1626 Abs. 1 das Sorgerecht kraft Gesetz gemeinschaftlich zu. Dieses gemeinschaftliche Sorgerecht entsteht nach § 1626a Abs. 1 Nr. 2 ferner in den Fällen, in denen die Eltern zu einem späteren Zeitpunkt heiraten.
Sind die Eltern dagegen bei der Geburt des Kindes nicht miteinander verheiratet, so wird eine gemeinsame elterliche Sorge nach § 1626a Abs. 1 Nr. 1 nur durch entsprechende Sorgeerklärungen begründet. Dies bedeutet, dass die Eltern in öffentlich beurkundeter Form erklären müssen, die elterliche Sorge gemeinsam ausüben zu wollen. Das zuständige

[489] Palandt/Diederichsen, Einführung vor § 1616 Rdnr. 10.

Jugendamt wird über diese Sorgerechtserklärungen nach § 1626d unverzüglich informiert. Erforderlich ist in diesen Fällen aber, dass beide Elternteile die entsprechende Sorgeerklärung abgeben.
Geschieht dies nicht, steht der Mutter gem. § 1626a Abs. 2 die elterliche Sorge allein zu. Stirbt in diesen Fällen allerdings die Mutter, so hat das Familiengericht die elterliche Sorge gem. § 1680 Abs. 2 S. 2 auf den Vater zu übertragen, soweit dieses dem Wohl des Kindes dient.
Das alleinige Sorgerecht eines Elternteils entsteht ferner in den Fällen, in denen beide Eltern die elterliche Sorge zusammen ausgeübt haben und einer der Ehepartner verstirbt, genauso wie in den Fällen, in denen die elterliche Sorge eines Elternteils ruht oder er tatsächlich an der Ausübung verhindert ist (vgl. § 1678 Abs. 1).
Die gerichtliche Zuordnung der elterlichen Sorge beruht vor allem auf Entscheidungen, die anlässlich der dauerhaften Trennung der Eltern (vgl. § 1671) von einem Elternteil beantragt werden.
Sind die Eltern des minderjährigen Kindes miteinander verheiratet und kommt es zur Trennung oder zur Scheidung der Ehe, bleibt grundsätzlich das gemeinsame Sorgerecht der Eltern bestehen.
Gem. § 1671 Abs. 1 kann ein Elternteil die Übertragung des alleinigen Sorgerechts oder eines Teils der elterlichen Sorge beantragen. Diesem Antrag ist nach § 1671 Abs. 2 aber nur stattzugeben, wenn der andere Elternteil zustimmt und ein Kind, das das 14. Lebensjahr vollendet hat, dieser Übertragung nicht widerspricht oder davon auszugehen ist, dass die Begründung des alleinigen Sorgerechts zugunsten eines Elternteiles dem Wohl des Kindes am besten entspricht.

MERKE

Die elterliche Sorge gliedert sich auf in Personensorge, Vermögenssorge und gesetzliche Vertretung des Kindes. Gemeinschaftliches Sorgerecht der Eltern entsteht kraft Gesetz in den Fällen, in denen die Eltern bei der Geburt des Kindes miteinander verheiratet sind. Das gemeinsame Sorgerecht wird ferner kraft Gesetz dann begründet, wenn die Eltern zu einem späteren Zeitpunkt heiraten. Sind die Eltern im Zeitpunkt der Geburt des Kindes nicht miteinander verheiratet, so entsteht ein gemeinsames Sorgerecht nur dann, wenn beide Elternteile in öffentlich beurkundeter Form erklären, das Sorgerecht gemeinsam ausüben zu wollen, anderenfalls die Kindesmutter das alleinige Sorgerecht erhält. Auch im Falle einer Trennung oder einer Scheidung der Eltern bleibt grundsätzlich das gemeinschaftliche Sorgerecht der Eltern bestehen. Jeder Elternteil kann aber beim Familiengericht beantragen, dass ihm das alleinige Sorgerecht übertragen wird. Diesem Antrag wird indes nur stattgegeben, wenn der andere Elternteil hiermit einverstanden ist oder die Begründung des alleinigen Sorgerechts zugunsten des Antragstellers dem Wohl des Kindes am besten entspricht. Ist das Kind bereits 14 Jahre alt, reicht die Zustimmung des anderen Elternteils nicht aus. Vielmehr darf das Kind der Übertragung der elterlichen Sorge auf den Antragsteller nicht widersprechen.

3.2 Personensorge

Die Personensorge umfasst gem. § 1631 die Pflicht und das Recht, das Kind zu pflegen, zu erziehen, zu beaufsichtigen und seinen Aufenthalt zu bestimmen.
Durch die Personensorge bekommen die Eltern die Leitungsautorität gegenüber dem Kind, die auch von dritten Personen zu respektieren ist.
Personensorge bedeutet in diesem Sinne eine umfassende Verantwortung für die geistige, seelische und auch soziale Entwicklung des Kindes. Die Eltern haben die Schul- und auch Berufsausbildung zu fördern. Wie sich aus § 1626 Abs. 2 ergibt, sind auf der Grundlage einer partnerschaftlichen Erziehung die wachsenden Fähigkeiten und Bedürfnisse des Kindes zum selbstständigen und verantwortungsbewusstem Handeln zu fördern.
Mit fortgeschrittenem Alter des Kindes bedeutet dies auch, dass Fragen zur Erziehung oder zur Ausbildung mit den Kindern zu besprechen sind.
Zu der Entwicklung des Kindes gehört auch die religiöse Erziehung des Kindes.
Aus der Verpflichtung der Eltern, das Kind zu beaufsichtigen, kann sich auch nach § 832 Abs. 1 eine haftungsrechtliche Verantwortung ergeben, wenn Eltern diese Aufsichtspflicht verletzen.
Ein wichtiger Bestandteil der Personensorge ist auch das Aufenthaltsbestimmungsrecht. Die Eltern entscheiden, in welchen Orten die Kinder sich vorübergehend aufhalten dürfen oder dauerhaft zu wohnen haben. Eine Einschränkung ergibt sich insoweit allerdings durch § 1631b, wonach die Unterbringung des Kindes, die mit einer Freiheitsentziehung verbunden ist, nur mit Genehmigung des Familiengerichts zulässig ist.
Die Eltern können sodann nach § 1632 von jedem die Herausgabe des Kindes verlangen, der den Eltern oder einem Elternteil das Kind widerrechtlich vorenthält, und sie bestimmen unter Hinweis auf § 1632 Abs. 2 auch den Umgang des Kindes mit Wirkung für und gegen dritte Personen.
Eine Einschränkung ergibt sich in den Fällen, in denen ein minderjähriges Kind heiratet. Nach § 1633 beschränkt sich dann die Personensorge auf die Vertretung des Kindes in den persönlichen Angelegenheiten.

MERKE

Personensorge umfasst die Verpflichtung der Eltern, die geistige, seelische und soziale Entwicklung des Kindes, insbesondere aber auch die schulische oder berufliche Ausbildung zu fördern. Die Eltern haben das Kind zu erziehen, zu beaufsichtigen und das Recht, den Aufenthalt des Kindes sowie den Umgang mit dritten Personen zu bestimmen.

3.3 Vermögenssorge

Die Vermögenssorge umfasst die Verpflichtung der Eltern, alle tatsächlichen und rechtlichen Maßnahmen zu ergreifen, um das Kindesvermögen zu erhalten, zu vermehren und im Interesse des Kindes zu verwenden.
Zu diesem Vermögen gehören nach § 1638 allerdings nicht solche Vermögenswerte, die das Kind durch dritte Personen, insbesondere durch letztwillige Verfügungen, erhalten

hat, wenn bei der Zuwendung bestimmt worden ist, dass die Eltern das Vermögen nicht verwalten sollen.
Das im Vermögen des Kindes befindliche Geld ist nach § 1642 nach den Grundsätzen einer wirtschaftlichen Vermögensverwaltung anzulegen, soweit es nicht zur Bestreitung von Ausgaben bereitzuhalten ist.
Bei gewissen Rechtsgeschäften, die die Eltern für das Kind vornehmen möchten, bedarf es nach § 1643 unter Hinweis auf § 1821 und § 1822 Nr. 1, 3, 5, 8 bis 11 der Genehmigung des Familiengerichts.
Eine weitere Einschränkung ergibt sich aus § 1641, wonach Eltern nicht in Vertretung des Kindes Schenkungen machen dürfen, soweit diese Schenkungen nicht einer sittlichen Pflicht oder einer auf den Anstand zu nehmenden Rücksicht entsprechen.
Die Eltern haben über das Vermögen des Kindes, das dieses von Todes wegen erwirbt, ein Vermögensverzeichnis anzufertigen, soweit der Vermögenswert einen Betrag von 15.000 € übersteigt. Gleiches gilt für Vermögen, welches das Kind anlässlich eines Sterbefalles erwirbt, für Abfindungen, die anstelle von Unterhalt gewährt werden, und betreffend unentgeltlicher Zuwendungen (vgl. § 1640). In den Fällen, in denen das Kind von Todes wegen derartiges Vermögen erwirbt, ist allerdings ein Vermögensverzeichnis dann nicht anzufertigen, wenn der Erblasser im Rahmen seiner testamentarischen Verfügung eine abweichende Anordnung getroffen hat.
Weiterhin regelt § 1649 die Verwendung der Einkünfte aus dem Kindesvermögen. Nach § 1649 Abs. 1 sind die Einkünfte des Kindesvermögens, die zur ordnungsgemäßen Verwaltung des Vermögens nicht benötigt werden, sprich die mit der Vermögensverwaltung im Zusammenhang stehenden Kosten, für den Unterhalt des Kindes zu verwenden. Grundsätzlich soll der Stamm des Vermögens aber nicht angegriffen werden, es sei denn, der Kindesunterhalt wäre gefährdet.
In den engen Grenzen des § 1649 Abs. 2 ist es den Eltern gestattet, Vermögensüberschüsse für den Unterhalt der Eltern und der Geschwister zu verwenden, anstatt sie i. S. d. § 1642 anzulegen.

MERKE

Vermögenssorge beinhaltet die Verpflichtung der Eltern, das Kindesvermögen zu erhalten, zu vermehren und im Interesse des Kindes nach den Grundsätzen einer wirtschaftlichen Vermögensverwaltung anzulegen.
Einkünfte aus dem Vermögen des Kindes, die zur ordnungsgemäßen Verwaltung nicht benötigt werden, sind für den Unterhalt des Kindes zu verwenden, wobei der Vermögensstamm nicht angegriffen werden soll, es sei denn, der Unterhalt des Kindes wäre gefährdet.

3.4 Gesetzliche Vertretung

Gesetzliche Vertretung bedeutet in diesem Zusammenhang die Befugnis, das Kind rechtsgeschäftlich vertreten zu dürfen.
Es handelt sich somit um eine Vertretungsmacht, die durch das Gesetz begründet wird und die an das Sorgerecht anknüpft (§ 1629 Abs. 1 S. 1).

Heinz und Susanne sind verheiratet. Ihr gemeinsamer Sohn Max ist sieben Jahre alt. Im Namen von Max schließen Heinz und Susanne einen Sparvertrag mit der Sparkasse Münsterland-Ost ab, um einen Teil des Vermögens von Max sicher anzulegen.

Der Anwendungsbereich der gesetzlichen Vertretung erfordert somit immer ein Handeln im Namen des Kindes. Hiervon zu unterscheiden sind die Rechtsgeschäfte, die Eltern als gesetzliche Vertreter im eigenen Namen abschließen, aber im Interesse des Kindes.

Heinz und Susanne kaufen für ihren Sohn Max zu dessen Erstkommunion einen Anzug bei dem Bekleidungshaus Möller. In diesem Fall handelt es sich um ein Eigengeschäft der Eltern, sodass diese auch durch den Kaufvertrag berechtigt und verpflichtet werden.

Die rechtsgeschäftliche Vertretung ist ein Teil der elterlichen Sorge. Dementsprechend bestimmt § 1629 Abs. 1 S. 2, dass Eltern, die gemeinschaftlich die elterliche Sorge besitzen, das Kind auch nur gemeinschaftlich vertreten können.

Susanne schließt im Namen ihres 17 Jahre alten Sohnes Max mit der Firma Motocross KG einen Kaufvertrag über ein Motorrad. Das Sorgerecht für Max besitzen Susanne und ihr Ehemann Heinz zusammen. Aufgrund des gemeinsamen Sorgerechts besitzen beide auch nur ein gemeinschaftliches Vertretungsrecht. Der Vertrag, den Susanne zunächst abgeschlossen hat, ist damit nach § 177 schwebend unwirksam, die Wirksamkeit hängt somit von der Genehmigung von Heinz ab. Genehmigt Heinz, so kommt ein wirksamer Vertrag zwischen der Firma Motocross KG und Max zustande, genehmigt Heinz nicht, wird kein wirksames Vertragsverhältnis zwischen Max und der Fa. Motocross KG begründet. Susanne haftet der Firma Motocross KG gegenüber allerdings nach § 179.

Es ist aber auch möglich, dass die Eltern, die das gemeinsame Sorgerecht für ein Kind besitzen und dementsprechend das Kind nur gemeinschaftlich vertreten können, sich wechselseitig bevollmächtigen, in bestimmten Angelegenheiten auch in Untervollmacht des anderen Ehepartners alleine handeln zu dürfen. Derartige Fälle sind insbesondere denkbar, wenn die Eltern bestimmte Lebensbereiche des Kindes unter sich aufgeteilt haben.

Max, 14 Jahre, hat aufgrund verschiedener Erbschaften erhebliches Vermögen erhalten, das seine Eltern Susanne und Heinz verwalten dürfen. Zwischen Susanne und Heinz ist vereinbart, dass Kleidung, die Max benötigt und in seinem Namen gekauft wird, von Susanne alleine angeschafft wird. Bei derartigen Verträgen im Namen von Max handelt Susanne mit eigener gesetzlicher Vertretungsmacht, aber auch zugleich als Unterbevollmächtigte für ihren Ehemann Heinz.

MERKE

Gesetzliche Vertretung beinhaltet das Recht, das Kind rechtsgeschäftlich vertreten zu dürfen. Es handelt sich um einen Fall der gesetzlichen Vertretungsmacht und ist abhängig von dem Bestand der elterlichen Sorge. Besitzen die Eltern das gemeinsame Sorgerecht, können sie das Kind grundsätzlich auch nur gemeinschaftlich vertreten.

Auch in den Fällen der gemeinschaftlichen elterlichen Sorge und des gemeinsamen Vertretungsrechts können die Eltern sich wechselseitig bevollmächtigen, für das Kind alleine zu handeln.

Es ist umstritten, ob beim gemeinschaftlichen Vertretungsrecht der Eltern in den Fällen, in denen nur ein Elternteil handelt und rechtswidrig das Einverständnis des anderen Elternteils behauptet, bezüglich der fehlenden Unterbevollmächtigung durch den anderen Elternteil die Grundsätze der Duldungs- und Anscheinsvollmacht Anwendung finden.[490]
Mit der Rechtsprechung des Bundesgerichtshofes wird man dies bejahen können.[491]
Es bestehen aber gesetzliche Ausnahmen, in denen ein Elternteil trotz gemeinschaftlicher elterlicher Sorge das Kind allein vertreten kann.
So sind z. B. Erklärungen gegenüber dem Kind, die gem. § 131 dem gesetzlichen Vertreter zugehen müssen dann wirksam, wenn sie einem vertretungsberechtigtem Elternteil zugehen (vgl. § 1629 Abs. 1 S. 2 Hs. 2).
Kommt es in einzelnen Angelegenheiten der elterlichen Sorge, die für das Kind von erheblicher Bedeutung sind, zu Meinungsverschiedenheiten der Eltern, so kann das Familiengericht nach § 1628 einem Elternteil auf Antrag die Entscheidungsbefugnis übertragen. In diesem Fall kann dieser Elternteil das Kind nach § 1629 Abs. 1 S. 3 auch allein vertreten.
Des Weiteren kann es vorkommen, dass das Familiengericht im Interesse des Kindeswohles einem Elternteil nach § 1666 einen Teil der elterlichen Sorge entzieht. In diesem Bereich hat der andere Elternteil das alleinige Sorgerecht und dementsprechend auch das alleinige Vertretungsrecht für das Kind (vgl. § 1629 Abs. 1 S. 3).
Letztendlich ist jeder Elternteil nach § 1629 Abs. 1 S. 4 berechtigt, alle Rechtshandlungen vorzunehmen, die zum Wohl des Kindes bei Gefahr im Verzuge notwendig sind.
Voraussetzung ist hierfür, dass dem Kind erhebliche persönliche oder wirtschaftliche Nachteile drohen, die ein sofortiges Handeln der Eltern erfordern und die Mitwirkung des anderen Elternteils in dem Zeitpunkt der notwendigen Handlung nicht möglich ist.

Max, 14 Jahre, wird bei einem Verkehrsunfall schwer verletzt und ein sofortiger operativer Eingriff ist notwendig. Die Mutter von Max, Susanne, erteilt die Einwilligung. Der Vater von Max, Heinz, befindet sich auf einer Geschäftsreise im Ausland und ist bis zu dem Zeitpunkt des operativen Eingriffes weder telefonisch noch sonst erreichbar. In diesem Fall ist Susanne nach § 1629 Abs. 1 S. 4 berechtigt, die Einwilligung in die notwendige Operation allein zu erteilen.

Ist nur ein Elternteil Inhaber der elterlichen Sorge, so besitzt er gem. § 1629 Abs. 1 S. 3 1. Alt. auch das Alleinvertretungsrecht für das Kind.

MERKE

Trotz gemeinschaftlicher elterlicher Sorge kann jeder Elternteil das Kind in folgenden Ausnahmefällen alleine vertreten:

[490] Zur Duldungs- und Anscheinsvollmacht vgl. Teil A V 1.3.3.
[491] BGH NJW 1988, 2946.

Ist eine Willenserklärung gegenüber dem Kind abzugeben, reicht es aus, wenn die Erklärung einem vertretungsberechtigten Elternteil zugeht.
Bei Meinungsverschiedenheiten über Fragen der elterlichen Sorge kann das Familiengericht auf Antrag einem Elternteil die Entscheidungsbefugnis übertragen; in diesem Fall kann der berechtigte Elternteil das Kind auch alleine rechtsgeschäftlich vertreten.
Hat das Familiengericht einem Elternteil nach § 1666 einen Teil der elterlichen Sorge entzogen, erhält der andere Elternteil in diesem Bereich das alleinige Sorgerecht und damit auch das alleinige Vertretungsrecht. Bei Gefahr im Verzug ist jeder Elternteil berechtigt, alleine die Rechtshandlungen vorzunehmen, die zum Wohl des Kindes notwendig sind.

Die Befugnis, das Kind rechtsgeschäftlich vertreten zu dürfen – sei es in Form der gemeinschaftlichen Vertretung oder der Alleinvertretung – erfährt aber insbesondere durch § 1643 eine Beschränkung.
Nach § 1643 Abs. 1 bedürfen die Rechtsgeschäfte, die die Eltern im Namen des Kindes tätigen, der Genehmigung des Familiengerichts, zu denen auch ein Vormund nach § 1821 und nach § 1822 Nr. 1, 3, 5, 8–11 der Genehmigung des Familiengerichts bedarf.
Will der Minderjährige ein selbstständiges Erwerbsgeschäft betreiben, so bedarf er gem. § 112 der Ermächtigung durch den gesetzlichen Vertreter, die wiederum die Genehmigung des Familiengerichts erfordert. Gleiches gilt nach § 112 Abs. 2 für die Rücknahme einer erteilten Ermächtigung. Genehmigungspflichtig ist des Weiteren gem. § 1643 Abs. 2 unter Berücksichtigung der Einschränkungen nach § 1643 Abs. 2 S. 2 die Ausschlagung einer Erbschaft, eines Vermächtnisses oder der Verzicht auf den Pflichtteil. Das Familiengericht wird gegenüber den sorgeberechtigten Eltern die Genehmigung erteilen, wenn das Rechtsgeschäft dem Interesse des Kindes entspricht.
Schließen die sorgeberechtigten Eltern oder ein sorgeberechtigter Elternteil ein Rechtsgeschäft im Namen des Kindes ohne die erforderliche Genehmigung des Familiengerichts ab, so ist ein Vertrag nach §§ 1643 Abs. 3, 1829 zunächst schwebend unwirksam. Erteilt das Familiengericht keine Genehmigung und teilen die Eltern dem Vertragspartner dies mit, so kommt kein Vertrag zustande (§ 1829 Abs. 1).
Genehmigt das Vormundschaftsgericht, so wird der Vertrag erst wirksam im Zeitmoment, in dem diese Genehmigung dem Vertragspartner durch die Eltern mitgeteilt wird (§ 1829 Abs. 1 S. 2).
Der Vertragspartner hat auch die Möglichkeit nach § 1829 Abs. 2 die Eltern zur Mitteilung aufzufordern, ob die Genehmigung durch das Familiengericht erteilt worden sei. In diesem Fall kann die Mitteilung der Genehmigung nur bis zum Ablauf von vier Wochen nach dem Empfang der Aufforderung erfolgen; geschieht dies nicht, gilt die Genehmigung als verweigert (§ 1829 Abs. 2).
An die Stelle der Genehmigung des Familiengerichts tritt die Genehmigung des Kindes, wenn dieses zwischenzeitlich volljährig geworden ist (§ 1829 Abs. 3).
Haben die sorgeberechtigten Eltern bzw. der sorgeberechtigte Elternteil im Namen des Kindes ein einseitiges Rechtsgeschäft geschlossen, so ist dieses ohne Zustimmung des Familiengerichts unwirksam (§ 1643 Abs. 3 i. V. m. § 1831).
Der gesetzliche Vertreter kann sodann das Kind insoweit nicht vertreten, als ein Vormund nach § 1795 von der Vertretung des Kindes ausgeschlossen ist.

Es soll hierdurch verhindert werden, dass der gesetzliche Vertreter für das Kind Rechtsgeschäfte tätigt, bei denen die potenzielle Gefahr einer Interessenkollision entsteht. Die Vorschrift des § 1795 ist dabei zu verstehen als eine Ergänzung zu § 181.
Ausgeschlossen sind hiernach insbesondere Rechtsgeschäfte, die ein Elternteil als Vertreter des Kindes im Namen des Kindes mit dem anderen Elternteil oder einem seiner Verwandten in gerader Linie abschließt. Ausgenommen ist lediglich die Erfüllung von bestehenden Verbindlichkeiten.
Ferner sind ausgeschlossen Rechtsgeschäfte, die sich auf gesicherte Forderungen gegen den gesetzlichen Vertreter beziehen (§ 1795 Nr. 2).
Selbstverständlich ist es dem gesetzlichen Vertreter auch untersagt, Rechtsgeschäfte zu tätigen, die unter § 181 fallen, da diese Norm durch § 1795 zwar ergänzt, im Übrigen aber nicht berührt wird (vgl. § 1795 Abs. 2).
Darüber hinaus kann das Familiengericht nach § 1629 Abs. 2 i. V. m. § 1796 den gesetzlichen Vertreter insbesondere unter dem Gesichtspunkt der Interessenkollision die Vertretung für einzelne Angelegenheiten entziehen, wenn das Interesse des Kindes dies erfordert.
Hat der gesetzliche Vertreter im Namen des Kindes Rechtsgeschäfte getätigt, die unter § 1795 oder § 181 fallen, sind diese Rechtsgeschäfte nicht nichtig, sondern schwebend unwirksam. Wird das Kind zwischenzeitlich volljährig, kann das Kind diese Rechtsgeschäfte genehmigen, im Übrigen wird gem. § 1909 für das Kind ein Ergänzungspfleger bestellt, der sodann diese Genehmigung für das minderjährige Kind erteilen kann.
Wird allerdings die Genehmigung weder durch den Pfleger, noch durch das zwischenzeitlich volljährig gewordene Kind erteilt, ist das Rechtsgeschäft unwirksam.
Sowohl § 181 als auch § 1795 finden allerdings nicht bei solchen Rechtsgeschäften Anwendung, die dem Kind lediglich einen rechtlichen Vorteil bringen.

Susanne und Heinz schließen für ihren 14 Jahre alten Sohn Max einen notariellen Schenkungsvertrag, der die unentgeltliche Übertragung eines unbelasteten Grundstücks auf Max zum Gegenstand hat.

Eine weitere Einschränkung der Vertretungsmacht der Eltern ergibt sich aus § 1629 Abs. 2a. Die Eltern können hiernach das Kind nicht in einem Verfahren auf Einwilligung in eine genetische Abstammungsuntersuchung nach § 1598a vertreten. In diesen Verfahren ist dem Kind ein Ergänzungspfleger zu bestellen.

MERKE

Die sorgeberechtigten Eltern bedürfen zu Rechtsgeschäften für das Kind nach § 1643 der Genehmigung des Familiengerichts, soweit auch ein Vormund nach §§ 1821, 1822 Nr. 1, 3, 5, 8–11 der Genehmigung bedarf. Das Gleiche gilt für die Ausschlagung einer Erbschaft oder eines Vermächtnisses sowie für den Verzicht auf einen Pflichtteil. Ein sorgeberechtigter Elternteil kann das Kind auch nicht vertreten, soweit ein Vormund das Kind bei Vorliegen der Voraussetzungen des § 1795 nicht vertreten könnte. Es soll hierdurch die Gefahr einer Interessenkollision vermieden werden. Hat der sorgeberechtigte Elternteil für das Kind rechtsgeschäftlich gehandelt, obwohl das Rechtsgeschäft unter § 1795 fallen würde, sind derartige

Rechtsgeschäfte schwebend unwirksam. Für das Kind wird in diesem Fall nach § 1909 ein Ergänzungspfleger bestellt, der die Genehmigung für das minderjährige Kind erteilen kann. Ist das Kind zwischenzeitlich volljährig, kann das Kind dieses Rechtsgeschäft selbst genehmigen. Wird diese Genehmigung aber weder durch das zwischenzeitlich volljährige Kind oder durch den Ergänzungspfleger genehmigt, so ist das Rechtsgeschäft unwirksam.

Eine Besonderheit ergibt sich zum Schutz des Kindes noch aus § 1629 a. Haben die Eltern das Kind rechtsgeschäftlich wirksam vertreten und hierbei das Kind zu einer vertraglichen Leistung verpflichtet, beschränkt sich die Haftung des Kindes auf das bei Volljährigkeit vorhandene Vermögen. Das Gleiche gilt für die Haftung von Verbindlichkeiten, die in Zusammenhang mit einem Erwerb von Todes wegen entstanden sind.

MERKE

Zum Schutz des Kindes beschränkt sich die Haftung bezüglich Verbindlichkeiten, die der gesetzliche Vertreter für das Kind rechtsgeschäftlich begründet hat, auf das bei Volljährigkeit vorhandene Vermögen des Kindes.

3.5 Elterliche Sorge und Trennung der Eltern

Eine besondere Situation tritt in den Fällen ein, in denen es bei verheirateten Eltern, die die elterliche Sorge auch gemeinsam ausüben, zur dauerhaften Trennung kommt.
Gem. § 1629 Abs. 2 S. 2 kann der Elternteil, in dessen Obhut sich das Kind befindet, Unterhaltsansprüche des Kindes gegen den barunterhaltspflichtigen Elternteil auch in den Fällen geltend machen, in denen die elterliche Sorge beiden Elternteilen zusteht.
Die Vorschrift dient somit der Sicherung des Kindesunterhalts. Ohne diese Vorschrift würde eine Vertretung des Elternteils, bei dem sich das Kind befindet, an § 1629 Abs. 2 S. 1 i. V. m. § 1795 Nr. 3 scheitern.
Eine weitere Besonderheit ergibt sich in diesem Zusammenhang aus § 1629 Abs. 3. Sind die Eltern des Kindes noch miteinander verheiratet, können Unterhaltsansprüche des Kindes gegen den anderen Elternteil nur im eigenen Namen geltend gemacht werden.
Diese Regelung des § 1629 Abs. 3 gilt somit bis zur Rechtskraft der Scheidung. Es handelt sich hierbei um eine sog. Prozesstandschaft, d. h. die Geltendmachung des Kindesunterhalts im eigenen Namen.

MERKE

Leben die sorgeberechtigten Eltern dauerhaft getrennt, kann der Elternteil, in dessen Obhut sich das Kind befindet, Unterhaltsansprüche für das Kind gegen den barunterhaltspflichtigen Elternteil im eigenen Namen geltend machen.

Überhaupt ändert sich ab dem Zeitpunkt der Trennung der sorgeberechtigten Eltern auch inhaltlich die elterliche Sorge.

Zwar geht der Gesetzgeber heute von dem Normalfall aus, dass bei Trennung der Eltern oder bei Scheidung diese auch das gemeinsame Sorgerecht für ihre minderjährigen Kinder behalten. Allerdings muss man auch berücksichtigen, dass die gesamte Lebenssituation der Familie durch die Trennung bzw. durch die Scheidung eine Veränderung erfährt. Das Kind lebt entweder bei dem Vater oder der Mutter. Alltägliche Entscheidungen für das Kind, die nicht von erheblicher Bedeutung sind, müssen oftmals kurzfristig durch den Elternteil entschieden werden, bei dem das Kind lebt. Aus diesem Grund modifiziert § 1687 die elterliche Sorge auch inhaltlich.
Leben hiernach die Eltern nicht nur vorübergehend getrennt, ist für Entscheidungen in Angelegenheiten, die für das Kind von erheblicher Bedeutung sind, auch weiterhin das gegenseitige Einvernehmen erforderlich. Andererseits erhält der Elternteil, bei dem das Kind sich rechtmäßig und gewöhnlich aufhält und wohnt, das Recht, alleine die Entscheidungen in Angelegenheiten des täglichen Lebens zu treffen.
Angelegenheiten, die für das Kind von erheblicher Bedeutung sind, sind z. B. das Aufenthaltsbestimmungsrecht, Fragen der Ausbildung, und zwar der schulischen wie auch der beruflichen Ausbildung, Entscheidungen über einen Schulwechsel sowie medizinische Eingriffe, soweit sie mit der Gefahr erheblicher Komplikationen verbunden sind.[492]
Demgegenüber gehören zu den Angelegenheiten des täglichen Lebens die Bestimmung der Schlafenszeit, der normale Ablauf des Schullebens, die Teilnahme an einem Tagesausflug und die gewöhnliche medizinische und ärztliche Versorgung.[493]
Es gibt somit ab dem Zeitpunkt der Trennung einen Bereich, in dem die sorgeberechtigten Eltern nur zusammen und zum Wohl des Kindes die Entscheidungen treffen können, daneben gibt es einen Bereich, in dem die alleinige Entscheidungskompetenz für den Elternteil begründet wird, bei dem das Kind lebt.
Auch in Bezug auf die Vertretung des Kindes hat diese inhaltliche Bestimmung des § 1687 Auswirkungen. Bei Rechtsgeschäften, die der Entscheidungsgewalt beider sorgeberechtigten Eltern unterliegt, ist auch weiterhin nur eine gemeinschaftliche Vertretung möglich. Bei den übrigen Angelegenheiten des täglichen Lebens kann der Elternteil, bei dem das Kind lebt, dieses auch alleine vertreten.
Nach § 1687 Abs. 2 kann allerdings das Familiengericht die Bereiche, in denen dem Elternteil, bei dem das Kind lebt, die alleinige Vertretungszuständigkeit besitzen würde, einschränken oder ausschließen, wenn dieses zum Wohl des Kindes notwendig ist.

MERKE

Grundsätzlich besteht das gemeinsame Sorgerecht der Eltern auch bei Trennung oder Scheidung fort. Inhaltlich wird aber das Sorgerecht durch die besondere Situation der Trennung oder Scheidung durch § 1687 modifiziert. Entscheidungen, die für das Kind von erheblicher Bedeutung sind, können die Eltern auch weiterhin nur gemeinsam treffen. Dagegen ist der Elternteil, bei dem das Kind ab der Trennung lebt, berechtigt, Angelegenheiten des täglichen Lebens für das Kind allein zu entscheiden und auch das Kind insoweit allein zu vertreten.

[492] Palandt/Diederichsen, § 1687 Rdnr. 7.
[493] Palandt/Diederichsen, § 1687 Rdnr. 11.

3.6 Meinungsverschiedenheiten bei Ausübung der elterlichen Sorge

Können sich die Eltern, die gemeinschaftlich das Sorgerecht ausüben, in einem Punkt der elterlichen Sorge nicht einigen, so besteht die Möglichkeit eines Schlichtungsverfahrens nach § 1628 vor dem Familiengericht.
§ 1628 beschränkt sich im Anwendungsbereich bewusst auf einzelne Fragestellungen der elterlichen Sorge. Bestehen zwischen den gemeinsam sorgeberechtigten Elternteilen dagegen grundsätzliche Konflikte über die elterliche Sorge insgesamt, können diese nur unter den Voraussetzungen der §§ 1671, 1666 geklärt werden.
Ein Verfahren nach § 1628 findet immer dann statt, wenn ein Elternteil dieses beantragt und zwischen den Eltern in einem einzelnen Punkt oder einzelnen Punkten der elterlichen Sorge keine Einigung zustande kommt, die für das Kind von erheblicher Bedeutung sind. Das Familiengericht wird aber die Auffassung der Eltern nicht durch eine eigene Ansicht ersetzen, sondern vielmehr sich die Argumente der Eltern anhören, zunächst wiederum versuchen, eine einvernehmliche Lösung zu erzielen, und für den Fall, das dies nicht möglich sein wird, dem Elternteil die Entscheidungsbefugnis zu übertragen, für die nach Überzeugung des Gerichts die besseren Argumente sprechen.

Sabine und Konstantin sind miteinander verheiratet. Es steht nun die Entscheidung an, ob der elfjährige Sohn Jonas nach dem Besuch der Grundschule zukünftig eine Realschule oder ein Gymnasium besuchen soll. Während Sabine der Meinung ist, dass die Realschule für Jonas der bessere Schultyp ist, glaubt Konstantin, dass Jonas durchaus in der Lage ist, ein Gymnasium zu besuchen. Hier wird das Familiengericht sich von beiden Elternteilen die Sachargumente anhören und sodann entweder Konstantin oder Sabine die Entscheidung über die zukünftige Schulart übertragen.

MERKE

Bestehen zwischen den Eltern in einzelnen Fragen der elterlichen Sorge Meinungsverschiedenheiten und können sie sich nicht einigen, so kann jeder Elternteil ein Schlichtungsverfahren nach § 1628 vor dem Familiengericht einleiten.

3.7 Ruhen der elterlichen Sorge

In gewissen Fällen ordnet das Gesetz das Ruhen der elterlichen Sorge an. Dieses bedeutet nach § 1675, dass der sorgeberechtigte Elternteil die elterliche Sorge zwar behält, sie aber nicht ausüben darf.
So ruht die elterliche Sorge nach § 1673 Abs. 1 für einen Elternteil, sobald er geschäftsunfähig wird. Gleiches gilt nach § 1673 Abs. 2 in den Fällen, in denen ein sorgeberechtigter Elternteil in seiner Geschäftsfähigkeit beschränkt ist.

Die 16-jährige Sabine bekommt ein Kind. Da sie nach §§ 106 ff. in der Geschäftsfähigkeit beschränkt ist, ruht in diesem Fall die elterliche Sorge nach § 1673 Abs. 2. Ist der Kindesvater nicht bekannt, ist in diesen Fällen gem. § 1791c für das Kind das zuständige Jugendamt Vormund. Gleichwohl behält Sabine gem. § 1673 Abs. 2 S. 2 zusammen mit dem Vormund die Personensorge, darf das Kind aber nicht rechtsgeschäftlich vertreten.

Hat die Mutter nach § 1626a Abs. 2 die alleinige elterliche Sorge und ruht diese elterliche Sorge nach § 1673 Abs. 2, so wird das Familiengericht die elterliche Sorge auf den Kindesvater übertragen, wenn keine Aussicht besteht, dass der Grund des Ruhens wegfällt und die Übertragung auf den Vater dem Wohl des Kindes dient (§ 1678 Abs. 2).
Haben die Eltern dagegen das gemeinsame Sorgerecht und ruht die elterliche Sorge für einen Elternteil, so übt gem. § 1678 Abs. 1 der andere Elternteil die elterliche Sorge alleine aus.
Die elterliche Sorge ruht gem. § 1674 ferner in den Fällen, in denen ein Elternteil auf längere Zeit die elterliche Sorge nicht ausüben kann. Dies wäre z. B. bei längerer Strafhaft eines Elternteils der Fall.
Allerdings lebt nach § 1674 die elterliche Sorge wieder auf, wenn der Grund des tatsächlichen Hindernisses weggefallen ist.
Eine besondere Situation besteht in den Fällen, in denen einem Elternteil nach § 1671 die elterliche Sorge alleine übertragen worden ist. Kommt es in diesen Fällen zu einem Ruhen der elterlichen Sorge, bekommt der andere Elternteil nach § 1678 Abs. 1, Hs. 2 nicht automatisch die Ausübung der elterlichen Sorge; vielmehr hat das Familiengericht gem. § 1696 eine neue Entscheidung zu treffen und für den Fall, dass die Übertragung der elterlichen Sorge auf den anderen Elternteil nicht in Betracht kommt, einen Vormund für das Kind zu bestellen (vgl. § 1773 Abs. 1.).

MERKE

Ruhen der elterlichen Sorge bedeutet, dass der sorgeberechtigte Elternteil zwar die elterliche Sorge behält, diese aber nicht ausüben darf. Die elterliche Sorge ruht dann für einen Elternteil, wenn dieser geschäftsunfähig wird oder in der Geschäftsfähigkeit beschränkt ist.

3.8 Umgangsrecht

3.8.1 Umgangsrecht der Eltern

Das Umgangsrecht ist ein wesentlicher Teil innerhalb der Eltern-Kind-Beziehung. Gerade in den Fällen, in denen Eltern getrennt leben, wird das Kind entweder aufgrund einer Vereinbarung der Eltern oder aufgrund einer gerichtlichen Entscheidung bei einem Elternteil leben. Dieser Umstand kann aber dazu führen, dass zu dem anderen Elternteil ein Entfremdungsprozess eintritt, der letztendlich die Eltern-Kind-Beziehung stört.
§ 1626 Abs. 3 S. 1 bestimmt aus diesem Grund, dass grundsätzlich der Umgang mit beiden Elternteilen zum Wohl des Kindes gehört. Dementsprechend wird in § 1684 Abs. 1 auch der Anspruch des Kindes auf Umgang mit jedem Elternteil gesetzlich normiert und jeder Elternteil ist zum Umgang mit dem Kind nicht nur berechtigt, sondern auch verpflichtet (§ 1684 Abs. 1, Hs. 2).

Das Umgangsrecht wird ausgeübt durch persönliche Kontakte. Die Eltern können hierbei die Häufigkeit dieser Kontakte natürlich einvernehmlich und im Interesse des Kindes großzügig regeln. Kommt aber eine Einigung zwischen den Eltern nicht zustande, wird auf Antrag eines Elternteils der Umgang mit dem Kind durch das Familiengericht geregelt. Regelmäßig wird das Familiengericht in durchschnittlich gelagerten Fällen dem Elternteil, bei dem das Kind nicht wohnt, ein 14-tägiges Umgangsrecht an den Wochenenden mit jeweils mindestens einer Übernachtung einräumen sowie bei schulpflichtigen Kindern die jeweiligen Ferien zwischen den Eltern aufteilen. Weiterhin werden durch das Familiengericht in der Regel auch Umgangsrechte für besondere Feiertage festgelegt. Dies kann dergestalt geschehen, dass an mehrtägigen Feiertagen, wie Ostern oder Weihnachten, das Kind den ersten Feiertag bei dem einen Elternteil und den zweiten Feiertag mit dem anderen Elternteil verbringt. Denkbar ist aber auch eine Regelung, dass das Umgangsrecht bezüglich der Feiertage im Wechsel stattfindet, sodass z. B. das Kind Ostern bei der Mutter und die Weihnachtstage beim Vater verbringt. Letztere Aufteilung ist insbesondere in den Fällen wünschenswert, in denen ein Elternteil mit dem Kind einen Kurzurlaub verbringen will. Während der Dauer des Umgangs mit dem Kind hat dieser Elternteil auch das Recht, über Fragestellungen der tatsächlichen Betreuung zu entscheiden. Dieser Elternteil regelt somit eigenverantwortlich den Ablauf des Umgangs, insbesondere Freizeitgestaltung, aber auch die täglichen Angelegenheiten, wie Essenszeiten.

Das Kind besitzt nach § 1684 Abs. 1 einen eigenen Anspruch auf Umgang mit jedem Elternteil. Können sich die Eltern über das tatsächliche Umgangsrecht des Elternteils, bei dem das Kind nicht wohnt, nicht einigen, besteht für das Kind die Möglichkeit beim Familiengericht einen eigenen Antrag auf Regelung des Umgangs zu stellen. Dabei hat dieses Kind auch einen Anspruch auf Unterstützung durch das zuständige Jugendamt.

In begründeten Fällen muss das Familiengericht nach § 158 Abs. 2 FamFG sogar für das Kind einen Verfahrenspfleger bestellen, der die Interessen des Kindes in diesem Umgangsrechtsverfahren vertritt.

MERKE

Leben die Eltern getrennt oder sind geschieden, ist es zum Wohl des Kindes notwendig, dass dieses regelmäßigen Umgang mit beiden Elternteilen unterhält. Aus diesem Grund normiert § 1684 Abs. 1 nicht nur das Recht der Eltern zum Umgang, sondern auch die Verpflichtung.

Die Eltern können den Umfang des Umgangsrechts einvernehmlich gestalten. Kommt aber keine Einigung der Eltern zustande, wird der Umgang mit dem Kind auf Antrag durch das Familiengericht geregelt.

Der Umgang des Kindes mit beiden Elternteilen ist für die natürliche Entwicklung des Kindes somit für das Kindeswohl notwendig und deshalb auch wünschenswert. In der Praxis zeigt sich aber leider in vielen Fällen, dass Spannungen und Konflikte zwischen den Eltern, die sich getrennt haben, auch auf den Umgang des Kindes mit dem Elternteil, bei dem es nicht regelmäßig wohnt, übertragen werden und die Eltern in derartigen Situationen oftmals nicht in der Lage sind, zum Wohl des Kindes vernünftige Umgangsregelungen zu vereinbaren. Rechtliche Auseinandersetzungen über das Umgangsrecht sind sodann eine oftmals

notwendige, aber vermeidbare Folge. Bei allen Konflikten zwischen den Eltern müssen diese sich im Klaren darüber sein, dass das Wohl des Kindes den Umgang grundsätzlich mit beiden Elternteilen erfordert.
Dementsprechend normiert § 1684 Abs. 2 auch ausdrücklich, dass die Eltern alles zu unterlassen haben, was das Verhältnis des Kindes zum jeweils anderen Elternteil beeinträchtigt (Wohlverhaltensverpflichtung).
Vereitelt der Elternteil, bei dem das Kind regelmäßig lebt, den Umgangskontakt mit dem anderen Elternteil, so kann das Familiengericht gem. § 1684 Abs. 3 S. 1 durch Anordnungen gegenüber dem Elternteil die Einhaltung der Wohlverhaltenspflicht im Interesse des Kindes sicherstellen.
Bei völlig fehlender Bereitschaft des Elternteils, den Umgang mit dem anderen Elternteil zu ermöglichen und auch zu fördern, kann das Familiengericht in besonders schwierigen Fällen auch das Aufenthaltsbestimmungsrecht zulasten dieses Elternteils ändern. Eine weitere Anordnung wäre z. B. die Anordnung, eine Beratungsstelle aufzusuchen und dort fachliche Hilfe in Anspruch zu nehmen, um die bestehenden Probleme zu lösen.

MERKE

Die Eltern haben die Verpflichtung, den Umgang des Kindes mit dem anderen Elternteil zu fördern und alles zu unterlassen, was das Verhältnis des Kindes zum anderen Elternteil beeinträchtigt (Wohlverhaltensverpflichtung). Vereitelt insbesondere der Elternteil, bei dem das Kind nach Trennung oder Scheidung lebt, das Umgangsrecht des anderen Elternteils, so kann das Familiengericht durch geeignete Maßnahmen die Wohlverhaltensverpflichtung im Interesse des Kindes sicherstellen und bei völliger Uneinsichtkeit des Elternteils sogar das Aufenthaltsbestimmungsrecht zulasten dieses Elternteils abändern.

3.8.2 Umgangsrecht anderer Personen

Durch das Kindheitsreformgesetz von 1998 ist in § 1685 Abs. 1 nun auch das Umgangsrecht der Großeltern und Geschwister mit dem Kind festgelegt worden. Voraussetzung ist in diesen Fällen, dass ein derartiger Umgang dem Wohl des Kindes dient.
Großeltern und Geschwister haben unter der vorgenannten Voraussetzung das Recht auf Umgang mit dem Kind; eine Verpflichtung zum Umgang wird im Gegensatz zu den Eltern durch diese Vorschrift aber nicht begründet.
§ 1685 ist die Folge von § 1626 Abs. 3 S. 2, wonach zum Wohl des Kindes auch der Umgang mit den Personen gehört, zu denen das Kind besondere Bindungen besitzt, soweit dieser Umgang für die Entwicklung des Kindes förderlich ist.
Diese Voraussetzungen wird man insbesondere in den Fällen annehmen können, in denen das Kind bereits während der Ehe der Eltern intensiven Kontakt zu den Großeltern gehabt hat oder auch von diesen betreut worden ist.
Neben den Großeltern besitzen unter den gleichen Voraussetzungen auch die Stiefeltern des Kindes ein Umgangsrecht sowie Personen, bei denen das Kind längere Zeit in Familienpflege gewesen ist.

Bei all den Personen, die nun nach § 1685 gleichfalls ein Umgangsrecht unter den dort genannten Voraussetzungen erhalten, ist auch § 1684 Abs. 2 anzuwenden (vgl. § 1685 Abs. 3). Dies bedeutet, dass insbesondere auch das Wohlverhaltensgebot der Eltern gegenüber diesem Personenkreis zu beachten ist.

MERKE

Auch Großeltern, Geschwister, Stiefeltern und Personen, bei denen das Kind längere Zeit in Familienpflege gewesen ist, haben nach § 1685 ein Umgangsrecht mit dem Kind, wenn dieses dem Wohl des Kindes dient. Die Wohlverhaltensverpflichtung der Eltern besteht auch gegenüber diesem Personenkreis.

3.8.3 Einschränkung des Umgangsrechts

Gem. § 1684 Abs. 4 kann das Familiengericht das Umgangsrecht einschränken oder ausschließen, soweit dieses zum Wohl der Kinder erforderlich ist.
Eine besondere Form ist in diesem Zusammenhang der sog. begleitende Umgang gem. § 1684 Abs. 4 S. 3 und 4.
Dieser begleitende Umgang bedeutet, dass das Umgangsrecht in Anwesenheit von dritten Personen ausgeübt wird.
Der begleitende Umgang wird insbesondere in den Fällen stattfinden, in denen ein Elternteil das Kind bereits einmal misshandelt hat, oder in den Fällen, in denen konkrete Anhaltspunkte für einen Missbrauch gegenüber dem Kind bestehen. Das Kind muss in dieser Situation geschützt werden. Der begleitende oder beschützende Umgang wird in solchen Fallkonstellationen häufig in Anwesenheit eines Mitarbeiters des Jugendamts stattfinden. Der begleitende Umgang ist letztendlich eine mildere Maßnahme als der völlige Ausschluss des Umgangsrechts.
Der völlige Ausschluss des Umgangsrechts, aber auch der Ausschluss oder eine Beschränkung für längere Zeit sind nur zulässig, wenn das Wohl des Kindes gefährdet wäre (§ 1684 Abs. 4 S. 2).

MERKE

Zum Wohl des Kindes kann das Umgangsrecht durch das Familiengericht eingeschränkt oder ausgeschlossen werden. Der begleitende Umgang ist eine geeignete Form zum Schutz des Kindes und eine mildere Maßnahme als der völlige Ausschluss des Umgangsrechts.

3.8.4 Auskunftsanspruch

Nach § 1686 kann jeder Elternteil von dem anderen Elternteil bei berechtigtem Interesse Auskunft über die persönlichen Verhältnisse des Kindes verlangen. Auskunftsverpflichtet ist in der Regel der Elternteil, bei dem sich das Kind in Obhut befindet. Der Umfang der Auskunft richtet sich immer nach den einzelnen Umständen und ist keinesfalls nur begrenzt auf schulische bzw. Angelegenheiten der Ausbildung oder Probleme in der Erziehung.

3.9 Gefährdung des Kindeswohls

Das Wohl eines Kindes steht gem. Art. 6 Abs. 2 S. 2 GG unter besonderem verfassungsrechtlichen Schutz.
Dementsprechend konkretisiert § 1666 das staatliche Wächteramt und begründet eine gesetzliche Grundlage für das Familiengericht, in den Fällen einzuschreiten, in denen das persönliche Wohl eines Kindes oder das Vermögen des Kindes gefährdet sind.
Durch die in den §§ 1666 ff. genannten Maßnahmen wird das Recht der Eltern zur elterlichen Sorge begrenzt.
Bei allen Eingriffen ist nach § 1666a der Grundsatz der Verhältnismäßigkeit zu beachten und alle Maßnahmen, die durch das Familiengericht eingeleitet werden, sollen letztendlich auch das Ziel haben, die elterliche Sorge im vollen Umfang wieder herzustellen. Aus diesem Grund sind nach § 1666a Maßnahmen, die zu einer Trennung zwischen Eltern und Kind führen, grundsätzlich nur zulässig, wenn die Gefährdung des Kindeswohles nicht auf anderer Weise, insbesondere durch öffentliche Hilfen, begegnet werden kann.
Der Gesetzgeber geht somit davon aus, dass alle Hilfsangebote und unterstützenden Maßnahmen des Jugendamts zunächst ausgeschöpft werden sollen.

MERKE

Der Staat hat die verfassungsmäßige Verpflichtung, Kinder zu schützen und einzuschreiten, wenn das persönliche Wohl des Kindes oder dessen Vermögen gefährdet sind. Nach §§ 1666 ff. kann das Familiengericht hierzu geeignete Maßnahmen einleiten.

3.9.1 Gefährdung des Kindeswohls im persönlichen Bereich

Voraussetzung für einen staatlichen Eingriff nach § 1666 Abs. 1 ist eine Gefährdung des körperlichen, geistigen oder seelischen Wohls des Kindes.
Der Gesetzgeber verzichtet insoweit auf eine genaue Definition, zumal es in einer pluralistischen Gesellschaft auch durchaus unterschiedliche Auffassungen gibt über die Ziele einer Kindeserziehung und über geeignete Erziehungsmaßnahmen.
Das Kindeswohl wird man aber als gefährdet ansehen können und müssen, wenn eine gegenwärtige Gefahr für die Entwicklung des Kindes so ernst zu nehmen ist, dass sich ein Schadenseintritt mit großer Sicherheit abzeichnen lässt.[494]

Marion ist alleinerziehende, sorgeberechtigte Mutter der minderjährigen Kinder Uwe, Hans, Sabine und Claudia. Seitdem sie ihren neuen Lebensgefährten Carsten kennen gelernt hat,

[494] Palandt/Diederichsen, § 1666 Rdnr. 10.

kümmert sie sich kaum noch um die Kinder. Uwe und Hans gehen nur noch gelegentlich zur Schule. Sabine hat Kontakt mit Betäubungsmitteln und die 14-jährige Claudia verbringt mehrmals wöchentlich die Nächte bei ihrem Freund. Die Wohnung, in der Marion mit ihren Kindern lebt, droht zu verwahrlosen und die Kinder erhalten nur unregelmäßig Mahlzeiten. Losgelöst von Erziehungsfragen und Erziehungszielen wird man in so einem Fall eine Gefährdung des Kindeswohls annehmen können, da für alle vier Kinder eine Gefahr für die persönliche Entwicklung vorauszusehen ist.

Die Gefährdung des Kindeswohls muss nach § 1666 Abs. 1 begründet sein durch eine missbräuchliche Ausübung der elterlichen Sorge, durch Vernachlässigung des Kindes, durch unverschuldetes Versagen der Eltern oder durch ein Verhalten eines Dritten.
Eine missbräuchliche Ausübung der elterlichen Sorge wird anzunehmen sein, wenn das Sorgerecht ausgenutzt wird zum Schaden eines Kindes.[495]
Hierunter fallen insbesondere unter Verstoß gegen § 1631 Abs. 2 körperliche und seelische Misshandlungen.
Eine missbräuchliche Ausübung der elterlichen Sorge liegt aber auch vor, wenn die Eltern bei der Wahl der schulischen oder beruflichen Ausbildung auf die Neigungen des Kindes überhaupt keine Rücksicht nehmen.

Thomas, 17 Jahre, möchte nach erfolgreichem Abschluss der Realschule eine Ausbildung zum Kfz-Mechaniker absolvieren, da er großes Interesse an technischen Dingen besitzt. Die Eltern interessiert dieser Wunsch von Thomas nicht und verlangen, dass er eine Ausbildung zum Bankkaufmann beginnt.

Eine erhebliche missbräuchliche Ausübung der elterlichen Sorge liegt insbesondere aber dann vor, wenn Eltern ihre Kinder zu Straftaten oder aber auch zur Prostitution verleiten.
Eine Vernachlässigung des Kindes i. S. d. § 1666 Abs. 1 wird anzunehmen sein, wenn Eltern im hohen Maße untätig sind bezüglich Ernährung, der Beaufsichtigung, der Betreuung und Erziehung des Kindes.
Neben der missbräuchlichen Ausübung der elterlichen Sorge oder der Vernachlässigung eines Kindes ist es aber auch ausreichend, wenn das Wohl des Kindes durch ein unverschuldetes Versagen der Erziehungsberechtigten gefährdet wird.
Es ist für die rechtliche Bewertung hierbei ohne Bedeutung, auf welche Ursache dieses elterliche Versagen zurückzuführen ist. Dies kann eine einfache Überforderung genauso sein wie psychische Gründe oder Alkohol- bzw. Drogenabhängigkeit.
Letztendlich kann das Kindeswohl auch gefährdet sein durch das Verhalten eines Dritten, wie z. B. die körperliche Misshandlung durch einen Stiefvater.
Da staatliche Maßnahmen zum Wohle eines Kindes erst als letztes Mittel eingesetzt werden sollen, muss neben dem Fehlverhalten der Eltern, das § 1666 Abs. 1 erfordert, auch die fehlende Bereitschaft oder fehlende Fähigkeit der Eltern zur Abwendung der drohenden Gefahr hinzukommen.[496]

[495] Palandt/Diederichsen, § 1666 Rdnr. 21.
[496] Palandt/Diederichsen, § 1666 Rdnr. 32.

MERKE

Eine Maßnahme durch das Familiengericht ist dann zulässig, wenn das körperliche, geistige oder seelische Wohl des Kindes gefährdet ist. Dies wird dann anzunehmen sein, wenn ein Schadenseintritt für das Kind auch bei Beachtung anderer Erziehungsziele oder Erziehungsmaßnahmen der Eltern mit großer Sicherheit zu erwarten ist. Das Wohl des Kindes muss gefährdet sein durch eine missbräuchliche Ausübung der elterlichen Sorge, durch Vernachlässigung des Kindes, durch das Verhalten eines Dritten oder durch ein unverschuldetes Versagen der Eltern. Hinzutreten muss die fehlende Bereitschaft oder Fähigkeit des/der Sorgeberechtigten, die drohende Gefahr abzuwenden.

3.9.2 Gefährdung des Vermögens des Kindes

Eine Gefährdung des Kindesvermögens liegt dann vor, wenn die Eltern durch wirtschaftlich fragwürdige oder eigennützige Maßnahmen den Bestand des vorhandenen Kindesvermögens oder eine unangemessene Verschuldung des Kindes riskieren.[497]
Nach den Regelbeispielen des § 1666 Abs. 2 wird das Vermögen des Kindes gefährdet, wenn der Inhaber der Vermögenssorge seine Unterhaltspflicht gegenüber dem Kind oder seine mit der Vermögenssorge verbundenen Pflichten verletzt bzw. Anordnungen des Gerichts, die sich auf die Vermögenssorge beziehen und insbesondere aus § 1667 ergeben, nicht befolgt.

MERKE

Riskieren die Eltern das Vermögen des Kindes durch wirtschaftlich fragwürdige oder eigennützige Maßnahmen oder eine unangemessene Verschuldung des Kindes, so liegt eine Gefährdung des Kindesvermögens vor.
§ 1666 Abs. 2 enthält Regelbeispiele, in denen der Gesetzgeber diese Vermögensgefährdung annimmt.

3.9.3 Maßnahmen zur Gefahrenabwehr

Maßnahmen, die zum Wohl des Kindes notwendig sind, entscheidet das Familiengericht nach pflichtgemäßem Ermessen. Hier kommen neben dem zumindest teilweisen Entzug der elterlichen Sorge auch mildere Maßnahmen, wie Ermahnungen, Verwarnungen, Androhungen weitergehender Maßnahmen sowie Ge- und Verbote in Betracht.[498] Ein nichtabschließender Maßnahmenkatalog ergibt sich aus § 1666 Abs. 3.
Bezüglich der Sicherung des Kindesvermögens sind diese gerichtlichen Maßnahmen insbesondere in § 1667 näher dargelegt. So kann das Familiengericht anordnen, dass die Eltern

[497] Schwab, Rdnr. 646.
[498] Rotax, in: Rotax, FamPrax,Teil 4, Rdnr. 265.

ein Verzeichnis des Vermögens des Kindes einreichen und über die Verwaltung Rechnung legen, oder den Eltern kann aufgegeben werden, das Geld des Kindes in bestimmter Weise anzulegen.

MERKE

Das Familiengericht entscheidet über die notwendigen Maßnahmen zur Sicherung des Kindeswohles nach pflichtgemäßem Ermessen. Derartige Maßnahmen können der teilweise Entzug der elterlichen Sorge sein, aber auch mildere Maßnahmen wie Ermahnungen, Ge- oder Verbote. Zur Sicherung des Kindesvermögens sind einzelne geeignete Maßnahmen in § 1667 festgelegt.

IV Unterhaltspflichten zwischen Verwandten in gerader Linie

Gem. § 1601 sind Verwandte in gerader Linie verpflichtet, einander Unterhalt zu gewähren, wobei nach § 1606 Abs. 1 die Abkömmlinge vor den Verwandten der aufsteigenden Linie unterhaltsverpflichtet sind und nach § 1608 der Ehegatte des Bedürftigen noch vor dessen Verwandten im Rahmen seiner Leistungsfähigkeit haftet.
Ein Verwandtschaftsverhältnis in gerader Linie besteht nach § 1589 zwischen Personen, bei denen eine von der anderen abstammt.
En Verwandtschaftsverhältnis in gerader Linie besteht somit sowohl im Verhältnis Eltern-Kind, aber auch im Verhältnis Großeltern–Enkel, sodass grundsätzlich auch die Enkel gegenüber ihren Großeltern unterhaltspflichtig werden können.
Eine gesetzliche Unterhaltspflicht besteht dagegen nicht bei Verwandtschaft in Seitenlinie. Dieses Verwandtschaftsverhältnis liegt nach § 1589 S. 2 bei Personen vor, die zwar nicht in gerader Linie verwandt sind, aber von derselben dritten Person abstammen.
Es besteht somit keine gesetzliche Unterhaltspflicht z. B. zwischen Geschwistern.
Voraussetzung für alle Unterhaltsansprüche ist die Leistungsfähigkeit des Unterhaltsschuldners und die Bedürftigkeit des Verwandten, der den Unterhalt begehrt.
Neben dem Grundsatz, dass Unterhaltspflichten nur zwischen Verwandten in gerader Linie, zwischen Ehepartnern oder eingetragenen Lebenspartnern begründet werden können, hat der Gesetzgeber in § 1615l Unterhaltstatbestände zwischen den Eltern eines Kindes normiert, die nicht miteinander verheiratet sind.

MERKE

Verwandte in gerader Linie sind nach §§ 1601 ff. einander zum Unterhalt verpflichtet. Voraussetzung für jeden Unterhaltsanspruch ist die Leistungsfähigkeit des Unterhaltsschuldners und die Bedürftigkeit des Unterhaltsberechtigten. Der Gesetzgeber hat darüber hinaus in § 1615l Unterhaltstatbestände zwischen den Eltern eines Kindes geschaffen, die nicht miteinander verheiratet sind.

1 UNTERHALT MINDERJÄHRIGER KINDER

Durch das Gesetz zur Vereinheitlichung des Unterhalts minderjähriger Kinder (Kinderunterhaltsgesetz) vom 15.01.1998 hat der Gesetzgeber ein wesentliches Ziel umgesetzt, nämlich die Gleichstellung der unterhaltsrechtlichen Situation von ehelichen und nichtehelichen Kindern. Dieses Gesetz ist zum 01.07.1998 in Kraft getreten und begründete nach § 1612a Abs. 1 a. F. für das minderjährige Kind zu dem Elternteil, mit dem es nicht zusammen in einem Haushalt lebt, einen Unterhaltsanspruch unter Berücksichtigung der Regelbetragsverordnung.
Mit dem Unterhaltsänderungsgesetz, das zum 01.01.2008 in Kraft getreten ist, hat der Gesetzgeber die vom BVerfG aufgegebene Vorgabe umgesetzt, eine dem rechtstaatlichen Prinzip der Normenklarheit notwendige Regelung zu schaffen.[499] Die Regelbetragsverordnung ist insbesondere dadurch ersetzt worden, dass der Gesetzgeber in § 1612a Abs. 1 S. 3 entsprechend dem Alter des Kindes nunmehr den gesetzlichen Mindestunterhalt des Kindes gegenüber einem Elternteil, mit dem es nicht in einem Haushalt lebt, definiert und festgesetzt hat.
Es spielt hierbei auch keine Rolle, ob die Eltern des Kindes verheiratet sind, getrennt leben oder zu keiner Zeit verheiratet gewesen sind.

1.1 Bedürftigkeit des Kindes

Auch der Unterhaltsanspruch eines minderjährigen Kindes setzt voraus, dass dieses bedürftig, d. h. nicht in der Lage ist, den Unterhaltsbedarf durch eigene finanzielle Mittel zu decken, wobei sich dieser Unterhaltsbedarf ableitet von der Lebensstellung der Eltern.
Ein minderjähriges Kind ist grundsätzlich bedürftig. Es geht zur Schule, befindet sich in der Ausbildung, geht aber keiner Erwerbstätigkeit nach und erzielt somit keine regelmäßigen monatlichen Einkünfte. Auch dürfen Minderjährige nach §§ 2 Abs. 3, 5 Abs. 1, 7 Abs. 1 JArbSchG nicht beschäftigt werden, soweit sie jünger als 15 Jahre alt sind oder der Schulpflicht unterliegen.
Ungeachtet dessen ist aber auch das minderjährige Kind verpflichtet, Einkünfte aus seinem Vermögen oder Erträge aus zulässiger Arbeit zum Unterhalt einzusetzen, wobei minderjährige Kinder nach § 1602 Abs. 2 insoweit privilegiert werden, als dass sie grundsätzlich den Vermögensstamm zur Verwendung ihres Unterhalts nicht einsetzen müssen, es sei denn, die Eltern sind nicht leistungsfähig i. S. d. § 1603.

Heinz ist 15 Jahre alt. Nach dem Tod seiner Großmutter hat er einen Geldbetrag i. H. v. 250.000 € sowie ein Haus geerbt. Unterhaltsrechtlich relevant und damit bedarfsdeckend einzusetzen sind in diesem Fall die Zinserträge, die Heinz aus den 250.000 € erwirtschaftet, sowie Einkünfte aus einer eventuellen Vermietung des Hauses. Heinz muss aber nicht den Kapitalbetrag von 250.000 € für seinen Unterhalt verwenden und es obliegt ihm auch nicht, dass Haus zu verkaufen, um aus dem Verkaufserlös den Unterhalt zu bestreiten. Etwas anders könnte sich aber dann ergeben, wenn die Eltern von Heinz nicht leistungsfähig wären und sein Unterhalt nicht gewährleistet wäre.

[499] Vgl. BVerfG NJW 2003, 2733.

Bei minderjährigen Kindern steht die schulische oder berufliche Ausbildung im Vordergrund, sodass grundsätzlich auch keine Erwerbsobliegenheit besteht.
Bestreitet das Kind eine berufliche Ausbildung, ist die erzielte Ausbildungsvergütung grundsätzlich unterhaltsrechtlich bedarfsmindernd anzurechnen, reduziert um einen angemessenen Ausbildungsaufwand.[500] Einkünfte aus dem Vermögen des Kindes sind in vollem Umfang bedarfsmindernd zu berücksichtigen.

MERKE

Auch der Unterhaltsanspruch eines minderjährigen Kindes setzt dessen Bedürftigkeit voraus. Die Bedürftigkeit von minderjährigen Kindern wird regelmäßig vorliegen, da die schulische oder berufliche Ausbildung im Vordergrund steht und eine Erwerbstätigkeit nicht erwartet werden kann. Allerdings haben auch Minderjährige die Einkünfte aus Vermögen bedarfsdeckend einzusetzen. Den Stamm seines Vermögens muss es grundsätzlich nicht einsetzen, es sei denn, die Eltern sind nicht leistungsfähig. Ausbildungsvergütungen sind nach Abzug eines angemessenen Ausbildungsaufwands als Einkommen des Kindes zu berücksichtigen.

1.2 Leistungsfähigkeit des Unterhaltsverpflichteten

Der Unterhaltsverpflichtete ist nach § 1603 Abs. 1 leistungsfähig, wenn er ohne Gefährdung des eigenen angemessenen Unterhalts in der Lage ist, den Unterhalt für das Kind zu leisten. Gegenüber minderjährigen Kindern besteht aber noch eine Besonderheit.
Aus § 1603 Abs. 2 S. 1 ergibt sich eine gesteigerte Unterhaltspflicht gegenüber minderjährigen unverheirateten Kindern. Dies bedeutet, dass die Eltern alle verfügbaren Mittel zu ihrem und der Kinder Unterhalt gleichmäßig zu verwenden haben. Diese gesteigerte Unterhaltspflicht besteht in den Fällen nicht, in denen ein anderer unterhaltspflichtiger Verwandter vorhanden ist, der den Kindesunterhalt ohne Gefährdung des eigenen Unterhalts leisten könnte (vgl. § 1603 Abs. 2 S. 3).
Aus dieser gesteigerten Unterhaltspflicht ergeben sich für die Eltern erhebliche rechtliche Konsequenzen.
Bei der Bestimmung der Leistungsfähigkeit sind – wie im sonstigen Unterhaltsrecht auch – zunächst die bereinigten Nettoeinkünfte zu berücksichtigen, aus denen sich der Unterhaltsanspruch ableitet. Reichen diese Einkünfte nicht aus, um den angemessenen Unterhalt eines minderjährigen Kindes sicherzustellen, müssen die Eltern auch ihr Vermögen verwerten, soweit dieses nicht unwirtschaftlich ist. Auch müssen sie im Rahmen der Verhältnismäßigkeit gegebenenfalls zusätzliche Erwerbstätigkeiten aufnehmen.
Zuzumuten sind darüber hinaus auch Gelegenheitsarbeiten sowie berufsfremde Tätigkeiten oder Arbeiten, die unterhalb der gewohnten Lebensstellung anzusiedeln sind.[501] Den Eltern werden insoweit erhebliche Anstrengungen zugemutet. Reichen die Einkünfte aus

[500] Vgl. OLG Hamm Leitlinien zum Unterhaltsrecht, 01.01.2013, Ziff. 10.2.3, wonach dieser Ausbildungsaufwand regelmäßig mit 90,00 € in Ansatz zu bringen ist.

[501] Wendl/Scholz Unterhaltsrecht, § 2 Rdnr. 249.

der Erwerbstätigkeit nicht aus, um den angemessenen Unterhalt für das Kind sicherzustellen, müssen sie auch Nebenbeschäftigungen aufnehmen und, soweit dies möglich ist, Überstunden leisten.
Verstößt ein Unterhaltsverpflichteter gegen diese gesteigerte Erwerbspflicht, so können ihm fiktiv Einkünfte zugerechnet werden, die er hätte erwirtschaften können.[502]
Verliert der Unterhaltsverpflichtete seinen Arbeitsplatz und erwirtschaftet er aus diesem Grund kein laufendes Einkommen mehr, so ist es ihm dennoch versagt, sich auf die mangelnde Leistungsfähigkeit zu berufen, wenn er sich nicht intensiv um einen neuen Arbeitsplatz bemüht.
So ist dem Unterhaltsverpflichteten auch zuzumuten, gegebenenfalls einen Orts- oder Berufswechsel herbeizuführen, um Einkünfte zu erwirtschaften, die den angemessenen Bedarf des Kindes decken.
Verliert der Unterhaltspflichtige seinen Arbeitsplatz, reicht es auch nicht aus, sich bei der Bundesagentur für Arbeit arbeitslos zu melden. Der Unterhaltspflichtige muss sich intensiv und nachhaltig um einen neuen Arbeitsplatz bemühen. Die Rechtsprechung verlangt hierfür ca. 20 Bewerbungen pro Monat.[503]
Kommt der Unterhaltsverpflichtete diesen Anforderungen nicht nach, wird wiederum fiktiv ein Einkommen zugrunde gelegt, das er bei ordnungsgemäßer und zumutbarer Anstrengung hätte erzielen können.
Auf der anderen Seite ist auch bei einem Unterhaltsverpflichteten, der die Anforderungen an seine gesteigerte Erwerbsobliegenheit erfüllt, zu gewährleisten, dass der eigene Unterhalt nicht gefährdet wird. Es ist ihm somit ein sog. Selbstbehalt zu belassen, der sich derzeit nach den Leitlinien des OLG Hamm zum Unterhaltsrecht[504], auf monatlich 1.000,00 € beläuft, soweit der Pflichtige erwerbstätig ist. Ist der Pflichtige dagegen nicht erwerbstätig und erwirtschaftet er sonstige Einkünfte z. B. aus einer eigenen Rente oder Vermietung oder Verpachtung, so beläuft sich der Selbstbehalt derzeit auf 800,00 €.

MERKE

Der Unterhaltsverpflichtete schuldet den angemessenen Unterhalt, soweit er leistungsfähig ist. Gegenüber minderjährigen, unverheirateten Kindern besteht nach § 1603 Abs. 2 S. 1 eine gesteigerte Unterhaltsverpflichtung der Eltern und sie haben alle verfügbaren Mittel zu verwenden um ihren eigenen Unterhalt sowie den Unterhalt der Kinder sicherzustellen. Auch dem Unterhaltsschuldner muss zur Absicherung des eigenen Unterhalts ein Selbstbehalt verbleiben, der sich derzeit bei Einkünften aus einer beruflichen Tätigkeit auf monatlich 1.000,00 € beläuft, bei sonstigen Einkünften auf derzeit monatlich 800,00 €.

502 Wendl/Scholz Unterhaltsrecht, § 2 Rdnr. 256.
503 OLG Köln ZKJ 2010, 284.
504 OLG Hamm, Leitlinien zum Unterhaltsrecht, 01.07.2013, Ziff. 21.2.

1.3 Art und Umfang des Anspruchs

Grundsätzlich ist nach § 1612 der laufende Unterhalt durch Entrichtung einer Geldrente zu gewähren. Dieser Grundsatz erfährt allerdings durch § 1612 Abs. 2 S. 1 insoweit eine Einschränkung, als Eltern gegenüber einem unverheirateten Kind ein Bestimmungsrecht haben, in welcher Art und für welche Zeit im Voraus der Unterhalt gewährt werden soll.
Leben die Eltern mit dem minderjährigen Kind zusammen – hierbei ist es unerheblich, ob die Eltern verheiratet sind oder nicht – wird der Regelfall so aussehen, dass die Eltern Unterhalt in Form des Naturalunterhalts zur Verfügung stellen.
Der gewährte Naturalunterhalt ist Ausfluss der elterlichen Sorge; die Bestimmung steht bei gemeinsamem Personensorgerecht den Eltern gemeinsam zu.
Dieser Naturalunterhalt umfasst alle Leistungen, die notwendig sind, um die Bedürfnisse des Kindes zu befriedigen. Hierunter fallen somit Wohnraum, Nahrungsmittel, Kleidung, Aufwendungen für private Hobbys, aber auch ein angemessenes Taschengeld.[505]

MERKE

Eltern haben gegenüber einem unverheirateten Kind grundsätzlich nach § 1612 Abs. 2 S. 1 das Bestimmungsrecht, in welcher Art und Weise sie den Unterhalt gewähren. Leben die Eltern mit ihrem minderjährigen Kind zusammen, wird der Unterhalt in der Regel in Form des Naturalunterhalts geleistet.

Von diesem Naturalunterhalt zu unterscheiden ist der sog. Betreuungsunterhalt i. S. d. § 1606 Abs. 3 S. 2. Hiernach erfüllt ein Elternteil, der ein minderjähriges, unverheiratetes Kind betreut, seine Unterhaltsverpflichtung gegenüber dem Kind in der Regel durch die Pflege und die Erziehung des Kindes.
Dieser Betreuungsunterhalt ist insbesondere in den Fällen von Bedeutung, in denen die Eltern getrennt leben oder geschieden sind, das Kind somit mit einem Elternteil nicht in einem Haushalt zusammen lebt und von diesem Elternteil den ihm zustehenden Barunterhalt verlangt.
Der Betreuungsunterhalt ist in diesen Fällen dem Barunterhalt gleichwertig. Der Elternteil, bei dem das Kind lebt, braucht grundsätzlich neben dem Betreuungsunterhalt auch keine weiteren finanziellen Mittel für den Kindesunterhalt zur Verfügung zu stellen. Eine Ausnahme kann sich nur in den Fällen ergeben, in denen der andere Ehegatte auch unter Berücksichtigung der gesteigerten Unterhaltspflicht nach § 1603 Abs. 2 S. 1 nicht leistungsfähig ist und der betreuende Elternteil, finanziell gut gestellt, in der Lage ist, den Barunterhalt zu decken.

MERKE

Betreut ein Elternteil ein gemeinsames minderjähriges, unverheiratetes Kind, erfüllt er seine Unterhaltspflicht dem Kind gegenüber grundsätzlich durch die Pflege und Erziehung des Kindes (Betreuungsunterhalt).
Betreuungsunterhalt und Barunterhalt des anderen Elternteils sind gleichwertig.

[505] Wendl/Scholz, Unterhaltsrecht, § 2 Rdnr. 9.

Der Umfang des geschuldeten Unterhalts ergibt sich grundsätzlich aus § 1610. Hiernach bestimmt sich das Maß des zu gewährenden Unterhalts nach der Lebensstellung des Bedürftigen, auch angemessener Unterhalt genannt.
Allerdings haben minderjährige Kinder noch keine eigene Lebensstellung, sondern leiten ihre Lebensstellung von den Eltern ab, sodass sich der Unterhalt nach der Lebensstellung der Eltern bemisst, d. h. nach den in der Familie tatsächlich vorhandenen finanziellen Möglichkeiten.
Im Rahmen dieser finanziellen Möglichkeiten haben die Eltern die Bedürfnisse des Kindes zu befriedigen. Hierzu gehört insbesondere auch nach § 1610 Abs. 2 die Finanzierung einer den Fähigkeiten des Kindes entsprechenden angemessenen Ausbildung.
Diese Ausbildung ist angemessen, wenn sie auf der einen Seite den Fähigkeiten und Neigungen des Kindes entspricht, auf der anderen Seite sich in den zumutbaren Grenzen der finanziellen Möglichkeiten der Eltern hält.

MERKE

Die Eltern schulden ihrem Kind den angemessenen Unterhalt. Die Angemessenheit richtet sich nach der Lebensstellung der Eltern.

Das Bestimmungsrecht der Eltern, dem Kind Naturalunterhalt zu gewähren, findet grundsätzlich mit der Trennung der Eltern seine Beendigung, da die Bestimmung im Einzelnen nicht mehr durchführbar ist. In diesem Fall übt derjenige Elternteil das Bestimmungsrecht aus, der das Kind in Obhut hat und es nach § 1629 Abs. 2 vertritt.
Ab diesem Zeitpunkt wird der Elternteil, bei dem das Kind lebt, in der Regel seine Unterhaltsverpflichtung nach § 1606 Abs. 3 durch die Pflege und Erziehung des Kindes erfüllen; der andere Elternteil wird nach § 1612 Barunterhalt leisten durch Zahlung einer monatlichen Geldrente.[506]
Beide Arten der Unterhaltsgewährung sind gleichwertig. Die Lebensstellung des Kindes bemisst sich in diesem Fall nach dem Einkommen des barunterhaltspflichtigen Elternteils.[507]
Die Höhe des Barunterhalts orientiert sich nach dem sog. bereinigten Nettoeinkommen des unterhaltspflichtigen Elternteils.
Um insoweit eine einheitliche Rechtsprechung zu erzielen, veröffentlichen die Oberlandesgerichte sog. Unterhaltstabellen. Eine dieser wesentlichen Unterhaltstabellen ist die sog. »Düsseldorfer Tabelle«, die nachfolgend abgedruckt ist und auf Koordinierungsgesprächen zwischen den Richtern der Familiensenate der Oberlandesgerichte Düsseldorf, Köln, Hamm, der Unterhaltskommission des Deutschen Familiengerichtstages sowie einer Umfrage bei den übrigen Oberlandesgerichten beruht.

---

506 Kleffmann/Klein/Eder, § 1612, Rdnr. 18.

507 Kläffmann/Klein/Eder, § 1610, Rdnr. 4.

Düsseldorfer Tabelle 2013/2014
(gültig ab 01.01.2013 voraussichtlich bis 31.12.2014)

Nettoeinkommen des Unterhaltspflichtigen in €		Altersstufen in Jahren (§ 1612a 1 BGB) Beträge in €				Prozent	Bedarfskontrollbetrag in €
		0–5	6–11	12–17	ab 18		
1.	bis 1.500	317	364	426	488	100	800/1.000
2.	1.501–1.900	333	383	448	513	105	1.100
3.	1.901–2.300	349	401	469	537	110	1.200
4.	2.301–2.700	365	419	490	562	115	1.300
5.	2.701–3.100	381	437	512	586	120	1.400
6.	3.101–3.500	406	466	546	625	128	1.500
7.	3.501–3.900	432	496	580	664	136	1.600
8.	3.901–4.300	457	525	614	703	144	1.700
9.	4.301–4.700	482	554	648	742	152	1.800
10.	4.701–5.100	508	583	682	781	160	1.900
Bei Einkommen über 5.101 € netto wird einzelfallabhängig ermittelt.							

Der zu leistende Barunterhalt ist entsprechend dieser Tabelle abhängig von dem bereinigten Nettoeinkommen des Barunterhaltspflichtigen und dem Alter des Kindes.
Die Tabelle hat keine Gesetzeskraft, sondern stellt eine Richtlinie dar. Die Unterhaltstabellen sind zugeschnitten auf eine Unterhaltsverpflichtung gegenüber insgesamt zwei Personen. Bei einer größeren/geringeren Anzahl von Unterhaltsberechtigten sind Ab- bzw. Zuschläge durch Einstufung in niedrigere/höhere Gruppen angemessen.[508]

Hans und Eva sind verheiratet, leben aber getrennt. Aus ihrer Ehe sind die beiden Kinder Kai, acht Jahre, und Simone, zwei Jahre, hervorgegangen, die bei Eva leben. Das bereinigte Nettoeinkommen von Heinz beläuft sich monatlich auf 1.850 €. Der Tabellenunterhalt entsprechend der 2. Einkommensgruppe würde sich für Kai auf 383 € und für Simone auf 333 € belaufen.

Um eine ausgewogene Verteilung des Einkommens des Unterhaltspflichtigen zwischen ihm und den unterhaltsberechtigten Kindern zu gewährleisten, wird in der Düsseldorfer Tabelle der sog. Bedarfskontrollbetrag genannt, der mit Ausnahme in der ersten Einkommensgruppe nicht identisch ist mit dem Selbstbehalt.
Wird – auch unter Berücksichtigung eines zu zahlenden Ehegattenunterhalts – dieser Bedarfskontrollbetrag entsprechend der jeweiligen Einkommensgruppe unterschritten, ist der Tabellenunterhalt der nächstniedrigeren Gruppe, deren Bedarfskontrollbetrag nicht unterschritten wird, anzusetzen.

In dem vorgenannten Beispiel beläuft sich das Nettoeinkommen von Hans auf 1.850 €. Unterstellt, Eva würde aufgrund eigener Einkünfte keinen eigenen Unterhaltsanspruch besitzen, ergäbe sich für Kai und Simone zusammen ein tabellarischer Unterhalt von 716 € (383 € + 333 €). Von diesem tabellarischen Unterhalt ist nach § 1612b Abs. 1 Nr. 1 das hälftige Kindergeld abzuziehen (für das erste und zweite Kind derzeit jeweils 92 €), sodass sich für Hans eine Zahllast i. H. v. 532 € ergeben würde (für Kai 291 €, für Simone 241 €).

[508] Düsseldorfer Tabelle, Anm. 1, Stand 01.01.2013.

Zieht man diesen Betrag von dem bereinigten Nettoeinkommen von Hans ab, verbleibt diesem noch ein Einkommen i. H. v. 1.318 €. Damit wäre der Bedarfskontrollbetrag der 2. Einkommensgruppe, der sich derzeit auf 1.100 € beäuft, nicht unterschritten.
Würde sich in dem Beispielfall das bereinigte Nettoeinkommen von Hans auf 1650 € belaufen, so wäre nach Abzug des Unterhaltszahlbetrags für Kai und Simone i. H. v. insgesamt 532 € der Bedarfskontrollbetrag von 1.100 € unterschritten und es wäre gerechtfertigt, das Einkommen beider Kinder gemäß der 1. Einkommensgruppe abzüglich des hälftigen Kindergeldes (Kai 272 € und Simone 225 €) in Ansatz zu bringen.

MERKE

Leben die Eltern getrennt, erfüllt in der Regel der Elternteil, bei dem das Kind lebt, seine Unterhaltsverpflichtung durch die Pflege und Erziehung des Kindes. Der andere Elternteil ist barunterhaltspflichtig im Rahmen seiner Leistungsfähigkeit. Die Höhe des Barunterhalts ist den Unterhaltstabellen zu entnehmen und abhängig von dem Einkommen des Unterhaltspflichtigen und dem Alter des Kindes. Die Unterhaltstabellen sind zugeschnitten auf eine Unterhaltsverpflichtung gegenüber insgesamt zwei Personen. Bei einer höheren oder niedrigeren Anzahl von Unterhaltsberechtigten kann eine Einstufung in die nächsthöhere bzw. -niedrigere Einkommensgruppe erfolgen. Der Bedarfskontrollbetrag ist zu beachten.

Verlangt das Kind aber einen Unterhalt oberhalb der 10. Einkommensgruppe, so hat das Kind seinen Bedarf insoweit konkret darzulegen.
Zu berücksichtigen und dementsprechend anzurechnen auf den Kindesunterhalt ist nach § 1612b das Kindergeld. Dieses Kindergeld steht den unterhaltspflichtigen Eltern zu, erhöht aber deren Einkommen zur Bemessung des Kindesunterhalts nicht und ist bei minderjährigen Kindern grundsätzlich zwischen den Eltern aufzuteilen und auf den tabellarischen Unterhalt anzurechnen.[509]

Das bereinigte Einkommen von Max beträgt monatlich 2.200 €. Er ist gegenüber seiner Tochter Laura, neun Jahre, und der Kindesmutter unterhaltspflichtig. Das Kindergeld erhält die Mutter von Laura.
Der Tabellenunterhalt für Laura entsprechend der dritten Einkommensgruppe und der zweiten Altersstufe würde sich derzeit auf 401 € belaufen. Abzuziehen ist nach § 1612b Abs. 1 Nr. 1 das hälftige Kindergeld von derzeit 92 €, sodass sich unter Anrechnung des Kindergeldes ein tatsächlicher Unterhaltsanspruch für Laura i. H. v. 309 € ergeben würde.

Diese hälftige Anrechnung des Kindergeldes erfolgt aber nach § 1612b Abs. 1 Nr. 1 nur in den Fällen, in denen ein Elternteil seine Unterhaltspflicht durch Betreuung der Kinder erfüllt. In allen anderen Fällen wird das Kindergeld nach § 1612b Abs. 1 Nr. 2 in voller Höhe angerechnet. Dieses bedeutet, dass zunächst mit Volljährigkeit des Kindes das Kindergeld in voller Höhe auf den unterhaltsrechtlichen Bedarf des volljährigen Kindes angerechnet

[509] Wendl/Scholz, Unterhaltsrecht, § 2 Rdnr. 499.

wird. Aber auch in den Fällen, in denen ein minderjähriges Kind z. B. in einer Pflegefamilie lebt und somit nicht von einem Elternteil betreut wird, wird das Kindergeld in voller Höhe auf den Unterhaltsbedarf des Kindes angerechnet.

MERKE

Die unterhaltsrechtliche Anrechnung des Kindergeldes richtet sich nach § 1612b. Das Kindergeld steht den unterhaltspflichtigen Eltern zu gleichen Teilen zu, erhöht aber nicht deren unterhaltsrechtlich relevantes Einkommen. Erfüllt ein Elternteil seine Unterhaltspflicht durch die Betreuung des Kindes, ist das Kindergeld hälftig zur Bedarfsdeckung zu verwenden, in allen anderen Fällen in voller Höhe.

1.4 Mangelfälle

Ein Mangelfall liegt vor, wenn das bereinigte Nettoeinkommen des Unterhaltspflichtigen unter Berücksichtigung des Selbstbehaltes nicht ausreicht, um den Unterhaltsbedarf aller gleichrangigen Unterhaltsberechtigten zu decken.

Hans und Ute sind verheiratet, leben aber getrennt. Aus der Ehe sind die gemeinsamen Kinder Max, acht Jahre, und Susanne, fünf Jahre, hervorgegangen, die bei Ute leben. Ute erzielt eigene Einkünfte. Das bereinigte Nettoeinkommen von Hans beträgt monatlich 1.450 €. Der Unterhaltsanspruch von Max würde sich entsprechend der ersten Einkommensgruppe und der zweiten Altersstufe auf monatlich 272 € belaufen, der Unterhaltsanspruch für Susanne entsprechend der ersten Einkommensgruppe und der ersten Altersstufe auf monatlich 225 € (in beiden Fällen wurde das hälftige Kindergeld i. H. v. jeweils 92,00 € abgezogen). Die gesamte Unterhaltsverpflichtung für Hans würde sich für beide Kinder auf monatlich 497 € belaufen. Zieht man diesen Betrag von seinem Einkommen i. H. v. 1.450 € ab, verblieben Hans monatlich 953 €. Damit wäre der derzeitige Selbstbehalt i. H. v. 1.000 € unterschritten und es liegt ein Mangelfall vor.

In einem Mangelfall ist nach Abzug des notwendigen Selbstbehaltes die restliche Verteilungsmasse auf alle gleichrangigen Unterhaltsberechtigten im Verhältnis ihrer sog. jeweiligen Einsatzbeträge zu verteilen. Das Rangverhältnis der Unterhaltsberechtigten wird hier in § 1609 festgelegt.
Nach den Leitlinien des OLG Hamm, Stand 01.01.2013, belaufen sich diese Einsatzbeträge für minderjährige und privilegierte volljährige Kinder auf den Mindestunterhalt der jeweiligen Altersstufe. Dies entspricht der ersten Einkommensgruppe der Düsseldorfer Tabelle.
Die Verteilung auf die einzelnen Unterhaltsberechtigten erfolgt nach der Berechnung:

$$\frac{\text{Einsatzbetrag x Verteilungsmasse}}{\text{Gesamtbetrag aller Einsatzbeträge}}$$

Nach dem vorgenannten Beispiel beläuft sich das Einkommen von Hans auf 1.450 €. Der Einsatzbetrag für Max 272 €, derjenige für Susanne 225 €, sodass sich die Gesamtsumme aller Einsatzbeträge auf 497 € beläuft. Zieht man von dem bereinigten Nettoeinkommen von Hans den Selbstbehalt i. H. v. 1.000 € ab, verbleibt eine Verteilungsmasse für die beiden Kinder i. H. v. insgesamt 450 €. Nach dem Berechnungsschlüssel

$$\frac{\text{Einsatzbetrag x Verteilungsmasse}}{\text{Gesamtbetrag aller Einsatzbeträge}}$$

ergeben sich mithin folgende Unterhaltsansprüche:

Max : $\frac{272\,€ \times 450\,€}{497\,€} = 246{,}72\,€$

Dies entspricht 54,72 % der Verteilungsmasse.

Susanne : $\frac{225{,}00\,€ \times 450{,}00\,€}{497{,}00\,€} = 203{,}73\,€$

Dieses entspricht 45,28 % der Verteilungsmasse.

Sind in einem Mangelfall mehrere Unterhaltsberechtigte unterschiedlicher Rangordnungen i. S. d. § 1609 BGB vorhanden und reicht das Einkommen des Unterhaltspflichtigen nicht aus, um den Bedarf aller Unterhaltsbedürftiger zu decken, so ist zunächst der Unterhaltsbedarf der nach § 1609 Nr. 1 an erster Stelle stehenden Unterhaltsberechtigten im vollen Umfang zu bedienen, sodann mit dem restlich verfügbaren unterhaltsrechtlich zu berücksichtigenden Einkommen der Bedarf der Unterhaltsberechtigten gem. § 1609 Nr. 2 oder sonstigen gem. § 1609 Nr. 3–7 nachfolgenden Unterhaltsberechtigten.

Sven und Eva sind miteinander verheiratet, leben aber seit zwei Monaten voneinander getrennt. Aus der Ehe sind die gemeinsamen Kinder Ines, 13 Jahre, und Sarah, acht Jahre, hervorgegangen. Die Kinder leben bei Eva. Das bereinigte Nettoeinkommen von Sven beträgt monatlich 1.900,00 €. Eva erzielt kein eigenes Einkommen. Die Unterhaltsansprüche für Ines und Sarah würden sich entsprechend der zweiten Einkommensgruppe berechnen. Da Sven aber eine Unterhaltsverpflichtung gegenüber drei Personen besitzt, ist es gerechtfertigt, eine Einkommensgruppe zu reduzieren, sodass sich der Unterhaltsanspruch für die beiden Kinder entsprechend der ersten Einkommensgruppe und unter Anrechnung des hälftigen Kindergeldes für Ines auf 334,00 € und für Sarah auf 272,00 € belaufen würde, mithin zusammen auf 606,00 €. Zieht man zur Berechnung des Ehegattentrennungsunterhalts i. S. d. § 1361 diese Unterhaltslast von dem Nettoeinkommen i. H. v. 1.900,00 € ab, verbleibt zur Berechnung des Ehegattenunterhalts ein Betrag i. H. v. 1.294,00 €. Nach der Differenzmethode stehen Eva hiernach drei Siebtel mithin 554,57 € zu und die gesamte Unterhaltsverpflichtung gegenüber Eva und den Kindern würde sich auf 1.160,57 € belaufen. Zieht man diese Unterhaltslast von dem Einkommen i. H. v. 1.900,00 € ab, verbliebe Sven lediglich ein restliches Einkommen i. H. v. 739,43 € und der Selbstbehalt wäre unterschritten.

Da die Kinder nach § 1609 Nr. 1 rangmäßig zu berücksichtigen sind, Eva dagegen nach § 1006 Nr. 2 BGB ist die Mangelfallberechnung wie folgt vorzunehmen:

Von dem Einkommen von Sven i. H. v. 1.900 € sind zunächst die gesamten Unterhaltsverpflichtungen gegenüber den Kindern i. H. v. 606 € abzuziehen, sodass ein restliches für den

Ehegattenunterhalt zu berücksichtigendes Einkommen 1.294 € verbleibt. Gegenüber der nach § 1609 Nr. 2 nachrangigen Eva steht Sven der billige Selbstbehalt (Nr. 21.4 der Leitlinien des OLG Hamm zum Unterhaltsrecht) von 1.100 € zu, sodass Sven gegenüber Eva noch eine Leistungsfähigkeit besitzt i. H. v. 194 €. In dieser Höhe besteht auch der Ehegattentrennungsunterhaltsanspruch.

MERKE

Ein Mangelfall liegt vor, wenn der Unterhaltsverpflichtete nach Abzug seines Selbstbehaltes finanziell nicht in der Lage ist, den Unterhaltsbedarf aller gleichrangigen Unterhaltsberechtigten zu bedienen. Das Rangverhältnis der Unterhaltsberechtigten ergibt sich aus § 1609. Sind Unterhaltsberechtigte verschiedenen Ranges vorhanden, so ist zunächst der Unterhalt der im Rang vorgehenden Berechtigten in voller Höhe zu bedienen, gleichrangige Unterhaltsberechtigte erhalten unter Berücksichtigung ihres individuellen Einsatzbetrages eine entsprechende Quote.

1.5 Prozessuale Besonderheiten und das vereinfachte Unterhaltsverfahren nach §§ 249 ff. FamFG

Bereits durch das Kindesunterhaltsgesetz vom 06.04.1998 hat das Kind die prozessuale Möglichkeit erhalten, seinen Barunterhalt gegenüber einem Elternteil, mit dem es nicht in einem Haushalt lebt, auf unterschiedliche Weise geltend zu machen. Durch die Unterhaltsreform vom 01.01.2008 hat sich hieran nichts geändert.
Zunächst kann das Kind den sich anhand der Unterhaltstabellen ergebenden Anspruch als statische Unterhaltsrente, d. h. als festen Monatsbetrag, verlangen.

Max, neun Jahre, hat gegen seinen Vater einen tabellarischen Unterhaltsanspruch entsprechend der sechsten Einkommensgruppe i. H. v. derzeit 374,00 €. In einem gerichtlichen Verfahren könnte er diesen Betrag statisch geltend machen, d. h., er beantragt, den Vater zu verurteilen, an ihn monatlich 374,00 € zu zahlen, abzüglich des hälftig zu berücksichtigenden Kindergeldes.

Eine weitere Möglichkeit besteht für das minderjährige Kind darin, den Unterhalt dynamisch zu beanspruchen. Dies bedeutet, dass das Kind den Unterhalt nach dem Einkommen des Unterhaltspflichtigen und dem entsprechenden Prozentsatz des jeweiligen Mindestunterhalts verlangen kann.

Der Unterhaltsanspruch von Max beträgt derzeit nach der sechsten Einkommensgruppe entsprechend der zweiten Altersstufe 374,00 €. In diesem Fall könnte Max auch in einem gerichtlichen Verfahren den Antrag stellen, seinem Vater zu einem Unterhalt entsprechend 128 % des Mindestunterhalts abzüglich des anzurechnenden Kindergeldes zu verurteilen.

Letztendlich besteht bei der dynamischen Unterhaltsrente auch die Möglichkeit, nicht nur den jeweiligen prozentualen Anteil des Mindestunterhalts zu verlangen, sondern auch entsprechend der jeweiligen Altersstufe.

Max, neun Jahre, besitzt einen Unterhaltsanspruch entsprechend der sechsten Einkommensgruppe. Er könnte in diesem Fall einen Antrag stellen, den Vater zu verurteilen, an ihn einen Unterhaltsbetrag i. H. v. 128 % des Mindestunterhalts und der jeweiligen Altersgruppe zu zahlen, abzüglich des anzurechnenden Kindergeldes.

Da der Mindestunterhalt nach § 1612a regelmäßig angepasst wird, hat die dynamisierte Form des Unterhaltsanspruchs den Vorteil, dass sich auch die Unterhaltsverpflichtung des Unterhaltsschuldners automatisch erhöht und ein besonderes Abänderungsverfahren nach §§ 238 ff. FamFG nicht notwendig ist.
Allerdings führt die Dynamisierung dann nicht zu einer Vereinfachung der Unterhaltsanpassung, wenn sich das Einkommen des Unterhaltsschuldners ändert. Auch in diesem Fall müsste zur Anpassung der geänderten wirtschaftlichen Verhältnisse ein Abänderungsverfahren nach § 238 ff. FamFG zur Rechtshängigkeit geführt werden.

MERKE

Das Kind hat die Möglichkeit, den Barunterhaltsanspruch als statische Unterhaltsrente, d. h. als festen Unterhaltsbetrag, geltend zu machen, kann aber auch den Unterhalt dynamisch beanspruchen, d. h. nach einem Prozentsatz des Mindestunterhalts und der entsprechenden Altersstufe.

Das minderjährige Kind hat im Beschleunigungsinteresse auch die Möglichkeit, gegen den Elternteil, mit dem es nicht in einem Haushalt lebt, Unterhalt im sog. vereinfachten Verfahren nach §§ 249 ff. FamFG festsetzen zu lassen.
Das vereinfachte Unterhaltsverfahren findet sowohl auf Barunterhaltsansprüche von ehelichen als auch von nicht ehelichen Kindern Anwendung.
Es hat den grundsätzlichen Vorteil, dass die Einwendungsmöglichkeiten des Unterhaltschuldners in diesem Verfahren unter Hinweis auf § 252 FamFG begrenzt sind.
Materielle unterhaltsrechtliche Grundlage für das vereinfachte Verfahren sind §§ 1601, 1612a.
Abhängig vom Einkommen des Unterhaltsschuldners kann das Kind allerdings in dem vereinfachten Unterhaltsverfahren nur einen Unterhaltanspruch geltend machen, der das 1,2-Fache des Mindestunterhalts nach § 1612a Abs. 1 nicht übersteigt (§ 249 Abs. 1 FamFG). Ein höherer Unterhaltsanspruch kann im vereinfachten Unterhaltsverfahren nicht geltend gemacht werden.
Das Kind hat im vereinfachten Verfahren die Möglichkeit, den Unterhaltsbetrag statisch d. h. als festen Monatsbetrag zu fordern oder dynamisch als Prozentsatz des jeweiligen Mindestunterhalts.
Das Verfahren wird eingeleitet durch einen Antrag des Kindes, vertreten durch den gesetzlichen Vertreter. Das unterhaltsberechtigte Kind darf gem. § 1612a Abs. 1 mit dem Unterhaltsschuldner nicht in einem Haushalt leben. Nach § § 249 Abs. 2 FamFG kommt das

vereinfachte Verfahren nur in Betracht, soweit über den Unterhaltsanspruch nicht bereits durch ein anderweitiges Unterhaltsverfahren entschieden worden ist, kein gerichtliches Verfahren anhängig ist oder kein anderer Unterhaltstitel vorliegt. Dies bedeutet, dass erstmalig die gerichtliche Festsetzung des Unterhaltsbetrags beantragt werden muss.
Sachlich zuständig ist beim Familiengericht der Rechtspfleger, der den Unterhaltsfestsetzungsbeschluss nach § 253 FamFG erlässt. Dies ergibt sich aus §§ 23b GVG, 111 Nr. 8 FamFG i. V. m. § 25 Ziff. 2c RPflG.

MERKE

Das minderjährige Kind kann im Beschleunigungsinteresse den Unterhalt im vereinfachten Unterhaltsverfahren nach §§ 249 ff. FamFG titulieren lassen. Dieses Verfahren ist aber nur möglich bei der erstmaligen gerichtlichen Festsetzung des Unterhaltsanspruchs und in der Höhe begrenzt auf das 1,2-Fache des Mindestunterhalts nach § 1612a Abs. 1.

2 DER UNTERHALTSANSPRUCH VOLLJÄHRIGER KINDER

2.1 Privilegierte volljährige Kinder

Eine Besonderheit ergibt sich zunächst aus § 1603 Abs. 2 S. 2. Hiernach werden volljährige unverheiratete Kinder bis zur Vollendung des 21. Lebensjahres den minderjährigen unverheirateten Kindern unterhaltsrechtlich gleichgestellt, soweit sie im Haushalt der Eltern bzw. eines Elternteiles leben und sich in der allgemeinen Schulausbildung befinden. Die gesteigerte Unterhaltspflicht der Eltern besteht auch gegenüber diesen volljährigen Kindern. Auch werden sie im unterhaltsrechtlichen Rangverhältnis bei mehreren Bedürftigen den minderjährigen unverheirateten Kindern gleichgestellt (vgl. § 1609 Nr. 1). Der Grund für diese Privilegierung liegt in dem Umstand, dass die Kinder, auch wenn sie volljährig sind, sich aber noch in der allgemeinen Schulausbildung befinden, noch keine eigene Lebensstellung erreicht haben und sich im Übrigen auch mit Volljährigkeit an der tatsächlichen familiären Situation im Grunde nichts ändert.
Der Begriff der allgemeinen Schulausbildung ist nach der Rechtsprechung im Interesse einer einheitlichen Rechtsanwendung unter Heranziehung der zu § 2 Abs. 1 Nr. 1 BAföG entwickelten Grundsätze auszulegen.[510] Das Ausbildungsziel muss den Erwerb eines allgemeinen Schulabschlusses als Zugangsvoraussetzung für die Aufnahme einer Berufsausbildung oder den Besuch einer Hochschule oder Fachhochschule sein, die Schulausbildung muss die Zeit und die Arbeitskraft des Kindes voll oder zumindest überwiegend in Anspruch nehmen und die Organisationsstruktur der Schule muss die Teilnahme an einem kontrollierten Unterricht voraussetzen.[511] Unter diese Definition fällt somit der Besuch eines Gymnasiums, einer Hauptschule genauso wie der Besuch einer Realschule oder einer höheren Handelsschule.

[510] BGH NJW 2002, 2026.
[511] BGH NJW 2002, 2026.

MERKE

Volljährige Kinder sind bis zur Vollendung des 21. Lebensjahres unterhaltsrechtlich privilegiert, wenn sie im Haushalt der Eltern oder eines Elternteils leben und sich in der allgemeinen Schulausbildung befinden. Es besteht gegenüber diesen Kindern gleichfalls eine gesteigerte Unterhaltspflicht der Eltern und diese Kinder werden den minderjährigen Kindern im Rang gleichgestellt.

2.2 Bedürftigkeit und Leistungsfähigkeit

Auch der Unterhaltsanspruch eines volljährigen Kindes setzt die Leistungsfähigkeit des Unterhaltsschuldners und die Bedürftigkeit des volljährigen Kindes voraus. Bei der Bewertung der Leistungsfähigkeit gelten grundsätzlich die allgemeinen Bewertungskriterien, allerdings mit der Maßgabe, dass mit Ausnahme gegenüber privilegierten volljährigen Kindern die Eltern keine gesteigerte Erwerbsobliegenheit besitzen. Die Leistungsfähigkeit des Unterhaltspflichtigen wird anhand der von ihm erzielten Einkünfte bestimmt.[512] Ferner ist zugunsten des Unterhaltsverpflichteten ein angemessener Selbstbehalt zu berücksichtigen und nicht wie bei minderjährigen Unterhaltsberechtigten der notwendige Selbstbehalt.[513] Bei der Bedürftigkeit eines volljährigen, nicht privilegierten Kindes muss zunächst in der Bewertung berücksichtigt werden, dass das Kind volljährig ist und deshalb unter Hinweis auf § 1602 grundsätzlich eigenverantwortlich für seinen Lebensunterhalt Sorge zu tragen hat.

Das volljährige Kind ist deshalb grundsätzlich gehalten, einer Erwerbstätigkeit nachzugehen und ist durchaus auch verpflichtet, berufsfremde Tätigkeiten auszuführen, um seinen Lebensunterhalt zu verdienen.[514]

Eine Bedürftigkeit des volljährigen Kindes wird man aber grundsätzlich unter Hinweis auf § 1610 Abs. 2 in den Fällen annehmen können, in denen das Kind sich in einer Berufsausbildung befindet, somit einer vollzeitigen Erwerbstätigkeit gar nicht nachgehen kann. Aus dem Anspruch des Kindes zur Finanzierung einer Berufsausbildung ergibt sich aber auch zugleich die Verpflichtung für das Kind, die Ausbildung mit notwendigem Fleiß und in der angemessenen üblichen Frist zu beenden.[515] Einen Verstoß gegen diese Verpflichtung kann zu einem Wegfall des Unterhaltsanspruchs führen.

Problematisch ist in diesem Zusammenhang auch die Frage, ob das Kind einen Anspruch auf Finanzierung einer zweiten Ausbildung besitzt.

Mit der Rechtsprechung des Bundesgerichtshofes ist dieses grundsätzlich zu verneinen, wenn die Eltern bereits eine den Begabungen des Kindes entsprechende Berufsausbildung ermöglicht haben.[516] Etwas anderes gilt nur in den Fällen, in denen die berufliche Ausbildung auf einer deutlichen Fehleinschätzung der Begabung des Kindes durch die Eltern beruhte,

---

[512] Palandt/Brudermüller, § 1603 Rdnr. 2.

[513] OLG Hamm, Leitlinien zum Unterhaltsrecht, Ziff. 21.3.1, wonach dieser angemessene Selbstbehalt sich derzeit auf 1.200,00 € beläuft.

[514] Reinken, in: Rotax, FamPrax, Teil 5, Rdnr. 130.

[515] Palandt/Brudermüller, § 1610 Rdnr. 22.

[516] BHG FamRZ 2000, 420.

eine zweite Berufsausbildung mit den Eltern einvernehmlich geplant war oder die erste Berufsausbildung lediglich auf Wunsch der Eltern abgeschlossen worden ist.[517]

MERKE

Ein Unterhaltsanspruch des volljährigen Kindes setzt die Leistungsfähigkeit des Unterhaltsschuldners voraus.
Dem Unterhaltsschuldner ist aber der sog. angemessene Selbstbehalt und nicht nur der notwendige Selbstbehalt wie gegenüber dem Unterhaltsanspruch eines minderjährigen Kindes zu belassen. Das volljährige Kind hat für seinen Unterhalt grundsätzlich eigenverantwortlich Sorge zu tragen. Eine Bedürftigkeit kann sich aber ergeben, wenn sich das volljährige Kind noch in der Ausbildung befindet.

2.3 Art und Umfang des Unterhaltsanspruchs

Bei dem Unterhaltsanspruch volljähriger Kinder muss zunächst beachtet werden, dass eine Betreuung des Kindes entfällt, somit § 1606 Abs. 3 S. 2 keine Anwendung mehr findet. Lebt das volljährige Kind zusammen mit seinen Eltern in einem gemeinsamen Haushalt, erfüllen die Eltern in der Regel ihre Unterhaltsverpflichtung in Form des Naturalunterhalts. Leben die Eltern dagegen getrennt und lebt das volljährige, in der Ausbildung befindliche Kind bei einem Elternteil, schulden die Eltern nach § 1606 Abs. 3 S. 1 einen Barunterhalt anteilig nach ihren Erwerbs- und Vermögensverhältnissen. Hierbei ist in der Regel natürlich davon auszugehen, dass der Elternteil, bei dem das Kind lebt, die Unterhaltsverpflichtung durch die Leistung von Naturalunterhalt erfüllen wird.
Der Bedarf des Kindes berechnet sich unter Anwendung der Unterhaltstabellen nach dem gemeinsamen Einkommen der Eltern und der vierten Altersstufe der Unterhaltstabellen. Eigene Einkünfte des Kindes sind bedarfsmindernd zu berücksichtigen.
Die Haftungsquote der Eltern wird sodann errechnet nach dem jeweiligen bereinigten Nettoeinkommen der Eltern abzüglich eines angemessenen Selbstbehaltes von derzeit 1.200 € und entsprechend der vierten Altersstufe der Unterhaltstabellen.[518]

Hans, 19 Jahre, befindet sich in einer beruflichen Ausbildung. Die Ausbildungsvergütung beträgt unter Abzug eines Ausbildungsaufwands von 90,00 € monatlich 350,00 € netto. Er lebt bei seiner Mutter Simone, die ein monatliches bereinigtes Nettoeinkommen i. H. v. 2.100,00 € erwirtschaftet. Das monatliche bereinigte Nettoeinkommen seines Vaters Wilhelm beläuft sich auf 2.800,00 €. Der Bedarf von Hans richtet sich nach dem Einkommen beider Elternteile i. H. v. insgesamt 4.900,00 €. Dieses entspricht der Einkommensgruppe 10 der Düsseldorfer Tabelle und der tabellarische Unterhalt beträgt derzeitig 781,00 €. Hierauf anzurechnen sind die eigenen Einkünfte von Hans i. H. v. 350,00 €, das gesamte Kindergeld i. H. v. 184,00 €, sodass noch ein ungedeckter Bedarf i. H. v. 247,00 € besteht. Der Haftungsanteil der Eltern nach § 1606 Abs. 3 S. 1 errechnet sich wie folgt: Von dem jeweiligen Einkommen der Eltern

[517] Vgl. die Übersicht bei Palandt/Brudermüller, § 1610 Rdnr. 28.
[518] Vgl. Düsseldorfer Tabelle, Stand 01.01.2013.

ist zunächst der angemessene Selbstbehalt i. H. v. 1.200,00 € abzuziehen, sodass für Simone ein Haftungsbetrag von 900,00 € und für Wilhelm ein Haftungsbetrag i. H. v. 1.600,00 € anzusetzen ist. Entsprechend diesem Verhältnis haftet Simone mit einem prozentualen Anteil von 36,00 % und Wilhelm mit einem prozentualen Anteil von 64,00 %.Von dem errechneten Unterhaltsbetrag i. H. v. 247,00 € schuldet Wilhelm somit einen Barunterhalt i. H. v. 158,08 €. Der unterhaltsrechtliche Haftungsanteil für Simone würde sich auf 88,92 € belaufen.

MERKE

Ein Betreuungsunterhalt i. S. d. § 1603 Abs. 3 S. 2 entfällt gegenüber volljährigen Kindern. Lebt das volljährige Kind in einem gemeinsamen Haushalt mit den Eltern, können diese Naturalunterhalt gewähren. Lebt das volljährige bedürftige Kind bei einem Elternteil, schulden die Eltern einen anteiligen Barunterhalt nach ihren Einkommens- und Vermögensverhältnissen. Der Bedarf des Kindes errechnet sich nach dem gemeinsamen unterhaltsrelevanten Einkommen der Eltern unter Anwendung der vierten Altersstufe der Unterhaltstabellen. Eigene Einkünfte des Kindes sind bedarfsmindernd anzurechnen. Der Haftungsanteil der Eltern für den errechneten Unterhaltsanspruch ergibt sich aus dem Verhältnis ihrer Einkünfte, wobei bei jedem Elternteil zunächst von dessen Einkommen der angemessene Selbstbehalt abzuziehen ist.

Lebt das volljährige, sich in der Ausbildung befindliche Kind dagegen bei keinem der Elternteile, sondern in einem eigenen Haushalt oder studiert das Kind in einer auswärtigen Stadt, ist der Bedarf des Kindes derzeit mit monatlich 670,00 € in Ansatz zu bringen.[519]

3 DER UNTERHALTSANSPRUCH SONSTIGER VERWANDTEN

Wie bereits dargelegt, besteht eine Unterhaltspflicht nur zwischen Personen, die in gerader Linie miteinander verwandt sind. In der Praxis spielen in diesem Zusammenhang Unterhaltsansprüche von Eltern gegen Kinder insbesondere in den Fällen eine Rolle, in denen ein Sozialhilfeträger erhebliche Aufwendungen wie Heim- oder Pflegekosten getragen hat und nun von den Kindern wegen der nach § 94 Abs. 1 Satz 1 SGB XII auf den Sozialhilfeträger übergegangenen Ansprüche diese Unterhaltsansprüche gegenüber den Kindern realisieren will.

Voraussetzung für einen Unterhaltsanspruch zwischen sonstigen Verwandten in gerader Linie ist die Bedürftigkeit des Unterhaltsberechtigten. Diese besteht nach § 1602 Abs. 1 dann, wenn der Bedürftige außerstande ist sich, selbst zu unterhalten. Der Berechtigte ist grundsätzlich verpflichtet, durch eigene Erwerbstätigkeit seinen Unterhaltsbedarf zu sichern. Ferner ist er grundsätzlich auch verpflichtet, mit Ausnahme des sog. Schonvermögens i. S. d. § 90 Abs. 2 Nr. 9 SGB XII, den Stamm seines vorhandenen Vermögens zu verwerten, es sein denn, dass diese Verwertung unmöglich ist oder völlig unwirtschaftlich wäre.[520]

[519] Vgl. OLG Hamm, Leitlinien zum Unterhaltsrecht, 01.01.2013, Ziff. 13.1.2.
[520] Palandt/Brudermüller, § 1602, Rdnr. 3.

Weitere Voraussetzung für einen Unterhaltsanspruch ist nach § 1603 die Leistungsfähigkeit des in Anspruch Genommenen.
Diese Leistungsfähigkeit ist dann zu bejahen, wenn der Unterhaltsverpflichtete auch unter Berücksichtigung seiner sonstigen Verpflichtungen ohne Gefährdung seines angemessenen Unterhalts in der Lage ist, den Unterhalt zu gewähren.
Bei der Beurteilung der Leistungsfähigkeit muss in diesen Fällen allerdings berücksichtigt werden, dass der den Unterhalt begehrende Verwandte bereits eine eigene Lebensstellung erreicht hat und diese nicht wie bei minderjährigen Kindern von der Lebensstellung des Unterhaltspflichtigen ableitet.
Auch werden Eltern grundsätzlich für eine eigene Altersvorsorge Vorkehrungen geschaffen haben, sodass sich die Frage eines Unterhaltsanspruchs gegenüber Kindern in der Regel bei plötzlicher unerwarteter Hilfsbedürftigkeit, etwa durch zusätzliche Heimkosten, stellen wird.
Die Leistungsfähigkeit eines unterhaltspflichtigen Kindes gegenüber den Eltern muss deshalb im Gegensatz zu einem Unterhaltsanspruch eines minderjährigen Kindes (vgl. § 1603 Abs. 2) unter Berücksichtigung der Interessen des Unterhaltsverpflichteten in engeren Grenzen definiert werden.
Aus diesem Grund ist dem unterhaltspflichtigen Kind immer der sog. große Selbstbehalt, der sich nach der Rechtsprechung des OLG Hamm auf derzeit 1.600 € beläuft, zu belassen. Anrechnungsfrei ist ferner grds. die Hälfte des den vorgenannten Betrag übersteigenden Einkommens.[521]

MERKE

Voraussetzung eines Unterhaltsanspruchs zwischen sonstigen Verwandten ist die Bedürftigkeit des Unterhaltsberechtigten. Dieser hat durch Erwerbstätigkeit seinen eigenen Unterhalt zu sichern und ist grundsätzlich auch verpflichtet, vorhandenes Vermögen einzusetzen. Ferner setzt der Unterhaltsanspruch zwischen sonstigen Verwandten die Leistungsfähigkeit des Unterhaltsschuldners voraus. Im Gegensatz zu den Unterhaltsansprüchen minderjähriger Kinder muss dem Unterhaltsschuldner aber wenigstens der sog. große Selbstbehalt verbleiben.

Der Umfang des Unterhalts ergibt sich aus § 1610 Abs. 2 und umfasst den gesamten Lebensbedarf, der sich nach der Lebensstellung des Bedürftigen bemisst (angemessener Unterhalt). Hierzu gehören Kosten für Verpflegung, Wohnung, Gesundheitssorge, aber auch Kosten, die durch Freizeitaktivitäten entstehen. Entscheidend ist die Lebensstellung des Bedürftigen, nicht etwa eine höhere Lebensstellung des Verpflichteten.
Unabhängig hiervon wird auch bei einem Unterhaltsberechtigten, der selbst über kein bedarfsminderndes Einkommen verfügt, das Existenzminimum geschuldet, das dem Mindestbedarf der Oberlandesgerichtlichen Leitlinien entspricht.[522]
Der Mindestbedarf beläuft sich derzeit nach den Leitlinien zum Unterhaltsrecht des OLG Hamm auf monatlich 800,00 €.

521 OLG Hamm, Leitlinien zum Unterhaltsrecht, 01.01.2013, Ziff. 21.3.3.
522 Palandt/Brudermüller, § 1601, Rdnr. 7.

MERKE

Der geschuldete Unterhalt umfasst den gesamten Lebensbedarf des Berechtigten, wobei allerdings seine Lebensstellung maßgeblich ist und nicht die Lebensstellung des Unterhaltsverpflichteten.

Im Übrigen ist gem. § 1612 Abs. 1 der Unterhalt durch Entrichtung einer Geldrente zu gewähren und zwar gem. § 1612 Abs. 3 monatlich im Voraus. Auch schuldet der Verpflichtete gem. § 1612 Abs. 3 S. 2 den vollen Monatsbetrag in den Fällen, in denen der Berechtigte im Laufe des Monats stirbt.

4 UNTERHALTSANSPRÜCHE ZWISCHEN ELTERN NICHT EHELICHER KINDER

Durch das Kindschaftsreformgesetz vom 16.12.1997 wurde mit Wirkung zum 01.07.1998 nicht nur die völlige Gleichstellung von ehelichen und nicht ehelichen Kindern herbeigeführt. Es wurden auch die zeitlichen Grenzen einer Unterhaltspflicht des Mannes gegenüber der Kindesmutter gem. § 1615 Abs. 2 über einen Zeitraum von drei Jahren nach der Geburt erweitert, sofern eine Versagung unter Berücksichtigung der Belange des Kindes nach diesen drei Jahren unbillig wäre. Ferner wurde durch § 1615l Abs. 4 ein Unterhaltsanspruch des Kindesvaters für die Fälle begründet, in denen dieser das Kind betreut. Nachdem das BVerfG durch Beschluss vom 28.02.2007[523] die ungleiche Behandlung eines Betreuungsanspruchs nach § 1615l Abs. 2 S. 3 und § 1570 a. F. als nicht vereinbar mit Art 6 Abs. 5 GG erklärt und eine Gleichbehandlung für eheliche und nichteheliche Kinder gefordert hat, wurden mit der Unterhaltsreform zum 01.01.2008 diese beiden gesetzlichen Vorschriften angepasst.

4.1 Unterhaltsansprüche der Mutter

Wie jeder Unterhaltsanspruch setzt auch ein Unterhaltsanspruch der Mutter eines nichtehelichen Kindes gegen den Vater die Bedürftigkeit der Mutter auf der einen und die Leistungsfähigkeit des Vaters auf der anderen Seite voraus. Dies folgt bereits aus § 1615l Abs. 3 S. 1, wonach die Vorschriften über die Unterhaltspflicht zwischen Verwandten entsprechend anzuwenden sind.
Vielfach wird die Mutter noch Leistungen aus einem Arbeitsverhältnis oder Mutterschaftsgeld erzielen. Derartige Leistungen mindern ihren eigenen Unterhaltsbedarf.
Das Gleiche gilt für den Bezug von Elterngeld, das aber nach § 11 BEEG bis zu einem Betrag i. H. v. 300,00 € anrechnungsfrei bleibt.
Gem. § 1615l Abs. 1 S. 1 hat der Vater der Mutter zunächst einen Unterhalt für die Dauer von sechs Wochen vor und acht Wochen nach der Geburt des Kindes zu gewähren.
Grund für diese Regelung ist die finanzielle Absicherung der Mutter, die für diesen genannten Zeitraum von jeder Erwerbsverpflichtung grundsätzlich freizustellen ist.

[523] BVerfG, FamRZ 2007, S. 965.

Neben dem vorgenannten Unterhaltsanspruch kann die Mutter gem. § 1615l Abs. 1 S. 2 im Rahmen ihrer Bedürftigkeit Erstattung der Kosten verlangen, die ihr infolge der Schwangerschaft oder der Entbindung entstanden sind.
Hierzu fallen u. a. auch Kosten für eine Umstandskleidung oder Kosten für eine Haushaltshilfe, die in einer Problemschwangerschaft notwendig geworden ist.[524]
Gem. § 1615l Abs. 2, S. 1–3 kann die Mutter darüber hinaus für einen Zeitraum von vier Monaten vor bis mindestens drei Jahre nach der Geburt des Kindes Unterhalt von dem Vater des Kindes beanspruchen, wenn sie wegen der Schwangerschaft oder einer durch die Schwangerschaft oder durch die Entbindung verursachten Krankheit einer Erwerbstätigkeit nicht nachgehen kann. Der Unterhaltsanspruch für die Dauer von drei Jahren nach der Geburt des Kindes besteht nach § 1615l Abs. 2 S. 1 und 3 ferner, wenn die Mutter wegen der Pflege oder Erziehung des Kindes keiner Erwerbstätigkeit nachgeht. Die Mutter des Kindes besitzt deshalb genau wie bei § 1570 die Mutter eines ehelichen Kindes einen Basisunterhaltsanspruch wegen der Betreuung des Kindes für die Dauer von drei Jahren. Nach Vollendung des dritten Lebensjahres des Kindes verlängert sich der Unterhaltsanspruch nach § 1615l Abs. 2 S. 4, solange und soweit dies der Billigkeit entspricht. Genau wie bei § 1570 sind hierbei insbesondere die Belange des Kindes und die bestehenden Möglichkeiten der Kinderbetreuung zu berücksichtigen. Auch bei § 1615l sind im Rahmen der Billigkeit somit kind- und elternbezogene Gründe zu berücksichtigen. Auf die Ausführungen zu § 1570 (D, II. Ziff. 6.2.2.1) darf deshalb verwiesen werden.
Der Umfang des Unterhaltsanspruchs richtet sich nach § 1615l Abs. 3 S. 1 i. V. m. § 1610 Abs. 1. Geschuldet ist hiernach der angemessene Unterhalt ausgehend von der Lebensstellung der bedürftigen Mutter. Ist die Mutter vor der Geburt des Kindes erwerbstätig gewesen, richtet sich der Bedarf nach dem Einkommen, das die Mutter ohne die Geburt zur Verfügung gehabt hätte.[525]
Der konkrete Unterhaltsbedarf ist darzulegen. In jedem Fall wird man aber genauso wie bei der Unterhaltspflicht zwischen Verwandten die Mindestbedarfsätze der Leitlinien der Oberlandesgerichte zum Unterhalt als Existenzminimum zugrunde legen müssen, wenn die Mutter vor der Geburt keiner Erwerbstätigkeit nachgegangen ist.[526] Dieses sind derzeit 800,00 €.
Auch bei dem Unterhaltsanspruch der Mutter ist die Leistungsfähigkeit des Vaters des Kindes eine Voraussetzung für den Unterhaltsanspruch. Der angemessene Selbstbehalt des Vaters beläuft sich nach den Leitlinien des OLG Hamm derzeit auf 1.000,00 €, bei Erwerbstätigkeit auf 1.100,00 €.[527]
Hat die Mutter vor der Geburt ein wesentlich höheres Einkommen erzielt als der Vater des Kindes mit einem entsprechend höheren Unterhaltsbedarf, so ist der Unterhaltsanspruch begrenzt durch den Halbteilungsgrundsatz, damit die Einkünfte der Mutter nicht höher sind als die dem Vater verbleibenden Einkünfte.[528]

524 Palandt/Brudermüller, § 1615l, Rdnr. 6.
525 BGH FamRZ 2008, S. 1739.
526 BGH FamRZ 2010, S. 357.
527 Leitlinien OLG Hamm, Stand 01.01.2013, Ziff. 21.3.2.
528 BGH FamRZ 2010, S. 357.

MERKE

Die Mutter eines nichtehelichen Kindes kann zunächst im Rahmen ihrer Bedürftigkeit einen Unterhaltsanspruch für einen Zeitraum von sechs Wochen vor bis acht Wochen nach der Geburt des Kindes geltend machen. Die Vorschriften über den Unterhalt zwischen Verwandten finden grundsätzlich entsprechende Anwendung. Genau wie beim Betreuungsunterhalt nach § 1570 besitzt die Mutter wegen der Betreuung des Kindes den Basisunterhaltsanspruch bis drei Jahre nach der Geburt des Kindes. Nach diesem Zeitraum besteht ein Unterhaltsanspruch der Mutter, solange und soweit dieses der Billigkeit entspricht.

Geschuldet wird der nach § 1610 bestimmte angemessene Unterhalt, ausgehend von der Lebensstellung der bedürftigen Mutter und unter Berücksichtigung der Leistungsfähigkeit des Vaters des Kindes.

4.2 Unterhaltsansprüche des Vaters

Es ist ein Ausfluss des Gleichberechtigungsgrundsatzes, dass auch der Kindesvater in den Fällen, in denen er die Betreuung des Kindes übernimmt und deshalb für den eigenen Lebensunterhalt nicht sorgen kann, einen entsprechenden Unterhaltsanspruch gegen die Mutter erhält. Dies ist nun in § 1615l Abs. 4 S. 1 ausdrücklich gesetzlich normiert. Das bedeutet, dass der Vater von der Kindesmutter den nach § 1610 angemessenen Unterhalt ab dem Zeitpunkt der Geburt verlangen kann, soweit er von diesem Zeitpunkt an das Kind betreut.

MERKE

Betreut der Kindesvater nach der Geburt das Kind, steht diesem im Rahmen seiner Bedürftigkeit ein Anspruch auf angemessenen Unterhalt gegen die Kindesmutter zu, soweit diese leistungsfähig ist.

5 RANGVERHÄLTNISSE UND ERSATZHAFTUNG

Ist ein Unterhaltsverpflichteter aufgrund seiner Einkommens- und Vermögensverhältnisse nicht in der Lage, ohne Gefährdung des eigenen Unterhalts allen Berechtigten den vollen Unterhalt zu gewähren, stellt sich die Frage des Rangverhältnisses genauso wie in den Fällen, in denen mehrere leistungsfähige Verwandte vorhanden sind, und nun die Frage der Klärung bedarf, welcher dieser Verwandten verpflichtet ist, den Unterhalt zu gewähren.

5.1 Rangverhältnis mehrerer Bedürftiger

Ist der Unterhaltsschuldner nicht in der Lage, allen bedürftigen Unterhaltsberechtigten den vollen Unterhalt zu gewähren, so ergibt sich aus § 1609 folgendes Rangverhältnis, das seit der Unterhaltsreform zum 01.01.2008 nunmehr auf alle Unterhaltsansprüche Anwendung findet.

Nach § 1609 Nr. 1 stehen an erster Stelle minderjährige, unverheiratete Kinder und ihnen nach § 1603 Abs. 2 S. 2 gleichgestellte volljährige Schüler. Danach folgen an zweiter Stelle nach § 1609 Nr. 2 Elternteile, die wegen der Betreuung eines Kindes unterhaltsberechtigt sind oder im Falle einer Scheidung wären, sowie Ehepartner, die mit dem Unterhaltsschuldner in einer langjährigen Ehe gelebt haben. Der Gesetzgeber hat hierbei bewusst auf eine absolute Zeitgrenze verzichtet, um den Einzelfall gerichtlich würdigen lassen zu können. Bei der Bewertung einer Ehe von langer Dauer spielt deshalb nicht nur der Zeitfaktor eine Rolle, sondern auch die Frage, inwieweit der berechtigte Ehepartner ehebezogene Nachteile erlitten hat.[529]
An dritter Stelle stehen nach § 1609 Nr. 3 die Ehepartner, die die Voraussetzungen nach § 109 Nr. 2 nicht erfüllen, an vierter Stelle nach § 1609 Nr. 4 volljährige Kinder, soweit sie nicht bereits unter § 1609 Nr. 1 fallen. Nach § 1609 Nr. 5 folgen Enkelkinder und weitere Abkömmlinge (z. B. Urenkel), gem. § 1609 Nr. 6 folgen die Eltern und schlussendlich nach § 1609 Nr. 7 die weiteren Verwandten der aufsteigenden Linie.
Die Rangverhältnisse haben zur Folge, dass ein nachrangig Unterhaltsberechtigter erst dann einen Unterhaltsanspruch erhält, wenn der Bedarf der bevorrechtigten Unterhaltsberechtigten gedeckt worden ist. Gleichrangige Unterhaltsberechtigte erhalten gemessen an ihrem Bedarf die entsprechende Quote. Auf die Beispiele zum Mangelfall beim Kindesunterhalt (D, II Ziff. 1.4) darf verwiesen werden.

MERKE

Ist der Unterhaltsschuldner nicht in der Lage, allen Berechtigten den Unterhalt zu gewähren, entscheidet das Rangverhältnis zwischen den Berechtigten über die Frage, wer Unterhaltsleistungen erhält. Rangmäßig nachstehende Unterhaltsberechtigte erhalten erst dann einen Unterhaltsanspruch, wenn der Bedarf der Bevorrechtigten befriedigt worden ist. Das Rangverhältnis ist für alle Unterhaltsberechtigten in § 1609 gesetzlich geregelt.

5.2 Rangverhältnisse mehrerer Pflichtiger

Sind ein leistungsfähiger Ehegatte sowie mehrere Verwandte in gerader Linie vorhanden, um dem Unterhaltsbedürftigen den Unterhalt zu gewähren, stellt sich die Frage, welcher Verpflichtete tatsächlich den Unterhalt zu leisten hat.
Grundsätzlich haften gem. § 1608 der Ehegatte bzw. der eingetragene Lebenspartner (§ 1608 S. 4) vor den Verwandten des Unterhaltsberechtigten. Ist die Ehe geschieden oder die eingetragene Lebenspartnerschaft aufgehoben, folgt dies aus § 1584 bzw. 1608 S. 4 i. V. m. 1584. Sind der Ehegatte bzw. der eingetragene Lebenspartner nicht leistungsfähig, haften gem. § 1606 Abs. 1 zunächst die Abkömmlinge vor den Verwandten der aufsteigenden Linie, sodass Kinder und Enkelkinder vor den Eltern oder Großeltern des Berechtigten für den Unterhalt des Berechtigten aufzukommen haben.
In § 1606 Abs. 2 ist sodann bestimmt, dass innerhalb einer Linie die näheren Verwandten vor den entfernteren Verwandten für den Unterhalt haften. Kinder haften somit vor Enkelkindern und Eltern vor Großeltern.

[529] BGH FamRZ 2008, S. 1911.

Gleichrangig Verpflichtete haften gem. § 1606 Abs. 3 S. 1 anteilig nach ihren Einkommens- und Vermögensverhältnissen.
Ein nachrangiger Unterhaltspflichtiger haftet sodann gem. § 1607 Abs. 1, soweit ein vorrangiger Unterhaltspflichtiger nicht leistungsfähig ist i. S. d. § 1603.

MERKE

Grundsätzlich haften der Ehegatte bzw. der eingetragene Lebenspartner vor den sonstigen Verwandten für den Unterhalt des Bedürftigen. Im Übrigen sind die Abkömmlinge vor den Verwandten der aufsteigenden Linie zum Unterhalt verpflichtet, wobei nähere Verwandte vor den entfernteren Verwandten unterhaltspflichtig sind. Gleichrangige Verwandte haften anteilig nach ihren Einkommens- und Vermögensverhältnissen. Ist ein vorrangiger Unterhaltsverpflichteter nicht leistungsfähig, so hat der in der Folge der nachrangige Verwandte den Unterhalt zu gewähren.

5.3 Ersatzhaftung und Forderungsübergang

Eine Besonderheit ergibt sich in diesem Zusammenhang noch aus § 1607 Abs. 2 und § 1607 Abs. 3. Ist der vorrangig Unterhaltsverpflichtete zwar leistungsfähig, die Rechtsverfolgung gegen ihn aber im Inland ausgeschlossen oder erheblich erschwert, so hat der nach ihm haftende Verwandte gem. § 1607 Abs. 2 den Unterhalt zu gewähren. Dies bedeutet, dass zur Sicherung des Unterhalts des Berechtigten der nachrangige Verwandte den Unterhalt sicherzustellen hat. Allerdings wird in diesen Fällen ein gesetzlicher Forderungsübergang insoweit begründet, als dass nach § 1607 Abs. 2 S. 2 der Unterhaltsanspruch gegen den tatsächlichen Verpflichteten auf diesen Verwandten übergeht.

Der 16-jährige Markus besitzt gegen seinen leistungsfähigen Vater Helmut einen Unterhaltsanspruch. Allerdings ist Helmut nach der Trennung von seiner Frau Marita, der Mutter von Markus, nach Brasilien ausgewandert und kümmert sich nicht mehr um seine Familie. Ein Unterhaltsverfahren kann gegen Helmut aus diesem Grund derzeit nicht zur Rechtshängigkeit geführt werden. Der Vater von Helmut und Großvater von Markus ist nun nach § 1607 Abs. 2 zum Unterhalt verpflichtet. Allerdings geht der Unterhaltsanspruch von Markus gegen Helmut auf den Großvater über. Kehrt Helmut nach zwei Jahren nach Deutschland zurück, kann der Großvater die Unterhaltsleistungen an Markus gegenüber Helmut einfordern.

MERKE

Ist der unmittelbar zum Unterhalt Verpflichtete zwar leistungsfähig, eine Rechtsverfolgung gegen ihn im Inland aber ausgeschlossen oder erheblich erschwert, hat der unmittelbar nachrangige Verwandte den Unterhalt zu leisten. Der Unterhaltsanspruch des Bedürftigen geht in diesem Fall auf den Verwandten, der nun den Unterhalt leisten muss, kraft Gesetz über.

Ein weiterer Forderungsübergang ist sodann in § 1607 Abs. 3 geregelt. Das Kind besitzt in diesem Fall gegen einen Elternteil einen Unterhaltsanspruch. Dieser Anspruch kann aber nicht realisiert werden, weil die Rechtsverfolgung gegen diesen Elternteil im Inland ausgeschlossen oder erheblich erschwert ist. In dieser Situation gewährt ein nicht zum Unterhalt verpflichteter Verwandter oder der Ehegatte des anderen Elternteils dem Kind den Unterhalt. Der Unterhaltsanspruch des Kindes gegen den Unterhaltsschuldner geht in diesem Falle auf den Verwandten oder den Ehegatten des anderen Elternteils über, der den Unterhalt gewährt.

Uta, 15 Jahre, besitzt gegen ihren Vater Oskar einen Unterhaltsanspruch. Es ist nicht bekannt, wo Oskar sich in der Bundesrepublik Deutschland aufhält. Um den Unterhalt für Uta sicherzustellen, leistet Susanne, eine Tante von Uta, den monatlichen Unterhalt. Susanne wäre auch unter Berücksichtigung von § 1606 in keiner Weise zum Unterhalt verpflichtet. Ihre tatsächliche Leistung hat aber zur Folge, dass der Anspruch von Uta gegen ihren Vater kraft Gesetz auf sie übergeht.

MERKE

Kann der Unterhaltsanspruch eines Kindes gegen den unmittelbar Verpflichteten nicht durchgesetzt werden, weil die Rechtsverfolgung gegen den Unterhaltsschuldner im Inland ausgeschlossen oder erheblich erschwert ist und leistet in diesem Fall ein nicht unterhaltspflichtiger Verwandter oder der Ehegatte des anderen Elternteils den Unterhalt, geht der Unterhaltsanspruch des Kindes gegen den Unterhaltsschuldner auf diese Person kraft Gesetz über.

Eine besondere unterhaltsrechtliche Situation ergibt sich in den Fällen, in denen ein sog. »Scheinvater« den Unterhalt gewährt. Gem. § 1607 Abs. 3 S. 2 geht auch in diesen Fällen der Unterhaltsanspruch des Kindes gegen den tatsächlichen Vater auf den »Scheinvater«, der den Unterhalt gewährt hat, über.

Ute und Werner sind seit fünf Jahren verheiratet. In diese Ehe wird im Januar 2012 der Sohn Philipp geboren. Ende 2012 schöpft Werner Verdacht, dass er möglicherweise nicht der leibliche Vater von Philipp ist. Er ficht die Vaterschaft erfolgreich an. Es ergibt sich sodann, dass ein früherer Freund von Ute der leibliche Vater von Philipp ist. Soweit Werner bis zur Anfechtung Unterhaltsleistungen an Philipp erbracht hat, gehen die tatsächlichen Unterhaltsansprüche gegen den tatsächlichen Vater auf Werner gem. § 1607 Abs. 3 S. 2 i. V. m. § 1607 Abs. S. 1 über.

Die Rechtsverfolgung gegen den tatsächlichen Vater als Voraussetzung für einen Forderungsübergang ist bereits dadurch erschwert, dass das Kind Unterhaltsansprüche gegen den tatsächlichen Vater so lange überhaupt nicht geltend machen kann, als die Vaterschaft des »Scheinvaters« nicht wirksam angefochten worden ist.
Teilweise wird in den Fällen gem. § 1607 Abs. 3 S. 2, der auf § 1607 Abs. 3 S. 1 verweist, auch die Ansicht vertreten, dass es für einen Forderungsübergang in diesen Fällen nicht

erforderlich ist, dass die Rechtsverfolgung im Inland gegen den tatsächlichen Vater ausgeschlossen oder erheblich erschwert ist.[530]

MERKE

Gewährt ein sog. Scheinvater dem Kind Unterhalt, so geht der Unterhaltsanspruch gegen den tatsächlich Verpflichteten auf ihn kraft Gesetz über.

6 BESCHRÄNKUNG ODER WEGFALL DER UNTERHALTSVERPFLICHTUNG

Gem. § 1611 kann der Unterhaltsanspruch eines volljährigen Kindes gegen die Eltern oder der Unterhaltsanspruch eines sonstigen Verwandten sich auf den sog. Billigkeitsunterhalt reduzieren und in den Fällen, in denen die Inanspruchnahme des Unterhaltsverpflichteten grob unbillig wäre, ganz ausgeschlossen werden.
Die Vorschrift des § 1611 Abs. 1 enthält mehrere Unterhaltsverwirkungstatbestände, die eng auszulegen sind und im Einzelnen unter folgenden Voraussetzungen erfüllt sind:

- Der volljährige, unterhaltsberechtigte Verwandte ist durch ein sittliches Verschulden bedürftig geworden.
  Es muss sich hierbei um vorwerfbare Gründe von erheblichem Gewicht handeln.[531] Dieses sittliche Verschulden kann im Fall einer Trunk- oder Drogensucht angenommen werden, wenn der Berechtigte sich wegen der Sucht einer Therapie unterzogen und sodann trotz Stabilisierung erneut Drogen konsumiert hat.
- Gleichfalls kann nach § 1611 Abs. 1 S. 1 der gesetzliche Tatbestand erfüllt sein, wenn der Unterhaltsberechtigte eine eigene Unterhaltspflicht gegenüber Anverwandten, von denen er nun den Unterhalt begehrt, gröblich vernachlässigt hat.
- Der Unterhaltsberechtigte hat sich vorsätzlich einer schweren Verfehlung gegen den Unterhaltspflichtigen oder einen nahen Angehörigen des Unterhaltspflichtigen schuldig gemacht hat.
  Derartig schwere Verfehlungen im letztgenannten Sinne kommen in Betracht bei tätlichen Angriffen, aber auch bei schwerwiegenden Beleidigungen oder bei Verschweigen von regelmäßigen eigenen Einkünften.[532]

Alle drei Verwirkungstatbestände setzen ein Verschulden des Bedürftigen voraus.
Ein vollständiger Ausschluss des Unterhaltsanspruchs ist nach § 1611 Abs. 1 S. 2 aber nur gerechtfertigt, wenn die Inanspruchnahme des Verpflichteten grob unbillig wäre. Dies wird man annehmen können bei besonders schweren tätlichen Angriffen des Berechtigten gegen den Unterhaltsverpflichtigen bzw. dessen nahen Angehörigen oder aber auch bei nachhaltigen Bedrohungen.
Ist nach § 1611 Abs. 1 ein Unterhaltsanspruch gegen den Verpflichteten herabzusetzen oder auszuschließen, so ist es dem Berechtigten auch versagt, einen nachrangig Unterhaltsverpflichteten in Anspruch zu nehmen (§ 1611 Abs. 3).

---

[530] Palandt/Brudermüller, § 1607 Rdnr. 17.
[531] Palandt/Brudermüller, § 1611 Rdnr. 2.
[532] Palandt/Brudermüller, § 1611 Rdnr. 5.

Im Übrigen findet § 1611 Abs. 1 und damit der Ausschluss oder die Reduzierung des Unterhalts keine Anwendung im Rahmen der Unterhaltspflicht von Eltern gegenüber ihren minderjährigen, unverheirateten Kindern.

MERKE

Der Unterhaltsanspruch eines volljährigen Kindes oder eines sonstigen Verwandten kann auf den sog. Billigkeitsunterhalt reduziert oder gänzlich ausgeschlossen sein, wenn der Berechtigte durch ein sittliches Verschulden bedürftig geworden ist, eine eigene Unterhaltspflicht gegen den nunmehr Verpflichteten gröblich vernachlässigt oder sich einer vorsätzlichen schweren Verfehlung gegen den Unterhaltsverpflichteten oder dessen nahen Angehörigen schuldig gemacht hat.

7 AUSKUNFTSANSPRUCH

Damit unterhaltsberechtigte Personen überhaupt in die Lage versetzt werden können, den berechtigten Unterhaltsanspruch zu beziffern, oder der Verpflichtete überprüfen kann, ob eine Unterhaltsverpflichtung besteht, sind gem. § 1605 Abs. 1 Verwandte in gerader Linie einander verpflichtet, Auskunft zu erteilen über ihre Einkommens- und Vermögensverhältnisse.

Der Auskunftspflichtige hat hierbei die notwendigen Auskünfte so zu erteilen, dass eine Berechnung des Unterhaltsanspruchs ermöglicht werden kann. Er schuldet im Rahmen seiner Auskunftsverpflichtung die Erstellung eines ordnungsgemäßen Vermögens- und Einkommensverzeichnisses. § 260 findet insoweit entsprechende Anwendung.

Die Auskunftspflicht hat sich bei nichtselbstständigen Unterhaltsschuldnern nach der Rechtsprechung auf die Einkünfte der letzten zwölf Monate zu erstrecken und bezieht sich auf alle Einkünfte, die im Rahmen des § 1603 von unterhaltsrechtlicher Relevanz sind. Die Auskünfte sind durch entsprechende Bescheinigungen wie Arbeitgeberbescheinigungen oder Steuerbescheide zu belegen.

Bei Unterhaltsverpflichteten, die Einkünfte aufgrund einer selbstständigen Tätigkeit erwirtschaften, hat sich die Auskunft in der Regel auf die letzten drei Kalenderjahre zu beziehen, da Einkünfte bei einer selbstständigen Tätigkeit in der Regel gewissen Schwankungen unterliegen.

Der Auskunftsanspruch kann grundsätzlich durch den Unterhaltsberechtigten alle zwei Jahre geltend gemacht werden. Dies folgt im Umkehrschluss aus § 1605 Abs. 2, wonach die Auskunft vor Ablauf der Zweijahresfrist nur verlangt werden kann, wenn der Unterhaltsberechtigte glaubhaft macht, dass der Auskunftsverpflichtete nach der erteilten Auskunft wesentlich höhere Einkünfte oder weiteres Vermögen erworben hat.

MERKE

Verwandte in gerader Linie sind grundsätzlich alle zwei Jahre verpflichtet, Auskunft über ihre Einkommens- und Vermögensverhältnisse zu erteilen.

8 UNTERHALT FÜR DIE VERGANGENHEIT

Zwischen Verwandten in gerader Linie kann Unterhalt für die Vergangenheit und Schadensersatz wegen Nichterfüllung unter den Voraussetzungen des § 1613 verlangt werden. Eine gesetzliche Erleichterung ist in diesem Zusammenhang durch das Kindesunterhaltsgesetz (KindUG) zum 01.07.1998 durch den Gesetzgeber insoweit geschafft worden, als dass der Unterhaltsverpflichtete bereits ab dem Zeitpunkt verpflichtet ist, Unterhalt zu zahlen, zu dem er aufgefordert worden ist, über seine Einkünfte und sein Vermögen Auskunft zu erteilen.

Oskar ist der Vater des 16-jährigen Tobias. Die Eltern von Tobias leben getrennt. Mit Anwaltsschreiben vom 08.08.2013 ist Oskar aufgefordert worden, zum Zwecke der Berechnung des Unterhaltsanspruchs von Tobias Auskunft zu erteilen über seine Einkommens- und Vermögensverhältnisse. Oskar reagiert auf dieses Schreiben nicht. Am 02.09.2013 wird gegen Oskar ein Unterhaltsverfahren im Wege eines sog. Stufenantrags zur Rechtshängigkeit geführt. In diesem Fall schuldet Oskar sodann den Unterhalt ab dem 01.08.2013 (vgl. § 1613 Abs. 1 S. 2).

Alternativ kann der Unterhalt für die Vergangenheit auch ab dem Zeitpunkt verlangt werden, zu dem der Unterhaltsschuldner in Verzug gekommen oder der Unterhaltsanspruch rechtshängig geworden ist (vgl. § 1613 Abs. 1, 2. und 3. Alt.).
Die Voraussetzungen des Verzugs sind in § 286 geregelt und setzen grundsätzlich eine Mahnung voraus, die eine konkrete Unterhaltsbezifferung enthält. Auch muss die Mahnung den Zeitpunkt bezeichnen, von dem ab Unterhalt gefordert wird.[533]
Selbstverständlich gerät der Unterhaltsschuldner auch ohne Mahnung in Verzug, soweit die Voraussetzungen des § 286 Abs. 2 erfüllt sind. Im Unterhaltsrecht ist dies insbesondere dann der Fall, wenn der Schuldner die Leistung ernsthaft und endgültig verweigert hat (vgl. § 286 Abs. 2 Nr. 3).
Obwohl nach § 1612 Abs. 3, S. 1 die Geldrente monatlich im Voraus zu zahlen ist, handelt es sich hierbei noch nicht um eine kalendermäßige Bestimmung i. S. d. § 286 Abs. 2 Nr. 1.
Die Rechtshängigkeit eines Unterhaltsanspruchs tritt gem. § 261 ZPO mit der Zustellung der Antragschrift an den Unterhaltsschuldner ein.

MERKE

Unterhalt für die Vergangenheit oder Schadensersatz wegen Nichterfüllung kann zwischen Verwandten in gerader Linie ab dem Zeitpunkt gefordert werden, zu dem der Unterhaltsschuldner durch den Berechtigten aufgefordert worden ist, Auskunft zu erteilen über seine Einkommens- und Vermögensverhältnisse, der Unterhaltsschuldner in Verzug geraten oder der Unterhaltsanspruch rechtshängig geworden ist.

Ohne dass die Voraussetzungen des § 1613 Abs. 1 erfüllt sein müssen, kann Unterhalt für die Vergangenheit gem. § 1613 Abs. 2 verlangt werden für einen sog. Sonderbedarf.

[533] Palandt/Brudermüller, § 1613 Rdnr. 4.

Unter Sonderbedarf in diesem Sinne versteht man einen einmaligen außergewöhnlichen Bedarf, der nicht bei der Feststellung des allgemeinen Lebensbedarfes berücksichtigt worden ist.[534]
Hierzu gehören z. B.: die Kosten einer Klassenfahrt, aber auch die Kosten einer Kommunion oder Konfirmation.
Allerdings enthält § 1613 Abs. 2 Nr. 1 für den Sonderbedarf insoweit eine Einschränkung, als dass dieser Sonderbedarf nach Ablauf eines Jahres seit der Entstehung nur dann geltend gemacht werden kann, wenn der Unterhaltsverpflichtete vorher in Verzug gekommen oder der Anspruch rechtshängig geworden ist.
Dies bedeutet, dass dieser Sonderbedarf, ohne dass die Voraussetzungen des Verzugs oder der Rechtshängigkeit erfüllt sind, nur binnen der Frist von einem Jahr beansprucht werden kann.
Weiterhin kann Unterhalt für die Vergangenheit verlangt werden, ohne dass die Voraussetzungen des § 1613 Abs. 1 erfüllt sein müssen, soweit der Unterhaltsberechtigte aus rechtlichen Gründen oder aus tatsächlichen Gründen, die dem Verantwortungsbereich des Unterhaltspflichtigen zuzurechnen sind, an der Geltendmachung des Unterhaltsanspruchs gehindert gewesen ist.
Die rechtliche Verhinderung in diesem Sinne wird in den Fällen vorliegen, in denen bei nichtehelichen Kindern nach der Geburt die Vaterschaft eines Mannes erst festgestellt werden muss. Bis zu dem Zeitpunkt der rechtskräftigen Feststellung der Vaterschaft ist es natürlich aus rechtlichen Gründen nicht möglich, Unterhaltsansprüche zu realisieren.
Eine tatsächliche Verhinderung liegt z. B. vor, wenn der Unterhaltspflichtige sich in das Ausland abgesetzt hat oder der Aufenthalt unbekannt ist.
Bedingt durch den Umstand, dass Unterhalt für die Vergangenheit aus den vorgenannten Gründen uneingeschränkt gefordert werden kann, erhält allerdings § 1613 Abs. 3 in den Fällen, in denen der Unterhalt aus rechtlichen oder tatsächlichen Gründen nicht geltend gemacht werden kann, zugunsten des Unterhaltsverpflichteten, der sich sodann erheblichen Unterhaltsrückständen ausgesetzt sehen kann, eine Schutzfunktion, wonach der rückständige Unterhalt gestundet, teilweise erlassen oder eine Ratenzahlung angeordnet werden kann, soweit die sofortige Inanspruchnahme eine unbillige Härte bedeuten würde.

MERKE

Unterhalt für die Vergangenheit kann ferner verlangt werden, ohne dass die Voraussetzungen des § 1613 Abs. 1 erfüllt sein müssen, wegen eines Sonderbedarfes. Nach Ablauf eines Jahres seit der Entstehung des Anspruchs kann dieser Sonderbedarf aber nur geltend gemacht werden, wenn der Unterhaltsschuldner vorher in Verzug geraten oder der Anspruch rechtshängig geworden ist. Es bedarf ferner nicht der Voraussetzungen des § 1613 Abs. 1, um Unterhalt für die Vergangenheit zu fordern, wenn der Berechtigte aus tatsächlichen oder rechtlichen Gründen gehindert gewesen ist, den Unterhaltsanspruch gegenüber dem Unterhaltsschuldner geltend zu machen.

[534] BGH, FamRZ 2006 S. 612.

9 UNTERHALTSVERZICHT

Gem. § 1614 kann im Rahmen des Verwandtenunterhalts für die Zukunft auf den Unterhalt nicht verzichtet werden. Es ist im Einzelfall auch beim Verwandtenunterhalt. die Abgrenzung zwischen einer zulässigen Unterhaltsvereinbarung und einem nach § 1614 unzulässigen Verzicht bzw. Teilverzicht schwierig. Eine Unterschreitung der Tabellensätze bezüglich des Kindesunterhalts bis zu 20 % wird noch als zulässige Unterhaltsvereinbarung akzeptiert.[535] Aber auch beim sonstigen Verwandtenunterhalt wird man den Bereich des § 1614 und damit einen zulässigen Teilverzicht annehmen müssen, wenn der geschuldete Unterhalt um ein Drittel unterschritten wird.[536]

MERKE

Auf Unterhalt kann für die Zukunft nicht verzichtet werden.

10 VERJÄHRUNG DES UNTERHALTSANSPRUCHS

Die regelmäßige Verjährungsfrist beträgt nach § 195 drei Jahre. Unterhaltsansprüche sind wiederkehrende Leistungen i. S. d. § 197 Abs. 2 und unterliegen damit der regelmäßigen Verjährungsfrist. Rechtskräftig festgestellte und damit titulierte Unterhaltsansprüche verjähren nach § 197 Abs. 1 Nr. 3 in 30 Jahren. Sind in dem Unterhaltstitel aber auch erst zukünftig fällig werdende Unterhaltsleistungen enthalten, so gilt für diese zukünftigen Unterhaltsforderungen wiederum die kurze dreijährige Verjährungsfrist (vgl. § 197 Abs. 2).

V Eingetragene Lebenspartnerschaft

Mit Wirkung zum 01.08.2001 ist das Gesetz über die eingetragene Lebenspartnerschaft (LPartG) in Kraft getreten.
Auf der Grundlage dieses Gesetzes können gleichgeschlechtliche Paare eine eingetragene Lebenspartnerschaft begründen und hierdurch zwischen ihnen rechtliche Bindungen herstellen, aus denen sich insbesondere familienrechtliche und erbrechtliche Rechtsfolgen ergeben, die im Teil E Erbrecht gesondert dargestellt werden.
Der Gesetzgeber sah sich zu diesem Gesetz veranlasst, da nach Art. 6 GG die Eheschließung nur verschiedengeschlechtlichen Paaren vorbehalten bleibt.
Die eingetragene Lebenspartnerschaft ähnelt aber der Ehe in vielen Bereichen, verweist insbesondere auch auf Vorschriften aus dem Familienrecht (z. B. § 8 Abs. 2 LPartG, der auf § 1357 verweist).
Das LPartG setzt voraus, dass gleichgeschlechtliche Personen diese Partnerschaft miteinander begründen. Ehe und Lebenspartnerschaft sind deshalb allein nach dem Geschlechtsverhältnis der Partner abgegrenzt.[537]

[535] Wendl/Scholz, Unterhaltsrecht, § 2 Rdnr. 522.
[536] Palandt/Brudermüller, § 1614 Rdnr. 1.
[537] BVerfG, NJW 2011 S. 909.

1 BEGRÜNDUNG DER LEBENSPARTNERSCHAFT

Gem. § 1 Abs. 1 S. 1 LPartG wird die Lebenspartnerschaft dadurch begründet, dass zwei Personen gleichen Geschlechts sich gegenseitig persönlich und bei gleichzeitiger Anwesenheit erklären, die Lebenspartnerschaft miteinander auf Lebenszeit führen zu wollen. Diese Erklärung muss gem. § 1 Abs. 1 S. 3 LPartG vor dem Standesbeamten erfolgen.
Die Lebenspartner können sodann gem. § 3 Abs. 1 LPartG einen gemeinsamen Lebenspartnerschaftsnamen bestimmen.
Eine Lebenspartnerschaft kann gem. § 1 Abs. 3 Nr. 1 LPartG aber nicht wirksam begründet werden mit einer Person, die minderjährig oder verheiratet ist. Auch ist eine Lebenspartnerschaft nach § 1 Abs. 3 Nr. 1 LPartG nicht möglich mit einer Person, die bereits eine Lebenspartnerschaft führt. § 1 Abs. 3 Nr. 2 LPartG schließt sodann die Lebenspartnerschaft zwischen Personen aus, die in gerader Linie miteinander verwandt sind. Auch ist eine Lebenspartnerschaft zwischen vollbürtigen und halbbürtigen Geschwistern nicht möglich (§ 1 Abs. 3 Nr. 3 LPartG). Letztendlich schließt § 1 Abs. 3 Nr. 4 die sog. Scheinpartnerschaften aus. Eine Partnerschaft kann hiernach nicht begründet werden, wenn die Personen sich darüber einig sind, keine Verpflichtungen begründen zu wollen, die sich aus § 2 LPartG ergeben. Durch diese Vorschrift soll insbesondere verhindert werden, dass eine Lebenspartnerschaft nur begründet wird, um dem anderen Lebenspartner eine Aufenthaltsgenehmigung zu verschaffen.

2 AUSGESTALTUNG DER LEBENSPARTNERSCHAFT

Die Lebenspartner sind einander zur Fürsorge und Unterstützung sowie zur gemeinsamen Lebensgestaltung verpflichtet und tragen füreinander Verantwortung (§ 2 LPartG).
Durch die Lebenspartnerschaft wird ferner eine wechselseitige Unterhaltspflicht begründet, sodass die Lebenspartner nach § 5 S. 1 LPartG verpflichtet werden, durch ihre Arbeit und mit ihrem Vermögen die partnerschaftliche Lebensgemeinschaft angemessen zu unterhalten. Hinsichtlich des Umfangs dieser Unterhaltspflicht verweist § 5 S. 2 LPartG auf § 1360 S. 2 und §§ 1360a, 1360b sowie 1609.
Diese wechselseitige Unterhaltspflicht endet aber nicht mit Aufhebung der Lebenspartnerschaft. Zwar gilt auch in der Lebenspartnerschaft, dass jeder Lebenspartner grundsätzlich eigenverantwortlich für seinen eigenen Unterhaltsbedarf zu sorgen hat. Trennen sich die Lebenspartner, so entsteht aber unter Berücksichtigung der Bedürftigkeit des einen Lebenspartners und der Leistungsfähigkeit des anderen Lebenspartners ein Trennungsunterhaltsanspruch gem. § 12 LPartG, der inhaltlich wiederum auf § 1361 verweist.
Auch der nachpartnerschaftliche Unterhalt ist gesetzlich geregelt. § 16 LPartG ist mit der Reform zum Unterhaltsrecht zum 01.01.2008 dem nachehelichen Unterhaltsrecht angeglichen worden. So ist nach § 16 S. 1 LPartG grds. jeder Lebenspartner verpflichtet, für seinen eigenen Lebensunterhalt zu sorgen. Ist er hierzu nicht in der Lage, besitzt er nach § 1609 S. 1 LPartG nur einen Unterhaltsanspruch wie ein Ehepartner unter den Voraussetzungen der §§ 1570 bis 1586b, 1609.

3 GÜTERSTAND

Grundsätzlich leben die Lebenspartner im Güterstand der Zugewinngemeinschaft (§ 6 LPartG), wenn sie nicht durch einen Lebenspartnerschaftsvertrag i. S. d. § 7 LPartG etwas anderes vereinbaren. Auf diese Zugewinngemeinschaft finden § 1363 Abs. 2 und §§ 1364–1390 entsprechende Anwendung.

4 LEBENSPARTNERSCHAFT UND KINDER

Den eingetragenen Lebenspartnern ist es untersagt, gemeinsam ein Kind zu adoptieren. Dieses Recht steht gem. § 1741 Abs. 2 S. 2 nur Eheleuten zu. Möglich ist aber, dass ein Lebenspartner ein Kind adoptiert (§ 1741 Abs. 2 S. 1) oder das leibliche Kind des anderen Lebenspartners unter den Voraussetzungen des § 9 Abs. 7 S. 1 LPartG annimmt. Im ersten Fall wäre aber die Einwilligung beider leiblichen Eltern oder die Ersetzung der Einwilligung des Elternteils durch das Familiengericht (vgl. §§ 1747, 1748) sowie nach § 9 Abs. 6 S. 1 die Einwilligung des anderen Lebenspartners erforderlich.
Nach § 9 Abs. 7 S. 1 LPartG ist allerdings einem Lebenspartner verwehrt gewesen, ein Kind zu adoptieren, das der andere Lebenspartner bereits adoptiert hatte (sog. Sukzessivadoption). Durch Urteil vom 19.02.2013 hat allerdings das BVerfG diese Einschränkung als unvereinbar mit Art 3 GG als verfassungswidrig erklärt und dem Gesetzgeber bis zum 30.06.2014 aufgegeben, eine verfassungskonforme Norm zu schaffen. Bis zum Erlass dieser Norm sei § 9 Abs. 7 LPartG verfassungskonform so auszulegen, dass ein Lebenspartner auch ein Kind adoptieren könne, das zuvor von dem andern Lebenspartner bereits adoptiert worden sei.[538]
Besitzt einer der Lebenspartner das alleinige Sorgerecht über ein Kind, so besitzt gem. § 9 Abs. 1 S. 1 LPartG der andere Lebenspartner das sog. kleine Sorgerecht für das Kind. Dies bedeutet, dass der andere Lebenspartner im Einvernehmen mit dem sorgeberechtigten Elternteil die Befugnis erhält, in Angelegenheiten des täglichen Lebens mitzuentscheiden. Eingeschränkt wird diese Befugnis allerdings durch § 9 Abs. 1 S. 2 LPartG, der auf § 1629 Abs. 2 verweist. Auch der Lebenspartner darf hiernach das Kind unter den Voraussetzungen des § 1795 nicht vertreten. Auch ist der Lebenspartner gem. § 9 Abs. 2 LPartG bei Gefahr in Verzug berechtigt, alle Rechtshandlungen vorzunehmen, die zum Wohl des Kindes notwendig sind. Hierbei handelt es sich um ein sog. Notvertretungsrecht, das wiederum inhaltlich § 1629 Abs. 1 S. 4 entspricht.

5 AUFHEBUNG DER LEBENSPARTNERSCHAFT

Die Lebenspartnerschaft wird gem. § 15 LPartG durch einen gerichtlichen Beschluss aufgehoben und setzt den Antrag eines oder beider Lebenspartner voraus. Das Verfahren richtet sich nach §§ 269, 270 FamFG.
Die Lebenspartnerschaft kann aufgehoben werden, wenn die Lebenspartner seit einem Jahr getrennt leben und beide Lebenspartner die Aufhebung der Lebenspartnerschaft

[538] BVerfG FamRZ 2013, S. 521.

beantragen oder ihr zustimmen und es nicht erwartet werden kann, dass die partnerschaftliche Lebensgemeinschaft wieder hergestellt werden kann (§ 15 Abs. 2 S. 1 Nr. 1).
Eine Aufhebung ist ferner möglich in den Fällen, in denen die Lebenspartner drei Jahre getrennt leben (§ 15 Abs. 2 S. 1 Nr. 2) oder die Fortsetzung der Lebenspartnerschaft für den Antragsteller aus Gründen, die in der Person des anderen Lebenspartners liegen, eine unbillige Härte wäre (§ 15 Abs. 2 S. 1 Nr. 3).
Trotz einer Trennungszeit von drei Jahren soll die Lebenspartnerschaft nicht aufgehoben werden, wenn die Aufhebung für den Antragsgegner aufgrund außergewöhnlicher Umstände eine so schwere Härte darstellen würde, dass die Aufrechterhaltung der Lebenspartnerschaft auch unter Berücksichtigung der Belange des Antragstellers ausnahmsweise geboten erscheint (§ 15 Abs. 3 LPartG). Diese Vorschrift entspricht der sog. Ehegattenschutzklausel des § 1568.
Letztendlich hebt das Gericht die Lebenspartnerschaft nach § 15 Abs. 2 S. 2 LPartG auf, wenn bei einem Lebenspartner ein Willensmangel i. S. d. § 1314 Abs. 2 Nr. 1–4 vorgelegen hat.
Mit der Aufhebung einer Lebenspartnerschaft findet zwischen den Lebenspartnern nach § 20 LPartG ein Versorgungsausgleich statt, der durch § 20 Abs. 1 auch auf das VersAusglG verweist.
Allerdings findet ein Versorgungsausgleich in den Fällen nicht statt, in denen die Lebenspartnerschaft vor dem 01.01.2005 begründet worden ist und die Lebenspartner eine Erklärung nach § 21 Abs. 4 LPartG nicht abgegeben haben (vgl. § 20 Abs. 4 LPartG).

MERKE

Gleichgeschlechtliche Personen können eine eingetragene Lebenspartnerschaft nach dem LPartG begründen. Bei gleichzeitiger Anwesenheit vor dem Standesbeamten müssen sie persönlich erklären, eine Lebenspartnerschaft auf Lebenszeit führen zu wollen. Die Lebenspartner können einen Lebenspartnerschaftsnamen bestimmen. Sie sind einander zur Fürsorge, Unterstützung und gemeinsamen Lebensgestaltung verpflichtet. Zwischen den Lebenspartnern besteht eine wechselseitige Unterhaltspflicht, die auch bei Trennung und bei Aufhebung der Lebenspartnerschaft fortbestehen kann, soweit ein Lebenspartner bedürftig und der andere Lebenspartner leistungsfähig ist. Grundsätzlich leben die Lebenspartner in der Zugewinngemeinschaft, soweit sie nicht durch Lebenspartnerschaftsvertrag etwas anderes vereinbart haben. Die Lebenspartnerschaft kann unter den Voraussetzungen des § 15 LPartG durch Beschluss des Familiengerichts aufgehoben werden. In diesem Fall findet zwischen den Lebenspartnern auch ein Versorgungsausgleich statt.

VI Vormundschaft, Betreuung und Pflegschaft

Seit dem 01.01.1992 ist das Betreuungsgesetz in Kraft. Eine wesentliche Änderung wurde durch dieses Gesetz insbesondere dadurch herbeigeführt, dass die Entmündigung, d. h. die Vormundschaft von volljährigen Personen abgeschafft, und durch das Rechtsinstitut der Betreuung ersetzt worden ist.

Vormundschaft wurde historisch schon immer definiert als umfassende rechtlich geregelte Sorge für Personen, die ihre Angelegenheit nicht selbst wahrnehmen können.[539]
Das Betreuungsrecht für volljährige Personen achtet die Persönlichkeit und das Selbstbestimmungsrecht des Betroffenen in einem weitaus größerem Maße als die damalige Entmündigung. Im Unterschied zu der bis 1992 geltenden Entmündigung wird durch die Betreuung die Geschäftsfähigkeit des Betroffenen grundsätzlich nicht berührt. Die Betreuung soll Hilfestellung bieten für bestimmte Aufgabenbereiche, die der Betroffene aufgrund körperlicher und/oder geistiger oder seelischer Behinderungen nicht selbst regeln kann. Eine Vormundschaft kann deshalb nur noch für Minderjährige angeordnet werden. Neben der Vormundschaft und der Betreuung steht sodann noch in abgeschwächter Form die sog. Pflegschaft, bei der es um einzelne Angelegenheiten oder Maßnahmen geht mit hierauf begrenzter Vertretungsmacht des Pflegers.

1 VORMUNDSCHAFT

Die Vormundschaft für minderjährige Kinder hat die Funktion, die elterliche Sorge zu ersetzen. Sie wird von Amts wegen durch das Familiengericht angeordnet, wenn ein Minderjähriger nicht unter elterlicher Sorge steht (§ 1773 Abs. 1 1. Alt.), wenn die Eltern weder in den die Person noch in den das Vermögen betreffenden Angelegenheiten zur Vertretung des Kindes berechtigt sind (§ 1773 Abs. 1 2. Alt.) oder wenn der Familienstand des Minderjährigen nicht zu ermitteln ist (Findelkind § 1773 Abs. 2).
Ausnahmeweise entsteht die Vormundschaft gem. § 1791c Abs. 1 S. 1 kraft Gesetz und mit der Geburt des Kindes, wenn ein nichteheliches Kind eines Vormunds bedarf. Dies ist der Fall, wenn die Mutter vor oder während der Geburt gestorben ist oder ihre elterliche Sorge wegen Beschränkung der Geschäftsfähigkeit ruht (vgl. § 1673). Hinzu muss allerdings noch kommen, dass auch der Vater des Kindes nicht sorgeberechtigt ist, weil die Eltern keine gemeinsame Sorgeerklärung i. S. d. § 1626a abgegeben haben oder der Vater selbst minderjährig ist.

Die 16-jährige Silvia ist die Mutter des am 09.12.2013 geborenen nichtehelichen Kindes Thomas. Der Vater Frank ist 17 Jahre alt und somit ebenfalls minderjährig. In diesem Fall würde eine gesetzliche Vormundschaft des Jugendamtes für Thomas bereits mit der Geburt kraft Gesetz entstehen, da die elterliche Sorge von Silvia, zumindest hinsichtlich der Befugnis, Thomas rechtsgeschäftlich vertreten zu dürfen, wegen § 1673 Abs. 2 ruht. Auch Frank ist nicht sorgeberechtigt, da er selbst minderjährig ist.

Ein Minderjähriger steht i. S. d. § 1773 Abs. 1 1. Alt. dann nicht unter elterlicher Sorge, wenn die Eltern, die das gemeinsame Sorgerecht ausüben, verstorben sind oder einem Elternteil, dem nach einer Trennung die elterliche Sorge gem. § 1671 übertragen worden ist, verstirbt und das Familiengericht dem anderen Elternteil nach § 1680 Abs. 2 nicht die elterliche Sorge übertragen hat.
Die Voraussetzung dieser Norm ist ferner dann erfüllt, wenn den sorgeberechtigten Eltern die elterliche Sorge nach § 1666 aus Gründen des Kindeswohls entzogen worden ist.

[539] Schwab Rdnr. 779.

Ein Vormund ist nach § 1773 Abs. 1 2. Alt. ferner zu bestellen, wenn die Eltern weder im Bereich der Personensorge noch der Vermögenssorge das Kind vertreten dürfen. Darunter fallen insbesondere die Fälle, in denen die elterliche Sorge nach §§ 1673–1675 ruht.

1.1 Person des Vormunds

Von der Anordnung der Vormundschaft ist sodann die Bestellung des Vormunds zu unterscheiden. Dem Familiengericht obliegt hierbei gem. § 1779 Abs. 2 die Aufgabe, eine geeignete Person zu wählen, d. h. eine Person, die nach ihren persönlichen Verhältnissen und ihrer Vermögenslage sowie nach den sonstigen Umständen zur Führung der Vormundschaft geeignet ist. Allerdings ist das Familiengericht nicht völlig frei in der Wahl des Vormunds. Grundsätzlich ist nämlich zunächst die Person als Vormund zu berufen, die durch die Eltern des minderjährigen Kindes als Vormund benannt worden ist. Dieses Benennungsrecht der Eltern kann aber gem. § 1777 Abs. 3 durch eine letztwillige Verfügung erfolgen, d. h., die Eltern müssen den aus ihrer Sicht geeigneten Vormund im Rahmen eines Testaments oder Erbvertrags benannt haben. Weitere Voraussetzung ist der Umstand, dass die Eltern zum Zeitpunkt ihres Todes die elterliche Sorge für die Person und das Vermögen des Kindes besessen haben (§ 1777 Abs. 1).
Haben die Eltern in der vorbeschriebenen Weise verschiedene Personen benannt, so gilt gem. § 1776 Abs. 2 die Benennung durch den zuletzt verstorbenen Elternteil.
Gem. § 1791b Abs. 1 S. 2 können die Eltern allerdings das Jugendamt nicht zum Vormund benennen. Der von den Eltern benannte Vormund kann ohne seine Zustimmung nur unter den Voraussetzungen des § 1778 übergangen werden.
Haben die Eltern dagegen keinen Vormund benannt oder kann die benannte Person aus gesetzlichen Gründen (vgl. § 1780) nicht zum Vormund bestellt werden, hat das Familiengericht nach Anhörung des Jugendamtes einen Vormund auszuwählen (§ 1779 Abs. 1). Bei der Auswahl des Vormunds hat das Gericht den mutmaßlichen Willen der Eltern, persönliche Bindungen des minderjährigen Kindes, Verwandtschaft oder Schwägerschaft bzw. das religiöse Bekenntnis des minderjährigen Kindes zu berücksichtigen (§ 1779 Abs. 2).
Zum Vormund kann gem. § 1780 nicht bestellt werden, wer geschäftsunfähig ist. Im Übrigen sollen Minderjährige oder Personen, für den ein Betreuer bestellt worden ist, nicht zum Vormund bestellt werden (§ 1781). Ferner soll nicht zum Vormund bestellt werden, wer durch Anordnung der Eltern im Rahmen einer letztwilligen Verfügung von der Vormundschaft ausgeschlossen ist (§ 1782). Auch insoweit gilt, dass die Eltern das Jugendamt nicht ausschließen können (§ 1791b Abs. 1 S. 2)
Hat das Familiengericht einen geeigneten Vormund ausgewählt und besitzt dieser die deutsche Staatsangehörigkeit, so ist diese Person gem. § 1785 verpflichtet, die Vormundschaft zu übernehmen, soweit nicht einer der in § 1786 niedergelegten Ablehnungsgründe vorliegt.
Der Mündel soll nach § 1775 einen einzigen Vormund erhalten; auch für mehrere Geschwister soll insgesamt nur ein Vormund bestellt werden. Aus § 1797 ergibt sich aber auch, dass im Einzelfall, soweit dies notwendig erscheint, mehrere Vormünder, die die Vormundschaft gemeinschaftlich führen, bestellt werden können. Daneben hat das Vormundschaftsgericht auch noch die Möglichkeit, einen sog. Gegenvormund zu bestellen (vgl. § 1792). Dieser Gegenvormund überwacht die Amtsführung des Vormunds und soll insbesondere bestellt werden, wenn mit der Vormundschaft eine erhebliche Vermögensverwaltung verbunden ist.

Das Gesetz geht davon aus, dass grundsätzlich eine natürliche Person zum Vormund bestellt wird (sog. Einzelvormundschaft). Daneben gibt es aber auch gem. § 1791a die sog. Vereinsvormundschaft. Hiernach kann ein rechtsfähiger Verein zum Vormund bestellt werden, wenn er vom Landesjugendamt hierzu für geeignet erklärt worden ist (vgl. § 54 SGB VIII). Allerdings darf dieser Verein nur dann zum Vormund bestellt werden, wenn die Eltern diesen Verein im Rahmen ihrer letztwilligen Verfügung benannt haben oder eine als Einzelvormund geeignete Person nicht vorhanden ist.
Fehlt eine geeignete Einzelperson, die als Vormund in Betracht kommen könnte, so kann darüber hinaus gem. § 1791b das Jugendamt zum Amtsvormund bestellt werden. In diesem Fall kann allerdings nach § 1792 S. 2 kein Gegenvormund bestellt werden.

1.2 Aufgabenbereich des Vormunds

Durch die Vormundschaft soll die elterliche Sorge ersetzt werden. Aus diesem Grund erhält der Vormund das Recht und die Verpflichtung zur Personensorge, zur Vermögenssorge und zur rechtlichen Vertretung des Kindes (vgl. § 1793 Abs. 1 S. 1).
Hinsichtlich der Personensorge verweist § 1800 auf §§ 1631–1633, damit auf die gesetzlichen Bestimmungen, die auch von den Eltern zu beachten sind.
Genauso wie die Eltern hat auch der Vormund bei der Pflege und Erziehung die wachsende Fähigkeit und das wachsende Bedürfnis des Kindes zu selbstständigem verantwortungsbewusstem Handeln zu berücksichtigen (vgl. § 1626 Abs. 2).
Ein Unterschied besteht lediglich bei der religiösen Erziehung. Zum einen hat der Vormund nicht das Recht, die Religion des Mündels zu bestimmen, sondern kann dieses Bestimmungsrecht nur mit Genehmigung des Familiengerichts ausüben (vgl. § 3 Abs. 2 Gesetz über die religiöse Kindererziehung); zum anderen kann das Familiengericht gem. § 1801 dem Vormund die Sorge für die religiöse Erziehung des Mündels entziehen, wenn der Vormund nicht dem Bekenntnis angehört, in dem der Mündel zu erziehen ist.
In Bezug auf die Vermögenssorge gelten für den Vormund die gleichen Ausführungen, wie sie bereits im Rahmen der elterlichen Sorge durch die Eltern dargestellt worden sind. Auch der Vormund hat das Vermögen des Mündels in Besitz zu nehmen, zu erhalten, zu vermehren und zweckdienlich zu verwalten. Gem. § 1802 hat der Vormund über das Vermögen, das bei der Anordnung der Vormundschaft vorhanden ist oder später dem Mündel zufällt, ein Vermögensverzeichnis aufzustellen, es mit der Versicherung der Richtigkeit und Vollständigkeit zu versehen und dem Familiengericht einzureichen.
Hinsichtlich der Anlegung des Vermögens des Mündels ergeben sich aus § 1803 ff. noch gesonderte, vom Vormund zu beachtende Vorschriften.
Weiterhin ist der Vormund berechtigt, das Mündel gesetzlich zu vertreten. Er ist nach § 1793 gesetzlicher Vertreter des Mündels. Im Unterschied zu den Eltern bestehen für ihn aber stärkere Kontrollen und Beschränkungen. Auch ist der Vormund, wie die Eltern, bei den Geschäften, die in § 1795 benannt sind, von der Vertretung ausgeschlossen; Gleiches gilt auch in den Fällen des § 181.
Für die in §§ 1821, 1822 genannten Geschäfte bedarf der Vormund die Genehmigung des Familiengerichts.
Der Vormund erhält für seine Tätigkeit nach § 1836 grundsätzlich kein Entgelt. Eine Ausnahme liegt in den Fällen vor, in denen das Gericht bei der Bestellung des Vormunds die

Feststellung trifft, dass der Vormund die Vormundschaft berufsmäßig führt. Im Ausnahmefall kann das Gericht gem. § 1836 Abs. 2 auch ohne die vorgenannte Feststellung eine angemessene Vergütung aus besonderen Gründen bewilligen, soweit der Umfang oder die Schwierigkeit der vormundschaftlichen Geschäfte dies rechtfertigen und der Mündel nicht mittellos ist.

1.3 Beendigung der Vormundschaft

Die Vormundschaft endet gem. § 1882 mit dem Wegfall der in § 1773 genannten Voraussetzungen. Auch kann das Familiengericht unter den Voraussetzungen der §§ 1886, 1887 einen Vormund entlassen. Diesen Antrag kann im Übrigen der Einzelvormund unter den Voraussetzungen des § 1889 auch selbst stellen.
Der Vormund hat sodann nach Beendigung des Amtes dem Mündel das verwaltete Vermögen herauszugeben und über die Verwaltung Rechenschaft abzulegen (§ 1890).

MERKE

Vormundschaft wird für Minderjährige von Amts wegen angeordnet, wenn sie nicht unter elterlicher Sorge stehen, die Eltern weder in der Personen- noch in der Vermögenssorge zur Vertretung des Kindes berechtigt sind oder der Familienstand des Minderjährigen nicht zu ermitteln ist. Kraft Gesetz entsteht die Vormundschaft bei nichtehelichen Kindern mit der Geburt, wenn die Mutter bei der Geburt verstorben ist oder ihre elterliche Sorge wegen Beschränkung der Geschäftsfähigkeit ruht und auch der Kindesvater nicht sorgeberechtigt ist. Das Familiengericht hat eine geeignete Person zum Vormund des Kindes zu bestellen, soweit die Eltern, die zum Zeitpunkt ihres Todes sorgeberechtigt gewesen sind, nicht durch letztwillige Verfügung einen Vormund bereits benannt haben. Vormund kann nicht werden, wer geschäftsunfähig ist. Auch sollen Minderjährige oder Personen, die unter Betreuung stehen, nicht zum Vormund bestellt werden. Der Vormund erhält das Recht und die Verpflichtung zur Personensorge, Vermögenssorge sowie rechtlichen Vertretung des Kindes. Er ist gesetzlicher Vertreter des Kindes. Bei Rechtsgeschäften, die in § 1795 genannt sind, darf der Vormund das minderjährige Kind nicht vertreten; bei den in §§ 1821, 1822 genannten Rechtsgeschäften ist die Genehmigung des Familiengerichts notwendig. Die Vormundschaft endet mit dem Wegfall der in § 1773 genannten Voraussetzungen.

2 BETREUUNG

Für einen Volljährigen, der aufgrund einer psychischen Erkrankung oder einer körperlichen, geistigen oder seelischen Behinderung seine Angelegenheiten ganz oder teilweise nicht besorgen kann, bestellt das Betreuungsgericht gem. § 1896 einen Betreuer.
Diese Betreuerbestellung geschieht entweder von Amts wegen oder auf Antrag des Betreuten. Nach § 1896 Abs. 1 S. 3 darf aber aufgrund einer körperlichen Behinderung ein Betreuer nur auf Antrag des Volljährigen bestellt werden, es sei denn, dass der Betreuende seinen Willen nicht kundtun kann.

Eine wichtige Einschränkung ergibt sich in diesem Zusammenhang aus § 1896 Abs. 2, wonach ein Betreuer nur für Aufgabenkreise bestellt werden darf, in denen die Betreuung erforderlich ist. Noch einmal sei in diesem Zusammenhang darauf hingewiesen, dass mit der Betreuung kein Verlust der Geschäftsfähigkeit verbunden ist. Die Frage, ob eine Person geschäftsunfähig ist, beurteilt sich ausschließlich nach § 104.

2.1 Betreuungsperson

Das Betreuungsgericht bestellt zum Betreuer eine natürliche Person, die geeignet ist, in dem gerichtlich bestimmten Aufgabenkreis die Angelegenheiten des Betreuten rechtlich zu besorgen und ihn in dem hierfür erforderlichen Umfang persönlich zu betreuen (§ 1897 Abs. 1).
Bei der Auswahl hat das Betreuungsgericht dem Vorschlag des zu Betreuenden zu entsprechen, soweit dieses dem Wohl des Betreuenden nicht zuwiderläuft (§ 1897 Abs. 4 S. 1). Auch soll das Betreuungsgericht Rücksicht nehmen, soweit der Volljährige eine bestimmte Person als Betreuer nicht wünscht.
Schlägt der Volljährige dagegen niemanden vor, so ist bei der Auswahl des Betreuers auf die verwandtschaftlichen und sonstigen persönlichen Bedingungen des Volljährigen, insbesondere auf die Bindungen zu Eltern, zu Kindern, zum Ehegatten und zum Lebenspartner, sowie auf die Gefahr von Interessenkonflikten Rücksicht zu nehmen (§ 1897 Abs. 5).
Ausnahmsweise kann das Betreuungsgericht einen nach § 1908f anerkannten Betreuungsverein oder die Betreuungsbehörde bestellen, soweit der Volljährige durch eine oder mehrere natürliche Personen nicht hinreichend betreut werden kann (§ 1900).

2.2 Aufgabenbereich des Betreuers

Die konkreten Pflichten der Aufgaben des Betreuers richten sich nach dem übertragenen Aufgabenkreis. Dieses können persönliche Angelegenheiten und/oder Vermögensangelegenheiten sein. Der Umfang der Betreuung ergibt sich insbesondere aus § 1901. Der Schwerpunkt der Betreuung liegt in der rechtlichen Besorgung der Angelegenheiten, darüber hinaus besteht aber auch heute noch das Prinzip der persönlichen Betreuung (vgl. § 1897 Abs. 1) als Grundlage des Vertrauensverhältnisses zwischen Betreuer und Betreutem.
Die Betreuungstätigkeit umfasst daher schwerpunktmäßig den Abschluss von Rechtsgeschäften sowie sonstiger Rechts- und Verfahrenshandlungen. Damit der Betreuer diese Aufgaben auch wirksam vornehmen kann, räumt ihm das Gesetz verschiedene Befugnisse ein, insbesondere die gesetzliche Vertretung des Betreuten gem. § 1902.
Dieses gesetzliche Vertretungsrecht ist aber – ähnlich wie bei der Vormundschaft – eingeschränkt. § 1908i verweist auf eine Vielzahl von Vorschriften, insbesondere auch auf § 1795, 1821, 1822 Nr. 1–4, 6–13.
Im Übrigen hat der Betreuer den Wünschen des Betreuten zu entsprechen, soweit dies dem Wohl des Betreuten nicht zuwiderläuft und dem Betreuer zuzumuten ist (§ 1901 Abs. 3). Auch hat der Betreuer wichtige Angelegenheiten vor Durchführung mit dem Betreuten zu besprechen (§ 1901 Abs. 3 S. 3).
Das bestehende Selbstbestimmungsrecht des Betreuten hat durch § 1901a, der zum 01.01.2009 in Kraft getreten ist, eine weitere gesetzliche Grundlage gefunden. Hat der

Betreute als einwilligungsfähiger Volljähriger eine Patientenverfügung errichtet, so bleibt diese weiterhin wirksam bestehen.
Patientenverfügungen sind in diesem Sinne schriftliche Willensäußerungen eines einwilligungsfähigen Volljährigen, mit denen er die Entscheidung trifft über die Einwilligung oder Nichteinwilligung in noch nicht unmittelbar bevorstehende Untersuchungen seines Gesundheitszustands, in Heilbehandlungen oder zu ärztlichen Eingriffen für den Fall der späteren Einwilligungsunfähigkeit.[540] Die Errichtung einer Patientenverfügung setzt keine Geschäftsfähigkeit des Volljährigen voraus, sondern lediglich die Einwilligungsfähigkeit. Ausreichend ist demnach die natürliche Einsichts- und Steuerungsfähigkeit des Volljährigen, d. h. die Art, die Bedeutung, die Tragweite und die Risiken der Maßnahmen zu erfassen und seinen Willen hiernach zu richten.[541]
Der Betreuer hat nach § 1901a Abs. 1 S. 1 zu prüfen, ob die von dem Betreuten in der von ihm errichteten Patientenverfügung getroffenen Entscheidungen auf die aktuelle Lebenssituation des Betreuten zutreffen. Im Falle der Übereinstimmung zwischen den Entscheidungen des Betreuten und der aktuellen Lebenssituation hat der Betreuer die Pflicht, dafür zu sorgen, dass der Wille des Betreuten respektiert und umgesetzt wird.
Der Betreute kann seine Patientenverfügung jederzeit formlos widerrufen. Auch dies hat der Betreuer zu respektieren. Ein eigenes Widerrufsrecht besitzt der Betreuer allerdings nicht.
Es kann in einigen Fällen zum Schutz des Betreuten notwendig sein, dessen Handlungsfähigkeit einzuschränken. Aus diesem Grund bestimmt § 1903, dass das Betreuungsgericht anordnen kann, dass der Betreute zu einer Willenserklärung, die den Aufgabenkreis des Betreuers betrifft, dessen Einwilligung bedarf (Einwilligungsvorbehalt). In diesem Fall gelten §§ 108–113, 131 Abs. 2 zu § 210 entsprechend.
Hinsichtlich der Personensorge ist die Befugnis des Betreuers durch §§ 1904–1908 weiter eingeschränkt.
So bedarf die Einwilligung des Betreuers in eine Untersuchung des Gesundheitszustandes, einer Heilbehandlung oder eines ärztlichen Eingriffs der Genehmigung des Betreuungsgerichts, wenn die begründete Gefahr besteht, dass der Betreute aufgrund der Maßnahme stirbt oder einen schweren oder länger andauernden gesundheitlichen Schaden erleidet, es sei denn, dass mit der hierdurch eintretenden Zeitverzögerung eine Gefahr für den Betreuten verbunden ist.
Der Betreuer darf sodann, soweit der Betreute hierzu nicht selbst seine Einwilligung erteilen darf, in eine Sterilisation des Betreuten nur unter den Voraussetzungen des § 1905 Abs. 1 einwilligen; auch diese Einwilligung bedarf der Genehmigung des Betreuungsgerichts genauso wie die Unterbringung des Betreuten aus den Gründen des § 1906. Ferner bedarf der Betreuer der Genehmigung des Betreuungsgerichts, wenn er einen Wohnraum, den der Betreute gemietet hat, kündigen will (§ 1907).
Letztendlich kann der Betreuer eine Ausstattung aus dem Vermögen des Betreuten nur mit Genehmigung des Betreuungsgerichts versprechen oder gewähren (§ 1908).

---

[540] Palandt/Diederichsen, § 1901a Rdnr. 3.
[541] Palandt/Diederichsen, § 1901a Rdnr. 10.

2.3 Beendigung der Betreuung

Die Betreuung ist nach § 1908d aufzuheben, wenn ihre Voraussetzungen weggefallen sind. Dies ist insbesondere der Fall, wenn der Betreute durch ärztliche Heilbehandlungen wieder genesen ist und seine Angelegenheiten selber besorgen kann. Hat der Betreute selbst einen Antrag auf Betreuung gestellt, so ist die Betreuung auf seinen Antrag wieder aufzuheben, es sei denn, dass eine Betreuung von Amts wegen erforderlich geworden ist.
Unter den Voraussetzungen des § 1908b hat das Betreuungsgericht des Weiteren den Betreuer zu entlassen. Ein solcher Entlassungsgrund liegt insbesondere vor, wenn der Betreuer nicht geeignet ist oder ein anderer wichtiger Grund für die Entlassung besteht. Darüber hinaus kann der Betreuer nach § 1908b Abs. 2 seine Entlassung verlangen, wenn nach seiner Bestellung Umstände eingetreten sind, aufgrund derer ihm die Betreuung nicht mehr zugemutet werden kann oder er eine geeignete Person zum neuen Betreuer vorschlägt, die zur Übernahme bereit ist. Nach § 1908b Abs. 5 ist ein Verein oder eine Behörde zu entlassen, sobald der Betreute durch eine oder mehrere natürliche Personen hinreichend betreut werden kann.

MERKE

Volljährige, die aufgrund einer psychischen Erkrankung oder einer körperlichen, geistigen oder seelischen Behinderung ihre Angelegenheiten ganz oder teilweise nicht mehr besorgen können, erhalten von Amts wegen oder auf eigenen Antrag einen Betreuer. Liegt eine körperliche Behinderung vor, kann ein Betreuer nur auf Antrag des Volljährigen bestellt werden. Bei der Auswahl des Betreuers hat das Betreuungsgericht dem Vorschlag des zu Betreuenden grundsätzlich zu entsprechen, es sei denn, dass dieses dem Wohl des zu Betreuenden zuwiderläuft. Ausnahmsweise kann auch ein anerkannter Betreuungsverein oder die Betreuungsbehörde bestellt werden. Die konkreten Pflichten und Rechte des Betreuers richten sich nach dem übertragenen Aufgabenkreis. In diesem Rahmen ist der Betreuer gesetzlicher Vertreter des Betreuten. Für bestimmte im Gesetz besonders erwähnte Maßnahmen bedarf auch der Betreuer der Genehmigung des Betreuungsgericht (vgl. §§ 1904–1908). Die Betreuung endet, wenn die gesetzlichen Voraussetzungen für ihre Anordnung weggefallen sind.

3 PFLEGSCHAFT

Die Pflegschaft ähnelt der Vormundschaft insoweit, als dass bei beiden Rechtsinstituten ein Fürsorgebedürfnis für eine gesetzliche Vertretung für die betroffene Person besteht. Während die Vormundschaft jedoch die Funktion hat, dauernd und umfassend die elterliche Sorge für Minderjährige zu ersetzen, besteht die gesetzgeberische Funktion der Pflegschaft in der Besorgung bestimmter Angelegenheiten, d. h., dass der Pfleger nur für einen begrenzten Sorgebereich zuständig ist.[542] Im Übrigen besteht zwischen der Vormundschaft und der Pflegschaft unter rechtlichen Gesichtspunkten insoweit eine rechtliche Nähe, als dass

542 Palandt/Diederichsen, Einführung § 1909 Rdnr. 1.

nach § 1915 Abs. 1 auf die Pflegschaft die für die Vormundschaft geltenden Vorschriften entsprechende Anwendung finden, soweit sich innerhalb der Vorschriften über die Pflegschaft nicht etwas anderes ergibt.
So ist die Bestellung eines Gegenpflegers im Rahmen der Pflegschaft nicht erforderlich (§ 1915 Abs. 2). Auch findet § 1793 Abs. 2 auf die Pflegschaft für Volljährige keine Anwendung (§ 1915 Abs. 3).
Des Weiteren finden für die Ernennung eines Ergänzungspflegers i. S. d. § 1909 Abs. 1 S. 1 die Vorschriften §§ 1776–1778 keine Anwendung (§ 1916).
Im Gegensatz zur Vormundschaft ist das Familiengericht bei der Bestimmung der Person des Pflegers grundsätzlich frei. Das Familiengericht hat einen Pfleger allein unter Berücksichtigung der Interessen des Pflegebefohlenen auszusuchen. Insbesondere sind Verwandte nicht auszuwählen, wenn sich bei ihnen der Interessengegensatz, der bei den Eltern bestanden hat, fortsetzt.[543]
Eine Einschränkung ergibt sich allerdings für die Ergänzungspflegschaft gem. § 1909 Abs. 1 S. 2 (Zuwendung von Vermögen durch Dritte an Minderjährige oder Erwerb des Vermögens von Todes wegen mit der Bestimmung, dass die Eltern oder der Vormund dieses Vermögen nicht verwalten sollen). In diesen Fällen hat das Familiengericht den Pfleger zu berufen, der durch letztwillige Verfügung oder bei der Zuwendung benannt worden ist (§ 1917). § 1778 findet auch hier entsprechende Anwendung.
Je nach Aufgabenbereich unterscheidet das Gesetz zwischen folgenden unterschiedlichen Pflegschaftstypen.

3.1 Ergänzungspflegschaft

Die bedeutendste Pflegschaftsart im Familienrecht ist die sog. Ergänzungspflegschaft nach § 1909 Abs. 1. Diese Pflegschaft betrifft insbesondere die Bereiche, in denen Eltern, die die elterliche Sorge über ein minderjähriges Kind besitzen, oder ein Vormund das minderjährige Kind nicht vertreten dürfen (§ 1629 Abs. 2 i. V. m. § 1795).

Hans und Ute Müller betreiben ein Einzelhandelsgeschäft. Sie wollen sich zur Ruhe setzen und dieses Erwerbsgeschäft an ihren 17-jährigen Sohn Thomas verkaufen. In diesem Fall wären sie gem. § 1795 Abs. 1 Nr. 1 nicht berechtigt, als gesetzlicher Vertreter ihres minderjährigen Sohnes zu handeln und es müsste für den Abschluss eines derartigen Kaufvertrags ein Ergänzungspfleger bestellt werden, der die Interessen des minderjährigen Thomas wahrnimmt.

Eine besondere Form der Ergänzungspflegschaft ist sodann in § 1909 Abs. 1 S. 2 geregelt. Hiernach ist für einen Minderjährigen ein Ergänzungspfleger zu bestellen für die Verwaltung von Vermögenswerten, die der Minderjährige entweder aufgrund eines Erbrechts erhalten hat oder die ihm unter Lebenden von einer dritten Person unentgeltlich zugewandt worden ist, soweit der Erblasser oder diese dritte Person bestimmt haben, dass die Eltern oder der Vormund das Vermögen nicht verwalten sollen.

[543] Palandt/Diederichsen, Einführung § 1916 Rdnr. 2.

Otto Müller setzt in seinem Testament seinen 15-jährigen Neffen Sven zum Alleinerben ein. In dem Testament hat er bestimmt, dass die Eltern von Sven das Vermögen nicht verwalten sollen. Auch in diesem Fall wäre gem. § 1909 Abs. 1 S. 2 die Ergänzungspflegschaft anzuordnen und ein Ergänzungspfleger zu bestellen, bis Sven volljährig ist.

3.2 Abwesenheitspflegschaft

Eine Abwesenheitspflegschaft ist nach § 1911 anzuordnen für eine volljährige Person, wenn diese mit unbekanntem Aufenthalt abwesend ist und ihre Vermögensangelegenheiten einer Fürsorge bedürfen.
Gleiches gilt gem. § 1911 Abs. 2 bei einem Abwesenden, dessen Aufenthalt zwar bekannt ist, der aber an der Rückkehr aus der Besorgung seiner Vermögensangelegenheiten verhindert ist.
Der Grund für die Abwesenheit spielt hierbei keine Rolle. Es kann sich hierbei um eine Gefangenschaft, Emigration, Forschungsreise oder einen ständigen, ausländischen Wohnsitz handeln.
Voraussetzung für die Anordnung dieser Pflegschaft ist ein Bedürfnis zur Regelung der Vermögensangelegenheiten des Abwesenden. Dieses Bedürfnis ist zu verneinen, wenn der Abwesende entweder diese Angelegenheiten regeln könnte, er aber nicht will oder er seine Angelegenheiten schriftlich oder durch einen Bevollmächtigten regeln könnte.[544]
Der Wirkungskreis des Abwesenheitspflegers ist nach dem Umfang des Fürsorgebedürfnisses zu bestimmen. Enthält der Anordnungsbeschluss keine Beschränkung, so ist im Zweifel anzunehmen, dass der Pfleger für die Besorgung aller Vermögensangelegenheiten bestellt ist.[545]
Die Abwesenheitspflegschaft ist durch das Vormundschaftsgericht nach § 1921 aufzuheben, wenn der Abwesende an der Besorgung seiner Vermögensangelegenheiten nicht mehr verhindert ist.

3.3 Pflegschaft für eine Leibesfrucht

Nach § 1912 erhält eine Leibesfrucht zur Wahrung ihrer künftigen Rechte einen Pfleger, soweit ein Fürsorgebedürfnis besteht. Die Pflegschaft kann für den Fall angeordnet werden, dass den Eltern, falls das Kind bereits geboren wäre, die elterliche Vertretungsmacht nicht zustehen würde.

Lukas Becker setzt in einem Testament das bereits gezeugte Kind seiner Tochter Caroline zum Alleinerben ein. Aber er bestimmt in dem Testament, dass weder Caroline noch deren Ehemann das ererbte Vermögen verwalten sollen. Kommt das Kind lebend zur Welt, wird es Erbe von Lukas Becker (§§ 1922, 1923 Abs. 2), soweit dieser zu dem Zeitpunkt bereits verstorben ist. Hier besteht ein Fürsorgebedürfnis dann, wenn Lukas Becker bereits zu einem

[544] Palandt/Diederichsen, Einführung § 1911 Rdnr. 7.
[545] Palandt/Diederichsen, Einführung § 1911 Rdnr. 9.

Zeitpunkt verstorben ist, als das Kind noch nicht geboren wurde, da der Nachlass für das ungeborene Kind verwaltet werden muss.

3.4 Weitere Pflegschaften

Nach § 1913 kann sodann noch die Pflegschaft für unbekannte Beteiligte und unter den Voraussetzungen des § 1914 die Pflegschaft für gesammeltes Vermögen bestellt werden.

MERKE

Eine Pflegschaft ist anzuordnen, wenn nur einzelne Angelegenheiten oder Maßnahmen für eine Person zu besorgen sind. Das Gesetz unterscheidet je nach Aufgabenbereich mehrere Arten der Pflegschaft. Im Familienrecht ist die Ergänzungspflegschaft nach § 1909 von besonderer Bedeutung, die dann anzuordnen ist, wenn die Eltern oder der Vormund für das minderjährige Kind in bestimmten Angelegenheiten nicht handeln dürfen.

E ERBRECHT

I Einleitung

Das Erbrecht ist überwiegend im fünften Buch des BGB in den §§ 1922 bis 2385 geregelt. Daneben sind aber auch in den anderen Büchern des BGB erbrechtliche Vorschriften enthalten. So tritt nach § 563 Abs. 1 der Ehegatte, der mit dem Mieter einen gemeinsamen Haushalt führt, mit dem Tode des Mieters in das Mietverhältnis ein.
Auch im Sachenrecht (vgl. z. B. § 857) oder Familienrecht (vgl. z. B. § 1371) sind erbrechtliche Vorschriften zu finden.
Für das Verständnis des komplexen Erbrechts ist es erforderlich, zunächst einige Grundlagen darzustellen.
Gem. § 1922 Abs. 1 geht mit dem Tode einer Person deren Vermögen als Ganzes auf eine oder mehrere andere Personen über.
Dieser Grundsatz der sog. Universalsukzession oder auch Gesamtnachfolge führt somit zu einem gesetzlich normierten Übergang des gesamten Vermögens auf den oder die Erben. Ein zusätzlicher Erwerbsakt wie die Übereignung bei beweglichen Sachen nach § 929 S. 1 ist nicht erforderlich.
Kraft Gesetz erhält somit der Erbe mit dem Tod des Erblassers dessen gesamtes Vermögen.

> Hans Zimmermann ist im Alter von 85 Jahren verstorben. Er hinterlässt als alleinigen Erben seinen Sohn Ulrich. Zum Nachlass gehört auch ein neuwertiger Pkw. Mit dem Tod von Hans wird Ulrich Eigentümer dieses Fahrzeugs.

Neben bestehenden Rechten gehören dazu nach überwiegend vertretener Auffassung auch die bestehenden Verbindlichkeiten des Erblassers, für die der Erbe unter Berücksichtigung von §§ 1967 ff., 2058 ff. haftet.
Die Person, deren Vermögen mit dem Tod auf die Erben übergeht, wird im Erbrecht Erblasser genannt. Erblasser ist immer eine natürliche Person, niemals ein juristische Person.[546]
Als Erbfall wird nach § 1922 Abs. 2 der Tod eines Menschen bezeichnet. Die Erbschaft, die an einigen Stellen im Gesetz auch Nachlass genannt wird (vgl. § 1975), ist das gesamte Vermögen, das auf die Erben mit dem Tod des Erblassers übergeht.
Die Person oder Personen, die sodann die Erbschaft erhalten, werden Erben genannt.
Die Bestimmung des oder der Erben kann einmal durch eine Willenserklärung des Erblassers (Testament oder Erbvertrag) erfolgen. In diesem Fall spricht man von gewillkürter Erbfolge.

[546] Brox/Walker, ErbR Rdnr. 5.

Liegt eine solche gewillkürte Erbfolge nicht vor, weil der Erblasser eine Verfügung von Todes wegen zu Lebzeiten nicht errichtet hat, so entsteht die gesetzliche Erbfolge nach § 1924 ff. Die gewillkürte Erbfolge ist somit immer vorrangig vor der gesetzlichen Erbfolge.
Allerdings können in Einzelfällen aber auch die gewillkürte und die gesetzliche Erbfolge nebeneinander zur Anwendung gelangen. Dies ist dann der Fall, wenn der Erblasser nur über einen bestimmten Teil seines Vermögens verfügt hat.

Uwe Schröder bestimmt in einem Testament, dass sein Sohn Max sein Textilunternehmen, das wertmäßig die Hälfte seines Vermögens ausmacht, bekommen und fortführen soll. Weitere Regelungen enthält das Testament nicht. Das Textilunternehmen erhält Max im Wege der gewillkürten Erbfolge, hinsichtlich des weiteren Nachlasses tritt die gesetzliche Erbfolge ein.

Erbe kann nach § 1923 Abs. 1 nur werden, wer zur Zeit des Erbfalles lebt. Die Erbfähigkeit ist ein besonderer Bestandteil der Rechtsfähigkeit. Hintergrund ist, dass bei Eintritt des Erbfalles der Erbe in die rechtliche Stellung des Erblassers eintritt. Dies kann nur eine Person sein, die zu diesem Zeitpunkt lebt.
Erbfähigkeit besitzen natürliche Personen genauso wie juristische Personen.
Tiere (vgl. § 90a) können demnach nicht Erbe sein.
Eine Besonderheit ergibt sich aus § 1923 Abs. 2. Erbe kann danach auch werden, wer zum Zeitpunkt des Erbfalles zwar noch nicht lebt, aber bereits gezeugt war. § 1923 Abs. 2 beinhaltet somit eine Vorverlegung der Rechtsfähigkeit, erfordert aber auch, dass das Kind diese Rechtsfähigkeit einmal erlangt. Dieses bedeutet, dass das Kind lebend zur Welt kommen muss. Stirbt das Kind nach dem Erbfall im Mutterleib, kann es auch unter Berücksichtigung des § 1923 Abs. 2 nicht Erbe werden.
Von der Erbschaft abzugrenzen ist sodann das sog. Vermächtnis (vgl. §§ 2147, 2174).
Ein Vermächtnis liegt in der Regel vor, wenn der Erblasser bestimmte Wertgegenstände aus dem Nachlass herausnimmt, um sie einer bestimmten Person zuzuwenden.
Im Unterschied zu der in § 1922 Abs. 1 niedergelegten Universalsukzession erhält der Vermächtnisnehmer das Recht an dem vermachten Gegenstand nicht automatisch mit Eintritt des Todes. Vielmehr wird nach § 2174 für den Vermächtnisnehmer ein schuldrechtlicher Anspruch auf Übertragung des vermachten Gegenstandes begründet. Dieser Anspruch richtet sich im Regelfall gegen den Erben, soweit der Erblasser nichts anderes bestimmt hat (vgl. § 2147 S. 2).

Heinz Müller hat in einem Testament seine Ehefrau Ute zur Alleinerbin eingesetzt. Ferner hat er bestimmt, dass die Münzsammlung sein Freund Sven erhalten soll. Mit dem Tod von Heinz wird Sven nicht automatisch Eigentümer dieser Münzen, sondern er erhält aus § 2174 einen schuldrechtlichen Anspruch gegen Ute auf Übereignung dieser Münzen. Die Übereignung der Münzen richtet sich sodann nach § 929 S. 1.

MERKE

Das Erbrecht ist überwiegend im fünften Buch des BGB geregelt.
Der Grundsatz der Universalsukzession bedeutet, dass mit dem Tod einer Person kraft Gesetz das gesamte Vermögen des Erblassers auf den oder die Erben übergeht.

Als Erbfall wird der Tod eines Menschen bezeichnet; Erbschaft oder Nachlass ist das gesamte Vermögen des Erblassers.
Hat der Erblasser die Erbfolge durch Verfügung von Todes wegen bestimmt, spricht man von gewillkürter Erbfolge, anderenfalls tritt die gesetzliche Erbfolge ein.
Erbe ist die Person, die den Nachlass im Wege der Erbfolge erhält. Die Erbfähigkeit ist ein besonderer Bestandteil der Rechtsfähigkeit und erfordert, dass der Erbe zur Zeit des Erbfalles lebt. Als erbfähig gilt aber auch, wer zur Zeit des Erbfalles zwar noch nicht gelebt hat, aber bereits gezeugt war.
Ein Vermächtnis ist in der Regel die Zuwendung einzelner Gegenstände aus dem Nachlass und begründet einen schuldrechtlichen Anspruch auf Übertragung des vermachten Gegenstands.

II Gesetzliche Erbfolge

Die gesetzliche Erbfolge tritt ein, wenn der Erblasser seine Erben nicht zu Lebzeiten durch wirksames Testament oder Erbvertrag bestimmt hat.

1 ERBRECHT DER VERWANDTEN

Das gesetzliche Erbrecht der Verwandten ist in §§ 1924 bis 1930 geregelt.
Der Begriff der Verwandtschaft definiert sich aus dem Familienrecht. Gem. § 1589 S. 1 sind Personen, bei denen eine von der anderen abstammt, in gerader Linie verwandt, und Personen, die von derselben dritten Person abstammen, in der Seitenlinie miteinander verwandt (§ 1589 S. 2).
Tragendes Prinzip des Verwandtenerbrechts ist das sog. Parentelsystem (ableitend aus dem lateinischen »parens« = Elternteil). Gemeint ist hiermit die Gesamtheit der Personen, die von einer anderen Person abstammen.[547] Dieses Verständnis bedeutet nicht, dass diese Personen allesamt einer Generation angehören müssen. Urenkel, Enkel, Eltern gehören verschiedenen Generationen an, stammen dennoch in gerader Linie von einer gemeinsamen Person ab.
Neben dieser sog. Blutsverwandtschaft besteht auch noch die rechtliche Verwandtschaft, die durch die Adoption begründet wird (vgl. §§ 1741 ff.).
Das Gesetz stuft die Verwandten in §§ 1924–1929 in verschiedene Ordnungen ein und bestimmt sodann in § 1930, dass ein Verwandter nicht zur Erbschaft berufen ist, soweit ein Verwandter vorhanden ist, der zu einer vorhergehenden Ordnung gehört.

Max Müller ist im Alter von 45 Jahren nach schwerer Krankheit verstorben. Er hinterlässt seine Kinder Benedikt und Sabine. Ferner leben zum Zeitpunkt des Todes noch seine Eltern Josef und Miriam Müller.
Die Kinder Benedikt und Sabine gehören zu den gesetzlichen Erben erster Ordnung i. S. d. § 1924; die Eltern Josef und Miriam Müller zu den gesetzlichen Erben zweiter Ordnung gem.

[547] Brox/Walker, ErbR, Rdnr. 53.

§ 1925. Aus § 1930 ergibt sich nun, dass Josef und Miriam als gesetzliche Erben 2. Ordnung nicht zu Erben berufen werden können, da mit Benedikt und Sabine gesetzliche Erben erster Ordnung vorhanden sind.

MERKE

Das gesetzliche Erbrecht der Verwandten ergibt sich aus §§ 1924–1930. Die Verwandten des Erblassers werden in verschiedene Ordnungen eingeteilt und ein Verwandter ist gem. § 1930 nicht zum Erben berufen, soweit ein Verwandter einer vorhergehenden Ordnung vorhanden ist.

1.1 Gesetzliche Erben erster Ordnung

Gem. § 1924 Abs. 1 gehören zu den gesetzlichen Erben der erster Ordnung die Abkömmlinge des Erblassers.
Zu diesen Abkömmlingen zählen die Kinder, Enkelkinder, Urenkelkinder usw.
Seit Inkrafttreten des Gesetzes zur erbrechtlichen Gleichstellung nicht ehelicher Kinder (Erbrechtsgleichstellungsgesetz) vom 16.12.1997, das mit Wirkung zum 01.04.1998 in Kraft getreten ist, spielt es auch keine Rolle mehr, ob es sich um eheliche oder nicht eheliche Kinder handelt, da diese nunmehr gleichgestellt sind.
Innerhalb der Erben der erster Ordnung wird der zum Erben Berufene und die Quote des Erbteils zunächst nach dem Stammsystem ermittelt.
Dieses bedeutet, dass jedes Kind des Erblassers einen Stamm und jedes Enkelkind einen Unterstamm bildet.

Otto Sonnenschein hinterlässt nach seinem Tod seine Töchter Gudrun und Angela sowie seine Söhne Robert und Stefan.

Jedes dieser Kinder bildet als Stammvater bzw. Stammmutter einen eigenen Stamm, zu dem wiederum ihre eigenen Abkömmlinge zählen.

Gem. § 1924 Abs. 4 erben Kinder zu gleichen Teilen, dieses bedeutet, dass jeder Stamm den gleichen Anteil erhält.
Innerhalb der vorhandenen Stämme gilt sodann des Weiteren das Repräsentationssystem. Das bedeutet, dass ein Stammelternteil die von ihm abstammenden Personen von der Erbfolge ausschließt (vgl. § 1924 Abs. 2).

Nach dem Tod von Heinz Winter leben noch dessen Kinder Manuel und Sandra sowie die Enkelkinder Johannes und Sabrina, die Kinder von Manuel.

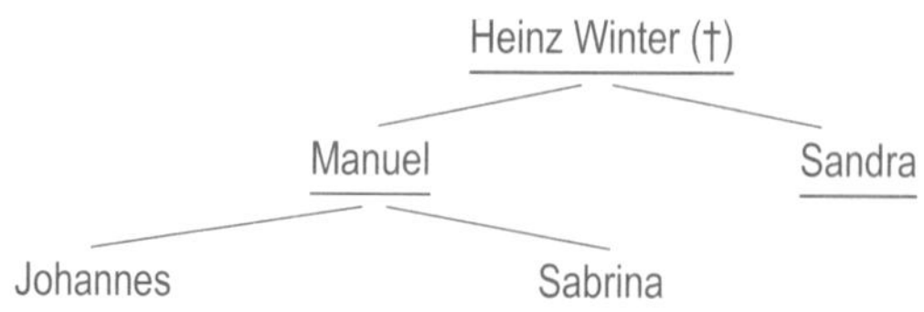

Das Repräsentationsprinzip aus § 1924 Abs. 2 beinhaltet nun, dass Manuel seinen »Stamm« repräsentiert und demzufolge seine Kinder Johannes und Sabrina von der Erbfolge ausschließt. Erben zu gleichen Teilen (§ 1924 Abs. 4) sind in diesem Fall Manuel und Sandra.

Neben dem Repräsentationsprinzip ergibt sich aus § 1924 Abs. 3 das sog. Eintrittsrecht. Lebt zum Zeitpunkt des Erbfalles ein Stammelternteil nicht mehr, so rücken dessen Abkömmlinge in die Position des Stammelternteils nach.

Karl Heimann ist verstorben. Nach seinem Tod leben noch seine Kinder Josef und Hubert sowie seine Enkelkinder Hans und Ute, die Kinder seiner vor ihm verstorbenen Tochter Renate.

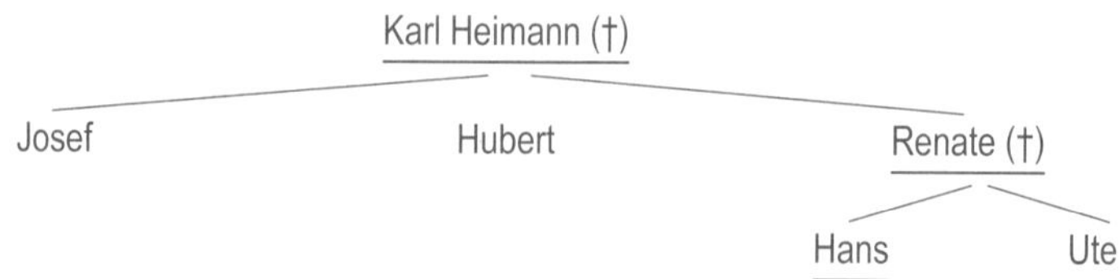

Nach dem Tod von Karl bestehen der Stamm »Josef«, der Stamm »Hubert« sowie der Stamm »Renate«. Da Renate bereits vorverstorben ist, besitzen ihre Kinder Hans und Ute das Eintrittsrecht und erhalten die Erbteilsquote, die auf den Stamm ihrer Mutter »Renate« fällt. Es erben somit Josef und Hubert zu jeweils einem Drittel sowie die Enkelkinder Hans und Ute den Anteil von Renate i. H. v. einem Drittel, mithin jeweils zu einem Sechstel.

Ist zum Zeitpunkt des Todes des Erblassers ein Stamm nicht mehr vertreten, so wird er erbrechtlich nicht mehr berücksichtigt.

Nach dem Tod von Hubert Schulze leben noch dessen Kinder Simone, Jan, Sven und David sowie seine Enkelkinder Sarah und Philipp, Kinder von David. Seine Tochter Laura ist bereits vor ihm verstorben, ohne eigene Kinder zu hinterlassen.

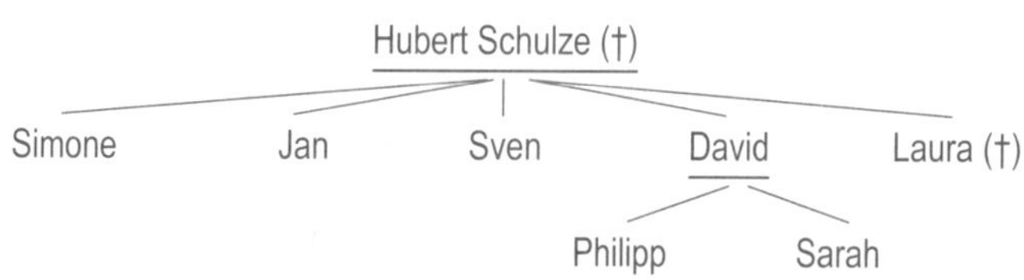

Der Stamm »Laura« wird bei dieser Erbfolge nicht berücksichtigt. Die Kinder Simone, Jan, Sven und David erben zu gleichen Teilen (§ 1924 Abs. 4). Die Enkelkinder Philipp und Sarah sind nicht zu Erben berufen, da ihr Vater David sie durch das Repräsentationsprinzip von der Erbfolge ausschließt.

MERKE

Gesetzliche Erben der ersten Ordnung sind die Abkömmlinge des Erblassers. Es gilt das Stammsystem, wonach jedes Kind des Erblassers einen Stamm bildet. Nach dem Repräsentationsprinzip schließt jeder Stammelternteil seine eigenen Abkömmlinge von der Erbfolge aus. Ist aber ein Kind des Erblassers bereits vor dem Erbfall verstorben, so haben dessen Abkömmlinge das Eintrittsrecht, d. h., diese Kinder rücken in die Position des vorverstorbenen Elternteils nach.

1.2 Gesetzliche Erben zweiter Ordnung

Die Erben zweiter Ordnung ergeben sich aus § 1925. Erben sind hiernach die Eltern des Erblassers und deren Abkömmlinge. Sie können grundsätzlich nur zum Erben berufen werden, soweit die Erben erster Ordnung nicht vorhanden sind (vgl. § 1930).
Auch bei den Erben der zweiter Ordnung gilt das Stammsystem. Zu dem Stammsystem kommt noch das Liniensystem hinzu.
Vom Erblasser ausgehend besteht eine väterliche und eine mütterliche Linie. Das Liniensystem beschreibt somit das aufsteigende Verhältnis zu den Verwandten des Erblassers.

Nach dem Tod von Fritz Neuhaus leben noch dessen Eltern Hans und Elfriede Neuhaus. Abkömmlinge sind nicht vorhanden.

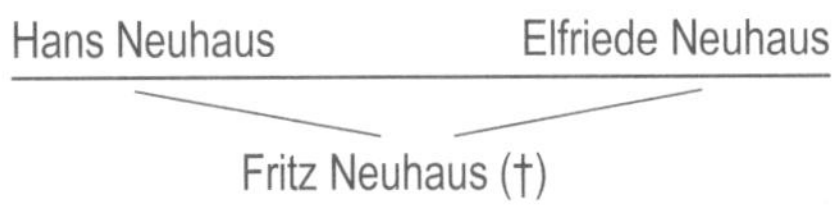

Es besteht hier sowohl die väterliche Linie bezogen auf den Vater Hans als auch die mütterliche Linie bezogen auf die Mutter Elfriede.
Diese beiden Linien erben zu gleichen Teilen, sodass die Hälfte des Nachlasses an Hans und die andere Hälfte des Nachlasses an Elfriede fällt.

Auch innerhalb der zweiter Ordnung gilt das Repräsentationsprinzip, sodass die Eltern, soweit sie zum Zeitpunkt des Erbfalles noch leben, ihre Abkömmlinge von der Erbfolge ausschließen.

Lebt zum Zeitpunkt des Erbfalles ein Elternteil nicht mehr, so erben gem. § 1925 Abs. 3 dessen Abkömmlinge nach den Vorschriften der erster Ordnung. Die Abkömmlinge des bereits vorverstorbenen Elternteils haben somit das Eintrittsrecht
Hans Silberstern ist verstorben. Er hinterlässt keine Abkömmlinge. Zum Zeitpunkt des Todes leben noch seine Mutter Irene sowie seine Geschwister Ursula und Franz.

Da Erben erster Ordnung hier nicht vorhanden sind, sind die Erben der zweiten Ordnung berufen. Die Eltern von Hans Silberstern erben nach Linien, somit fällt die eine Hälfte des Nachlasses an die mütterliche Linie und Irene erbt die Hälfte des Nachlasses.
Da der Vater von Hans Silberstern verstorben ist, haben dessen Abkömmlinge nach § 1925 Abs. 3 i. V. m. § 1924 Abs. 3 das Eintrittsrecht. Die Hälfte des vorverstorbenen Vaters erben somit dessen Kinder Ursula und Franz, sodass insgesamt Irene zur Hälfte und die Geschwister Ursula und Franz zu je einem Viertel erben werden.

Sind zum Zeitpunkt des Erbfalles bereits beide Eltern verstorben, so erben nach § 1925 Abs. 3 die Abkömmlinge der vorverstorbenen Eltern nach der für die Beerbung in der erster Ordnung geltenden Vorschrift. Berücksichtigt werden hierbei jeweils die Abkömmlinge nach der väterlichen Linie und die Abkömmlinge nach der mütterlichen Linie, die nicht identisch sein müssen.

Als Michal Sonnenschein verstirbt, leben noch seine Schwester Nadine, die Neffen Heinz und Hubert, Söhne seines vorverstorbenen Bruder Wilhelm sowie seine Halbschwester Nicole aus der ersten Ehe seines verstorbenen Vaters.

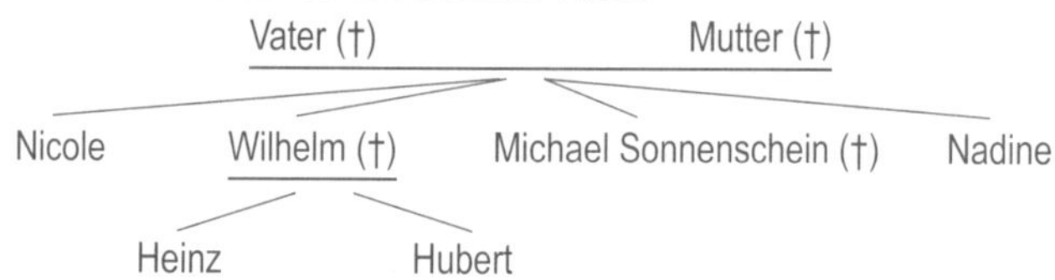

Da die Eltern von Michael Sonnenschein bereits beide verstorben sind, erben deren Abkömmlinge gem. § 1925 Abs. 3 i. V. m. § 1924 Abs. 2 bis 4.
Es ist wiederum zwischen der mütterlichen und der väterlichen Linie zu differenzieren, sodass die Hälfte des Nachlasses an die Linie der Mutter und die andere Hälfte des Nachlasses an die Linie des Vaters fällt. Da beide Elternteile verstorben sind, treten an ihre Stelle die Abkömmlinge gem. § 1925 Abs. 3. Bezogen auf die mütterliche Linie bedeutet dies, dass deren Kinder Nadine und Wilhelm den auf ihre Linie entfallenden Anteil erhalten. Da Wilhelm aber bereits verstorben ist, somit seinen »Stamm« nicht mehr repräsentieren kann, haben dessen Söhne Heinz und Hubert gem. § 1924 Abs. 3 das Eintrittsrecht. Von der Hälfte der Mutter erhalten somit Nadine 6/24 und Heinz und Hubert jeweils 3/24. Nach der väterlichen Linie haben Nicole, Nadine und Wilhelm das Eintrittsrecht gem. § 1925. Da Wilhelm aber bereits vorverstorben ist, treten dessen Söhne Heinz und Hubert gem. § 1924 Abs. 3 an seine Stelle. Von der väterlichen Linie erhalten Nicole 4/24, Heinz und Hubert jeweils 2/24 und Nadine 4/24, sodass sich insgesamt folgende Erbquoten an dem gesamten Nachlass ergeben:

Nicole	4/24
Heinz und Hubert jeweils	5/24
Nadine	10/24

MERKE

Gesetzliche Erben der zweiten Ordnung sind gem. § 1925 Abs. 1 die Eltern des Erblassers sowie deren Abkömmlinge. Auch bei den Erben der zweiten Ordnung gilt das Stammsystem; hinzu kommt aber noch das Liniensystem, das das aufsteigende Verhältnis zu den Verwandten des Erblassers beschreibt. Es bestehen deshalb sowohl eine väterliche als auch eine mütterliche Linie, die zu gleichen Quoten am Nachlass beteiligt sind. Ist ein Elternteil zum Zeitpunkt des Erbfalles bereits verstorben, so erben diesen Teil die Abkömmlinge des verstorbenen Elternteils nach den Vorschriften der ersten Ordnung.

1.3 Gesetzliche Erben dritter Ordnung

Gesetzliche Erben dritter Ordnung i. S. d. § 1926 Abs. 1 sind die Großeltern des Erblassers und deren Abkömmlinge, die aber nur zu Erben berufen sind, wenn weder gesetzliche Erben der zweiten noch gesetzliche Erben der ersten Ordnung vorhanden sind.
Auch innerhalb der dritten Ordnung gelten das Linien- sowie das Stammsystem.
Leben zum Zeitpunkt des Erbfalles die Großeltern, so erben sie gem. § 1926 Abs. 2 allein und zu gleichen Teilen. Auch insoweit verwirklicht sich wieder das Repräsentationsprinzip. Abkömmlinge von Großeltern sind somit nicht zu Erben berufen, solange die Großeltern noch leben.
Lebt zum Zeitpunkt des Erbfalles von einem Großelternpaar der Großvater oder die Großmutter nicht mehr, so treten an die Stelle des Verstorbenen dessen Abkömmlinge (§ 1926 Abs. 3 S. 1). Sind Abkömmlinge nicht vorhanden, so fällt der Anteil des Verstorbenen dem anderen Teil des Großelternpaares und, wenn dieser nicht mehr lebt, dessen Abkömmlingen zu.

Zum Zeitpunkt des Todes von Otto Stahl leben noch seine Großmutter mütterlicherseits, Elfriede, der Onkel Fritz (Sohn von Erwin und Elfriede), seine Tante Susanne, nichteheliche Tochter seines Großvaters mütterlicherseits, Erwin sowie die Großeltern väterlicherseits, Hans und Maria. Ferner lebt noch der Onkel Max, Bruder seines Vaters. Seine Eltern sind verstorben.

Die Großeltern würden in diesem Fall zu gleichen Teilen, also jeweils zu einem Viertel erben (§ 1926 Abs. 2). Soweit die Großeltern leben, schließen sie ihre Abkömmlinge von der Erbfolge aus. Aus diesem Grund ist Max nicht zur Erbfolge berufen. Gem. § 1926 Abs. 3 S. 1 treten an die Stelle eines verstorbenen Großelternteils dessen Abkömmlinge. Da der Großvater Erwin verstorben ist, treten gem. § 1926 Abs. 3 S. 1, Abs. 5, § 1924 Abs. 3 dessen Kinder Susanne und Fritz. Es erben somit GM Elfriede zu einem Viertel, GV Hans zu einem Viertel, GM Maria zu einem Viertel, die Tante Susanne zu einem Achtel und der Onkel Fritz zu einem Achtel. Sind Abkömmlinge nicht vorhanden, so fällt der Anteil des Verstorbenen an den anderen Teil des Großelternpaares. Wäre im vorgenannten Beispiel die Mutter von Otto

Stahl das alleinige Kind von Erwin und Elfriede und wäre Erwin bereits verstorben, so würde die Großmutter Elfriede auch den Viertelanteil vom Großvater Erwin erhalten. Sollten in dem Zeitpunkt, in dem Otto Stahl verstorben ist, seine Großeltern mütterlicherseits, der Großvater Erwin und die Großmutter Elfriede, bereits verstorben sein und keine Abkömmlinge hinterlassen, so würden die Großeltern von Otto Stahl aus der väterlichen Linie alleine erben und für den Fall, dass auch diese Großeltern verstorben wären, deren Abkömmlinge. Wäre in Abänderung des Falles die Mutter von Otto Stahl das alleinige Kind des Großvaters Erwin bzw. der Großmutter Elfriede und wären diese genauso verstorben wie aus der väterlichen Linie der Großvater Hans bzw. die Großmutter Maria, so würde der Onkel Max Alleinerbe.

MERKE

Gesetzliche Erben der dritten Ordnung sind die Großeltern des Erblassers sowie deren Abkömmlinge. Auch innerhalb der dritten Ordnung gilt neben dem Stammsystem das Liniensystem. Die noch lebenden Großeltern erben zu gleichen Teilen und schließen aufgrund des Repräsentationsprinzips ihre Abkömmlinge aus. Lebt ein Großelternteil zum Zeitpunkt des Erbfalles nicht mehr, so haben dessen Abkömmlinge das Eintrittsrecht. Sind in diesem Fall aber keine Abkömmlinge mehr vorhanden, so fällt der Anteil des Verstorbenen dem anderen Teil des Großelternpaares zu und, wenn dieser auch nicht mehr lebt, dessen Abkömmlingen.
Ist ein Großelternpaar bereits verstorben und hat keine Abkömmlinge hinterlassen, fallen diese Erbteile an das andere Großelternpaar oder deren Abkömmlinge.

1.4 Gesetzliche Erben vierter Ordnung

Die gesetzlichen Erben der vierten Ordnung sind die Urgroßeltern des Erblassers und deren Abkömmlinge.
Beginnend mit den gesetzlichen Erben der vierten Ordnung hat der Gesetzgeber das Stammes- und Liniensystem aufgegeben und durch das sog. Gradsystem ersetzt.
Gem. § 1928 Abs. 2 erben die Urgroßeltern, die zum Zeitpunkt des Erbfalles noch leben, mehrere Urgroßeltern erben zu gleichen Teilen ohne Unterschied, ob sie derselben Linie oder verschiedenen Linien angehören.

Nach dem Tod von Heinz Lehmann leben nur noch sein Urgroßvater Hans und seine Urgroßmutter Elfriede.

UGV Hans – UGM(†) | UGV (†) – UGM Elfriede | UGV (†) – UGM (†) | UGV (†) – UGM (†)

Großvater (†) | Großmutter (†) | Großvater (†) | Großmutter (†)

Vater (†) | Mutter (†)

Heinz Lehmann (†)

Diese beiden Urgroßelternteile erben zu gleichen Anteilen, unabhängig von der bestehenden Linie (vgl. § 1928 Abs. 2).

Sollten zum Zeitpunkt des Erbfalles auch keine Urgroßeltern mehr leben, so erbt von ihren Abkömmlingen derjenige, welcher mit dem Erblasser dem Grad nach am nächsten verwandt ist; mehrere gleich nahe Verwandte erben zu gleichen Teilen.
Dieses Gradsystem findet im Übrigen von der vierten Ordnung ausgehend auch für die nachfolgenden Ordnungen Anwendung (vgl. § 1929 Abs. 2).

Es leben nach dem Tod des Uwe Schröder nur noch die Urgroßmutter Alwine aus der väterlichen Linie, die Großtante Maria mütterlicherseits sowie die Tochter einer anderen verstorbenen Großtante, Monika.

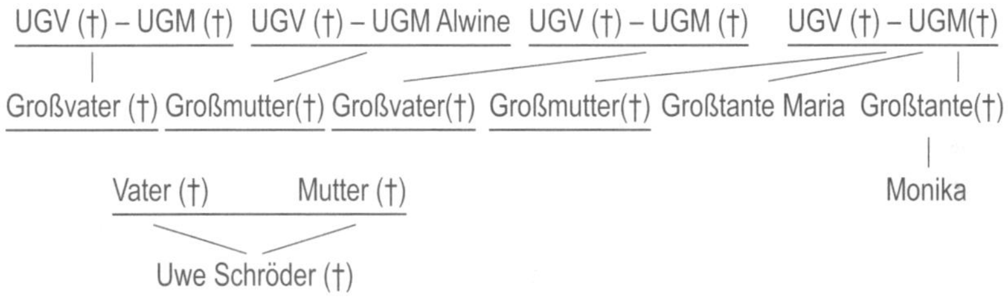

Gem. § 1928 Abs. 2 erbt in diesem Fall die Urgroßmutter Alwine alleine und schließt auch die Großtante Maria sowie Monika von der Erbfolge aus. Es gilt das Gradsystem; das Stamm- bzw. Liniensystem findet hier keine Anwendung, sodass an die Stelle der verstorbenen Urgroßeltern auch nicht deren Abkömmlinge treten. Wäre in diesem Beispielsfall auch die Urgroßmutter Alwine bereits verstorben, so würde gem. § 1928 Abs. 3 die Großtante Maria erben, da sie mit dem Erblasser gradmäßig am nächsten verwandt ist und die entfernteren Verwandten von der Erbfolge ausschließt (vgl. § 1928 Abs. 3). Der Grad der Verwandtschaft ergibt sich aus der Anzahl der sie vermittelnden Geburten (vgl. § 1589 S. 3).

MERKE

Erben der vierten Ordnung sind die Urgroßeltern des Erblassers und deren Abkömmlinge. Beginnend mit der vierten Ordnung wird das Stammes- und Liniensystem aufgegeben und durch das Gradsystem ersetzt. Die noch lebenden Urgroßeltern erben losgelöst von der Linie zu gleichen Teilen. Sind die Urgroßeltern bereits verstorben, erbt der Abkömmling von ihnen, der mit dem Erblasser dem Grad nach am nächsten verwandt ist. Mehrere gleich nahe Verwandten erben zu gleichen Teilen.

2 GESETZLICHES ERBRECHT DES EHEGATTEN

Damit ein gesetzliches Erbrecht des Ehegatten begründet werden kann, muss dieser zunächst den Erblasser überleben. Weitere Voraussetzung ist das Bestehen einer wirksamen Ehe zum Zeitpunkt des Eintritts des Todes des Erblassers.

Hieraus folgt im Übrigen, dass ein Ehegattenerbrecht ausscheidet, wenn die Ehe mit dem Erblasser bereits rechtskräftig geschieden (§ 1564) oder durch rechtskräftiges Aufhebungsurteil bei einer aufhebbaren Ehe aufgelöst worden ist (§ 1313).
Gem. § 1933 ist das gesetzliche Erbrecht des überlebenden Ehegatten auch ausgeschlossen, wenn zum Zeitpunkt des Todes des Erblassers die materiellen Voraussetzungen für die Scheidung der Ehe (§ 1565) erfüllt gewesen sind und der Erblasser die Scheidung beantragt, alternativ einem Scheidungsantrag des überlebenden Ehegatten zugestimmt hat. Soweit in § 1933 S. 1 die Beantragung der Scheidung genannt ist, bedeutet dies nach überwiegender Auffassung die Rechtshängigkeit des Scheidungsverfahrens. Entscheidend ist somit der Zeitpunkt, in dem der Scheidungsantrag dem anderen Ehepartner zugestellt ist.[548]
Grundlage für die Bestimmungen des gesetzlichen Erbrechts des überlebenden Ehegatten ist § 1931. Da der Ehegatte mit dem Erblasser nicht verwandt ist i. S. d. § 1589, somit das bereits dargestellte Verwandtenerbrecht und die hierzu bestehenden Vorschriften nicht anwendbar sind, bestimmt § 1931, dass der überlebende Ehegatte zunächst neben den Verwandten im Rahmen des gesetzlichen Erbrechts als Erbe berufen ist. Die Höhe der Erbquote ergibt sich dabei aus § 1931 Abs. 1 und Abs. 2 und ist abhängig von der Feststellung, welcher Verwandter Erbe geworden ist.
Allerdings darf bei der Festlegung des gesetzlichen Erbrechts des Ehegatten nicht nur § 1931 Abs. 1 und Abs. 2 berücksichtigt werden; vielmehr hat auch der familienrechtliche Güterstand Einfluss auf die Höhe des gesetzlichen Erbrechts des Ehegatten.
Gem. § 1931 Abs. 1 ergibt sich zugunsten des überlebenden Ehegatten eine Quote i. H. v. einem Viertel, soweit Verwandte der erster Ordnung (§ 1924) berufen sind. Neben Verwandten der zweiten Ordnung oder neben Großeltern ist der überlebende Ehegatte aus § 1931 Abs. 1 zur Hälfte als gesetzlicher Erbe berufen.

Otto Kaiser ist verstorben. Er hinterlässt seine Ehefrau Susanne sowie die Kinder Max und Ute.

Otto Kaiser (†) – Susanne

Max Ute

Max und Ute gehören zu den gesetzlichen Erben erster Ordnung i. S. d. § 1924. Das Erbrecht, das Susanne als Ehegatte aus § 1931 Abs. 1 erhält, beläuft sich auf ein Viertel.
Nach dem Tod von Hans Glück leben noch dessen Ehefrau Ute sowie seine Eltern Fritz und Magdalena Glück. Kinder hat Hans Glück nicht.

Fritz Glück Magdalena Glück

Hans Glück (†) – Ute

Gesetzliche Erben erster Ordnung sind in diesem Beispielsfall nicht vorhanden, sodass Fritz und Magdalena Glück als gesetzliche Erben zweiter Ordnung (§ 1925) zu Erben berufen sind. Aus § 1931 Abs. 1 beläuft sich die Erbteilsquote der Ehefrau Ute auf die Hälfte.

[548] Palandt/Weidlich, § 1933, Rdnr. 2; a. A. Brox/Walker, ErbR, Rdnr. 66, wobei es ausreichend ist, dass der Antrag bei Gericht eingegangen ist.

Eine Besonderheit ergibt sich sodann aus § 1931 Abs. 1 S. 2.
Großeltern gehören zu den gesetzlichen Erben dritter Ordnung. Neben diesen Großeltern soll der überlebende Ehegatte aus § 1931 zur Hälfte der Erbschaft als gesetzlicher Erbe berufen sein.
Aus § 1926 Abs. 3 folgt, dass die Abkömmlinge des verstorbenen Großelternteils ein Eintrittsrecht haben. § 1931 Abs. 1 S. 2 bestimmt nun, dass in dem Fall, in dem neben Großeltern auch Abkömmlinge von Großeltern nach § 1926 Abs. 2 erben würden, diese nicht zur Erbschaft berufen sind, wenn ein überlebender Ehegatte vorhanden ist. Dieses bedeutet, dass neben dem überlebenden Ehegatten zwar Großeltern erben sollen, nicht aber deren Abkömmlinge.
Diesen Anteil, der auf die Abkömmlinge entfallen würde, erhält der überlebende Ehegatte zusätzlich.

Heinz Becker hinterlässt nach seinem Tod seine Ehefrau Simone, seine Großeltern väterlicherseits, Josef und Sarah Becker, sowie seine Tanten Ute und Clara Müller, Schwestern seiner verstorbenen Mutter.

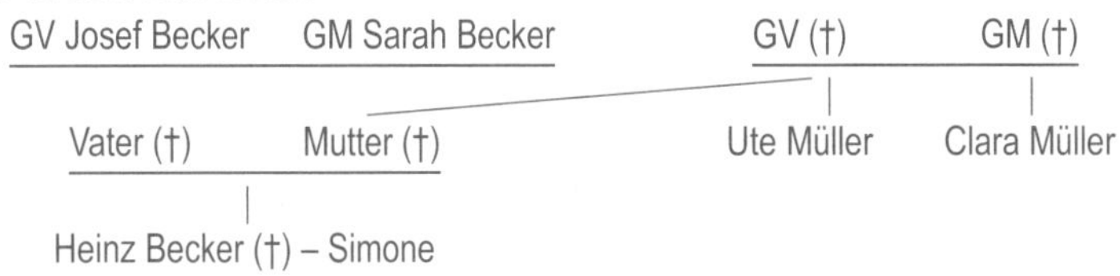

Aus § 1931 Abs. 1 ist Simone neben Großeltern als gesetzliche Erben dritter Ordnung (§ 1926) zur Hälfte der Erbschaft als gesetzliche Erbin berufen. Die andere Hälfte würden demnach die Großeltern von Heinz Becker erhalten, und zwar zu einem Viertel verteilt auf die väterliche Linie, sodass der Großvater Josef Becker und die Großmutter Sarah Becker jeweils ein Achtel erhalten; das andere Viertel würde der großelterlichen Linie mütterlicherseits zukommen. Da aber die Großeltern mütterlicherseits bereits vorverstorben sind, würden deren Abkömmlinge Ute und Klara Müller gem. § 1926 Abs. 3 das Eintrittsrecht und somit zusammen dieses Viertel erhalten.
In diesem Fall bestimmt § 1931 Abs. 1 S. 2, dass dieser Anteil, der auf die Abkömmlinge der Großeltern entfallen würde, dem Ehegatten zukommt. Simone erhält somit neben der Hälfte aus § 1931 Abs. 1, Satz 1 auch noch das weitere Viertel, das ansonsten Ute und Klara Müller erhalten würden.

Sind im Übrigen zum Zeitpunkt des Erbfalles weder Verwandte der ersten oder zweiten Ordnung noch Großeltern vorhanden, so erhält gem. § 1931 Abs. 2 der überlebende Ehegatte die ganze Erbschaft.

2.1 Einfluss des Güterstandes auf das Erbrecht des Ehegatten

Neben der Vorschrift des § 1931 ist für das Erbrecht des Ehegatten von Bedeutung, in welchem familienrechtlichen Güterstand die Eheleute gelebt haben. Es ist dabei wie folgt zu differenzieren.

2.1.1 Zugewinngemeinschaft

Durch den Tod eines Ehepartners wird die Zugewinngemeinschaft beendet. § 1931 Abs. 3 bestimmt, dass die Vorschriften des § 1371 unberührt bleiben.
Neben dem sich aus § 1931 ergebenden Erbrecht des Ehegatten behält dieser somit auch noch die sich anlässlich der Beendigung der Zugewinngemeinschaft ergebenden Rechte aus § 1371.
Der überlebende Ehegatte kann insoweit die sog. erbrechtliche Lösung wählen, mit der Folge, dass sich sein aus § 1931 ergebener Erbteil pauschal um ein weiteres Viertel erhöht. Alternativ könnte der überlebende Ehegatte auch die güterrechtliche Lösung wählen und nach § 1371 Abs. 3 vorgehen.
Zu den Einzelheiten vgl. Teil D, II, Ziff. 5.1.

2.1.2 Gütertrennung

Haben die Ehepartner als Güterstand die Gütertrennung i. S. d. § 1414 vereinbart, verbleibt es bei dem Erbrecht aus § 1931, d. h., das Erbrecht des überlebenden Ehegatten ist abhängig von der Frage, nach welcher Ordnung sich das Verwandtenerbrecht richtet.
Eine Besonderheit ergibt sich dabei noch aus § 1931 Abs. 4.
Haben die Ehegatten vertraglich die Gütertrennung vereinbart und sind beim Tode des Erblassers neben dem überlebenden Ehegatten nur ein oder zwei Kinder des Erblassers zu Erben berufen, so erben der überlebende Ehegatte und die Kinder zu gleichen Teilen. In diesem Fall erhält der überlebende Ehegatte somit einen größeren Anteil als das sich alleine aus § 1931 Abs. 1 ergebende eine Viertel.

> Hans und Elisabeth sind verheiratet. Sie haben Gütertrennung vereinbart. Aus ihrer Ehe ist die Tochter Veronika hervorgegangen. Im Juli 2013 stirbt Hans an den Folgen eines Verkehrsunfalls. Nach § 1931 Abs. 1 würde Elisabeth als überlebender Ehegatte neben Veronika als Verwandte der ersten Ordnung ein Viertel erhalten. Da Hans und Elisabeth aber in dem Güterstand der Gütertrennung gelebt haben und als Abkömmling lediglich Veronika vorhanden ist, ergibt sich aus § 1931 Abs. 4, dass Elisabeth und Veronika zu gleichen Teilen gesetzliche Erben werden.

2.1.3 Gütergemeinschaft

Haben die Ehegatten Gütergemeinschaft vereinbart, muss erbrechtlich nach den einzelnen Vermögensmassen unterschieden werden.
Gem. § 1482 gehört der Anteil des verstorbenen Ehegatten am Gesamtgut (§ 1416) zum Nachlass. Das Erbrecht des überlebenden Ehegatten richtet sich nach den allgemeinen Vorschriften, d. h. nach § 1931.
Eine Besonderheit besteht lediglich in den Fällen, in denen die Ehegatten im Ehevertrag eine sog. fortgesetzte Gütergemeinschaft i. S. d. § 1483 vereinbart haben. In diesem Fall besteht zwischen dem überlebenden Ehegatten und den gemeinschaftlichen erbrechtlichen Abkömmlingen die Gütergemeinschaft fort und der Anteil des verstorbenen Ehegatten am Gesamtgut fällt somit nicht in den Nachlass.

Hat der verstorbene Ehegatte allerdings auch Abkömmlinge hinterlassen, die nicht gemeinschaftliche Abkömmlinge mit dem überlebenden Ehegatten sind, so muss zwischen diesen natürlich auch eine Auseinandersetzung hinsichtlich des Anteils des verstorbenen Ehegatten am Gesamtgut erfolgen.
Bezüglich des Vorbehaltsgutes (§ 1418) und des Sondergutes (§ 1417) bestehen keine erbrechtlichen Besonderheiten. Hier gelten die allgemeinen erbrechtlichen Vorschriften, sodass sich das Erbrecht des überlebenden Ehegatten nach § 1931 richtet.

2.2 Voraus des Ehegatten

Nach § 1932 Abs. 1 erhält der überlebende Ehegatte, soweit er neben Erben der zweiten Ordnung oder neben Großeltern gesetzlicher Erbe ist, über den Erbteil hinausgehend alle Gegenstände, die zum ehelichen Haushalt gehören, soweit diese nicht Zubehör eines Grundstückes sind, als Voraus. Ferner erhält er auch die Hochzeitsgeschenke.
Ist der überlebende Ehegatte neben Verwandten der ersten Ordnung berufen, so erhält er diese Gegenstände, soweit er sie zur Führung eines angemessenen Haushalts benötigt (§ 1932 Abs. 1 S. 2).
Der sog. Voraus ist ein rechtliches Vermächtnis (vgl. § 1932 Abs. 2). Der Ehegatte erhält somit einen schuldrechtlichen Anspruch auf Übertragung dieser Gegenstände.

MERKE

Das gesetzliche Erbrecht des Ehegatten ergibt sich aus § 1931 und ist in der Quote abhängig von der Ordnung, die im Verwandtenerbrecht neben dem Ehegatten berufen ist. Einfluss auf das Ehegattenerbrecht hat auch der Güterstand, in dem der Erblasser mit dem Ehegatten gelebt hat. Bestand eine Zugewinngemeinschaft, so erhöht sich das Erbrecht des Ehegatten nach § 1371 Abs. 1 pauschal um ein Viertel (sog. erbrechtliche Lösung). Der überlebende Ehegatte kann aber auch nach § 1371 Abs. 3 die Erbschaft ausschlagen, den kleinen Pflichtteil und den vollen Zugewinnausgleichsanspruch aus § 1378 verlangen. Bestand zwischen dem Erblasser und dem Ehegatten Gütertrennung, ergibt sich das Erbrecht des überlebenden Ehepartners ausschließlich aus § 1931 mit der Besonderheit, dass in den Fällen, in denen neben dem Ehegatten ein oder zwei Kinder vorhanden sind, der überlebende Ehegatte und die Kinder zu gleichen Teilen erben (§ 1931 Abs. 4).
Haben der Erblasser und der Ehepartner im Güterstand der Gütergemeinschaft gelebt, so richtet sich das Ehegattenerbrecht gleichfalls nach § 1931.

---

3 ERBRECHT DES LEBENSPARTNERS

Das gesetzliche Erbrecht des überlebenden Lebenspartners i. S. d. Lebenspartnerschaftsgesetzes (LPartG) ähnelt dem gesetzlichen Erbrecht des Ehegatten.
Gem. § 10 Abs. 1 LPartG ist der überlebende Lebenspartner neben Verwandten erster Ordnung zu einem Viertel, neben den Verwandten der zweiten Ordnung oder den Großeltern zur Hälfte der Erbschaft gesetzlicher Erbe. Auch erhält er den Anteil, den die Abkömmlinge von Großeltern nach § 1926 erhalten würden.

Ferner steht auch dem überlebenden Lebenspartner unter den gleichen Voraussetzungen wie einem Ehegatten der sog. Voraus zu.
Haben die Lebenspartner im Güterstand der Zugewinngemeinschaft gelebt, so findet auch im Falle des Todes § 1371 Anwendung (vgl. § 6 LPartG).
Letztendlich ist auch in § 10 Abs. 3 festgelegt, unter welchen Voraussetzungen das Erbrecht des überlebenden Lebenspartners ausgeschlossen ist. § 10 Abs. 3 ist dabei der Vorschrift des § 1933 zwischen Ehegatten nachgebildet, wobei an Stelle einer Scheidung die Aufhebung der Lebenspartnerschaft i. S. d. § 15 LPartG tritt.

MERKE

Das Erbrecht des Lebenspartners ist dem Ehegattenerbrecht nachgebildet.

4 ERBRECHT DES STAATES

Ist zum Zeitpunkt des Todes des Erblassers weder ein Verwandter noch ein Lebenspartner oder ein Ehegatte des Erblassers vorhanden, so erbt gem. § 1936 Abs. 1 das Bundesland, in dem der Erblasser zum Zeitpunkt seines Todes seinen letzten Wohnsitz gehabt hat.
Ist der Wohnsitz nicht feststellbar, ist der gewöhnliche Aufenthalt des Erblassers zum Zeitpunkt des Todes maßgeblich.[549]
Hatte der Erblasser keinen Wohnsitz oder gewöhnlichen Aufenthalt in einem Bundesland, erbt nach § 1936 S. 2 der Bund.
Der Gesetzgeber will mit dem Erbrecht des Staates verhindern, dass ein Nachlass erbenlos wird. Aus diesem Grund hat der Staat auch nicht das Recht, die Erbschaft auszuschlagen oder auf sie zu verzichten.
Auf der anderen Seite kann aber auch der Staat seine unbeschränkte Haftung für Nachlassverbindlichkeiten beschränken durch einen Antrag auf Nachlassverwaltung, Nachlassinsolvenz oder durch die Erhebung der Einrede der beschränkten Haftung (§ 1990). Die Inventarpflicht (§ 2011) besteht für den Staat nicht, sodass er auch nicht Gefahr läuft, durch die Versäumung der Inventarfrist die beschränkte Erbenhaftung zu verlieren (vgl. § 1994 Abs. 1 S. 2).

MERKE

Sind zum Zeitpunkt des Todes weder ein Ehegatte, Lebenspartner oder Verwandte des Erblassers vorhanden, erbt der Staat, d. h. das Bundesland, in dem der Erblasser seinen letzten Wohnsitz und, falls dieser nicht feststellbar ist, seinen gewöhnlichen Aufenthalt, hatte. Sind weder der letzte Wohnsitz noch der gewöhnliche Aufenthalt feststellbar, erbt der Bund.

[549] Brox/Walker, ErbR, Rdnr. 79.

III Gewillkürte Erbfolge

Eine gewillkürte Erbfolge liegt vor, wenn der Erblasser für den Fall seines Todes rechtsgeschäftliche Bestimmungen über seinen Nachlass getroffen hat. Dieses geschieht durch Verfügungen von Todes wegen als Oberbegriff für die Errichtung eines Testaments oder den Abschluss eines Erbvertrags.
In den Verfügungen von Todes wegen kann der Erblasser die Erbenstellung regeln, aber auch Vermächtnisse gem. § 2147 anordnen, Auflagen i. S. d. § 1940 an den Erben oder den Vermächtnisnehmer anordnen oder ein bereits bestehendes Testament widerrufen (vgl. § 2254). Weiterhin kann der Erblasser auch die Auseinandersetzung unter mehreren Erben regeln, dementsprechend sog. Teilungsanordnungen i. S. d. §§ 2048 ff. treffen oder Bestimmungen aufnehmen wie die Anordnung einer Testamentsvollstreckung gem. §§ 2197 ff.
Der Begriff der »Verfügung von Todes wegen« ist in diesem Zusammenhang insoweit missverständlich, als unter einer Verfügung grundsätzlich ein Rechtsgeschäft verstanden wird, durch das unmittelbar ein bestehendes Recht übertragen, belastet oder inhaltlich verändert wird.[550] Eine solche Rechtsfolge ergibt sich durch die Errichtung einer Verfügung von Todes wegen nicht, da die Rechtswirkungen erst mit dem Tod des Erblassers eintreten. Der Erbe, aber auch der Vermächtnisnehmer erhalten mit der Errichtung der Verfügung von Todes wegen noch keine rechtlich gesicherte Position, nicht einmal eine Anwartschaft, sondern lediglich eine tatsächliche Aussicht.[551]

MERKE

Von gewillkürter Erbfolge spricht man, wenn der Erblasser für den Fall seines Todes Verfügungen über den Nachlass getroffen hat. Dieses kann durch Testament, Erbvertrag oder gemeinschaftliches Testament zwischen Eheleuten oder eingetragenen Lebenspartnern geschehen.
In der Verfügung von Todes wegen kann der Erblasser die Erbenstellung regeln, ein älteres Testament aufheben, Vermächtnisse oder Auflagen anordnen, aber auch die Auseinandersetzung zwischen den Erben bestimmen.

1 TESTAMENT

Ein Testament, auch letztwillige Verfügung von Todes wegen genannt, ist eine einseitige nicht empfangsbedürftige Willenserklärung des Erblassers, die grundsätzlich keine Bindungswirkung herbeiführt und durch den Erblasser jederzeit gem. § 2253 ohne Angaben von Gründen widerrufen werden kann.
Regelmäßig wird der Erblasser in einem Testament seinen Erben bestimmen. Dieses ist gem. § 1937 möglich.
Testamente werden abhängig von der Art und Weise der Errichtung unterschieden zwischen ordentlichen Testamenten und außerordentlichen Testamenten.[552]

[550] Palandt/Ellenberger, Überblick vor § 104 Rdnr. 16.
[551] Brox/Walker, ErbR, Rdnr. 83.
[552] Brox/Walker, ErbR, Rdnr. 88.

1.1 Testierfähigkeit

Unter Testierfähigkeit wird die rechtliche Befugnis verstanden, ein Testament errichten, ändern oder aufheben zu können.[553] Die Testierfähigkeit ist damit eine besondere Art der Geschäftsfähigkeit.[554]

Die Testierfähigkeit besitzen gem. § 2229 Abs. 1 Personen, die das 16. Lebensjahr vollendet haben.

Testierunfähig sind demnach Minderjährige unter 16 Jahren und gem. § 2229 Abs. 4 Personen, die zwar das 16. Lebensjahr vollendet haben, aber zum Zeitpunkt der Testamentserrichtung wegen krankhafter Störung der Geistestätigkeit, wegen Geistesschwäche oder Bewusstseinsstörung nicht in der Lage sind, die Bedeutung eines Testaments zu erkennen und nach dieser Einsicht zu handeln. § 2229 Abs. 4 deckt sich somit inhaltlich mit dem Bereich des §§ 104 Ziff. 2, 105 Abs. 2.

Zum Schutz von Minderjährigen, die ein Testament errichten wollen, enthält das Gesetz aber auch noch weitere Beschränkungen.

So können Minderjährige, die zwar das 16. Lebensjahr vollendet haben, aber noch nicht volljährig sind, ein sog. eigenhändiges Testament i. S. d. § 2247 nicht errichten (vgl. § 2247 Abs. 4). Einschränkungen bestehen auch bei der Errichtung eines sog. öffentlichen Testaments i. S. d. § 2232 insoweit, als dass ein Minderjähriger gem. § 2223 Abs. 1 ein notarielles Testament nur errichten kann durch eine Erklärung gegenüber dem Notar oder durch Übergabe einer offenen Schrift, d. h. dass der testierfähige Minderjährige dem Notar entweder seinen letzten Willen zum Zweck der Beurkundung mitteilen muss oder dem Notar eine offene Schrift übergibt, in der sein letzter Wille enthalten ist.

Der Notar hat hierbei die Verantwortung und die Pflicht, dem Minderjährigen über die Bedeutung des Testaments und die sich hieraus ergebenden Rechtsfolgen aufzuklären. Diese Schutzfunktion kann nur durch diese beiden vorgenannten Formen gewährleistet werden.

Um diese Schutzfunktion für den Minderjährigen gewährleisten zu können, kann der testierfähige Minderjährige auch in Notfällen nur das sog. Nottestament vor dem Bürgermeister i. S. d. § 2249 Abs. 1 S. 4 i. V. m. § 2233 Abs. 1 errichten, nicht aber ein sog. Dreizeugentestament gem. § 2250, da in diesem Fall eine Amtsperson, die die notwendige Beratung des Minderjährigen übernehmen könnte, fehlt.[555]

1.2 Ordentliche Testamente

Unter ordentlichen Testamenten versteht man gem. § 2231 die Testamente, die gem. § 2232 zur Niederschrift eines Notars oder gem. § 2247 eigenhändig errichtet werden. Ein Sonderfall des öffentlichen Testaments ist daneben das sog. Konsulartestament. Hierbei handelt es sich um ein Testament, das im Ausland nach den §§ 10 ff. KonsG durch einen zuständigen Konsularbeamten errichtet wird und einem notariellen Testament gleichsteht.

---

553 Palandt/Edenhofer, § 2229 Rdnr. 1.

554 Brox/Walker, ErbR, Rdnr. 89.

555 Brox/Walker, ErbR, Rdnr. 90.

1.2.1 Öffentliches Testament

Als öffentliches Testament wird in erster Linie das Testament bezeichnet, das zur Niederschrift eines Notars errichtet wird (§ 2232).
Der Erblasser kann dem Notar seinen letzten Willen erklären, alternativ ihm eine Schrift mit der Erklärung übergeben, dass diese Schrift seinen letzten Willen enthalte.
Die Errichtung des Testaments geschieht sodann unter Berücksichtigung der Vorschriften der BNotO sowie der Vorschriften des Beurkundungsgesetzes.
Übergibt der Erblasser dem Notar eine Schrift mit der Bestimmung, dass diese Schrift seinen letzten Willen enthalte, kann der Erblasser gem. § 2232 S. 2 entscheiden, ob er diese Schrift offen oder verschlossen übergibt. Auch ist es im Gegensatz zu einem eigenhändigen Testament i. S. d. § 2247 nicht notwendig, dass der Erblasser diese Schrift selbst geschrieben hat.
Soweit der Erblasser nicht in der Lage ist, Geschriebenes zu lesen, kann er gem. § 2233 Abs. 2 das Testament nur in der Form errichten, dass er dem Notar gegenüber seinen letzten Willen erklärt. Die Übergabe einer eigenen Schrift ist in diesen Fällen ausgeschlossen.
Der Notar wird sodann nach der Errichtung des öffentlichen Testaments dieses unverzüglich in besondere amtliche Verwahrung geben. Diese Verpflichtung ergibt sich aus § 34 Abs. 1 S. 4 BeurkG. Zuständig für die besondere amtliche Verwahrung sind gem. §§ 23a Abs. 1 Nr. 2, Abs. 2 Nr. 2 GVG regelmäßig die Amtsgerichte. Die örtliche Zuständigkeit ergibt sich aus § 344 FamFG. Das Verfahren bei der besonderen amtlichen Verwahrung ist in § 346 FamFG geregelt.
Der Erblasser erhält über die besondere amtliche Verwahrung einen sog. Hinterlegungsschein (§ 346 Abs. 3 FamFG).
Nach der am 18.07.2011 veröffentlichten Testamentsregisterverordnung vom 11.07.2011 sowie auf der Grundlage von §§ 78b–78f BNotO werden die Angaben zur Verwahrung in dem sog. Zentralen Testamentsregister aufgenommen. Dieses Register wird bei der Bundesnotarkammer, eine Körperschaft des öffentlichen Rechts, geführt. Die Notare und die Nachlassgerichte übermitteln diese Daten an das Zentrale Testamentsregister. Das jeweilige Standesamt informiert die Bundesnotarkammer über jeden Sterbefall. Diese überprüft sodann, ob im Zentralen Testamentsregister Verwahrangaben vorliegen und informiert die jeweilige Verwahrstelle, sodass diese das Testament nach §§ 348 ff. FamFG eröffnen und gegebenenfalls an das zuständige Nachlassgericht weiterleiten kann.
Der Erblasser kann die Rückgabe aus der amtlichen Verwahrung jederzeit verlangen. Dies gilt allerdings gem. § 2256 Abs. 1 als Widerruf des Testaments.

1.2.2 Eigenhändiges Testament

Das Testament, das der Erblasser persönlich errichten kann, ist in § 2247 geregelt. Diese Testamentsform bietet den Vorteil, dass Kosten bei der Errichtung nicht entstehen und der Erblasser ohne Probleme jederzeit sein Testament ändern und insoweit auch auf veränderte Lebenssituationen reagieren kann.
Der Nachteil gegenüber dem öffentlichen Testament besteht aber insoweit, dass Zweifel an der Echtheit auftreten können, da Fälschungen im Gegensatz zum öffentlichen Testament eher möglich sind.

Der Erblasser braucht das eigenhändige Testament nicht in besondere amtliche Verwahrung zu geben; allerdings empfiehlt sich auch bei eigenhändigen Testamenten die besondere amtliche Verwahrung, da anderenfalls die Gefahr besteht, dass das Testament, das sich im privaten Besitz des Erblassers befindet, nicht gefunden wird. Auch besteht die Gefahr, dass solche Testamente durch Dritte Personen, die kein Interesse an der Veröffentlichung haben, unterdrückt werden.

Gem. § 2247 Abs. 1 ist erforderlich, dass der Erblasser das Testament persönlich niederschreibt und am Schluss der letztwilligen Verfügung unterschreibt.

Das Erfordernis der persönlichen Errichtung schließt somit die Möglichkeit einer Stellvertretung aus. Es ist auch nicht ausreichend, das eine andere Person für den Erblasser dessen letzten Willen niederschreibt und der Erblasser sodann unterschreibt.

Der Erblasser muss somit den gesamten Text einer Urkunde mit der Hand schreiben und unterschreiben.[556]

Durch dieses Formerfordernis soll ein Sicherungsmittel geschaffen werden für die Echtheit des Testaments und es sollen die Gefahren einer Fälschung verringert werden.[557]

Es ist somit auch nicht ausreichend, wenn der Erblasser das Testament mit einer Schreibmaschine oder auf einem Computer errichtet und sodann eigenhändig unterschreibt. Das Formerfordernis des § 2247 Abs. 1 wäre nicht erfüllt.

Auch die eigenhändige Unterschrift des Erblassers ist zwingende Voraussetzung für die Wirksamkeit des eigenhändigen Testaments.

Mit der Unterschrift soll die eindeutige Urheberschaft des Erblassers festgestellt werden, weiterhin soll durch die Unterschrift, die am Schluss der Urkunde stehen muss, zum Ausdruck gebracht werden, dass es sich um eine abgeschlossene Erklärung handelt.[558] Bei der Unterschrift soll der Erblasser mit dem Vor- und Zunamen unterzeichnen (§ 2247 Abs. 3). Unterschreibt der Erblasser in anderer Weise, so ist dies nur ausreichend, wenn dadurch keine Zweifel an der Person des Erblassers auftauchen (§ 2247 Abs. 3 S. 2). Neben der Notwendigkeit der persönlichen Errichtung und der eigenhändigen Unterschrift enthält § 2247 auch weitere Sollvorschriften, bei deren Verstoß das Testament nicht zwangsläufig nichtig ist.

So soll gem. § 2247 Abs. 2 der Erblasser in dem Testament angeben, zu welchem Zeitpunkt er das Testament errichtet hat und an welchem Ort. Ein Verstoß gegen diese Vorschrift führt nicht zur Nichtigkeit des Testaments. Probleme können aber auftreten, wenn nach dem Tod des Erblassers mehrere Testamente aufgefunden werden und eine zeitliche Zuordnung nicht möglich ist. Gem. § 2247 Abs. 5 ist in den Fällen, in denen ein Testament keine Angabe über Zeit und Ort enthält und sich diesbezüglich Zweifel ergeben an der Wirksamkeit des Testaments, dieses letztendlich nur dann wirksam, wenn sich die notwendigen Feststellungen über die Zeit der Errichtung und den Ort anderweitig treffen lassen.

Otto Müller ist verstorben. In seinen persönlichen Unterlagen wird ein eigenhändiges Testament gefunden, das er am 12.12.1990 in München errichtet hat. Weiterhin befindet sich in den persönlichen Unterlagen ein Testament, das keine Angaben über den Zeitpunkt und den Ort der Errichtung enthält. Würde in diesem Testament z. B. die Erklärung enthalten

[556] Brox/Walker, ErbR, Rdnr. 121.

[557] Brox/Walker, ErbR, Rdnr. 121.

[558] Frank/Helms, S. 65.

sein, dass er seinen Sohn Hans zum Alleinerben einsetzt, weil seine Ehefrau Maria zwischenzeitlich verstorben ist und liegt der Todeszeitpunkt von Maria nach dem 12.12.1990, so ergibt sich aus diesen Umständen, dass dieses Testament später als das Testament vom 12.12.1990 errichtet sein muss. Aus § 2258 Abs. 1 folgt sodann, dass durch dieses spätere Testament das Testament vom 12.12.1990 insoweit widerrufen ist, als dass das spätere Testament zu dem früheren im Widerspruch steht.

Problematisch ist die fehlende Angabe von Ort und insbesondere von Zeit auch in den Fällen, in denen der Erblasser zeitweilig geschäftsunfähig gewesen ist und dementsprechend kein wirksames Testament errichten konnte. Lässt sich mit allen vorhandenen Beweismitteln der Zeitpunkt der Errichtung nicht feststellen, so hat dieses zur Folge, dass das Testament nichtig ist.

1.3 Außerordentliche Testamente

Als außerordentliches Testament bezeichnet man das Nottestament vor dem Bürgermeister (§ 2249), das Nottestament vor drei Zeugen (§ 2250) sowie das Seetestament (§ 2251). Darüber hinaus verlangen das Nottestament vor dem Bürgermeister (§ 2249) und das sog. Dreizeugentestament (§ 2250) eine besondere Notlage, in der sich der Erblasser befindet, sodass diese Testamente auch Nottestamente genannt werden.

Bei dem Nottestament vor dem Bürgermeister ist Voraussetzung, dass die Besorgnis besteht, dass der Erblasser früher sterben werde, als die Errichtung eines Testaments vor dem Notar möglich ist.

Die Gefahr des nahen Todes kann objektiv vorliegen; ausreichend ist aber auch, dass der Bürgermeister bei pflichtgemäßer Prüfung der Situation zu dem Ergebnis gelangt, dass die Gefahr des nahen Todes besteht.

Ist diese pflichtgemäße Einschätzung des Bürgermeisters falsch, steht dies der Wirksamkeit des Testaments nicht entgegen (vgl. § 2249 Abs. 2 S. 2).

Droht dem Erblasser allerdings keine Lebensgefahr und weiß der Bürgermeister dies, so wäre das Testament nichtig.

Der Bürgermeister übt in diesem Fall die Funktion des Notars aus. Zu der Beurkundung müssen zwei Zeugen hinzugezogen werden, die auch die Niederschrift, die der Bürgermeister anfertigt, unterschreiben müssen.

Eine Einschränkung besteht in diesem Zusammenhang insoweit, dass als Zeuge nicht hinzugezogen werden darf, wer in dem zu beurkundenden Testament bedacht oder zum Testamentvollstrecker benannt wird.

In der Urkunde muss sodann auch die Besorgnis des Bürgermeisters aufgenommen werden, warum nach seiner pflichtgemäßen Einschätzung die Errichtung eines Testaments vor einem Notar nicht mehr möglich sein werde.

Ein Nottestament vor dem Bürgermeister ist ferner in den Fällen zulässig, in denen sich der Erblasser an einem Ort aufhält, der infolge außerordentlicher Umstände so abgesperrt ist, das die Testamentserrichtung vor einem Notar nicht möglich oder erheblich erschwert ist. Die Absperrung muss hierbei durch die außerordentlichen Umstände entstanden sein. Solche Umstände können Hochwasser oder aber auch Verschüttung sein.[559] Auch bei der

[559] Palandt/Weidlich, § 2250 Rdnr. 2.

Absperrung ist es ausreichend, wenn der Bürgermeister nach pflichtgemäßer Prüfung zu dem Ergebnis gelangt, dass die Errichtung eines Testaments vor dem Notar nicht möglich ist.
Ein weiteres Nottestament ist das sog. Dreizeugentestament. In diesem Fall errichtet der Erblasser das Testament durch mündliche Erklärung vor drei Zeugen. Zulässig ist dieses Nottestament in den Fällen der Absperrung unter den Voraussetzungen des § 2250 Abs. 1 und gem. § 2250 Abs. 2 in Lebens-situationen, in denen sich der Erblasser in so naher Todesgefahr befindet, dass voraussichtlich auch ein Nottestament vor dem Bürgermeister nicht mehr möglich ist.
Entscheidend ist in diesem Fall auch nicht die objektiv nahe Todesgefahr, sondern die begründete Besorgnis der drei Zeugen.[560] In dem Dreizeugentestament muss der Erblasser bei gleichzeitiger Anwesenheit der drei Zeugen seinen letzten Willen mündlich erklären. Über diese Erklärung ist eine Niederschrift anzufertigen (§ 2250 Abs. 3 S. 1). Diese Niederschrift muss dem Erblasser vorgelesen und von ihm genehmigt werden. Ferner müssen der Erblasser und die drei Zeugen die Niederschrift unterschreiben (§ 2250 Abs. 3 S. 2 i. V. m. § 13 Abs. 1 Abs. 3 BeurkG).
Bei dem Seetestament i. S. d. § 2251 ist Voraussetzung, dass sich der Erblasser an Bord eines deutschen Schiffes außerhalb eines inländischen Hafens befindet. In diesem Fall kann der Erblasser das Testament durch mündliche Erklärung vor drei Zeugen unter Berücksichtigung der Formvorschriften des § 2250 Abs. 3 errichten.
Dies bedeutet, dass über die Erklärung des Erblassers eine Niederschrift anzufertigen ist, die vom Erblasser genehmigt werden und von ihm und drei Zeugen unterschrieben werden muss.
Da es sich bei den Testamenten gem. §§ 2249, 2250 und 2251 um Testamente handelt, die in besonderen Lebenssituationen des Erblassers errichtet worden sind, besitzen diese nur eine beschränkte Gültigkeitsdauer. Aus diesem Grund bestimmt § 2252 Abs. 1, dass die Testamente als nicht errichtet gelten, wenn seit der Errichtung drei Monate verstrichen sind und der Erblasser zu diesem Zeitpunkt noch lebt.
Allerdings ist der Lauf der Frist gehemmt, solange der Erblasser außerstande ist, ein notarielles Testament zu errichten (§ 2252 Abs. 2).

1.4 Widerruf eines Testaments

Gem. § 2253 hat der Erblasser jederzeit die Möglichkeit, das Testament sowie einzelne im Testament enthaltene Verfügungen zu widerrufen. Der Widerruf kann gem. § 2254 durch ein Testament erfolgen.

Am 10.12.2005 errichtet Max Müller ein eigenhändiges Testament, in dem er seine Nichte Alexandra zur Alleinerbin einsetzt. Am 20.12.2013 fertigt er ein weiteres Testament an mit dem Inhalt: »Ich widerrufe mein Testament vom 10.12.2005.« Weitere Verfügungen des Erblassers werden in dem Testament vom 20.12.2013 nicht vorgenommen. Das Testament vom 10.12.2005 ist wirksam widerrufen und es tritt nach dem Tod von Max Müller die gesetzliche Erbfolge ein.

[560] Brox/Walker, ErbR, Rdnr. 133.

Der Widerruf kann ferner dadurch erfolgen, dass der Erblasser ein späteres Testament errichtet, das im Widerspruch zu dem ersten Testament steht (§ 2258 Abs. 1).

> Am 10.11.2005 errichtet Sabine Neuhaus ein Testament, in dem sie ihre Tochter Romy zur Alleinerbin einsetzt. Nach ihrem Tod wird ein Testament vom 20.12.2013 gefunden, in dem der Sohn Philipp zum Alleinerben bestimmt ist.
> In diesem Fall ist durch die Errichtung des zweiten Testaments das Testament vom 10.11.2005 widerrufen worden, weil Sabine Neuhaus die Erbfolge anders geregelt hat.

Es ist auch nicht erforderlich, dass das Widerrufstestament in der gleichen Art und Weise errichtet wird wie das zu widerrufende Testament. Aus diesem Grund kann auch ein notarielles Testament durch ein eigenhändiges Testament widerrufen werden bzw. umgekehrt. Widerruft der Erblasser sodann das später errichtete Testament, so führt dies zur Beseitigung der Aufhebungswirkung des ersten Testaments mit der sich daraus ergebenden Folge, dass das ursprüngliche Testament – soweit nicht ein anderer Wille des Erblassers anzunehmen ist – wieder wirksam wird.
Der Erblasser hat gem. § 2254 S. 1 auch die Möglichkeit, den Widerruf dadurch herbeizuführen, dass er in der Absicht, das Testament aufzuheben, die Testamentsurkunde vernichtet oder an ihr Veränderungen vornimmt, durch die der Wille, eine schriftliche Willenserklärung aufzuheben, ausgedrückt zu werden pflegt.
Dem Erblasser steht es somit frei, seine eigene Urkunde zu zerschneiden, zu verbrennen oder zu zerreißen; ausreichend ist aber auch, dass er in dem Testament einzelne Anordnungen unlesbar macht durch Schwärzen oder Ausradieren.[561]
Bei öffentlichen Testamenten gilt die Rücknahme aus der besonderen amtlichen Verwahrung nach § 2256 Abs. 1 als Widerruf.
Hat der Erblasser dagegen ein eigenhändiges Testament in besondere amtliche Verwahrung gegeben (§ 2248), so bedeutet die Rücknahme aus der amtlichen Verwahrung noch keinen Widerruf des Testaments (vgl. § 2256 Abs. 3).

1.5 Unwirksamkeit letztwilliger Verfügungen bei Auflösung der Ehe

Hat der Erblasser zugunsten seines Ehepartners eine letztwillige Verfügung von Todes wegen getroffen, so ist grundsätzlich davon auszugehen, dass er die Wirksamkeit der Ehe und deren Bestand als Grundlage einer Testamentserrichtung angesehen hat.
§ 2077 bestimmt deshalb, dass eine letztwillige Verfügung, durch die der Erblasser seinen Ehegatten bedacht hat, unwirksam ist, wenn die Ehe vor dem Tod des Erblassers aufgelöst worden ist. Gleichgestellt ist gem. § 2077 Abs. 1 S. 2 der Umstand, dass die Voraussetzungen für die Scheidung der Ehe gegeben waren und der Erblasser die Scheidung beantragt oder ihr zugestimmt hat.
§ 2077 beinhaltet damit ähnliche Voraussetzungen wie der Ausschluss des gesetzlichen Ehegattenerbrechts nach § 1933.
Ein Unterschied zum gesetzlichen Erbrecht ergibt sich aber aus § 2077 Abs. 3. Die letztwillige Verfügung von Todes wegen bleibt ungeachtet des Umstands, dass die Ehe des

561 Brox/Walker, ErbR, Rdnr. 140.

Erblassers mit seinem Ehepartner aufgelöst ist, alternativ die Voraus-setzungen für die Scheidung der Ehe und des Scheidungsantrags bzw. der Zustimmung der Scheidung der Ehe vorgelegen haben, weiterhin wirksam, wenn anzunehmen ist, dass der Erblasser diese letztwillige Verfügung zugunsten des Ehepartners auch für den Fall der Auflösung der Ehe getroffen haben würde.
Im Gegensatz zum gesetzlichen Ausschluss des Ehegattenerbrechts ist bei letztwilligen Verfügungen von Todes wegen der Erblasserwille vorrangig und durch Auslegung zu ermitteln. Gelangt man bei dieser Auslegung zu dem Ergebnis, dass auch für den Fall einer späteren Scheidung oder einer Aufhebung der Ehe die letztwillige Verfügung von Todes wegen Gültigkeit haben soll, bleibt sie deshalb wirksam.
Die Vorschrift des § 2077 findet im Übrigen bei eingetragenen Lebenspartnern entsprechende Anwendung (§ 10 Abs. 5 LPartG).
Weiterhin ist § 2077 auch bei Verfügungen anzuwenden, durch die der Erblasser seinen Verlobten bedacht hat, wenn das Verlöbnis vor dem Tod des Erblasers aufgelöst worden ist.

1.6 Erbeinsetzung

Gem. § 1937 kann der Erblasser durch Verfügung von Todes wegen den Erben bestimmen. § 1937 ist damit Ausdruck der Testierfreiheit des Erblassers. Dieser besitzt grundsätzlich das Recht, sein Vermögen unter Berücksichtigung seines eigenen Willens unter den Erben seiner Wahl zu verteilen. Grenzen der Testierfreiheit können sich allerdings aus § 134 bzw. § 138 ergeben.
Der Erblasser kann bestimmen, dass die von ihm eingesetzte Person unbeschränkter Erbe wird; ferner kann er für den Fall, dass die von ihm eingesetzte Person vor seinem Tod verstorben ist, einen Ersatzerben bestimmen.
Aber der Erblasser hat auch die Möglichkeit, eine sog. Vor- und Nacherbschaft anzuordnen. Gem. § 2100 ist der Nacherbe die vom Erblasser eingesetzte Person, die erst dann Erbe wird, nachdem zunächst erst ein anderer Erbe geworden ist. Dementsprechend ist Vorerbe die Person, die zeitlich vor dem Nacherben Erbe des Erblassers wird.[562]
Die Nacherbschaft kann auch nur durch Verfügung von Todes wegen angeordnet werden, da das gesetzliche Erbrecht keine Nacherbenfolge kennt.
Aus § 2106 Abs. 1 ergibt sich, dass der Erblasser den Zeitpunkt oder das Ereignis bestimmen kann, zu dem die Nacherbenfolge eintreten soll. Hat der Erblasser insoweit keine Anordnung getroffen, fällt die Erbschaft dem Nacherben mit dem Tod des Vorerben an.
Die Motivation des Erblassers für die Anordnung der Nacherbenfolge liegt oftmals in der Hoffnung, das vorhandene Vermögen für die Familie des Erblassers langfristig zu erhalten.
Der Vorerbe tritt mit dem Eintritt des Erbfalles unter Berücksichtigung von § 1922 in die Rechtstellung des Erblassers ein. Da er aber mit Eintritt des Nacherbfalles aufhört, Erbe zu sein und die Erbschaft ab diesem Zeitpunkt dem Nacherben zufällt (vgl. § 2139), muss der Nacherbe davor geschützt werden, dass der Vorerbe über den gesamten Nachlass zu seinen Lasten verfügt.

[562] Brox/Walker, ErbRt, Rdnr. 343.

Der Vorerbe hat als vollwertiger Erbe grundsätzlich die Möglichkeit, über Gegenstände, die zum Nachlass gehören, zu verfügen (vgl. § 2112). Zum Schutz des Nacherben hat allerdings der Gesetzgeber in §§ 2113–2115 Verfügungsbeschränkungen eingerichtet.
So sind gem. § 2113 Verfügungen des Vorerben über zur Erbschaft gehörende Grundstücke oder Rechte an Grundstücken oder ein zur Erbschaft gehörendes Schiff oder Schiffsbauwerk insoweit unwirksam, als sie das Recht des Nacherben vereiteln oder beeinträchtigen würden. Diese Verfügungen sind zunächst wirksam, solange der Nacherbenfall noch nicht eingetreten ist. Bei Eintritt des Nacherbenfalles werden sie aber absolut unwirksam.
Das Gleiche gilt sodann für unentgeltliche Verfügungen über einen Nachlass-gegenstand, soweit sie nicht einer sittlichen Pflicht oder einer auf den Anstand zu nehmenden Rücksicht entsprechen (vgl. § 2113 Abs. 2).
Weiterhin schützt § 2115 den Nacherben auch vor Zwangsvollstreckungsmaßnahmen in den Nachlass, die aufgrund bestehender persönlicher Verbindlichkeiten des Vorerben erfolgen.
Der Vorerbe ist auch gehalten, den Nachlass ordnungsgemäß zu verwalten, gem. § 2121 Abs. 1 auf Verlangen des Nacherben ein Verzeichnis der zur Erbschaft gehörenden Gegenstände anzufertigen und Bargeld sicher anzulegen.
Dieser vorgenannte Schutz des Nacherben findet aber dann seine Einschränkung, wenn der Erblasser den Vorerben in den Grenzen des § 2136 von den sich ergebenden Beschränkungen befreit hat. So ist insbesondere die Befreiung von der Beschränkung, über Grundstücke oder Grundstücksrechte verfügen zu dürfen, möglich.
Eine Befreiung von der Beschränkung, über Nachlassgegenstände unentgeltlich verfügen zu dürfen, erlaubt dagegen § 2136 nicht.

MERKE

Ein Testament ist eine einseitige, nicht empfangsbedürftige Willenserklärung des Erblassers, durch die er für den Fall seines Todes eine Verfügung über seinen Nachlass trifft. Die Errichtung eines Testaments setzt voraus, dass der Erblasser testierfähig ist. Hierunter versteht man die rechtliche Befugnis, ein Testament errichten zu können. Testierfähig sind alle Personen, soweit sie mindestens 16 Jahre alt sind und nicht an einer krankhaften Störung der Geistestätigkeit, an Geistesschwäche oder Bewusstseinsstörung leiden. Ist der Erblasser noch minderjährig, kann er im Übrigen auch kein eigenhändiges Testament i. S. d. § 2247 errichten.
Ordentliche Testamente sind das öffentliche Testament (§ 2232) sowie das eigenhändige Testament (§ 2247).
Grundsätzlich wird das öffentliche Testament zur Niederschrift eines Notars errichtet. Der Erblasser hat hierbei die Möglichkeit, dem Notar gegenüber seinen letzten Willen zu erklären, alternativ ihm eine verschlossene Schrift mit der Erklärung zu übergeben, dass diese seinen letzten Willen enthalte. Ist der Erblasser noch minderjährig oder nicht in der Lage, Geschriebenes zu lesen, ist die Übergabe einer verschlossenen Schrift nicht möglich.
Bei der Errichtung eines eigenhändigen Testaments ist es erforderlich, dass der Erblasser seinen letzten Willen eigenhändig niederschreibt und die Erklärung abschließend unterschreibt. Auch soll der Erblasser in dem Testament den Zeitpunkt und den Ort der Errichtung angeben, um nicht die Unwirksamkeit des Testaments zu riskieren.

Als Nottestamente bezeichnet man das Nottestament vor dem Bürgermeister und das Nottestament vor drei Zeugen. Ein weiteres außerordentliches Testament ist das Seetestament. Alle außerordentlichen Testamente gelten als nicht errichtet, wenn seit der Errichtung drei Monate verstrichen sind und der Erblasser noch lebt.
Der Erblasser kann ein Testament jederzeit widerrufen. Der Widerruf erfolgt durch Testament oder durch Vernichtung oder inhaltliche Veränderung der Testamentsurkunde. Auch gilt es als Widerruf, wenn der Erblasser zu einem späteren Zeitpunkt ein neues Testament errichtet, das im Widerspruch zu dem früheren Testament steht. Bei öffentlichen Testamenten gilt es als Widerruf, wenn der Erblasser das Testament aus der besonderen amtlichen Verwahrung nimmt.
Hat der Erblasser ein Testament zugunsten seines Ehepartners errichtet, so ist dieses Testament unwirksam, wenn die Ehe vor dem Tode des Erblassers aufgelöst worden ist. Das Gleiche gilt, wenn die Voraussetzungen der Ehescheidung erfüllt sind und der Erblasser einen Scheidungsantrag gestellt oder einem Scheidungsantrag des anderen Ehepartners zugestimmt hat. Allerdings verliert dieses Testament seine Wirksamkeit nicht, wenn anzunehmen ist, dass der Erblasser diese letztwillige Verfügung zugunsten seines Ehepartners auch für den Fall der Auflösung der Ehe errichtet hätte.
Durch Testament kann der Erblasser seinen Erben benennen. Er kann bestimmen, dass die von ihm eingesetzte Person unbeschränkter Erbe wird, hat aber auch die Möglichkeit, eine sog. Vor- und Nacherbschaft anzuordnen. Im letzteren Fall erbt zunächst der Vorerbe und mit Eintritt des Nacherbenfalles erst der Nacherbe. Zum Schutz des Nacherben bestehen aber Verfügungsbeschränkungen.

2 ERBVERTRAG

Der Erbvertrag, geregelt in §§ 2274 ff., eröffnet dem Erblasser eine weitere Möglichkeit, eine Verfügung von Todes wegen zu errichten.
Im Unterschied zum Testament erzeugt der Erbvertrag aber eine Bindungswirkung und der Vertragspartner soll darauf vertrauen können, dass durch weitere Verfügungen von Todes wegen seitens des Erblassers seine vertraglichen Rechte nicht beeinträchtigt werden.
Zum Verständnis ist darauf hinzuweisen, dass auch diese Verfügung von Todes wegen erst mit dem Tod des Erblassers wirksam wird und der Erblasser aus diesem Grund auch nicht gehindert ist, zu Lebzeiten über sein Vermögen zu verfügen.
Ungeachtet dessen handelt es sich beim Erbvertrag um einen wirklichen Vertrag, der die Testierfreiheit des Erblassers einschränkt (vgl. § 2289).
Gem. § 1941 Abs. 1 kann der Erblasser in einem Erbvertrag Erben einsetzen sowie Vermächtnisse und Auflagen anordnen; andere Verfügungen als Erbeinsetzungen, Vermächtnisse und Auflagen können vertragsmäßig aber nicht getroffen werden (§ 2278 Abs. 2).

Die Eheleute Susanne und Fritz Müller haben einen Erbvertrag geschlossen, in dem sie sich gegenseitig zu Alleinerben eingesetzt haben. In dem Vertrag ist des Weiteren Sven Krause, ein Freund von Fritz Müller, als Testamentsvollstrecker benannt worden. Bei der Anordnung dieser Testamentsvollstreckung entsteht keine erbvertragliche Bindung, da die Testamentsvollstreckung nicht Gegenstand einer vertraglichen Verfügung sein kann (§ 2278 Abs. 2).

Sowohl Fritz Müller als auch seine Ehefrau Susanne könnten deshalb diese Testamentsvollstreckung jederzeit durch Testament (§§ 2254, 2258) wieder aufheben.

Der Erbvertrag kann als einseitiger Erbvertrag abgeschlossen werden. Dies bedeutet, dass nur einer der Vertragspartner vertragsmäßige Verfügungen von Todes wegen vornimmt.[563]

Max Groß schließt mit seiner Tochter Ulrike einen Erbvertrag, in dem Ulrike zur Alleinerbin eingesetzt wird. In diesem Vertrag trifft nur Max Groß eine Verfügung von Todes wegen, sodass es sich um einen einseitigen Erbvertrag handelt. Würde die Tochter Ulrike sich in diesem Erbvertrag verpflichten, ihren Vater Max Groß zu Lebzeiten zu pflegen, würde sich an dem Rechtscharakter nichts ändern, da Ulrike durch die Verpflichtung zur Pflege keine Verfügung von Todes wegen errichtet, sondern sich zu einer Leistung unter Lebenden verpflichtet.

Von zweiseitigen Erbverträgen spricht man, wenn beide Erbvertragspartner vertragsmäßige Verfügungen von Todes wegen treffen und insofern eine wechselseitige Bindung herbeiführen (vgl. §§ 2278 Abs. 1, 2298 Abs. 1).[564]

Die Eheleute Susanne und Sven Wolf schließen einen Erbvertrag, in dem sie sich wechselseitig zu Alleinerben einsetzen.

Im Gegensatz zum Testament ist es für die Errichtung eines Erbvertrags nicht ausreichend, dass der Erblasser testierfähig ist. Aufgrund der vertraglichen Bindung, die durch den Erbvertrag begründet wird, verlangt § 2275 Abs. 1, dass der Erblasser, d. h. die Person, die mit dem Erbvertrag eine Verfügung von Todes wegen errichten will, unbeschränkt geschäftsfähig sein muss.
Eine Einschränkung ergibt sich lediglich insoweit, als dass nach § 2275 Abs. 2 ein beschränkt Geschäftsfähiger als Erblasser mit seinem Ehegatten einen Erbvertrag schließen darf. In diesem Fall ist aber die Zustimmung des gesetzlichen Vertreters erforderlich und, ist dieser ein Vormund, auch die Genehmigung des Familiengerichts.
Das Gleiche gilt auch im Übrigen für Verlobte und eingetragene Lebenspartner.
Der Erblasser kann einen Erbvertrag gem. § 2274 nur persönlich abschließen, sodass auch diesbezüglich eine Stellvertretung ausgeschlossen ist.
Der Erbvertrag muss darüber hinaus zur Niederschrift eines Notars bei gleichzeitiger Anwesenheit beider Vertragspartner geschlossen werden (§ 2276 Abs. 1).
Die erbvertraglichen Verfügungen begründen eine Bindungswirkung des Erblassers zugunsten des Vertragspartners. Aus diesem Grund werden frühere letztwillige Verfügungen, die der Erblasser getroffen hat, gem. § 2289 Abs. 1 insoweit aufgehoben, als dass sie das Recht der vertragsmäßig Bedachten beeinträchtigen würden. Das Gleiche gilt gem. § 2289 Abs. 1 S. 2 für eine spätere Verfügung von Todes wegen, die der Erblasser errichtet.
Das Recht des Erblassers, zu Lebzeiten über sein Vermögen zu verfügen, wird grundsätzlich durch den Abschluss des Erbvertrags nicht beschränkt (vgl. § 2286).

563 Brox/Walker, ErbR, Rdnr. 153.
564 Brox/Walker, ErbR, Rdnr. 154.

In diesem Fall besteht natürlich die Gefahr, dass der Erblasser, der sich vertraglich gebunden hat, sein Vermögen zu Lebzeiten weggibt und hierdurch bedingt versucht, die erbvertragliche Bindung zu unterlaufen. Aus diesem Grund bestimmt § 2287 Abs. 1, dass in den Fällen, in denen der Erblasser eine Schenkung gemacht hat, der Vertragserbe, nachdem ihm die Erbschaft angefallen ist, von dem Beschenkten die Herausgabe des Geschenkes nach den Vorschriften über die Herausgabe einer ungerechtfertigten Bereicherung fordern kann, und zwar in den Fällen, in denen der Erblasser die Schenkung vorgenommen hat in der Absicht, den Vertragserben zu beeinträchtigen.
Diese Beeinträchtigungsabsicht ist immer dann anzunehmen, wenn ein beachtenswertes lebzeitiges Eigeninteresse des Erblassers an der vorgenommenen Verfügung fehlt.
Besteht dieses Eigeninteresse des Erblassers, ist der Herausgabeanspruch ausgeschlossen.

Karl Neuhaus schließt mit seinem Sohn Uwe einen Erbvertrag, in dem dieser zum Alleinerben eingesetzt worden ist. Er überträgt ein größeres Aktiendepot an seine Tochter Ulrike, da diese ihn nach eingetretener Krankheit in ihrem Haus aufgenommen hat und pflegt. Nach dem Tod von Karl Neuhaus wird der Sohn Uwe aufgrund des Erbvertrags Alleinerbe. Ein bereicherungsrechtlicher Herausgabeanspruch bezüglich des Aktiendepots gegenüber seiner Schwester Ulrike wird zu verneinen sein, da der Grund für die unentgeltliche Zuwendung an Ulrike begründet ist durch ein beachtenswertes Eigeninteresse des Erblassers, nämlich die Aufnahme im Haus und die Pflege bis zum Tod.

Der sich aus § 2287 ergebende Herausgabeanspruch des Vertragserben verjährt in der Regelfrist des § 195, allerdings mit der Besonderheit, dass die Verjährungsfrist abweichend von § 199 BGB bereits mit dem Erbfall beginnt.
Ist im Erbvertrag ein Vermächtnis enthalten, schützt § 2288 den vertragsmäßigen Vermächtnisnehmer in ähnlicher Weise.
Der Erbvertrag erzeugt eine Bindungswirkung. Hiervon gibt es jedoch Ausnahmen. Im Erbvertrag kann der Erblasser sich das Recht vorbehalten, eine vertragsmäßige Verfügung aufzuheben oder abzuändern. Der Vertragserbe bedarf in diesem Fall keines Schutzes, da er ja nicht verpflichtet ist, den Erbvertrag unter diesen Umständen abzuschließen.
Ist der Vertragserbe ein pflichtteilsberechtigter Abkömmling des Erblassers und ist dieser in einem solchen Maße der Verschwendung ergeben oder derart überschuldet, dass ein späterer Erwerb, den er durch den Nachlass erhalten würde, erheblich gefährdet wäre, so kann der Erblasser auch noch nach Abschluss des Erbvertrags durch eine letztwillige Verfügung die Anordnungen treffen, die § 2338 erlaubt. Er kann insbesondere eine Testamentsvollstreckung für die Lebenszeit des Abkömmlings anordnen.
Weiterhin können die Parteien des Erbvertrags diesen Erbvertrag durch einen sog. Aufhebungsvertrag beseitigen (vgl. § 2290). Dieser Aufhebungsvertrag bedarf gleichfalls der Form des § 2276 und kann von dem Erblasser auch nur persönlich abgeschlossen werden. Ist der Erblasser beschränkt geschäftsfähig, bedarf er für den Aufhebungsvertrag nicht der Zustimmung seines gesetzlichen Vertreters (vgl. § 2290 Abs. 2).
Allerdings darf natürlich in dem Aufhebungsvertrag keine neue erbvertragliche Regelung enthalten sein, da in diesem Fall auch § 2275 zu beachten wäre.
Ehegatten und eingetragene Lebenspartner können darüber hinaus einen geschlossenen Erbvertrag gem. § 2292 auch durch ein gemeinschaftliches Testament aufheben. In diesem

Fall ist auch die Form des § 2276 nicht zu beachten, da das gemeinschaftliche Testament zwischen Ehegatten oder eingetragenen Lebenspartnern auch als eigenhändiges Testament errichtet werden kann.
Letztendlich kann sich der Erblasser von der Bindungswirkung des Vertrags auch wieder lösen, wenn in dem Erbvertrag ein Rücktrittsrecht vorbehalten ist (§ 2293) oder bei Vorliegen der Voraussetzungen der gesetzlichen Rücktrittsrechte aus §§ 2294, 2295.

MERKE

Der Erblasser kann eine Verfügung von Todes wegen auch durch einen Erbvertrag vornehmen. Der Erbvertrag erzeugt im Gegensatz zu einem Testament eine Bindungswirkung gegenüber dem Vertragspartner und schränkt somit die zukünftige Testierfreiheit des Erblassers ein. Frühere Testamente des Erblassers werden durch den Erbvertrag insoweit aufgehoben, als dass sie ein Recht des Vertragserben einschränken. Das Gleiche gilt für spätere Verfügungen von Todes wegen, die der Erblasser errichtet. Es ist grundsätzlich erforderlich, dass der Erblasser unbeschränkt geschäftsfähig ist. Ein beschränkt Geschäftsfähiger kann einen Erbvertrag als Erblasser nur mit seinem Ehegatten schließen. Der Erbvertrag kann nur persönlich, in notarieller Form und bei gleichzeitiger Anwesenheit der Vertragspartner vor einem Notar abgeschlossen werden. Der Erblasser behält zu Lebzeiten das Recht, über sein Vermögen zu verfügen. Zum Schutz des Vertragserben bestimmt § 2287 aber, dass der Vertragserbe in den Fällen, in denen der Erblasser eine Schenkung in der Absicht gemacht hat, den Vertragserben zu benachteiligen, von dem Dritten die Herausgabe des Geschenkes nach den Vorschriften über die ungerechtfertigte Bereicherung verlangen kann.
Die Bindungswirkung eines Erbvertrags besteht dann nicht, wenn der Erblasser in dem Erbvertrag sich das Recht vorbehalten hat, die vertragsmäßige Verfügung aufzugeben oder zu verändern. Handelt es sich bei dem Vertragserben um einen Abkömmling, kann der Erblasser auch noch nach Abschluss des Erbvertrags durch eine letztwillige Verfügung die Anordnungen treffen, die § 2338 erlaubt, wenn der Vertragserbe derart der Verschwendung ergeben oder überschuldet ist, dass der Nachlass bei Eintritt des Erbfalles gefährdet wäre.
Ein Rücktritt von dem Erbvertrag ist möglich, wenn der Erblasser sich in dem Erbvertrag ein Rücktrittsrecht vorbehalten hat oder die Voraussetzungen des gesetzlichen Rücktrittsrechtes nach §§ 2294, 2295 erfüllt sind.

3 GEMEINSCHAFTLICHES TESTAMENT

Ehegatten können gem. § 2265 ff. ein gemeinschaftliches Testament errichten. Das Gleiche gilt für eingetragene Lebenspartner (vgl. § 10 Abs. 4 LPartG). Die Vorschriften der §§ 2266–2273 gelten in diesem Falle entsprechend.
Obwohl es sich in diesen Fällen um ein gemeinschaftliches Testament handelt, liegen dennoch zwei Verfügungen von Todes wegen vor, da sowohl der Mann als auch die Frau über ihren Nachlass eine Verfügung von Todes wegen treffen.
Aus diesem Grund ist es auch notwendig, dass beide Ehepartner testierfähig sind.

Ein gemeinschaftliches Testament kann als öffentliches Testament errichtet werden. Dieses geschieht gem. §§ 2231 Nr. 1, 2232 zur Niederschrift eines Notars.
Die Gemeinschaftlichkeit wird in diesem Fall hergestellt durch die Einheitlichkeit der Beurkundung und durch das Erfordernis, dass jeder Ehegatte die Verfügung des anderen Partners kennt.[565] Die Ehegatten können dieses öffentliche Testament auch in unterschiedlicher Weise errichten. So kann ein Ehepartner einen Willen dem Notar gegenüber mündlich erklären und der andere Ehepartner kann dem Notar eine offene Schrift überreichen.
Die Übergabe einer verschlossenen Schrift ist grundsätzlich unzulässig, es sei denn, der andere Ehepartner hat Kenntnis von dem Inhalt und kann sich dementsprechend auf die Verfügung des anderen Ehepartners einstellen.[566]
Die Ehegatten können auch ein gemeinschaftliches eigenhändiges Testament errichten. In diesem Fall sieht § 2267 eine Formerleichterung vor, wonach es ausreichend ist, wenn einer der Ehegatten das privatschriftliche Testament in der Form des § 2247 errichtet und der andere Ehegatte die gemeinschaftliche Erklärung eigenhändig mit unterzeichnet. Der mit unterzeichnende Ehegatte soll dabei auch angeben, zu welcher Zeit (Tag, Monat und Jahr) und an welchem Ort er seine Unterschrift beigefügt hat (§ 2267 S. 2).
Erforderlich ist aber unter Berücksichtigung von § 2247 Abs. 4, dass beide Ehegatten volljährig und in der Lage sind, Geschriebenes zu lesen.
Selbstverständlich können die Ehegatten auch ein gemeinschaftliches Testament dadurch errichten, dass jeder Ehegatte ein eigenhändiges Testament i. S. d. § 2247 erstellt. In diesem Fall muss aber auch jeder Ehegatte seine Erklärung eigenhändig niederschreiben und unterschreiben.
Auch können die Ehegatten die in §§ 2249, 2250 genannten Nottestamente gemeinschaftlich errichten. Voraussetzung hierfür ist, dass die in §§ 2249, 2250 genannten Voraussetzungen wenigstens bei einem der Ehegatten vorliegen.

3.1 Wechselbezüglichkeit von Verfügungen im Ehegattentestament

Bei gemeinschaftlichen Testamenten können Ehepartner die von ihnen jeweils getroffenen Verfügungen in eine wechselseitige Abhängigkeit bringen.
Dies bedeutet, dass die Wirksamkeit der Verfügung des einen Ehepartners abhängig ist von der Wirksamkeit der Verfügung, die der andere Ehepartner getroffen hat.
Ob eine derartige wechselseitige Abhängigkeit gewollt ist, muss durch Auslegung ermittelt werden. Eine gesetzliche Vermutung ergibt sich insoweit aus § 2270 Abs. 2 und liegt in folgenden Fällen vor:

- Die Ehegatten haben sich gegenseitig in einem Testament bedacht.
- Ein Ehegatte bedenkt den anderen Ehegatten und für den Fall, dass der bedachte Ehepartner überlebt, trifft dieser eine Verfügung zugunsten eines Verwandten des anderen Ehegatten bzw. einer Person, die dem verstorbenen Ehegatten nahesteht.

Hans und Ute Schneider haben ein gemeinschaftliches Testament errichtet, in dem sie sich gegenseitig zu Alleinerben und Peter, den Bruder von Hans als Schlusserben eingesetzt

565 Palandt/Weidlich, Einführung vor § 2265, Rdnr. 1; Brox/Walker, ErbR, Rdnr. 181.
566 Palandt/Weidlich, Einführung vor § 2265 Rdnr. 4.

haben. Stirbt nun Hans als Erstes, so ist Ute nach der Auslegungsregel des § 2270 Abs. 2 hinsichtlich der Erbeinsetzung des Peter gebunden. Stirbt aber Ute zuerst, so wäre Hans nicht gebunden und könnte eine andere Erbeinsetzung verfügen.

Gem. § 2270 Abs. 3 ist diese Wechselbezüglichkeit nur auf Erbeinsetzungen, Vermächtnisse oder Auflagen anzuwenden.
Ist eine solche Wechselbezüglichkeit anzunehmen, so hat dies gem. § 2270 Abs. 1 zur Folge, dass die Nichtigkeit oder der Widerruf der Verfügung eines Ehepartners auch die Unwirksamkeit einer anderen Verfügung zur Folge hat.

Lena und Philip Müller errichten ein gemeinschaftliches eigenhändiges Testament, indem sie sich wechselseitig zu Alleinerben einsetzen. Lena stirbt. Es stellt sich sodann heraus, dass Philip nicht testierfähig gewesen ist, als er das gemeinschaftliche Testament errichtet hat. Aus der Ehe von Lena und Philip ist das Kind Meike hervorgegangen.
Hier ist nach der Auslegungsregel des § 2270 Abs. 2 eine Wechselbezüglichkeit der Verfügungen von Lena und Philip Müller anzunehmen. Ist die Verfügung von Philip aufgrund fehlender Testierfähigkeit nichtig, so hat dies zur Folge, dass die Bezugsverfügung, d. h. die Verfügung von Lena, durch die Philip zum Erben bestimmt worden ist, unwirksam ist. Nach dem Tod von Lena ist die gesetzliche Erbfolge eingetreten.

Eine weitere Besonderheit bei wechselbezüglichen Verfügungen ergibt sich für den Widerruf. Grundsätzlich kann jeder Erblasser gem. § 2253 eine in einem Testament enthaltende Verfügung widerrufen. Bei wechselbezüglichen Ehegattentestamenten muss aber beachtet werden, dass durch die ursprünglich gewollte, wechselseitige Abhängigkeit der Verfügungen der andere Ehepartner schutzwürdig ist.
Aus diesem Grund bestimmt § 2271 Abs. 1 S. 2, dass ein Ehegatte zu Lebzeiten des anderen eine wechselbezügliche Verfügung nicht durch eine neue Verfügung von Todes wegen einseitig aufheben kann. Vielmehr sieht § 2271 folgende Möglichkeiten vor:
Zu Lebzeiten des anderen Ehegatten kann jeder Ehegatte zwar seine wechselbezügliche Verfügung widerrufen, aber nur unter Berücksichtigung der für den Rücktritt von einem Erbvertrag geltenden Vorschrift des § 2296.
Gem. § 2296 erfolgt der Rücktritt durch Erklärung gegenüber dem anderen Vertragsschließenden und bedarf der notariellen Beurkundung.
Auf diese Weise ist gewährleistet, dass der andere Ehepartner von dem Widerruf Kenntnis erlangt und somit die Möglichkeit erhält, eine eigene neue Verfügung von Todes wegen zu errichten.
Ist der andere Ehegatte bereits verstorben, so ist der Widerruf gem. § 2271 Abs. 2 nicht mehr möglich, der überlebende Ehegatte soll nun auch an seine Verfügung gebunden werden. Allerdings kann der überlebende Ehegatte seine eigene Verfügung aufheben, wenn er das ursprünglich gewollte Abhängigkeitsverhältnis beseitigt, indem er das ihm Zugedachte ausschlägt (§ 2271 Abs. 2).
Ungeachtet der vorstehenden Ausführungen können die Ehegatten aber auch ein gemeinschaftliches Testament errichten, ohne diese Wechselbezüglichkeit zu wollen. In diesem Fall muss aber gerade in den Fällen, in denen die Auslegungsregel des § 2270 Abs. 2 eingreifen würde, ganz klar der Wille zum Ausdruck kommen, dass diese Wechselbezüglichkeit nicht gewollt ist.

3.2 Berliner Testament

Eine besondere Form des gemeinschaftlichen Ehegattentestaments ist das sog. Berliner Testament i. S. d. § 2269.
Ein solches Testament liegt dann vor, wenn Ehegatten sich in einem gemeinschaftlichen Testament wechselseitig zu Alleinerben einsetzen und im Übrigen verfügen, dass nach dem Tod des länger Lebenden der Nachlass an eine dritte Person, in den häufigsten Fällen die Kinder, fallen soll.
Die Ehegatten haben hier zwei unterschiedliche Möglichkeiten, die sich wie folgt darstellen.

3.2.1 Einheitslösung

Bei der Einheitslösung setzen die Ehegatten sich gegenseitig zu Alleinerben ein und bestimmen, dass nach dem Tod des länger lebenden Ehegatten der beiderseitige Nachlass an eine dritte Person fallen soll. Diese dritte Person wird Schlusserbe genannt.
Beim Tod des Erstversterbenden wird der überlebende Ehegatte Vollerbe, sodass sich in seiner Hand der Nachlass und das eigene Vermögen zu einer einheitlichen Vermögensmasse vereinigen, über die er zu Lebzeiten frei verfügen kann.
Nach dem Tod des länger lebenden Ehegatten geht sodann das noch vorhandene Vermögen auf den Schlusserben über.

3.2.2 Trennungslösung

Bei der Trennungslösung setzt jeder Ehegatte den anderen Ehepartner zu seinem Vorerben ein und die dritte Person als Nacherben. Dieser Nacherbenfall tritt sodann mit dem Tod des länger lebenden Ehegatten ein.
Stirbt sodann ein Ehegatte, sind bei dem überlebenden Ehegatten zwei Vermögensmassen zu unterscheiden, und zwar das Eigenvermögen des überlebenden Ehegatten sowie der Nachlass des erstverstorbenen Ehegatten. Der überlebende Ehegatte unterliegt in diesem Fall bezüglich des Nachlasses des vorverstorbenen Ehegatten insbesondere auch den Verfügungsbeschränkungen, die sich aus §§ 2113 ff. ergeben.
Nach dem Tod des länger lebenden Ehegatten erhält der bedachte Dritte sodann beide Vermögensmassen getrennt und aus unterschiedlichen Berufungsgründen. Den Nachlass des erstverstorbenen Ehegatten erhält er als Nacherbe, den Nachlass des überlebenden Ehegatten als dessen Vollerbe.
Eine wichtige Unterscheidung ergibt sich bei den beiden vorgenannten Lösungen auch in den Fällen, in denen die dritte Person pflichtteilsberechtigt ist.
Haben die Ehegatten ein gemeinschaftliches Testament errichtet, sich hierbei wechselseitig zu Alleinerben eingesetzt und bestimmt, dass ein Abkömmling den Nachlass nach dem Tod des länger lebenden Ehegatten erhalten soll, so kann dieser Abkömmling im Falle der Einheitslösung bereits nach dem Tod des erstversterbenden Ehepartners seinen Pflichtteil nach § 2303 verlangen.
Haben die Ehegatten dagegen die Trennungslösung vorgesehen, so bedeutet dies, dass der Abkömmling als Nacherbe beim Tod des erstversterbenden Ehepartners gem. § 2306 Abs. 1 S. 2 den Pflichtteil nur verlangen, wenn er zugleich die Nacherbschaft ausschlägt.

MERKE

Eheleute können ein Testament gemeinschaftlich als öffentliches, aber auch als eigenhändiges Testament errichten. Das Gleiche gilt für eingetragene Lebenspartner. Bei einem eigenhändigen Testament ist es dabei ausreichend, wenn ein Ehepartner das Testament unter Beachtung der Form des § 2247 errichtet und der andere Ehegatte die Erklärung eigenhändig mit unterzeichnet. Beide Ehegatten müssen volljährig sein. Ehegatten können ferner die von ihnen getroffenen Verfügungen in eine wechselseitige Abhängigkeit setzen, sodass die Unwirksamkeit der Verfügung eines Ehepartners auch die Unwirksamkeit der Verfügung des anderen Ehepartners zur Folge hat. Ob eine derartige Wechselbezüglichkeit von den Ehepartnern gewollt ist, muss durch Auslegung ermittelt werden. Das Gesetz vermutet diese wechselseitige Abhängigkeit, wenn die Ehegatten sich gegenseitig in dem Testament bedenken oder ein Ehepartner eine Zuwendung von dem anderen erhält und für den Fall, dass er den anderen Ehepartner überleben sollte, eine Verfügung zugunsten eines Verwandten oder einer nahestehenden Person des anderen Ehegatten trifft. Die Wechselbezüglichkeit ist nach § 2270 Abs. 3 nur auf Erbeinsetzungen, Vermächtnisse oder Auflagen anzuwenden. Haben die Ehegatten wechselbezügliche Verfügungen getroffen, so kann jeder seine Verfügung zum Schutz des anderen Ehegatten nur durch eine notariell beurkundete Erklärung, die dem anderen Ehepartner zugehen muss, widerrufen. Nach dem Tod eines Ehegatten ist der andere Ehegatte an die Verfügung gebunden, es sei denn er schlägt das ihm Zugedachte aus. Eine besondere Form des Ehegattentestaments ist das sog. Berliner Testament. Ein solches Testament liegt vor, wenn die Ehegatten sich wechselseitig zu Alleinerben einsetzen und im Übrigen verfügen, dass nach dem Tod des Längerlebenden der Nachlass an eine dritte Person fallen soll. Die Ehegatten können hierbei zwischen der sog. Einheitslösung und der sog. Trennungslösung wählen. Nach der Einheitslösung fällt nach dem Tod des Längerlebenden der beiderseitige Nachlass an den sog. Schlusserben. Bei der Trennungslösung setzt jeder Ehegatte den anderen Ehegatten als Vorerben und den Dritten als Nacherben ein mit den sich hieraus ergebenden Verfügungsbeschränkungen (§§ 2113 ff.). Nach dem Tod des zweiten Ehegatten erhält der Dritte den Nachlass des zuerst verstorbenen Ehegatten als Nacherbe und den Nachlass des zuletzt verstorbenen Ehegatten als dessen Vollerbe.

IV Teilungsanordnung

In den Fällen, in denen der Erblasser mehrere Erben in seiner letztwilligen Verfügung von Todes wegen bestimmt hat, kann er gem. § 2048 auch Anordnungen hinsichtlich der Auseinandersetzung des Nachlasses treffen. Auch kann er anordnen, dass Auseinandersetzungen nach dem billigen Ermessen eines Dritten erfolgen sollen (§ 2048, S. 2).
Will der Erblasser aber einem der Miterben nur einen besonderen Vermögensvorteil zukommen lassen, ist hierin keine Teilungsanordnung, sondern ein sog. Vorausvermächtnis i. S. d. § 2150 zu sehen.

Otto Müller hat in einem eigenhändigen Testament bestimmt, dass seine Kinder Ute und Sebastian Miterben zu gleichen Teilen werden sollen. Ferner hat er bestimmt, dass Ute die Münzsammlung erhalten soll. In diesem Fall wird man in der Anordnung des Erblassers keine Teilungsanordnung, sondern bezüglich der Münzsammlung ein Vorausvermächtnis anzunehmen haben.

Schwierig ist diese Abgrenzung zwischen einer Teilungsanordnung und einem Vorausvermächtnis in den Fällen, in denen der Erblasser einem Erben aus dem Nachlass einen bestimmten Gegenstand zuweist, der wertmäßig höher ist als die nach dem Testament ihm zustehende Erbquote.
Eine Teilungsanordnung kann in diesen Fällen nur angenommen werden, wenn der Erblasser gleichzeitig angeordnet hat, dass der Erbe, der den bestimmten Gegenstand erhalten soll, ausgleichspflichtig ist gegenüber den anderen Miterben, soweit er durch den Gegenstand einen höheren Wert erhält als dieses seiner Erbquote entspricht.[567]

MERKE

Der Erblasser kann in seinem Testament Anordnungen hinsichtlich der Auseinandersetzung des Nachlasses treffen oder anordnen, dass die Auseinandersetzung nach dem billigen Ermessen eines Dritten erfolgen soll.

V Anfechtung der Verfügung von Todes wegen

Errichtet der Erblasser ein Testament oder schließt er einen Erbvertrag, so sind diese Willenserklärungen anfechtbar, soweit ein erbrechtlich normierter Anfechtungsgrund tatbestandsmäßig erfüllt ist. Es ist in diesem Zusammenhang aber zwischen einer letztwilligen Verfügung und dem Erbvertrag zu differenzieren.
Bei der letztwilligen Verfügung hat der Erblasser eine nicht empfangsbedürftige einseitige Willenserklärung abgegeben. Ein Anfechtungsrecht für den Erblasser ist nicht notwendig und gesetzlich auch nicht vorgesehen, da der Erblasser jederzeit seine letztwillige Verfügung widerrufen kann (vgl. § 2253 ff.).
Aus diesem Grund bestimmt § 2080 S. 1, dass diejenigen Personen anfechtungsberechtigt sind, denen die Aufhebung der letztwilligen Verfügung als Folge einer wirksamen Anfechtung unmittelbar zustatten kommen würde.

Petra Schön hat in einem Testament ihren Freund Willi zum Alleinerben eingesetzt. Nach dem Tod von Petra will deren Tochter Christiane das Testament anfechten, weil sie nachweisen kann, dass Petra durch Bedrohung von Willi zu diesem Testament gezwungen worden ist. Hier ist Christiane anfechtungsberechtigt, da bei Wegfall des Testaments die gesetzliche Erbfolge eintreten würde und sie als Erbin erster Ordnung (§ 1924) berufen wäre.

[567] BGH FamRZ 1990, 396.

Ist der Erblasser aber zwischenzeitlich testierunfähig geworden und kann er aus diesem Grund das bestehende Testament nicht widerrufen, so besteht ein Anfechtungsrecht des gesetzlichen Vertreters.[568]
Bei dem Erbvertrag ist die rechtliche Situation etwas anders. Durch die Bindungswirkung hat der Erblasser keine Möglichkeit, die erbvertraglichen Verfügungen einseitig zu widerrufen. Aus diesem Grund räumt § 2281 auch dem Erblasser ein eigenes Anfechtungsrecht ein. Darüber hinaus besteht für den Erblasser ein eigenes Anfechtungsrecht bei einem gemeinschaftlichen Testament, soweit er eine wechselbezügliche Verfügung nicht mehr widerrufen kann (vgl. § 2271).

1 ANFECHTUNG EINES TESTAMENTS

Die erbrechtlichen Anfechtungsgründe sind in §§ 2078, 2079 abschließend geregelt. Soweit eine Anfechtung des Testaments aufgrund eines Irrtums des Erblassers infrage kommt, ist zunächst der tatsächliche Wille des Erblassers durch Auslegung der letztwilligen Verfügung zu ermitteln. Erst wenn diese Auslegung nicht zu einem Ergebnis führt, stellt sich die Frage der Anfechtbarkeit wegen eines Irrtums.
§ 2078 differenziert – genau wie § 119 – zwischen dem Inhaltsirrtum (§ 2078 Abs. 1 1. Alt.) und dem Erklärungsirrtum (§ 2078 Abs. 1 2. Alt.).
Beim Inhaltsirrtum verbindet der Erblasser mit seiner Erklärung eine andere rechtliche Bedeutung.

Hans Müller verfügt in seinem Testament, dass sein Sohn Max als Vermächtnisnehmer seinen ganzen Nachlass erhalten soll. Er geht dabei davon aus, dass der Begriff Vermächtnisnehmer bedeutet, dass sein Sohn Alleinerbe wird. Hier irrt Hans Müller über den Begriff des Vermächtnisses.

Demgegenüber liegt ein Erklärungsirrtum vor, wenn dieser Irrtum bei der Erklärungshandlung entsteht, d. h., wenn der Erblasser eine Erklärung in dieser Art nicht abgeben wollte.

Otto Sommer errichtet ein eigenhändiges Testament und bestimmt seine Tochter Laura zur Alleinerbin. Seiner Nichte Alexandra möchte er einen Geldbetrag i. H. v. € 500 zuwenden. Er verschreibt sich und schreibt stattdessen 5.000 €.

Im Unterschied zu § 119 berechtigt auch jeder Motivirrtum des Erblassers zur Anfechtung des Testaments (§ 2078 Abs. 2). Der Grund liegt in dem Umstand, dass ein schützenswertes Interesse eines Vertragspartners nicht berücksichtigt werden muss und es beim Testament nicht auf die Verkehrssicherheit ankommt.[569]

Kurt Sonnenschein verfügt in einem eigenhändigen Testament ein Geldvermächtnis zugunsten seiner Nachbarin Susanne, da er bei der Errichtung des Testaments davon ausgeht,

[568] Palandt/Weidlich, § 2080, Rdnr. 3.
[569] Brox/Walker, ErbR, Rdnr. 233.

dass Susanne finanziell hilfsbedürftig ist. Er weiß nicht, dass Susanne zu dem Zeitpunkt, als er das Testament errichtet hat, einen Lottogewinn i. H. v. 100.000 € erhalten hat.

Zwischen dem Irrtum und der Verfügung muss sodann ein kausaler Zusammenhang bestehen, d. h., dass der Erblasser die getroffene Verfügung bei tatsächlicher Kenntnis der Sachlage nicht errichtet hätte.
Ein weiterer Anfechtungsgrund ergibt sich sodann aus § 2078 Abs. 2 2. Alt. in den Fällen, in denen der Erblasser zur Errichtung der letztwilligen Verfügung wider-rechtlich durch Drohungen bestimmt worden ist.
Diese Vorschrift ist inhaltlich konform mit § 123 Abs. 1 2. Alt.
Abschließend kann eine letztwillige Verfügung gem. § 2079 Abs. 1 auch dann angefochten werden, wenn der Erblasser einen zur Zeit des Erbfalls vorhandenen Pflichtteilsberechtigten übergangen hat, dessen Vorhandensein ihm bei der Errichtung der Verfügung nicht bekannt war oder der erst nach der Errichtung geboren oder pflichtteilsberechtigt geworden ist.

Hans Meier errichtet ein notarielles Testament, in dem er seine Kinder Sabine, Volker und Thomas zu gleichen Teilen als Erben einsetzt. Einige Jahre später wird noch die Tochter Nicole geboren. Hans Meier vergisst aber das Testament entsprechend zu ändern. Hier könnte sich für Nicole ein Anfechtungsrecht aus § 2079 ergeben.

Eine Anfechtung, die auf dem Anfechtungsgrund des § 2079 beruht, ist indes ausgeschlossen, soweit anzunehmen ist, dass der Erblasser das Testament auch bei Kenntnis der tatsächlichen Sachlage errichtet haben würde.

Hat Hans Meier im vorgenannten Beispiel bewusst seine Tochter Nicole nicht zur Miterbin bestimmt und dementsprechend das ursprüngliche Testament nicht geändert, scheidet ein Anfechtungsrecht aus.

Anfechtungsberechtigt bei einer Anfechtung wegen der Übergehung eines Pflichtteilsberechtigten ist im Übrigen gem. § 2080 Abs. 3 nur der übergangene Pflichtteilsberechtigte.
Soweit ein Testament aus den vorgenannten Gründen angefochten wird, gilt es als von Anfang an nichtig.
Auch muss die Anfechtung erklärt werden. Hierbei handelt es sich um eine empfangsbedürftige Willenserklärung, die gem. § 143 Abs. 4 S. 1 grundsätzlich gegenüber dem Anfechtungsgegner zu erklären ist. Anfechtungsgegner ist grundsätzlich die Person, die aufgrund des Testaments unmittelbar einen rechtlichen Vorteil erhalten hat.
Eine Besonderheit ergibt sich in diesem Zusammenhang aus § 2081, wonach die Anfechtung einer letztwilligen Verfügung, durch die ein Erbe eingesetzt, ein gesetzlicher Erbe von der Erbfolge ausgeschlossen, ein Testamentsvollstrecker ernannt oder eine Verfügung solcher Art aufgehoben wird, durch Erklärung gegenüber dem Nachlassgericht erfolgt.
Diese Anfechtung kann nur binnen Jahresfrist erfolgen (§ 2082). Die Frist beginnt mit dem Zeitpunkt, in welchem der Anfechtungsberechtigte von dem Anfechtungsgrund Kenntnis erlangt (§ 2082, Abs. 2, S. 1).

MERKE

Ein eigenes Anfechtungsrecht ist für den Erblasser hinsichtlich des von ihm errichteten Testaments gesetzlich nicht vorgesehen, aber auch nicht notwendig, da der Erblasser sein Testament grundsätzlich jederzeit widerrufen kann. Etwas anderes gilt nur, wenn der Erblasser zwischenzeitlich testierunfähig geworden ist. In diesem Fall besteht ein Anfechtungsrecht des gesetzlichen Vertreters. Auch besteht für den Erblasser dann ein Anfechtungsrecht, wenn er eine wechselbezügliche Verfügung (§ 2271) nicht mehr widerrufen kann.
Im Übrigen bestimmt § 2080 S. 1, dass die Personen anfechtungsberechtigt sind, denen durch die Nichtigkeit der letztwilligen Verfügung als Folge der Anfechtung unmittelbar ein Vorteil erwächst.
Die erbrechtlichen Anfechtungsgründe sind in §§ 2078, 2079 abschließend geregelt. Die Anfechtung erfolgt durch Erklärung gegenüber dem Anfechtungsgegner und in den Fällen des § 2081 gegenüber dem Nachlassgericht. Gem. § 2082 kann die Anfechtung nur binnen Jahresfrist erfolgen, beginnend mit dem Zeitpunkt, zu dem der Anfechtungsberechtigte von dem Anfechtungsgrund Kenntnis erlangt.

2 ANFECHTUNG EINES ERBVERTRAGS

Da der Erbvertrag für den Erblasser bindende Verfügungen enthält, er diese Verfügung somit nicht nach § 2253 einseitig widerrufen kann, gewährt ihm das Gesetz gem. § 2281 Abs. 1 hinsichtlich dieser bindenden Verfügungen ein eigenes Anfechtungsrecht.
Bezüglich der Anfechtungsgründe verweist § 2281 auf §§ 2078, 2079. Soll die Anfechtung auf den Anfechtungsgrund gem. § 2079 gestützt werden, ist allerdings weiter erforderlich, dass der Pflichtteilsberechtigte zur Zeit der Anfechtung vorhanden ist.
Ist der Erblasser bereits verstorben, so steht das Anfechtungsrecht den in §§ 2285, 2080 genannten Personen zu, d. h. den Personen, denen die Aufhebung des Erbvertrags unmittelbar zustattenkommen würde.
Das Anfechtungsrecht dieses Personenkreises besteht aber dann nicht mehr, wenn das Anfechtungsrecht des Erblassers selbst unter Berücksichtigung von §§ 2283, 2284 bereits erloschen ist, d. h. die Anfechtungsfrist durch den Erblasser versäumt worden ist oder dieser den anfechtbaren Erbvertrag bestätigt hat.
Auch die Anfechtung kann der Erblasser nur persönlich erklären (§ 2282); eine Stellvertretung ist nicht möglich. Die Anfechtungserklärung erfolgt gem. § 143 Abs. 2 gegenüber dem Vertragspartner. Ist dieser allerdings bereits verstorben und will der Erblasser eine zugunsten einer dritten Person getroffene Verfügung anfechten, so ist die Anfechtung gem. § 2281 Abs. 2 gegenüber dem Nachlassgericht zu erklären.
Die Anfechtungserklärung bedarf sodann gem. § 2282 Abs. 3 der notariellen Beurkundung.

MERKE

Bei einem Erbvertrag erhält der Erblasser hinsichtlich der bindenden Verfügungen ein eigenes Anfechtungsrecht, da ihm insoweit ein Widerrufsrecht nicht zusteht. Die Anfechtung kann – wie beim Testament – aus den Gründen der §§ 2078, 2079 erklärt

werden. Ist der Erblasser bereits verstorben, steht das Anfechtungsrecht den Personen zu, denen die Aufhebung des Erbvertrags zustatten kommen würde (§§ 2285, 2080), soweit der Erblasser sein eigenes Anfechtungsrecht unter Berücksichtigung von §§ 2283, 2284 noch nicht verloren hat.
Die Anfechtung kann der Erblasser nur persönlich erklären. Die Anfechtungserklärung bedarf der notariellen Beurkundung.

VI Erbunwürdigkeit

Die Gründe für eine Erbunwürdigkeit ergeben sich abschließend aus § 2339. Eine Differenzierung zwischen gesetzlicher und gewillkürter Erbfolge findet nicht statt.
Erbunwürdig sind insbesondere Personen, die dem Erblasser entweder nach dem Leben trachten oder auf seine Testierfähigkeit und/oder Testierfreiheit einwirken.

Sven Becker hat seinen Neffen Johannes in seinem Testament zum Alleinerben bestimmt. Da Johannes befürchtet, dass der Onkel Sven ihn wegen seines Lebenswandels wieder enterben wird, vergiftet er den Onkel.
Hier wäre der Erbunwürdigkeitsgrund gem. § 2339 Ziff. 1 erfüllt.

Die Erbunwürdigkeit tritt trotz Vorliegen eines Erbunwürdigkeitsgrundes i. S. d. § 2339 nicht von selbst ein, sondern muss im Rahmen eines Anfechtungsverfahrens gerichtlich geltend gemacht werden.
Anfechtungsberechtigt sind gem. § 2341 die Personen, denen der Wegfall des Erbunwürdigen zustatten kommt.

Hätte in dem vorgenannten Beispiel Sven Becker auch noch Kinder, so wären diese anfechtungsberechtigt, da sie bei Wegfall des testamentarisch verfügten Erben Johannes im Wege der gesetzlichen Erbfolge berufen wären.

Die Anfechtung ist aber ausgeschlossen, wenn der Erblasser dem Erbunwürdigen verziehen hat.

Hätte Johannes versucht, seinen Onkel Sven Becker zu vergiften, wäre bereits der Erbunwürdigkeitsgrund des § 2339 Ziff. 1 eingetreten. Hätte Sven Becker allerdings seinem Neffen wegen dieses Anschlags auf sein Leben verziehen, so ist die Anfechtung durch die Kinder ausgeschlossen.

Die Wirkung der Anfechtungsklage tritt mit der Rechtskraft des Urteils ein (vgl. § 2342 Abs. 2). Wird hiernach ein Erbe für erbunwürdig erklärt, so gilt der Anfall an ihn als nicht erfolgt und die Erbschaft fällt demjenigen zu, der nun berufen sein würde, wenn der Erbunwürdige zur Zeit des Erbfalls nicht gelebt hätte (§ 2344 Abs. 2).
Im Übrigen kann die Anfechtung nur innerhalb eines Jahres nach Kenntnis des Anfechtungsgrunds erfolgen (vgl. § 2340, Abs. 3 i. V. m. § 2082).

Die in § 2339 genannten Unwürdigkeitsgründe führen auch zur Anfechtbarkeit, wenn der Berechtigte Vermächtnisnehmer oder pflichtteilsberechtigt ist (§ 2345).

MERKE

Erbunwürdig sind Personen, die dem Erblasser nach dem Leben trachten oder auf seine Testierfähigkeit und/oder Testierfreiheit einwirken. Dies gilt sowohl bei gesetzlicher als auch bei gewillkürter Erbfolge.
Die Erbunwürdigkeit muss in einem Anfechtungsverfahren gerichtlich geltend gemacht werden. Berechtigt hierzu sind die Personen, denen der Wegfall des Erbunwürdigen zustatten kommen würde.
Erbunwürdigkeit liegt aber nicht mehr vor, wenn der Erblasser dem Erbunwürdigen verziehen hat.
Die in § 2339 genannten Erbunwürdigkeitsgründe finden auf ein Vermächtnis oder auf das Pflichtteilsrecht entsprechende Anwendung.

VII Erbverzicht

Verwandte sowie der Ehegatte des Erblassers können durch Vertrag mit dem Erblasser auch gem. § 2346 auf ihr gesetzliches Erbrecht verzichten. Ein derartiger Vertrag bedarf der notariellen Beurkundung (§ 2348) und ändert unmittelbar insoweit die gesetzliche Erbfolge, als dass der Verzichtende behandelt wird, als wenn er zum Zeitpunkt des Erbfalles nicht mehr gelebt hätte.
Grundsätzlich hat dieser Verzicht nur Auswirkungen auf den Verzichtenden. Handelt es sich hierbei allerdings um einen Abkömmling des Erblassers, erstreckt sich der Verzicht nach § 2349 auch auf seine Abkömmlinge, soweit nichts anderes bestimmt ist.
Gem. § 2346 Abs. 2 ist es auch möglich, den Verzicht auf das Pflichtteilsrecht zu beschränken. Ist Gegenstand des Verzichtsvertrags das gesetzliche Erbrecht, so bedeutet dies auch, dass der Verzichtende kein Pflichtteilsrecht mehr besitzt.

MERKE

Verwandte und Ehegatten können durch notariell beurkundeten Vertrag auf ihr gesetzliches Erbrecht verzichten. Der Verzicht kann auch auf das Pflichtteilsrecht beschränkt werden.

VIII Haftung des Erben für Nachlassverbindlichkeiten

Gem. § 1922 geht mit dem Erbfall das Vermögen des Erblassers als Ganzes auf den oder die Erben über.
Der Erbe erhält allerdings nicht nur das positive Vermögen des Erblassers, sondern haftet gem. § 1967 Abs. 1 auch für bestehende Nachlassverbindlichkeiten.

Nach dem Tod von Heinz Schulte sind dessen Kinder Annika und Thomas Erben. Zu dem Nachlass gehören u. a. ein Hausgrundstück, aber auch eine noch nicht bezahlte Rechnung des Malermeisters Sauber i. H. v. € 2.000. Annika und Thomas erhalten im Wege der Erbfolge nicht nur das Hausgrundstück, sondern haften auch für den Ausgleich der Rechnung des Malermeisters Sauber.

Mit dem Zeitpunkt des Erbfalles vermischt sich das vorhandene Vermögen des Erben mit dem Vermögen, das der Erbe von dem Erblasser erhalten hat.
Aus diesem Grund haftet der Erbe für die Nachlassverbindlichkeiten grds. uneingeschränkt mit seinem gesamten eigenen Vermögen.
Oftmals hat der Erbe aber mit dem Anfall der Erbschaft noch keinen genauen Überblick über das ererbte Vermögen und es stellt sich insbesondere bei einer sich zeigenden Überschuldung des Nachlasses die Frage, ob er die Erbschaft gem. §§ 1942 ff. ausschlägt.
Die Ausschlagung der Erbschaft muss in einem Zeitraum von sechs Wochen erfolgen, beginnend mit dem Zeitpunkt, in welchem der Erbe von dem Anfall und dem Grund der Berufung als Erbe Kenntnis erlangt, bzw. in den Fällen, in denen er durch Verfügung von Todes wegen berufen ist, mit der Verkündung der Verfügung (§ 1944). Die Ausschlagung erfolgt gem. § 1945 gegenüber dem Nachlassgericht.
Um den Erben in dieser Zeit der Überlegung zu schützen, bestimmt § 1958, dass während des Zeitraums der sechswöchigen Ausschlagungsfrist Forderungen gegen den Erben, die aus dem Nachlass resultieren, nicht gerichtlich geltend gemacht werden können.
Bei den einzelnen Nachlassverbindlichkeiten ist sodann wie folgt zu differenzieren.
Zunächst können sog. Erblasserschulden vorhanden sein. Hierzu gehören alle Verbindlichkeiten, die der Erblasser selbst begründet hat und die zum Zeitpunkt des Erbfalles noch bestanden haben.[570] Insbesondere gehören hierzu auch Unterhaltsansprüche gegenüber dem geschiedenen Ehegatten (§ 1586b).
Ferner können sog. Erbfallschulden bestehen. Hierunter versteht man alle Verbindlichkeiten, die mit dem Erbfall zusammenhängen.[571] In § 1967 Abs. 2 sind in diesem Zusammenhang besonders erwähnt Verbindlichkeiten aus Pflichtteilsrechten, Vermächtnissen und Auflagen. Erbfallschulden sind des Weiteren gem. § 1968 die Kosten der Beerdigung und die zu zahlende Erbschaftsteuer.
Bei den sog. Nachlasskostenschulden handelt es sich um Verbindlichkeiten, die begründet werden bei der Abwicklung des Nachlasses und die erst durch die Person des Erben begründet werden und für die der Nachlass haftet.[572]
Hierunter fallen die Kosten einer Testamentseröffnung (§ 2260), der gerichtlichen Nachlasssicherung (§ 1960), Kosten einer Erbauseinandersetzung, aber auch die Kosten einer Nachlassverwaltung (§§ 1975 ff.) oder einer Nachlassinsolvenz (§ 1975, § 315 InsO) und die Kosten der Inventarerrichtung (§§ 1993 ff.).
Letztendlich gehören zu den Nachlassverbindlichkeiten auch noch die sog. Nachlasserbenschulden.[573] Hierbei handelt es sich um Verbindlichkeiten, die der Erbe im Interesse des Nachlasses begründet.

570 Frank/Helms, S. 235.
571 Brox/Walker, ErbR, Rdnr. 656.
572 Brox/Walker, ErbR. Rdnr. 657.
573 Brox/Walker, ErbR, Rdnr. 658.

Jens Schuster hat im Rahmen einer Erbschaft einen wertvollen Oldtimer erhalten. Dieser Oldtimer muss repariert werden. Jens Schuster beauftragt eine entsprechende Fachfirma. Bei den Reparaturkosten handelt es sich um eine Nachlassverbindlichkeit, für die Jens Schuster, da er Vertragspartner geworden ist, neben dem Nachlass selber haftet.

Stellt der Erbe sodann fest, dass der Nachlass überschuldet ist und besteht für ihn keine Möglichkeit mehr, die Erbschaft auszuschlagen, so hat er ein Interesse daran, seine Haftung für die Nachlassverbindlichkeiten auf den Wert des Nachlasses zu beschränken (Grundsatz der beschränkten Erbenhaftung).

Diese Haftungsbeschränkung kann der Erbe gem. § 1975 herbeiführen, indem auf seinen Antrag das Nachlassgericht die sog. Nachlassverwaltung anordnet oder ein Nachlassinsolvenzverfahren eröffnet. Es werden in diesen Fällen durch das Nachlassgericht ein Nachlassverwalter bzw. ein Nachlassinsolvenzverwalter bestellt und der Erbe verliert die Befugnis, den Nachlass selbst verwalten zu dürfen.

Sowohl im Falle der Eröffnung des Nachlassinsolvenzverfahrens als auch im Falle der Anordnung der Nachlassverwaltung werden rückwirkend das Eigenvermögen des Erben und der Nachlass wieder getrennt.

Das Vermögen, das sich im Nachlass befindet, kann zur Befriedigung der Gläubiger verwendet werden.

Reicht allerdings das Vermögen, das sich im Nachlass befindet, nicht aus, um die Kosten zu decken, die für die Anordnung der Nachlassverwaltung notwendig sind oder wird ein Nachlassinsolvenzverfahren mangels Masse nicht eröffnet, so hat der Erbe darüber hinaus gem. § 1990 die Möglichkeit der sog. Dürftigkeitseinrede, um auf diese Weise eine beschränkte Erbenhaftung herbeizuführen. Diese Dürftigkeitseinrede i. S. d. § 1990 gibt dem Erben das Recht, die Befriedigung eines Nachlassgläubigers insoweit zu verweigern, als der Nachlass nicht ausreicht. Allerdings ist der Erbe in diesem Fall gem. § 1990 Abs. 1 S. 2 auch verpflichtet, den Nachlass zum Zwecke der Befriedigung des Gläubigers herauszugeben.

Diese Möglichkeit, eine beschränkte Erbenhaftung herbeizuführen, bezieht sich allerdings nicht auf die o. g. Nachlasserbenschulden, da der Erbe selbst Vertragspartner geworden ist.

Die beschränkte Erbenhaftung bietet somit für den Erben nicht unerhebliche Vorteile. Allerdings ist es auch möglich, dass der Erbe diesen Vorteil der Haftungsbeschränkung verliert. Dies ist insbesondere dann der Fall, wenn das Nachlassgericht dem Erben auf Antrag eines Nachlassgläubigers eine Frist gesetzt hat zur Errichtung eines Nachlassverzeichnisses (Inventarfrist). Lässt der Erbe diese gesetzte Frist sodann verstreichen, ohne das Nachlassverzeichnis zu errichten, so haftet er für die Nachlassverbindlichkeiten wieder unbeschränkt.

Das Gleiche gilt, wenn der Erbe aufgefordert worden ist, an Eides statt zu versichern, dass er nach bestem Wissen das Nachlassverzeichnis sorgfältig erstellt hat. Verweigert der Erbe in diesem Fall die Abgabe der eidesstattlichen Versicherung, so führt dieses gegenüber dem Gläubiger, der diesen Antrag gestellt hat, wieder zu einer unbeschränkten Haftung (§ 2006 Abs. 3).

Um die bestehenden Nachlassverbindlichkeiten festzustellen, hat der Erbe darüber hinaus die Möglichkeit, ein sog. gerichtliches Aufgebotsverfahren einzuleiten (vgl. §§ 1970 ff. i. V. m. §§ 433 ff., 454 ff. FamFG.

Die Gläubiger des Nachlasses werden hierdurch verpflichtet, ihre Forderungen innerhalb einer bestimmten Frist, die wenigsten sechs Wochen betragen muss (vgl. § 437 FamFG), anzumelden. Versäumen Gläubiger diese Frist, wird gem. § 439 FamFG ein sog. Ausschlussbeschluss erlassen werden mit der Folge, dass der Erbe den ausgeschlossenen Gläubigern nur mit dem Nachlass, nicht aber mit seinem eigenen Vermögen haftet.

MERKE

Der Erbe haftet gem. § 1967 grundsätzlich auch mit seinem Vermögen für die bestehenden Nachlassverbindlichkeiten. Stellt der Erbe fest, dass der Nachlass überschuldet ist und hat er keine Möglichkeit mehr, die Erbschaft auszuschlagen, kann er eine Haftungsbeschränkung auf den vorhandenen Nachlass herbeiführen. Diese Haftungsbeschränkung tritt ein, wenn auf Antrag des Erben das Nachlassgericht die sog. Nachlassverwaltung anordnet oder ein Nachlassinsolvenzverfahren eröffnet. In beiden Fällen werden rückwirkend das Eigenvermögen des Erben und der Nachlass wieder getrennt. Der Erbe verliert durch die Einsetzung eines Nachlassverwalters bzw. durch die Bestellung eines Nachlassinsolvenzverwalters die Befugnis, den Nachlass zu verwalten.
Reicht das vorhandene Nachlassvermögen nicht aus, um die Kosten zu decken, die für die Anordnung einer Nachlassverwaltung notwendig sind, und ordnet das Nachlassgericht aus diesem Grund keine Nachlassverwaltung an oder wird ein Nachlassinsolvenzverfahren mangels Masse nicht eröffnet, so hat der Erbe auch noch die Möglichkeit, die sog. Dürftigkeitseinrede gem. § 1990 zu erheben, um eine Haftungsbeschränkung auf den vorhandenen Nachlass zu erreichen.
Letztendlich besitzt der Erbe die Möglichkeit, ein gerichtliches Aufgebotsverfahren einzuleiten, um feststellen zu können, in welchem Umfang Nachlassverbindlichkeiten bestehen. Melden die Nachlass-gläubiger innerhalb der vom Nachlassgericht gesetzten Frist ihre Forderungen nicht an, kann ein Ausschlussbeschluss gegen sie erlassen werden mit der Folge, dass der Erbe gegenüber den ausgeschlossenen Gläubigern nur mit dem Nachlass haftet.

IX Miterbengemeinschaft

Der Gesetzgeber betrachtet, wie sich aus § 1942 ergibt, die Alleinerbenstellung als Regelfall. Tatsächlich sind aber insbesondere in Fällen der gesetzlichen Erbfolge überwiegend mehrere Erben berufen. Die Rechtsbeziehung zwischen diesen Miterben wird in §§ 2032 bis 2063 geregelt.

1 GESAMTHANDSGEMEINSCHAFT

Auch Miterben treten gem. § 1922 nach dem Grundsatz der Universalsukzession in die Rechtsstellung des Erblassers ein. Gem. § 2032 Abs. 1 wird der Nachlass dabei gemeinschaftliches Vermögen der Erben. Es entsteht eine sog. Gesamthands-gemeinschaft, d. h.,

jeder Erbe erhält in Höhe seiner Erbquote einen ideellen Anteil an dem Nachlass und der Nachlass wird hierdurch zu einem Sondervermögen der Miterben.[574]
Hieraus folgt, dass dieser Miterbe zwar über seinen Anteil an dem Nachlass verfügen darf, nicht aber über seinen Anteil an den einzelnen Nachlassgegenständen (§ 2033 Abs. 2).

Die gesetzlichen Erben des verstorbenen Hans Meier sind dessen Ehefrau Ulrike sowie die Töchter Susanne und Juliane. Hans Meier hat mit seiner Ehefrau im Güterstand der Zugewinngemeinschaft gelebt. Unter Berücksichtigung der erbrechtlichen Lösung (§ 1371 Abs. 1) beläuft sich der Anteil von Ulrike am Nachlass auf die Hälfte sowie der Anteil der Töchter auf jeweils ein Viertel. Im Nachlass von Hans Meier befindet sich eine Münzsammlung. Die Gesamthandsgemeinschaft bedeutet nun, dass das Eigentum an den Münzen den Erben gemeinschaftlich zusteht und jeder einen ideellen Anteil in Höhe der Erbquote erhält. Keiner der Erben könnte aber von dieser Münzsammlung entsprechend seines Anteils einzelne Münzen an dritte Personen übereignen.

Allerdings hat jeder Miterbe durchaus die Möglichkeit, über seinen gesamten Anteil am Nachlass zu verfügen (§ 2033 Abs. 1). Ein Vertrag, durch den der Miterbe über seinen Anteil verfügt, bedarf der notariellen Beurkundung (§ 2033 Abs. 1 S. 2). Die Miterben sind in diesem Fall hinreichend dadurch geschützt, dass ihnen gem. § 2034 Abs. 1 S. 1 ein Vorkaufsrecht zusteht.
Die Gesamthandsgemeinschaft hat ferner zur Folge, dass die Miterben über einen einzelnen Nachlassgegenstand gem. § 2040 Abs. 1 nur gemeinschaftlich verfügen können.

Wollen im o. g. Beispiel Ulrike sowie die Töchter Susanne und Juliane die Münzsammlung veräußern und das Eigentum an den Käufer übertragen, so können sie dies nur gemeinschaftlich tun.

Im Übrigen verwalten die Miterben den Nachlass gemeinschaftlich (§ 2038) und jeder Miterbe ist den anderen Miterben gegenüber verpflichtet, an Maßnahmen mitzuwirken, die zur ordnungsgemäßen Verwaltung erforderlich sind. Auf die Erbengemeinschaft finden hinsichtlich der Verwaltung die gesellschaftsrechtlichen Vorschriften der §§ 743, 745, 746 und 748 Anwendung.
Dieses bedeutet, dass die Miterben insbesondere über die ordnungsgemäße Verwaltung nach Stimmenmehrheit entscheiden. Das Stimmrecht des einzelnen Miterben orientiert sich in diesem Zusammenhang an der Größe des Erbanteils (§§ 2038 Abs. 2, 745 Abs. 1 S. 2).
Jeder Miterbe kann jederzeit die Auseinandersetzung der Miterbengemeinschaft verlangen, soweit sich nicht aus §§ 2043–2045 etwas anderes ergibt.
Diese Auseinandersetzung der Erbengemeinschaft kann natürlich einvernehmlich zwischen den Miterben dergestalt erfolgen, dass ein gemeinschaftlicher Teilungsplan aufgestellt wird. Aus dem Nachlass sind zunächst die Nachlassverbindlichkeiten zu bedienen (§ 2046). Im Übrigen können die Miterben sich natürlich auch darüber einigen, welcher Miterbe welche Nachlassgegenstände erhält, andernfalls müsste der Nachlass verkauft und der sich ergebende Überschuss entsprechend den Erbteilen aufgeteilt werden.

---

574 Brox/Walker, ErbR, Rdnr. 469.

Gelingt es den Miterben nicht, einvernehmlich eine Auseinandersetzung herbeizuführen, so kann jeder Miterbe die Vermittlung beantragen. Das Verfahren richtet sich nach §§ 363 ff. FamFG. Zuständig für dieses Vermittlungsverfahren ist seit dem 01.09.2013 der Notar.
Es hat aber auch jeder Miterbe die Möglichkeit, gegen die übrigen Miterben eine Auseinandersetzungsklage zu erheben, die auf Zustimmung zu einem von ihm vorgelegten Teilungsplan gerichtet ist.

2 AUSGLEICHSPFLICHT ZWISCHEN ABKÖMMLINGEN

Gem. § 2050 Abs. 1 sind Abkömmlinge als gesetzliche Erben verpflichtet, dasjenige, was sie zu Lebzeiten des Erblassers als Ausstattung erhalten haben, bei der Auseinandersetzung untereinander zur Ausgleichung zu bringen, soweit nicht der Erblasser bei der Zuwendung etwas anderes angeordnet hat.
Zur Ausstattung gehört alles, was der Erblasser einem Abkömmling zu dessen Heirat oder zur Begründung bzw. Erhaltung einer selbstständigen Lebensstellung zugewendet hat.[575]
Ausgleichspflichtig sind ferner vom Erblasser zu Lebzeiten gewährte Zuschüsse, die zu dem Zweck gegeben worden sind, als Einkünfte verwendet zu werden, sowie Aufwendungen für eine Berufsausbildung, soweit diese Zuschüsse das den Vermögensverhältnissen des Erblassers entsprechende Maß überstiegen haben (§ 2050 Abs. 2).

Otto Krause hat seiner Tochter Nicole, ohne hierzu rechtlich verpflichtet zu sein, monatliche finanzielle Zuwendungen i. H. v. 250 € zukommen lassen, damit Nicole nur noch halbtags arbeiten muss, um ihre Promotion realisieren zu können.

Im Übrigen sind sonstige Zuwendungen des Erblassers zu Lebzeiten nur dann zur Ausgleichung zu bringen, soweit der Erblasser im Zeitpunkt der Zuwendung die Ausgleichung angeordnet hat (§ 2050 Abs. 3).
Die Durchführung der Ausgleichung ist in § 2055 niedergelegt und wird wie folgt berechnet: Soweit Miterben vorhanden sind, die an der Ausgleichspflicht nicht teilnehmen, wird deren Anteil vorweg nach Wert des bestehenden Nachlass berechnet. Die Ausgleichung findet danach unter den ausgleichsbeteiligten Miterben in der Weise statt, dass der Wert aller ausgleichspflichtigen Zuwendungen dem Nachlass zunächst hinzugerechnet wird. Es wird alsdann die entsprechende Quote der einzelnen ausgleichspflichtigen Miterben berechnet und die Zuwendung bei dem ausgleichspflichtigen Miterben wieder abgezogen.

Stefan Krause hinterlässt nach seinem Tod seine Ehefrau Astrid, die mit ihm im gesetzlichen Güterstand verheiratet gewesen ist, sowie die Kinder Sebastian und Sarah. Anlässlich der Hochzeit seiner Tochter Sarah hat diese neben den üblichen Geschenken einen Geldbetrag i. H. v. 50.000 € erhalten mit der ausdrücklichen Bestimmung, sich diesen Betrag auf ihr zukünftiges Erbrecht anrechnen lassen zu müssen. Der Nachlasswert beträgt 250.000 €.
An diesem Nachlass ist zunächst die Ehefrau Astrid zur Hälfte beteiligt (ein Viertel aus § 1931 Abs. 1 sowie ein Viertel aus § 1371 Abs. 1 erbrechtliche Lösung). Der Wert des Erbteils von

[575] Palandt/Weidlich, § 2050 Rdnr. 7.

Astrid beläuft sich dementsprechend auf 125.000 €. Sebastian und Sarah sind jeweils Miterben zu einem Viertel. Bei ihnen ist die Ausgleichung der 50.000 €, die Sarah anlässlich der Heirat erhalten hat, wie folgt vorzunehmen: Der auf die beiden Kinder entfallende Nachlassanteil i. H. v. 125.000 € wird erhöht um den Wert der ausgleichspflichtigen Zuwendung, somit um 50.000 €. Es ergibt sich ein Betrag i. H. v. 175.000 €. Aus diesem erhöhten Wert sind die Erbquoten zu bilden. Beide Kinder sind zu gleichen Teilen hieran beteiligt, also wertmäßig i. H. v. 87.500 €. Allerdings wird bei Sarah in einem zweiten Schritt der Wert der auszugleichenden Zuwendung wieder abgezogen, sodass sie noch 37.500 € aus dem Nachlass erhält, während Sebastian den vollen Betrag i. H. v. 87.500 € bekommt.

Eine besondere Form der Ausgleichspflicht unter Abkömmlingen ergibt sich aus § 2057a BGB. Hiernach kann ein Abkömmling, der während längerer Zeit unentgeltlich im elterlichen Haushalt oder Betrieb des Erblasser gearbeitet hat, das Vermögen des Erblasser durch erhebliche Geldleistungen oder auf andere Weise erhalten oder vermehrt hat, von den anderen Abkömmlingen im Rahmen der Auseinandersetzung eine Ausgleichung verlangen. Das Gleiche gilt nach § 2057a Abs. 1 S. 2 für einen Abkömmling, der den Erblasser während längerer Zeit gepflegt hat. Die Höhe des Ausgleichs ist so zu bemessen, wie es unter Berücksichtigung der Dauer und dem Umfang der Leistungen sowie dem Wert des Nachlasses der Billigkeit entspricht (§ 2057a Abs. 3).
Die Berechnung dieses Ausgleichs erfolgt nach § 2057a Abs. 4.

Stefan hinterlässt bei seinem Tod die Kinder Jasmin, Simone und Max. Stefan ist in den letzten Jahren bettlägerig erkrankt gewesen. Während dieser Zeit hat Jasmin ihren Vater intensiv gepflegt. Der Nachlasswert beläuft sich auf 110.000 €. Die Pflegeleistungen von Jasmin sind nach § 2057a Abs. 3 mit 20.000 € zu bewerten. Nach § 2057a Abs. 4 wird dieser Ausgleichsbetrag von dem Nachlasswert abgezogen. Die restlichen 90.000 € stehen den Kindern nach § 1924 Abs. 4 zu gleichen Teilen zu. Jasmin, Simone und Max erhalten damit nach ihrer Erbquote jeweils 30.000 €, Jasmin zusätzlich den Ausgleichsbetrag von 20.000 €, damit insgesamt 50.000 €.

Im Rahmen der gewillkürten Erbfolge findet eine Ausgleichspflicht zwischen den Abkömmlingen gem. § 2052 nur dann statt, wenn der Erblasser diese Abkömmlinge als Erben eingesetzt hat, sie aber im Wege der gewillkürten Erbfolge wertmäßig nur das erhalten, was sie letztendlich auch als gesetzliche Erben erhalten würden.

MERKE

Sind mehrere Personen zu Erben berufen, so bilden sie eine Erbengemeinschaft. Es entsteht eine Gesamthandsgemeinschaft. Jeder Erbe erhält in Höhe seiner Erbquote einen ideellen Anteil an dem Nachlass. Über Gegenstände des Nachlasses können die Miterben nur gemeinsam verfügen. Ein Miterbe kann über seinen gesamten Anteil am Nachlass durch notariellen Vertrag verfügen. Den Miterben steht in diesem Fall ein gesetzliches Vorkaufsrecht zu.
Die Miterben verwalten den Nachlass gemeinschaftlich und entscheiden über einzelne Maßnahmen durch Stimmenmehrheit. Das Stimmrecht des Einzelnen orientiert sich an

der Größe des Erbteils. Jeder Miterbe kann im Übrigen jederzeit die Auseinandersetzung der Miterbengemeinschaft verlangen, soweit sich nicht aus §§ 2043–2045 etwas anderes ergibt.
Abkömmlinge sind als gesetzliche Erben verpflichtet, dasjenige, was sie zu Lebzeiten als Ausstattung erhalten haben, untereinander zur Ausgleichung zu bringen, soweit der Erblasser bei der Zuwendung nicht etwas anderes angeordnet hat. Ausgleichspflichtig zwischen Abkömmlingen als gesetzlichen Erben sind ferner zu Lebzeiten gewährte Zuschüsse des Erblasser, die als Einkünfte verwendet worden sind, sowie Aufwendungen für eine Berufsausbildung, soweit eine rechtliche Verpflichtung des Erblassers hierzu nicht bestanden hat.
Im Übrigen sind Zuwendungen zu Lebzeiten des Erblassers nur dann zur Ausgleichung zu bringen, soweit der Erblasser im Zeitpunkt der Zuwendung die Ausgleichung angeordnet hat.

X Vermächtnis

Ein Vermächtnis liegt vor, wenn der Erblasser durch Testament oder Erbvertrag (§§ 1939, 1941) einem anderen einen Vermögensvorteil zuwendet, ohne ihn als Erben einzusetzen.

Fritz Becker errichtet ein eigenhändiges Testament, indem er seine Tochter Ute als Alleinerbin einsetzt. In diesem Testament ordnet er an, dass sein Freund Hans seine CD-Sammlung erhalten soll.

Die Anordnung eines Vermächtnisses zeichnet sich dadurch aus, dass dem Begünstigten, Vermächtnisnehmer genannt, einzelne Nachlassgegenstände zukommen sollen.
Im Gegensatz zu der Erbeinsetzung erwirbt der Vermächtnisnehmer aber nicht unmittelbar bei Eintritt des Erbfalles das Eigentum an dem vermachten Gegenstand oder die Inhaberschaft an vermachten Forderungen, sondern besitzt gegen den Beschwerten gem. § 2174 einen schuldrechtlichen Anspruch auf Leistung des vermachten Gegenstands.

Stirbt Fritz in dem vorgenannten Beispiel, so erwirbt Hans gegen Ute aufgrund des Vermächtnisses einen Anspruch auf Übereignung der CD-Sammlung. Die Übereignung selbst richtet sich sodann nach § 929 S 1.

Beschwerter des Vermächtnisanspruchs ist in der Regel der Erbe (§ 2147 S. 2). Es macht auch keinen Unterschied, ob der Erbe im Wege der gesetzlichen oder der gewillkürten Erbfolge berufen ist.
Neben dem Erben kann auch ein Vermächtnisnehmer mit einem sog. Untervermächtnis beschwert werden.

In dem obigen Beispiel ordnet Fritz in dem Testament an, dass Hans seine CD-Sammlung erhalten und verpflichtet sein soll, die CDs mit klassischer Musik an Eva, eine Tochter von Hans, zu übertragen.

Hat der Erbe in dem Testament nicht ausdrücklich bestimmt, wer mit dem Vermächtnisanspruch beschwert sein soll, ist nach § 2147 S. 2 der Erbe verpflichtet, den Vermächtnisanspruch zu erfüllen.
Als Vermächtnisnehmer kommt jede rechtsfähige Person in Betracht, wobei § 2178 den Kreis der möglichen Vermächtnisnehmer noch erweitert. Nach dieser Vorschrift ist es sogar möglich, einen Vermächtnisnehmer zu bestimmen, der zur Zeit des Erbfalls noch nicht gezeugt gewesen ist (vgl. Unterschied zum Erbrecht § 1923 Abs. 2).

Michael Koch bestimmt in seinem Testament, dass sein Sohn Max Alleinerbe werden soll. Er ordnet ferner an, dass einer alten Familientradition entsprechend die in seinem Eigentum stehende und bereits von seinem Großvater erhaltene Taschenuhr das erstgeborene Kind von Max erhalten soll. Stirbt Michael Koch und hat sein Sohn Max zu diesem Zeitpunkt weder eine Tochter noch einen Sohn, so erfolgt der Anfall des Vermächtnisses gem. § 2178 erst mit der Geburt eines Kindes. Dieses Kind müsste allerdings innerhalb der zeitlichen Schranke des § 2162 (30 Jahre) zumindest gezeugt sein.

Ein Vermächtnis wird aber unwirksam, wenn der Bedachte zum Zeitpunkt des Erbfalles nicht mehr lebt (§ 2160).
Eine Besonderheit ergibt sich in den Fällen, in denen der Erblasser dem Vermächtnisnehmer einen bestimmten Gegenstand aus dem Nachlass hat zukommen lassen, dieser Wertgegenstand aber nahezu das gesamte Vermögen des Erblassers ausmacht.

Enrica Neumann errichtet ein Testament, mit dem sie bestimmt, dass ihr Freund Max ihr Grundstück, das mit einem Einfamilienhaus bebaut ist, erhalten soll. Weiteres nennenswertes Vermögen ist nicht vorhanden. Hier hat Enrica zwar über einen bestimmten Gegenstand des Nachlasses verfügt, sodass dies unter Berücksichtigung von § 2087 Abs. 2 ein Vermächtnis sein könnte; allerdings kann diese Auslegungsregel des § 2087 Abs. 2 widerlegt werden und es muss durch Auslegung ermittelt werden, ob Enrica ihren Lebensgefährten Max nicht als Erben einsetzen wollte. Dies wird nach § 2087 Abs. 1 regelmäßig dann anzunehmen sein, wenn der zugewendete Gegenstand nahezu das gesamte Vermögen des Erblassers ausmacht.

Eine besondere Form des Vermächtnisses ist das sog. Vorausvermächtnis i. S. d. § 2150. In diesem Fall erhält der Erbe losgelöst von der Erbschaft einen Anspruch auf Übertragung des vermachten Gegenstands. Bedeutung gewinnt dieses Vorausvermächtnis in den Fällen, in denen der Erblasser sein Vermögen auf mehrere Erben übertragen will. Durch das Vorausvermächtnis soll dem bedachten Erben somit ein zusätzlicher wertmäßiger Vorteil neben den anderen Miterben eingeräumt werden.[576]

MERKE

Ein Vermächtnis liegt vor, wenn der Erblasser durch Testament oder Erbvertrag einer anderen Person einen Vermögensvorteil zuwenden möchte, ohne ihn als Erben einzusetzen.

[576] Brox/Walker, ErbR, Rdnr. 436.

Der Vermächtnisnehmer besitzt gegen den Beschwerten (Erbe oder Vermächtnisnehmer) einen schuldrechtlichen Anspruch auf Übertragung des vermachten Gegenstands. Das Vermächtnis wird unwirksam, wenn der Bedachte zum Zeitpunkt des Erbfalles nicht mehr lebt.

XI Auflage

Die Auflage, geregelt in § 2192 ff., beschwert den Erben oder Vermächtnisnehmer. Sie verpflichtet ihn zu einer Leistung, ohne jedoch einem anderen ein Recht auf die Leistung einzuräumen (§ 1940).

Stefan Schneider setzt in einem notariellen Testament seine Tochter Veronika zu Alleinerbin ein und ordnet an, dass sie für die Dauer von 15 Jahren sein Grab zu pflegen hat.

Eine Auflage kann in einem Testament (§ 1940), einem Erbvertrag (§ 1941) oder als wechselbezügliche Verfügung in einem gemeinsamen Testament von Ehegatten/Lebenspartnern (§ 2270 Abs. 3) angeordnet werden.
Da durch die Auflage zwar der Erbe oder der Vermächtnisnehmer beschwert wird, aber auf der anderen Seite ein Recht zur Leistung für eine dritte Person nicht begründet wird (§ 1940), besteht die Gefahr, dass der Beschwerte die Auflage nicht erfüllt.
Aus diesem Grund bestimmt § 2194 einen Personenkreis, der gegenüber dem Beschwerten das Recht besitzt, den Vollzug der Auflage zu verlangen und soweit notwendig auch einzuklagen.
Vollzugsberechtigt in diesem Sinne sind der Erbe gegenüber dem beschwerten Vermächtnisnehmer, Miterben untereinander sowie jede Person, welcher der Wegfall des mit der Auflage zunächst Beschwerten unmittelbar zustatten kommen würde (z. B. der Nacherbe oder der gesetzliche Erbe im Falle der gewillkürten Erbfolge).

Bernd Möller hat in einem Testament seine Lebensgefährtin Susanne zur Alleinerbin eingesetzt und angeordnet, dass diese auch verpflichtet sein soll, für die Grabpflege zu sorgen. Vollziehungsberechtigt für diese Auflage wäre nun auch die Tochter Kim, da sie bei unterstelltem Wegfall der gewillkürten Erbfolge als gesetzliche Erbin berufen wäre.

Liegt darüber hinaus die Vollziehung der Auflage im öffentlichen Interesse, so kann auch die zuständige Behörde die Vollziehung verlangen.
Losgelöst von § 2194 besitzt natürlich auch ein eingesetzter Testamentsvollstrecker das Recht, die Vollziehung der Auflagen durchzusetzen (§ 2208 Abs. 2, § 2223).

MERKE

Mit einer Auflage kann der Erblasser den Erben oder Vermächtnisnehmer zu einer Leistung verpflichten, ohne einer anderen Person ein Recht auf diese Leistung einzuräumen. Zur Sicherstellung der Vollziehung der angeordneten Auflage bestimmt § 2194 den Kreis der Personen, die den Vollzug der Auflage auch gerichtlich durchsetzen können.

XII Testamentsvollstreckung

Will der Erblasser sicherstellen, dass die in seinem Testament getroffenen Anordnungen, insbesondere verfügte Vermächtnisse und Auflagen, auch nach seinem Tod tatsächlich umgesetzt werden, so kann er gem. § 2197 in seiner Verfügung von Todes wegen die Testamentsvollstreckung anordnen und die Person des Testamentsvollstreckers bestimmen. Die Testamentsvollstreckung kommt insbesondere auch in den Fällen in Betracht, in denen der Erblasser die Befürchtung hat, dass sein Nachlass durch die Erben nicht ordnungsgemäß verwaltet wird, oder er Angst hat, dass es bei der Erbauseinandersetzung zu Schwierigkeiten kommen kann.

Viktor Schuster will seine Kinder Sabine und Helge in einem notariellen Testament zu Alleinerben einsetzen. Zu dem Vermögen des Viktor Schuster gehört ein Einzelhandelsgeschäft, das nach seinem Tod wird verkauft werden müssen, da Sabine und Helge eigene Berufe ausüben und gegenüber dem Vater erklärt haben, dass sie dieses Einzelhandelsgeschäft nach seinem Tod nicht fortführen werden. Da Sabine und Helge geschäftsunerfahren sind, hat Viktor Schuster Angst, dass diese bei einem Verkauf nach seinem Tod finanziell übervorteilt werden. Er ordnet deshalb in dem Testament Testamentsvollstreckung an, ernennt seinen Freund Hans, einen Steuerberater, zum Testamentsvollstrecker und bevollmächtigt ihn, nach seinem Tod das bestehende Geschäft und das Inventar zu verkaufen.

Als Testamentsvollstrecker kommt jede natürliche und juristische Person in Betracht, es sei denn, dass diese aus Gründen des § 2201 nicht ernannt werden kann.
Testamentsvollstrecker kann hiernach nicht werden, wer zum Zeitpunkt, zu dem er das Amt anzutreten hat, geschäftsunfähig oder in der Geschäftsfähigkeit beschränkt ist oder unter Betreuung steht.
Von der Anordnung der Testamentsvollstreckung ist sodann die Ernennung der Person des Testamentsvollstreckers zu unterscheiden. Diese Ernennung kann dadurch erfolgen, dass der Erblasser in dem Testament die Person des Testamentsvollstreckers bestimmt (§ 2197), einem Dritten die Bestimmung der Person des Testamentsvollstreckers überlässt (§ 2198) oder in dem Testament das Nachlassgericht ersucht, einen Testamentsvollstrecker zu ernennen (§ 2200).
Hat der Erblasser in seinem Testament Testamentsvollstreckung angeordnet, so entsteht diese mit dem Erbfall.
Für den benannten Testamentsvollstrecker beginnt dessen Amt aber erst in dem Zeitpunkt, in dem er gegenüber dem Nachlassgericht die Annahme erklärt hat (§ 2202).
Der Erblasser kann in seiner Verfügung von Todes wegen sodann auch genau erklären, welche Aufgaben der Testamentsvollstrecker zu übernehmen hat. Dies ist ggf. durch Auslegung des Testaments zu ermitteln.[577]
Sind dagegen keine Anordnungen zu dem Aufgabenkreis des Testamentsvollstreckers festgelegt, so ist dieser nach §§ 2203, 2204 beauftragt, die letztwilligen Verfügungen des Erblassers zur Ausführung zu bringen und, soweit mehrere Erben vorhanden sind, die Auseinandersetzung zwischen den Erben unter Berücksichtigung der §§ 2042–2056 zu bewirken.

---

[577] Brox/Walker, ErbR, Rdnr. 394.

So hat der Testamentsvollstrecker die Aufgabe, dafür zu sorgen, dass angeordnete Vermächtnisse und Auflagen erfüllt werden. Er ist verpflichtet, die Nachlassverbindlichkeiten zu erfüllen und zum Zweck der Auseinandersetzung der vorhandenen Miterben einen Teilungsplan zu erstellen, nachdem er die Miterben gehört hat (§ 2204 Abs. 2).
Der Testamentsvollstrecker hat gem. § 2205 die Befugnis, den Nachlass zu verwalten und in Besitz zu nehmen. Er ist berechtigt, über Nachlassgegenstände zu verfügen mit der Einschränkung, dass unentgeltliche Verfügungen nur erfolgen dürfen, soweit diese einer sittlichen Pflicht oder einer auf den Anstand zu nehmenden Rücksicht entsprechen.
Im Rahmen der ordnungsgemäßen Verwaltung ist er darüber hinaus berechtigt, Verbindlichkeiten für den Nachlass zu begründen (§ 2206 Abs. 1).
Diese vorgenannten Rechtsgeschäfte darf der Testamentsvollstrecker vornehmen, soweit dies im Rahmen der Abwicklung des Nachlasses notwendig ist.
Eine darüber hinausgehende Verwaltung des Nachlasses kommt nur in Betracht, soweit der Erblasser eine Verwaltungsvollstreckung bzw. Dauervollstreckung i. S. d. § 2209 angeordnet hat.
Der Testamentsvollstrecker ist Träger eines privaten Amtes und nicht von den Weisungen der Erben abhängig.
Seine Aufgabe liegt ausschließlich darin, die durch den Erblasser getroffenen Anordnungen nach dessen Tod umzusetzen.
Das Amt eines Testamentsvollstreckers endet bei dessen Tod, Geschäftsunfähigkeit oder Bestellung eines Betreuers für den Testamentsvollstrecker (§ 2225).
Darüber hinaus hat der Testamentsvollstrecker das Recht, jederzeit das Amt durch Erklärung gegenüber dem Nachlassgericht zu kündigen (§ 2226).
Liegt in der Person des Testamentsvollstreckers ein wichtiger Grund vor, so kann auf Antrag eines der Beteiligten das Nachlassgericht den Testamentsvollstrecker gem. § 2227 aus dem Amt entlassen. Ein solcher Grund liegt insbesondere vor bei einer groben Pflichtverletzung oder bei Unfähigkeit des Testamentsvollstreckers zur ordnungsgemäßen Geschäftsführung.

MERKE

Der Erblasser kann insbesondere zur Sicherstellung seiner getroffenen Auflagen und verfügten Vermächtnisse durch Testament eine Testamentsvollstreckung anordnen und einen Testamentsvollstrecker bestellen. Es steht dem Erblasser frei, die genauen Aufgaben des Testamentsvollstreckers zu bestimmen. Hat der Erblasser keinen genauen Aufgabenkreis des Testamentsvollstreckers festgelegt, hat dieser nach §§ 2203, 2204 die letztwilligen Verfügungen des Erblassers zur Ausführung zu bringen und die Auseinandersetzung zwischen den Erben zu bewirken.

XIII Pflichtteilsrecht

Der Erblasser kann aufgrund der Testierfreiheit beliebig über sein Vermögen verfügen und dabei auch seine nächsten Angehörigen von der Erbfolge ausschließen.
Das Pflichtteilsrecht schützt die nächsten Angehörigen und sichert ihnen eine Mindestbeteiligung am Nachlass.

Das Pflichtteilsrecht ist Grundlage für den Pflichtteilsanspruch, gerichtet gegen den Erben auf Zahlung eines Geldbetrags.[578] Geregelt ist das Pflichtteilsrecht in §§ 2303 ff.
Unter den Voraussetzungen des § 2331a kann der belastete Erbe die Stundung des Pflichtteilsanspruchs verlangen.

1 BERECHTIGTER PERSONENKREIS

Pflichtteilsberechtigt sind gem. § 2303 Abs. 1 zunächst die Abkömmlinge des Erblassers sowie gem. § 2303 Abs. 2 die Eltern und der Ehegatte des Erblassers.
Diese grundsätzlich normierte Pflichtteilsberechtigung bedeutet aber nicht, dass in jedem Erbfall jeder aus diesem genannten Personenkreis ein Pflichtteilsrecht erhält. Das Pflichtteilsrecht ist ähnlich strukturiert wie die sich aus § 1930 ergebende Rangfolge der erbrechtlichen Ordnungen.
Ein Pflichtteilsrecht kann gem. § 2309 nur entstehen, soweit im Rahmen der gesetzlichen Erbfolge auch ein gesetzliches Erbrecht begründet worden wäre.
Sind deshalb Erben der ersten Ordnung (§ 1924) vorhanden, so bedeutet dies, dass die Erben der zweiten Ordnung (§ 1925) im Falle der gesetzlichen Erbfolge nicht zu Erben berufen sind und dementsprechend auch kein Pflichtteilsrecht erhalten.
Das Gleiche gilt aufgrund des bestehenden Repräsentationsprinzips auch für die entfernteren Abkömmlinge. Hinterlässt der Erblasser Kinder, so sind deren Abkömmlinge gleichfalls nicht pflichtteilsberechtigt.

Sven Neuner hinterlässt nach seinem Tod seine Töchter Claudia und Eva. In einem Testament hat er seine Freundin Vera zur Alleinerbin eingesetzt. Ferner leben zum Zeitpunkt des Erbfalles noch Helga, die Mutter von Sven, sowie die Enkelkinder Tobias und Thorsten, Söhne der Tochter Claudia.
Pflichtteilsberechtigt sind hier ausschließlich Claudia und Eva, da im Rahmen der gesetzlichen Erbfolge die Töchter zu den Erben erster Ordnung (§ 1924) gehören würden. Helga wäre als Erbin zweiter Ordnung (§ 1925) genauso von der gesetzlichen Erbfolge ausgeschlossen wie die Enkelkinder Tobias und Thorsten (§ 1924 Abs. 2).

Der Pflichtteilsanspruch entsteht gem. § 2317 mit dem Erbfall. Ab diesem Zeitpunkt ist er vererblich und übertragbar.
Der Pflichtteilsanspruch setzt des Weiteren voraus, dass die berechtigte Person durch Verfügung von Todes wegen von der Erbfolge ausgeschlossen ist.
Diese Voraussetzung kann dadurch erfüllt sein, dass der Erblasser den Pflichtteilsberechtigten in einem Testament ausdrücklich enterbt (§ 1938) oder im Fall sog. schlüssiger Enterbung den gesamten Nachlass einer anderen Person zuwendet.

Otto Müller bestimmt in einem Testament, dass seine Tochter Andrea nicht Erbin werden soll (ausdrückliche Enterbung) oder er setzt seine Lebensgefährtin Sandra zur Alleinerbin ein (schlüssige Enterbung).

---

[578] Palandt/Weidlich, § 2303 Rdnr. 5.

Als Verfügung von Todes wegen kommt neben dem Testament natürlich auch der Erbvertrag in Betracht sowie ein gemeinschaftliches Testament zwischen Ehegatten.
Eine Besonderheit ergibt sich in den Fällen, in denen der Erblasser den Pflichtteilsberechtigten zwar enterbt, ihn aber mit einem Vermächtnis versehen hat.
In diesem Fall ist § 2307 Abs. 1 S. 1 vorrangig vor § 2303 Abs. 1, d. h., die pflichtteilsberechtigte Person kann den gesamten Pflichtteil nur verlangen, wenn sie das Vermächtnis ausschlägt.
Der Pflichtteilsanspruch richtet sich mit Ausnahme der Fälle des § 2329 grundsätzlich gegen den Erben (§ 2303 Abs. 1 S. 1).

2 BERECHNUNG DES PFLICHTTEILS

Der Pflichtteil besteht gem. § 2303 Abs. 1 S. 2 in der Hälfte des Wertes des gesetzlichen Erbteils.
Um den Pflichtteilsanspruch bestimmen zu können, ist es deshalb zunächst notwendig, die Quote des Pflichtteilsberechtigten unter Berücksichtigung des gesetzlichen Erbrechts nach § 1924 ff. festzustellen.

Helmut Schuster hat durch Testament seine Freundin Elisabeth zur Alleinerbin eingesetzt. Er hinterlässt nach seinem Tod die Kinder Helge und Katharina. Der Wert des Nachlasses beläuft sich auf 100.000 €.
Innerhalb der gesetzlichen Erbfolge wären die beiden Kinder als Erben erster Ordnung (§ 1924) jeweils zur Hälfte berufen. Der Pflichtteil beträgt die Hälfte des Wertes des gesetzlichen Erbteils, er würde sich in diesem Fall für beide Kinder auf jeweils ein Viertel belaufen. Damit hätten Helge und Katharina jeweils einen Pflichtteilsanspruch i. H. v. 25.000 €.

Bei der Berechnung der Erbteilsquote sind solche Personen zu berücksichtigen, die wegen einer Enterbung, einer Erbausschlagung oder einer Erbunwürdigkeit nicht zu gesetzlichen Erben berufen wären (vgl. § 2310 S. 1). Nicht mitgerechnet wird, wer durch einen Erbverzicht von der gesetzlichen Erbfolge ausgeschlossen ist (§ 2310 S. 2).

Sven Müller setzt in einem Testament seine Nichte Laura und seinen Sohn Paul zu Miterben ein. Bei seinem Tod hinterlässt er neben Paul auch noch die Kinder Thomas und Sandra. Thomas hat zu Lebzeiten von Sven Müller in notarieller Form auf sein Erbrecht verzichtet, da ihm sein Vater vor 20 Jahren Geld zur Verfügung gestellt hat für die Errichtung eines Hauses. Paul hat nach dem Tod von Sven Müller die Erbschaft ausgeschlagen. Der Wert des Nachlasses beläuft sich auf 100.000 €. Pflichtteilsberechtigt ist nur noch Sandra (Paul ist nicht pflichtteilsberechtigt, da er nicht durch eine Verfügung von Todes wegen von der Erbfolge ausgeschlossen worden ist, sondern freiwillig sein Erbrecht ausgeschlagen hat).
Bei der Berechnung ihres Pflichtteilsanspruchs ist nun von Folgendem auszugehen:
Erben erster Ordnung wären im Rahmen der gesetzlichen Erbfolge Paul, Thomas und Sandra. Thomas ist allerdings bei der Quote gem. § 2110 nicht mit zu berücksichtigen, da er auf sein Pflichtteil verzichtet hat. Paul hat zwar durch die Ausschlagung der Erbschaft kein Pflichtteilsrecht mehr, ist aber bei der Berechnung der Quote nach § 2310 noch mit zu zählen.

Bei dieser Berechnung wären Paul und Sandra als Miterben zu je zur Hälfte zu berücksichtigen, sodass sich der Pflichtteilsanspruch von Sandra auf ein Viertel belaufen würde, damit auf 25.000 €.

3 PFLICHTTEIL DES EHEGATTEN IN DER ZUGEWINNGEMEINSCHAFT

Haben Ehegatten im gesetzlichen Güterstand gelebt, so hat dieser Güterstand insoweit Einfluss auf das gesetzliche Erbrecht des Ehegatten, als dass in § 1931 Abs. 3 bestimmt ist, dass die Vorschrift des § 1371 unberührt bleibt. Dies hat auch Auswirkungen auf den Pflichtteilsanspruch des Ehegatten und es ist wie folgt zu differenzieren.
Gem. § 1371 Abs. 1 erhöht sich nach der erbrechtlichen Lösung das gesetzliche Erbrecht des Ehegatten pauschal um ein Viertel. Ist der Ehegatte durch den Erblasser zum Alleinerben bestimmt, sei es durch einen Erbvertrag, ein Testament oder ein gemeinschaftliches Testament von Ehegatten, hat dies Einfluss auf die Höhe des Pflichtteilsanspruchs anderer Pflichtteilsberechtigter.
Mit der Rechtsprechung des Bundesgerichtshofes ist bei der Berechnung der Pflichtteilsquote der anderen Pflichtteilsberechtigten immer das nach § 1371 Abs. 1 um ein Viertel erhöhte gesetzliche Erbrecht des Ehegatten zugrunde zu legen.[579]

Paul und Sabine Schröder haben im gesetzlichen Güterstand gelebt. Paul hat ein Testament errichtet und dabei seine Ehefrau Sabine zur Alleinerbin eingesetzt. Aus der Ehe sind noch die gemeinsamen Kinder Jonathan und Yannick hervorgegangen.
Nach dem Tod von Paul Schröder sind Jonathan und Yannick pflichtteilsberechtigt. Das gesetzliche Erbrecht von Sabine würde sich aus § 1931 auf ein Viertel belaufen, erhöht um die pauschale Erhöhung des Erbteils aus § 1371 Abs. 1 um ein weiteres Viertel. Demnach wären Jonathan und Yannick in der gesetzlichen Erbfolge jeweils zu einem Viertel berufen und der Pflichtteilsanspruch beläuft sich nach § 2303 Abs. 1 S. 2 auf jeweils ein Achtel. Bei der Berechnung der Pflichtteilsansprüche von Jonathan und Yannick ist das pauschal erhöhte Erbrecht von Sabine berücksichtigt worden.

Als großen Pflichtteil bezeichnet man deshalb den Pflichtteil des Ehegatten, der sich errechnet aus dem Erbrecht aus § 1931 und der pauschalen Erhöhung des Erbrechts um ein Viertel aus § 1371 Abs. 1.
Völlig anders ist dagegen die Situation zu bewerten, wenn der überlebende Ehegatte durch Verfügung von Todes wegen von der Erbfolge ausgeschlossen ist.
Gem. § 1371 Abs. 2 kann der überlebende Ehegatte, der nicht Erbe geworden ist, neben dem Zugewinnausgleichsanspruch, der sich aus § 1378 ergibt, den sog. kleinen Pflichtteil verlangen. Der kleine Pflichtteil errechnet sich ausschließlich auf der Grundlage des Erbrechts, das sich für den Ehegatten aus § 1931 ergibt.

Heinz und Gabriele Schulte haben im gesetzlichen Güterstand gelebt. In einem Testament hat Heinz seine beiden Kinder Thomas und Lisa zu Alleinerben bestimmt. Nach diesem

[579] BGHZ 37, 58.

Testament ist Gabriele von der Erbfolge ausgeschlossen und kann nach dem Tod von Heinz gem. § 1371 Abs. 2 zunächst den vollen Zugewinnausgleich verlangen, der ihr nach § 1373 ff. zusteht. Daneben hat sie einen Anspruch auf den sog. kleinen Pflichtteil, der sich aus § 1931 berechnet. Bei Thomas und Lisa handelt es sich um Erben der ersten Ordnung (§ 1924), sodass Gabriele in der gesetzlichen Erbfolge neben den Kindern zu einem Viertel berufen wäre. Der Pflichtteil würde sich unter Berücksichtigung von § 2303 Abs. 1 S. 2 auf die Hälfte, damit auf ein Achtel des Nachlasses, belaufen.

Eine weitere Besonderheit ergibt sich für den überlebenden Ehegatten aus § 1371 Abs. 3. Grundsätzlich ist unter Berücksichtigung von § 2303 Abs. 1 ein Pflichtteilsrecht nur begründet, wenn der Ehegatte durch Verfügung von Todes wegen von der Erbfolge ausgeschlossen ist.
Von diesem Grundsatz ausgehend stellt § 1371 Abs. 3 eine Ausnahme da. Diese Vorschrift ermöglicht es, dem überlebenden Ehegatten eine Erbschaft auszuschlagen, den vollen Zugewinnausgleichsanspruch zu verlangen und räumt ihm daneben noch den Anspruch auf den kleinen Pflichtteil ein.
Diese Möglichkeit ist für den überlebenden Ehegatten interessant, wenn der Zugewinnausgleichsanspruch und der kleine Pflichtteil den Wert des übertragenen Erbteils übersteigen.

Rainer Sommer hat in einem notariellen Testament seine Ehefrau Jutta, mit der er im gesetzlichen Güterstand gelebt hat, sowie seine Töchter Carolin und Anne als Miterben zu gleichen Teilen eingesetzt. Als Rainer stirbt, beläuft sich der Wert des Nachlasses auf 90.000 €. Nach dem Testament würden Jutta, Carolin und Anne als Miterben je ein Drittel erhalten, damit wertmäßig 30.000 €. Unterstellt, dass Endvermögen von Rainer i. S. d. § 1375 Abs. 1 würde sich auf diese 90.000 € belaufen und Jutta hätte während der Ehe keinen Zugewinn erwirtschaftet, würde sich für Jutta gem. § 1378 Abs. 1 eine Ausgleichsforderung i. H. v. 45.000 € ergeben. Hinzu kommt der kleine Pflichtteil i. H. v. einem Achtel, errechnet aus dem Erbrecht nach § 1931 Abs. 1. Da die Ausgleichsforderung aus dem Zugewinn eine Nachlassverbindlichkeit (sog. Erblasserschuld) ist, muss sie bei der Berechnung des Pflichtteilsanspruchs von dem Nachlasswert abgezogen werden. Der Pflichtteilsanspruch für Jutta würde sich damit auf ein Achtel aus 45.000 € belaufen, damit auf 5.625,00 €. Jutta würde somit insgesamt 50.625 € erhalten statt des verfügten Erbteils im Wert von 30.000 €.

4 ANRECHNUNGEN VON ZUWENDUNGEN

Der Gesetzgeber wollte eine Doppelbeteiligung des Pflichtteilsberechtigten am Vermögen des Erblassers verhindern und hat deshalb in § 2315 Abs. 1 bestimmt, dass der Pflichtteilsberechtigte sich auf den Pflichtteil anrechnen zu lassen hat, was er zu Lebzeiten des Erblassers mit der Bestimmung erhalten hat, dass es auf den Pflichtteil angerechnet werden soll.
Die Anrechnung erfolgt nach § 2315 Abs. 2. Der Wert der Zuwendung wird bei dem Pflichtteilsberechtigten, der sich die Zuwendung anrechnen lassen muss, vor der Berechnung dessen Pflichtteils dem Nachlass zunächst hinzugerechnet. Von diesem um den Wert der Zuwendung erhöhten Nachlasswert wird sodann der Pflichtteil errechnet und sodann der Wert der Zuwendung wieder abgezogen.

Ralf Huber hat in einem Testament seine Ehefrau Gabriele zu Alleinerbin eingesetzt. Nach seinem Tod hinterlässt er neben seiner Ehefrau Gabriele, mit der er in der Zugewinngemeinschaft gelebt hat, die Kinder Sven und Ines. Sven hat zu Lebzeiten ein Geldgeschenk i. H. v. 3.000€ erhalten, Ines einen Pkw mit einem Wert von 5.000€. In beiden Fällen hat Ralf bestimmt, dass die Kinder sich diese Werte auf ihren Pflichtteil anzurechnen haben. Der Wert des Nachlasses beträgt 80.000€. In der gesetzlichen Erbfolge wären Gabriele zu zur Hälfte (ein Viertel aus § 1931 Abs. 1 sowie ein Viertel aus § 1371 Abs. 1) berufen und die Kinder jeweils zu einem Viertel. Der Pflichtteil besteht in der Hälfte des gesetzlichen Erbteils (§ 2303 Abs. 1 S. 2) und beträgt somit für die Kinder jeweils ein Achtel. Bei Sven muss dem Nachlasswert die Zuwendung i. H. v. 3.000€ hinzugerechnet werden, sodass sich ein Betrag i. H. v. 83.000€ ergibt. Der Pflichtteil beträgt hiervon ein Achtel, mithin 10.375€. Hiervon ist die erhaltende Zuwendung i. H. v. 3.000€ wieder abzuziehen, sodass Sven noch einen Pflichtteilsanspruch i. H. v. 7.375 EUR besitzt. Bei Ines ergibt sich unter Hinzurechnung der erhaltenen und anzurechnenden 5.000€ ein Nachlasswert i. H. v. 85.000€; der Pflichtteil beträgt ein Achtel, damit 10.625€. Auch hier muss der Wert der anzurechnenden Zuwendung i. H. v. 5.000€ wieder abgezogen werden, sodass Ines noch einen Pflichtteilsanspruch i. H. v. 5.625€ besitzt.

5 AUSGLEICHSPFLICHT ZWISCHEN ABKÖMMLINGEN

Ausgleichspflicht bedeutet – genau wie beim gesetzlichen Erbrecht – dass Abkömmlinge, die zu Lebzeiten eine Ausstattung oder andere in § 2050 genannte ausgleichspflichtige Zuwendungen erhalten haben, diese auch bei der Berechnung der Pflichtteilsansprüche zwischen ihnen auszugleichen haben.

Im Gegensatz zur Anrechnung wird der Wert des Nachlasses nicht isoliert für jeden pflichtteilsberechtigten Abkömmling um den Wert der ausgleichspflichtigen Zuwendung erhöht, sondern die Summe aller ausgleichspflichtigen Zuwendungen wird dem Wert des Nachlasses zugerechnet. Auch im Pflichtteilsrecht findet diese Ausgleichspflicht nur zwischen Abkömmlingen statt, nicht aber im Verhältnis zu anderen Pflichtteilsberechtigten. Auch wird im Gegensatz zu der Anrechnung der Wert der ausgleichspflichtigen Zuwendung schon vor der abschließenden Berechnung des Pflichtteils von dem Wert abgezogen (§§ 2316 Abs. 1, 2055 Abs. 1).

Peter Schmidt hat in einem Testament seine Freundin Sabrina zu Alleinerbin eingesetzt. Er hinterlässt nach seinem Tod auch die Kinder Philipp und Franz. Franz hat zu Lebzeiten eine ausgleichspflichtige Zuwendung i. H. v. 6.000€ erhalten. Der Wert des Nachlasses beläuft sich auf 30.000€.

Die gesetzliche Erbrecht der Kinder (§ 1924 IV) würde sich auf jeweils die Hälfte belaufen, sodass der Pflichtteil für jedes Kind ein Viertel beträgt. Bei Philipp ergibt sich nun ein Pflichtteil, der sich berechnet nach dem Nachlasswert, erhöht um den ausgleichspflichtigen Betrag. Es ist bei ihm deshalb ein Nachlasswert i. H. v. 36.000€ zu berücksichtigen. Der Pflichtteil i. H. v. einem Viertel beträgt damit 9.000€. Franz würde ein gesetzliches Erbrecht i. H. der Hälfte des Nachlasswertes erhalten, erhöht um den Wert der ausgleichspflichtigen Zuwendung (Hälfte von 30.000 + 6.000), damit i. H. v. 18.000€. Von diesem errechneten

Betrag ist sodann der Wert der auszugleichenden Zuwendung i. H. v. 6.000 € wieder abzuziehen, sodass sich für die Berechnung des Pflichtteils ein Wert i. H. v. 12.000 € ergibt. Hiervon steht Franz der Pflichtteil i. H. v. einem Viertel zu, mithin 3.000 €.

6 PFLICHTTEILSERGÄNZUNGSANSPRÜCHE

Um zu verhindern, dass der Erblasser zu Lebzeiten durch unentgeltliche Zuwendungen an dritte Personen die bestehenden Pflichtteilsansprüche untergräbt, hat der Gesetzgeber zum Schutz der Pflichtteilsberechtigten in §§ 2325 ff. Pflichtteilsergänzungsansprüche festgelegt.
Der sog. Pflichtteilsergänzungsanspruch setzt voraus, dass der Erblasser in einem Zeitraum von zehn Jahren vor dem Erbfall einem Dritten eine Schenkung hat zukommen lassen, die keiner sittlichen Pflicht oder einer auf den Anstand zu nehmenden Rücksicht entsprochen hat (§§ 2325, 2330).
Der Pflichtteilsberechtigte kann in diesen Fällen in Ergänzung seines bestehenden Pflichtteils den Betrag verlangen, der sich daraus ergibt, dass der Wert der Schenkung dem Nachlasswert hinzugerechnet wird. Dabei ergibt sich aus § 2325 Abs. 3 eine sog. gleitende Ausschlussfrist. Die Schenkung wird nach dieser Abschmelzungsmethode innerhalb der zehn Jahre graduell immer weniger berücksichtigt. Nach § 2325 Abs. 3 S. 1 wird die Schenkung innerhalb des ersten Jahres vor dem Erbfall in vollem Umfang, innerhalb jedes weiteren Jahres vor dem Erbfall um jeweils ein Zehntel weniger berücksichtigt. Nach zehn Jahren bleibt die Schenkung völlig unberücksichtigt.

Karl Neumann hat in einem Testament seine Freundin Eva zu Alleinerbin eingesetzt. Nach seinem Tod hinterlässt er auch noch seine Tochter Enrica. Zweieinhalb Jahre vor dem Tod hat Karl sein Eigentum an einem Hausgrundstück mit einem Wert von 200.000 € auf Eva übertragen. Der Nachlasswert beträgt 80.000 €. In der gesetzlichen Erbfolge wäre Enrica nach § 1924 Abs. 1 Alleinerbin, sodass sich der Pflichtteil auf die Hälfte beläuft. Enrica besitzt vom Nachlasswert ausgehend einen Pflichtteil i. H. v. 40.000 € (§ 2303 Abs. 1 S. 2, § 1924). Der Wert des Hauses wird nach § 2315 Abs. 1 und 3 mit einem Wert von acht Zehnteln dem Nachlasses hinzugerechnet, sodass sich ein Nachlasswert i. H. v. 200.000 € ergibt. Der Pflichtteil von Enrica (Hälfte des Nachlasswertes) würde hiernach 100.000 € betragen. Der Pflichtteilsergänzungsanspruch ist die Differenz zwischen dem vom reinen Nachlasswert ausgehenden Pflichtteil und dem sich aus § 2315 errechneten Pflichtteil. Enrica hätte somit einen Pflichtteilsanspruch i. H. v. 40.000 € sowie einen Pflichtteilsergänzungsanspruch nach § 2315 Abs. 1 i. H. v. 60.000 €.

Der Pflichtteilsergänzungsanspruch ist gem. § 2327 auch anzuwenden auf Geschenke, die an den Pflichtteilsberechtigten geflossen sind.
Eine Besonderheit ergibt sich noch aus § 2307. Ist hiernach der Pflichtteilsbe- rechtigte mit einem Vermächtnis bedacht worden, so kann er grundsätzlich den vollen Pflichtteil gem. § 2307 Abs. 1 nur verlangen, wenn er das Vermächtnis ausschlägt.
Schlägt der Pflichtteilsberechtigte aber das Vermächtnis nicht aus, so mindert sich der Pflichtteilsanspruch um den Wert des Vermächtnisses (§ 2307 Abs. 1 S. 2).
Ist der Wert des Vermächtnisses höher als der Pflichtteil, so entfällt der Pflichtteilsanspruch ganz.

7 AUSSCHLUSS DES PFLICHTTEILS

Der Erblasser hat die Möglichkeit, dem Pflichtteilsberechtigten auch den Pflichtteil zu entziehen, soweit einer der abschließend in §§ 2333 ff. dargelegten Gründe erfüllt ist. Dieses Recht des Erblassers erlischt nach § 2337, wenn er dem Pflichtteilsberechtig-ten verziehen hat.

MERKE

Das Pflichtteilsrecht schützt die nächsten Angehörigen des Erblassers und sichert ihnen eine Mindestbeteiligung am Nachlass. Pflichtteilsberechtigt sind der Ehegatte des Erblassers, die Abkömmlinge sowie die Eltern des Erblassers. Für diesen Personenkreis kann aber ein Pflichtteilsrecht nur entstehen, wenn sie im Falle der gesetzlichen Erbfolge auch zu Erben berufen wären.
Der Pflichtteilsanspruch setzt voraus, dass die berechtigte Person durch eine Verfügung von Todes wegen von der gesetzlichen Erbfolge ausgeschlossen worden ist.
Der Pflichtteil besteht in der Hälfte des Wertes des gesetzlichen Erbteils. Es handelt sich um einen schuldrechtlichen Anspruch, gerichtet gegen den Erben auf Zahlung eines Geldbetrags.
Besonderheiten ergeben sich für den pflichtteilsberechtigten Ehegatten, der mit dem Erblasser in einer Zugewinngemeinschaft gelebt hat, aus § 1371.
Der Pflichtteilsberechtigte muss sich dasjenige auf seinen Pflichtteil anrechnen lassen, was ihm der Erblasser zu Lebzeiten hat zukommen lassen, soweit der Erblasser bei der Zuwendung diese Anrechnung bestimmt hat. Pflichtteilsberechtigte Abkömmlinge sind auch bei der Berechnung des Pflichtteils untereinander unter Berücksichtigung von § 2050 ausgleichspflichtig.
Zum Schutz der Pflichtteilsberechtigten hat der Gesetzgeber durch § 2325 ff. Pflichtteilsergänzungsansprüche festgelegt.
Der Erblasser kann unter den Voraussetzungen der § 2333 ff. einem Pflichtteilsberechtigten den Pflichtteil entziehen. Ein Entzug ist aber nicht mehr möglich, wenn der Erblasser dem Pflichtteilsberechtigten verziehen hat.

XIV Erbschein

Das Nachlassgericht hat dem Erben gem. § 2353 auf seinen Antrag ein Zeugnis über sein Erbrecht oder die Erbteilsgröße auszustellen. Dieses Zeugnis wird Erbschein genannt. Im Erbscheinsantrag hat der Erbe gem. § 2354 anzugeben:

- die Zeit des Todes des Erblassers
- das Verhältnis, auf dem das Erbrecht beruht
- ob und welche Personen vorhanden waren oder sind, die von der Erbfolge ausgeschlossen worden sind
- ob und welche Verfügungen des Erblassers von Todes wegen vorhanden sind
- ob ein Rechtsstreit über sein Erbrecht anhängig ist

Der Erbschein begründet die Vermutung für die Richtigkeit und Vollständigkeit des Inhalts

(§ 2365) und bietet dadurch Rechtsicherheit im Rechtsverkehr. Die Erben erhalten hierdurch die Möglichkeit, gegenüber Dritten ihr Erbrecht zu beweisen.
Das Gesetz differenziert zwischen dem Alleinerbschein (§ 2353 1. Alt), dem Teilerbschein (§ 2353 2. Alt) und dem gemeinschaftlichen Erbschein (§ 2357).
Weitere Arten wie der sog. Gruppenerbschein sind von der Rechtsprechung entwickelt worden.[580]
Gem. § 2356 hat der den Erbschein beantragende Erbe die o.g. Angaben durch öffentliche Urkunden nachzuweisen und im Falle des § 2355 (gewillkürte Erbfolge) auch die Urkunde vorzulegen, auf der sein Erbrecht beruht.

MERKE

Auf Antrag des Erben hat das Nachlassgericht einen Erbschein auszustellen, der das Erbrecht oder die Erbteilsgröße des Antragstellers ausweist. Der ausgestellte Erbschein bietet Rechtssicherheit, da er die Vermutung der inhaltlichen Richtigkeit und Vollständigkeit begründet.

[580] Vgl. die Übersicht bei Brox/Walker, ErbR, Rdnr. 615.

LITERATURVERZEICHNIS

Baumbach/Lauterbach/ Albers/Hartmann	Zivilprozessordnung, 72. Auflage, München 2014
Blank/Börstinghausen	Miete, Kommentar, 4. Auflage, München 2014
Brox/Walker	Allgemeiner Teil des BGB, 38. Auflage, München 2014
Brox/Walker	Allgemeines Schuldrecht, 38. Auflage, München 2014
Brox/Walker	Besonderes Schuldrecht, 38. Auflage, München 2014
Brox/Walker	Erbrecht, 26. Auflage, München 2014
Canaris	Die Reform des Rechts der Leistungsstörungen, in Juristenzeitung, 2001, 499
Deutsch/Ahrens	Deliktsrecht, 6. Auflage, München 2014
Erman	Handkommentar zum Bürgerlichen Gesetzbuch, 14. Auflage, Köln 2014
Frank/Helms	Erbrecht, 6. Auflage, München 2013
Gerhardt/von Heintschel-Heinegg/Klein	Handbuch des Fachanwalts Familienrecht, 9. Auflage, Köln 2013
Haas/Medicus/Rolland/ Schäfer/Wendtland	Das neue Schuldrecht, München 2002
Kemper	Der Versorgungsausgleich in der Praxis, 2. Auflage, Münster 2014
Kleffmann/Klein	Unterhaltsrecht, Kommentar, 2. Auflage, Köln 2014
Köhler	BGB Allgemeiner Teil, 38. Auflage, München 2014
Larenz/Wolf/Neuner	Allgemeiner Teil des BGB, 10. Auflage, München 2012
Lüke	Sachenrecht, 3. Auflage, München 2014
Lützenkirchen	Neues Mietrecht-Neue Probleme, in: Monatsschrift für Deutsches Recht, 2001, 1385 ff.
Medicus	Allgemeiner Teil des BGB, 10. Auflage, Heidelberg 2010
Medicus/Lorenz	Schuldrecht I: Allgemeiner Teil, 20. Auflage, München 2012
Musielak/Hau	Grundkurs BGB, 13. Auflage , München 2013
Palandt	Bürgerliches Gesetzbuch, 73. Auflage, München 2014
Prütting/Wegen/ Weinrich	BGB Kommentar, 9. Auflage, Köln 2014
Rotax	Praxis des Familienrechts, 3. Auflage, Berlin 2007
Rotermund/Krafft	Kommunales Haftungsrecht, Berlin 2013
Schwab	Familienrecht, 22. Auflage, München 2014
Sternel	Mietrecht aktuell, 4. Auflage, Köln 2009
Wandt	Gesetzliche Schuldverhältnisse, München 2014
Weinrich/Klein	Fachanwaltskommentar Familienrecht, 5. Auflage 2013
Wendl/Scholz	Das Unterhaltsrecht in der familienrichterlichen Praxis, 8. Auflage, München 2011
Wolf/Wellenhofer	Sachenrecht, 28. Auflage, München 2013

SACHVERZEICHNIS

W

Z